MICHAEL IWANOWSKI

SÜDAFRIKA
MIT LESOTHO UND SWASILAND

REISE-HANDBUCH

IWANOWSKI'S REISEBUCHVERLAG

Im Internet:

www.iwanowski.de

Hier finden Sie aktuelle Infos
zu allen Titeln, interessante Links –
und vieles mehr!

Einfach anklicken!

© Iwanowski 1. Auflage 1985
16., komplett überarbeitete und neu gestaltete Auflage **2004**

© Vertrieb und Service, Reisebuchverlag, Reisevermittlung,
Im- und Export Iwanowski GmbH
Salm-Reifferscheidt-Allee 37 · 41540 Dormagen
Telefon 0 21 33/2 60 30 · Fax 0 21 33/26 03 33
E-Mail: info@iwanowski.de
Internet: http://www.iwanowski.de

USA-Büro: POB 542, Inverness, FL 34450, Telefon/Fax 352 637 4852

Titelbild: Drakensberge, Dr. Volkmar Janicke, München
Alle anderen Farb- und Schwarzweißabbildungen:
Siehe Bildnachweis Seite 784
Redaktionelles Copyright, Konzeption und dessen ständige Überarbeitung: Michael Iwanowski
Karten: Palsa-Graphik, Lohmar
Lektorat und Redaktionsleitung: Rüdiger Müller
Reisekarte: Map-Studio, Herent, Belgien
Titelgestaltung sowie Layout-Konzeption: Studio Schübel, München
Layout: Ulrike Jans, Krummhörn

Alle Informationen und Hinweise erfolgen ohne Gewähr für die Richtigkeit einer
Produkthaftung. Verlag und Autor können daher keine Verantwortung und Haftung
für inhaltliche oder sachliche Fehler übernehmen. Auf den Inhalt aller in diesem Buch
erwähnten Internetseiten Dritter haben Autor und Verlag keinen Einfluss.
Eine Haftung dafür wird ebenso ausgeschlossen wie für den Inhalt der Internetseiten,
die durch weiterführende Verknüpfungen (sog. „Links") damit verbunden sind.

Gesamtherstellung: B.o.s.s Druck und Medien, Kleve
Printed in Germany

ISBN 3-923975-08-2

Inhaltsverzeichnis

1. EINLEITUNG — 15

Südafrika auf einen Blick — 17
Die Provinzen Südafrikas — 19

2. DIE GESCHICHTE SÜDAFRIKAS — 21

Schnell-Überblick Geschichte — 21
Frühe Zeit 21 • Kolonisierung 21 • Abschaffung der Sklaverei 21 • Die Südafrikanische Union 22 • Der Apartheidstaat 22 • Die Eskalation 22 • Die Wende 22 • Das neue Südafrika 23

Vorkoloniale Zeit — 24
Die frühe Geschichte Südafrikas — 24
Erste überseeische Kontakte — 28
Die Portugiesen an der Südküste Afrikas — 28

Holländische Besiedlung — 29
Der Beginn der holländischen Besiedlung — 29
Unter der Herrschaft der Niederländisch-Ostindischen Kompanie — 31

Buren und Briten — 33
Südafrika als britische Kolonie — 33

Britische Kolonien und Burenrepubliken — 35
Entstehung der Burenrepubliken — 35
Politische Entwicklung in der zweiten Hälfte des 19. Jahrhunderts — 37
Der Burenkrieg und die Folgen — 40

Die Südafrikanische Union — 43
Die Entstehung der Südafrikanischen Union — 43
Das erste Jahrzehnt der neuen Union — 44
Beginn der Rassengesetzgebung — 46
Stärkung des burischen Nationalbewusstseins — 47
Wiedervereinigung im weißen Lager — 49
Politische Organisierung unter den Schwarzen — 50
Die Apartheid-Gesetzgebung — 51
Organisierung des Widerstandes — 52
Von der Union zur Republik — 53
Der schwarz-weiße Dialog — 54

Einleitung des Reformprozesses — 55
Auf dem Wege zur multinationalen Entwicklung — 55
Reformdruck und Ende der Apartheid — 56

Das neue Südafrika — 60
Perspektiven — 64

3. LANDSCHAFTLICHER ÜBERBLICK — 67

Klima — 67
Übersicht — 67
Temperaturen — 68
Luftfeuchtigkeit — 69
Niederschläge — 69
Sonnenschein-Dauer — 71

Gewässer		71
Großlandschaften und geologische Entwicklung		73
Pflanzenwelt		76
Überblick		76
Wald		77
„Zaubergarten"		78
Kapflora		78
Tierwelt		79

4. DIE WIRTSCHAFT SÜDAFRIKAS   102

Überblick	102
Außenhandel	104
Wirtschaftspartner	105
Landwirtschaft	106
Der Weinbau und die Obstkulturen	106
Ausblick	108
„Black Empowerment"	108
HIV/AIDS	109
Gewaltkriminalität	109
Arbeitsmarkt	109
Tourismus	110

5. DIE GESELLSCHAFT SÜDAFRIKAS   113

Bevölkerung	113
Südafrika – ein Vielvölkerstaat im Wandel	113
Bevölkerungsgruppen	114
Buschmänner 114 • Khu-Khun 114 • Schwarz-Afrikaner 115 • Coloureds (Mischlinge) 116 • Asiaten 117 • Weiße 118	
Die sozioökonomische Struktur	120
Städte und Zentren in Südafrika	123
Allgemein	123
Der Großraum Johannesburg – Tshwane (Pretoria)	123
Der Großraum Kapstadt	124
Durban und das Umland	126
Weitere Städte im Überblick	127

6. SÜDAFRIKA ALS REISELAND   145

Allgemeine Reisetipps von A–Z	145
Redaktions-Tipps zu Flügen 163 • Redaktions-Tipps Rovos Rail 204 • Entfernungstabelle 206	
Regionale Reisetipps von A–Z	207

Die grünen Seiten: Das kostet Sie Südafrika

7. REISEN IN SÜDAFRIKA — 385

Routen-Vorschläge — 385

Vorschlag 1: Südafrikas Kruger Park, Blyde River Canyon, Swasiland, Natals Badeküste, Gardenroute und Kapstadt 387 • **Vorschlag 2**: Blyde River Canyon – Kruger Park – Kimberley – Augrabies Falls – Kgalagadi Transfrontier Park – Fish River Canyon (Namibia) – Kapstadt – Oudtshoorn – Plettenberg Bay – Port Elizabeth 389 • **Vorschlag 3**: Blyde River Canyon – Kruger Park – ehem. Venda – Swasiland – Royal Natal NP – Lesotho 391 • **Vorschlag 4**: Blyde River Canyon – Kruger Park – Royal Natal NP – Natals Badeküste – Tsitsikamma Coastal Nat. Park/ Plettenberg Bay – Oudtshoorn – Matjiesfontein – Paarl/Stellenbosch – Kapstadt 393 • **Vorschlag 5**: Reise mit Schwerpunktaufenthalten in der Gegend um Johannesburg – Nordost-Transvaal – Nataler Drakensberge – Küste bei Plettenberg Bay und Kapstadt 395

8. GAUTENG — 397

Johannesburg und Umgebung — 397
Überblick — 397
Redaktions-Tipps Jo'burg 400
Geschichte — 401
Sehenswertes — 403
Gold Reef City 403 • Randburg Waterfront 405 • Rosebank Rooftop Market 405 • Carlton Centre 405 • Market Theatre Flea Market 406 • Windybrow Theater 406 • Rand Afrikaans University 406 • Zoological Garden 407 • Botanischer Garten 407 • Rhino & Lion Park 407 • Krugersdorp GR 407 • Sterfontein Caves/Kromdraai Conservancy 408 • Snake Park 408 • Heia Safari Ranch 409 • Museen in Johannesburg 409 • Balloon Safaris 409 • Weitere interessante Sehenswürdigkeiten in und um Johannesburg 409 (The Wilds 409 • Kwa Zulu Muti Shop 410 • Crocodile River Arts and Crafts Ramble 410 • Johannesburger Börse 410)
Soweto — 414
Namensherleitung 414 • Entwicklung zum heutigen Soweto 414 • Soweto heute 416
Ausflüge in die Umgebung von Johannesburg — 419
in das Highveld südlich von Johannesburg 419 (Suikerbosrand NR 419 • Vaal Dam 420 • Heidelberg 420) • zum Hartbeespoort Dam und zu den Magaliesbergen 420 • zum Wilhelm Prinsloo Agricultural Museum, Botshabelo GR, Fort Merensky, Ndebele-Dorf 422
Johannesburg: Drehscheibe für Flugsafaris — 424
zum Kruger Park 424 • ins Okavango-Delta in Botswana 424 • zu den Victoria-Fällen in Zimbabwe 424
Anschluss-Strecken — 424

Tshwane (Pretoria) — 425
Überblick — 425
Allgemeines — 425
Redaktions-Tipps 425
Sehenswertes — 426
Historic Church Square 426 • Paul Krugers Haus 428 • Union Buildings 428 • National Zoological Garden 428 • Melrose House 428 • Unisa 430 • Weitere Museen in Tshwane 431

Inhaltsverzeichnis

Ausflüge _____ 431
nach Cullinan zur Diamanten-Mine 431 • zum Voortrekker Monument 431

9. MPUMALANGA UND LIMPOPO PROVINCE — 434

Panorama-Route (Blyde River Canyon) und Kruger National Park mit Anschluss zur Limpopo Province — 434
    Überblick _____ 434
    Redaktions-Tipps 436
    Auf dem Weg nach Mpumalanga _____ 436
    Sudwala Caves 437 • Nelspruit 437
Panorama-Route — 438
    Überblick _____ 438
    Sehenswertes auf der Panorama-Route _____ 438
    Sabie 439 • MacMac Pools und Falls 439 • Graskop 439 • God's Window 439 • Lisbon Falls 440 • Berlin Falls 440 • Bourke's Luck Potholes 440 • Blyde River Canyon 440 • Strijdom Tunnel/Erasmus-Pass 443 • Tzaneen 444 • Echo Caves 444 • Lydenburg 444 • Pilgrim's Rest 444
Kruger National Park — 447
    Überblick _____ 447
    Redaktions-Tipps 447 • Private Wildschutzgebiete am Westrand des Kruger Parks 453 • Wilderness Trails 457
    Beschreibung des Kruger Nationalparks _____ 459
    Geschichte 459 • Geographie 460 • Tierwelt 461
    Vom Blyde River Canyon oder Kruger Park zur Limpopo Province _ 463
    Überblick 463 • Tzaneen 463
Limpopo Province — 464
    Ehemaliges Venda _____ 464
    Redaktions-Tipps 464
    Anschluss-Strecken von Limpopo Province/Mpumalanga _____ 473
    Über Messina nach Zimbabwe 473 • Über Malelane und Jeppe's Reef nach Swasiland 473 • Nach Kimberley 474 • Marakele NP 474 • Vhembe Dongola NP 475

10. NORTH WEST PROVINCE — 476

Ehemaliges Bophuthatswana — 476
    Überblick _____ 476
    Geschichtlich-geographischer Überblick _____ 476
    Sehenswertes _____ 479
    Sun City 479 • Krokodilfarm „Kwena Gardens" 481 • Pilanesberg NP 481 • Taung 483 • Thaba 'Nchu 484 • Mafikeng 484 • Mmabatho 485 • Ga-Rankuwa 485

11. SWASILAND — 486

Überblick — 486
    Redaktions-Tipps 487
    Geschichte und Politik _____ 488
    Geographie _____ 492
    Vegetation _____ 492

Klima	493
Bevölkerungsverteilung	493
Traditionen, Tänze und rituelle Zeremonien	493
Sehenswertes	**495**
Mbabane	495
Ezulwini	497

Lobamba Royal Village 497 • Manzini 498 • Weitere Sehenswürdigkeiten im Umkreis von Mbabane/Ezulwini 498 (Mlilwane Wildlife Sanctuary 498 • Usutu Forest 499 • Grand Valley 500 • Pine Valley 500)

Streckenbeschreibungen	**501**
Barberton – Pigg's Peak – Malolotja Nature Reserve – Mbabane	501

Überblick 501 • Barberton 501 • Havelock Mine 502 • Pigg's Peak 502 • Phophonyane Lodge 502 • Malolotja NR 503 • Ngwenya Glassworks 503

Mbabane – Manzini – Siteki – Hlane Game Reserve – Mhlume – Croydon – Manzini	504

Siteki 505 • Hlane GR 505

Manzini – Big Bend – Lavumisha	506

Überblick 506 • Mkhaya NR 507 • Exkursion: ein Abstecher nach Maputo/ Moçambique 507

Anschluss-Strecken von Swasiland	508

12. LESOTHO 509

Überblick	**509**

Redaktions-Tipps 510

Geschichte und Politik	513
Geographie	516
Klima	517
Bevölkerungsverteilung	517
Landwirtschaft	517
Wirtschaft	518

Wanderarbeiter 519 • Natürliche Ressourcen 519

Bildungswesen	519
Gesundheitswesen	520
Sehenswertes	**520**
Strecke Lady Grey – Mafeteng – Maseru	520

Moyeni 521 • Mohale's Hoek 522 • Mafeteng 522 • Maseru 522 • Umgebung von Maseru 524

Bergstrecke nach Marakabei bzw. Semonkong	525

Thaba-Bosiu 526 • Semonkong 527

Strecke Maseru – Teyateyaneng – Leribe – Butha-Buthe – Oxbow – (Mokhotlong – Sani-Pass)	529

Tsikoane 530 • Leribe (Hlotse) 530 • Butha-Buthe 531 • New Oxbow Lodge 531 • Letseng-la-Terae 531 • Mokhotlong 532 • Sehlabathebe NP 532

Anschluss-Strecken von Lesotho	532

Redaktions-Tipps 532 • Alternativen zurück nach Johannesburg 532 (Strecke Butha-Buthe – Bethlehem – Johannesburg 532) • Weitere Anschluss-Alternativen 536 (Weiter nach Bloemfontein/Kapstadt oder Gardenroute (Anschluss Port Elizabeth/Nelson-Mandela-Metropole) 536 • Weiter nach Buffalo City (East London) 536 • Weiter in die östliche Kapprovinz/Gebiet der ehemaligen Transkei 536)

13. NORTHERN CAPE PROVINCE — 537

Kimberley – Kgalagadi Transfrontier Park — 537
Überblick — 537
Auf dem Weg nach Kimberley — 537
Potchefstroom 538 • Bloemhof Dam 540
Kimberley — 541
Überblick 541 • Geschichte 541 • Redaktions-Tipps 541 • Kimberley heute 543 • Kimberley Mine Museum 545 • De Beers Mine Observatory 545 • Bultfontein Mine 545 • Market Square 545 • McGregor Memorial Museum/Chapel Street 545 • Duggan Cronin Gallery 546
Unterwegs von Kimberley nach Upington — 547
Roaring Sands 547 • Vaalbos NP 548
Upington — 548
Stadtbeschreibung 548 • Weiterfahrt zum Augrabies Falls NP 549
Augrabies Falls National Park — 549
Parkbeschreibung 549 • Weiterfahrt zum Kgalagadi Transfrontier Park 552
Kgalagadi Transfrontier Park — 552
Beschreibung des Parks 552
Anschluss-Strecken — 554
Pofadder 554

Kgalagadi Transfrontier Park – Köcherbaumwald und Fish River Canyon (Namibia) – Namaqualand – Kapstadt — 557
Überblick Namibia-Abstecher — 557
Köcherbaumwald — 558
Von Keetmanshoop über den Naute Damm zum Fish River Canyon — 559
Keetmanshoop 559 • Naute Damm 560 • Fish River Canyon 560 • Ai-Ais 562
Überblick Namaqualand — 562
Redaktions-Tipps 563 • Allgemeine Informationen zum Gebiet zwischen dem Oranje und den Cederbergen (Citrusdal) 565 • Springbok 568 • Port Nolloth 570 • Kamieskroon 570 • Namaqua NP 571 • Vanrhynsdorp 571 • Vredendal 572 • Clanwilliam 572 • Citrusdal 573 • Tankwa Karoo NP 574

14. WESTERN CAPE PROVINCE MIT GARDENROUTE — 575

Kapstadt und Kaphalbinsel — 575
Überblick — 575
Redaktions-Tipps 576
Geschichte — 576
Lage und Klima — 579
Der Einfluss der Meeresströme 579
Sehenswürdigkeiten der Innenstadt — 581
Bertram House 581 • Bo-Kaap Museum 582 • (Old) City Hall 583 • District Six Museum 583 • Jewish Museum u. Holocaust Centre/Great Synagoge 583 • Koopmans de Wet Museum 584 • Long Street 584 • Sendinggestig Museum 584 • South African Cultural History Museum 584 • South African Library 585 • South African Museum and Planetarium 585 • van Riebeeck-Standbild 585 • Adderley Street 586 • Castle of Good Hope 586 • Flower Market 586 • Groote Kerk 586 • Company's Garden/Houses of Parliament 586 • Old Town House 587 • Malay Quarter 587 • Victoria & Alfred Waterfront 587 • Century City 590

Tafelberg	590
Fahrt durch das südliche Stadtgebiet 592	
Sehenswürdigkeiten auf der Kaphalbinsel	593

Rhodes Memorial 595 • Mostert's Mill 596 • Kirstenbosch National Botanical Garden 596 • Groot Constantia 597 • Kap der Guten Hoffnung 600 • Chapman's Peak Drive 602

Westküste — **603**
Überblick	603
Redaktions-Tipps 603	
Sehenswertes entlang der Strecke	604

Darling 604 • West Coast NP 605 • Saldanha Bay 605 • Lamberts Bay 607

Anschluss-Strecken	607

Kapstadt – Weinanbauzentren Paarl und Stellenbosch – Vier-Pässe-Fahrt über Franschhoek — **608**
Überblick	608
Redaktions-Tipps 608	
Paarl	609
Stellenbosch	616

Libertas Parva 617 • Vredelust 617 • La Gratitude 617 • Voorgelegen 618 • Dorpmuseum 618 • Oude Meester Brandy Museum 619 • Dutch Reformed Mother Church 619 • Die Braak 619 • Burgher House 619 • Stellenbosch Wine Route 620 • Ausflug zu den Protea Heights 620

Vier-Pässe-Fahrt	620

Sir Lowry's Pass 620 • Elgin 621 • Viljoen's Pass 621 • Franschhoek Pass 621

Franschhoek	621

Drakenstein Valley 622 • Helshoogte Pass („steile Höhe") 623

Anschluss-Strecken	623

Stellenbosch – Caledon – Hermanus – Kap Agulhas – Swellendam/ Bontebok National Park — **624**
Übersicht	624
Caledon	625
Hermanus	626

Stanford 626 • Elim 626 • Gans Bay 626 • Grootbos NR 627

Kap Agulhas	627

Agulhas NP 628 • Bredasdorp 628

Waenhuiskrans/Arniston	628
Swellendam	629
Bontebok National Park	629
De Hoop Nature Reserve	630
Anschluss-Strecken	630
Alternative Gardenroute: Paarl – Tulbagh – Montagu – Ladismith – Prince Albert – Oudtshoorn – Plettenberg Bay	631

Gardenroute (Swellendam – Nelson Mandela Metropole/Port Elizabeth) — **634**
Überblick	634
Redaktions-Tipps 634	
Mossel Bay	636

Old Post Office Tree 636 • Bartolomeu Diaz Museum 637 • Robinson-Pass 638

Oudtshoorn	638

Nel Museum 639 • Straußenfarmen 639 • Sehenswertes in der Umgebung von Oudtshoorn 642 (Cango Caves 642 • Meiringspoort 644)

George	644
Old Passes Road 645	
Wilderness	645
Wilderness NP 645	
Knysna	647
Ausflug ins Knysna Forest Country	648
Knysna National Lake Area 648 • Garden of Eden 649	
Plettenberg Bay	650
Tsitsikamma Coastal National Park	651

15. EASTERN CAPE PROVINCE — 655

Nelson Mandela Metropole (Port Elizabeth) – Buffalo City (East London) — 655
Überblick — 655
Nelson Mandela Metropole (Port Elizabeth) — 656
Redaktions-Tipps 658 • Geschichte 658 • Campanile 659 • City Hall und Market Square 660 • Museum, Oceanarium, Snake Park und Tropical House 661 • Historical Museum 661 • „The Hills" 662 • King George VI Art Gallery 662 • Ausflüge von Port Elizabeth 663 (Uitenhage 663 • Addo Elephant NP 664 • Zuurberg NP 666 • Private GRs 666)
Grahamstown — 666
The Observatory Museum 669
Nelson Mandela Metropole (Port Elizabeth) – Colesberg — 669
Überblick 669 • Redaktions-Tipps 670 • Somerset-East 671 • Graaff-Reinet 672 (Drostdy 673 • Reinet House 675 • Old Library Museum 675) • Valley of Desolation 676 • Nieu Bethesda 677 • Cradock 678 • Mountain Zebra NP 678 • Middelburg 679 • Anschluss-Strecken 679
Die ehemalige Ciskei — 679
Überblick 679 • Reiserouten durch die ehemalige Ciskei 681 • Redaktions-Tipps 681 • Geschichte und Politik 682 • Geographie 683 • Küstenabschnitt 683 • Entlang der N2 686 • Peddie 686 • Bisho 686 • Zwelitsha 687 • Mdantsane 687 • King William's Town 688 • Im Norden der ehemaligen Ciskei 688 • Hogsback 689 • NPs in der ehemaligen Ciskei 690
Buffalo City (East London) — 691
Überblick 691 • Geschichte 691 • Redaktions-Tipps 691 • Buffalo City Museum 695 • Ann Bryant Art Gallery 695 • German Settler's Memorial 695 • German Market 696 • Wool Exchange 696 • Gately House 696 • Baille Memorial auf dem Signal Hill 696 • Pineapple Trail und Reptile World 696 • Umgebung von Buffalo City 697
Anschluss-Strecken — 697
Ehemalige Transkei — 698
Überblick — 698
Geschichte und Politik 699 • Redaktions-Tipps 699 • Wirtschaft 703 • Soziales Leben und Kultur 705
Sehenswertes im Gebiet der ehemaligen Transkei — 708
Butterworth 708 • Dwesa NR 709 • Coffee Bay 710 • Hole in the Wall 710 • Umtata 711 • Port St. Johns 713 • Mkambati NR 716 • Kokstad 716
Anschluss-Strecken — 717
Nach KwaZulu Natal/Durban 717 • Nach Natal/Drakensberge 717 • Nach Lesotho/Johannesburg 717

16. KWAZULU/NATAL 718

Natals Südküste 718
Überblick _____ 718
Sehenswertes _____ 720
Wild Coast Sun Casino Komplex 720 • Port Edward – Margate 720 • Margate 720 • Port Shepstone 720 • Oribi Gorge NR 721 • Vernon Crookes NR 721 • Crocworld 721

Durban 722
Überblick _____ 722
Redaktions-Tipps 722 • Geschichte 722 • Durban heute 724
Sehenswürdigkeiten _____ 725
Mini Town 725 • Amphitheatre Gardens 726 • Indisches Viertel 726 • Jumah Mosque 726 • City Hall 726 • Francis Farewell Square 727 • Local History Museum 728 • Sea World und Dolphinarium 728 • Schlangenpark/Fitzsimon's Snake Park 728 • Sugar Terminal 728 • Victoria Street Market/Indian Market 728 • Old Fort 729 • Botanischer Garten 729

KwaZulu/Natals Nordküste 730
Überblick _____ 730
Umhlanga Rocks 732 • Ballito 734 • Tugela 734 • Zulu-Kraal bei Eshowe 734 • Wildschutzgebiete im Norden KwaZulu/Natals 735 (Umfolozi-Gebiet 735 • Hluhluwe-Gebiet 736 • St. Lucia Wetland Park 737 • Mkuze GR 739 • Sodwana Bay NP 739)
Maputa-Land _____ 740
Vorbemerkungen 740 • Ndumu GR 741 • Tembe Elephant Park 742 • Gebiet Kosi Bay NR 742 • Kosi Bay Coastal Forest Reserve 742
Anschluss-Strecken _____ 745

Durban – Pietermaritzburg – Drakensberge (Giant's Castle Game Reserve – Royal Natal National Park) 746
Übersicht _____ 746
Pietermaritzburg _____ 747
Old Voortrekker House 748 • Voortrekker Museum und Memorial Church 748 • City Hall 748 • Natal Museum 748 • Natal Provincial Administration Collection 748
Ziele im Drakensberg-Gebiet _____ 749
Ukhahlamba Drakensberg Park 749 • Southern Berg 751 (Sani-Pass 751 • Lotheni NR 751 • Vergelegen NR 751 • Himeville NR 751 • Coleford NR 753 • Kamberg NR 753 • Garden Castle NR 753) • Giant's Castle GR 753 • Cathin Peak-Gebiet 754 • Royal Natal NP 754 • Blood River Monument 755
Abstecher/Anschluss-Strecken _____ 755

17. VON GAUTENG NACH WESTERN CAPE PROVINCE 756

Johannesburg – Bloemfontein – Kapstadt 756
Überblick _____ 756
Die Städte des Vaaldreiecks _____ 757
Redaktions-Tipps 757 • Kroonstad 757
Free-State-Goldfelder _____ 759
Virginia 759
Willem Pretorius Game Reserve _____ 759

Bloemfontein _____ **760**
Überblick 760 • Geschichte 760 • Redaktions-Tipps 762 • Bloemfontein heute 762 • Sehenswürdigkeiten 762 • Museen in Bloemfontein 763
Bloemfontein – Beaufort West – Kapstadt _____ **763**
Überblick 763 • Redaktions-Tipps 765 • Gariep-Dam 766 • Beaufort-West 766 • Karoo NP 767 • Matjiesfontein 767 • Worcester 768

18. AUSGEWÄHLTE BUCHTIPPS   **769**

19. STICHWORTVERZEICHNIS   **773**

Außerdem weiterführende Informationen zu folgenden Themen:

Cecil Rhodes – ein Imperialist prüfte das Südliche Afrika 41
Der Abbau-Prozess der Apartheid 57
Stationen von de Klerks Reformen 58
Porträt des ersten Nach-Apartheid-Staatspräsidenten Nelson Mandela 61
Die neue südafrikanische Flagge 63
Die Wahrheits- und Versöhnungs-kommission 64
Thabo Mbeki – der Nachfolger von Nelson Mandela 65
Rinnsale, reißende Ströme, Wasserwalzen 72
Böden, ihre Zerstörung und Melioration 76
Die Rolle der deutschsprachigen Südafrikaner 118
Big Five 177
Transfrontier Parks 178
Das Kreuz des Südens 182
Private Gamelodges 199
Vorsichtsmaßnahmen für Johannesburg 401
Mini-Quakes: die kleinen Erdbeben, die Johannesburg erschüttern 402
Minentänze und Minenbesichtigungen 403
Alles über Gold 410
Die Geschichte von Jacaranda-Jim 429
„Jock of the Bushveld" – eine der groß-artigsten Hundegeschichten 445

Ratschläge für den Aufenthalt im Nationalpark 458
Wer war James Stevenson-Hamilton? 460
Urmenschliche Funde im Südlichen Afrika 483
Informationen über Diamanten 544
Sukkulenten, die Trockenheits-Künstler 551
Kriminalität – ein leidiges Kapitel 581
Der kapholländische Stil – 599
Architektur der ersten weißen Siedler 599
Weinanbau im Kapland 610
Wie kamen die Hugenotten ausgerechnet nach Franschhoek? 622
Strauße – die größten Laufvögel der Welt 639
Wunderwelt der Tropfsteinhöhlen 642
Knysna National Lake Area 648
Knysna-Elefanten 649
Ananas-Anbau 668
Na denn Prost: „King Corn Bier" 707
Der Transkei Hiking Trail 714
Informationen zum Teeanbau 715
Rückblick auf das ehemalige Homeland Kwazulu 732
Private Wildschutzgebiete/ „naturnahe" Unterkünfte im Norden KwaZulu/Natals 744
KwaZulu/Natals Drakensberge 752

Verzeichnis der Karten und Grafiken:

Addo Elephant National Park 665
Bevölkerung nach ethnischen Gruppen 115
Bloemfontein 760/761
Bloemfontein – Beaufort West – Kapstadt 764
Blyde River Canyon: Wanderwege 442
Buffalo City (East London) 694

Cape of Good Hope NR 601
Ciskei, ehemalige 680
Drakensberggebiet 750
Durban 726/727
(East London s. Buffalo City)
Felsmalereien: bekannte Fundorte 26
Flüsse und Talsperren 72

Frühgeschichtliche Darstellung von
   Haustieren 27
Gardenroute 636/637
Gauteng 398
Goldaufbereitung 413
Golden Gate Highlands National Park 534
Graaff-Reinet 674
Großer Trek 36
Hluhluwe Umfolozi Game Reserve 736
Höhengrafik 75
Hominiden: bekannte Fundorte 25
Johannesburg – Bloemfontein 758
Johannesburg – Kimberley 540/541
Johannesburg: Ausflug in das Highveld
   südlich von Jo'burg 419
Johannesburg: Hotels und Restaurants 250
Johannesburg: Hotels und Restaurants/
   Sandton, Rosebank 257
Johannesburg: Zentrum 404
Kapkolonie um 1750 32
Kapstadt – Plettenberg Bay:
   Alternativ-Route 632/633
Kapstadt: Großraum 594
Kapstadt: Hotels und Restaurants 266
Kapstadt: Übersicht 580
Kapstadt: Victoria & Alfred
   Waterfront 588/589
Kapstadt: Zentrum 582
Kgalagadi Transfrontier NP 553
Kgalagadi Transfrontier NP –
   Fish River Canyon (Namibia) 558/559
Kimberley 542
Kimberley – Augrabies – Kgalagadi
   Transfrontier NP 546/547
Kreuz des Südens 183
Kruger NP: Nördlicher Teil 297, 449
Kruger NP: Private Wildschutzgebiete 453
Kruger NP: Südlicher Teil 298/299, 450/451
KwaZulu/Natal: Nordküste 731
KwaZulu/Natal: Südküste 719

Benutzerhinweis:
Da wir unsere Bücher regelmäßig aktualisieren, kann es im Reisepraktischen Teil (Gelbe Seiten) zu Verschiebungen kommen. Wir geben daher im Reiseteil Hinweise auf Reisepraktische Tipps nur in Form der ersten Seite des Gelben Teils (ⓘ s. S. 207). Dort finden Sie alle im Buch beschriebenen Städte, Orte, Parks und Regionen in alphabetischer Reihenfolge.

Lesotho 512
Limpopo Province 464/465
Magaliesberg: Ausflug 421
MalaMala Game Reserve 455
Maseru 523
Mpumalanga und Limpopo Province 435
Namaqualand – Kapstadt 564
Nationalparks und große
   Wildreservate 80, 177
Ndebele-Dorf 422/423
Nelson-Mandela-Metropole (PE) – Buffalo City
   (East London) 656/657
Nelson-Mandela-Metropole (PE):
   Stadtplan 660/661
Nelson-Mandela-Metropole (Port Elizabeth) –
   Colesberg 671
Nelson-Mandela-Metropole: Hotels 324/325
Niederschläge, Jahresmittelwerte 70
North West Province 478/479
Northern Cape Province 538/539
Paarl: Language Monument 616
Paarl: Stadtplan 609
Panorama-Route 438
Pietermaritzburg 747
Pilanesberg National Park
   und Umgebung 482
Plettenberg Bay – Nelson-Mandela-
   Metropole (PE) 650
(Port Elizabeth s. Nelson-Mandela-Metropole)
(Pretoria s. Tshwane)
Relief von Südafrika 74
Schwarz-Afrikaner 116
Soweto 415
St. Lucia Wetland Park 738
Stellenbosch: Innenstadt 618
Südliches Kapgebiet 625
Sun City 480
Swasiland 489
Swellendam – Oudtshoorn 635
Tropfsteinbildung 643
Tshwane (Pretoria) 427
Valley of Desolation/Karoo NR 677
Vegetationsgebiete 77
Venda, ehemaliges 466/467
Weinanbaugebiete Stellenbosch–Paarl–
   Franschhoek–Somerset West 611
Weinanbaugebiete und Weinstraßen 107
Wiege der Menschheit 408
Wild Coast/Transkei, ehemalige 701
Wilderness-Gebiet: Wanderwege 646

Legende

- Autobahn/beschr. Route
- Fernstraße/beschr. Route
- Hauptstraße/beschr. Route
- Nebenstraße/beschr. Route
- Piste/beschr. Route (meist nicht geteert)
- (nicht geteert, teils nur 4x4)
- Berge
- Ortschaften
- Sehenswürdigkeiten
- Aussichtspunkt
- Nationalpark
- Hafen
- Fähre
- Strand
- Leuchtturm
- Jachthafen
- Bootsslipanlage
- Wassersport
- Bademöglichkeit
- Wasserfall
- Skigebiet
- Pass
- Mine
- Höhle
- Ausgrabungsstätten (Paläontolog. Fundstätten)
- Felsmalereien
- Dinosaurierspuren
- Wrack
- Golfplatz
- Reitgelegenheit
- Int. Flughafen
- Nat. Flughafen
- Landepiste
- Bahnhof
- Busbahnhof
- Tankmöglichkeit
- Information
- Krankenhaus
- Parkplatz
- Campingplatz
- Stellplatz für Camper
- Hotel/Übernachtung
- Zeltcamp/Restcamp
- Camp/Lodge
- Hütte
- Restaurant/Café
- Picknickplatz
- Wasserstelle
- Einkaufsmöglichkeit
- Markt
- Kunsthandwerkermarkt
- Post
- Bank
- Denkmal
- Museum/Theater
- Bibliothek
- wichtige Gebäude
- hist. Gebäude
- Kirche
- Moschee
- Botan. Garten
- Toiletten
- Behindertengerecht
- Tor
- Polizeistation
- Krokodilfarm
- Bootstouren
- Wildbeobachtung (Wildbeobachtung)
- Vogelbeobachtung (versteckte Beobachtung)
- Walbeobachtung
- Weinanbaugebiet
- Wanderwege
- Angelmöglichkeit

I. EINLEITUNG

Südafrika, das Land am Kap der Guten Hoffnung, stand viele Jahrzehnte im Brennpunkt der Kritik. Zwischen den warmen Fluten des Indischen Ozeans und des kalten des Südatlantiks liegt jenes Land, das viele Menschen früher nur mit dem Begriff Apartheid assoziierten, jener Politik also, die auf der Trennung der verschiedenen ethnischen Gruppen beruhte. Und – berechtigterweise – schwingen darin immer wieder Emotionen mit, auch wenn die Apartheid offiziell in allen Bereichen abgeschafft ist, wird sie doch wahrscheinlich noch einige Zeit in den Köpfen Ewig-Gestriger zementiert bleiben.

Immer wieder muss man sich bei der Beschäftigung mit Südafrika vor Augen halten, dass es wohl nirgendwo auf der Welt einen Staat ähnlicher Größe gibt, in dem so viele unterschiedliche Völker zum Zusammenleben gezwungen sind – Völker, die sehr verschiedenen Kulturen angehören. Unübersehbar ist der Wille der meisten Bewohner des Landes, von einem Nebeneinander zu einer toleranten und friedlichen Koexistenz zu gelangen. Dieser Prozess ist in vollem Gange und dokumentiert sich am besten im Leben kosmopolitisch geprägter Städte wie Kapstadt und Durban.

Südafrika ist ein global **wichtiger Partner** in der Völkergemeinschaft. Dieses Land liefert eine Vielzahl unersetzbarer Rohstoffe an die Welt, und die Kontrolle über die Schifffahrtsroute um das Kap verweist auf eine immense strategische Bedeutung, denn bald 2/3 des Erdölbedarfs Westeuropas und der USA gelangen auf diesem Wege zum Verbraucher.

Und vor allem ist Südafrika ein landschaftlich sehr schönes Gebiet, das **großartige Kontraste und Szenerien** bietet. „Eine Welt in einem Land" lautet bezeichnenderweise der Werbeslogan des südafrikanischen Fremdenverkehrsbüros. Auf ihre so reizvolle Heimat sind Schwarze wie Weiße gleichermaßen stolz. Eine Reise in dieses faszinierende Land bietet die Möglichkeit, diese so kontrastreiche Geographie kennen zu lernen.

Wer je in Südafrika war, wird sich an die so überwältigende **afrikanische Tierwelt** im Kruger National Park gerne zurückerinnern, wird an die weiten, einsamen Strände am Indischen Ozean denken, wird das gemütliche Kapland mit seinen Bergen, fruchtbaren Tälern und der Architektur der alten Siedler vor Augen haben. Er hat vielleicht die einsamen Ebenen im Westen durchquert, die herrlichen **Farbenspiele der roten Dünen** und des Kumulushimmels in der Kalahari beobach-

> *„Wir präsentieren unsere Vision von einer neuen Verfassungsordnung nicht als Sieger, die den Besiegten Vorschriften machen. Wir sprechen als Mitbürger, um die Wunden der Vergangenheit zu heilen – mit der Absicht, eine neue Ordnung aufzubauen, die auf der Gerechtigkeit für alle basiert."*
> Nelson Mandela nach seiner Wahl am 9. Mai 1994 auf dem Rathausplatz in Kapstadt

> *„Die Völkergemeinschaft muss Südafrika auch weiterhin auf der Liste von Ländern führen, denen geholfen werden muss, damit sie Erfolg haben."*
> Vizepräsident Frederik de Klerk am 19. Mai 1994

tet, die grandiosen Berggiganten der Drakensberge oder die Atem beraubende Tiefe des Blyde River Canyon auf sich wirken lassen. Er wird sich an die romantisch-wilde Küste der Transkei zurücksehnen und die Vielfalt der verschiedenen Stämme mit ihren so andersartigen Sitten und **Gebräuchen** im Gedächtnis behalten.

Das vorliegende Reise-Handbuch Südafrika ist in einen ausführlichen landeskundlichen und einen für den Reisepraktiker gedachten touristischen Teil gegliedert:
- Im **landeskundlichen Teil** finden Sie vielseitige Informationen zur Geschichte, Geographie und zur komplexen Sozialproblematik. Gerade im Falle Südafrikas ist ein solches Basiswissen wichtig, um Gesehenes und Erlebtes in Gesamtzusammenhänge einordnen zu können. Die gelben Seiten, der **reisepraktische Teil** – gegliedert in allgemeine und regionalspezifische Reisehinweise – bietet dem Individualreisenden eine Fundgrube für die persönliche Reiseplanung.
- Der **Reiseroutenteil** gibt Ihnen die notwendigen Hinweise zur Reiseplanung. In diesem Teil werden besonders lohnende Gebiete des Landes beschrieben, die weniger das Ziel lexikalischer Vollständigkeit, sondern bewusster Auswahl verfolgen: Städte, Landschaften, Naturparks, bedeutende kulturelle und historische Orte. Und das nötige Hintergrundwissen wird hier entwickelt, damit das Gesehene nicht vordergründig auf der Ebene des flüchtigen Eindrucks verbleibt. Während Ihrer Reise – und diese Aufgabe kann Ihnen das Reise-Handbuch nicht abnehmen – sollten Sie sich bemühen, ein Bild, wenn auch sicherlich kein vollständiges, vom Leben der farbigen wie der weißen Bevölkerung zu gewinnen.

Gesondert möchte ich auf die Königreiche **Lesotho** und **Swasiland** eingehen, die mit ihren vielseitigen Landschaftsformen und den zu Südafrika differenten kuturellen Traditionen ein ganz besonderes Erlebnis darstellen werden.

In der **Nach-Apartheidzeit** erfreut sich Südafrika eines besonderen touristischen Interesses. Auch wenn das „neue Südafrika" noch voll in der Entwicklung steht, auch wenn die Überwindung von z.T. steigender Kriminalität und alten Apartheidstrukturen – sichtbar an unterschiedlichen Bildungs-, Einkommens- und Wohnstandards – noch lange dauern wird: Weiße und Schwarze atmen auf und sind in die gemeinsame Zukunft aufgebrochen.

Ich wünsche Ihnen eine intensive und interessante Reisevorbereitung und hoffe – mit welchen eigenen Erlebnissen Sie auch wiederkommen mögen – dass Sie feststellen können: Südafrika ist eine Reise wert.

Ich möchte mich an dieser Stelle bei Herrn Dirk Kruse-Etzbach bedanken, der mir erlaubt hat, einige Informationen aus dem Kapstadt-Reiseführer zu verwenden. Ebenso gilt mein Dank Claire und Thomas Küpper, aus deren Reisehandbuch Zambia ich Passagen übernehmen durfte. Danken möchte ich auch Frau Silke Althoff, die einen Teil der redaktionellen Arbeit dieses Reiseführers übernommen hat.

Michael Iwanowski

Dormagen, im November 2003

Südafrika auf einen Blick

Fläche/ Einwohner	1 221 037 km²/44,6 Millionen Ew. (Stand 2002)
Bevölkerung	78 % Schwarze, 10 % Weiße, 9 % Mischlinge, 3 % Asiaten (Schätzung 2002)
Bevölkerungswachstum	2,2 %
Analphabeten-Quote	ca. 14 % (Schätzung 2002)
Hauptstadt	Tshwane (Exekutive – 1, 7 Mio. Ew.)
	Kapstadt (Legislative – 2,6 Mio. Ew.)
	Bloemfontein (Judikative – 400 000 Ew.)
Sprachen	11 Amtssprachen, Afrikaans und Englisch, daneben gibt es z.B. unter den Schwarzen 9 Hauptsprachen (zumeist Xhosa und Zulu). Die meisten Südafrikaner sprechen mehr als eine dieser Sprachen, Englisch wird aber überall gesprochen und ist auch die übliche Handelssprache.
	Asiaten: 1,2 % Afrikaans
	Mischlinge: 83,3 % Afrikaans, 10,3 % Englisch
	Schwarze: eine der 9 Hauptsprachen (zumeist Zulu oder Xhosa) und mehr als 50 % Afrikaans, 37 % Englisch
Religion	78 % Christen (u.a. Niederländisch-Reformierte Kirche 4,3 Mio., Römisch-Katholische Kirche 2,9 Mio., Methodisten 2,7 Mio., Anglikaner 2 Mio., Lutheraner 1,1 Mio.), traditionelle Religionsgemeinschaften 4 Mio. (650 000 Hindu, 434 000 Muslime, 150 000 Juden)
Flagge	seitlich liegendes Ypsilon in sechs versch. Farben; zumindest einige der sechs Farben sind auch in den Symbolen aller südafrikanischen Parteien wiederzufinden
Nationalfeiertag	27. April
Staats- und Regierungsform	parlamentarische Republik (im Commonwealth) seit 1961, Verfassung von 1997. Die Nationalversammlung besteht aus mindestens 360 Mitgliedern (400 Mitgliedern maximal), die direkt gewählt werden. Der Nationalrat der Provinzen setzt sich aus 90 Mitgliedern zusammen. Die Wahlen finden alle 5 Jahre statt. Das Staatsoberhaupt wird alle 5 Jahre von der Nationalversammlung gewählt. Wahlrecht haben alle Bürger ab 18 Jahren.
Staatsoberhaupt und Regierungschef	Thabo Mbeki

Ausfuhrprodukte	Gold, Diamanten, Uran, Kupfer, Mangan, Chrom, Asbest, Kohle, Wolle, Mais, Früchte, Zucker, Maschinen, Textilien
Inflation	5,7 % (Stand 2002)
Arbeitslosigkeit	ca. 23 % (Stand 2002), es sind hauptsächlich schwarze Arbeitskräfte betroffen
Außenhandel	Export: 271 Mrd. Rand (63,5 mineral. Rohstoffe – u.a. 35,3 % Diamanten, Edelmetalle; 13,1 % Agrargüter; 7,8 % chem. Erzeugnisse; 6,5 % Maschinen, Apparate, Geräte, Instrumente; 5 % Fahrzeuge)
	Import: 226 Mrd. Rand (35,4 % Maschinen, Apparate, Geräte und Instrumente; 20,3 % mineral. Rohstoffe; 14,9 % chem. Erzeugnisse; 13,2 % Fahrzeuge; 10,3 % Agrarerzeugnisse)
	Haupt-Importländer: Deutschland 13,0 %, USA 11,0 %, GB 10,5 %, Japan 7,4 %, Italien 4,4 %, Frankreich 3,2 %
	Haupt-Exportländer: Japan 7,2 %, Italien 6,2 %, USA 6,2 %, Deutschland 5,1 %, GB 4,8 %, Zimbabwe 4,1 %
	des Weiteren 49 afrikanische Länder, u.a. Zimbabwe (80 % des Exports über Südafrika)
Klima	Südafrika gehört zu den warm-gemäßigten Trockengebieten der Subtropen mit Sommerregen von Oktober bis April mit Ausnahme der Küstenregion von Natal, dem immer feuchten, warm-gemäßigten Küstenstrich von Mossel Bay bis Port Elizabeth und dem Winterregengebiet des Kaplandes (Regen Mai bis Oktober).
Höhe	Binnenhochland 1 000 bis 1 500 m
Landwirtschaft	Sie ist sehr leistungsfähig und sichert zum größten Teil die Eigenversorgung; Anbau besonders von Weizen, Zuckerrohr, Obst, Wein, Zitrusfrüchten, Tabak, Mais, Baumwolle
Bodenschätze	Weltgrößte Vorkommen an Aluminium-Silikaten, Chrom, Gold, Magnesium, Platin, Vanadium
Städte	50 % aller Südafrikaner leben in städtischen Gebieten:
	Kapstadt (Großraum) 2,6 Mio. Ew.
	Johannesburg (Großraum) 2,6 Mio. Ew.
	Durban (Großraum) 2,7 Mio. Ew.
	Port Elizabeth (Großraum) 1,0 Mio. Ew.
	Tshwane / Pretoria (Großraum) 1,7 Mio. Ew.

Die Provinzen Südafrikas

Südafrika ist in neun Provinzen eingeteilt, die sich sehr in Größe, Geographie, Bevölkerungsdichte, Wohlstand und Wirtschaft unterscheiden. Die Provinzen heißen (in Klammern die Hauptstädte):
1. Limpopo Province (Polokwane, ehemals Pietersburg)
2. Northern Cape Province (Kimberley)
3. Gauteng (Johannesburg)
4. Mpumalanga (Nelspruit)
5. Free State (Bloemfontein)
6. North West Province (Mafikeng)
7. Western Cape Province (Kapstadt)
8. Eastern Cape Province (Bisho)
9. KwaZulu/Natal (Ulundi & Pietermaritzburg)

Kurzvorstellung der neuen Provinzen

1. Limpopo Province: Geographisch besteht das 123 910 km² große Gebiet aus den vorwiegend landwirtschaftlich geprägten nördlichen Regionen des früheren Transvaal unter Einschluss des nördlichen Teils des Kruger National Park und der früheren Homelands Venda, Lebowa und Gazankulu. Generell muss man diese Region als ärmlich bezeichnen, die Infrastruktur in den ehemaligen Homelands ist z.T. sehr unterentwickelt. Obwohl hier etwa 13 % der Gesamtbevölkerung (5,6 Mio. Ew.) leben, erwirtschaften diese nur 3,6 % des Bruttoinlandsproduktes (BIP): damit ist dies die wirtschaftlich schwächste Region Südafrikas.

2. Northern Cape Province: Diese Region ist sehr weitläufig. Zumeist handelt es sich um weites Farmland, das nach Westen immer trockener wird. In dieser flächenmäßig größten Provinz (361 830 km²) leben die wenigsten Südafrikaner (0,8 Mio. Ew.). Der Anteil am BIP liegt analog zum Bevölkerungsanteil bei ca. 2,1 %. Die einzigen größeren Städte sind Kimberley (Bergbau) und Upington (Landwirtschaft). Im Nordwestzipfel liegt der Kgalagadi Transfrontier Park.

3. Gauteng: Dieses Gebiet ist wirtschaftlich die am weitesten entwickelte Region mit der besten Infrastruktur. Tshwane/Pretoria ist als Hauptstadt Südafrikas die bedeutendste Verwaltungsmetropole. In diesem Gebiet finden wir eine differenzierte Industriestruktur vor (Elektrotechnik, Automobilbau, Lebensmittelherstellung), ebenso ist diese Region das Finanz- und Bergbauzentrum des Landes. Hier leben 17 % der Gesamtbevölkerung (8,0 Mio. Ew.), die 40 % des BIP erwirtschaften! Die Bevölkerungsstruktur ist multi-ethnisch, wobei hier die meisten weißen Südafrikaner wohnen. Mit 17 010 km² ist Gauteng die kleinste Provinz Südafrikas.

4. Mpumalanga: Das 79 490 km² große Gebiet, in das die Homelands KaNgwane, KwaNdebele und Teile Bophuthatswanas aufgegangen sind, zählt zu den bedeutendsten Obst- und Gemüseregionen Südafrikas. Im südlichen Teil liegen große Kohleabbaugebiete und Kraftwerke, der Anteil am BIP liegt – im Vergleich zur Bevölkerungszahl von 3,1 Mio. – überdurchschnittlich hoch (8,15 %). Zu diesem

Gebiet gehören der Südrand des Kruger National Park sowie Teile des Gebiets um das Blyde River Canyon. Als Sprachen werden neben Afrikaans hier Swasi und Zulu gesprochen.

5. Free State: Der alte Oranje-Freistaat verblieb nach der Umstrukturierung des Landes beinahe vollständig in den alten Grenzen, lediglich ein Teilstück von Bophuthatswana (ThabaNchu) und QwaQwa wurden in dieses Gebiet integriert, welches nun 129 480 km^2 umfasst. Die Provinz verfügt über große bergbauliche und agrarische Ressourcen. In Sasolburg befinden sich große Kohleverflüssigungsanlagen, Welkom ist ein bedeutender Mittelpunkt des Goldbergbaus und Bloemfontein Sitz des Obersten Gerichts. 6,8 % der Gesamtbevölkerung (2,8 Mio. Ew.) erwirtschaften 6,12 % des BIP. Neben Afrikaans wird hier Süd-Sotho gesprochen.

6. North West Province: Es handelt sich um ein sehr trockenes Gebiet, in dem traditionell die Tswanas leben. Insgesamt leben hier auf 116 320 km^2 3,6 Mio. Ew. Hier liegen die großen Platinbergwerke, landwirtschaftlich ist nur eine extensive Landwirtschaft (Viehzucht) möglich. Das BIP ist mit 5,6 % unterdurchschnittlich. Die größten Teile des ehemaligen Bophuthatswana liegen hier. Mafikeng, die jetzige Provinzhauptstadt, verfügt über eine sehr gute Infrastruktur und ist als Verwaltungssitz in besonderem Maße geeignet. Insbesondere bietet sich ein wirtschaftliches Potential für den Ausbau des Tourismus und der Vergnügungsindustrie (Sun City).

7. Western Cape Province: Zentrum dieses landschaftlich sehr schönen Gebietes (129 370 km^2), das entlang dem Indischen und Atlantischen Ozean liegt, ist Kapstadt. Hier befindet sich eine differenzierte verarbeitende Industrie. Außerdem spielt der Tourismus eine herausragende Rolle. Die Provinz hat die niedrigste Analphabetenrate und Arbeitslosigkeit. Landwirtschaftlich ist der Wein-, Obst- und Gemüseanbau von großer Bedeutung. Den größten Anteil der Bevölkerung stellen die Coloureds. 9 % der Gesamtbevölkerung Südafrikas (4,2 Mio. Ew.) erwirtschaften hier 13 % des BIP.

8. Eastern Cape Province: Dieses 168 580 km^2 große Gebiet ist stark agrarisch geprägt. Während es sich beim zentralen Südabschnitt um Port Elizabeth um intensiv genutztes weißes Farmland handelt, ist die Landwirtschaft im Gebiet der ehemaligen Ciskei und Transkei auf Selbstversorgung ausgerichtet. Statistisch betrachtet handelt es bei dieser Provinz um einen der ärmsten Teile Südafrikas, hervorgerufen durch die Integration der Homelands Transkei und Ciskei: 16 % der Gesamtbevölkerung (7,0 Mio. Ew.) erwirtschaften knapp 8 % des BIP! Provinzhauptstadt ist Bisho.

9. KwaZulu/Natal: Die Bevölkerung besteht mehrheitlich aus Zulus. Kernraum ist das Gebiet um Durban, wo vor allem auch Inder leben. Die Infrastruktur, insbesondere im ländlichen Siedlungsgebiet der Zulus, bedarf einer starken Entwicklung. Probleme bereitet das schnelle Bevölkerungswachstum und der damit einhergehende Mangel an Arbeitsplätzen. Mit 9,1 Mio. Ew hat KwaZulu Natal die größte Bevölkerungszahl in Südafrika. Provinzhauptstädte dieses 92 100 km^2 großen Gebietes sind Ulundi und Pietermaritzburg.

2. DIE GESCHICHTE SÜDAFRIKAS

Schnell-Überblick Geschichte

Frühe Zeit
Vor 1–3 Mio. Jahren Funde des *Australopithecus africanus* („Afrikanischer Südmenschenaffe")
Vor 500 000 Jahren Erste Funde von Steinwerkzeugen in Nord- und Osttransvaal
26000 v.Chr. Älteste Felszeichnungen von Buschmännern
300 n.Chr. Bantu sprechende Stämme kommen aus dem Norden und besiedeln Transvaal und Natal
1488 Bartolomeu Diaz segelt um das Kap der Guten Hoffnung
1497/99 Vasco da Gama umsegelt die Südspitze Afrikas auf dem Wege nach Indien

Kolonisierung
1605 Erste Schiffe der East India Company ankern am Kap
1652 Jan van Riebeeck landet in der Tafelbucht – Bau der ersten europäischen Siedlung
1688 Hugenotten treffen in Kapstadt ein
1779/91 Erste Kriege zwischen Xhosa und den nach Nordosten vordringenden weißen Siedlern
1795 Die Herrschaft der Ostindischen Companie am Kap wird beendet; die Briten übernehmen die Macht
1814 Das Land am Kap wird britische Kronkolonie

Abschaffung der Sklaverei
1834 Abschaffung der Sklaverei in Südafrika
1835 Beginn des Großen Buren-Treks nach Nordosten (Transvaal)
1838 Schlacht am Bloedriver, Sieg der Vortrekker über die Zulus
1844 Auch Natal wird britische Kronkolonie
1848 Annektion des Gebietes zwischen Vaal und Oranje durch die Briten
1852/1854 Anerkennung der Burenrepubliken Transvaal und Oranje Freistaat durch die Briten
1860 Erste Inder kommen als Zuckerrohr-Arbeiter nach Natal
1867 Erste Diamantenfunde im Norden der Kapprovinz
1877 Die Briten annektieren die burische Transvaalrepublik, verlieren jedoch 1880 das Gebiet im Krieg mit den Buren
1883/1900 Ohm Kruger regiert als Präsident die Burenrepublik Transvaal
1886 Die Goldvorkommen am Witwatersrand werden entdeckt
1899/1902 Burenkrieg, bei dem die Briten siegen

Die Südafrikanische Union

1910	Gründung der Südafrikanischen Union
1913	Das „Eingeborenen-Gesetz" untersagt Schwarzen, Land außerhalb der Reservate zu erwerben
1915	„Deutsch-Südwestafrika" (heute Namibia) wird von den Südafrikanern besetzt
1925	Afrikaans wird neben Englisch die 2. Amtssprache in Südafrika
1939	Südafrika erklärt dem Deutschen Reich den Krieg

Der Apartheidstaat

1948	Aus den Parlamentswahlen geht die Nationale Partei als Siegerin hervor und baut die Apartheid auf („Politik der getrennten Entwicklung")
1950	Verbot der kommunistischen Partei; Group Area Act (Gesetz über die Gebietseinteilung für die Bevölkerungsgruppen)
1960	Eskalation des nicht-weißen Widerstandes im Aufstand von Sharpeville. Die Regierung erklärt den Ausnahmezustand und verbietet die Befreiungsbewegungen ANC und PAC.
1961	(Weißer) Volksentscheid für die Unabhängigkeit von Großbritannien und Etablierung der „Republik von Südafrika"
1962	ANC-Führer Nelson Mandela wird verhaftet

Die Eskalation

1976	Blutige Unruhen wegen der Einführung eines nach Rassen streng getrennten Schulsystems
1976–81	Gründung von „selbstständigen" Homelands mit Selbstverwaltung (international nicht anerkannt): Transkei (1976), Bophuthatswana (1977), Venda (1979) und Ciskei (1981)
1977	Ermordung des Studentenführers Steve Biko durch die Polizei
1983	Eine neue Verfassung gestattet den Indern und Coloureds ein stark eingeschränktes Mitspracherecht, wobei Schwarze aber weiter voll ausgeschlossen bleiben
1985	Arbeitsboykott der Schwarzen im November (24 Tote, Jahr der „Halskrausenmorde" an Schwarzen, die als „weißenfreundliche" Verräter gelten)
1986	Eskalation der Gewalt – Präsident Pieter Willem Botha verhängt den Ausnahmezustand. Einige Apartheidgesetze werden aufgehoben (Passgesetze, Zuzugskontrollen, Rassentrennung in Restaurants und Hotels). Die USA und in der Folge die meisten anderen westlichen Staaten beginnen mit umfangreichen Wirtschaftsboykotts.

Die Wende

1989	Frederik de Klerk tritt als Staatspräsident Bothas Nachfolge an und deklariert als Ziel seiner Politik das Ende der Apartheid.

1990	Nelson Mandela wird aus der Haft entlassen, Oliver Tambo (ANC) kehrt aus dem Exil zurück. De Klerk kündigt Verhandlungen über eine neue Verfassung an.
1991	Die EG-Staaten sowie die USA heben nahezu alle Wirtschaftssanktionen gegen Südafrika auf. Innerhalb der „CODESA" (= Konferenz für ein demokratisches Südafrika) finden Verhandlungen über die neue Verfassung statt. Kämpfe zwischen Zulu (Inkatha-Bewegung unter Buthelezi) und Xhosa (ANC) nehmen zu.
1992	Im Referendum sprechen sich 2/3 der weißen Bevölkerung für den Reformkurs de Klerks aus. Im Juni kommt es zum Massaker von Boipatong, wo Inkatha-Anhänger im Zusammenspiel mit der Polizei ANC-Mitglieder töten. Daraufhin stellt der ANC die CODESA-Verhandlungen ein, nimmt sie aber Ende 1992 wieder auf.
1993	Frederik de Klerk und Nelson Mandela bekommen für ihr Bemühen um ein „neues", demokratisches Südafrika gemeinsam den Friedens-Nobelpreis zugesprochen.
1994	Der ANC geht bei den ersten freien Wahlen als eindeutiger Sieger hervor.
1995	Mandela verkündet am 17.02. ein Programm zur Eindämmung von Gewalttaten und Korruption.
1996	Am 1. Juli beendet die nationale Partei unter der Führung von Frederik W. de Klerk ihre Mitarbeit in der Regierung der nationalen Einheit.

Das neue Südafrika

1997	Mandela gibt in seiner Regierungserklärung dem Wohnungsbau, der Ausbildung und der Bekämpfung der Kriminalität höchste Priorität.
1998	Mandela tritt den Parteivorsitz an seinen Stellvertreter Thabo Mbeki ab. Im Oktober beendet die Wahrheitskommission ihre Arbeit und legt den Abschlussbericht vor.
1999	Der ANC gewinnt die zweiten freien Wahlen mit überwältigender Mehrheit. Thabo Mbeki wird neuer Präsident Südafrikas.
2000	Die Oppositionsparteien New National Party und Democratic Party schließen sich zusammen und bilden die Democratic Alliance.
2001	Fast 5 Millionen Südafrikaner sind mit HIV infiziert oder an AIDS erkrankt.
2002	Im August und September findet in Johannesburg die Weltgipfelkonferenz für nachhaltige Entwicklung statt, an der über 200 Länder teilnehmen.
2003	Im Mai stirbt einer der Mitstreiter Nelson Mandelas, der ehem. Generalsekretär Walter Sisulu.
2003	Nach Nadine Gordimer (1991) erhält J.M. Coetzee als zweiter Südafrikaner den Literaturnobelpreis.

Vorkoloniale Zeit

Die frühe Geschichte Südafrikas
von Dr. Karl-Günther Schneider

Wenn Südafrika als Zeugen seiner Geschichte auch keine antiken Tempel, Amphitheater oder mittelalterliche Ritterburgen aufweisen kann, so hat die Frühgeschichtsforschung doch einwandfrei festgestellt, dass bereits in archäologischen Zeiten Menschen und ihre Vorfahren das Südliche Afrika bewohnten. Aufsehen erregend waren die Entdeckungen von Raymond Dart und Robert Broom, Forscher aus dem Transvaal Museum in Pretoria. In der Zeit zwischen den Weltkriegen gelang es ihnen, in Höhlen von Transvaal Funde zu sichern, die den Beginn einer neuen Ära bei der Suche nach menschlichen Vorfahren einleiten. Sie hatten Knochen des **Australopithecus africanus** (**Afrikanischer Südmenschenaffe**) gefunden, eines Hominiden, der ungefähr vor 1–3 Mio. Jahren in Afrika gelebt hat und zu den **frühesten aller Menschenfunde** zählt. Südafrika wurde für mehr als ein Vierteljahrhundert der Brennpunkt der frühgeschichtlichen Forschung, als man „auf der Suche nach dem Menschen" das sogenannte „missing link" zwischen Affe und Mensch aufspüren wollte.

Früheste Menschenfunde

Die Fundorte der beachtenswerten Fossilien befinden sich bei **Taung** (1925), ca. 15 km nördlich von Kimberley, sowie auf den Farmen Sterkfontein (1936), Kromdrai, Swartkrans und Makapansgat (1947). Die ersten drei liegen nahe beieinander, auf halbem Weg zwischen Johannesburg und Pretoria, während Makapansgat 250 km nordöstlich von Pretoria liegt. Nach 45 Jahren fand man 1992 in einer Höhle auf der Farm Gladysvale, 40 km westlich von Johannesburg, unter zahlreichen Tierfossilien auch die Überreste eines weiteren 2,5 Mio. Jahre alten Australopithecus. Erst in den nächsten Jahren wird man alle Fossilien näher untersucht und neue, grundlegende Erkenntnisse gewonnen haben.

Wichtige Entdeckungen der Urgeschichtsforscher

Der geologische Untergrund von Transvaal besteht zum größten Teil aus Kalkschichten, die häufig Höhlen und Halbhöhlen aufweisen. Für die Ur- und Frühgeschichtsforscher waren sie besonders interessant, weil man hier umfangreiche Knochenfunde von Primaten gemacht hat. Hughes und Brain konnten mit Fossilien und Steinwerkzeugen reich bestückte Schichten freilegen. Darts Nachfolgern, Philip Tobias und Elizabeth Vrba und ihren Mitarbeitern gelang es, die Vielzahl der Knochen nach ihrer Herkunft, ob Raubtier oder Aasfresser, zu bestimmen und die Steinwerkzeuge zeitlich einzuordnen. Sie stellten fest, dass Makapansgat mit etwa 3 Mio. Jahren die älteste und Sterkfontein mit ungefähr 2,5 Mio. Jahren die zweitälteste Fundstelle ist. Die Fossilien von den Farmen Kromdrai, Swartkrans sowie von Taung sind jünger, wobei die letzteren vielleicht „nur" 700 000–900 000 Jahre alt sind. Neue Datierungstechniken könnten vielleicht in Zukunft genauere Angaben liefern.

Frühe historische Funde aus der älteren Steinzeit (500 000 Jahre) im nordtransvaalischen Lowveld und im Kruger-Nationalpark deuten darauf hin, dass auch hier Gruppen von Hominiden lebten und Steinwerkzeuge benutzten. Spuren von men-

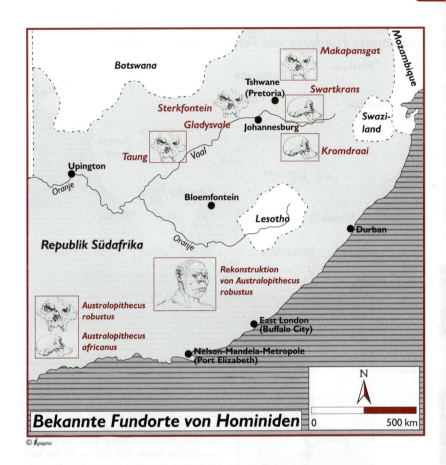

Bekannte Fundorte von Hominiden

schenähnlichen Wesen *(homo erectus)* fand man kürzlich auch im südlichen Kapland. Reiche Skelettfunde und Steinwerkzeuge entdeckte man in der Smitswinkel Bay bei Roikrans und am Bonteberg. Man rechnet sie der Stellenbosch-Kultur (ca. vor 200 000 Jahren) zu. Alle diese Funde ähneln denen aus anderen Teilen Afrikas (u.a. in Tansania, Kenia, Äthiopien). Die jüngeren Funde gleichen sogar den steinzeitlichen Stücken in Europa.

Etwa vor 70 000 Jahren – diese Zeitangabe lieferten die Archäologen der Universität Pretoria – tauchte im Südlichen Afrika der **„Homo sapiens"** auf. Seine Werkzeuge, die man ebenfalls in Höhlen fand, zeigen schon Verbesserungen und eine Vielfalt von Anwendungsmöglichkeiten. Felsmalereien an Eingangswänden oder markanten Felsüberhängen stehen teilweise in einem engen Zusammenhang mit den einzelnen Artefakten.

2. Geschichte: Vorkoloniale Zeit

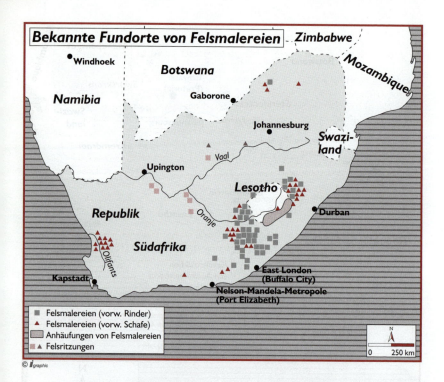

Bekannte Fundorte von Felsmalereien

- ■ Felsmalereien (vorw. Rinder)
- ▲ Felsmalereien (vorw. Schafe)
- ▨ Anhäufungen von Felsmalereien
- ■▲ Felsritzungen

Einer der sieben „Lydenburg Heads"

Ältere Schmelzstätten z.B. bei Phalaborwa im transvaalischen Lowveld deuten ferner darauf hin, dass bereits am Ende der Jungsteinzeit oberflächennahe Erze verarbeitet wurden, mit denen man bessere Waffen und Werkzeuge herstellen konnte. Man benutzte sie vermutlich nicht nur zum Kampf oder zur Jagd, sondern auch zu einer einfachen Bodenbearbeitung (Getreideanbau) und zur Viehhaltung.

Verzierte Töpfe dienten als Vorratsbehälter für Fleisch, Getränke und Früchte. Diese Fundstücke werden der frühen Eisenzeit zugerechnet (200–900 n. Chr.). Weitere Geräte und Siedlungsreste (Wüstungen) im Nordosten Südafrikas weisen auf eine mittlere (900–1500 n. Chr.) und eine späte Eisenzeit (1500–19. Jh.) hin. Man nimmt an, dass die damalige Bevölkerung größere, mit Steinwällen umgebene

Siedlungen anlegten, so dass es zu einer permanenten Besiedlung und Landnutzung an ausgesuchten Plätzen im feuchten Ostteil des Landes kam (vgl. die weltbekannten „Zimbabwe-Ruins" im gleichnamigen Nachbarstaat).

Wegen weiterer ertragreicher Fundstätten in Ostafrika (Olduwayschlucht, Uferregion des Turkanasees) nimmt man an, dass mehrfach Wanderungsbewegungen von größeren und kleineren bantusprachigen Bevölkerungsgruppen aus den ostafrikanischen Savannenlandschaften stattgefunden haben, die letztlich bis nach Transvaal und in die übrigen Regionen des Südlichen Afrika führten.

San – Buschleute

Wenn die **Buschleute** (San) auch als die älteste heute noch in Botswana und Namibia präsente Bevölkerungsgruppe gelten, gehören sie doch nicht zur Urbevölkerung. Dies konnten die Archäologen aufgrund der erwähnten Funde einwandfrei nachweisen. Vielmehr nehmen sie wie die Afrikanisten an, dass die kleinwüchsigen Wildbeuter (Körpergröße ca. 160 cm) aus dem östlichen Afrika zu-

Frühgeschichtliche Darstellung von Haustieren

Wanderbewegungen

nächst in die feuchteren Regionen Südafrikas abgedrängt wurden, als Hirten- und Bauernvölker ihnen den Lebensraum in den ostafrikanischen Savannen nahmen. Den bald nachwandernden Bantu-Völkern mussten sie wiederum weichen und sich in die Trockengebiete des Landesinneren (Kalahari) bis in das heutige Staatsgebiet von Botswana und Namibia zurückziehen.

Diese Regionen waren unattraktiv für den Ackerbau und die Großviehhaltung sowohl der Bantu als auch der später von Südwesten vorstoßenden weißen Farmer. Es begannen regionale Auseinandersetzungen der Bantu mit den einzelnen San-Gruppen. Sie zogen sich über Jahrhunderte bis in die Gegenwart hin.

Diese historische Entwicklung, insbesondere die Wanderbewegungen der einzelnen Bantu-Völker, der in Kleingruppen lebenden Buschmänner (aus dem holl. bosjeman) und der verwandten Nama (früher Hottentotten) sowie die spätere Einwanderung der Europäer (ab 1652 von Kapstadt aus), liefert einen ersten **Erklärungsansatz für die heutige Bevölkerungsverteilung**.

Erste überseeische Kontakte

Schon in vorchristlicher Zeit gab es nachweislich **Kontakte von der Alten Welt nach Südafrika**. So wissen wir aus den Berichten des griechischen Geschichtsschreibers Herodot (490–420 v. Chr.), dass der ägyptische Pharao Necho (Regierungszeit 609–595 v. Chr.) phönizische Schiffe aussandte, die vom Roten Meer aus durch den Indischen Ozean die Südspitze Afrikas umsegelten und nach drei Jahren durch die Straße von Gibraltar ins Mittelmeer und nach Ägypten zurückkehrten.

Aus anderen Quellen wird ersichtlich, dass der Karthager Hanno etwa um 520 v. Chr. mit einem Geschwader von 60 Ruderschiffen den Kontinent von Westen her umfahren haben soll.

Wie weit die Araber, die mit Beginn des Mittelalters Handelsniederlassungen an der Ostküste Afrikas gründeten, nach Süden vordrangen, lässt sich nicht mit Bestimmtheit sagen. Ebenso kann nicht genau festgestellt werden, ob nicht vielleicht auch Seefahrer aus Venedig und Genua schon im Mittelalter den Kontinent umsegelten. Und schließlich ist sogar denkbar, dass auch Indonesier, die bereits vor dem Jahre 1000 auf Madagaskar Fuß gefasst hatten, anschließend bis an die südafrikanische Küste vorstießen.

Die Portugiesen an der Südküste Afrikas

Erste Europäer im Südlichen Afrika

Die ersten Europäer, die in der Neuzeit den Boden Südafrikas betraten, waren die Portugiesen. Beseelt von dem Wunsch, den Seeweg nach Indien zu finden, hatten sie seit Beginn des 15. Jahrhunderts Erkundungsfahrten entlang der westafrikanischen Küste unternommen und waren dabei allmählich immer weiter nach Süden vorgedrungen. 1485 erreichte mit **Diego Cao** erstmals ein portugiesischer Seefahrer nördlich des heutigen Swakopmund die Küste Südwestafrikas/ Namibias und errichtete dort ein Kreuz (Kreuzkap). Fast drei Jahre später landete **Bartolomeu Diaz** im späteren Walfischbaai, danach in der heutigen Lüderitzbucht, und anschließend umsegelte er das „Kap der Stürme", das bald in Kap der Guten Hoffnung umbenannt wurde. Er fuhr noch weiter bis zur Mündung des Großen Fischflusses, der späteren Mossel Bay, welcher er damals den Namen „Angra dos Vaqueiros" gab, weil dort riesige Herden von Kühen mit Hirten gesichtet wurden. In den Jahren 1497/99 reiste **Vasco da Gama** um das Kap. Auch er stellte, ebenso wie vorher schon Diaz, an mehreren Stellen der Küste Kreuze auf, die z.T. heute noch zu sehen sind.

Die Portugiesen beim Aufstellen eines „padraos". Gemälde von Charles Davidson Bell (19. Jh.)

Ab 1500 reisten ständig portugiesische Schiffe in die indischen Kolonien, wobei Mossel Bay als eine der wichtigsten Zwischenstationen galt, bei der Proviant und Frischwasser aufgenommen wurden. 1503 entdeckte der Seefahrer Antonio da Saldanha die Tafelbucht.

Holländische Besiedlung

Der Beginn der holländischen Besiedlung

Im Jahre 1647 strandete in der Tafelbucht die „Nieuw Haarlem", ein holländisches Schiff, das sich auf der Rückreise von Indien befand. Die sechzig an Bord befindlichen Personen überlebten zwar, und auch die Ladung wurde geborgen, doch mussten die Schiffbrüchigen ein ganzes Jahr lang warten, bis sie von der aus Indien kommenden niederländischen Flotte zurück in die Heimat mitgenommen wurden. Unter Leitung des Unterkaufmanns Leendert Janszen bauten die Holländer in der Zeit ihres unfreiwilligen Aufenthaltes am Kap eine kleine Festung am Fuß des Tafelberges, legten Gärten an und ernährten sich ansonsten vom Fischfang, der Jagd und dem Handel mit den Eingeborenen.

Zufällige Begegnung

Kaum wieder in Europa, legte Janszen 1649 der Niederländisch-Ostindischen Kompanie (VOC = Vereenigde Nederlandsche Geoctroeerde Oost-Indische Compagnie) einen Plan zur Errichtung einer ständigen Station sowie eines Gartens am Kap der Guten Hoffnung vor. Die Direktoren der VOC stimmten zu und fassten 1650 einen entsprechenden Beschluss. Die Stelle des Kommandanten der zu errichtenden Station wurde Jan van Riebeeck zugesprochen, der sich zwei Jahre

2. Geschichte: Holländische Besiedlung

zuvor auf einem jener Schiffe befunden hatte, welche auf ihrer Heimreise nach Holland Janszen und die gestrandete Besatzung in der Tafelbucht an Bord nahmen.

Am Weihnachtsabend des Jahres 1651 lief **Jan van Riebeeck** mit einer kleinen Flotte, bestehend aus fünf Schiffen, von der Insel Texel aus. In seiner Begleitung befanden sich 90 Menschen, darunter auch acht Frauen, die am Kap bleiben und dort die Station aufbauen sollten, außerdem Offiziere und Beamte der VOC. Ihr Auftrag bestand darin, eine Festung für 80 Mann zu errichten und zusätzlich einen Garten mit Obst und Gemüse anzulegen. Man wollte also lediglich eine Zwischenstation zur Verpflegung und Frischwasserversorgung der um das Kap fahrenden Schiffe der Niederländisch-Ostindischen Kompanie (= VOC) gründen; an eine Siedlungskolonie hingegen war nicht gedacht.

Am 6. April 1652 ging van Riebeeck mit den ersten drei Schiffen seiner Flotte in der Tafelbucht vor Anker; zwei Tage später wurde mit dem Bau der Festung begonnen. Diese war am 3. August schon so weit fertig gestellt, dass man sie beziehen und damit die Zelte und Holzhütten, die bisher als vorläufige Quartiere gedient hatten, verlassen konnte. Ende 1652 war der Ausbau des Forts abgeschlossen.

Die anfängliche Entwicklung des Stützpunktes stellte die Erwartungen der VOC jedoch nicht zufrieden. Van Riebeeck wurde immer wieder ermahnt, die Kosten möglichst gering zu halten und sich selbst zu versorgen. So kam er bald auf die Idee, die Bewirtschaftung des Landes um die Station herum freien Bauern zu übertragen. Diese sollten sich nach seinen Vorstellungen aus entlassenen Angestellten der VOC rekrutieren. Bereits 1655 wurde der Plan genehmigt, und als zwei Jahre später ein Abgesandter der VOC das Kap besuchte, konnte er diesbezügliche Hilfszusagen machen. Noch im gleichen Jahr wurde dem ersten Kompanieangestellten, einem Deutschen aus Köln, ein Freibrief ausgestellt. Weitere folgten, wobei die Bedingung galt, dass die Freibauern von niederländischer oder deutscher Abstammung sein mussten. Tatsächlich dienten damals viele Deutsche, vor allem aus Nordwestdeutschland, in den Reihen der VOC; sie hatten ihre Heimat in oder nach den Wirren des Dreißigjährigen Krieges verlassen.

Jan van Riebeeck

Vom Stützpunkt zur Siedlungskolonie

Mit der Landvergabe vollzog sich zugleich eine Entwicklung vom **Stützpunkt hin zur Siedlungskolonie** freier Bürger, die das Gebiet in der Folge als ihre Heimat empfanden. Es war geradezu natürlich, dass dies zur Konfrontation mit der Urbevölkerung, den Hottentotten, führen musste. 1659 kam es zur ersten größeren Auseinandersetzung, weil die Siedler den Eingeborenen Weideland weggenommen hatten.

Unter der Herrschaft der Niederländisch-Ostindischen Kompanie

Als Jan van Riebeeck 1662 Südafrika verließ, war Kapstadt immerhin schon ein Ort mit vier Straßen und 200 weißen Einwohnern. Die Verwaltung lag in den Händen eines Politischen Rates, der legislative, exekutive und judikative Befugnisse besaß und der dem Generalgouverneur Niederländisch-Ostindiens in Batavia unterstellt war. Wenngleich die wirtschaftliche Entwicklung etliche Fortschritte gemacht hatte – 1659 wurden beispielsweise schon die ersten Weintrauben am Kap geerntet –, so war die Station doch immer noch ein Zuschussposten.

Aktive Kolonisation

Ab 1681 wurden politische Verbannte aus Indonesien nach Südafrika deportiert. Sie bildeten später die Gruppe der sog. **Kap-Malaien**, von denen viele als ausgezeichnete Handwerker tätig wurden. Seit 1685 setzte sich die VOC für eine aktive Kolonisation des Kaplandes ein. Damit wurde aus dem bisherigen Verpflegungsstützpunkt endgültig eine richtige **Siedlungskolonie**. Schon 1688 traf eine Gruppe von 146 Hugenotten in Kapstadt ein, die wegen ihres Glaubens Frankreich hatten verlassen müssen. Sie assimilierten sich relativ schnell, doch erinnern noch heute französische Familiennamen sowie der Ort Franschhoek mit seinem Hugenottendenkmal an ihre Einwanderung.

Als Simon van der Stel 1679 sein Amt antrat, zählte die Kolonie 290 weiße Personen, davon 87 Freibürger und 117 Kinder. Als sich der Gouverneur 20 Jahre später am Kap zur Ruhe setzte, gab es bereits 402 weiße Männer, 224 Frauen und 521 Kinder; die Zunahme der Bevölkerung war somit nicht mehr von der Einwanderung abhängig.

Vergelegen (um 1711):
Van der Stels Anwesen wurde mit korrupten Mitteln angelegt

Seit Beginn des 18. Jahrhunderts stellten sich die am Kap ansässigen Freibürger in zunehmendem Maße den Bestrebungen der Niederländisch-Ostindischen Kompanie (= VOC) entgegen, weitere Siedler ins Land zu holen. Sie befürchteten eine weitere Aufteilung des Landes und sahen dadurch ihre soziale Stellung gefährdet. Die VOC gab letztlich nach, und so wurde Südafrika kein Einwanderungsland für Weiße – im Gegensatz zu Nordamerika etwa. Stattdessen importierte man mehr und mehr Sklaven.

In Kapstadt und in den anderen Orten entwickelte sich im Laufe des 18. Jahrhunderts ein immer selbstständiger und selbstbewusster werdendes **Bürgertum**. Daneben war seit 1700 eine vermehrte Abwanderung von weißen Farmern ins

Trekboer

Inland zu beobachten, die für ihre Schafe und Rinder neue, größere Weiden benötigten. Diese Viehbauern (= Trekboer, daher auch die Ableitung des Namens „Buren") entwickelten eine eigene Mentalität und entzogen sich mehr und mehr dem Einfluss der Kapstädter Zentralverwaltung. Ihr Leben und ihre Einstellungen waren geprägt von dem dauernden Konflikt mit den Völkern der Buschleute und der Xhosa, denen sie das Land streitig machten.

1707, am Ende der Amtszeit des Gouverneurs William Adriaan van der Stel (Sohn von Simon), betrug die Zahl der Kolonisten schon 803 Erwachsene und 820 Kinder; 1743 war sie auf rund 4 000 angewachsen, wozu noch etwa 1 500 Angestellte der VOC kamen. Vier Jahre vorher hatte mit **Hendrik Swellengrebel** zum ersten Mal ein bereits im Kapland geborener Gouverneur die Amtsgeschäfte übernommen.

Teilweise bedingt durch die **Korruption ihrer Beamten**, hatte die VOC inzwischen einen unaufhörlichen wirtschaftlichen Niedergang zu verzeichnen. Die Niederlassung am Kap bildete ihren größten Verlustposten. Die Kompanie sah sich außerstande, die holländischen Siedler wirksam gegen die vordringenden Xhosa zu schützen. Überdies beherrschte Großbritannien jetzt unangefochten die Weltmeere.

1791 sandte die VOC zwei Generalkommissare nach Kapstadt, welche die Zustände in der Kolonie untersuchen sollten. Zwar gelang es ihnen, in den beiden

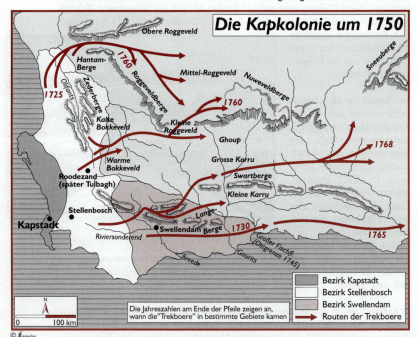

folgenden Jahren etliche Missstände zu beseitigen, doch ließ sich der finanzielle Zusammenbruch der Kompanie praktisch nicht mehr aufhalten. Die Reformen kamen zu spät, und so musste die VOC 1794 ihren Bankrott erklären.

Die Schwäche und Unfähigkeit der Kolonialverwaltung am Kap sowie die neuen Freiheitsideale in den USA und in Frankreich zeigten bald auch in Südafrika Folgen: 1795 riefen die Bürger der Ortschaften Swellendam und Graaff-Reinet die ersten **Burenrepubliken** aus, die allerdings noch im gleichen Jahr mit der britischen Besitzergreifung des Landes ihr Ende fanden.

Ausrufung der ersten Burenrepublik

Buren und Briten

Südafrika als britische Kolonie

Nach dem vernichtenden Sieg der britischen Flotte über die Franzosen bei Trafalgar 1805 kontrollierte Großbritannien allein und ungestört die internationalen Gewässer. Die **erneute Besetzung der Kapkolonie** ließ nicht lange auf sich warten: Anfang 1806 landeten britische Truppenverbände, die den holländischen zahlenmäßig weit überlegen waren. Die Gegenwehr der Holländer war dementsprechend schwach und wurde schon nach zwei Wochen ganz aufgegeben. Südafrika wurde wieder britische Kronkolonie. Die Bevölkerung am Kap setzte sich zu diesem Zeitpunkt wie folgt zusammen: rund 26 000 Weiße, 20 000 Nama und 30 000 Sklaven. Gleichzeitig mit der Übernahme der Verwaltung durch die Briten erfuhr aber auch das Verhältnis der verschiedenen Ethnien untereinander eine Neuordnung. Dies geschah vor allem durch den Einfluss der in England bedeutsamen philanthropischen Bewegung, die sich für die Gleichheit aller Menschen und die Unverletzlichkeit der Menschenwürde einsetzte. So wurde bereits 1807 jeglicher Sklavenhandel auf britischen Schiffen untersagt.

Zwei Jahre später erfolgte die sog. Hottentotten-Gesetzgebung, eine Proklamation, durch welche die Nama zu britischen Untertanen erklärt, die Reste ihrer Häuptlingsherrschaft beseitigt und sie den Gesetzen und der Gerichtsbarkeit der Weißen unterstellt wurden. Außerdem wurden sie zu einem festen Wohnsitz, zum Tragen eines Passes sowie zur amtlichen Beurkundung ihrer Dienstverträge mit Weißen verpflichtet.

1828 stellte die Kapverwaltung die Hottentotten durch die „Verordnung Nr. 50" – die sog. **„Magna Charta der Hottentotten"** – in ihren bürgerlichen Rechten den Weißen völlig gleich. Sie sicherte ihnen also Bewegungsfreiheit im Lande zu, ermöglichte ihnen Landbesitz und schaffte auch den Arbeitszwang ab.

Rechtliche Gleichstellung

2. Geschichte: Buren und Briten

Aufhebung der Sklaverei

In gleicher Weise wurde die Gesetzgebung zur Sklaverei reformiert. Nach dem oben erwähnten **Verbot des Sklavenhandels** ordnete der Gouverneur 1816 die Registrierung aller Sklaven in der Kolonie an, um dem illegalen Menschenhandel entgegenzuwirken. 1820 wurde den ans Kap kommenden ersten britischen Siedlern gleich von Anfang an der Gebrauch von Sklavenarbeit verboten. 1823 erfolgte eine Proklamation, welche die Sklavenarbeit erheblich einschränkte, und 1833 schließlich erließ das britische Parlament das entscheidende Gesetz zur Aufhebung der Sklaverei in allen überseeischen Besitzungen vom 1.12.1834 an.

Diese Maßnahmen führten zur Entfremdung zwischen der britischen Verwaltung und den Buren, da letztere sich entsprechend ihrem streng calvinistisch ausgerichteten religiösen Verständnis als geborene Herren ansahen. Die Gleichstellung ihrer schwarzen Diener lehnten sie als eklatanten Verstoß gegen die ihrer Ansicht nach biblische Sozialordnung ab. Die Fronten verhärteten sich mit der Zeit immer mehr und bildeten den Beginn einer Feindschaft zwischen den beiden europäischen Völkern, die das gesamte 19. Jh. bestimmen sollte.

In dem in der Folge des Endes der napoleonischen Herrschaft geschlossenen Londoner Vertrags von 1814 mussten die **Niederlande die Kapkolonie auch de jure endgültig an Großbritannien abtreten**. Die Regierung in London hatte inzwischen den strategischen Wert des Landes an der Südspitze des Kontinents für ihre Flotte erkannt und die Niederländer wären militärisch nicht in der Lage gewesen, Großbritannien die Kolonie wieder abzunehmen.

Machtübernahme der Briten

Mit der endgültigen Machtübernahme durch die Briten setzte nun eine zunehmende **Anglisierung am Kap** ein. Bedingt durch die fortschreitende Industrielle Revolution und die damit verbundene Armut und Arbeitslosigkeit verließen zu Beginn des 19. Jahrhunderts viele Briten ihre Heimat und wanderten nach Übersee aus. Am 9. April 1820 gingen die ersten 4 000 britischen Siedler in Algoa Bay, dem späteren Port Elizabeth, an Land. Die meisten von ihnen waren Handwerker. Mit der Forcierung der britischen Einwanderung und der Verschiebung der weißen Bevölkerungszusammensetzung zugunsten des englischsprachigen Elements änderte sich das Leben in der Kolonie. Die städtischen Kap-Holländer assimilierten sich, während die Buren auf dem Land, die der britischen Kolonialpolitik mit völligem Unverständnis begegneten, sich noch mehr entfremdeten. Die Gleichbehandlung der Schwarzen, die mangelnde Selbstverwaltung zugunsten einer starken Zentralregierung in Kapstadt und die fortschreitende Anglisierung des öffentlichen Lebens verstärkten zunehmend die Unzufriedenheit.

Das leitete letztlich die in die Geschichte als der „Große Trek" eingegangene Massenauswanderung von mehr als 10 000 Buren, den sog. „Voortrekkern", aus der Kapkolonie nach Norden und Nordosten ein. Diese Völkerwanderung ab 1835, die erst mit Gründung der beiden Burenrepubliken rund zwanzig Jahre später ihr Ende fand, trug entscheidend zur Ausdehnung des südafrikanischen Staatsgebildes auf seine heutige Größe und Form bei.

Britische Kolonien und Burenrepubliken

Entstehung der Burenrepubliken

Louis Trichardt und **Hans van Rensburg** waren die beiden ersten Anführer größerer Treks, die 1835 auszogen und den Norden Transvaals sowie die portugiesische Ostküste erschlossen. Doch die meisten Teilnehmer dieser Treks wurden durch Eingeborene getötet oder fielen dem Fieber und Krankheiten zum Opfer. Im folgenden Jahr verließ der dritte Auswanderer-Zug unter der Führung von **Andries Hendrik Potgieter** die Kapkolonie. Im Oktober 1836 mussten sie sich in der „Schlacht von Vegkop" gegen eine zahlenmäßig erdrückende Mehrheit von Matabele-Kriegern wehren. Zwar gewannen sie den Kampf, aber ihr gesamtes Vieh wurde von den Schwarzen geraubt.

Beginn der „Großen Treks"

So vereinigte man sich bald darauf mit einem vierten Trek unter **Gert Maritz** im Gebiet von Thaba'nchu (im späteren Oranje-Freistaat), wo ein großes Lager der Auswanderer entstand. Hier wurde im Dezember 1836 eine allgemeine Volksversammlung abgehalten, in der eine erste vorläufige Regierung der Buren entstand. Maritz wurde Vorsitzender des „Bürgerrates", Potgieter „Generalkommandant".

Im Jahr darauf traf der fünfte Burentrek unter **Piet Retief** in Thaba'nchu ein. Damit waren dort rund 5 000 **Voortrekker** vereint, und nun ging man auch daran, die Grundlagen einer staatlichen Ordnung zu schaffen. Im April 1837 wurde eine Verfassung verabschiedet. Wegen eines inzwischen ausgebrochenen Streits zwischen Potgieter und Maritz wurde Piet Retief zum „Gouverneur und Generalkommandanten" gewählt, Maritz blieb Vorsitzender des Bürgerrates.

Endgültiges Ziel der Wanderbauern sollte Natal werden. Retief zog mit seinem Trek voran. Bei Verhandlungen über Landerwerb mit dem **Zulu-König Dingane** wurden er und seine Begleiter Anfang Februar 1838 auf Befehl des Eingeborenenherrschers ermordet. Es folgten mehrere Angriffe der Zulus auf die Voortrekker-Lager, wobei es zahlreiche Verluste gab und auch der Trekführer Piet Uys getötet wurde. Potgieter zog daraufhin in das südwestliche Transvaal.

Im September 1838 starb der Führer der Buren in Natal, Gert Maritz. Als Generalkommandant wurde nun Andries Pretorius gewählt, der sogleich zum Vergeltungsschlag gegen den Zulu-König Dingane rüstete. Am 16. Dezember 1838 wurde die über 10 000 Mann starke Hauptstreitmacht der Zulus in der **„Schlacht am Bloedriver"** vernichtend geschlagen. Nun war der Weg frei zur Errichtung der ersten Burenrepublik in Natal. Im März 1839 wurde die Hauptstadt Pietermaritzburg gegründet (Zusammensetzung aus den Namen der beiden Voortrekker-Führer Piet Retief und Gerd Maritz). Allerdings war dem neuen Staat kein langer Bestand beschieden. Als die Buren im Laufe des Jahres 1841 damit begannen, mehrere Tausend Schwarze in einem Reservat an der Südgrenze Natals anzusiedeln, stellte dies in den Augen des britischen Gouverneurs der Kapkolonie eine Bedrohung seiner Ostgrenze dar. Nach einem kurzen Kampf mussten die Buren im Juli 1842 kapitulieren. Natal wurde von den Briten zunächst nur als besetztes

Sieg über die Zulus

2. Geschichte: Britische Kolonien und Burenrepubliken

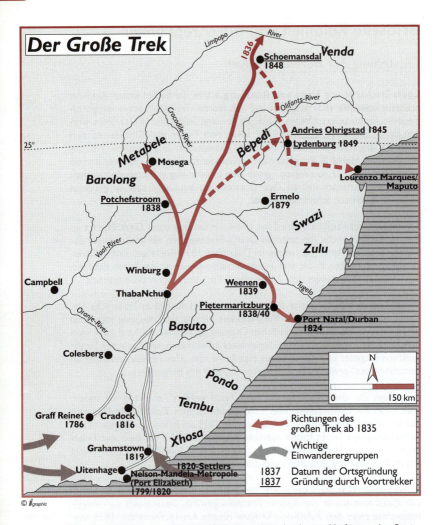

Gebiet betrachtet, am 31. Mai 1844 dann aber durch eine Verfügung der Regierung in London endgültig zu einem Teil der Kapkolonie erklärt. In der folgenden Zeit wanderte der größte Teil der Buren ins Hochfeld ab; dafür kamen bis 1851 rund 4 000 britische Siedler nach Natal.

Im Februar 1848 vergrößerte der Gouverneur die Kapkolonie weiter, indem er das gesamte Land zwischen den Flüssen Vaal und Oranje und den Drakensbergen als „Hoheitsgebiet Oranje" annektierte. Dies führte zu weiteren Unruhen mit den in das Gebiet nördlich des Vaal-Flusses abgewanderten Voortrekker-Buren. In zähen Verhandlungen konnten sie schließlich erreichen, dass Großbritannien ihnen im **Sandrivier-Vertrag** vom 17. Januar 1852 die Unabhängigkeit Transvaals zusicherte. Die Konsolidierung eines geordneten Staatsgebildes in diesem Gebiet sollte jedoch noch einige Jahre auf sich warten lassen; erst um die Jahreswende 1856/57 kam es dort zur Gründung der „Südafrikanischen Republik", deren erster Staatspräsident Marthinus Wessel Pretorius wurde. Er war der Sohn von Andries Pretorius, nach dem die bereits 1855 gegründete Hauptstadt Pretoria benannt wurde.

Trekburen auf dem Weg durch die Halbwüste Karoo (um 1830)

Gründung der Südafrikanischen Republik

Ein zweiter Burenstaat entstand 1854 im Gebiet zwischen den Flüssen Vaal und Oranje, das erst 1848 vom Gouverneur der Kapkolonie einverleibt worden war. Da die britische Verwaltung hier jedoch von Anfang an mit dem Widerstand der Buren wie auch des Eingeborenen-Volkes der Sotho zu kämpfen hatte, und überdies der Landstrich wirtschaftlich nur von untergeordneter Bedeutung war, entschloss man sich schon bald wieder zur Aufgabe desselben. In dem am 23. Februar 1854 abgeschlossenen Vertrag von Bloemfontein erhielten alle zwischen Vaal und Oranje lebenden Buren die Unabhängigkeit. Dies führte zur **Bildung des Oranje-Freistaats**, zu dessen erstem Präsidenten Josias Philippus Hoffmann gewählt wurde.

Politische Entwicklung in der zweiten Hälfte des 19. Jahrhunderts

1877 kam es zu Unruhen an der Ostgrenze, was zum neuen Krieg mit den Xhosa führte, der sich über zwei Jahre hinzog. Nach dessen Beendigung wurden 1879 Ostgriqualand und der größte Teil der Transkei annektiert. Um schließlich möglichen deutschen Kolonialambitionen zuvorzukommen, erklärte Großbritannien 1885 vorsorglich die gesamte Küste zum Protektorat. Unter der Ministerpräsidentschaft von **Cecil Rhodes** erfolgte dann 1894 der endgültige Anschluss des gesamten Landes zwischen dem Kei-Fluss und Natal an die Kapkolonie. 1885 wurde das Gebiet südlich des Molopo-Flusses als Kronkolonie Betschwanaland unter britischen Schutz gestellt, 1895 der Kapkolonie eingegliedert. Im gleichen Jahr erfolgte die Proklamation des Landes nördlich vom Molopo zum „Protektorat Betschwanaland" (heutiges Botswana).

Mit der **Ankunft der ersten Inder** im Jahre 1860 trat ein Ereignis ein, das erhebliche Auswirkungen auf die zukünftige Bevölkerungsstruktur Natals haben sollte. Einige der eingewanderten europäischen Farmer hatten vorher auf der Insel Mauritius den Zuckerrohranbau kennengelernt und begannen nun auch in ihrer neuen Heimat mit der Anpflanzung dieser Kultur. Schon bald verzeichnete

Einwanderungen von Indern

man erste gewinnbringende Erfolge. Es zeigte sich aber auch, dass die schwarzen Arbeitskräfte, die ja eigentlich in genügender Anzahl vorhanden waren, aufgrund mangelnder Erfahrungen im Ackerbau nur in begrenztem Maße zum Einsatz auf den Plantagen zu gebrauchen waren. So besann man sich auf die positiven Arbeitsergebnisse, die auf Mauritius mit indischen Vertragsarbeitern gemacht worden waren und holte diese nun auch nach Natal. Die Arbeitsverträge lauteten auf fünf Jahre; danach konnten sie noch einmal um den gleichen Zeitraum verlängert werden. Nach Ablauf des Vertrages blieb es jedem Inder überlassen, in seine Heimat zurückzukehren oder aber in Natal zu bleiben, wo er auch Landbesitz erwerben konnte.

Ankunft der ersten Inder in Südafrika

Während sich der Oranje-Freistaat unter der Führung außerordentlich fähiger Männer zusehends zu einer Art politischer und wirtschaftlicher **Musterrepublik** entwickelte und dafür auch eine entsprechende Achtung im Ausland genoss, gaben die Zustände in der Südafrikanischen Republik mit der Zeit Anlass zur Besorgnis. Die politischen Führer des Staates waren untereinander derart zerstritten, dass dies zwangsläufig eine Schwächung der Aktionsfähigkeit von Regierung und Verwaltung nach sich zog.

Wirtschaftlich und finanziell trieb das Land einem langsamen Ruin entgegen, und an seinen Grenzen kam es immer wieder zu verlustreichen Gefechten mit Eingeborenenstämmen. 1876 entschloss sich Präsident Burgers zu einem Feldzug gegen den mächtigen Sotho-Häupling Sek Hukhune, wurde von diesem jedoch zunächst vernichtend geschlagen. Zwar gelang es im folgenden Jahr, den Eingeborenenherrscher mit Hilfe einer schnell angeworbenen Söldnertruppe doch noch zu besiegen, aber die Ereignisse hatten deutlich vor Augen geführt, dass die Südafrikanische Republik am Ende ihrer Kräfte, ja kaum noch regierungsfähig war.

Zusammenschluss von Kolonien und Burenrepubliken

In dieser **Schwäche** sah Großbritannien eine Gefahr für die allgemeine Sicherheit der europäischen Kolonien im Südlichen Afrika. Es mehrten sich daher die Stimmen derjenigen, die ein Eingreifen Londons für notwendig erachteten. Dabei spielten nicht zuletzt auch wirtschaftliche Erwägungen eine Rolle, nachdem in Transvaal immer mehr ergiebige Goldfunde gemacht worden waren. Der damalige britische Kolonialminister, Lord Carnarvon, der schon 1867 den Zusammenschluss Kanadas zu einer Konföderation herbeigeführt hatte, fasste den Plan, die britischen Kolonien und Burenrepubliken Südafrikas zu einer Union zusammenzuschließen. Auf der hierzu im Mai 1876 einberufenen **Londoner Konferenz** zeigte sich aber, dass keineswegs Einmütigkeit für einen solchen Plan bestand: Der Oranje-Freistaat war nicht dafür zu gewinnen, die Südafrikanische Republik hatte gar nicht erst Vertreter entsandt, und selbst aus der Kapkolonie fehlte eine

Abordnung, weil man auch dort den britischen Plänen nur sehr abwartend gegenüberstand. Nur Natal unterstützte die Sache Londons voll und ganz.

In den Verhandlungen über eine mögliche Union taten sich vor allem zwei Männer hervor: auf der britischen Seite *Sir Theophilus Shepstone*, Staatssekretär für Eingeborenenfragen in Natal, und *Paul Kruger* auf der burischen Seite, der 1883 mit überwältigender Mehrheit zum Präsidenten der Südafrikanischen Republik gewählt wurde.

Verhandlungen für eine Union

So war es im Wesentlichen Natal, das die Sache Londons voll und ganz unterstützte. Von dort kam denn auch der Mann, der nach seiner Rückkehr nach Südafrika im Auftrag Lord Carnarvons vollendete Tatsachen schaffen sollte: **Sir Theophilus Shepstone**, Staatssekretär für Eingeborenenfragen in Natal und Vertreter dieser Kolonie bei der Londoner Konferenz, überschritt im Januar 1877 mit einigen Beamten und einer Eskorte von 25 Polizisten ungehindert die Grenze der Südafrikanischen Republik.

Fast drei Monate lang verhandelte er in Pretoria mit der politischen Führung des Staates und versuchte diese für die Unionspläne Lord Carnarvons zu gewinnen. Er wies dabei wiederholt auf die drohende Eingeborenengefahr hin, deren das Land sich nur noch mit britischer Hilfe erwehren könne. Am 12. April 1877 schließlich verlas Sir Shepstone vor dem Regierungsgebäude der Hauptstadt eine Proklamation, durch welche die **Südafrikanische Republik zur britischen Kolonie** erklärt wurde. Zwar erhob Präsident Burgers formalen Protest, doch zeigt die Tatsache, dass selbst angesichts der nur kleinen britischen Kommission kein größerer Widerstand sichtbar wurde, in welch schwacher Verfassung sich der Staat zuletzt befand.

Paul Kruger

Allerdings wuchs in den folgenden Jahren – z.T. bedingt dadurch, dass die britische Administration eine unglückliche Hand in ihren Entscheidungen zeigte – der Widerstandsgeist der Transvaaler Buren, und Ende 1880 kam es zum allgemeinen Aufstand gegen die Besatzungsmacht. Trotz ihrer militärischen Übermacht mussten die Briten empfindliche Niederlagen einstecken, die letztlich dazu führten, dass am 3. August 1881 der Friedensvertrag von Pretoria unterzeichnet werden konnte, in dem Transvaal die weitgehende Selbstregierung unter der Oberhoheit der britischen Krone zugestanden wurde. Auf burischer Seite hatte sich bei den Verhandlungen ein Mann hervorgetan, der später noch eine große Rolle spielen sollte: **Paul Kruger**. Nachdem er 1883 mit überwältigender Mehrheit zum Präsidenten gewählt worden war, reiste er im Jahr darauf nach London und erreichte dort praktisch die Beendigung der britischen Oberhoheit über sein Land, das sich hinfort wieder Südafrikanische Republik nennen durfte.

Erste Goldfunde

1886 wurden die großen **Goldlagerstätten am Witwatersrand entdeckt**, die ein ungeahntes Wirtschaftswachstum nach sich zogen. Mit dem Goldrausch strömten in großer Zahl neue Einwanderer in die Südafrikanische Republik, um hier ihr Glück zu finden. Schon um die Mitte der neunziger Jahre setzte sich die weiße Bevölkerung Transvaals aus rund 80 000 Buren, aber fast doppelt so vielen Ausländern zusammen – wozu allerdings auch die Buren aus der Kapkolonie gezählt wurden –, und die junge Stadt Johannesburg bestand zu annähernd 85 % aus Ausländern. Dies führte zu sozialen Spannungen, da die Gastarbeiter einen den Buren gänzlich fremden Lebensstil pflegten: Aufgrund ihrer besseren europäischen Schulbildung und ihres technischen Know-hows brachten sie ein anderes, offeneres Weltbild mit. Während die Buren weitab von den Zentren der Zivilisation ein Leben in einfacher bäuerlicher Art, weitgehend geprägt von strengen religiösen Vorstellungen, führten. Nahezu das gesamte Kapital, das den wirtschaftlichen Aufstieg des Staates überhaupt erst ermöglichte, befand sich im Besitz der Zugereisten, die jedoch von den eingesessenen Buren, die um ihre Privilegien fürchteten, als Menschen zweiter Klasse behandelt wurden.

In diesen Problemen erblickte der damalige Premierminister der Kapkolonie, *Cecil John Rhodes*, eine günstige Gelegenheit, die alten Pläne für ein vereintes britisches Südafrika wieder aufleben zu lassen. Dabei setzte er voll und ganz auf die Unterstützung der in Transvaal lebenden Ausländer bzw. deren Unzufriedenheit mit den bestehenden Verhältnissen.

1897 traf am Kap der neu ernannte Gouverneur, **Sir Alfred Milner**, ein, der von Anfang an keinen Zweifel daran ließ, dass er den sich verschärfenden Gegensatz zwischen Buren und Briten im Südlichen Afrika notfalls mit Gewalt lösen werde. Die gegenseitigen verbalen Angriffe zwischen Sir Milners und Präsident Kruger nahmen an Heftigkeit zu. Die wechselseitigen Forderungen und Ultimaten eskalierten, bis am 11. Oktober 1899 offiziell der Krieg zwischen beiden Seiten ausbrach, der den endgültigen Untergang der Burenrepubliken zur Folge hatte.

Der Burenkrieg und die Folgen

Nach anfänglichen Erfolgen der Buren, starteten die britischen Truppen unter dem Oberbefehl von Feldmarschall **Lord Roberts** und seinem Generalstabschef, General **Lord Kitchener** – zwei in Kolonialkriegen bewährten Offizieren – eine gezielte Offensive gegen die Kommandos der Buren. Am 13. März 1900 wurde Bloemfontein besetzt und am 24. Mai der Oranje-Freistaat zum britischen Territorium erklärt. Eine Woche später schon, am 31. Mai, fiel Johannesburg, und am 5. Juni zog Lord Roberts in das fast gänzlich geräumte Pretoria ein. Der Widerstand der Buren schien gebrochen, und am 1. September 1900 wurde auch Transvaal als britische Kolonie annektiert.

Guerillakrieg

Doch die britische Seite hatte sich verrechnet, denn jetzt begann der Gegner einen zermürbenden Guerillakrieg. Der zum Nachfolger von Lord Roberts ernannte britische Oberbefehlshaber, Lord Kitchener, begann daraufhin mit einer systematischen Jagd berittener Kolonnen gegen die Burenkommandos sowie ei-

INFO
Cecil Rhodes – ein Imperialist prüfte das Südliche Afrika

Cecil Rhodes hat in besonderer Weise die Entwicklung Südafrikas mitgeprägt. Er wurde am 5. Juli 1853 in Bishop's Stortford geboren. 1870 kam er als 17-Jähriger nach Südafrika in der Hoffnung, dass seine Tuberkulose im milden Klima geheilt werde. Zunächst arbeitete er auf der Baumwollfarm seines Bruders Herbert in Natal, doch bereits im ersten Jahr seines Aufenthaltes brach der Diamantenrausch in Kimberley im nördlichen Kapland aus. Beide Brüder gaben die Farm auf und besorgten sich drei Claims, die ihnen bald viel Geld einbrachten. Cecils Bruder kam jedoch kurz darauf bei einem Brand um. In den nächsten Jahren vermehrte Rhodes in unvorstellbarer Weise sein Vermögen, bis er 1880 sogar seinen stärksten Gegenspieler, Barley Barnato, ausschalten konnte, indem er dessen Minenrechte im Big Hole von Kimberley aufkaufte. In der Zwischenzeit fand Rhodes auch für Studien an der Oxford-Universität Zeit. 1887 weitete er gar sein Imperium aus, indem er die **Gold Fields of South Africa Company** gründete und damit auch Herr am Witwatersrand (Johannesburg) wurde.

Cecil John Rhodes

Auch politisch engagierte er sich immer stärker, wurde 1884 Finanzminister und im Jahre 1890 gar Premierminister der Kapkolonie. 1889/90 drang die South Africa Company unter Cecil Rhodes mit Siedlern und Truppen in das Gebiet zwischen Limpopo und Sambesi ein, das daraufhin auch nach ihm „Rhodesien" benannt wurde. Später wurde sogar die Gegend nördlich des Sambesi erobert. Er war es auch, der den Eisenbahnbau nach Rhodesien vorantrieb und die Brücke über den Sambesi an den Victoria-Fällen initiierte, um eine wirtschaftliche Erschließung dieser landwirtschaftlich so wertvollen Räume für Südafrika zu realisieren. Als britischer Imperialist verfolgte er hartnäckig das Ziel, die Burenrepubliken Transvaal und Oranje-Freistaat an das britische Südafrika anzugliedern und die legendäre **Cape-Kairo-Achse** in Form einer Eisenbahnlinie zu realisieren.

Am 26. März 1902 starb Rhodes in seinem Ferienhäuschen in St. James. Sein Leichnam wurde mit dem Zug nach Rhodesien, dem heutigen Zimbabwe, gebracht, und er wurde in einem Grab auf einem Granithügel der Matopos Hills bei Bulawayo bestattet.

- **Rhodes Cottage**
Man kann das Cottage in St. James (bei Muizenberg) besichtigen.

---

ner Taktik der „verbrannten Erde". Die burischen Farmen in den Guerillagebieten wurden niedergebrannt, wodurch man dem Feind allmählich die Basen entzog. Außerdem errichtete man kilometerlange Blockhausketten, die durch Stacheldraht miteinander verbunden waren und die ständig vorgeschoben wurden. Die heimatlos gewordenen Frauen und Kinder fasste man in riesigen **Konzentra-**

tionslagern zusammen – eine Maßnahme, die einen Sturm der Entrüstung in aller Welt nach sich zog. Schlechte Ernährung, mangelnde Hygiene und unzureichende ärztliche Betreuung führten zu Krankheiten und Epidemien, die bis zum Ende des Krieges rund 25 000 Frauen und Kinder das Leben kostete.

Im März 1901 trafen sich Lord Kitchener und der Transvaaler Generalkommandant **Louis Botha** zum ersten Mal in Middleburg, um über einen möglichen Frieden zu beraten, doch gelangte man zu keiner Einigung. Als das Elend der Buren durch die britische Kriegsführung immer größere und sichtbarere Ausmaße annahm, setzte sich allmählich die Erkenntnis durch, dass ein Widerstand auf Dauer nur sinnlose Opfer fordern würde.

Friedensvertrag und britische Oberherrschaft

So nahm man Anfang 1902 erneut Kontakt miteinander auf, und am 31. Mai desselben Jahres wurde der in einem Zelt bei Vereeniging ausgehandelte Friedensvertrag in Lord Kitcheners Hauptquartier in Pretoria unterschrieben. Die beiden ehemaligen Burenrepubliken wurden dadurch zu britischen Kronkolonien. Dies bedeutete zugleich, dass jetzt das gesamte Südliche Afrika unter britischer Oberherrschaft stand. Neben den vier Kolonien (Kapkolonie, Natal, Transvaal, Oranje-Kolonie) gab es die Hochkommissariate Basutoland, Betschwanaland und Swasiland, außerdem Südrhodesien.

Bereits 1901, also vor dem Friedensvertrag, war der Gouverneur der Kapkolonie und Hochkommissar für Südafrika, **Lord Milner**, auch zum Gouverneur der eroberten Burenrepubliken Transvaal und Oranje-Freistaat (jetzt Orange River Colony) ernannt worden. Neben dem wirtschaftlichen Wiederaufbau, mit dem sogleich nach Beendigung des Krieges begonnen wurde, verfolgte Milner während seiner Amtszeit vor allem die verstärkte **Anglisierung** Südafrikas. Zu diesem Zweck sollten möglichst viele britische Einwanderer ins Land geholt werden, um das Zahlenverhältnis von Buren und Briten sehr bald zugunsten der letzteren zu verschieben. Überdies startete man ein umfangreiches Umerziehungsprogramm für die burische Bevölkerung, das zum Ziel hatte, die holländische Sprache und Kultur mit der Zeit ganz zu verdrängen.

Als Folge der Politik Lord Milners zeigte sich bei den Buren schon bald ein wiedererstarkendes Nationalgefühl. Anfang 1905 kam es in Transvaal zur Gründung der ersten burischen Partei „Het Volk" unter Führung der Generäle Botha, Burger, de la Rey, Beyers und Smuts. Ein Jahr später wurde mit der „Orangia-Union" auch in der Oranje-Kolonie eine politische Partei der Buren ins Leben gerufen, deren Leitung die Generäle Hertzog und de Wet sowie der ehemalige Freistaat-Politiker Abraham Fischer übernahmen.

Politik der Versöhnung

In Großbritannien löste die Liberale Partei Ende 1905 die Konservativen in der Regierungsverantwortung ab. Dies war insofern von entscheidender Bedeutung, als die Liberalen in der Zeit ihrer parlamentarischen Opposition stets für eine Politik der Versöhnung und der Verständigung zwischen Buren und Briten in Südafrika eingetreten waren. Verhandlungen zwischen beiden Seiten führten schließlich dazu, dass Transvaal im Dezember 1906 und die Oranje-Kolonie im Juni 1907 die innere Selbstverwaltung erhielten. In den Wahlen zu den Parlamenten erhielten die jungen Burenparteien jeweils die absolute Mehrheit und bildeten damit die Regierung. Premierminister Transvaals wurde **General Louis Botha**, letzter Generalkommandant der Südafrikanischen Republik; **Abraham Fischer** wurde Premierminister der Oranje-Kolonie. So wurden nur fünf Jahre nach Kriegsende die beiden Kolonien von burischen Politikern regiert, die de facto britische Minister waren.

Die Südafrikanische Union

Die Entstehung der Südafrikanischen Union

Als nächsten Schritt strebte Großbritannien nun die **Vereinigung der vier südafrikanischen Kolonien** zu einer Union an. Dabei spielte neben wirtschaftlichen Aspekten – z.B. Vereinheitlichung der Zoll- und Handelspolitik – auch die Tatsache eine Rolle, dass sich die Spannungen zwischen Großbritannien und dem Deutschen Reich verschärft hatten. Die Regierung in London war der Ansicht, ein politisch vereintes Südafrika bilde gegenüber den vermeintlichen Weltherrschaftsplänen Kaiser Wilhelms II in einem möglichen Krieg zwischen beiden Staaten einen wichtigen Verteidigungsfaktor des Britischen Empires. Da ersichtlich war, dass ein Zusammenschluss Südafrikas zu einem Staatsgebilde im Interesse der Regierungen aller vier Kolonien wie auch der burischen und britischen Seite lag, verständigte man sich auf die Einberufung einer **Nationalversammlung**, die am 12. Oktober 1908 zum ersten Mal in Durban zusammentrat. Zum Präsidenten wurde der Oberrichter der Kapkolonie, Sir Henry de Villiers, gewählt; Vizepräsident war der ehemalige Präsident des Oranje-Freistaats, M.T. Steyn.

Nationalstaatliche Prozesse

Fast ein Dreivierteljahr lang fanden hintereinander in Durban, Kapstadt und schließlich Bloemfontein die Beratungen statt. Am 11. Mai 1909 wurde dann von allen Abgeordneten der Entwurf des Südafrikagesetzes, der vorgesehenen Verfassung der Südafrikanischen Union, unterzeichnet. Nachdem die Regierungen der

South African Native National Congress Delegation (Juni 1914)

vier betroffenen Kolonien zugestimmt hatten und das Gesetz auch von beiden Kammern des britischen Parlaments angenommen worden war, erhielt es am 20. September 1909 durch die Unterschrift König Eduards VII die Genehmigung. Am 2. Dezember desselben Jahres wurde außerdem durch königliche Verordnung festgesetzt, dass das Gesetz mit Wirkung vom 31. Mai 1910, dem Jahrestag des Friedens von Vereeniging, in Kraft treten sollte.

In der Frage des **Stimmrechts für Nicht-Weiße** hatte es zuvor lange Diskussionen gegeben, und es schien sich hier zunächst auch kein Kompromiss zwischen

Wahlrecht

Buren und Briten abzuzeichnen. Schließlich signalisierte die britische Regierung, dass sie wegen dieses Punktes die Einheit Südafrikas nicht scheitern lassen wolle und daher jeder Regelung, gleichgültig wie sie ausfalle, ihre Zustimmung geben würde. Die dann getroffene Entscheidung, die den Nicht-Weißen das generelle Wahlrecht vorenthielt, führte in der Folge zu Protestkundgebungen unter Farbigen und Schwarzen und letztlich auch zur Entstehung nicht-weißer politischer Organisationen, deren wichtigste und bedeutendste bald der 1912 gegründete „South African Native National Congress" (ab 1923 „African National Congress") wurde.

Noch vor den Wahlen zum ersten südafrikanischen Parlament beauftragte der neu ernannte Generalgouverneur, Viscount Gladstone, den bisherigen Premierminister Transvaals, Louis Botha, mit der Bildung einer Unionsregierung. Diese setzte sich aus sieben Buren und vier Briten zusammen. Vier der Minister kamen aus der Kapprovinz, drei aus Transvaal und je zwei aus dem Oranje-Freistaat und Natal.

Die Parlamentswahlen am 15. September 1910 bestätigten dann die Regierung im Amt. Die aus Bothas Partei „Het Volk" hervorgegangene „Südafrikanische Nationalpartei" (Transvaal), die „Orangia-Union" (Oranje-Freistaat) und die aus dem „Afrikaner-Bond" der Kapprovinz entstandene „Südafrikanische Partei" errangen zusammen die absolute Mehrheit der Sitze und vereinigten sich im folgenden Jahr zur „Südafrikanischen Partei" (SAP). Stärkste Oppositionspartei wurden die Unionisten, die sich aus den „Kap-Unionisten" unter der Führung von Sir Jameson, dem früheren Premierminister der Kapkolonie und Anführer des oben erwähnten Putschversuches, der „Progressiven Partei Transvaals" und der „Konstitutionellen Partei" des Oranje-Freistaates zusammensetzten. Außerdem waren die neu gegründete Arbeiterpartei sowie elf unabhängige Abgeordnete – die meisten von ihnen aus Natal – im ersten Parlament der Südafrikanischen Union vertreten, das am 4. November 1910 vom Bruder des britischen Königs, dem Herzog von Connaught, eröffnet wurde.

Das erste Jahrzehnt der neuen Union

Kulturelle Eigenständigkeit

Sehr bald schon zeigte sich, dass es innerhalb der Südafrikanischen Partei zwei divergierende Strömungen gab, deren Ansichten über die Politik des neu gebildeten Staates sich dermaßen voneinander unterschieden, dass dies auf Dauer den Zusammenhalt der Partei gefährden musste. Die eine Gruppe, durch Premierminister Botha sowie Innen- und Verteidigungsminister Jan Smuts repräsentiert, strebte eine **echte Integration** von Buren und Briten an. Außenpolitisch sollte Südafrika einen festen Bestandteil und eine starke Stütze des Britischen Weltreichs bilden. Dagegen stand die Auffassung des Justiz- und Eingeborenenministers J. B. M. Hertzog, dessen Anhänger den Gedanken eines **unabhängigen Staates** – möglicherweise einer Republik – unter britischer Führung vertraten.

Buren und Briten sollten ihre kulturelle Eigenständigkeit behalten und gleichwertig nebeneinander existieren.

Die Gegensätze zwischen den beiden Gruppierungen führten Ende 1912 zunächst zum Ausscheiden Hertzogs aus dem Kabinett. Ein Jahr später kam es dann beim Parteikongress in Kapstadt zum offenen Bruch, was zur Folge hatte, dass Hertzog und die burischen Nationalisten eine neue Partei, die **Nationale Partei**, gründeten, die bei den Parlamentswahlen von 1915 bereits 26 Sitze errang.

Nationalistische Partei

Bis zum Jahre 1913 war es jedermann, also auch Nicht-Weißen, gestattet, überall in Südafrika Land zu kaufen oder zu pachten. Immer mehr Schwarze, welche die notwendigen finanziellen Mittel dafür aufbrachten, machten davon Gebrauch. So gingen in Transvaal jährlich etwa 850 Hektar Land in schwarzafrikanischen Besitz über, und eine weitaus größere Fläche wurde aufgrund von Pachtverträgen Schwarzen zur Bewirtschaftung überlassen. Dies führte bei vielen Weißen zu immer heftigerer Kritik, zumal es eine steigende Zahl von verarmten Weißen gab. So kam es 1913 zu dem **„Eingeborenenland-Gesetz"**, das im Ansatz bereits die Grenzen der ehemaligen schwarzen Heimatländer festschrieb. Durch das Gesetz wurden etwa 7,3 % der Fläche der Union (neun Millionen Hektar Land) zu Reservationen für Schwarze erklärt, in denen kein Weißer mehr Landbesitz erwerben durfte. Schwarzen wurde es untersagt, außerhalb dieser Reservationen Land zu kaufen oder zu pachten.

Diese Bestimmungen bildeten insofern eine besonders einschneidende Maßnahme, weil Schwarze damit verurteilt waren, hinfort nur mehr als Farmarbeiter in den weißen ländlichen Gebieten tätig sein zu können. Das bedeutete für viele eine Verschlechterung, ja Herabstufung ihrer sozialen Situation, da gar nicht alle Schwarzen in den überbevölkerten Reservationen Land besitzen und bewirtschaften konnten und deshalb eine große Zahl von ihnen gezwungen war, sich mit dem Schicksal als billige Arbeitskraft auf einer weißen Farm zu begnügen. So bildete das Gesetz den Grundstein zu einer unheilvollen Entwicklung, die über Jahrzehnte hinweg die fast unüberbrückbare gesellschaftliche Kluft zwischen Schwarzen und Weißen zementierte.

Reservationen

In den Anfängen zeigte sich ein **organisierter Widerstand von Schwarzen** gegen die weiße Vorherrschaft bereits 1909 bei der ersten „Nationalen südafrikanischen Eingeborenen-Konferenz", die sich vergeblich bemühte, ihre Interessen in die Verfassung der neu zu bildenden Union einzubringen. 1912 kam es dann zur Gründung des „South African National Congress", der 1923 in **„African National Congress" (ANC)** umbenannt wurde. Erster Vorsitzender dieses Kongresses war der in den USA ausgebildete Theologe **Dr. John Langibale Dube**, der 1937 zum Ehrendoktor der Universität von Südafrika ernannt wurde. Die politisch aktiven Schwarzen waren fast ausnahmslos ältere Akademiker und Intellektuelle, die jegliche Form des Widerstandes ablehnten.

2. Geschichte: Die Südafrikanische Union

Kriegseintritt – ja oder nein

Unter den Weißen Südafrikas kam es bei Ausbruch des Ersten Weltkriegs zu tragischen Auseinandersetzungen – die teilweise sogar die Form eines Bürgerkriegs annahmen – darüber, ob das Land in den Krieg eintreten sollte oder nicht. Als Dominion des Britischen Weltreichs war die Südafrikanische Union automatisch an die britische Kriegserklärung gegenüber dem Deutschen Reich vom 4. August 1914 gebunden. Sechs Tage später bat die Regierung in London den südafrikanischen Premierminister Botha darum, **Deutsch-Südwestafrika zu besetzen**, was dieser auch zusagte. Zwar erhielt seine Entscheidung im Parlament anschließend eine überwältigende Mehrheit, doch war die Stimmung unter der nationalgesinnten burischen Bevölkerung durchweg zugunsten einer Neutralität des Landes, z.T. sogar deutschfreundlich. Es kam daher zu einem Aufstand zahlreicher ehemaliger Burengeneräle, die sich der geplanten Eroberung Deutsch-Südwestafrikas nicht nur widersetzten, sondern überdies jetzt die Stunde für gekommen sahen, endgültig mit den Briten abzurechnen und eine unabhängige Burenrepublik zu verwirklichen.

General Louis Botha

Sogar der Oberbefehlshaber der 1912 gegründeten Verteidigungsstreitkräfte der Union, General Beyers, sympathisierte mit dieser Idee, legte sein Amt nieder und schlug sich auf die Seite der Aufständischen. Mehr als ein Vierteljahr dauerte es, ehe die Rebellion durch Regierungstruppen niedergeschlagen werden konnte. Erst danach – mit Beginn des Jahres 1915 – konnte man mit den Angriffsoperationen gegen Deutsch-Südwestafrika beginnen. Die zehnfache Übermacht der südafrikanischen Streitkräfte bewirkte, dass die deutsche Schutztruppe trotz teilweise erfolgreicher Gegenwehr schon am 9. Juli 1915 kapitulieren musste. Im Rahmen der Friedensverhandlungen in Versailles im Jahre 1919 wurde das Land dann als Mandatsgebiet des Völkerbundes der Südafrikanischen Union zur Verwaltung übertragen.

Im August 1919 starb Premierminister Botha. Nachfolger wurde sein bisheriger Stellvertreter, General Smuts, der nach der Besetzung Deutsch-Südwestafrikas Oberbefehlshaber der britischen Truppen in Ostafrika geworden war und seit 1917 als Mitglied im Kriegskabinett des Britischen Imperiums saß.

Beginn der Rassengesetzgebung

Zunehmende Ausgrenzung und Diskriminierung

Bereits das Eingeborenenland-Gesetz von 1913 zielte darauf ab, Schwarze wirtschaftlich, sozial und politisch aus der weißen Gesellschaft auszugrenzen und ihnen die Möglichkeit zu nehmen, sich erfolgreich wirtschaftlich zu betätigen. In der Folgezeit kam es zur Verabschiedung einer Reihe weiterer diskriminierender Gesetze zum Nachteil der schwarzen Bevölkerung.

1920 wurden die politischen Rechte der Schwarzen beschnitten: Durch den „Natives Affairs Act" wurden lokale „Eingeborenenräte" und eine „Eingeborenenkonferenz" eingerichtet, denen nur beratende Funktionen zukamen. Mit der Kommission für Eingeborenenangelegenheiten richtete man einen ständigen Parlamentsausschuss ein, der die Aufgabe hatte, den Minister für Eingeborenenangelegenheiten zu beraten. 1922 wurden die Bildungschancen eingeschränkt: Durch den „Apprenticeship Act 1922" wurde die Einstellung und Ausbildung eingeborener Lehrlinge reglementiert.

Die wichtigste gesetzgeberische Maßnahme jedoch schuf Smuts 1923 mit dem **„Eingeborenengesetz für städtische Gebiete"**. Darin wurden auch in den Städten getrennte Wohngebiete eingerichtet: Schwarze durften nun auch in Städten nur noch in Ghettos wohnen. Diese „Lokationen" – die Siedlungen für städtische Nicht-Weiße – waren wiederum in solche für Arme und Reichere unterteilt; letztere sollten ihre gemieteten Häuser gegebenenfalls pachten oder als Eigentum erwerben können.

Generalstreik im Jahre 1922

Getrennte Wohngebiete

Innenpolitische Auseinandersetzungen wie der 1922 von radikalen weißen Gewerkschaften ausgerufene Generalstreik, der von der Regierung mit der Verhängung des Kriegsrechts beantwortet und mit Hilfe des Militärs bekämpft wurde, sowie verschiedene außenpolitische Misserfolge ließen das Ansehen von Smuts erheblich sinken. Dies zeigte sich auch in verschiedenen Nachwahlen, in denen die Parlamentsmehrheit seiner Partei von 24 Mandaten im Jahre 1921 auf nur noch acht im Jahre 1924 zusammengeschmolzen war. Smuts trat daher mit seiner Regierung zurück und setzte Neuwahlen für den 19. Juni 1924 an, aus denen die Nationale Partei M. Hertzogs mit 63 Sitzen als stärkste Partei hervorging, während die südafrikanische Partei nur 53 Sitze erhielt.

Stärkung des burischen Nationalbewusstseins

General J.B.M. Hertzog

Die nächsten anderthalb Jahrzehnte bis zum Ausbruch des Zweiten Weltkrieges standen nun ganz im Zeichen eines **wieder erstarkenden burischen Selbstvertrauens**, was in vielfältiger Hinsicht zum Ausdruck kam. Als erstes wurde 1925 die Amtssprache Holländisch durch Afrikaans ersetzt. Diese

2. Geschichte: Die Südafrikanische Union

Afrikaaner

Sprache, entstanden aus niederländischen Dialekten des 17. Jahrhunderts mit Einflüssen vor allem aus dem Deutschen und dem Französischen (seit etwa 1800 bezeichnete man die neue sich herausbildende Sprache auch als Kapholländisch), hatte bereits in der 2. Hälfte des 19. Jahrhunderts das Holländische mehr und mehr im Umgangssprachgebrauch vieler Buren abgelöst und wurde seit Beginn des 20. Jahrhunderts auch in der Schriftsprache immer häufiger benutzt. Die Bezeichnung „Buren" wurde nun offiziell ersetzt durch „Afrikaaner" (mit „aa"), ein Wort, das seinen Ursprung ebenfalls im 19. Jahrhundert hat.

Nach heftigen Auseinandersetzungen zwischen Regierung und Opposition nahm das Parlament 1927 ein Gesetz an, mit dem die südafrikanische Union eine eigene Flagge erhielt. Man einigte sich auf die horizontal verlaufenden Farben orange-weiß-blau (Flagge der ersten holländischen Siedler am Kap). Auf dem weißen Mittelstreifen waren klein die Flaggen Transvaals, des Oranje-Freistaats und des britischen Union Jack als der Flagge der ehemaligen Kapkolonie und Natals angebracht. Diese neue Flagge wehte nun künftig bei offiziellen Anlässen neben dem Union Jack als der Flagge des Britischen Imperiums. Am 31. Mai 1928, dem Jahrestag des Friedens von Vereeniging (1902) und der Gründung der Südafrikanischen Union (1910), wurden beide Flaggen zum ersten Mal gemeinsam gehisst. Außerdem erklärte man „Die Stem van Suid Afrika" neben dem britischen „God save the King" zur südafrikanischen Nationalhymne. Zusätzlich zur britischen wurde jetzt auch eine südafrikanische Staatsangehörigkeit eingeführt, und schließlich erhielt das Land auch sein eigenes Münzsystem.

In außenpolitischer Hinsicht vollzog sich im gleichen Zeitraum ein bedeutsamer Wandel im Verhältnis Südafrikas zu Großbritannien. Auf der Reichskonferenz des Empire in London im Jahre 1926 wurde festgelegt, dass die Dominien künftig in keiner Weise mehr der britischen Regierung untergeordnet sein sollten. Stattdessen sollten sie als autonome Glieder nur noch durch die gemeinsame Treue zur Krone, d.h. Personalunion, miteinander verbunden sein. Aus dem bisherigen britischen Weltreich wurde damit ein Bund unabhängiger Staaten, das Commonwealth of Nations. Der Generalgouverneur war nun auch nicht mehr Vertreter der britischen Regierung, sondern repräsentierte hinfort lediglich den König, wobei die Unionsregierung das Vorschlagsrecht besaß. 1937 wurde mit Sir Patrick Duncan erstmals ein Südafrikaner Generalgouverneur der Union.

Mitglied im Commonwealth

Die geschilderte Entwicklung der Union hin zu einem souveränen Staat im Rahmen des Britischen Commonwealth war in den Augen der meisten Afrikaaner das eindeutige Verdienst Premierminister Hertzogs. Hinzu kam, dass das Land seit Mitte der zwanziger Jahre beachtliche wirtschaftliche Erfolge aufweisen konnte. So errang die Nationale Partei bei den Parlamentswahlen 1929 mühelos die absolute Mehrheit, wenngleich die Koalition mit der Arbeiterpartei auch danach fortgeführt wurde.

Wiedervereinigung im weißen Lager

Die Weltwirtschaftskrise der nächsten Jahre, die auch in Südafrika ihre Auswirkungen hinterließ, veränderte die politische Situation. Um die Schwierigkeiten, die sich überdies durch eine langwierige Dürre verschlimmerten, in den Griff zu bekommen, entschloss sich Hertzog Anfang 1933 zur Bildung einer **„Regierung der nationalen Einheit"**, d.h. einer großen Koalition seiner Nationalen Partei mit der Südafrikanischen Partei von Smuts.

Mit der breiten Mehrheit im Parlament konnte Hertzog nun darangehen, die schon lange gehegte Verschärfung der „Eingeborenengesetzgebung" zu verwirklichen. Bereits in den zwanziger Jahren hatte er eine Reihe von diskriminierenden Gesetzen durchsetzen können: Das „Gesetz über die Eingeborenenverwaltung" von 1927 gab dem Generalgouverneur verschiedene Sonderrechte gegenüber Schwarzen. Das „Gesetz gegen die Unmoral" aus dem gleichen Jahr unter Strafe stellte außereheliche Geschlechtsverkehr zwischen Schwarzen und Weißen unter Strafe.

Sondergesetze gegenüber Schwarzen

In der jetzigen Phase erfolgte hingegen die politische Entrechtung durch das 1936 verabschiedete „Gesetz zur Vertretung der Eingeborenen", das den schwarzen Stimmberechtigten in der Kapprovinz praktisch auch das aktive Wahlrecht nahm, welches dort seit 1853 bestanden hatte. Stattdessen durften sie in einem gesonderten Wahlgang lediglich drei zusätzliche weiße Parlamentsmitglieder in das Abgeordnetenhaus der Union und zwei Weiße in den Provinzrat der Kapprovinz wählen. Außerdem konnten alle Schwarzen Südafrikas in einem indirekten Wahlmännerverfahren nur vier zusätzliche weiße Mitglieder in den Senat wählen.

Wahlverbot für Schwarze

Daneben wurde ein „Rat der Eingeborenenvertretung" unter dem Vorsitz des Ministers für Eingeborenenangelegenheiten gebildet, dem fünf Eingeborenenkommissare sowie zwölf von den Eingeborenen gewählte und vier von der Regierung ernannte Schwarze angehörten. Diese Körperschaft, der alle Eingeborenengesetze vor der Behandlung im Parlament vorzulegen waren, hatte nur beratende Funktion.

Ebenfalls 1936 wurde das „Land- und Treuhandgesetz für Eingeborene" und 1937 das „Ergänzungsgesetz zur Eingeborenengesetzgebung" verabschiedet, die eine Verschärfung des Eingeborenen-Land-Gesetzes von 1913 darstellten. Die bestehenden Reservationen wurden um 6,2 Millionen Hektar Land erweitert, die von Schwarzen als Grundbesitz erworben werden konnten. Der Kauf von Grundstücken in den Städten und außerhalb der Lokationen wurde Schwarzen grundsätzlich untersagt.

Mit diesen Gesetzen war die alte Forderung Hertzogs nach Rassentrennung – die im Grunde auch Smuts wollte – in die Tat umgesetzt worden. Jetzt strebte er noch eine vollständige räumliche Trennung an.

De facto – „Rassentrennung"

Politische Organisierung unter den Schwarzen

Schon in den 20er Jahren des 20. Jh. waren auf schwarzafrikanischer Seite vielfältige, doch letztlich immer wieder erfolglose Versuche unternommen worden, sich politisch zu organisieren. Der oben erwähnte African National Congress (ANC) wurde 1928 von Kommunisten unterwandert. Um sich dagegen zu wehren wählte man 1930 im Gegenzug den gemäßigten und gegenüber der Regierung kooperationsbereiten Dr. Pixley Ka Isaka Seme zum Präsidenten dieser vornehmlich aus schwarzen Intellektuellen bestehenden Organisation. Er hatte an der angesehenen Yale Universität (Connecticut/USA) sowie in Oxford Jura studiert und ließ sich danach als Anwalt in Johannesburg nieder. Verheiratet mit einer Tochter des Zulu-Königs Dinizulu, war er schon 1909 einer der maßgebenden Initiatoren der „Nationalen Südafrikanischen Eingeborenen-Konferenz" gewesen und hatte drei Jahre später entscheidend an der Gründung des „South African Native National Congress", des Vorläufers des ANC, mitgewirkt. Doch Seme gelang es in den folgenden Jahren nicht, den ANC als wirksames politisches Instrument einzusetzen, da ihm das hierzu notwendige Organisationstalent fehlte. Der ANC verharrte in Bedeutungslosigkeit und erwachte erst wieder zu neuer Aktivität, als 1940 Dr. Alfred B. Xuma zu seinem Präsidenten gewählt wurde.

Widerstand der schwarzen Bevölkerung

Die Eingeborenengesetzgebung von 1936 führte zu einer weiteren **Politisierung unter den Schwarzen**. Bereits im Jahr zuvor, als Einzelheiten der vorgesehenen Gesetze an die Öffentlichkeit gedrungen waren, trafen sich in Bloemfontein rund 400 Vertreter aller nichtweißen Bevölkerungsgruppen zu einer „All-Afrikanischen Versammlung" (AAC). Eingeladen hatte dazu **Professor Davidson Don Tengo Jabavu**, ein bedeutender schwarzer Philologe, der in London studiert hatte und jetzt als Dozent für Bantu-Sprachen an der südafrikanischen Universität für Schwarze in Fort Hare tätig war. Eine Abordnung unter seiner Führung erhielt den Auftrag, mit Premierminister Hertzog über Abänderungen der Gesetzesvorlagen zu verhandeln. Tatsächlich kam es zu einigen kleineren Modifikationen, doch vom Wesen und Inhalt her blieb die Gesetzgebung unangetastet.

Reformer und Hardliner

Nach Verabschiedung der Gesetze fand Mitte 1936 eine weitere Versammlung des AAC statt. Zwar wurde die Rassenpolitik der Regierung einhellig verurteilt, doch zeigten sich hier bereits generationsbedingte unterschiedliche Anschauungen über die Art, wie man darauf reagieren sollte. Während die Jüngeren auf einen bedingungslosen Ablehnungskurs gingen und nun damit begannen, den ANC zu einem politischen Machtinstrument der Schwarzen auszubauen, erklärten sich die Älteren, durchweg qualifizierte Führungskräfte, bereit, wenigstens die geringen Möglichkeiten einer Mitwirkung, welche den Schwarzen noch geblieben waren, zu nutzen und damit einen – wenn auch nur minimalen – Einfluss geltend zu machen. So waren etwa die gemäßigten ANC-Präsidenten Dr. J.A. Dube, Dr. Alfred B. Xuma, Dr. J.S. Moroka und Albert Luthuli Mitglieder des Rates der Eingeborenenvertretung.

Die Apartheid-Gesetzgebung

Unter der Regierung des 1948 gewählten Premierministers Dr. Malan sowie seiner beiden Nachfolger wurden zahlreiche schon bestehende diskriminierende Gesetze weiter verschärft, andere neu geschaffen. War mit dem „Gesetz gegen die Unmoral" aus dem Jahre 1927 bereits der nichteheliche Geschlechtsverkehr zwischen Schwarzen und Weißen untersagt worden, so verbot das „Gesetz gegen Gemischtehen" von 1949 jetzt auch Eheschließungen zwischen Weißen und Nicht-Weißen.

„Rassenpolitik" in allen Bereichen

In einem 1950 verabschiedeten „Gesetz zur Registrierung der Bevölkerung" wurden dann die Einwohner der Südafrikanischen Union in drei große Gruppen unterteilt: Weiße, Farbige und Eingeborene. Letztere bezeichnete man später als Bantu, während die Farbigen (Coloureds) 1959 nochmals untergliedert wurden in Kap-Mischlinge, Kap-Malaien, Griqua (Mischlingshottentotten), Inder, Chinesen, andere Asiaten sowie andere Coloureds.

Ebenfalls in das Jahr 1950 fällt der Erlass des „Gesetzes über die Gebietseinteilung für die Bevölkerungsgruppen" (Group Areas Act),

Die Absurdität der Apartheid: getrennte Sitzplätze – selbst in Bussen

welches eine Ergänzung der Eingeborenen-Gesetze von 1913, 1923 und 1936 (siehe oben) bildete und durch das nun eine Einteilung des gesamten Landes in für die einzelnen Rassen bestimmte Regionen vorgenommen wurde. Damit aber trat neben den Ausbau der – bisher teilweise schon gesetzlich verankerten und praktizierten – gesellschaftlichen Trennung, der „kleinen Apartheid", zusätzlich die räumliche Trennung von Schwarzen, Weißen und Coloureds, die „große Apartheid".

1951 vereinigten sich die beiden die Regierung bildenden Koalitionsparteien, die Vereinigte Nationale Partei und die Afrikaaner Partei, zur **Nationalen Partei**. Wie sich zwei Jahre später in den Parlamentswahlen zeigte, honorierten die Weißen der Union die neue Rassentrennungspolitik, indem sie der Regierungspartei zu einer glänzenden Mehrheit verhalfen.

Entstehung der Nationalen Partei

Unter dem Premier J.G. Strijdom erfuhr die Apartheid-Gesetzgebung eine weitere Perfektionierung. Nachdem die Regierung Hertzog ja 1936 schon den schwarzen Stimmberechtigten in der Kapprovinz das Wahlrecht entzogen hatte, wurde es nun auch den etwa 47 000 stimmberechtigten Coloureds genommen. Zu diesem Zweck verabschiedeten Abgeordnetenhaus und Senat gemeinsam mit der dafür erforderlichen Zwei-Drittel-Mehrheit 1956 das „Gesetz zur getrennten Vertretung von Wählern". Danach konnten künftig auch die Coloureds in einem gesonderten Wahlakt nur noch vier weiße Vertreter ins Abgeordnetenhaus der Union und zwei in den Provinzrat der Kapprovinz wählen. Bei den Weißen hingegen fand die seit 1948 eingeschlagene Entwicklung eine immer breitere Zustimmung, was sich in den Parlamentswahlen von 1958 zeigte, in denen die Nationale Partei fast doppelt so viele Mandate errang wie die oppositionelle Vereinigte Partei.

Breite Zustimmung unter den Weißen

Organisierung des Widerstandes

Während mit der Entrechtung der Schwarzen ja bereits vor dem Zweiten Weltkrieg begonnen worden war, hatte die Nationale Partei seit 1948 die Diskriminierungspolitik auch auf die Inder, die Mischlinge und die Asiaten ausgedehnt. Dies führte mit der Zeit fast zwangsläufig zu einem Zusammengehörigkeitsgefühl aller Nicht-Weißen. Noch 1949 war es in Durban zu gewalttätigen Auseinandersetzungen zwischen Indern und Schwarzen gekommen. Drei Jahre später schon formierte sich dagegen zum ersten Mal ein größerer gemeinsamer Widerstand der verschiedenen nicht-weißen Bevölkerungsgruppen.

Dr. James S. Moroka

Anlass dazu bildete die Dreihundert-Jahr-Feier des weißen Südafrika (1652 Landung der ersten weißen Siedler am Kap). ANC-Präsident **Dr. James S. Moroka**, der 1949 Nachfolger von Dr. A. B. Xuma geworden war, organisierte zahlreiche Demonstrationen und Protestaktionen, die anfänglich friedlich verliefen, schließlich jedoch in einzelne Gewalttätigkeiten ausarteten, die von der Polizei unterdrückt wurden.

Obwohl die Führung des ANC sich von den Gewaltaktionen distanzierte, kam Dr. Moroka vor Gericht, wo er dann eine zwielichtige Rolle spielte, was zur Folge hatte, dass er Ende 1952 abgewählt und durch A. J. Mvumbi Luthuli ersetzt wurde. Die Vorgänge hatten aber noch eine andere Folge: Innerhalb kurzer Zeit wuchs die Mitgliederzahl des ANC von 7 000 auf 100 000!

Im Jahre 1955 berief der profilierte und zu den gemäßigten schwarzen Oppositionskräften zählende **Professor Zacharias K. Matthews**, Lehrstuhlinhaber an der Universität für Schwarze, Fort Hare, der kurz vorher von einer mehr als einjährigen Gastprofessur aus New York zurückgekehrt war, in Kliptown bei

Johannesburg einen sog. „Volkskongress" ein, bei dem rund 3 000 Teilnehmer aus allen nicht-weißen Organisationen des Landes zusammenkamen.

Man verabschiedete ein „Freiheitsmanifest", in dem eine Gesellschaftsordnung mit gleichen Rechten und gleichen Chancen bei gleicher Leistung für alle – unabhängig von Rasse oder Hautfarbe – gefordert wurde. Die Reaktion der Regierung darauf bestand in zahlreichen Polizeirazzien und Verhaftungen. **ANC-Präsident Luthuli** wurde in einen Hochverratsprozess gemacht, der allerdings im Sande verlief. Von 1953 an bis zu seinem Tode 1967 aber stand Luthuli fast ununterbrochen unter Bann, einer Art Hausarrest, der ihn jeglicher größeren Aktionsmöglichkeit beraubte. Dennoch trat Luthuli stets für einen gewaltfreien Widerstand ein.

Die jüngere Generation innerhalb des ANC hingegen drängte auf spektakuläre Taten. 1959 spaltete sich ein radikaler Flügel unter Robert Sobukwe ab und gründete den **„Pan-African Congress"** (PAC). Dieser organisierte am 21. März 1960 die ersten Massendemonstrationen im ganzen Lande, wobei es an etlichen Orten zu blutigen Auseinandersetzungen mit der Polizei kam.

Der schwerste Zwischenfall ereignete sich in **Sharpeville** bei Johannesburg, wo 69 Schwarze erschossen und weitere 178 ver-

ANC-Präsident A.J. Mvumbi Luthuli

letzt wurden. Die Regierung erklärte den Ausnahmezustand, und es dauerte mehrere Wochen, bis die Situation sich wieder normalisierte. Als Folge verabschiedete das Parlament kurz entschlossen das „Gesetz gegen gesetzeswidrige Organisationen", aufgrund dessen ANC und PAC verboten wurden und im Untergrund verschwanden.

Verbot von ANC und PAC

Von der Union zur Republik

Bereits im Wahlkampf des Jahres 1948 hatte die Nationale Partei erklärt, auf lange Sicht gesehen, die Südafrikanische Union in eine Republik umzuwandeln. Doch weder Dr. Malan noch sein Nachfolger Strijdom rührten ernsthaft an dieser Frage. Dafür wurden die Unabhängigkeit und Selbstständigkeit des Landes gegenüber Großbritannien immer offener betont. So besaßen die Bürger der Union ab 1949 nicht mehr automatisch die britische Staatsangehörigkeit. Ein Jahr später wurde das Recht zur Appellation an den Britischen Kronrat abgeschafft, und seit 1957 galt als Staatsflagge ausschließlich die Flagge der Südafrikanischen Union – ebenso wurde „God Save the Queen" als zweite Nationalhymne gestrichen.

Erst **Dr. H. F. Verwoerd** griff dann das Thema „Republik" wieder auf, weil er dadurch die Bindung der englischsprechenden Südafrikaner an Großbritannien noch weiter glaubte lockern oder sogar loslösen zu können.

Am 5. Oktober 1960 führte er einen Volksentscheid durch, bei dem eine knappe Mehrheit von 52,3 % gegen 47,7 % für die Republik votierte, welche am 31. Mai 1961, dem Nationalfeiertag (31. Mai 1910 Gründung der Südafrikanischen Union) ausgerufen wurde. Erster Staatspräsident wurde der ehemalige Generalgouverneur C. R. Swart.

Der schwarz-weiße Dialog

Dr. H. F. Verwoerd

Grundlage der Politik der Regierung von Premierminister Dr. Verwoerd bildete das **„Gesetz zur Förderung der Bantu-Selbstregierung"** von 1959, das die Vertretung der Schwarzen im Kapstädter Parlament gänzlich beseitigte und stattdessen acht schwarze „Nationale Einheiten" schuf (Nord-Sotho, Süd-Sotho, Swasi, Tsonga, Tswana, Venda, Xhosa, Zulu), in denen sich die jeweilige Bevölkerung künftig selbst regieren sollte. Damit wurde die Apartheid-Politik zu einer Politik der „getrennten Entwicklung". Aus den Reservationen wurden allmählich **Heimatländer (Homelands)**, von denen 1963 als erstes die Transkei die innere Autonomie erhielt. Am 6. September 1966 wurde Premierminister Dr. Verwoerd ermordet. Kurz zuvor noch, im März 1966, hatte die Nationale Partei in der Parlamentswahl ihr Ergebnis wiederum verbessern können. Ihren 126 Abgeordneten standen jetzt lediglich 40 Abgeordnete der Opposition gegenüber. Zum Nachfolger Dr. Verwoerds wählte man den bisherigen Justiz- und Polizeiminister **B. J. Vorster**. Er führte die begonnene Homeland-Politik seines Vorgängers konsequent fort und konnte dabei durchaus mit der Kooperationsbereitschaft der gemäßigten schwarzen Führer rechnen.

Politik der Homelands

Der nun einsetzende permanente Dialog zwischen Schwarzen und Weißen begann mit der Zeit Früchte zu tragen. Die Gebiete der Homelands wurden teils vergrößert, teils arrondiert, und alle erhielten eine innere Selbstverwaltung. 1976 wurde die **Transkei** als erstes dieser Territorien „unabhängig"; es folgten **Bophuthatswana** (1977), **Venda** (1979) und die **Ciskei** (1981). Die übrigen sechs Heimatländer wurden „autonom" mit eigenen Parlamenten und Regierungen (Gazankulu, Kangwane, Kwandebele, Kwa-Zulu, Lebowa, Qwaqwa). Für die in den weißen Industriegebieten, also außerhalb der Heimatländer lebenden Schwarzen wurden seit 1977 Gemeinderäte geschaffen, die in der Lokalverwaltung weitgehend selbstständig sind.

In der Außenpolitik schlug Premierminister Vorster einen Verständigungskurs gegenüber gesprächsbereiten schwarzafrikanischen Staaten ein. Schon 1968 nahm die Republik Südafrika mit Malawi als erstem Staat des schwarzen Kontinents volle diplomatische Beziehungen auf. Recht enge, vor allem wirtschaftliche Kontakte wurden auch zu den übrigen umliegenden Staaten Botswana, Lesotho und Swasiland geknüpft.

Der Zusammenbruch des portugiesischen Kolonialreiches in Angola und Moçambique 1974/75 brachte dann für Südafrika eine neue Ausgangssituation. Man bemühte sich in verstärktem Maße um Verbindungen zu einflussreichen gemäßigten Staaten Schwarzafrikas. So besuchte der südafrikanische Regierungschef in diesen Jahren die Elfenbeinküste, Senegal und Liberia.

Außenpolitischer Verständigungskurs

Intensive Kontakte wurden außerdem mit Sambia gepflegt, das ebenso wie Südafrika an einer Lösung des Rhodesien-Konfliktes interessiert war. Und schließlich war es auch Vorster, der unter dem Druck äußerer Ereignisse 1974 die Bereitschaft seiner Regierung bekundete, Südwestafrika/Namibia in die Unabhängigkeit zu entlassen, wobei die Bevölkerung des Territoriums selbst über ihre Zukunft entscheiden sollte. Dies war dann die Grundlage für die sog. **Turnhallenkonferenz**, die im Jahr darauf in Windhoek zusammentrat und in der Vertreter aller Volksgruppen des Landes repräsentiert waren.

Einleitung des Reformprozesses

Auf dem Wege zur multinationalen Entwicklung

Ein Dialog zwischen den Vertretern der beiden größten Bevölkerungsgruppen, zwischen den schwarzen und weißen Afrikanern, bahnte sich bereits 1958 unter dem Premier Verwoerd an. Politisch-wirtschaftliche Entwicklungen in den Reservaten wurden eingeleitet (begrenzte Selbstverwaltung). Ihre internationale Anerkennung blieb jedoch aus. Die indische (1964) und die farbige (1968) Bevölkerung, die kein „Homeland" besaßen, erhielten einen eigenen Repräsentativrat, der allerdings nur eine beratende Funktion hatte.

Die innenpolitische Situation spitzte sich in den 1980er Jahren zu. Der ideologische Gegensatz zwischen der Zentralregierung in Pretoria und der schwarzen politischen Opposition (vorwiegend im Ausland) wurde größer. Die weißen Politiker wollten jedoch keinesfalls die Forderung der schwarzen Führer **„One Man, One Vote"** akzeptieren. Sie fürchteten, die Vorherrschaft zu verlieren. Das „Westminster Modell", das auch der schwarzen Bevölkerung das allgemeine Wahlrecht zugestanden hätte, wurde weiterhin strikt abgelehnt.

Innenpolitische Unruhen

In der Folgezeit mehrten sich Anschläge, Unruhen und Protestmärsche, u.a. bei Zwangsumsiedlungsaktionen von Schwarzen aus den Elendsvierteln. Mehrmals wurde der Ausnahmezustand über verschiedene Viertel verhängt. Massiven Protest löste u.a. die Hinrichtung des Dichters und ANC-Anhängers Benjamin Moloise aus. Auch innerhalb der schwarzen Opposition kam es zu schwerwiegenden Differenzen. Es kam zu blutigen Auseinandersetzungen zwischen ANC-Anhängern und Mitgliedern der Inkatha-Partei des Zuluführers Buthelezi.

Die Folge der anhaltenden innenpolitischen Unruhen war ein starker Verfall der Landeswährung bei nachlassender Konjunktur; ein erheblicher Kapitalabfluss ins Ausland setzte ein. Das „Lager" der Weißen spaltete sich in „Verligte" (Liberale) und „Verkrampte" (Nationalkonservative) noch weiter auf. Gesprächsbereitschaft auf der einen Seite, Forderung nach radikalem Einsatz der Polizeikräfte auf der anderen Seite standen sich gegenüber.

Reformdruck und Ende der Apartheid

Boykott südafrikanischer Produkte

In den Achtzigern verstärkte sich von allen Seiten der Druck auf die weiße Minderheitsregierung: Die politischen und ökonomischen Kosten zur Aufrechterhaltung der Apartheid wurden zu hoch. Intern gab es ab 1983 Reformdruck durch politische Protestkampagnen der *United Democratic Front* (UDF) und der Gewerkschaften. 1985 gründete sich der ebenfalls dem ANC nahe stehende Gewerkschaftsdachverband COSATU (*Congress of South African Trade Unions*). Die Townships waren unregierbar geworden. Die Großwirtschaft beklagte den Zerfall der Ökonomie.

Von außen wurde Südafrika von der internationalen Staatengemeinschaft durch unterschiedlich starke Sanktionen unter Druck gesetzt. Das Ende des Kalten Krieges, die dramatischen Änderungen in Osteuropa – die Unterstützung des Widerstandes aus Moskau entfiel – und die Dekolonisierung des bis 1989 von Südafrika besetzten Namibia waren weitere äußere Faktoren zur Einleitung von Reformen.

Mit dem Amtsantritt von Staatspräsident **Frederik W. de Klerk** (Nachfolger von Botha seit 15.8.1989) im September 1989 wurde der Prozess zur Abschaffung des Apartheidsystems und die Errichtung einer demokratischen Ordnung in Gang gesetzt. Begonnen wurde mit der Aufhebung des Verbots des ANC und der Freilassung seiner seit 1962 inhaftierten Symbolfigur Nelson Mandela am 11.2.1990. 100 000 enthusiastische Menschen hatten sich auf dem Platz vor dem Kapstädter Rathaus versammelt, um Mandela zu begrüßen.

Anfang vom Ende der Apartheid

Im Frühjahr 1990 trafen sich junge Mitglieder des ANC und der regierenden Nationalen Partei in Lusaka (Sambia) und einigen sich auf einen **grundlegenden Wechsel der Politik in Südafrika**. Die dramatischen Änderungen in Osteuropa – die Unterstützung aus Moskau entfiel – erleichterten dem südafrikanischen Regierungschef de Klerk diese Entspannungspolitik. Weltweites Aufsehen erregte er durch die Freilassung von Nelson Mandela. Im Gegenzug erklärte sich der ANC bereit, mit friedlichen Mitteln an der Lösung der innenpolitischen Probleme mitzuwirken. Nelson Mandela wurde zum Präsidenten des ANC gewählt.

Bereits am 2. Februar 1990 hat de Klerk in einer historischen Rede zur Eröffnung des Parlaments in Kapstadt die politischen Leitlinien grundlegend verändert. Aus der Erkenntnis, dass man die Apartheid-Gesetzgebung nicht reformieren, sondern nur abschaffen könne, hob er mit einer Erklärung das Dogma der seit 1948 regierenden Nationalen Partei auf und setzte sich gleichzeitig für eine offizielle

INFO ## Der Abbau-Prozess der Apartheid

Zunächst wurden die folgenden wichtigen diskriminierenden Gesetze abgeschafft:
- **1981** Unbeschränkte Arbeiterorganisationen und Arbeiterverbände.
Teilweise Abschaffung des Arbeitsvorbehaltsrechtes für Weiße.
- **1982** Aufhebung der Rassentrennung bei organisierten Sportveranstaltungen, außer bei Schulen.
- **1983** Gewährung politischer Rechte für Mischlinge und Inder.
- **1984** Einheitliche Einkommensteuergesetze.
- **1985** Aufhebung des Verbotes für „mehrrassige" politische Parteien.
Anerkennung des Prinzips der vollen und gleichwertigen politischen Rechte aller Südafrikaner.
- **1986** Aufhebung der Kontrolle über Zuwanderung von Schwarzen in Stadtgebiete.
Volle Grundbesitzrechte für Schwarze.
Aufhebung des Verbots, alkoholische Getränke an Schwarze zu verkaufen.
Aufhebung der getrennten Gerichte für Schwarze.
Ende der Zwangsumsiedlungen.
Öffnung einiger Handelsviertel für alle Bevölkerungsgruppen, auf Antrag.
Öffnung der Hotels und Restaurants für alle Bevölkerungsgruppen.
Öffnung einiger Kinos und Theater für alle Bevölkerungsgruppen auf Antrag.
Wohnrechte für Inder im Oranjefreistaat und im nördlichen Natal.
Abschaffung der Immigrantengesetze.
- **1987** Öffnung einiger Badestrände für alle Bevölkerungsgruppen.
Gesetzliche Abschaffung des Arbeitsplatzvorbehaltes für Weiße.
- **1988** Aufhebung der Rassentrennung in Vorortzügen.
Aufhebung des „group area act", wonach bis dahin bestimmte Bevölkerungsgruppen nur in bestimmten Wohngebieten leben durften.
- **1989** Öffnung einiger Wohngebiete für alle Bevölkerungsgruppen.
- **1990** Aufhebung des Verbots alternativer politischer Bewegungen, z.B. des ANC und PAC; Freilassung einer Reihe politischer Gefangener, darunter auch Nelson Mandela.
Teilweise Aufhebung des Ausnahmezustandes.
- **1991** Freier Landerwerb für alle Bevölkerungsgruppen.
Aufhebung der Zwangsregistrierung.

Zulassung aller schwarzen Oppositionsparteien ein. Seither stand die weiße Regierung in Gesprächen mit den schwarzen Organisationen (politische Parteien, Gewerkschaften, Selbstverwaltungen), insbesondere mit dem ANC, um die Bedingungen des Übergangs zu einer neuen dauerhaften demokratischen Ordnung und die Grundlagen einer neuen Verfassung zu erarbeiten. Es kam zu einer „stillen Allianz" zwischen de Klerk und Mandela – trotz aller Gegensätze über eine zukünftige Verfassung Südafrikas. Beide Präsidenten setzten sich für einen multi-

Stille Allianz

> **INFO** ## Stationen von de Klerks Reformen

In seiner als historisch bezeichneten ersten Regierungserklärung am 2. Februar 1990 hatte Präsident Frederik de Klerk angekündigt, dass er die Apartheid und die weiße Vorherrschaft beenden werde. Er hob damals das Verbot schwarzer Befreiungsbewegungen – darunter auch des Afrikanischen Nationalkongresses (ANC) – auf.

11. Februar 1990: ANC-Führer **Nelson Mandela** wird nach 28 Jahren aus lebenslanger Haft entlassen.
2.–4. Mai: Erste Verhandlungen zwischen **Regierung und ANC**.
7. Juni: Die Regierung hebt nach vier Jahren das landesweite **Ausnahmerecht** auf.
6. August: Der ANC „suspendiert" den Guerilla-Kampf, den er seit 1960 gegen Südafrika führt. Die Regierung verspricht die Freilassung aller politischen Häftlinge und eine Amnestie für Exil-Aktivisten.
15. Oktober: Die Apartheid in öffentlichen Einrichtungen wie Parkanlagen und Schwimmbädern wird abgeschafft.
20. Mai 1991: Wegen andauernder Gewalt in den Schwarzensiedlungen bricht der ANC formell die Gespräche mit der Regierung in Pretoria ab.
27. Juni: De Klerk setzt mit der Zustimmung des Parlaments **46 Apartheid-Gesetze außer Kraft**.
14. September: Die Regierung, der ANC und die mit dem ANC verfeindete Zulu-Bewegung Inkatha unterzeichnen ein **Friedensabkommen** zur Beendigung der Gewalt.
20. Dezember: Die Regierung und 19 hauptsächlich schwarze Organisationen beginnen Verhandlungen im „Kongress für ein demokratisches Südafrika" (**CODESA**), der Richtlinien für den Übergang zur Demokratie ausarbeiten soll.
19. Februar 1992: Nach ihrem Sieg bei einer Nachwahl zum Parlament erklärt die oppositionelle Konservative Partei, de Klerk habe kein Mandat mehr, im Namen der Weißen zu verhandeln. Der Präsident kündigt daraufhin ein **Referendum** an.
17. März: De Klerk erhält 68,7 % Ja-Stimmen aus dem Referendum zur **Fortführung seiner Reformen**.
Juni: Die Gipfelgespräche werden abgebrochen. Unruhen in den „Townships" (Boipatong bei Johannesburg). Streiks und Demonstrationen folgen.
26. September: Die Gipfelgespräche werden wieder aufgenommen. Der Präsident der Inkatha-Partei Buthelezi lehnt eine Teilnahme ab.
10. April 1993: **Chris Hani**, der Führer der Kommunisten und des radikalen Flügels des ANC, kommt bei einem Attentat durch einen rechtsradikalen Weißen ums Leben. Chris Hani war insbesondere bei der Jugend, die ihm bedingungslos folgte, beliebt.
Er bemühte sich, die aufgebrachte schwarze Jugend in die Friedensprozesse eines neuen Südafrika einzubinden. Mit großer Besonnenheit reagieren Mandela und De Klerk, indem sie gemeinsam an die Vernunft aller Südafrikaner appellieren, um ein großes Blutvergießen zu verhindern, was auch gelingt. Rechtsradikale indessen begrüßen den Mord an dem „Kommunisten" Hani,

während Mandela sich seinerseits an die Weißen wendet, nicht das Land zu verlassen.
10. Dezember: Mandela und de Klerk erhalten in Oslo gemeinsam den **Friedensnobelpreis**
22. Dezember: Das Parlament verabschiedet die **neue Verfassung, die erstmals allen Südafrikanern Wahlrecht gibt**.
28. Februar 1994: Die Inkatha entscheidet sich „in letzter Minute" zu einer Wahlteilnahme und beendet damit Sorgen vor einem Bürgerkrieg
26. bis 29. April: Die **ersten freien Wahlen Südafrikas** verlaufen friedlich und mit hoher Beteiligung
27. April: Südafrikas **neue Verfassung tritt in Kraft**. Die weiße Vorherrschaft endet nach 342 Jahren
6. Mai: Der ANC gewinnt mit 62,6 % die Wahlen
10. Mai: Mandela wird in Pretoria als Präsident vereidigt; Übergangsregierung der „Nationalen Einheit" tritt in Kraft. Sie setzt sich zusammen aus 18 Mitgliedern des ANC, 6 Mitgliedern der NP und 3 Mitgliedern der IFP. Vizepräsidenten sind Thabo Mbeki/ANC sowie der bisherige Staatschef Frederik de Klerk.

ethnischen Einheitsstaat ein, der einen politischen, sozialen und kulturellen Schutz für alle Minderheiten in Südafrika gewähren sollte.

Im Dezember 1991 berief man im Welthandelszentrum bei Johannesburg den „Kongress für ein demokratisches Südafrika" ein (**CODESA** = Convention for a Democratic South Africa). Dieses Gremium bestand aus 10 Parteien und setzte 5 Arbeitsgruppen ein. Diese beschäftigten sich zunächst nur mit gesellschaftlichen Fragen einer neuen Verfassung, mit Übergangsregelungen für die Zukunft der „Homelands" sowie mit dem Zeitplan für die Verwirklichung der CODESA-Beschlüsse. Wirtschaftsfragen blieben dagegen ausgeschlossen. Man war sich einig, dass die Zeit der Post-Apartheid in Südafrika begonnen hatte.

Entwicklung für ein demokratisches Afrika

Der Dialog zwischen dem ANC und der Regierung in Pretoria wurde von Moskau unterstützt. Eine hoffnungsvolle Fortsetzung der Gespräche zwischen de Klerk und Mandela schien das Friedensabkommen zwischen ANC, Inkatha und Regierung vom 14. September 1991 zu sein. Doch der Machtkampf zwischen den Anhängern des ANC und der Inkatha-Freiheitspartei und eine Serie von politisch motivierten Gewalttaten in den „Townships" (Boipatong/Johannesburg) und an der Grenze zur Ciskei belasteten den Dialog zwischen schwarzen und weißen Politikern erneut.

Die Gespräche wurden abgebrochen. Man warf sich gegenseitig vor, mit den ausgegebenen Friedensbedingungen nicht ehrlich umzugehen. Streiks, Boykottmaßnahmen und Demonstrationen folgten, um die regierende Nationale Partei zum Umdenken zu zwingen. Man forderte auch für die Zeit der Übergangsphase bis zum Inkrafttreten einer neuen Verfassung eine Mitbeteiligung an der Regierung, u.a. auch Ministerämter für schwarze Politiker.

Im September 1992 kündigte Staatspräsident de Klerk ein weiteres Reformpaket an, das die Bildung einer Übergangsregierung ermöglichte und die nach Bevölkerungsgruppen getrennten Regierungsverwaltungen zusammenlegte. Die letzte landesweite Parlamentswahl, bei der nur bestimmte Bevölkerungsgruppen abstimmungsberechtigt waren, fand am 17. März 1992 statt. Durch sie erhielt de Klerk mit 69 % Ja-Stimmen aus der weißen Bevölkerung die gesetzliche Grundlage zur Fortführung seiner Reformpolitik. Der ANC stimmte einem von der Regierung vorgeschlagenen Gipfeltreffen über die Kontrolle politisch motivierter Gewalt zu. Man war sich bewusst, dass **Verhandlungen die einzige Alternative** waren und dass die Krise mutige Aktionen von allen politischen Parteien und Führern erforderte.

Das neue Südafrika

Der Preis der Apartheid

Lange Jahre hat die weiße Regierung Südafrikas den Zug der Zeit nicht erkannt. Das erstarrte menschenverachtende System der Apartheid verfolgte das Ziel, den multiethnischen Staat nicht integrativ, sondern separatistisch zu führen. Zunehmende Unruhen, eine daniederliegende Wirtschaft und damit einhergehende Verarmung auch weißer Bevölkerungsschichten waren der Preis für die Apartheid.

Die kurzsichtige Idee, durch „job reservation" den Schwarzen eine gute Ausbildung zu verwehren, verhinderte das Entstehen einer prosperierenden schwarzen Mittelschicht, die soziale Stabilität ermöglicht hätte. Über Jahrzehnte hinweg hatten die weißen Südafrikaner vehement versucht, am Status ihrer „gottgegebenen Privilegiertheit" festzuhalten. Während der Apartheid wurde jeder Kritiker der Trennungspolitik als Kommunist gebrandmarkt. Ja, man sah sich sozusagen als letztes Bollwerk gegen den Marxismus. Selbst politisch gemäßigte Kräfte wurden verhaftet und verbannt, wie symbolisch und stellvertretend in der charismatischen Person eines **Nelson Mandela** sichtbar wird.

Mit *Frederik Willem de Klerk* trat 1989 ein Mann auf die politische Bühne, der ernsthaft und konsequent den Dialog mit allen politischen Kräften des Landes aufnahm. Der ANC gab den bewaffneten Kampf auf und setzte sich an den Verhandlungstisch. De Klerk beschleunigte den Prozess der Aufgabe der umfangreichen Apartheid-Gesetzgebung. All das geschah im Klima einer wirtschaftlichen Rezession als Folge des jahrelangen Boykotts und der Veränderung der Weltmärkte, aber auch im Kontext einer sozialen und politischen Neuorientierung der Bürger aller Bevölkerungsgruppen. Ziel des „runden Tisches" war die Ausarbeitung einer für alle tragfähigen Verfassung. Am Ende der innenpolitischen Revolution standen freie Wahlen nach dem lange geforderten Prinzip „**one man – one vote**" und die erste schwarze Regierung unter Ministerpräsident Nelson Mandela.

Erste allgemeine und freie Wahlen

Die ersten allgemeinen und freien Wahlen im April 1994 waren für Südafrika der „Startschuss" in ein neues Zeitalter: Mit dem Amtsantritt des neuen Staatspräsidenten Nelson Mandela, dessen Partei ANC über 62 Prozent der Stimmen erhalten hatte, endeten 342 Jahre weißer Vorherrschaft in Südafrika. Die „Regierung der nationalen Einheit" setzte sich zusammen aus 18 Mitgliedern des ANC, 6 Mit-

> **INFO** **Porträt des ersten Nach-Apartheid-Staatspräsidenten Nelson Mandela – aus der Gefängniszelle auf den Präsidentensessel**

Nelson Rolihlahla Mandela wurde am 18. Juli 1918 bei Umtata in der heutigen Provinz Eastern Cape geboren. Sein Vater war Berater des Oberhäuptlings des Stammes der Thembu. Dieser Häuptling übernahm nach dem Tode des Vaters von Nelson dessen Vormundschaft. Ziel der Erziehung war die Vorbereitung Nelsons auf seine spätere Rolle als Häuptling. Sehr früh zeigte er ein reges Interesse an Geschichte und Kultur seines Volkes.

Als Jura-Student an der Universität Fort Hare interessierte er sich zunehmend für politische Fragen. Später setzte er sein Studium an der Witwatersrand-Universität bei Johannesburg fort. Zusammen mit Oliver Tambo, dem inzwischen verstorbenen früheren Präsidenten des ANC, eröffnete Nelson Mandela im Dezember 1952 die erste von Schwarzen geleitete Anwaltskanzlei Südafrikas. Politisch in besonderer Weise aktiv wurde Nelson Mandela 1944, als er gemeinsam mit dem späteren ANC-Generalsekretär Walter Sisulu und Oliver Tambo sowie anderen die ANC-Jugendliga gründete.

Nelson Mandela in jungen Jahren

1952 wählte man Mandela zum Leiter einer Widerstandsgruppe gegen diskriminierende Gesetzgebung. In dieser Funktion bereiste er das ganze Land. Wegen seiner aktiven Rolle wurde er kurz darauf auf Bewährung verurteilt. Kurz später wurde seine Bewegungsfreiheit durch einen Bann für 6 Monate auf den Raum Johannesburg beschränkt. In den fünfziger Jahren wurde Mandela durch behördliche Verfolgung gezwungen, den ANC offiziell zu verlassen. Als die Apartheidpolitik immer konkretere Formen annahm, sagte er Massenumsiedlungen, politische Verfolgung sowie Polizeiterror voraus.

Nach dem Massaker von Sharpesville im Jahre 1960 wurde der ANC verboten, 1961 wurde Nelson Mandela verhaftet. Nach seiner Freilassung begab er sich in den Untergrund und gründete den militanten Flügel des ANC, den „Umkhonto we Sizwe" (= Speer der Nation), der Sabotagekampagnen gegen Regierung und wirtschaftliche Institutionen unternahm.

1962 reiste Mandela nach Äthiopien, um an iner Konferenz der Panafrikanischen reiheitsbewegung teilzunehmen und von dort nach Algerien, um sich militärich ausbilden zu lassen. Bei seiner Rückkehr wurde er umgehend verhaftet und zu 5 Jahren Freiheitsstrafe verurteilt. Er war somit bereits im Gefängnis, als seine Mitangeklagten im Rivonia-Prozess am 11. Juli 1963 festgenommen wurden. Dieser Prozess endete im Juni 1964 mit der Verurteilung Nelson Mandelas zu einer lebenslangen

Haftstrafe: Er wurde für schuldig befunden, einen umfassenden Plan zur revolutionären Übernahme der Regierung initiiert zu haben.

Nelson Mandela wurde ins Gefängnis auf Robben Island, einer Insel vor Kapstadt, verbannt. Mit großer Energie widmete er sich politischen Studien, und nie verlor er sein Ziel aus den Augen, ein Südafrika ohne Apartheid zu schaffen. Zu kenem Zeitpunkt machte er irgendwelche politischen Zugeständnisse und gab keinen Millimeter seiner politischen Überzeugungen preis. 1982 wurde er in die Strafvollzugsanstalt Pollsmoor in Kapstadt verlegt, seit 1988 lebte er in einem Einfamilienhaus auf dem Gelände einer Haftanstalt bei Paarl.

Mandela und de Klerk nach der Regierungseinführung am 10. Mai 1994

Seit 1986 stand Mandela in Kontakt mit Regierungsvertretern, darunter Justizminister Kobie Coetsee, Verfassungsminister Gerrit Viljoen, Präsident Pieter W. Botha und seinem Nachfolger Frederik W. de Klerk. Dessen Abkehr von der Apartheid und konsequente Hinwendung zu einem chancengleichen Südafrika führte zur Freilassung Nelson Mandelas am 11. Februar 1990. Damit kehrte Mandela ins politische Rampenlicht zurück. In den folgenden Jahren setzte er sich für die politische Normalisierung der Verhältnisse ein. Als Präsident des ANC arbeitete er sehr eng mit Präsident de Klerk zusammen, um in schwierigen Verhandlungen Südafrika in einen demokratischen Staat umzuwandeln.

1993 erhalten beide den Friedensnobelpreis für Ihre Bemühungen für ein friedliches Südafrika.

Am Ende standen eine neue, demokratische Verfassung für den Übergang und freie, faire Wahlen, aus denen der ANC als Sieger und Nelson Mandela als Staats- und Regierungschef hervorgingen. Eine Regierung der nationalen Einheit soll Garant dafür sein, dass Mandelas Wunsch in Erfüllung geht: die Versöhnung innerhalb der Bevölkerung und die Schaffung einer in Harmonie lebenden Gesellschaft.

gliedern der NP und 3 Mitgliedern der Inkatha-Partei (IFP). Vizepräsidenten waren Thabo Mbeki/ANC sowie der bisherige Staatschef Frederik de Klerk.

Am 27. April 1994 trat eine Übergangsverfassung in Kraft, die zunächst bis 1999 gelten sollte. In ihr wurde die Gleichberechtigung aller Bevölkerungsgruppen festgelegt. Die Homelands wurden wieder in die Republik Südafrika integriert. Südafrika wurde in **neun Provinzen** (s. S. 19) unterteilt; durch die Übertragung von Erziehungs-, Verkehrs-, Gesundheits- und Wohnungswesen auf Provinzebene sollten föderale Strukturen entstehen.

2. Geschichte: Das neue Südafrika

INFO · Die neue südafrikanische Flagge

Am 26. April 1994, exakt eine Minute vor Mitternacht, wurde in ganz Südafrika die bisherige Nationalfahne eingeholt. 2 Minuten später, am 27. April, wurde die neue Nationalfahne gehisst. Die Wahl ihres Designs – es lagen über 7 000 Vorschläge vor – wurde damit begründet, dass darin das Bemühen um Einheit und Versöhnung besonders deutlich zum Ausdruck komme. Zumindest einige der sechs Farben sind auch in den Symbolen aller südafrikanischen Parteien wiederzufinden. Darüber hinaus wurde beschlossen, dass Südafrika während der Übergangsperiode zwei Nationalhymnen haben soll: „Die Stem" und „Nkosi Sikelel' iAfrika" (= Gott segne Afrika).

Zur Aufarbeitung der Vergangenheit setzte Mandela im Juli 1995 eine **„Wahrheits- und Versöhnungskommission"** (TRC = *Truth and Reconciliation Commission*) ein, die Menschenrechtsverletzungen untersuchen sollte, die zwischen dem 1.3.1960 (Massaker an Demonstranten in Sharpeville) und dem 5.12.1993 sowohl von der weißen Minderheitsregierung als auch von ihren Gegnern begangen wurden. Personen, die an der Aufklärung mitwirkten, wurde im Rahmen des Gesetzes eine Amnestie zugesichert; den Opfern sollte Wiedergutmachung geleistet werden. Vorsitz hatte der Erzbischof von Kapstadt, Desmond Tutu. Die ersten Anhörungen begannen im April 1996.

Wahrheit und Versöhnung

Mit der Verabschiedung der neuen Verfassung Südafrikas im Sommer 1996 sah die NP auch ein Ende ihrer Mitarbeit in der Regierung der nationalen Einheit gekommen. Vizeminister und NP-Führer Frederik W. de Klerk zog am 1.7.1996 seine Minister aus dem Kabinett zurück. Anfang Februar 1997 trat die neue Verfassung in Kraft, die weltweit als die liberalste Verfassung gilt. In seiner Regierungserklärung am 7. Februar 1997 räumte Ministerpräsident Mandela dem Wohnungsbau, der Verbesserung der Infrastruktur und der Ausbildung sowie der Bekämpfung der zunehmenden Kriminalität, die dringend benötigte Auslandsinvestitionen gefährdete, höchste Priorität ein.

Mit der Wahrheits- und Versöhnungskommission wurde ein wichtiger Schritt getan, um auf beiden Seiten – vor allem aber bei der schwarzen Bevölkerung – die Wunden zu schließen, die die Zeit der Apartheid hinterlassen hat. Nach der Aufarbeitung der Vergangenheit soll nun der Weg in eine gemeinsame Zukunft frei sein.

Bei den Wahlen am 02.06.99 – den zweiten freien Wahlen nach dem Ende der Apartheid – konnte der ANC gegenüber 1994 weitere Stimmen hinzugewinnen. Er erhielt 66,35 % der abgegebenen Stimmen und erreichte damit nicht, wie vielerorts befürchtet, die 2/3-Mehrheit. Planmäßig löst Thabo Mbeki den Präsi-

Mbeki als neuer Präsident

INFO Die Wahrheits- und Versöhnungskommission

Als die damalige weiße Regierung von 1990 bis 1994 mit dem ANC verhandelte, wurde die Bildung einer Wahrheits- und Versöhnungskommission" (*Truth and Reconciliation Commission*, TRC) für Südafrika beschlossen. Aufklärungswilligen wurde im Rahmen des Gesetzes eine Amnestie zugesichert; den Opfern sollte Wiedergutmachung geleistet werden. Das 1995 von der Übergangsregierung verabschiedete **Gesetz zur Förderung der Nationalen Einheit und Versöhnung** sieht vor, die vor dem 12. Dezember 1996 politisch motivierten Verbrechen straffrei zu lassen, wenn die Taten öffentlich bekannt wurden.

Die Wahrheitskommission bestand aus einem Menschenrechts-, einem Amnestie- und einem Wiedergutmachungskomitee und hatte über 7 000 Amnestie-Anträge und 20 000 Stellungnahmen zu Menschenrechtsverletzungen zu bearbeiten. Die öffentlichen Anhörungen der Kommission wurden von dem anglikanischen Erzbischof und Friedensnobelpreisträger **Desmond Tutu** geleitet. Nach Beendigung der Anhörungen im März 1998 wurde bis Juni 1998 über die Amnestie-Anträge entschieden. Am 29. Oktober 1998 übergab die südafrikanische Wahrheitskommission dem damaligen Präsidenten Mandela ihren Bericht über Menschenrechtsverletzungen in den Jahren der Apartheid. Der 3.500 Seiten umfassende Bericht, beruhend auf fast drei Jahre dauernden Anhörungen von Opfern und Tätern, macht hauptsächlich Polizisten, Militärs und Politiker der früheren Regierung Vorwürfe. Aber auch Straftaten des ANC und anderer Gruppen des Widerstands werden behandelt. Der Amnestieausschuss des Wahrheitsausschusses weist im März 1999 einen Antrag von 27 ANC-Führern auf Straffreiheit ab mit der Begründung, dass sie ihren Antrag ohne die gesetzlich vorgeschriebene Auflistung der einzelnen Straftaten gestellt hatten und er durch das Gesetz nicht gedeckt sei. Es war der Versuch, sich nachträglich den „legitimen" Widerstandskampf bescheinigen zu lassen.

Hohe Arbeitslosigkeit

denten Nelson Mandela ab. Der ANC bekennt sich weiter zu dem 1996 eingeführten konservativen **Wirtschaftsprogramm Growth, Employment and Redistribution**. Sorgen bereitet nach wie vor die hohe Arbeitslosigkeit von über 30 %. Wegen der starken Überregulierung des Arbeitsmarktes verloren seit 1994 mehr als 500 000 Südafrikaner ihre Jobs. Innenpolitisch steht Mbeki unter Druck. Zwar ging der ANC bei den Kommunalwahlen im Dezember 2000 mit fast 60 % als stärkste Kraft hervor, doch sowohl durch Korruptionsaffären als auch durch seine unvorsichtigen Äußerungen zu dem bestrittenen Zusammenhang zwischen HIV und Aids hat die Popularität Mbeki deutlich gelitten.

Perspektiven (S. Althoff)

Nach den turbulenten Jahren der politischen Neustrukturierung Südafrikas kann man wohl ohne Zweifel sagen, dass Südafrika eine herausragende Leistung vollbracht hat. Die Südafrikaner sind zu Recht stolz auf ihr Land und die hart erarbei-

INFO Thabo Mbeki – der Nachfolger von Nelson Mandela

Thabo Mbeki gilt als politischer Ziehsohn von Nelson Mandela und wurde im Mai 1999 als dessen Nachfolger 2. Präsident des „neuen" Südafrika. Im Vordergrund seiner Bemühungen stehen laut seiner Antrittsrede im Juni 1999:
- **Bekämpfung der Kriminalität.**
Er sagte: „Im Zusammenwirken mit den Menschen werden wir unsere Anstrengungen radikal verstärken, um den Schutz und die Sicherheit aller unserer Bürger zu verbessern."
- **Förderung der Wirtschaft**
Die in der vorangegangenen Legislaturperiode entwickelten Programme für Umbau und Entwicklung und für Wachstum, Beschäftigung und Umverteilung bleiben auch weiterhin die Grundlage der Regierung, um nachhaltiges Wachstum, nachhaltige Entwicklung und einen besseren Lebensstandard für die Menschen zu erreichen.
- **Bemühungen um die nationale Versöhnung und Aufbau der Nation**.
Mbeki bemerkte hierzu: „Wir erachten die Arbeit zur Wiederherstellung des Stolzes und der Identität aller unserer Menschen als äußerst wichtig für die Aufgabe, die Menschenwürde aller unserer Bürger zu fördern und den Erfolg unserer Bemühungen um nationale Versöhnung und den Aufbau der Nation zu garantieren."

Thabo Mbeki, Südafrikas zweiter schwarzer Präsident

tete Einheit. Mit dem starken Willen, das Land zu einem Vorbild von Einheit, Frieden, Aufbau und Wachstum für die Welt zu machen, muss sich Südafrika nun neuen Problemen stellen. Die soziale, wirtschaftliche und politische Trennung gehört formal der Vergangenheit an und die Kinder Südafrikas wachsen in einem neuen Bewusstsein von Gemeinsamkeit auf. Hier und da spukt immer noch altes Gedankengut herum, aber die Mehrheit der Südafrikaner setzt sich aktiv und sehr bewusst damit auseinander.

Neben wirtschaftlichen und sozialen Problemen stellt die HIV/AIDS-Epidemie eine Herausforderung ganz besonderer Art an Südafrika. Statistiken aus dem Jahr 2001 zeigen, dass 20 % der erwachsenen Südafrikaner mit dem Virus infiziert sind, in manchen Regionen sind es sogar mehr als 50 %. Neben der menschlichen Tragödie stellt dies auch ein immenses wirtschaftliches Problem dar, da die meisten Betroffenen im arbeitsfähigen Alter sind. Ein wichtiger Teil der Arbeitskraft Südafrikas stirbt an AIDS-bedingten Krankheiten und jeden Tag kommen fast 2000 neue Infektionen hinzu. Eine ganze Generation von über 40 Millionen Kindern wächst als AIDS-Waisen auf. Die Auswirkungen sind schwer einzuschätzen, aber sicher schlimm. Die Regierung hat bisher eine sehr umstrittene AIDS-Politik vertreten und dafür weltweite Kritik hinnehmen müssen. Ein Kurswechsel ist

AIDS als größtes Problem

dringend von Nöten und durch hohe Investitionen und große Marketingkampagnen wächst in der Bevölkerung langsam das Bewusstsein für HIV/AIDS. Wie groß der Schaden letztlich sein wird, bleibt abzuwarten.

Stabile politische Verhältnisse

Politisch hat sich Südafrika zum stabilsten Land auf dem afrikanischen Kontinent entwickelt und agiert heute als führende Nation und Sprecher Afrikas. Die politische Instabilität des Nachbarlandes Zimbabwe bringt jedoch unvermeidbare Konsequenzen für Südafrika mit sich. In diesem Konflikt befindet sich Südafrika in einem Dilemma: Zimbabwe war nicht nur wirtschaftlicher Partner, sondern auch Anti-Apartheidfreund. Sich offen gegen Zimbabwe und seinen Präsidenten Robert Mugabe zu stellen, würde bedeuten, diesen alten Bund von Loyalität und Beistand im Stich zu lassen. Sich aber auf Mugabes Seite zu stellen, wirft ein schlechtes Licht auf Südafrika.

Dass die südafrikanische Regierung versucht, Mugabe gegenüber einen diplomatischen Weg zu gehen, hat ihr harte Kritik der Weltbevölkerung eingebracht. Auch hier muss Südafrika früher oder später Stellung beziehen, soll der Schaden in Grenzen gehalten werden.

Die wirtschaftliche Hauptarbeit besteht in der Schaffung von Arbeitsplätzen. Nur dadurch kann die immer noch hohe Armut und Kriminalität bekämpft werden. Jedoch tragen die beiden oben genannten Probleme nicht unbedingt dazu bei, ausländische Investoren nach Südafrika zu locken. Das macht den Rand als Währung nicht stärker, sehr zum Leidwesen der Bvölkerung und zur Freude der Touristen. Aber Südafrika ist fest entschlossen, ein investitionsfreundliches Klima zu schaffen.

Ein weiterer Versuch, das Land und den Kontinent in den Augen der Welt zu stärken ist die Gründung von NEPAD (The New Partnership for Africa's Development). Präsident Mbeki hat richtig erkannt, dass Afrika nicht einfach nur finanzielle Hilfe der westlichen Welt erwarten kann, sondern sich die wirtschaftliche Unterstützung verdienen muss, indem es sich zu demokratischen Normen und menschenrechtlichen Werten bekennt. Auch hier hat Südafrika eine Führungsrolle eingenommen und ist Vorbild für viele andere afrikanische Nationen.

Hoffnung für die Zukunft

Insgesamt hat das Leben der Südafrikaner eine relativ stabile Normalität erreicht. Die Menschen sind voller Enthusiasmus und Visionen und der immer stärker wachsende Tourismus zeugt davon, dass auch Besucher aus aller Welt sich davon anstecken lassen. Vorausgesetzt Südafrika arbeitet weiterhin hart an der Bekämpfung von Armut und Kriminalität, hat es sicher die Chance auf eine gute und sichere Zukunft. Am Willen dazu mangelt es sicher nicht.

3. LANDSCHAFTLICHER ÜBERBLICK

Kernraum des Subkontinents Südliches Afrika ist die Republik Südafrika mit 1 221 037 m². Damit ist Südafrika mehr als dreimal so groß wie Deutschland. Vom Grenzfluss Limpopo im Norden bis zur Südspitze am Kap Agulhas beträgt die Entfernung etwa 2 500 km, was einer Entfernung von Aachen bis nach Moskau entspricht. Vom westlichen Teil am Atlantik (Oranjemündung) bis zur Kosi Bay am Indischen Ozean sind es 2 000 km. Von Tshwane/Pretoria nach Kapstadt (= die Route des Blue Train) sind es 1 500 km, was einer Entfernung von Hamburg bis Neapel entspricht. (Überblick über die 9 Provinzen s. S. 19.)

Große räumliche Distanzen

Kein Wunder, dass Südafrika auch aufgrund der großen räumlichen Distanzen eine Vielzahl unterschiedlicher Landschaften, Klimate und Vegetationszonen aufweist. Ein detaillierter Blick auf das Klima, das Gewässersystem, die Geologie sowie Tier- und Pflanzenwelt macht Sie zum „Geographie-Experten"!

Klima

Übersicht

Wenn man „Afrika" hört, dann stellen sich in Bezug auf das Klima bestimmte Assoziationen ein. Man denkt an unerträgliche Hitze, Schwüle oder andere unangenehme meteorologische Erscheinungen. Nun, auf Südafrika treffen solche Vorannahmen nur bedingt zu. Wer ahnt schon, dass das Kapland ein Klima aufweist, das sich am ehesten mit dem der Mittelmeerländer vergleichen lässt? Andere Teile – wie die Natal-Küste und Limpopo – sind subtropisch geprägt. Das Binnenklima des südafrikanischen Hochlandes ist dagegen trocken und sonniger. Schauen wir uns die klimatischen Gegebenheiten etwas näher an.

Da Südafrika auf der Südhalbkugel liegt, sind die **Jahreszeiten entgegengesetzt** zu unseren. Seine Lage reicht bis zum 34. Grad südlicher Breite. Dabei ist die südlichste Spitze nicht etwa das Kap der Guten Hoffnung, sondern das Kap Agulhas. Die nördlichen Teile Südafrikas reichen bis zum 22. Grad südlicher Breite. Ein Vergleich mag dies veranschaulichen: Johannesburg liegt auf einer ähnlichen Breite wie die Kanarischen Inseln oder Brisbane in Australien. Kapstadt kann man was seine Breitenlage angeht mit Casablanca oder Perth in Westaustralien vergleichen.

Entgegengesetzte Jahreszeiten

Obwohl das Land insgesamt zum Klimabereich der Subtropen gehört, gibt es große regionale Unterschiede, die insbesondere von folgenden Faktoren abhängen:
- der Höhenlage eines Gebietes,
- der Nähe zu den Meeren und
- den unterschiedlich temperierten Meeresströmen.

Temperaturen

Hier spielt zunächst einmal die Höhenlage der meisten Gebiete Südafrikas eine bestimmte Rolle. Man denke z.B. nur an die Höhenlage folgender Städte: **Johannesburg**: 1 753 m, **Tshwane/Pretoria**: 1 365 m, **Kimberley**: 1 223 m. Deshalb sind in der Regel die südafrikanischen Temperaturen niedriger als in Gebieten vergleichbarer Breitenlage. Das sollte man wissen, wenn man in der winterlichen Trockenzeit einen Aufenthalt z.B. in Johannesburg plant: Während am Tage die Temperaturen in der Sonne auf über 20 °C steigen können, sinkt das Thermometer in klaren Nächten u.U. auf Temperaturen weit unter dem Gefrierpunkt ab. Eine überraschende Erfahrung für Reisende, die das erste Mal in solche Regionen kommen. „Nie hätte ich gedacht, dass man in Afrika so frieren kann", hört man Besucher berichten.

Alternative Gardenroute bei Ladismith

Dabei muss man bedenken, dass fast alle Häuser keine Zentralheizung haben und auch schlecht isoliert sind. Daran sollten besonders Camper denken – bibbernd denke ich im Nachhinein an so manche Nacht und besonders an so manchen eiskalten Morgen ...

Sehr unterschiedliche Temperaturen

Die kältesten Gebiete liegen naturgemäß dort, wo das Binnenplateau am höchsten ist. Die tiefste je gemessene Temperatur liegt bei -14,7 °C (Carolina in Mpumalanga). In den tiefer gelegenen Gebieten kommt natürlich der Breiteneinfluss voll zur Geltung. Insbesondere am Unterlauf des Oranje sowie im Lowveld, dem tief gelegenen Teil Transvaals, werden oft Temperaturen von über 38 °C gemessen. Die höchste Temperatur wurde gar mit 47,8 °C (in Komatipoort) registriert.

Bemerkenswerterweise nehmen die Temperaturen von Süd nach Nord – also in Richtung Äquator – **nicht** zu. Der Grund dafür liegt in der Tatsache begründet, dass das südafrikanische Plateau Richtung Nordosten an Höhe zunimmt, und dieser Umstand gleicht die Wirkung der geographischen Breite weitgehend aus. So hat Kapstadt mit 17 °C Jahresdurchschnittstemperatur einen vergleichbaren Wert wie das viel weiter nördlich gelegene Tshwane/Pretoria mit 17,5 °C.

Die Küstenregionen ihrerseits werden von zwei unterschiedlich temperierten Meeresströmen stark beeinflusst. An der Küste des Indischen Ozeans fließt der aus Äquatorbreiten kommende warme Agulhas-Strom, während an der Westküste der kalte, von der Antarktis kommende Benguela-Strom entlang fließt. Daher sind die Temperaturen der Westküste wesentlich niedriger als die an der Ostküste. Durban (Ostküste), das auf vergleichbarer Breite mit Port Nolloth (Westküste) liegt, hat eine um 7 °C höhere Jahres-Durchschnittstemperatur! Wie stark die Temperatur dieser beiden Meeresströme differiert, wird am Beispiel der Kap-Halbinsel deutlich: Die Jahres-Durchschnittstemperatur bei Muizenberg/False Bay beträgt aufgrund des Agulhas-Stromes 16,6 °C, die bei Kapstadt aufgrund des Benguela-Stroms nur 12,8 °C.

Frost kommt, wie schon erwähnt, nur in den inländischen, hochgelegenen Regionen vor. Die Küste dagegen ist frostfrei.

Luftfeuchtigkeit

Die Hochplateau-Landschaften Südafrikas haben eine sehr geringe Luftfeuchtigkeit. Insbesondere im Westen ist es sehr trocken. Die Küstenregionen weisen dagegen ein feuchteres Klima auf. An der wärmeren Ostküste ist es insbesondere während der Sommerzeit zeitweise schwül (85–95 % Luftfeuchtigkeit). An der kühlen Westküste ist es besonders im Sommer nebelig. Dies ist dadurch bedingt, dass warme, feuchte Luft – aus dem Osten kommend – über dem kalten Benguela-Strom abkühlt und kondensiert.

Geringe Luftfeuchtigkeit und...

Niederschläge

Insgesamt betrachtet ist Südafrika ein äußerst niederschlagsarmes Gebiet. Dazu einige Fakten:
Der **Durchschnittsniederschlag** beträgt nur 464 mm pro Jahr. Zum Vergleich: Köln 696 mm, München 904 mm. Wenn man bedenkt, dass die Verdunstung im wärmeren Südafrika viel höher ist als bei uns, kann man sich vorstellen, dass der Regen in vielen Regionen nicht ausreicht. Klimatologen bezeichnen Südafrika als ein arides Land, weil in den meisten Regionen die Niederschlagsmenge geringer ist als die Verdunstungsmenge.
- 21 % Südafrikas haben weniger als 200 mm Regen im Jahr.
- 48 % erreichen Werte zwischen 200–600 mm im Jahr.
- 31 % erhalten mehr als 600 mm pro Jahr.

niederschlagsarm

Insgesamt erhalten 65 % des Landes weniger als 500 mm pro Jahr. Das bedeutet, dass in diesen Regionen Anbau nur mit Hilfe von Bewässerung möglich ist.

Die **Verteilung der Niederschläge** zeigt einige Gesetzmäßigkeiten. So nimmt der Niederschlag auf dem Binnenplateau von Osten nach Westen ab. Die vom Indischen Ozean kommenden feuchten Luftmassen regnen sich zum großen Teil an der östlichen Randstufe ab und werden um so trockener, je weiter sie nach Westen gelangen. Deshalb liegen die regenärmsten Gebiete der Republik an der Westküste (hier zum Teil weniger als 50 mm Niederschlag pro Jahr).

3. Landschaftlicher Überblick: Klima

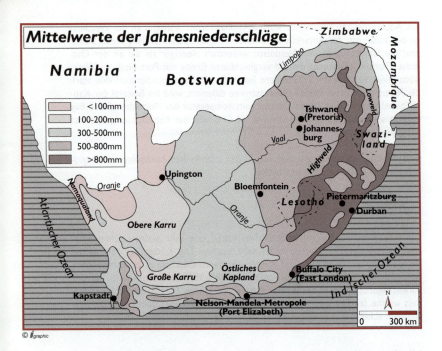

Die **meisten Niederschläge** erhält Südafrika dort, wo ostwärts exponierte Gebirgshänge über die Küstenebenen hinausragen. So sind besonders regenreich die östlichen Abhänge der Kapberge, der Drakenberge und der Randstufe von Mpumalanga, also die sog. Luv-Seiten. Im südwestlichen Kapland werden Extremwerte von bis zu 3 200 mm Niederschlag erreicht, an der Randstufe von Mpumalanga durchschnittlich 2 088 mm pro Jahr. Die Gebirgsseiten im Windschatten (Lee-Seiten) dagegen sind wesentlich trockener.

In den meisten Regionen Südafrikas fällt der Hauptanteil an Regen in der Sommerzeit, zumeist in heftigen Niederschlägen am Nachmittag. Einzige Ausnahme hierbei bildet das Winterregen-Gebiet an der West- und Südwestküste des Kaps. Hier fällt der meiste Niederschlag im Winter. Doch alle Angaben bezüglich der Niederschlagsmengen sind langjährige Durchschnittswerte. *Dürreperioden* sind für subtropische Bereiche wie Südafrika leider typisch. Am wahrscheinlichsten sind lange Trockenzeiten in den ohnehin niederschlagsarmen Gebieten, also im Westen. Die niederschlagssichersten Gebiete liegen in den östlichen Teilen des Plateaus, in Natal, an der Ost- und Südküste sowie im südwestlichen Kapland.

Schnee fällt nur in extrem hohen Gebirgslagen der Drakensberge (im Durchschnitt fünfmal jährlich in den Wintermonaten Juni bis August) und – seltener – am Witwatersrand oder bei Kapstadt. Lohnende Ski-Abfahrten sind daher die Ausnahme...

Sonnenschein-Dauer

Südafrika ist ein ausgesprochen sonnenscheinreiches Land. Mehrere Monate strahlt in der winterlichen Trockenzeit über dem Hochland der stahlblaue Himmel. Aber auch im Sommer, wenn die meisten Niederschläge fallen, beschränkt sich der Regen auf kurze, aber ergiebige Gewittergüsse. Die Küsten sind sonnenreicher als diejenigen so bekannter Badeparadiese wie Hawaii und der Bahamas. Dabei muss man bedenken, dass trotz des „Sonnenreichtums" die Temperaturen für den Europäer immer gut verträglich bleiben. Entnehmen Sie folgender Tabelle die **Durchschnitts-Sonnenscheinstunden pro Tag**:

Sonnenreiches Land

	Kapstadt	Durban	Johannesburg	Kruger Nat. Park	Bahamas
Januar	11,2	6,5	8,3	7,0	7,2
Februar	11,1	6,7	8,1	7,5	7,9
März	9,7	6,8	7,9	7,3	8,4
April	8,0	7,0	7,9	7,0	8,9
Mai	6,5	7,1	8,7	7,9	8,5
Juni	5,9	7,5	8,7	7,6	7,5
Juli	6,5	7,5	9,1	8,0	8,9
August	6,8	7,4	9,9	8,1	8,5
September	7,9	6,4	9,5	7,7	7,1
Oktober	9,0	6,0	8,9	6,9	6,7
November	10,6	6,2	8,3	6,0	7,4
Dezember	11,2	6,5	8,4	6,6	7,1

Gewässer

von Dr. Karl-Günther Schneider

Der längste Strom Südafrikas (1 860 km) ist der **Oranje**. Er ist der kleinste unter den fünf großen Strömen, die den afrikanischen Kontinent über 100 km durchziehen. Er durchquert mit seinem einzigen größeren Nebenfluss, dem Vaal, den Subkontinent in südwestlicher Richtung. Beide Flüsse haben ihre Quellgebiete am regenreichen Ostrand des Hochlandes und durchfließen als Fremdlinge weite Trockengebiete, bis schließlich der Oranje das große zentrale Becken (Kalahari) und die westliche Randstufe durchbricht. Über die Augrabies-Fälle bei Upington/Kakamas stürzt der Strom über 160 m in eine nur schwer zugängliche Klamm. Es beginnt der Unterlauf (ca. 500 km) mit einer Schluchten- und Kataraktenstrecke. Sandbarrieren sperren oft über mehrere Monate hin die Mündung in den Atlantischen Ozean. Infolge der reichen Niederschläge im Quellgebiet führt der Oranje auch in trockenen Jahren im Unterlauf ständig Wasser. Er ist ein Fremdlingsstrom wie der Nil. In der Regenzeit, während des Südsommers, kommt aber das Hundertfache der Wassermenge der Trockenzeit herab. Mehrere Staudämme fangen das Hochwasser auf und regulieren den Wasserstand. Nur die notwendigen Wassermengen lässt man frei passieren.

Längster Fluss Südafrikas

3. Landschaftlicher Überblick: Gewässer

> **INFO** **Rinnsale, reißende Ströme, Wasserwalzen**
>
> Nur etwa 10 % der Fläche des Südlichen Afrika sind gut beregnet (750–2 000 mm), dagegen erhalten 60 % nur Niederschläge von 250–750 mm und 30 % weniger als 250 mm. Zum Glück ist die Verdunstung auf dem Festland nicht so hoch wie über einer offenen Wasserfläche, so dass die Verhältnisse in den Küstenregionen günstiger sind.
>
> Die wechselnde Abfolge von Regen- und Trockenzeiten im Jahr lässt sich an der periodischen Wasserführung der Flüsse erkennen. Schmale Rinnsale oder Trockenflüsse (Riviere, Wadis in Nordafrika) können sich in wenigen Stunden zu reißenden Strömen verwandeln. Das „Rivier kommt ab", so bezeichnen die Südafrikaner diesen Vorgang. In einer noch kürzeren Zeit kann eine riesige Wasserwalze alles mit einer dicken Schlamm- und Sandschicht überziehen und dann rasch ablaufen. Ein Naturschauspiel, das für die Farmer, Wegebauer und Verkehrsteilnehmer oft große Schrecken und Schäden in sich birgt.

Der **Limpopo-Grenzfluss** im Norden von Gauteng hat sein Einzugsgebiet im Hochland und kann als kleiner Strom noch die Randschwelle nach Osten, zum Indischen Ozean hin, durchbrechen. Eine Anzahl weiterer Flüsse entspringt an der feuchten Randstufe oder in den Kapketten, wobei der Kei-, der kapländische

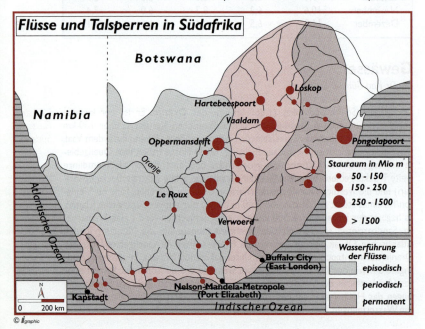

Flüsse und Talsperren in Südafrika

Olifant- und der Fisch-Fluss sowie Unzimkuli, Tugela-, Buffalo-River, Gr. Letaba, und Crocodile-River die bekanntesten sind. **Kein Fluss ist schiffbar.** Für die zahllosen künstlich angelegten „Dämme" (Talsperren), die der Trinkwasserversorgung, als Bewässerungsanlagen oder zur Bodenkonservierung dienen, sind sie aber von entsprechender Bedeutung.

Talsperren und Pfannen

Südafrikas stürmische wirtschaftliche Entwicklung scheint in letzter Konsequenz vielleicht durch einen Naturfaktor begrenzt zu sein, nämlich durch das zur Verfügung stehende Wasser. Der Gesamtniederschlag, der ohnehin recht dürftig ist, wird nur zu 9 % ins Meer getragen (Weltdurchschnitt: 31 %).

Die Gründe dafür sind:
- die ungewöhnlich hohe Verdunstung und
- sandige Böden (besonders in der Kalahari und im Sandveld/Westküste).

Beim Durchreisen des Landes fällt dem Besucher auch die Seen-Armut auf. Am Indischen Ozean liegen Süßwasserlagunen bei Wilderness, St. Lucia, Sibaya und Kosi. Im trockenen Westen gibt es eine große Zahl von „Pfannen": das sind sehr seichte Wasserflächen, die zum großen Teil während der Trockenzeit völlig austrocknen, während Salzkonzentrate zurückbleiben. Das Grundwasser deckt nur zu 10 % den Wasserbedarf. Mittels tiefer Bohrlöcher – insbesondere im Landesinneren – kann die Wasserversorgung an manchen Orten aufrecht erhalten werden. Leider verfügt Südafrika auch nur über wenige artesische Quellen. Viele Bohrlöcher liefern aber nur salzhaltiges Wasser, dessen Verwertbarkeit stark eingeschränkt ist.

Großlandschaften und geologische Entwicklung

Die Geologie eines Landes ist ein Sachgebiet, das oft nur für Fachleute von Interesse und Bedeutung ist. Doch gerade wenn man sich mit Südafrika auseinander setzt, sollte man die wesentlichen geologischen Bedingungen kennen. Denn es sind gerade die erdgeschichtlichen Vorgänge, die durch ihre Lagerstätten bildenden Entwicklungen Südafrikas Bedeutung unterstreichen. Das Land genießt eine sehr hohe montanwirtschaftliche Bedeutung – und das im Weltmaßstab! Der Bergbau ist die Folge der urzeitlichen geologischen Vorgänge.

Südafrika ist geologisch betrachtet eine **uralte Landmasse**. Die Basis bildet ein Grundgebirge, zu dessen ältesten Schichten die fossilen Goldeinlagerungen des Witwatersrand gehören. Diese Formationen sollen ein Alter von bis zu 3,1 Milliarden Jahren haben (präkambrische Zeit). Im Süden finden wir Schichten, die teils während Landphasen, teils bei Meeresüberflutungen abgelagert wurden. Vor etwa 350 Millionen Jahren (im Oberkarbon) wurden diese Gesteine gefaltet. Der Nordosten Südafrikas begann in dieser Zeit sich zu senken: riesige, bis zu 7 000 m mächtige Schichten lagerten sich hier vor 350 bis 180 Millionen Jahren ab (Oberkarbon bis Trias). Diese „Karru"-Schichten (meist Schiefer und Sandsteine) füllen

Uralte Landmasse

3. Landschaftlicher Überblick: Großlandschaften und geologische Entwicklung

Bizarre Felsformationen nahe der Cederberge

ein 600 000 km² deckendes und 1 300 km langes Becken aus, das von Südwesten nach Nordosten verläuft.

Vor etwa 70 Millionen Jahren (Tertiär) erfolgte im Zuge weltweiter Gebirgsbildungen (Alpen, Rocky Mountains) auch in Südafrika die Heraushebung der das Binnenland umgebenden Randschwellengebirge, auch **Great Escarpment** genannt. Diese Gebirge, zu denen auch der

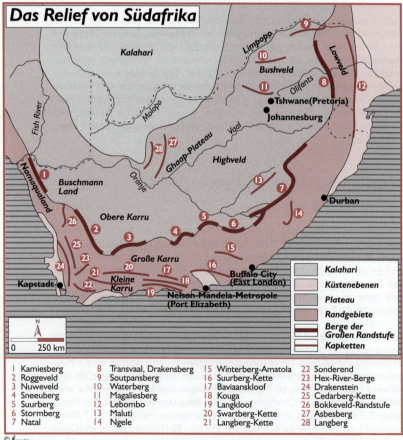

Das Relief von Südafrika

Legende:
- Kalahari
- Küstenebenen
- Plateau
- Randgebiete
- Berge der Großen Randstufe
- Kapketten

1 Kamiesberg
2 Roggeveld
3 Nuweveld
4 Sneeuberg
5 Suurberg
6 Stormberg
7 Natal
8 Transvaal, Drakensberg
9 Soutpansberg
10 Waterberg
11 Magaliesberg
12 Lebombo
13 Maluti
14 Ngele
15 Winterberg-Amatola
16 Suurberg-Kette
17 Baviaanskloof
18 Kouga
19 Langkloof
20 Swartberg-Kette
21 Langberg-Kette
22 Sonderend
23 Hex-River-Berge
24 Drakenstein
25 Cedarberg-Kette
26 Bokkeveld-Randstufe
27 Asbesberg
28 Langberg

Drakensberg gehört, weisen die größten Höhen auf (3 482 m). Vor etwa 1 Million Jahren wurden diese Gebiete nochmals en bloc angehoben. Zum Teil drang aufgrund der Erdkrustenbewegung auch Magma in Form von Vulkanen nach oben. Das von diesen Randgebirgen eingeschlossene Binnenhochland ist auf der Grundlage des schon erwähnten präkambrischen Massivs entstanden. Hier senkte sich vor 600 bis 500 Millionen Jahren das Land teilweise, insbesondere im Gebiet der Kalahari, des Oranje und in Transvaal. Diese Senken wurden in der Folgezeit wieder zugeschüttet.

Präkambrisches Massiv

Mit Ausnahme der Bergwelt von Lesotho und des Drakensberg-Massivs waren die Bewegungen der Erdkruste selten von Vulkanausbrüchen begleitet. Eine Sonderform des Vulkanismus bilden die vulkanischen Explosionsröhren, die in der Erd-Urzeit vor etwa 1,2 bis 3 Milliarden Jahren und dann später vor etwa 180 bis 135 Millionen Jahren (Jura) die Erdkruste durchschlagen haben. In der letzteren Periode entstanden die **Diamantlager** von Kimberley.

All die geschilderten geologischen Vorgänge bewirkten die Entstehung der heutigen Großlandschaften Südafrikas. Kein anderer Teil des Kontinents zeigt in seinem Aufbau eine so große Einfachheit. Wir unterscheiden:
① **Das Binnenhochland**: Es liegt, mit Ausnahme des abflusslosen Kalahari-Beckens, etwa 1 000 bis 1 700 m hoch. Der Untergrund dieses Hochlandes ist aufgefüllt mit Gesteinsmaterial, das von den Randgebirgen hineintransportiert wurde.
② **Die Randschwellengebirge**: Allmählich steigt das Hochland an und erreicht in den umgebenden Randgebirgen Höhen von fast 3 500 m.
③ **Das Küstenvorland**: Dieses ist im Vergleich zur Gesamtfläche Südafrikas sehr schmal.

Vereinfacht kann man sich die Oberflächengestalt Südafrikas wie eine Schüssel vorstellen.

Nach lauter „trockener" Geologie sollten wir uns die Bedeutung dieser Vorgänge für den Menschen klar machen. Man kann diese Folgen in 3 Punkten zusammenfassen:
① Der geologische Werdegang Südafrikas beschert dem Land die **Vielzahl und den Reichtum an Bodenschätzen**.
② Die Ausbildung der Großlandschaften (Küstenvorland – Randgebirge – Binnenhochland) verursacht **spezifische Klimagegebenheiten**. Hierbei fungieren die Randgebirge als Regenfänger (insbesondere im Osten), während das umschlossene Binnenhochland ein trockenes Klima aufweist.
③ Die Nähe von Küste und Randgebirge macht gerade diese Regionen für den Menschen reizvoll. Hier liegen die **herausragenden Feriengebiete** des Landes. Die Randgebirge üben besonders dort, wo sie steil und schroff sind, einen außerordentlichen landschaftlichen Reiz aus (z.B. Drakensberg).

Reizvolle Landschaften

> **INFO** **Böden, ihre Zerstörung und Melioration**
> *von Dr. Karl-Günther Schneider*
>
> Die äußeren Kräfte haben nicht nur Einfluss auf die Form der Oberfläche, sondern wirken auch auf das Gestein selbst. Die obersten Gesteinsschichten sind Trockenheit und Nässe, Wärme und Kälte ausgesetzt. Das Klima ist der wichtigste Faktor bei der Bodenbildung. Im niederschlagsreichen Osten finden wir rote und rotbraune Böden, im trockenen Binnenland die kastanien- und hellbraunen Böden, deren Humusgehalt infolge der spärlichen Vegetation sehr gering ist.
>
> Durch Eingriffe des Menschen wird häufig das empfindliche Gleichgewicht der Bodenbildung gestört. Über viele Quadratkilometer können Fluten oder Platzregen tiefe Rinnensysteme (Dongas) ausspülen und den Boden zerstören (Bodenerosion). Eine Verbesserung ist außerordentlich schwierig. Seit 1942 wurden in der Republik Südafrika durch private und staatliche Stellen mit hohem Aufwand von Kapital und Maschinen große Gebiete (ehemalige Transkei, Ostkap) rehabilitiert. Zu den wichtigsten Maßnahmen der modernen Landnutzung gehören die Anlage von Staudämmen und Windschutzhecken, hangparalleles Pflügen (Konturstreifen) und eine geregelte Wechselnutzung von Weiden und Feldern.

Pflanzenwelt
von Dr. Karl-Günther Schneider

Überblick

Überwältigende Flora

Mit über 22 000 Pflanzenarten ist Südafrikas Flora nicht nur sehr vielfältig, sondern auch überwältigend schön. Durch die unterschiedlichen klimatischen Voraussetzungen verändert sich das Landschaftsbild oft dramatisch. Vom typischen Fynbos (holländisch: Feiner Busch) im Kapland, über dichten Wald an der Garden Route bis hin zu Dornbüschen und Akazien in der trockenen Savannenlandschaft im Norden, sind alle Vegetationsformen vertreten. Zu den besonders schönen Landschaften zählen die Kapflora und das Namaqualand, das sich zur Regenzeit in einen endlosen Blütenteppich verwandelt.

Entsprechend den klimatischen Bedingungen (Regenfall) und den Bodenverhältnissen im „Südlichen Afrika" bedecken regengrüne Gehölze (Ostseite), Grasfluren (Hochveld) und Hartlaubgewächse (Kapland) den größten Teil des Subkontinents. Bei der Einteilung der Pflanzenwelt in klimatische Vegetationszonen finden wir die für Afrika so wichtigen Begriffe Dorn-, Trocken-, Feuchtsavanne auch hier wieder. Eine Trockenzeit von 2,5–4 Monaten lässt noch eine Feuchtsavanne zu. Bei einer Trockenzeit von 5–7,5 Monaten tritt nur noch die Trockensavanne auf, die sich bei einer noch längeren Trockenheit in eine Dornsavanne verwandelt. Sind mehr als 10 Monate des Jahres regenlos, so gehen die Savannen (Graländer) in die Halbwüste oder sogar in die Vollwüste über. Vorausgesetzt ist hierbei, dass der

3. Landschaftlicher Überblick: Pflanzenwelt

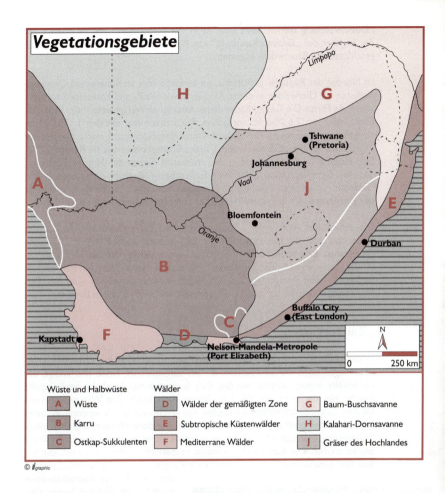

Mensch nicht in den natürlichen Wasserhaushalt eingreift und durch Anlegen von Bewässerungsanlagen kleinräumige Klimaänderungen vornimmt. Unter diesen Bedingungen lässt sich das Pflanzenkleid Südafrikas in mehrere großräumige Einheiten aufteilen.

Wald

Neben dem immergrünen Regenwald bei George-Knysa-Humansdorp im Süden sind noch kleinere Gebiete an den Südseiten (Luv) der einzelnen küstennahen Kapketten (Lange-, Outenikwa-Berge) mit Feuchtwäldern bestanden. Typische Vertreter sind Yellowwood, Ironwood, Kiaat und Stinkwood – Hölzer, die oft zur

Regen- und Feuchtwälder

Möbelherstellung dienen. Auch kann es in der Nebelregion und im oberen Teil der Engtäler der „Großen Randstufe" von Mpumalanga und in KwaZulu-Natal zu geschlossenem Baumwuchs kommen.

Im Norden der Republik, in Namibia, am Limpopo bzw. an Kunene und Okavango begleiten oft Uferwälder, in denen Akazien sowie Weiß- und Kameldorn vorherrschen, die Flüsse. Die Gesamtfläche dieser natürlichen Waldgebiete, meist in Staatsbesitz, wird mit 2,6 Mio. ha angegeben. Auch zusammen mit den 1 173 000 ha angepflanzten Baumbeständen (Wattle, Pinusarten, Eukalyptus) macht die gesamte Waldfläche der Republik nur knapp 1 % des Staatsgebietes aus (in Kanada 27 %). Der Mopane-Trockenwald und in den trockenen Zonen der Mopane-Busch mit dem für diese Vegetation typischen Affenbrotbaum (Baobab) dominieren in den Gebieten mit weniger Feuchtigkeit (Limpopo, nördliches Namibia). Auffallend ist der **Fevertree**, der in malariaverseuchten Sumpfgebieten zu Hause ist.

Die zahlreichen Aloe- oder Liliengewächse und Euphorbienarten, die u.a. mit ihrem charakteristischen „Schopf" über 1,80 m hoch werden können, lieben die Trockenheit und finden ihre Verbreitung vom Südende der Namib bis in die Große Karru. In der „Großen Karru" (Karoo, ein Nama-Wort für trocken, unfruchtbar) fallen weniger als 300 mm Regen – meist periodisch – im Jahr. Das Pflanzenkleid besteht nur noch aus kniehohen, schütter verteilten Büschen.

„Zaubergarten"

In der „Oberen Karru" bei Calvinia-Ceres und in der südlichen „Kleinen Karru" überwiegen noch die Sukkulenten, die bei zunehmender Höhe und infolge der Nachtkälte immer seltener werden. Ihre Stelle nehmen kniehohe, verkrüppelte Büsche ein, die nicht wie die Sukkulenten für längere Zeit Wasser speichern können. Einem unaufmerksamen Beobachter erscheinen sie als verdorrt. Wundervoll ist es aber, nach einem Regen zu erleben, wie diese Pflanzen und auch einige Zwiebelgewächse sich über Nacht ein grünes Kleid zulegen und in wenigen Tagen Blüten treiben. Die Karru wird zu einem zauberhaft prächtigen Garten, der nur von den Botanischen Gärten Kirstenbosch/Kapstadt, Karru-Garten/Worcester in der Vielfalt ihrer Gewächse übertroffen wird. Besuche beider Gärten zählen für Naturfreunde zu den schönsten Eindrücken einer Südafrikareise.

Zauberhafte Gärten

Die Flora in Südafrika ist überwältigend

Kapflora

In den eigentlichen Winterregengebieten (Helena-Bay, Port Elizabeth) ähnelt die Flora den Formen am europäischen Mittelmeer und in den Atlasländern (Kapmacchie). Die

Kapflora ist zwar ärmer an Bäumen, aber weitaus reicher an Sukkulenten, Zwiebelgewächsen und Pflanzen mit Dornen. Die trockenen Hartlaubgewächse mit harten, oft schmalen, lederartigen Blättern sind für das in sich geschlossene kapländische Florareich charakteristisch. Die wichtigsten Vertreter sind die Protea (die Nationalblume Südafrikas), die kapländische Heide und gewisse Riedarten.

Bereits die ersten holländischen Siedler im 17. Jh. führten Pinien, die mediterrane Eiche und australische Exoten (Eukalyptus) ein. Ohne die verschiedenen Weinreben gibt es dank des milden Klimas insgesamt über 7 300 verschiedene Pflanzenarten. Hiervon sind 5 000 nur im westlichen Kapland zu finden. Das drei Kilometer lange Tafelbergmassiv allein beherbergt über 14 000 Pflanzenarten.

Tierwelt
von Dr. Karl-Günther Schneider

Ebenso wie die Flora hat der Mensch auch das Tierreich durch sein Eingreifen stark verändert. Wo es noch vor wenigen Jahren große Wildbestände gab, ist das Wild heute oft ausgerottet.

Die südafrikanische Regierung und zahlreiche zoologische Gesellschaften haben bereits im 19. Jh. begonnen, „Nationalparks" und „Game Reserves" neben den zoologischen Gärten in den Großstädten planvoll anzulegen. Bekannt ist der „Kruger-National-Park" – er ist über 320 km lang und 64 km breit. Dies entspricht dem Gebiet der Oberrheinischen Tiefebene von Bingen bis Basel. 1898 richtete Präsident „Ohm" Kruger diesen weltbekannten Park im subtropischen Lowveld (200–800 m) von Transvaal, nahe der Grenze zu Moçambique, ein.

Eine Woche wenigstens sollte der Safari-Besucher hier dem Wildreichtum Südafrikas widmen, um in Muße die Herden von Elefanten, Löwen, Gnus, Flusspferden (Hippos), die Krokodile, Affen und Warzenschweine zu beobachten.

Zwei Breitmaulnashörner im Kruger Nationalpark

An den 145 künstlich angelegten Wasserlöchern lassen sich die Tiere vom Auto aus am besten beobachten. Die Erlebnisse mit den auf 1 100 geschätzten Löwen nebst ca. 28 000 Büffeln oder über 7 000 Elefanten liefern genügend Gesprächsstoff am abendlichen Lagerfeuer im „Camp". Gegenwärtig arbeiten 50 Wissenschaftler an 1 200 Projekten, damit die über eine Million Tiere – Reptilien, Vögel, Insekten nicht mitgezählt – in diesem großen Wildschutzgebiet auch nach Jahren noch ihren Lebensraum finden.

Nationalparks und „Big Five"

3. Landschaftlicher Überblick: Tierwelt

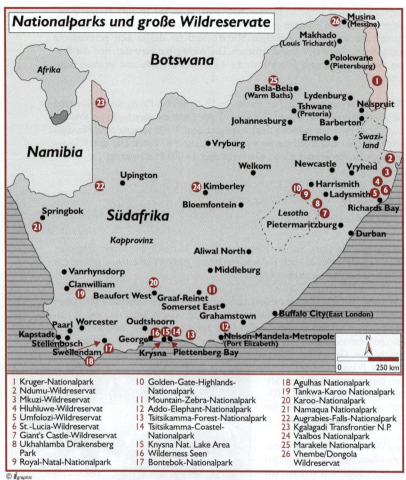

Nationalparks und große Wildreservate

1 Kruger-Nationalpark
2 Ndumu-Wildreservat
3 Mkuzi-Wildreservat
4 Hluhluwe-Wildreservat
5 Umfolozi-Wildreservat
6 St.-Lucia-Wildreservat
7 Giant's Castle-Wildreservat
8 Ukhahlamba Drakensberg Park
9 Royal-Natal-Nationalpark
10 Golden-Gate-Highlands-Nationalpark
11 Mountain-Zebra-Nationalpark
12 Addo-Elephant-Nationalpark
13 Tsitsikamma-Forest-Nationalpark
14 Tsitsikamma-Coastel-Nationalpark
15 Knysna Nat. Lake Area
16 Wilderness Seen
17 Bontebok-Nationalpark
18 Agulhas Nationalpark
19 Tankwa-Karoo Nationalpark
20 Karoo-Nationalpark
21 Namaqua Nationalpark
22 Augrabies-Falls-Nationalpark
23 Kgalagadi Transfrontier N.P.
24 Vaalbos Nationalpark
25 Marakele Nationalpark
26 Vhembe/Dongola Wildreservat

© graphic

Wildschutzgebiete Die Wildschutzgebiete Südafrikas liegen alle in der Savanne oder sogar in der Halbwüste. Diese Lebensräume beheimaten die schwersten Landsäugetiere unserer Erde, Elefant und Nashorn, sowie das längste, die Giraffe, neben den besonders vielen Antilopenarten (Impala, Hartebeest, Kudu, Springbock etc.), ferner Zebra, Strauße u.v.a. Ihre Kopfzahl ist nur grob schätzbar und die Artenfülle erstaunlich groß. Der Löwe kann als typisch afrikanisches Tier bezeichnet werden, wie der Tiger in Südostasien seine eigentliche Heimat hat. Zu den charakteristischen Tieren des Südlichen Afrika zählen auch die Vögel (Strauß, Nilgans, Kranich, Kuhreiher, Webervogel – und nicht zu vergessen die europäischen Zugvögel, z.B. Störche und Schwalben); ferner die Reptilien (Schildkröte, Krokodil, Chamäleon,

Schlange) und von den niederen Tieren die Termitenvölker und die Schmetterlinge. In Feuchtgebieten bedrohen bestimmte Mückenarten als Parasitenüberträger die Gesundheit (z.B. Malaria, Leishmaniosen, Trypanosomiasis), während Würmer den Menschen direkt schädigen können (z.B. Bilharziose oder Hakenwurminfektion). Moderne Hygienemaßnahmen, Impfungen und zentrale Wasserversorgung reduzieren heute die Gefahr dieser Erkrankungen im Südlichen Afrika.

KLEINES KALEIDOSKOP DER SÜDAFRIKANISCHEN TIERWELT

Büffel (Kaffernbüffel, Afrikanischer Büffel, *Syncerus caffer*)

Höhe: 1,40 m (Schulter); Gewicht: 800/750 kg
Erkennungsmerkmale: Unverwechselbar. Mächtige, muskelbepackte Tiere mit massiven Hörnern, die bis 1,30 m weit zu beiden Seiten ausladen. Grauschwarzes Fell.
Lebensraum: Savanne mit reichlich Gras, Schatten und Wasser.
Büffel leben in großen Herden von manchmal mehreren 1 000 Tieren (z.B. lebt bei Savuti (Botswana) eine Herde von 3 000 Tieren). Die Herden bilden recht stabile soziale Einheiten, die sich gemeinsam erfolgreich auch gegen große Raubtiere verteidigen. Büffel sind ruhige und meist friedliche Tiere, die aber – einmal in Wut geraten – gefährliche Gegner sind. Selbst der Angriff auf einzelne Büffel ist für ein Löwenrudel ein ernstes, manchmal tödliches Unternehmen. Die plötzliche Begegnung mit einem verletzten Büffel ist die gefährlichste Situation, die Afrika für seine Einwohner und Gäste bereit hält. Stundenlang waren auch schon Personen in großer Hitze auf Bäumen blockiert, auf die sie sich geflüchtet hatten, bis der Angreifer sich endlich getrollt hatte und sie wieder herunter konnten.

Büffel

Innerhalb der Herde herrscht zwischen den Bullen eine lineare Rangordnung, die mit Imponiergehabe festgelegt wird. Ernste Kämpfe sind selten. Wenn der rangniedere Bulle nicht den Kopf als Demütigkeitsgeste senkt, kann es zu heftigen Horngefechten kommen, die aber selten zu Verletzungen führen, denn die Gegner senken im letzten Moment vor dem Zusammenprall die Köpfe, so dass die Gewalt der schweren Stöße von den mächtigen Stirnwülsten der Hörner aufgenommen wird. Büffel führen ein ruhiges Leben: Der Tagesablauf besteht zu 3/4 aus Grasen (meist nachts) und Wiederkäuen. Den Rest des Tages wird im Schatten geruht.

Buntbock

Der Buntbock (Bontebok, *Damaliscus dorcas dorcas*) gehört zu den seltensten Antilopen Afrikas, sein Lebensraum war auch ursprünglich auf ein kleines Areal am Kap (ca. 270 x 60 km) begrenzt. Nachdem er durch Jagd nachhaltig reduziert war, wurde 1931 bei Bredasdorp der Bontebok National Park eingerichtet. Sehr erfolgreich war diese Schutzmaßnahme jedoch anfangs nicht, und man musste 1960 den Nationalpark an seinen heutigen Ort bei Swellendam „verlegen". Die Population bleibt weiterhin gefährdet, da die Anzahl der Tiere in dem kleinen Park für eine eigene Weiterentwicklung zu klein ist. Zudem fehlen dem Bontebok seine natürlichen Feinde, er ist im Park quasi zum Zootier degradiert. Der Buntbock gehört zu den schönsten Antilopenarten. Der Kopf ist lang und zugespitzt. Beide Geschlechter haben geringelte Gehörne.

Buntbock

Duiker

Duiker kommen in Südafrika in allen drei Arten vor: **Common Duiker**, auch Grey Duiker oder Kronenduiker genannt (*Sylvicapra grimmia*), **Red Duiker** (*Cephalophus natalensis*) und **Blue Duiker**, manchmal mit Blauböckchen übersetzt (*Philantomba monticola*). Der Name Duiker leitet sich vom Afrikaans für „Tauchen" (duik) her, denn auf der Flucht entwickeln die Tiere eine hohe Geschwindigkeit, wobei sie nicht nur häufig hoch springen, sondern hinter jedem sich bietenden Sichtschutz auch abtauchen. Die Bezeichnung Grey Duiker ist missverständlich, denn ihr Fell ist regional unterschiedlich von dunkelgrau bis gelblich gefärbt.
Erkennungsmerkmale: Auffallend kleine Antilope mit einer Schulterhöhe von etwa 50 cm und 15–18 kg, die etwas größeren Weibchen bis 21 kg Gewicht. Das Fell ist variabel gefärbt (s.o.), der Bauch ist aber fast immer weiß. Das Gesicht trägt einen ebenfalls variablen schwarzen Längsstreifen. Beide Geschlechter tragen kurze, gerade Hörner. Red Duiker sind etwas kleiner und haben ein intensiv haselnussbraunes Fell. Blue Duiker sind mit 30 cm Schulterhöhe und 4–4 ½ kg Gewicht die kleinsten Antilopen der Region.
Lebensraum: Duiker kommen ausschließlich im Busch vor, der ihnen die erforderlichen Verstecke und die Nahrungsgrundlage aus Blättern, Sprossen, Blüten und Früchten bietet. Duiker vermeiden offenen Hochwald und kommen praktisch nie im offenen Grasland vor.
Duiker sind Einzelgänger, nur Mutter und Kind oder zur Paarungszeit bleiben zwei, selten mehr, einige Zeit zusammen. Die Hauptaktivitäten entfalten Duiker am späten Nachmittag und in der Nacht, tagsüber wird

man kaum welche finden, es sei denn, die Tage sind kühl und haben bedecktes Wetter. Duiker vertrauen auf ihre Tarnung: Wenn man sich ihnen nähert, bleiben sie bis zuletzt liegen und springen dann plötzlich auf und rennen springend und sich duckend im Zickzack-Kurs davon. Wenn man sie nachts mit Licht findet, kann man sich leicht nähern – vorausgesetzt, man ist sehr leise. Bereits das kleinste Knacken eines Ästchens erzeugt eine Fluchtreaktion.

Irgendwann im Jahr wird ein einzelnes Kalb geboren. Die etwa 1 ½ kg schweren Neugeborenen werden zunächst für einige Tage im dichten Gestrüpp versteckt. Im Gefahrfalle erstarren die Jungen am Boden und werden so von den meisten Raubtieren übersehen. Sie wachsen sehr schnell und sind bereits nach 6–7 Monaten kaum noch von den erwachsenen Tieren zu unterscheiden.

Elefant (*Loxodonta africana*, Elephant)

Er ist das größte Landtier. Es gibt zwei Arten: den Afrikanischen und den Indischen Elefanten. Beim Afrikanischen Elefanten sind Ohren und Rüssel größer und die Stirn niedriger als beim Indischen Elefanten. Der Afrikanische Elefant wird bis zu 4 m hoch und 6 000 kg schwer. Allein seine Haut wiegt 10 Zentner, das Hirn 5 bis 6 kg, das Herz 25 kg. Pro Tag säuft er ca. 350 l Wasser und frisst 500 kg „Grünzeug". Mit dem Rüssel führt der Elefant Nahrung und Wasser ins Maul, beim Baden verspritzt er Wasser über den Körper oder beim Staubbad auch Staub. Er besitzt nur zwei Zähne, auf jeder Seite einen.

Elefant

Der Afrikanische Elefant kommt in den meisten Gebieten südlich der Sahara vor. Er lebt in Herden aus Kühen und Jungtieren. Die Bullen leben einzeln, nur zur Paarung kommen sie mit den Kühen zusammen.

Elefanten treiben intensive Hautpflege. Sie tauchen beim Bad fast völlig unter und bespritzen sich mit Hilfe des Rüssels mit Wasser. Sie lieben auch Staubbäder, und bei Wassermangel suhlen sie sich im Schlamm. Auch in Trockenzeiten beherrscht der Elefant die Kunst, Wasser zu finden: Er bohrt Löcher, indem er seinen Rüssel als Ahle benutzt. In der Mittagszeit sucht der Afrikanische Elefant Schatten auf. Er sorgt für Abkühlung, indem er mit seinen Ohren fächert. Aufgrund der riesigen Oberfläche seiner Ohren verliert er so viel an Körperwärme.

Auch Elefanten brauchen natürlich Schlaf. Sie können sowohl im Stehen als auch im Liegen schlafen. Beim stehenden Schlaf atmet er in der normalen Atemfrequenz, beim Liegen nur halb so oft. Gewöhnlich schläft ein Elefant fünf Stunden, die meiste Zeit im Liegen.

Dort, wo Elefanten geschützt aufwachsen, kommt es oft zur Überbevölkerung (z.B. im Kruger National Park). Da ein Elefant aber viel frisst, gefährdet er beim zu starken Anwachsen seiner Population das ökologische Gleichgewicht und muss in seinem Bestand dezimiert werden. Bei natürlichen Voraussetzungen ziehen Elefanten von einem Gebiet zum anderen und können so dem Reifestand der Vegetation folgen, die sich während ihrer Abwesenheit wieder erholen kann. Dabei legen sie oft große Entfernungen zurück.

Die Backenzähne des Elefanten weisen breite Mahlflächen auf, die dem Zerkauen von Pflanzenfasern dienen. Der Verschleiß an Zähnen ist beträchtlich. Der Elefant (der bis zu 70 Jahre alt werden kann) verbraucht in seinem Leben auf jeder Seite im Ober- und Unterkiefer je 7 Zähne, insgesamt also 28. Wenn ein Zahn abgenutzt ist, wächst ein anderer nach. Sind die letzten Zähne verbraucht, muss der Elefant verhungern.

Die Tragzeit beträgt bei Elefanten ca. 22 Monate. Das Junge ist etwa 90 cm hoch und wiegt 90 kg. Es kann bald nach der Geburt (nach zwei Tagen) in der Herde mitlaufen. In ihrem Gesamtverhalten sind Elefanten furchtlos: Sie kennen keine Feinde und brauchen beim Anzug auf ein Wasserloch keine Vorsichtsmaßnahmen zu treffen. Bei Gefahr für die Herde „trompeten" Elefanten. Das Sozialverhalten in der Herde ist stark ausgeprägt. Gefährlich werden Elefantenkühe, wenn ihr Junges bedroht wird.

Elenantilope (*Taurotragus oryx*, Eland Antelope)

Höhe: 1,70 m (Schulter); Gewicht: bis 840 kg
Erkennungsmerkmale: Mächtige Antilope mit gleichmäßig grau-braunem, kurzem Fell, dunklerem Längsstreifen auf dem Rücken und charakteristisch geschraubten Hörnern, die bei alten Böcken 1 m lang werden können.
Lebensraum: Elenantilopen sind hinsichtlich ihres Lebensraumes sehr flexibel. Sie wurden sowohl in Wäldern als auch in wüstenähnlichen Gebieten und in der Nähe von Feuchtgebieten, nicht jedoch in Sümpfen, gefunden.

Elenantilope

Der Name ist entliehen: Offensichtlich hatte jemand allzu viel Phantasie, als er diese größte Antilopenart nach der holländischen Bezeichnung für „Elch" benannte. Ihre bevorzugte Nahrung sind Blätter. Daher entfernen sie sich selten weit vom Busch- oder Waldland. Elenantilopen sind gesellige Tiere, die in kleineren Herden, manchmal auch in riesigen Gruppen leben (Herden bis zu 700 Köpfen wurden im Hwange Nationalpark/Zimbabwe und dem Kgalagadi Transfrontier Park/Botswana gezählt). Über Details der Sozialstruktur der Herden ist nur wenig bekannt.

Elenantilopen benötigen eine eiweißreiche Nahrung und grasen im Sommer, während sie im Winter Blätter fressen. Dabei sind sie extrem wählerisch. Die Hörner werden sehr effektiv dazu benutzt, um an die gewünschte Nahrung heran zu kommen. Dabei werden bis zu 8 cm dicke Äste abgebrochen. Wasser wird gerne getrunken, wenn welches vorhanden ist, aber es ist nicht unbedingt notwendig, weil der Flüssigkeitsbedarf auch über die Nahrung gedeckt werden kann. Die meisten Kälber kommen August – Oktober zur Welt und wiegen 25–30 kg. Bereits 3–4 Stunden nach der Geburt können die Kälber laufen.

Fleckenhyäne (*Crocuta crocuta*, Spotted Hyena)

Hyänen leben meist in Halbwüsten bis Trockensavannen, nicht in dichten Wäldern. Sie sind im Allgemeinen ortstreu und leben in einem mehrere qkm großen Territorium. Dieses wird markiert, und zwar durch Harnen, Koten, Absetzen von Afterdrüsensekreten an Grashalmen und durch Bodenkratzen mit den Vorderpfoten. Diese Gebiete sind festgelegt, werden regelmäßig patrouilliert, und Rudelfremde werden verjagt. Rudelangehörige erkennen sich am Geruch.

Hyänen jagen vorwiegend in der Dämmerung und bei Nacht; ihr Seh-, Hör- und Riechvermögen ist sehr gut ausgeprägt. Tagsüber ruhen sie in Erdhöhlen, in hohem Gras oder dichtem Busch. Löwen und Hyänenhunde gefährden Jung- und Einzeltiere. Jungwelpen werden durch rudelfremde Artgenossen gefährdet, daher rührt ein starker Schutztrieb des Weibchens. Selten sind Fleckenhyänen einzeln anzutreffen, häufiger paarweise oder in Trupps. Im Rudel haben die Weibchen die Vormachtstellung.

Hyänen

Die Hauptnahrung der Hyänen ist Aas, oft in Form von Löwenbeuteresten. Kadaver werden mit Haut und Haaren, ja selbst mit großen Röhrenknochen, die zerbissen werden, gefressen. Auch im Kampf getötete Artgenossen werden nicht verschmäht. Manchmal werden im Rudel Gazellen, Zebras und Antilopen gejagt. Die Opfer werden bei lebendigem Leibe zerrissen. Es werden auch durch das Opfer angelockte andere Tiere wie Löwe, Leopard, Gepard und Hyänenhund vom Rudel vertrieben. Auch einzelne Menschen sind durch Rudel nachts gefährdet.

Die Tragzeit beträgt bei Hyänen 99 bis 130 Tage, meistens werden ein bis zwei Welpen geworfen. Schon eine Woche nach der Geburt können die

Welpen gut laufen; ihre Säugezeit beträgt ein bis eineinhalb Jahre. Die Geschlechtsreife ist bei Weibchen mit zwei, bei Männchen mit drei Jahren erreicht. In Gefangenschaft können Hyänen bis zu 40 Jahre alt werden.

Flusspferd (*Hippopotamus amphibius*, Hippo)

Höhe: 1,50 m; Gewicht: 1.500/1.300 kg
Erkennungsmerkmale: Unverkennbar. „Dicke", plump wirkende Tiere mit kurzen Beinen, von vorne eckig wirkendem Kopf und riesigem Maul. Grauschwarze Haut, Unterseite rosa.
Lebensraum: Reichlich offenes Wasser ist unbedingt notwendig. Es muss so tief sein, dass die Tiere vollständig untertauchen können. Bevorzugt wird ruhiges Wasser an sandigen Ufern, die zum Sonnenbaden genutzt werden.
Hippos leben oft jahrelang an der gleichen Stelle im festen Herdenverband. Das Territorium der Herde wird mit Drohgebärden gegen Rivalen verteidigt. Nur selten kommt es zu ernsten Kämpfen, bei denen die unteren großen Zähne gegen die Flanken des Gegners eingesetzt werden, was zu schweren, manchmal tödlichen Verletzungen führen kann. Gefressen wird meist nachts an Land. Dabei wandern Hippos 10 bis über 20 km von ihrem Pool weg, je nach Futterangebot. Müttern mit Kälbern bleibt der Äsungsgrund in Poolnähe vorbehalten. In Poolnähe werden immer die gleichen Pfade benutzt. Sie sind oft tief ausgetreten. Hier herrscht absolutes Campingverbot! Hippos fressen jede Nacht etwa 40 kg Gras. Im Wasser tauchen sie bis zu 6 Minuten. Beim Auftauchen blasen sie ähnlich wie Wale die Atemluft mit einem lauten Geräusch aus. Daher hört man sie oft längst, bevor man sie sieht. Ihr Ruf erschallt weit in den afrikanischen Abend: Ein tiefes Grunzen, gefolgt von 4 oder 5 kurzen Stakkatostößen.

Flusspferd

Hippos haben praktisch keine natürlichen Feinde. Sie nutzen im Gefahrenfalle die erste Gelegenheit zur Flucht ins Wasser, wo sie praktisch unangreifbar sind. So ist z.B. gut dokumentiert, was mit einem großen Krokodil passiert, das ein Jungtier angegriffen hat. Hippos können über 30 Jahre alt werden. **Vorsicht** ist beim Kanu fahren geboten! Großen Abstand halten und auf getauchte Tiere aufpassen. Eine andere Eigenschaft, die zunächst nach „Trapperlatein" klingt, ist ebenfalls gut dokumentiert und nach wie vor ungeklärt: Hippos werden offensichtlich von Feuer angelockt. Es ist des Öfteren vorgekommen, dass sie abends aus dem Wasser gekommen sind, um die Lagerfeuer von Camps auszutrampeln. Ob diese Fälle lediglich

dadurch zustande gekommen sind, weil besonders „intelligente" Camper direkt auf einem seit Jahren von den Tieren benutzten Pfad ihr Feuer gemacht haben, konnte uns niemand berichten. Vorsicht ist in der Nähe von Hippos immer geboten: Trotz ihrer scheinbaren Behäbigkeit rennen sie an Land über kurze Strecken enorm schnell!
Bereits bei der Geburt sind Hippos 50 kg schwer. Zunächst halten sie sich mit ihrer Mutter abseits der Herde. Im Herdenverband sieht man oft, dass Jungtiere im Wasser mit ihrem Kopf auf dem Rücken der erwachsenen Tiere ruhen. Sie tun dies, weil sie noch nicht mit ihren Füßen den Grund erreichen können.

Gepard (*Acinonyx jubatus*, Cheetah)

Er lebt hauptsächlich in offenen Landschaften von der Wüste bis zur Trockensavanne, kommt aber auch im offenen Buschland, bis zum Rande der Feuchtsavanne und bis zu Höhen von 2 000 m vor. Sein Revier markiert das Männchen mit Harnspritzern, diese Markierung hält 24 Stunden an. Andere Tiere erkennen dann daraus die Wanderrichtung und meiden die Gegend. Auch bei Sichtbegegnung mit anderen Geparden kommt es nicht zum Kampf, sondern lediglich zum Ausweichen. Der Gepard ist Sichtjäger; d.h., dass er besonders morgens und am späten Nachmittag jagt, manchmal aber auch in mondhellen Nächten.

Geparde

Er ernährt sich von Hasen, Schakalen, Stachelschweinen, verschiedenen Antilopenarten, Warzenschweinen, Trappen, Frankolinen und jungen Straußen. Zuerst schleicht sich der Gepard an die Beute heran. Erst die letzten 100 m werden in Höchstgeschwindigkeit gerannt. Bei der Verfolgung seiner Opfer kann er bis zu 500 m mit einer Geschwindigkeit von 80 km pro Stunde rennen und macht dabei 7 m lange Sprünge! Manche Geparde rennen bis zu 110 km pro Stunde! Mehrere erwachsene Geparde greifen auch manchmal Großantilopen und Zebras an. Vor der Jagd bezieht der Gepard oft als Aussichtspunkt einen Termitenhügel oder einen Baum. Er kehrt zum Riss nicht zurück, da er kein Aasfresser ist. Sein Wasserbedarf ist gering; oft trinkt er den Harn der Beutetiere oder frisst Wüstenmelonen.

Seine Hauptfeinde sind Löwen, Leoparden und Fleckenhyänen; aber meistens werden Geparde in jungem Alter von ihren Feinden erlegt. Der Gepard ist von Natur aus friedlich, kein Kämpfertyp und daher leicht zähmbar.

Die Tragzeit bei Geparden beträgt 91 bis 95 Tage. Die Geschlechtsreife tritt bei Männchen nach 9 bis 10 Monaten ein, bei Weibchen erst nach 14 Monaten. Die Jungen werden lange Zeit geführt, um die Jagdweise zu erlernen; so wird die Mutter nach ca. eineinhalb Jahren verlassen.

Das Gewicht eines ausgewachsenen Gepards beträgt 40 bis 60 kg. In Gefangenschaft können sie bis zu 16 Jahre alt werden.

Giraffe (*Giraffa camelopardis*)

Höhe: 5,0/4,4 m; Gewicht: 1 200/830 kg
Erkennungsmerkmale: Unverwechselbar das höchste Tier der Welt.
Das Verbreitungsgebiet in Südafrika umfasst insbesondere den Hluhluwe/Umfolozi-Park, den Kruger Nationalpark, das Gebiet um Pilanesberg und den Kgalagadi Transfrontier NP.
Lebensraum: Typisches Tier der Busch- und Baumsavanne, nie im Wald, nur gelegentlich auf offenen Flächen. Trinkwasser wird gerne genommen, muss jedoch nicht zwangsweise vorhanden sein, da eine Flüssigkeitsaufnahme über die Nahrung ausreicht.
Giraffen bevorzugen für ihre Aktivität die Morgen- und Abenddämmerung. Tagsüber rasten sie im Schatten. Man vermutet, dass die dunklen Fellpartien dabei eine wesentliche Funktion im Wärmehaushalt haben (Wärmeabstrahlung). In schwingendem Galopp erreichen sie bis zu 56 km/h. Bullen sind gefürchtete Gegner, die mit einem wohlgezielten Schlag ihrer Hinterhufe auch Löwen den Schädel einschlagen können. Rivalenkämpfe werden dagegen vorzugsweise mit pendelnden Schlägen des langen Halses gegen die Hals- oder Kopfpartie des Gegners ausgeführt. Die Schläge können so heftig sein, dass der Gegner zu Boden geht. Ernste Verletzungen sind aber selten. Lange hat man gerätselt, ob es den Tieren mangels ausreichendem Blutdruck schwindelig wird, wenn sie sich nach dem Trinken wieder aufrichten. Ihre Hirndurchblutung ist aber durch spezielle Ventile (Klappen) in den Blutgefäßen von der Kopfhaltung weitgehend unabhängig. Giraffen fressen überwiegend Blätter verschiedener Akazien-, Combretum- und Terminaliaarten.

Giraffe

Die Tragzeit ist die längste der großen Säugetiere – über 1 Jahr. Die Geburt verläuft recht rüde: Das 100 kg schwere Kalb, das schon eine Schulterhöhe von 1,50 m hat, fällt aus 3 m Höhe auf den Boden. Nach etwa 1 Stunde kann es stehen, wird jedoch noch einige Zeit von der Herde getrennt gehalten. Wenn man die lebhaft herumtollenden Jungtiere einer Herde beobachtet, vergisst man leicht die extreme Sterblichkeit der Jungtiere von etwa 48 % im Südlichen Afrika und bis zu 73 % in Kenia.

Gnu (*Connochaetes taurinus*)

Höhe: 1,50/1,35 m; Gewicht: 250/180 kg
Erkennungsmerkmale: Silbergrau, manchmal mit einem Stich ins Bräunliche oder Bläuliche, mit dunkleren

Gnus

Streifen am Hals und vorderer Körperhälfte. Kurze, stark gebogene Hörner bei beiden Geschlechtern.
Verbreitung: Hluhluwe/Umfolozi, Kruger Nationalpark, Kgalagadi Transfrontier NP.
Lebensraum: Bevorzugt Baumsavannen. Das Vorhandensein von Trinkwasser und Schatten ist lebensnotwendig.
Streifengnus leben in Herden von meist 20–30, manchmal aber auch von Tausenden von Tieren (Botswana). Dominante Männchen etablieren Reviere, die sie gegen Nebenbuhler mit Imponiergehabe, Hörnerstößen oder Schieben Stirn an Stirn verteidigen und in denen sie 10–30 Weibchen zusammentreiben. Männchen ohne Revier streunen in kleinen Gruppen herum. Wenn sie nicht in eingezäuntem Gelände leben, wandern die Herden abhängig vom Wasser- und Futterangebot über weite Strecken. Als Futter bevorzugen sie kurzes Gras, ganz besonders frische Triebe (96 % ihrer Nahrung).
Nach einer Tragzeit von 250 Tagen wird ein einziges, 22 kg schweres Kalb geboren, das innerhalb von nur 5 Minuten der Mutter folgen kann. Gnus werden bis zu 18 Jahre alt.

Impala (*Aepyceras melampus*)

Die Impalas gehören zu den anmutigsten Antilopen. Sie haben 75 bis 100 cm Rückenhöhe, wiegen 65 bis 75 kg und sind kastanienbraun. Der Bock hat 50 bis 75 cm lange Hörner, das Weibchen ist nicht gehört.

Die Impalas bewohnen große Gebiete Ost- und Südafrikas. Sie lieben die Nähe des Wassers und meiden offene Landschaften. Sie sind vor allem in Busch- und Dornbuschsteppen anzutreffen, weniger in Gebieten mit geschlossener Vegetationsdecke. Je nach den Verhältnissen kann die Bevölkerungsdichte einige wenige bis 80 Exemplare pro qkm betragen. In der Trockenzeit leben sie zumeist in der Nähe der Wasserstellen, in feuchteren Jahreszeiten mehr verstreut – bis zu 25 km vom Wasserloch entfernt.

Impalaböcke werden in der Brunft recht aggressiv, besonders, wenn sie ihre Territorien abstecken. Sie liefern sich dann Kämpfe und jagen sich. Wenn sie ihre Territorien begründet haben, begeben sie sich an die Wasserlöcher, die als Niemandsland gelten. Das Auffälligste an den Impalas ist ihr Verhalten bei Gefahr. Die ganze Gruppe vollführt dann so etwas wie ein Schauspringen: Sie springen geradeaus oder plötzlich zur Seite, bis zu 3 m hoch, rund herum und in alle Richtungen. Sinn dieses Verhaltens ist es, den Angreifer, z.B. eine Großkatze, zu verwirren, der versucht, aus der Herde ein bestimmtes Tier zu reißen. Die durcheinander springenden Impalas haben damit anscheinend Erfolg, der Angreifer hat Schwierigkeiten, ein bestimmtes Tier zu fixieren.

Impala

Paarungszeit ist der Beginn der Trockenheit. Nach 180 bis 210 Tagen wird das Junge geboren, und zwar zum Zeitpunkt der Regenzeit, wenn es am meisten zu fressen gibt. Die Jungen wachsen schnell auf, so dass sie vor der nächsten Brunftzeit entwöhnt sind. In der Brunft sind rund 97 % der Weibchen trächtig. Die Weibchen leben das ganze Jahr in Herden zusammen; gegen Ende der Geburtszeit der Jungen haben die Herden eine Größe von 100 Tieren. Die Herden sind meist gemischt, nur während der Geburtszeit setzen sich die Weibchen ab.

Kudu (*Tragelaphus strepsiceros*)

Die Hörner sind beim Männchen locker geschraubt (zweieinhalb Windungen um die Längsachse). Das Fell ist kurz und glatt, die Fellfarbe braungrau. Jungtiere sind mehr rötlich grau bis hellbraun. Das Kudu bevorzugt steiniges, locker mit Buschwald bedecktes Hügel- und Bergland, doch auch Flachland mit gleichem Bewuchs, dort vor allem Akazienbäume (z.B. Kameldornbäume). Wasserstellen sind nicht lebenswichtig, dagegen aber größere Dickichte für den ruhigen Tageseinstand. Das Kudu äst am späten Nachmittag. Es ist in hohem Maße standorttreu, solange die Lebensbedingungen günstig sind. Zu über 80 % ernährt sich das Kudu von Baum- und Strauchlaub, nebenher auch von Gräsern und Kräutern. Hauptfutterpflanze ist vor allem die Akazie. Sein Geruch und Gehör sind sehr gut ausgebildet, dagegen ist die Sehstärke eher schwach.

Tagsüber steht das Kudu bevorzugt im dichten Gebüsch, spätnachmittags zieht es aus zum Äsen. Es äst manchmal auch vor- und nachmittags, außer in der heißen Mittagszeit. Bei Bejagung entwickelt es sich zum heimlichen Nachttier.

Man findet das Kudu vor allem in kleinen Trupps aus mehreren Weibchen mit ihren Jungen, denen sich zeitweise ältere Bullen zugesellen. Meistens sind 6 bis 12 Tiere zusammen, seltener bis zu 30. Nur während der

Trockenzeit kann die Truppstärke durch Ansammlung an günstigen Futterplätzen steigen (bis zu 100 Tiere). Männchen bilden z.T. eigene Trupps. Im Erwachsenenalter beträgt das Verhältnis Männchen zu Weibchen 1 : 5.

Hauptfeinde sind vor allem der Leopard, die Hyäne, der Gepard und der Löwe. Die Rettung vor Feinden geschieht durch Flucht. Auch Altmännchen verteidigen sich nur selten, selbst wenn sie in die Enge getrieben wurden. Bis 2,50 m hohe Zäune können übersprungen werden.

Kudus

Die Tragzeit beträgt beim Kudu ca. 7 Monate, die Geburtszeit liegt zwischen Februar und März. Das Neugeborene wiegt ca. 15 kg (ein ausgewachsenes Kudu wiegt 200 bis 250 kg). Die Säugezeit erstreckt sich über ein halbes Jahr, die erste feste Nahrung erhält das Junge nach einem Monat. Bei Männchen tritt die Geschlechtsreife nach eindreiviertel bis zwei Jahren ein, bei Weibchen mit eineinviertel bis eindreiviertel Jahren. Die erste Hornwindung sieht man bei Männchen im Alter von zwei Jahren, die volle Ausbildung bis zweieinhalb Windungen nach etwas mehr als sechs Jahren. In Freiheit wird das Kudu etwa sieben bis acht Jahre alt.

Leopard (*Panthera pardus*)

Der Leopard lebt in allen Landschaften von der Wüste bis zum Urwald. Wo er ungestört ist, ist er tags und nachts unterwegs. Wo er verfolgt wird, entwickelt er sich zum heimlichen Nachttier. Er sonnt sich gerne auf Bäumen oder Felsen. Seine Kletter- und Schwimmfähigkeiten sind gut. Meistens schlafen Leoparden auf Bäumen, in einem Erdbau, in Felsspalten, im Gebüschhorst etc.; sein Hörvermögen ist außerordentlich gut (15 000 bis 45 000 Hertz); er verfügt aber auch über ein sehr gutes Seh- und ein gutes Riechvermögen Seine Feinde sind gelegentlich Löwe, Hyänenhund und Fleckenhyäne. Löwe und Fleckenhyäne vertreiben den Leoparden manchmal von seiner Beute.

Leopard

Als Nahrung dienen dem Leoparden alle Säugetiere (auch Raubtiere), manchmal sogar Großantilopen, Löwenjunge und Menschenaffen, Schlangen etc., auch Haustiere. Aas wird auch gefressen. Gelegentlich wird eine größere Beute nach und nach verzehrt und dabei gern zum Schutz vor Mitfressern auf Bäume geschleppt. Manchmal können Leoparden monatelang ohne Wasser auskommen, aber wenn sie die Möglichkeit haben, trinken sie regelmäßig. Leoparden sind Einzelgänger.

Die Tragzeit beträgt 90 bis 112 Tage; es werden ein bis sechs Jungtiere geworfen. Nach einer Woche können die Jungen die Augen öffnen. Die Säugezeit beläuft sich auf drei Monate; mit eineinhalb bis zwei Jahren wird die Mutter verlassen. Die Geschlechtsreife wird mit zweieinhalb bis drei Jahren erreicht. In Gefangenschaft ist ein Alter bis 21 Jahre nachgewiesen.

Löwe (*Panthera leo*, Lion)

Länge: 2,80 m; Höhe: 1,25 m (Weibchen sind deutlich kleiner); Gewicht: 190/125 kg
Erkennungsmerkmale: Unverwechselbar. Größtes Raubtier Afrikas; gleichmäßig hellbraunes Fell, Männchen mit unterschiedlich ausgeprägter Mähne.
Verbreitung: Kruger NP, Hluhluwe/Umfolozi, Kgalagadi Transfrontier NP.
Lebensraum: Löwen leben in fast jedem Lebensraum außer im Wald.

Löwin

Trinkwasser ist zwar willkommen, muss aber nicht unbedingt vorhanden sein, denn der Flüssigkeitsbedarf kann über die Beute gedeckt werden. Mittelgroße und große Beutetiere müssen dagegen vorhanden sein. Die größte Katze ist enorm „faul": Löwen schlafen oder dösen 20 von 24 Tagesstunden im Schatten. In der Dämmerung gehen sie auf die Jagd. Auf das Sozialleben der Gruppe sind sie extrem angewiesen. Vereinzelt man sie in Gefangenschaft, so sind sie auf den täglich mehrstündigen Kontakt zu den Pflegern angewiesen! Die Gruppengröße ist vor allem vom Futterreichtum des Reviers abhängig, manchmal teilt sich die Gruppe bei Futterknappheit und geht in unterschiedlichen Revierbereichen getrennt auf die Jagd. Zur Jagd bevorzugen sie offenes Gelände, weil dieses die Zusammenarbeit der Gruppe erleichtert. Die Reviergröße schwankt ebenfalls mit dem Nahrungsangebot. Kämpfe zur Revierverteidigung werden normalerweise vermieden, können aber sehr heftig und sogar tödlich werden. Ein erfahrenes Weibchen ist das Zentrum der Gruppe, beim Sozialleben ebenso wie bei der Jagd. Die Hauptbeute besteht aus Tieren von 50–300 kg, jedoch werden ab und zu sogar Nashörner, Hippos, Büffel und (junge) Elefanten ebenso gerissen wie Kleinsäuger und sogar Insekten. Nur ein kleiner Teil (etwa 30 %) der Paarungen führt zur Trächtigkeit. Nach 110 Tagen kommen meist 3 Junge zur Welt, die nur 1,5 kg Geburtsgewicht haben. Die Jungen bleiben etwa 2 Jahre eng bei der Mutter. Die Sterblichkeit der Jungtiere ist bei Löwen mit 30–50 % enorm. Löwen können etwa 30 Jahre alt werden.

Meeresbewohner

Als würde die Vielfalt von Flora und Fauna an Land noch nicht ausreichen, leben in den Gewässern Südafrikas die verschiedensten Meerestiere. So sind neben Walen, Haien und Seehunden sogar Pinguine anzutreffen. Grundlage für die marine Vielfalt ist der Nährstoffreichtum des kalten Benguela-Stromes, Plankton, Seegras und Tang stehen am Anfang einer langen Nahrungskette. Die Charakteristik der beiden Meeresströme spiegelt sich am auffälligsten im Aussehen der Fische wieder. Sind die Arten des warmen Indischen Ozeans meist auffallend bunt, so erscheinen die des kühlen Atlantischen Ozeans grau gefärbt und eher langweilig.

Da sich die Tiere des Meeres bis auf Ausnahmen nur schwer beobachten lassen, ist ein Ausflug in das Two-Oceans-Aquarium an der Kapstädter Victoria and Alfred Waterfront unbedingt zu empfehlen.

Nashorn

Es gibt zwei Arten von Nashörnern: das **Spitzmaulnashorn** (*Diceros bicornis*/ Black rhinoceros) und das **Breitmaulnashorn** (*Ceracthesium simum*/White rhinoceros).

Breitmaulnashorn

Das Spitzmaulnashorn bevorzugt meist trockenes, mit Büschen bestandenes Grasland, ebenso trifft man es aber auch auf offenen Savannenflächen mit wenig Deckung an. Es ist hauptsächlich morgens und abends unterwegs und gönnt sich sechs bis sieben Stunden täglich Ruhe. Während der Tageshitze ruht oder schläft es im Schatten. Eine Lieblingstätigkeit ist das oft stundenlange Schlammsuhlen. In Trockenzeiten wälzt es sich im Sand. Ein Nashorn hat einen enormen Geruchssinn über viele Kilometer hinweg, auch das Hörvermögen ist sehr gut ausgeprägt, während dagegen das

Sehen schlecht ist. Kaum ein anderes Tier kann dem Spitzmaulnashorn gefährlich werden. Löwen und Fleckenhyänen machen sich schon manchmal an ein Kalb heran, doch die Nashorn-Mütter haben keine Angst vor Löwen, Hyänen, ja gar Elefanten. Im Galopp bringen sie es auf 50 km in der Stunde. Vor dem Angriff senken sie den Kopf, schnauben und bremsen oft vor dem Ziel plötzlich ab, wobei es vorkommt, dass sie dann umdrehen und flüchten.

Spitzmaulnashörner fressen vorwiegend Blätter und Zweigenden von Büschen und Bäumen. Sie verdauen auch schadlos Pflanzen, die für Menschen hochgiftig sind. Gerne fressen sie salzhaltige Erde und trinken täglich. Spitzmaulnashörner sind typische Einzelgänger, nur durch Mutter-Kind-Beziehungen bilden sie kleine Gruppen. Diese „Urtiere" können bis zu 40 Jahre alt werden.

Breitmaulnashörner bevorzugen Buschland mit Dickichten zur Deckung, Bäume als Schattenspender, Grasflächen zum Äsen und Wasserstellen zum Saufen. Sie äsen und ruhen im Abstand von wenigen Stunden nachts, morgens, spätnachmittags und abends. Der Tageshitze weichen sie unter Schatten spendenden Bäumen aus. Außer den Menschen haben sie keine Feinde. Sie fressen nur Gras und trinken täglich (in Trockenzeiten alle zwei bis drei Tage). Sie leben z.T. in kleinen Trupps zusammen.

Oribi (*Ourebia ourebi*, Bleichbock)

Höhe: 60 cm (Schulterhöhe); Gewicht: 14 kg
Erkennungsmerkmale: Kleine Antilope mit goldbrauner Oberseite und schneeweißer Unterseite, 2 charakteristischen weißen Flecken beiderseits der Nasenspitze (Unterschied zum Steinbock!) und unproportional groß wirkenden Ohren. Feines, seidiges Fell. Nur Böcke tragen Hörner, die zunächst gerade aufstreben, um sich an den Spitzen leicht nach vorne zu neigen. Im Gegensatz zu den glatten Hörnern des Steinbocks tragen sie deutliche Wülste im Bereich der Basis.

Oribi

Lebensraum: Offenes Gelände (Grasflächen, Flussauen, Dambos), jedoch nicht im sehr hohen Gras. Besonders beliebt sind Flächen mit kurzem Gras und einigen 40 cm hohen Grasbüscheln, die als Versteck beim Rasten dienen. Viehwirtschaft, die für offene Grasflächen sorgt, vergrößert für Oribis den Lebensraum, während sie sich von unbewirtschafteten Flächen wieder zurückziehen. In

Wald- und Trockengebieten wird man nie Oribis finden. Der Name leitet sich vermutlich vom Khoikhoi (Buschmannsprache) „orabi" ab. Oribis sind Einzelgänger, die nur manchmal zu zweit oder zu dritt (Bock mit 2 Kühen) angetroffen werden. Bei Gefahr stoßen sie einen weit hörbaren Warnpfiff aus. Überwiegend fressen sie Gras, wobei sie sich auf wenige Grasarten beschränken (bekannt sind 8, wovon überwiegend nur 4 gefressen werden, die anderen offensichtlich nur bei Nahrungsknappheit). Besonders scheinen sie frische Grassprossen nach Buschfeuern zu lieben.

Auch wenn Wasser vorhanden ist, wurden sie nie beim Trinken beobachtet. Sie nutzen die Flüssigkeit sukkulenter Pflanzen. Die Kälber verstecken sich sehr gut, indem sie sich auf den Boden ducken und dort erstarren. Für 3–4 Monate werden sie von der Mutter versteckt, bis sie sich befristet der Herde anschließen, bevor sie später auch das überwiegende Einzelgängerleben der Erwachsenen führen.

Pavian (*Pan troglodytis*, Baboon)

Paviane schlafen nachts auf Bäumen oder Felsen. Morgens ziehen sie mit der Horde auf Nahrungssuche. Mittags ruhen sie im Schatten, um nachmittags wieder zum Fressen aufzubrechen. Paviane sind sehr laut, können bellen, grunzen, schmatzen und laut schreien. Ihr Seh- und Hörvermögen sind sehr gut. Die Hauptfeinde sind (vor allem für Jungtiere) Leoparden, manchmal auch Löwen und Hyänen. Paviane sind Allesfresser, wobei Gras den Hauptteil der pflanzlichen Nahrung bildet.

Pavian

Gelegentlich wird auch von Kannibalismus berichtet: Alte Paviane sollen schon Jungtiere der eigenen Horde gefressen haben. In Transvaal gab es bereits mehrere Fälle, wo kleine Menschenkinder geraubt und getötet wurden. Doch zur „Normalnahrung" gehören diese Exzesse nicht. Paviane fressen gerne Bienenwaben, Würmer, Skorpione und Eidechsen. Sie leben in Horden von 10 bis 150 Tieren. In Gefangenschaft werden sie 30 Jahre und mehr alt.

Pferdeantilope (*Hippotragus equinus*, Roan)

Höhe: 1,40 m (Schulter); Gewicht: 270 kg
Erkennungsmerkmale: Die schwarz-weiße Gesichtszeichnung ähnelt der der Rappenantilope (s.u.) und auch der in Namibia beheimateten Oryxantilope. Die mit kräftigen Querrippen versehenen Hörner sind mittellang und deutlich nach hinten gebogen (beide Geschlechter tragen Hörner).

Am graubraunen, zum Rücken hin zunehmend braunen Fell sind sie leicht von den Rappenantilopen zu unterscheiden.
Lebensraum: In Afrika weit verbreitet, reagieren jedoch sehr empfindlich auf Veränderungen ihrer Umgebung. Offene Baumsavanne mit größeren freien Flächen mit mittelhohem und hohem Gras werden bevorzugt, Trinkwasser muss vorhanden sein.

Die geselligen, großen Antilopen leben in kleinen Herden von 5–12 Tieren (manchmal bis 80). Sie gelten als „bodenständig", Territorien im eigentlichen Sinne werden jedoch nicht etabliert. Der dominante Bulle verteidigt seine Weibchen, nicht ein Revier. Die Herdenführung obliegt einem erfahrenen Weibchen zusammen mit dem dominanten Bullen. Pferdeantilopen fressen fast ausschließlich mittelhohes und hohes Gras (90 % der Nahrung). Besonders aktiv sind sie in den kühleren Tagesstunden.

Pferdeantilope

Ein paar Tage bevor das Kalb geboren wird, verlässt die Mutter die Herde und sucht ein Versteck, in dem das Kalb die ersten Wochen seines Lebens verbringen wird. Nach etwa zwei Monaten schließt es sich der Herde an.

Pinguine

Südlich von Simon's Town am Strand Boulders Beach lebt eine Kolonie von **Brillenpinguinen** (*Sphensicus demersus*, african penguins). Diese an Land eher tollpatschig wirkenden, kleinen (60 cm), schwarz-weißen Pinguine sind im Wasser sehr gute Schwimmer und Taucher. Die Pinguine brüten meist zwei Eier in flachen Löchern und sind schon von weitem an ihren Lauten zu erkennen, die dem Gebrüll von Eseln am ähnlichsten kommen. Nur zwei weitere Kolonien gibt es in Südafrika, 28 in der ganzen Welt, deshalb gehören die Pinguine zu den gefährdetsten Tierarten des Landes. 1994 wurde die Kolonie nach Strandung des Erzfrachters „Apollo Sea" durch auslaufenden Treibstoff zwar dezimiert, aber zum Glück nicht ausgerottet. Trotzdem sind Ölteppiche weiterhin die größte Gefahr für die kleine Pinguinkolonie.

Rappenantilope (*Hippotragus niger*, Sable)

Höhe: 1,35 m (Schulter); Gewicht: 230 kg
Erkennungsmerkmale: Auffallend dunkle, gleichmäßig schwarzbraune Antilope mit schwarz-weißer Gesichtszeichnung und mittellangen, nach hinten gebogenen Hörnern (beide Geschlechter), die dicke Querrippen tragen.
Lebensraum: Offenes Waldgebiet mit benachbarten Dambos oder Grasflächen mit mittelhohem und hohem Gras.

Die etwas weniger massiv als die nahe
verwandten Pferdeantilopen gebauten
Rappenantilopen leben gesellig in Herden von
20–30, manchmal bis zu 200 Tieren. Der
dominante Bulle etabliert sein Territorium
während der Brunftzeit und verteidigt es
heftig, manchmal mit Todesfolge für den
Gegner. Auch dem Menschen können
brünftige Bullen mit ihren spitzen Hörnern
sehr gefährlich werden. Innerhalb der Herde
besitzt ein dominantes Weibchen die Füh-
rungsposition. Jüngere Bullen ohne Territorium bilden wie auch andere gesellig
lebende Antilopenarten Junggesellenherden
unterschiedlicher Größe. Die Nahrung besteht
vorwiegend aus hohem Gras. Die Tiere sind
sehr „bodenständig", nur selten entfernen sie
sich mehr als 3 km vom Trinkwasser.

Rappenantilope

Normalerweise trinken sie täglich, meist zwischen 10 und 16 Uhr, d.h. dass
man sie im Gegensatz zu vielen anderen Tieren in der Mittagshitze am
Wasserloch antrifft!
Die erste Lebenswoche verbringt das Kalb alleine in einem Versteck, die
Mutter kommt zweimal täglich zum Säugen.

Reptilien

Vier Schildkrötenarten (davon endemisch die Geometric Tortoise), jeweils
mehr als zwanzig Schlangen- und Eidechsenarten und eine Chamäleonart
sind in der Gegend um Kapstadt heimisch. Einige wenige der vorkommenden Schlangen, wie die **Cape Cobra** und die **Puff Adder** (Puffotter), sind
giftig. Allerdings sind Reptilien meistens an sehr naturnahe, ungestörte
Biotope gebunden und scheu. Sollten Sie doch einmal einer Schlange
begegnen, bieten sie ihr die Möglichkeit zur Flucht, indem sie ruhig
stehenbleiben. Mit etwas Glück erblicken sie dagegen vielleicht auch ein
Cape Dwarf Chameleon, das in den Gebüschen des Fynbos auf Insekten-
jagd ist. Die bis 15 cm langen Chamäleons können ihre kegelförmigen
Augen unabhängig voneinander bewegen und benutzen ihren Schwanz
beim Klettern als fünftes Glied. Durch ihre Fähigkeit, die Hautfarbe der
Umgebung anzupassen, sind sie meist gut getarnt und schwer zu entdecken.

Schirrantilope (*Tragelaphus scriptus*, Buschbock)

Höhe: 0,8/0,7 m (Schulter); Gewicht: 54 kg
Erkennungsmerkmale: Mittelbraun oder graubraun mit hellen Punkten und
einigen helleren Querstreifen auf dem Rücken. Relativ gerade, fast parallel
verlaufende, geschraubte Hörner (nur Böcke).

Lebensraum: Immer in Flussnähe, vorzugsweise in der Nähe dichten Gebüsches.
Die scheuen Schirrantilopen leben sehr ortstreu, da ihr Lebensraum ganzjährig alles bietet, was sie benötigen. Sie gelten als Einzelgänger, nur manchmal finden sie sich zu Gruppen von bis zu 9 Tieren zusammen. Insbesondere in der Trockenzeit bewegen sie sich nur innerhalb eines extrem kleinen Bereiches (4 000 m^2), daher sind Tips anderer Reisender oder Ranger viel wert! Man trifft sie vor allem in den frühen Morgen- oder späteren Abendstunden. Kämpfe zwischen Rivalen während der Brunft haben die höchste Todesrate aller Antilopen. Buschböcke sind gute und schnelle Schwimmer, die etliche km ohne sichtliche Ermüdung zurücklegen können. Dies sichert ihnen das Überleben bei saisonalem Hochwasser. Schirrantilopen fressen Blätter, nur selten Gras. Beim Futter sind sie sehr wählerisch. Besonders mögen sie Knobby Combretum, einige Akazienarten und Leberwurstbaum.

Springbock (*Antidorcas marsupialis*, Springbuck)

Sie leben in Gebieten mit offenen, trockenen und steinigen Böden mit leichtem Bewuchs (spärliche Sträucher). Hohes Gras und reine Wüste werden gleichermaßen gemieden. Hauptsächlich frühmorgens und spätnachmittags bis abends wird geäst, bei Mondschein auch nachts. Seh-, Hör- und Riechvermögen sind sehr gut entwickelt. Springböcke fressen Gräser und Kräuter oder Strauchlaub, Wurzeln und Knollen. Sie trinken regelmäßig Wasser, können es aber auch längere Zeit entbehren; sie trinken auch Salzwasser und fressen mineralhaltige Erde.

Springbock

Diese Tiere leben in Großherden, oft zusammen mit Antilopen, Spießböcken und Straußen. Ihre Feinde sind Löwe, Leopard und Gepard. Bei ihrer Flucht können sie bis zu 90 km in der Stunde laufen und bis zu 15 m weite Sprünge machen! Die Tragzeit dauert 167 bis 171 Tage. Meist wird ein Laufjunges geboren, zwei Geburten pro Jahr sind möglich. Weibchen sind mit sechs bis sieben Monaten geschlechtsreif, die Männchen mit einem Jahr.

Steppenzebra (*Equus burchellii*, Burchell's Zebra)

Von Pferden und Eseln unterscheiden sich Zebras durch ihre Streifenzeichnung, den Schädelbau und die Zähne. Es gibt drei Zebraarten. Das verbreitetste ist das Steppenzebra. Es kommt vom Zulu-Land im Südosten und der Etoscha-Pfanne in Namibia bis zum südlichen Somali-Land und südlichen Sudan vor. Die Steppenzebras sind sehr gesellig, sie leben in Herden. Gruppen von ein bis sechs Stuten mit ihren Fohlen bilden eine Gemeinschaft unter der Führerschaft eines Hengstes, der sie beschützt und andere Hengste abwehrt. Manchmal verschwindet das männliche Tier einfach, und ein anderes nimmt seine Stelle ein.

Zebras

Die überzähligen Hengste leben in größeren Junggesellenrudeln. Steppenzebras sind ziemlich zahm. Sie leben oft in Gemeinschaft mit Gnus. Gemeinsam mit ihnen sind sie auch bevorzugtes Beutetier der Löwen. Da das Zebra gefährlich werden kann, muss das Löwenrudel die Beute schlagartig töten. Es kann durchaus vorkommen, dass ein Zebrahengst einen Löwen im Kampf tötet.

Die Tragzeit beträgt ca. 370 Tage. Das Neugeborene wiegt 30 bis 34 kg und ist etwa 90 cm hoch. Normalerweise bekommt eine Stute alle drei Jahre ein Junges. Junge männliche Tiere verlassen die Gruppe nach ein bis drei Jahren und schließen sich dem Junggesellenrudel an. Mit fünf bis sechs Jahren versuchen sie, junge weibliche Tiere zu treiben. Wenn es ihnen gelingt, dann bilden sie eine neue Gruppe.

Strauß (*Strathio camelus*, Ostrich)

Die Region der Kleinen Karoo um Oudtshoorn ist das Zentrum der südafrikanischen Straußenzucht. Schon 1822 wurde der Strauß in Südafrika unter Schutz gestellt, da seine Ausrottung zu befürchten war. Seine Federn waren als Schmuck seit vielen Jahrhunderten heiß begehrt (auch von Europas Modeindustrie). 1867 wurde dann in der Kleinen Karoo die erste Straußenfarm der Welt mit ca. 80 Tieren gegründet. 1895 gab es in diesem Gebiet schon 250 000 Tiere. Strauße werden bis zu 2,70 m groß und können ausgewachsen rund 125 Kilogramm wiegen. Durch die starke Beinmuskulatur laufen sie bis 70 km/h schnell und tragen dabei auch das Gewicht eines Menschen. Von Oudtshoorn aus werden Lederwaren, choleste-

Strauße: Einst beliebt wegen ihrer Federn, heute eher wegen ihres cholesterinarmen Fleisches

rinarmes Straußenfleisch, Straußenfedern (vor einigen Jahren noch eines der wichtigsten Exportprodukte Südafrikas) und andere Produkte in alle Welt exportiert. Zu Beginn des 20. Jh. erlebte Oudtshoorn dadurch seine wirtschaftliche Glanzzeit. Seit mehreren Jahren werden auch in anderen Ländern (z.b. USA, Namibia und sogar Deutschland) Strauße gezüchtet, so dass Südafrika neue Konkurrenz auf diesem Gebiet bekommen hat.

Vögel

In den Berghängen des Table Mountain und der benachbarten Bergzüge finden sich die endemischen Arten **Cape Sugar Bird** (Kap Honigfresser) und **Protea Seed-Eater**, der **Cape Siskin** und der **Grassbird**. Der **Schwarze Adler** (Black Eagle) erbeutet am Table Mountain Kleinsäuger wie die Rock Dassies. An der Meeresküste können **Möwen, Töpel, Albatrosse** (Flügelspannweite bis 2,4 m!), **Pelikane, Kormorane, Sturmvögel, Seeschwalben** und mit Glück **Afrikanische Seeadler** (African Sea Eagle) gesehen werden. In den felsigen Buchten lebt der **Schwarze Austernfischer**, der mit seinem speziellen Schnabel zweischalige Muscheln knackt.

Seevögel lassen sich am besten vom Boot aus beobachten, die geeignetste Jahreszeit ist – leider – der Winter. Aber auch alle anderen Vogelliebhaber können auf ihre Kosten kommen. An der Hout Bay liegt mit dem **World of Birds Wildlife Sanctuary** der größte Vogelpark Afrikas mit mehr als 3 000 Vögeln in 450 Arten.

Wale

Der häufigste Wal vor Südafrika ist der **Southern Right Whale** (*Balaena glacialis*). Diese bis zu 16 m langen und 60 Tonnen schweren Wale kommen von Frühling bis Winter in die False Bay und ihre Nachbarbuchten (gut zu beobachten vor Witsand, dem de Hoop NR und Hermanus), um sich zu paaren. Den Großteil des Jahres verbringen sie in den planktonreichen, kalten Wassern der Antarktis, Tausende von Kilometern weiter südlich. Die Walweibchen kalben nur etwa alle drei Jahre, allein die Tragzeit nimmt schon ein Jahr in Anspruch. Die meisten Geburten finden im August und September statt. Neben dem Southern Right Whale kommt in den Gewässern und Buchten um Kapstadt noch der ähnlich große **Humpback Whale** vor, allerdings ist er schon seltener zu beobachten. Im Gegensatz zum Southern Right Whale besitzt er Furchen an seinem weißen „Hals" und eine kleine Rückenflosse. Andere Walarten, wie z.B. der **Orca** (Killerwal), kommen nur ab und zu an die afrikanische Südküste.

Warzenschwein (*Phacochoerus aethiopicus*, Warthog)

Höhe: 70/60 cm (Schulter); Gewicht: 100/70 kg
Erkennungsmerkmale: Unverwechselbar. Grau mit den typischen Gesichts„warzen", die bis 12 cm groß werden können. Keiler besitzen

davon zwei Paar, Bachen nur eines. Die vorderen Eckzähne sind extrem verlängert, die oberen wachsen nach oben aus dem Oberkiefer heraus. Insbesondere das untere Paar ist messerscharf und eine wirksame Verteidigungswaffe.

Lebensraum: Offenes Land, Grasflächen, Pfannen, offenes Busch- und Waldland.

Warzenschweine leben in verlassenen Bauten von Erdferkeln oder Ameisenbären, die sie gemäß der eigenen Vorstellungen „umbauen". Vormittags und nachmittags gehen sie auf Futtersuche. Sie sind typische Allesfresser, wenn auch vorwiegend Vegetarier. Besonders bevorzugen sie frisches grünes Gras. Auf Trinkwasser sind sie nicht zwingend angewiesen, sie trinken jedoch wenn möglich regelmäßig und baden gerne im Schlamm. Die anhaftende Schlammschicht schützt vor der Hitze und vor Insekten. Sie leben in stabilen Familienverbänden aus Eltern und ihren Nachkommen. Junggesellengruppen sind nur vorübergehende Erscheinungen. Die Gruppen haben weit überlappende Territorien von 65–340 ha Größe (Größenzunahme in der Trockenzeit mit zunehmender Futterknappheit). Heftige Kämpfe sind selten. Warzenschweine reagieren sofort auf die Warnrufe von Säugetieren und Vögeln. Die ganze Familie flüchtet sofort, dabei ist der hoch erhobene Schwanz wie eine Signalfahne auch im hohen Gras zu sehen. Anderen Tieren gegenüber verhalten sie sich ungesellig und verjagen sie meist aus ihrer unmittelbaren Umgebung.

Einer ihrer Hauptfeinde sind Löwen, die sie auch aus ihren Bauten ausgraben.

Wasserbock (*Cebus ellipsiprymus*, Waterbuck)

Wasserböcke lieben Grasland und Gebüsch und benötigen die Nähe zu einem Gewässer, da sie täglich trinken. Sie äsen morgens und nachmittags bis

Wasserböcke

abends, während sie tagsüber ruhen. Als Hauptfeinde gelten Löwen, Leoparden und Hyänenhunde, wobei Leoparden und Hyänen Kälber reißen. Doch die Feinde mögen Wasserböcke nur, wenn kein anderes Wild vorhanden ist, denn ihr Fleisch schmeckt ab dem Alter von drei Monaten zäh und ranzig. Bis zu 90 % besteht die Nahrung der Wasserböcke aus Gräsern, der Rest aus Laub. Wasserböcke leben in kleinen Trupps und können in Gefangenschaft bis zu 17 Jahre alt werden.

4. DIE WIRTSCHAFT SÜDAFRIKAS

Überblick

Rohstoff-reiches Land

Südafrika besitzt eine große Fülle von Rohstoffen und die Wirtschaftssektoren Finanzen, Recht, Kommunikation, Energie und Transport sind gut entwickelt. Die Börse zählt zu den 10 größten der Welt und eine moderne Infrastruktur garantiert die effiziente Versorgung des Landes. All dies macht Südafrika zum wirtschaftlich erfolgreichsten Land Afrikas.

Wirtschaftsindikatoren 2002	
Bruttoinlandsprodukt:	120 Mrd. US$
BIP pro Kopf:	2.700 US$
Bevölkerungszuwachs:	1 %
Wirtschaftswachstum:	2,6 %
Auslandsverschuldung:	25 Mrd. US$
Devisenreserven:	7,1 Mrd. US$
Inflationsrate:	5,4 %
Arbeitslosigkeit:	30–45 %
Handelsimporte:	25 Mrd. US$
Handelsexporte:	29 Mrd. US$
Verbraucherpreisindex:	9 %
Produzentenpreisindex:	14 %
Kreditzinsen:	15,72 %

Hohe Arbeitslosigkeit und soziale Spannungen

Trotz eines realen Wirtschaftswachstums von 2,6 % im Jahr 2002 (Prognose 2003 sogar 3,5 %) ist die wirtschaftliche Stimmung im Land verhalten. Zu den großen Problemen und sozialen Ungerechtigkeiten zählen eine hohe Arbeitslosigkeit, Kriminalität, Korruption und die Auswirkung von HIV/AIDS. Die Regierung versucht, die dadurch entstehenden Spannungen mit einer weit reichenden Umverteilungspolitik aufzufangen. Deswegen wird auch in der Zukunft das zentrale wirtschaftspolitische Thema **„Black Empowerment"** heißen. Darunter versteht man, die durch die Apartheidpolitik benachteiligten Bevölkerungsgruppen (Schwarze, Coloureds, Frauen und Behinderte) besonders zu fördern und ihnen adäquate wirtschaftliche Möglichkeiten einzuräumen.

Südafrikas Wirtschaft stand nach der politischen Wende vor immens schwierigen Aufgaben und strukturellen Veränderungen:
- Die Apartheid-Politik führte Südafrika in wirtschaftliche Isolation und zwang das Land in eine **teure Autarkie**. Vieles musste im eigenen Lande hergestellt werden, was auf dem Weltmarkt zu einem Drittel des eigenen Preises angeboten wurde.
- Der internationale Kapitalverkehr lag brach. Unterschiedliche Kurse (Finanzrand, Devisenrand) sowie die außerordentlichen Schwierigkeiten, bereits in Süd-

4. Wirtschaft: Überblick

afrika investiertes Geld wieder zurückfließen zu lassen, sind sicherlich nicht gerade motivierende Standortbedingungen.
- Die **hohe Steuerlast** aufgrund einer ungesunden Wirtschaftsstruktur

Mit dieser im Kern ungesunden Wirtschaftsstruktur musste der Staat große Aufgaben bewältigen:
- Aufbau bzw. Verbesserung der Wohnungs- und Ausbildungssituation für Schwarze
- Ausbau der Verkehrsverbindungen und Kommunikationsnetze
- Verbesserung des Versicherungssystems (selbst Weiße hatten bislang kein soziales Absicherungssystem).

Den Schlüssel für wirtschaftlichen Erfolg sahen Experten
- in der Weiterverarbeitung der Rohstoffe. Südafrika nimmt ja Spitzenpositionen im Bereich der Förderung von Gold, Platin, Diamanten und Uran ein.
- in einer zunehmenden Exportorientierung der Nahrungs- und Genussmittelindustrie.
- im Ausbau der touristischen Angebote.

Export orientierte Wirtschaft

In seiner ersten Rede zur Lage der Nation stellte Präsident Mandela klar heraus: „Ohne eine blühende Wirtschaft kann keines der sozialen Ziele erreicht werden!"

Im Jahr 2000 versprach Präsident Mbeki, das wirtschaftliche Wachstum und Investitionen aus dem Ausland anzukurbeln und die große Armut durch neue Arbeitsgesetze, Privatisierungen und Budgetierung des Staatshaushalts zu bekämpfen.

Seit Ende der 1980er Jahre sind im Südlichen Afrika Veränderungen eingetreten, die in vielfacher Hinsicht mit denen in Europa vergleichbar sind. In Südafrika wurden die Rassengesetze aufgehoben, die zur Isolierung des einzigen industrialisierten Staates in Afrika führten. In Europa hob sich der Eiserne Vorhang, der die Welt in Ost- und Westmächte teilte. In beiden Regionen kam es zu schwerwiegenden Belastungen der Wirtschaft und zu Rezessionen. In beiden Regionen bestand auch die Notwendigkeit, die Wirtschaft wieder in Schwung zu bringen. In Südafrika wird versucht, den Lebensstandard weiter Bevölkerungsteile zu heben, um die begonnene Demokratisierung erfolgreich fortzusetzen.

Der moderne Hafen von Kapstadt: Wirtschaftsmotor Südafrikas

Da die CODESA (Convention for a Democratic South Africa) 1991 Wirtschaftsfragen noch nicht auf die Tagesordnung gestellt hatte, ergriffen Gewerkschaften und Arbeitgeberverbände die Initiative und gründeten ein Wirtschaftsforum. Es tagte zum ersten Mal im Januar 1992. Man war sich einig, dass wirtschaftliche Stabilität und Wachstum Grundvoraussetzungen für eine erfolgreiche Umgestaltung des Landes sind. Beides, Wachstum und Stabilität, konnte aber nur mit internationaler Hilfe und unter Ausweitung des Handels erreicht werden. Das Vertrauen der ausländischen Investoren musste wieder erworben werden. In den Jahren der Apartheid gehörte die Bundesrepublik zu den größten ausländischen Investoren. Etwa 350 Niederlassungen deutscher Industrie- und Handelsfirmen hatten im Laufe der Zeit rund 1 Mrd. Euro in Südafrika investiert und 50 000 Mitarbeiter beschäftigt.

Deutschland als Wirtschafts- und Handelspartner

Nach der politischen Wende von 1990 sah man Deutschland weiterhin als Verbündeten und immer noch wichtigen Wirtschaftspartner, der beim Aufbau einer nicht-rassistischen Demokratie helfen konnte. Hinzu kommt auch, dass private deutsche Stiftungen im Rahmen von Entwicklungsprojekten in der Vergangenheit viel geleistet hatten.

Auch nach der Wahl 1999 bekennt sich der ANC zu dem 1996 eingeführten konservativen Wirtschaftsprogramm **Growth, Employment and Redistribution (GEAR)**. Die wesentlichen Inhalte dieses Programms sind: eine strikte Geldpolitik, die Abschaffung verbliebener Kapitalexportkontrollen und eine zügige Privatisierung. Wo das Programm umgesetzt wurde, hat es sich bewährt: Der Staatshaushalt wurde umgestaltet, Schulden- und Cashflowmanagement reformiert und das Defizit, das unter der Apartheidregierung auf bis zu 10 % des Bruttoinlandprodukts geklettert war, wurde im Jahr 2002 auf 1,6 % begrenzt. Die Steuereinnahmen 2002 sind höher als geplant ausgefallen. Die Inflationsrate konnte zurückgeführt werden nach 9,7 % in 1997 auf 5,4 % in 2002.

Außenhandel

Südafrika ist der achtgrößte Weinproduzent der Welt

Die Außenwirtschaft Südafrikas hat sich in den letzten Jahren äußerst positiv entwickelt. Der schwache Rand und Investitionen exportorientierter Unternehmen haben nach Schätzung der Absa Bank zu einem Handelsbilanzüberschuss von 43 Mrd. Rand im Jahr 2002 geführt. Wie die Entwicklung weitergeht, hängt von verschiedenen Einflüssen ab.

Neben weltwirtschaftlichen Faktoren spielen auch typisch südafrikanische Faktoren dabei eine Rolle: Was die Integration in den Welthandel angeht, hat Südafrika aufgrund der Apartheidzeit einen hohen Nachholbedarf und ein noch unausgeschöpftes Außenhandelspotenzial. Leider bekommen die Unternehmen von Seiten der Regierung noch zu wenige Hilfestellungen, denn Kammern und Verbände sind teilweise sehr schwach und schlecht organisiert. Bedingt durch die problematische Gesamtsituation im Südlichen Afrika (Zimbabwe, politische Instabilität einiger Nachbarländer, Hungersnöte in den Nachbarländern, AIDS etc.) hat das Interesse vieler in- und ausländischer Investoren nachgelassen.

Importgüter 2001:	Maschinen, Apparate	28 %
	Mineralische Stoffe	15 %
	Chemische Erzeugnisse	11 %
	Beförderungsmittel	11 %
	Nahrungs- und Genussmittel	5 %
Exportgüter 2001	Perlen, Edelsteine, Münzen	19 %
	Mineralische Stoffe	14 %
	Unedle Metalle	13 %
	Nahrungs- und Genussmittel	13 %
	Maschinen, Apparate, Geräte	9 %
	Beförderungsmittel	8 %
	Chemische Erzeugnisse	6 %

(Gesamtausfuhr der SACU, Southern African Customs Union, zu ihr gehören außer Südafrika noch Botswana, Lesotho, Namibia und Swasiland)

Wirtschaftspartner

Die bilateralen Handelbeziehungen zwischen Südafrika und Deutschland bzw. der EU sind sehr gut. Deutschland ist der größte Handelspartner Südafrikas. Auch das im Jahr 2000 mit der EU vereinbarte Freihandelsabkommen war ein voller Erfolg. Die EU ist mit großem Abstand der wichtigste Lieferant für Südafrika. Der Handel zwischen Deutschland und Südafrika hat eine Größenordnung von 3,74 Mrd. Euro im ersten Kalenderhalbjahr 2002, dabei war der Spitzenreiter unter den deutschen Exporten nach Südafrika Maschinen und Fahrzeuge mit 1,49 Mrd. Euro.

Freihandelsabkommen mit der EU

Schon immer war Deutschland einer der wichtigsten Handelspartner Südafrikas, auch zu Zeiten der Apartheid. Dadurch sind nun einige deutsche Unternehmen unter Beschuss geraten. Man wirft ihnen vor, mit ihren Investitionen die Apartheid mitfinanziert zu haben.

Im Jahre 2002 reichten Apartheidopfer eine Sammelklage in den USA gegen 20 international tätige Unternehmen auf Entschädigung ein, darunter auch fünf deutsche Unternehmen. Ziel der Klage ist es unter anderem zu erreichen, dass die Firmen, die an der Zusammenarbeit mit der Apartheid verdient haben, politische und finanzielle Verantwortung für ihre Unterstützung der Apartheid übernehmen. Erst nachdem das Anliegen der Betroffenen immer wieder ignoriert worden war, entschloss man sich, den juristischen Weg zu gehen. Im März 2003 empfahl die südafrikanische Versöhnungskommission, dass sich Firmen, die vom Apartheidsystem profitiert haben, an einer Entschädigung der Opfer beteiligen. Präsident Mbeki bezog daraufhin gegen die Sammelklagen Stellung und sein Handelsminister Alec Erwin erklärte, kein in den USA gefälltes Urteil werde in Südafrika ausgeführt werden. Experten halten die Entwicklung dieser Situation deshalb für

Aufarbeitung der Vergangenheit

wichtig, weil „die Zukunft Südafrikas in entscheidendem Maße davon abhängt, wie es dem Land gelingt, mit seiner verbrecherischen Vergangenheit umzugehen und die Opfer dieser Verbrechen politisch und sozial zu rehabilitieren." (Thomas Gebauer, medico international November 2002)

Landwirtschaft

Der Weinbau und die Obstkulturen

Optimale Voraussetzungen für Weinanbau

Der Süden der RSA liegt annähernd gleich weit vom Äquator entfernt wie das Mittelmeer. Die südwestliche Kapprovinz hat ein ähnlich warm-gemäßigtes Subtropenklima wie die mediterranen Küstenhöfe. Bei Durchschnittstemperaturen um 20 °C und einer intensiven Sonneneinstrahlung sind die klimatischen Voraussetzungen für den Anbau von Wein- und Obstkulturen recht günstig. Nur Wasser kann oft ein limitierender Faktor in der Landnutzung werden. Mehrere größere und zahlreiche kleinere Stauanlagen (Talsperren und Farmdämme) liefern aber auch in Notzeiten noch ausreichende Mengen für die Bewässerung u.a. im Hexriver-Tal, wo auf 3 600 ha 60 % der Exporttrauben heranwachsen. Hier wie im Bergriver Tal finden wir eine besonders intensive Landnutzung, die in Südafrika nur in Ausnahmefällen möglich ist.

Eines der schönsten Weingüter in Südafrika: Boschendal

Das Kapland ist heute das führende Wein- und Obstanbaugebiet der RSA: Von hier kommen über 75 % des Obstes und der (Tafel-) Trauben. Auf der Basis der natürlichen Bedingungen entwickelten sich nach einem langen historischen Prozess marktorientierte Wirtschafts- und Betriebsformen, die noch in der Gegenwart einen optimalen Ausbau erfahren. Neben der Produktion von Weintrauben sind auch die Ernte- und Exportergebnisse von Äpfeln, Birnen, Zitrusfrüchten, Aprikosen, Avocados, Mangos, Bananen und Erdbeeren als gut zu bezeichnen. Die wichtigsten Abnehmer sind die Mitgliedsländer der EU. In die Bundesrepublik Deutschland wurden im Jahr 2001 Trauben und Obst im Wert von über 80 Mio. Euro verkauft. Die Zuwachsraten im Export beruhen einerseits auf den steigenden Exportpreisen, dem günstigen Wechselkurs und der Anhebung der Ausfuhrmenge sowie andererseits auf der Verbesserung des außenpolitischen Klimas und der Öffnung neuer Exportmärkte in Osteuropa. Seit Jahren bekannt sind die jährlichen Weinauktionen im Kapland, auf denen nicht nur die neuen Weine vorgestellt und verkauft werden, sondern auch Weinliebhaber auserwählte Flaschenweine für hohe Summen erwerben können.

Eine Ausdehnung der Weinbau- und Obstareale wurde erforderlich. Heute findet man auch im Oranje-Tal bei Upington (nördliche Kapprovinz) **neu angelegte Weinfelder**, die nur mit Hilfe einer bewährten Bewässerungstechnik hohe Ern-

4. Wirtschaft: Landwirtschaft

Weinanbaugebiete und Weinstraßen am Kap

Die Weinstraßen
- Die Stellenbosch- Weinstraße
- Die Paarl- Weinstraße
- Breede- River- Valley- Route

Weinanbaugebiete

- A Olifantsrivier
- B Piketberg
- C Swartland
- D Tulbagh
- E Durbanville
- F Constantia
- G Stellenbosch
- H Paarl
- I Worchester
- J Overberg
- K Robertson
- L Swellendam
- M Klein Karoo

ten einbringen. Hier ist das Zentrum der Sultaninenerzeugung. Erwähnenswert sind auch die kleineren Weinbaugebiete in Mpumalanga, wo als Spezialität Reben für die Tafeltraubenproduktion gezogen werden.

Ausgewiesene Weinrouten und Auskunftstellen machen es den Touristen leicht, die insgesamt 14 Anbauregionen aufzusuchen und sich auf angenehme Art in die südafrikanische Weinkunde einführen zu lassen. Auf diesen Fahrten wird man auch die einzelnen **Obstanbaugebiete** kennen lernen. Sie konnten ebenfalls ausgedehnt werden und haben sich auf ausgewählte Früchte spezialisiert. Bekannt für den Apfel- und Birnenanbau sind im Kapland die Ortschaften Ceres und Tulbagh (Bokkeveld). Die natürlichen Bedingungen erlauben hier sogar geschlossene Obstpflanzungen auf einer Gesamtfläche von 5 400 ha anzulegen. Der Großteil der Ernten wird zu natürlichen Fruchtsäften verarbeitet, die in nahezu allen Lebensmittelgeschäften im Südlichen Afrika angeboten werden. Bekannt ist auch das Apfelanbaugebiet bei Elgin und Grabouw. Von hier stammen etwa 25 % der „Cape Apples", die sofort in den Export gelangen, sobald sie gepflückt sind, und selten zwischengelagert werden.

Als weitere Früchte aus dem Kapland sind Aprikosen, Pfirsiche und Pflaumen zu nennen, die vor allem auf den Obstplantagen bei Villiersdorp und Vyeboom angepflanzt werden und vorwiegend auf dem Inlandsmarkt zum Verkauf gelangen.

Expandierender Bereich

Wie bereits angedeutet, zeigt die Produktion von Sonderkulturen für den Binnen- und Überseemarkt seit den letzten Jahren eine expandierende Tendenz. Tropische und subtropische Fruchtbaumkulturen gewinnen mehr und mehr eine gesamtwirtschaftliche Bedeutung zurück. Zitrusfrüchte (Valencia-Apfelsinen, Navals, Pampelmusen) stellen die bedeutendsten Marktprodukte dar. Sie werden über den Citrus Board unter der Bezeichnung Outspan („ausspannen" auf Afrikaans) weltweit verkauft. Problematisch wird die Situation der kleineren, unter 50 ha großen Farmbetriebe, die die höheren Pflücklöhne oder die zunehmende Mechanisierung wirtschaftlich nicht verkraften können. Auf den mittleren und großen Betrieben wird als Ergänzung Fleischvieh gehalten oder tropische Früchte wie Mangos, Papayas, Guaven und Litschi angepflanzt. Gut ausgebaute Nahverkehrswege zu den Ballungszentren oder zu den Touristenzentren (Hotels) sorgen für ständigen und raschen Absatz. Kleinbetriebe konnten sich nur in den feuchten und heißen Zonen in Mpumalanga oder in der Küstenregion von KwaZulu-Natal halten; sie hatten sich auf den Bananenanbau spezialisiert.

Die industrielle Verarbeitung der tropischen und subtropischen Früchte hat ebenfalls einen hohen Stand erreicht und expandiert weiter. Betriebe zur Erzeugung von Trockenfrüchten und Konservenfabriken befinden sich fast immer in Nähe der größeren Bewässerungs- und Anbaugebiete. Ihre Produkte sorgen nicht nur für ein umfassendes Angebot auf den Binnenmärkten, sondern gewinnen auch Exportmärkte.

Ausblick

„Black Empowerment"

Empowerment Charta für alle Industriebereiche

Nachdem die Regierung die Politik der Umverteilung nach dem **„Employment Equity Act"** zunächst im öffentlichen Sektor umsetzte und dies auch von der Privatwirtschaft verlangte, wird sich dies nun auch auf die Industriesektoren ausweiten. Den Anfang bildet die umstrittene **„Empowerment Charta"** für den Bergbau. Demnach müssen alle Bergbauunternehmen in den nächsten 5 Jahren zu mindestens 15 % Schwarzen gehören. In weiteren 5 Jahren soll der Prozentsatz dann bei 26 % liegen. Das Programm wird nun auch auf andere Industriebereiche angewendet und schon jetzt bemühen sich viel Unternehmen um schwarze Partner. Die Regierung steht dabei unter einem unglaublich hohen Erwatungsdruck, sowohl von Seiten der Bevölkerung, als auch von Seiten der Industrie. Die Verhandlungen können nur stattfinden, wenn alle Parteien sich um

Ausgleich und Kompromisse bemühen. Die größte Hürde bei der Umsetzung ist die oft unzureichende Ausbildung der neuen Führungskräfte und Kritiker merken an, dass vor einer nachhaltigen Befähigung der schwarzen Bevölkerung deren qualifizierte Ausbildung stehen muss.

Diese neue Politik wirkt sich natürlich auch auf das Investitionsklima aus. Nach Meinung der Experten steht fest, dass Investoren nun nicht mehr so frei agieren können wie in der Vergangenheit, denn jede neu zu übernehmende soziale Aufgabe und Zwangspartnerschaft erhöht die Kosten und steigert das Risiko. Insgesamt gesehen kann dies nicht zu einer Verbesserung des Investitionsklimas beitragen.

HIV/AIDS

Die Auswirkungen der AIDS-Epidemie auf die Wirtschaft werden immer dramatischer. 2002 gingen 42 % aller Todesfälle in Südafrika auf das Konto von AIDS. 2004 sollen es 50 % sein und für das Jahr 2010 werden erschreckende 66 % prognostiziert. Die Lücken in der Arbeiterschaft, die dadurch entstehen, sind gar nicht zu füllen und noch ist völlig unklar, wie die Verluste wirtschaftlich aufgefangen werden sollen.

Dramatische Auswirkungen...

Gewaltkriminalität

Dies ist eine weitere ungelöste Problematik, die die Investitionsrahmenbedingungen nicht berechenbarer macht. Im Jahr 2001 wurden 21 000 Morde begangen. Die Gründe sind unter anderem auch die hohe Arbeitslosigkeit und eine zunehmende Landflucht. Auch mittel- und langfristig ist hier eher mit einer Verschlimmerung der Situation zu rechnen, wenn bald Millionen von Aidswaisen um ihr Überleben kämpfen müssen.

...und weitere Problematiken

Arbeitsmarkt

Zurzeit liegt die Arbeitslosenquote zwischen 30 % (aktiv suchend) und 45 % (ohne Arbeit). Trotzdem werden per Saldo mehr Arbeitsplätze vernichtet, als geschaffen. Das Tempo der Arbeitsplatzvernichtung hat sich aber immerhin laut südafrikanischer Zentralbank erheblich verlangsamt. Das aktuelle Wirtschaftswachstum ist aber nach Auffassung der Bank dennoch zu gering, um den Arbeitsmarkt zu stimulieren und so ist davon auszugehen, dass die Arbeitslosigkeit weiter steigt. Stellenanzeigen, die sich ausdrücklich an schwarze Bewerber richten, häufen sich und der Bedarf an qualifizierten schwarzen Arbeitskräften steigt enorm. (Quelle: Wirtschaftstrends 2002/03 Bundesagentur für Außenwirtschaft bfai, Bundesministerium für Wirtschaft und Arbeit)

Hinweis
Wer sich für Wirtschaftsfragen interessiert, erhält Info über folgende Internet-Adresse: www.isa.org.za.

Tourismus

von Dr. Karl-Günther Schneider (Aktualisierung: Silke Althoff)

Bereits seit den 1960er Jahren ist Südafrika ein beliebtes Reiseziel vieler in- und ausländischer Besucher. Eine breit angelegte touristische Infrastruktur wie ausgebaute Straßen, Hotelketten, Sport- und Vergnügungseinrichtungen, historische und technische Bauten kommen den Wünschen und Vorstellungen der Besucher entgegen. Im Jahre 2001 kamen nach Angaben des südafrikanischen Ministeriums für Tourismus 5,8 Mio. Touristen in die RSA (davon 73 % aus Afrika und 27 % aus Übersee). Der Großteil der afrikanischen Besucher kam aus den Nachbarländern. (Wobei es aber manchmal schwierig ist, Touristen von Arbeitsmigranten zu unterscheiden.) Weitere Herkunftsländer waren nach der Zahl der Besucher: Großbritannien, Deutschland, USA, Niederlande, Frankreich, Australien, Italien, Belgien, die Schweiz und Indien. Die **durchschnittliche Aufenthaltsdauer** der Überseebesucher im Jahr 2001 betrug 10 Nächte.

Kunsthandwerk als Mitbringsel

In den letzten Jahren hat sich ein Massentourismus ins Südlichen Afrika mit vollorganisierten Besucherprogrammen entwickelt. Verbilligte Gruppenflüge in Linien- und Chartermaschinen werden inzwischen von zahlreichen Reisediensten in Deutschland angeboten und gewinnen von Jahr zu Jahr an Bedeutung. Die Zusammenarbeit mit den südafrikanischen Eisenbahnen sowie mit internationalen Reiseagenturen und Luftfahrtgesellschaften macht dies möglich. Fast alle Besucher lockern ihr Reiseprogramm mit privaten oder offiziellen Rundreisen und Ausflügen zu den bekanntesten Touristenzentren, den Nationalparks und Seebädern, auf. Die ganzjährig hohe Besucherzahl sowie die entsprechende Bettenkapazität in den Küstenräumen und die lange Belegzeit in den Rastlagern der Nationalparks weisen auf die Bedeutung dieser Gebiete hin.

Organisierte Besucherprogramme

Die gesamte **touristische Infrastruktur** erfuhr seit dem Ende der 1970er Jahre einen Ausbau. Es galt zunächst den Flugbetrieb reibungsloser abzuwickeln. Der zwischen Tshwane/Pretoria und Johannesburg liegende Flughafen Johannesburg International wurde mehrfach ausgebaut und erweitert. Weitere Verbesserungen im Flugverkehr folgten. Das inländische Flugangebot wurde vergrößert und mit dem internationalen Flugverkehr koordiniert. Ballungsräume und Touristikzentren können jetzt mehrfach täglich von allen

Zulu-Frau bei der Handmalerei

größeren Flughäfen des Landes erreicht werden.

Wesentliche Verbesserungen erfuhr auch das südafrikanische Straßennetz. Neben den erforderlichen Tunnel- und Brückenbauten wurden Autobahnen im Einzugsbereich der Großstädte angelegt sowie das Netz der National- und Provinzialstraßen vergrößert und über weitere Strecken mit einer Bitumendecke versehen. 2002 besaß Südafrika ein Straßennetz von 358 596

Wildpirsch im Kruger Nationalpark

km Länge, hiervon waren 1 927 km Autobahnen und 59 753 km Asphaltstraßen, der Rest waren befestigte Wege (Schotter). Die Möglichkeit, größere Strecken (1 000 km am Tag) ohne Schwierigkeiten zurückzulegen, wird nicht uletzt durch den Umsand geförder, dass die Überlandtraßen (Nationalstraßen), mit zahllosen Rastplätzen versehen, außerhalb der Ballungsgebiete oft schnurgerade durch äußerst dünn besiedeltes Gebiet führen.

Verbesserung der Infrastruktur

Wenn im gegenwärtigen Verkehrswesen die Eisenbahnen (SAR, South African Railways) nur bedingt für den Tourismus (Nah- wie Fernbereich) eingesetzt werden, so unterhalten sie neben einem gut ausgebaten Busservice doch beliebte Zugverbindungen zwischen den wichtigsten Ferien- und Ballungszentren.

Der bekannteste und oft im Voraus ausverkaufte Zug ist der „Blue Train". Ursprünglich war er als die rascheste Verbindung von dem größten Einwanderer- und Einreisehafen Kapstadt zu der Pretoria-Witwatersrand-Conurbation (1 600 km) gedacht. Heute gilt er als ein höchst luxuriöser Zug, der den Linienflugzeugen Konkurrenz macht.

Die Beratungsstelle *Tourism Grading Council* führt ein Graduierungsschema der Unterkünfte in fünf Stufen, wobei bessere Ausstattung und ein gehobener Service durch eine höhere Anzahl von Sternen ausgedrückt wird. Über 70 Grundbedingungen müssen berücksichtigt werden: u.a. Mindestzahl der Zimmer mit oder ohne Dusche/Bad, Lizenz zum Getränke- und Alkoholausschank, TV- und Telefonleistungen sowie Bedienungskomfort.

Erst langsam erkennt man in Südafrika, dass es neben dem ausländischen auch einen, oft viel bedeutenderen, **inländischen Fremdenverkehr** gibt. Auswirkungen eines kurzfristigen Freizeitverhaltens – auch ohne Nachfrage nach Übernachtungsmöglichkeiten – lassen sich insbesondere bei der Umgestaltung von Gebieten für die Naherholung im Umkreis der Städte im Binnenland feststellen. Naturschutzgebiete für bedrohte Pflanzen und Tiere verknüpfte man mit den Naherholungsflächen. Größere Freizeitplätze konnten sich auch an den weniger perennierenden Flüssen des Binnenhochlandes entwickeln. Auch größere Wasserflächen, z.B. Stauseen, sind als Freizeit- und Erholungsflächen attraktiv. Hier entstanden

Inländischer Fremdenverkehr und Kurbäder

4. Wirtschaft: Tourismus

neben einfachen Einrichtungen für den Wasser- und Angelsport ausgedehnte Freizeitzentren mit Unterkunftsmöglichkeiten, Restaurationsbetrieben und Ferienhäusern. Auch Heilbäder wurden verstärkt für den Tourismus ausgebaut. Nach jahrelanger Vernachlässigung wurden heiße Mineralquellen für einen größeren thermalen Kurbetrieb erschlossen, die Temperaturen zwischen 30 und 50 °C und eine chemische Zusammensetzung wie z.B. in Bad Ems haben.

Die funktionalräumliche Verflechtung von Naturschutz und Wasserwirtschaft erfährt im südwestlichen Kapland, im Umland von Kapstadt, eine Erweiterung. Der historische, von den ersten Siedlern gestaltete kapholländische Kulturraum in Verbindung mit Sonderkulturen (Reben und Obst) in den Tälern der westlichen Kapketten wurde zum Naherholungsraum der städtischen Bevölkerung. Badeorte und Binnenstädte werden miteingeschlossen. Bekannt sind die Passfahrten und die Routen auf den kapländischen Weinstraßen, die nach europäischen Vorbildern eingerichtet wurden.

Beliebt sind auch **Jagdfarmen** und kommerziell geführte Wildfarmen. Letztere halten größere Wildbestände (Antilopen), um Felle und das begehrte Dörrfleisch (Biltong) auch in die Ferienzentren, Rastlager, Hotels und Curio Shops (Souvenirläden) zu verkaufen. Man will hiermit die Rentabilität der Landwirtschaft mit Hilfe des Fremdenverkehrs fördern.

Ausweitung des Tourismus

Die Intensität des Fremdenverkehrs richtete sich bisher vorwiegend auf die Außenregionen der Republik, auf die Küstengebiete und auf bestimmte Nationalparks. In Zukunft beabsichtigt man auch die im Binnenland bestehenden oder noch zu erschließenden Gebiete für den Tourismus aus Übersee attraktiver zu machen. Man denkt an lange Wanderwege in der Karru und Kalahari, programmierte Fahrten nach Kimberley (Big Hole), nach Upington (Augrabies-Wasserfälle), ins Namaqualand zur Blütezeit oder an Kuraufenthalte in den Mineralbädern.

Erhebliche Anstrengungen werden unternommen, den Tourismus im gesamten Südlichen Afrika zu koordinieren und erfolgreicher zu gestalten.

Für interessierte Beobachter wird das Südliche Afrika mit seiner regionalen Vielfalt und seinen zahlreichen Widersprüchen immer attraktiv sein. Südafrika wird das Zentrum dieser regionalen, kulturellen und materiellen Gegensätze bleiben – auch in der Zeit nach der weißen Vorherrschaft. Auf allen Reisen im Lande wird man sich fragen müssen: „Wie komme ich zurecht mit dieser paradoxen Komplexität?" Gespräche mit unterschiedlichen Personen können klärende Hinweise geben. In der Sprache der Werbefachleute heißt es „A World In One Country". Besser würde es in der Übersetzung lauten: „Welten in einem Land", denn Südafrika zeigt wie in einem Kaleidoskop in wechselnder Folge bunte Einzelheiten und immer neue optische Figuren und Eindrücke.

5. DIE GESELLSCHAFT SÜDAFRIKAS

von Dr. Karl-Günther Schneider (aktualisiert von S. Althoff)

Bevölkerung

Südafrika – ein Vielvölkerstaat im Wandel

Mit 44,6 Mio. Einwohnern (2002) ist die heutige Republik Südafrika (RSA) der bevölkerungsreichste Staat im Südlichen Afrika. Was dem Land seine gegenwärtige Problematik verleiht, ist die jahrzehntelange Apartheidgesetzgebung, die die gesamte Bevölkerung in Gruppen unterteilte und ihre menschlichen Grundrechte bis ins Detail reglementierte. Gleichzeitig sorgte sie für die politische und wirtschaftliche Dominanz einer weißen Minderheit über die zahlenmäßig nicht weiße Mehrheit. Von einem „Schmelztiegel der Rassen" oder dem Zusammenwachsen einer multikulturellen Gesellschaft (APA Guide Südafrika 1993, S. 57) konnte lange sicherlich nicht gesprochen werden.

Die Coloureds (Farbige) machen etwa 8 % der Gesamtbevölkerung aus

Die größte Bevölkerungsgruppe bilden die **schwarzen Afrikaner** (78 % der Gesamtbevölkerung), die zu den bantusprachigen Völkern des Südlichen Afrika gezählt werden. An zweiter Stelle stehen **die weißen Afrikaner** (10 % der Gesamtbevölkerung), die bis 1960 noch als Europäer bezeichnet wurden, obwohl viele von ihnen seit mehreren Generationen in Südafrika leben. Sie betrachten das Land ebenfalls als ihre Heimat und haben keine Verbindung mehr zu ihrem europäischen Mutterland. Kein anderer Staat in Afrika hatte jemals einen solch hohen weißen Bevölkerungsanteil. Die drittstärkste Gruppe bilden die **Farbigen** (8 % Anteil an der Gesamtbevölkerung), die, historisch bedingt, vorwiegend im westlichen Kapland leben, sich aber in den letzten Jahren auf einer allmählichen Wanderung nach Norden, zum Großraum Johannesburg (Witwatersrand), befinden. Die vierte und letzte größere Bevölkerungsgruppe sind die **Inder** (3 % Anteil an der Bevölkerung), die weiterhin von einer traditionell-kulturellen Eigenständigkeit geprägt sind, die sich insbesondere in Sprache und Religion äußert. Sie leben vorwiegend in KwaZulu/Natal, im Raum Durban-Pinetown. Eine Abwanderung in andere große Städte ist aber ebenfalls festzustellen.

Land der Gegensätze

Bevölkerungsgruppen

Buschmänner

Schon vor 12 000 bis 15 000 Jahren scheinen Buschmänner im Südlichen Afrika gelebt zu haben. Die Herkunft der pygmäenhaft kleinen, gelbhäutigen Menschen ist bis heute unbekannt. Sie sind keine Beziehung mit den Khu-Khun (= „Hottentotten"), Schwarzen oder Weißen eingegangen. Dazu war wahrscheinlich ihre Lebensweise zu unterschiedlich, denn seit jeher waren sie umherziehende Jäger, deren Lebensraum nie klar definiert war, sondern sich vielmehr den Naturgegebenheiten anpasste. Viele Felsmalereien – in Namibia, Südafrika und Botswana – sind Überbleibsel ihrer alten Kultur und legen Zeugnis von ihren Jagdzügen und von ihrer Tradition ab. Diese prähistorischen Kunstdokumente zeigen sehr naturalistisch dargestelltes Wild, während der Mensch zurücktritt und nur abstrakt, langbeinig, ohne Gesicht und Profil skizziert ist.

Jäger und Sammler

Felszeichnungen der San

Heute leben nur noch **ca. 55 000 Buschmänner** im Südlichen Afrika, bevorzugt in den Gebieten der Kalahari, an der Namibia, Botswana sowie Südafrika Anteil haben. Sie zogen sich hierher zurück, als ihnen nomadisierende Viehzüchter ins Gehege kamen, die bei der Suche nach neuen Weidegründen das Wild vertrieben und so den Buschmännern die natürliche Nahrungsgrundlage raubten. Die Buschmänner wurden immer weiter in unzugängliche und unwirtliche Gebiete zurückgedrängt, wo sie z.T. heute noch mit steinzeitlichen Werkzeugen jagen und in großem Einklang mit dem Rhythmus der Natur leben. Sie können u.a. tagelang ohne Nahrung und Wasser auskommen.

Khu-Khun

Dieses Volk bezeichnen die Weißen oft als „Hottentotten". Doch dieser Ausdruck ist nicht korrekt, da er nicht aus der eigenen Sprache dieses Volkes stammt. Die präzisere und mittlerweile auch im wissenschaftlichen Bereich verwendete Bezeichnung lautet „Khu-Khun", was soviel bedeutet wie „Mensch-Menschen" oder „die eigentlichen, wahren Menschen".

Die Khu-Khun untergliedern sich in viele Untergruppen, von denen zwei im Südlichen Afrika leben:
① **Nama** (sie leben in Namibia)
② **Orlam** (sie haben ihre Heimat im Gebiet der Republik Südafrika)

5. Gesellschaft: Bevölkerung

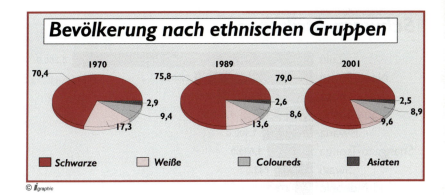

Die Khu-Khun haben gewisse Ähnlichkeiten mit den Buschmännern, auch ihnen ist eine helle, aprikosenfarbene Haut eigen. Ihre Ursprungsheimat vermutet man im Nordosten Afrikas. Manche Forscher meinen, dass dieses Volk aus einer Vermischung von Buschmännern und Hamitisch sprechenden Hirtenvölkern hervorgegangen ist. Diese Hypothese wird vor allem durch sprachliche Gemeinsamkeiten untermauert: Im heutigen Tansania werden Klicklaut-Sprachen gesprochen, die gewisse Ähnlichkeiten in Grammatik und Wortstamm aufweisen.

Ursprung aus Nordafrika

Als die Weißen ans Kap kamen, lebten die Orlam als Viehzüchter. Die ersten Siedler beschrieben sie als Menschen von mittelgroßer Statur und schlitzartigen Augen; weiter fielen sie durch ein ausgeprägtes Becken auf. Von Beginn an waren sie kooperationsbereit, doch gerade dadurch büßten sie ihre Identität ein und wurden von Mischlingen, Malaien und Schwarzen absorbiert. Heute leben in Südafrika keine ursprünglichen Orlam mehr. Den verwandten Stamm der Nama trifft man jedoch auch heute noch in Namibia an.

Schwarz-Afrikaner

Vom 16. bis 19. Jahrhundert sind viele schwarzafrikanische Stämme aus den Gebieten um die Großen Seen auf der Suche nach neuen Weidegründen in den südlichen Teil des Kontinents hineingewandert. Die Gründe für ihren Wegzug können nur vermutet werden: Vielleicht mussten sie wegen Stammesfehden in andere Gebiete ziehen, oder das zu beweidende Land wurde aufgrund steigenden Bevölkerungsdrucks und längerer Dürren zu klein, um alle versorgen zu können.

Die Schwarzen in Südafrika stellen keinen homogenen Bevölkerungsblock dar, sondern unterscheiden sich sehr stark voneinander. Insgesamt werden sie in acht große Hauptgruppen gegliedert, die jedoch auch kei-

Ndebele

5. Gesellschaft: Bevölkerung

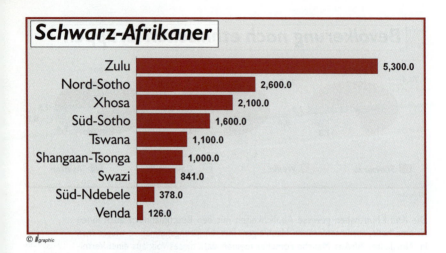

Schwarz-Afrikaner

Volk	Anzahl
Zulu	5,300.0
Nord-Sotho	2,600.0
Xhosa	2,100.0
Süd-Sotho	1,600.0
Tswana	1,100.0
Shangaan-Tsonga	1,000.0
Swazi	841.0
Süd-Ndebele	378.0
Venda	126.0

© Igraphic

Zulu-Frau beim Flechten

neswegs homogen sind. (Bei den Zulu gibt es alleine ca. verschiedene 200 Stämme!) Von der Bantu sprechenden Bevölkerung sind etwa 10 Mio. Zulu, 7,3 Mio. Xhosa, und ca. 0,5 Mio. Ndebele.

Da die Stammesgebiete nicht mit den heutigen Staatsgrenzen Südafrikas identisch sind, leben Teile der Stämme auch in den angrenzenden Ländern. So kommen jährlich Hunderttausende von Schwarzafrikanern nach Südafrika, um als „Gastarbeiter" für eine begrenzte Zeit ein Arbeitsverhältnis einzugehen:
• Sie schließen Arbeitsverträge mit Anwerbern der großen Minengesellschaften.
• Oder sie werden von ihren Regierungen förmlich „vermietet", was ihrem Heimatland Devisen einbringt.
Nach Ablauf der stets befristeten Arbeitsverträge versuchen viele, neue Verträge zu bekommen, wenn ihnen das nicht gelingt, bleiben sie oft illegal in Südafrika.

Coloureds (Mischlinge)

Ihr Ursprung reicht in die Zeit der Holländer zurück. Die Vorfahren der Mischlinge sind zum größten Teil Khu-Khun (=„Hottentotten"), also Angehörige der Orlam, aber auch Buschmänner, schwarze Sklaven aus Westafrika, Malaien, Angehörige der verschiedenen schwarzafrikanischen Stämme, Inder und Europäer. Man unterscheidet bei ihnen drei Gruppen: Die **Kapmischlinge** und die **Griquas** wohnen im nordwestlichen und nordöstlichen Teil des Kaplandes und haben überwiegend Orlam und Europäer als Vorfahren. Die **Kapmalaien** stammen von islamischen Volksgruppen ab, die von der Ost-Indischen-Gesellschaft hierher gebracht wurden. Ihre Zahl beträgt heute ca. 150 000, und sie leben meist in den Malaienvierteln Kapstadts und auf der Kaphalbinsel. Sie sind sehr traditionsbewusst und pflegen heute noch ihre alten Sitten und Gebräuche.

Die meisten Coloureds (75 %) leben in der Stadt, und zu 80 % sprechen sie als erste Sprache Afrikaans.

Asiaten

In Südafrika gibt es heute ca. 900 000 Inder und 9 000 bis 10 000 Chinesen. Bei den Indern handelt es sich um die größte Gruppe, die außerhalb Indiens und Pakistans lebt. Sie kamen in zwei Wellen ins Land:

Traditionsbewusste Kapmalaien

❶ Als **Zuckerrohrarbeiter**
wurden ab 1860 indische Vertragsarbeiter in Süd- und Ostindien für die Zuckerrohrfelder in Natal angeworben. Es handelt sich um Angehörige der untersten Kasten, wobei die meisten aus der Schicht der Unberührbaren (Parias) kamen. Die Mehrheit der angekommenen Inder waren Hindus, die Fünfjahres-Arbeitsverträge erhielten. Danach gab es für sie folgende Wahlmöglichkeiten:
- sie konnten ihren Vertrag verlängern,
- sie konnten auf Regierungskosten in ihre Heimat zurückkehren, oder
- sie erhielten Land in KwaZulu-Natal im Werte ihrer Rückpassage.

Die meisten entschieden sich für die Möglichkeit, Land zu erhalten, da ihnen die Lebensumstände in Natal mehr zusagten als in ihrer indischen Heimat. Die in Südafrika verbliebenen Inder gingen in der Folgezeit ihrer bisherigen Tätigkeit nach und bearbeiteten das ihnen übergebene Land.

❷ Als „**Passage-Inder**",
die ihre Überfahrt selbst bezahlten. Als britische Staatsangehörige konnten sie frei reisen und wollten in KwaZulu-Natal gewerblich tätig werden. Die meisten dieser Inder waren Moslems, die entweder auf Plantagen arbeiteten oder sich als Geschäftsleute niederließen. Von KwaZulu-Natal aus zogen sie als Händler, Handwerker oder Geschäftsleute nach Gauteng und in die Kapprovinz. Im Zuge des „Goldrausches" am Witwatersrand eröffneten viele dort ihre Geschäfte. Ihre Verdienstspanne war stets niedriger als die der Weißen, so dass die weniger verdienenden Schwarzen ihre Hauptkundschaft bildeten. 20 % der heutigen südafrikanischen Inder sind Nachfahren jener „Passage-Inder".

Die kulturelle Eigenständigkeit der **indischen Bevölkerung** in Durban (Natal) und auch in den übrigen Städten wird besonders sichtbar in den Moscheen,

Tempeln und zu einem kleinen Teil in Kirchen. Etwa 70 % der indischen Bevölkerung sind Hindu, 20 % Moslems und 10 % Christen, die aus der ehemaligen portugiesischen Besitzung Goa stammen.

Weiße

Die meisten Weißen sind Nachfahren holländischer, französischer, britischer und deutscher Siedler. Etwa 55 % von ihnen sprechen zu Hause Afrikaans, der Rest Englisch. Doch praktisch alle verstehen beide Sprachen.

Die Afrikaans Sprechenden bezeichnet man auch als die **„Afrikaaner"**. Sie sprechen damit die jüngste der in Südafrika gesprochenen Sprachen. Diese „Afrikaaner" setzen sich von ihrer Abstammung her wie folgt zusammen: 40 % aus Holländern, 40 % aus Deutschen, 7,5 % aus Franzosen und 7,5 % aus Engländern. Der Rest verteilt sich auf andere europäische Nationen.

Die meisten **„Buren"** (= Nachkommen deutscher und niederländischer Siedler) lebten ursprünglich auf dem Lande, und sie und ihre Vorfahren haben die südafrikanische Landwirtschaft in ihrer heutigen Form aufgebaut. Doch heute wohnen sie zu 70 % in städtischen Regionen.

Die Englisch Sprechenden waren dagegen von Anfang an eher „Stadtmenschen" und prägten deshalb entscheidend das architektonische und soziale Leben der Städte. Ihr Tätigkeitsfeld war die Wirtschaft, insbesondere der Handel und die Industrie. Es waren vor allem Englisch sprechende Geschäftsleute, die sich im südafrikanischen Bergbau engagierten und damit die großen Eckpfeiler des Wohlstands setzten.

> **INFO** ## Die Rolle der deutschsprachigen Südafrikaner
>
> **Die deutschen Beziehungen mit Südafrika begannen vor 340 Jahren**, zu Zeiten der Niederländisch-Ostindischen Gesellschaft. Bereits 1652 waren zwei Deutsche – Paulus Petkauw aus Leipzig und Wilhelm Müller aus Frankfurt am Main – Mitglieder des politischen Rates Jan van Riebeecks, des ersten Gouverneurs am Kap der Guten Hoffnung. 1662 wurde der Deutsche Zacharias Wagenaar (Wagner) aus Dresden Nachfolger Jan van Riebeecks als Gouverneur. Unter den deutschen Befehlshabern der Kapgarnison befanden sich Männer wie Johannes Thenius, Ludwig Warnecke und Tobias Rönnenkamp. Der als Held gefeierte Wolraad Woltemade, der im Januar 1773 bei der Rettung Schiffbrüchiger von der gestrandeten „Jonge Thomas" ertrank, war ebenfalls Deutscher.
>
> Unter den ersten neun Freibürgern, die 1657 am Kap Land erwarben, um eine eigene Landwirtschaft aufzubauen, waren drei Deutsche. Später sollten Deutsche wie Philip Morkel auf „Onverwacht", Henning Hüsing auf „Meerlust" und Johannes Höffke auf

„Welgelegen" wesentlich zur Entwicklung des Weinbaus am Kap beitragen. Carl Georg Wieder war einst Eigentümer von „Groot Constantia", der berühmtesten Weinfarm am Kap.

Unter den Deutschen, die zum Kap auswanderten, waren nicht nur Farmer, sondern auch Baumeister, Landvermesser, Lehrer, Kupferschmiede, Hufschmiede, Müller, Bäcker, Apotheker und Wissenschaftler. Von den 422 Soldaten, die 1761 zur Verteidigung des Kaps in Diensten standen, waren 24 Niederländer und 398 Deutsche. Wilhelm Müller und Hieronymus Cruse übernahmen die Führung bei der Erforschung des Binnenlandes.

Paul Herman, Heinrich Claudius und Johann Auge gehörten zu den ersten Wissenschaftlern, die in Südafrika Pflanzen sammelten und botanische Studien betrieben. Unter den deutschen Landvermessern waren Karl Wentzel, der die Beutler-Expedition begleitete, und Hendrik Hop, der während der Expedition nach Namaqualand Tagebuch führte.

Deutsche Missionsgesellschaften (Herrnhuter, Rheinische Berliner, Hermannsburger) engagierten sich besonders beim Zivilisationsprozess. Sie bauten im Laufe der Jahre zwei Dutzend Schulen, von denen manche heute noch bestehen.

Neben ihrem Beitrag zur Bildung haben die deutschen Missionare wirkliche Pionierarbeit geleistet und Wesentliches geleistet: zum Beispiel Ewald Esselen als Rechtsgelehrter, Dr. Louis Leipoldt als bekannter afrikaanser Dichter und Schriftsteller, Dr. Hans Merensky als wohl bedeutendster Geologe Südafrikas, Dr. Theo Dönges als Finanzminister, Dr. Theo Schumann als Präsident der Südafrikanischen Akademie für Wissenschaft und Kunst und Dr. E. H. D. Arndt als Nationalökonom von hohem Ansehen.

Unter den bildenden Künstlern findet man Namen wie Erich Mayer, Irma Stern, Maggie Laubser und Elly Holm. Deutsche Ingenieure waren am Bau großer südafrikanischer Unternehmen wie ISCOR, ESCOM und SASOL beteiligt. Bei der Gewinnung der unermesslichen Bodenschätze Südafrikas steht der Name **Ernest Oppenheimer** an erster Stelle. Sir Ernest stammte aus Friedberg in Hessen und gründete die „Anglo American Corporation", heute ein Weltkonzern.

Einen Wermutstropfen gibt es allerdings in den engen Beziehungen zwischen Südafrika und Deutschland: Transnational agierende Unternehmen haben jahrzehntelang mit dem südafrikanischen Apartheid-Regime kollaboriert. Dabei waren Verstöße gegen UN-Sanktionen ebenso an der Tagesordnung wie Verletzungen humanitärer Normen. Nun, 10 Jahre nach Ende der Apartheid, werden in den USA die ersten Prozesse der Apartheidopfer auch gegen deutsche Unternehmen angestrengt.

Die sozioökonomische Struktur

Die recht unterschiedliche Bevölkerungsstruktur Südafrikas spiegelt sich leider immer noch in ihrer sozioökonomischen Struktur wider. Zu lange hatte die Apartheidgesetzgebung den Rahmen der Bildung und Ausbildung, der Erwerbstätigkeit sowie des Einkommens beeinflusst: Daher entsprechen bestimmte soziokulturelle Gruppen immer noch bestimmten Berufs- und Einkommensgruppen.

Armut ist inzwischen aber auch in einem nicht unerheblichen Maß und Umfang bei der weißen Bevölkerung eingekehrt. Wie in der Zeit der großen Weltwirtschaftskrise zu Beginn der 1930er Jahre wurde das Problem der **„Poor Whites"** wieder akut. Die Zahl der weißen Arbeitsuchenden und der sozialen Randgruppen (Clochards, Bettler) ist stark angestiegen. Das lange Warten auf einfache und kurzfristige Lohnarbeiten (Hausarbeiten, Botengänge) wird in Kauf genommen.

Armut ist allgegenwärtig

Neue Arbeitsgesetze wurden geschaffen, um die Benachteiligung der Schwarzen und Farbigen in der Vergangenheit auszugleichen. Die beiden wichtigsten Gesetze sind der **„employment equity act"** 1998 und der **„equality act"** aus dem Jahr 2000, die dafür sorgen sollen, dass Arbeitgeber eine „demographische Proportionalität" in der Arbeitnehmerschaft schaffen. Es wurden dabei keine festen Quoten vorgegeben, sondern von den Arbeitgebern wird erwartet, eigene Ziele zu setzen und die Regierung über die Erfolge zu informieren. Diese Politik soll dazu führen, dass die Arbeitnehmerschaft bis zum Jahr 2005 zu einem Spiegel der Gesellschaft geworden ist und alle Bevölkerungsgruppen adäquat repräsentiert. Diese neuen Gesetze haben aber auch dazu geführt, dass es nun besonders für weiße männliche Arbeitnehmer trotz sehr guter Qualifikation schwierig geworden ist, einen Job zu finden, und viele verlassen deshalb das Land. Offizielle Statistiken belegen, dass etwa 20 % der weißen Universitätsabgänger auf der Suche nach besseren Arbeitsmarktbedingungen auswandern. Die Dunkelziffer wird noch viel höher geschätzt, da viele der Auswanderer, dies bei der Ausreise nicht angeben, sondern sich einfach ins Flugzeug setzen.

Abwanderung von weißen Arbeitskräften

Das Muster der Ungleichheit ändert sich. Die Kluft zwischen Reich und Arm wächst weiter, doch es ist nicht mehr nur eine Kluft zwischen den Hautfarben. Weder Reichtum noch Armut kann heute allein auf die Hautfarbe zurückgeführt werden.

Die soziale Not ließ auch die Zahl der kriminellen **Delikte** landesweit rasch ansteigen. Durch gesicherte Wohnhaus- und Gebäudeeingänge, Alarmanlagen und durch Einsatz eines privaten Wachdienstes versucht man sich ihnen möglichst zu entziehen. Inzwischen gehören diese Einrichtungen zum Alltag, wie in vielen Städten Amerikas und Europas.

Auch im Bereich der Bildung und Ausbildung vollzog und vollzieht sich ein bedeutender **Ausgleichsprozess**. Die Ausgaben für das staatliche Schulwesen der Schwarzafrikaner sind gestiegen. Der Schulbesuch wurde durch die schrittweise Einführung der Schulpflicht gesteigert.. Der Zugang zu allen Universitäten ist nun für alle Bevölkerungsgruppen offen. Der Stand der Ausstattung in den einzelnen Schultypen bleibt allerdings recht unterschiedlich. Eine besondere Stellung nehmen weiterhin die zahlreichen privaten Schulen und Ausbildungsstätten ein. Ihre ideologische Spannbreite reicht von einer erzkonservativen bis zu einer weltoffenen Lehrmeinung.

Der „informelle Sektor" ernährt viele Familien

Das **Bildungsbudget** wird einen hohen Anteil der jährlichen Haushaltsausgaben ausmachen. Vor allem ist an eine Ausbildung in Industrie- und Handwerksberufen gedacht, wo ein großer Nachholbedarf besteht und Einstellungen notwendig sind, sobald sich eine Besserung der allgemeinen Wirtschaftslage abzeichnet.

Neben der offiziellen Ein- und Auswanderung existiert seit Jahrzehnten eine starke **Arbeitsmigration** (Wanderarbeitertum) aus den übrigen afrikanischen Staaten. Die Wanderarbeiter besitzen keinen offiziellen Einwanderungsstatus, sondern gelten als temporäre Arbeitskräfte (Gastarbeiter), die nach Ablauf ihres Kontraktes (max. 2 Jahre) wieder in ihre Herkunftsländer zurückkehren müssen. Der Bargeldbedarf, die unterentwickelte Landwirtschaft oder die staatliche Besteuerungspolitik in der Heimat sind Motive für die Aufnahme einer Tätigkeit in Südafrika. Ein Überweisungsdienst sorgt dafür, dass ein Teil des Lohnes in die Heimatländer geschickt wird. Über 80 % dieser Kontrakt- oder Wanderarbeiter waren bzw. sind bei den Gold- und Diamantenminen beschäftigt, während nur 4 % in der Landwirtschaft und im verarbeitenden Gewerbe tätig sind. Seit Mitte der 1970er Jahre stammten die meisten Wanderarbeiter aus den Nachbarstaaten wie Lesotho, Swasiland und Moçambique und nicht mehr aus weiter entfernt liegenden Staaten. Neben den offiziell gemeldeten Wanderarbeitern halten sich schätzungsweise über 1 Mio. Arbeitsuchende illegal in Südafrika auf.

Arbeitsmigration

Das südafrikanische Populationsmuster weist Merkmale auf, die im Folgenden kurz aufgelistet werden:

① Es besteht ein deutlicher **Ost-West-Gegensatz**. Die trockenen westlichen Landesteile sind dünner besiedelt. Nur wenige Mittel- und Kleinstädte liegen hier wie Punkte in einem weiten und extensiv genutzten Farmland. Schüttere Busch-Strauch-Vegetation dominiert in der südlichen Kalahari und auf den Hochflächen der Karru.

5. Gesellschaft: Sozioökonomische Struktur

② Die Mehrzahl der Bevölkerung konzentriert sich auf **vier Ballungsräume**: Tshwane(Pretoria)-Johannesburg, Durban und Umland (Pinetown), Großraum Kapstadt und Port Elizabeth-Uitenhage.

Landflucht und Verstädterungsprozess

③ Die **Landflucht** aller Bevölkerungsteile in die vier Verdichtungsräume hält an.
④ Die ursprüngliche Tendenz der wirtschaftlich aktiven Bevölkerung, in die Hauptmetropole Pretoria-Johannesburg abzuwandern – zeitweise als „Zweiter Großer Trek" bezeichnet –, hat nur gering nachgelassen.
⑤ Die **Aufsiedlung** der von den Weißen aufgegebenen Gebiete im trockenen Binnenland durch Farbige und Schwarze geht ebenfalls weiter.
⑥ Die Zahl und Ausdehnung der Marginalsiedlungen (**Elendsviertel**) am Rande aller städtischen Siedlungen nahm seit Aufhebung der Zuzugskontrollen im Jahr 1986 **rapide** zu. Die Suche nach Arbeit ist das ausschlaggebende Motiv zur Abwanderung.
⑦ Der rasant verlaufende **Verstädterungsprozess**, der sich in ganz Afrika bemerkbar macht, ist auch in Südafrika ungebremst. Erscheinungen der „Dritten Welt" und der „Ersten Welt" liegen räumlich oft dicht beieinander.
⑧ Als spezifische Folge des starken wirtschaftlichen und infrastrukturellen Gefälles zwischen dem Kernraum Tshwane (Pretoria)-Johannesburg (Gauteng) und den peripheren Räumen im Südlichen Afrika existiert weiterhin das internationale **Wanderarbeitertum**.

Familienplanungs-Programme und AIDS-Aufklärung

Amtliche Bevölkerungsvorausschätzungen (u.a. von UNO und Weltbank) gingen von einem weiteren hohen natürlichen Bevölkerungswachstum in den nächsten Jahren aus, wobei die schwarze Bevölkerung am stärksten zunehmen würde. Doch die hohe Infektionsrate von HIV/AIDS hat diese Prognosen null und nichtig werden lassen. Pro Jahr sterben fast eine halbe Millionen Menschen an der Krankheit, und die Auswirkungen auf das Bevölkerungswachstum sind noch nicht absehbar, sie werden jedoch mit Sicherheit gewaltig sein. Es wird geschätzt, dass bis zum Jahr 2010 bis zu 7 Millionen Menschen an der Krankheit sterben werden.

Zunächst ist es daher von grundlegender Bedeutung, die Programme sowohl zur Familienplanung als auch zur AIDS-Aufklärung zu realisieren. Daneben muss aber vor allem auch eine entscheidende Verbesserung der Lebensverhältnisse für weite Teile der schwarzen Bevölkerung erreicht werden.

Städte und Zentren in Südafrika

Allgemein

Heute lebt über 60 % der gesamten Bevölkerung Südafrikas in Städten. Es bestehen aber erhebliche Unterschiede im Urbanisierungsgrad bei den einzelnen Bevölkerungsgruppen. Den höchsten Anteil haben Inder und Weiße (über 90 %), während die schwarze Bevölkerung noch knapp unterhalb des Gesamtdurchschnitts liegt (57 %). Mit etwa 80 % ist der **Verstädterungsgrad** der Farbigen ebenfalls noch deutlich höher als der gegenwärtige Mittelwert. Der Anteil der schwarzen Bevölkerung in den Städten wächst aber rapide, da die regulierenden Zuzugsbestimmungen bereits 1986 abgeschafft wurden. Die Hoffnung, hier Arbeit zu finden, wird nicht aufgegeben.

Zunehmende Urbanisierung

Der Großraum Johannesburg – Tshwane (Pretoria)

Das bedeutendste städtische und wirtschaftliche Zentrum des Landes sowie des gesamten Südlichen Afrika befindet sich in der Provinz Gauteng mit Johannesburg als Kernstadt, dicht gefolgt von Tshwane (Pretoria). 2001 lebten in diesem Großraum 2,6 Mio. Einwohner. Es wird nicht mehr lange dauern, bis beide Stadtregionen völlig zusammengewachsen sind. Die städtische Siedlung Midrand nahe der Autobahn Johannesburg – Tshwane (Pretoria) bildet hierfür das jüngste Beispiel. Der Reisende erkennt diesen Prozess am ehesten auf der Fahrt vom Johannesburg International Airport nach Tshwane (Pretoria).

Die Provinz Gauteng umfasst Johannesburg, das seit Jahren in der Hierarchie der Städte einen **Weltrang** einnimmt, und die Städte, nebst (Gold-) Bergwerken, Industrien und Verkehrsanlagen, die sich hier im Laufe der letzten 100 Jahre entwickelt haben. Sie sind inzwischen zur interessantesten „Conurbation" des gesamten afrikanischen Kontinents herangewachsen. Die natürliche Leitlinie dieser bandförmigen und mehrkernigen Städteballung waren die Gold und Uran führenden geologischen Schichten des Witwatersrand-Systems. Alle städtischen Siedlungen in diesem **„Goldenen Bogen" (Golden Arch)**, einschließlich der Millionenstadt Johannesburg, sind aus Goldgräbercamps entstanden und wuchsen zu bedeutenden Bergbau-, Industrie- und Dienstleistungszentren heran.

„Conurbation" – Städteballung

Wie in allen Großstädten der Erde präsentieren sich auch hier **expandierende Citybereiche**, die durch moderne Bürohochhäuser, Fußgängerzonen, Einkaufs-Passagen und -zentren (Malls) gekennzeichnet sind. Die Probleme des Individualverkehrs versucht man durch ein

Im Zentrum von Johannesburg

Die bekannteste Township: Soweto

Einbahnstraßensystem und mit Mitteln der Verkehrsberuhigung zu lösen.

In den **Außenzonen** des Verdichtungsraumes Gauteng befinden sich die meisten der nach dem Zweiten Weltkrieg gegründeten „Townships", die ausschließlich für die nichtweiße Bevölkerung gedacht waren und mit Satellitenstädten oder Schlafstädten zu vergleichen sind. Die meisten entstanden im Zuge von umfangreichen städtischen Sanierungsmaßnahmen, durch die vor allem die räumliche Apartheid umgesetzt wurde: Schwarze, die als Arbeitskräfte in den Ballungsräumen gebraucht wurden, sollten nicht mehr im Stadtkern wohnen, sondern am fernen Stadtrand konzentriert werden. Den Bewohnern wurde kein Dauerwohnrecht zuerkannt, sondern sie sollten wie die Kontraktarbeiter nach Erfüllung ihres Arbeitsauftrags wieder in die „Homelands" zurückkehren. Besonders durch die starke Überbevölkerung wurden viele „Townships" zu Elendsvierteln. Die größte und bekannteste „Township", das heutige **SOWETO** (Southwestern Township), wurde 1976 durch die dortigen Demonstrationen zum ersten Mal weltbekannt.

Visionen

Das „Johannesburg City Council" hat einen visionären Plan für die Zukunft der Region eingeführt, der die Wirtschaft und Geographie nachhaltig verändern und die Region zu einem Geschäftszentrum der Weltklasse machen soll. Der Plan „Jo'burg 2030" sieht vor, Investitionen anzutreiben, das wirtschaftliche Wachstum anzukurbeln und die Lebensqualität aller Einwohner zu erhöhen.

Die wirtschaftliche Landschaft, so wird geschätzt, wird in Zukunft nicht mehr von Bergbau und Industrie, sondern von Dienstleistung und Service geprägt sein. Die Schwerpunkte sollen auf den Handel, das Finanzwesen, das Transportwesen, die Informations- und Kommunikationstechnologie und den „Wirtschaftstourismus" verlagert werden. Der Schlüssel für die Umsetzung dieses Plans wird sicher die Überwindung zweier großer Hürden sein: die hohe Kriminalität und das Fehlen qualifizierter Arbeitskräfte. Die Bekämpfung von Armut und der damit verbundenen Kriminalität und die Aus- und Weiterbildung der Menschen, um die Kluft zwischen der Nachfrage der Wirtschaft und dem Angebot auf dem Arbeitsmarkt zu schließen, werden daher die wichtigsten Ziele in den nächsten Jahren sein.

Der Großraum Kapstadt

Kapstadt hat seit seiner Gründung (1652) seine primäre Funktion als Hafen beibehalten. Durch seine **extrem günstige geographische Lage** zählt Kapstadt heute noch zu den bedeutendsten Seehäfen der Welt. Gleichzeitig wuchs die Stadt bereits wenige Jahrzehnte nach ihrer Gründung zu einem wichtigen

Handels-, Banken- und Versicherungszentrum heran.

Um den Mangel an Baugrund für eine Cityerweiterung (Neuanlage von Büro-Hochbauten) zu beheben, wurden insgesamt 114 ha Land im Innenbereich der Tafelbucht (Foreshore-Ground) im Zuge der Hafenumbauten und -erweiterungen aufgeschüttet. Die älteren Hafenanlagen, insbesondere das Victoria Bassin, haben eine große Umwandlung erfahren. Dort ist ein modern ge-

Waterfront in Kapstadt

staltetes und großzügig ausgebautes **Freizeit- und Vergnügungsviertel** (Waterfront) mit einem vielfältigen touristischen Angebot entstanden, das den nationalen und internationalen Fremdenverkehr in Kapstadt selbst enorm gefördert hat und zu einer der Hauptattraktionen des Landes geworden ist. Jeden Abend füllen sich die Restaurants und Bars mit einem bunten Publikum. Man bevorzugt die Plätze unter den alten Gaslaternen, verzehrt frisch gefangene Fische und trinkt Kapwein. Und es wird weiter gebaut: Ein Kanal soll die Waterfront mit der Innenstadt verbinden, großzügige Wohnanlagen und Bürogebäude und nicht zuletzt das neue internationale Konferenzzentrum sollen die Wirtschaft der Stadt weiter ankurbeln und Kapstadt auch zum wirtschaftlichen Mekka werden lassen.

Moderne Stadt am Tafelberg

Kapstadt bietet aber auch noch ein Beispiel für die räumliche Umsetzung des „Group Area Act". Wie alle Großstädte im neuen Südafrika hat auch Kapstadt eine „multiracial" City, ein **innerstädtisches Zentrum**, das von allen Bevölkerungsgruppen wahrgenommen wird. Die liberale Einstellung der Kapstädter war immer bekannt. Moderne Zweckbauten, durchsetzt mit historisch interessanten Gebäuden und Grünanlagen nahe der Achse Heerengracht – Adderleystreet oder vor dem herrlichen Panorama des Tafelberges gelegen, verleihen der ältesten Stadt Südafrikas weiterhin ein charakteristisches Gepräge.

...eine der schönsten Städte der Welt

Die ursprünglich zwischen dem frühen Industriegebiet und der City gelegenen Wohnbereiche der Farbigen, Inder und wenigen Weißen (District Six) wurden bereits vor Jahren aufgelöst und sollten ursprünglich einer Cityerweiterung dienen. Diese und andere Pläne wurden aber nicht umgesetzt; das Gelände blieb unbebaut. Heute setzt sich die Stadtplanung hier für die Errichtung von Wohnbauten ein, die den neuzeitlichen Erfordernissen eher entsprechen.

Mittelständische Wohngebiete und Villen prägen heute die Fußregion des Tafelberges, in der Luftlinie wenige Kilometer von den dicht bevölkerten Cape Flats entfernt. Es sind die Wohngebiete hoher Beamter, Wissenschaftler oder Künstler. Die verschiedenen Wohnviertel von Sea Point bis Camps Bay sind mit Apartmenthäusern durchsetzt. In Sea Point selbst findet man viele Hotelbauten; ein Zeichen dafür, dass Kapstadt auch ein bekanntes und beliebtes Seebad ist und vielen Ruheständlern als Alterssitz dient.

Durban und das Umland

Wie in Kapstadt wurde auch in Durban die **Gunst des Hafens** in einer geschützten Bucht zum ausschlaggebenden Standortfaktor für die Anlage einer städtischen Siedlung.

Im Rahmen von Dezentralisierungsmaßnahmen entstanden in den 1960er Jahren nach mehreren Umsiedlungsaktionen zunächst die schwarzen **„Townships"** Kwa-Mashu im Norden und Umlazi im Südosten. Auch der indischen Bevölkerung wurden getrennte Wohngebiete zugewiesen – z.B. Chatsworth, Isipingo und Phoenix –, nachdem es zu Auseinandersetzungen mit den Zulus gekommen war (Cato Manor). Von allen „Townships" gehen täglich zahlreiche Pendlerströme nicht nur zu den Betrieben bis in den Raum Pinetown und zu den Hafenanlagen, sondern auch zur Innenstadt. Arbeitsuchende aus den ländlichen Bezirken wandern immer noch in verstärktem Maße zu und führten bereits vor Jahren zu einer Überbelegung in den bestehenden peripheren Wohngebieten sowie zur Ausbildung von Marginalsiedlungen (Squattercamps).

Entlang den beiden parallel verlaufenden Verkehrsachsen Smith- und Weststreet befindet sich heute die City, der Haupteinkaufsbereich. Viktorianische Architektur zeigen nur noch wenige Gebäude (Post, Rathaus). Es dominieren hohe Hotelbauten an der verkehrsberuhigten Seefront (Golden Mile) mit Vergnügungs- und Freizeiteinrichtungen und zahlreiche Apartmenthäuser (Ferien- und Alterssitze) in einer zweiten Bauzeile sowie Mehrzweckbauten im Hafenbereich.

Die „Goldene Meile"

Ein typisches Merkmal der City von Durban ist aber das Nebeneinander zweier Zentren: das europäische und das indische. Beide Zentren bestehen seit Jahrzehnten und wurden von der städtischen Apartheidgesetzgebung nicht getrennt. Vielmehr erhielten sie Neubauten, oder ältere Baueinheiten (Betriebshallen) bekamen neue Funktionen, z.B. „The Workshop" als Einkaufszentrum. Für viele Touristen ist es ein lohnendes Ziel, Durban als das bedeutendste Inderzentrum in Afrika kennen zu lernen.

Zentrum der indischen Bevölkerung

Eine wichtige Funktion übt die Stadt auch im **kulturellen Bereich** aus. Sie ist Sitz bedeutender Bibliotheken, Museen und zweier Universitäten.

Das randtropische Klima ließ Durban auch zum größten und preisgünstigsten **Ferienzentrum** in Südafrika und zum Kern der Touristenregion KwaZulu-Natal werden. Die ausgebauten Nationalstraßen – die N3, welche vom Binnenland über Ladysmith, und Howick nach Pietermaritzburg führt, sowie die N2, die parallel zur Küste nach Norden und Süden verläuft – ermöglichen den Touristen eine schnelle und bequeme Anfahrt. Zahlreiche Badeorte am Indischen Ozean und ausgewählte Plätze im Bereich der Randstufe, einschließlich der Nationalparks, liefern ein breit gefächertes touristisches Angebot.

Weitere Städte im Überblick

Wegen der „Hafenkonkurrenz" an der 1 800 km langen Küste zwischen Durban und Kapstadt und der wirtschaftlichen Rückständigkeit des Hinterlandes konnten nur wenige weitere größere Hafenstädte entstehen. Zu nennen sind lediglich **Buffalo City/East London** und die **Nelson-Mandela-Metropole/Port Elizabeth**. Der Hafen besitzt ein weit reichendes Hinterland. Erze aus Zaire und der nördlichen Kapprovinz sowie Kupfer aus Sambia werden hier umgeschlagen.

Buffalo City/East London ist der einzige Flusshafen Südafrikas und befindet sich in einer verkehrsgeographischen Abseitslage, trotz erheblicher staatlicher Stützungsmaßnahmen und Investitionen in die angesiedelte Verbrauchsgüterindustrie. Die Konkurrenz durch die beiden großen Hafen- und Industriestädte ist zu groß. Große Hoffnungen legt man weiterhin auf das neue integrierende Regional-Entwicklungsprogramm, das auch umfassendere Fördermaßnahmen in den Gebieten der ehemaligen Ciskei und Transkei enthält.

Fördermaßnahmen

Einen sehr großen Einfluss auf die Wirtschaft der gesamten Region wird der Bau des 12 000 ha großen Industriegebietes inklusive eines neuen Tiefseehafens in Coega, 20 km östlich von Port Elizabeth, haben. Die erste Bauphase des neuen Hafens Ngqura hat bereits begonnen und soll im Jahr 2005 abgeschlossen sein, die Entwicklung des gesamten Gebietes wird sich aber über die nächsten Jahrzehnte erstrecken. Pro Jahr werden 500 Millionen Rand in die Entwicklung investiert und neben 50 000 Arbeitsplätzen in der Bauphase sollen insgesamt 20 000 permanente Arbeitsplätze geschaffen werden.

Die meisten städtischen Siedlungen in Südafrika sind Mittel- und Kleinstädte, meist Verwaltungs- und Handelszentren in den Farmgebieten (Distriktorte). Kleinere Industriebetriebe verarbeiten hier die landwirtschaftlichen Produkte. Auch in den Kleinstädten (Farmzentren) gibt es Banken, Geschäfte für den kurzfristigen Bedarf und Tankstellen mit Reparaturmöglichkeiten in der Ortsmitte. Durch den Ausbau des Straßenverkehrswesens besitzen die meisten von ihnen auch Übernachtungsmöglichkeiten (Hotel, Campingplatz).

Zentrale Orte mittlerer und unterster Stufe entwickelten sich auch in den ehemaligen „Homelands". Im Vergleich zu den Orten im alten weißen Farmland bestehen hier noch sozialökonomische Unterschiede. Erst langsam werden diese Klein- und Mittelstädte aufgewertet und ausgebaut.

Afrika erleben?

Sie möchten Interessantes über die Länder des Südlichen Afrika erfahren?

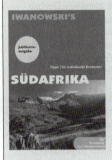  

Sie wollen Südafrika kennen lernen? Das **Reise-Handbuch Südafrika** bietet Ihnen auf über 800 Seiten alles Wissenswerte über Südafrika als Ganzes – ein echtes Infoschwergewicht. Wenn Sie Lust haben auf Tierparadiese und faszinierende Landschaften, dann sind Zambia und Botswana Ihr Reiseland und die **Reisehandbücher Zambia** und **Botswana** die dazugehörigen Reiseführer.

Reise-Handbuch Südafrika, ca. 700 S., ISBN 3-923975-08-2, Euro 25,95
Reise-Handbuch Botswana, 480 S., ISBN, 3-923975-26-0, Euro 22,95
Reise-Handbuch Zambia, 680 S., ISBN, 3-933041-14-7 Euro 29,95
Reise-Handbuch Kapstadt m. Garden Route, ca. 700 S., ISBN 3-933041-09-0, Euro 25,95

  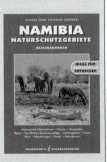

Für das nordwestliche Nachbarland Südafrikas haben wir gleich drei Titel im Programm: Das **Reise-Handbuch Namibia**, – der Klassiker unter den Individualführern dieser Region, das **Reise-Handbuch Naturschutzgebiete** und der **Gästefarmführer Namibia** – alle besonders gut geeignet für Individualisten!

Reise-Handbuch Namibia, ca. 700 S., ISBN 3-923975-19-8, Euro 25,95
Reise-Handbuch Naturschutzgebiete, 572 S., ISBN 3-923975-60-0, Euro 25,95
Gästefarmführer Namibia, 250 S., ISBN 3-933041-43-0, Euro 19,95

Südafrika ist ein facettenreiches Land. Neugier wecken nicht nur unterschiedlichsten Landschaften, sondern auch die **unterschiedlichen Kulturen**. Neben der weißen leben hier viele schwarze Bevölkerungsgruppen, wovon den größten Anteil unter ihnen die Zulus, Nord - Sothos, Xhosas und Süd - Sothos stellen. Das ethnische Kolorit wird durch asiatische Einwanderer ergänzt, vor allem der Inder in KwaZulu/Natal. Als Besucher werden Sie angenehm überrascht sein: Jede dieser Bevölkerungsgruppen wird Ihnen auf ihre Weise herzlich begegnen.

Südafrikas Strände sind berühmt für ihr sauberes Wasser und ihre Unberührtheit. An den Küsten des Indischen Ozeans fließt der warme Agulhas-Meeresstrom entlang und sorgt im Sommer für angenehme Badetemperaturen. An der Westküste dagegen fließt der kalte Benguela - Meeresstrom und macht ein Badevergnügen schwierig.

Kapstadts Lage zeichnet sich durch Berge und Meeresnähe aus. Stets weht eine Brise und sorgt für angenehme mediterrane Temperaturen. Die herrlichen Badebuchten wie hier **Clifton Beach** locken im Sommer die Kapstädter an. Surfer wissen den teilweise hohen Wellengang zu schätzen.

Die „Straußen-Hauptstadt" Südafrikas heißt **Oudtshoorn**. Seit 1865 züchtet man hier die größten Laufvögel der Welt. Die Vögel sind an das trockene Klima der Kleinen Karoo gewöhnt. Besucher erfahren auf den Straußenfarmen alles über die „seltsamen" Tiere und können sogar Straußeneier in Form eines Omeletts oder Straußensteaks probieren.

Die Weinanbaugebiete nordöstlich von Kapstadt produzieren hervorragende Kreszenzen. Die jahrhundertealte Weinkultur kann man zum Beispiel auf dem **Weingut Boschendal** genießen. Das alte, im kapholländischen Stil gebaute Herrenhaus, ist mit alten Möbeln ausgestattet und im Taphuis kann man lokale Weine probieren.

Johannesburg: Die Geschichte der Stadt begann 1886 durch Goldfunde. Aus der ehemals kleinen Siedlung entwickelte sich eine pulsierende Metropole. Besonders interessant ist ein Besuch Sowetos, dem „schwarzen" Teil der Stadt. Einen Kontrast dazu bildet das Shoppingparadies im nördlichen Stadtteil Sandton.

Durban ist die Stadt der Inder. Indische Restaurants und Märkte sorgen für ein buntes Lokalkolorit, während die ebenfalls hier lebenden KwaZulus einen merken lassen, dass man in Afrika ist: Ihre bunten Obst- und Gemüsestände wetteifern mit den indischen Angeboten.

Kapstadt zählt zu den am schönsten gelegenen Städten der Welt. Der majestätische Tafelberg, über 1.000 m hoch, signalisiert an klaren Tagen schon von 150 km Entfernung die Lage eines sicheren Hafens. Kapstadt präsentiert sich heute dem Besucher als kosmopolitisch geprägte Stadt mit einem sehr lebendigen kulturellen Leben.

Im **Ndebele Village** nördlich von Middelburg (Province Mpumalanga) sind die farbigen, mit abstrakten Mustern bemalten Hütten und Schutzwände sehenswert. Diese Kunst haben Ndebele-Frauen bis zur Perfektion entwickelt, und ihre Muster findet man heute auf Stoffen und Keramikgegenständen.

Pfeifen rauchende **Xhosa-Frauen** finden Sie auf Ihrer Reise sicherlich im Gebiet der ehemaligen Transkei, heute Eastern Province. Sie gehen traditionell allen Arbeiten, sowohl im Haus als auf dem Feld nach. Die meisten Männer arbeiten in entfernteren Gegenden, wo es mehr Arbeitsplätze als hier auf dem Land gibt.

Reiseimpressionen **135**

Viele Geschäfte und Märkte in Durban sind eindeutig indisch geprägt. Wunderschöne Stoffe, filigrane Figuren und Alabasterarbeiten, aber vor allem fremde Gewürze verlocken zum Einkauf. Neben dem Shopping begegnet man der **indischen Kultur** vor allem in den zahlreichen Restaurants, die hervorragende Curries anbieten.

Das Familienleben auf dem Lande ist stark ausgeprägt. Wie hier bei den **Basothos** lebt man gerne in Mehrgenerationen-Verbünden. Spielzeuge aus geflochtenem Draht werden so kunstvoll angefertigt, dass daraus ein wahrer Verkaufsmarkt geworden ist. Schwarze Kinder verkaufen gerne ihre kreativ gestalteten Fahrräder und Autos.

So vielfältig die Landschaften und deren lokales Klima in Südafrika sind, so vielfältig ist auch die **Pflanzenwelt**. Überall beweist die Flora erstaunliche Anpassungsleistungen: Sei es die Sukkulentenwelt in den Halbwüsten- und Savannenlandschaften, sei es die Welt der Fynbos im südwestlichen Kapland.

von oben nach unten:
Protea, Hibiskus, Seerose, Affenbrotbaum, Aloe, Kranischblume.

Reiseimpressionen **137**

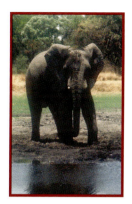

Die **Tierwelt** Südafrikas ist eines der Hauptmotive, das Land zu besuchen. In den vielen Nationalparks und privaten Wildschutzgebieten kann man auf Pirsch gehen. Und jeder Besucher möchte gerne die Big Five sehen:
Büffel, Elefant, Löwe, Leopard und Nashorn.
Das Flusspferd – Hippo – gehört zwar nicht zu den Big Five, hat aber wie diese keine natürlichen Feinde.

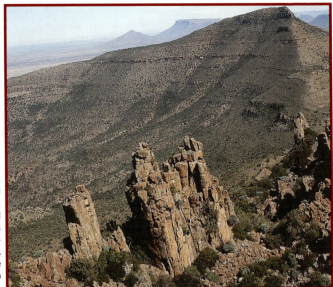

Das **Valley of Desolation** in der Nähe von Graaf-Reinet (Western Cape Province) ist ein imposantes Tal, das durch Verwitterungserosion entstanden ist. Dabei „zerplatzen" die Steine durch den schnellen Wechsel von warmer und kalter Luft bzw. Nässe und Trockenheit. Dies führt zu Ausdehnungsprozessen, denen die Steine nicht standhalten können.

Das **Kap der Guten Hoffnung** ist nicht – wie man oft meint – der südlichste Punkt des Kontinents, der weiter östlich liegt. Der Seefahrer Bartolomeu Diaz bezeichnet es als „Kap der Stürme", denn stets ist die See hier aufgewühlt. Dieser Teil der Kaphalbinsel ist heute Nationalparkgebiet.

Reiseimpressionen

Der malerische **Blyde River Canyon** ist eines der landschaftlichen Höhepunkte in Südafrika. Die spektakuläre Schlucht ist bis zu 1.400 m tief. Viele Wanderwege erschließen diese spektakuläre Landschaft.

Die Nataler **Drakensberge** sind das „Dach" Südafrikas, das Höhen bis über 4.000 m erreicht. Die imposante Basaltwand im Osten nennen die Zulus „Khahlamba", was soviel wie Barriere heißt. Tatsächlich befindet sich hier die Grenze Südafrikas zum Königreich Lesotho. Nur der Sani-Pass schafft einen Zugang zum Plateau.

Das Gebiet um St. Lucia (Province KwaZulu/Natal) ist eine flache Landschaft mit Lagunen, Küstenwäldern, Schilf und Mangroven. Hier im **St. Lucia Game Reserve** gibt es tolle Lebensbedingungen für Vögel, und an den Flussmündungen tummeln sich Krokodile. Pelikane, kaspische Seeschwalben, Ibisse und Störche erfreuen nicht nur Ornithologen.

Südafrika verfügt über jede Art von **Unterkünften**, Individualreisende erfreuen vor allem kleinere, „schnuckelige" Bed und Breakfast-Häuser und private Lodges in den Naturschutzgebieten. Für alle Ansprüche gibt es das richtige Angebot, Außergewöhnliches bietet z.B. das Golfhotel Zimbali, nördlich von Durban.

Reiseimpressionen **141**

Der **Tsitsikamma National Park** umfasst ein schmales Band von 80 km entlang der Steilküste am Indischen Ozean. Der Storms River durchschneidet diese spektakuläre Landschaft. Viele, auch mehrtägige Wanderwege erschließen die Unberührtheit. Und über die Schlucht des Storms River ist eine lange Hängebrücke gespannt.

Lesotho ist ein Königreich, das wie eine Insel von Südafrika umschlossen ist. Das Binnenhochland liegt 1.000 bis 2.000 m hoch. Es gibt bis 800 m tiefe Schluchten und Berge bis zu knapp 3.500 m Höhe. In diesem sehr ursprünglichen Land leben die meisten Menschen, die zur Gruppe der Sotho gehören, von der Landwirtschaft.

Auf dem Gebiet des ehemaligen „Homelands" **Transkei** leben vorwiegend Xhosa. Das sehr ursprüngliche Gebiet wird landwirtschaftlich genutzt. Viele Dörfer lassen den Reisenden mehr als in anderen Teilen Südafrikas spüren, dass er „wirklich in Afrika" ist.

Swasiland ist ein kleines Königreich, umschlossen von Südafrika und Moçambique. Hier findet der Reisende noch viel ursprüngliche afrikanische Lebensart vor, die sich in Siedlungen und auf lebendigen Märkten widerspiegelt. Die bergige Landschaft ist sehr reizvoll, und auf einer klassischen Rundreise ein „Muss".

Das Namaqualand ist ein sehr einsames, größtenteils trockenes Savannengebiet (Northern Cape Province). Im südafrikanischen Frühjahr, also Ende August/September, erblühen wunderschöne Wildblumen -„Teppiche", welche die Landschaft verzaubern. Hier und dort findet man noch ursprüngliche Nama-Hütten vor.

Der **kapholländische Stil** spiegelt die Architektur der ersten holländischen Siedler wider. Wie hier in Tulbagh gibt es wunderschöne Zeugnisse der baulichen Vergangenheit im gesamten südwestlichen Teil Südafrikas. Die Häuser zeichnen sich durch Einfachheit aus, sie sind symmetrisch angelegt und rundum „gemütlich". Der Baustil hat sich hier in einer spürbaren Harmonie mit der Landschaft entwickelt. Die dicken, verputzten Wände sind blütenweiß gestrichen und halten extreme Temperaturschwankungen fern.

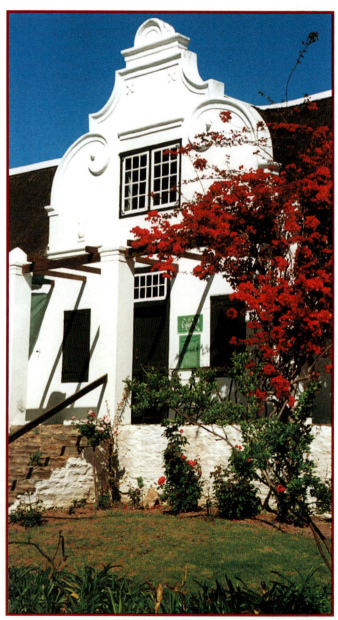

6. SÜDAFRIKA ALS REISELAND

Die Gelben Seiten werden regelmäßig aktualisiert, so dass sie auf dem neuesten Stand sind. In den Allgemeinen Reisetipps (ab S. 146) finden Sie – alphabetisch geordnet – reisepraktische Hinweise für die Vorbereitung Ihrer Reise und Ihren Aufenthalt in Südafrika. Die Regionalen Reisetipps (ab S. 207) geben Auskunft über Unterbringungsmöglichkeiten etc. in den ebenfalls alphabetisch geordneten Städten/Regionen.

News im Web: www.iwanowski.de

Allgemeine Reisetipps von A–Z

Adressen 146
Aktivurlaub 146
Alkohol 146
Apotheken 147
Ausdrücke 147
Auskunft 148
Auto fahren 148
Automobilclubs 149
Autoverleih 150
Badestrände 152
Banken 153
Bed and Breakfast 154
Behinderte 154
Benzin 154
Botschaften/
 Konsulate 154
Busreisen/
 Busverbindungen 155
Camper 156
Camping 157
Einkaufen 157
Einreise 158
Eintrittskarten 159
Elektrizität 159
Essen 159
Feiertage 162
Festivals 162
Flüge 163
Fotografieren 164
Fremdenverkehrsbüros
 (South African
 Tourism) 166
Geld 166
Gesundheit 167
Grenzübergänge 170
Impfungen 170
Informationen 170
Internet-Adressen 171
Jagd 172
Kartenmaterial 172
Kinder 172
Kleidung 172
Klima, Reisezeit 173
Krankenversicherung 174
Kriminalität 174
Literatur 174
Maße und Gewichte . 174
Mehrwertsteuer 174
Motorrad-Vermietung 175
Nationalparks 175
Notrufnummern 180
Öffnungszeiten 181
Post 181
Rauchen 181
Reiseleiter 181
Reiseveranstalter 181
Safari 182
Schiffsverbindungen .. 184
Schlangen 184
Schulferien 184
Schusswaffen 185
Sicherheit 185
South African Tourism
 (South African
 Tourism Board) 185
Sport 185
Sprachen 192
Sprachschulen 192
Tankstellen 192
Taxi 193
Telefonieren/
 Telekommunikation 193
Trinkgelder 195
Trinkwasser 196
Unterkünfte 196
Währung/Devisen 200
Wein(-anbaugebiete) 201
Wohnungs-/
 Haustausch 202
Zeit 202
Zoll 202
Zugverbindungen 203

6. Allgemeine Reisetipps von A–Z

A

⇨ **Adressen**

- **South African Tourism:**
  Beim südafrikanischen Fremdenverkehrsbüro South African Tourism (South African Tourism Board) erhalten Sie ausführliche Informationen.
  - **Deutschland:** South African Tourism, An der Hauptwache 11, D-60313 Frankfurt/Main, Service Tel.: 01805-722255 (0,12 €/min) Fax: 069-280950, website: www.southafricantourism.de, E-Mail: info@southafricantourism.de.
  - **Österreich**: South African Tourism, Stefan-Zweig-Platz 11, 1170 Wien, Tel.: 01-47045110, Fax: 01-47045114
  - **Schweiz**: Touristikbüro Südliches Afrika, Seestraße 42, 8802 Kilchberg/Zürich, Tel.: 01-7151815, Fax: 01-7151889
  - **Südafrika**: Bojanala House, 12 Rivonia Road, Illovo, Johannesburg 2196, Private Bag X 10012, Sandton 2146, Tel.: 011-778 8000, Fax: 011-778 8001, E-Mail: jhb@southafricantourism.com, Website: za.southafricantourism.com
- **Deutsch-Südafrikanische Gesellschaft e.V.**, Bundesgeschäftsstelle Godesberger Allee 127, 53175 Bonn, Tel.: 0228-371055, Fax: 0228-374766
- **Gesellschaft Südliches Afrika e.V.**, Frankenhauser Str. 10, 28329 Bremen, Tel.: 0421-4677168

⇨ **Aktivurlaub**

Südafrika entwickelt sich immer mehr zu einem Eldorado für den Aktivurlaub. Nahezu alle denkbaren Aktivitäten sind möglich: ob nun Paragliding am Western Cape, oder eine Fahrt mit dem Heißluftballon; Fallschirm springen oder Windsurfen über den Drakensbergen ebenso wie Aktivitäten im und am Wasser – oder der neueste Trend: Abseiling. Ausführliche Informationen kann man unter folgenden Internetadressen finden:
www.lando.co.za, www.abseilafrica.co.za, www.adventurecenter.co.za

s.a. Stichwort *Sport*

⇨ **Alkohol**

- An Sonn- und Feiertagen durfte bis vor wenigen Jahren in den öffentlichen Bars kein Alkohol ausgeschenkt werden. Mit der politischen Umstrukturierung wurde dieses Gesetz staatsweit abgeschafft, kann aber noch von regionalen Behörden eingesetzt werden (was in einigen der wenigen Gebiete mit Mehrheiten der National Party z.T. der Fall ist).
- In nicht-lizensierten Lokalen darf zwar kein Alkohol ausgeschenkt, dafür aber mitgebracht und getrunken werden („bring your own").
- Man kann alkoholische Getränke nur in besonderen Geschäften, den „Bottle Stores", kaufen. Nur in großen Städten haben einige wenige auch sonntags geöffnet. Wein kann Mo–Sa im Supermarkt gekauft werden.
- Der Alkoholausschank in Hotels ist wie folgt zu erkennen:
  Y bedeutet: Wein und Bier dürfen nur zu den Mahlzeiten angeboten werden.
  YY bedeutet: Es dürfen (nur) Wein und Bier auch ohne Mahlzeiten verkauft werden.

YYY bedeutet: Es dürfen Wein, Bier und Spirituosen verkauft werden, auch ohne Mahlzeiten.

⇨ **Apotheken**

In Südafrika sind Apotheken gleichzeitig Drogerien. Sie heißen „Apteek" (Afrikaans) oder „Chemist" (Englisch). Wie in Europa gibt es auch einen Notdienst.

⇨ **Ausdrücke**

Hier eine Übersicht über einige nützliche Ausdrücke in Afrikaans:

Guten Morgen!	Goeie more!	ja/nein	ja/nee
Guten Tag!	Goeie midday!	Verzeihung	ekskuus
Gute Nacht!	Goeie nag!	Ich möchte	ek will
bitte	asseblief	Tageszeitung	dagblad
danke	dankie	groß/klein	groot/klein
Auf Wiedersehen!	tot siens!	gut/schlecht	goed/sleg
Rundhaus	rondavel	wieviel	hoeveel
Tag/Woche	dag/week	Monat/Jahr	maand/jaar
Wann	wannee	wo	waar
Wie	hoe	wie lange	hoe lank
Wie spät ist es?	Hoe laat is dit?	Wann fährt...?	Wanneer vertrek?
Verstehen Sie?	Verstaan u?	Wie viel kostet dies?	Hoeveel is dit?
Montag	Maandag	Freitag	Vrytdag
Dienstag	Dinsdag	Samstag	Saterdag
Mittwoch	Woensdag	Sonntag	Sondag
Donnerstag	Donderdag		

Weitere typische Ausdrücke

Grillen	Braai	Tankstelle, Auto-werkstatt	Garage
Ampel	Robot		
Mitfahrgelegen-heit/Fahrstuhl	Lift	Trinkgeld	Tip

Zahlen

eins	een	achtzehn	agtien
zwei	twee	neunzehn	negentien
drei	drie	zwanzig	twintig
vier	vier	einundzwanzig	een-en-twintig
fünf	vyf	zweiundzwanzig	twee-en-twintig
sechs	ses	dreißig	dertig
sieben	sewe	vierzig	veertig
acht	ag	fünfzig	vyftig
neun	nege	sechzig	sestig
zehn	tien	siebzig	sewentig

elf	elf	achtzig	tagtig
zwölf	twaalf	neunzig	negentig
dreizehn	dertien	hundert	honderd
vierzehn	veertien	hunderteins	eenhonderd-en-een
fünfzehn	vyftien	fünfhundert	vyfhonderd
sechzehn	sestien	tausend	'n Duisend
siebzehn	sexentien		

⇨ **Auskunft**

s. Stichwort *Adressen, Fremdenverkehrsbüros*

⇨ **Auto fahren**

In Südafrika herrscht **Linksverkehr**! Folgende **Geschwindigkeitsbegrenzungen** gelten:
- innerhalb geschlossener Ortschaften 60 km/h,
- auf Landstraßen 100 km/h,
- auf bestimmten Fernstraßen (Freeways) 120 km/h.

• Das südafrikanische **Straßennetz** ist in gutem Zustand und relativ dicht, die wichtigsten Verbindungen sind asphaltiert. Es besteht Anschnallpflicht sowie eine Promillegrenze von 0,5 für Fahrer. Bei Übertretungen muss mit strengen Strafen gerechnet werden. In abgelegenen ländlichen Gebieten Südafrikas sowie den ehemaligen Homelands müssen Sie damit rechnen, dass öfter Vieh die Straße überquert. Meiden Sie auf jeden Fall die Schwarzen-Ghettos der Großstädte.
• Auch im Linksverkehr hat **rechts Vorfahrt**, auch im Kreisverkehr.
• Von **Nachtfahrten in ländlichen Gebieten** ist abzuraten. Oft fahren unzureichend beleuchtete Fahrzeuge, und nicht selten kreuzen Tiere die Fahrbahn.
• „**Four-Way-Stop**": Viele Kreuzungen weisen an jeder Straße ein Stoppschild (unter dem „4-Way" steht) auf. Das bedeutet, dass derjenige zuerst fahren darf, der als erster an der Haltelinie zum Stehen gekommen ist.

Gut ausgebautes Straßennetz

• Es gilt der **Führerschein** des Heimatlandes des Besuchers, sofern er das Foto und die Unterschrift des Inhabers trägt und in englischer Sprache verfasst ist; im Klartext: Sie benötigen den internationalen Führerschein. Trotzdem ist zum Anmieten eines Fahrzeuges auch der jeweilige nationale Führerschein notwendig!
• Wenn ein Fahrzeug Ihnen **zum Überholen Platz macht**, bedanken Sie sich nach abgeschlossenem Überholmanöver mit dem Warnblinker.

- **Parkwächter** an offiziellen Parkflächen werden mittlerweile von den Städten und Gemeinden „autorisiert". Sie bekommen zwar kein Geld von Staatsseite, dafür aber bürgt der Staat dafür, diese Parkwächter vorher auf Ehrlichkeit „geprüft" zu haben. Das System klappt gut und gibt vielen Menschen eine Chance auf Arbeit. Zu erkennen sind die offiziellen Parkwächter an auffälligen, meist gelben oder orangefarbenen Gummijacken.
- Für das Bewachen Ihres Fahrzeuges sollten Sie nach Ihrer Rückkehr 2 ZAR geben.

⇨ **Automobilclubs**

Die „Automobile Association of South Africa" (= AA) bietet hervorragende Dienste für den Autoreisenden an. Wenn man Mitglied z.B. im ADAC oder AvD ist, wird gegen Vorlage des Mitgliedsausweises kostenlos Hilfe gewährt. Man erhält u.a. Karten und Tourenratschläge.

Regionale Adressen:
AA Pannenhilfe: „The Bunker", Denis Paxton House, Kyalami Grand Prix Circuit, Allendale Road, Kyalami, Midrand 1685, Tel.: 011-7991000, Fax: 011-7991014. Landesweite Info-Nummer: **082-16 111**, website: www.aasa.co.za

- **KwaZulu/Natal**
- Durban Musgrave, Shop 317, Musgrave Centre, Musgrave Road, Tel.: 031-2015244, Fax: 031-2016792
- Pietermaritzburg, Shop 1B, The Victoria Centre, 157 Victoria Road, Tel.: 033-3420571, Fax: 033-3942475
- Westville, Shop 255, The Pavilion, Jack Martens Drive, Tel.: 031-2650437, Fax: 031-2650368
- **Western Cape**
- Kapstadt Innenstadt, Shop 33, Picbel Parkade Mall, Strand Street, Tel.: 021-4196914, Fax: 021-4211343
- Claremont, Shop GB26, Lower Mall Cavendish Square, Dreyer Street, Tel.: 021-6831410, Fax: 021-6719222
- Tyger Valley, Shop L108, Tyger Valley Shopping Centre, Willie van Schoor Avenue, Tel.: 021-9142265, Fax: 021-9142023
- **Gauteng**
- Eastgate, Shop U33A, Eastgate Shopping Centre, Bradford Road, Tel.: 011-6157991, Fax: 011-6151419
- Cresta, Shop L17, Cresta Regional Shopping Centre, Beyers Naude Drive, Tel.: 011-4783065, Fax: 011-4780227
- Tshwane (Pretoria) MENLYN, Shop 3, Menlyn Park Shopping Centre, Cnr Atterbury Road & Lois Avenue, Tel.: 012-3486601, Fax: 012- 3486540
- Sandton, U42 Sandton City, Rivonia Road, Tel.: 011-8842010, Fax: 011-8831974
- Fourways, Seekers TravelShop G22, Fourways Crossing Retail Centre, Cnr William Nicol and Sunset Boulevard, Tel.: 011-4659960/4672482, Fax: 011-7051710
- **Eastern Cape Province**
- East London, AA Test & Drive, 167 Oxford Street, Tel.: 043-7422100, Fax: 043-7228545
- Port Elizabeth, AA Test & Drive, 14 Albany Road, Tel.: 041-5822924, Fax: 041-5822970

- **Free State**
- Bloemfontein, AA Test & Drive, 101 Church Street, Tel.: 051-4476191, Fax: 051-4308721

⇨ **Autoverleih**

Höchstmaß an Individualität
Die Kombination Mietwagen/Hotel u. Inlandsflüge, um weite Strecken zu überbrücken, erweist sich gerade für Südafrika als optimal. Auf diese Weise kann man einen wirklich individuellen Urlaub gestalten. Am entsprechenden Zielflughafen steht der Mietwagen abfahrbereit.

Straßennetz
Das gesamte Straßennetz ist ausgezeichnet (84.000 km sind geteert). Auch nicht-geteerte „gravel roads" sind gepflegt. Deshalb kommt man innerhalb Südafrikas mit einem Pkw praktisch überall hin – ein Geländewagen ist ein Luxus, der sich u.U. nur für Lesotho sowie abgelegene Gebirgsregionen empfiehlt. Benzin ist überall erhältlich, das Tankstellen-Netz dicht geknüpft.

Bei Fahrzeugannahme kontrollieren: den Reservereifen

Mietwagenfirmen
Die großen Mietwagenfirmen in Südafrika – AVIS, BUDGET, Europcar und Hertz – verfügen über große Fahrzeugflotten mit unterschiedlichen Fahrzeugtypen. Die Fahrzeuge sind zugelassen für Namibia, Botswana, Lesotho und Swasiland. Die Einwegmiete zwischen Südafrika und Namibia wird derzeit mit ca. 1.000 Rand berechnet. Bei allen Vermietern muss man für die Fahrten nach Namibia, Botswana, Lesotho und Swasiland einen „Letter of Authority" bestellen. Fahrten nach Angola, Malawi, Mosambik, Sambia und auch nach Zimbabwe sind derzeit nicht gestattet.

Preisbeispiele

Vom VW Golf bis zum klimatisierten Mercedes 230 E mit Automatik kann alles angemietet werden. Preisbeispiele für 2003 (bei einer Mindestmiete von insgesamt 15 Tagen, einschl. km/Steuern/Vollkaskoversicherung) pro Tag:

VW Golf/Toyota Corolla	ab ca. 20 €
Nissan Sentra mit Automatik und Klimaanlage	ab ca. 40 €
Mercedes 180 C mit Klimaanlage, Automatik und Servolenkung	ab ca. 80 €
VW Microbus (bis 9 Personen)	ab ca. 90 €

Fahrzeugempfehlungen
Für die heißen Sommermonate sollte man auf jeden Fall ein Auto mit Klimaanlage wählen. Ein Wagen mit Automatik erleichtert die Gewöhnung an den Linksverkehr und

fördert dadurch die Fahrkonzentration. Wer auf Nummer Sicher gehen will, sollte ein Sicherheitsfahrzeug wie Mercedes wählen. Auch südafrikanische Autofahrer sind nicht zimperlich, was das Übertreten von Geschwindigkeiten und das Beachten von Überholverboten betrifft.

Lokaler oder überregionaler Vermieter?

Zweifelsohne sind die lokal operierenden Vermieter bis zu 25 % billiger als die überregional arbeitenden Unternehmen. Einige kleinere Firmen wie Tempest versuchen sich derzeit auf dem überregionalen Markt. Aber: Ein lokaler Vermieter ist nur anzuraten, wenn man sich im engeren Umkreis bewegt. Sobald man weite Fahrten vorhat oder „one-way" fährt, empfiehlt sich die Anmietung bei einem der „großen Vier". Im Pannenfall oder sonstigen Notfall wird man den schnellen, professionellen Service zu schätzen wissen. Außerdem vermieten die großen Firmen stets eine neuwertige Fahrzeugflotte, während die billigeren Anbieter zumeist öfter gebrauchte Fahrzeuge zur Verfügung stellen. Als beste Autovermieter gelten Avis und Hertz.

Was bedeuten die Versicherungsabkürzungen beim Automieten?

- **CDW (Collision Damage Waiver):** *Vollkasko mit Haftungsbefreiung für Schäden am Mietwagen.*
- **TP (Theft Protection):** *Diebstahlversicherung, bei der Sie aber unbedingt die Bedingungen lesen sollten, z.B. ist der Diebstahl von Einzelteilen (Reifen, Felgen, Spiegel etc.) i.d.R. nicht abgedeckt!*
- **PAI (Personal Accident Insurance):** *deckt bei Unfall oder Todesfall Fahrer und Mitfahrer ab, wobei die maximal auszuzahlende Versicherungssumme nach europäischen Maßstäben sehr niedrig ausfällt.*

Hinweis
Bei allen o.g. Versicherungen ist das Gepäck, also das persönliche Hab und Gut, im Fahrzeug nicht mitversichert. Dazu benötigen Sie eine Reisegepäckversicherung, die Sie am besten schon in Europa abschließen sollten.

Sie sollten Ihr Fahrzeug möglichst bei einem Veranstalter in Deutschland vorausbuchen. Die hier gewährten Preise sind niedriger als in Südafrika selbst, das Fahrzeug steht sicher für Sie bereit und vor Ort sind Sie frei von Organisationsstress.

- **AVIS** Rent-A-Car
- Deutschland: Tel.: 0211-4379754, website: www.avis.de
- Südafrika: Tel.: 0861-021111, website: www.avis.co.za
- **BUDGET** Rent-A-Car
- Deutschland: Tel.: 01805-244388, website: www.budgetrentacar.de
- Südafrika: Tel.: 0861-016622, website: www.budget.co.za
- **Europcar**
- Deutschland: Tel.: 01805-244388, website: www.europcar.de
- Südafrika: Tel.: 0800-011344, website: www.europcar.co.za
- **Hertz**
- Deutschland: Tel.: 0180-5333535, website: www.hertz.de
- Südafrika: Tel.: 0861-600136, website: www.hertz.co.za

Weitere regionale Adresse:
- **Johannesburg: Imperial Car Rental,** Tel.: 0800-1311000, website: www.imperial.ih.co.za

B

⇨ **Badestrände**

Südafrika rühmt sich seiner insgesamt mehr als 3.000 km langen schönen Badestrände. Doch muss man beim Baden in Südafrika Folgendes bedenken:
- Der kalte Benguelastrom sorgt an der Westküste dafür, dass die Wassertemperaturen selbst im Sommer Nordsee-Niveau kaum übersteigen.
- Entlang der Gardenroute ist aufgrund der Wassertemperaturen das Baden in den Monaten November bis April angenehm.
- Die wärmsten ganzjährigen Wassertemperaturen hat die Natal-Nordküste aufzuweisen. Allerdings erreichen auch hier die Wassertemperaturen nicht karibisches Niveau.

Sonnen mit Panoramablick

Kurzüberblick

Westküste	Beliebte Strände gibt es bei Strandfontein (nördlich von Lambert's Bay).
Südwestliches Kapland	Westlich von Mossel Bay liegen schöne Strandabschnitte bei Still Bay, Witsand und Infata-on-River (jeweils gut auf Stichstraßen von der N2 erreichbar). Schöne Strände ebenfalls bei Muizenberg (False Bay) sowie Clifton, Camps Bay und Hout Bay bei Kapstadt.
Gardenroute	Heroldsbaai (südwestlich von George): Sandstrände und Tidepool (Gezeitenschwimmbad)
	Mossel Bay: geschützte Lagunen in Hartebos, Groot Braakrivier
	Sedgefield (westlich Knysna): lange Sandstrände
	Buffels Bay (bei Knysna): ebenfalls schöne Sandstrände
	Plettenberg Bay: lang gestreckte Sandstrände
	Nature's Valley (östlich Plettenberg Bay): ruhige, schöne Badestrände
	Tsitsikamma Coastal National Park: weniger zum Baden geeignet, dafür aber eindrucksvolle Steilküste mit Flussmündung (Storm's River)
	Oyster Bay: lange, z.T. wenig besuchte Sandstrände
	St. Francis Bay: weite Sandstrände, bewegtes Meer
	Bushmans-Fluss-Mündung und Kariega (südlich Grahamstown): Sandstrände, Lagunen

Eastern Cape Province	Morgan's Bay: weniger zum Baden geeignet, dafür aber tolle Kliff-Küste mit hoher Gischt. Hier beginnt die große Hai-Gefahr, vor allem im Bereich der Flussmündung, wo Schlamm nach heftigen Regenfällen ins Meer fließt – ein Tummelplatz für Haie. Besonders schöne Strände hat Port St. Johns sowie die Umgebung von Kei Mouth (Mündung des Great Kei-Flusses).
KwaZulu/ Natal-Küste südlich Durban	Generell sind alle großen Natal-Badestrände durch Netze gegen Haie gesichert. Erkundigen Sie sich aber vorher, damit Sie in Ruhe und ohne Angst das Baden genießen können. Zwischen Port Shepstone und Port Edward gibt es besonders viele, sehr schöne Sandstrände.
KwaZulu/ Natal-Küste nördlich Durban	Beste Strände hier zwischen Umhlanga Rocks, Umdloti Beach und Ballito. Nördlich von Zinkwazi Beach sind die Strände nicht gegen Haie gesichert. Hier liegen an sich keine geeigneten Badestrände mehr (schwere Zufahrten und eben Haigefahr). Die Binnenseen und Lagunen eignen sich auch nicht zum Baden, denn sie sind Heimat von Flusspferden und Krokodilen.

⇨ Banken

Die **Öffnungszeiten** der Banken:
   in der **Stadt**   09–15.30h (an Werktagen)   08.30–11h (samstags)
   auf dem **Land**   werktags 09–12.45h   werktags 14–15.30h

Eine Bank ist auch zu den normalen Schalterstunden auf den drei internationalen Flughäfen in Johannesburg, Kapstadt und Durban geöffnet. Auf jedem dieser Flughäfen ist eine Wechselstube zwei Stunden vor jedem internationalen Abflug geöffnet und schließt zwei Stunden nach jeder internationalen Ankunft. **Bankautomaten („ATM" = Automatic Teller Machines)** gibt es in Südafrika genauso häufig wie bei uns. An ihnen können Sie mit den gängigen Kreditkarten Geld abheben. Merken Sie sich also die Geheimnummer Ihrer Karte. Auch die Euroscheckkarte wird von den meisten Bankautomaten akzeptiert. Wichtig ist, dass der Automat mit dem Maestro-System kooperiert.

Hinweise
• Tankstellen akzeptieren grundsätzlich keine Kreditkarten, und sollten Ihre Reiseschecks nicht in Rand ausgestellt sein, müssen Sie beim Einlösen Ihren Pass vorlegen.
• Achten Sie darauf, dass Sie beim Geldwechseln nicht beobachtet werden. Nehmen Sie auch keine Hilfe an. In letzter Zeit kam es vermehrt zu Betrugsdelikten.

6. Allgemeine Reisetipps von A–Z

⇨ **Bed and Breakfast**

Diese typisch englische Einrichtung hat sich mittlerweile auch in Südafrika durchgesetzt, allerdings auf einem im Allgemeinen höheren Niveau. Die Preise betragen pro Person/Nacht mindestens 20 €. Fordern Sie das stets aktualisierte Bed'n Breakfast-Verzeichnis an bei: South African Tourism, An der Hauptwache 11, D-60313 Frankfurt/Main, Service Tel.: 01805-722255, Fax: 069-280950, website: www.southafricantourism.de, E-Mail: info@southafricantourism.de.
Auskunft auch: Bed + Breakfast Pty. Ltd., POB 91309, Auckland Park 2006, Johannesburg, Tel.: 011-4822206, Fax: 011-7266915, website: www.bandb.co.za.

⇨ **Behinderte**

Südafrika versucht seit Jahren, sich auf die Bedürfnisse behinderter Reisender einzustellen. Dennoch ist – wie auch in Deutschland – das Reisen immer noch nur mit Einschränkungen möglich. SAA (South African Airways) stellt an allen größeren Flughäfen allen Passagieren Hilfsgeräte zur Verfügung.

Folgende Organisationen widmen sich den Belangen von Behinderten:
- **National Parks Board**, POB 787, Tshwane (Pretoria) 0001, Tel. 012-4289111, Fax 012-3430905, website: www.parks-sa.co.za, E-Mail: reservations@parks-sa.co.za. Die Nationalpark-Behörde Südafrikas hat dafür Sorge getragen, dass es in allen Camps behindertengerechte Unterbringungsmöglichkeiten gibt.
- **Independence Living Centre** in Johannesburg, Tel.: 011-4825474, Fax 011-4825565, E-Mail: ilcentre@icon.co.za. Hier erhält man Informationen über behindertengerechte Beförderung und Unterkünfte.
- **The Disabled People of South Africa**, Information Centre, POB 1059, Pinetown 3600, Tel.: 031-3034213, Fax: 031-3031564. Die Organisation für behinderte Menschen in Südafrika verfügt in Durban über ein Informationszentrum.

⇨ **Benzin**

s. Stichwort *Tankstellen*

⇨ **Botschaften/Konsulate**

in Deutschland
- Südafrikanische Botschaft, Atrium-Bürogebäude, Friedrichstr. 60, 10117 Berlin; Tel.: 030-220730, Fax: 030-22073190, Öffnungszeiten Mo–Fr 8–16.45h; website: www.suedafrika.de; E-Mail: botschaft@suedafrika.de
- Südafrikanisches Generalkonsulat, Sendlinger Tor Platz 5, 80336 München, Tel.: 089-2311630, Fax: 089-23116363, Öffnungszeiten Mo–Fr 9–12h

in der Schweiz
- Südafrikanische Botschaft, Alpenstraße 29, CH-3006 Bern, Tel.: 031-3501313, Fax: 031-3501310
- Südafrikanisches Generalkonsulat, 114 Rue de Rhône, CH-12041 Genf, Tel.: 022-8495454, Fax: 022-8495432

in Österreich
- Südafrikanische Botschaft, Sandgasse 13, A-1190 Wien, Tel.: 0132-3206493, Fax: 0132-32064935 I
- Südafrikanisches Konsulat, Villefortgasse 13/II, A-8010 Graz, Tel.: 0316-37671

in Südafrika
- **Deutschland**
  - Deutsche Botschaft, 180 Blackwood Street, Arcadia, Tshwane (Pretoria) 0001, P.O. Box 2023, Tel., 012-4278900, Fax: 012-3439401, E-Mail: germanembassypretoria@gonet.co.za
  - Generalkonsulat der Bundesrepublik Deutschland, 825 St. Martini Gardens, Queen Victoria Street, Cape Town 8000, P.O. Box 4273, Tel.: 021-4242410, Fax: 021-4643045
  - Generalkonsulat der Bundesrepublik Deutschland, Community Centre of the German, Lutheran Church, 5th floor 16 Kaptejin Street, Hillbrow Johannesburg 2000, P.O. Box 4551, Tel.: 011-7251519, Fax: 011-7254475
  - Konsulat der Bundesrepublik Deutschland, No. 1552 15th floor, 320 West Street, Durban 4000, P.O. Box 80, Tel.: 031-3055677, Fax: 031-3055679
- **Schweiz**
  - Schweizerische Botschaft, 818 George Avenue, Arcadia, P.O. Box 2289, Tshwane (Pretoria) 0001, Tel.: 012-437788/9, Fax: 012-3421819
  - Schweizerisches Generalkonsulat, Swiss House, 86 Main Street, Johannesburg 2000, Tel.: 011-8385102
  - Schweizerisches Konsulat, NBS Waldorf, 9th Floor, 80 St. George's Mall, P.O. Box 563, Kapstadt 8000, Tel.: 021-261040, Fax: 021-249344
- **Österreich**
  - Österreichische Botschaft, Apollo Center, 405 Church Street (Ecke Du-Toit-Street), P.O. Box 19572, Tshwane (Pretoria) 0001, Tel.: 012-3227790/1/2, Fax: 012-3227793
  - Österreichisches Generalkonsulat, 203 Union Building; 333 Smith Street, Durban 4000, Tel.: 031-3049522
  - Österreichisches Generalkonsulat, 9th Floor, Samro House, 73 Juta Street, Johannesburg 2000, Tel.: 011-4031850
  - Österreichisches Konsulat, Standard Bank Center, 662 Main Towers, Hertzog Boulevard, Kapstadt 8000, Tel.: 021-4211440/1, Fax: 021-4253489

⇨ **Busreisen/Busverbindungen**

Noch preiswerter als die Bahn – und vor allem flotter – fährt man mit dem gut ausgebauten Überland-Bussystem. Die regelmäßigen, pünktlichen Verbindungen sind ein Vorteil, allerdings werden nur die größeren Städte verbunden. Schwierig wird es dann, die meist abseits gelegenen touristisch interessanten Stellen zu erreichen. Die überall zu sehenden kleinen Minibusse – meist hoffnungslos überfüllt – kann man nicht reservieren. Ebenso sind diese Minibusse wegen Überladung und z.T. nicht verkehrssicherem Zustand oft in Unfälle verwickelt.

Überregionale Verbindungen
- **GREYHOUND Cityliner** (luxuriös, verstellbare Sitze, Verkauf von Verpflegung an Bord, Toilette) website: www.greyhound.co.za

Reservierungen in Johannesburg: Tel.: 011-8031301, Durban: Tel.: 031-3097830, Kapstadt: Tel.: 021-418 4310, Port Elizabeth: Tel.: 041-041-5684879

- **TRANSLUX Intercity** (moderne Busse, oft Doppeldecker, Klimaanlage, Nichtraucher!) website: www.translux.co.za
Reservierung in Johannesburg: Tel.: 011-7743333, Durban: Tel.: 031-3088111, Port Elizabeth: Tel.: 041-5071333, Kapstadt: Tel.: 021-4493333; Zentralreservierung/Infos: Translux, P.O.Box 1907, Tshwane (Pretoria) 0001, Tel.: 012-3153492, Fax: 012-3153508
- **MAINLINER Intercape**
(u.a. Verbindungen bis Windhoek ab/bis Johannesburg und Kapstadt, website: www.intercape.co.za
Reservierung in Kapstadt: Tel.: 021-3864400, Durban: Tel.: 031-3072115, Port Elizabeth: Tel.: 041-5860055, Tshwane (Pretoria): Tel.: 012-6544114

Rucksackreisende durch Südafrika/Baz Bus
Rucksackreisende haben nun eine neue Möglichkeit, Südafrika nach individuellen Vorstellungen zu entdecken. Mit dem Baz Bus kann man nahezu alle Hostels in 40 Städten und Orten in Südafrika und Swasiland erreichen. Will man weiterfahren, bestellt man den Baz Bus und lässt sich vor der Tür der Unterkunft abholen. Das Hop on/Hop off-System ermöglicht damit eine freie Reisegestaltung und einen optimalen Verkehrsanschluss. Preisbeispiel: Kapstadt – Durban 140 €. Baz Bus, 8 Rosedane Road, Sea Point, Kapstadt 8005, Tel.: 021-4392323, Fax: 021-4392343, E-Mail: bazbus@icon.co.za, website: www.bazbus.com.

C

➪ **Camper**

Südafrika ist durch sein gutes Straßennetz, durch seine ausgezeichneten Campingplätze sowie durch das Klima ein tolles Land für Camperferien. Die größten Vermieter von Wohnmobilen sind die Firmen BRITZ, MAUI und Campers Corner. Es werden von diesen Firmen 5 verschiedene Typen mit firmeneigener Bezeichnung angeboten. Empfehlenswert sind auf jeden Fall etwas stärker motorisierte Fahrzeuge mit mindestens 2-Liter-Motor. Für Fahrten in Nachbarländer wie Botswana sind Allradfahrzeuge mit Dachzelten die richtige Wahl. Unterschiedliche Campertypen werden im Internet unter **www.afrika.de** vorgestellt. Die Preise liegen je nach Typ, Mietbedingungen (limitiert/unlimitiert), Saison etc. bei ca. 100 € pro Tag. Normalerweise reicht für eine klassische 3-Wochen-Reise in Südafrika die Miete eines Fahrzeugs mit limitierten Kilometern.

Wirklich individuelles Reisen!

Auf jeden Fall sollte man eine „Complete Cover"-Versicherung abschließen, die den Eigenanteil der Haftung um 75 % senkt.

⇨ **Camping**

Südafrika ist ein ideales Land zum Campen. Es gibt landesweit über 700 Campingplätze, vor allem entlang der touristisch interessanten Routen sowie in den vielen Nationalparks und Naturschutzgebieten.

Aufgrund des Klimas ist Südafrika ein für den Outdoor-Urlaub prädestiniertes Land. Die Campingplätze sind in der Regel sehr gut ausgestattet: Man findet alle notwendigen Selbstversorgungseinrichtungen vor, saubere sanitäre Anlagen sowie die obligatorische Grillstelle (*braai*). Die Campingplätze stehen nicht nur Zeltern zur Verfügung, sondern auch Fahrern mit Wohnmobilen und Allradfahrzeugen mit Dachzelten. Oft befinden sich auf den Campingplätzen auch schlichte Chalets mit einfach eingerichteten Zimmern und eigenem Bad/WC.

Natürlich ist diese Urlaubsform nicht Jedermanns Sache. Aber toll ist sie für alle,
- die preiswert das Land erkunden möchten;
- die Naturnähe zu schätzen wissen;
- die gerne in Kontakt mit anderen Reisenden treten möchten.

Die Südafrikaner selbst sind leidenschaftliche Camper, und es verwundert nicht, dass in den südafrikanischen Schulferien die Campingplätze sehr gut besucht sind.

Wichtige Websites für Campingplätze:
- www.satour.de: Allgemeine Infos zum Camping sowie Auflistung ausgewählter Plätze, Darstellung nur in Kurzform
- www.caravanparks.com: Sehr gute Seite, stellt landesweit Campingplätze ausführlich dar; Buchungsmöglichkeit
- www.aventura.co.za: Hier werden ausgezeichnete Campingplätze dargestellt, die man auch online buchen kann.
- www.caraville.co.za: Ebenfalls Vorstellung von Campingplätzen mit ausführlicher Beschreibung, Online-Buchen möglich. Toll: Es wird ein Campingpass angeboten (Voucher System)

E

⇨ **Einkaufen**

Südafrika ist ein wahres Eldorado für Mitbringsel – große und kleine, essbare, trinkbare, schöne ... hier eine kleine Auswahl:

- Das obligatorische **Biltong** (gewürztes, getrocknetes Fleisch, meist vom Wild). Bei Biltong scheiden sich die Geister: Manche schwören darauf, andere fürchten um ihre Zähne und finden den Geschmak so ekelhaft, dass sie diesen südafrikanischen Kaviar in die Nähe von Hundefutter bringen. Probieren Sie's einfach!
- Der legendäre Vitamin-C-haltige **Rooisbos-Tee** findet auch seine Liebhaber (gibt's mittlerweile auch in vielen Teeläden Europas zu kaufen). Die hervorragenden **südafrikanischen Weine** dürfte jeder Reisende unterwegs probiert haben, wobei sich das Mit-

bringen (es sei denn, es handelt sich um eine Besonderheit) nicht lohnt, da man auch heute viele Importeure findet, die dem Kunden den Wein ins Haus liefern (siehe Stichwort Wein).

- **Proteen** sind auch ein Stückchen schönes Südafrika, die man leicht mitnehmen kann: An den Flughäfen kann man sie gut verpackt kaufen und leicht nach Hause transportieren (früher wurden Flugzeuge aus Südafrika auch als Proteen-Bomber bezeichnet, weil viele Passagiere nicht widerstehen konnten, diese Blumen mitzubringen).
- Natürlich sind seit eh und je **Schmuckwaren** aller Couleur ein beliebtes, wenn auch teures Mitbringsel. Als Diamanten- und Goldland bietet Südafrika beste Materialien zur Schmuckherstellung. Sollte der Geldbeutel diese Ausgaben nicht aushalten, dann vermeiden Sie verlockende Blick ins Schaufenster.
- Toll sind Südafrikas **Deko-Stoffe**, die Motive und Farbkombinationen der Zulu, Xhosa und Bantu sind Blickfänger. Ob als Tischdecke, Sets, Wandbehang oder Kissenbezüge: In der Kombination mit modernen Möbeln wirken diese Mitbringsel super.
- Beliebt sind auch alle **Straußen-Souvenirs:** Ob Straußeneier (naturbelassen oder künstlerisch aufgepäppelt oder auch als Teelichter-Umhüllung), wunderbare Straußenleder-Produkte (Taschen, Gürtel) oder Staubwedel aus den Straußenfedern.
- Auch Masken, geschnitzte Figuren sowie diverse andere **Holzschnitzarbeiten** werden fast überall angeboten. Es muss ja nicht immer die 2 Meter hohe Giraffe sein, es geht auch um einiges kleiner ...
- Sehr schön sind auch die **Perlenarbeiten der Zulu**. Serviettenringe und Untersetzer, mit bunten Glasperlen verschönert, sind eine attraktive Tischdekoration.
- **Kerzen aus Swasiland** in ihren verschiedenen Formen und Mustern sind ebenfalls ein dekoratives Souvenir.
- Neuerdings gibt es eine Vielzahl an verzierten **Bestecken** aller Art – vom Teelöffel bis zur Suppenkelle – mit afrikanischen oder schlichten Griffen und Mustern. Besonders bekannt sind die Produkte von Carol Boyes.
- Auch **CDs** mit afrikanischer Musik sind ein Hörgenuss für zu Hause.
- Und last but not least: Herrliche **Korbflechtarbeiten** der Zulu aus KwaZulu Natal sind Produkte, denen man kaum widerstehen kann.

Und noch ein Tipp

Wenn sie etwas Ansprechendes finden, dann kaufen Sie es! Meist sehen Sie es in der gleichen Art nicht wieder. Und sollten Sie mit leeren Händen nach Hause fliegen und am Flughafen Johannesburg Katzenjammer bekommen: Schauen Sie hier in den hervorragenden Souvenir-Shop **Out of Africa**: *Hier können Sie tolle Souvenirs aller Art kaufen!*

⇨ **Einreise**

Besucher aus EU-Ländern sowie der Schweiz brauchen bei einem Aufenthalt von bis zu drei Monaten kein Visum, benötigen aber einen Reisepass, der bei Ankunft noch mindestens ½ Jahr Gültigkeit hat. Bei Weiterreisen nach Namibia, Botswana, Zimbabwe, Lesotho und Swasiland werden Visa an der Grenze ausgegeben.

Seit einiger Zeit legen die südafrikanischen Grenzbeamten besonderen Wert darauf, dass im Reisepass noch mindestens zwei Seiten frei sind, um die Stempel anzubringen. Also, bitte achten Sie vor der Abreise darauf. Wer länger im Land bleiben möchte, muss ausreichende finanzielle Mittel sowie ein Rückflugticket nachweisen.

Es dürfen z. Zt. nur 500 R eingeführt werden (soll bald erhöht werden), wobei der Umtauschkurs in Südafrika i.d.R. sowieso günstiger ist und es an den großen Flughäfen Wechselschalter gibt, die auch nach Ankunft später Maschinen geöffnet sind. Reiseschecks und Devisen dürfen unbegrenzt eingeführt werden.

Siehe auch Stichworte **Impfung, Gesundheit, Jagd, Zoll.**

⇨ **Eintrittskarten**

Bei COMPUTICKET, einem zentralen Reservierungssystem für Kino, Theater, Oper usw., können Sie Eintrittskarten vorbestellen. Die Reservierungsbüros befinden sich in allen südafrikanischen Großstädten (Shopping Centers). Nähere Informationen erhalten Sie unter Tel.: 083-9158000 oder 011-3408000, website: www.computicket.co.za.

⇨ **Elektrizität**

Die Stromspannung in der Stadt und auf dem Land beträgt 220/230 V Wechselstrom, 50 Hz. Da die Stecker aber ein anderes Format als bei uns haben, ist ein **Adapter** nötig, den man in Elektrogeschäften und Kaufhäusern in Südafrika erhält. Größere Hotels dagegen haben im Bad passende Steckdosen.

⇨ **Essen**

Grundsätzlich ist die südafrikanische Küche europäisch geprägt. Sie zeigt Einflüsse der eingewanderten Hugenotten, Engländer, Südeuropäer, aber auch der Malaien und Inder. Besonders beliebt ist bei den Südafrikanern das „**Braaivleis**", d.h. das Grillen unterschiedlicher Fleischwaren, wie Schweine- oder Rindfleisch, Hammel- oder Lammstücke, oder die allseits beliebte „Borewors" (würzige Würste s.u.). Nicht nur in der freien Natur, auf den Campingplätzen oder im privaten Kreise daheim frönt der Südafrikaner seiner Grill-Leidenschaft; auch Hotels bieten oft in ihrem Garten Braaivleis an. Braai ist für die meisten Südafrikaner wirklich ein Kult, von dem sie glauben, ihn perfekt zu beherrschen. Man scheut sich allerdings oft nicht, richtig scharf zu grillen, das heißt, es gibt auch fast schwarz gegrillte Stücke (nicht gerade gesund).

Generell ist der Südafrikaner Fleisch-Esser. Und zu den bekannten Fleischarten wie o. ä. gibt es Bratenstücke von den verschiedenen Wildarten (z.B. Springbok, Oryx, Kudu), aber auch vom Strauß. Und natürlich dann noch exotischere Delikatessen wie Giraffen- oder Zebrafleisch, Stücke vom Krokodil usw. Ähnlich dem „braai" ist die **potjiekos**. Mit „potjie" meint man die unter der einheimischen Bevölkerung weit verbreiteten dreibeinigen Gusskessel, unter denen Glut entfacht wird. Und drinnen befinden sich dann kleinere Fleischstücke, unterschiedlich gewürzt und relativ weich gekocht.

Tropische und subtropische Gemüsearten und Früchte sorgen für weitere kulinarische Höhepunkte. Gemüsegerichte sind in der **indischen Küche** durchaus verbreitet und schmecken aufgrund der Gewürze einfach köstlich. Besonders beliebt sind Avocados, die oft Salaten beigemischt sind. Ein sehr beliebtes Gemüse ist „butternut", eine Kürbisart, die in unterschiedlichen Variationen verzehrt wird: Entweder als Gemüse einfach gekocht oder gegrillt oder auch als Suppe oder Mus.

Daneben werden – insbesondere in den Küstenregionen um Kapstadt und entlang der Natalküste – verschiedene **Fischgerichte** angeboten. Crayfisch (Languste) wird sicherlich vielen Liebhabern von Meeresfrüchten besonders munden. Auch Austern und Muscheln fehlen nicht, und daneben viele Fischarten aus dem Meer oder den Binnengewässern. Oft sieht man auf einer Speisekarte „Line Fish": Dabei handelt es sich um den Tagesfang und nicht um eine spezielle Fischart. Garantiert ist dann dabei die absolute Frische.

Natürlich gibt es einige regionale Spezialitäten:
- **Malaiische Gerichte** bereichern insbesondere die Küche um Kapstadt. Sosaties (Fleischspieße mit Hammel- oder Schweinefleischstückchen), Bobotie (scharf gewürzter

Bobotie (malaiischer Hackfleischauflauf)

Zutaten für 2 Personen:
½ kg Rinder- oder Lammhackfleisch
Rosinen nach Geschmack
1 Teelöffel Chutney (scharf)
1 oder 2 Bananen
1-2 Eier
120 ml Milch
Currypulver zum Würzen
1 kleine Zwiebel
1 Teelöffel Marillenmarmelade
1 Scheibe Weißbrot
1 kleines Stück Butter
1 Schuss Zitronensaft
2 Lorbeerblatt
Salz

Zubereitung:
Das Weißbrot in ein wenig Milch einweichen, ausdrücken und mit dem Hackfleisch vermengen. Zwiebel, Marmelade, Zitronensaft, Chutney, Rosinen und Curry dazugeben und in einer Pfanne leicht anbraten.
In eine feuerfeste Form geben, die Eier mit der restlichen Milch verquirlen, über die Masse gießen, die Bananen schälen, längs halbieren und auf den Auflauf geben und die Lorbeerblätter zwischen die Bananen legen.
Bei 180 °C ungefähr 40–50 min in den Ofen geben.

Boerewors (würzige, zu einer Schnecke gerollte Würste zum Grillen, eine burische Spezialität)
1,5 kg Rindfleisch
1,5 kg Schweinefleisch
500 g gewürfelter Speck
5 ml gemahlener Pfeffer
50 ml gemahlener Koriander
2 ml frisch gemahlene Muskatnuss
1 ml gemahlene Gewürznelke
2 ml gemahlener Thymian
2 ml gemahlener Piment
125 ml Rotweinessig
1 Knoblauchzehe gepresst
50 ml Worcestershire Sauce
Hülle für die Würste

Zubereitung:
Das Rind- und das Schweinefleisch klein würfeln oder grob faschieren.
Die gesamten Zutaten mit dem Fleisch gut vermischen.
Nun die Masse in die Wursthülle füllen, dabei eventuell eine (Torten)Spritze verwenden.
Nicht zu viel Masse in die Hülle füllen und zu einer Schnecke zusammenrollen.
Über Holzkohle 8–10 Minuten grillen oder in einer Pfanne braten.

Hackfleischauflauf) oder unterschiedliche Arten von Bredie (Fleisch- und Gemüseeintöpfe) sind hier besonders beliebt. Die malaiischen Curries sind gegenüber den indischen immer etwas süßlicher. Samoosas sind eine Art Teigtaschen, die mit gewürztem Gemüse oder Fleisch gefüllt sind, wobei der Inhalt stets gut gewürzt ist (Curry).
• Um Durban und Pietermaritzburg ist besonders die **indische Küche** stark vertreten. Fleisch-, Geflügel-, Fisch- oder Eiergerichte („Curry" genannt) sind z.T. sehr „hot" angerichtet. Abhilfe bei zu scharfen Gerichten bringen die dazu servierten Kokosraspeln, aber auch köstliches Brot.
• **Biltong** ist ebenso wie in Namibia stark verbreitet. Es handelt sich um gewürztes, luftgedörrtes Fleisch vom Wild (z.B. Kudu oder Strauß).

Und sonst noch? Ach ja, das **Frühstück**. Auf typisch südafrikanisch gibt's morgens Eier in jeder Variation, Speck, boerewors, Steaks, aber auch noch je nach Unterkunft alles, was wir auch gut kennen, also diverse Wurstsorten, Käse, Marmeladen.

Salate können überall bedenkenlos verzehrt werden, denn die Lebensmittelhygiene ist beispielhaft. Ebenso können Sie überall das Wasser aus der öffentlichen Wasserversorgung trinken.

Getränke

Zum Essen trinkt man das (gute) einheimische Bier oder die ausgezeichneten südafrikanischen Weine (s.a. Kapitel über Weinanbau) und natürlich auch Soft-Drinks.

Bier ist sehr beliebt, und die gängigen Sorten sind Amstel, Castle, Carlsberg, Mitchell´s und Windhoek Lager. Die Brautradition hat deutsche und englische Wurzeln, Die *South African Breweries* (SAB) ist die viertgrößte Brauerei der Welt. Bier gibt es in verschiedenen Versionen, beliebt ist das leichte Lager-Bier. Von vielen Bieren gibt es auch stets eine „light"-Version. Bier kann man in Supermärkten nicht kaufen, nur Wein (und das auch nur in der Woche, am Wochenende wird ein Gitter vorgeschoben). Bier kann man nur, wie auch all die anderen alkoholischen Getränke (wie Wodka, Whisky, Gin, etc.) nur in den Bottle Stores kaufen.

Die südafrikanischen *Weine* sind von hervorragender Qualität, nur beste Weintrauben werden zu Wein weiterverarbeitet. 75 % der Weine sind Weißweine der Rebsorten Chardonnay, Sauvignon Blanc, Chenin Blanc, weniger Riesling. Andere Weinsorten (z. B. Gewürztraminer) spielen eine untergeordnete Rolle. Zu den beliebtesten Rotweinsorten gehören Cabernet Sauvignon, Pinot Noir, Pinotage (Kreuzung Hermitage und Pinot Noir), aber auch Shiraz, der besonders kräftig ist und sich z. B. gut Lammgerichten oder Pasta anpasst. Im Gegensatz zu Europa sind die Qualitätsunterschiede zwischen einfacheren Weisen und Spitzengewächsen nicht so gravierend. Jahrgänge spielen ebenfalls eine geringere Rolle, da das Klima am Kap von Jahr zu Jahr relativ gleichmäßig ist.

Natürlich gibt es auch leichte Rosé-Weine und „Champagner", der nach der Méthode Champenoise hergestellt wird.

Soft drinks umfassen neben den weltumspannenden Marken vor allem auch exotische Fruchtsäfte (Lichee, Mango, Ananas, Papaya. Erfrischend sind Appletizer und Grapetizer.

Es existieren zwei unterschiedliche Restaurant-Typen: fully licensed-Restaurants haben eine Ausschankgenehmigung für alle alkoholischen Getränke, während unlicensed-Restaurants nur nicht-alkoholische Getränke anbieten.

Neben den traditionellen einheimischen Gerichten findet man in allen großen Städten zahlreiche Restaurants europäisch geprägter Küche (britisch, französisch, niederländisch).

Konkrete „Schlemmerecken" in Südafrika verrät Ihnen die Broschüre von South African Tourism Deutschland: „Gut essen und trinken in Südafrika", zu beziehen über: South African Tourism (s. Adressen).

F

⇨ **Feiertage**

Feiertage 2004

01. 01.	Neujahr	
21. 03.	Menschenrechtstag	
13. 04.	Karfreitag	
16. 04.	Ostermontag (Family Day)	
27. 04.	Verfassungstag (= Tag der ersten demokratischen Wahlen in Südafrika 1994)	
01. 05.	Tag der Arbeit (Workers' Day)	
06. 06.	Tag der Jugend	
16. 06.	Jugendtag (= Schüleraufstand in Soweto)	
09. 08.	Nationaler Frauentag	
24. 09.	Tag des Erbes (Heritage Day; Geburtstag des Zulu-Kriegers Shaka)	
16. 12.	Tag der Versöhnung (Day of Reconciliation; zum Gedenken an die Schlacht vom Blood River 1838, in der Tausende Zulu-Krieger von einem Buren-Kommando getötet wurden)	
25. 12.	1. Weihnachtsfeiertag	
26. 12.	2. Weihnachtsfeiertag (Day of Good Will)	

Fällt einer der Feiertage auf einen Sonntag, so ist der darauf folgende Montag frei. Außerdem gibt es noch besondere Feiertage in den asiatischen und jüdischen Gemeinden.

⇨ **Festivals**

So bunt die Völkervielfalt am Kap ist, so vielfältig sind auch die besonderen Ereignisse in den verschiedenen Regionen Südafrikas. Zweimal jährlich erscheint deshalb bei South African Tourism ein „Ereigniskalender", der **Calendar of Events** (kostenlos zu beziehen bei South African Tourism (s. Adressen). Hier eine Übersicht über die „großen" Ereignisse:

- **Januar:** In Kapstadt veranstalten Malaien und Mischlinge das bunte Treiben des Cape Minstrels Carnivals.

- **Februar:** Ebenfalls in Kapstadt findet eine beachtenswerte Kunst- und Antiquitätenmesse statt.
- **März:** In Jeffreys Bay nahe Port Elizabeth wird das Muschelfest begangen.
- **März/April:** In Johannesburg wird um Ostern herum 2 Wochen lang die Rand Easter Show, die größte Messe Südafrikas, veranstaltet.
- **Juni:** In Grahamstown, der alten „Siedlerstadt" in der östlichen Kapprovinz, finden 2 Wochen lang Musik- und Theaterfestspiele statt.
- **Juli:** In Durban spielt sich Ende des Monats das so genannte Shembe-Fest ab. Dies ist ein Tanzfest der Zulus, das einst von Missionaren zur Erhaltung der afrikanischen Kultur eingeführt wurde.
- **September:** In Port Elizabeth geht für sportlich Begeisterte ein amüsanter Wettlauf mit dem „Apple-Express" (Dampfeisenbahn) vonstatten.
- **Oktober:** In Roodepoort bei Johannesburg vollzieht sich alle 2 Jahre das 2 Wochen dauernde größte Musik- und Folklore-Fest der südlichen Hemisphäre.

Ebenfalls im Oktober lädt das Stellenbosch Food & Wine-Festival ein. Für Weinfreunde eine ausgezeichnete Möglichkeit, ausgiebig den köstlichen Tropfen vom Kap zu frönen.

In Kapstadt findet die ruhigere Cape Craft Exhibition statt, eine Kunsthandwerksmesse besonderen Charakters.

Und auch Durban bietet mit seinem Durbaner Tattoo ein Festvergnügen an, diesmal aber nicht afrikanischer Art, sondern schottischen Ursprungs (Militärkapellen, Feuerwerk etc.).

⇨ **Flüge**

Langstreckenflüge

Von Deutschland aus können Sie mit SAA (South African Airways, via Johannesburg) und Lufthansa täglich ab Frankfurt direkt nach Johannesburg und Kapstadt fliegen. Diese

Redaktions-Tipps zu Flügen

Generell ist eine kompetente Flugablauf-Analyse wichtig, um tatsächlich unterm Strich das günstigste Angebot zu sondieren. Es gibt billige Angebote mit verschiedenen Fluglinien nach Südafrika – doch Vorsicht:

- Jeder Umweg über einen ausländischen Flughafen (mit z.T. ungünstigen Abflugzeiten ab Deutschland) und mögliche Zwischenlandungen auf dem Weg nach Südafrika verlängern den ohnehin langen Flug.
- In Südafrika endet dann das vermeintlich billige Angebot, denn hier muss nun zu Normaltarifen jeder Inlandsflug bzw. Anschlussflug nach Windhoek gebucht werden – und das wird teuer! Statt eine Strecke für ca. 60 € auf dem Streckennetz der SAA fliegen zu können, muss der offizielle „one-way"-Tarif bezahlt werden!
- Bei Länderverbindungen wie Namibia – Südafrika bzw. Zambia – Südafrika sind meist die Angebote von SAA und LH konkurrenzlos gut.
- Die SAA fliegt täglich ab Frankfurt nach Südafrika. Es gibt Sondertarife, wobei ein Inlandsflug im Preis inbegriffen ist – weitere Inlandsflüge kosten ca. 80 €.
- Die **Lufthansa** ist nicht mehr so teuer wie einst – prüfen Sie aktuelle Angebote. Vorteil: hohe Abflugfrequenzen ab Deutschland (7 x pro Woche), im Preis inbegriffen Anschlussflüge von jedem deutschen Flughafen und Weiterflüge in Südafrika (über Johannesburg) nach Windhoek (Namibia), Kapstadt u.a.

Kompetente Fluganalysen und Preise liefert Ihnen u.a. der Südafrika-Spezialist Iwanowski's Individuelles Reisen GmbH, Salm-Reifferscheidt-Allee 37, D 41540 Dormagen, Telefon 02133-26030, Telefax 02133-260333, website: www.afrika.de.

Fluggesellschaften sorgen auch für gute Anschlüsse nach anderen südafrikanischen Metropolen und fliegen auch nach Namibia (Windhoek). Die Preise schwanken je nach Saison zwischen ca. 700 und 1.000 €. SAA bietet außerdem günstige Inlandsflüge in Südafrika an.

> **Ausgeruht nach Südafrika – Tipps für den Langstreckenflug**
>
> - Nehmen Sie sich **dicke Socken** mit, damit Sie die Schuhe ausziehen können.
> - Empfehlenswert ist eine **legere Kleidung für die Nacht**. Ideal sind eine Gymnastikhose und ein Baumwolloberteil.
> - **Oropax** schützt vor dem unvermeidlichen Fluglärm.
> - Eine **Nasencreme** verhindert das Austrocknen der Nase aufgrund der trockenen Luft.
> - Eine **Augenklappe** erleichtert das Einschlafen.
> - Trinken Sie möglichst viel Wasser und **wenig Alkohol**.
> - **Thrombose-Prophylaxe**: Bewegen Sie sich so oft wie möglich – im Sitzen können Sie die Füße kreisen lassen, um die Durchblutung in den Beinen anzuregen.

Weitere Verbindungen

über ausländische Flughäfen mit entsprechenden Anschlüssen ab Deutschland bieten British Airways (über London), Air France (über Paris), KLM (über Amsterdam), Alitalia (über Rom), TAP (über Lissabon) an. Flugscheine dieser Gesellschaften werden preiswert angeboten, allerdings dauern diese Verbindungen zeitlich länger als Direktflüge und sind u.U. insgesamt gar nicht mal billiger, da die Inlands-Anschlüsse in Südafrika zu normalen Tarifen gebucht werden müssen.

⇨ **Fotografieren**

Motive, seien es Landschaften, exotische Volksstämme, Tiere und Pflanzen, gibt es genug. Der Gruppenreisende, aber noch mehr der Einzelreisende, wird je nach Interessenlage genügend Gelegenheit finden, in diesem vielseitigen Land seine fotografischen Schnappschüsse und seine Filmstreifen als „Tagebuch" daheim gründlich auszuwerten und seine Reise so oft wie möglich im Geiste anhand seiner Foto- und Filmausbeute zu wiederholen.

Fotoausrüstung
- Eine möglichst robuste, staubsichere **Spiegelreflexkamera** mit auswechselbaren Objektiven ist ein gut geeigneter Kameratyp, um gute Aufnahmen zu machen.
- Wenn Sie außer Landschaftsaufnahmen auch Tieraufnahmen machen wollen, dann kann ein **135 mm** langes **Teleobjektiv** Ihnen schon gute Dienste leisten. Ein **200 mm** und noch besser ein **400 mm** langes Tele erhöht natürlich Ihre Erfolgschancen, um auch scheuere und kleinere Tiere auf Ihren Film zu bannen. Mit einer **600** oder **800 mm** langen „Kanone" zu operieren, ist schon etwas für Profis mit entsprechender Erfahrung. Der Bildausschnitt und der Schärfebereich sind sehr klein. Vorteilhaft sind auch **Zoom-Objektive**. In der Kombination von einem **35–70 mm** Zoom und einem weiteren von

80–200 mm Zoom können Sie mit nur 2 Objektiven vom Weitwinkel- bis zum Telebereich fotografieren.
• Da Ihnen meist genügend Licht zur Verfügung steht und deshalb sehr kurze Belichtungszeiten möglich sind, werden Sie beim Fotografieren aus dem Auto durch Auflegen der Kamera auch mit Tele ohne **Stativ** auskommen. Sonst genügt in der Regel ein Bruststativ.
• **Sonnenblenden** verhindern den direkten Einfall des Sonnenlichtes auf die Frontlinse, und sie schränken die nicht immer gewünschten Lichtreflexe ein. Sie gehören zum unbedingt notwendigen Fotozubehör.
• Genauso wichtig ist der Gebrauch von **UV-Filtern**. Sie schirmen die fotoschädlichen UV-Strahlen ab und haben die günstige Nebenwirkung, dass sie die Frontlinse vor Staub, Regen, Zerkratzen und Beschädigung schützen.
• Zu Ihrer Fotoausrüstung sollte unbedingt ein **Blitzlichtgerät** gehören. Ideal ist natürlich ein Computerblitz, der Ihnen das Rechnen abnimmt.
• Vergessen Sie nicht, **Ersatzbatterien** für Kamera und Blitzlichtgerät in ausreichender Zahl mitzunehmen.

Nicht immer ist das Licht optimal

Filmausrüstung
Sie werden sich für **Schmalfilm** oder **Video** entscheiden müssen. Je höher Ihre Ansprüche in Bezug auf qualifizierte Tierfilme gesteckt sind, desto größer müssen auch die Brennweiten Ihrer zu verwendenden **Objektive** sein. Entscheidend beim Filmen ist eine feste Unterlage. Mit dem Auflegen auf den Rahmen des Autofensters ist es nicht immer getan. Ein Autostativ und ein weiteres festes **Stativ** für das Filmen außerhalb des Autos sollten bei der Ausrüstung nicht fehlen.

Filme
Nehmen Sie einen ausreichenden Vorrat an Filmen von daheim mit. 2 bis 3 Filme pro Safaritag sind nicht zu viel. Wenn Sie zu wenig Filme mitgenommen haben, so ist es fraglich, ob Sie die gewünschten Filmsorten bekommen, und wenn ja, dann sind diese Filme mindestens doppelt so teuer wie in Mitteleuropa.
Ich empfehle **Fuji-Filme** in unterschiedlicher Lichtempfindlichkeit (ASA), weil ich gute Erfahrungen mit ihnen gemacht habe.
Lagern Sie Ihre Filme möglichst kühl. Gegen Durchleuchten auf Flughäfen sind „Film-Safe"-Tüten zu empfehlen.

Tieraufnahmen
• Die **besten Chancen** als Tierfotograf oder -filmer haben Sie in den Morgen- und Abendstunden sowie an Wasserstellen.
• Die **Fluchtdistanz** in den Nationalparks und Wildreservaten gegenüber einem Auto ist oft erstaunlich gering. Das sollte Sie jedoch nicht verführen, dem Wild zu dicht „auf den Pelz zu rücken". Ihr oberstes Gebot sollte sein, die Tiere nicht zu beunruhigen. Nähern Sie sich ihnen vorsichtig. Ist es nicht auch ein beglückendes Gefühl, ein Foto gemacht und das Tier nicht gestört zu haben? Auch kleinere Tieraufnahmen in ihrem Biotop sind reizvoll. Es brauchen nicht immer Großaufnahmen zu sein.

- Seien Sie vorsichtig beim Fotografieren und Filmen von **wehrhaftem Großwild** wie Kaffernbüffeln, Elefanten und Nashörnern. Sichern Sie sich bei einem eventuellen Angriff einen geeigneten Fluchtweg mit dem Auto.
- Nicht nur Großwild, sondern auch **kleinere Tiere** sind ein Verweilen, Beobachten und eine Aufnahme wert.

Sonstige Tipps
- Beachten Sie beim Aufnehmem von Einheimischen ihren natürlichen Stolz und die **Menschenwürde**. Fragen Sie vorher höflich, ob es gestattet ist, ein Foto machen zu dürfen. Diese Anstandsregel wird leider oft von den Touristen missachtet. Meistens wird es Ihnen gerne gestattet zu fotografieren.
- Beim Fotografieren der **dunklen Gesichter der Afrikaner** sollten Sie das Foto durch Verstellen von 1 bis 2 Blendenwerten aufhellen oder das Blitzlichtgerät benutzen.
- Es ist ratsam, Ihre **Kamera zu Hause auszuprobieren**. Lassen Sie die Verschlusszeiten in einem Fotogeschäft vorher noch einmal überprüfen.
- Seien Sie auf Safaris stets „**schussbereit**". Die Tiere warten nicht, bis Sie z.B. Ihre Kamera ausgepackt, das richtige Objektiv gewählt und die richtigen Einstellungen an Ihrer Kamera vorgenommen haben. Oft sind es nur Sekunden, die Ihnen vielleicht ein Leopard für einen Schnappschuss Zeit lässt.
- **Protzen** Sie nicht mit Ihrer Kameraausrüstung. Sie kann sehr leicht ein begehrtes Diebesgut werden. Verschließen Sie sie stets bei Nichtgebrauch sicher.
- **Schützen** Sie Ihre Kamera- oder (und) Filmausrüstung vor Stoß, Staub und Hitze.
- Die Mitnahme einer **zweiten kleinen Kamera** für Schnappschüsse hat sich bewährt.

⇨ **Fremdenverkehrsbüros (South African Tourism)**

- **Deutschland:** D-60313 Frankfurt/M Alemannia-Haus, An der Hauptwache 11, Postanschrift: Postfach 101940, 60019 Frankfurt/M., Tel.: 069/929129-0, Fax: 069/280950; website: www.southafricantourism.de, E-Mail: info@southafricantourism.de
- **Schweiz:** Seestraße 42, CH-8802 Kilchberg/Zürich, Tel.: 01/17151069, Fax: 01/7151889
- **Österreich:** South African Tourism, Stefan-Zweig-Platz 11, 1170 Wien, Tel.: 01-47045110, Fax: 01-47045114

In den einzelnen Kapiteln finden Sie aber die Adressen der jeweiligen regionalen Tourist Information Offices, von denen Sie aktuelles Informationsmaterial erhalten.

> **Tipp**
> *Neue Telefonnummer für touristische Information*
> Reisenden in Südafrika steht ein neues Informationssystem zur Verfügung, das unter der Telefonnummer 083 123 23 45 täglich 24 Stunden erreichbar ist. Das Call Centre wurde in Zusammenarbeit zwischen dem Ministerium für Tourismus und der nationalen Petroleum Raffinerie Engen gegründet. Speziell ausgebildete Gesprächspartner beantworten ihre Fragen zu touristischen Belangen in allen Gebieten Südafrikas.

G

⇨ **Geld**

Eine einfache Möglichkeit in Südafrika an Bargeld zu kommen, ist die Sparkarte von der Postbank.

Im Prinzip funktioniert dies wie das alte Postsparbuch. Viermal im Jahr kann man ohne Gebühren an jedem Geldautomaten mit den Zeichen Visa und Visaplus Geld abholen. (Leserinnentipp)

s.a. Stichwort **Währung/Devisen**

⇨ **Gesundheit**

Südafrika verfügt über eine ausgezeichnete medizinische Versorgung, die sich absolut mit europäischen Verhältnissen messen kann. (Die erste Herz-Transplantation fand bekanntermaßen in Südafrika statt!). Entlang der touristischen Routen, aber auch abseits der Wege, kann mit kompetenter Hilfe gerechnet werden. Außerhalb der normalen Öffnungszeiten stehen in den größeren Städten stets Notapotheken zur Verfügung.

Die Rufnummern der lokalen Krankenhäuser finden Sie vorne in den Telefonbüchern, Ärzte unter „Medical". Die Travel Clinic (in Johannesburg: Tel. 011-8073132, in Kapstadt: Tel. 021-4193173, website: www.travelclinic.co.za) vermittelt exzellente Spezialisten, bietet fachärztliche Beratung un und gibt Empfehlungen für Impfungen, Medikamente etc.
 Landesweiter Polizei-Notruf: **10 111**
 Landesweiter Notruf für Rettungswagen: **10 177**

Wichtig: Europäische Krankenscheine werden in Südafrika nicht akzeptiert. Besucher müssen für die Kosten selbst aufkommen. Schließen Sie deshalb unbedingt eine Auslands-Krankenversicherung ab. Manche privaten Kassen decken das Auslandsrisiko ab – erkundigen Sie sich bitte vor Reiseantritt.

Impfungen
Cholera: Eine Impfung ist nicht mehr nötig.
Gelbfieber: Alle Personen, die in Südafrika aus einer Gelbfieberzone in Afrika oder Südamerika eintreffen oder dort Orte oder Häfen passiert haben, müssen im Besitz einer internationalen Bescheinigung über eine Impfung gegen Gelbfieber sein. Eine Bescheinigung über Gelbfieberimpfungen ist 10 Jahre gültig.
Pocken: Eine Schutzimpfung wird nicht mehr verlangt.
Sinnvolle Impfungen sind außerdem: Schutz gegen **Tetanus**, **Diphterie** und **Hepatitis A**.

Malaria
Eine **Malaria-Prophylaxe** ist für den Besuch des Kruger National Parks (Limpopo Province/Mpumalanga), der benachbarten Wildparks sowie beim Besuch der Wildschutzgebiete KwaZulu/Natals sehr ratsam. Medikamente zur Malaria-Prophylaxe sind in den Apotheken erhältlich. In Malaria-Gebieten sollte Parfüm oder After Shave Lotion vermieden werden. Bei Eintritt der Dunkelheit: lange Hosen und lange Ärmel tragen. Tagsüber: Mückenspray benutzen.
Man hat nachgewiesen, dass durch die Prophylaxe das Risiko einer Malaria-Erkrankung auf etwa 15–25 % sinkt und dass auch die Auswirkungen der Malaria wesentlich geringer sind. Für unsere Reisenden empfehlen wir, die Malaria Reporting Website zu besuchen: www.malaria.co.za.
Schwangeren Frauen ist von einer Einnahme von Malaria-Prophylaxe-Mitteln allerdings abzuraten.

6. Allgemeine Reisetipps von A–Z

- **Krankheitsursache und -verlauf**
Etwa 40 verschiedene Mückenarten der Gattung „Anopheles" übertragen die Blut schmarotzenden Erreger durch Stich, meistens in der Zeit zwischen Abenddämmerung und Sonnenaufgang, auf die Menschen. Nach dem Reifestadium im Blutkörperchen platzt der Erreger und zerfällt durch Unterteilung des Kerns in zahlreiche selbstständige Stücke. Dieser Vorgang verursacht den immer wiederkehrenden regelmäßigen Fieberschub (Wechselfieber) bei den Malariakranken.
- **Schutzmaßnahmen**
- Der **Schutz vor Moskitostichen** ist die wichtigste Vorbeugungsmaßnahme gegen Malaria! Es ist ratsam, nachts unter einem **Moskitonetz** zu schlafen und tagsüber in gefährdeten Gebieten nackte Körperteile mit vorzugsweise heller Khaki-Kleidung zu bedecken und einen Moskito-Kopfschutz zu tragen. **Mückenspray**, Mückensalbe oder angezündete Räucherspiralen können Malariamücken von Ihnen fernhalten.
- **Perethrin** ist ein auf Pyrethrum basierendes Insektengift, mit dem das Moskitonetz imprägniert wird.
- Zusätzlich sollte eine **medikamentöse Malaria-Prophylaxe** (Resochin, Lariam, Paludrine, Malarone oder andere aktuelle Mittel) unbedingt vorgenommen werden. Am besten lassen Sie sich bei Ihrem Gesundheitsamt oder einem Tropeninstitut über das derzeit wirksamste Mittel für die Zielregion, die Dosierung oder eine Kombination verschiedener Medikamente beraten.

Malariafreie Gebiete
sind Western Cape, Northern Cape, Gauteng, Free State und Eastern Cape.

Risiko-Gebiete
- mit hohem Risiko: ganzjährig, verstärkt November bis Juni: Tiefland im N und O der Limpopo und im O von Mpumalanga (einschließlich der Nationalparks) sowie Küstengebiet im NO von KwaZulu/Natal (Distrikte Ingwavuma u. Ubombo), besonders in und nach der Regenzeit (Nov-Jun);
- mittleres Risiko: restliches Tiefland im O von KwaZulu/Natal nach S bis 29° S (Tugela-Fluss) sowie in den Übergangszonen der o.g. Gebiete mit hohem Risiko;
- geringes Risiko dort in der Trockenzeit (Juli bis Okt); im Kruger-Park nimmt das Risiko von W nach O (Grenzgebiet zu Mosambik) zu

Informationen zu Malaria bietet die 24 h-Hotline 082-2341 800

Aktuelle und wichtige Informationen vor der Reise erhalten Sie über folgende Links: www.travelmed.de und das Zentrum für Reisemedizin: www.crm.de

Außerdem bieten verschiedene **Tropeninstitute** Beratungshilfe:
  Berlin: Tel. 030-301166
  Düsseldorf: Tel 0211-8117031
  Hamburg, 040-42818800, www.tropenmedizin.net
  München; Tel. 089, 2180135, www.fitfortravel.de
  Rostock, Tel. 0381-4947583

Bilharziose

Diese Krankheit ist in den Tropen weit verbreitet. Ca. 200 Millionen Menschen leiden unter ihr. Sie können sie sich durch Waten und Baden in stehenden und träge fließenden Süßwassergewässern zuziehen. Die Bilharziose wird durch sehr kleine Saugwürmer (*Schistosomum haematobium*), die von dem Deutschen Theodor Bilharz entdeckt wurden, hervorgerufen. Diese winzigen Würmer bohren sich durch die Haut der Menschen, gelangen schließlich in den Unterleib und verursachen dort Blasenentzündungen sowie Darm-, Magen-, Nieren- und Lebererkrankungen. Die Eier des Wurms werden wieder von den erkrankten Menschen ausgeschieden und gelangen über das Süßwasser von Teichen, Pfützen, Seen und langsam fließenden Gewässern über ein Larvenstadium in einen Zwischenwirt, eine Süßwasserschnecke. Hier entsteht die 2. Generation der Wurmlarven, die wieder über das Süßwasser in den menschlichen Körper gelangt.

Die äußeren Krankheitsmerkmale bei fortgeschrittenem Verlauf sind: abgemagerter Oberkörper, unförmig aufgetriebener Bauch und Stauungen in den Beinen.

Darmerkrankungen

In allen warmen Ländern der Erde sind besonders Besucher aus kühleren Klimazonen anfällig für verschiedene Darmkrankheiten. Da jedoch Typhus und Amöbenruhr sehr selten auftreten, handelt es sich meist nur um leichtere Darmerkrankungen, die medikamentös schnell zu beheben sind. Vorbeugend sollten Sie kein verunreinigtes Wasser und keine verdorbenen Speisen zu sich nehmen. Rohes und nicht ganz durchgebratenes Fleisch, ungeschältes Obst, Salate, Salat-Dressings mit Mayonnaise und rohes Gemüse können zu Darmerkrankungen führen.

Bei **Durchfallerkrankungen** ist immer auf eine ausreichende Flüssigkeits- und Elektrolytzufuhr zu achten. Abgepackte Glukose-Elektrolyt-Mischungen sind im Handel erhältlich und gehören in jede Reiseapotheke.

Wasser kann man in ganz Südafrika aus der Leitung trinken, ebenso brauchen Sie vor Salaten und anderen Nahrungsmitteln keine Angst zu haben, alles ist sauber und hygienisch.

Beim **Schwimmen** im Ozean muss auf Strömungen und auf evtl. Gefährdung durch Haie geachtet werden (beliebte Strände sind z.T. durch Stahlnetze gesichert; ebenso gibt es an den Badeorten – besonders in Natal – „Haiwachen"). Die Hai-Gefahr ist sehr gering. Verderben Sie sich deshalb nicht Ihre Badefreuden, und vergewissern Sie sich bei Einheimischen.

Ein Risiko, das viele Besucher immer wieder und immer noch unterschätzen: die **Sonnenbestrahlung**. In der südlichen Hemisphäre ist die Sonneneinstrahlung wesentlich stärker und intensiver als das was wir aus Europa gewohnt sind. Achten Sie deshalb darauf, dass Sie sich nicht übermäßig lange ungeschützt in der Sonne aufhalten. Vorsichtsmaßnahmen sind ein gutes Sonnenschutzmittel mit mindestens Lichtschutzfaktor 25–30. Eine gute Sonnenbrille, die in jedem Optikerladen erhältlich ist, hilft gegen die UV-Strahlung. Gegen die direkte Sonne hat sich außerdem ein breitkrempiger Sonnenhut bewährt. Und was für Erwachsene gilt, gilt natürlich insbesondere für Kinder.

6. Allgemeine Reisetipps von A–Z

⇨ **Grenzübergänge**

Für Reisenden, die Nachbarländer besuchen, gelten folgende Öffnungszeiten an den Grenzübergängen:

nach **Botswana**:
- Grobbelersbrug (aus Johannesburg): 8–18h
- Kopfontein (bei Gaborone): 7–22h
- Pioneer Gate: 7–20h
- Ramatlabama (Mmabatho): 7–20h
- Skilpadhek (bei Lobatse): 7–17h
- Stokpoort (aus Johannesburg): 8–16h
- Tlokweng Gate: 7–22h

nach **Lesotho**:
- Ficksburg Bridge: durchgehend
- Maseru Bridge: 6–22h
- Peka Bridge: 8–16h
- Van Rooyens: 7–20h

nach **Moçambique**:
- Lebombo (bei Komatipoort): 8–17h

nach **Namibia**:
- Ariamsvlei (aus Johannesburg): durchgehend
- Onseepkans (von Augrabies Falls): 6–22h
- Rietfontein (v. Kalahari Gemsbok Park): durchgehend
- Vioolsdrift (aus Kapstadt): durchgehend

nach **Swasiland**:
- Golela (nach Natal): 7–22h
- Lavumisa: 7–22h
- Mahamba (aus Piet Retief): 7–22h
- Nerston: 8–18h
- Oshoek (Mbabane): 7–22h

nach **Zimbabwe**:
- Beitbridge: 6–20h

I

⇨ **Impfungen**

s. Stichwort *Gesundheit*

⇨ **Informationen**

s. Stichwort *Adressen, Fremdenverkehrsämter, South African Tourism*

⇨ Internet-Adressen

- www.afrika.de: Homepage des Reiseveranstalters Iwanowski, u.a. mit aktuellen Hinweisen auf die Länder des Südlichen Afrika
- www.auswaertiges-amt.de: Auskunft zur aktuellen **Sicherheitslage** in Südafrika
- www.southafricantourism.de und www.southafricantourism.com: Homepage des südafrikanischen **Fremdenverkehrsbüros**
- www.suedafrika.org: Nachrichten und Berichte der südafrikanischen Botschaft
- www.suedafrika.net: Alle erdenklichen länderkundlichen und reisepraktischen Auskünfte zu Südafrika und Namibia
- www.backpackers.co.za: Infos des Africa Travel Centre für **Rucksackreisende**
- www.ecoafrica.com/saparks/index.htm: Website der National Parks
- www.sa-venues.com: Fülle von touristischen Infos, mit Suchmaschine
- www.spoornet.co.za: Eisenbahnstrecken, Fahrpläne etc.
- www.travelclinic.co.za: **Medizinische Auskunft**, Vermittlung von Ärzten, Beratung über Medikamente, Impfungen etc.
- Auf der Website www.museums.org.za stellen sich die südafrikanischen **Museen** dar – mit Hintergrund-Informationen, Öffnungszeiten etc.
- Unter www.hostels.com/za.html finden Sie eine Liste aller Jugendherbergen Südafrikas.
- Eine Liste der **Aventura-Resorts** mit Karte und Beschreibung finden Sie unter www.aventura.co.za.
- Die südafrikanischen **Nationalparks** finden Sie unter www.parks-sa.co.za – hier können Sie auch direkt buchen.
- Gästehäuser sowie Bed-and-Breakfast-**Unterkünfte** in Gauteng, Western Cape, Eastern Cape, KwaZulu Natal, Limpopo Province und entlang der Garden Route finden Sie unter www.marzinfo-cape.co.za. Reservierungen können allerdings nicht direkt vorgenommen werden.
- Unter www.computicket.com finden Sie die Programme aller Theater Südafrikas – und Sie können direkt reservieren!
- Einige Internet-Adressen von **Sprachschulen** in Südafrika:
  www.capstudies.co.za: Cape Studies bietet Englischkurse (auch Business English) in Kapstadt an, organisiert Touren und Unterkünfte.
  www.cia.co.za/tourism/cape.htm: Die Cape Town School of English and Foreign Languages stellt auf ihrer Internetseite Programme, Touren, Ausflüge und Unterkünfte vor. Neben Englisch werden übrigens auch afrikanische Sprachen unterrichtet.
  www.englishcentre.co.za: Englisches Sprachzentrum in Durban.
- www.bday.co.za: Auf den Internetseiten von Business Day finden Sie Informationen aus dem Bereich **Wirtschaft**. www.inc.co.za: Hier finden Sie Links zu verschiedenen Tageszeitungen Südafrikas.
- Die größte südafrikanische Suchmaschine im Internet ist www.ananzi.co.za – übersichtlich und klar gegliedert.
- Die aktuellsten nationalen und internationalen **Nachrichten** gibt's auf den Seiten www.iol.co.za und www.news24.co.za.
- Wie das **Wetter** wird, können Sie auf der Seite www.weathersa.co.za nachschauen.

J

⇨ **Jagd**

Viele Reisende möchten gerne auf Trophäenjagd gehen. Die finanziellen Erlöse daraus fließen im Übrigen in den Naturschutz. Die Jagd unterliegt in Südafrika strengen Auflagen. Ausführliche Informationen zum Thema „Jagd" sind im kostenlos über South African Tourism zu beziehenden Heft „Jagd und Hege in Südafrika" enthalten (siehe South African Tourism).

K

⇨ **Kartenmaterial**

Eine gute Übersichtskarte liegt diesem Buch bei. Auch ist eine Übersichtskarte bei South African Tourism zu erhalten. Ebenfalls empfehlenswert ist die Autokarte der Firma Freytag-Berndt, ISBN 3-85084-239-8, im Maßstab 1:2.000.000, zum Preis von 9,85 €. Diese Karte ist über den Buchhandel zu beziehen. Der ADAC plant, eine neue Südafrika-Karte zum Preis von etwa 9 € herauszubringen.

⇨ **Kinder**

Südafrika ist ein ausgesprochen kinderfreundliches Land, und entsprechend viele Unterhaltungsprogramme und Spielplätze für die Jüngeren gibt es. Auch zahlreiche Restaurants sind auf Kinder eingestellt und haben spezielle Gerichte auf der Karte bzw. auch Hochsitze für die ganz Kleinen. Mit Kleinkindern zu verreisen, ist so „normal" in Südafrika, dass größere Hotels über einen eigenen Babysitter verfügen bzw. Adressen von seriösen Babysittern vermitteln. Sogar in den gelben Seiten finden sich Babysitter-Organisationen (Stichwort „Babysitters & Child Care"). In Kapstadt erfreut sich da die Organisation **„Super Sitters"** (Tel.: 021-439-4985) eines sehr guten Rufs. Es gibt auch Bücher, die sich speziell damit beschäftigen, was Kindern in Kapstadt Spaß machen könnte.

Sie sollten aber bei der Buchung von Privatunterkünften, Guesthouses und auch Camps darauf achten, ob diese Kinder aufnehmen. Falls nicht, ist das kein böser Wille, sondern zielt eher darauf, älteren Reisenden einen geruhsamen Aufenthalt zu versprechen, bzw. ist die Folge davon, dass die Sicherheit der Kinder nicht gewährleistet werden kann.

Wichtig ist auch, dass Sie sich an Badestränden vorher über die **Strömungsverhältnisse** informieren. **Tidenpools** bieten an vielen Stränden mehr Sicherheit.

⇨ **Kleidung**

Der **Temperaturunterschied** zwischen Tageshitze und nächtlicher Kälte ist enorm. Wer in der Trockenzeit reist (südlicher Winter), kann ohne weiteres tagsüber Temperaturen bis 35 °C und nachts weit unter 10 °C erleben. Am bewährtesten ist das „Zwiebelschalenprinzip": Man zieht mehrere Schichten übereinander an und zieht sie nach und nach aus, wenn die Tageshitze kommt. Eine **Fleecejacke** („Faserpelz") sollte jedenfalls nicht fehlen. Auch im Sommer (Regenzeit) sollte eine leichte Regenjacke mitreisen.

Die Kleidungssitten sind sportlich-leger, abgesehen von offiziellen Anlässen oder besonderen Feierlichkeiten (Weihnachten). In Hotels und Restaurants ist vollständige Kleidung – abends möglichst Jackett und Krawatte für die Herren, Damen genießen wie in vielen Ländern der Welt größere Freiheit hinsichtlich der Gestaltung ihrer Kleidung – dringend notwendig (kein Trainingsanzug, keine Schlappen!), sonst gilt: „No shoes, no shirt – no service!"

Wichtig ist dagegen **leichte, luftdurchlässige Kleidung**. Halbhohe feste Schuhe („**Trekkingschuhe**") sollten den Reisenden wegen der Dornen und der gelegentlich vorkommenden Skorpione unbedingt in die Naturparks begleiten, auch wenn keine weiten Wanderungen geplant sind. Sandalen gehören nur in die Wohnumgebung. Eine leichte Mütze (Sonnenhut) ersetzt nicht eine gute Sonnencreme und Sonnenbrille, denken Sie auch an die Lippen! Der beste Lippenschutz ist derzeit Anthélios (Fa. Roche-Posay) mit einem Lichtschutzfaktor von 50. Will man campen und/oder wandern, so gehören unbedingt ein (Tages-)Rucksack, eine große Wasserflasche und auch eine Stirnlampe (notfalls eine Taschenlampe) ins Gepäck! Für die Pirsch im Gelände sollte die Kleidung naturfarben sein, nicht allzu bunt und erst recht nicht blau.

In den Hotels und Lodgen wird alle Kleidung, die man zum Waschen gibt, gebügelt, um zu vermeiden, dass eine Fliegenart ihre Eier in das feuchte Gewebe legt. **Vorsicht** also mit Kunstfasern, z.B. mit Fleecejacken!

⇨ Klima, Reisezeit

Die Jahreszeiten der Südhalbkugel sind den europäischen entgegengesetzt: Wenn wir Winter haben, herrscht in Südafrika Sommer. Klimatisch sind Reisen nach Südafrika zu jeder Jahreszeit möglich. Generell gilt, dass die beste Zeit für die Wildbeobachtung die Monate der Trockenzeit sind (Juni–August). Im Kapland dagegen nimmt in dieser Zeit die Regenhäufigkeit zu.

Die besten Reisezeiten
1. Die Zeit **zwischen Mitte September und Anfang Dezember**: Im September/Oktober blühen die Pflanzen, und in der gesamten Zeit herrschen erträgliche Temperaturen – auch landeinwärts. Und der Regen hält sich auch zurück. Im Oktober/November muss nur mit starken Winden gerechnet werden, die vereinzelte kühlere Tage mit sich bringen.
2. Die Zeit **zwischen Mitte Januar und Mitte März** ist warm und wenig regnerisch. Heiß wird es aber, wenn Sie ins Landesinnere fahren.
3. Die Wintermonate (**Mitte Mai bis Anfang September**) sind kühl und dabei regnet es kaum am meisten. Der Regen fällt aber i.d.R. in kurzen, heftigen Schauern. Dazwischen können sonnige Tage auftreten. Der besondere Vorteil liegt in dieser Zeit aber darin, dass die Nebensaison für günstigere Preise sorgt und Sie ohne große Vorbuchung individuell und spontan herumreisen können. Für „Sonnenanbeter" ist diese Zeit natürlich nichts.

Meiden Sie auf alle Fälle die Zeit zwischen Mitte Dezember und Mitte Januar. Dann herrscht absolute Hochsaison. Die Preise sind hoch, die Straßen zu den touristischen Zielen voll und die Zimmer oft wochenlang im Voraus ausgebucht. Auch die beiden Wochen um Ostern sind diesbezüglich nicht zu empfehlen.

⇨ **Krankenversicherung**

Prüfen Sie bitte, ob Ihre Krankenversicherung im Krankheitsfalle für die Kosten im außereuropäischen Raum aufkommt. Die medizinische Versorgung im Lande ist gut, aber es besteht kein Sozialabkommen zwischen Deutschland und Südafrika. In der Regel ist daher eine Reisekrankenversicherung für das Ausland erforderlich.

⇨ **Kriminalität**

Die Kriminalität ist leider auch in Südafrika in den letzten Jahren gestiegen. Die meisten Überfälle und Diebstähle gibt es in den Großstädten wie Johannesburg, Kapstadt oder Durban. Bitte meiden Sie nachts einsame Straßen, tragen Sie nicht viel Bargeld oder Schmuckstücke mit sich. Alle Wertsachen sollten Sie vielmehr im Hotelsafe einschließen lassen. Verhalten und kleiden Sie sich, soweit es möglich ist, unauffällig. Falls Sie überfallen werden sollten, bewahren Sie unbedingt Ruhe und leisten Sie keinen Widerstand. Im Auto sollten Sie während der Fahrt alle Türen verriegeln, besonders in Städten. Lassen Sie keine Wertsachen offen im Auto liegen.

L

⇨ **Literatur**

Sämtliche deutsch- und englischsprachige Literatur über Südafrika ist auf dem Postweg zu beziehen über: Buchhandlung Ulrich Naumann, 17 Burg Street, 8001 Cape Town, Republik Südafrika, Tel.: 021-4237832, Fax: 021-4233208, E-Mail: buchhandlung@naumann.co.za. Eine ausführliche Bibliographie finden Sie im Anhang.

M

⇨ **Maße und Gewichte**

In Südafrika gilt, wie in Deutschland, Österreich und der Schweiz auch, das metrische System.

⇨ **Mehrwertsteuer**

Die Mehrwertsteuer (Value Added Tax = VAT) beträgt z. Zt. 14 % und ist in den Preisen inbegriffen. Mehrwertsteuerfrei ist der Kauf von Kleidungsstücken, Souvenirs, Schmuck, Teppichen etc., sofern der Versand an die Heimatadresse direkt durch den Laden erfolgt. Für diejenigen, die teuren Schmuck und Diamanten kaufen möchten, gibt es folgende Möglichkeit, um die südafrikanische MwSt. herumzukommen: Man kauft in den Mitgliedsgeschäften des sog. Jewellery Council of SA, P.O.Box 1659, Saxonwold, 2132 South Africa, Tel.: 011-8801713, Fax: 011-8801714, website: www.jewellery.org.za, E-Mail: admin@jewellery.org.za. Per Kreditkartenabzug und Quittung hinterlegt man gesondert die Mwst. Wenn man Südafrika verlässt, lässt man sich die Ausfuhr direkt hinter der Passkontrolle beim Schalter des Jewellery Councils bestätigen. Danach wird das Geschäft, in dem man gekauft hat, informiert, dieses zerreißt dann den Kreditkarten-Abzug für die MwSt.

⇨   **Motorrad-Vermietung**

In Kapstadt und Johannesburg werden neuwertige Suzuki- und Yamaha-Motorräder vermietet durch:
- Mitaka Johannesburg: Tel.: 011-7199000, website: www.mitaka.co.za
- Mitaka Cape Town: Tel.: 021-4216038, website: s.o.
- BMW-Motorradreisen und Vermietung in Südafrika durch: Karoo-Biking, Tel: (0)82 533 6655; website: www.karoo-biking.de; E-Mail: info@karoo-biking.de

N

⇨   **Nationalparks**

Besonders schöne Landschaften weisen Schutzgebiete in Form von **Nationalparks** auf. Diese Parks werden kontrolliert und verwaltet durch das National Parks Board, P.O.Box 787, Tshwane (ehem. Pretoria) 0001, Tel.: 012-428-9111, Fax: 012-343-3830, website: www.parks-sa.co.za, E-Mail: reservations@parks-sa.co.za. Die **Game Reserves von KwaZulu/Natal** werden dagegen gebucht bei: KwaZulu/Natal Wildlife, POBox 13069, Cascades, Pietermaritzburg 3202, Tel. 033-845 1000, www.kznwildlife.com; Buchungen bei Tourist Junction, Old Station Building, 160 Pine St., Durban, Tel. 031-304-4934.

Name	Entfernungen/ Lage	Größe	Schwerpunkt
Limpopo Province/Mpumalanga			
Kruger National Park	400 km nordöstlich Johannesburg	20 000 km²	großer Artenreichtum an Fauna und Flora „Big Five" neben praktisch allen afrika-typischen Tieren – ideal für Selbstfahrer – gutes Straßen- und Wegesystem – im Park selbst zahlreiche, über das gesamte Gebiet verteilte Unterkünfte am Westrand viele private Game Lodges (s. S. 447).
Marakele National Park	etwa 250 km nordwestlich Johannesburg/ Nähe Thabazimbi	600 km²	jüngster Nationalpark Südafrikas, am Waterberg gelegen, gebirgige Szenerie mit Tafelbergen und schroffen Felsen, große Höhenunterschiede, Geier, viele Antilopenarten, auch Elefanten, Nashörner, Löwen – nur ein Zeltcamp (Allrad obligatorisch) (s. S. 474)
Vhembe-Dongola National Park	an der Grenze zu Zimbabwe 85 km westlich von Messina	ca. 300 km²	Begräbnis- und Ritualgegend mit dem Fund des „Golden Rhino" (Grabbeilage einer alten Kultur), idyllische Lage am Zusammenfluss Sashe-/ Limpopo River) (s. S. 475)

Parkgebühren: Nicht Südafrikaner müssen seit 1. November 2003 folgende Parkgebühren entrichten:

R 35.00	Cape Pensinsula
R 60.00	Agulhas, Augrabies, Bontebok, Vhembe-Gongola, Golden Gate, Karoo, Marakele, Mountain Zebra, Namaqua, Vaalbos, West Coast, Wilderness
R 35.00	Cape Pensinsula
R 70.00	Umfolozi, Hluhluwe
R 100.00	Kruger, Kgalagadi

Die South African National Parks (SANParks) haben eine „Wild Card" herausgebracht. Ab sofort zahlen Einzelpersonen einmalig beim Kauf der Karte 600 Rand, Paare 1 000 Rand. Damit hat man zehn Tage lang freien Eintritt zu allen Nationalparks.

Name	Entfernungen/ Lage	Größe	Schwerpunkt
North West Province			
Pilanesberg National Park	160 km nordwestlich von Johannesburg	550 km²	hügelige Vulkanlandschaft – Big Five neben fast allen Antilopenarten – gutes Wegesystem, gut für Selbstfahrer – verschiedene Übernachtungsmöglichkeiten – beste Tierbeobachtung in relativer Nähe zu Johannesburg (s. S. 481)
Northern Cape Province			
Augrabies Falls National Park	120 km westlich Upington	880 km²	wüstenähnliche Landschaft mit Euphorbien, Köcherbäumen – hoher Wasserfall (240 m) – tolle Schluchten – herrliche Wanderwege, Straßen und Pisten für Selbstfahrer – sehr schön gelegenes Camp (s. S. 549)
Kgalagadi Transfrontier National Park (Kalahari)	360 km nördlich von Upington	40 000 km²	tolle wüstenähnliche Landschaft mit roten Dünen, großen Trockenflusstälern – Löwen, Geparden und Leoparden, Antilopen (Springbock, Oryx) – gutes, nicht befestigtes Wegesystem (zum größten Teil auch PKW-tauglich, hängt aber von Jahreszeit ab) – 3 auf den Park verteilte Camps (s. S. 552)
Namaqua National Park	ca. 60 km südwestlich Springbok	550 km²	besonders lohnend in der Frühlingszeit (Wildblumenblüte) – 3 500 Pflanzenarten – Rundweg für Selbstfahrer – keine Übernachtungsmöglichkeiten. Öffnungszeiten: während der Wildblumenzeit im Frühjahr von 8 bis 17h (s. S. 571)
Richtersveld National Park	südlich des Oranjeflusses, Grenze zu Namibia	1 624 km²	gebirgige, bizarre Landschaft – herrlich am Oranjeufer – viele Sukkulenten – sehr einsam – Allrad erforderlich (s. S. 565)
Tankwa Karoo National Park	95 km südlich von Calvina	600 km²	Steppenvegetation – bergiges Gelände – Tiere: Schwarzadler, Nashörner, Track für Allradfahrer – einfaches Camp (s. S. 574)
Vaalbos National Park	10 km westlich von Barkly West	225 km²	viele Kampferbäume, Tiere: Antilopen, Giraffen, Büffel, Nashörner – einfache Unterkünfte (s. S. 548)
Western Cape Province			
Agulhas National Park	bei Algulhas, 170 km östlich von Kapstadt	ca. 20 km²	200 einheimische Pflanzen, davon viele endemisch – zum kulturellen Erbe gehören die Schiffswracks entlang der Küste – raue Umgebung, vielfältige Übernachtungsmöglichkeiten (s. S. 628)

6. Allgemeine Reisetipps von A–Z

> **INFO** **Big Five**
>
> Der Begriff „Big Five" (die großen Fünf) stammt ursprünglich aus der Jägersprache. Zu ihnen gehört der Löwe, der Leopard, der Elefant, der Büffel und das Nashorn. Jeder Reisende ist darauf erpicht, diese Tiere zu sehen, doch nur wenigen wird das Glück beschieden sein, sie alle zu sehen. Die höchste Wahrscheinlichkeit, die Big Five in freier Wildbahn zu sehen, bietet der Besuch von privaten Game Reserves, da erfahrene Ranger quer durch den Busch den Tieren nachspüren können.

Nationalparks und große Wildreservate

1 Kruger-Nationalpark
2 Ndumu-Wildreservat
3 Mkuzi-Wildreservat
4 Hluhluwe-Wildreservat
5 Umfolozi-Wildreservat
6 St.-Lucia-Wildreservat
7 Giant's Castle-Wildreservat
8 Ukhahlamba Drakensberg Park
9 Royal-Natal-Nationalpark
10 Golden-Gate-Highlands-Nationalpark
11 Mountain-Zebra-Nationalpark
12 Addo-Elephant-Nationalpark
13 Tsitsikamma-Forest-Nationalpark
14 Tsitsikamma-Coastel-Nationalpark
15 Knysna Nat. Lake Area
16 Wilderness Seen
17 Bontebok-Nationalpark
18 Agulhas Nationalpark
19 Tankwa-Karoo Nationalpark
20 Karoo-Nationalpark
21 Namaqua Nationalpark
22 Augrabies-Falls-Nationalpark
23 Kgalagadi Transfrontier N.P.
24 Vaalbos Nationalpark
25 Marakele Nationalpark
26 Vhembe/Dongola Wildreservat

6. Allgemeine Reisetipps von A–Z

Name	Entfernungen/Lage	Größe	Schwerpunkt
Bontebok National Park	8 km südöstlich Swellendamm	32 km²	sehr bunte Botanik im Frühling – Tierwelt: Buntböcke, Bergzebras, Antilopen – kurze Wanderwege – einfaches Camp (s. S. 629)
Cape Peninsula National Park	Kaphalbinsel	vom Signal Hill bis zum Kap	vielfältigste Pflanzenwelt, Paviane (Vorsicht!) (s. S. 600)
Knysna National Lake Area	westlich von Knysna	106 km²	besonders artenreiches Wasservogel-Gebiet, Kapottern – Strände – Fynbos-Vegetation – 2 einfache Camps (s. S. 648)
Tsitsikamma National Park	zwischen Humansdorf und Plettenberg Bay	85 km²	Abhänge zum Meer mit dichtem Waldbewuchs – tolle Küstenszenerie am Groot River Mouth – schöne Wanderwege – spektakulär gelegenes Camp (s. S. 651)
West Coast National Park	110 km nördlich von Kapstadt	180 km²	Gebiet an der Langebaan-Lagune – tolle Vogelwelt – viele Wanderwege – Naturlehrpfade – einfache Unterkünfte (s. S. 605)
Eastern Cape Province			
Addo Elephant National Park	72 km nördlich von Port Elizabeth	148 km²	Buschlandschaft – viele Elefanten, Nashörner, Büffel – gut für Selbstfahrer – einfaches Camp/außerhalb des Parks luxuriöse Alternativen (s. S. 664)
Mountain Zebra National Park	ca. 30 km nördlich von Cradock	65 km²	Trockensavanne, manchmal dichter Wald – Bergzebras, Elenantilopen, Springböcke, Wasserbüffel (aggressiv) Gnus – Wandermöglichkeiten – einfaches Camp – gut für Selbstfahrer (s. S. 678)

INFO   Transfrontier Parks

Eine neue Entwicklung im Südlichen Afrika sind die sogenannten Transfrontier Parks, auch Peace Parks genannt, eine Idee, für die sich Dr. Anton Rupert einsetzte. Seit Ende der 1980er Jahre streitet er unermüdlich für diese grenzübergreifenden Parks, um so die Eingrenzung der Lebensräume vieler afrikanischer Tierarten zumindest zum Teil rückgängig machen zu können:

Great Limpopo Transfrontier Park
Dieser Park ist ein neues Naturschutzgebiet, das auf einem Abkommen der Länder Mozambique, Südafrika und Zimbabwe besteht. Er bedeckt eine Fläche von 3 577 144 ha, was einer Größe von 35 000 km² entspricht. Der Park wird den südafrikanischen Kruger-, „Limpopo-Nationalpark" im benachbarten Mosambik sowie den Gonarezhou-Nationalpark, das Manjinji-Pan-Schutzgebiet und das Malipati-Safarigebiet in Zimbabwe zusammenfassen.
Das Klima ist tropisch-feucht. Hier entdeckt man eine große Anzahl an Wildtieren insbesondere die „Big Five".

Kgalagadi Transfrontier Park
Hier stoßen der Gemsbok National Park von Botswana und der Kalahari Gemsbok National Park von Südafrika aneinander. Der größere Anteil der Gesamtfläche von 37 991 km² liegt in Botswana. Trockensavanne und Sanddünen bestimmen das Klima.

Maloti-Drakensberg Transfrontier Conservation and Development Area
Dieses Gebiet erstreckt sich über die Berge an der nordöstlichen Grenze zwischen Lesotho und Südafrika. Es unterstützt ein einzigartiges bergiges und sub-alpines Ökosystem. Hier sind noch seltene Pflanzenarten, die nur in den Bergen vorkommen, erhalten. In dieser Region finden sich zudem eine größere Anzahl Naturreservate verschiedenster Provinzen wie z.B. der Ukhalamba Park im südafrikanischen KwaZulu/Natal und dem Sehlaba-Thebe National Park Lesothos. Interessant ist diese Region besonders für Geologen, insbesondere aufgrund seiner großen Klippen. Sie bedeckt eine Fläche von 8 113 km².

Unterwegs im Ai-Ais Richtersveld National Park

Lubombo Transfrontier Conservation and Resource Area
Von dieser Naturschutzregion wird die Grenze zwischen der südafrikanischen Provinz KwaZulu/Natal südlich von Moçambique und Swasiland überbrückt. Im Westen befinden sich die Lebombo Hills, im Osten der Indische Ozean. Seine Fläche von 4 872 km² verteilt sich zur Hälfte auf Südafrika, der Rest auf Botswana und Zimbabwe. Charakteristisch sind die Lebombo Mountains, die südlichen mozambiquanischen Talauen und das Weideland an der Küste. Kulturell hervorzuheben sind die traditionellen Fischfang-Methoden, das Königreich Swasiland und das benachbarte Zentrum des Zulureiches.

Limpopo-Shashe Transfrontier Conservation Area
Am Zusammenfluss des Limpopo und Shashe Rivers befindet sich dieses Naturschutzgebiet vornehmlich zu den benachbarten Ländern Botswana, Südafrika und Zimbabwe. Savanne und Auenwälder bestimmen das Klima der 4 872 km² großen Region. Archäologisch interessant ist das Mapungubwe Village.

Ai-Ais Richtersveld Transfrontier Conservation Park
Mit einer Größe von 6 222 km² umfasst dieser Park eine der spektakulärsten Landschaften im Südlichen Afrika, die durch trockene Umgebung und Wüsten bestimmt sind. Zu ihm gehören der Ai-Ais Hot Springs Game Park in Namibia und der Richtersveld National Park in Südafrika.

6. Allgemeine Reisetipps von A–Z

Name	Entfernungen/ Lage	Größe	Schwerpunkt
KwaZulu/Natal			
Hluhluwe Umfolozi Park	270 km nordsötlich von Durban	960 km²	hügliges, von tiefen Tälern durchzogenes Gebiet – viele Nashörner (auch u. a. Löwen, Elefanten, Giraffen, Büffel) – gutes Wegenetz für Selbstfahrer – tolles Camp (Hilltop) (s. S. 735)
Ukhahlamba Drakensberg Park	ca. 100 km westlich Ladysmith	2 428 km²	Hochgebirgspark mit tollen Gebirgsszenerien – Felszeichnungen – gut markierte Wanderwege – Unterkünfte unterschiedlichster Art (von Camps bis zu sehr guten Hotels) – einfache Anfahrt für Selbstfahrer
Itala Game Reserve	70 km nordöstlich von Vryheid	300 km²	offene Buschfeldlandschaft, von tiefen Tälern zerfurcht – Nashörner Impalas, Wasserbüffel, auch Kudus, Giraffen – gute Wege für Selbstfahrer – sehr schönes Camp (s. S. 740)
Mkuze Game Reserve	340 km nördlich von Durban	350 km²	relativ offene Landschaft mit schönen Bäumen, Nashörner, Giraffen, Leoparde, Flusspferde – Vogelreichtum – Wandermöglichkeit – gute Straße für Selbstfahrer – einfaches Camp (s. S. 739)
Ndumo Game Reserve	ca. 60 km nördlich von Jozini/Grenze zu Moçambique/ 470 km nördlich von Durban	100 km²	Feuchtgebiet mit z. T. dichten Flusswäldern – beste Vogelbeobachtungsmöglichkeiten in Südafrika (400 Arten) – gut für Selbstfahrer – Übernachtung in einem einfachen Camp oder einer Luxuslodge (s. S. 741)
Tembe Elephant Reserve	östlich des Ndumu Game Reserve	290 km²	viele Elefanten, unterschiedliche Landschaftstypen (Wald – offene Flächen) – Zufahrt nur im Allradwagen – schönes Camp (s. S. 742)
Greater St. Lucia Wetland Park	200 km nördlich von Durban	360 km²	St. Lucia Lake ist das größte Binnengewässer Südafrikas – unterschiedliche Landschaftstypen (Wüstenlandschaften, Sümpfe, Trockenregionen) – toll für Vogelbeobachtungen – Flusspferde, Krokodile – Unterkunftsvielfalt (s. S. 737)
Free State Province			
Golden Gate Highlands National Park	etwa 300 km nordöstlich von Loemfontein	346 km²	liegt am Fuße des Maluti-Gebirges – tolle Sandsteinformationen – Blütenpracht zwischen Frühling und Herbst – Wandermöglichkeiten – 2 Camps. Tiere: u. a. Steppenzebras, Springböcke, Elenantilopen (s. S. 534)

Vgl. auch S. 79ff

⇨ **Notrufnummern**

Polizei: 10111, **Feuerwehr**: 10111, **Ambulanz**: 10177. Bei Verlust von Reiseschecks, Kreditkarten etc.:
- **American Express Reiseschecks**: 0800-991021
- **American Express Kreditkarte**: 0949-69-9797 1000 (bzw. 2000 per R-Gespräch) oder 011/838 0811
- **Visa Reiseschecks**: 0800-99-8174
- **Visacard**: 0800-8149100
- **Mastercard/Eurocard**: 0949-69-7933 1910 per R-Gespräch oder 001-314-275 6690

s.a. Stichwort *Telefonieren*

O

⇨ **Öffnungszeiten**

Normale Öffnungszeiten sind: 8.30–17h und samstags 8.30–12.45/13h. Gemüseläden, Apotheken, Buchhandlungen und diverse Supermärkte haben längere Öffnungszeiten. Einige kleinere Läden haben z.T. bis 22h und länger geöffnet.

P

⇨ **Post**

Schalterstunden:
montags–freitags 8.30h–16.30h, samstags 8h–12h
Mittagszeit 13–14h (außer in Hauptpostämtern einiger Großstädte).

Briefkästen sind rot und haben meist die Form einer Säule. Die Luftpost von Südafrika nach Deutschland dauert ca. fünf Tage.

Briefmarken sammeln
Sie erfahren die Serviceleistungen auf dem Sektor der Philatelie bei Philatelic Services and Intersapa, Private Bag X505, Tshwane (Pretoria) 0001. Ein amtliches philatelistisches Büro gibt es im Gebäude des Postamtes von Tshwane (Pretoria), Ecke Vermeulen/Bosman Street.

R

⇨ **Rauchen**

Seit April 2001 gelten strengere Gesetze bzgl. des Rauchens in öffentlichen Gebäuden und Gaststätten aller Art. Restaurants, Bars, und selbst Shebeens müssen nun separate Nichtrauchersektionen aufweisen, was bei kleineren Lokalitäten dazu geführt hat, dass sie ganz rauchfrei sind. Öffentliche Gebäude, wie Staatsgebäude, Shopping Malls und Flughäfen, sind nun auch rauchfreie Zonen. Das Wegwerfen von Zigarettenkippen wird mit Strafgeldern geahndet.

⇨ **Reiseleiter**

Deutschsprachige Reiseleiter sind in Südafrika verfügbar. Anschriften sind über South African Tourism, s.dort

⇨ **Reiseveranstalter**

Ein ausführliches Verzeichnis ist über South African Tourism zu erhalten. Einen besonderen, seit vielen Jahren **bewährten Reise-Service** bietet Iwanowski's Individuelles Rei-

sen an. Nach dem Prinzip „Buch und Buchen" werden Sie von Autoren persönlich oder von qualifizierten Landeskennern optimal beraten:
Iwanowski's Individuelles Reisen GmbH, Salm Reifferscheidt-Allee 37, D 41540 Dormagen, Tel.: 02133-26030, Fax: 02133-260333, website: www.afrika.de

S

⇨ **Safari**

Diesen Begriff finden wir praktisch in allen Reiseprospekten. Ursprünglich handelt es sich um einen Begriff aus dem Kisuaheli, der wiederum aus dem Arabischen stammt: "safar' heißt soviel wie Reise. Ursprünglich wurden damit Reisen in Ostafrika bezeichnet, die von Trägerkarawanen unternommen wurden. Später bezeichnete man damit mehrtägige Jagdausflüge. Heute wurde der Begriff „Safari" auf den Tourismus übertragen und meint Tierbeobachtung und Fotografieren (Fotosafari).

Die preiswertesten Safaris kann man auf eigene Faust unternehmen, wenn man einen Mietwagen hat. Die Nationalparks Südafrikas, vor allem z.B. der Kruger National Park und der Hluhluwe Umfolozi Park, laden Selbstfahrer zu eigenständigen Erkundung ein. Die Unterkünfte in den Parks sind durchaus erschwinglich. Die Ranger der Parks geben gerne Auskunft, wo man mit etwas Glück bestimmte Tierarten beobachten kann. Als beste Jahreszeit eignen sich die vegetationsarmen Wintermonate (Juni bis August), da man durch das lichte Gebüsch einen guten Durchblick hat.

In den privaten Wildschutzgebieten mit ihren z.T. sehr luxuriösen Lodges ist man hinsichtlich „Safari-Ausbeute" auf der sicheren Seite. Am Westrand des Kruger Parks liegen die meisten privaten Wildschutzgebiete, und hier fährt man mit offenem Landrover und erfahrenen Rangern durch die afrikanische Wildnis.

Sowohl in den Nationalparks als auch den privaten Wildschutzgebieten werden Fuß-Safaris unter fachkundiger Begleitung angeboten.

INFO **Das Kreuz des Südens**

Das Kreuz Südens ist ziemlich das einzige Sternbild, das uns Bewohnern der nördlichen Hemisphäre bekannt ist. Und wer im Südlichen Afrika ist, wird stets nach diesem Sternbild Ausschau halten – und oft ein anderes Kreuz als das „Southern Cross" deuten. Die Seefahrer der Vergangenheit konnten somit auch ohne GPS den Süden genau bestimmen.

Ich möchte Ihnen einige Hilfestellungen geben, damit Sie das Kreuz des Südens identifizieren können. Um es schneller zu finden, ist das Wissen um die Südrichtung hilfreich. Ein Kompass kann Ihnen dabei Ihr Assistent sein. Je nach Jahreszeit steigt das Kreuz zu unterschiedlichen Uhrzeiten über den Südhorizont. Es wird von 4 sehr hellen Sternen und einem weniger hellen gebildet. Wenn es nun gelingt, die Längsachse des Kreuzes um das 4 ½–5-Fache zu verlängern, dann muss man vom Endpunkt dieser Achse die Senkrechte fällen. Dort, wo diese Senkrechte den Horizont trifft, ist Süden.

Wenn man es noch genauer haben möchte, dann sollte man sich der hellen Zeige-Sterne, der sog. „pointers", bedienen, die am Southern Cross zu finden sind. Wenn man diese Sterne verbindet und von der Mitte der Verbindungsstre-

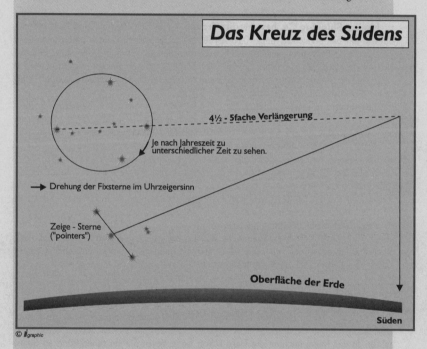

cke die Senkrechte nach oben fällt, so kreuzt sie die oben beschriebene 4 ½–5-fache Verlängerung der Längsachse des Südkreuzes. Von diesem Kreuzpunkt fällt man dann die Senkrechte und bestimmt damit genau den Süden.

➪ **Schiffsverbindungen**

Früher war es üblich, mit dem Schiff nach Südafrika zu reisen. Doch die Zeiten, in denen zwischen Europa und dem Kap wöchentlich Postschiffe verkehrten, sind dahin. Längst ist der schnelle Flug billiger als die mindestens 16 Tage dauernde Schiffsreise. Doch im Zuge der „Freizeitgesellschaft" sowie der wachsenden Anzahl der aktiven Frühpensionäre und rüstigen älteren Herrschaften nehmen die Angebote überraschenderweise wieder zu.

Hier einige Adressen, wo Sie Details erfragen können:
- **Medite Shipping Co. bzw Medite Travel:** Antwerpen, Belgien, Tel.: 032-32340360, oder in Durban erreichbar unter 031-3016061. Auf den italienischen Frachtschiffen wird Platz für 4–12 Passagiere angeboten. Die Kabinen sind sehr geräumig und verfügen über ein eigenes Bad. Es gibt eine Lounge, das Essen wird gemeinsam mit Kapitän und Offizieren eingenommen. Reiseroute: Kapstadt – Livorno (Italien), Antwerpen oder Felixtowe (Großbritannien); Reisedauer: ca. 17–18 Tage.
- **Safmarine:** Safmarine London, Tel.: 071-2833088, bzw. Safmarine Kapstadt Tel.: 021-4086911. Auf 5 großen Containerschiffen werden jeweils 5 Doppelkabinen angeboten. Sehr komfortabel: Es gibt eine Lounge, Schwimmbad, Cocktailbar und ein Sonnendeck. Reiseroute: Kapstadt – Southampton; Reisedauer: ca. 16 Tage
- **St. Helena Shipping Co.** bietet auf der RM St. Helena im 2-monatigen Rhythmus einige wenige Plätze für Passagiere an. Buchungsadresse: Curnow Shipping Ltd., Halston (GB), Tel.: 03265-63434, oder in Kapstadt bei RM St. Helena Line, Tel. 021-4251165. Reiseroute: Cardiff (Wales) – Kanarische Inseln – Ascension – St. Helena – Kapstadt; Reisedauer: ca. 3½ Wochen
- **TFC Cruises:** Blue Diamond Cruises, London, Tel.: 071-813505, oder in Johannesburg TFC Cruises, Tel.: 011-3151254. Es werden verschiedene Routen von Europa nach Südafrika angeboten (z.T. über die Seychellen und andere Inseln im Indischen Ozean). Davon hängt dann auch die Reisedauer ab.

➪ **Schlangen**

Es gibt zwar viele und z.T. giftige Schlangen, doch lauern diese nicht gerade auf Touristen. Übermäßige Angst ist deshalb nicht angebracht; trotzdem sollten Sie auf Ihren Weg achten. In der Regel flüchten die Tiere schon lange, bevor Sie sie sehen könnten. Sollte es dennoch passieren, und die Schlange hat Sie gebissen: keine Panik! Merken Sie sich vor allem Farbe und Kopfform der Schlange, damit der behandelnde Arzt oder ein anderer sachkundiger Helfer weiß, welches Gegenserum angebracht ist.

➪ **Schulferien**

Hauptferienzeit in Südafrika ist um Weihnachten, von Anfang Dezember bis Mitte Januar. Die Osterferien finden etwa von Mitte März bis Mitte April statt, die Winterferien zwischen Mitte Juni und Mitte Juli und die Frühjahrsferien gegen Ende September.

Fazit für die Urlaubsplanung: Im April, Juli und Dezember/Januar überschneiden sich die Ferienzeiten Europas mit denen Südafrikas. In dieser Zeit ist eine Vorausbuchung der Unterkünfte dringend anzuraten!

⇨ **Schusswaffen**

Schusswaffen dürfen nur mit Genehmigung eingeführt werden. Diese Genehmigung erteilen die Zollbeamten bei der Einreise, sofern der Besitzer den legalen Besitz dieser Waffen nachweisen kann und die Waffen über Seriennummern verfügen, die eingestanzt sind. Die erteilten Genehmigungen sind 180 Tage gültig. Unerlaubter Waffenbesitz ist in Südafrika strafbar. Eine Waffenbesitz-Karte muss deshalb vorgelegt werden.

⇨ **Sicherheit**

Vor allem in den Großstädten sollte man sich vor Dieben hüten. Besuche von Townships sollte man nur mit Führung unternehmen, Nachtspaziergänge in den Großstädten sind zu unterlassen, ebenso die Benutzung von Vorortzügen. Fahrten per Anhalter sind ebenso nicht zu empfehlen. Auskunft erteilt am besten Ihr Reiseveranstalter oder das Auswärtige Amt (Tel. 01888-17-0, website: www.auswaertiges-amt.de).

s.a. Stichwort **Kriminalität**

⇨ **South African Tourism (South African Tourism Board)**

Das südafrikanische Fremdenverkehrsamt erteilt sämtliche touristischen Auskünfte über das Land und hält hervorragendes Informationsmaterial bereit:
South African Tourism, An der Hauptwache 11, 60313 Frankfurt 1, Tel.: 069-929129-0, Fax: 069-280950, Service-Tel.: 01805-722255, website: www.southafricantourism.de, E-Mail: info@southafricantourism.de.

Die regionalen **South African Tourism-Vertretungen in Südafrika** stehen Ihnen entlang Ihrer Reiseroute zusätzlich mit Rat und Tat zur Seite. Diese Adressen finden Sie unter dem Stichwort Adressen. Bei Ihrer Einreise in Johannesburg am Flughafen Jan Smuts erwartet Sie in der Haupthalle ein großer South African Tourism-Stand, wo man Sie gerne informiert und Ihnen bei Problemen weiterhilft.

⇨ **Sport**

Südafrika ist ein Land der Sportbegeisterten. In seinen unterschiedlichen Landschaften und Klimazonen sind praktisch alle Sportarten möglich. Und da immer mehr Menschen sich auch im Urlaub aktiv betätigen möchten, finden Sie im Folgenden eine alphabetisch geordnete Darstellung der entsprechenden Sportmöglichkeiten. Wenn Sie eine Komplettübersicht über alle sportlichen Möglichkeiten in Südafrika erhalten möchten, wenden Sie sich an NSC, website: www.sportsa.co.za. Auch South African Tourism hat für verschiedene Sportarten hervorragende Übersichten ausgearbeitet, so z. B. für Golf, Surfen, Jagd.

Abseilen

„Abseiling" (das Wort wurde aus dem Deutschen abgeleitet) ist eine beliebte Sportart, besonders dort, wo es kleine Canyons gibt. Dabei werden Sie an einem Seil z.B. in einen Canyon und/oder an einer steilen Wand abgeseilt, und wenn Sie es etwas aufregender lieben, können Sie sich auch ins Leere fallen lassen, ähnlich dem Bungee-Jumping. Beliebteste Abseiling-Regionen um Kapstadt sind der Chapman's Peak, das Tafelberg-Gebiet und der Kamikaze Canyon. Letzterer beinhaltet zuerst eine Wanderung durch eine Schlucht, das Raufkraxeln auf die Kante und schließlich einen Abseil-Sprung von 60 m in die Tiefe.

Angeln

besonders das Hochseeangeln, erfreut sich großer Beliebtheit in den Kapprovinzen. In fast jedem Hafen können Sie Boote mit fachkundigen Fischern chartern. Die kleinen Flüsse in den Bergen nördlich der Garden Route eignen sich hervorragend fürs Fliegenfischen und die Bergketten der Western Cape Province zum Forellenfischen. Infos erteilen:
- **South African Deep Sea Angling Ass.:** Tel.: (021) 96-4454.
- **Federation of South African Flyfishers:** (021) 434-0285.

Bungee Jumping

Südafrika und insbesondere die Kapprovinzen sind ein klassisches Ziel fürs Bungee-Jumping. Die beiden bekanntesten Brücken zum Bungee-Jumping liegen:
a) gut 350 km östlich von Kapstadt am Gourits River, ca. 30 km vor Mossel Bay und
b) nahe dem Tsitsikamma Nat. Park (östl. von Plettenberg Bay) am Bloukrans River. Hier wartet der welthöchste Absprungplatz: 216 m!!
c) Seit dem Jahre 2000 kann man auch aus der Gondel zum Tafelberg hinaushüpfen (etwa auf ¾ Höhe). Fallhöhe: ca. 70 m; Zeiten: i.d.R. zw. 6-8h morgens.

Drachenfliegen

Drachenflieger aus Übersee dürfen nur fliegen, wenn sie (aus Versicherungsgründen) Mitglied des South African Aero Clubs sind. Eine vorübergehende Mitgliedschaft ist möglich. Falls man nicht sein eigenes Fluggerät mitbringt (und wer kann es schon!), ist allerdings auf Clubhilfen angewiesen, da es in Südafrika keinen offiziellen Drachenverleih gibt.

Hervorragend eignen sich zum Drachenfliegen die KwaZulu/Nataler Drakensberge sowie die Tafelberglandschaften am Kap (allerdings nur in den Sommermonaten).

Kontaktadressen und Informationen erhältlich bei:
South African Hang Gliding and Paragliding Association, Tel./Fax: 012-6681219, website: www.paragliding.co.za, E-Mail: sapha@paragliding.co.za.

Fahrrad fahren

Einschränkend muss gesagt werden, dass Südafrika kein klassisches Land des Radfahrens ist, denn es gibt keine

Man sollte wissen, wie es geht: Drachenfliegen

Fahrradwege. Allerdings kann man abseits der großen Autostraßen durchaus die herrlichen Landschaften genießen. Das **Kapland** eignet sich für Unternehmungen in den regenarmen Zeiten von Oktober bis April. **KwaZulu/Natal** ist fast ganzjährig klimatisch geeignet, ebenso **Gauteng**.

Eine fahrradfreundliche Alternative bietet die Firma Jacana Country Homes and Trails an (P.O.Box 95212, Waterkloof 0145, Tel.: 012-3453550/1/2). Durch eine Farmlandschaft nordwestlich des Gariep Damms (südwestlich von Bloemfontein) wurde ein über 60 km langer Fahrradweg ausgeschildert. In den letzten Jahren haben einige Hotels Fahrräder für ihre Gäste angeschafft. Allerdings gibt es kaum kommerzielle Fahrrad-Verleiher, außer:
- **Kapstadt**: Die Firma DOWNHILL ADVENTURES in der Innenstadt (Shop 10, Overbeek Bldg, Corner Orange and Long Street; Tel: 021-4220388, verleiht Mountain Bikes für rund 100 Rand am Tag. Sie bietet auch geführte Touren in Kleingruppen an: zum Cape Point, durch die Wälder und Weinberge von Constantia und auf den Tafelberg (Table Mountain Double Descent).
- **Johannesburg**: Linden Cycle and Canoe, 63 B 3rd Avenue, Linden, Tel.: 011-782 7313.

Mountain-Bike-Freaks erhalten unter www.mtb.org.za Insider-Tipps zu den besten Trails in ganz Südafrika. Für Rennrad-Freunde gibt es unter www.ride.co.za ausführliche Informationen zu Fahrradrennen.

Fallschirmspringen

Südafrika hat nicht nur die rechten Landschaften, sondern auch das rechte Wetter für Fallschirmspringer. Fallschirmspringen ist mittlerweile so populär geworden, dass sich in Südafrika einige Veranstalter und Clubs darauf spezialisiert haben. Bevorzugte Regionen für Fallschirmspringer sind das Kap, die KwaZulu/Nataler Drakensberge sowie Gauteng (Magaliesberge).

Weitere Informationen zum Fallschirmspringen, ob allein oder als Tandem, unter www.para.co.za.

Golf

Aufgrund des hervorragenden Klimas sowie des britischen Einflusses verfügt Südafrika über mehr als 400 Golfplätze in allen Landesregionen. Südafrikanische Besonderheiten: Es gibt Golfplätze, wo sich auf den Fairways Antilopen und Affen ein Stelldichein geben (Golfplätze von Skukuza und Hans Morensky/Kruger National Park). Die Golfanlagen „Mowbray" und „Minerton" mit dem Blick auf den Tafelberg sind landschaftliche Juwelen.

Für den golfenden Reisenden empfiehlt sich das Studium der South African Tourism-Broschüre „Where to stay". Hier sind alle Hotels sowie andere Unterkünfte aufgelistet und Golfmöglichkeiten vermerkt. Ebenso hilfreich ist die SOUTH AFRICAN TOURISM-Broschüre „Golf in Südafrika". Beide sind zu beziehen über South African Tourism (siehe Stichwort South African Tourism). Weitere Kontaktadresse: South Africa Golf Union, P.O.Box 1537, Cape Town 8000, Tel.: 021-4617585.

Große Golf-Turniere:
Januar: South African Open Championship
Lexington PGA Tournament/Johannesburg
Dezember: Million Dollar Golf Classic/Sun City

Kanufahrten/Seakayaking

Südafrikas Flüsse eignen sich zum Teil hervorragend für Kanufahrten oder Schlauchboot-Abenteuer (Rafting). Verschiedene Firmen haben sich in den letzten Jahren auf Trips von 4-6 Tagen Länge spezialisiert. Besonders der Oranje in Höhe des einsamen, spektakulären Richtersveld NP im Nordwesten Südafrikas ist ein Eldorado. Dabei sind die Kanufahrten keineswegs wild, sogar Kinder dürfen daran teilnehmen. Geschlafen wird in Zelten und gekocht über dem offenen Lagerfeuer unter einem unvergesslichen Sternenhimmel. U.a. folgendes Unternehmen bietet solche Touren an:

Felix Unite River Adventures (ehm. River Runners): P.O.Box 2807, Clarenich, Tel.: (021) 683-6433, Fax: (021) 683-6486/88, Internet: über www.ecoafrica.com und dann den Button „adventures" anklicken. Ein- und vor allem mehrtägige Kanu- und Schlauchboottouren auf Oranje, Breede und vielen anderen Flüssen im Südlichen Afrika. Hier wird alles organisiert.

Hobbykanuten können 1- bis 2-Tage-Touren auf dem **Breede River** bei Swellendam sowie auf dem **Keurbooms River** bei Plettenberg Bay unternehmen. Nahe bei Kapstadt gibt es aber keine nennenswerten Kanurouten, dafür steht hier das **Seakayaking** im Vordergrund. Ein Unternehmen, das sich u.a. auf die Organisation davon spezialisiert hat, ist **Adventure Village** (229 Long St., Tel.: (021) 424-1580).

Weitere Infos gibt es bei der **South African River Rafters Ass.:** Tel.: (021) 762-2350. Weitere Informationen zu Touren unter www.rafting.co.za oder www.riverrafters.co.za

Kloofing (Canyoning)

Aktivitäten in Schluchten erfreuen sich auch in Südafrika immer größerer Beliebtheit: abseilen, springen und durchklettern. Organisierte Touren führen in das Gebiet um den Tafelberg, manchmal auch in andere Regionen Südafrikas. Ein Anbieter dafür ist: **Adventure Village** (in Kapstadt, 229 Long St., Tel.: (021) 424-1580).

Marathon

Marathon ist in Südafrika sehr populär – ob am Kap, an der Strandpromenade von Durban oder anderswo. Besonders berühmte Laufveranstaltungen sind:
- **Comrades**, der 90-km-Lauf am 31. Mai, abwechselnd von Pietermaritzburg oder Durban ausgehend. Im Jahre 2002 gab es dabei 11.500 Teilnehmer, die insgesamt einen Höhenunterschied von 700 m zu bewältigen hatten und nicht länger als 11 Stunden unterwegs sein durften.
- **Town-to-Town-Marathon** von Johannesburg nach Tshwane (Pretoria).
- **Two Oceans-Marathon** (50 km!) auf der Kaphalbinsel jeweils am Ostersonntag.

Informationen: www.runnersguide.co.za

Segelfliegen

Nicht nur das australische Outback hat weltberühmte Segelflug-Reviere; auch Südafrika bietet vor allem im Bereich der Magaliesberge aufgrund optimaler Aufwinde und klarer Wetterlagen traumhafte Voraussetzungen für lange Flüge. Informationen und Adressen finden Sie auf der website www.sssa.org.za.

Surfen

Südafrika ist das Surfer-Paradies schlechthin. Weltberühmte Surfer zieht es immer wieder an Südafrikas Küsten, um ihre Künste im Wellenreiten in Top-Form zu erhalten oder zu verbessern. Die generellen Wetterbedingungen sehen so aus:
- Von **September bis Mai** liegt der südafrikanische Küstenbereich im Einzugsbereich ausgedehnter Hochs, die nur selten von Tiefausläufern gestört werden. Wenn dann über dem Kapstädter Tafelberg das „Tischtuch" liegt, sonst aber ringsherum der Himmel stahlblau ist, dann kündigt sich der „Cape Doctor" an, der berühmte Südostwind, der den Surfern 6–10 Beaufort sideshore beschert und für extrem gute Bedingungen sorgt.
- Im südafrikanischen Winter von **Juni bis August** zieht der Hochdruckgürtel Richtung Äquator, und die Tiefdruckrinne gelangt ans Kap. Wellen unter 2 m sind dann eher eine Seltenheit.

Nicht nur Surfer, die auf extreme Wellen und Sprünge aus sind, werden zufrieden gestellt. In Langebaan (nördlich von Kapstadt an der Westküste) greift eine fjordartige Meeresbucht ins Land. Hier gibt es ideale Voraussetzungen für Geschwindigkeitsfanatiker, die dann auf das schnellste Brett umsteigen.

Weltberühmtheit haben folgende „Spots" erlangt: Cape St. Francis, Jeffrey's Bay, das Mündungsgebiet des Swartkop Rivers oder Nordhoek (bei Kapstadt an der Westküste). Anfänger dagegen begnügen sich lieber mit den Gebieten um die Algoa Bay und Sylvic Bay (bei Port Elizabeth, mit Flachwasser und Brandung).

Weitere Tipps für Surfer:
- Nehmen Sie am besten Ihr eigenes Gerät mit, denn der Surftourismus in Südafrika ist noch wenig entwickelt, und es mangelt an Verleihern (erkundigen Sie sich bei der entsprechenden Airline nach dem Frachttarif).
- Sie sollten zwecks Mobilität einen Wagen mieten und sich einen passenden Dachgepäckträger dazu kaufen (die meisten Vermieter sind nicht Surfer-freundlich eingestellt, da sie um ihren Wagen bangen).
- Besorgen Sie sich die Surfbroschüre von South African Tourism (An der Hauptwache 11, 60313 Frankfurt/Main). Kontaktadresse: South African Surfing Association, website: www.salsa.co.za

Oft versteht man am Kap unter „Surfen" Wellenreiten

6. Allgemeine Reisetipps von A–Z

Windsurfer finden auf den großen Inlandseen oder Lagunen entsprechende Riviere. Hier einige Beispiele:
- Gauteng: u.a. Hartebeesport Damm, Lake Ebernezer (Tzaneen), Stausee Bona Manzi
- KwaZulu/Natal: u. a. Midmar Lake, Zinkwazi (Lagune), Mtunzini (Lagune)
- Warner Beach (bei Scottburgh)
- Kapprovinz: u.a. George (Swartvlei), Plettenberg Bay, Struisbay

Kontaktadresse: South African Windsurfing Class Association, Private Bag X16, Auckland Park 2006, Tel.: 011-726 7076

Übersicht über die besten Surfer-Reviere

Region	beste Windmonate	beste Windrichtung	bester Tidestand/ Wasserhöhe
Kap-Halbinsel			
Milnerton	Nov–Febr	Südost	mittl. Hochwasser bis Flut/bis 2 m
The Gate	Nov–Febr	Südost	wie oben
Rietvlei	ganzjährig	alle Richtungen	Flachwasser
Table View	Nov- Febr	Südost	mittl. Hochwasser bis 2 m
Bloubergstrand	Nov–Febr	Südost	wie oben
Hagkat	Nov–Febr	Südost	mittl. Hochwasser
Van Riebeeck Strand	Nov–Febr	Südost	2 m und höher
Misty Ciffs	Mai–Aug	Nordost	mittl. Hochwasser
Crayfish Factory	Mai–Aug	Nordost	2 m und höher
Scarborough	Mai–Aug	Nordost	mittl. Hochwasser
Whitsands/Outer Kommetjie	Mai–Aug	Nordost	2 m und höher
Langebaan/ Chruchhaven	Okt–März	Südost	gezeitenabhängig/ Flachwasser
Muizenberg/ Fishhoek	Mai–Sept	Südwest	gezeitenunabhängig
Clencairn	Nov–Febr	Südost	bis 2 m
Indischer Ozean			
Plettenberg Bay	Nov–Febr	Südwest/ Nordwest	gezeitenunabhängig, Flachwasser
Jeffrey's Bay	Okt–Jan	Süd-Südwest	mittl. Hochwasser bis Flut/bis 2 m
Port Elizabeth/ Algoa Bay	Nov–Febr	Südost	mittl. Hochwasser bis Flut/bis 2 m

Tauchen

Aufgrund des kalten Benguela-Meeresstroms an der Westküste und des warmen Algulhas-Meeresstroms an der Ostküste verfügt Südafrika über eine sehr differenzierte Meeresflora und -fauna.

- **Kapprovinz**: Besonders im Mischbereich zwischen dem warmen und kalten Meeresstrom gibt es ein vielfältiges Meeresleben. Bekannt ist bei Kapstadt das Gebiet um Cape Hangklip. Im Tsitsikamma Coastal National Park gibt es einen Schnorchel- und Taucherlehrpfad. In East London werden Tages-Tauchlehrgänge angeboten. Interessant sind hier die Tauchreviere zwischen dem Great Fish River und Kidd's Beach. Adressen:
  - South African Underwater Union, P.O.Box 557, Parow 7500, Tel.: 021-9306549, website: www.sa-underwater.org.za
- **KwaZulu/Natal**: Zwischen St. Lucia (Cape Vidal) und Kosi Bay (an der Grenze zu Moçambique) liegen die südlichsten Korallenbänke der Welt. Tauchertreff ist insbesondere der Sodwana Bay National Park, wo es Unterkünfte gibt und wo auch Tauchlehrgänge angeboten werden.

Adressen:
- Sodwana Bay Lodge Scuba Centre, Tel.: 035-5710117, website: www.sodwanadiving.co.za

Auch in und um Durban werden Tauchlehrgänge angeboten:
- The Undersea Club, Tel.: 031-320654
- Trident Diving, Tel.: 031- 378295,
- Underwater World, Tel.: 031-325820

Tennis

In Südafrika gibt es sehr viele Tennisplätze. Sie sind u.a. in der South African Tourism-Broschüre „Where to stay" verzeichnet. Auch in den Klubs kümmert man sich gerne um Gäste. Kontaktadresse in Südafrika: South African Tennis Association SATA, West Street 269, Centurion, Tel.: 012-6430246/7, Fax: 012-6430245, website: www.supertennis.co.za, E-Mail: satennis@mweb.co.za.

Wandern/Bergwandern/Klettern

Seit Jahren wird die Einrichtung staatlich kontrollierter Wanderwege – das National Hiking Way System (NHW) – ausgebaut. Aus diesem Grund gibt es in Südafrika ein hervorragendes Wanderwegenetz. Die schönsten und beliebtesten Wandergebiete sind:

- **Kapprovinz:**
  - die *Kaphalbinsel, Lion's Head* und der *Tafelberg*
  - das *Hottentots' Holland Nature Reserve* südlich des Weinlandes
  - das *Limietberg Nature Reserve* um den Bain's Kloof Pass (östl. von Paarl)
  - die *Cederberg Wilderness Area* südöstlich von Clanwilliam
  - das *De Hoop Nature Reserve* südlich von Swellendam
  - die Gebiete um und nördlich der *Garden Route* (u.a. Wilderness Area, Knysna Forest, Tsitsikamma NP etc.)
  - das Gebiet um *Montagu*
  - das Gebiet des ehem. *Zuurberg National Park* (heute Teil des Addo Elephants NP)

- die Soutansberge in der Northern Province
- die Drakensberge (insbesondere für Bergsteiger und Kletterer)
- die Magaliesberge

Mitbringen bzw. in Südafrika kaufen sollten Sie vor allem festes Schuhwerk (Wanderschuhe), Regenkleidung, warme Kleidung (für einige Gebiete), Sonnenschutz (Hut, Creme), pro Person einen Tagesrucksack, Proviant u. ausreichend zu trinken (3 Liter/Tag/Person), bei längeren Routen eine Karte und einen Kompass.

Kontakadressen:
- **The Hiking Federation (landesweit):** Tshwane (ehem. Pretoria) Tel. 012-299-3382.
- **Mountain Club of South Africa:** 97 Hatfield St., Kapstadt, Tel.: 021-465-3412. Gleicht unserem Alpenverein.

 Achtung
Für fast alle Aktivitäten in diesem Bereich gilt: Reservierung erforderlich!

⇨ **Sprachen**

In Südafrika gibt es 11 offizielle Sprachen. Neben Englisch und Afrikaans werden die Sprachen der verschiedenen Ethnien, darunter der Xhosa, Zulu und Sotho, gesprochen, wobei sich Englisch als Amtssprache weitgehend durchgesetzt hat. Mit Englisch kann man sich überall im Land verständigen. Deutsch und Französisch werden in zahlreichen Hotels gesprochen, zudem leben zahlreiche Deutsche, Österreicher und Schweizer in Südafrika.

⇨ **Sprachschulen**

Was könnte es Schöneres geben, als Englisch in Südafrika zu lernen. So verbinden Sie Urlaub mit dem Erlernen bzw. Intensivieren einer Sprache. Sprachschulen gibt es zur Genüge in Südafrika. Die Kurse dauern i.d.R. zwischen 10 Tagen und 5 Wochen (ca. 20 Wochenstunden). Eine renommierte Sprachschule in Kapstadt:
- **One World Language School:** 4th Floor, The Strand, 37 Strand St., Cape Town, South Africa 8000, Tel. + Fax: 021-423-1833, Postanschrift: P.O.Box 7888, Roggebaai, Cape Town 8012, Internet: www.owls.co.za/index.htm. Diese Schule arrangiert auch Unterkünfte in Gastfamilien und Freizeitaktivitäten. Angeboten wird alles, vom Anfängerkurs bis hin zu TOEFL und Fachkursen.

T

⇨ **Tankstellen**

Das Tankstellennetz in Südafrika ist dicht. Die Benzinpreise liegen bei ca. 4,20 Rand je Liter. Öffnungszeiten: 7-18 Uhr. Große Tankstellen der Ketten Shell, BP usw. haben inzwischen auch 24 Stunden geöffnet. Benzin kann nicht per Kreditkarte, sondern nur bar bezahlt werden!

6. Allgemeine Reisetipps von A–Z

Achtung
Man sollte darauf achten, dass auch tatsächlich Benzin eingefüllt wird. Einem Leser passierte es in Wilderness, dass der Tankwart zwar so tat und auch Geld kassierte, aber kein Benzin eingefüllt hatte.

⇨ **Taxi**

Die Tarife sind regional unterschiedlich. Die Grundgebühr beträgt in der Regel 7 Rand plus 7,50 Rand pro Kilometer. Wartezeiten kosten 20 Rand die Stunde. Die Taxis dürfen nicht angehalten, sondern müssen von Taxiständen abgerufen werden.

⇨ **Telefonieren/Telekommunikation**

Preisbeispiele

Ein Drei-Minuten-Ortsgespräch kostet vom Automaten 30 Cents. Wenn Sie von besonderen Münzfernsprechern ein Übersee-Gespräch führen wollen, müssen Sie einen Haufen 50 Cent- bzw. 1-Rand-Münzen haben, denn 1 Minute kostet nach Europa 6 Rand und mehr. Bequemer ist die Vermittlung in einem Postamt. Dann allerdings muss man mindestens 3 Minuten telefonieren und zahlt dafür knapp 19 Rand. Vorsicht in Hotels: Hier wird der 2- bis 3-fache Tarif berechnet, also können 3 Minuten 90 Rand kosten!

Seien Sie bitte nicht irritiert: Das Besetzt-Zeichen ähnelt dem Klingelzeichen in Deutschland.

Handys

Mitbringen: Die meisten aus Europa mitgebrachten Handys (sie werden in Südafrika „Cellulars" bzw. kurz „Cells" genannt) können via „Roaming" in Südafrika genutzt werden. Erkundigen Sie sich also vorher und melden Sie Ihre Reise bei Ihrer Telefongesellschaft an, nicht alle Geräte sind automatisch freigeschaltet. Achten Sie in Südafrika dann darauf, welche südafrikanische Gesellschaft für Sie am günstigsten ist. Denken Sie aber daran, dass die Nutzung Ihres Handys in Südafrika für Sie teuer werden kann. Ruft Sie jemand aus Deutschland an, zahlen Sie dafür den Auslandstarif, der Anrufer nur den Deutschlandtarif. Zudem sind die Preise für die Einheiten über Handy teurer als die über ein gemietetes Handy (ca. doppelter Preis). Sollten Sie also viel telefonieren wollen, lohnt sich die Miete eines Handys. Möchten Sie aber nur für Notfälle erreichbar sein und wollen das Handy nur wenig benutzen, dann lohnt die Miete nicht.

Infos zum Roaming im Internet bzw. über Telefon:
- **D1-Mobile:** www.T-D1.de, Tel.: (01805) 330170 bzw. (0180) 330-2202 od. über Handy: 2202
- **D2-Vodafone:** www.d2privat.de, Tel.: 1212 (kostenlos übers D2-Handy)
- **E-Plus:** www.eplus.de, Tel.: 0177-1000

Mieten bzw. Kaufen: In zahlreichen Geschäften in den Städten sowie an Ständen in den großen Flughäfen verkaufen bzw. vermieten die südafrikanischen Hauptbetreiber **VODACOM** und **MTN** Handys bzw. „Sim-Cards". Letztere sind Chips, die Sie für die

Zeit der Miete zu einem Kunden der entsprechenden südafrikanischen Gesellschaft machen. Die Kosten variieren sehr und sind oft auch abhängig von der Mietdauer. Rechnen Sie grob mit 6–8 ZAR für die Tagesgrundmiete der Sim-Card und 15–18 ZAR für die Tagesgrundmiete eines Handys. Hinzu kommen dann die Gesprächseinheiten (2–3 ZAR pro Minute). Abgerechnet wird über die Kreditkarte. Eine weitere Möglichkeit ist der Kauf einer „Prepaid Card", mit der Sie für eine bestimmte Zeit eine bestimmte Anzahl an Telefoneinheiten erhalten. Der Vorteil daran ist, dass Sie etwas günstiger telefonieren, der Nachteil aber, dass Sie evtl. die Einheiten gar nicht alle benötigen bzw. diese nicht ausreichen. Mittlerweile stellen einige große Mietwagenfirmen sogar kostenlos Handys zur Verfügung, wenn man einen Wagen mietet (beim Buchen des Wagens angeben!). Hierbei müssen Sie nur ca. 0,80 € pro Tag für die Versicherung des Handys zahlen.

Der Empfang über Handy ist in Südafrika entlang der Hauptverkehrsachsen sowie in den Orten und Ballungsräumen i.d.R. sehr gut. In der Karoo und in den Bergen gibt es natürlich einige „Löcher". Die Infolines der beiden großen Mobilfunk-Betreiber lauten:
- **VODACOM:** 082-111 bzw. 0800-111-234
- **MTN:** 011-3015499 bzw. 0800-111-0070

(0800er-Nummern nur aus Südafrika)

Vorwahlen
- Die **Vorwahl für Deutschland** von Südafrika aus ist 0949 + die Ortsnetzzahl ohne die Null + die Teilnehmernummer. Die **Vorwahl für Österreich** ist 0943, **für die Schweiz** 0941.
- **Vorwahlen der angrenzenden Staaten:** Botswana (09267), Swasiland: Vorwahl 09268 (von Südafrika aus), 00268 (intern., von Deutschland aus), Lesotho: Vorwahl 09266 (von Südafrika aus), 00266 (intern., von Deutschland aus), Namibia: Vorwahl 09264 (von Südafrika aus), 00264 (intern., von Deutschland aus), Moçambique: Vorwahl 09258 (von Südafrika aus), 00258 (intern., von Deutschland aus)
- Seit Mitte der 90er Jahre ändern sich aufgrund der **Modernisierung des Kommunikationssystems** viele örtliche Vorwahlen in Südafrika, ebenso lokale Nummern. Die meisten Nummern in diesem Reiseführer entsprechen bereits den neuen Kriterien. Es kann aber trotzdem einmal vorkommen, dass eine Nummer sich nach Drucklegung geändert hat. Dann hilft leider nur die Auskunft ...

Achtung
Seit 2002 muss auch bei regionalen Telefongesprächen die Vorwahl gewählt werden.

Öffentliche Fernsprecher
Es gibt öffentliche Fernsprecher in ausreichender Zahl. Oft befinden diese sich auch in Hotels, Tankstellen und Restaurants. Wie bei uns überwiegen hier mittlerweile auch die Kartentelefone. Telefonkarten gibt es für 20, 50, 100 und 200 ZAR.

Telefonläden
Da nicht alle Bewohner vor allem der ehemaligen Townships Telefonanschlüsse haben, hat sich ein lukrativer Markt für Telefonläden entwickelt. Dieses sind Geschäfte, in denen Sie ohne Kleingeld oder Telefonkarte telefonieren können. Hier sind die Warteschlangen kürzer als in den Postämtern, dafür zahlen Sie aber auch mehr als an einem

öffentlichen Fernsprecher (aber weniger als von den Hotels aus). Vergleichen Sie also zuerst die Preise! Von den Telefonläden aus können Sie auch Faxe schicken.

Internet-Cafés
In den großen Städten gibt es mittlerweile mehrere Internet-Cafés. Hier können Sie E-Mails schicken bzw. empfangen. Abgerechnet wird nach Zeit (Minimum 30 Min.). Da die **Internet-Cafés** jedoch so schnell wieder schließen, wie sie öffnen, nennen wir hier keine Adressen. Schauen Sie in den gelben Seiten des Telefonbuches unter dem Stichwort „Internet-Café".

Wichtige und nützliche Telefonnummern für Südafrika

Hinweis
Evtl. Aktualisierungen dieser Nummern im Internet: www.southafrica.ch/pages/TeleDir.htm

- **Landesweiter Polizei-Notruf:** 10 111
- **Landesweiter Notruf für Rettungswagen:** 10 177
- **Lokale Telefonauskunft:** 1023
- **Nationale Telefonauskunft:** 1025
- **Internationale Telefonauskunft:** 0903
- **Gebuchte Gespräche/Collect Calls/Reverse Charge Calls (R-Gespräche) etc.:** 0900
- **Zeitansage:** 1026
- **Wettervorhersage:** 082-231-1659 und 012-321-9621
- **Computicket:** 011-485-2327. Telefonische Buchung von Veranstaltungen (landesweit) aller Art (Theater, Konzerte, Sport etc.). Kreditkarte bereithalten!
- **National Parks Board (landesweit):** 012-428-9111
- **Game Reserves KwaZulu/Natal:** 033-845100
- **Flughäfen (Auswahl):**
- Johannesburg International: 011-975-9963
- Kapstadt: 021-934-0407
- George: 044-876-9301
- Port Elizabeth: 041-507-7301 bzw. 581-2984
- **Kreditkartenverlust (in Südafrika):**
- American Express: 011-359-0200
- Diners Club: 021-794-8170
- Master Card/Eurocard: 011-359-0200
- Visa Card: 0800-990475
- **South African Tourism** (ehem. SATOUR) **- Hauptbüro in Tshwane (ehem. Pretoria):** 012-347-0600
- **Cellular – Mobilfunknummern:** 08xxx

⇨ **Trinkgelder**

Sie sollten nach Umfang und Qualität einer Leistung gegeben werden (z.B. bei Gepäckträgern oder Zimmermädchen ca. 5 Rand). Als Leitlinie gilt, dass das Trinkgeld 10-15 % des Preises/der Rechnung entsprechen sollte. Taxifahrer erwarten etwa 10 % Trinkgeld.

➩ **Trinkwasser**

s. Stichwort **Gesundheit**

U

➩ **Unterkünfte**

Hotels

South African Tourism gibt alljährlich detaillierte Hotel- und Unterkunftsverzeichnisse sowie eine Übersicht über Campingplätze in Südafrika heraus. Hier finden Sie entsprechende Details wie Adressen, Preise, Ausstattung etc. Alle Übernachtungsmöglichkeiten in Südafrika sind klassifiziert. Generell kann man feststellen, dass Südafrikas Hotels beispielhaft sauber sind. Die Top-Hotels des Landes halten jedem internationalen Vergleich stand, sind aber preiswerter als an anderen Orten.

Die meistverbreiteten Hotelkette sind:
Southern Sun, der auch die südafrikanischen **Holiday Inn Hotels** angeschlossen sind, bietet eine Palette von Deluxe-, First- und Touristenklasse-Häusern mit individuellem Charakter. Viele ehemalige teure Sun Hotels wurden zwischenzeitlich in preiswerte **Holiday Inn Garden Courts** umgewandelt, wobei die Serviceleistungen reduziert wurden. Ebenso sind angegliedert preiswerte **Town Lodges** und **City Lodges,** die meist ziemlich zentral liegen und sich an budgetbewusste Touristen und Geschäftsleute wenden. Zur Kette gehören auch die äußerst effizienten *Formula One Hotels,* die im 2-Sterne Bereich anzusiedeln sind. Infos: www.southernsun.com, auch Buchungsmöglichkeit online.

Protea-Hotels verfügen über Hotels im ganzen Land , wobei die meisten Häuser dem 3-4 Sterne-Bereich zuzuordnen sind (Touristen, Geschäftsleute). Größte Hotelkette Südafrikas! Infos: www.proteahotels.com, auch Buchungsmöglichkeit online.

Karos-Hotels liegen im 3–4-Sterne-Bereich und wenden sich an Geschäftsleute und Touristen. Keine eigene homepage.

Die Übernachtungs-Kategorien			
(Preise für das Doppelzimmer pro Tag)			
$$$$$	über 2 000 ZAR	$$	200 bis 500 ZAR
$$$$	1 000 bis 2 000 ZAR	$	unter 200 ZAR
$$$	500 bis 1 000 ZAR		

Portfolio ist ein Marketing-Zusammenschluss von Hotels, Lodges und Bed and Breakfast-Häusern. Es gibt dazu drei Hefte:
  Portfolio Country Places Collection
  Portfolio Retreats Collection
  Portfolio Bed and Breakfast Collection.

Die einzelnen Häuser werden von einem Firmenangehörigen inspiziert, aber nur aufgenommen, wenn sie die Darstellung in einem der Hefte bezahlen. Die Auswahl der Häuser ist ordentlich, wenn auch im Wesentlichen davon bestimmt, dass das Unternehmen für die Aufnahme bezahlt. **Infos:** www.portfoliocollection.com, auch Buchungsmöglichkeit online.

GHASA (*Guest House Association of Southern Africa*). Dies ist eine Vereinigung, zu der etwa 3-4 Sterne Häuser gehören, die nie mehr als 16 Zimmer haben. Info: www.guesthouseassociation.co.za, auch Buchungsmöglichkeit online.

Auch auf dem Lande und in niedriger klassifizierten Hotels findet man durchaus empfehlenswerte Unterkünfte. Bereits 2-Sterne-Hotels genügen durchschnittlichen Ansprüchen. (5 Sterne zeichnen die besten Hotels aus.)

Bed and Breakfast

Diese Übernachtungsform, ursprünglich in England „erfunden", hat sich in Südafrika in den letzten Jahren rasant entwickelt. Es gibt entlang aller touristischen Routen viele Angebote. Die meisten Häuser bieten ein ausgezeichnetes Preis-Leistungsverhältnis und können u. a. über Portfolio gebucht werden.

Gute Übersichten und Buchungsmöglichkeiten bieten folgende Web-Adressen:
- www.bedandbreakfast.co.za Landesweite Darstellung von B&Bs, Buchungsmöglichkeit
- www.bookabed.com.za: wie oben

Self-Catering Accomodation (Selbstversorger)

Die Südafrikaner lieben diese Art der Unterkunft, da sie die Selbstversorgungsmöglichkeit bietet und dann das Ganze für Familien einfach preiswerter ist. Selbstversorgungsunterkünfte gibt es in entsprechend eingerichteten Chalets, Rondavels, Ferienwohnungen etc. Sie können sicher sein, dass die Unterkünfte über alle notwendigen Kocheinrichtungen verfügen.

Backpacker Lodges/Youth Hostels

In den Nach-Apartheidjahren sind die Backpacker Lodges aus dem Boden geschossen. Selbst in kleineren Orten gibt es nun für Low Budget-orientierte Reisende diese Unterkunftsart. Generell sind die Häuser sauber und verfügen über Schlafsäle und Doppelzimmer sowie Gemeinschaftsräume. Sie werden meist auch vom Baz Bus angefahren und bieten vor allem jüngeren Menschen gute Kommunikationsmöglichkeiten. Oft sind auch Selbstversgungseinrichtungen vorhanden. Nützliche Adressen:

Hostelling International South Africa (HISA), website: www.hisa.org.za. Man muss Mitglied sein, um in einem der Häuser des Jugenherbergwerks Südafrikas zu übernachten. Kosten der Mitgliedschaft: Ca. 60 ZAR für ein Jahr. Mitglied kann man online werden oder einfach bei der ersten Übernachtungsstelle anfragen.

Folgende Übernachtungsstellen gehören dazu:

6. Allgemeine Reisetipps von A–Z

- **Western Cape**
  - **Aardvark Backpackers Lodge**, 319 Main Road, (cnr Conifer Road), Sea Point, 8005, Cape Town, Tel. 021-4344172, Fax: 021-4393813, E-Mail: aardbp@mweb.co.za, Website: www.lions-head-lodge.co.za/aardvark.htm
  - **ABE Bailey**, 11 Maynard Road, Muizenberg, 7951, Tel. 021-788 2301, Fax: 021-788 2301, E-Mail: abeb@new.co.za
  - **Riverview Lodge**, Riverview Terrace, Anson Road, Observatory, Tel. 021-447 9056, Fax: 021-447 5192, E-Mail: info@riverview.co.za
  - **Stans Halt, The Glen**, Camps Bay, 8005, Tel. 021-438 9037, Fax: 021-438 9037, E-Mail: stanh@new.co.za
  - **Backpackers Inn**, 1st Floor De Wet Centre, Church Street, Stellenbosch, 021-887 2020, Fax: 021-887 2010, E-Mail: bacpac1@global.co.za

- **Eastern Cape Province**
  - **Bloukrantz**, N2 Garden Route, Bloukrantz Bridge, PO Box 93 Stormsriver, Tsitsikamma, Tel. 042-281 1450, E-Mail: juline@intekom.co.za

- **KwaZulu/Natal**
  - **Durban Beach**, 19 Smith Street (off Gillespie Street), Durban, Tel. 031-332 4945, Fax: 031-332 4551, E-Mail: durban.beach.hostel@pixie.co.za, Website: www.studentinns.com
  - **Ku-Boboyi River Lodge**, Old Main Road, Leisure Bay, Lower South Coast, Tel. 039-3191371, Fax: 039 3191372, E-Mail: kuboboyi@saol.com, Website: www.kuboboyi.co.za
  - **Tekweni**, 169 Ninth Avenue, Morningside, Durban, 4001, Tel. 031-303 1433, Fax: 031-303 4369, E-Mail: tekweni@global.co.za, Website: www.tekweniecotours.co.za

- **Gauteng**
  - **Inchanga Ranch**, Inchanga Road, Witkoppen, Johannesburg, Tel. 011-708 2505, Fax: 011-708 1464, E-Mail: ivi@pixie.co.za, Website: www.studentinns.com

- **Northern Cape Province**
  - **Colesberg Backpackers**, 39 Church Street, PO Box 169, Colesburg, 051-753 0582, Fax: 051 753 0582
  - **Gum Tree Lodge**, Bloemfontein Road, Kimberley, 8301, PO Box 777, Kimberley, 8300, 0 Tel. 053-832 8577, Fax: 053-831 5409, E-Mail: lawrie@global.co.za, Website: www.gumtreelodge.com

---

Supertipp: Backpackers Lodges und Baz Bus!
Das tolle, preiswerte Bus-System erlaubt wirklich individuelles Reisen. Der Baz Bus ist ein einzigartiger Busservice zwischen verschiedenen Backpacker-Hostels im Südlichen Afrika. Man kauft einfach ein Ticket zu einem bestimmten Zielort und kann so oft ein- und aussteigen wie man möchte, wo immer und ohne jegliche zeitliche Beschränkung. Die derzeitige Route verläuft zwischen Kapstadt und Johannesburg in beiden Richtungen.
Auf der website www.bazbus.com kann man sich informieren, nicht nur zum Bussystem, sondern zu allen angefahreren Unterkünften. Viele dieser Unterkünfte haben eine eigene Website und können direkt gebucht werden.

- **Swasiland**
- Sondzela Lodge, Mlilwane Wildlife Sanctuary, Ezulwini Valley, Swaziland, PO Box 311, Malkerns-Mlilwane Wildlife Sanctuary, Lobomba, Tel. 0268-528 3117, Fax: 0268-528 3924, E-Mail: reservations@biggame.co.sz, Website: www.biggame.co.sz

Camping
Siehe gesondertes Stichwort Camping

Nationalpark-Unterkünfte

Folgende Übernachtungsmöglichkeiten stehen in der Regel in den Nationalparks zur Verfügung:
- **Camping-Plätze** für Wohnmobile und Zelte.
- **Hütten**: 1-Zimmer-Einheiten mit Gemeindschaftsküche und Badezimmer. Ab 115 ZAR.
- **Safari-Zelte:** permanente Leinenzelte auf einer Plattform. Einige mit Gemeinschaftsküche und Badezimmer, einige mit etwas luxiöserer Ausstattung. Ab 210 ZAR.
- **Bungalows**: 1-Zimmer-Einheiten mit Badezimmer. Mit Gemeinschaftsküche oder eigener kleiner Küchenzeile und Grundausstattung. Teilweise mit Blick auf den Fluss und/oder Luxusausstattung. Ab 370 ZAR.
- **Cottages**: Schlafzimmer, Wohnzimmer, Badezimmer und Küche. Ab 550 ZAR.
- **Rondavels**: Das sind rundgebaute, strohgedeckte Hütten mit Einrichtungen für Selbstversorger, ab 500 ZAR
- **Family Cottages**: Mehrere Schlafzimmer, Wohnzimmer, Badezimmer und Küche. Ab 790 ZAR.
- **Guest Cottages**: Mehrere Schlafzimmer, mindestens 2 Badezimmer, voll ausgestattete Küche. Ab 795 ZAR.
- **Guest Houses:** Mehrere Schlafzimmer, Badezimmer, Wohnbereich mit Bar und besonders schöner Aussicht. Ab 1 350 ZAR.
- **Bush Lodges**: Exklusive private Lodge, mit individueller Note und Atmosphäre. Mehrere Schlafzimmer und Badezimmer. Ab 1 350 ZAR.

> **INFO** **Private Gamelodges**
>
> Südafrika verfügt über eine Vielzahl privater Gamelodges, vor allem am Westrand des Kruger National Parks, aber auch in KwaZulu/Natal und in der Provinz Eastern Cape. Private Lodges unterscheiden sich ganz wesentlich von den staatlichen Camps. Der wichtigste Unterschied: Sie sind wesentlich teurer. Der hohe Preis aber wird durch folgende Aspekte gerechtfertigt:
> - Die Unterkünfte sind zum Teil exzeptionell schön, sowohl von der Außen- als auch Innenarchitektur. Auf jeweils individuelle Weise passen sie sich der Natur und dem Gelände an.
> - Die Mahlzeiten genügen höchsten Standards, ebenso wird man durch ausgewähltes Personal verwöhnt.
> - Mit erfahrenen Rangern, die oft noch einen Tracker als Assistent haben, fährt man kreuz und quer durch den Busch und spürt Tieren nach. Während man im „staatli-

chen" Gebiet wie dem Kruger Park nur auf den ausgewiesenen Straßen und Wegen fahren darf, fühlt man sich hier – immer in einem offenen, hochsitzigen Geländewagen unterwegs – wirklich auf prickelnder Safari. Die Ranger sind meist junge Leute, die voller Enthusiasmus über Flora und Fauna zu berichten wissen (fast immer nur in Englisch). Aufregende Szenen (die Ranger sind sicherheitshalber bewaffnet und im Schießen geschult) sind garantiert, und die Führer wissen stets, wie nah man beispielsweise an Elefanten, Büffel oder Nashörner heranfahren muss.

Typischer Tagesablauf auf einer privaten Lodge:
- Je nach Jahreszeit etwa 05.30–06.30h geht es auf Morgenpirsch, nachdem es einen early morning tea gab. Und je nach Tierbeobachtungen kehrt man gegen 10–10.30h in die Lodge zurück, um ein opulentes Frühstück zu genießen. Manchmal wird die Morgenpirsch ausgedehnt und es gibt ein tolles Überraschungsfrühstück mitten im Busch oder an einer besonderen Stelle (Flussufer oder Hügel mit schöner Aussicht). Nach dem Frühstück und nach Rückkehr zur Lodge gibt es bis zum leichten Lunch (ca. 13–13.30h) eine Ruhepause. Gegen 15.30h gibt's dann Kaffee, Tee und Kuchen, bevor man gegen 15.30–16.30h auf Nachtmittags- und Abendpirsch geht. Zum Sonnenuntergang hält man zu einem Sundowner an, um Drinks jeglicher Art an einer besonders schönen Stelle zu genießen.
- Gegen 20h steuert man wieder die Lodge an, erfrischt sich, um dann im gemütlichen *Boma* das Abendessen zu geniessen. Ein Boma ist ein runder Innenhof, von Schilfmatten umsäumt. In der Mitte gibt's es meist ein Lagerfeuer, drum herum sind Tische eingedeckt. Der Tag klingt mit dem Austausch von Erfahrungen aus. Man geht relativ früh schlafen, da ja die nächste Morgenpirsch lockt. Ein Ranger begleitet dann die Gäste, um Sicherheit vor möglichen gefährlichen Tieren zu bieten. Und noch etwas: In den Pausen (später Vormittag/früher Nachmittag) werden auch geführte Wanderungen durch die Wildnis angeboten. Oft variiert der Tagesablauf, in dem es noch eine Nachtpirschfahrt gibt.

• Die **Nationalparks** werden kontrolliert und verwaltet durch das **National Parks Board**, P.O.Box 787, Tshwane (ehem. Pretoria) 0001, Tel.: 012-428-9111, Fax: 012-343-3830, website: www.parks-sa.co.za, E-Mail: reservations@parks-sa.co.za.
• Die **Game Reserves von KwaZulu/Natal** werden dagegen gebucht bei: **KwaZulu/Natal Wildlife**, POBox 13069, Cascades, Pietermaritzburg 3202, Tel. 033-845 1000, www.kznwildlife.com; Buchungen bei Tourist Junction, Old Station Building, 160 Pine St,, Durban, Tel. 031-304 4934

W

   Währung/Devisen

Die **Währung in Südafrika** ist der südafrikanische Rand (ZAR). Ein Rand entspricht 100 Cent und hat z. Zt. einen Gegenwert von ca. 0,10 € (Stand: Oktober 2003). Pro Person dürfen lediglich 500 Rand ein- und ausgeführt werden. Andere Währungen und Reiseschecks dürfen uneingeschränkt mitgebracht werden, sind aber bei der Einreise zu deklarieren. Empfehlenswert ist die Mitnahme von Euro- (oder US $-) Reiseschecks (sicher, da bei Diebstahl versichert). Euroschecks werden generell nicht akzeptiert. Kreditkarten können in größeren Geschäften, Hotels, Restaurants, bei den Airlines, Mietwagenunternehmen und anderen Zweigen der Touristikbranche benutzt werden. Gebräuchlich sind besonders VISA und Mastercard (= Eurocard).

EC-Karte/Geld aus dem Geldautomaten

In Südafrika kann man bei jeder Standard-Bank mit der deutschen EC-Karte aus dem Automaten Geld ziehen, und zwar bis zu 500 € täglich in Rand. Die Abrechnungen sind günstig (Gebühren: ca. 2 €). Beim Abheben muss man nur auf „Cheque" drücken und die Geheimnummer angeben.

 Achten Sie darauf, dass Sie beim Geldwechseln nicht beobachtet werden. Nehmen Sie auch keine Hilfe an. In letzter Zeit kam es vermehrt zu Betrugsdelikten.

Bei Kreditkartenverlust stehen Ihnen die Notrufnummern der einzelnen Unternehmen zur Verfügung (s. S. 195).

- Die **Währung in Lesotho** heißt Loti (Plural Maloti); daneben gilt überall der Rand als gesetzliches Zahlungsmittel.
- Die **Währungseinheit in Swasiland** ist der Lilangeni (Plural: Emalangeni). Ein L entspricht einem südafrikanischen Rand, der ebenfalls als Zahlungsmittel fast durchgängig akzeptiert wird.
- Die **Währungseinheit in Namibia** ist der Namibian $, der mit dem südafrikanischen Rand paritätisch ist.
- Die **Währung in Botswana** ist der Pula, der wesentlich mehr wert ist als der Rand; z.T. wird der Rand als Zahlungsmittel akzeptiert und entsprechend auf den Gegenwert des Pula umgerechnet.
- Die **Währungseinheit in Zimbabwe** ist der Zimbabwe $.
- Die **Währungseinheit in Moçambique** ist der Metical.

⇨ **Wein(-anbaugebiete)**

Der Besuch einer der Weinregionen gehört zum Pflichtprogramm eines Besuches der Südafrikas, genauso, wie zumindest eine Weinkellerei zu besichtigen. Die klassischen und historisch interessantesten Weingüter befinden sich im *Constantia Valley* südlich des Tafelbergs (*Steenberg Vine Estate* hier ist das älteste Weingut des Landes) und im *Wineland* um die Orte Paarl, Stellenbosch, Franschhoek und Somerset West. In *Worcester* mag zudem noch die größte Brandy-Fabrik Südafrikas von Interesse sein. Besonders zu empfehlen ist das Weingut Vergelegen bei Sommerset West (s. Seite 348).

Immer wieder fragen Leser nach **guten Adressen in Deutschland**, über die man südafrikanische Weine beziehen kann. Hier ist eine Auswahl:
- **Cape Vinum GmbH,** Brückenstraße 22, 90768 Fürth-Vach, Tel.: 0911-523958, Fax: 0911-523966, E-Mail: info@capevinum.de, website: www.capevinum.de
- **Afrika-Import:** Der Feinschmecker Wein Gourmet (World's Best Wine Magazine) wählte dieses Sortiment aus und empfiehlt es als Top-Bezugadresse für Weine aus Südafrika: Tel.: 08051-69030, Fax: 08051-62101, website: www.africa-cape-wine.com

- **Buitenverwachting-Weine:** Diese Topweine gibt es bei Wein-Wolf, Königswinterer Straße 552, 53227 Bonn, Tel.: 0228-4496-0; Fax: 0228-4496239
- **Kapwein Import 1991 GmbH:** 28307 Bremen, Tel.: 0421-2586020, Fax: 0421-253642
- **Nederburg-Weine:** BMS Essen & Trinken GmbH & Co. KG, Neue Straße 45, Postfach 1147, 73277 Owen/Teck, website: www.weinwelt.de, E-Mail: info@weinwelt.de

⇨ Wohnungs-/Haustausch

Eine interessante, preiswerte Alternative ist der Wohnungs- bzw. Haustausch. Die Firma International Home Exchange" vermittelt Mitgliedern den Tausch untereinander.

Vorteile:
- Man bekommt im Tausch häufig Objekte, die sonst sehr teuer wären und die man sich vielleicht gar nicht leisten könnte.
- Sein eigenes Haus/seine Wohnung kann man getrost überlassen, da man weiß, dass der Tauschpartner sein Haus/seine Wohnung ebenso gut behandelt wissen möchte.
- Eintauchen in die Rolle eines „Einheimischen": Durch Kontakte zu den Nachbarn, tägliches Einkaufen usw. gewinnt man einen guten Eindruck vom Leben abseits der touristischen Infrastruktur. Manche Tauschpartner vertrauen ihren Gästen sogar Auto und Haustiere an.

Kontaktadresse:
Holiday Service, Manfred Lypold, Seehofstraße 50, 96117 Memmelsdorf, Tel.: 0951-43055, Fax: 0951-43057, E-Mail: homelink@t-online.de, website: www.swapnow.de

Z

⇨ Zeit

Die südafrikanische Zeit ist identisch mit der europäischen Sommerzeit. Im europäischen Winter muss die Uhr um eine Stunde vorgestellt werden (wenn es in Frankfurt 12 Uhr ist, ist es in Johannesburg 13 Uhr). Aufgrund der größeren Nähe zum Äquator ist der Übergang vom Tag zur Nacht viel schneller: Innerhalb von maximal 30 Minuten wird es stockfinster. Die Tage im südafrikanischen Sommer sind kürzer als die europäischen Sommertage, dafür sind die südafrikanischen Wintertage (= Trockenzeit) länger als die europäischen Wintertage. Im Sommer wird es gegen 19.15h dunkel, im Winter gegen 17h.

⇨ Zoll

Erlaubt ist die Einfuhr aller Dinge des persönlichen Gebrauchs. Handelswaren (neue und gebrauchte) dagegen dürfen nur bis zu einem Wert von 200 Rand eingeführt werden, außerdem bis zu einem Liter Alkohol, einschließlich Likör und Magenbitter, zwei Liter Wein, 50 ml Parfüm, 250 ml Toilettenwasser, 400 Zigaretten, 50 Zigarren, 250 g Tabak.

⇨ Zugverbindungen

Südafrikas Städte sind durch ein gutes Eisenbahnnetz verbunden, z.T. gibt es auch auf Nebenstrecken gute Verbindungen. Da viele Strecken so lang sind, dass eine Nachtfahrt unabdingbar ist, ist der Schlafwagenpreis bereits im regulären Fahrpreis eingeschlossen, allerdings muss zusätzlich noch eine Platzkarte gekauft werden (kann bei der Reservierung oder erst beim Zugschaffner erfolgen). Die Wagen der 1. Klasse verfügen über 2–4er-Abteile, die der 2. Klasse über 3–6er-Abteile. Auf den Langstrecken führen die Züge gewöhnlich einen Speisewagen mit.

Preisermäßigungen: Kinder unter 6 Jahren: kostenlose Beförderung. Kinder unter 12 Jahren: 50 % Ermäßigung. Studenten: 50 % Ermäßigung. Senioren über 60 Jahre: 40 % Ermäßigung. Überseetouristen: 25 % Ermäßigung in der ersten Klasse bei einem maximalen Südafrika-Aufenthalt von 3 Monaten.

Auskünfte über Routen und Preise:
• Spoornet ist die Betreiberfirma des südafrikanischen Eisenbahnnetzes (www.spoornet.co.za). Sie erreichen die wichtigsten Reservierungszentren unter den folgenden Telefonnummern: Bloemfontein 051-4082941; Durban 031-3617621; East London (Buffalo City) 043-1442719; Johannesburg 011-7732944; Kapstadt 021-4053871; Kimberley 053-1882631; Port Elizabeth (Nelson-Mandela-Metropole) 041-5072400; Tshwane (Pretoria) 012-3152401.
• Connex Travel, P.O.Box 1111, Johannesburg 2000, Tel.: 011-8848110, Fax: 011-8843090, website: www.connex.co.za

1. HAUPTVERBINDUNGEN IN SÜDAFRIKA

Zugname	Strecke	Häufigkeit	Verkehrszeit	Preis (einf. Fahrt)	
				1. Kl.	2. Kl.
Trans-Karoo-Express	Johannesburg – Kapstadt	täglich	ab CPT 9.20h/ an JHB 10.10h	450 R	305 R
Trans-Natal-Nacht-Express	Johannesburg – Durban	täglich	ab JHB und ab DUR 18.30h/ an JHB bzw. DUR 8h	215 R	145 R
Orange Express	Kapstadt – Kimberley – Bloemfontein – Durban	1-mal wöchentlich	ab CPT Mo 18.50h/ab DUR Mi 5.30h	560 R	380 R

2. BESONDERE ZÜGE

• **Blue Train** (website: www.bluetrain.co.za)

Der Wunschtraum vieler Südafrika-Reisender scheitert oft daran, dass dieser berühmte Zug nicht früh genug gebucht wird. Mein Rat: Buchen Sie mindestens(!) ein halbes Jahr

6. Allgemeine Reisetipps von A–Z

„Blue Train": In Matjiesfontein wird eine Stunde Pause gemacht

im Voraus. Der Blue Train ist mittlerweile astronomisch teuer geworden. Diese „Legende auf Schienen" hat sich einen Ruf geschaffen, der viele Reisende dazu verführt, immer mehr Geld für 25 Stunden Zugfahrt auszugeben. Im Jahre 2002 kostete die Fahrt von Johannesburg nach Kapstadt in der Kategorie Deluxe (Bad/WC) 1.100 € und in der Kategorie Luxury (Suite) 1.300 € pro Person inkl. Verpflegung.

Ob der Blue Train das Richtige für Sie ist, müssen Sie selbst entscheiden:
- **Vorteile**: Essen und Service sind exzellent und der Zug fährt sehr gemächlich, so dass man die Landschaft genießen kann.
- **Nachteile**: Der Blue Train fährt mittags los und kommt mittags an. Die schönste Gegend Südafrikas durchfährt man im Dunkeln. Der Zug fährt auf den alten Schienensträngen ziemlich unruhig, so dass die Nachtruhe gestört ist (manche Passagiere bekommen kein Auge zu).

Mein Rat: Wenn Sie nicht gerade ein absoluter Zugfan sind, sparen Sie sich dieses Geld und fliegen stattdessen für ca. 25 % des Zugpreises von Johannesburg nach Kapstadt oder umgekehrt. Das eingesparte Geld reicht, um sich beispielsweise eines der privaten Wildschutzgebiete am Westrand des Kruger National Parks zu gönnen.

- **Rovos Rail (Dampflok)**
  (website: www.rovos.co.za)

Südafrika ist ein Eldorado für Fans von alten Dampfzügen. Nostalgisches Reisen durch wunderschöne Landschaften lässt das Herz eines jeden Freundes der schmauchenden „Eisenrösser" höher schlagen. „Reisen wie in der guten alten Zeit" lautet die Devise. Gezogen von einer restaurierten Dampflok geht die Fahrt in das östliche Transvaal. Sieben Waggons stehen 28 Gästen zur Verfügung. Angeboten wird eine 4-tägige Fahrt nach Graskop (Start: unregelmäßig, aber nach vorher festgelegtem Plan ab Tshwane (Pretoria)). Von hier aus geht es per Luxusbus zu einem exklusiven privaten Wildreservat, wo auch übernachtet wird. Weiter führt die Exkursion zum Blyde River Canyon mit Bourke's Potholes sowie Pilgrim's Rest.

Redaktions-Tipps Rovos Rail

- Dies ist ein exklusiveres, wirklich nostalgisches Zugerlebnis und dem „Blue Train" von der Qualität und Tiefe des Erlebnisses her weit überlegen – und insgesamt betrachtet sogar preiswerter. Beachten Sie aber bitte, dass auch ROVOS RAIL mindestens ein halbes Jahr vorher gebucht werden muss.
- Neu bei Rovos Rail: Die Kapstadt-Route. Programm: 1. Tag (= Mittwoch): Abfahrt um 16h ab Tshwane (Pretoria) bzw. 18.30h ab Johannesburg. 2. Tag: 10h Ankunft in Kimberley, Besuch des Big Hole. 3. Tag: 8.15h Frühstück im Hotel Lord Millner in Matjiesfontein. Weiterfahrt um 10h nach Kapstadt, Ankunft um 18h Waterfront Hafen in Kapstadt. Umgekehrte Strecke: Kapstadt – Johannesburg/Tshwane (Pretoria) stets Samstag ab 10h in CPT.
- Kosten: um 1.000 € p.P. (je nach Abteil und Strecke).

In Graskop besteigt man wieder den Zug und fährt nach Tshwane (Pretoria) zurück, wo man um 11h am Dienstag ankommt.

- **Weitere Dampflok-Fahrten** (Kurztrips)

Neben dem ROVOS-Zug hier noch einige andere Leckerbissen:
- **Banana Express**: Der Banana Express dampft durch Bananen- und Zuckerrohrplantagen zwischen Port Shepstone und Itzosha. Buchungsadresse: Banana Express Office, Tel.: 039-6824821, website: www.bananaexpress.co.za
- **Apple Express**: Die Schmalspurbahn, die früher die Cape-Äpfel vom Anbaugebiet zum Hafen transportierte, verkehrt regelmäßig zwischen Port Elizabeth (Humewood Road Station) und Loerie. Buchungsadresse: Apple Express, Tel.: 041-5072333, website: www.apple-express.org.za
- **Outeniqua Choo-Tjoe**: Die Fahrt geht von George entlang der berühmten Garden Route durch die atemberaubende Landschaft nach Knysna. Tägliche Abfahrten (außer Sonntag und an manchen Feiertagen) nun 2-mal täglich. Buchungsmöglichkeit in George unter Tel.: 044-8018288, website: www.onlinesources.co.za/chootjoe
- **Magaliesberg Express**: Dieser Zug verkehrt auf der Strecke zwischen Johannesburg und den nordwestlich gelegenen Magaliesbergen, wo man dann an einem typisch südafrikanischen Braaivleis (Grillen) teilnehmen kann. Buchungsadresse: Preservation Group, P.O.Box 23569, Telefax 011-8885394

3. VERBINDUNGEN ZU BZW. VON SÜDAFRIKANISCHEN NACHBARLÄNDERN

- **Namibia**

Strecke: Johannesburg – Windhoek über De Aar (nördliche Kapprovinz, südlich von Kimberley) · **Umsteigebahnhof**: De Aar · **Streckenführung**: Trans-Karroo-Express auf der Strecke Johannesburg – De Aar – Kapstadt. Umsteigen in De Aar, von hier über Upington – Karasburg – Keetmanshoop nach Windhoek · **Fahrzeit** etwa 45 Stunden · **Abfahrten in Johannesburg**: Mittwoch, Freitag, Sonntag, 12.30h · **Abfahrten in Windhoek**: Mittwoch (18.45h), Samstag (12h), Sonntag (18.45h) · **Verpflegung**: Speisewagen nur auf der Strecke de Aar – Johannesburg, sonst Erfrischungen · **Weiterführende Strecke in Namibia**: Nach Swakopmund ab Windhoek

- **Zimbabwe**

Strecke: Johannesburg – Beitbridge – Bulawayo · **Fahrzeit**: ca. 24 Stunden · **Abfahrten in Johannesburg**: stets Dienstagmittag · **Abfahrten in Bulawayo**: stets Donnerstag früh · **Verpflegung**: kein Speisewagen, nur Erfrischungen · **Weiterführende Strecken ab Bulawayo**: nach Victoria Falls, Lusaka (Zambia) und Harare

- **Botswana**

Strecke: Johannesburg – Gaborone – Francistown · **Fahrzeit**: ca. 19 Stunden · **Abfahrten in Johannesburg**: Dienstagmittag · **Abfahrten in Francistown**: Donnerstagmittag · **Verpflegung**: kein Speisewagen, nur Erfrischungen · **Weiterführende Strecke ab Francistown**: nach Bulawayo (Zimbabwe)

6. Allgemeine Reisetipps von A–Z

Entfernungstabelle

	Bloemfontein	Cape Town	Colesberg	Durban	East London	Gaborone	George	Grahamstown	Johannesburg	Kimberley	Ladysmith	Mafikeng	Maputo	Maseru	Mbabane	Port Elizabeth	Pretoria	Umtata	Welkom	Windhoek
Beaufort West	544	460	318	1178	505	1942	258	492	942	504	954	884	1349	609	1129	501	1000	713	697	1629
Bloemfontein	-	1004	226	634	584	622	773	601	398	177	410	464	897	157	677	677	456	570	153	1593
Britstown	398	710	195	1032	609	791	509	496	725	253	808	633	1289	555	1075	572	783	688	551	1378
Cape Town	1004	-	778	1753	1099	1501	438	899	1402	962	1413	1343	1900	1160	1680	769	1460	1314	1156	1500
Colesberg	226	778	-	860	488	848	547	375	624	292	636	672	1123	383	903	451	682	517	379	1573
De Aar	346	762	143	980	557	843	571	444	744	305	756	685	1243	503	862	520	802	636	499	1430
Durban	634	1753	860	-	674	979	1319	854	578	811	236	821	625	590	562	984	636	439	564	2227
East London	584	1079	488	674	-	1206	645	180	982	780	752	1048	1301	630	1238	310	1040	235	737	1987
Gaborone	622	1501	848	979	1206	-	1361	1223	358	538	755	158	957	702	719	1299	350	1192	926	1735
George	773	438	547	1319	645	1361	-	465	1171	762	1183	1203	1670	913	1450	335	1229	880	479	1887
Graaff-Reinet	424	787	198	942	395	1012	349	282	822	490	834	854	1321	599	1101	291	880	503	577	1697
Grahamstown	601	899	375	854	180	1223	465	-	999	667	932	1065	1478	692	1418	130	1057	415	754	1856
Harrismith	328	1331	554	306	822	673	1010	929	274	505	82	514	649	284	468	1068	332	587	258	1921
Johannesburg	398	1402	624	578	982	358	1171	999	-	472	356	287	599	438	361	1075	58	869	258	1801
Keetmanshoop	1088	995	1068	1722	1482	1230	1382	1351	1296	911	1498	1072	1895	1245	1657	1445	1354	1561	1205	505
Kimberley	177	962	292	811	780	538	762	667	472	-	587	380	1071	334	833	743	530	747	294	1416
Klerksdorp	288	1271	514	645	872	334	1061	889	164	308	421	176	763	368	525	1009	222	858	145	1693
Kroonstad	211	1214	437	537	795	442	984	812	187	339	313	284	742	247	522	888	245	781	71	1724
Ladysmith	410	1413	636	236	752	755	1183	932	356	587	-	597	567	366	386	1062	414	517	340	2008
Mafikeng	464	1343	672	821	1048	158	1203	1065	287	380	597	-	886	544	648	1141	294	1034	321	1577
Maputo	897	1900	1123	625	1301	957	1670	1478	599	1071	567	886	-	853	223	1609	583	1064	813	2400
Maseru	157	1160	383	590	630	702	913	692	438	334	366	544	853	-	633	822	488	616	249	1750
Mbabane	677	1680	903	562	1238	719	1450	1418	361	833	386	648	223	633	-	1548	372	1003	451	2162
Messina	928	1932	1154	1118	1512	696	1701	1529	355	1002	894	691	725	960	808	1605	472	1403	788	2331
Nelspruit	757	1762	985	707	1226	672	1530	1358	355	827	471	635	244	713	173	1434	322	976	639	2156
Oudtshoorn	743	506	517	1294	704	1241	59	532	1141	703	1194	1083	1705	959	1417	394	1199	1341	896	1828
Pietermaritzburg	555	1674	781	79	595	900	1240	775	499	732	157	742	706	511	640	905	557	360	485	2148
Pietersburg	717	1721	943	897	1301	485	1490	1318	319	791	675	580	605	749	515	1394	261	1192	577	2120
Port Elizabeth	677	769	451	984	310	1299	335	130	1075	743	1062	1141	1609	822	1548	-	1133	545	830	1950
Pretoria	456	1460	682	636	1040	350	1229	1057	58	530	414	294	583	488	372	1133	-	928	316	1859
Queenstown	377	1069	280	676	207	999	615	269	775	554	754	841	1302	423	1240	399	833	237	525	1829
Umtata	570	1314	517	439	235	1192	880	415	869	747	517	1034	1064	616	1003	545	928	-	718	2066
Upington	588	894	568	1222	982	730	882	851	796	411	998	572	1395	745	1157	945	854	1061	669	1005
Welkom	153	1156	379	564	737	479	926	754	258	294	340	321	813	249	451	830	316	718	-	1679
Windhoek (Nam.)	1593	1500	1573	2227	1987	1735	1887	1856	1801	1416	2008	1577	2400	1750	2162	1950	1859	2066	1679	-

Regionale Reisetipps von A–Z

Inklusive Hotel- und Restauranttipps

News im Web: www.iwanowski.de

Hotel-Klassifizierung

Die genannten Übernachtungsmöglichkeiten sind überwiegend Unterkünfte der Mittel- bis Luxus-Klasse. Die Auswahl der Übernachtungsmöglichkeiten ist nach persönlicher Recherche vor Ort erstellt und erhebt keinen Anspruch auf Vollständigkeit.
Ebenfalls soll mit ihr nicht die Redaktionsmeinung ausgedrückt werden, andere Hotels seien nicht akzeptabel! Die dabei verwendete Klassifizierung durch $-Zeichen orientiert sich am offiziellen Preis für Doppelzimmer (ohne Steuern, sonstige Abgaben, Frühstück oder weitere Mahlzeiten) – sofern nicht anders angegeben.
Abweichungen zum tatsächlichen Zimmerpreis können sich durch die jeweilige Saison, Pauschalangebote oder eine veränderte Preispolitik des Leistungsträgers ergeben. Die Angaben dienen also nur als Richtlinie.

Die Übernachtungs-Kategorien
(Preise für das Doppelzimmer pro Tag)

$$$$$	über 2 000 ZAR	$$	200 bis 500 ZAR
$$$$	1 000 bis 2 000 ZAR	$	unter 200 ZAR
$$$	500 bis 1 000 ZAR		

Addo Elephant NP inkl. ehem. Zuurberg NP (EC) 209
Agulhas NP (WC) 209
Augrabies Falls NP (NW) 210
Badplaas (ML) 210
Ballito (KZN) 210
Barberton (ML) 211
Bathurst (EC) 211
Beaufort-West (WC) 212
Bethlehem (FS) 212
Bisho (EC) 213
Bloemfontein (FS) 213
Bontebok NP (WC) 216
Borakalalo Game Reserve (NW) 216
Botsalano Game Reserve (NW) 217
Bredasdorp (WC) 217
Buffalo City/ ehem. East London (EC) 217
Butha-Buthe (LS) . 221
Butterworth (EC) 221
Caledon (WC) 221
Cathin Peak-Gebiet (Drakensberge/KZN) 221
Cederberge (WC) 222
Citrusdal (WC) 222
Clanwilliam (WC) 222
Clarens (FS) 223
Coffee Bay (EC) ... 223
Colesberg (NC) 224
Cradock (EC) 224
Darling (WC) 224
De Hoop Nature Reserve (WC) . 225
Drakensberge (KZN) 225
Dullstroom (ML) .. 226
Durban (KZN) 226
East London (EC) s. *Buffalo City*
Elim (WC) 232
Elliot (EC) 232
Ezulwini (SW) 232
Fish River Canyon/Ai-Ais (Namibia) .. 233
Franschhoek (WC)234
Gans Bay (WC) 235
Gardenroute s. *Mossel Bay, George, Knysna*
Gariep Dam (FS) .. 235
Gariep Dam Nature Reserve (WC) . 235
George (WC) 236
Giant's Castle Game Reserve (Drakensberge/KZN) 237
Golden Gate Highlands NP (FS) 237
Graaff-Reinet (EC) 237
Grahamstown (EC) 239
Grand Valley (SW) 240
Grootbos Nature Reserve (WC) . 240
Hamburg (EC) 241
Hermanus (WC) .. 241
Hlane Game Reserve (SW) 242
Hluleka Nature Reserve (EC) ... 242

Abkürzungen:

Eastern Cape Province	EC
Free State	FS
Gauteng	GT
KwaZulu/Natal	KZN
Lesotho	LS
Limpopo Province	LP
Mpumalanga	ML
Northern Cape Province	NC
North West Province	NW
Swasiland	SW
Western Cape Province	WC

6. Regionale Reisetipps von A–Z

Hluhluwe Umfolozi Park (KZN) 242
Hogsback (EC) 243
Johannesburg (GT) 244
Kamieskroon (NC) 262
Kapstadt (WC) 262
Karoo NP (WC) .. 283
Katberg Pass (EC) 283
Keetmanshoop (Namibia) 284
Kenton on Sea (EC) 284
Kgalagadi Transfrontier Park (NC/Botswana) 284
Kimberley (NC) ... 286
King Williams Town (EC) 289
Knysna (WC) 290
Knysna National Lake Area (WC) 292
Köcherbaumwald (Namibia) 292
Kokstad (KZN) 292
Kosi Bay Nature Reserve (KZN) 293
Kroonstad (FS) 293
Kruger NP (ML/LP) 294
Krugersdorp (GT) 301
Kwandewi (Nwanedi) National Resort (LP) 301
KwaZulu/Natals Südküste (KZN) 301
Ladismith (WC) ... 303
Lamberts Bay (WC) 303
Langebaan s. West Coast NP
Leribe (LS) 304
Lesotho 304
Limpopo Province (ehem. Venda) .. 309
Mabopane (NW) .. 310
Mafeteng (LS) 310
Mafikeng & Mmabatho (NW) 310
Manzini (SW) 311
Maputaland (KZN) 311
Maputo (Moçambique) . 312

Marakele NP (LP) 313
Margate (KZN) 313
Maseru (LS) 314
Matjiesfontein (WC) 315
Mbabane (SW) 315
Middelburg (EC) ... 316
Mkambati Nature Reserve (EC) ... 317
Mkhaya Nature Reserve (SW) .. 317
Mkuze Game Reserve (KZN) 317
Mlilwane Wildlife Sanctuary (SW) 317
Mohale's Hoek (LS) 317
Mokhotlong (LS) .. 318
Molimo Nthuse-Pass (LS) 318
Montagu (WC) 318
Mossel Bay (WC) . 319
Mountain Zebra NP (EC) 320
Moyeni (LS) 320
Namaqualand (NC) 320
Namaqua NP (NC) 322
Nelson-Mandela-Metropole (ehem. Port Elizabeth) (EC) 322
Niewoudtville-Wasserfälle (WC) 328
Oribi Gorge Nature Reserve (KZN) 328
Oudtshoorn (WC) 328
Paarl (EC) 331
Panorama-Route (ML) 332
Pietermaritzburg (KZN) 335
Pigg's Peak (SW) ... 336
Pilanesberg NP (NW) 337
Pilgrim's Rest (Mpumalanga) .. 338
Plettenberg Bay (WC) 338
Pofadder (NC) 340

Polokwane (Pietersburg) (NW) 341
Port Alfred (EC) ... 341
Port Elizabeth s. Nelson-Mandela-Metropole
Port Nolloth (NC) 342
Port St. Johns (EC) 343
Pretoria s. Tshwane
Prince Albert (WC) 344
Qwa-Qua (FS) 344
Richtersveld NP (NC) 345
Royal Natal NP (Drakensberge, KZN) 345
Saldanha Bay (WC) 346
Sehlabathebe NP (LS) 346
Semonkong (LS) ... 346
Siteki (SW) 347
Sodwana Bay NP (KZN) 347
Somerset-East (EC) 347
Somerset-West (WC) 348
Southbroom (KZN) 348
Springbok (Namaqualand, NC) 348
Stanford (WC) 349
Stellenbosch (WC) 350
St. Lucia Wetland Park (KZN) 351
Strandfontein (WC) 352
Sun City (NW) 352
Swasiland 354
Swellendam (WC) 358
Tankwa Karoo NP (NC) 359
Taung (NW) 359
Teyateyaneng (LS) 359
Thaba 'Nchu (NW) 359
Thohoyandou (LP) 360
Transkei, ehem. (EC) 360
Transkei Hiking Trail (EC) 361

Tshwane, ehem. Pretoria (GT) .. 361
Tsitsikamma Coastal N.P. (WC) 366
Tulbagh (WC) 366
Tzaneen (LP) 367
Ukhahlamba Drakensberg Park (KZN) 368
Umhlanga Rocks (KZN) 368
Umtata (EC) 369
Upington (NC) 369
Vaalbos NP (NW) 371
Vaal Dam Nature Reserve (FS) 371
Vanrhynsdorp (WC) 371
Vernon Crookes Nature Reserve (KZN) 372
Vhembe Dongola NP (LP) 372
Virginia (FS) 372
Von Gauteng nach Kapstadt 373
Vredendal (WC) .. 373
Waenhuiskrans/Arniston (WC) 374
Welkom (FS) 374
West Coast NP (WC) 375
Wilderness (WC) 377
Wildschutzgebiete, privat (EC) 378
Wildschutzgebiete, privat, Kruger Park 379
Wildschutzgebiete, privat (KZN) ... 379
Willem Pretorius Game Reserve (FS) 380
Winburg (FS) 380
Witsand Nature Reserve (NC) .. 380
Worcester (WC) . 381
Zulu-Kraal, bei Eshowe (KZN) 381

Addo Elephant National Park inkl. ehem. Zuurberg National Park (Eastern Cape Province) (S. 664)

Öffnungszeiten
Addo Elephants NP: 7–19h, Zuurberg NP: 7.30–16.30h

Unterkunft
Im Nationalpark gibt es Cottages, Chalets und Rondavels, ebenso ein Restaurant. Buchung und Information: Tel.: 042-233-0556, Fax: 233-0196, P.O.B. 52, Addo 6105, website: www.parks-sa.co.za/addo/default-htm. Zuurberg National Park, Tel.: 042-233-0581.

UNTERKUNFT AUSSERHALB DES PARKS
- **Woodall Country House $$$$**, *Tel./Fax: 042-233-0128, E-Mail: miller@woodall-addo.co.za, www.woodall.addo.co.za. Luxus Gästehaus mit B&B, preisgekrönte charmante Unterkunft, auf einer wunderschönen Zitronenfarm 5 km nördlich vom Park entfernt gelegen an der R335.*
- **Shamwari Lodge $$$**, *POB 113, Swartkops, Port Elizabeth 6210, Tel.: 042-203 11 11, Fax: 042-235 12 24, www.shamwari.co.za. Exklusive Lodge mit afrikanischem Flair und ethnischer Dekoration. Von hier aus besteht eine der wenigen Möglichkeiten im Lande, die „Big Five" in einem malariafreien Naturpark zu erleben. Zwischen Port Elizabeth und Grahamstown mit jeweils ca. 70 km Entfernung gelegen.*
- **Zuurberg Mountain Inn $$$**, *Tel.: 042-233-0583, Fax: 233-0070, E-Mail: zuurberg@link.co.za, www.addo.co.za. 150 Jahre altes historisches Hotel mit atemberaubendem Blick auf den Elephant Park. Elegant, stilvoll, internationaler Standard. 1h Autofahrt von Nelson-Mandela-Metropole (Port Elisabeth) entfernt.*
- **The Elephant House $$$**, *POB 82, Addo 6105, Tel.: 042-233-2462, Fax: 042-233-0393, E-Mail: elephanthouse@intekom.co.za, www.elephanthouse.co.za. Exklusive Lodge mit strohbedecktem Dach, Swimmingpool, Zimmer mit jeweils privater Veranda, nur wenige Minuten vom Park entfernt.*
- **Valleyview Guesthouse $$**, *POB 175, Addo 6105, Tel.: 042-233-0349, E-Mail: valleyvw@iafrica.com, www.valleyview.co.za. Im Herzen von Addo, nur 12 km vom Park gelegen. Swimmingpool, Wandern und Pferdeausritte in traumhafter Landschaft möglich.*
- **Happy Lands $**, *Tel./Fax: 042-234-0422, E-Mail: miketaylersmith@absamail.co.za, persönliche Atmosphäre, u.a. Pferdeausritte durch den Orangenhain der Obstfarm möglich. Entfernungen: 20 Min. zum Elefant Park, 45 Min. zum Shamwari, ca. 1h zur Nelson-Mandela-Metropole.*

Agulhas National Park (Western Cape Province) (S. 628)

Information und Buchung
KZN Wildlife, P.O.Box 13069, Pietermaritzburg 3202, Tel.: 033-845-1000, Website: www.kznwildlife.com oder unter 035-571-0051/1000 und Tel.: 034-907-5105. Eintritt frei.

Unterkunft
Im Park selbst gibt es keine Unterkunftsmöglichkeiten.

Augrabies Falls National Park (North West Province) (S. 549)

Information
- **National Parks Board**, P.O.Box 787, Tshwane (ehem. Pretoria) 0001, Tel.: 012-428-9111, Fax: 012-343-3830, website: www.parks-sa.co.za, E-Mail: reservations@parks-sa.co.za, außerhalb der Geschäftszeiten: 012-346-6065
- **Augrabies Falls National Park**, Rezeption: Tel.: 054-451-0050 und 452-9200, Fax: 054-4510053, tgl. 7–19h, P.O.Box 34, Augrabies Falls

Eintritt
Erwachsene 12 ZAR, Kinder 6 ZAR

Unterkunft
- in Augrabies: **Vergelegen $$**, Voortrekker Rd., Tel.: 054-431-0976, website: www.augrabiesfalls.co.za, schöne Zimmer, Restaurant, Shop und Informationszentrum.
- im Park selbst: ein sehr schön gelegenes **Camp** mit Chalets und Campingplätzen sowie Restaurant und Schwimmbad. Zu buchen über **Augrabies Falls National Park**, Rezeption Tel. 054-451-0050 und 452-9200, tgl. 7–19h, P.O.Box 34, Augrabies Falls, oder National Parks Board.

Restaurants
Im Hotel sowie im National Park vorhanden.

Klippspringer-Wanderweg
Am Caravanpark der Augrabies-Fälle beginnt ein 26 km Rundweg, der über Twin Falls, Oranjekom und Echo Corner führt. Man veranschlagt den Weg mit drei Tagen. Unterwegs gibt es Hütten; Verpflegung und Schlafsäcke müssen aber mitgebracht werden. Vom 15.10. bis Ende Februar werden keine Wanderungen genehmigt.
Anmeldung: The Chief Director, **National Parks Board**, P.O.Box 787, Tshwane (ehem. Pretoria) 0001, Tel.: 012-428-9111, Fax: 012-343-3830, website: www.parks-sa.co.za, E-Mail: reservations@parks-sa.co.za, 70 ZAR pro Person.

Badplaas (bei Barberton/Mpumalanga) (S. 501)

Camping
Aventura Resort Badplaas, 283 km östlich von Johannesburg, Reservierungszentrale Aventura Resort: Tel. 011-207-3600, Fax: 011-207-3698/9. Chalets, Caravanplätze mit Strom. Pool und Shop vorhanden. Tennis spielen, Reiten und Golfen möglich.

Ballito (KwaZulu/Natal) (S. 734)

Information
The Dolphin Coast Publicity Association, Ballito Dr., Tel.: 032-946-1997, website: www.dolphincoast.co.za

Unterkunft
- **Zimbali Lodge $$$$**, Tel.: 011-326-1700, Tolle Anlage an einem Berghang gelegen, umgeben von einer üppigen Vegetation und rauschenden (künstlichen) Bächen. Golfer-Paradies (18-Loch!), doch genauso gut für andere Gäste. Innerhalb von 15 Minuten wandert man auf malerischen Wegen hinunter zum Strand. Der Hauptkomplex ist architektonisch spektakulär, das Restaurant erstklassig. Die Zimmer sind sehr groß und verfügen über jeglichen Komfort. Zimbali ist die beste Alternative zu Umhlanga Rocks und beeindruckt durch Luxus und Natur – und das Ganze zu akzeptablen Preisen!
- **The Boathouse $$$**, 33 Compensation Beach Road, Tel.: 032-946-0300, Fax: 946-0184, website: www.theboathouse.co.za. Das kleine Haus mit ca. 10 Zimmern liegt direkt am Strand. Alles ist sehr geschmackvoll eingerichtet. Die lichtdurchfluteten Räume sorgen für eine freundliche Grundatmosphäre – beste mittelpreisige Alternative am Meer!
- **Salt Rock Hotel $$**, Basil Hulett Drive, Tel.: 032-525-5025, website: www.saltrockbeach.co.za. Schöne Ferienanlage.
- **Thompson's Bay Lodge**, die Lage direkt am Meer – zum Strand vom eigenen Grundstück etwa 1 Minute – sowie die tolle Aussicht auf die Thompson Bay sind eindrucksvoll. Die Zimmer sind geräumig, wenn auch hier stellenweise etwas modernisiert werden müsste. Swimmingpool vorhanden, allerdings ist das Außen-Mobiliar ersatzbedürftig. Es wird zwar auch Abendessen serviert, aber alles sind Fertiggerichte... Sehr steile Ausfahrt für parkende Gäste.

Restaurants
Im Ort gibt es eine Anzahl guter mittelpreisiger Restaurants – so z.B. **Mariners** (Seafood), **Al Pescatore** (italienisch/Seafood), **Fragador** (südafrikanisch), **Beira Mar** (portugiesisch).

Barberton (Mpumalanga) (S. 501)

Unterkunft
Hotel Impala $$, 75 de Villiers Street, Box 83, Barberton 1300, Tel.: 015-781-3681, sauberes Kleinstadthotel im Stil der 30er Jahre.

Campingplatz
Barberton Caravan Park, General Street, Barberton, Tel./Fax: 013-712-3323. E-Mail: walmec@soft.co.za. Kinderspielplatz.

Bathurst (Eastern Cape Province) (S. 684)

Unterkunft & Restaurant
The Pig & Whistle Hotel $$, Tel.: 046-625-0673, einfach, aber urgemütlich. Gut für eine Mittagspause mit Lunch geeignet.

Beaufort-West (Western Cape Province) (S. 766)

Information
Tourist Office, Donkin Street, Ecke Church Street. Tel. 023-415-1488. Hier erhalten Sie auch Auskünfte über Farmunterkünfte.

Unterkunft
• **Oasis Hotel** $$, 66 Donkin Str., Box 115, Beaufort-West 6970. Tel.: 023-414-3221. Einfaches Hotel, relativ laut wegen Translux-Haltestelle.
• **Matoppo Inn** $$, Aan die Wagenweg, POB 132, Beaufort-West 6970. Tel.: 023-415-1055 Typisches Landhotel, sauber, Swimmingpool.

Es gibt noch vier weitere Hotels im Ort. Außerdem gibt es unzählige private Stadt- wie auch Farmunterkünfte. Auskünfte erteilt das Tourist Office. **TIPP**: Wenn Sie sowieso abends im „Ye Olde Thatch" speisen wollen, können Sie am besten in der dazugehörigen Unterkunft bleiben (Adresse s. unter „Restaurant").

Camping
Caravanpark: Beaufort-West Caravan Park, Danie Theron Street, Box 352, Beaufort-West 6970. Tel.: 023-415-1223.

Restaurant
Ye Olde Thatch, 155 Donkin Street. Gegenüber der BP-Tankstelle. Tel.: 023-414-2209. Altes kaphölländisches Rieddachhaus. Typische Karooküche.

Sehenswürdigkeiten
Stadtmuseum, Öffnungszeiten: Mo–Fr 8.30–16.45h, Sa 9–12h.

Bethlehem (Free State) (S. 535)

Vorwahl: 058

Information
Tourist Office, Muller Str., Civic Centre, Tel.: 303-5732

Unterkunft
Zwei traditionelle Kleinstadthotels mit dem typischen 30er-Jahre-Charme:
• **Park Hotel** $$, 23 Muller Str., Box 8, Bethlehem 9700, Tel.: 303-5191. Sauberes Mittelklassehotel.
• **Royal Hotel** $$, 9 Boshoff Str., Box 570, Bethlehem 9700, Tel.: 303-5448.

Camping
Loch Athlone Holiday Resort: 4 km südlich aus der Stadt. Tel.: 303-4981. Camping, Hütten und Wassersportmöglichkeiten.

Restaurant
Athlone Castle Restaurant (Loch Athlone Resort): untergebracht in einer Schiffsattrappe mit maritimem Interieur. Gute Publunches.

Sehenswürdigkeiten
Bethlehem-Museum, Öffnungszeiten: Mo: 10–12.30h, Di, Mi, Fr, Sa: 10–12.30h u. 14.30–17h, So: 14.30–17h) bietet die typischen Gegenstände aus burischen Haushalten, die Sie sicherlich schon öfter gesehen haben werden. Daneben steht im Garten eine alte Dampflokomotive, die gegen Ende des 19. Jh. die Strecke Kapstadt-Mafikeng bedient hat.

Bisho (Eastern Cape Province) (S. 686)

Information
Eastern Cape Tourism Board, Tel.: 040-636-2115, E-Mail: info@ectourism.co.za, website: www.ectourism.co.za.

Unterkunft
Amatola Sun $$$, Kei Road, Bisho, Tel.: 040-639-1111, website: www.suninternational.co.za. Hotel der gehobenen Mittelklasse. Zurzeit wegen Renovierung geschlossen.

Bloemfontein (Free State) (S. 760)
Vorwahl: 051

Wichtige Telefonnummern
- Hydromed: 404-6666, Rosepark: 422-6761
- Apotheke: 447-5822, tgl. 8–22.30 h
- Wettervorhersage: 082-162
- Flughafenauskunft (Ankunft/Abflug): 433-2901
- Taxi: 430-2005

Touristeninformation
Tourist Information Bureau, Park Ave., am Busbahnhof, Tel. 405-8489, website: www.bloemfontein.co.za, geöffnet Mo–Fr 8–16.15h, Sa 8–12h.

Überregionale Busverbindungen
Täglich fahren Busse von Bloemfontein in die wichtigsten Städte Südafrikas. Maseru kann man aber nur per Minibus oder mit dem Minenarbeiterbus von Spoornet erreichen. Buchungen:
- **Translux**, 17, Cricket Str., Tel.: 408-4888
- **Greyhound**, über Rennies Travel Agency, Elizabeth Str., Tel.: 408-2361 (hier befindet sich auch Computicket, über die man aber nur Veranstaltungen außerhalb Bloemfonteins buchen kann)
- **Spoornet**, am Bahnhof, Tel.: 408-2809
- Minibusse nach Lesotho und zu anderen überregionalen Zielen fahren vom Busbahnhof in der Harvey Str. ab

Eisenbahnverbindungen
Zugverbindungen sind sehr langsam. Wer trotzdem in den Genuss einer Zugfahrt kommen möchte, kann mit dem **„Trans Oranje Express"** nach Durban (dienstags) oder

Kapstadt (freitags), mit dem **„Amatola Express"** nach Johannesburg oder Buffalo City (täglich) bzw. mit dem **„Algoa-Express"** nach Johannesburg (Di, Do, Fr) oder PE (Di, Do, So) fahren. Buchungen: Tel.: 408-2941 od. 408-2946.

Flugverbindungen
Der Airport befindet sich 7 km außerhalb der Stadt in Richtung Osten. Einen Busverkehr dorthin gibt es nicht, so dass Sie sich ein Taxi rufen müssen. Täglich gibt es Flüge nach Johannesburg, Kapstadt, Durban und Nelson-Mandela-Metropole. Airlinebüro: **SAA**, Liberty Life Building, Ecke St. Andrew & Kerk Street, Tel.: 407-3811.

Mietwagen
Alle Mietwagenunternehmen haben einen Sitz am Flughafen.
- **Avis**, Tel.: 433-2331
- **Budget**, Tel.: 433-1178
- **Imperial**, Tel.: 433-3511. Imperial hat obendrein eine Filiale an der Caltex Tankstelle in der Voortrekker Street eröffnet (gegenüber der City Lodge). Tel.: 447-4202.

Taxis (müssen per Telefon gerufen werden)
Siverleaf Taxis, Tel.: 430-2005

Besichtigungstouren
Stadtbesichtigungstouren gibt es nur nach Voranmeldung (nur Gruppen). Aber eigentlich kann man die wesentlichen Sehenswürdigkeiten auch zu Fuß erreichen. Das Tourist Office bietet dazu eine Broschüre mit Routenvorschlag an.

Feste
In der dritten Oktoberwoche findet das „Bloemfontein Rose Festival" statt, bei dem nicht nur die Blumen im Mittelpunkt stehen, sondern auch kulturelle Veranstaltungen nebst Volksfest geboten werden.

Hotels und Guesthouses
- **Holiday Inn Garden Court $$$**, Ecke Melville/Zastron Str., P.O.Box 12015, Bloemfontein 9324, Tel.: 447-0310, Fax: 444-0671. Schöner Swimmingpool.
- **Protea Hotel $$$**, East Burger Str., Box 2212, Bloemfontein 9300, Tel.: 444-4321, Fax: 444-4322. Das ehemalige Bloemfontein Hotel hat nach der Übernahme durch Protea eine Grundrenovierung erhalten.
- **Hobbit House $$$**, 19 President Steyn Ave., Tel./Fax: 447-0663, E-Mail: hobbit@intekom.co.za. Schönstes Guesthouse der Stadt. Sehr schöne Zimmer, ausgezeichneter und sehr freundlicher Service. Sehr empfehlenswert.
- **City Lodge $$$**, Voortrekker Str., Box 3552, Bloemfontein 9300, Tel.: 444-2974, Fax: 447-5669, E-Mail: clbloem@citylodge.co.za. Modernes Hotel und wie immer hoher Standard fürs Geld.
- **De Oude Kraal $$$**, ca. 35 km südlich von Bloemfontein an der N1, Ausfahrt Riversford, Tel.: 564-0636, Fax: 564-0635, website: www.oudekraal.co.za. Altes Farmhaus. Die gemütlichen Zimmer haben alle einen Kamin. Die Küche ist umwerfend.
- Es gibt noch eine Reihe anderer Hotels aller Preisklassen (u.a. ein weiteres Holiday Inn – leider übertreuert).

Selbstverpflegungsapartments
Lakewood Flats, First Avenue, Tel.: 447-7771, vom Tourist Office empfohlene Apartments.

Camping
- **Dagbreek Caravan Park**, 10 Hillside (Stadtausgang nach Nordosten an der R30), Box 4494, Bloemfontein 9300, Tel.: 433-2490. Hier gibt es auch einfache Rondavels, und man kann auch in einem Eisenbahnwaggon übernachten.
- **Reyneke Caravan Park**, Petrusburg Rd., Box 288, Tel.: 523-3888, Fax: 523-3887. Kinderfreundlicher Campingplatz etwa 2 km außerhalb der Stadt.

Backpackers
Naval Hill Backpackers, 3 Delville Road, Tel.: 430-7266, Fax: 430-7962, E-Mail: info@navalhillbackpackers.co.za. In einer alten Wasserpumpstation untergbracht, daher sehr interesantes Industrie-Dekor. Saubere Schlafräume, Internetzugang, Bar, Restaurant und gute Informationsstelle.

Restaurants
Bloemfontains Restaurantszene liegt um die 22 Second Avenue.
- **Beef Baron**, 22 Second Ave., Tel.: 447-4290. Bestes Steak-House der Stadt, vernünftige Preise.
- **Musselcracker Tavern**, Zastron Str., Tel.: 430-6528. Gutes Seafood-Restaurant.
- **Schillaci´s Trattoria**, Zastron Str., Tel.: 447-3829. Guter und beliebter Italiener, mit guten Preisen.
- **Jazz Time**, in der Waterfront, Tel.: 430-5727. Angesagtes Szene-Lokal. Super Speisekarte, riesige Portionen.
- **Alabama Spur**, 208 Zastron Str., Tel.: 444-6750. Wie immer empfehlenswert wegen der einladenden Salatbar.

Pubs & Nachtleben
Neben dem Gebiet um die 22 Second Avenue, Kellner Str., Zastron Str. und Voortrekker Str. ist die Bloemfontein Waterfront ein gutes Ziel für den Abend und die Nacht.
- **Mystic Boer**, 84 Kellner Str., Tel.: 430-2206. Ein absolutes Erlebnis! Gemischtes Publikum, öfter Konzerte.
- **Barney´s**, an der Waterfront, Tel.: 430-2600. Wer gerne mal tanzen gehen möchte, sollte das hier tun. Am Wochenende Live-Musik.

Theater
Bloemfontein ist bekannt für seine Theater, doch leider ist es schwierig, an Karten zu kommen, da sie meist früh ausverkauft sind. Manchmal hat man aber Glück an der Abendkasse. Telefonische Auskünfte erteilt:
- **Sand du Plessis Theatre**, Tel.: 552-4071
- **Wynand Mouton Theatre**, Civic Theatre, Observatory Theatre, Andre Hugenot Theatre, Tel.: 401-9111, Scaena Theatre u. Odeon, Tel.: 447-7771

Museen in Bloemfontein

Name, Adresse	Besichtigungsobjekte	Öffnungszeiten
National Afrikaans Literature Museum, Pres. Brand St.	Manuskripte, Bücher, Fotografien u. persönl. Dinge südafrikanischer Dichter und Autoren	Mo–Fr 8–16h Sa 9–12h
First Raadsaal, St. Georges Str.	Verschiedenste Gegenstände, die die Geschichte Bloemfonteins und der Buren widerspiegeln	Mo–Fr 10–15h Sa+So 14–17h
Hertzog Haus, Goddard Str.	Ehem. Wohnhaus des Burengenerals J.B.M. Hertzog	Di–Fr 9–12h 13–16h
Military Museum, Church Str.	Militärische Gegenstände aus dem 20. Jahrhundert	Mo, Sa+So 8–16h
National Museum, Aliwal Street	Archäologische Funde, kulturelle und historische Gegenstände	Mo–Sa 8–17h So 13–18h
Military Museum of the Boer Republics and National Women's Memorial, Monument Str.	Militärische Gegenstände aus der Zeit der Burenaufstände	Mo–Fr 9–16.30h Sa 9–17h So 14–17h
Old Presidency, Pres. Brand Str.	Geschichtliche Ausstellung, Gemälde, Möbel und wechselnde Kunstaustellungen, Kulturzentrum	Mo geschl. Di–Fr 10–12h 13–16h Sa+So 14–17h
Orchid House, Hamilton Park, Union Avenue	Große Orchideensammlung	Mo–Fr 10–16h Sa+So 10–17h

Bontebok National Park (Western Cape Province) (S. 629)

 Information und Buchung
Zentrale Reservierung: SA National Parks, Pretoria, Tel.: 012-343-1991, Fax: 012-343-3830, www.parks-sa.co.za. Sehr günstige ausgestattete Wohnwagen am Flussufer, für Selbstversorger, Campingplatz vorhanden. Öffnungszeiten: 1. Oktober–30. April: 8–19h, 1. Mai–30. September: 9–18h.

Borakalalo Game Reserve (North West Province) (S. 485)

Buchung und Information
unter Tel.: 014-555-6135, website: www.goldenleopards.co.za

Unterkunftsmöglichkeiten im Game Reserve

	Chalets	Safari-Zelte	Zeltplätze	Campingplätze	sanitäre Anlagen	warmes/kaltes Wasser	Spültoiletten	Elektrizität	ausgestattete Küchen	Kühlschränke	Grillplätze	Speiseraum	Restaurant	Laden	Schwimmbad
Moretele	-	x	x	x	x	x	x	-	-	-	x	-	-	-	-
Phudufudu	-	x	-	-	x	x	x	-	x	x	-	x	-	-	x
Pitjane	-	x	-	-	x	x	x	-	-	-	x	-	-	-	-

Botsalano Game Reserve (North West Province) (S. 485)

 Unterkunft
in Zelten im Mogobe-Camp, am Mogobe-Damm gelegen (gute sanitäre Anlagen, Küche, fließend warmes und kaltes Wasser, Duschen). Buchung: Botsalano Game Reserve, Private Bag X 2078, 8670 Mafikeng, Tel.: 018-386-2433

Bredasdorp (Western Cape Province) (S. 628)
Vorwahl: 028

 Information
Bredasdorp Tourism Office, Tel.: 424-2584, Fax: 424-2731

Museum
Shipwreck Museum, Independent Str., geöffnet Mo–Do 9–16.30h, Fr 9–15.30h, Sa 9–12.45h und So 11–12.30h.

Buffalo City/ehem. East London (Eastern Cape Province) (S. 691)
Vorwahl: 043

Wichtige Telefonnummern
- Feuerwehr, 722-1212
- Apothekennotdienst, 735-2566
- Krankenhäuser, St. Dominics: 743-4303, *East London Private Hospital:* Tel: 722-3128

Informationen
- The *Buffalo City Tourism Office*, 35 Argyle Street (hinter der City Hall), Tel.: 722-6015, Fax: 743-5091, E-Mail: eltour@mweb.co.za, website: www.buffalocitytourism.co.za
- *Wild Coast Holiday Reservation* (hauptsächlich Cape-Wildcoast), Tel.: 743-6181, Fax: 743-6188, E-Mail: meross@iafrica.com, website: www.wildcoastholidays.co.za.

6. Regionale Reisetipps von A–Z: Buffalo City

Busverbindungen
Es gibt eine Reihe von Buslinien, die Buffalo City bedienen, und es besteht eigentlich die Möglichkeit, alle größeren Städte des Landes täglich von hier aus zu erreichen.
• **Translux**, Tel.: 700-1999, die Haltestelle ist auf der Moore Str. am Windmill Park Roadhouse. Tägliche Verbindungen nach Umtata, Nelson-Mandela-Metropole (ehem. Port Elizabeth), Durban, Graaff-Reinet, Kapstadt, Johannesburg und Tshwane (ehem. Pretoria).
• **Greyhound**, Tel: 743-9284, die Haltestelle ist auf der Moore Str. am Windmill Park Roadhouse. Tägliche Verbindungen nach Bloemfontein, Johannesburg und Tshwane, Durban, Kapstadt.
• **Intercape**, Tel.: 726-9580, die Haltestelle ist auf der Moore Str. am Windmill Park Roadhouse. Tägliche Verbindungen nach Kapstadt, Durban und Umtata.

Zugverbindungen
Täglich gibt es Zugverbindungen nach Johannesburg (**„Amatola-Express"**) und nach Nelson-Mandela-Metropole (ehem. Port Elizabeth). Auskünfte unter Tel.: 744-2719.

Flugverbindungen
Täglich werden alle größeren Flugplätze des Landes vom Buffalo City Airport (ELS) angeflogen, in der Regel im System „Perlenkette", bei dem alle Flugplätze entlang der Ostküste der Reihe nach angeflogen werden (und dann wieder zurück).
Buchungen und Infos über **SAA**, SAA Suite 1, 1st Floor Passenger Terminal, Buffalo City Airport, Tel.: 706-0218.
Es gibt keinen Flughafenbus, so dass man mit dem Taxi hinfahren muss. Alle größeren Mietwagenfirmen haben Niederlassungen am Flughafen.

Mietwagen am Airport
• **Avis**, Tel.: 736-2250 und 736-1344, Fax: 736-1164
• **Imperial**, Tel./Fax: 736-1533
• **Budget**, Tel./Fax: 736-1084
• **Europcar**, Tel.: 736-3093, Fax: 736-2685
• **Hertz**, Tel.: 702-5700, Fax: 702-5711

Taxiunternehmen
• **Herman Taxi**, Union Str., Tel.: 743-8076 und 722-7901
• **Border Taxi**, Gladstone Str., Tel.: 722-3946
• **Smith Taxis**, Argyle Str., Tel.: 743-9918

Besichtigungstouren
Informieren Sie sich entweder beim Tourist Office, oder buchen Sie Touren bei:
• **Amatola Tours**, Tel.: 743-0472, Fax: 722-6914, E-Mail: mike@amatour.co.za
• **African Magic**, Tel./Fax: 743-3168, E-Mail: travel@africanmagic.co.za, website: www.africanmagic.co.za.
• **African Coastal Adventures**, Tel.: 748-4550

Internetzugang
Cyber Link Internet Cafés, Tel.: 083-375-9040 in
• Beach Front, neben Steers Restaurant
• Innenstadt, 151 Oxford Street

- Nahoon, 58 Beach Road
- Vincent, Balfour Park

Hotels (Auswahl)
- **Quarry Lake Inn $$$$**, The Quarry, Buffalo City 5200, Tel.: 707-5400, Fax: 707-5425, E-Mail: qlakeinn@imaginet.co.za, website: www.quarrylakeinn.co.za. Kleines, aber luxuriöses Inn. Alle 16 Zimmer haben Ausblick auf den See.
- **Holiday Inn Garden Court $$$**, Moore Str., P.O.Box 1255, Buffalo City 5200, Tel.: 722-7260, Fax: 743-7360, E-Mail: gceastlondon@southernsun.com. Mittelklasse-Hotel mit üblicher Ausstattung.
- **Kennaway Hotel $$**, Esplanade, P.O.Box 583, Buffalo City 5200, Tel.: 722-5531, Fax: 743-3433. Nahe zur Stadt und zum Strand, sehr sauber.
- **Osner $$**, Esplanade, P.O.Box 334, Buffalo City 5200, Tel./Fax: 743-3433, ebenfalls am Strand, modern und funktional. Selbstversorger-Einrichtungen.

Bed & Breakfast
- **The Oakhampton B&B**, 8 Oakhamton Rd., Berea, Buffalo City 5241, Tel.: 726-9963, Fax: 726-4565, E-Mail: emslieco@iafrica.com. Sehr persönlich geführtes Haus mit 9 Zimmern, die meisten mit eigenem Bad.
- **Chateau Le Grand Guest House**, 7 St.Lukes Rd., Belgravia, Buffalo City, Tel.: 743-3999, Fax: 743-2471, E-Mail: allen@château.za.net, website: www.château.za.net. 5 sehr schöne Zimmer, zentrale Lage.

Jugendherberge/Backpacker
- **Sugar Snack $**, Eastern Beach, Tel./Fax: 722-8240. Schöne Lage am Strand, saubere Schlafsäle, sehr lebendige Backpacker-Atmosphäre.
- Ehem. **East London Backpacker**, 11 Quanza Str., Tel.: 722-2748, E-Mail: kaybeach@iafrica.com, website: www.londonbackpackers.active3.com.

Camping
Von den Plätzen in Stadtnähe möchte ich den folgenden empfehlen:
Lagoon Valley Holiday Resort, Cove Rock, Marine Drive, Tel.: 736-9753, website: www.lagoonvalley.co.za. 12 km vom Zentrum. Fahren Sie 2 km hinter dem Flughafen weiter auf Settlers Way und dann nach links in den Marine Drive.

Restaurants
- **Le Petit**, 54 Beach Rd., Nahoon, Tel.: 735-3685. Hier gibt's exotische Küche, u.a. Straußen- u. Krokodilsteak. Mo–Sa.
- **Strandloper Cafe**, 95 Old Transkei Rd., Tel.: 735-4570. Sehr gutes Seafood-Restaurant.
- **Zhong Hua**, 48 Beach Rd., Nahoon, Tel.: 735-3442. Chinesische Küche.
- **Spur Steakhouse**, Ecke Frere Rd., Devereux Ave. Wie immer die beste Salatbar.

Pubs und Kneipen
Das Kneipenleben in Buffalo City ist etwas ruhiger, aber man findet trotzdem den einen oder anderen Pub, wo man gemütlich ein Bier trinken kann.
- **Finnegans**, 40 Terminus Street, Tel.: 725-6585. Ein echter „Sundowner Pub", der besonders am Freitagnachmittag gefüllt ist. Hier gibt's auch ein Restaurant.

- **Buccaneers**, Esplanade, Tel.: 743-5171, Bar, Restaurant, freitags und samstags Livemusik. Der In-Tipp für Buffalo City.
- **Keg & Rose**, Patcyn Centre, Tel.: 726-6164, immer für ein gutes Essen und einen Drink gut.
- **O'Hagans Pub**, Esplanade, Tel.: 743-8713, gute Musik, Stimmung, leckeres Essen und was sonst noch zu einem Pub gehört.

Unterhaltung
- Kinos in Buffalo City: **Vincent Park Cinemas**, Tel: 716-8122
- **Hemingways Casino and Entertainment Centre**, Ecke Western Ave. Und Two Rivers Drive. Tel.: 707-7777. Casino, Restaurant, Geschäfte und Indoor-Sport-Angebot.
- Theater: **Arts Theatre**, Paterson St., Arcadia, Tel.: 722-6957. Viele Musicals im Programm.

Einkaufen
Vincent Park Shopping Centre, Devereux Avenue, Vincent, Tel.: 726-4729. Sonntags findet hier ein Flohmarkt statt.

Golfplätze
- **Buffalo City Golf Club**, 22 Gleneagles Road, Buffalo City, Tel.: 735-1356, Fax: 735-2426, website: www.eastlondongc.co.za. Anspruchsvoller 18-Loch-Meisterschaftsplatz mit tollem Blick auf die Küste. Länge: 5 971 m, Standard/Par 72.
- **Alexander Golf Club**, Clovelly Road, Sunnyridge, Buffalo City, Tel.: 736-3646, Fax: 736-2661, E-Mail: alexcu@freemail.absa.co.za. 18 Loch, wunderschöne Lage, Länge: 5.625 m, Standard 69 und Par 71.

Sehenswürdigkeiten
- **Buffalo City Museum** (Oxford Street), Öffnungszeiten Mo–Fr 9.30–17h, Sa 14–17h, So 11–16h
- **Ann Bryant Art Gallery**, Tel.: 722-4044, Öffnungszeiten Mo–Fr: 9–17h, Sa: 9.30–12h, Eintritt kostenlos.
- **Gately House**, 1 Park Gates Rd., Tel.: 722-4044, Öffnungszeiten: Di–Do 10–13h und 14–17h, Fr 10–13h, Sa–So 15–17h
- **German Market**, er findet Freitag und Sonnabend zwischen 5.30h und 10h statt.
- **Wool Exchange**, die Versteigerungen finden zwischen September und Mai jeweils dienstags ab 8.30h statt
- **Aquarium**, Tel.: 705-2637, Öffnungszeiten: täglich 9–17h

UMGEBUNG VON BUFFALO CITY

Information
- **Wild Coast Holiday Reservations**, Tel. 043-743-6181.
- Buchung und Informationen zum Wild Coast Hiking Trail und den Nature Reserves unter Tel.: 047-531-2711

Sehenswürdigkeiten
- **Mpongo Park**, P.O.Box 3300, Cambridge 5206, Tel.: 739-1668
- **Gonubie Nature Reserve**, Tel.: 043-705-9777

Butha-Buthe (Lesotho) (S. 531)
Vorwahl von Südafrika aus: 09266, *Vorwahl international:* 00266

Unterkunft
• **New Oxbow Lodge $$**, Buchung über P.O.Box 60, Ficksburg 9730, Tel.: 051-933-2247, etwas in die Jahre gekommene Anlage.
• **Crocodile Inn $**, Reserve Rd., Tel.: 460-223. Zweckmäßiges Hotel ohne besonderen Luxus. Zimmer sind geräumig, Restaurant mittelmäßig, an Wochenenden sehr laute Bar.

Butterworth (Eastern Cape Province) (S. 708)

Unterkunft
• **Wayside Protea $$**, Tel. 047-491-4615, Fax 491-0440, E-Mail: wayside@cybertrade.co.za. Sehr sauberes, funktionales Mittelklassehotel.
• **Butterworth Hotel $**, Tel. 047-491-3531.

Sehenswürdigkeiten
Dwesa Nature Reserve, buchen muss man im Voraus beim Environmental Conservation in Umtata, Tel.: 047-531-2711

Caledon (Western Cape Province) (S. 625)
Vorwahl: 028

Information
Caledon Tourism Bureau, Plein Street, Tel.: 212-1511, Fax: 214-1427, E-Mail: calmuse@intekom.co.za

Unterkunft
• **The Caledon Casino, Hotel & Spa $$$$**, Tel.: 214-1271, Fax 214-1270, E-Mail: hotel@caledoncasino.co.za, website: www.caledoncasino.co.za. In diesem modernen Resort können Sie in den heißen Quellen baden oder Ihr Glück im Casino versuchen.

Cathin Peak-Gebiet (Drakensberge/KwaZulu/Natal) (S. 754)

Unterkunft
• **Drakensberg Sun $$$$**, P.O.B. 335, Winterton 3340, Tel.: 036-468-1000, Fax: 468-1224. Großzügige Hotelanlage der Sun-Kette mit gutem Restaurant und allen Freizeitmöglichkeiten. Sehr gute Ausflugsmöglichkeiten nach Norden und Süden.
• **Champagne Castle $$**, Private Bag X12, Winterton 3340, Tel.: 036-468-1063, Fax: 468-1306, website: www.champagnecastle.co.za. Gutes Hotel am Ende der Stichstraße zur Gebirgsmauer der Drakensberge.

Cederberge (Western Cape Province) (S. 565)
Vorwahl: 027

🛏 Unterkunft
Es gibt eine Reihe von Unterkunftsmöglichkeiten in dieser Region, meist in einfachen Hütten oder als Campingplätze. Auswahl (Entfernungsangaben vom Abzweiger der N7, 25 km südlich von Clanwilliam):
- **Sanddrift**: 46 km von N7, Tel.: 027-482-2825. Gästehäuser, Camping.
- **Cederberg Tourist Park**: 49 km von N7, Tel.: 027-482-2807. Chalets, Camping.
- **Cederberg Rest Camp**, Nuwerus: 65 km von N7, Tel.: 022-921-2181. Chalets, Camping.

Citrusdal (Western Cape Province) (S. 573)

ℹ Information
Information Centre, 39 Voortrekker Str, Tel.: 022-921-3210, website: www.citrusdaltourism.co.za

🛏 Unterkunft
- **Cederberg Lodge $$**, 57 Voortrekker Str., P.O.Box 37, Citrusdal 7340, Tel.: 022-921-2221. Guter Standard.
- **The Bath $**, 15 km außerhalb entlang des Oliphants River (ausgeschildert), P.O.Box 133, Citrusdal 7340, Tel.: 022-921-3609, website: www.thebaths.co.za. Chalets, Zimmer, Camping. Hier gibt's auch einige Felszeichnungen.
- **Vanmeerhof Lodge**, Tel.: 022-921-2231, hübsches neues Hotel in der Nähe des Piekenierskloof-Passes an der R44.
- **Karnemelksvlei Guest House**, 26 km auf der Straße zum The Bath, südlich von Citrusdal, P.O.Box 8, Citrusdal 7340, Tel.: 022-921-1811. Unterkunft auf der ältesten Farm im Tal (1767). Mahlzeiten können bereitet werden, und Touren über die Farm werden arrangiert.

🚐 Camping
Citrusdal Caravan Camp & Chalets, Ower Street, Citrusdal, Tel./Fax: 022-921-3145. 174 km nordwestlich von Kapstadt. 12 Chalets, 60 Caravan- und Zeltplätze.

🍴 Restaurants
- **Mc Gregors**, in der Cederberg Lodge, Tel.: 022-921-2221. U.a. typische Landgerichte dieser Gegend.
- **Vanmeerhof Restaurant**, Piekenierskloof Resort, Kapgerichte aller Art, leider ab 19h geschlossen, daher nur für Lunch zu empfehlen.

Clanwilliam (Western Cape Province) (S. 572)

ℹ Information
Information Centre (im alten Gefängnis), Main Street, Tel.: 027-482-2024, website: www.capewestcoast.org.

Unterkunft
• **Strassberger´s Hotel Clanwilliam $$$**, Mainstreet, P.O.Box 4, Clanwilliam 8135, Tel.: 027-482-1101, Fax: 482-2024. Gepflegtes Hotel in 100 Jahre altem Gebäude – Country-Pub-Stil.
• **Saint Du Barrys Country Lodge $$$**, 13 Augsburg Drive, Clanwilliam 8135, Tel./Fax: 027-482-1537, P.O.B. 346. Gepflegte, persönlich geführte Lodge inmitten einer Berglandschaft, geschmackvoll möbliert.
• **Clanwilliam Dam Municipal Caravan Park & Chalets**, Tel. 027-482-2133, am Stausee gelegen, Selbstversorgungs-Einrichtungen, schöne Chalets und Campingplätze.

Restaurant
Das **Reinholds Restaurant** im Clanwilliam Hotel ist überregional bekannt für seine südafrikanischen Gerichte.

Sehenswürdigkeiten
• Besichtigung der Teefabrik

Wer die **Rooibos-Teefabrik besichtigen** will, muss sich vorher anmelden: Rooibos Tea Natural Products, Rooibos Ave., P.O.Box 64, Clanwilliam, Tel.: 027-482-2155.
• In der Nähe der Stadt liegt das Naturschutzgebiet **Ramskop** mit seinen im Frühling blühenden Namaqualand-Wildblumen. **Öffnungszeit**: 7–17h.

Clarens (Free State) (S. 533)
Vorwahl: 058

Information
Visitor Information Centre, Tel.: 256-1542, E-Mail: Clarens@bhm.dorea.co.za, geöffnet tgl. 9–13h, 14–17h.

Unterkunft
• **Maluti Mountain Lodge Hotel $$**, Steil Str., Box 21, Clarens 9707, Tel.: 256-1422. Nettes, sauberes Hotel, schöne, gepflegte Rondavels im Garten.
• **Cottage Pie $$**, 89 Malherbe Str., Tel.: 2561214. Nettes B&B-Haus mit Terrassenblick auf den Fluss und die Berge. Etwas für Individualisten!

Camping
Bokpoort Holiday Farm & Game Ranch, Tel.: 256-1181. Zwischen Clarens und Golden Gate Park gelegen, 5 km von Clarens auf der Straße zum Golden Gate Park, danach beschildert (3 km Gravelroad).

Coffee Bay (Eastern Cape Province) (S. 710)

Unterkunft
• **Ocean View Hotel $**, Buchung: Tel.: 047-575-2005; renoviertes Hotel, mit Lage direkt an der Küste. Freundliche Zimmer, Swimmingpool, gutes Restaurant (leckere frische Austern!).

- **Hole in the Wall** $, P.O.B. 13135, Vincent 5217, Tel./Fax: 047-575-2002. Zimmer und Cottages, Restaurant.
- Der **Coffee Bay Caravan Park** liegt sehr schön unter schützenden Bäumen.

Colesberg (Northern Cape Province) (S. 669)

Unterkunft
- **Central Hotel** $$, 32, Church Street, Box 58, Colesberg 5980, Tel.: 051-753-0734. Großes altes Stadthotel mit Restaurant. In Colesberg gibt es noch 3 weitere Hotels und eine Reihe von Gästehäusern. (Buchungen im Office in der Churchstreet.)

Cradock (Eastern Cape Province) (S. 678)
Vorwahl: 048

Information
Cradock Publicity Association, Tel.: 048-881-2383, Fax: 881-1421, website: www.cradock.co.za.

Unterkunft
- **Die Tuishuise** $$, Market Str., Cradock 5880, Tel.: 881-1322, E-Mail: tuishuise@eastcape.net. Altes Stadthaus und Cottages mit Selbstversorgung. Sehr empfehlenswert.
- **Victoria Manor** $, 36 Market Str., Tel.: 881-1650, Altes, aber liebevoll restauriertes Hotel mit 19 preiswerten Zimmern.

Caravanparks
Cradock Spa, Box 24, Cradock 5880, Tel.: 881-2709. 4 km außerhalb der Stadt an der R390 nach Hofmeyr.

Restaurants
- **Restaurant 1814**, 68 Stockenstrom Str., Tel.: 881-5390. Kleines Restaurant in altem Haus. Gut geeignet für den Mittagsimbiss. Probieren Sie die selbst gemachten Waffeln! Abends nicht geöffnet.
- Die Restaurants in den beiden Hotels in der Innenstadt bieten gute „Landküche".

Darling (Western Cape Province) (S. 604)
Vorwahl: 022

Information
Tourist Information, im Museum, Tel.: 492-3361

Unterkunft

Darling Guest House $$, Pastorie Str., Darling 7435, Tel.: 492-3062. Altes, kapholländisches Gästehaus mit 3 eleganten Zimmern.

Restaurant
Zum Schatzi, 7 Long Street, Tel.: 492-3095. Ein Kaffeehaus mit deutschem Frühstück und Gebäck.

Museum
Buttermuseum, Öffnungszeiten: Mo–Fr: 10–13h und 14–16h

De Hoop Nature Reserve (Western Cape Province) (S. 630)

Unterkunft
Im Naturreservat gibt es einfache Hütten sowie einen Campingplatz – kein Restaurant. Reservierung: **De Hoop Nature Reserve**, Private Bag X 16, Bredasdorp 7280, Tel.: 028-542-1126

Drakensberge (KwaZulu/Natal) (S. 752)

Anmeldung und Auskünfte
für folgende Nature Reserves unter der Adresse:
- KZN Wildlife, P.O.Box 13069, Pietermaritzburg 3202, Tel.: 033-845-1000, Website: www.kznwildlife.com oder unter Tel.: 035-571-0051/1000 und Tel.: 034-907-5105
- Sani-Pass
- Lotheni Nature Reserve
- Vergelegen Nature Reserve
- Himeville Nature Reserve
- Coleford Nature Reserve
- Kamberg Nature Reserve
- Ukhahlamba Drakensberg Park
- Royal Natal National Park

Hotels
• *Drakensberg Gardens* $$$, Underberg 4056, P.O.B. 10305, Tel.: 033-701-1355. Gutes Gebirgshotel direkt im Mzimkulwana Nature Reserve.
• *Sani Pass Hotel* $$$, P.O.B. Himeville 4085, Tel.: 033-702-1320, Fax: 033-702-0220, website: www.sanipasshotel.co.za. Gebirgshotel auf dem Wege zum Sani-Pass. Gute Unterkunft und Verpflegung. Fahrten zum Sani-Pass hinauf ab Hotel möglich.

Cottages und Campingplätze
Im Lotheni Nature Reserve, Vergelegen Nature Reserve, Coleford Nature Reserve, Kamberg Nature Reserve und Himeville Nature Reserve stehen saubere Camps (Selbstverpflegung, Hütten, Campingplätze) zur Verfügung. Buchungsadresse: KZN Wildlife Accomodation, Tel.: 033-845-1000

Unterkunftstipps
Zwischen Fouriesburg und Bethlehem gibt es eine Reihe von Farmen, die Übernachtungsmöglichkeiten anbieten. Falls Sie noch nicht in den Genuss eines Farmaufenthal-

tes gekommen sind, sollten Sie die Chance hier nutzen. Es ist meist billiger und allemal interessanter als in einem Hotel. Nähere Auskünfte erhalten Sie in den Gemeindehäusern oder beim Tourist Office in Bethlehem. Häufig hängen auch Angebote in den größeren Supermärkten aus.

Dullstroom (Mpumalanga) (S. 436)
Vorwahl: 013

Unterkunft
Als Zwischenstopp (auf halbem Wege zum Blyde River Canyon bzw. Kruger Park) empfehle ich den Ort Dullstroom (ca. 2 ½ Fahrstunden vom Flughafen Johannesburg). Dullstroom ist ein friedlicher, kleiner Ort. Die Landschaft erinnert an das schottische Hochland und liegt ca. 2 000 m über dem Meer. Es gibt hier eine intensive Forellenzucht.
• **Critchley Hackle Lodge $$$$** *in Dullstroom, P.O.B. 141, Dullstroom 1110, Tel.: 254-0145, Fax: 254-0262, E-Mail: chl-wks@mweb.co.za. Sehr gemütlich, an idyllischen Forellenteichen gelegen, sehr viel Atmosphäre.*
• **Walkersons Country Manor $$$$**, *zu erreichen über die R 500, 20 km nördlich des Ortes. Tel.: 013-25 40246, www. walkersons.com.za. Eines der luxuriösesten Landhotels, riedgedeckte Steinhäuschen (sehr gemütlich) am See, Angelmöglichkeit in 10 Seen! Tolles Restaurant mit ungewöhnlichen Spezialitäten.*
• *Preiswerter:* **The Dullstroom Inn $$**, *P.O.B. 44, Dullstroom 1110, Tel.: 254-0071. Altes, sauberes und atmosphärisches, typisch südafrikanisches Landhotel.*
• *Toll in Dullstroom ist das sehr preiswerte* **The Old Transvaal Inn $$**, *P.O.B. 17, Dullstroom 1100, Tel. und Fax: 254-0222, E-Mail: ggg@worldonline.co.za. Sehr sauberes, gemütliches Gasthaus.*
• *Eine weitere preiswerte Alternative ist das* **Aventura Loskopdam-Camp** *am Loskopdamm 44 km nördlich von Middelburg (über R35 erreichbar). Adresse: Private Bag X1525, Middelburg, 1050, Tel.: 262-3075 Fax: 2625269, website: www.aventura.co.za. E-Mail: loskop@aventura.co.za.*

Restaurants
• *Eher ländlich-elegant in der* **Critchley Hackle Lodge**, *rustikal-südafrikanisch im* **Dullstroom Inn.**
• **Harrie's Pancakes**, *tolle Pfannkuchen, leichte Gerichte (Sandwiches, Suppen).*

Durban (KwaZulu/Natal) (S. 722)
Vorwahl: 031

Wichtige Telefonnummern
• *Addington Hospital, Erskin Terrace, South Beach, Tel.: 332-2000, Travel Doctor: Tel.: 360-1122*
• *24-Std.-Apotheke: South Beach Medical Centre, Tel.: 332-3101, Rutherford Str.*
• *Flughafenauskunft (Ankunft/Abflug): 451-6667*
• *Öffentliche Verkehrsmittel: 361-7609 New Durban Station*
• *gestohlene Kreditkarten: 0800-110132*

6. Regionale Reisetipps von A–Z: Durban

ℹ️ Informationen
- **Tourist Junction**, Ecke Pine/Gardiner Str., Tel.: 304-4934 und 304-6196, website: www.durban.org.za, E-Mail: funinsun@iafrica.com.
- **National Parks Board**, P.O.Box 787, Tshwane (ehem. Pretoria) 0001, Tel.: 012-428-9111, Fax: 012-343-3830, website: www.parks-sa.co.za, E-Mail: reservations@parks-sa.co.za
- **Tourist Information Office**, North Beach, Tel.: 332-2595
- Stadtmagazine: **Whats on in Durban** & **Durban for all seasons**, erhältlich in den Tourist Information Offices und in vielen Hotels.

✈️ Flugverbindungen
Es gibt täglich Flüge zu den wichtigsten Städten im Land, Auskunft: Tel.: 451-6667 **(Durban International Airport)**
- **SAA**, Tel.: 250-1111
- **SA Airlink**, Tel.: 250-1111
- **British Airways**, Tel.: 450-7000

🚌 Busverbindungen
- **Überregional**, Der Busbahnhof befindet sich in der NMR Avenue, direkt an der Railwaystation. Täglich fahren Busse nach Jo'burg und Port Elizabeth/Kapstadt.
- **Greyhound City Liner**, Tel.: 309-7830
- **Translux**, Tel.: 308-8111
- **Intercape**, Tel.: 307-2115
- **Busse zum Airport** fahren regelmäßig zu allen wichtigen Abflügen ab dem SAA-Terminal an der Ecke Smith/Aliwal Str. ab. Tel.: 211-1333
- **Busse im Stadtgebiet**, Die Busse der „Mynah-Linie" operieren zwischen City und der Marine Parade. Sie halten an fast jeder Ecke. Bezahlt wird beim Fahrer. Kosten: 5 Rand

> **Baz Bus**, Tel. 3049099, www.bazbus.com. Diese Backpackers-Busse folgen touristisch interessanten Strecken und halten in der Nähe von Backpacker-Unterkünften. Von Durban führt eine Route nach Kapstadt und Johannesburg mit vielen möglichen Zwischenstopps. Am besten und aktuellsten ist die Auskunft über die website.

🚆 Eisenbahn
Es gibt täglich Züge nach Jo'burg – **„Trans Natal"** und nach Kapstadt – **„Trans Oranje"**. Information & Reservierung: Tel.: 361-7609, website: www.spoornet.co.za.

🚖 Taxis

- **Bunny Cabs**, Tel.: 332-1795
- **Eagle**, Tel.: 368-1706
- **Aussies**, Tel.: 309-7888

Mietwagen

- **Avis**, Tel.: 0860-021-111
- **Budget**, Tel.: 0860-016-622
- **Imperial**, Tel.: 0860-131-000
- **Tempest**, Tel.: 0860-031-666

Sightseeing Tours

Alle Touren, von welcher Art und Company auch immer, können bei der **Tourist Junction**, Ecke Pine/Gardiner Str., Tel.: 304-4934 und 304-6196, website: www.durban.org.za, E-Mail: funinsun@iafrica.com, gebucht werden.

Unter anderem werden folgende Touren angeboten:

- **Springbok Atlas**, Office 97, 89 Davenport Road, Davenport Centre, Glenwood, P.O.Box 239, Umbogintwini, 4120, Tel.: 201- 3530, Fax: 201-3545, website: www.sprinbokatlas.co.za.

Durban City Tour	½ Tag	täglich
Valley Of A 1000 Hills Tour	½ Tag	täglich
Township Cultural Tour	½ Tag	Mo–Fr
Greater Durban Highlights Tour	1 Tag	täglich
Hluhluwe Game Reserve Tour	1 Tag	täglich
Mountain Splendour Tour	1 Tag	täglich
Shakaland Tour	1 Tag	täglich
Natal Battlefields Tour	1 Tag	täglich
Southbound Tropicana Coach Tour	5 Tage	Mo
RHINO COACH TOUR (mit Sabi Sabi Option)	6 Tage	Di–So
Drakensberg Breakaway Tour	3 Tage	Di und Fr
Zululand & Hluhluwe Breakaway Tour	3 Tage	Di und Fr

Die o.g. Touren beginnen bei den großen Hotels der Stadt (nach vorheriger Absprache)

- **Weitere Veranstalter:**
- **Tekweni Eco Tours**, Tel.: 303-1199, website: www.tekweniecotours.co.za.
- **Amatikulu Tours**, Tel.: 039-973-2534, website: www.amatikulu.com.

Konsulate

- **Deutsches Generalkonsulat**, 4th Floor, 2 Devonshire Place, Tel.: 305-5677, Fax: 305-5679
- **Schweizerisches Konsulat**, 62 Bellamont, 91 Bellamont Rd., Umdloti, Tel./Fax: 568-2457
- **Österreichisches Konsulat**, 10A Princess Anne Place, Glenwood, Tel.: 261-6233, Fax: 261-6324

Internetzugang

- **AV-8 Computer & Cyber Studios**, Tel.: 313-2001, 200A Florida Rd., 24 h geöffnet, guter Service
- **Internet Cafe**, Tel.: 305-6998, The Workshop, Aliwal Str., in der City gelegen

Hotels

- **The Balmoral $$$$**, 125 Marine Parade, Tel. 368 5940, E-Mail: balmoral@icon.co.za. KoloniaI geprägtes, gediegenes Hotel mit noblen Zimmern, schöne Veranda zum Meer hin („sehen und gesehen werden").
- **The Royal Hotel $$$$**, 267 Smith Street Tel. 3336000. Sehr gutes, international geprägtes Hotel, zumeist für Geschäftsleute. Sehr guter Service, gute Restaurants (u. a. das indische Restaurant Ulundi).
- **The Edward $$$$**, P.O.B. 10800, Marine Parade, Tel.: 337-3681, Fax: 332-1692, E-Mail: hoteled@worldonline.co.za. Viktorianisch angehauchte Atmosphäre, sehr gepflegt – gute Restaurants, erstklassiger Service!

- **Elangeni $$$**, 63 Snell Parade, P.O.Box 4094, Durban 4000, Tel.: 362-1300, Fax: 332-5527, website: www.southernsun.com, E-Mail: hidurban@southernsun.com. Modernes Hotel an der Uferpromenade, hoher Standard, allerdings als Großhotel unpersönlich.
- **Holiday Inn Garden Court North Beach $$$**, 91 Snell Parade Durban, P.O.Box 10592, Durban 4056, Tel.: 332-7361; Fax: 337-4058. Ehemaliges First Class-Hotel Maharani – nun sehr preiswert und gut.
- **The Tropicana Hotel $$$**, P.O.B. 10809, Marine Parade 4056, Tel.: 337-1511, Fax: 332-6890, website: www.goddersonleisure.com, E-Mail: tropinter@goodersons.co.za. Gutes Hotel an der Strandpromenade, Mittelklasse.
- **Ridgeview Lodge $$**, 17 Loudoun Road, off South Ridge Road, Glenwood, Durban, Tel.: 202-9777, Fax: 201-5587, website: www.ridgeview.co.za. Schöner Überblick über Durban und den indischen Ozean, gediegen eingerichtet.
- **Barrington Hall $$**, 47 Stirling Crescent, Durban North 4051, Tel./Fax: 830 845. Sehr großer Swimmingpool, ruhig gelegen – einfach stilvoll.

Apartments/Self Catering

Für den preisbewussten Reisenden mit Familie sind – vor allem in der billigen Nebensaison – Holiday Flats zu empfehlen. Sie sind in der Regel sehr sauber und wesentlich preiswerter als Hotels. Die Preise rangieren für ein Apartment (2 Personen) zwischen 60 und 140 Rand in der Nebensaison, in der Hochsaison das Doppelte.
- **Golden Sands Holiday Flats**, 167 Marine Parade 4056, Tel.: 337-2231. Gute Ausstattung, die teureren Zimmer haben Blick aufs Meer.

Eine vollständige Liste mit empfehlenswerten Apartments bekommen Sie bei der Tourist Information.

Jugendherbergen

- **Hippo Hide Lodge & Backpackers $**, 2 Jesmond Rd., Berea, Tel./Fax: 207-4366, E-Mail: michelle@hippohide.co.za, entspannte Atmosphäre, großer Garten, super Pool, sehr sauber, ruhig, tolle Gastgeber.
- **Tekweni Backpackers $**, 167 Ninth Ave., in Morningside, Tel.: 303-1433, www.tekweniecotours.co.za, sehr beliebt, Swimmingpool, schattige Terrasse und gute Reise-Infos. Bar vorhanden.
- **Nomad's Backpackers $**, 70 Essenwood Road, Tel.: 202-9709, www.zing.co.za/nomads. In der Nähe des Einkaufszentrum Musgrave. Sehr empfehlenswert, gehört zu den besten Hostels der Stadt, mit Swimmingpool. Es werden auch tolle scharfe Curries angeboten, Pub vorhanden.

Campingplätze

- **Club Caravelle Zinkwazi** (N2, 79 km nördlich von Durban), P.O.B. 8, Darnall 4480, Tel.: 032-485-3344, Fax: 032-485-3340. Chalets, Camping, Restaurant, Schwimmbad, Bootsfahrten.
- **Dolphin Holiday Resort** (N 2, ca. 45 km nördlich Durban), P.O.B. 6, Ballito 4420, Tel. 032-946-2187, Fax: 946-3490, website: www.dolphinholidayresort.co.za. Chalets, Camping, Swimmingpool.
- **Anstey Caravan Park**, 8 Anstey Road, Brighton Beach, Tel.: 467-4061.
- **Durban Caravan Park**, 55 Grays Inn Road, Bluff, Tel.: 467-8865, 55 Grey Inn Road – weiter Weg zur Stadt.

Restaurants
• Indische Küche:

- **Saagries Curry**, im Holiday Inn Garden Court, Marine Parade, Tel.: 332-7922. Indisches Restaurant, das selbst von Indern empfohlen wird. Currys können – je nach Gaumen – auch mild zubereitet werden. Manchmal ist der Service nicht so engagiert.
- **Ulundi**, im Royal Hotel, 267 Smith Street, City Center, Tel.: 304-0331. Eine gute Alternative, von Indern empfohlen, relativ kleines Restaurant.
- **Jewel of India** (im Elangeni Hotel) 63 Snell Parade; Tel.: 362-1300; geöffnet täglich zum Lunch und Dinner. Separater Raum mit authentisch niedrigen Tischen und Sitzkissen. Opulentes exotisches Dekor und exzellente nordindische Küche, abends leichte Hintergrundmusik.

• Fischgerichte:

- **Café Fish**, Yacht Mole, Victoria Embarkment, Tel.: 305-5062. Schönes und preiswertes Restaurant. Tipp: Fish of the Day!
- **The Famous Fish Co**, North Pier, Point Rd., Tel.: 368-1060. Tolles Essen, tolle Aussicht auf den Schiffsverkehr, leger.
- **Coimbra**, 36 Newport Avenue; Tel.: 205-5447, geöffnet Di–So zum Lunch und Dinner. Ausgezeichnete portugiesische Küche mit dem Schwerpunkt Fisch.
- **Langoustine by the Sea**, 131 Waterkant Street, Durban North, Tel.: 563-7324, geöffnet zum Lunch und Dinner.
- **The Cabin**, Villa Déste, Davenport Road/Ecke Bulwer Street, Tel. 2027920. Sehr gute Fischgerichte, sehr gut besucht von Einheimischen, jedoch eher teuer.

• Italienische Küche:

- **La Dolce Vita**, Durdoc Centre, 460 Smith Street, Tel.: 301-8161. Gute Gerichte.
- **Roma Revolving Restaurant**, 32nd Floor, John Ross House, Esplanade, Tel. 3376707, geöffnet zum Lunch und Dinner (außer sonntags). Sehr gute italienische Küche, Drehrestaurant, super Ausblick über die Stadt.

• Französische Küche

- **Le St. Geran**, 31 Aliwal Street, Tel. 304-7509; gehört zu den besten Restaurants in Südafrika; klassisch französische Küche, aber auch köstliche Wildgerichte. Eher teuer, aber sehr gute Auswahl.

• Japanische Küche:

- **Sukihama**, im Hotel Elangeni, 63 Snell Parade, Tel. 362-1300, gute Sushis.

• Südafrikanische Küche:

- **Leipoldt's**, Commercial Street, in „The Workshop Building", Tel. 304-6644. Südafrikanisches Restaurant mit erstklassigem Buffet (der gleiche Besitzer wie der von Leipoldt's in Johannesburg).
- **The Colony** (im Hotel „The Oceanic", Sol Haris Crescent; Tel. 368-2789; geöffnet Mo–Fr zum Lunch, Mo–Sa zum Dinner. Hier wird Wildbret und Lamm, Biltong, Salat u.v.m. in äußerst reichlich bemessenen Portionen serviert.
- **Royal Grill**, 267 Smith Street; Tel. 304-0331; geöffnet zum Lunch So–Fr; zum Dinner Mo–Sa Es erwartet Sie ein breites Gourmet-Angebot in einem der besten Restaurants von KwaZulu/Natal!

Pubs/Nachtleben

• **The London Town Pub**, Tyzack Street, Marine Parade. Traditioneller englischer Pub, etwas „verbraucht", aber mit entsprechender Atmosphäre.
• **Father's Moustache**, Holiday Inn Garden Court, Marine Parade. Gemütlicher Pub mit Live-Musik.
• **Joe Kool's**, Lower Marine Parade, North Beach. Durbans ältester und angesagtester Club, besonders sonntagabends.
• Weitere Clubs und Bars auf Durbans Partymeile, der Point Road,

Museen

• **Natal Maritime Museum** (Seefahrtsmuseum), Tel.: 311-2230 (Man kann drei kleine Schiffe besichtigen – 2 Schlepper und ein Patrouillenboot der Marine. Dazu gibt es eine kleine Fotoausstellung zur Geschichte des Hafens von Durban. Besonders für Kinder ein interessantes Museum). Öffnungszeiten: Di–Fr 10–16h, So 11–16h.
• **Local History Museum**, Aliwal Street (hinter City Hall). Öffnungszeiten: Mo–Fr 8.30–16h, So 11–16h. Im Old Court House untergebracht. Die beste Ausstellung zur Geschichte Durbans und Natals. Zu sehen sind vor allem alte Dokumente und Fotos. Besonders die Karten sind sehr eindrucksvoll. Außerdem kann man die Trachten der ersten Siedler bewundern.

Computicket

Hier kann man alle Konzerte, Theater und andere Veranstaltungen buchen. Tel.: 304-2753, website: www.computicket.co.za.

Sehenswürdigkeiten

• **Seaworld und Dolphinarium** (Lower Marine Parade), Tel.: 337-3536, website: www.seaworld.org.za. Öffnungszeiten: täglich 9–21h
• **Schlangenpark/Fitzsimon's Snake Park** (am nördlichen Ende der Lower Marine Parade), Tel.: 337-6456, Öffnungszeiten: täglich 9–17h
• **Sugar Terminal** (Ecke Maydon/Leuchars Str.), **Führungen** sind möglich, Auskunft unter Tel.: 365-8100
• **Victoria Street Market**, Tel.: 306-4021 (am Westende der Victoria Street), Öffnungszeiten: Mo–Fr 9–16.30h, Sa und So 10–14h
• **Old Fort** (an der Old Fort Street), Tel.: 307-3337, Öffnungszeiten: Di–Fr 11–15h und Sa–So 10–12h
• **Botanic Gardens**, Botanical Garden Road, Tel.: 201-1303, geöffnet täglich 7.30–16.45h

Durban – Seaworld

East London (Eastern Cape Province)

s. Buffalo City

Elim (Western Cape Province) (S. 626)

Information
Elim Tourism Office, Tel.: 028-482-1806

Elliot (Eastern Cape Province) (S. 656)

Information
Nähere Auskünfte über diese Gegend und die Wanderrouten erteilt das Tourist Office in Elliot (Town Clerk, Tel.: 045-931-1011).

Camping
In Elliot gibt es zwei Campingplätze, wobei der am Thompson Dam, 2 km vom Ortszentrum, der attraktivere ist.

Ezulwini (Swasiland) (S. 497)
Vorwahl von Südafrika aus: 09268, internationale Vorwahl: 00268

Information
• **The Ezulwini Tourist Office**, Tel.: 416-1136, Fax: 416-1040, am Matenga Craft Centre
• **Kingdom of Swasiland's Big Game Park**, Tel.: 528-3944, Fax: 528-3924, website: www.biggame.co.sz, E-Mail: reservations@biggame.co.sz am Mlilwane Wildlife Sanctuary

Hotels/Lodges
• **Royal Swazi Sun $$$$$**, Straße Mbabane-Manzini, Private Bag, Ezulwini, Tel.: 416-1001, Fax: 416-1859, E-Mail: swazisun@realnet.co.sz, website: www.swazi.com/swazisun. Casinohotel mit Golfplatz; gehört zu 37,5 % dem König, sehr „lebendig".
• **Lugogo Sun $$$$**, Straße Mbabane-Manzini, Private Bag, Ezulwini, Tel.: 416-1101, Fax: 416-1111, größtes Hotel des Landes.
• **Ezulwini Sun $$$$**, Straße Mbabane-Manzini, P.O.Box 123, Ezulwini, Tel.: 416-1201, Fax: 416-1782, ruhigeres Hotel zum Entspannen.
• **The Yen Saan $$$**, Straße Mbabane-Manzini, P.O.Box 771, Mbabane, Tel.: 416-1051, Fax: 416-1051, kleineres Hotel mit chinesischem Design.
• **Mantenga Lodge $$$**, P.O.Box 68, Ezulwini, Tel.: 416-1049 und 416-2515/6, Fax: 416-2168. Saubere Lodge mit 26 Zimmern und Restaurant.

Chalets
Smoky Mountain Village, P.O.Box 21, Ezulwini, Tel.: 61291, Fax: 46465, schöne Hütten im skandinavischen Dreiecksbaustil.

Campingplätze
• **Timbali Caravan Park**, Straße Mbabane-Manzini, P.O.Box 1, Tel.: 416-1156.
• **Mlilwane Wildlife Sanctuary**, P.O.Box 33 Mbabane, Tel.: 416-1591. Hier kann man auch verschieden große Chalets mieten.

Restaurants
Alle oben aufgeführten Hotels haben gute Restaurants, wobei das chinesische Restaurant im **Yen Saan** noch einmal hervorgehoben werden sollte. Weitere gute Restaurants:
- **1st Horse**, in der Einfahrt zum Yen Saan, Tel.: 416-1137, kontinentale und indische Küche.
- **The Calabash**, hinter dem Timbali-Campingplatz, Tel.: 416-1187, süddeutsche, österreichische und Schweizer Küche

Sehenswürdigkeiten
National Museum, Öffnungszeiten des Museums: Mo–Fr: 9–15.45h, Sa u. So: 10–15.45h

Fish River Canyon/Ai-Ais (Namibia) (S. 560)
Vorwahl von Südafrika aus: 09264, internationale Vorwahl: 00264

Unterkunft
- **Fish River Lodge $$$$**, mit Campingmöglichkeit, POB 1840, Tel. 063-223762, Fax: 063-223762, Schlafhaus mit Selbstverpflegung (The Stable), Koelkrans Camp (Campingplätze) 12 N$/PP und 200 N$/Auto. Anfahrt von Keetmanshoop über B 4 bis Seeheim, dann nach Süden 32 km entlang der C 12, an der rechten Seite dann Einfahrt zur Farm (weitere 20 km). Die Lodge liegt außerhalb des offiziellen Naturschutzparks Fish River Canyon und hat keine eigene Zufahrt dorthin. Die Unterkünfte sind generell einfach, Wanderungen im Fish River-Tal werden angeboten (Fish River Canyon Trail 12 km vom Farmhaus mit Ausblicken auf das Flusstal, auch 5-Tage-Wanderungen werden angeboten).
- **Canyon Roadhouse $$$$, mit Campingmöglichkeit**, Cañon Roadhouse direkt: Tel.: 063 266 031, Cañon Travel Center Booking Office POB 80205, Windhoek, Tel. 061-230066, Fax: 061-251863, E-Mail: nature.i@mweb.com.na. An der D 601 gelegen, ca. 16 km nach dem Abzweig von der C 12. Sehr originelle, liebevoll restaurierte Unterkunft mit gemütlicher Bar und urigem Außenbereich. Tankstelle vorhanden.
- **Canyon Lodge $$$$**, POB 80205, Windhoek, Cañon Travel Centre, POB 80205, Windhoek, Tel.: 061-230 066, Fax: 061-251 863, 24h Service: Tel. 081 129 24 24, Lodge direkt: 063-693 014/015. An der D 324gelegen, ca. 7 km südlich der Abzweigung von der D 601. Wunderbare Lage einer in die Landschaft eingepasster Lodge. Man wohnt in originellen, z. T. in den Fels gebauten riedgedeckten Unterkünften (30). Das alte Farmhaus (1908) dient als Restaurant, das mit guter namibischer Küche verwöhnt. Busgruppen werden angenommen, insofern ist man im Canon Roadhouse individueller untergebracht. Sehr schöne Terrasse mit toller Aussicht!
- **Ai Ais Rastlager $$**, Buchung über Namibia Wildlife Resorts, Privat Bag 13378, Windhoek, Tel. 061-2857000, Fax: 061-256715, E-Mail: reservations@mweb.com.na website: www.namibiawildliferesorts.com, Tel. in Ai Ais 063-262045, Fax: 063-262047. Am Ende des Canyons über die C 37 oder C 10 erreichbar. Das Lager ist nun ganzjährig geöffnet. Die Unterkünfte sind einfach, aber sauber. Schön ist der warme Außenpool, das Mineralbad kostet extra Eintritt. Restaurant und Tankstelle sowie Laden vorhanden. Man kann vom Lager (= Endpunkt des Fish River Canyon) schöne Wanderungen unternehmen.. Vorsicht: in den Sommermonaten extrem heiß!
- **Seeheim Hotel $$**, POB 1338, Keetmannshoop, Tel. 063-250503, Fax: 063-250503, E-Mail: seeheim@iway.na, direkt an der B 4 in einem Talkessel der alten Bahnstation gelegen.

Das Hotel ist sehr nostalgisch und gemütlich, bietet saubere Zimmer und hat so etwas wie ein rustikales Ambiente. Restaurant, Swimmingpool, Veranda. Alternative zu Keetmannshoop und zum Fish River Canyon, falls dort alles ausgebucht sein sollte.

- **Canyon Mountain Camp $**, POB 80205, Windhoek, Tel. Cañon Travel Centre, POB 80205, Windhoek, Tel.: 061 230 066, Fax: 061-251 863, 24-h-Service: 081-129 24 24. Das Camp liegt 6 km von der Canyon Lodge entfernt und bietet 8 Doppelzimmer für Selbstversorger, mit Grillmöglichkeit, voll ausgestattete Küche, gemeinsame Toiletten und Duschen. Sehr idyllisch in den Dolerit-Bergen gelegen!
- Rastlager **Hobas** (11 km vom nördlichen Hauptaussichtspunkt auf den Fish River entfernt vor der Einmündung der Pad 324 nach Ai-Ais), mit Swimmingpool, sehr schöne Anlage! Das Camp in Ai-Ais ist vom 2. Freitag im März bis zum 31. Oktober geöffnet. Das Touristenlager verfügt über Hütten, Zelte, Wohnungen, Camping- und Zeltplätze. Ein Laden, ein Restaurant und eine Tankstelle sind vorhanden. Man muss vor Sonnenuntergang im Camp sein und darf es nicht vor Sonnenaufgang verlassen. Die Essenszeiten im Restaurant sind: 7–8.30h, 12–13.30h und 18–20.30h. Reservierungen: Director of Tourism, Reservations, Private Bag 13267, Windhoek 9000, Tel.: 061-236975, Fax: 224900, oder direkt in Windhoek, Independence Ave, Erkrath Gebäude (neben dem Souvenirgeschäft „Bushmanart").
- **NEU: Canyon Village**: P.O.B. 80205 Windhoek, Tel.: 061-230006, Fax: 061-251863, E-Mail: nature.i@mweb.com.na. **ERÖFFNUNG: 01.09.03**.

Franschhoek (Western Cape Province) (S. 621)
Vorwahl: 021

Unterkunft/ländliche Häuser mit „Atmosphäre"
- **Le Quartier Français $$$**, 16 Hugenot Road, POB 237, Tel. 876-2151; ein hübsches kleines Landhotel (14 Zimmer), Schwimmbad, alle Räume haben einen Kamin.
- **Clermont Auberge and Vineyards $$**, Robertsvlei Road, POB 504, Franschhoek 7690, Tel. 876-3700, Fax: 021-876-3701. Zauberhaft inmitten von Weinfeldern gelegen, die Zufahrt ist von Rosen gesäumt. Sehr geschmackvolle Zimmer, ruhige Lage, Swimmingpool. Sie werden sich wohlfühlen!
- **Rusthof $$$**, 12 Huguenot St., Franschhoek 7690, Tel. 876-3762, Fax 876-3682. Ein wirklich tolles Haus mit einer äußerst geschmackvollen Einrichtung. Die Zimmer sind bis ins Detail „schöner wohnen" pur. Kleiner Swimmingpool vorhanden. Direkt gegenüber kann man im Quartier Francais hervorragend speisen – wie Gott in Frankreich!

Kleiner Geheimtipp
Auf dem wunderschön gelegenen **Weingut La Provence** wird ein idyllisches Cottage vermietet (Bed & Breakfast). Tel. 876-2542 (an der Straße nach Stellenbosch gelegen, auf Beschilderung achten).

Restaurants
- Außerhalb von Franschhoek – ca. 1 ½ km nach dem Ortsausgang in Richtung Franschhoek-Pass – liegt auf der linken Seite das **Cabrière Estate Cellar Restaurant** (Tel. 876-3688). Das Essen ist sehr gut, vor allem aber der vom Estate hergestellte Sekt sowie die Rotweine. Man sitzt gemütlich in einem Weinkeller, der in den Berg hineingebaut ist.

- **Le Quartier Français**, sehr gepflegtes Restaurant mit französischer und kaptypischer Küche, gute regionale Weine. Tel. 876-2248.
- **La Petite Ferme**, Pasweg, Tel. 876-3016. Kapmalaiische und französische Küche.
- Super: **Boschendal Estate**, Tel. 870-4274. Tolle französische Küche, tolle Weine, tolles kapholländisches Haus (R 310 nach Stellenbosch).

Weingüter
Wie um Paarl und Stellenbosch liegen auch um Franschhoek herum wunderschöne Weingüter, die oft zu einer Weinprobe locken. Entlang der Franschhoek Wine Route liegen die zu den „Vignerons De Franschhoek Valley" zusammengeschlossenen Weingüter von Boschendal, L'Ormarins, Bellingham, Môreson (keine Besucher), La Motte (keine Besucher), La Provence, Haute Provence, Dieu Donné, Franschhoek Vineyards, Clos Cabrière (Besucher nur nach Anmeldung), La Bri (Besucher nur nach Anmeldung), La Couronne (keine Besucher) und Mouton-Excelsior.

Gans Bay (Western Cape Province) (S. 626)
Vorwahl: 028

Information
Gans Bay Tourism Office, Tel.: 384-1439, Mo–Fr 9–16h, Sa 9–12h

Bootsausflüge/Tauchen mit Weißen Haien
- **White Shark Diving Co**, Tel.: 384-0782, E-Mail: sharkdiving@xsinet.co.za, website: www.sharkcagediving.co.za
- **Marine Dynamics**, Tel.: 380-3405, Fax: 384-0614, E-Mail: jpb@iafrica.com, website: www.dive.co.za
- **Great White Shark Tours**, Tel./Fax: 312-2766, E-Mail: 19thhole@netactive.co.za, website: www.hermanusinfo.co.za/greatwhite
- **White Shark Projects**, Tel.: 021-555-1060, E-Mail: wsp@iafrica.com, website: www.whitesharkproject.co.za

Gariep Dam (Free State) (S. 550)

Camping
Aventura Gariep, Gariep Dam, 190 km südlich von Bloemfontein, Reservierungszentrale Aventura Resorts: Tel. 011-207-3600, Fax: 011-207-3698/9. Chalets, Caravanplätze, Pool, Restaurant, Shop. Möglichkeit zum Golfen, Reiten und Tennis spielen.

Gariep Dam Nature Reserve (Western Cape Province) (S. 766)

Information
Tel.: 754-0026

Unterkunft
Aventura Midwaters $, Gariep Dam, 9922, Tel. 051-754-0045. Schöne Chalets, Caravanpark und Restaurant.

George (Western Cape Province) (S. 644)
Vorwahl: 044

Information
George Tourism Office, 124 York Street, Tel.: 801-9295/7, Fax: 873-5228, E-Mail: info@georgetourism.co.za, website: www.georgetourism.co.za, Öffnungszeiten: Mo–Fr 8–16.30h, Sa 9–12h.

Unterkunft
- **Fancourt Hotel and Country Club Estate $$$$$**, Montagu Street, Blanco (außerhab von George), P.O.B. 2266, George 6530, Tel.: 804-0000, Fax: 804-0700, E-Mail: hotel@fancourt.co.za, website: www.fancourt.com. Ein erstklassiges Golfhotel mit bester Küche. Gary Players schuf den 27-Loch-Golfplatz. Parkähnlicher Garten, Swimmingpool.
- **Protea Hotel Landmark Lodge $$$**, 123 York Road, P.O.B. 1746, George 6530, Tel.: 874-4488, Fax 814-4428, website: www.proteahotels.com. Mittelklasse-Hotel in der Stadt.
- **Oakhurst Manor House Hotel $$$**, Ecke Meade & Cathedral Str., Tel.: 874-7130, Fax: 874-7131, E-Mail: info@oakhursthotel.co.za, website: www.oakhursthotel.co.za. Gemütliches Country Inn. 25 schön dekorierte Zimmer, schöne Bar mit Kamin. Restaurant im Haus.

Backpackers
Georg Backpackers Hostel $, 29 York Str., Tel. 874-7807, Schlafsäle und Doppelzimmer, sauber (BAZ-Bus-Haltestelle).

Camping
Am besten: **Victoria Bay Caravan Park**, Tel.: 889-0081, liegt atemberaubend schön oberhalb der Bucht.

Restaurants
- **The Copper Pot**, Multi Centre, Meade Street, Tel./Fax: 870-7378, website: www.copperpot.co.za. Sehr gute Küche, gehobenes Niveau.
- **Montagu Restaurant** im o. a. Fancourt Hotel, französische Küche.
- **Alte Feste Restaurant**, 33 York Str., Tel./Fax: 873-5788, website: www.altefeste.co.za. Internationale und regionale Schmankerl.
- **Fong Ling Taiwanese**, Yon Str./Ecke Fichat Str., Tel. 884 088. Gute chinesische Küche, alles frisch zubereitet, preiswert.

Sehenswürdigkeiten
- **George Museum**, Courtenay Street, am Ende der York Street, Öffnungszeiten: Mo–Fr 9–16.30h, Sa 9–12.30h.
- **Outeniqua Choo-Tjoe Dampf-Eisenbahn**, Buchung über das **George Tourism Office** (siehe oben) oder unter Tel.: 801-8288. Fahrten: Täglich, Abfahrt George 9.30h und 14h, Ankunft Knysna 12h bzw. 16.30h.

Busverbindungen
BAZ-Bus ab George Backpacker Hostel, ansonsten Verbindungen mit Greyhound, Intercape und Translux (George Station).

Flugverbindungen
Der Flughafen liegt etwa 11 km westlich der Stadt. Linienflüge nach Johannesburg 4x täglich, Kapstadt 2x täglich, Port Elizabeth 2x täglich mit Umsteigen in Johannesburg.

Giant's Castle Game Reserve (Drakensberge/KwaZulu/Natal) (S. 753)

Benzin
Nur am Giant's Castle Main Gate gibt es eine Tankmöglichkeit.

Lebensmittel und Getränke
Alle Nahrungsmittel müssen mitgebracht werden.

Öffnungszeiten
Ganzjährig; besonders großer Andrang im Dezember und während der Osterferien.

Reservierungen
Buchungen für das **Giant's Camp** und **Injasuti Camp** sowie für die **Bergtrails** müssen vorgenommen werden bei: **KZN Wildlife**, P.O.Box 13069, Pietermaritzburg 3202, Tel.: 033-845-1000, Website: www.kznwildlife.com oder unter 035-571-0051/1000 und Tel.: 034-907-5105.

Golden Gate Highlands National Park (Free State) (S. 534)

Information und Reservierung
The Park Warden, Golden Gate Highlands Park, P.O. Golden Gate, Tel.: 058-256-1471, Fax: 058-256-1471. Es gibt ein großes Hotel, Chalets, einfache Hütten und einen Campingplatz.

Graaff-Reinet (Eastern Cape Province) (S. 672)
Vorwahl: 049

Information
Graaf-Reinet Publictiy Association, Churchstreet, Box 15313, Graaff-Reinet, Tel.: 892-4248, website: www.graaffreinet.co.za, Öffnungszeiten: Mo–Fr 8–12.30h, 14–17h, Sa 9–12h.

Unterkunft
• **Andries Stockenstroom Guesthouse** $$$$, 100 Cradock Str., Tel./Fax: 892-4575, website: www.stockenstroom.co.za, ausgezeichnetes Guesthouse mit 5 sehr schönen

Zimmern. Denkmalgeschütztes Haus, super Essen im Restaurant (kreative Kombination von französischer Küche mit lokalen Einflüssen. Essen nur für Übernachtungsgäste.
• **The Drostdy Hotel $$$**, 30 Church Str., Box 400, Graaff-Reinet 6280, Tel.: 892-2161, Fax: 892-4582, website: www.come2.co.za/drostdy, E-Mail: drostdy@intekom.co.za. Ein Klassiker unter den Country Hotels mit ausgezeichnetem Restaurant, in dem man sich bei Kerzenlicht ins 19. Jahrhundert zurückversetzt fühlt. Haus im kapholländischen Stil, tolle Lage.
• **Camdeboo Cottages $$**, 16 Parliament Str., Box 360, Graaff-Reinet 6280, Tel.: 892-3180, Fax: 891-0919, E-Mail: sunnykaroo@worldonline.co.za. Selbstverpflegungsunterkünfte in alten historischen Stadthäuschen. Sehr gemütlich.
• **Karoopark Guest House & Holiday Cottages $$**, 81 Caledon Str., Box 388, Graaff-Reinet 6280, Tel.: 892-2557, Fax: 892-5730, E-Mail: info@karoopark.co.za. Zimmer in altem Stadthaus und Cottages, Swimmingpool
• Das **Tourist Office** informiert über weitere **Unterkünfte**, wobei gerade die **auf den Farmen** sehr zu empfehlen sind, da meistens die Gäste im alten Farmhaus (teilweise über 200 Jahre alt) wohnen, während die Farmersfamilien mittlerweile in neuere Gebäude umgezogen sind. In der Regel handelt es sich um Selbstversorgungsunterkünfte, aber nach Vereinbarung werden auch Mahlzeiten zubereitet. Die Häuser haben nur eine Küche, ein gemeinsames Wohnzimmer, und häufig teilen sich zwei Wohnparteien ein Badezimmer. Die Übernachtung hier verspricht daher eher Geselligkeit als Abgeschiedenheit. Dieses ist sicherlich eine sehr interessante Alternative, und das Erlebnis ist einmalig. Die Preise rangieren um 50–70 ZAR pro Person und Nacht (ab drei Personen und für Kinder gibt es erhebliche Preisnachlässe).
Eine Empfehlung hierzu: **Colleton Farm:** Jan und Helene van Rooyen, P.O.Box 394, Graaff-Reinet 6280, Tel.: 892-2063. Die Farm liegt nur ca. 10 km außerhalb der Stadt, und das Farmgebäude ist sehr großzügig ausgestattet. Es hat einen schönen Garten mit Swimmingpool, Grill, großer Veranda, und es bieten sich Möglichkeiten zum Wandern.

Backpackers
Le Jardin Backpackers $, 103 Caledon/Donkin Str., Tel. 8923326, schöne Zimmer in einem alten Haus, netter Garten, Kücheneinrichtung.

Caravanpark
Urquhart Park Holiday Resort, P.O.Box 156, Graaff-Reinet 6280, Tel.: 892-2136. Schön gelegen am Fluss (Achtung Mücken) und sauber. Hier kann man auch Hütten mieten. Die angebotenen Bungalows sind den Rondavels aufgrund der besseren Größe zu bevorzugen.

Restaurants
• **Camdeboo Restaurant**, im Drostdy Hotel, 28 Church Str., Tel.: 892-2161. Speisesaal aus dem 19. Jahrhundert, mit Kerzenlicht und auserlesenen Weinen.
• **Die Kliphuis**, Bourke Str. Für einen leichten Lunch bestens geeignet.
• **Desert Springs Spur**, 22B Church Str., Tel.: 892-3202, wie gewohnt gute Steaks und leckere Salate von der Salatbar.
• **Andries Stockenstrom**, 100 Craddock Str., Tel.: 892-4575. Sehr gut für Liebhaber afrikanischer Wildgerichte.

Busverbindungen
• **Intercape-Busse** in den Orten entlang der Garden Route. Haltestation: Kudu-Motors, 84 Church Street.
• **Transluxbus**: nach Kapstadt, Buffalo City. Informationen bei der Tourist Information
• Eine weitere Alternative bietet ein **Minibusservice**, der Verbindungen nach Nelson-Mandela-Metropole (ehem. Port Elizabeth), Kapstadt und Johannesburg anbietet. Informationen unter Tel.: 892-4390.

Rundflüge
Ein Rundflug über die Karoo wäre sicherlich ein Höhepunkt Ihres Aufenthaltes. Als Tipp dazu: Fliegen Sie über die Stadt und das Valley of Desolation, und bitten Sie den Piloten, wenn das Wetter gut genug ist, einmal sehr hoch zu fliegen, damit Sie einen Eindruck von der Karoo und ihrer Weitläufigkeit erhalten. Der Flugplatz liegt etwa 8 km außerhalb an der Straße nach Middelburg.
• Charterflüge: Buchung und Information über **Karoo Connection**, Tel.: 892-3978, Fax: 891-1061, E-Mail: karooconnections@intekom.co.za.
• Für ganz Mutige gibt es noch die Gelegenheit, mit einem Ultralightflieger mitzufliegen. Buchung und Information ebenfalls bei **Karoo Connection**.

Sehenswürdigkeiten
• **Das Reinet House**, Öffnungszeiten: Mo–Fr: 9–12.30h und 14–17h, Sa/So 9–12h
• **Old Library Museum**, Ecke Church Str./Somerset Str., Öffnungszeiten: Mo–Fr: 9–12.30h und 14–17h, Sa und So 9–12h
• **Karoo Nature Reserve**, Department of Nature Conservation, Bourke Street, Graaff-Reinet, Tel.: 049-892-3453. Wer mit einem Boot auf dem Stausee rudern will, kann sich an den Graaff-Reinet Boat Club wenden (Tel.: 892-4535).
• **Hester Rupert Art Museum**, Church Str., Tel. 892-2121, zeitgenössische südafrikanische Kunst, Öffnungszeiten: Mo–Fr. 9–12.30h, 14–17h, Sa u. So 9–12h.

Grahamstown (Eastern Cape Province) (S. 666)
Vorwahl: 046

Information
Tourism Grahamstown, 63 High Street, Grahamstown 6139, Tel.: 622-3241, Fax: 622-3266, E-Mail: info@grahamstown.co.za, website: www.grahamstown.co.za.

Unterkunft
• **Aucklands Country House $$$**, 8 km von der Stadt an der N 2, Richtung Nelson-Mandela-Metropole. Tel. 622-2401, Fax: 622-5682. Sehr schönes Landhotel (um 1800) auf 272 ha eigenem Land. Sehr gutes Essen, schöne Wanderwege (Blessbock-Herden).
• **The Cock House $$**, 10 Market Street, Grahamstown 6140, Tel.: 636-1287/95, E-Mail: cockhouse@imaginet.co.za, website: www.cockhouse.co.za. Ein schön restauriertes altes Stadthaus, in dem selbst Nelson Mandela schon zu Gast war.
• **Elizabeth House $$**, P.O.B. 6470, 6 Worcester Street, Grahamstown 6139, Tel.: 636-1368, Fax: 622-2616, E-Mail: liz@imaginet.co.za, website: www.elizabethhouse.co.za. Ruhig, hübsch und gemütlich.

- **Settlers Hill Cottages $**, 71 Hill Street, Grahamstown 6140, Tel./Fax: 622-9720, E-Mail: hadeda@imaginet.co.za, website: www.imaginet.co.za/settlershillcottages. Romantisch und gemütlich. Die Gebäude stehen unter Denkmalschutz.

Backpackers
Old Grave Backpackers $, Somerset Str., Tel.: 636-1001. Herberge in einem alten Gefängnis (1824). Düster ...

Camping
Grahams Municipal Caravan Park, Grey Street, Box 176, Grahamstown 6140. Tel.: 603-6072. Hier werden auch Rondavels vermietet. Die Anlage liegt am Hügel, kurzer Weg in die Stadt. Alles aber etwas heruntergekommen.

Restaurants
- **„The Cock House"**, 10 Market Street, Tel.: 636-1295. Ein traditionelles Restaurant in altem Stadthaus mit typischem südafrikanischen Menu, tollen Lammgerichten und selbst gebackenem Brot. Reservierung empfohlen!.
- **Calabash Restaurant**, 123 High Street. Spezialität sind original „Xhosa Hot Pots", aber auch andere südafrikanische Gerichte.
- **Settler´s Inn**, (hinter dem Denkmal). Sehr anspruchsvolles Restaurant mit schönem Garten und Blick auf Grahamstown. Gute Steaks.
- **Redwood Spur**, 97 Highstreet (bei der Kathedrale). Steaks, Burger, Salate ... leger, preiswert und gut.
- Viele weitere Restaurants befinden sich entlang der High Street.

Sehenswürdigkeiten
- **The Observatory Museum**, Bathurst Str., Öffnungszeiten: Mo–Fr 9.30–13h und 14–17h, Sa 9–13h
- **Natural Science Museum**, Somerset Str., Öffnungszeiten: Di–Fr 9.30–13h, 14–17h, Sa 9–13h
- **History Museum**, Somerset Str., Öffnungszeiten: Di–Fr 9.30–13h und 14–17h, Sa 9–13h

Grand Valley (Swasiland) (S. 500)
Vorwahl von Südafrika aus: 09268, *internationale Vorwahl:* 00268

Unterkunft
Auch hier wurde ein Casinohotel errichtet: **Nhlangano Sun**, Private Bag, Nhlangano, Tel.: 207-8211, Fax: 207-8402.

Grootbos Nature Reserve (Western Cape Province) (S. 627)

Buchung
über Reiseveranstalter oder über P.O.B. 148, Gans Bay 7220, Tel.: 028-384-0381, Fax: 384-0552, E-Mail: grootbos@hermanus.co.za, website: www.grootbos.co.za. DZ 1.500 ZAR incl. Vollpension und Aktivitäten.

Hamburg (Eastern Cape Province) (S. 685)

Unterkunft
Hamburg Hotel $, Main Rd., Tel./Fax: 040-678-1061, Campingplatz und Chalets vorhanden. Nicht sehr empfehlenswert.

Backpackers
Oyster Lodge Backpackers, 279 Main Street, Hamburg 6541, Tel. 0405-881020, freundlich und sauber.

Hermanus (Western Cape Province) (S. 626)
Vorwahl: 028

Information
- *Hermanus Tourism Bureau*, 105 Main Str., Tel.: 312-2629, Fax: 313-0305, E-Mail: infoburo@hermanus.co.za, website: www.hermanus.co.za
- *Wal-Hotline:* Tel.: 083-910-1028

Unterkunft
- *Auberge Burgundy $$$$*, 16 Harbour Road, Tel. 313 1201, Fax: 313 1204. Haus im provenzalischem Stil, sehr gemütlich angelegt, im Ortskern befindlich. Gutes Restaurant (Mix aus französischen und südafrikanischen Einflüssen).
- *Marine Hotel $$$$*, Marine Drive, Tel.: 313-1000, Fax: 313-0160, E-Mail: marine@hermanus.co.za, website: www.marine-hermanus.co.za. Sehr gutes Traditionshotel mit Blick auf die Bucht.
- *Whale Rock Lodge $$$*, 56 Mitchell Street, Tel.: 313-0014/5, Fax: 312-2932, E-Mail: wrl@itec.co.za, website: www.whalerock.co.za. 11 sehr schöne, individuell eingerichtete Zimmer. Toller Swimmingpool, freundlicher Service. Altes, riedgedecktes Haus mit eindrucksvoller Kunstsammlung.
- *Nelshof Blue Beach House $$$*, 37 Tenth Street, Tel.: 314-0201, E-Mail: nelsfof@hermanus.co.za, website: www.nelshof.co.za. Vom Bett oder Jacuzzi aus Wale beobachten. Sehr empfehlenswert.
- *Whale Cottage Guest House $$*, 20 Main Road, Tel. 313-0929, Fax: 313-0912. Nettes, kleines Haus, 5 Zimmer, freundliche Wirtsleute.

Backpackers
Hermanus Backpackers $, 26 Flower Str., Tel. 312-4293, Fax: 313-2727. Saubere und freundliche Doppelzimmer, Schlafsäle, Swimmingpool, Garten.

Restaurants
- *Milkwood*, 5 km von Hermanus, auf dem Strand in dem kleinen Ort Onrus, Tel.: 316-1516, Traditionelle Fischgerichte.
- *Rossis Italian Restaurant*, 10 High Street, Tel.: 312-2848. Berühmt für die wirklich leckere Pizza.
- *Burgundy Restaurant* in der Auberge Burgundy. Sehr gutes Essen, vor allem Fisch, relativ teuer, draußen gibt es auch Sitzplätze.

- **Harbour Rock Seagrill und Bar**, New Harbour, Tel. 312-2920. Gute Fischgerichte, schöne Aussicht von der Veranda, mittlere Preisklasse.

Öffentliche Verkehrsmittel
Splash Bus, Tel. 658-5375, tägliche Verbindung zwischen Kapstadt/Bahnhof und Hermanus (ebenso die Firma Bernardus Shuttle Service, Tel. 316-1093).

Hlane Game Reserve (Swasiland) (S. 505)
Vorwahl von Südafrika aus: 09268, internationale Vorwahl: 00268

Unterkunft
in Lodges verschiedener Größen möglich. 2 Camps: **Bhubesi Rest** und **Ndlovu Camp**.
Reservierung: P.O. Box 216, Mbabane, Tel.: 528-3944, Fax: 528-3924.

Hluleka Nature Reserve (Eastern Cape Province) (S. 712)

Unterkunft
gibt es nur in Hütten (Selbstverpflegung). Buchungen über Environmental Conservation, Tel.: 047-531-2711

UNTERKUNFT ENTLANG DER STRECKE
Die **Umngazi River Bungalows $$**, Tel.: 564-1115, sind zurzeit der „In"-Tipp für Urlaubssuchende und Wochenendtouristen aus Umtata, da sie gut zu erreichen sind. Sie bieten komfortable Unterkünfte (Chalets und Hotel).

Hluhluwe Umfolozi Park (KwaZulu/Natal) (S. 735)

Information
Tourist Office, Eugen-Tankstelle/Main Street, Tel. 562-0353. Hier gibt es Infos zur Umgebung und allen Übernachtungsstellen. Öffnungszeiten: Mo–Fr 8.30–17h, Sa 9–13h, So 10–12h.

Unterkunft
- **Muntulu $$$$**, Dieses Camp wird nur an Gruppen vermietet. Es gibt 2 Lodges mit je 4 Schlafräumen, Blick auf den Hluhluwe River.
- **Masinda $$$**, sehr abgeschieden beim Mambeni Gate, für 8 Personen in 4 Doppelzimmern. Man muss mindestens für 4 Personen zahlen, Koch inbegriffen.
- **Hiltop $$$**, schönstes Camp, da toller Überblick. Nette 2-Bett-Rondavels mit gemeinsamen sanitären Anlagen. Daneben gibt es Chalets mit eigenem Bad und Küche (Kaffee, kleiner Kühlschrank).
- **Mptila Hutted Camp $$**, 12 Hütten mit je 4 Betten, gemeinsame sanitäre Einrichtungen, auch Chalets für Selbstversorger, Camping. Toller Blick!
- **Mtwazi Lodge $$**, Nahe beim Hilltop Camp, für 9 Selbstversorger.

Zu buchen über **KZN Wildlife**, P.O.Box 13069, Pietermaritzburg 3202, Tel.: 033-845-1000, Website: www.kznwildlife.com

UNTERKUNFT AUSSERHALB DES PARKS
• **Bushlands Game Lodge $$$**, POB 10305, Marine Parade, Durban 4056, Tel. 031-337-4222, Fax: 031-337-5409. Mitten im Herzen von Zululand gelegen, 12 km von Hluhluwe entfernt. 26 hölzerne Lodges, die auf Pfählen gebaut sind. Über eine hölzerne Fußbrücke gelangt man zum Speisesaal und Swimmingpool. Abends wird bei einem gemütlichen Lagerfeuer gegrillt, gegessen und getrunken. Einzigartig sind vor allem der exklusive und persönliche Service, sowie die ursprüngliche Landschaft.
• **Hluhluwe Inn $$**, 104 Bush Road, P.O.B. 92, Hluhluwe 3960, Tel.: 035-562-0251, Mittelklasse-Hotel, Schwimmbad und Restaurant.

Wenn das Hilltop Camp ausgebucht ist, gibt es in der Umgebung folgende Ausweichmöglichkeiten:
• **Falaza Luxury Tented Camp $$$$**, dieses Camp liegt in der Nähe der False Bay, etwa 10 km vom Ort entfernt – mit einem normalen Pkw erreichbar. Die gesamte Anlage ist sehr gepflegt und wird von den Eigentümern selber gemanagt. Die Zelte sind sehr geräumig, alle mit WC/Dusche ensuite. Schwimmbad und ein Wasserloch, das Tiere anlockt, sind vorhanden. Es gibt hier folgende Tiere zu sehen: Nashörner, Nyala, Wasserböcke, Red Duiker, Zebra, Gnus, Giraffen, Kudu, Impala, Warzenschweine und zahlreiche Vögel. **Unternehmungen:** Ausflüge mit einem Boot auf der False Bay, Landrover-Fahrten auf dem Gelände.
• **Bonamanzi Game Park $$$**, dieses Camp liegt etwa 10 km südlich von Hluhluwe. Über ein großes Gebiet verstreut liegen die einzelnen Unterkünfte, Swimmingpool und Restaurant sind vorhanden. Besonders reizvoll ist die Unterbringung in den Treehouses: Sie liegen sehr privat mitten in der Natur. Tierwelt: wie Falaza.

Backpackers
Insinkwe Backpackers $$$$, Wetland Lodge, 14 km südlich Hluhluwe beim Dumazulu Traditional Village, Tel. 035-562-2238. Doppelzimmer, Schlafsäle und Campingmöglichkeit. Schöne, urige Buschumgebung, Selbstverpflegung, aber auch Restaurant.

Hogsback (Eastern Cape Province) (S. 689)
Vorwahl: 045

Information
Amatola Mountain Escape Tourism Centre, Main Road, Tel.: 962-1340, auch Informationen über gute Wanderwege

Unterkunft
• **Kings Lodge $$$$**, Tel. 962-1024, Fax 962-1058, z.Zt. die beste Unterkunft mit gutem Restaurant. Das Hotel bietet einfache, rustikale, gemütliche Zimmer. Es gibt Selbstversorger-Unterkünfte in Chalets.
• **Away with the Fairies $$**, Hydrangea Lane, Tel. 962-1031, Große Backpacker-Unterkunft, Schlafsäle und zwei Doppelzimmer, toller Ausblick auf das Tyumi-Valley.

- **Hogsback Inn $**, P.O.B. Hogsback 5312, Tel.: 962-1006. Swimmingpool, Wandermöglichkeiten. Einfaches Hotel.
- **Arminel Mountain Lodge $**, P.O.B. 45, Hogsback 5312, Tel.: 962-1005.

Johannesburg (Gauteng) (S. 397)
Vorwahl: 011

Wichtige Telefonnummern
- **General Hospital**, 488-4911, und **Rosebank Clinic**, 328-0500
- Apotheke (Tag u. Nacht): 883-7520 **Daelite Pharmacy**, Suite 56, Sandton City, geöffnet täglich bis 20h
- Flughafenauskunft (Ankunft/Abflug): 921-6262
- Verlorenes Fluggepäck und Information des Flughafens: 921-6911
- Buslinien (Stadt): 337-6650
- Fluggesellschaften (Auswahl)
- **Air Botswana**, Flughafen: Tel: 975-3614, Stadtbüro: Tel.: 447-6078, 257 Oxford Rd., Block 1, Fedlife Building
- **Air Namibia**, Flughafen: Tel.: 970-1767
- **Air Zimbabwe**, Flughafen: Tel.: 970-1689
- **Austrian Airlines**, Flughafen: Tel.: 880-0300
- **British Airways**, Stadtbüro: Tel.: 441-8600, Grosvenor Corner, 195 Jan Smuts Ave., Rosebank
- **Comair**, Flughafen: Tel.: 971-8200
- **KLM**, Flughafen: Tel.: 961-6700, Stadtbüro: Tel.: 881-9691, Sable Place, 1A Stan Rd., Morningside, Sandton
- **Lufthansa**, Flughafen: Zentrale Reservierungsnummer: 0861-266-554
- **South African Airways**, Flughafen & Reservierung: Tel.: 978-1111
- **Sun Air**, Flughafen Lanseria: Tel.: 540-2300

Ein Hinweis zu allen Telefonnummern
Zurzeit werden viele Nummern in der Stadt von der Telkom geändert. Daher kann es vorkommen, dass die angegebenen Nummern nicht mehr stimmen. Rufen Sie dann bitte die Auskunft an (Tel.: 1023). Wir haben uns aber bemüht, die aktuellsten Angaben zu nennen.

Informationen
- **Gauteng Tourism/Johannesburg Publicity Association**, Shop 401, Rosebank Mall, 50 Bath Avenue, Rosebank, Tel.: 327-2000, website: www.gauteng.net, E-Mail: tourism@gauteng.net. Geöffnet von Mo–Fr von 8.30–18h, Sa 9–13h und So 10–15h.
- **SA Tourism**, 12 Rivonia Road, Sandton, 2146 Johannesburg, Tel.: 778-8000 und in der Ankunftshalle des Flughafens, Tel.: 970-1669, website: www.south-africa.net.

Taxifahrt
Die Fahrt vom Flughafen in die Stadt kostet mit dem Taxi 200–300 ZAR, mit dem Bus 80 ZAR.

Überregionale Busverbindungen

In der Regel reist man in Südafrika längere Strecken mit dem Bus, der zum einen billiger und zum anderen schneller als die Eisenbahn ist. Die zwei größten Busunternehmen sind:
- **Greyhound**: tägliche Verbindungen:
- Tshwane (Pretoria) - Jo'burg - Kapstadt (Abfahrt: mittags und nachmittags)
- Tshwane (Pretoria) - Jo'burg - Durban (Abfahrt: früh morgens)
- Tshwane (Pretoria) - Jo'burg - Nelson-Mandela-Metropole (Abfahrt: nachmittags)
- Jo'burg - Nelspruit (Abfahrt: morgens)
- Tshwane (Pretoria) - Jo'burg - Kimberley: (Abfahrt: mittags)

Reservierung: Tel.: 249-8900, website: www.greyhound.co.za.
- **Translux**: tägliche Verbindungen:
- Tshwane (Pretoria) - Jo'burg - Nelson-Mandela-Metropole (Abfahrt nachmittags)
- Tshwane (Pretoria) - Jo'burg - Kapstadt (Abfahrt morgens)
- Tshwane (Pretoria) - Jo'burg - Durban (Abfahrt morgens, mittags und abends)

Kimberley wird von Translux täglich auf der Strecke nach Kapstadt angefahren.
Reservierung: Tel.: 774-3333, website: www.translux.co.za.

Ein weiteres Busunternehmen, das von Kapstadt aus operiert, ist **INTERCAPE-Mainliner**. Dieses Unternehmen fährt täglich von Johannesburg über Bloemfontein und Welkom nach Kapstadt. Außerdem gibt es eine tägliche Verbindung nach Upington (außer Mittwoch). Reservierung: Tel.: 012-654-4114, website: www.intercape.co.za.
Reservierungen können für alle Busunternehmen auch über **Computicket** durchgeführt werden. Tel.: 340-8445.
Alle Busse fahren vom Transit Center der Park City Station. Information: Tel.: 337-6650

Innerstädtischer Busverkehr

Es gibt sieben Tarifzonen. Fahrscheine gibt es beim Fahrer oder an der Verkaufsstelle am Gandhi Square. Die Busse fahren zwischen 5 Uhr morgens und ca. 6 Uhr abends. An jeder Bushaltestelle sind die Strecken der einzelnen Buslinien beschrieben. Der größte Busbahnhof befindet sich am Gandhi Square, nahe dem Carlton Centre. Weitere Informationen erhalten Sie vom Metropolitan Bus Service unter der Telefonnummer 403-4300 und auf der website www.johannesburg.org.za.
- Busse nach Sandton fahren ab dem Carlton Center (Ecke Commissioner und Kruis Street). Informationen unter Telefon: 474-2634
- Busse nach Tshwane (Pretoria): Abfahrt Ecke Commissioner/Kruis Street. Informationen: Tel.: 474-2634
- Bus zum Johannesburg International Airport: ab Park City Station, halbstündlich, Information: Impala Bus, Tel.: 975-0510

Eisenbahnverbindungen

Züge sind in der Regel langsamer als die Busse und etwas teurer, doch mag man vielleicht den Genuss einer Zugreise mit Bett und Restaurant nicht missen. Wer also lieber mit dem Zug fährt, sollte rechtzeitig buchen, besonders Plätze in der ersten und zweiten Klasse.
Folgende Zugverbindungen gibt es ab Johannesburg:
- **Trans Karoo**, Jo'burg - Kapstadt: Abfahrt täglich - Autoreisezug
- **Trans Natal**, Jo'burg - Durban: Abfahrt täglich

6. Regionale Reisetipps von A–Z: Johannesburg

- **Algoa**, Jo'burg - Nelson-Mandela-Metropole: Abfahrt täglich
- **Amatola**, Jo'burg - Buffalo City: Abfahrt täglich
- **Marula**, Jo'burg - Louis Trichardt: Abfahrt täglich
- **Bosvelder**, Jo'burg - Louis Trichardt: Abfahrt täglich
- **Bulawayo**, Jo'burg - Gabarone-Bulawayo: Abfahrt Di-mittags
- **Diamond Express**, Tshwane (Pretoria) - Jo'burg - Kimberley: Abfahrt täglich außer samstagabends
- **Komati**, Jo'burg - Tshwane (Pretoria) - Nelspruit - Komatipoort: Abfahrt täglich - abends
- **Limpopo**, Jo'burg - Harare: Abfahrt: Fr-morgens
- **Mossel Bay**, Jo'burg - Mossel Bay: Abfahrt Mo, Di, Fr abends

Diese Abfahrtstage bzw. -zeiten können sich immer wieder ändern, daher sollten Sie sich vor Ort erst einmal informieren.
Reservierung und Information: Tel.: 086-000-8888, website: www.spoornet.co.za

Taxis
Taxis müssen telefonisch angefordert werden, sie dürfen nicht auf der Straße angehalten werden. Telefon: 648-1212 oder 403-9625. Die Gebühr beträgt z.Zt. 2 Rand + 4–5 Rand pro Kilometer. Vom Flughafen Johannesburg bis in die Innenstadt kostet ein Taxi ca. 250 Rand.

Mietwagen
Mietwagen sollten auf jeden Fall in Deutschland über einen Veranstalter gebucht werden, da dies wesentlich günstiger ist. Es gibt unzählige Mietwagenunternehmen in Johannesburg. Wer auch noch durchs Land fahren will, sollte sich an die teureren überregionalen Unternehmen halten. Denn gibt es einmal Probleme mit dem Fahrzeug, können Sie dieses leicht an jeder Filiale im Land umtauschen. Für Johannesburg selbst kann man eher dazu raten, mit dem Taxi herumzufahren, das erspart Nerven und Parkplatzsucherei und ist sicherlich auch billiger. Falls Sie aber in die Umgebung fahren wollen oder außerhalb wohnen, ist ein Mietwagen unumgänglich, da die Taxis nur im Stadtgebiet und zum Flughafen verkehren dürfen.

Eine Auswahl der größten Mietwagenunternehmen:
- **Avis**, Reservierung Tel.: (0861) 021-111, Flughafen Tel.: 394-5433, Stadtbüro: 884-2221, website: www.avis.co.za
- **Budget**, Reservierung Tel.: (0860) 016-622, Flughafen Tel.: 394-2905, Stadtbüro: 331-3631, website: www.budget.co.za
- **Europcar**, Reservierung Tel.: (0800) 011-344, Flughafen Tel.: 394-8832, Stadtbüro: 447-6573, website: www.europcar.com
- **Imperial**, Reservierung Tel.: (0861) 131-000, Flughafen Tel.: 394-4020, Stadtbüro: 883-4352, website: www.imperialcarrental.co.za
- **Hertz**, Reservierung Tel.: (0861) 600-136, Flughafen Tel.: 390-9700, Stadtbüro: 322-1888, website: www.hertz.com
- **Tempest**, Reservierung Tel.: (0860) 031-66, Flughafen Tel.: 394-8626, Stadtbüro: 402-7100
- **Swans**, Reservierung Tel.: (0861) 101-265, Stadtbüro: 975-0799, website: www.swans.com
- **Campers Corner (Campmobile)**, Tel.: 789-2327, P O Box 48191. Roosevelt Park 2129, website: www.campers.co.za

Rundfahrten/Touren/Besichtigungen
• *Tourangebote:*
- *Stadtrundfahrten: 2½ Std.*
- *Soweto Touren (diese sind absolut sicher): 2½ Std.*
- *Gold Reef City: 2½ Std.*
- *Heia Safari Ranch: nur sonntags – ganzer Tag*
- *Mini Safari zum Krugersdorp Game Reserve: Di–So – ganzer Tag*
- *Sun City: Mo, Do, Fr – ganzer Tag*

Alle Touren beginnen an den großen Hotels in der Innenstadt (nach Absprache, außerdem am Sandton Sun Hotel). Beide u.g. Touroperator bieten diese Touren an.

• **Jimmy's Face to Face Tours**, *130 Main Street, Jo'burg, Tel.: 331-6109 oder 6132, Fax: 331-5388, website: www.face2face.co.za, E-Mail: face2face@pixie.co.za. Dieses Unternehmen führt die besten Soweto-Touren durch.*

Moderne Architektur in Jo'burg

• **Springbok Atlas**, *48 Tulbagh Rd., Pomona, Kempton Park, Jo'burg 1619, Tel.: 396-1053, Fax: 396-1069, website: www.springbokatlas.com, E-Mail: tours@springbokatlas.com. Dieses Unternehmen führt auch täglich Touren nach Soweto und Tshwane (Pretoria) durch, meist in Verbindung mit einer Tour zu den Diamantenminen. Dauer jeweils entweder ein halber oder voller Tag.*

• *Eine weitere interessante Tour ist die* **Newspaper-Tour**. *Hier erlebt man hautnah, wie eine Zeitung hergestellt wird. Die 2½-stündige Tour beginnt mit einer kurzen Einführung. Danach wird man durch die einzelnen Ressorts geführt, bis zum Schluss der Druckvorgang vorgestellt wird. Reservierung nur telefonisch bei der „Star"-Newspaper Tel.: 633-2304, website: www.thestar.co.za.*

 Banken/Geld tauschen
Johannesburg hat als Wirtschaftsmetropole genügend Banken, so dass Sie sicher keine Probleme haben werden, eine zu finden. Daher erspare ich mir eine Auflistung. Es werden alle gängigen Kreditkarten akzeptiert, und wenn einmal Not am Mann/an der Frau sein sollte, tauscht man auch einen Euroscheck ein. Bankautomaten gibt es überall, seien Sie nur bitte vorsichtig, da Sie hier leicht Opfer eines Raubes werden können. Lesen Sie hierzu die Sicherheitshinweise auf Seite 185.
Schalterstunden: Mo–Fr: 9–15.30h, Sa: 8.30–11h
Wer später tauschen möchte, der kann dies bei folgenden Rennies Travel Geschäftsstellen tun: Flughafen (24h geöffnet), Sandton City, und Eastgate Mall in Bedfordview.
Auch die meisten größeren Hotels tauschen Geld zu den aktuellen Kursen.

Konsulate
• **Deutschland**, *Tel.: 012-427-8900*
• **Schweiz**, *Tel.: 012-430-6707*
• **Österreich**, *Tel.: 012-452-9155*
• **Swasiland**, *Tel.: 012-344-1910*
• **Lesotho**, *Tel.: 012-460-7648*

Wer für eines der Nachbarländer Visa benötigt und nicht gerne stundenlang Schlange stehen möchte, dem bieten mehrere Büros einen Visaservice an, d.h. für einen Aufpreis erledigen diese die ganze Lauferei, und Sie können ihr Visum am nächsten Tag abholen.
Ein Büro, mit dem Reisende gute Erfahrungen gemacht haben, ist: **L&L Agencies**, EP(CNA)-House, 112 Commissioner Street, Room 605, 6th Floor.

@ Internetzugang

In den meisten Hotels und Einkaufszentren gibt es Computerterminals mit Internetzugang (ca. 30 Rand/Stunde). Eines der bekanntesten Internet Cafes ist das **Milky-Way Internet Cafe**, 2nd Floor, Time Square, 38 Raleigh Str., Yeoville, Tel.: 487-1340, website: www.milkyway.co.za (ca. 10 Rand/Stunde)

Hotels und andere Unterkünfte

In Johannesburg können Sie zwischen fünf verschiedenen Möglichkeiten der Übernachtung wählen.

1. Ein Zimmer in einem **Hotel** ist sicher das Einfachste, aber auch das Teuerste, denn in einer Weltstadt sind die Preise entsprechend hoch. Wenn Sie nicht in einer billigen Absteige landen oder völlig dezentral wohnen möchten (und auch da sind die Preise noch hoch), müssen Sie für ein Einzelzimmer mit mindestens 250 ZAR und für ein Doppelzimmer mit mindestens 300 ZAR rechnen. Sie können natürlich auch außerhalb von Johannesburg ein Landhotel beziehen. Diese sind meist sehr schön gelegen und haben einen persönlichen Charakter. Für Unternehmungen in Johannesburg, besonders am Abend, sind sie aber meist nicht geeignet, zu lang ist die Anfahrt, und ich versichere Ihnen, zuerst werden Sie sich auch das eine oder andere Mal verfahren. Trotzdem bieten diese Hotels das richtige „Getaway" vom Großstadttrubel.

2. **Bed'n Breakfast**: Dieses englische System ist mittlerweile auch in Südafrika weit verbreitet. Das Angenehme daran ist, dass man in Kontakt mit den Vermietern kommt und vor allem in der Regel einen viel größeren Raum zur Verfügung hat. Häufig wohnt man sogar im separaten Gartencottage. Der Nachteil liegt meistens darin, dass man sehr dezentral in abgelegenen Stadtteilen wohnt, die nicht sehr interessant sind. Die Preise rangieren um 300 ZAR pro Person. Zentrales Buchungsbüro ist: Portfolio Bed & Breakfast Collection, Reservierung: Tel.: 880-3414, Fax: 788-4802, website: www.portfoliocollection.com, E-Mail: collection@iafrica.com.

3. Sie mieten sich ein kleines **Apartment**. Dies ist eine übliche Sache in Johannesburg. Dabei erhalten Sie ein Zimmer mit 2 Betten und dem üblichen Inventar, eine Küche und ein Badezimmer. Telefon ist vorhanden, und täglich wird Ihr Zimmer (plus Geschirr) gereinigt. Ein Garagenplatz ist inklusive. Der Einrichtungsstandard entspricht einem 2-Sterne-Hotel. Vieles spricht für diese Art von Unterkunft. Zum einen ist es um ca. 40% billiger, und zum anderen sind Sie viel unabhängiger und können durch eigenes Kochen viel Geld sparen. Der Nachteil ist, dass manche dieser Apartments in recht heruntergekommenen Stadtteilen liegen, was dem einen oder anderen eventuell zu aufregend erscheinen mag. Die Mehrzahl der Bewohner sind Südafrikaner, die tagtäglich zur Arbeit gehen. Erkundigen Sie sich vor der Buchung am besten bei einem der Informationsbüros (s.o.).

4. **Jugendherbergen**: Es gibt in Südafrika nur sehr wenige an den internationalen Jugendherbergsverband angeschlossene Jugendherbergen. Es gibt aber eine Reihe von privaten Herbergen, die meist in einem Einfamilienhaus untergebracht sind. Die Adressen wechseln ständig. Somit rate ich Ihnen, sich vorher zu erkundigen, welche Jugendherberge gerade zu besuchen ist. Die vom YMCA und YWCA sind natürlich permanent geöffnet.

5. Camping: Die wohl günstigste Möglichkeit zu übernachten, wenn man das nötige Equipment und ein Fahrzeug hat, das einen in die Stadt befördern kann. Die Campingplätze sind häufig voll belegt, u.a. auch von Leuten, die sich keine Wohnung leisten können oder wollen, und in der Ferienzeit natürlich auch von Urlaubern. Da die Südafrikaner ein Campingfreudiges Volk sind, sollten Sie mit Problemen bei der Reservierung rechnen. Rufen Sie lieber vorher an. Vermeiden Sie es, mit einem Campingbus ins City Center von Johannesburg zu fahren. Diese Fahrzeuge sind häufig Zielscheibe von Autoknackern.

Die folgende Auflistung stellt nur eine kleine Auswahl von Unterkunftsmöglichkeiten dar. Nach Besichtigung mehrerer Hotels, Herbergen und Apartments haben wir die folgenden daraus für Sie herausgesucht:

Hotels (s. Karten S. 250 und 257)
IN JOHANNESBURG

- **The Westcliff** $$$$$, 67 Jan Smuts Avenue, Jo'burg, Tel.: 646-2400, Fax: 646-3500, website: www.westcliffhotel.orient-express.com. Super-Luxus pur im nördlichen Gebiet von Johannesburg. Blick auf eine grüne, hügelige Landschaft von einem hoch gelegenen Hang aus. Man glaubt nicht, in einer Stadt zu sein. Die Anlage ist so verwinkelt, dass nicht der Eindruck eines großen Hotels (115 Zimmer) entsteht. Nach Sandton (zum Einkaufen) sind es nur wenige Fahrminuten. Hervorragendes Restaurant sowie sehr schöne Swimmingpool-Area.
- **The Michelangelo** $$$$$, Weststreet, Sandton, POB 784682, Johannesburg 2146, Tel. 784-7022, Fax: 282-7171; wunderschönes Stadthotel mit Anschluss an die Shopping Mall in Sandton.
- **The Grace** $$$$$, 54 Bath Avenue, Rosebank, Tel.: 280-7200, Fax: 280-7474, website: www.grace.co.za, E-Mail: graceres@grace.co.za. Eine der luxuriösesten Adressen der Stadt, mehrfach dafür ausgezeichnet.
- **Palazzo Inter-Continental** $$$$, Montecasino Boulevard, Fourways, Tel.: 510-3000, Fax: 510-4000, website: www.southernsun.com, E-Mail: icmont@southernsun.com. Luxus-Hotel inmitten des Montecasino-Komplexes. Ein mediterranes Restaurant und ein toskanischer Garten verleihen dem Hotel eine italienische Note.
- **The Parktonian Protea Hotel** $$$, 120 De Korte Street, Braamfontein 2017, P.O.Box 32278, Tel.: 403-5741, Fax: 403-2401, website: www.proteahotels.com. Gepflegtes All-Suite-Hotel am Rande der Innenstadt, abseits des Trubels, mit gewissem Luxus.
- **Balalaika Crown Court** $$$, Maude Street, Johannesburg 2119, Tel. 322-5000, Fax: 322-5021; Landhausatmosphäre mit schönem Garten, Restaurant, Swimmingpool und Shopping-Center.

HOTELS BIS 15 KM VON DER CITY

- **Gold Reef City** $$$$, Northern Parkway, Gold Reef City. Tel.: 248-5152, Fax: 248-5400, website: www.threecities.co.za; Hotel der Southern Sun-Kette, 9 km zur City, pseudo-nostalgisch in Gold Reef City gelegen; sehr sicher (bewacht) und ruhig.
- **Rosebank Hotel** $$$$, Ecke Tyrwhitt/Sturdee Ave, Rosebank, Box 52025, Saxonwold 2132, Tel.: 447-2700; freundliches Hotel ca. 10 km nördlich der City.
- **Holiday Inn Garden Court Sandton City** $$, Private Bag X9913, Sandton 2146, Tel.: 269-7000, Fax: 269-7100, website: www.southernsun.com, E-Mail: higcjhbsandtoncity@southernsun.com. 15 km von Johannesburg entfernt, am Rande des Einkaufscenters Sandton City (Ecke West Street und Maude Street). Super Preis-Leistungs-Verhältnis.

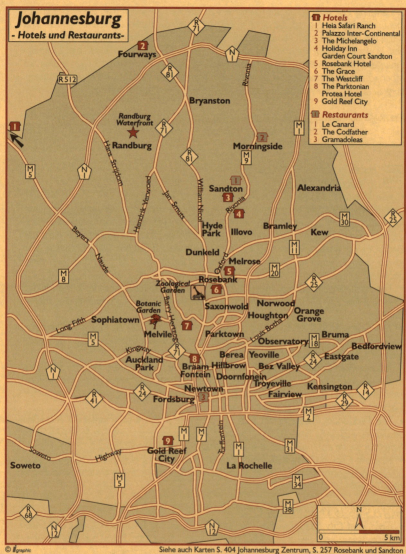

HOTELS AM AIRPORT (29 km von City)
- **Caesars Gauteng $$$$$**, 64 Jones Road, Kempton Park, Tel.: 928-1000, Fax: 928-1551, website: www.caesars.co.za, E-Mail: caesars@caesars.co.za. In diesem bombastischen Casino-Komplex befinden sich ein 5-Sterne-Luxus-Hotel, ein Familien-Hotel und ein Wellness Centre.
- **Holiday Inn Johannesburg International Airport $$$$**, P.O.Box 338, Kempton Park 1620, Tel.: 975-1121, Fax: 9755846, E-Mail: gmhijohannesburgairport@southernsun.com, website: www.southernsun.com, 500 Meter vom Flughafen.
- **Airport Sun Intercontinental $$$**, Johannesburg International Airport, gegenüber von Terminal 3, Tel.: 961-5400, Fax: 961-5401, website: www.southernsun.com, E-Mail: airportsun@southernsun.co.za. Hotel direkt am Flughafen, mit Pool, Restaurant, Bar und allen Annehmlichkeiten eines Luxus-Hotels.
- **Holiday Inn Garden Court Airport $$**, Hulley Road, Private Bag 5, Jan Smuts 1627, Tel.: 392-1062, Fax: 974-8097, website: www.southernsun.com, E-Mail: higcairport@southernsun.com, sehr preiswert.
- **City Lodge $$**, Johannesburg International Airport, Edenvale, Sandvale Road, Isando, Tel.: 884-0660, website: www.citylodge.co.za. Saubere, zweckmäßige Zimmer, sehr gutes Preis-Leistungs-Verhältnis.

HOTELS IN DER UMGEBUNG VON JOHANNESBURG (bis zu 1½ Autostunden)
Für alle folgenden Unterkünfte ist eine Reservierung essentiell! Sollten alle folgenden Hotels ausgebucht sein, bieten sich im Dreieck Magaliesberge-Honeydew-Krugersdorp genügend andere Unterkunftsmöglichkeiten.
- **Mount Grace Country House $$$$$**, P.O.Box 251, Magaliesburg 2805, Tel.: 0145-771-350, Fax: 0145-771-202, website: www.grace.co.za, E-Mail: mountgraceres@grace.co.za. Es ist eines der luxuriösesten Landhotels Südafrikas und eignet sich ideal zum Entspannen. Riedgedeckte Chalets, gutes Restaurant, Bücherei und Sportmöglichkeiten. Verpassen Sie nicht die fabelhafte Aussicht frühmorgens über den Bodennebel des Magaliestales. 1½ Autostunden von Jo'burg.
- **Misty Hills $$$**, Private Bag 1, Muldersdrift 1747, 69 Drift Boulevard, off DF Malan Drive, Tel.: 957-2099, Fax: 957-3212, E-Mail: recaflin@global.co.za. Idyllisch gelegene Lodge mit dem bekannten Carnivore Restaurant (besonders gut: afrikanische Wildgerichte). Ursprünglich war die Anlage ein Kloster. Geschmackvoll eingerichtet, ruhig gelegen.
- **Valley Lodge $$$**, P.O.Box 13, Magaliesburg 2805, Tel.: 014-577-1301, Fax: 014-577-1306, website: www.valleylodge.co.za, E-Mail: info@valleylodge.co.za. Großzügig angelegtes Landhotel mit geschmackvoller Einrichtung und verschiedensten Sportmöglichkeiten. 1½ Autostunden von der City.
- Hervorgehoben werden soll hier die „Institution" **Heia Safari Ranch $$$** des deutschstämmigen Herrn Richter, P.O.Box 1387, Honeydew 2040, Muldersdrift Rd., Tel.: 659-0605, Fax: 659-0709, website: www.heia-safari.co.za, E-Mail: heia@netactive.co.za, inmitten einer typischen Highveld-Landschaft. Die **Heia Safari Rondavels** (riedgedeckt) sind sehr luxuriös eingerichtet und sehr geräumig. Herrlich: Afrikanische Tiere wie Zebras und Giraffen laufen frei herum und schauen vielleicht ins Fenster. Swimmingpool vorhanden; in unmittelbarer Nähe findet auch der Sonntagsbraai mit den besuchenswerten Eingeborenen-Tänzen statt.
- **La Bougain Villa $$**, 6 Smits Rd., Dunkeld West 2196, Tel.: 447-3404, Fax: 442-5097. Sehr schönes privates Haus mit schönem Garten und Swimmingpool, große Zimmer, ruhig gelegen (in der Nähe der Shopping Centers von Hyde Park, Sandton und Rosebank).

- **Wickers Riverside Estate $$**, Rustenberg Rd. (R24), Magaliesburg 2805, Private Bag, Tel.: 014-577-1132, Fax: 014-577-1449, website: www.wickers.co.za, E-Mail: info@wickers.co.za. Schönes Hotel in Tallage mit schattigen Bäumen im Garten. Gute Küche. 40 Autominuten zur City.
- **Lesedi Cultural Village**, hier wohnen Zulu, Xhosa, Pedi und Basuthu; Hütten stehen für Gäste zur Verfügung; 16 Zimmer; POB 699, Lanseria 1748, Tel. 012-205-1394, Fax: 012-205-1433.

Apartments/Self Catering
- **Sandton Village House**, Ecke Concourse Crescent/Alliway Str., Lonehill, Sandton, Tel.: 465-3551, Fax: 465-7042, website: www.wheretostay.co.za, E-Mail: sandtonvillage-house@mweb.co.za.
- **The Owls Nest**, 8A Trebyam Ave., Rivonia, Tel.: 803-4643, mobil: 082-781-9692, website: www.wheretostay.co.za.
- **Inanda´s First Bed&Breakfast**, 66 A First Ave., Inanda, Sandton, Tel./Fax: 788-2276, mobil: 082-496-1778, website: www.wheretostay.co.za.

Jugendherbergen
- **Airport Backpackers $**, 3 Mohawk Str., Kempton Park, Tel. 394 0485. Zum Flughafen günstig gelegen, sauber.
- **Rockey´s of Fourways**, 22 Campbell Rd., Fourways, Tel.: 465-4219, Fax: 467-2597, website: www.icon.co.za/~bacpacrs/. Obwohl Rockey´s etwa 20 km von der Stadt entfernt liegt, ist es sehr zu empfehlen. Hier gibt es neben Pool, großem Garten und Bar freundliche und kompetente Beratung. Zeltplätze vorhanden. Shopping-Möglichkeit in der Nähe.
- **Backpacker´s Ritz**, 1A North Rd., Dunkeld West, Tel.: 325-7125, Fax: 325-2521, website: www.backpackers-ritz.co.za, E-Mail: ritz@iafrica.com. Zwischen Rosebank und Sandton gelegen, sehr beliebt, Pool, Bar, Garten, Zeltplätze vorhanden. Das Gebäude ist sehr schön und es wird viel Wert auf Sicherheit gelegt.
- **Gemini Backpackers**, 1 Van Gelder Str., Crystal Gardens, Tel.: 882-6845 oder 082-574-4270, Fax: 882-5022, website: www.geminibackpackers.com. Saubere und gemütliche Herberge mit breitem Freizeit- und Sportangebot, nicht weit von Sandton. Doppelzimmer und Schlafsäle, Nachteil: Geschäfte nicht in Fußweite!

Campingplätze
Beachten Sie bitte, dass die meisten Campingplätze in der Umgebung von Johannesburg das Zelten nicht erlauben. Es ist Voraussetzung, dass Sie zumindest ein Kfz mit Trailer benutzen.
- **Aventura Heidelbergkloof**, Tel.: 016-341-2413, Fax: 341-6758, 40 km von der City, Zelte erlaubt. Der Caravanpark liegt an der R23 direkt am Suikerbos Nature Reserve.
- **Aventura Kareekloof**, Tel.: 016-365-5334, Fax: 365-5628, 40 km von der City, ebenfalls am Suikerbos Nature Reserve gelegen; es stehen 240 Stände zur Verfügung.

Restaurants
Es gibt ein Fülle von Restaurants aller Geschmacksrichtungen in Johannesburg. Es wird sich sicherlich etwas Passendes für Sie finden. Mein Tipp ist: Essen Sie mittags nur eine Kleinigkeit in den teilweise sehr guten Fast-Food-Lokalen, und sparen Sie sich Ihren Hunger für abends auf. Versäumen Sie vor allem nicht, und das gilt für ganz Südafrika, die guten Meeresfruchtspezialitäten und afrikanisches Wildfleisch zu probieren. Nicht jedermanns

Sache ist die deftige burische Küche mit Boerwürsten u.ä. und die schwarzafrikanischen „Leckereien" wie Würmer. Dennoch sollte man sich einmal das Herz nehmen und diese probieren! Die Köche geben sich alle Mühe, es dem verwöhnten europäischen Gaumen recht zu machen. Wenn Sie einmal keine Lust haben, über Essenswünsche nachzudenken, bestellen Sie einfach ein Steakgericht. Damit liegen Sie in Südafrika niemals falsch.
Die Kellner, besonders die jüngeren, stellen sich sehr häufig mit ihrem Vornamen vor, den sie sich merken sollten. Es ist immer höflicher, ihn dann später beim Vornamen zu nennen, als einfach „Waiter" zu rufen.
In fast allen Restaurants dürfen Sie Ihre eigene Flasche Wein mitbringen und sie dort für eine geringe Gebühr genießen.
Die folgende Liste ist nur eine kleine Auswahl von guten bis sehr guten Restaurants, die wir persönlich für Sie zusammengestellt haben. Eine ausführlichere Liste finden Sie sowohl im „Eat Out Restaurant Guide" als auch im „Blake's Guide to Johannesburg". Besonders an Wochenenden ist Reservierung empfehlenswert, auch weil die reservierten Tische meist die besten sind.

MITTLERE BIS GEHOBENERE PREISKLASSE
- **Gramadoelas**, Market Theatre Complex, Bree Str., Newtown, Tel.: 838-6960. Exzellente kapmalaiische Küche mit besten Zutaten – afrikanisches Ambiente. Achtung: So und Mo mittags geschlossen.
- **The Codfather**, 1 First Ave., Ecke Rivonia Road, Morningside, Tel.: 803-2077. Seafood nicht nur in Kapstadt: auch in Johannesburg gibt's tolle Meeresgerichte. Den Fisch können Sie selbst auswählen. Es gibt auch eine Sushi-Theke.
- **Le Canard**, 163 Rivonia Road, Morningside, Sandton, Tel.: 884-4597, Elegantes Restaurant mit sehr interessantem und abwechslungsreichem Menü.
- **Broughton´s**, Sandton Square, Ground Level, West Tower, Sandton, Tel.: 884-1608. Klassische französische Küche in modernem Ambiente.
- **Ma Cuisine**, Ecke 7th und 3rd Avenues, Parktown North, Johannesburg, Tel.: 880-1946. Geöffnet Di–Sa zum Lunch und Dinner. Französische Top-Küche – jeder Gourmet sollte hier einmal essen!
- **Linger Longer**, 58 Wierda Road, off Johan, Wierda Valley, Sandton, Tel.: 884-0465. Geöffnet Mo–Fr zum Lunch, Mo–Sa zum Dinner. Tolle Wildgerichte, Fisch und Topfenpalatschinken Schloss Fuschl!
- **Gatrile, Son&Co**, 5 Esterhuyzen Road, Sandown, Lunch Di–Fr, Dinner Mo–Sa, Tel.: 883-7398. Europäische Küche mit afrikanischem Touch.
- **Carnivore**, Muldersdrift, Estate, 69 Drift Boulevard, Tel. 957-2099, „Erlebnisrestaurant", viele exotische Fleischsorten vom Spieß.

Außerhalb des City Centers
- **The Swiss Inn**, Garden Shopping Mall, 170 Hendrik Verwoerd Drive, Randburg, Tel.: 789-3314 oder 787-9903. Hauptsächlich schweizer Spezialitäten. Zu empfehlen ist das Fondue.

PREISWERTERE RESTAURANTS
Günstige Lokale und Restaurants aller Geschmacksrichtungen finden sich an der 7th Street in Melville, in Greenside, Rosebank und an der Grant Ave in Norwood und natürlich auch in allen größeren Shopping Malls.

ASIATISCHE RESTAURANTS
Wer nun gar nicht mehr südafrikanisch essen mag und auch die englische Küche satt hat, der sollte sich einmal in ein asiatisches Restaurant begeben. Neben der bei uns ja schon hinreichend bekannten chinesischen Küche empfiehlt es sich in Südafrika vor allem, malaiische und indische Restaurants aufzusuchen. (Aber Achtung! Besonders die Inder kochen sehr scharf.) Zu empfehlen:
- **Golden Peacock**, *Oriental Plaza, Fordsburg, Tel.: 836-4986. Ein Geheimtipp für indische Spezialitäten. Selbst viele Inder kommen hierher, um ihre geliebten Samosas im angeschlossenen Take-away zu kaufen. Die Gerichte im Restaurant sind einfach, aber gut. Preisgünstig! Unlicensed!*
- **Karma**, *Gleneagles Rd., Greenside, Tel. 646-8555. Nett eingerichtetes Restaurant mit indischer Küche (Tandoori), sehr schmackhafte Gerichte.*

Unterhaltung
In einer Stadt wie Johannesburg ist eigentlich immer etwas los. Sich durch den Dschungel an Möglichkeiten zu finden ist nicht immer ganz einfach. Ständig werden neue Broschüren und Stadtmagazine herausgegeben, die leider aber auch oft genauso schnell wieder verschwinden. In diesen sind die wesentlichen Adressen, Restaurants, Hotels u.a. aufgeführt, so dass Sie einen groben Eindruck erhalten, was man generell in der Stadt so alles machen kann. Hier einige etablierte Informationsquellen:
- **„Blakes Guide to Johannesburg and it's Environs"** *ist speziell für Touristen geschrieben und bietet in Kurzform fast alle erforderlichen Infos.*
- **„SA City Life"**, *Veranstaltungen, Restaurants, Konzerte und Unterhaltungstipps, mit vielen In-Tipps vor allem für junge Leute.*
- **„Blakes What´s on in Gauteng"** *ist speziell für Touristen geschrieben und bietet in Kurzform fast alle erforderlichen Infos. Auch im Internet unter www.gauteng.net.*
- **„Eat Out"**, *ein sehr ausführlicher Restaurant-Führer, der ganz Südafrika abdeckt. Die gut recherchierten Einträge machen es leicht, für jeden Geschmack das richtige Restaurant zu finden.*

Tagesereignisse, Theater, Musicals und Ähnliches sind in Tageszeitungen oder den Informationsbroschüren von Computicket am besten beschrieben. Die weitaus beste Tageszeitung ist dafür der **„Star"**. *Jeder Veranstalter, der glaubt, etwas besonderes zu bieten, inseriert in dieser Zeitung.*
Computicket *finden Sie in jedem größeren Shopping Center Südafrikas. Die zentrale Rufnummer für Johannesburg ist: Tel.: 340-8445 oder website: www.computicket.co.za.*

THEATER
Anglikanische Städte sind immer bekannt gewesen für ihr reichhaltiges Theater- und Musicalangebot. Johannesburg macht da keine Ausnahme. An jeder zweiten Straßenecke gibt es im Stadtzentrum ein Theater. Meist werden hier Komödien gezeigt, aber auch anspruchsvollere experimentelle Stücke gehören zum Angebot. Informieren Sie sich vor Ort anhand der Tageszeitungen oder der o.g. Broschüren über das aktuelle Angebot. Buchen Sie über Computicket. Als die besten Theater (wenn man das überhaupt so pauschalisieren kann) gelten zurzeit:
- **Market Theatre Complex** *(klassisch und experimentell), Ecke Bree-/Wolhuterstreet, City Center, Tel.: 832-1641. Neben 5 Theaterbühnen beherbergt der Komplex u.a. eine Galerie, einen Jazzpub und ein Restaurant.*

- **Jo'burg Civic Theatre** *(klassisch und Ballett), Loveday Street, Braamfontein, Tel.: 011-339-8324, website: www.showbusiness.co.za.*
- **Pieter Toerien Theatre** *(klassisch und Musicals), Montecasino, Fourways, Tel.: 511-0239*
- **Theatre on the Square**, *Sandton Square, Sandton, Tel.: 883-8606, bunt gemischtes Programm für die leichte Unterhaltung.*

GALERIEN
Aus der Fülle von Galerien sind die folgenden besonders hervorzuheben:
- **Johannesburg Art Gallery**, *Joubert Park, Tel.: 725-3130, Öffnungszeiten: Di–So: 10–17h; verschiedenste Ausstellungen. Bietet die größte Übersicht über traditionelle und moderne Kunst.*
- **Everard Read Gallery**, *6 Jellicoe Ave., Rosebank: 788-4805. Häufig Ausstellungen bekannter schwarzer Künstler.*
- **Kim Sacks Gallery**, *Ecke Cavendish/Frances Street, Bellevue, Tel.: 648-6107. Neben gelegentlichen Gemäldeausstellungen vor allem spezialisiert auf Skulpturen und Porzellan.*
- *Weitere Galerien, die vor allem schwarzafrikanische Kunst ausgestellen:*
- **Berman Gallery**, *2nd Floor, 193 Smit Street, Braamfontein, Tel.: 403-2416*
- **Newtown Gallery**, *Market Theatre Complex, Newtown, Tel.: 838-1296*

Nachtleben
Das Nachtleben in Johannesburg kennt keine Grenzen. Wer also nicht ins Theater möchte oder nicht nur zum Essen ausgehen will, dem bieten sich viele Möglichkeiten. Zu empfehlen sind vor allem die Musikkneipen, die besonders am Wochenende mit Livemusik aufwarten. In der Regel kann man in jedem dieser Lokale auch speisen, so dass sich das „Nützliche" mit dem Angenehmen gut verbinden lässt. Alle aufgeführten Lokalitäten können Sie ohne Befürchtungen besuchen, solange Sie sich an die „Sicherheitsregeln" halten. Zu beachten ist, dass Jugendliche erst ab 21 freien Einlass in die folgenden Lokalitäten haben, ansonsten ist die Begleitung Älterer Voraussetzung (wegen des Alkoholausschanks).

MUSIKKNEIPEN (LIVEMUSIK)
- **Kippie's**, *Market Theatre Complex, Newtown, Tel.: 833-3316, website: www.kippies.co.za. Jazz aller Stilrichtungen. Sehr vielseitiges Publikum und ausgewählte Interpreten. Zu essen gibt's nur Chips, dafür kann man aber in den Lokalen um's Market Theatre herum essen. Diese Kneipe ist für Jazzfreunde ein Muss!*
- **Roxy Rythm Bar**, *20 Main Rd., Melville, Tel: 726-1255. Musik aller Stilrichtungen für jüngeres Publikum.*
- **Bassline**, *7th Street, Mellville, Tel.: 482-6915, website: www.basslinejazzclub.co.za. Kleiner, angesagter Laden, bietet Di–So modernen internationalen Jazz.*
- **The Blues Room**, *Village Walk Mall, Sandton, Tel.: 784-5527, website: www.bluesroom.co.za. Wie der Name schon sagt: Blues, Jazz und gelegentlich auch Rock. Sehr beliebt.*

DISKOTHEKEN
Diskotheken in Johannesburg bieten Ähnliches wie in Europa. Wer aber trotzdem gerne einmal loszieh möchte, sollte sich in den Stadtteilen Melville, Norwood und Rosebank umschauen. Da die Szene sich sehr schnell ändert, fragen Sie am besten in Ihrem Hotel oder einen Ortskundigen, welche Clubs gerade angesagt und sicher sind.
- **Sublime**, *130 11th Street, Parkmore, Tel.: 884-1649, website: www.sublime.org.za. Upmarket-Disko, vorwiegend mit Yuppie-Publikum.*

- **Horror Cafe**, 15 Becker Str., Newtown, Tel.: 838-6735. Angesagter Club mit unterschiedlichster Musik.
- **Ratz Bar**, 9 Seventh Str., Melville, Tel.: 726-2019. Hier wird die ganze Nacht zu guter Musik mit netten Leuten gefeiert.

Meiden Sie die Diskothek „Masquerade" in der Wielligh Street gleich um die Ecke des Carlton-Hotel. Hier ist es etwas unsicher, und es gibt Gangs, die es spätabends besonders auf Touristen abgesehen haben.

NIGHTCLUBS

Unter Nightclub versteht man in Johannesburg eine Art von Diskothek. In der Regel verbindet der Südafrikaner den Besuch eines Nightclubs mit einem Abendessen. Häufig wird dieses auch als Dinner Dancing bezeichnet. Auch hier sollten Sie unbedingt reservieren. Für das Publikum ab Mitte 30 bieten sich aber eher die Dinner-Dancing-Veranstaltungen der größeren Hotels an. Und fast jedes dieser Hotels führt solche Veranstaltungen an den Wochenenden durch, daher gehe ich hier nicht näher darauf ein.

- **Caesar's Palace**, Ecke Jorissen/Simmonds Street, Tel.: 403-2420. Der Insider-Treff in Johannesburg, doch handelt es sich eher um eine Riesendisko für „schicke" Leute ab 20 aufwärts. Riesenlightshow und was eine moderne Disko so alles haben sollte. Nur für „Durchmacher" geeignet.
- **Rosy O'Grady**, Gold Reef City, Tel: 494-4100. Livemusik und Can-Can im Gold Reef City-Pub. Essen kann man am besten vorher in den benachbarten Restaurants. Am eindrucksvollsten sind die alten Lampen an der Decke.

PUBS

- **O'Haggans Wine Bar**, Glen Marine Center, Witkoppen Rd., Foerways, Tel.: 658-1879. Weinkneipe mit Musik und Cabaret.
- **Rake's**, 20, Ridge Rd., Parktown, Tel.: 484-1714. Weinbar mit Terrasse, Live-Jazz Sa u. Sonachmittag.
- **Guildhall**, Ecke Harrison/Market Street. Alter Pub in der Innenstadt, wo sich Banker und Büroangestellte zum Pub-Lunch treffen. Vor allem ein Treffpunkt der älteren Generation dieses Genres.
- **Radium Beer Hall**, 282 Louis Botha Ave., Orange Grove, Tel.: 728-3866. Echte Kneipe, wie sie im Buche steht: alt, etwas verbraucht, aber urig. Eines der ersten ethnisch gemischten Lokale in Südafrika. Mit Restaurant.

Flohmärkte

Es gibt eine Reihe von Flohmärkten, von denen einige sehr klein ausfallen, so dass ein Besuch nur enttäuschend wäre. Daher möchte ich Ihnen eigentlich nur den Besuch des **Market Theatre Flea Market** direkt vor dem Market Theatre Complex (Bree Str.) empfehlen. Hier finden Sie sowohl Souvenirs (Holzschnitzereien, Kleider, Lederwaren) als auch Kunstgegenstände und einfache Haushaltswaren. Der Flohmarkt findet sonnabends bis 16h statt. Ein weiterer guter Flohmarkt wäre noch der „Rooftop Market" in Rosebank Mall, sonntags ab 9h geöffnet.

Pferderennen

Dieses Ereignis, das hauptsächlich an Sonnabenden stattfindet, ist nicht nur etwas für Pferdeliebhaber. Die Bedeutung des Pferderennens ist in allen anglikanischen Ländern sehr groß, da es vor allem eine gute Möglichkeit bietet zu wetten. Während nur ein Teil der

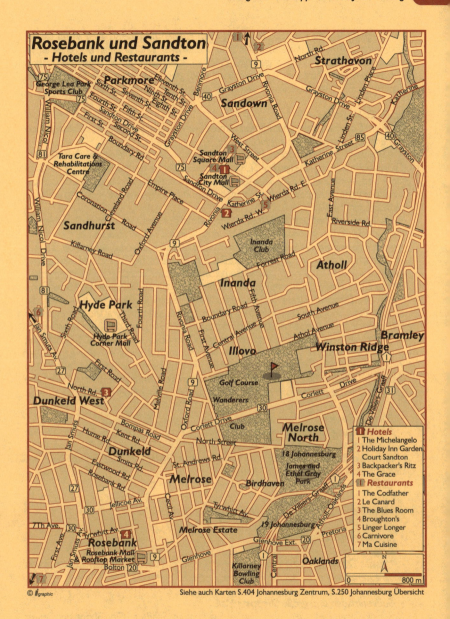

Wettbegeisterten am Racecourse gebannt ihren Pferden hinterherschauen, sitzen die anderen in unzähligen Wettlokalen in der Stadt und drücken ihre Nasen an die Fernsehschirme, die die Rennen live übertragen. Ein Besuch auf einer Rennbahn ist immer ein Erlebnis. Die bekannteste Rennbahn ist „Turffontein" (südl. der City, entlang der Eloff Rd., dann Turffontein Rd.). Nähere Auskünfte erteilt der Jockey Club: Tel.: 681-1500.

Einkaufstipps

- **Commissioner und Market Street**, Hier finden Sie alles, was Fotoapparate, Kameras und Souvenirläden angeht.
- Besonders hinweisen möchte ich noch auf folgendes Geschäft: **ME-Store**, Tel.: 789-1604, Crossroads Shopping Centre, Hill St.,Randburg: Hier gibt es die größte Auswahl an Camping- und Angelzubehör. Falls Sie also zu Hause etwas vergessen haben (oder noch gar nicht besitzen), kaufen Sie es hier. Es ist billiger, und Sie belasten Ihr Gepäck zumindest nicht auf dem Hinflug.
- Zwischen **Bahnhof und Kerkstreet** gibt es unzählige kleine Geschäfte, die alles verkaufen, was man sich nur vorstellen kann. Darunter befinden sich so manche alte Gebrauchsgegenstände, wie z.B. Taschenuhren, alte Ferngläser und andere Trödelgegenstände, die man in Deutschland nur noch schwer findet. Sie können meist auch mit dem Ladenbesitzer handeln, was das Ganze noch unterhaltsamer macht. Kaufen Sie nur keine Wertgegenstände wie Goldschmuck, Diamanten oder Ähnliches. Dabei ziehen Sie sicher den Kürzeren.
- Um die **Diagonal Street** herum treffen zwei Extreme aufeinander: zum einen das Bankenviertel und die Börse mit ihren großen Neubaupalästen, zum anderen existieren hier aber noch die kleinen alten Geschäftsgebäude aus der Zeit der Jahrhundertwende. Wie groß die Gegensätze sind, zeigt sich vor allem darin, dass es hier noch 2 Geschäfte mit traditioneller Medizin gibt, die in der Regel sehr gut besucht sind. Das bekanntere ist der Kwa Zulu Muti Shop in der 14 A Diagonalstreet. Das zweite befindet sich nur 200 m entfernt in der Pritchard Street. Hier werden neben Pulvern und Wurzeln auch Fetische verkauft. Ansonsten haben hier besonders Inder und Juden ihre Krämerläden.

- Buchhandlungen:
- **Buchhandlung Lohmüller**, Randburg, Cresta, Jo´burg, Tel.: 478-1106. Hier erhält man deutschsprachige Fachbücher über Afrika.
- **Exclusive Books** in allen größeren Einkaufszentren (Hyde Park Mall, Sandton City Mall und Rosebank Mall), Tel.: 0800-332-550.
- **CNA**-Läden gibt es auch in jedem Einkaufszentrum, Tel.: 491-7500.

- **Mineralien**, CS Queit, Fourways 2055, Sandton, Tel.: 7053216.

- Juweliere und Edelsteine:
- **Grey Velvet**, 165 Jeppe Street, City, Tel.: 235663.
- **Messias Diamond Cuttig World**: Hier können Sie sich Ihren Diamanten aussuchen und dabei zusehen, wie er nach Ihren Wünschen geschliffen wird.

- Souvenirläden und große Shopping Malls:
Das Einkaufsparadies schlechthin liegt in Sandton: im **Sandton City Shopping Center** finden Sie alles, was das Herz begehrt. Das Einkaufszentrum ist sehr sicher, und es bietet eine ausreichende Anzahl an Parkplätzen – in Johannesburg ein Luxus! Außerdem:
- Rosebank Mall

- Randburg Waterfront
- Fourways Mall
- Eastgate Mall

• **Einkaufen für eine Campingtour:**
Was das anbetrifft, besonders Gegenstände des täglichen Bedarfs, rate ich Ihnen, dieses in der nächsten kleineren Stadt zu erledigen oder in einer der Shopping Malls der Vorstädte. Das ist erheblich angenehmer, und Sie können Ihr Fahrzeug direkt am Geschäft parken.
Falls Sie Campingzubehör ausleihen oder Second Hand kaufen möchten, gibt es hierfür zwei Adressen in Jo'burg:
- **Drifter's Adventure Centre**, Upper Level, Sandton City Shopping Center, Tel.: 783-9200
- **Outdoor Living**, Sanlam Shopping Centre, Randburg, Tel.: 787-7702
Falls Sie gerne neues Zubehör erwerben möchten, sind die **Cape Union Mart** Geschäfte zu empfehlen. Sie finden sich in vielen größeren Shopping Malls.

• Auf den Gehwegen Johannesburgs finden sich unzählige Straßenhändler, die fast alles verkaufen. Ob Uhren, Sonnenbrillen, Kleidungsstücke oder Souvenirs. Dieser Handel ist eigentlich illegal, wird aber von der Polizei geduldet, da er viele Menschen ernährt. Die Waren sind in der Regel einwandfrei und werden von den gleichen Großhändlern bezogen, die auch die Geschäfte beliefern. Da Ladenmiete und Steuern wegfallen, sind viele Sachen auch günstiger. Nur müssen Sie bei einigen Sachen handeln, besonders bei Souvenirartikeln. Bestimmt finden Sie aber das eine oder andere, was Sie sonst auch im Laden gekauft hätten, und mit einem Kauf auf der Straße helfen Sie vielleicht der einen oder anderen Familie in einem Township.

Ein besonderer Tipp für Golffreunde
In Johannesburg gibt es den berühmten „Royal Johannesburg Golf Club" (Linksfield-North, Fairway Ave, P.O.Box 46017, Orange Grove, Tel.: 640-3021).
Hier darf man als Gast spielen und kann sich auch die Ausrüstung mieten. (Nur sonnabends ist für „Member's only".) Besonders eindrucksvoll ist das Clubhaus, wo man abends auch gut essen kann.

Sehenswürdigkeiten
• **Gold Reef City**, 8 km südlich der Stadt an der M1 gelegen, Tel.: 248-6800, website: www.goldreefcity.co.za, geöffnet Di–So, 9.30–5h. Busfahrt mit den „vintage bus rides" von Johannesburg nach Gold Reef City; Abholung von Sandton und den Stadthotels möglich durch Horizon Tours, Tel.: 496-1600. **Übernachtung** ist möglich im Gold Reef City Hotel, Tel.: 248-5152, website: www.threecities.co.za.
Minentänze und Minenbesichtigungen: Möglichkeiten, „echte" Minentänze zu erleben, gibt es an jedem 1., 2. und 4. Sonntag im Monat. **Anmeldung** bei: Chamber of Mines (Public Relations Adviser) Ecke Main and Hollard Street, P.O.Box 809, Johannesburg Tel. 838-8211. Die Bergwerkskammer organisiert von Januar bis Ende November wöchentlich dreimal Touren zu verschiedenen Bergwerken. Man fährt mit dem Bus, und je nach Entfernung zahlt man zwischen 30 und 80 Rand. Die Touren beginnen z.T. schon morgens um 6h und enden gegen 13h. Mittags gibt es bei schönem Wetter ein Braai (südafrikanisches Barbecue) im Freien, und man hat Gelegenheit, mit dem Manager zu plaudern. Im Gegensatz zu dem Museums-Stollen in Gold Reef City erlebt man hier Bergbau live. Fragen Sie nach

einer Tour in den West Rand. Nicht geeignet für Herzkranke und Menschen mit Platzangst. Anmeldung und Informationen: Chamber of Mines, Corner Main and Sauer Street, Johannesburg 2000, Tel. 838-8211.
- **Rand Afrikaans University**, Kingsway/University Road, POB 524, Auckland Park 2006, ca. 4 km von der City entfernt, Tel.: 489-3129, www.rau.co.za. Besuche sind nach vorheriger Anmeldung beim Public Relations Department möglich. Führungen durch das Universitätsgelände werden mittwochs und freitags jeweils um 14.30h angeboten.
- **Rhino & Lion Nature Reserve**, Kromdraai Rd., Tel.: 957-0109, Eintritt: Erwachsene 30 ZAR, Kinder 15 ZAR, Öffnungszeiten täglich 8–17h.

Vom Wagen aus kann man viele Tiere, u.a. Wildhunde, Geparde, Löwen, Nashörner, Strauße, Zebras und Impalas, sehen. Ca. 10 km Wege führen durch das Gelände. Restaurant und Swimmingpool sind vorhanden.
- **Krugersdorp Game Reserve**, an der R24, 7 km westlich von Krugersdorp gelegen. Tel.: 665-1735, Öffnungszeiten täglich 8–17h. Bis auf Elefanten gibt's hier die vier anderen Tierarten der „Big Five" zu sehen.
- **Transvaal Snake Park**, Tel.: 805 3116. Der Schlangenpark zeigt nicht nur viele Arten afrikanischer Schlangen, sondern auch Alligatoren, Krokodile und Schildkröten. Er liegt an der R101 bei Halfway House und ist täglich von 9–16h geöffnet.
- **Heia Safari Ranch**, P.O.Box 1387, Honeydew 2040, Muldersdrift Rd., Tel.: 659-0605, Fax: 659-0709, website: www.heia-safari.co.za, E-Mail: heia@netactive.co.za
- **Balloon Safaris**: Im Heißluftballon können Sie über die Magaliesberge nordwestlich von Johannesburg schweben. Man holt Sie im Hotel ab (5.15–6.15h). Nach der Landung wird ein Sektfrühstück serviert. Gegen 12.30h sind Sie zurück im Hotel.

Buchung: Bill Harrop's Original Balloon Safaris, Tel.: 705-3201, website: www.balloon.co.za, P.O.Box 67, Randburg 2125
- **Sterfontein Caves**, Info-Tel. 956 63 42, Führungen Mo–So 9–16h.
- **Zoological Garden**, Jan Smuts Ave, Parktown, Öffnungszeiten: tägl.: 8.30–17.30h, website: www.johannesburgzoo.co.za. Auskunft: Tel. 646-2000.
- **The Wilds**, Houghton Drive, Houghton, Öffnungszeiten: täglich: 10–17h, website: www.jobot.co.za
- **Kwa Zulu Muti Shop**, 14A Diagonal Str., Newtown, Tel.: 838-7352. Öffnungszeiten: Mo–Sa: 7–18h
- **Botanischer Garten**, Thomas Bowler Street, Stadtteil Emmarentia, Tel.: 782-0517, Westufer des Emmarentia-Staudamms
- **Crocodile River Arts and Crafts Ramble**, Hartebeesport Dam, über D. F. Malan Drive. Ca. 45 km von der City. Tel.: 957-2580.
- **Johannesburger Börse**, Diagonal Street, Newtown, Tel.: 377-2200, Mo–Fr von 11–14.30h finden hier Führungen statt.
- *Soweto-Besichtigungen*

Authentische Touren nach Soweto führt Jimmy's Face to Face Tours durch: 130 Main Street, Budget House, 2nd Floor, Johannesburg, Tel.: 331-6109. Jimmy, ein Schwarzer aus Soweto, führt die besten Touren in sein eigenes Wohngebiet. „See the good, the bad, the ugly" lautet seine Devise. Diese Tour ist ein Muss für jeden, der sein Südafrika-Bild abrunden möchte.
- *Hartbeespoort Cableway*

Diese Seilbahn ist 1.200 m lang und führt auf die Höhe der Magaliesberge. Von oben genießt man einen exzellenten Überblick auf die Gebirgskette. Die Seilbahn fährt täglich von 8–16h (außer Freitagnachmittags). Tel.: 012-2531706

6. Regionale Reisetipps von A–Z: Johannesburg

- **Windybrow Theatre**, 161 Nugget Str./Ecke Petersen Str., Doornfontein, Tel.: 720-7094, www.joburg.org.za

- **Museen** in Johannesburg, website: www.museums.org.za

Name	Adresse	Besichtigungsobjekt	Öffnungszeiten
Bensuan Museum of Photography Tel.: 642-8727	Parktown, Empire u. Hillside Roads	Objekte zur Entwicklung der Fotografie in Südafrika: alte Kameras, Sammlung historischer Fotos	Mo–Sa 9–13h 14–17h So 14–17.30h feiertags: 14–17.30h
Africana Museum Tel.: 836-3787	Market Square	Exponate zur Geschichte der Europäer in Südafrika, afrikanische Musikinstrumente	Mo–Sa 9–17.30h So 14–17.30h
Geologisches Museum Tel.: 836-3787	Market Square	Kollektion von Goldproben, geologische Exponate	Mo–Sa 9–17.30h So 14–17.30h
Railway Museum Tel.: 773-9114	De Villiers Street Station Concourse	Exponate zur Entwicklung des Eisenbahnverkehrs seit 1860 in Südafrika	Mo–Fr 9–16h
Johannesburg Art Gallery and Sculpture Garden Tel.: 725-3130	Joubert Park, Klein Street	Ausstellung von Werken englischer, holländischer, französischer und südafrikanischer Maler (u. a. Monet, Pissarro, van Gogh, Degas, Renoir)	Di–So: 10–15h
Roodepoort Museum	Roodepoort im Civic Centre, Theatre Street	Exponate zur lokalen Geschichte (Goldentdeckung) bis in die 30er Jahre	Montag geschlossen
Adler Museum of Medicine Tel.: 725-1704	Im Institute for Medical Research Ecke der Korte/ Hospital Street, Hillbrow	Ausstellung über die Medizin in Südafrika der letzten 100 Jahre/ Nachbau einer Apotheke/ Zahnarztpraxis	Montag–Freitag 9–16h

Kamieskroon (Northern Cape Province) (S. 570)

Information
Kamieskroon & Sandveld Tourism Forum, Tel.: 027-672-1710

Unterkunft
Kamieskroon Hotel $, P.O.Box 19, Kamieskroon 8241, Tel.: 027-672-1614, Fax: 027-672-1675, E-Mail: kamieshotel@kingsley.co.za. Mit Campingplatz. Familiäres Hotel der Fotografin Colla Swart.

Kapstadt (Western Cape Province) (S. 575)
Vorwahl: 021

Wichtige Telefonnummern
- Ambulanz: 10177
- Feuerwehr: 10111 und 535-1100
- Christiaan-Barnard-Krankenhaus: 480-6111, Travel Clinics: 423-1401
- Polizei: 10111
- Touristenpolizei und Fundbüro: 418-2853
- 24-Std.-Apotheke: 461-8040
- Wettervorhersage: 082-162
- Zeitansage: 1026
- Telefonauskunft: 1023 (national), 0903 (international)
- Flughafenauskunft (Ankunft/Abflug): 934-0407/8/9
- Öffentliche Verkehrsmittel: 426-4260
- Taxi (Stadt): 434-4444
- Bergrettungswacht (mountain rescue) 948-9900
- gestohlene Kreditkarten 0800-110132

Informationen
Cape Town Tourism, Ecke Castle/Burg Street, in der Innenstadt, Kapstadt 8001, Tel.: 426 4260, Fax: 426 4266, E-Mail: info@cape-town.org, website: www.cape-town.org. Dieses ist mit Sicherheit eines der am besten organisierten Touristenbüros, die es überhaupt gibt. Es besteht aus mehreren Räumen, und man kann hier nicht nur Informationen einholen, sondern auch alle möglichen Touren buchen, Geld tauschen, Unterkünfte aller Preisklassen buchen, sich über verschiedenste Souvenirshops erkundigen, Kaffee trinken etc. Eigentlich ist es *die* Adresse überhaupt, um einen Besuch zu beginnen. Lassen Sie sich unbedingt die Broschüren über Unterkünfte und Restaurants, den Touristenführer (gibt's in Kurzform auch in Deutsch) und den Veranstaltungskalender „What's on" geben. Damit sind Sie bestens präpariert und können sich in Ruhe Ihre Wunschliste zusammenstellen. Öffnungszeiten: Im Sommer von Montag bis Freitag von 8–19h, Samstag von 8.30–14h, Sonntag von 9–13h. Im Winter von Montag bis Freitag 8–17h, Samstag 8.30–13h, Sonntag 9–13h. Ein zweites Informationszentrum befindet sich im neuen Clock Tower Precinct an der V&A Waterfront, South Arm Road, 8001 Kapstadt, Tel.: 405 4500. Hier ist auch das Informationszentrum des Western Capes zuhause. Täglich geöffnet von 9–21h.

Fluggesellschaften (Auswahl)

- **Air Namibia**, Cape Town International Airport, Tel.: 936-2760.
- **British Airways**, Southern Life Center, 2 St. George Str., Tel.: 086001-1747.
- **Lufthansa**, Picbel Parcade, Strand St., Tel.: 425-1490.
- **KLM**, Reservations Tel.: 670-2500.
- **SAA**, Cape Town International Airport, Tel.: 936-1111.

Flugverbindungen

SAA bedient die Strecke Kapstadt - Johannesburg mehrmals täglich, während der Stoßzeiten sogar im Stundentakt. Durban, Buffalo City und Nelson-Mandela-Metropole werden auch täglich angeflogen. Täglich bietet SAA Flüge nach Windhoek (Eros City-Airport) an, sonst Air Namibia.

Überregionale Busverbindungen

Der zentrale Busbahnhof für Überlandbusse befindet sich am Bahnhof. Hier haben auch Greyhound und Translux/Transstate ihre Büros. Beachten Sie bitte, dass diese Angaben sich schnell ändern können, besonders da der enge Markt manche Firmen von manchen Strecken verdrängt. Daher rate ich Ihnen, sich rechtzeitig nach dem aktuellen Stand der Dinge zu erkundigen.

- **Greyhound-Citiliner** – tägliche Verbindungen nach Johannesburg/Tshwane (ehem. Pretoria), Kimberley, Nelson-Mandela-Metropole (ehem. Port Elizabeth), Durban. Reservierungen: Tel.: 418-4310
- **Translux/Transcity/Transstate** – tägliche Verbindungen nach Nelson-Mandela-Metropole u. Johannesburg, Buffalo City, Kimberley, Reservierung: Tel.: 449-3333
- **Intercape Mainliner:**
- nach Johannesburg/Tshwane
- nach Windhoek (Namibia)

Reservierungen: Tel.: 386-4400

Reservierungen können auch bei jeder Computicketstelle angenommen werden, z.B.: im Golden Acre Shopping Center, Adderley Street, Level 3 oder in der V&A Waterfront. Zentrale Rufnummer von Computicket 918-8910 oder website: www.computicket.co.za.

Innerstädtischer Busverkehr

Der Hauptbusbahnhof befindet sich gleich hinter dem Golden Acre Center, Ecke Castle/Plein Street. Hier fahren die Stadtbusse ab, bezahlt wird beim Fahrer. Viele Strecken, besonders in Richtung Sea Point, werden von privaten Kleinbussen bedient. Diese halten auf Zuwinken und haben ein kleines Schild in der Windschutzscheibe, das die Richtung angibt. **Airportbus**: Airport Shuttle Service Bus, Tel.: 794-2772; Intercape Shuttle (alle 30 Min. zum Tourist Rendezvous Centre oder jedem Hotel der Cape Peninsula).

Eisenbahnverbindungen

Es gibt täglich Zugverbindungen nach Johannesburg. Der „Trans Karoo" nach Johannesburg/Tshwane (ehem. Pretoria) fährt morgens ab und kann auch Fahrzeuge mitnehmen. Der „Trans Oranje" fährt Montagabend über Bloemfontein nach Durban. Weiterhin gibt es noch langsamere Züge entlang der Garden Route nach Nelson-Mandela-Metropole (ehem. Port Elizabeth), doch fahren diese Züge nur im Sommer und nicht jeden Tag. Die Fahrt nach Windhoek erweist sich als sehr umständlich: Man muss erst bis De Aar fahren und dort dann umsteigen.

Zuginformationen: Tel.: 405-3871 und 405-3581. Buchungen des **„Blue Train":** Tel.: 405-2672.
In die entfernteren Vororte, z.B. die an der Küste des Indischen Ozeans, fahren Sie am besten mit einem Vorortzug. Tickets gibt's direkt in der Haupthalle des Bahnhofs, und die Züge fahren normalerweise im Stundentakt.

Taxis
Mit den Taxis hat es in den letzten Jahren laut Aussage vieler Touristen so einige Probleme mit überhöhten Preisen gegeben. Daher bemüht sich die Stadt besonders darum, dieses Übel aus der Welt zu schaffen. Ein Fahrgast hat das Recht, wenn er glaubt, dass der Preis nicht stimmt, sich alle Angaben über Fahrer und gefahrene Strecke geben zu lassen, um sich gegebenenfalls hinterher beschweren zu können. Wer ein Taxi besteigt, sollte allemal darauf achten, dass der Taxameter richtig eingestellt ist. Taxis stehen an verschiedensten Punkten in der Stadt, u.a.
- hinter der Hauptpost in der Plein Street
- in der Adderley Str., gegenüber von Cape Town Tourism
- an der V&A Waterfront.

Ein verlässliches Taxiunternehmen, laut Cape Town Tourism, soll **„Marine Taxis"** sein. Tel.: 434-0434. Weiter: **Unicab** Tel.: 448-120, **Sea Point Taxis** Tel.: 434-4444.

Mietwagen
Es gibt neben den gängigen großen Organisationen auch unzählige kleinere Mietwagenunternehmen in Kapstadt, bei denen Sie alles mieten können, vom Luxusfahrzeug bis hin zu 15 Jahre alten VW-Käfern.
Avis, Budget, Europcar und Hertz haben auch Fahrzeuge am Flughafen.
Hier eine Auswahl:
- **Avis**, 84 Strand Str., Tel.: 424-1177, Flughafen Tel.: 934-0330.
- **Budget**, 120 Strand Str., Tel.: 418-5232; Flughafen, Tel.: 934-0216
- **Hertz**, 40 Loop Str., Tel.: 400-9630; am Flughafen, Tel.: 934-3913

Rundfahrten/Touren/Besichtigungen
Es gibt unzählige Tourangebote in Kapstadt, und sie alle aufzuführen, ginge zu weit. Das Beste ist, sich bei Cape Town Tourism persönlich zu informieren, und die buchen dann eine Tour für Sie nach Ihren Wünschen. Hier nur eine kleine Auswahl:
- **Adventure Village**, 229 Long Street, 8018 Cape Town, Tel.: 424-1580, Fax: 424-1590, website: www.adventure-village.co.za. Hier kann man ausgefallene Trips und Aktivitäten buchen wie z.B. Tauchen, Fallschirmspringen, Reiten, Kanu u.a.
- **Waterfront Adventures**, V&A Waterfront Quay 5, Tel.: 418-5806. Touren im und um das Hafengebiet, Boottrips bei Sonnenuntergang und exklusive Hafentrips mit Abendessen.
- **Robben Island Ferry Services**, V&A Waterfront, Clock Tower Precinct, Nelson Mandela Gateway, Tel.: 419-1300, Fax: 419-1057, website: www.robben-island.org.za. Geführte Touren nach Robben Island, ca. 3,5 Stunden, mehrmals täglich (wetterbedingt).
- **Malay Quarter Touren**, Community Walk Tours, Tel.: 422-1554 oder Shereen Habib (Tana Baru Tours), Tel.: 424-0719.·
- **Hylton Ross**, The Promenade, Victoria Rd., Camps Bay 8001, Tel.: 438-1500. Stadtrundfahrten und Fahrten in die Umgebung mit deutscher Begleitung.
- **Court Helicopters**, Victoria&Alfred Waterfront Base, Tel.: 425-2966/7. Rundflüge aller Art mit einem Hubschrauber. Nicht ganz billig, aber ein lohnendes Erlebnis.

- **Cape Aero Club**, Cape Town International Airport, Tel.: 934-0234. Rundflüge mit kleinen Hochdeckern, erheblich billiger als die Hubschrauber.
- **Sivuyele Tourism Center**, Tel.: 637-8449. Touren in die Townships, u.a. auch Shebeen Tours (Afrik. Kneipen).
- **The Cape Town Explorer**, Tel.: 426-4260 oder 405-4500. Offizielle Stadtrundfahrten in offenem London Bus. Die Busfahrt dauert etwa 2 Stunden und hält an der V&A Waterfront, in der Innenstadt, in Camps Bay und an der Promenade in Sea Point. Alternativ gibt es den Baz Bus Tel.: 439 2323. Einfach ein- und aussteigen wo man will und die City mit viel Spaß entdecken.
- **The Africa Travel Centre**, 74 New Church Street beim Backpack Hostel, Tel.: 423-5555, Fax: 423-0065. Hier kann man von Touren bis zum Mietwagen alles z.T. preiswert buchen. Die Angebote variieren stark in Zeit und Umfang, und am besten ist es, man erkundigt sich persönlich bei Cape Town Tourism. Man kann Cape Town Tourism bereits von Europa aus anschreiben, erhält dann Infos und wird bei Zusage eingebucht.

Banken/Geldtauschen

Banken gibt es sicherlich genügend in Kapstadt, besonders im Umkreis von Adderley Street und St. George Mall. Wer nach den üblichen Schalterstunden tauschen möchte, hat hierzu Gelegenheit bei:
- **Rennies Foreign Exchange**, Normale Schalterstunden: Mo–Fr: 8.30–17h, Sa: 8.30–12h
- **Rennies an der Waterfront**, täglich von 9–21h

Normale Schalterstunden: Mo–Sa: 9–19h, So: 10–19h
Kreditkarten akzeptiert jede Bank, wobei die **First National Bank** damit am reibungslosesten umgeht.

Konsulate

- **Generalkonsulat der Bundesrepublik Deutschland**, 825 Queen Victoria Street, Kapstadt 8000, P.O.Box 4273, Tel.: 424-2410, Fax: 424-9403
- **Schweizerisches Konsulat**, 1 Tibault Square, St. Georges St., Kapstadt 8000, Tel.: 426-1040, Fax: 424-9344
- **Österreichisches Konsulat**, Standard Bank Center, 662 Main Towers, Hertzog Boulevard, Kapstadt 8000, Tel.: 421-1440/1, Fax: 425-3489

Internetzugang

Es gibt inzwischen unzählige Internet-Cafés in Kapstadt, doch auch hier ist deren Existenz oft nur von kurzer Dauer. Man findet sie jedoch entlang der Long Street (Innenstadt), nahe den Backpacker-Lodges, auf der Main Road in Sea Point und im Studentenviertel in Observatory auf der Main Road. Auch die beiden großen Büros von **Cape Town Tourism** in der Innenstadt (Burg St., Ecke Castle St.) und an der Waterfront (Clock Tower) verfügen über ein Internet-Café.

Unterkunft

Kapstadt ist gleichermaßen Ziel von Touristen und Geschäftsleuten, ausgestattet mit den unterschiedlichsten Geldbörsen. Entsprechend vielseitig ist das Angebot an Unterkünften. Es gibt sicherlich für jeden etwas, und ein komplettes Angebot vorzulegen, ist einfach unmöglich. Sicherlich finden Sie auch die eine oder andere Unterkunft, die Ihnen besonders gefällt, die in diesem Buch nicht erscheint. Aber alle hier aufgelisteten Unterkünfte haben wir uns persönlich für Sie angesehen, sie entsprechen daher den Angaben und sind

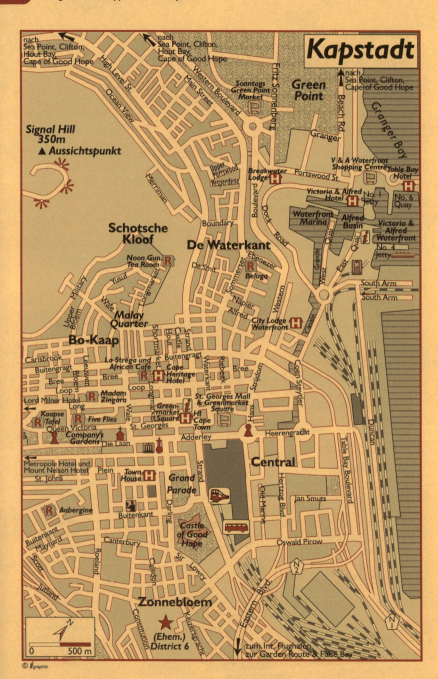

in ihrer Kategorie empfehlenswert. Wer nicht unbedingt den Allround-Service eines Hotels genießen möchte, ist auch in Kapstadt am besten bedient mit Gästehäusern und vor allem mit Holiday Apartments. Letztere bieten größere Zimmer und sind um ein Drittel billiger. Und da Sie in Kapstadt sowieso die Gelegenheit nutzen sollten, außerhalb essen zu gehen, werden Sie hier auch das Hotel-Restaurant nicht vermissen.

Hotels
IM BEREICH CITY/GARDENS:
- **Mount Nelson Hotel $$$$$**, 76 Orange Street, Gardens, P.O.Box 2608, Cape Town 8000, Tel.: 423-1000, Fax: 424-7472, website: www.orient-expresshotels.com. Viktorianischer Stil, angenehme Plüschromantik und am Fuße des Tafelberges gelegen. Ein Klassiker unter den Luxushotels Afrikas.
- **Table Bay Hotel $$$$$**, Victoria & Alfred Waterfront, Tel.: 406-5000, Fax 406-5686, website: www.tablebayhotel.co.za. Neuestes Luxushotel im sog. „neoviktorianischen" Stil. Einfach perfekt!
- **Holiday Inn Cape Town $$$$**, Strand Street, City, P.O.Box 4532, Cape Town 8000, Tel.: 488-5100, Fax: 423-8875. Modernes Innenstadthotel mit allem Luxus. Versuchen Sie hier, in den oberen Stockwerken unterzukommen, des Ausblicks wegen.
- **Victoria & Alfred Hotel $$$$**, Waterfront, Pier Head, P.O.Box 50050, Cape Town 8002, Tel.: 419-6677, Fax: 419-9633., website: www.vahotel.co.za. Direkt inmitten der Waterfront gelegen mit Blick auf Hafen und Innenstadt.
- **Townhouse Hotel $$$$**, 60 Corporation Street, Cape Town 8000, Tel.: 465-7050, Fax: 465-3891, website: www.townhouse.co.za. Privates Stadthotel mit altem Mobiliar, gemütlich.
- **Breakwater Lodge $$$**, Portswood Rd., V&A Waterfront, Cape Town 8002, Tel.: 406-1911, Fax: 406-1070., website: www.breakwaterlodge.co.za. Kleine, aber moderne Zimmer, ausgezeichnetes Preis-Leistungs-Verhältnis.
- **Lord Milner Hotel $$$**, 5 Military Rd., Tamboerskloof, Cape Town 8001, Tel.: 426-1101, Fax: 426-1109., website: www.capemilner.co.za. Kleines Privathotel in schönem Haus. Sehr nahe der City.
- **City Lodge $$$**, V&A Waterfront, Cape Town 8012, Tel.: 419-9450, website: www.citylodge.co.za. Modernes Hotel, wie überall preisbrechend, wenn auch kleine Zimmer und reduzierter Service.
- **Cape Heritage Hotel $$$**, 90 Bree St./Heritage Square, Innenstadt, Cape Town 8001, Tel.: 424-4646, Fax: 424-4949. Kleines Hotel mit viel Ambiente und liebevoll eingerichteten Zimmern im Herzen der Stadt.
- **Metropole Hotel $$**, 38 Long Street, P.O.Box 3086, Cape Town 8001, Tel.: 423-6363, Fax: 426-5312, E-Mail: hotelonlong@mweb.co.za. Sehr zentral gelegenes „Old World" Hotel mit freundlichem Service.

AM ATLANTISCHEN OZEAN:
- in Sea Point:
- **Ritz Hotel $$$**, (PRO) Camberwell Rd./Main Rd., Sea Point, Cape Town 8001, Tel.: 439-6010, Fax: 434-0809. Großes Hotel im Zentrum von Sea Point. Buchen Sie ein Zimmer in den höheren Stockwerken. Das Restaurant im 21. Stockwerk ist ausgezeichnet.
- **St.John's Waterfront Lodge $**, 4-6 Braemar Road, Greenpoint, Cape Town 8001, Tel.: 439-1424. Preiswert und sauberes Gästehaus nah der Waterfront.

- *in Camps Bay:*
- **The Bay Hotel** $$$$$, Victoria Road, P.O.B. 32021, Camps Bay 8005, Tel.: 438-4444, 438-4455. Ein kühl-elegantes Designer-Hotel mit einer „distanzierten" Atmosphäre. Durch eine Hauptstraße vom Strand getrennt, nicht sehr persönlich.
- **The 12 Apostels Hotel** $$$$$, Victoria Road, Camps Bay 8005, Tel.: 437-9000, Fax: 437-9011. Dieses Hotel liegt etwas außerhalb von Camps Bay Richtung Hout Bay. Die Aussicht ist atemberaubend.

- *Constantia:*
- **Alphen Hotel** $$$$, Alphen Drive, P.O.Box 35, Constantia, Cape Town 7848, Tel.: 794-5011, Fax: 794-5710. Hotel in altem kapholländischen Haus (Nationalmonument) mit altem Mobiliar und „Atmosphäre". Leider: Der Neubau passt so gar nicht in die Anlage.
- **The Cellars Country House** $$$$, Hohenort Ave., P.O.B. 270, Constantia 7848, Tel.: 794-2137, Fax: 794-2149. Hervorragendes, gepflegtes Haus in ruhiger Lage, mit Schwimmbad und ausgezeichneter Küche. Kinder unter 14 Jahren nicht zugelassen.
- **Constantia Uitsig Farm Cottages** $$$, P.O.B. 32, Constantia 7848, Tel.: 794-6500, Fax: 794-7605. In einer ruhigen Umgebung an den Hängen des Constantiabergs stehen 8 Country Cottages, umgeben von Weinbergen. Schwimmbad vorhanden.

- *Claremont:*
- **Greenways** $$$, Torquay Avenue, Upper Claremont 7700, Tel.: 761-1792. Der 1920 erbaute Herrensitz ist von einem großen Park umgeben und bietet eine private Atmosphäre. Schwimmbad vorhanden. Kinder unter 10 Jahren nicht zugelassen.

AM INDISCHEN OZEAN:
- **Sonstraal** $$$, 6 Axminster Rd., Muizenberg 7945, Tel./Fax: 788-1611, E-Mail: turner2000@worldonline.co.za. Persönlicher Service, geschmackvoll eingerichtete Zimmer und nur 1 Minute vom Strand entfernt.
- **A Whale Of A Time Guesthouse** $$$, 11 Echo Road, Fish Hoek 7975, Tel./Fax: 782-5040, E-Mail: aoosthuizen@worldonline.co.za, website: www.awhaleofatime.co.za. Unglaublich schön gelegenes Guesthouse mit 3 Apartments und einem Cottage, alle mit atemberaubendem Blick aufs Meer. Von hier kann man Fish Hoek bequem zu Fuß erkunden.

Gästehäuser/private B & B-Häuser
- **Andros Guesthouse** $$$, 6 Paradise View Road, Claremont, 7000; Tel.: 797 9777, Fax: 797-0300, E-Mail: andros@kingsley.co.za. Die schöne Villa ist im kapholländischen Stil errichtet und bietet gediegen eingerichtete Zimmer. Die Außenanlagen sind herrlich (Swimmingpool, viel „Blühendes"), die Lage ruhig und sicher. Die Besitzer sind Schweizer.
- **Ambiente** $$$, 58 Hely Hutchinson Ave., 8001 Camps Bay, Tel./Fax 438-4060. Ambiente – der Name sagt´s. Dieses Haus ist absolut extravagant – und dabei schön (!) eingerichtet. Große Zimmer, Super-Badezimmer und ein tolles Frühstück machen dieses Haus zum „Führer" in seiner Klasse!
- **Sonnekus Guest House** $$$, 88 Main Rd., St James 7946, Tel.: 788-4789, Fax: 788-2992, E-Mail: sonnekus@netactive.co.za, website: www.sonnekus.co.za. Ruhiges und gemütliches Gästehaus. Fünf große, schön dekorierte Zimmer, drei mit eigenem Kamin.
- **Diamond Guest House** $$$, 61 Hely Hutchinson Ave., Camps Bay, Cape Town 8001, Tel. 438-1344, Fax: 438-1557. Ruhig gelegene, moderne Villa mit schönem Blick auf das Meer. Alles ist sehr liebevoll eingerichtet, die Besitzer kümmern sich sehr um ihre Gäste

- **Bluegum Hill Guest House $$$**, 13 Merriman Road, Upper Green Point 8005, Tel.: 439-8764, Fax: 434-6302, E-Mail: bghguest@global.co.za, website: www.bluegumhill.co.za. Freundliche, entspannte Atmosphäre. Meerwasserpool. Direkt am Signal Hill Nature Reserve gelegen, hat man hier einen fantastischen Blick über die ganze Bucht, Robben Island und den Hafen.
- **La Splendida $$**, 121 Beach Road Mouille Point, Cape Town 8001, Tel.: 439-5119, Fax: 439-5112. Sauberes Haus direkt an der Meerespromenade gelegen (dazwischen Straße), saubere Zimmer, nette Atmosphäre (architektonisch allerdings hoch geratener 3 stockiger Zweckbau).
- **Olaf´s Guest House $$**, 24 Wisbeach Road, Sea Point, Cape Town 8001, Tel. 439-8943, Fax: 439-5057. Mehrfach prämiertes, sehr gemütliches Gästehaus unweit der City, sehr persönlich und liebevoll ausgestattet, tolles Frühstück.
- **Inn with a View $$**, 127A Kloofnek Road, Gardens 8001, Tel.: 424-5220, Fax: 424-5293, E-Mail: inwaview@iafrica.com, website: www.inwithaview.co.za. Wie der Name schon sagt: Der Blick auf den Tafelberg und die City ist unschlagbar. Auch der liebevolle Service lässt nichts zu wünschen übrig.
- **Haus Tucker $$**, 12 Rosmead Avenue, Oranjezicht 8001, Tel./Fax: 424-4521, E-Mail: luciatucker@intekom.co.za. Sehr gepflegt in herrlicher Lage mit Blick auf den Tafelberg. Hier spricht man deutsch.

Cape Town – die Mutterstadt Südafrikas

JH Jugendherbergen

Kapstadt ist ein beliebtes Ziel für Rucksackreisende und entsprechend viele und gute Backpackers haben sich hier etabliert. Hier nur eine kleine Auswahl:
- **Cat and Moose Backpackers**, 305 Long Street, Cape Town 8001, Tel./Fax: 423-7638, E-Mail: catandmoose@hotmail.com. Am oberen Ende der Long Street gelegen. Von hier aus kann man sich direkt in den Trubel der Stadt stürzen.
- **Ashanti Lodge**, 11 Hof Street, Gardens, Tel.: 423-8721, Fax: 423-8790, E-Mail: ashanti@iafrica.com. Dies ist ein ehemaliges Gästehaus mit guter Ausstattung (Pool, große Bar), die Räume sind relativ groß. Eines der besten Backpacker in Kapstadt.
- **The Back Pack**, 74 New Church Street, Tamboerskloof 8001, Tel.: 423-4530, Fax: 423-0065. Sicherlich der beste und zentralste Platz in der Stadt – Tipp Nr. 1!
- **Oak Lodge**, 21 Breda Street, Cape Town 8001, Tel.: 465-6182, Fax: 465-6308, E-Mail: oaklodge@intekom.co.za, website: www.lantic.co.za/oaklodge/. Noch ein Favorit. Wunderschönes altes Haus, jede Menge Flair und ein ausgezeichnetes Informationsbüro.

Holiday Apartments

Diese Apartments sind in der Regel sehr gut ausgestattet und haben meistens TV und Telefon. Die Küchen sind voll ausgestattet, und die Zimmer werden einmal am Tag gereinigt (inkl. Geschirr). Die Preise sind sehr unterschiedlich. Cape Town Tourism hilft Ihnen gerne bei der Buchung.
- **Tudor House Luxury Holiday Apartments $$$$**, 43 Simonstown Rd., Fish Hoek, Tel.: 782-6238, Fax: 782-5027. Zimmer mit Blick direkt auf die Walroute.

- **De Waterkant Lodge & Cottages $$$–$$$$**, 20 Loader Str., De Waterkant 8001, Tel.: 419-1077, Fax: 419-1097, E-Mail: waterknt@iafrica.com, website: www.dewaterkant.co.za. Sehr angenehmes Ambiente, nahe der Stadt und Waterfront. Schöner Ausblick auf Stadt, Hafen und Tafelberg.
- **Hidding Village Studios $$$**, direkt am Garden Centre gelegen, Tel.: 422-4254, Fax: 422-4248, E-Mail: karina@6.co.za. Vollausgestattete, sonnige Apartments, sehr zentral gelegen.
- **Garden Center Holiday Flats $$$**, Mill Street, Gardens, Cape Town 8001, Tel.: 461-5827, Fax: 45-1710. Über der City gelegen; versuchen Sie, in den oberen Geschossen unterzukommen.
- **Cascades Holiday Apartments $$**, 8 Vesperende Rd., Green Point 8001, P.O.Box 92, Sea Point 8060, Tel.: 434-3385, Fax: 434-0462. Sehr stadtnah, komfortabel eingerichtet und sauber.
- **Portofino Holiday Apartments**, 249 Beach Rd., Sea Point 8060, Tel.: 434-9321, Fax: 439-9437. Kleines, aber sehr persönliches Haus mit Blick aufs Meer.
- **Amalfi Holiday Flats**, 125 Beach Rd, Three Anchor Bay 8001, Tel.: 439-4920, Fax: 439-9346. Großes Haus, modern. Nicht alle Zimmer liegen zum Meer!
- **Cape Lofts**, 29 Montrose Avenue, Oranjezicht, Cape Town 8001, Tel.: 465-0884, Fax: 465 0884, website: www.cape-lofts.com, E-Mail: joerg@cape-lofts.com. Sehr moderne und komfortabel eingerichtete Apartments und zentraler Lage, ideal für Paare.
- *Eine besonders schöne Ferienwohnung bietet Frau Annegret Gartz an (59 Upper Tree Road, Camps Bay, Tel.: 438-9652). Zur Verfügung stehen ein Schlaf- und Wohnzimmer, eine Küche sowie Swimmingpool. Geschirr, Bettwäsche und Handtücher werden gestellt. Sehr ruhige Lage – in ca. 15 Minuten ist man in der Innenstadt – nur ca. 10 Gehminuten zum Strand – Leser berichten begeistert von diesem Kleinod (ca. 40–60 €/Tag, je nach Saison).*

Campingplätze

Es gibt zwar viele Campingplätze rund um Kapstadt, aber nur wenige, die ich hier in Bezug auf Ausstattung und Sauberkeit bedenkenlos empfehlen kann. Wer nun lieber außerhalb der Stadt verweilen möchte, sollte sich in Stellenbosch oder Paarl einquartieren (siehe dort). Über die N1 ist man in einer Stunde im Zentrum von Kapstadt.

- **Parow Caravan Park**, Hendrik Verwoerd Drive, Parow, Tel.: 921-913. Etwa 20 km von der Innenstadt gelegener Platz mit guter Autobahnanbindung. Jeder Stellplatz verfügt über ein eigenes Bad und eine Kochstelle. Zelte und Caravans.
- **Imhoff Park – Kommetjie**, Wireless Road, Kommetjie, Tel.: 783-1634. Sehr zu empfehlen, da sehr ruhig und gepflegt. Der nahe gelegene Strand lädt zu Spaziergängen ein. Chalets, Zelte und Caravans. Keine Motorräder erlaubt.
- **Oatlands Holiday Village**, Froggy Pond, ca. 2 km außerhalb von Simon's Town, Tel.: 786-1410. Einer der schönsten Plätze; mit Blick auf die False Bay. Chalets, Zelte und Caravans.

Restaurants

Kapstadt ist ein Schmelztiegel der Nationen, und das hat auch seine Spuren in der Gastronomie hinterlassen. Es gibt eigentlich keine Nation, deren Speisekarte hier nicht vertreten ist. Besonders viele Küchenchefs aus den Mittelmeerländern haben sich hier niedergelassen, und neben den üblichen Pizza- und Pastaläden (die eine gute Qualität anbieten) trifft man auch auf eine Reihe von Griechen, Spaniern und sogar Serben und Libanesen. Aber eigentlich sollte man sich in Kapstadt eher den Genüssen der Cape-Dutch-Küche oder der kapmalaiischen Currygerichte hingeben. Und wer dann noch Ambitionen hat, sollte auch noch Seafood oder einen „Exoten" ausprobieren. Nirgends habe ich so gut (und billig) japanisch gegessen, wie hier. Eine Gelegenheit, die man sich vielleicht nicht entgehen lassen sollte.

Mittags hat man häufig gar nicht so großen Hunger. Daher bieten sich hier sicherlich am ehesten kleine Leckereien in den unzähligen Coffee Houses an, die nicht nur Kuchen, sondern vor allem auch Kleinigkeiten wie selbstgebackene Quiche Lorraine oder Salate haben. Kommen Sie hier rechtzeitig, da zur Mittagspause in den Büros (13–14h) der Andrang groß ist. Eine empfehlenswerte Alternative für den Mittagsschmaus, aber auch nicht jedermanns Sache, ist der Publunch. Um die Stammkunden zu halten, bemüht sich jeder Kneipenwirt um erstklassige kleine Gerichte, die preislich um 20 Rand liegen. Nicht, dass die Pubs dann mit bierfreudigen Rabauken gefüllt sind. Weit gefehlt: Besonders bei wohlsituierten Bankern steht gerade der Publunch hoch im Kurs.

Wir haben uns nun bemüht, für Sie eine breite Palette von Restaurants ausfindig zu machen, die eigentlich Ihrem Gaumen nur Freude bereiten sollten. Doch wie schon erwähnt, hängen Qualität und Menge des Essens häufig von dem Wohlbefinden des Koches ab, und das kann einmal auch nicht so dolle sein. Kapstädter meiden es daher häufig, Restauranttipps auszusprechen. Ich glaube aber, mit dieser Auswahl speisen Sie sicherlich nicht schlecht.

Achtung: Seit dem 1.7.2001 ist in Südafrika ein neues Rauchergesetz in Kraft. Wie auch in Amerika und Australien, ist das Rauchen in öffentlichen Gebäuden untersagt. Die Restaurants mussten den größeren Teil ihrer Fläche in Nichtraucherzonen umwandeln und die Raucherzonen müssen durch Wände bzw. Glastüren räumlich abgeteilt sein. Bitte beachten Sie dies bei Ihrer Reservierung, da nicht mehr alle Restaurants über Raucherplätze verfügen. Auf die Einhaltung dieses neuen Gesetzes wird streng geachtet.

RESTAURANTEMPFEHLUNGEN FÜR DIE WATERFRONT, DAS RESTAURIERTE HAFENGEBIET

- **Morton's on the Wharf** (Shop 221, oberstes Stockwerk, Victoria Wharf, Tel.: 418-3633), geöffnet täglich 12–15h und 18.30–23h. Ein Bistro im New-Orleans-Stil mit hervorragender Küche (Bar mit der Möglichkeit, kleine Imbisse zu bestellen).
- **Café Balducci** (Shop 6162, unteres Stockwerk) V&A Waterfront, Tel.: 421-6002/3, geöffnet täglich ab 9h. Elegantes Restaurant/Cafe. Hervorragendes Frühstück. Die Gerichte sind phantasievoll mit italienisch/kalifornischem Flair.
- **Quay 4** (Waterfront, Pierhead, Tel.: 419-2008, täglich zum Lunch und Dinner geöffnet). Inzwischen ein Klassiker. Restaurant mit Hafenblick. Freundliche Bedienung, Auswahl an zahlreichen Fischgerichten und Pub-Style Gerichten. Nette Atmosphäre.

RESTAURANTS AUF DEM WEGE ZUM KAP

- **Black Marlin** (Main Road, Millers Point, False Bay; Tel.: 786-1621, täglich zum Lunch geöffnet, Dinner Mo–Sa). Sehr gute Fischgerichte – herrliche Lobstergerichte – und das alles mit einer zauberhaften Aussicht über die False Bay.
- **Wharfside Grill** (The Harbour, Hout Bay; Tel.: 790-1100, täglich zum Lunch und Dinner geöffnet). „Nur" Fischgerichte – und eine schöne Aussicht über den Hout Bay Hafen.
- **Dunes Restaurant & Bar** (Beach Road, Hout Bay, Tel.: 790-1876, täglich geöffnet zum Lunch und Dinner) Ein Geheimtipp. Tolle Fischgerichte. Traumhafte Aussicht vom oberen Deck.

RESTAURANTEMPFEHLUNGEN FÜR DIE WEINGEGEND UM KAPSTADT

- **Boschendal Restaurant** (Boschendal Estate, Pniel Road, Groot Drakenstein, Cape – auf dem Helshoogte Pass zwischen Stellenbosch und Franschhoek, Tel.: 021-870-4000, täglich zum Mittagessen geöffnet). Boschendal ist eines der schönsten Weingüter Südafrikas – Vorausbuchung unbedingt erforderlich. Hervorragendes Mittagsbuffet. Im Sommer werden Picknicks unter den Bäumen angeboten.
- **De Volkskombuis** (Aan-de-Wagen Road, Stellenbosch, Tel.: 021-887-2121, geöffnet zum Luch und Dinner Mo–So). Typische Cape-Küche mit Biltong Paté, Karoo Lamm und Menus am Sonntag.
- **Harbour Lights** (Old Harbour, Gordons Bay, Tel.: 021-856-1830, geöffnet Di–Fr und So zum Lunch, Di–Sa Dinner). Schöner Blick auf den malerischen Seglerhafen, sehr gute Fischgerichte und eine prima Weinauswahl.

SONSTIGE

- **African Café**, 108 Shortmarket Street, Cape Town 8000, Tel. 422-0221-0481, E-Mail: africafe@iafrica.com, traditionelle afrikanische Küche.
- **Madame Zingara**, 192 Loop Street, Cape Town 8001, Tel. 426-2458, zeitgenössisches Dinieren in märchenhaftem Ambiente, ausgezeichnet als bestes neues Restaurant 2002.
- **Strega Restaurante**, Heritage Street, Cape Town 8001, Tel. 423-4889, italienische Küche, einfache Gerichte, kostengünstig. Square, Shortmarket

CAPE-MALAYAN

Diese Küche ist eine Mischung aus malaiischer Tradition, indischen Currygewürzen (nicht zu scharf) und kapholländischen Einflüssen. Die Lokale sind moslemisch, d.h. auch das Mitbringen von Alkohol ist nicht gestattet, und Schweinefleisch gibt es natürlich auch nicht. Selbst die Currygerichte sind noch gut zu ertragen. Curry bedeutet nämlich nicht immer, wie bei uns in Europa, ein scharfes Gewürz, sondern Curry ist eine Mischung aus verschiedenen Gewürzen, und die Schärfe hängt ganz von der Hand des Küchenchefs ab. Neben den beiden unten genannten Restaurants gibt es auch die eine oder andere Privatadresse, wo typische Gerichte angeboten werden. Falls Sie also Geschmack daran gefunden haben, sollten Sie sich einmal bei einem Reiseführer nach einer solchen Adresse erkundigen.

- **Biesmiellah**: 2 Upper Wale Street, Tel.: 423-0850. Wohl immer noch **die Adresse** für Cape-Malayan. Leider ist man von der alten Tradition, auf dem Fußboden zu sitzen und mit den Händen zu essen, abgekommen.
- **Noon-Gun Tea Room & Restaurant**, 273 Longmarket Str., Tel.: 424-0529. Gerichte und Aussicht sind einfach zauberhaft.
- **Cape Malay Restaurant im Cellars** – Hohenort Hotel (93 Brommersvlei Road, Constantia 7800, Tel.: 794-2137, website: www.cellars-hohenort.com – es meldet sich das Hotel – bitte das Cape Malay Restaurant verlangen). Täglich zum Dinner geöffnet (außer in den Wintermonaten Mai–August). Phantastische Auswahl von traditionellen Kap-Malai Gerichten, sehr freundlicher Service.

CAPE-DUTCH

Ein Cape-Dutch-Essen verspricht immer eine gepflegte Atmosphäre und einen guten Tropfen Wein. Die Gerichte bestehen häufig aus einer Mischung von Continental Food, gelegentlichen asiatischen Einflüssen und Auflauf, gebacken in gusseisernen Töpfen. Dazu werden in der Regel auch verschiedene Meeresfrüchtegerichte angeboten, u.a. auch Hering in Sahnedip.

- **Kaapse Tafel**, 90 Queen Victoria Str., Tel.: 423-1651. Kleines Restaurant, das besonders während der Lunchpause viel besucht wird. Cape- und Continentalgerichte.
- **Emily's**, 202 Clock Tower, V&A Waterfront, Tel.: 448-2366. Lunch und Dinner täglich. Ausgefallene und exotische Gerichte und eine riesige Auswahl an lokalen und internationalen Weinen.

SEAFOOD
Falls Sie keine Lust auf Hummer (Crayfish) haben sollten, bietet sich immer der Linefish an, besonders wenn es sich um Kabeljau handelt. Linefish bedeutet: Fisch frisch von der Leine, d.h. er ist am selben Tag gefangen.
- **Panama Jacks**, Eastern Mole Rd., Quay 500, in der Nähe des Yacht Clubs, Tel.: 448-1080. Seit Jahren ist dieses Lokal der „Insider-Treff" für die einheimischen Seafoodfreunde. Besonders lecker sind die Hummer, die man in allen Größen bestellen kann, und der Kabeljau. Das Ganze in einer alten Hafenbaracken-Atmosphäre! Unbedingt vorher reservieren.

Seafood-Platter sind meist riesig

- **La Perla**, Beach Rd, Sea Point, Tel.: 434-2471. Lunch und Dinner täglich. Immer frisch zubereitete Fischgerichte. Der Crayfish hier gilt als der beste in der Stadt.
- **The Codfather**, Ecke Geneva Drive & The Drive, Camps Bay. Tel.: 438-0782. Lunch und Dinner täglich. Der Himmel für Fischliebhaber. Stellen Sie sich Ihre eigene Kombination der besten und frischesten Fische zusammen. Außerdem exquisite Sushi Bar.
- **Black Marlin**, Main Rd., Miller's Point, Tel.: 786-1621. Immer noch ein ausgezeichnetes Restaurant. Es bietet sich an, hier ein Dinner einzunehmen, nachdem man das Kap besucht hat.
- **La Med**, Victoria Rd., Glen Country Club, Camps Bay, Tel: 438-5600. Schön gelegenes Restaurant mit Blick aufs Meer. Seafood und andere Leckereien.
- **Mariner's Wharf Bistro**, Harbour Front Emporium, Harbour Rd., Hout Bay, Tel.: 790-1100. Das beste Take-Away-Seafood der Stadt. Man kann hier aber auch sitzen.
- **Den Anker** (Pierhead, Victoria & Alfred Waterfront, Tel.: 419-0249), Lunch und Dinner täglich. Belgisches Restaurant in einer Mischung von flämischer und lokaler Küche (Fisch- und Fleischgerichte). Gehobenes Restaurant mit toller Aussicht. Die Bierauswahl kann sich sehen lassen.

INDISCH
Die indische Küche ist in Kapstadt nicht so weit verbreitet, doch finden sich immer mehr Inder aus Durban ein, so dass indische Küchenchefs nach Kapstadt gefolgt sind. Die Gerichte sind in der Regel schärfer als bei den Kapmalaien, aber auf Wunsch bereitet man Ihnen diese auch milder zu. Indische Restaurants sind in Kapstadt häufig eine Mischung aus indischer und arabischer Küche, und daher ist Alkohol nicht immer erlaubt.
- **Bukhara**, 33 Church Street, Innenstadt, Tel.: 424-0000, Lunch Mo–Sa, Dinner täglich. Sehr beliebtes Restaurant (vorher buchen). Erstklassige nordindische und mongolische Küche.
- **Jewel of India**, Shop No. 6, 10 Marine Drive, Table View, Tel.: 556-0324, Lunch Mo–Sa, Dinner täglich. Nordindische und Tandoorie-Spezialitäten, die sich in Kapstadt schnell einen Namen gemacht haben.

JAPANISCH

Sicherlich ist Kapstadt nicht der Ort, wo man sich vorstellen würde, japanisch essen zu gehen, aber die frischen Meeresfrüchte und die erträglichen Preise sollten einen eigentlich dazu veranlassen, es hier einmal auszuprobieren. Gegessen wird bei den Japanern direkt am Kochherd, einer großen, tischähnlichen Kochplatte, wobei man dem Koch bei der Arbeit zusehen kann. Typisches Gericht ist Sushi, kalte Fischfiletstücke, mit verschiedenen Saucen zubereitet. Wer dieses nun partout nicht leiden kann, hat auch die Möglichkeit, verschiedene asiatisch zubereitete Fleischgerichte zu bestellen. Besonders das Auge wird verwöhnt: Lotusblumen, Muschelschalen, zu Schwänen verzierte Windbeutel u.a. gehören zur Dekoration der Mahlzeiten.

- **Fujiyama**, 100 Main Rd., im Courtyard, Sea Point, Tel.: 434-6885. Selbst für die ansässigen Japaner die „erste Wahl"... Das Essen ist erstklassig, eine Tischreservierung unabdingbar.
- **Kotobuki**, 3 Mill Str., Avalon, Gardens, Tel.: 462-3675. Lunch Di–Fr, Dinner Di–So Sicherlich eine gute Alternative zu Fujiyama.

WINE & DINE
(= Essen in besonders gemütlicher Atmosphäre oder in besonderem Ambiente)

Wine and Dine ist ein beliebtes Dinnervergnügen bei den Südafrikanern. In gepflegter Atmosphäre, meist mit Kerzenlicht, werden hier erstklassiges Essen und erlesene Weine geboten.

- **Ons Huisie**, Stadler Road, Bloubergstrand, Cape Town, ca. 25 Minuten Autofahrt von der Stadtmitte, Tel.: 554-1553. Lunch Mo und Mi–Sa, Dinner Mo, Mi–So Im ehemaligen Fischerhaus (Nationaldenkmal, von 1816) werden frische Fische, Austern, Kalamari und Lobster serviert.
- **La Villa Restaurant**, 4 Hiddingh Street, Cape Town (neben Gardens Centre), Tel.: 462-1999, Lunch Di–Fr, Dinner Mo–Sa Nette Bar zum Apèritif. Der Chefkoch – Mr. Charles Lefebvre – ist Franzose. Das Restaurant ist in einer historischen viktorianischen Villa untergebracht, die Innendekoration ist außergewöhnlich, mit vielen Gemälden an der Wand. Vorzügliche gallische Küche. Viele französische Weine.
- **Leinster Hall**, 7 Weltevreden Street, Gardens, Tel.: 424-1836. Geöffnet zum Dinner Mo–Sa Vorzügliche Haute Cuisine in eleganter Atmosphäre. In einer alten Villa mit schönem Garten und Terrasse gelegen, Restaurant mit besonderer Ambiente.
- **Five Flies**, 16 Keerom Str., Innenstadt, Tel.: 424-4442, Lunch Mo–Fr, Dinner täglich. Moderne internationale Küche in außergewöhnlichem Ambiente. freitagabends Live-Musik.
- **Mama Africa**, 178 Long Street, Tel.: 424-8634, website: www.longstreet.co.za, geöffnet Mo–Sa zum Dinner ab 19h. Sehr legere Atmosphäre, Einrichtung im afrikanischen Stil. Es gibt ein vielfältiges Angebot an Springbock-, Kudu- und Krokodilfleisch, aber auch vegetarische Gerichte, Fisch und südafrikanische Spezialitäten wie Bobotie und Potjiekos. Gute Weinauswahl. Jeden Abend afrikanische Live-Musik.
- **Café Bardeli**, Longkloof Studios, Kloof Road, Tel.: 423-8653, website: www.cafebardeli.co.za, geöffnet Mo–Sa von 8.30–1h. Hier versammelt sich die Schickeria. Bar und Deli in der Mitte des Lokals, die Tische sind ringsum verteilt, teils höhere Barstühle und Tische, zeitgemäße Musik. Zum Imbiss oder Drink nach Theater- oder Kinobesuch geeignet. Eine Institution in Kapstadt.
- **Aubergine**, 39 Barnet Street, Gardens, Tel: 465-4909, website: www.aubergine.co.za, Lunch auf Anfrage, Dinner Mo–Sa, im Sommer auch So Mehrfach ausgezeichnetes Restaurant mit intimer Atmosphäre. Eine der Top-Adressen der Stadt.

- **Rozenhof**, 18 Kloof Street, Gardens, Tel.: 424-1968, website: www.rozenhof.co.za, geöffnet zum Lunch Mo–Fr; Dinner Mo–Sa Typisch südafrikanische Küche vom Feinsten: Ente, Lamm, Fisch...
- **Beluga**, The Foundry, Preswich Str., Green Point, Tel.: 418-2948/9, Lunch und Dinner Mo–Fr im Restaurant, täglich im Café. Sehr trendiges Restaurant im Herzen des Filmstudio-Viertels. Das Menü ist international, die Portionen großzügig. Die Weinauswahl ist ausgezeichnet.
- **La Colombe**, Spaanschematriver Road, Constantia, Tel. 794-2390, Lunch Mo, Mi–So, Dinner Mo, Mi–Sa Im Juli und August geschlossen. Französische Küche für den Gourmet. Legere Atmosphäre in ländlicher Umgebung auf einem Weingut. Es werden nur ganz wenige Spezialitäten pro Tag angeboten, diese werden mündlich erklärt und sind auch auf einer Tafel ausgeschrieben.
- **Obz Café**, 115 Lower Main Road, Observatory, Tel.: 448-5555, Frühstück, Lunch und Dinner täglich. Treffpunkt von Leuten aus der Medien- und Werbebranche im New York Stil. Es ist eine Kombination von Delikatessenladen mit Barstühlen vor dem Deli und Restaurant (einfache Stühle und Tische) – alles in einem Raum. Es werden verschiedene Delikatessen angeboten, z.B. Tapas, Crostini, Couscous, Lamm usw. Sehr lockere Atmosphäre – laut, da sich alles in einer Halle abspielt.
- **The Blue Danube**, 102 New Church Street, Tamboerskloof, Tel.: 423-3624, geöffnet Lunch Di–Fr; Dinner Mo–Sa Gehobene Küche.
- **Food Affair**, 247 Main Road, Sea Point, Tel.: 439-6988, Lunch Di–Fr; Dinner Mo–Sa Besonders leckere Fleischgerichte. Versuchen Sie das Käse-Fondue.
- **Cape Colony**, im Mount Nelson Hotel, 76 Orange Street, Gardens, Tel.: 483-1000/1187. Elegante Atmosphäre. Das Essen entspricht einer globalen Zusammensetzung zwischen Asien bis Italien sowie einem Hauch der Cape Malay Cuisine. Fisch und Fleischgerichte – und hervorragende Weine!
- **The Restaurant**, 51a Somerset Rd., Green Point, Tel.: 419-2921, Dinner Mo–Sa Sehr kreative Gerichte. Eine Mischung aus indisch, Thai und australisch. Auch Vegetarier finden hier Köstliches.
- **Buitenverwachting**, Buitenverwachting Estate, Klein Constantia Road, Constantia Tel.: 794-3522. Geöffnet zum Lunch Di–Fr; Abendessen Di–Sa Geschlossen vom 1. Juli bis 14. August. Sehr vornehm, feine Küche.
- **Blue Peter**, Blue Peter Hotel, 7 Popham Road, Bloubergstrand. Frühstück, Lunch und Dinner täglich. Mit Blick auf Tafelberg, Robben Island und das Meer sehr romantisch. Bunt gemischtes Menü.
- **Gorgeous**, 210 Loop Street, Innenstadt, Tel.: 424-4554, Dinner Mo–Sa Ausgefallene und farbenprächtige Dekoration. Zuvorkommender Service. Besonders das Lamm hat es mir angetan...
- **Kennedy´s**, 251 Long Street, Innenstadt, Tel.: 424-1212, E-Mail: kennedys@netactive.co.za, Lunch und Dinner: Mo–Sa Jazzbar, Zigarren-Lounge und Restaurant in einem. Sehr gemütlich. Der ideale Platz, um einen langen Abend abzuschließen. Das Menü ist brillant.
- **Champers**, Deer Park Drive, Highlands Estate, Upper Vredehoek, Cape Town; Tel.: 465-4335. Geöffnet: Di–Fr zum Lunch, Mo–Sa zum Dinner. Spezialitäten: Medaillons mit Roquefort, Ente mit Stachelbeeren, Springbok-Medaillons mit Cognac.

Wer die italienische Küche liebt und bei einem „echten" *Italiener* speisen möchte, (und das preisgünstig!), der sollte die Main Rd. im Abschnitt Green Point und auch Sea Point ablaufen; dort gibt es eine Reihe von Pizza-Pasta-Trattorias. In diesem Teil der Stadt findet

man auch weitere gute Restaurants der mittleren Preiskategorie. Das reicht von chinesischer über mexikanische und mediterrane bis hin zu mitteleuropäischer Küche.
Eine weitere Alternative bieten die Studentenlokale um die Main Street in Observatory, Rondebosch und Claremont. Auch hier finden sich Italiener, Griechen und verschiedenste Kontinentalrestaurants mit gemäßigten Preisen.
Zu empfehlen: **Col Cacchio**, Seef House, 42 Hans Strijdom Av.,Foreshore. Lunch Mo–Fr; Dinner täglich. Ohne Zweifel die beste Pizza der Stadt.

Pubs

Pubs, welcher Art auch immer, gibt es scheinbar an jeder Straßenecke in Kapstadt. Sie sind ein Kernstück des sozialen Lebens der englischsprachigen Bevölkerung – zumindest was die Männer angeht. Glücklicherweise aber hat man mittlerweile auch in Südafrika die Institution „Ladiesbar" weitestgehend abgeschafft, so dass auch Frauen diese Pubs ohne Scheu betreten können. Wer abends also vor dem Dinner noch einen Aperitif einnehmen will oder, noch besser, mittags eine kleine Mahlzeit benötigt, um gestärkt den Nachmittag zu überstehen, ist hier immer richtig. Jeder Pub hat seine Stammkundschaft, und so kann es passieren, wie z.B. im Fireman's Arms, dass die Kneipe alt und abgenutzt wirkt, der Barmann aber mit Schlips und Kragen bedient, weil hier eine Reihe von Bankern täglich Einkehr halten. Die kleine Auswahl hier soll Ihnen nun einen groben Überblick verschaffen, und ich denke, sie beinhaltet einen Querschnitt durch alle Pub-Variationen, die Kapstadt zu bieten hat.

- **Perseverance Tavern**, 83 Buitenkant Str., Tel.: 461-2440. Ältester Pub in der Stadt (seit 1808). Im Garten steht der älteste Weinstock des Landes. Gemischtes Publikum. Viele kleine Speisen. Häufig Livemusik.
- **Fireman's Arms**, 25 Mechau Street, Tel.: 419-1513. Trotz der ganzen Feuerwehrhelme keine Feuerwehrmännerkneipe, sondern ehemals der Pub für die Kohlenstoker auf den Schiffen. Heutzutage mittags Treffpunkt der Banker und Büroleute, abends gemischt. Ausgezeichnete Publunches.
- **Ferryman's Tavern**, Victoria&Alfred Waterkant, Tel.: 419-7748. Gezapftes Bier, guter Publunch, erster Pub an der Waterfront. Eher jüngeres Publikum.
- **Brass Bell**, Kalk Bay Bahnhof, Tel.: 788-5456. Gemütlich, freundlich. Näher kann man nicht am Meer sitzen. Ganz Mutige springen auch schon mal vom Tisch ins kühle Nass.
- **Forester's Arm**, Newlands Ave., Newlands, Tel.: 689-5959. Großer Pub in ruhiger Wohngegend. Publikum: Studenten und mittleres Alter.
- **Red Herring**, Monkey Valley, Noordhoek, Tel.: 789-1783. Tolle Aussicht. Familienpub.
- **Kronendal Brewhouse**, Hout Bay Main Rd., Tel.: 790-4011. Historisches kapholländisches Farmhouse mit Biergarten und Bier aus eigener Brauerei.
- **Paulaner Brauhaus**, Clock Tower, V&A Waterfront, Tel.: 408-7600. Deutsches Bier, deutsche Gerichte und deutsches Publikum. Nur die Aussicht ist eben etwas anders...
- **Alphen Hotel Pub**, Alphen Drive, Constantia, Tel.: 794-5011. Gepflegter Pub in altem, kapholländischen Weinestate. Treffpunkt am Freitagnachmittag zu verspätetem Publunch.
- **Barrister's**, Ecke Kildare Rd./Main Str., Newlands, Tel.: 674-1792. Traditionspub mit Publikum aller Altersgruppen. Häufig Folklivemusik.
- Weitere Pubs siehe unter „Livemusik".

LIVEMUSIK

Musikveranstaltungen in Restaurants u. Kneipen sind in den letzten Jahren sehr beliebt geworden. Einen Abend mit guter Jazzmusik, Blues, Pop&Rock Evergreens und natürlich traditioneller afrikanischer Musik sollte man sich auf keinen Fall entgehen lassen. Damit Sie das für Sie Passende finden, erkundigen Sie sich vorher, was am Abend gespielt wird. Die Stimmung ist immer gut und meist auch feucht-fröhlich. Häufig wird auch in Restaurants Musik gespielt, so dass hier erst nach 22h die Band auftritt. Am besten, Sie besorgen sich den aktuellen Veranstaltungskalender (in den Tageszeitungen) oder das monatlich erscheinende Stadtmagazin **„Cape Review"**.

- **Dizzy Jazz Café**, 41 The Drive, Camps Bay, Tel.: 438-2686. Die Küche wird mit dem Codfather geteilt, ist also ausgezeichnet. Hier spielen oft gut Jazzbands, aber auch Mainstream-Rock&Pop-Bands kommen gut an.
- **Kirstenbosch Botanical Gardens**, Rhodes Drive, Newlands. Tel.: 799-8800, Website: www.nbi.ac.za. Im Sommer finden hier regelmäßig Open-Air-Konzerte statt. Picknick und Decke einpacken und einfach genießen. Das Programm gibt es bei Cape Town Tourism.
- **Quay 4**, Victoria & Alfred Waterfront, Belebter Pub. Laute, aber eingängige Oldiemusik (live). Am Wochenende sehr voll. Alle Altersgruppen.
- **The Drum Café**, 32 Glynn Str., Innenstadt, Tel.: 461-1305, Website: www.drumcafe.co.za, jeden Donnerstag Live-Musik, an allen anderen Tagen (außer Di) kann man hier die Trommel selbst in die Hand nehmen. Tolle Stimmung, die wirklich mitreißt.
- **Kennedy's**, 251 Long Str., Tel.: 424-1212. Jeden Abend Live Jazz in gepflegter Atmosphäre.
- **Green Dolphin**, Victoria&Alfred Waterfront, Tel.: 421-7471, website: www.greendolphin.co.za. Seafood Restaurant mit dem angeblich besten Jazz in der Stadt.
- **Baxter Theatre Centre**, Main Rd., Rondebosch, Tel.: 685-7880 od. 438-9007. Oft gute Live-Musik aller Art. Tickets unter 430-8000.
- **La Med**, Victoria Rd., Glen Country Club, Clifton, Tel.: 438-5600, website: www.lamed.co.za. Eine der schönsten Bars in Kapstadt. Parties bis spät in die Nacht. Live Musik Mi, Do und Sa
- **On Broadway**, 21 Somerset Rd., Green Point, Tel.: 418-8338, website: www.onbroadway.co.za. Glamoröses Cabaret Restaurant. Alle Shows starten um 21h.
- **Constantia Nek Restaurant**, Constantia Nek Dr., Tel.: 794-5132. Dinner&Dance jeden Freitag und Samstag.

Coffee Houses

Kapstadt hat unzählige Kaffeehäuser, und das spiegelt eigentlich den Lebensstil der Bevölkerung wider. Man hat Zeit, erholt sich bei einem Plausch, trinkt Cappuccino und genießt das Leben. Coffee Houses finden Sie an jeder Straßenecke. Hier werden aber nicht nur süße Speisen angeboten, sondern auch herzhafte Gerichte. Da diese Cafés oft ihren Besitzer und/oder ihren Standort wechseln, wird hier auf eine bestimmte Empfehlung verzichtet. Rund um Greenmarket Square, St.George´s Mall und Waterfront werden Sie aber sicherlich fündig werden.

Einkaufstipps

Kapstadt bietet sich fürs Shopping hervorragend an. Neben den gewohnten Ladenketten, besonders für Textilien, gibt es eine Reihe von Souvenirläden, Antiquitätenhändlern und auch andere Fachgeschäfte aller Art. Zudem ist Kapstadt auch die Stadt der „Factory Shops". Hier bieten die Fabriken, meistens Textilfabriken, ihre Waren zu ca. 60% des üblichen Ladenpreises an. Wer also noch Kleidung benötigt, sollte dort einmal reinschauen. Verglichen mit unseren Preisen kann man hier ein wirkliches Schnäppchen machen.

INNENSTADT
Die Haupteinkaufszentren sind **Golden Acre**, **Grand Central** und die Warenhäuser in der **Adderley Street**, sowie das Gardens Center.

Neben der **Victoria und Alfred Waterfront** mit unzähligen Geschäften aller Art, gibt es außerdem **Canal Walk** in Century City. Die 2000 fertig gestellte Mall mit Hunderten von Geschäften ist das zur Zeit größte Shopping Center Afrikas.

- **Antiquitäten:** Eine Reihe von Antiquitätengeschäften gibt es in und um die **Churchstreet**. Hier findet Mo–Sa von 10–17h auch ein Antiquitätenflohmarkt statt.

- **Kleidung:** Auf dem **Green Market Square** gibt es von Mo–Sa einen Kleiderflohmarkt. Die Kleider sind neu. Meist handelt es sich um bunte Mode, die vor allem jüngere Leute ansprechen wird.

- *Souvenirläden:* Davon wimmelt es in der Stadt. Hier nur eine kleine Auswahl:
- **The Kraal**, 22 Longstreet, Tel.: 419-1448. Vornehmlich Teppichknüpfereien.
- **Pan African Market**, 76 Long Street. Auf drei Etagen bieten hier über 50 Kunsthandwerker Afrikanisches aller Art an.
- **African Music**, 90 Long Street, Tel.: 426 0857, Große Auswahl an CDs traditioneller und moderner afrikanischer Musik.
- **Afrogem**, 198 64 New Church Str., Tel.: 424-7764. Steine und eine breite Palette aller anderen Dinge.

Auch „Gebrauchsgegenstände" gibt es im „Pan African Market"

- **Victoria & Alfred Waterfront:** Auch an der V&A Waterfront hat man eine große Auswahl, meistens ist es hier aber etwas teurer (am Duncan Dock gelegen). Infocenter: Tel.: 408-7600 oder www.waterfront.co.za.

- **Juweliere:** Die meisten kleineren Läden haben ihren Sitz in dem Gebiet Longstreet/Greenmarket/Burgstreet. Beim Kauf von Diamanten und Gold sollten Sie sich an die größeren Firmen halten und sich vorher bei Cape Town Tourism nach seriösen Adressen erkundigen. Keine Probleme gab es bisher mit:
- **Uwe Koetter**, 4th Floor, Amway House, Dock Road, Foreshore, Tel.: 425-7770, website: www.uwekoetter.co.za
- **Prins&Prins**, Huguenot House, Ecke Hout & Loop Str, Tel.: 422-1090
- **Diamond World**, 45 St. Georges Mall, Tel.: 423-8559.

- **Zeitungen:** Der ausgewähltste Zeitungsladen ist der **CNA** im Golden Acre Center an der Adderley Street. Hier gibt es auch internationale Zeitungen. Außerhalb der üblichen Geschäftszeiten erhalten Sie Zeitungen bei: **Exklusive Books**, CNA, beides in der V&A Waterfront.

- **Deutsche Bücher:** Die deutsche Buchhandlung **Ulrich Naumann** führt deutschsprachige Afrika-Literatur, Bildbände, Zeitungen und Zeitschriften. 17 Burg Str., Tel.: 423-7832.

- **Outdoor-Ausrüstung:** Falls Sie noch etwas benötigen für Wandertouren o.ä. bietet **Cape Union Mart** die größte Auswahl. Geschäfte dieser Kette gibt es in allen größeren

Shopping Centern, u.a. in der V&A Waterfront und im Gardens Center (Ecke Mill & Buitenkant Str.)

• Für Pfeifenraucher ist **die** Adresse: **Tobacconist**, Longmarket, direkt beim Greenmarket. Hier gibt es, in verräucherter Atmosphäre, englische und selbstgemixte Tabake. **Sturk's**, 54 Shortmarket Str., ist die Adresse für Zigarrenfreunde.

• Wer besonderes Interesse an kunsthandwerklichen Gegenständen hat, sollte sich bei Cape Town Tourism die Broschüre **„Arts&Crafts Map"** besorgen, in der ausgewählte Läden beschrieben und auf einer Karte eingetragen sind.
Wenn Sie etwas dem Trubel der Innenstadt entgehen wollen, rate ich Ihnen, in einem der **Shopping Center der Vororte** einzukaufen. Besonders empfehlen kann man da: - Mainstreet in Claremont und hier besonders das **Cavendish Shopping Center** in der Dreyer Street. - Das schöne Shopping Centre **„Tyger Valley"** im südlichen Teil von Parow (folgen Sie der N1 und biegen Sie in Richtung Parow ab). Sie können alternativ auch die Voortrekkerstr. (R102) benutzen.
Außerdem Afrikas größter Shopping Komplex **Century City**, Informationen: Century City, Sable Road - Canal Walk Tel.: 555-4444, website: www.canalwalk.co.za.

• Wer seine Campingküche mit **europäischen Delikatessen** ausrüsten will:
- **Raith Gourmet**, im Gardens Center, Mill Str. Deutscher Metzger, u.a. Kassler, Eisbein, Aufschnitt u. Sauerkraut.
- **Giovanni's**, Main Street, Green Point. Italienische Leckereien und eine große Auswahl an Käsesorten.

• **Factory Shops:** Kapstadt ist die Stadt der Fabrikläden. Hier können Sie zu ausgesprochen günstigen Preisen Kleidung, Nahrungsmittel und anderes kaufen. Die Zentren dieser Fabriken sind zum einen in Observatory, entlang der Upper Main Street, wo Sie am besten selbst auswählen, in welchem Shop Sie am liebsten einkaufen möchten, und zum anderen in Kenilworth/Claremont: Zwischen Lansdowne Rd. und Chichester Rd., an der M5, gibt es das große Access Park Center, in dem Sie alleine 60 Läden finden. Ein weiterer Access Park existiert in Bellville/Kuilsriver, Ecke Voortrekker Rd./La Belle Rd. Vergessen Sie aber nicht, dass es auch Fabric-shops gibt, die Autoteile, Gewürze und anderes verkaufen, und seien Sie daher nicht enttäuscht, wenn es nicht nur Textilläden gibt.
Besonders empfehlenswert ist wohl der Kauf von Lederwaren und Stoffen (meist europäische Muster, seltener afrikanische).

Veranstaltungen

In Kapstadt tut sich eigentlich immer etwas, und es wird Ihnen sicherlich nicht schwer fallen, das Passende zu finden. Entgehen lassen sollten Sie sich nicht die kulinarischen Genüsse in einem der unzähligen Restaurants, einen Besuch in einem Theater, ein Publunch in einem alten Pub und vielleicht eine Musikveranstaltung oder ein Kabarett -und natürlich Ziele wie den Tafelberg und das Kap. Falls Sie die Gelegenheit haben, sollten Sie einmal das Kapstädter Philharmonische Orchester sehen und hören. Es gilt als das beste auf dem Kontinent (Buchen Sie im Nico Malan Theatre Center einen der vorderen Plätze, der Akustik wegen!). Aber nicht alleine die Musik, vor allem auch die Atmosphäre ist faszinierend. In einem solchen Konzert trifft sich alles: die Haute Volée, der einfache Student und der gutbürgerliche Handwerker. Was in Kapstadt so passiert, entnehmen Sie am besten folgenden Veröffentlichungen: **Cape Review**, monatlich erscheinendes Stadtmagazin; „**What's on**": monatliches Heftchen, herausgegeben von Cape Town Tourism; „**The Funfinder**": Beilage der Freitagsausgabe der **Cape Times**. In der Zeitung **Argus**, am Freitag oder Sonnabend, vor allem aber in deren täglicher Beilage „**Tonight**". Beide Tageszeitungen haben aber auch an den anderen Tagen Veranstaltungstipps. Buchen (und sich ausführlicher informieren) können Sie bei Computicket (siehe Busverbindungen), egal, was es ist. Bei Cape Town Tourism erhalten Sie außerdem Faltbroschüren, die besondere Theater- u. Musikveranstaltungen (Klassik) ankündigen.

Theater

Neben Johannesburg hat Kapstadt sicherlich die besten Theater des Landes. Es werden nicht nur klassische Stücke aufgeführt, sondern in den kleineren Abteilungen auch eine Reihe von experimentellen Aufführungen, sicherlich eher etwas für Liebhaber dieses Genres. Häufig finden auch Gastvorstellungen statt, eine verbreitete Sache in englischsprachigen Ländern. Falls Sie sich nicht so recht entscheiden können, wird man Ihnen bei Cape Town Tourism oder am Theater selber bei der Auswahl behilflich sein und wird Ihnen kurz erklären, was die einzelnen Stücke beinhalten.

Buchen können Sie entweder bei **Computicket** (Tel.: 083-915-8000, website: www.computicket.co.za) oder bei den unten angegebenen Adressen. Telefonisches Buchen ist möglich.

- **Artscape Theatre**, Hertzog Boulevard, City, Buchungen: Tel. 421-7695, Anfragen: Tel. 410-9800, website: www.artscape.co.za. Mehrere Bühnen. Gute Ballettvorführungen. Das größte Theater der Stadt.
- **Baxter Theater Complex**, Main Rd., Rondebosch, Buchungen/Anfragen: Tel. 685-7880, website: www.baxter.co.za. Mehrere Bühnen, häufig experimentelle Aufführungen auf den Nebenbühnen.
- **Theatre on the Bay**, Link Str., Camps Bay, Tel.: 438-3300, website: www.theatreonthebay.co.za. Moderne Komödien mit einem Touch Cabaret.
- **Playhouse Theatre**, Pienaar Rd., Milnerton, Tel.: 557-3206. Theater mit typisch englischem Charakter. Oft Kriminalgeschichten oder Komödien.

Diskotheken

Die Diskoszene ist auch in Kapstadt von der Techno- und Hipp-Hoppwelle überrollt worden, und das trifft sicherlich nur den Geschmack des ganz jungen Publikums. Wer es mehr im Stil der 60er u. 70er Jahre wünscht, muss sich nach Rondebosch und Claremont bemühen, wo noch einige versteckte Diskos den „alten Sound" auflegen. Die Szene ändert sich ständig und so sollte man sich vorher erkundigen, welche Diskos im Moment angesagt sind. Hier nur eine kleine Auswahl:

- **Rhodes House**, 60 Queen Victoria Str., Innenstadt, website: www.rhodeshouse.co.za. Groß, voll, trendig, hier trifft sich alles, was Rang und Namen hat. Regelmäßig finden hier Themen-Parties statt.
- **The Fez**, 38 Hout Str., am Green Market Square, website: www.fez.co.za. Di: Latino, Mi: Africanism, Do: Funky House, Fr: Disco House, Sa: Deep House, So: R&B. Jeden Abend andere Musik.
- **Vacca Matta**, Seef House, Foreshore, website: www.vaccamatta.com. Vacca Matta heißt übersetzt Rinderwahnsinn und so geht es hier auch meistens zu. Eine Cocktail-Bar im Coyote-Ugly-Stil.

- **The Shack Complex**, 43-46 De Villiers Street, District 6, website: www.theshack.co.za. Pool-Billard, Live-Musik, Disko, Restaurant, Internet-Café, und Bar in einem Complex.

🍸 Für die Nachteulen

Der eine oder andere von Ihnen bekommt vielleicht erst zu später Stunde noch einmal Lust auf ein Bierchen, einen Cocktail oder einfach Nightlife-Stimmung. Häufig erfährt man dabei die eine oder andere Enttäuschung. Die Pubs schließen spätestens um 23h, am Wochenende vielleicht mal etwas später. Selbst an der Waterfront schließen die letzten Läden um Mitternacht. Aber was dann? Natürlich gibt es auch da Abhilfe in einer Metropole wie Kapstadt. Nur müssen Sie davon ausgehen, dass es sich hierbei meistens um Lokale für jüngere Leute handelt, und nicht jedem wird die Atmosphäre dort liegen. Aber dazu sollten Sie sich am besten selbst ein Bild machen. Generell: An der **Long Street** ist auch spätabends noch etwas los. Auch in anderen Teilen der Stadt haben sich mittlerweile Partymeilen gebildet. So auch in **Green Point, Somerset Road**. Hier befinden sich viele Clubs und Bars, die bis spät in die Nacht geöffnet sind. Hier verkehrt hauptsächlich die Schwulenszene. Auch in **Green Point, auf der Main Road am Kreisverkehr**, befinden sich einige sehr schöne Bars.

Unterhaltung/Aktivitäten/Sehenswürdigkeiten

- **Robben Island** ist auf Sightseeing-Touren von der Waterfront aus zu erreichen. Es finden fünf geführte Touren täglich auf die Insel statt. Dauer: ca. 3,5 Stunden. Informationen unter Tel.: 408-7600 oder website: www.robben-island.co.za.
- **Tafelberg Anfahrt:** Mit dem Kloof Nek-Bus können Sie vom Busbahnhof an der Adderley Street bis zur Kloof Nek-Endstation fahren. Von hier aus nehmen Sie den **Seilbahnbus** bis zur unteren Kabelstation. Seilbahnbetrieb: Mitte April bis Mitte September: 8.30–18h; Mitte September bis Ende November: 8–19.30h; Dezember bis Mitte April: 7.30–22h. Generell gilt: Die letzte Auffahrt ist 1 Stunde vor der letzten Abfahrt. Wenn sich das Wetter verschlechtert bzw. wenn die letzte Gondel talwärts fährt, so ertönt eine Sirene. Je nach Wetterlage sollten Sie daran denken, etwas Warmes anzuziehen. Auskunft: Tel.: 424-8181 oder website: www.tablemountain.co.za
- **Ratanga Junction**, Tel.: 550-850, website: www.ratanga.co.za
- **Grand West Casino**, Vanguard Dr., Goodwood, Tel.: 505-7777, website: www.grandwest.co.za, geöffnet 24 h täglich
- **Rhodes Cottage**, Öffnungszeiten Di–So: 10–13h und 14–17h
- **Kirstenbosch Botanical Garden**, Öffnungszeiten: Täglich von 8–19h. Tel.: 799-8800, Website: www.nbi.ac.za
- **Groot Constantia**, website: www.grootconstantia.co.za
- **Taverne**, Tel.: 794-1144 täglich von 11h bis spät abends und **Jonkerhuis** Tel.: 794-6255
- **Museum**, täglich von 10–16h (Karfreitag und am 1. Weihnachtstag geschlossen)

🛏 Unterkunft

In **Constantia** gibt es das Cellars Country House mit altem Mobiliar. Die Küche ist sehr empfehlenswert, die Lage (über dem Constantia Valley) ruhig: Hohenort Ave., 7800, Tel.: 794-2137

Museen in Kapstadt (www.museums.org.za)

- **South African Museum**, Queen Victoria Street, Tel.: 424-3330, naturgeschichtliche und archäologische Exponate, Planetarium, täglich 10–17h, Vorführungen: Sa u. So 15.30h
- **Government Archives**, 72 Roeland Street, Tel.: 462-4050, Sammlung historischer Dokumente aus der Zeit seit 1662, Leseraum, Kopien verschiedener Dokumente erhältlich, Mo–Fr 8–16h.
- **Cultural History Museum**, Upper Adderley Street/City Centre, Tel.: 461-8280, ursprünglich als Sklavenunterkunft der Holländisch-Ostindischen Handelskompanie gebaut; ägyptische, alt-griechische und alte Kap-Schätze; Münzen-, Briefmarken- und Waffensammlungen; im Hof: Grabsteine von Jan und Maria van Riebeeck, täglich 9–16.30h.
- **South African National Gallery**, von der Government Ave. abgehend, Tel.: 465-1628, Sammlung von Werken südafrikanischer und internationaler Künstler, Di–So 10–17h
- **Michaelis**, Greenmarket Square, Tel.: 424-6367. Das Old Town House (altes Rathaus) von 1755 zeigt Sammlungen von holländischen und flämischen Gemälden aus dem 17. Jahrhundert, Mo–Sa 10–17h.
- **Koopmans de Wet House**, 35 Strand Street, Tel.: 424-2473, im Jahre 1701 erbautes, typisches Kapstädter Haus; die Familie de Wet lebte über 100 Jahre hier; Ausstellung von Stinkwood-Möbeln, Antiquitäten, Delfter Porzellane, Di–Sa 9.30–16.30h, So geschlossen
- **Jewish Museum**, 88 Hatfield Street, Tel.: 465-1546. In der ältesten Synagoge Südafrikas gibt es Exponate von jüdisch-historischer und zeremonieller Bedeutung zu sehen, So–Do 10–17h
- **Castle of Good Hope**, Castle Street, Tel.: 469-1083. Im ältesten Gebäude Südafrikas (1667) kann man historische Gemälde, Möbel und Porzellane sehen. Ebenso gibt es hier ein Schifffahrts- und Militärmuseum, Mo–Sa 9–16h, Führungen: 10h, 11h, 12h, 14h, 15h, Mitte Jan. auch Sa und So
- **Irma Stern Museum**, The Firs, Cecil Road (von der Rhodes Ave. abzweigend), Tel.: 685-5686, Sammlung von Werken dieser berühmten südafrikanischen Künstlerin, Di–Sa 10–17h
- **Bo-Kaap Museum**, 71 Wale Street, Tel.: 424-3846, Exponate des moslemischen Lebens am Kap, Mo–Sa 9.30–16.30h
- **Rust-en-Vreuyd**, 78 Buitenkant Street, Tel.: 465-3628, William Fehr-Sammlung: Aquarelle, alte afrikanische Gemälde, Mo–Sa 8.30–16.30h
- **The South African Maritime Museum**, Dock Road, Waterfront, Tel.: 419-2506, täglich 10–16.30h

Märkte/Flohmärkte

Irgendwo in Kapstadt findet immer ein Flohmarkt statt. Generell gilt: Handeln ist erlaubt und erwünscht.
- **Greenmarket Square**, Mo–Sa 9–16h. Kleidung und Kunsthandwerk, ein paar Bücherstände. Fast nur neue Sachen, und Handeln ist auch nur begrenzt möglich. Dafür aber ein bunter Kontrast in der Innenstadt.

- **Church Street**: täglich. Antiquitäten. Der wohl interessanteste Flohmarkt in der Stadt. Hier kann man noch ein Schnäppchen machen.
- **Waterfront Craft Market & Red Shed Craft Workshop**, beides an der V&A Waterfront. Hier kann man den Künstlern bei der Herstellung verschiedenster Kunstwerke zuschauen. Hier finden Sie sicher schöne Mitbringsel.
- **Greenpoint Market**, Am Stadium. So u. an Feiertagen. Ein „echter" Flohmarkt, wo die Kapstädter ihren „Ramsch" verkaufen. Aber auch hier viele neue Sachen. Ein Sonntagstreffpunkt für die Familien.
- **Hout Bay Craft Market**, jeden Sonntag. Hier kann man vor allen Dingen schönes Kunsthandwerk erstehen.
- **Flower Market**, existiert seit über 100 Jahren und findet seitdem stets an der gleichen Stelle statt: an der Adderley Street, zwischen Strand Str. und Darling Str.

Strände

An Kapstadt fließt auf der Atlantikseite der kalte Benguela-Strom entlang; in die False Bay im Osten gelangt warmes Wasser vom Agulhas-Strom. Dementsprechend verhält es sich mit den Bademöglichkeiten: Gut und warm sind die Gewässer um Muizenberg (hier Richtung Osten weite, sandige Strände). Weniger geeignet aufgrund der Temperaturen und der mehr oder weniger parallel zum Strand verlaufenden Straße sind dagegen die Atlantik-Strände zwischen Clifton und Sea Point. Die Long Beach von Noordhoek und der Blaubergstrand laden zu stundenlangen Strandspaziergängen ein. In Camps Bay und Clifton ist zwar das Wasser kalt, hier kann man aber trotzdem prima sonnenbaden, wenn der Wind nicht bläst. Surfer und Wassersportler erkundigen sich am besten bei der Wetteransage nach den aktuellen Hot Spots.

Karoo National Park (Western Cape Province) (S. 767)

Information & Buchung
National Parks Board, P.O.Box 787, Tshwane (ehem. Pretoria) 0001, Tel.: 012-428-9111, Fax: 012-343-3830, website: www.parks-sa.co.za, E-Mail: reservations@parks-sa.co.za

Unterkunft
Karoo National Park, Box 316, Beaufort-West 6970, Tel.: 023-415-2828 Selbstversorgungs-Cottages, Restaurant und kleiner Laden.

Katberg Pass (Eastern Cape Province) (S. 689)

Unterkunft
Katberg Hotel $$$, P.O.Box 665, Fort Beaufort 5720, Katberg, Tel.: 040-864-1010, Fax: 040-864-1014. In den Bergen gelegenes Resort-Hotel. Zum Hotel gehören ein 9-Loch-Golfplatz, ein Wellness-Center, Swimmingpool sowie diverse Sport- und Wandermöglichkeiten.

Keetmanshoop (Namibia) (S. 559)
Vorwahl von Südafrika aus: 09264, *internationale Vorwahl:* 00264

Information
Southern Tourist Information, im ehemaligen kaiserlichen Postamt am Stadtgarten gelegen. Geöffnet: Mo–Fr 07.30h–12.30h und 14–17h, Sa 09–12h.

Unterkunft
- **Canyon Nest Hotel $$$$**, bereits von der B 1 sichtbar. POB 950, Keetmanshoop, Tel. 063-223361, Fax: 063-223714, E-Mail canyon@iafrica.com.na, Komfortables Hotel für den Durchreisenden, viele Busgruppen. 50 DZ. Schwimmbad vorhanden.
- **Birds Mansions Hotel $$$**, POB 460, Keetmanshoop, Tel. 063-221711, Fax 063-221730; 6th Ave, im Zentrum des Ortes. Durchaus stilvolles Hotel, alle Zimmer sind nett eingerichtet und verfügen über Klimaanlage. Swimmingpool und Biergarten, großes Restaurant, sichere Parkplätze. Ein Internet-Café liegt nebenan.
- **Bird´s Nest Guesthouse $$$**, POB 460, Pastorie Street, Tel. 063-222906. Nette, persönliche Pension im Zentrum gelegen, 10 Doppelzimmer mit Klimaanlage, sicheres Parken. Lounge–Bar.
- **Pension Gessert $$$**, POB 690, Keetmannshoop, Tel. 063-223892, Fax: 063-223892, E-Mail: gesserts@iafrica.com.na, 13trd Straße Nr. 138. Nette, persönlich geführte Pension mit 5 Zimmern, Abendessen kann auf Bestellung zubereitet werden.
- **Central Lodge $$$**, Tel. 063-225850, Fax 063-224959, E-Mail: clodge@iway.com; 5th Avenue. Große, saubere Zimmer mit Klimaanlage, Swimmingpool, Restaurant, zentrale Lage, guter Service.

Tankstellen
Keetmanshoop, Ai-Ais, Canyon Roadhouse

Kenton on Sea (Eastern Cape Province) (S. 683)

Information
The Kenton/Bushman's Publicity Association, Tel.: 046-648-2418, Fax: 648-2118, E-Mail: mcnulty@xsinet.co.za.

Kgalagadi Transfrontier Park (Northern Cape Province/Botswana) (S. 552)

Dies ist der erste Park in Afrika, der auch formal als „Transfrontier Park" erklärt worden ist, da er zwei Ländergrenzen überschreitet.

Information
Kgalagadi Transfrontier Park, Tel.: 054-561-0021
Buchungen: Reservations Office, POB 131, Gaborone, Botswana, Tel. 580774, Fax: 580775, E-Mail: dwnp@gov.bw oder Reservations Office, POB 787, Tshwane (Pretoria), Südafrika 0001, Tel. 012-343-1991, Fax: 012-343-3830, E-Mail: reservations@parks.sa.co.za.

6. Regionale Reisetipps von A–Z: Kgalagadi Transfrontier Park

Eintritt
Erwachsene 25 ZAR pro Tag, Kinder 12 ZAR pro Tag, pro Fahrzeug 5 ZAR

Reisezeit
Optimal sind die Monate Februar bis Mai. Im Süd-Sommer (November–Februar) fallen die meisten Niederschläge.

Straßen
Alle Straßen im Park sind unasphaltierte Pisten, die in der Regenzeit z.T. überflutet sind. Die Verbindungsstraße zwischen Auob und Nossob Rivier führt über die Kalahari-Dünen und ist deshalb mit Schotter bedeckt. Insgesamt ist der Park für Pkw geeignet. Die Weiterfahrt nach Namibia ist seit 1990 bei Mata Mata leider nicht mehr möglich. Man muss also im Süden bei Mata Mata das Parkgebiet verlassen und dann über Rietfontein nach Namibia einreisen.

Unterkunft
• **Mata-Mata Camp $$–$$$**, am Ufer des Auob-Trockenflusses 2 ½ Stunden nordwestlich von Twee Rivieren entfernt, direkt an der namibischen Grenze (leider keine Durchfahrtmöglichkeit). Camp mit unterschiedlichen Chalets (eingerichtete Küche, Grillstelle), Campingplätze mit Grillmöglichkeit und sauberen Toiletten/Duschen (kein Stromanschluss!).
• **Twee Rivieren Camp $$**, Direkt im Süden am Nossob Fluss (Trocken-Flussbett). Das größte Camp des Parks, gleichzeitig Hauptquartier der Parkverwaltung mit kleinen Geschäften, auch Lebensmittel, Restaurant, Tankstelle, Swimmingpool. Es gibt unterschiedlich große Chalets (immer mit eingerichteter Küche, Außengrill) und schöne Campingplätze mit sauberen Toiletten/Duschen und Grillmöglichkeit
• **Nossob Camp $$**, etwa 3 ½ Stunden nördlich von Twee Rivieren entfernt, direkt am Trockenfluss Nossob. Chalets in verschiedener Größe (alle mit eingerichteter Küche, Außengrill). Campingplätze mit Grillmöglichkeit, aber kein Stromanschluss. Tankstelle, kleiner Laden. Nachtsafaris werden durch Ranger angeboten, ebenso Tages-Fußsafaris.

ALTERNATIVE UNTERKÜNFTE AUSSERHALB DES PARKS
• **Molopo Kalahari Lodge $**, Tel./Fax 054-511-0008, E-Mail: reservations@molopo.com, www.molopo.com. Ca.. 60 km südlich von Twee Rivieren gelegen. Einfache Lodge, die in die Jahre gekommen ist. Schwimmbad, Restaurant. Modernisierung ist im Gange. Von der Lodge aus werden Ausflüge – z.T. mehrtägig – in die Kalahari angeboten.
• **Kalahari Trails $**, Tel. 054-902-916341, Fax 082-786-7615, E-Mail: kalahari.trails@co.za. Ca. 35 km südlich von Twee Rivieren gelegen. Sehr saubere Lodge, self catering ohne Restaurant, 3 500 ha großes Naturschutzgebiet. Es werden hier insbesondere Wanderungen angeboten, unterwegs wird in Außencamps übernachtet. Toll: Übernachtung in einem Zelt-Buschcamp

Benzin
In jedem Rastlager ist Benzin erhältlich.

Öffnungszeiten
Der Park ist ganzjährig geöffnet. Man darf die Parkwege nur zu folgenden Zeiten befahren:

Januar 6–19.30h
Februar 6.30–19.30h
März 6.30–19h
April 7–18.30h
Mai 7–18h
Juni 7.30–18h
Juli 7.30–18h
August 7–18.30h
September 6.30–18.30h
Oktober 6–19h
November 5.30–19.30h
Dezember 5.30–19.30h

Buchungsmöglichkeit
Campingplätze müssen nur während der südafrikanischen Schulferien oder an langen Wochenenden vorausgebucht werden: Chief Director, **National Parks Board**, P.O.Box 787, Tshwane (ehem. Pretoria) 0001, Tel.: 012-428-9111, Fax: 012-343-3830, website: www.parks-sa.co.za, E-Mail: reservations@parks-sa.co.za

Kimberley (Northern Cape Province) (S. 541)
Vorwahl: 053

Wichtige Telefonnummern
- *Polizei: 10111*
- *Feuerwehr: 832-4211*
- *Krankenhaus: 838-1111 oder 831-1453, Du Toitspan Rd.*
- *Ambulanz: 831-1954*
- *Apotheke: 831-1787*

Informationen

- **Northern Cape Tourism**, *187 du Toitspan Road, Tel.: 833-1434*
- **Tourist Information Office**, *City Civic Complex, Bulfontein Rd., Tel.: 832-7298, geöffnet Mo–Fr, 8–17h, Sa 8.30–12h.*

Busverbindungen
Mehrere größere Buslinien fahren Kimberley an und unterhalten Verbindungen zu den anderen Großstädten des Landes. Die folgenden Abfahrtstage dienen nur als Anhaltspunkt und können sich nach Aussage der Busunternehmen ändern. Erkundigen Sie sich also vorher noch einmal nach dem aktuellen Stand der Dinge.
- **Greyhound-Agentur**, *Northern Cape Tour & Charter Services, 5–7 Elliot Str., Tel.: 832-6040. Busverbindungen täglich nach Johannesburg und nach Kapstadt; nach Bloemfontein und weiter nach Durban: Mo, Mi, Fr*
- **Translux/Transcity** *verkehrt zweimal wöchentlich nach Johannesburg (Mo u. Domorgens) und dienstagabends nach Kapstadt. Abfahrt am Bahnhof. Buchungen im Bahnhof im Eisenbahnbuchungsbüro. Tel.: 832-6043.*
Greyhound, Intercape und Translux fahren ab Shell Ultra City an der N2.

Zugverbindungen
Generelle Infos: **Spoornet** Tel.: 838-2111, website: www.spoornet.co.za
Täglich außer sonnabends fährt der „Diamond Express" nach Johannesburg und Tshwane (Pretoria). Abfahrt abends. Der „Trans Karoo Express" fährt täglich sowohl nach Johannesburg (Abfahrt: nachts) als auch nach Kapstadt (Abfahrt: abends), und der „Trans Oranje Express" fährt dienstags nach Durban und freitags nach Kapstadt.

Flugverbindungen
SAA unterhält mehrere Flüge täglich von und nach Kapstadt, Johannesburg und Upington. Nähere Informationen erhalten Sie bei SAA -(Tel.: 838-3337). Einen Flughafenbus gibt es nicht, aber alle größeren Hotels bringen und holen ihre Gäste vom Flughafen. Taxis können Sie ansonsten auch dorthin bringen. Der Flughafen liegt 12 km außerhalb. Fahren Sie entlang der Oliver Rd.

Mietwagen am Airport
- **Avis**, Tel.: 851-1082
- **Budget**, Tel.: 851-1182
- **Imperial/Europcar**, Tel.: 851-1131

Taxis
Taxis stehen an der City Hall und an der Pniel Street (gegenüber dem Indischen Einkaufszentrum). Hierbei handelt es sich meist um Minibusse, die auch den Nahverkehr bestreiten. Telefonischer Taxiruf: 861-4015.

Internet-Café
Small World Net Café, 42 Sidney St. (nahe des Tourist Information Office), Tel.: 831 3484.

Touren
Es gibt eine Reihe von Tourorganisatoren. Buchen kann man alles über das Tourist Office in der City Hall. Wer gerne ein Diamantenbergwerk besichtigen will, sollte das im Voraus anmelden. Die Touren beginnen morgens gegen 8h, und man sollte mit zwei Tagen Anmeldungsfrist rechnen, besonders wenn man unter Tage fahren möchte.

Diamantenschleifereien
Bei der Firma Big Hole Diamond Cutting Factory in der 18 West Circular Rd. kann man beim Diamantenschleifen zusehen. Hier kann man auch Diamanten erstehen. Anmeldung: Tel.: 832-1731.

Tram
Die Straßenbahn verbindet die Innenstadt (ab Market Square) mit dem Big Hole Museum. In der Nebensaison verkehrt sie im 2-Stunden-Takt, in der Hochsaison im Stundentakt, jeweils zwischen 9 und 16.15h.

Feste
Kimberley Steam Festival: Vorführung der Dampflokomotivensammlung der Stadt. Eisenbahnfans sollten sich das nicht entgehen lassen. Meistens am letzten Wochenende im Juli.

Hotels

- **Holiday Inn Garden Court $$$**, 120 Du Toitspan Rd., P.O.Box 635, Kimberley 8300, Tel.: 833-1751, Fax: 832-1814, gehobener Standard. Gutes Preis-Leistungs-Verhältnis.
- **Edgerton House $$$**, 5 Edgerton Road, Belgravia, Tel. 842-0345. Schöne Zimmer in einem stilvollen Hotel nahe am Zentrum. Swimmingpool, sehr gutes Dinner (entsprechend teuer).
- **Diamond Protea Lodge $$**, 124 Du Toitspan Rd., P.O.Box 2068, Kimberley 8301, Tel.: 831-1281, Fax: 831-1284. Modernes Hotel, günstig gelegen. Preislich auch günstig.
- **Bishops Lodge $$**, Bishop Str., Kimberley 8300, Tel.: 831-7876, Fax: 831-7479. Modernes Hotel. Zielgruppe: eher Geschäftsleute.
- **Halfway House Hotel $**, 229 Du Toitspan Rd., P.O.Box 650, Kimberley 8300, Tel.: 831-6324. Traditionshotel. Günstige Preise.

Gästehäuser

- **Milner House $$**, 31 Millner Street, Belgravia, Kimberley 8301, Tel./Fax: 831-6405. Ruhig gelegen, Swimmingpool, gepflegter Garten.
- **Langberg Guest Farm $$**, Western Front of Magersfontein Battlefield, 21 km südlich von Kimberley an der N12, P.O.B. 10400, Beaconsfield 8301, Tel./Fax: 832-1001. Eine echte Karoo Wild- und Viehfarm. Das Haupthaus ist im kapholländischen Stil gebaut. Schön: die viktorianischen Bäder, Schwimmbad.

Jugendherberge

Gum Tree Lodge, Bloemfontein Rd., 2 km außerhalb der Stadt entlang der Hull Street/Kreuzung Bloemfontein Road, Tel.: 832-8577. Schlafsäle, Doppelzimmer für Selbstversorger, Mit Swimmingpool. Hier kann man auch Fahrräder mieten. Preiswertes Restaurant direkt daneben (Old Diggers).

Bed'n Breakfast

Zurzeit ist das System noch nicht sehr ausgereift in Kimberley, aber es gibt die Möglichkeit, auf Farmen oder bei Privatleuten unterzukommen. Das Tourist Office berät Sie dazu aktuell.

Camping

- **Big Hole Open Mine Pleasure Resort and Caravan Park**, West Circular Rd., Tel.: 830-6322. Schöner neuer Platz. Leider spenden die jungen Bäume erst wenig Schatten.
- **Riverton Pleasure Resort**, 28 km außerhalb. Zuerst entlang der Transvaal Street (N12), nach etwa 15 km nach links abbiegen. Tel. 832-1703. Schön gelegen. Hier gibt's auch luxuriöse Hütten.

Restaurants und Pubs

Die gastronomische Seite der Stadt bietet nicht allzu viel. Sie können also getrost im Hotelrestaurant speisen, wobei das „Tiffany" im Savoy Hotel als das beste gilt. Einzige Ausnahme sind die Publunches in den beiden u.g. Pubs.
- **Tiffany's (Savoy Hotel)**, 19 De Beers Rd., Tel. 8326211. Sehr gutes, „förmliches" Restaurant, ausgezeichnete Fleisch- und Fischgerichte. Guter Service.
- **Halfway House Pub**, 229 Du Toitspan, Tel.: 831-6324. Alter Pub, in dem Rhodes auf halbem Weg nach Hause sein Bier im Sattel eingenommen hat. Am Wochenende häufig Livemusik. Nicht Jedermanns Geschmack: man nimmt hier seinen Drink im Auto ein.

- **Star of The West**, North Circular Rd., Tel.: 832-6463. Ältester Pub der Stadt. Gezapftes Bier. Im Obergeschoß kleines Restaurant, atmosphärisch.
- **Mohawk Spur**, 67 Du Toitspan Rd., Tel.: 832-6472. Steakhaus mit guter Salatbar.
- **Mario's**, Im Sanlam Shopping Center, Ecke Lennox/Chapel Str., Tel. 831-1738. Gute italienische Speisen. Spaghettigerichte sind zu empfehlen.
- **Safari Steakhouse**, 2 Market Square, Tel.: 832-4621. Gilt als das beste Steakhaus in der Stadt.
- **Umbertos**, Jones Street, Tel. 25741. Gute Pizzas und Pasta. Sonntags geschlossen.
- **Pembury Lodge**, 11 Currystreet, Tel.: 832-4317. Der Schweizer Besitzer kocht köstliche Gerichte (u. a. Fisch, Wild – und natürlich Rösti).

Sehenswürdigkeiten
- **Kimberley Mine Museum**, Öffnungszeiten: täglich von 8–18 h.
- **De Beers Mine Observatory**, von einer Aussichtsplattform hat man einen guten Blick auf den Bergwerksbetrieb, der im Tagebau stattfindet. Mit einem Permit kann man auch die Werksanlagen von De Beers besichtigen. Dieses **Permit** erhält man im Hauptbüro, 36 Stockdale Street, Tel.: 842-1321, um 9 und 11 h. Die Führungen, die am Dutoitspan Mine Gate beginnen führen u.a. zu einer Diamantenausstellung und zu den Minenanlagen.
- **Bultfontein Mine**: Die Mine befindet sich in Beaconsfield an der Molyneaux Rd. Auch hier kann man sich den Minenbetrieb ansehen. Wochentags finden Touren um 9 h und 11 h statt. Wer hier den Schürfbetrieb **unter Tage** einmal miterleben will, sollte sich zu einer Tour beim Tourist Office anmelden. Touren finden in der Regel Montag, Mittwoch und Freitag statt. Man kann sich auch direkt anmelden unter der Telefonnummer: 832-9651.
- **De Beers Kennels**, Hier befinden sich die Zwinger für die Schäferhunde, die man zur Bewachung der De Beers-Besitzungen abrichtet. Am jeweils ersten und dritten Sonntag (10.30h) eines Monats gibt es Vorstellungen.
- **McGregor Memorial Museum/Chapel Street**, Öffnungszeiten: Mo–Fr: 9–17h, Sa: 9–13h, So: 14–17h.
- **Duggan Cronin Gallery**, Öffnungszeiten: Mo–Fr: 9–17h, Sa: 9–13h u. 14–17h, So: 14–17h.

King Williams Town (Eastern Cape Province) (S. 688)
Vorwahl: 043

Information
Tourist Information Bureau, Tel.: 642-3391. Das Büro befindet sich in der öffentlichen Bibliothek gegenüber dem Kaffrarian Museum. Geöffnet Mo–Fr 8.30–17.30, Sa 8.30–13h.

Unterkunft
- **Dreamers Guest House $$**, 29 Gordon St., Tel./Fax: 642-3012. Kleine Pension in einem viktorianisch anmutenden Haus. Schöne Gartenanlage mit Swimmingpool.
- **Grosvenor Lodge $**, 48 Taylor Street, Box 61, King William's Town 5600, Tel.: 604-7200, Fax: 604-7205. Sauberes Hotel im Zentrum.
- Es gibt noch 5 weitere, einfache Hotels. Wer's komfortabler mag, sollte im **Amatola Sun** in Bisho absteigen.

Restaurant
Spur „St. Louis" Steak Ranch, Ecke Alexandra/Cathcart Rd. Typisches Spur-Restaurant in altem Gebäude – wie immer gute Salatbar.

Sehenswürdigkeiten
- **Amatola Museum**, Öffnungszeiten: Mo–Fr 9–13h und 13.45–16.30h, Sa 10–12.30h
- **Kaffrarian Museum**, Öffnungszeiten: Mo–Fr 9–12.45h, 14–17h, Sa 9–12.45h.

Knysna (Western Cape Province) (S. 647)
Vorwahl: 044

Information
Knysna Tourism Office, P40 Main St./Ecke Gray St., Knysna 6570, Tel.: 382-5510, Fax: 382-1646, E-Mail: knysna.tourism@pixie.co.za, website: www.knysna-info.co.za, geöffnet: Mo–Fr 8–17, Sa 9–13h.

Unterkunft
- **Belvidere Manor $$$$$**, Lower Duthie Drive, Tel.: 387-1055, Fax: 387-1059, E-Mail: manager@belvidere.co.za, website: www.belvidere.co.za. Das historische Haus liegt direkt am Wasser und sehr ruhig.
- **Brenton on Sea Hotel $$$$** (Abzweigung – wenn man von Osten kommt – vor der Knysna Lagoon nach rechts!). P.O.B. 36, Knysna 6570, Tel.: 381-0081, Fax: 381-0026, E-Mail: brenton.on.sea@pixie.co.za, website: www.brentononsea.co.za. Hier gibt es nette Chalets sowie ein großes Haus mit 3 Schlafzimmern, Wohnzimmer und Küche zu mieten. Blick auf einen schönen, naturbelassenen Strand. Außerdem 2 Bars, 2 Restaurants und 2 Swimmingpools.
- **Yellowwood Lodge $$$$**, 18 Handel Street, P.O.B. 2020, Knysna 6570, Tel.: 382-5906, Fax: 382-4230, E-Mail: yellowwood@global.co.za, website: www.yellowwoodlodge.co.za. Hübsche gemütliche Lodge, mit Antiquitäten eingerichtet. Swimmingpool und Garten. Kinder ab 13 Jahre zugelassen.
- **Lindsay and Montrose Castle $$$$**, Noetzie Beach, Tel.: 375-0100. Schöne Lage neben eigenem Strand.
- **Protea Knysna Quays $$$**, P.O.B. 2710, Knysna 6570, Tel.: 382-5005, Fax: 382-5006, E-Mail: knysnaq@mweb.co.za, website: www.proteahotels.co.za. Gutes Mittelklasse-Hotel, tolle Aussicht auf die Lagune, Swimmingpool
- **Caboose $$**, Ecke Gray & Trotter Str., P.O.B. 2044, Knysna 6570, Tel.: 382-5850, Fax: 382-5224. Die Zimmer sind Eisenbahnwaggons nachempfunden. Die Unterkünfte sind sehr sauber, originell, schön – und sehr preiswert. Swimmingpool und Restaurant sind vorhanden.
- **Fish Eagle Lodge $$**, Off Welbedacht Lane, P.O.B. 2064, Knysna 6570, Tel.: 382-5431, Fax: 382-7435, E-Mail: reservations@fisheaglelodge.co.za, website: www.fisheaglelodge.co.za. Sehr schön gelegenes Haus mit Blick auf Lagune und Berge. Ruhig, mit Swimmingpool – und preiswert (Bed & Breakfast). Die Gastgeber sind ein aus Deutschland eingewandertes Ehepaar (Renate und Klaus). Anfahrt: Von Kapstadt aus kommend die White Bridge (Lagunenbrücke) an der N2 überqueren und Richtung Knysna fahren. Nach etwa 2-3 km geht links die Welbedacht Lane ab, der Sie 1 400 m folgen. Danach geht es links (300 m) zur Fish Eagle Lodge.

- Eine absolut gute, individuelle und preisgünstige Übernachtungsalternative ist das **„Harry's B's"** $$, 40 Main Str., Tel.: 044-382-5065. Es handelt sich um ein von zwei Brüdern betriebenes Haus, das 1863 erbaut wurde und heute unter Denkmalschutz steht. Im unteren Geschoss befindet sich ein Pub, dreimal in der Woche gibt es Live-Musik. Das kleine Restaurant bietet eine gute, wenn auch kurze Speisekarte. Die Besitzer sind sehr, sehr zuvorkommend und gastfreundlich.
- **Zauberberg Cottage Guest House** $$, 28 Ridge Drive, Paradise, P.O.B. 731, Knysna 6570, Tel.: 382-5357, Fax: 382-7958, E-Mail: zauberberg@knysna.com. Bietet eine zentrale, jedoch ruhig gelegene Unterkunft mit Blick auf die Lagune. Die deutschsprachigen Gastgeber – Familie Meister – bemühen sich sehr um die Gäste, indem sie Tipps für Naturfreunde und Sportbegeisterte geben. Hervorragendes Frühstück!

Backpackers
Highfields Backpacker Guest House $, 2 Graham St., Tel. 382 6266, Fax: 382 5799. Schlafsäle und Doppelzimmer, Swimmingpool. Nett eingerichtet, sehr persönlich.

Camping
- **Woodbourne Holiday Resort**, George Rex Drive, Tel.: 382-3223. Sehr gute Ausstattung, nahe der Heads gelegen. Günstige Chalets.
- **Waterways Caravan Park**, Holiday Park Drive, Knysna 6570, Tel.: 382-2241. Chalets, Campingplätze, Schwimmbad.
- **Ashmead Resort**, Georg Rex Drive, Knysna, Tel. 044-384-1166, Fax: 044-384-1173. E-Mail: asheamead.resort@pixie.co.za, www.ashmeadresort.co.za. 16 Chalets und 44 Ferienwohnungen, mit Restaurant, Pool. Golfen und Angeln möglich.

Restaurants
Die Auswahl ist riesig, deshalb hier nur ein paar Tipps:
- **Le Loerie**, 57 Main St., Tel. 382-1616. Bestes Restaurant im Ort mit Schwerpunkt Austern und Fisch. Nur abends geöffnet (sonntags geschlossen).
- **34° South**, an den Quays gelegen, Tel.: 382-7331. Frischer Fisch und leckere Delikatessen.
- **The Knysna Oyster Co & Oyster Tavern**, Thesen Island, Tel.: 382-6941/2. Die frischesten und besten Austern der Stadt. Auch andere Fischgerichte.
- **The Drydock Food Co**, an den Knysna Quays gelegen, Tel.: 382-7310. Bei den Einheimischen sehr beliebtes Fischrestaurant.

Öffentliche Verkehrsmittel
Greyhound und Intercape halten an der Bern´s Service Station (Main Street), Translux am Bahnhof. Der BAZ-Bus hält praktisch an allen gewünschten Unterkünften der Stadt. Von Knysna erreicht man täglich Durban, Johannesburg (2 x), Kapstadt (6 x), Nelson-Mandela-Metropole (6 x), Tshwane (2 x). Natürlich auch George, Mosselbay (6 x), Oudtshoorn (2 x), Plettenberg Bay (7 x).

Strände
An der Buffels Bay bei Brenton on Sea gibt es Sandstrände. Abzweigung von der N2 von Kapstadt aus kommend vor der Überquerung des Knysna River nach rechts (also südwärts).

Sehenswürdigkeiten
- **Knysna Museum Complex**, an der Queen Road, Tel.: 044-382-5066, Öffnungszeiten: Mo–Fr 9.30–16.30h, Sa 9.30–12.30h
- **Wanderweg Buchungen**, Knysna Forest Talks, Tel.: 389-0102
- **Quteniqua Choo-Tjoe**, Fahrten: täglich. Abfahrt Knysna 9.45h und 14.15h, Dauer der Fahrt nach George ca. 2½ Stunden. Preis für Einfachfahrt ca. 45 Rand. Buchung: Choo-Tjoe Service Tel.: 382-1361

Knysna National Lake Area (Western Cape Province) (S. 648)

Information und Buchung
National Parks Board, P.O.Box 787, Tshwane (ehem. Pretoria) 0001, Tel.: 012-428-9111, Fax: 012-343-3830, website: www.parks-sa.co.za, E-Mail: reservations@parks-sa.co.za

Unterkunft
Im Park selbst gibt es keine Unterkünfte, dafür aber umso mehr in Knysna.

Köcherbaumwald (Namibia) (S. 558)

Vorwahl von Südafrika aus: 09264, internationale Vorwahl: 00264

Unterkunft
Am Eingang liegt das **Quivertree Forest Restcamp**, P.O.B. 262, Keetmanshoop, Tel./Fax: 063-222835, E-Mail: quiver@iafrica.com.na. Einfaches Camp mit Campingplätzen, Hütten, Duschen und WC.

Kokstad (KwaZulu/Natal) (S. 716)

Information
Kokstad Municipality, Tel.: 037-727-3133

Unterkunft
- **Ingeni Forest Lodge Motel $$**, Private Bag X502, Kokstad 4700, Tel.: 039-433-1175. An der N2 zwischen Harding und Kokstad gelegen. Restaurant, Swimmingpool, im Wald gelegen.
- **Mount Currie Inn $$**, Main Rd., Tel.: 037-727-2178, Fax: 727-2196, E-Mail: mciriaan@venturenet.co.za. Beste Adresse der Stadt.

Caravanpark
Municipal Caravan Park, Tel.: 037-727-3133. In der Nähe der Innenstadt.

Kosi Bay Nature Reserve (KwaZulu/Natal) (S. 742)

Unterkunft
• in Hütten möglich. Zu buchen bei **KZN Wildlife**, P.O.Box 13069, Pietermaritzburg 3202, Tel.: 033-845-1000, Website: www.kznwildlife.com oder unter 035-571-0051/1000
• **Kosi Forest Camp Lodge $$$$**, Tel. 035-4741-504. Diese Lodge liegt bei Kwangwanase, ab hier ist die Lodge ausgeschildert. Man kann sie nur mit einem Allradfahrzeug erreichen, Kunden mit Pkw parken den Wagen auf einem eingezäunten Gelände und werden hier um 12h oder 16h abgeholt. Fahrzeit ab hier: ca. 15 Minuten – der Weg ist sehr, sehr sandig! Die Lodge liegt in einem kleinen Wäldchen auf einer Anhöhe unweit eines Sees, wo es ein „Sundowner Deck" gibt. Die „Bush Suites" sind komfortabel, alle ensuite mit WC/Dusche und Badewanne (putzig: alles ist draußen unter freiem Himmel in den Sand installiert!). Es gibt kein elektrisches Licht, dafür ist abends alles sehr schön mit Kerzen illuminiert. An Aktivitäten gibt es Kanufahrten auf einem benachbarten Fluss, Schnorcheln, Vogelbeobachtungen.
• **Kosi Bay Lodge $$$**, Tel. 031-266-4172. Die Lodge liegt auf einem Hügel und überblickt den Lake Nhlange (= Third Lake). Man erreicht die Lodge von Kwangwanase aus kommend mit einem normalen Pkw. Es gibt hier saubere, einfach eingerichtete Chalets, einen gepflegten Swimmingpool, schöne Außenanlagen sowie ein kleines „Handwerkerdorf" gleich nebenan, wo hübsche Souvenirs gefertigt werden. Ein 10minütiger Spaziergang führt durch einen dichten Wald an das Seeufer, wo das Boot der Lodge liegt, mit dem man Auflüge unternimmt.

Kroonstad (Free State) (S. 757)

Information
Tourist Information, Tel.: 056-216-9911

Unterkunft
Arcadia Guesthoese $$, Tel.: 056-212-8280, sehr schöne Zimmer.

Camping
Kroonpark Holiday Resort, am Val River, Box 302, Kroonstad 9500, Tel.: 056-213-1942. Caravanpark und gute Chalets.

Restaurant
Spur Steak House, Buitekantst., und **Angelo's Trattoria**, Reitz Str.

Sehenswürdigkeiten
Sarel Cilliers Museum, Tel.: 056-216-9911, Öffnungszeiten: Mo–Fr: 10–12h, Sa: 9–12h

Kruger National Park (Mpumalanga/Limpopo Province) (S. 459)

Information und Buchung
National Parks Board, P.O.Box 787, Tshwane (ehem. Pretoria) 0001, Tel.: 012-428-9111, Fax: 012-343-3830, website: www.parks-sa.co.za, E-Mail: reservations@parks-sa.co.za

Eintrittsgeld
Seit November 2003 gilt eine neue Preispolitik: Der Aufenthalt im Kruger Park kostet dann 120 ZAR pro Erwachsener pro Tag und 60 ZAR pro Kind.

Flüge
Flughäfen am Kruger Park: Skukuza/Phalaborwa/Nelspruit/Hoedspruit, mehrmals täglich mit SA Airlink und SA Express. Auskunft unter SAA Tel.: 011-356-1111.

Mietwagen
ab Skukuza Airport/Phalaborwa verfügbar

Unterkunftsmöglichkeiten im Kruger National Park
Insgesamt stehen 17 Rastlager zur Verfügung. Und auch hier gilt, was man in ganz Südafrika beobachten kann: Alles ist sauber, funktionell ausgestattet und komfortabel. Die angebotenen Rundhütten haben z.T. Klimaanlage und sind sehr geräumig. Die Rastlager sind ebenfalls für Camping eingerichtet. Allerdings kommt es regelmäßig, vor allem während der südafrikanischen Schulferien, zu Kapazitätsengpässen. Reservierungen für diese Zeit sind deshalb empfehlenswert.
Alle staatlichen Camps werden bei der o.a. Adresse **zentral gebucht**!

Folgende Übernachtungsmöglichkeiten stehen zur Verfügung:
- **Camping-Plätze** für Wohnmobile und Zelte, die meisten haben Strom (außer Balule und einige Plätze in Punda Maria). Ab 95 ZAR. In Letaba, Lower Sabie, Malelane, Maroela, Pretoriuskop, Punda Maria, Satara, Shingwedzi und Skukuza. Unter: Balule, Berg-en-Dal, Crocodile Bridge
- **Hütten**: 1-Zimmer-Einheiten mit Gemeindschaftsküche und Badezimmer. Ab 115 ZAR. Unter: Lower Sabie, Pretoriuskop, Balule, Letaba, Shingwedzi und Orpen.
- **Safari-Zelte**: permanente Leinenzelte auf einer Plattform. Einige mit Gemeinschaftsküche und Badezimmer, einige mit etwas luxuriöserer Ausstattung. Ab 210 ZAR. Unter: Crocodile Bridge, Skukuza, Letaba, Tamboti.
- **Bungalows**: 1-Zimmer-Einheiten mit Badezimmer. Mit Gemeinschaftsküche oder eigener kleiner Küchenzeile und Grundausstattung. Teilweise mit Blick auf den Fluss und/oder Luxusaustattung. Ab 370 ZAR. Unter: Berg-en-dal, Crocodile Bridge, Letaba, Lower Sabie, Mopani, Olifants, Pretoriuskop, Punda Maria, Satara, Shingwedzi, Malelane und Skukuza.
- **Cottages**: Schlafzimmer, Wohnzimmer, Badezimmer und Küche. Ab 550 ZAR. Unter: Punda Maria, Mopani, Biyamiti, Shimuwini, Sirheni und Talamati.
- **Family Cottages**: Mehrere Schlafzimmer, Wohnzimmer, Badezimmer und Küche. Ab 790 ZAR. Unter: Skukuza, Berg-en-dal, Pretoriuskop und Olifants.
- **Guest Cottages**: Mehrere Schlafzimmer, mindestens 2 Badezimmer, voll ausgestattete Küche. Ab 795 ZAR. Unter: Skukuza, Mopani, Olifants, Lower Sabie, Satara, Orpen, Pretoriuskop, Letaba und Shingwedzi.

- **Guest Houses**: Mehrere Schlafzimmer, Badezimmer, Wohnbereich mit Bar und besonders schöner Aussicht. Ab 1 350 ZAR. Unter: Berg-en-Dal, Letaba, Lower Sabie, Mopani, Olifants, Pretoriuskop, Satara, Shingwedzi und Skukuza.
- **Bush Lodges**: Exklusive private Lodge, mit individueller Note und Atmosphäre. Mehrere Schlafzimmer und Badezimmer. Ab 1 350 ZAR. In Boulders und Roodewal.

CAMPS
Es gibt 12 Hauptcamps im Kruger Park. Alle Hauptcamps haben einen Laden mit Artikeln des täglichen Bedarfs und Lebensmitteln. Orpen und Crocodile Bridge sind die einzigen Camps ohne Restaurants.
- Berg-en-Dal
- Crocodile Bridge
- Letaba
- Lower Sabie
- Mopani
- Olifants
- Orpen
- Pretoriuskop
- Punda Maria
- Satara
- Shingwedzi
- Skukuza

Alle großen Hauptcamps haben Strom, ein Erste-Hilfe-Zentrum, einen Laden, Grillplätze und Gemeinschaftsküchen, Waschmöglichkeiten, ein Restaurant und/oder eine Cafeteria, Telefonzellen und eine Tankstelle. Informationszentren gibt es in Letaba, Skukuza and Berg-en-dal. Wanderwege gibt es in Punda Maria, Berg-en-dal und Pretoriuskop.

Weiterhin gibt es einige Satelitencamps. Hier gibt es weder eine Rezeption, noch ein Restaurant oder Laden. Sollten Sie in einem dieser Camps wohnen, müssen Sie sich im jeweiligen Hauptcamp anmelden:
- Balule (Satara)
- Malelane (Malelane Gate): Berg-en-Dal
- Maroela (Orpen)
- Tamboti (Orpen)

Es gibt 5 Buschcamps. Sie sind klein und geben dem Besucher ein Gefühl der Abgeschiedenheit. Auch hier gibt es weder Restaurant noch Laden:
- Bateleur
- Biyamiti
- Shimuwini
- Sirheni
- Talamati

Es gibt 2 Bushlodges. Diese sind sehr exklusiv und abgeschieden gelegen:
- Boulders
- Roodewal

Behindertengerechte Einrichtungen stehen Ihnen in folgenden Camps zur Verfügung: Berg-en-Dal, Crocodile Bridge.

PRIVATE WILDSCHUTZGEBIETE

- **Londolozi Game Reserve $$$$**, am Sand River gelegen, offene Veranda, Swimmingpool, Bar, Boma, Laden. 3 Camps: Tree Camp (am teuersten), Bush Camp, Main Camp. Ab 300 €. Zentrale Reservierung: 021-424-1037, Fax: 021-424/1036, www.sabi.krugerpark.co.za.
- **Mala Mala Game Reserve $$$$**, an der Westgrenze des Kruger N.P. gelegen, Aufenthaltsraum, Bar, Boma, 2 Swimmingpools, Laden. Ab 500 €. Information und Buchung: Private Bag X284, Hillcrest, KwaZulu Natal 3650, Tel. 031-716-3500, Safari Fax: 031-716-3533. Buchung: reservations@malamala.com, www.malamala.com. **Kirkmans Camp $$**, oberhalb des Sand River, Aufenthaltsraum, Bar, Tennisplatz, Swimmingpool, Boma, Laden. Ab 300 €, Benmore, im Stil der 1920er Jahre erbaut, koloniale Atmosphäre. Aus Sicherheitsgründen ist der Aufenthalt von Kindern unter 12 Jahren nicht erlaubt. **Harry's Camp $$**, an der Westgrenze des Kruger N.P. gelegen, Aufenthaltsraum, Bar, Boma, Swimmingpools, Laden. Ab 300 €. Das kleinste Camp in Mala Mala Game Reserve. Alle Camps zeigen durch ihre spezifische Architektur und Dekoration einen Ausschnitt aus der afrikanischen Kultur. Hier werden die geometrischen Muster und Figuren der Ndebele nachempfunden.
- **Sabi Sabi Game Reserve**, am Rande des Kruger N.P. gelegen, Aufenthaltsraum, Bar, Swimmingpool, Boma, Laden. Ab 300 €. Ein Modell des ökologischen Tourismus. Information und Buchung: POB 52665, Saxonwold 2132 oder 85 Central Str., Houghton Estate, Johannesburg 2198. Reservierung: 011-483-3939, Fax: 011-483-3799, E-Mail: res@sabisabi.com, www.sabisabi.com. **Selati Lodge $$$**, 15 km nach Skukuza Airport, tolle Luxus-Atmosphäre wie um die Jahrhundertwende, am Msuthlu-Fluss gelegen. 400 €. Information und Buchung: Phalaborwa, Tel. 082-929-9622. **Bush Lodge $$. Earth Lodge $$$$.**
- **Motswari**, südlich von Phalaborwa am Rande des Kruger N.P. (Timbuvati-Gebiet) gelegen, Swimmingpool, Boma, Konferenzraum, Bar, Veranda. Ab 200 €. Information und Buchung: Motswari Private Game Reserve, POB 67865, Bryanston 2021, Tel. 011-463-1990, Fax: 011-463-1992, E-Mail: reservations@motswari.co.za. www.motswari.com. Lodge 1981 von einem Deutschen errichtet. 15 Luxusbungalows.
- **Motswari M'Bali**, 9 km von Motswari, Bar, Swimmingpool. Ab 300 €. Information und Buchung: POB 67865, Bryanston 2021, Reservierung: Tel. 011-463-1990/1, Fax: 011-463-1992. Liegt im Timbavati-Gebiet, das wiederum im Zentrum des Krüger Nationaparks liegt.
- **Inyati Game Lodge**, am Rande des Kruger N.P. gelegen, Aufenthaltsraum, Swimmingpool, Boma, Laden. Ab 200 €. Information und Buchung: POB 38838 Booyens, Johannesburg 2016, Tel. 011-880-5907/9, Fax: 011-788-2406. E-Mail: inyatigl@iafrica.com, www.inyati.co.za.
- **Ngala Game Lodge**, an der Westgrenze des Kruger N.P. gelegen, Aufenthaltsraum, Laden, Bar, Boma, Swimmingpool. Ab 300 €. Information und Buchung: www.ngala.co.za.
- **Singita Private Game Reserve**: **Singita Lebombo Lodge**, **Singita Ebony Lodge**, **Singita Boulders Lodge $$$**, 35 km vom Flughafen Skukuza entfernt, totaler Luxus, phantastische Wildbeobachtungsmöglichkeiten. 500 €. Information und Buchung: POB 23367, Claremont 7735, Tel. 021-683-3424, Fax: 021-683-3502. E-Mail: reservations@singita.co.za, www.singita.co.za.
- **Tshukudu Game Lodge**, westl. des Kruger N.P. in der Nähe von Hoedspruit gelegen, offene Veranda, Bar, Swimmingpool, Boma, Laden. Ab 100 €. Information und Buchung: Tel. 015-793-2476/1886, Fax: 015-793-2078, E-Mail: tshukudu@iafrica.com, www.tshukudulodge.co.za.
- **Ulusaba Private Game Reserve**, Information und Buchung: POB 71, Skukuza 1350, Tel. 013-7355 460, Fax 013-7355 259, E-Mail: reservations@ulusaba.com. **Ulusaba Safari Lodge $$$**, Ulusaba Rock Lodge $$$, Notten's Bush Camp $$$

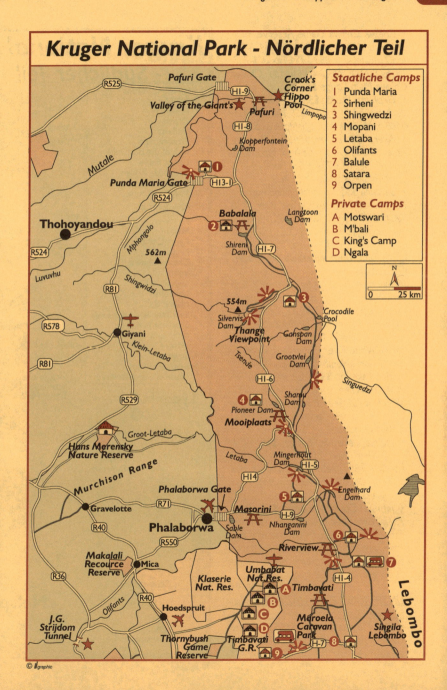

- **Chitwa Chitwa Game Reserve**, Information und Buchung: POB 781854, Sandton 2146, Tel. 011-883-1354, Fax 011-783-1858, E-Mail: info@chitwa.co.za. **Chitwa Chitwa Main Lodge $$$**
- **Elephant Plains $$**, Information und Buchung, Tel. 013-735-5358, Fax 013-735-5468, E-Mail: info@elepjhantplains.co.za
- **Akeru $$**, Information und Buchung: Reservation POB 69, Kipersol, Mpumalanga 1241, Tel. 013-751 1374, Fax 013-751-1374, E-Mail: akeru@soft.co.za
- **Savanna $$$**, Information und Buchung: Reservation POB 3619, White River 1240, Tel. 013-751 2474, Fax 013-751-3620, E-Mail: ecologics@soft.co.za

Unterkunft außerhalb des Kruger Parks

Wenn man keine Unterkunft im Kruger Park mehr erhält, so besteht die Möglichkeit, in einem der Orte zu übernachten, die in der Nähe eines Einganges zum Nationalpark liegen. **Unterkünfte in Nelspruit/White River** (Entfernung 30–50 km zur Einfahrt „Numbi Gate"):
- **Pine Lake Inn $$$**, Main Hazyview Rd., P.O.B. 94, White River 1240, Tel.: 013-751-5036, Fax: 751-5134. 8 km von White River Richtung Hazyview gelegen. Schwimmbad, 9-Loch-Golfplatz.
- **Hulala Lakeside Lodge $$$**, P.O.B. 1382, White River 1240, Tel.: 013-764-1893, Fax: 764-1864, website: www.hulala.co.za. Idyllisch gelegen, Schwimmbad, Boote, „nature walks".
- **Jatinga Country Lodge $$$**, P.O.B. 3577, White River 1240, Tel.: 013-751-5059, Fax: 751-5119, website: www.jatinga.co.za. Tolle Lage inmitten tropischer Vegetation. Sehr gediegenes Ambiente, phantastisches Essen, gemütliche Zimmer.

UNTERKÜNFTE IN HAZYVIEW (Einfahrt Paul Kruger Gate/Entfernung 75 km)
- **Blue Mountain Lodge $$$$$**, Abzweig von der R536 in die 514. P.O.B. 101, Kiepersol 1241, Tel.: 013-737-8446, Fax: 737-

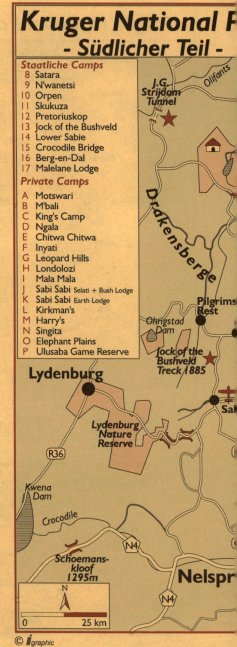

Kruger National P
- Südlicher Teil -

Staatliche Camps
8 Satara
9 N'wanetsi
10 Orpen
11 Skukuza
12 Pretoriuskop
13 Jock of the Bushveld
14 Lower Sabie
15 Crocodile Bridge
16 Berg-en-Dal
17 Malelane Lodge

Private Camps
A Motswari
B M'bali
C King's Camp
D Ngala
E Chitwa Chitwa
F Inyati
G Leopard Hills
H Londolozi
I Mala Mala
J Sabi Sabi Selati + Bush Lodge
K Sabi Sabi Earth Lodge
L Kirkman's
M Harry's
N Singita
O Elephant Plains
P Ulusaba Game Reserve

6. Regionale Reisetipps von A–Z: Kruger NP

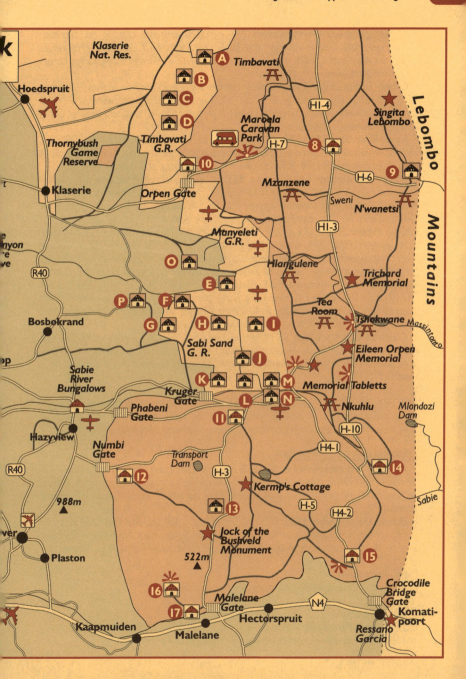

8446, website: www.blu-mountain.com. Eine der gediegensten Lodges in der südlichen Hemisphäre. Tolle, riesige Zimmer und Bäder, alles individuell dekoriert, erstklassiges Restaurant, exzellente Speisen in wundervoller Präsentation! Wunderschöne, ruhige Umgebung, herrliche Swimmingpool-Anlage.
- **Cybele Forest Lodge $$$$**, Abzweig von der R40 ca. 25 km nördlich von Hazyview. P.O.B. 346, White River 1240, Tel.: 013-750-9500, Fax: 750-9510, website: www.cybele.co.za. Schwimmbad, Wanderwege. Besonders idyllisch (mitten im Wald) und sehr gepflegt, „britische" Atmosphäre, ausgezeichnete Küche!
- **Sabie River Sun $$$**, P.O.B. 13, Hazyview 1242, Tel.: 013-737-7311, Fax: 737-7314, website: www.southernsun.com, E-Mail: sabiriversun@southernsun.com. Nördlich der Stadt gelegen, schöne, ruhige Lage, Schwimmbad, 9-Loch-Golfplatz, Restaurant (Buffet).
- **Böhm's Zeederberg Guest House $$$**, an der R536 gelegen, ca. 14 km westlich Hazyview. P.O.B. 94, Sabie 1260, Tel.: 013-737-8101, Fax: 737-8193. Schwimmbad. Familiäre Atmosphäre, preiswert. Idealer Ausgangspunkt für Erkundungen rund um den Blyde River Canyon. Deutsche Gastgeber-Familie, sehr gute Küche, Abendessen auf Anfrage.
- **Chilli Pepper Lodge $$$**, an der R536 ca. 10 km von Hazyview entfernt an der linken Seite gelegen. P.O.B. 193, Kiepersol 1241, Tel.: 013-737-8373, Fax: 737-8258, website: www.chillipepperlodge.co.za. Sehr nette Lodge, tolle Lage, sehr geschmackvolle Zimmer, Swimminpool und schöne Gartenanlage, liebevoll angerichtete Speisen aus besten Zutaten.
- **Rissington Inn & Restaurant $$**, P.O.B. 650, Hazyview 1242, Tel.: 013-737-7700, Fax: 737-7112, E-Mail: rissington@mweb.co.za. Ruhig gelegenes, legeres Haus zum Wohlfühlen, 2 km südlich der Stadt, nahe der R 40. Nette Zimmer, Swimmingpool, sehr gutes Preis-Leistungs-Verhältnis. Sehr schmackhafte und vegetarische Gerichte.
- **Chestnut Country Lodge $$**, P.O.B. 156, Kiepersol 1241, Tel.: 013-737-8195, Fax: 737-8196, website: www.chestnutlodge.co.za. Anfahrt: Von Hazyview in die 2nd Kiepersol Road. Sehr persönlich, schönes Schwimmbad, ruhige Lage, nette Zimmer – und das alles preiswert!

UNTERKUNFT IN PHALABORWA (Einfahrt beim Phalaborwa Gate/Entfernung 2 km)
Steyn´s Cottage $$$, 67 Bosvlier Road, Phalaborwa 1390, Tel.: 015-781-0836. Nur 3 km zum Kruger Park Gate, sehr geschmackvoll angelegt, Swimminpool, schöner Garten.

UNTERKÜNFTE IN MALELANE
- **Malelane Sun Inter-Continental $$$$**, Malelane Gate Road, P.O.B. 392, Malelane 1320, Tel.: 013-790-3304, Fax: 790-3303, website: www.southernsun.com. Sehr schöne Anlage mit Schwimmbad und gutem Restaurant, tolle Aussicht auf den Crocodile Fluss, nur 2 km zum Parkeingang.
- **Buhala Game Lodge $$$$**, P.O.B. 165, Malelane, 1320, Tel.: 013-790-4372, Fax: 790-4306, website: www.buhala.co.za. Sehr schönes, riedgedecktes Haus inmitten von Plantagen, schöner Ausblick auf den Crocodile Fluss, gepflegte Außenanlagen, geräumige Zimmer.

Restaurants
In den Unterkünften und entlang den Hauptstraßen.

Backpackers
Kruger Park Backpackers $, Main Rd., Tel. 013-737-7224. Nette, saubere Anlage mit Schlafsälen, Rondavels und Zuluhütten, Swimmingpool vorhanden.

Benzin/Motoröl
Außer in Bateleur, Letaba, Mbyamiti, Sirheni, Shimuwini und Talamati kann man in allen Restcamps tanken. Diesel gibt es nur in Skukuza, Satara, Letaba, Punda, Maria, Shingwedzi, Olifants, Lower Sabie und Pretoriuskop.

Kreditkarten
Visa, Mastercard, Diners, American Express, Barclay und Volkskas Card werden akzeptiert.

Waschen
Waschautomaten gibt es in den Camps Letaba, Satara, Berg-en-Dal und Skukuza.

Straßenkarten
Sie sind erhältlich beim National Parks Board oder an allen Eingängen des Parks und in den Camps.

Krugersdorp (Gauteng) (S. 407)

Unterkunft
Ngonyama Caravan Park, an der R 24, 1,5 km westl. von Krugersdorp, Tel. 011-953-1511, Fax: 011-665-1735. www.afribush.co.za. 46 Chalets, 55 Caravanplätze, Pool, Restaurant.

Kwandewi (Nwanedi) National Resort (Limpopo Province) (S. 472)

Camping
Aventura Resort Nwanedi, Lage: Nwanedi Resort, am nördlichen Fuße des Soutpansberg. Reservierungszentrale Aventura Resorts: Tel. 011-207-3600, Fax: 011-207-3698/9. Chalets, Apartments, Caravanplätze. Angeln, Kanu fahren.

KwaZulu/Natals Südküste (KwaZulu/Natal) (S. 718)

Informationen
Tourism Margate, Tel.: 039-312-2322, Fax: 312-1886, E-Mail: tmargate@iafrica.com.

Busverbindungen
Täglich fahren Busse von **Translux** (Tel.: 031-308-8111), **Greyhound** (Tel.: 031-309-7830) und **Intercape** (Tel.: 031-307-2115) entlang der South Coast, die meisten mit dem Endziel Umtata. Erkundigen Sie sich am Busbahnhof in Durban, oder buchen Sie über **Computicket** (website: www.computicket.co.za) in Durban.

Flugverbindungen
SA Airlink (Buchung über SAA) fliegt von Johannesburg täglich den Flugplatz von Margate an. Infos über die beiden Flugplätze in Durban. Im Sommer gibt es auch private

Airlines, die vom Lanseria und vom Grand Central Airport (beide bei Johannesburg) Flüge hierher anbieten.

🛏 Unterkunft

Als Urlaubsgebiet, das besonders Familien ansprechen soll, wird hier weniger auf die teureren Hotels Wert gelegt, sondern es gibt vielmehr unzählige Holiday Apartments, in denen man während der Nebensaison sehr preisgünstig wohnen kann, und eine Reihe von Campingplätzen, wobei es dabei zum Teil große Qualitätsunterschiede gibt.

- **Selborne Country Lodge $$$$**, P.O.B. 2, Pennington 4184, Tel.: 039-975-3564, Fax: 039-975-3126. Tolles Land-Anwesen, herrlicher Golfcourse, hervorragendes Restaurant – super für Leute, die sich verwöhnen lassen wollen.
- **Protea Hotel San Lameer $$$**, P.O.B. 78, Southbroom 4277, Tel.: 039-313-0011, Fax: 039-313-0157. Großes Luxus-Feriendorf, inmitten einer subtropischen Anlage. Strandnähe (500 m), alle Sportmöglichkeiten (auch 18-Loch-Golf), 2 Swimmingpools, 1 Meerwasserpool, Transfers mit Hotelbus nach Margate, Linienbus zwischen Durban und Margate.
- **Brackenmoor Hotel $$$**, Skyline Avenue, Uvongo, P.O.Box 518, St. Michael's on Sea, 4265, Tel.: 039-315-0065. In altem Colonial Country House untergebracht. Wohl das schönste Hotel an der South Coast.
- **Karridene Protea Hotel $$$**, Old South Coast Main Rd, Karridene, P.O.Box 20, Illovo Beach 4155, Tel: 031-916-7228, Fax: 031-916-4093. Resort mit Komfort, nur 20 Min. südlich von Durban, unweit vom Strand.
- **Margate Hotel $$**, Marine Drive, Margate, Tel. 039-312-1410, Fax: 039-317-3318. Nettes, kleines Hotel um einen Swimmingpool gebaut, nahe zum Strand, Restaurant.
- **Oribi Gorge Hotel $$**, direkt hinter dem Nature Reserve, erste Abzweigung von der N2 benutzen. P.O.Box 575, Port Shepstone 4240, Tel.: 039-687-0253. Kleines, einfaches Hotel unter Leitung einer englischen Familie.
- Weitere Hotels gibt es vor allem in Scottburgh, Amanzimtoti und Margate. Holiday Flats wachsen an jeder Ecke aus dem Boden, so dass man sich am besten das geeignete Gebäude selbst aussucht. Der allgemeine Standard entspricht dabei den Kriterien eines sauberen 2-Sterne-Hotels.

🚐 Caravanparks

Es gibt etwa 50 Caravanparks entlang der South Coast, wobei aber einige nicht sehr zu empfehlen sind, da entweder die sanitären Anlagen unzureichend sind oder sie direkt an Bahnschienen oder Hauptstraßen liegen. Daher sollte man sich die Plätze vorher erst einmal ansehen. **Auswahl:**

- **Mac Nicol's Pennington Holiday Resort**, P.O.Box 19, Pennington 4184, Tel.: 039-977 8863. Familiäre Atmosphäre.
- **ATKV Natalia Beach Resort**, P.O.Box 11, Illovo Beach 4155, Tel.: 031-916-4545, website: www.atkv.org.za. Gute Gemeinschaftseinrichtungen.
- **Margate Caravan Park**, Tel.: 039-312-0852. Großer, sauberer Park.

🛏 Backpackers

Margate Backpackers, 14 Collis Str., Manaba Beach, Tel. 039-3122176. Schlafsäle und Doppelzimmer sowie Campingplätze. Strandnahe Lage, Kücheneinrichtung für die Bewohner.

Restaurants
Es gibt entlang der South Coast einige gute Restaurants, und es versteht sich von selbst, dass man hier Seafood essen sollte. Besonders im Juni/Juli empfiehlt es sich, Sardinengerichte auszuwählen, da diese dann während des „Sardine Run" besonders günstig angeboten werden. **Auswahl:**
- **The Crayfish Inn**, Marine Drive, Ramsgate, Tel.: 039-314 4720
- **Cutty Sark Restaurant**, Old Coast Rd, Scottburgh, Tel.: 039-976-1230 – im Cutty Sark Hotel

Dampfzugfahrt
Der Banana-Express fährt die Strecke zwischen Port Shepstone und Izotsha. Die Fahrt führt durch Bananen- und Zuckerrohrplantagen. Abfahrt Port Shepstone (Di & Sa). Die Hin- und Rückfahrt dauert ca. 6 Stunden und kostet rund 100 Rand. Während der südafrikanischen Schulferien fährt der Zug täglich. Zusätzlich wird ein längerer Ausflug von 4 Stunden mit Grillmöglichkeiten angeboten. Diese Fahrt kostet runde 50 Rand.
Buchung: **Banana-Express Office**, P.O.B. 572, Port Shepstone 4240, Tel.: 039-682-1507 oder 682-2455.

Ladismith (Western Cape Province) (S. 632)

Unterkunft
Bestes, individuelles Haus: **Albert Manor $$** (viktorianisches Haus in ruhiger Lage, von zwei aus Deutschland ausgewanderten Männern beispielhaft geführt mit viel Ambiente!). Adresse: 26 Albert Street, Ladismith 6655, Tel. und Fax 028-5511127

Restaurant
Am besten im alten Stadthotel (**Royal Country Lodge**), Tel.: 028-551-1044, an der Hauptstraße (rustikal, sehr preiswert)

Lamberts Bay (Western Cape Province) (S. 607)
Vorwahl: 027

Information
Tourist Information, im Sandveld Museum, Kerk Str., Tel.: 027-432-1000

Unterkunft
- **Lamberts Bay Hotel $$$**, Voortrekker Street, Lamberts Bay 8130, Tel.: 027-432-1126, Komfortables Hotel in historischem Gebäude mit guter Küche, Swimmingpool – leider in der Nähe einer Fischfabrik.
- **Raston Guest House $$**, 24 Riedemann Str., Tel. 027-432-2431, Fax 027-432-2422. Geschmackvoll eingerichtete Zimmer, Swimmingpool, guter Service.

Selbstverpflegungsapartments
Eureka Apartments $$, Tel.: 027-432-2431, Fax: 027-432-2422. Neue Apartments, sehr persönlich und engagiert geführt.

Camping
Lamberts Bay Caravan Park, Voortrekker Street, P.O.Box 4, Lamberts Bay 8130, Tel.: 027-432-2238. Moderner Campingplatz.

Restaurants (Auswahl)
• **Bosduifklip Open-Air-Restaurant**, an der Straße nach Clanwilliam (4 km), Tel.: 027-432-2735. Das „Restaurant" befindet sich unter einem Felsvorsprung. Hier gibt es sowohl Crayfish als auch alle Arten von typischen „Binnenlandgerichten". Der Besitzer betreibt eigentlich die anliegende Farm, kam aber auf die ungewöhnliche Idee, hier ein Restaurant zu eröffnen, nachdem dieser Platz schon für mehrere Familienfeiern gedient hatte. Anmeldung ist erforderlich, und es wird nur gekocht, wenn mindestens 8 Personen kommen. An Wochenenden ist das aber kein Problem, und ein Besuch hier ist ein Erlebnis! Unlicensed! Geöffnet: Mo–Fr 9–13h, 14–17h, Sa 9–12.30h
• **Muisbosskerm**, 5 km südlich der Stadt. Anmeldung einen Tag im Voraus erforderlich. Tel.: 027-432-1017. Tolle Lage. Geöffnet: Mo–Fr 9–13h, 14–17h, Sa 9–12.30h

Sehenswürdigkeiten
Sandveld Museum: ein kleines Museum, in dem neben antiken Möbeln auch eine 300 Jahre alte Bibel ausgestellt ist, die in Hoch-Niederländisch geschrieben ist. **Öffnungszeiten:** Mo–Fr 9–12h und 14–16h.

Langebaan (Western Cape Province) (S. 375)
siehe West Coast NP

Leribe (Lesotho) (S. 530)
Vorwahl von Südafrika aus: 09266, **Vorwahl international:** 00266

Unterkunft
• **Leribe Hotel $**, Main Str., P.O.Box 14, Leribe 300, Tel.: 400-362. Nettes kleines Hotel.
• Das Sekekete Hotel ist nicht zu empfehlen.

Lesotho (S. 509)
Vorwahl von Südafrika aus: 09266, **Vorwahl international:** 00266

Information
• **Lesotho Tourist Board**, Victoria Building, 209 Kingsway, Box 1378, Maseru 100, Tel.: 313-760, Fax: 310-108, E-Mail: ltbhq@ltb.org.ls oder informsu@ltb.org.ls
• **Botschaft des Königreichs Lesotho**, Godesberger Allee 50, 53175 Bonn, Tel.: 0228-308-430, Fax: 0228-308-4332

Wichtige Telefonnummern und Adressen
• **Mobiltelefon**, Vodacom Lesotho, Tel.: 212-000, Fax: 311-079
• **Faxanschlüsse**, Stehen in einigen Hotels zur Verfügung.

- **Internet/E-Mail**, Es gibt nur wenige Internet-Cafes in Maseru, bitte im Hotel nachfragen.
- Feuerwehr: im ganzen Land Tel. 122
- Polizei: im ganzen Land Tel. 123
- Krankenhäuser und Ambulanz: Maseru, Butha-Buthe und Leribe Tel. 121; Mafeteng: Tel. 700-208; Mohale's Hoek: Tel. 785-210. Das größte Krankenhaus des Landes ist das Queen Elizabeth Hospital in Maseru, Kingsway, Tel. 312-501.

Anreise
Bus- und Flugverbindungen existieren von Johannesburg nach Maseru und zurück. Über Bloemfontein (Anflug durch SAA) kann Maseru ebenso erreicht werden. Bloemfontein ist ebenfalls der Verzweigungspunkt für Reisende aus Kapstadt oder aus der Nelson-Mandela-Metropole. Ebenso kann Lesotho von der Transkei aus auf dem Landwege gut erreicht werden.

Botschaften und Honorarkonsulate
- Diplomatische Vertretungen
- **Südafrika**: Trade Mission, 10th Floor, Lesotho Bank Building, Private Bag A266, Maseru, Tel.: 315-758, Fax: 310-128
- **Deutschland**: 70 C Maluti Rd., Tel.: 314-426, Fax: 310-058
- **Schweiz**: Honorarkonsulat, Box 708, Tel.: 311-585 od. 314-783,
- **In Deutschland**: Embassy of the Kingdom of Lesotho, Godesberger Allee 50, 53175 Bonn, Tel.: 0228-308-430, Fax: 0228-308-4332 (auch für Schweizer und österreichische Staatsbürger zuständig)

Visa
Touristen aller Länder, die weniger als 30 Tage im Land bleiben wollen, benötigen kein Visum. Achtung: Vor Reiseantritt nochmals nachfragen!
Wer länger bleiben möchte, muss diesen Wunsch rechtzeitig an folgende Adresse richten: Director of Immigrations and Passport Services, P.O.Box 363, Maseru 100, Lesotho, Tel.: 317-339.

Grenzübergänge
- Maseru Bridge durchgehend
- Caledoonsport 6–22h
- Ficksburg Bridge durchgehend
- Peka Bridge 8–16h
- Van Rooyen's Gate 6–22h
- Makhaleng Bridge 8–18h
- Tele Bridge 8–16h
- Qacha's Nek 7–22h
- Sani Pass 8–16

Alle hier nicht aufgeführten kleineren Grenzübergänge haben von 8–16 h geöffnet.

Gesundheit
Es bestehen keine Impfvorschriften, aber folgende Impfungen werden von der Weltgesundheitsbehörde empfohlen: Tetanus, Polio, Typhus, Hepatitis A und evtl. Tollwut.

Währung

Die Währungseinheit ist der Loti (1 Loti = 100 Lisente); Plural: Maloti („Berg"). Der Loti ist durch eine Währungsunion an den südafrikanischen Rand gebunden. Der Rand gilt in Lesotho auch als legales Zahlungsmittel, wobei die Münzen nicht immer akzeptiert werden.

Hinweis: In Südafrika erweist es sich aber als schwierig, mit Maloti-Scheinen zu bezahlen. Versuchen Sie daher, diese vor der Ausreise auszugeben bzw. wieder umzutauschen.

Stromstärke
220 V/50 Hz

Gesetzliche Feiertage
1. Januar - Neujahr
11. März - Moshoeshoe's-Tag
4. April - Heroes Day
Karfreitag und Ostermontag
Himmelfahrt
1. Mai - Tag der Arbeit
Erster Montag im Juli - Tag der Familie
17. Juli - Geburtstag des regierenden Königs
4. Oktober - Unabhängigkeitstag
25. u. 26.12. - Erster und zweiter Weihnachtsfeiertag

Tankstellen

Mittlerweile gibt es entlang der Asphaltstraßen genügend Tankstellen und in den größeren Ortschaften auch welche, die 24 Stunden geöffnet sind. Wer ins Landesinnere oder in den Ostteil des Landes fährt, sollte sich aber sicherheitshalber einen Reservekanister mitnehmen, da hier das Tankstellennetz sehr dünn ist, und diese Tankstellen auch manchmal kein Benzin mehr haben.

Banken
In Maseru können Sie Geld und Reiseschecks bei folgenden Banken umtauschen: Development Bank, Standard Bank und Nedbank. Öffnungszeiten der Banken: Mo–Fr: 8.30–15h, Do: 8.30–13h, Sa 8–11h.

Post
Öffnungszeiten: Mo–Fr 8–16.30h, Sa 8–12h. Der Service ist allerdings langsam und unzuverlässig.

Telefonieren
Lesotho ist z.Zt. noch nicht mit einem modernen Telefonsystem ausgerüstet. Daher sind abgelegene Gebiete, wie z.B. Mokhotlong und Qacha's Nek, noch nicht direkt anzuwählen. Hier gibt es verschiedene Möglichkeiten, diese anzurufen oder von hier zu telefonieren. Erkundigen Sie sich am besten vor Ort über das System. Die Vorwahl von Lesotho, wenn man von Südafrika aus anruft, ist: 09266; von Deutschland aus wählt man 00266 vor, danach folgt der Hausanschluss.

Sightseeing-Touren

Das Lesotho Tourist Board (Adresse siehe oben) bietet eine Reihe von Touren an. Die Palette reicht von halbtägigen Stadtrundfahrten in Maseru bis hin zu 10-tägigen Tourpaketen, bei denen man das ganze Land kennen lernt (inkl. Pferdeausritte zu den Wasserfällen). Sowohl im Lesotho Sun Hotel als auch im Sun Cabanas Hotel (hier im Officeblock) sitzt ein Mitarbeiter (P. R. Officer genannt), der Sie berät und die Touren für Sie arrangiert. Ansonsten können Sie natürlich auch ins Hauptgeschäft am Kingsway gehen. Wer mit dem eigenen Fahrzeug fahren will, kann einen Führer mitnehmen, der ab ca. 200 Rand pro Tag kostet plus Verpflegung und Unterkunft.

Busverbindungen von Maseru

• Täglich verkehrt ein Greyhound-Bus nach Johannesburg und dreimal wöchentlich nach Bloemfontein (Di, Do u. So). Greyhound arbeitet auf diesen Strecken mit Transstate zusammen. Abfahrt ist an der Maseru Bridge (südafrikanische Seite). Tickets kann man an der Railway Station kaufen.
• Inlandbusse in die nähere Umgebung fahren vom Busterminal auf dem Pits Ground (Market Street, in der Nähe der Main North I Str.) ab. Überlandbusse fahren ab dem Bushalteplatz an der Main South I, etwa 600 m vom Kreisel entfernt. Tickets löst man beim Fahrer. Viele Kleinbusse in die Umgebung fahren auch entlang des Kingsway und nehmen winkende Fahrgäste auf. Ein offizieller Busservice zum Flughafen existiert nicht (siehe auch Taxi), aber die Hotelbusse fahren ihre Gäste zum Flughafen.

Eisenbahnverbindungen

Es gibt keine Passagierzüge mehr, da die meisten Reisenden ohnehin mit den schnelleren Bussen gefahren werden.

Flugverbindungen von Maseru

• SAA fliegt täglich von Johannesburg zum Moshoeshoe Airport.
• Reisebüros: Manica Travel Services: Kingsway, Box 294, Maseru 100, Tel.: 312-554, Fax: 310-216
• **Charterfluggesellschaften:**
- Mission Aviation: Maseru, Tel.: 310-347. Diese Gesellschaft macht Rundflüge bzw. bringt Touristengruppen zu abgelegenen Gebieten des Landes. Landepisten gibt es in den meisten Ortschaften des Landes. Auf Anfrage machen sie auch Rundflüge.

Taxis in Maseru

Es stehen immer noch Taxiunternehmen im Telefonbuch, diese existieren aber nicht mehr. Wer zum Flughafen will, sollte dies vom Lesotho Sun aus versuchen mit dem Hotelbus (der aber eigentlich nicht öffentlich ist und nur verkehrt, wenn Hotelgäste befördert werden sollen). Etwa zweistündlich, von 7h an bis 16h, verkehrt ein öffentlicher Bus vom alten Flugplatz am Stadium zum Moshoeshoe Airport, der eigentlich für Bedienstete der Fluggesellschaft vorgesehen ist, die ihr Büro dort haben, doch der auch andere Gäste mitnimmt.

Mietwagen

• **Avis:** Kingsway, Box 294, Maseru, Tel.: 350-328/6
• **Budget:** Maseru Sun Hotel, Tel.: 316-344

Unterkunft im Land

Die Hotels in Lesotho entsprechen nicht immer den gewohnten Ansprüchen und sind häufig nur eine bessere Bar. Wir haben uns aber bemüht, Ihnen Hotels und Lodges zu nennen, in denen Sie einen angenehmen Aufenthalt haben werden. Erwarten Sie aber nicht die Qualität eines südafrikanischen Hotels. Bedenken Sie, dass Sie sich in einem der ärmsten Länder des Südlichen Afrika befinden. Die Hotelpreise sind etwas höher als in Südafrika, und die Preise der weniger guten Hotels sind immer noch relativ hoch. Die Jugendherbergen sind sehr einfach. Häufig bieten kirchliche oder Entwicklungshilfeorganisationen günstigen Unterschlupf (siehe Maseru). Campingplätze gibt es nicht in Maseru, und der nächste zu dieser Stadt liegt bei Machache beim Toll Gate (entlang der Straße zu den Blue Mountains – Anfahrt nicht geeignet für Wohnanhänger). Alternativen zu den Hotels in Maseru bietet die kleine Stadt Ladybrand auf südafrikanischer Seite (20 km von Maseru), wo es neben einfachen, aber sauberen Hotels auch einen schönen Caravanpark gibt, der auch Selbstversorgung-Chalets hat. Low Budget-Reisende und Camper seien daher vor einem Aufenthalt in Maseru gewarnt, und sie sollten genügend Zeit mitbringen, um von Maseru aus die o.g. Alternativen aufsuchen zu können.

Wer überhaupt keine Unterkunft finden sollte oder einmal in freier Natur übernachten möchte, dem ist dieses gesetzlich gestattet, nur sollte man möglichst dem Chief des nächstgelegenen Dorfes Bescheid sagen, zum einen aus Höflichkeit, aber auch zur eigenen Sicherheit.

Alle Hotels können zentral über das Tourist Board in Maseru gebucht werden, dem es sicher leichter fallen wird, mit dem teilweise rudimentären Telefonsystem umzugehen.

Straßen

Viele Straßen sind keine Allwetterstraßen, und man sollte sich vor Ort über den Straßenzustand und die Wetterverhältnisse (im Winter sind einige Strecken zugeschneit!) erkundigen. Der Osten des Landes ist nicht für herkömmliche Pkw geeignet. Auch die Asphaltstraßen sind mit Vorsicht zu befahren, da sie sehr kurvenreich sind und viel Vieh frei herumläuft. An Geschwindigkeitsbegrenzungen hält sich selbst in den Ortschaften kaum jemand, was Sie aber nicht dazu verleiten sollte, hier auch mit über 100 km/h durchzurauschen. Polizei ist immer wieder an den unmöglichsten Stellen präsent! Die Straße nach Marakabei ist sehr schmal und geht über mehrere Pässe. Da sie häufig an steilen Abhängen entlangführt und nicht immer mit Planken gesichert ist, sollte man diese Strecke nur selbst fahren, wenn man einigermaßen schwindelfrei ist und das Fahrzeug beherrscht. Besonders schnell fahrende Busse und Lkw zwingen einen des Öfteren an den äußersten Fahrbahnrand.

Pony-Trekking

Man kann mehrtägige Pony-Trekking-Touren unternehmen. Überschätzen Sie aber nicht Ihre Ausdauer. 3–4 Tage werden noch als Abenteuer empfunden; alles, was länger dauert, wird zur Strapaze. Die Ponys sind sehr friedlich und genügsam und gehorchen dem Führer aufs Wort, so dass selbst unerfahrene Reiter keine Probleme haben werden. Sie werden merken, dass nach der anfänglichen Unsicherheit schnell das Gefühl für den Sattel kommt, und die faszinierende Landschaft und die Dörfer am Wegesrand lenken die Gedanken zunehmend ab. Ich denke, der Ritt zu den Qiloane Falls ist eine gute Übung, so dass Sie, wenn Sie Gefallen am Reiten gefunden haben sollten, sich über weitere Ponyritte

Gedanken machen können. Es gibt sie im ganzen Land, und sie bilden einen Höhepunkt des „kalkulierbaren Abenteuers Lesotho"! Eines sollten Sie aber trotzdem nicht haben: Höhenangst. Die Pfade sind teilweise sehr schmal, und es geht direkt am Berghang steil aufwärts. Bedenken Sie dann noch Ihre zusätzliche Höhe auf dem „schwankenden" Pferd.
Es gibt zahlreiche Anbieter dieser beliebten Touren. Zu empfehlen sind besonders die Tourangebote der **Malealea-Lodge**, Tel. 051-447-3200, www.malealea.co.ls.
Auch die **Semonhoney-Lodge** bietet geführte Pony-Trekking-Touren an, Tel. 051-933-3106.
Buchungen für diese Ponytouren nimmt auch das Tourist Board in Maseru entgegen.

Kunsthandwerk
- **Teppichweberei:** Helang Basali: 35 km nördlich von Maseru, an der Straße nach Teyateyaneng, an der St. Agnes Mission, Private Bag X30 Teyateyaneng, Tel.: 500-382. Die Teppiche werden meist aus Mohairwolle hergestellt, seltener aus normaler Schafwolle. Neben klassischen afrikanischen Motiven kann man sich hier auch ein eigenes Motiv knüpfen lassen. Wenn Sie also ein bestimmtes Motiv wünschen, bringen Sie ein Foto davon mit.
- **Töpferei:** Kolonyama Pottery: ca. 8 km nördlich Teyteyaneng, an der Hauptstraße nach Butha-Buthe, im Dorf Kolonyama, Private Bag, Kolonyama, Tel.: 500-288.
- **Schmuck:** Royal Crown Jewellers: Mohlomi Rd., Box 951, Maseru, Tel.: 322-318. Hier finden Sie Silberschmuck, und besonders die Ohrringe sind sehr ansprechend.
- **Lederwaren:** Kabi Leather Works: Bedco Center, Sebaboleng (Stadtteil an der Straße zum Lancers Gap), P.O.Box 1320, Maseru, Tel.: 313-940. Hier gibt es Schaffelljacken, Lederhausschuhe, Taschen und andere Lederprodukte.
- **Grasflechterei:** Hierbei handelt es sich hauptsächlich um Hüte, Körbe und seltener Wandhängereien. Produkte dieser Art finden Sie bei Straßenhändlern und in der Basotho Hat.

Teppichweberin

In allen Werkstätten kann man mit Kreditkarten bezahlen, und man schickt Ihnen auf Wunsch die ausgewählten Waren direkt nach Europa und übernimmt dabei auch alle Zollformalitäten in Lesotho.

Limpopo Province (ehemaliges Venda) (S. 464)

Informationen
Limpopo Tourism & Parks Board, Tel.: 015-295-8262, website: www.limpopotourism.org.za

Gesundheit
Empfehlenswert ist eine Malariaprophylaxe vor allem in der feuchten Jahreszeit (Sommer). Die Limpopo Province gehört zu den potentiellen Bilharziosegebieten. Vorsicht also beim Baden, besonders in stehenden Gewässern.

Mabopane (North West Province)
(Gauteng, Ausflüge von Tshwane)

Unterkunft
Morula Sun Hotel & Casino $$$, P.O.B. 551, Lucas Mangope Highway, Tel.: 012-799-0000, Fax: 702-4662, website: www.morulasun.co.za. An einem schönen See gelegen, 73 Zimmer und 2 Apartments, Casino, Kindergarten und Sportmöglichkeiten (Schwimmen, Surfen, Segeln, Tennis).

Restaurants
- **Morula Restaurant** *(Familienrestaurant)*
- **Baccarat Restaurant**, beste internationale Küche

Mafeteng (Lesotho) (S. 522)
Vorwahl von Südafrika aus: 09266, **Vorwahl international**: 00266

Unterkunft
- Alle Unterkünfte hier sind nicht zu empfehlen!
- **Alternativstrecke:** Qaba Lodge. **Buchung:** über Tourist Board
- **Malealea Lodge**, P.O.Box 119, Wepener 9944, South Africa, Tel.: 051-447-3200, Fax: 051-448-3001, E-Mail: malealea@mweb.co.za, www. malealea.co.ls

Mafikeng & Mmabatho (North West Province) (S. 484, 485)
Vorwahl: 018

Information
Mafikeng Tourism Info & Development Centre, Lichtenburg Rd., Tel.: 018-381-3155, geöffnet Mo–Fr, Sa morgens

Unterkunft
- **Tusk Mmabatho Resort $$$$**, Nelson Mandela Dr., Tel.: 018-389-1111, Fax: 386-1661, E-Mail: Mmabatho@tusk-resorts.co.za. Das Luxus-Hotel von Mafikeng mit Swimmingpool, Restaurants, Bars, Tennisplätzen, Kasino und Kino.
- **Ferns Country House $$**, Cook Str., Tel.: 018-381-5971, Fax: 381-6764. Sehr schönes Guesthouse, modern eingerichtet, mit Swimmingpool und schönem Garten.

Camping
Cooke's Lake Camping Ground $, Cooke's Lake, südlich des Ortes, sehr einfach.

Restaurants
- **Lekhala Restaurant**, Haute Cuisine mit Pianomusik am Abend
- **La Mama**, italienische Gerichte
- **Ditlha Restaurant**, sehr gutes Restaurant mit mongolischen und italienischen Gerichten

Sehenswürdigkeiten
• **Mafikeng-Museum**, Tel.: 381-6102. Exponate zur lokalen Geschichte sowie über die Entwicklung der Batswana. Öffnungszeiten: wochentags 8–16h, samstags 10–12.30h.
• **Anglikanische Kirche**, die zu Ehren der Toten der Belagerungszeit von Sir Herbert Baker erbaut wurde (der auch die Union Buildings in Tshwane (Pretoria) konzipierte).

Manzini (Swasiland) (S. 498)
Vorwahl von Südafrika aus: 09268, internationale Vorwahl: 00268

Unterkunft
Royal Park Lodge $$, 9, Manchisana St, Manzini, Tel.: 505-7423/4-7, Fax: 505-7428. Wahrscheinlich die beste Übernachtungsmöglichkeit im Ort.

Backpackers
Swaziland Backpackers $, 8 km an der Straße nach Malkerns. Hier hält auch der BAZ-Bus. Saubere Schlafsäle und Zimmer, schöne Umgebung.

Campingplatz
Jimmy's Bar and Paradise Caravan Park, Mbabane-Manzini-Straße, vor der Matsapha-Brücke (ca. 8 km vor Manzini), P.O.Box: 2522, Tel.: 518-4935, einfacher Campingplatz mit belebter Restaurant-Bar.

Restaurants
• **Gil Vincente Restaurant**, Ilanga Centre, Martin Str., Tel.: 505-3874, gutes Standardessen, auch portugiesische Gerichte.
• **Mocambique Hotel and Restaurant**, Mahleka Street, Manzini, Tel.: 505-2489, portugiesische Küche mit Seafood, preisgünstig, das Hotel ist aber einfach.

Öffentliche Verkehrsmittel
Der Busbahnhof befindet sich an der Louw St., Verbindungen nach Johannesburg (3 x wöchentlich), Mbabane (26 x täglich), Big Bend (12 x täglich). Der BAZ-Bus fährt nach Johannesburg (3 x wöchentlich) und nach Durban (3 x wöchentlich).

Maputaland (KwaZulu/Natal) (S. 740)

Information und Reservierung
bei **KZN Wildlife**, P.O.Box 13069, Pietermaritzburg 3202, Tel.: 033-845-1000, Website: www.kznwildlife.com, oder unter 035-571-0051/1000 und Tel.: 034-907-5105

NDUMU GAME RESERVE
• **Ndumi Wilderness Lodge**, zu buchen über Wilderness Safari, POB 78573, Sandton 2146 oder ihrem Reiseveranstalter (www.wilderness-safaris.com).
• **Wilderness Safari Camp**, 8 luxuriöse Doppelzelte, die auf Holzplattformen aufgebaut sind. Die einzelnen Campeinrichtungen sind über Holzstege verbunden.

ITALA GAME RESERVE
Man wohnt im **Ntshondwe Camp**, das sehr geräumige, saubere und geschmackvoll eingerichtete Häuschen bietet. Swimmingpool vorhanden.
Im Hauptgebäude befindet sich das Restaurant, angegliedert ist eine Bar. Vom Restaurant gelangt man auf eine Terrasse, wo man auch essen kann und von wo aus man eine sehr schöne Aussicht genießen kann. Das Essen ist sehr schmackhaft und reichhaltig (Buffet), dazu preiswert.

NDUMU GAME RESERVE
Im Ndumu Game Reserve gibt es zwei Konzessionsgebiete: ein privates (zu Wilderness Safari gehörend) und ein öffentliches (zum Natal Parks Board gehörend). Entsprechend gibt es an zwei Stellen die Unterkünfte:
- Das **Wilderness Safari Camp**, 8 luxuriöse Doppelzelte am Wasser, sehr schöne Veranda, WC/Duschen ensuite. Das Wilderness Camp hat ein sehr schönes, offenes riedgedecktes Haupthaus mit wunderschöner Aussicht auf's Wasser – direkt an der Banzi Pan. Hier gibt es auch einen kleinen Swimmingpool. Das Essen ist sehr geschmackvoll und entspricht im Stil der Verpflegung in privaten Lodges.
- Das **öffentliche Camp** verfügt über einfache Hütten, WC/Duschen werden gemeinschaftlich genutzt. Alles ist sehr, sehr sauber. Im öffentlichen Camp gibt es **kein** Restaurant – nur Selbstversorgung. Das Mitgebrachte wird von einem Koch zubereitet. Es gibt einen schönen Swimmingpool.

TEMBE ELEPHANT PARK $$$
Nur 2 km vom Eingang entfernt gibt es ein Camp mit komfortabel eingerichteten Zelten, die man allerdings nicht als Luxusunterkünfte bezeichnen kann. Das privat gemanagte Camp verfügt über ein riedgedecktes Areal, wo man isst, sich aufhält und wo es auch einen Swimmingpool gibt.

ROCKTAIL BAY $$$$
Die **Rocktail Bay Lodge** (zu buchen über Wilderness Safaris, P.O.Box 78573, Sandton 2146, oder ihren Reiseveranstalter (www.wilderness-safaris.com)) liegt nahe zum unberührten Strand und besteht aus Chalets auf Stelzen, die ensuite mit WC/Dusche ausgestattet sind und über eine kleine Veranda verfügen. Der Bar- und Restaurantbereich ist riedgedeckt, zu den Seiten offen und hat auch eine Lagerfeuerstelle, um die man beim Sundowner herumsitzt. Kleiner Plungepool vorhanden, aber schöner ist natürlich das Baden im Meer (auf dem Weg zurück zu den Chalets gibt es eine Süßwasserdusche). Alle Gäste ohne Allradfahrzeug werden am Gate zum Coastal Forest Reserve abgeholt, Fahrzeit dann etwa 30 Minuten.

Maputo (Moçambique) (S. 507)
Vorwahl von Südafrika aus: 09258, internationale Vorwahl: 00258

Visum
Für einen Ausflug nach Maputo benötigen Sie ein **Visum**, erhältlich bei der Botschaft in Mbabane (in der Nähe des Mountain Inn, P.O.Box 1212, Tel.: 404-3700, Mo–Fr 9–13h). Bedenken Sie, dass die Ausstellung des Visums 2–3 Tage dauern kann.

Unterkunft

Übernachten Sie in Maputo im Hotel **„Cardosa"** (Avenida Matires da Mueda 707, Tel.: 491071/5, Fax: 741804. Hier befindet sich auch das Tourist Office, das Ihnen die neuesten Informationsbroschüren aushändigt.

Marakele National Park (Limpopo Province) (S. 474)

Information und Buchung

Buchungsadresse: **National Parks Board**, P.O.Box 787, Tshwane (ehem. Pretoria) 0001, Tel.: 012-428-9111, Fax: 012-343-3830, website: www.parks-sa.co.za, E-Mail: reservations@parks-sa.co.za

Park-Büro

Tel. 014-7771745, Fax 014-7771866

Unterkunft

Am Matlabas River, ca. 40 km vom Parkeingang entfernt, liegt ein sehr schönes Zeltcamp. Die großen Safari-Zelte verfügen über Veranda mit Tischen, Stühlen und Grillmöglichkeit, Dusche, Toilette und voll eingerichtete Küche. Nachts gibt es keinen elektrischen Strom. Das Restcamp selbst ist nicht eingezäunt, Tiere können also Besuch abstatten. Kosten Doppelzimmer 211 ZAR pP.
An Aktivitäten werden angeboten Wildfahrten, Nachtsafaris und Wanderungen durch die Ranger des Parks.

Versorgung

Im Nationalpark keine. Lebensmittel und Benzin müssen in Thabazimbi bevorratet werden.

Öffnungszeiten

1. Mai–August: 07.30h–17h
2. September–April: 07.30–18h

Margate (KwaZulu/Natal) (S. 720)

s. auch KwaZulu/Natal Südküste

Information

Tourist Information, Beachfront, Tel.: 039-312-2322

Sehenswürdigkeiten

River Bend Crocodile Farm, Öffnungszeiten: 9–17h

Maseru (Lesotho) (S. 522)
*Vorwahl von Südafrika aus: 09266, **Vorwahl international**: 00266*

Information
Lesotho Tourist Board, Victoria Building, 209 Kingsway, Box 1378, Maseru 100, Tel.: 313-760, Fax: 310-108, E-Mail: ltbhq@ltb.org.ls oder informsu@ltb.org.ls. Öffnungszeiten: Mo–Fr 8–17h, Sa 8.30–13h.

Unterkunft
- **Lesotho Sun $$$$**, Hilton Rd., Private Bag A68, Maseru 100, Tel.: 313-111, Fax: 310-104. Luxushotel. Kleine Zimmer, aber großes Buffet. Kleines Casino, Pool und Kino vorhanden, zentrale Lage
- **Maseru Sun $$$$**, Orpen Rd., Private Bag A84, Maseru 100, Tel.: 312-434, Fax: 310-158. Luxuriöses Hotel, kleines Casino. Besser geeignet für Familien mit Kindern als Lesotho Sun, allerdings renovierungsbedürftig.
- **Lancer's Inn $$**, Ecke Kingsway/Pioneer Rd., Private Bag A216, Maseru 100, Tel.: 312-114, Fax: 310-223. Ältestes Hotel, mitten im Zentrum, sauber, aber auch sehr belebt, britisches Ambiente – auch Chalets für Selbstversorger. Das Haus wurde kürzlich renoviert. Netter Biergarten, schöner Garten und Pool. Hier kann man sich wohlfühlen!
- Es gibt noch drei weitere Hotels in Maseru.
- Als Alternative kann man auch in der **Riverside Lodge** gleich hinter der Maseru Bridge (südafr. Seite) übernachten oder im 20 km entfernten **Ladybrand**.
- Für Low Budget-Touristen bieten sich am besten die Unterkünfte der Kirchen (z.B. Anglican Training Center, Assisi Rd.) oder einiger Entwicklungshilfeorganisationen (z.B. Danish Volunteers, Danish Bldg., 22 Mabile Rd.) an. Diese bieten aber nur Unterkünfte an, wenn sie nicht vom eigenen Personal benötigt werden. Das Tourist Board gibt vor Ort aktuelle Auskünfte dazu. Ansonsten gibt es noch ein einfaches **Youth Hostel** in Tsotsane an der Straße zum Lancer's Gap (8 km vom City Center), Tel.: 312-900.

Caravanparks
- **Toll Gate House**, 42 km außerhalb, an der Straße nach Marakabei, Buchung über Lesotho Hotels (oder direkt im Hotel Victoria in Maseru, Kingsway), Tel.: 312-002. Kleiner Caravanpark, aber sehr sauber, und in dem kleinen Bar-Restaurant kann man typische Sotho-Mahlzeiten einnehmen und kommt leicht in Kontakt mit der Dorfbevölkerung.
- **Leliehoek Holiday Resort**, 25 km von Maseru, Box 64, Ladybrand 9745, South Africa, Tel.: 051-924-0260. Großer gepflegter Caravanpark, auch mit Selbstversorgungshütten.
- Der „Caravanpark" am **Blue Mountain Inn Hotel** in Teyateyaneng, der überall angepriesen wird, existiert eigentlich nicht, und man kann nur ein einfaches Zelt im Biergarten (!) aufstellen, was nicht sehr erfreulich ist.

Restaurants
- **Mimmos Restaurant**, United Nations Rd., Maseru Club, Tel.: 324-979. Gutes italienisches Restaurant.
- **China Garden**, Orpen Rd., Tel.: 313-915. Chinesische Küche. Die Atmosphäre ist nicht berauschend, langsamer Service.
- Ansonsten bieten die **Sun Hotels** ein erstklassiges Buffet an, und im Lesotho Sun gibt es ein Steakhaus. Im Victoria Hotel ist ein einfaches, mediterranes Restaurant.

- **Rendezvous** *(im Hotel Lancaster, Tel. 325-337, Kingsway)*, stilvolle „koloniale" Atmosphäre, internationale Küche.

 Sehenswürdigkeiten
Morija Museum & Archives, P.O.Box 12, Morijia 190, Lesotho, Tel. 360-308, das einzige Museum des Landes, Öffnungszeiten: Mo–Fr: 8.30–16.30h, Sa: 8.30–13h, mit Genehmigung des Museumsleiters.

Matjiesfontein (Western Cape Province) (S. 767)

Information
Matjiesfontein Tourism Bureau: Im Lord Milner Hotel (s.u.)

Unterkunft
Lord Milner Hotel $$–$$$:
P.O. Matjiesfontein 6901, Tel.: 023-551-3011, Fax: 023-551-3020. Stilvolles Hotel in viktorianischem Gebäude. Viele Antiquitäten und historische Räume mit alten Holzfußböden. Und besonders originell: Es gibt auch Unterkünfte in der ehemaligen, nahen Polizeistation sowie einem ebenfalls sehr nahen Cotlage. Das Hotel „versprüht" geradezu viktorianischen Charme und koloniales Ambiente. Abends, zum Dinner, wird das Horn geblasen, und der Absacker in

Einstmals Wochenendziel der Kapstädter Bourgeoisie: The Lord Milner

der Bar aus dickem Holz („Laird's Arms") sollte schon einen besten Brandy wert sein. Zimmer 29 hat einen Kamin, und Zimmer 32 besticht durch **zwei** parallel gesetzte Badewannen. Wenn Sie für $$ nächtigen möchten, fragen Sie nach den Zimmern im Guesthouse „Losieshuis".

Restaurant
Im o.g. **Lord Milner Hotel** gibt es ein gepflegtes Restaurant mit Karoogerichten.

Mbabane (Swasiland) (S. 495)

Vorwahl von Südafrika aus: 09268, internationale Vorwahl: 00268

 Information
- **The Swasiland Tourism Office**, P.O.B. 452 Mbabane, Tel. 404-2531
- **Swazi Plaza**, Öffnungszeiten: Mo–Fr 8–17h, Sa 8.30–12h.

Unterkunft

- **The Mountain Inn $$$**, Princess Drive, P.O.Box 223, Mbabane, Tel.: 404-2781, Fax: 404-5393, website: www.mountaininn.sz, E-Mail: mountaininn@realnet.co.sz; sehr schönes Hotel am Berg mit faszinierender Aussicht aufs Ezulwini Valley, Swimmingpool, ca. 4 km südöstlich der Stadt gelegen.
- **27 km außerhalb: The Forester Arms Hotel $$$**, Piste nach Mhlambanyati, P.O.Box 14, Mhlambanyati, Tel.: 467-4177, Fax: 467-4051, E-Mail: forestersarms@iafrica.sz; ruhig gelegen mit Wander- u. Angelmöglichkeiten, sehr gemütlich, Swimmingpool und Sauna.
- **Kapola Guest House $$**, 6 km außerhalb des Ortes an der MR3, Tel.: 404-0906, E-Mail: tfc@iafrica.sz. Schöne, ruhige Zimmer mit Balkon und Garten.
- Das **City Inn Hotel** in der Allister Miller Street ist als Unterkunft nicht mehr zu empfehlen, da es sehr laut ist (Nachtclub der Stadt).

Backpackers

Mbabane Backpackers $, Gil Fillan Str., Tel. 4043-097. Sehr einfache Lodge mit Doppelzimmern und Schlafsälen.

Restaurants

- **Valentinos**, Tel.: 404-7948, Swazi Plaza. Bunt gemischte Speisekarte, für jeden etwas, sehr schmackhafte Curries.
- **La Casserole Restaurant**, Tel.: 404-6426, Omni Centre, Allister Miller Str., eines der besten Restaurants der Stadt, auch gute vegetarische Gerichte.
- **LM Restaurant**, Ecke Gilfillan und Allister Miller Str., Tel.: 404-3097. Ausgezeichnete portugiesische Küche in privater Atmosphäre.
- Weitere Hotels, Restaurants und Campingplätze: siehe Ezulwini Valley

Einkaufstipps

- **African Fantasy Shop**: In der Mall; hier findet man ausgesuchte handwerkliche Produkte aus allen Teilen Swasilands und Kleidung (mit afrikanischen Aufdrucken).
- **African Bookshop**: Swazi Plaza. Ausgesuchte Bücher zu allen Themen, die das südliche Afrika betreffen; vor allem Romane afrikanischer Schriftsteller und politische Bücher, die man sich sonst mühsam in den verschiedensten Buchläden Südafrikas zusammensuchen müsste.

Middelburg (Eastern Cape Province) (S. 679)

Information

Middelburg Karoo Publicity Association, Tel./Fax: 049-842-2188, 8 Meintjies Str.

Unterkunft

Karoo Country Inn $$, Loop Str., Box 8, Middelburg Cape 5900, Tel.: 049-842-1126, Fax: 842-1681. Altes Kleinstadthotel, preiswert.

Caravanpark

Middelburg Caravanpark, P.O.Box 55, Middelburg 5900, am Schwimmbad gelegen (einfach).

Mkambati Nature Reserve (Eastern Cape Province) (S. 716)

ℹ️ Information und Buchung
Buchungen für die Cottages sind unbedingt erforderlich und können entweder bei Environmental Conservation/Tel.: 047-531-2711 in Umtata (Adresse siehe dort) oder im Büro in Kokstad vorgenommen werden: 039-727-3124. Öffnungszeit: täglich 6–18h

Mkhaya Nature Reserve (Swasiland) (S. 507)

Vorwahl von Südafrika aus: 09268, internationale Vorwahl: 00268

🛏️ Unterkunft
In Zelten (komfortabel), Reservierung: Mkhaya Nat. Res., P.O.Box 33, Mbabane, Tel.: 528-3944, website: www.biggame.co.sz

Mkuze Game Reserve (KwaZulu/Natal) (S. 739)

☞ Reservierung
Das Camp (kein Restaurant) kann man reservieren bei **KZN Wildlife**, P.O.Box 13069, Pietermaritzburg 3202, Tel.: 033-845-1000, website: www.kznwildlife.com

Mlilwane Wildlife Sanctuary (Swasiland) (S. 498)

Vorwahl von Südafrika aus: 09268, internationale Vorwahl: 00268

🛏️ Unterkunft/Restaurant
Der Park verfügt auch über einfache Chalets, einen Zeltplatz und ein Restaurant. Reservierung: Mlilwane Nat. Res., P.O.Box 33, Mbabane, Tel.: 404-4541, Fax: 404-0957.

Mohale's Hoek (Lesotho) (S. 522)

Vorwahl von Südafrika aus: 09266, **Vorwahl international**: 00266

🛏️ Unterkunft
Hotel Mount Maluti $, Hospital Rd., Box 10, Mohale's Hoek 800, Tel.: 785-224. Kleines, angenehmes Hotel. Wohl das beste entlang der Hauptstrecke. Hier erhalten Sie die Möglichkeit, Pony-Trekking-Touren zu buchen. Durch das südliche Hochland kann man entlang einer Allrad-Strecke fahren. Pool sowie ein Zeltplatz sind vorhanden. Gutes Restaurant (und vegetarische Gerichte!).

Mokhotlong (Lesotho) (S. 532)
Vorwahl von Südafrika aus: 09266, *Vorwahl international:* 00266

Unterkunft
Mokhotlong Hotel $, Tel.: 920-212. Kein schönes Hotel, aber die einzige nutzbare Unterkunft im gesamten Distrikt.

Molimo Nthuse-Pass (Lesotho) (S. 527)
Vorwahl von Südafrika aus: 09266, *Vorwahl international:* 00266

Unterkunft
Molimo Nthuse Lodge, P.O.Box 212, Maseru 100, Tel.: 322-003/2. Einfache, aber relativ saubere Unterkunft mit Restaurant im Pavillongebäude.

Montagu (Western Cape Province) (S. 632)
Vorwahl: 023

Information
Tourist Information Bureau, 24 Bath Str., Tel. 614-2471. Gute regionale Tipps, Öffnungszeiten: Mo–Fr 8.30–16.45h, Sa 9–17h, So 9.30–17h (über Mittag geschlossen 12.30–14h).

Unterkunft
- Luxus: **Kingna Lodge** $$$$, Tel. 614-1066, Fax: 614-2405, sehr stilvolles viktorianisches Haus voller Antiquitäten – mit tollem Speisezimmer – exquisitem Essen – im historischen Teil des Ortes gelegen. Buchung: 11 Bath Street, Montagu 6720, Tel. 0234-41066, Fax 0234-42405. Selbst Nelson Mandela hat hier schon gewohnt.
- Deutlich darunter: **Mimosa Lodge** $$, Tel. 614-2351, Fax: 614-2418, von außen schön, großer Garten, Zimmer sehr unterschiedlich, Essen nicht ganz so überzeugend, ruhige Lage in einer Seitenstraße der Bath Street = Church Street gelegen.
- Mittelklasse: B & B-Haus **The John Montagu** $$, Tel. 614-1331, Fax: 614-3981, sehr hübsch, persönlich geführt, sehr angenehmes Ambiente, ruhige Lage im alten Ortsteil, 30 Joubert Street.
- Preiswert: B & B **Squirrel's Corner** $, Tel. 614-1081, Fax: 615-1610, ebenfalls nettes Haus, leger, ruhig im alten Ortsteil gelegen, Ecke Bloem und Joubert Street.

Restaurants
- **Preston's Restaurant** (an der Hauptstraße) = Bath Street 17, mit Pub und Terrasse, ebenso **Four Oaks Restaurant** (Longstreet = Parallelstraße zur Bath Street im alten Ortsteil)
- **Four Oaks**, Tel. 614-2778. Das Restaurant bietet tolle italienische Gerichte an. Sehr schön ist es, draußen unter den Bäumen zu sitzen. Montags geschlossen.
- Sie können auch als „Nicht-Übernachter" in der **Kingna-Lodge** essen (Reservierungen bis mittags erforderlich).

- **Romano's Continental Restaurant**, Church Str., preiswerte Gerichte u.a. Pizza und Pasta, sonntags geschlossen.

Mossel Bay (Western Cape Province) (S. 636)
Vorwahl: 044

Information
Mossel Bay Tourism Bureau, Church/Ecke Market Str., P.O.Box 1556, Mossel Bay 6500, Tel.: 691-2202, Fax: 690-3077, E-Mail: iti26050@mweb.co.za, website: www.gardenroute.net/mby,, Öffnungszeiten: Mo–Fr 9–17h, So 9–13h. Viele Infos nicht nur zum Ort, sondern auch zur Garden Route.

Unterkunft
- **Santos Protea $$$**, P.O.B. 203, Mossel Bay 6500, Tel.: 690-7103, E-Mail: sanres@mweb.co.za. Durchschnittliches Hotel, Swimmingpool, direkt am Strand gelegen.
- **The Old Post Office Tree Manor $$$**, Market Street, P.O.B 349, Tel.: 691-3738, Fax: 691-3104, E-Mail: book@oldposttree.co.za, website: www.oldposttree.co.za. Geschmackvolle Zimmer, schöner Blick über die Bucht, gutes Restaurant (Gannet). Bestes Haus am Platze (nahe dem Museum). Nett ist der kapholländische Baustil.
- **Eight Bells Mountain Inn $$$**, Ruiterbos, P.O.Box 436, Mossel Bay 6500, Tel.: 631-0000, Fax: 631-0004, E-Mail: info@eightbells.co.za, website: www.eightbells.co.za. Ruhig gelegen an der National Road R328 zwischen Mossel Bay und Oudtshoorn in der Höhe des Robinson-Passes (= beste Alternative außerhalb Richtung Oudtshoorn).
- **The Point $$$**, Point Road, Tel. 691-3512. Große Zimmer, toller Ausblick auf das Meer.

Backpackers
Mossel Bay Backpackers $, 1 Marsh Str., Tel. 691 3182. Saubere, sehr preiswerte Zimmer sowie Schlafsäle.

Camping
De Bakke Beach Caravan Park und Santos, am Diaz-Strand, Box 25, Mossel Bay 6500, Tel.: 691-3501. Chalets, Campingplätze.

Restaurants
- **The Gannet**, Bartholomeu Diaz Museum Komplex, Market Street, Tel.: 691-1885, Fax: 691-3104, E-Mail: gannet@oldposttree.co.za, website: www.oldposttree.co.za. Frische Fischgerichte. Erstaunlich preiswert bei hoher Qualität. Sehr schöne Terrasse und Garten.
- **Post Tree Restaurant**, 3 Powrie Str., Tel.: 691-1177, Fax: 691-0064. Sehr gutes Restaurant mit einer breiten Palette an Gerichten.
- **Tidals Waterfront Tavern and Pub**, Urige Atmosphäre, schöne Lage im Gebiet The Point.

Öffentliche Verkehrsmittel
Die großen Buslinien halten an der N 2/Kreuzung der Straße und Mossel Bay (Shell-Tankstelle), nur BAZ-Bus fährt hinein.

Intercity-Verbindungen:
Kapstadt (6 x täglich)
Johannesburg (2 x täglich)
Port Elizabeth (6 x täglich)
George (7 x täglich)
Knysna (7 x täglich)
Oudtshoorn (2 x täglich)

Sehenswürdigkeiten
Diaz Museum Complex, P.O.B. XI, Mossel Bay, Tel.: 691-1067, website: www.gardenroute.net/mby/mbmuseums.htm, **Öffnungszeiten:** Mo–Fr 9–16.45h, Sa u. So 10–16.45h

Mountain Zebra National Park (Eastern Cape Province) (S. 678)

Information
National Parks Board, P.O.Box 787, Tshwane (ehem. Pretoria) 0001, Tel.: 012-428-9111, Fax: 012-343-3830, website: www.parks-sa.co.za, E-Mail: reservations@parks-sa.co.za

Unterkunft
• *Doornhoek Guest House*, das alte Farmhaus liegt ganz einsam. Es gibt 3 Zimmer, die mit alten Möbeln ausgestattet sind. Laden, Tankstelle und Swimmingpool vorhanden.
• *18 Cottages und ein altes Farmhaus*, Swimmingpool: Mt. Zebra N. P., Private Bag X66, Cradock 5880, Tel.: 048-881-2427 oder 2486, Geöffnet: Okt.–Apr. 7–19h, Mai–Sept. 7–18h Es gibt ein kleines Restaurant, in dem auch Antilopenfleisch angeboten wird.

Moyeni (Lesotho) (S. 521)

Vorwahl von Südafrika aus: 09266, **Vorwahl international:** 00266

Unterkunft
• *Orange River Hotel $*, Upper Moyeni, oben auf dem Berg, P.O.Box 37, Quthing 700, Tel.: 750-252. Kein sehr schönes Hotel, aber zweckmäßig eingerichtet.
• Das *Mountain Side-Hotel* ist nicht zu empfehlen.

Namaqualand (Northern Cape Province) (S. 562)

Information
• *Cape Town Tourism*, Ecke Castle und Burg Street, in der Innenstadt, Kapstadt 8001, Tel.: 021-426 4260, Fax: 426 4266, E-Mail: info@cape-town.org, website: www.cape-town.org.
• *Whale and Flower Hotline*, Kapstadt, Tel.: 083-9101028
• Informationsbüros in den einzelnen Orten oder in den größeren Hotels.

6. Regionale Reisetipps von A–Z: Namaqualand

✈ Flugverbindungen
• **National Airlines** fliegt täglich nach Springbok und bietet auch Charterflüge zu allen anderen Destinationen im Namaqualand an. Airport Kapstadt, Tel.: 021-936-2050
• SAA fliegt Springbok nicht an.

🚌 Busverbindungen
Intercape fährt auf dem Weg nach Windhoek entlang der N7. Abfahrt ab Kapstadt: So, Di, Do, Fr, jeweils abends. Abfahrt ab Springbok: Di, Do, Sa, Mo, jeweils früh morgens. Buchungen: Tel.: 021-934-4400 (Kapstadt), Melkboschkuil Travel Shop (Voortrekkerstr., Springbok), Tel.: 027-718-1600.

👥 Organisierte Touren
Es gibt eine Reihe von Firmen, die Touren ins Namaqualand und speziell zu den Blumenreservaten durchführen. Die meisten von ihnen haben ihren Sitz in Kapstadt. Sie alle aufzuführen, würde den Rahmen dieses Buches sprengen. Am besten erkundigen Sie sich aktuell bei **Cape Town Tourism** in Kapstadt.

🛏 Unterkunft im Namaqualand
Es gibt eine Reihe von kleinen Hotels hier und auch viele Farmunterkünfte und Lodges. Der Standard ist einfach, aber alle Unterkünfte sind sehr sauber. Da die Hotels hauptsächlich von der Stoßzeit während der Blumenblüte leben müssen, sind sie relativ teuer, damit sie ihre Unkosten decken können. Während der Frühlingsmonate sollte man sich rechtzeitig einbuchen, da ein Großteil der Unterkünfte ausgebucht sein könnte. In Springbok zum Beispiel sind die Wochenenden meist schon ein Jahr im Voraus ausgebucht! Erkundigen Sie sich also rechtzeitig, damit Sie nicht plötzlich auf der Straße übernachten müssen. Das Gleiche gilt auch für die wenigen Campingplätze. Sie sind im August/September häufig hoffnungslos überbelegt.

ÜBERNACHTUNGSMÖGLICHKEITEN AUF DER STRECKE:
• **Garies Hotel $**, P.O.Box 20, Garies 8220, Tel.: 027-652-1042, Fax: 027-652-1141, E-Mail: ghotel@cybertrade.co.za. Stilvolles kleines „Pionierhotel".
• **Bitterfontein Hotel $**, P.O.Box 1, Bitterfontein 8200, Tel.: 027-642-7042. Einfaches, aber ausgesprochen sauberes Hotel. Lassen Sie sich nicht vom Äußeren täuschen.
• **Klawer Hotel $**, 120 Main Rd., Klawer 8145, Tel.: 027-216-1032
• **Okiep Country Hotel**, POB 17, Okiep 8270, Tel. 744-1000, Fax: 744-1170, einfach, traditionelle ländliche Gastfreundschaft.
• **Garies Municipal Caravanpark**, P.O. Box 38, Garies 8220, Main Road, Tel.: 027-652-1014, Fax: 027-652-1148. Ziemlich einfach, aber einige Schattenplätze!

🍴 Restaurants im Namaqualand
Das Namaqualand bietet sich sicherlich nicht für kulinarische Genüsse an. Falls Sie also essen gehen

Namaqualand – im Nordwesten Südafrikas

wollen, können Sie getrost im Hotel bleiben, das meistens sowieso das einzige Restaurant im Ort hat. Einzige Ausnahme ist nur „BJ´s Steakhouse" in Springbok, wo es gutes Seafood gibt (s. dort).

Tankstellen
Entlang der N7 gibt es keine Probleme mit Kraftstoff, und in jedem Ort gibt es eine 24-Stunden-Tankstelle. Sobald Sie aber auf die Pisten fahren, sollten Sie sicherheitshalber vorher voll tanken und gegebenenfalls einen Reservekanister einpacken.

Blumen- und Blütezeit-Informationen
• Die einfachste Möglichkeit, zu erfahren, wo es gerade eine Blütenpracht zu bewundern gibt, ist, bei den einzelnen Touristenbüros oder im Springbok Café in Springbok nachzufragen. Hier gibt es täglich aktualisierte „Flowermaps". **Cape Town Tourism** in Kapstadt erhält in der Regel auch neueste Infos.
• Eine weitere Möglichkeit ist die **Whale and Flower Hotline**, Kapstadt, Tel.: 083-9101028

Buschmannzeichnungen
Information und Buchung
• **Citrusdal**, Am Bath Resort, Tel.: 022-921-3609
• **Stadsaal**, Am Matjesrivier, Tel.: 027-482-2812
• **Kagga Kamma**, Hier gibt es auch ein kleines Touristenresort. Der Fußmarsch zu den Zeichnungen hier dauert knapp 2 Stunden.
• **Bokwater** (bei Clanwilliam): Tel.: 027-482-2812
• **Travellers Rest** (nordöstlich von Clanwilliam): Tel.: 027-482-2203

Namaqua National Park (Northern Cape Province) (S. 571)

Information und Buchung
National Parks Board, P.O.Box 787, Tshwane (ehem. Pretoria) 0001, Tel.: 012-428-9111, Fax: 012-343-3830, website: www.parks-sa.co.za, E-Mail: reservations@parks-sa.co.za

Unterkunft
Im Park selbst gibt es keine Unterkünfte, dafür aber genügend in der Region.

Nelson-Mandela-Metropole (ehem. Port Elizabeth) (Eastern Cape Province) (S. 669)

Vorwahl: 041

Information
• **Tourist Information Office**, Donkin Reserve, Lighthouse Building, Belmont Terrace, P.O.Box 357, Nelson-Mandela-Metropole 6000, Tel.: 585-8884, Fax: 585-2564, website: www.ibhayi.com, E-Mail: information@touismpe.co.za. Öffnungszeiten: Mo-Fr 8-16.30h, So 9.30-15.30h. Buchung von Unterkünften sind gegen eine Gebühr von ca. 45 ZAR möglich.
• **Automobile Association**, Albany Road, North End, Nelson-Mandela-Metropole 6001, Tel.: 57-3445, Fax: 57-3445, E-Mail: aatechpe@mweb.co.za.

6. Regionale Reisetipps von A–Z: Nelson-Mandela-Metropole

Wichtige Telefonnummern und Adressen
- Polizei: Notrufnummer 10111
- Ambulanz: 10177
- Feuerwehr: 585-1555
- Krankenhäuser
- Provincial Hospital (staatlich), Sandford, Tel.: 392-3911
- St. Georges Hospital (privat), Pardrive, Tel.: 392-6111
- Medical Centre (24h Notdienst), Tel.: 373-1206
- Apotheke: Humewood Pharmacy, 19 Humewood Rd., Tel.: 585-1222 oder 585-3939, im Humeway Centre, geöffnet Mo–Fr 8–20h, Sa 8–15h und So 9–14h, und Mount Road Medicine Deposit (geöffnet 24 Std.), 13 Lower Mount Rd., Tel.: 584-3838
- Post: Govan Mbeki Ave., Tel.: 585-8311
- Konsulat der Bundesrepublik Deutschland: 11 Uitenhage Rd., North End, Tel.: 587-2840

Busverbindungen
Es gibt jeden Tag Verbindung zu den großen Städten des Landes. Alle großen Städte werden täglich angefahren, auch die Orte an der Garden Route.
- **Translux** (am Bahnhof), Tel.: 392-1333, website: www.translux.co.za.
- **Greyhound** (Fleming Str.), Tel.: 363-4555, website: www.greyhound.co.za.
- **Intercape/Mainliner**, 107 Govan Mbeki Ave., Tel.: 586-0055, website: www.intercape.co.za.
- **BAZ-Bus**, Tel. 021-439 2323, www.bazbus.com. Passagiere können fast im ganzen Zentrum aussteigen bzw. an den entsprechenden Übernachtungsstellen.

Verbindungen u.a.:
Durban 4x wöchentlich
Kapstadt: täglich
Orte an der Garden Route: täglich
- Es gibt noch weitere Busunternehmen, die die Stadt bedienen.

Eisenbahnverbindungen
- Täglich fährt der **Algoa-Express** von Nelson-Mandela-Metropole über Bloemfontein nach Johannesburg und der **Southern Cross Express** je täglich nach Kapstadt, Johannesburg, Tshwane und Bloemfontein, Tel.: 507-3176, website: www.spoornet.co.za, Bahnhofs-Tel. 507-1400.
- Auskunft über den **Apple-Express** von Nelson-Mandela-Metropole nach Thornhill Village erteilt Tel.: 507-2333.

Flugverbindungen
Flughafen Nelson-Mandela-Metropole (ehem. Port Elizabeth - PLZ), ca. 8 km vom Stadtzentrum entfernt, Information Tel.: 507-7319. Shuttle-Bus in die Stadt: Super Cab Shuttle Bus, Tel. 457-5590 – halb so teuer wie Taxis. Alle großen Hotels werden angefahren.
- **SAA** unterhält tägliche Verbindungen in alle größeren Städte Südafrikas, wobei Johannesburg und Kapstadt in der Regel mehrmals täglich angeflogen werden. Auskünfte unter Tel.: 507-1111.
- Tägliche Verbindungen nach Johannesburg bietet auch **British Airways** an, Auskünfte unter Tel.: 508-8000.

Taxi
Taxis muss man telefonisch bestellen. **Hurter's**, Tel.: 585-5500, oder **Super Cab**, Tel.: 457-5590. Minibustaxis verkehren entlang des Marine Drive und halten an den vorgegebenen Busstationen.

Innerstädtische Busse
Die **Algoa Bus Company** unterhält ein Streckennetz zu allen Vororten. Auskünfte unter Tel.: 404-1200.

Mietwagen
- **Avis**, Tel.: 501-7200,
- **Imperial**, Tel.: 581-1268
- **Budget**, Tel.: 581-4242
- **Hertz**, Tel.: 581-6550

Alle Fahrzeugvermieter haben ihre Büros am Flughafen, und man kann dort gleich nach der Ankunft ein Fahrzeug mieten.

Stadtrundfahrten/Ausflüge/Aktivitäten
- **Heritage Tours** führt sowohl Stadtrundfahrten als auch Touren in die Umgebung durch (z.B. Addo Elephants Park). Informationen und Buchungen unter Tel.: 583-6222, E-Mail: heritagetours@heritagetours.co.za, website: www.heritagetours.co.za.
- **Raggy Charters** organisiert Bootsfahrten in der Algoa Bucht und zu den Inseln St Croix, Jahleel und Benton Island mit ihren Seehund- und Pinguinkolonien. Tel.: 083-222-6444.
- Für Taucher gibt es die Möglichkeit, mit **Ocean Divers International**, Tel.: 363-0035, E-Mail: leslie@odipe.co.za, nach Schiffen zu tauchen. Dieses ist aber nur etwas für sichere Taucher mit Tauchlizenz. Es werden aber auch andere Exkursionen angeboten.
- **East Cape Ocean Adventures**, Tel.: 042-234-0368, organisiert Hochseeangelfahrten und verleiht das dazugehörige Equipment.
- **Pembury Tours**, Tel.: 581-2581, website: www.pemburytours.com, bietet gut organisierte Besichtigungen der Townships an.

Internetzugang
- **Cyber Diner II Internet Café**, Tel.: 583-6076, E-Mail.: cyberjt@mweb.co.za, The Boardwalk, Marine Drive, Summerstrand
- **Funtasia**, Tel.: 363-4681, in der Greenacres Mall

Hotels
- **The Beach Hotel $$$$**, Marine Drive, Humewood, Tel.: 583-2161, Fax: 583-6220, E-Mail: reservations@pehotels.co.za, website: www.pehotels.co.za. Direkt am Boardwalk Casino und Entertainment Komplex gelegenes Luxushotel. 58 Zimmer, 3 Restaurants und Swimmingpool. Kinder unter 19 Jahren übernachten umsonst.
- **Marine Protea $$$$**, Beach Road, Tel.: 583-2101, Fax: 583-2076, E-Mail: pehotels@mweb.co.za, website: www.proteahotels.com. An der Beachfront gelegenes, luxuriöses Hotel.

6. Regionale Reisetipps von A–Z: Nelson-Mandela-Metropole

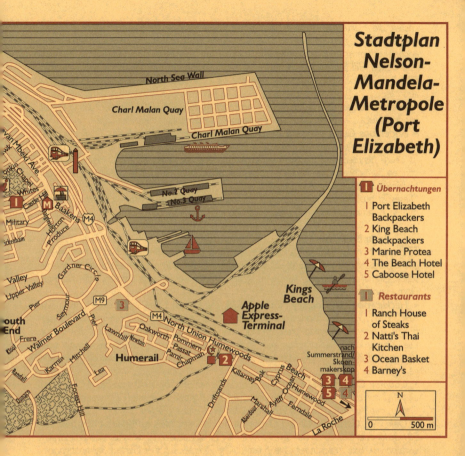

Stadtplan Nelson-Mandela-Metropole (Port Elizabeth)

Übernachtungen
1 Port Elizabeth Backpackers
2 King Beach Backpackers
3 Marine Protea
4 The Beach Hotel
5 Caboose Hotel

Restaurants
1 Ranch House of Steaks
2 Natti's Thai Kitchen
3 Ocean Basket
4 Barney's

- **The Edward Hotel $$$**, Belmont Terrace, Nelson-Mandela-Metropole 6000, Tel.: 586-2056, Fax: 586-4925, E-Mail: edward@pehotels.co.za, website: www.pehotels.co.za. Hotel im Edwardian-Style, untergebracht im ehemaligen Mansionblock mitten in der Stadt, originelle Unterkunft ohne ausgefallenen Luxus.
- **City Lodge $$**, Ecke Beach/Lodge Rd., Box 13352, Humewood 6013, Tel.: 586-3322, Fax: 586-3374, E-Mail: clpe.resv@citylodge.co.za, website: www.citylodge.co.za. Neues, gepflegtes Hotel in Strandnähe. Swimmingpool & Fitnessraum.
- **Caboose Hotel $$**, Brookes Hill Drive, Humewood 6013, Tel.: 586-0088, Fax: 586-0087, E-Mail: pe@caboose.co.za, website: www.caboose.co.za. Preiswerte und witzige Art zu Übernachten. Die Zimmer sind „Schlafwagen-Abteile" und auch sonst gilt hier das Motto Eisenbahn.

Holiday Apartments und Chalets

Wie in allen Küstenstädten, bietet sich auch in Nelson-Mandela-Metropole die Möglichkeit, günstig und komfortabel in Holiday Apartments bzw. Chalets zu wohnen. Sie

kosten die Hälfte, die Zimmer sind größer. Es fehlt nur der Zimmerservice (Zimmer werden aber täglich gesäubert), und zum Essen (falls man nicht selber im Apartment kochen will) muss man halt ausgehen.
- **Brookes Hill Suites $$$**, Brookes Hill Rd., Humewood, Tel.: 586-0990, Fax: 586-0998, E-Mail: bhill@stocks.co.za. Appartements mit bis zu 3 Schlafzimmern, alle mit Balkon-Blick aufs Meer.
- **Beacon Lodge $$$**, 10th Ave., Summerstrand, Tel.: 583-5061, Fax: 583-3910, E-Mail: handd@iafrica.com. Preiswerte und gepflegte Appartements in zentraler Lage.
- **Andersons Guest House $**, Dolphinview, 4 Seestrand Rd., Beachview, Tel. & Fax: 378-1207, E-Mail: dolphinview@icon.co.za, website: www.lin.co.za/andersons/. Dieses Gästehaus ist ca. 20 Minuten vom Zentrum entfernt und hat einen tollen Blick aufs Meer. Mit Glück können Sie von hier aus Wale und Delphine beobachten. Es stehen 5 Appartements zur Verfügung, Frühstück auf Anfrage erhältlich.

Dieses ist nur eine Auswahl – es gibt noch unzählige weitere Apartments und Chalets zu mieten. Auskunft erteilt das Informationsbüro.

Bed'n Breakfast
Auch in der Nelson-Mandela-Metropole ist das Bed'n Breakfast-System mittlerweile gut organisiert, und wer eine etwas persönlichere Unterkunft mit Kontakt zu den Einheimischen einmal ausprobieren will, wird sicherlich nicht enttäuscht werden. Informationen beim Informationsbüro.
- **Hacklewood Hill Country House $$$$$**, 152 Prospect Road, Walmer, Tel.: 581-1300, Fax: 581-4155, E-Mail: hacklewood@pehotels.co.za, website: www.pehotels.co.za. Untergebracht in einem alten viktorianischen Haus von 1898, bietet dieses Gästehaus allen Luxus. Die Zimmer und Badezimmer sind groß und gemütlich und haben alle Balkon oder Veranda mit Blick auf den Garten und Swimmingpool. Der Luxus hat aber auch einen nicht geringen Preis.
- **Country Club 39, $$$$** 39 Church Rd., Walmer, Tel.: 581-5099, Fax: 581-4458. E-Mail: club39@icon.co.za. Sehr gepflegtes Gästehaus mit 8 großen Zimmern. Ein wunderschöner Garten mit Swimmingpool lädt zum Verweilen ein. Zentral gelegen.
- **Oak Tree Cottage B&B $**, 112 Church Rd., Walmer, Nelson-Mandela-Metropole, Tel.: 581-3611 oder 581-6392, Fax: 581-7749, E-Mail: duff@global.co.za, website: www.time2travel.com/pe/oak. B&B in zentraler Lage. 5 gemütliche Zimmer, schöner Garten, Swimmingpool.

Jugendherberge
- **Port Elizabeth Backpackers $**, 7 Prospect Hill, abgehend von Whites Rd., Tel.: 586-0697, Fax: 585-2032, E-Mail: pebakpak@global.co.za. Saubere Schlafsäle und Doppelzimmer, ruhige Lage unweit des überregionalen Busbahnhofs, gutes Frühstück.
- **King's Beach Backpackers**, 41 Windemere Rd., Humewood, Tel.: 585-8113, E-Mail: kingsbbp@agnet.co.za. Sehr saubere Herberge, unweit vom Strand, Selbstversorgungsmöglichkeit. Es gibt Doppelzimmer und Schlafsäle sowie Gelegenheit zum Campen.

Camping
Pine Lodge, Marine Drive (7 km vom City Center), Box 13033, Humewood 6013, Tel.: 583-4004, Fax: 583-3839, E-Mail: plodgepe@iafrica.com, website: www.pinelodge.co.za. 50 Meter vom Strand entfernt, auch Selbstversorger-Chalets. Restaurant, Sportmöglichkeiten incl. Schwimmbad vorhanden. Lage schön am Strand im Bereich des Cape Precife Nature Reserve beim alten Leuchtturm.

Restaurants

- **Blackbeards' Seafood Tavern**, Shop Nr. G4, Brookes Pavillon, Brookes Hill, Humewood; Tel.: 585-5567; geöffnet täglich zum Dinner. Das Restaurant liegt in der Nähe vom Holiday Inn Garden Court Kings Beach mit Blick auf die Stadtlichter und die Bucht. Erstklassiges Meeresfrüchte-Restaurant mit großer Auswahl an Fischspezialitäten. Es gibt auch Fleischgerichte wie Straußensteaks. Die Portionen sind sehr groß, gehobene Preisklasse, gute Weinauswahl.
- **Ranch House of Steaks**, Ecke Russel und Rose Str., Nelson-Mandela-Metropole Innenstadt, Tel.: 585-9684. Sicher das beste Steakhouse der Stadt. Preisgekrönt. Allein die Kellnerinnen sind einen Besuch wert. Lunch So–Fr; Dinner täglich.
- **Old Austria**, 24 Westbourne Rd., Nelson-Mandela-Metropole Innenstadt, Tel.: 373-0299. Rustikale, österreichische Küche, u.a. Leberknödel und Jägerschnitzel mit Spätzle, jedoch bekannt wegen seiner exzellenten Fischgerichte. Sehr empfehlenswert.
- **De Kelder**, Strandpromenade, Tel.: 583-2750. Sehr gute Fischgerichte.
- **Barney's**, Humewood Beach im Boardwalk-Komplex; die „In"-Kneipe für Jung und Alt, direkt am Wasser, mit gezapftem Bier und einigen deutschen Gerichten (Kassler, Würste, Schweinshaxe und Sauerkraut). Am Wochenende Livemusik.
- Im Boardwalk-Komplex am Marine Drive gibt es eine gute Auswahl an Restaurants für jeden Geschmack.
- **Royal Delhi**, 10 Burgess Str., Tel. 378 8216. Sonntags geschlossen, samstags nur abends geöffnet. Gute, leckere indische Küche.
- **Natti's Thai Kitchen**, 21 Clyde Str., Tel. 585 4301. Täglich Dinner, super Thai-Küche mit entsprechenden scharf gewürzten Speisen. Legere Atmosphäre. Reservierung empfohlen.
- **Ocean Basket**, im Humewood Shopping Center. Gute Fischgerichte, schöner Blick aufs Meer.

Unterhaltung

- Kinos in Nelson-Mandela-Metropole: **WalmerPark Nu Metro**, Tel.: 367-1102, **Movie World**, Tel.: 482-0311, **Kine Park**, Tel.: 582-3311.
- **The Boardwalk Casino and Entertainment World**, Marine Drive, Summerstrand, Tel.: 507-7777, website: www.boardwalk.co.za. Neben dem Einkaufszentrum liegt das Casino und der Unterhaltungskomplex, der rund um die Uhr geöffnet ist.

Einkaufen

- **The Boardwalk**, Marine Drive, Summerstrand.
- **The Bridge Shopping & Entertainment Centre**, Langenhoven Dr., Greenacres.
- **Greenacres Shopping Centre**, Cape Rd., Greenacres.
- **Walmer Park Shopping & Entertainment Centre**, Main Rd., Walmer.

Diese z.T. riesigen Shopping Malls befinden sich alle in den Vororten, die Innenstadt eignet sich aufgrund der Abwanderung vieler Geschäfte im Moment nicht zum Einkaufen.

Golfplatz

Humewood Golf Club (18 Löcher), Marine Drive, Summerstrand, Humewood, Tel.: 583-2137, Fax: 583-1775, E-Mail: info@humewooodgolf.co.za, website: www.humewoodgolf.co.za. Sehr schöner Golfplatz direkt am Strand, das Clubhaus liegt in den Dünen. Die Gesamtlänge beträgt 6 202 m mit Standard 73.

Sehenswürdigkeiten

- **Campanile**, Tel.: 506-3293, Öffnungszeiten: Di–Sa 9–12.30h und 13.30–16.30h, So 14–17h.
- **Bayworld Museum, Ocenarium, Snake Park und Tropical House**. Im Dolphinarium (Tel.: 586-1051) finden zwei- bis dreimal täglich (11h und 15h) Delphinshows statt. Öffnungszeiten: täglich 9–16.30h
- **Historical Museum**, Tel.: 582-2515, Öffnungszeiten: Mo: 14–17h, Di–Fr 10–13h und 14–17h, Sa 10–13h
- **King George VI Art Gallery**, Tel.: 586-1030, Öffnungszeiten: Mo–Fr 9–17h (Di morgens geschlossen), Sa–So und an Feiertagen 14–17h
- **Flohmarkt**, am St.George´s Park, jeden ersten Sonntag im Monat
- **Volkswagen Südafrika**, 103 Algoa Rd., Box 80, Uitenhage, Tel.: 994-4111

Niewoudtville-Wasserfälle (Western Cape Province) (S. 572)

Information

Information Centre, Tel.: 027-218-1336 (in der Blumensaison, sonst **Restaurant Smidswinkel**

Unterkunft

Einfache Unterkünfte bietet das kleine **Niewoudtvillehotel** (P.O.Box 7, Niewoudtville 8180, Tel.: 027-218-1535 und ein wunderschöner **Campingplatz** steht auch zur Verfügung, Tel.: 027-218-1316.

Restaurant

Restaurant Smidswinkel, Tel. 218-1535. Sehr gutes Essen! Hier gibt es auch Infos zur Vermietung von netten Gästehäusern.

Oribi Gorge Nature Reserve (KwaZulu/Natal) (S. 721)

Information & Buchung

Auch hier müssen Buchungen vorher abgeschlossen sein. **Oribi Gorge Nature Reserve**, P.O.Box 662, Pietermaritzburg 3200, Tel.: 039-679-1644, website: www.kznwildlife.com, Öffnungszeiten: tgl. 8–16.30h, Eintritt: 10 ZAR).

Oudtshoorn (Western Cape Province) (S. 638)

Vorwahl: 044

Information

Oudtshoorn Tourism, Baron van Reede Str., Tel.: 279-2532, Fax: 272-8226, E-Mail: otb@mweb.co.za, website: www.oudtshoorn.com. Öffnungszeiten: Mo–Fr 8–18h, Sa 9–13h und 14–18h, So 10–13h und 14–18h. Im Winter (Mai–August) nur bis 17h geöffnet. Gut ist die kostenlose Reservierung von Zimmern und Straußenfarmbesuchen.

Unterkunft

- **Altes Landhaus $$$$**, (etwa 10 km Richtung Cango Caves,) P.O.Box 1491, Oudtshoorn 6620, Tel.: 272-6112, Fax: 279-2652, E-Mail: altes.landhaus@pixie.co.za, website: www.alteslandhaus.co.za. Luxus, ruhig und schön in der Natur gelegen: schöne Außenanlage, feinstes Essen, gediegen und geschmackvoll eingerichtete Zimmer. Super Abendessen!
- **Adley House $$$**, 209 Jan van Riebeeck Str., Oudtshoorn 6620, Tel./Fax: 272-4533, E-Mail: adley@pixie.co.za, website: www.adleyhouse.co.za. Sehr schönes, altes viktorianisches Haus (1905 in der Glanzzeit des Straußenbooms erbaut) mit Garten und Swimmingpool. Ruhig und persönlich. Tolles Frühstück.
- **Queens Hotel $$$**, Baron van Reede Str., P.O.Box 370, Oudtshoorn 6620, Tel.: 272-1791, Fax: 272-1793, E-Mail: queens@xsinet.co.za, website: www.theportfolio.co.za. Historisches, liebevoll restauriertes Stadthotel mit 40 Zimmern, Restaurant, Bar und Swimmingpool. Bitte rechtzeitig buchen.
- **Rosenhof Country Lodge $$$**, 264 Baron van Reede Str., Tel. 272-2101, Fax: 272-2104. Zweifelsohne das beste Haus am Platz. Tolle Außenanlagen, sehr gediegene Ausstattung mit viel Marmor. Ausgezeichnetes Restaurant.
- **Hlangana Lodge $$**, 51 North Street, Oudtshoorn 6620, Tel.: 272-2299, Fax: 279-1271. Gepflegte Anlage, leger, 12 große und freundliche Zimmer.
- **Oudtshoorn Holiday Inn Garden Court $$**, Baron van Reede Str., P.O.Box 52, Oudtshoorn 6620, Tel.: 279-2201, Fax: 279-3003, E-Mail: rogern@southernsun.co.za. Gutes Preis-Leistungs-Verhältnis, Swimmingpool.

Backpackers

- **Backpackers Paradise**, 148 von Reede Str., Tel. 272-3436, Fax: 272 0877. Sehr sauberes, freundliches Haus mit Doppelzimmern und Schlafsälen inkl. Frühstück.

Camping

- **Kleinplaas Resort**, 171 Baron van Reede Street (Richtung Cango Caves), Tel. 044-272-5811, Fax: 044-279-2019, E-Mail: kleinpls@mweb.co.za, www.oudtshoorn.co.za/kleinplaas. 54 Chalets, 35 Caravanplätze, Restaurant und Pool
- **Cango Mountain Resort**, P.O.Box 255, Oudtshoorn, 6620, Tel.: 272-4506, Fax: 272-6705. 7 Kilometer von den Cango Caves entfernt, inmitten der Swartberg Berge. Chalets, Zeltplätze und Jugendherberge.

Restaurants

- **Bernhards Taphuis**, in der Baron van Reede Straße gelegen (auf dem Weg zu den Cango Caves, gegenüber C.P.Nel-Museum). Der Inhaber ist Österreicher und bietet u.a. originelle Gerichte an wie Springbock- oder Straußen-Carpaccio. Straußenfleisch gibt es in jeder Art, u.a. als Steak oder Tartar, sonntags geschlossen.
- **Headlines**, Ebenso an der Baron van Reede Street gelegen, Tel.: 272-3434. Gutes, legeres Restaurant mit einem breiten Angebot, preiswert (spezialisiert auf Straußengerichte).
- **The Godfather Restaurant**, 61 Voortreker Road, Tel.: 272-5404, E-Mail: eatwithus@yahoo.com. Bietet Straußensteaks, afrikanisches Wild, Pizza- und Pastagerichte sowie Seafood. Sehr beliebt, sonntags geschlossen.
- Preiswert und nett: **De Fijine Keuken-Restaurant**, 114 Baron van Reede Street, neben Holiday Inn Garden Court, Tel. 272-6403. Gute, leichte Gerichte zum Lunch und Dinner, man sitzt gerne draußen auf einer kleinen Terrasse, sonntags geschlossen.

- **Jemima's**, 94 Baron van Reede Street, Oudtshoorn, 6620, Tel.: 272-0808, E-Mail: jemima_za@yahoo.com. *Zauberhafte Regionalküche, ohnegleichen, sonntags geschlossen..*
- **Swiss Bistro**, 119 Baron van Reede Street, Oudtshoorn, 6620, Tel.: 272-4289, E-Mail: mbhman@mweb.co.za. *Sieht von außen nicht unbedingt einladend aus, bietet aber hervorragendes Essen. Gemütlich, preiswert und sehr leckere Gerichte.*

@ Internet-Café
150 Baron van Reede Str., Tel. 279-3025

Öffentliche Verkehrsmittel
Die überregionalen Buslinien von Translux (Haltestelle: Stanmar Motors, 87 Langenhoven Rd.) und Intercape (Haltestelle Queens River Mall) verbinden mit fast allen Orten der Garden Route.

Museen und Sehenswürdigkeiten
- **C. P. Nel Museum**, 3 Baron van Reede Str., Öffnungszeiten: Mo–Sa 9–17h, So nach Vereinbarung
- **Langenhoven House/„Arbeidsgenot"**, Jan van Riebeeck Str., Öffnungszeiten: Mo–Fr 9–12.30h und 14–17.30h, Sa 9–12.30 h

STRAUSSENFARMEN
- **Highgate Ostrich Show Farm**, R328 nach Mossel Bay, nach ca. 8 km nach rechts abbiegen. P.O.Box 94, Oudtshoorn 6620, Tel.: 271-7115/6, Fax: 272-7111, E-Mail: hosf@mweb.co.za, website: www.highgate.co.za.
- **Ostrich Safari Farm**, an der R328 Richtung Mossel Bay, ca. 6 km von Oudtshoorn entfernt. P.O.Box 300, Oudtshoorn, 6620, Tel.: 272-7311, Fax: 272-5896, E-Mail: safariostrich@mweb.co.za.

Spielen in Oudtshoorn eine zentrale Rolle – Strauße

Öffnungszeiten: Beide Farmen sind von 7.30–17h geöffnet. Die Touren dauern ca. 1–1½h.

CANGO WILDLIFE RANCH (vorher Cango Crocodile Ranch & Cheetahland)
P.O.Box 559, Oudtshoorn, 6620, Tel.: 272-5593, Fax: 272-4167, E-Mail: cango@kingsley.co.za
geöffnet täglich außer Sonntag 8–17h; außerhalb der Saison bis 16.15h.

CANGO CAVES
Tel.: 272-7410, Fax: 272-8001, E-Mail: reservations@cangocaves.co.za, website: www.cangocaves.co.za. Führungen täglich zu jeder vollen Stunde; Standardtour: zwischen 9 und 16h; szenische und Abenteuertouren zwischen 9.30 und 16.30h.

Souvenirs
Als Souvenirs bieten sich Straußeneier und Produkte aus Straußenleder an.

Paarl (Eastern Cape Province) (S. 609)
Vorwahl: 021

Information
Tourist Office, 216 Main Str., Tel.: 872-8329, Fax: 872-9376, Mo–Fr 9–17h, Sa 9–13h, So 10–13h

Hotels/ländliche Häuser mit „Atmosphäre"
• **Grande Roche** $$$$$, POB 6038, Paarl 7620, Phantasie Street, Tel. 863-2727, Fax: 863-2220. Erstklassige Herberge auf einem restaurierten Weingut sowie ebenfalls erstklassiges Restaurant. Ruhig und idyllisch gelegen, Kinder ab 10 Jahre.
• **Goedemoed Country Inn** $$$$, POB 331, Paarl 7620, Cecilia Street, Tel. 871-1020. Gemütliches altes Weingut mit nett eingerichteten Gästezimmern und südafrikanischer Gastfreundschaft!
• **Roggeland Country House** $$$$, POB 7210, Northern Paarl, 7623, Tel. 868-2501, Fax: 868-2113, Dal Josaphat, Noorder Paarl. Idyllische Lage des aus dem Jahre 1778 stammenden Hauses. Gute, bodenständige Küche. Kinder ab 12 Jahren zugelassen.
• **Mountain Shadows** $$$, POB 2501, Paarl 7620, Tel. 862-3192. Ein Landhotel im kapholländischen Stil, innerhalb der Weinfelder des Drakenstein Valley gelegen; gutes Essen und edle Weine.
• **Pontac Estate** $$$, 16 Zion Street, Paarl 7646, Tel. 872-0445, Fax 872-0460. Das Hotel liegt mitten im Ort, allerdings an einer Seitenstraße. Die Zimmer sind sehr groß, ebenfalls die Bäder. Alles zeugt von einem guten, dezenten Geschmack. Eine nette Bar lädt zum Verweilen ein, zumal der Weinkeller bestens sortiert ist. Swimmingpool vorhanden. Toll: überdachte Veranda mit Blick auf einen parkähnlichen Vorgarten.

Einfachere Unterkunft
• **Berghof Guesthouse** $$, POB 343, Paarl 7620, Tel. 871-1099, Fax: 872-6126 Monte Christo Ave. Ein kleiner Geheimtipp! Swimmingpool, Sauna und Sonnenterrasse.
• **Lemoenkloof Guest House** $$, 3 Malan Street, Paarl 7646, Tel./Fax: 872-3782. Nettes, sauberes typisch südafrikanisches Gästehaus mitten in Paarl, geschmackvoll eingerichtete Zimmer.

Camping
• **Berg River Resort**, POB 552, Paarl 7624, Tel. 863-1650. Chalets, Caravan- und Campingplätze, Swimmingpool.
• **Campers' Paradise**, POB 552, Suider-Paarl 7620, Tel. 863-1650, Fax: 863-2583, 2 km vom Bahnhof Paarl auf der Simondium/Franschhoek Street.
• **Wateruintjiesvlei Municipal Camping Site**, POB 12, Tel. 02211-2-7552.

Restaurants
• **Rhebokskloof**, POB 2125, Windmeul 7630, Tel. 863-8386. Das Weingut hat ein Restaurant, das zur Lunchzeit geöffnet hat. Schön gelegen.
• Toll: Abendessen im **Roggeland** (bitte anmelden) und im **Grande Roche** (First Class Restaurant).

Weinroute

Auch Paarl hat seine Weinroute, welche z.T. historische Weingüter berührt. Informationen und eine Karte bekommen Sie in Paarl direkt bei „Paarl Wine Route", 216 Main Road, Tel. 872-3605.

KVV

Führungen Mo–Fr in Englisch um 11h/14.15h, Sa um 11h; in Deutsch Mo–Fr 10.15h, Sa 10.15h.

Weinberg- und Kellereibesichtigungen

von Nederburg sind nach vorheriger Vereinbarung möglich, Tel. 021-862-3104. Weinprobe: Mo–Fr 8.30–17h, Sa 9–13h.

Im Vorgeschmack auf Ihre Südafrika-Reise oder als „Nachlese" nach Ihrer Reise durch das Land am Kap können Sie zu Hause südafrikanischen Wein genießen. Alleinimporteur der Nederburg-Weine ist die Firma Weinwelt Mack & Schühle GmbH, Neue Straße 45, Postfach 1147, 73277 Owen/Teck, Tel. 07021-5701-34, Fax: 07021-5701-200, wo Sie Kataloge und Preislisten der Weine erhalten. Kosten Sie vielleicht folgende Angebote:
* Nederburg Cabernet Sauvignon: ein trockener Rotwein mit langjähriger Lagerfähigkeit und intensivem Geschmack;
* Nederburg Paarl Riesling: ein trockener klassischer Weißwein mit ausgeprägter Frucht und Reife;
* Nederburg Kap-Sekt, Brut: ein trockener Sekt, der Dank seines hohen Fruchtsäuregehaltes über eine feine Rasse verfügt.
Und vielleicht noch eins: Alle durch die Weinwelt Mack & Schühle vertriebenen Nederburg-Weine sind überraschend preisgünstig.

Museum

Das Haus von Malherbe beherbergt heute das **Afrikaans Language Museum**. Hier befinden sich Exponate zur Sprachgeschichte des Afrikaans. Öffnungszeiten: Mo–Fr 9–17h

Sehenswürdigkeiten

Language Monument: täglich 8.30–17h, Tel. 863-28 00.

Panorama-Route (Mpumalanga) (S. 438)

vgl. Kruger National Park
(Blyde River Canyon, Drakensberge, Nelspruit)

Information

Lowveld Info, im Erdgeschoss des Civic Centre, Nel Str. 1, Tel.: 013-755-1988/1989, website: www.nelspruitinfo.co.za. Geöffnet von Mo–Fr; 8–16.30h

Hinweis: Nördlich des Ortes gibt es für botanisch Interessierte den 154 ha großen *Lowveld Botanic Garden*, an den Ufern des Nels und Crocodile River gelegen. In der natürlich belassenen Wildnis sind 500 einheimische Pflanzen zu sehen, auf einem weiteren Areal (22 ha) kann man typische Pflanzen aus dem gesamten Lowveld sehen. Täglich von 7–18h geöffnet.

Flüge
täglich zwischen Johannesburg und Nelspruit

Autovermietungen
Alle Autovermieter sind in Nelspruit vertreten

Unterkunft
Wählen Sie eine der folgenden empfehlenswerten Übernachtungsstellen als Ausgangspunkt. Planen Sie mindestens 2 volle Tage ein, damit Sie die Schönheit dieser Landschaft voll aufnehmen können.

<u>AM BLYDERIVER CANYON</u> *direkt empfehlen sich*
• **Aventura Eco Blydepoort** $$$, *Private Bag X 368, Ohrigstad 1122, Tel.: 013-769-8005, Fax: 769-8059, website: www.aventura.co.za. Chalets, Camping- und Caravanplätze, Restaurant, Schwimmbad – alles topsauber und super-preiswert! Tolle Sicht in den Canyon!*
• **Aventura Eco Swadini** $$, *Private Bag X 3003,281, Hoedspruit 1380, Tel.: 015-795-5141, Fax: 795-5178, website: www.aventura.co.za. Chalets, Camping- und Caravanplätze, Schwimmbad, Restaurant – unten am Canyon gelegen – landschaftlich nicht so toll wie das o.a. Blydepoort Camp. Sehr preiswert!*

<u>GEEIGNETE DOMIZILE, UM ALLE ATTRAKTIVEN ZIELE DER DRAKENSBERGE ZU ERREICHEN</u>
• **Blue Mountain Lodge** $$$$$, *Abzweig von der R536 in die 514. P.O.B. 101, Kiepersol 1241, Tel.: 013-737-8446, Fax: 737-8446, website: www.blu-mountain.com. Eine der gediegensten Lodges in der südlichen Hemisphäre. Tolle, riesige Zimmer und Bäder, alles individuell dekoriert, erstklassiges Restaurant, wunderschöne, ruhige Umgebung, herrliche Swimmingpool-Anlage.*
• **Böhm's Zeederberg Guest House** $$$, *an der R536 gelegen, ca. 14 km westlich Hazyview. P.O.B. 94, Sabie 1260, Tel.: 013-737-8101, Fax: 737-8193. Schwimmbad. Familiäre Atmosphäre, preiswert. Idealer Ausgangspunkt für Erkundungen rund um den Blyde River Canyon. Deutsche Gastgeber-Familie, gutes Restaurant gleich nebenan (von der Tochter betrieben).*
• **Chilli Pepper Lodge** $$$, *an der R536 ca. 10 km von Hazyview, linker Hand. P.O.B. 193, Kiepersol 1241, Tel.: 013-737-8373, Fax: 737-8258, website: www.chillipepperlodge.co.za. Sehr nette Lodge, tolle Lage, sehr geschmackvolle Zimmer, Swimmingpool und schöne Gartenanlage*
• **Chestnut Country Lodge** $$, *P.O.B. 156, Kiepersol 1241, Tel.: 013-737-8195, Fax: 737-8196, website: www.chestnutlodge.co.za. Anfahrt: Von Hazyview in die 2nd Kiepersol Road. Sehr persönlich, schönes Schwimmbad, ruhige Lage, nette Zimmer – und das Alles preiswert!*

Camping
Erstklassige Campingplätze bieten die Aventura Resorts/siehe weiter oben.

Wandern
Die Erlaubnis für die Wanderung und die Buchung der Hütten auf den beiden Wanderwegen im **Blyde River Canyon Nature Reserve**, *P.O.B. 1990, Nelspruit 1200, Tel.: 013-759-4000.*

🛏 Unterkunft außerhalb des Kruger Parks

Wenn man keine Unterkunft im Kruger Park mehr erhält, so besteht die Möglichkeit, in einem der Orte zu übernachten, die in der Nähe eines Einganges zum Nationalpark liegen. **Unterkünfte in Nelspruit/White River** (Entfernung 30–50 km zur Einfahrt „Numbi Gate"):

- **Pine Lake Inn $$$**, Main Hazyview Rd., P.O.B. 94, White River 1240, Tel.: 013-751-5036, Fax: 751-5134. 8 km von White River Richtung Hazyview gelegen. Schwimmbad, 9-Loch-Golfplatz.
- **Hulala Lakeside Lodge $$$**, P.O.B. 1.382, White River 1240, Tel.: 013-764-1893, Fax: 764-1864, website: www.hulala.co.za. Idyllisch gelegen, Schwimmbad, Boote, „nature walks".
- **Jatinga Country Lodge $$$**, P.O.B. 3577, White River 1240, Tel.: 013-751-5059, Fax: 751-5119, website: www.jatinga.co.za. Tolle Lage inmitten tropischer Vegetation. Sehr gediegenes Ambiente, phantastisches Essen, gemütliche Zimmer.

UNTERKÜNFTE IN HAZYVIEW (Einfahrt Paul Kruger Gate/Entfernung 75 km)

- **Blue Mountain Lodge $$$$$**, Abzweig von der R536 in die 514. P.O.B. 101, Kiepersol 1241, Tel.: 013-737-8446, Fax: 737-8446, website: www.blu-mountain.com. Eine der gediegensten Lodges in der südlichen Hemisphäre. Tolle, riesige Zimmer und Bäder, alles individuell dekoriert, erstklassiges Restaurant, exzellente Speisen in wundervoller Präsentation! Wunderschöne, ruhige Umgebung, herrliche Swimmingpool-Anlage.
- **Cybele Forest Lodge $$$$**, Abzweig von der R40 ca. 25 km nördlich von Hazyview. P.O.B. 346, White River 1240, Tel.: 013-750-9500, Fax: 750-9510, website: www.cybele.co.za. Schwimmbad, Wanderwege. Besonders idyllisch (mitten im Wald) und sehr gepflegt, „britische" Atmosphäre, ausgezeichnete Küche!
- **Böhm's Zeederberg Guest House $$$**, an der R536 gelegen, ca. 14 km westlich Hazyview. P.O.B. 94, Sabie 1260, Tel.: 013-737-8101, Fax: 737-8193. Schwimmbad. Familiäre Atmosphäre, preiswert. Idealer Ausgangspunkt für Erkundungen rund um den Blyde River Canyon. Deutsche Gastgeber-Familie, sehr gute Küche, Abendessen auf Anfrage.
- **Chilli Pepper Lodge $$$**, an der R536 ca. 10 km von Hazyview entfernt an der linken Seite gelegen. P.O.B. 193, Kiepersol 1241, Tel.: 013-737-8373, Fax: 737-8258, website: www.chillipepperlodge.co.za. Sehr nette Lodge, tolle Lage, sehr geschmackvolle Zimmer, Swimmingpool und schöne Gartenanlage, liebevoll angerichtete Speisen aus besten Zutaten.
- **Sabie River Sun $$$**, P.O.B. 13, Hazyview 1242, Tel.: 013-737-7311, Fax: 737-7314, website: www.southernsun.com, E-Mail: sabiriversun@southernsun.com. Nördlich der Stadt gelegen, schöne, ruhige Lage, Schwimmbad, 9-Loch-Golfplatz, Restaurant (Buffet).
- **Rissington Inn & Restaurant $$**, P.O.B. 650, Hazyview 1242, Tel.: 013-737-7700, Fax: 737-7112, E-Mail: rissington@mweb.co.za. Ruhig gelegenes, legeres Haus zum Wohlfühlen, 2 km südlich der Stadt, nahe der R 40. Nette Zimmer, Swimmingpool, sehr gutes Preis-Leistungs-Verhältnis. Sehr schmackhafte und vegetarische Gerichte.
- **Chestnut Country Lodge $$**, P.O.B. 156, Kiepersol 1241, Tel.: 013-737-8195, Fax: 737-8196, website: www.chestnutlodge.co.za. Anfahrt: Von Hazyview in die 2nd Kiepersol Road. Sehr persönlich, schönes Schwimmbad, ruhige Lage, nette Zimmer – und das alles preiswert!

UNTERKUNFT IN PHALABORWA (Einfahrt beim Phalaborwa Gate/Entfernung 2 km)

Steyn's Cottage $$$, 67 Bosvlier Road, Phalaborwa 1390, Tel.: 015-781-0836. Nur 3 km zum Kruger Park Gate, sehr geschmackvoll angelegt, Swimminpool, schöner Garten.

UNTERKÜNFTE IN MALELANE
- **Malelane Sun Inter-Continental $$$$**, Malelane Gate Road, P.O.B. 392, Malelane 1320, Tel.: 013-790-3304, Fax: 790-3303, website: www.southernsun.com. Sehr schöne Anlage mit Schwimmbad und gutem Restaurant, tolle Aussicht auf den Crocodile Fluss, nur 2 km zum Parkeingang.
- **Buhala Game Lodge $$$$**, P.O.B. 165, Malelane, 1320, Tel.: 013-790-4372, Fax: 790-4306, website: www.buhala.co.za. Sehr schönes, riedgedecktes Haus inmitten von Plantagen, schöner Ausblick auf den Crocodile Fluss, gepflegte Außenanlagen, geräumige Zimmer.

Pietermaritzburg (KwaZulu/Natal) (S. 747)
Vorwahl: 033

Informationen
- **Pietermaritzburg Publicity Association**, 177 Commercial Road/Longmarket Street, Tel.: 345-1348. Hier erhalten Sie die Broschüren „What's on in Pietermaritzburg" und „Natal Experience".
- **Peterm. Publicity Association**, hier kann man Buskarten für Greyhound und Translux kaufen. Öffnungszeiten: Mo–Fr 8–17h, Sa 8–15h.
- **AA Automobile Association**, Game Building, Commercial Road, Pietermaritzburg 3200, Tel.: 342-0571.

Unterkunft
- **City Royal Hotel $$$$**, 301 Burger Str., Tel. 394-7072. Renoviertes Gebäude, das beste Haus am Platz, richtet sich vor allem an Geschäftsleute.
- **Old Halliwell Country Inn $$$**, Currys Post Road, Howick, Route R114 von der N 3, Tel.: 330-2602, Fax: 330-3430, website: www.oldhalliwell.com. Tolles Landanwesen, ursprünglich Station auf der Wagenroute zwischen Küste und Binnenland.
- Außerhalb der Stadt (12 km nordwestlich) liegt in **Hilton** das Hilton Hotel (nicht zur gleichnamigen Hotelkette gehörend!), idyllische, ruhige Lage und sehr empfehlenswert: **Hilton $$$**, Hilton Road P.O.Box 35, Hilton 3245, Tel.: 396-2312, Fax 343-3722.
- **Tudor Inn $$**, 18 Theatre Lane, Tel.: 342-1778, Fax: 345-1111. Gehobenes Mittelklassehotel.
- Außerhalb (ca. 30 km nordöstlich von Pietermaritzburg) liegt der **Wartburger Hof $$**, der an eine Unterkunft im Voralpenland erinnert. Sehr familiäre (deutsche!) Atmosphäre, Gemütlichkeit im traditionellen Stil. Der Ort Wartburg wurde von einer pastoralen Gemeinschaft gegründet. Wartburger Hof, P.O.B. 147, Wartburg 3233, Tel./Fax 033-503-1482, website: www.wartburgerhof.co.za.

Backpackers
- **Sunduzi Backpackers Lodge $**, 140 Berg Street, Tel. 394-0072. Schlafsäle und Campingmöglichkeit, zusätzlich werden preisgünstige Speisen angeboten.

Restaurants
- **Da Vincis Restaurant**, 117 Commercial Road, Pietermaritzburg 3201, Tel. 345-5172. Lebhafter Restaurantbetrieb, Bar angeschlossen mit Parties am Abend und Livemusik. Gute italienische Küche, aber auch andere Gerichte.

- **Els Amics**, 380 Longmarket Street, Pietermaritzburg 3201, Tel. 345-6524. Vor allem spanische Gerichte in sehr gepflegtem Ambiente, ausgeprägte Weinkarte, exzellente Parkmöglichkeiten. Lunch Di–Fr; Dinner Di–Sa. Vorher reservieren empfohlen. So und Mo geschlossen.

Busse
Intercape: Haltestelle Busbahnhof Longmarket Str./Corner Commercial Rd.
Greyhound: Haltestelle nahe Mc Donald´s/Burger Str.
BAZ-Bus: Von allen innerstädtischen Übernachtungsstellen (nur absetzen).
Verkehrshäufigkeit:
  Bloemfontein: 2x täglich
  Durban: 9x täglich
  Johannesburg: 6x täglich
  Kapstadt: 4x täglich
  Ladysmith: 2x täglich

Eisenbahn
Der Bahnhof befindet sich am südlichen Ende der Longmarket Street. Die Gegend dort ist nicht sehr sicher (vor allem abends!)

Sehenswertes
- **Old Vortrekker House**, 333 Boom Street, einziges noch erhaltenes doppelgeschössiges Haus der Voortrekker, 1846 erbaut. Öffnungszeiten: Mo–Fr 9–17h, Sa. 9–12.30h.
- **Voortrekker Museum und Memorial Church**, 333 Boom Street, Tel. 394-6834/5/6. Hier wird die Geschichte und Kultur aller Völker KwaZulu/Natals gezeigt.
- **Natal Museum**, 237 Loop Street, Tel. 345-8233. Afrikas beste Sammlung an großen Säugetieren aus den Bergen, Originalgemälde der San, Kunstobjekte der Zulus etc. Öffnungszeiten: Mo–Sa 9–16.30h, So 14–17h.

Pigg's Peak (Swasiland) (S. 502)
Vorwahl von Südafrika aus: **09268**, internationale Vorwahl: **00268**

Unterkunft
- **Pigg's Peak Protea Inn $$$$**, 12 km nach Norden in Richtung Jeppe's Reef, P.O.Box 385, Pigg's Peak, Tel.: 437-1104, Fax: 437-1382, E-Mail: sales@proteapiggspeak.sz, Casinohotel, das aber auch viele andere Freizeitaktivitäten bietet und wunderschön in den bewaldeten Bergen liegt.
- **Phophonyane Lodge $$$**, 10 km nach Norden (Jeppe's Reef), dann nach links, 3 km auf Piste, P.O.Box 199, Pigg's Peak, Tel.: 437-1429, Fax: 437-1319, website: www.phophonyane.co.sz. Diese Lodge ist inmitten der Bergwelt des Nordwestens gelegen – ideal für Individualisten.
- **Malolototja Nature Reserve**, P.O.Box 100, Lobamba oder P.O.Box 1797, Mbabane, Tel.: 442-4241
- Chalets und Campingplatz! Kein Restaurant und kein Geschäft im Park!

Pilanesberg National Park (North West Province) (S. 481)

Information und Buchung
The Reservation Officer, Pilanesberg National Park, P.O.B. 1201, 0302 Mogwase, Tel.: 014-555-5351, Eintritt: Erwachsene 20 ZAR, Kinder 10 ZAR, pro Fahrzeug 15 ZAR

Öffnungszeiten
April–August 5.30–17h
September–März 5–20h

Unterkunftsmöglichkeiten im National Park

	Chalets	Safari-Zelte	Zeltplätze	Campingplätze	sanitäre Anlagen	warmes/kaltes Wasser	Spültoiletten	Elektrizität	ausgestattete Küchen	Kühlschränke	Grillplätze	Speiseraum	Restaurant	Laden	Schwimmbad
Bosele Dorm.	x	-	-	-	x	x	x	-	-	x	-	x	x	x	x
Kwa Maritane	x	-	-	-	x	x	x	x	x	x	x	x	x	x	x
Kololo	-	x	-	-	x	x	x	-	x	x	x	-	-	-	-
Mankwe	-	x	-	-	x	x	x	-	x	x	x	-	-	-	-
Manyane	-	x	x	x	x	x	x	-	x	x	x	-	x	x	x
Metswedi	-	x	-	-	x	x	x	-	-	-	-	x	-	-	-
Tshukudu	x	-	-	-	en suite	en suite	en suite	-	x	x	-	x	-	-	-

- **Tshukudu $$$$**, exklusives Rastlager mit eigener Wasserstelle, an der man Tiere aus nächster Umgebung beobachten kann. Vier strohgedeckte Chalets mit privatem Bad stehen zur Verfügung.
- **Kwa Maritane $$$**, P.O.B. 39, Sun City, 0316, Tel. 01465-21861, Fax 21621, 50 Apartments, 28 Cabanas (Apartments mit Küche) und 22 Chalets. Wildbeobachtungsfahrten, Barbecues, Restaurant mit Wildgerichten, Schwimmbad, Tennis.
- **Mankwe Camp $$ („Leopardenort")**, größtes Rastlager im Busch mit Blick über den Mankwe See. 20 geräumige Zelte, Gäste müssen allerdings Geschirr und Kochtöpfe mitbringen. Anlagen zum Kochen und Grillen.
- **Kololo $$**, Ausstattung wie Mankwe, kleineres Camp.
- **Manyane Caravan Park $$**, 20 voll ausgestattete Safarizelte und 75 Stellplätze für Camper. Gute sanitäre Anlagen sowie Grillplätze; Laden und Restaurant sind vorhanden.
- **Metswedi**, exclusives Camp mit 6 Zelten, eine voll ausgestattete Küche steht zur Verfügung.
- **Bosele Dormitories**: schöne Blockhütten mit Etagenbetten.

Buchung über: **Golden Leopard Resorts**, Tel.: 014-555-6135, Fax: 014-555-7558, website: www.goldenleopard.co.za, E-Mail: goldres@iafrica.com.

Camping
Manyane Caravan Park, Golden Leopard Reserve, Tel.: 014-555-6135, Fax: 014-555-7555/6122. E-Mail: goldref@iafrika.com, www.goldenleopard.co.za. 54 Chalets, 95 Caravanplätze, 45 Zeltplätze. Restaurant, Pool und Shop vorhanden. Tier- und Vogelbeobachtungen

Safari-Veranstalter
Profile Safaris, Safari-Veranstalter & Reiseberatung im Südlichen Afrika, POB 11013, Windhoek, Namibia, Tel. 061-224 358, Fax: 061-222 357, E-Mail: profile@mweb.com.na, www.profilesafaris.com.

Pilgrim's Rest (Mpumalanga) (S. 444)

Unterkunft
Pilgrim´s Rest Caravan Park, 172 Main Street, Pilgrim´s Rest, Tel. 013-768-1427, Fax: 013-768-1251, E-Mail: pilgrimsrest@worldonline.co.za, www.caravanparc.co.za/pilgrimsrest. 260 Zelt-/Caravanplätze teilweise mit Strom, Pool und Bar vorhanden.

Plettenberg Bay (Western Cape Province) (S. 650)
Vorwahl: 044

Information
Plettenberg Bay Tourism Centre, Victoria Cottage, Kloof Street. P.O.Box 894, Plettenberg Bay 6600, Tel.: 533-4065, Fax: 5334066, E-Mail: info@plettenbergbay.co.za, website: www.plettenbergbay.co.za. Öffnungszeiten: Mo–Fr 8.30–17h, Sa 9–13h.
Wal-Hotline: 0800-228-222

Unterkunft
• **The Plettenberg $$$$$**, 40 Church Str., Tel.: 533-2030, Fax: 533-2074, E-Mail: plettenberg@pixie.co.za, website: www.plettenberg.com. Im Ort gelegen. Sehr schöner Blick von Restaurant und Terrasse auf die Meeresbucht. Die Zimmer sind normal, also eher klein, das Ambiente ist nicht „abgehoben", sondern eher „floridianisch" geprägt und zum Hotel-Einheitsstil neigend. Eher unpersönlicher, distanzierter Hotelbetrieb. Wer die teuren Zimmer am Swimmingpool mit Meerblick bucht, wird neben dem hohen Preis damit bestraft, dass ihn die Gäste von der Restaurant-Terrasse begaffen. Preis-Leistungs-Verhältnis unbefriedigend! **Rat:** hier nur mal bei schönem Wetter zum Lunch auf die Terrasse kommen oder zum Abendessen.
• **Milkwood Manor $$$$**, Lookout Beach, Plettenberg Bay 6600, Tel.: 533-0420, Fax: 533-0921, E-Mail: info@milkwoodmanor.co.za, website: www.milkwoodmanor.co.za. 12 sehr geräumige Zimmer. Toll gelegen, direkt am Strand. Im Haus befindet sich auch ein gutes thailändisches Restaurant.
• **The Crescent Country House $$$**, P.O.Box 191, Plettenberg Bay 6600, Tel.: 533-3033, Fax: 533-2016, E-Mail: crescent@pixie.co.za, website: www.crescenthotels.com. Am Ortsausgang an einem Flusslauf (Piesang Valley Road) gelegen, bietet moderne, geschmackvolle Unterkünfte. Die Zimmer sind geräumig und freundlich. Sehr gepflegte Außenanlagen mit

Swimmingpool. Ein Restaurant steht zur Verfügung (mittelpreisig). Vom Hotelgelände (alles ist ebenerdig) kann man mit dem Kanu bis zur Meeresbucht hinausfahren. Gute Wandermöglichkeiten.
- **Crescent Hotel $$**, Kontaktnummern wie Crescent Country House, (Pharos Drive, Abzweig vom Beacon Island Crescent). Zweckmäßige Zimmer, modernes Restaurant, alles blitzsauber und fast steril zu einem guten Preis.
- **Aventura Eco Plettenberg $$**, Private Bag X 1000, Plettenberg Bay 6600, Tel.: 535-9309, E-Mail: kim@aventura.co.za, website: www.aventura.co.za. Im Keurbooms Nature Reserve an den Ufern des Keurbooms River gelegen. (Abzweig von der N2 nach links, 6 km östlich von Plettenberg). Sehr geräumige und saubere Chalets, alles inmitten einer wunderschönen Natur. Swimmingpool, Kanuverleih, Wanderwege – toll für Outdoor-Orientierte. Natürlich ist hier auch Camping möglich!
- **Little Sanctuary $$**, 14 Formaso Str., Tel. 533-1344, privat geführtes Haus am Strand, Zimmer mit eigener Veranda und Meeresblick.
- **La Vista $$**, 17 Rosheen Crescent, Tel. 533-3491, Fax: 533-5065. Wunderschöner Ausblick, schöne Zimmer, nur 5 Minuten zum Strand und zu diversen Restaurants. Tolles Frühstücksbuffet.
- **Weldon Kaya $$**, an der N 2/Piesang Valley Rd., 1 km westlich von Shell Ultra City gelegen. Tel. 533-2437, Fax: 533-4364, E-Mail: info@weldonkaya.com. Die Zimmer sind im afrikanischen Design ausgestattet, alles ist sehr individuell und farbenfroh. Gutes Restaurant und Pool.
- Etwa 10 % preiswerter ist das **High Crescent Hotel** im Ort (Ecke Crescent und High Street), Zimmer zum Teil mit Meerblick. Auch hier liegt der Schwerpunkt auf absoluter Zweckmäßigkeit und Sauberkeit.

AUSSERHALB VON PLETTENBERG BAY GELEGEN
- **Hunter's Country House $$$$$**, P.O.B. 454, Plettenberg Bay 6600, Tel.: 532-7818, Fax: 532-7878, E-Mail: reservations@hunterhotels.com, website: www.hunterhotels.com. 10 km westlich von Plettenberg Bay biegt man auf eine Stichstraße nach rechts (Süden) ab und entdeckt dieses ruhig gelegene Refugium. Super Essen – toller Service! Eines der besten Hotels Südafrikas.
- **Tsala Treetop Lodge $$$$$**, P.O.Box 454 Plettenberg Bay 6600, Tel.: 532-7818, Fax: 532-7878, E-Mail: reservations@hunterhotels.com, website: www.hunterhotels.com. Eine Lodge der Luxusklasse unter derselben Führung, wie das Hunters. Die Zimmer sind in den Baumkronen mit Stegen verbunden. Dieses sagenhafte Ambiente hat aber auch seinen Preis.

Camping
- **Aventura Eco Plettenberg** (Adresse s.o.). Chalets und Campingplätze.
- **Keurbooms Lagoon Caravan Park**, direkt neben Aventura, Tel.: 533-2567. Sauberer und guter Platz.

Backpackers
- **Albergo for Backpackers $**, 8 Church Str., Tel. 533-4434, Schlafsäle und Doppelzimmer, sauber und zentral gelegen.
- **Nothando Backpackers $**, 3 Wilder Str., Tel. 533-0541. Ebenfalls Schlafsäle und Doppelzimmer, nahe zum Hauptstrand.

Restaurants
- **Blue Bay Cafe**, Lookout Centre, Main Str., Tel.: 533-1390. Netter Pub im Zentrum, frischer Fisch, Pub-Food.
- **Brothers Restaurant**, Melville Centre, Ecke Main & Strand, Tel.: 533-5056. Abwechslungsreiche Karte, vor allem Meeresfrüchte, & gute Preise. Schöner Blick aufs Meer.
- **The Islander**, Tel.: 532-7818, 8 km außerhalb von Plettenberg Bay Richtung Knysna an der linken Seite der N2 gelegen – sehr beliebtes Fischrestaurant – alles fangfrisch.
- **Cornuti´s**, Ecke Odland & Perestralla Str., Tel.: 533-1277. Die beste Pizza der Stadt. Besonders bei jungen Leuten sehr beliebt.
- Und natürlich: nach Voranmeldung im **Hunter´s Country House** dinieren – vom Feinsten!

Öffentliche Verkehrsmittel
Haltestelle von Intercape und Greyhound: Shell Ultra City Tankstelle an der N 2 (2 km in den Ort), BAZ-Bus bringt die Kunden zur Übernachtungsstelle.
Verbindungen:
   Durban: täglich
   George: 6x täglich
   Kapstadt: 6x täglich
   Knysna: 6x täglich
   Nelson-Mandela-Metropole: 6x täglich

Strände
- Sehr schöne weite Sandstrände am Beacon Island Hotel sowie am Lookout Beach (östlich von Plettenberg Bay).
- **Stanley Island**, P.O.B. 1227, Plettenberg Bay 6600, Tel. 535-9442, E-Mail: bhbecke@global.co.za, website: www.stanleyisland.com. Kinder ab 12 Jahren erlaubt

Pofadder (Northern Cape Province) (S. 554)
Vorwahl: 054

Unterkunft
- **Pofadder Hotel $$**, Voortrekker Str., P.O.Box 3, Pofadder 8890, Tel.: 933-0063. Kleines, schönes Hotel, gemütliche, große Lounge mit offenem Feuer.
- In Klein-Pella gibt es ein kleines, sehr sauberes **Gästehaus $**. Das Abendessen kostet 45 ZAR. Es stehen auch einfache Rondavels zur Verfügung (85 ZAR/p. B & B). Ein schöner Campingplatz (50 ZAR für 2 Personen) steht ebenfalls zur Verfügung. Ein Swimmingpool bietet im Sommer die ersehnte Abkühlung.
- **Pofadder Caravan Park**, Nuwe Str., P.O.Box 108, Pofadder 8890, Tel.: 933-0056. Kleiner, einfacher Campingplatz.
- **Pofadder Overnight Rooms**, P.O.Box 119, Pofadder 8890, Tel.: 933-0039. Selbstversorgungsunterkünfte.

Polokwane (Pietersburg) (North West Province) (S. 474)
Vorwahl: 015

Information
Pietersburg-Polokwane Marketing Company, Civic Square, Landros Mare Str., Tel.: 290-2010, E-Mail: elaine.vrensburg@pietersburg.org.za. Öffnungszeiten: Mo–Fr 8.30–16h.

Unterkunft
- **Plumtree Lodge $$**, 138 Marshall Str., Tel. 295-6153. Nette Lodges in der Nähe des Ortszentrums mit schönem Garten und Pool. Nette Gastgeber!
- **Holiday Inn $$**, Vorster/Bok Str., Tel. 291-2030. Standardzimmer, die alle jedoch ihren Preis wert sind. Swimmingpool.
- **African Roots Guesthouse $$**, 58 Devenish Str., Tel. 297-0113. Originelle Unterkunft, Gastgeber sind Künstler, daher sind alle Zimmer sehr kreativ eingerichtet.

Restaurants
The Restaurant, Thabo Mbeki Str./Corner Dorp Str., Tel. 291-1918. Hier erwarten Sie in gemütlicher Atmosphäre sehr gute Fisch- und Fleischgerichte. Auch gibt es gute Curries!

Busverbindungen
Translux (Haltestelle Big Bitz/Grobler Str.),
Greyhound (Shell Ultra City).
Alle Buslinien befahren die N 1 von Johannesburg nach Breitbridge und halten an den großen Orten (Warm Katus, Louis Trichardt und Messina). Viele fahren weiter nach Bulawayo, Victoria Falls und Harare. Tägliche Verbindung.

Eisenbahn
Tägliche Verbindung nach Johannesburg und Messina (Haltestellen: Pretoria, Warmbaths, Nylstroom, Potgieteshus, Louis Trichardt, Messina).

Port Alfred (Eastern Cape Province) (S. 684)
Vorwahl: 046

Information
Port Alfred Tourist Information Centre, P.O.B. 63, Port Alfred 6170, Tel.: 624-1235, Fax: 624-4139, E-Mail: patourism@intekom.co.za, website: www.portalfred.co.za. Öffnungszeiten: Mo–Sa 10.30–16.30h.

Unterkunft
- **The Halyards $$$**, Royal Alfred Marina, Tel.: 624-2410, Fax: 624-2466. Das gediegene Haus in Port Alfred. Schöner Pool mit Holzterrasse, Waterfront-Lage an der Royal Alfred Marina.
- **The Presidency Guest House $$**, 11 Vroom Road, Tel./Fax: 624-5382, www.theresidency.co.za. Schönes, altes viktorianisches Haus (1898), sehr atmosphärisch, schöner Garten auf dem hügeligen Gelände. Alles ist sehr geschmackvoll und gastlich.

- **Fish River Sun Hotel**, Tel.: 676-1101, Fax: 676-1115, website: www.suninternational.co.za. Gepflegtes Hotel mit 18-Loch-Golfplatz und atemberaubend schönem Strand.
- **Mpekweni Sun Hotel**, Tel.: 676-1026, Fax: 676-1040, website: www.suninternational.co.za. Strandhotel mit Restaurant, Bars und Swimmingpool. Lagune mit Wassersportmöglichkeiten.

Backpackers
Port Alfred Backpackers $, 29 Sports Rd., Tel. 624-4011. Sehr schöne Schlafsäle (hell), 1 Doppelzimmer, unmittelbare Nähe zum East Beach.

Camping
Es gibt mehrere Campingplätze in Port Alfred. Bitte beachten Sie, dass diese vor allem in der Hochsaison vorab gebucht werden sollten.
- **Willows Caravan Park**, Riverside, Tel.: 624-5201. Zentral, aber keine besondere Lage.
- **Riverside Caravan Park**, Mentone Str., Tel.: 624-2230. Es werden auch Chalets angeboten. Sehr ruhig am Fluss gelegen.
- **Medolino Caravan Park**, Prince's Ave., Kowie West. Tel.: 624-1651. Schöne Holzchalets, Swimmingpool, Anlage liegt direkt hinter den Dünen (schattig).

Aktivitäten
- **Reiten:** *Three Sisters Horse Trails*, Tel.: 675-1269. Täglich Ausritte durch die schöne Umgebung und am Strand.
- **Wandern:** Informationen beim Tourist Information Centre.
- **Wassersport:** Informationen beim Tourist Information Centre.

Port Elizabeth (Eastern Cape Province)
s. Nelson-Mandela-Metropole

Port Nolloth (Northern Cape Province) (S. 570)
Vorwahl: 027

Information
Information Centre: in der Town Hall, Tel.: 851-8229

Unterkunft
- **Bedrock Lodge $$**, Beach Rd. (2. Haus), P.O.Box 187, Port Nolloth 8280, Tel.: 851-8865, E-Mail: bedrock@icon.co.za. Unterkunft in kleinen Häusern. Es gibt wohl kaum jemanden, der einem mehr über den Ort erzählen kann als Grazia de Beers, die Besitzerin der Lodge.
- **Scotia Inn Hotel $**, P.O.Box 9, Port Nolloth 8280, Tel.: 851-8353, Fax: 851-8847. Einfaches Küstenhotel unter portugiesischer Leitung.
- **McDougall's Bay Caravan Park**, 4 km südlich von Port Nolloth, P.O.Box 13, Port Nolloth 8280, Tel.: 851-8657. Hier gibt es auch einfache Chalets zu mieten.

Restaurants
- **Crown's Nest** (an der Bedrock Lodge): Seafood, Pasta und Steaks
- **Captain Pete's Tavern**, gegenüber dem Hotel gelegen: Leger, vernünftiges Essen

Port St. Johns (Eastern Cape Province) (S. 713)
Vorwahl: 047

Information
Information Office, Main Str., Tel.: 564-1206, website: www.ruraltourism.org.za/portstjohns.

Unterkunft
• **LilyLodge $$$**, Tel./Fax: 564-1229. Die schönen Steinhäuschen liegen in Nähe des Second Beach. Tropische Gartenanlage, gutes Restaurant (Fisch, Austern).
• **Cremorne Estate $$**, etwa 5 km vom Ort entfernt am Umzimvubu River, Tel. 564-1113, www.cremorne.co.za. Sehr schöne Holzhäuser auf Pfählen gebaut. Für Selbstversorger stehen 2 Schlafzimmer für 4 Personen zur Verfügung, daneben gibt es Doppelzimmer. Die Aussicht auf die Berge ist toll. Restaurant und Pool vorhanden.
• **Umngazi River Bungalows $$**, Lage an der Mündung vom Mmngazi River. Anfahrt: etwa 10 km vor Port St. Johns geht's nach rechts (Schild) über eine schlechte Naturstraße zu dieser wunderschön gelegenen Anlage. Es gibt Rondavels und Familienbungalows, Pool vorhanden. Sehr schöner Strand.
• **iNtaba River Lodge $$**, Tel. 032-9415-320, Fax: 9415-572, www.intabariverlodge.co.za. Die Lodge liegt am breiten Imzimvubu River. Es gibt geräumige Cottages, einen Swimmingpool und ein Restaurant (Fisch, indische Curries). Sehr zu empfehlen, da zusätzlich viele Aktivitäten angeboten werden wie Fahrten mit dem Kanu und Mountainbike, Schnorcheln und Tauchen, Delphin- und Walbeobachtung.
• **Bulolo Holiday Resort $**, Tel.: 564-1245, Selbstversorgungshütten.
• **The Lodge $**, Tel.: 564-1171, schönes, riedgedecktes Haus, Holzböden, gutes Restaurant. Ebenfalls am Second Beach gelegen – direkt an der Lagune mit schönem Blick.
• Es gibt noch zahlreiche weitere Unterkunftsmöglichkeiten. Informationen erteilt das Touristenbüro.
• **Silaka Nature Reserve**, Buchungen: Dep. Of Agric. & Forestry, Private Bag X5002, Umtata 5100, Tel.: 564-1177

Restaurants
• **Gecko Restaurant**, am First Beach, Tel. 564-1113. Hier kocht ein Schwabe (!): Köstliches und Deftiges (tolle Fischgerichte).
• **Gemonrne Estate**: Auch dieses Restaurant ist sehr gut, sehr vielseitige Speisekarte!
• **The Lodge** (Second Beach), Tel. 564-1171. Sehr gute Küche insbesondere Fisch und Austern, gute Weinkarte. Vorher reservieren, da sehr beliebt.

Backpackers
Port St. Johns $, Berea Road, nahe der Ortsmitte. Tel. 564-1517. Saubere Schlafsäle und Doppelzimmer, Camping möglich.

Öffentliche Verkehrsmittel
Der BAZ-Bus hält an der Tankstelle Shell Ultra City in Umtata. Von hier aus besteht ein Transfer mit Minibus nach Port St. Johns. Grimboys-Bus verbindet Port St. Johns über Lusikisiki vom Wild Coast Sun Hotel aus.

Pretoria (Gauteng)
s. Tshwane

Prince Albert (Western Cape Province) (S. 633)
Vorwahl: 023

Information
Tourism Bureau, POB 109, Prince Albert 6930, Tel./Fax: 541-1366, E-Mail: princealberttourism@nitekom.co.za

Unterkunft
• Am schönsten: Im alten, aber hervorragend restaurierten **Hotel Swartberg $$** mit gutem Landrestaurant und einer hübschen Bar. 77 Church St., Prince Albert 6930, Tel. 541-1332, Fax 541-1383.
• **Kuierhuis $**, 51 Church Str., Tel. 541-1675. Altes kapholländisches Haus aus dem Jahre 1858, eines der ältesten in der Stadt.

Restaurant
Am besten isst man im Restaurant oder Bistro des **Swartberg Hotels**.

Qwa-Qua (Free State) (S. 525)
Vorwahl: 058

Information
Tourist Office, Private Bag X826, Witsieshoek 9870, Tel.: 713-4444, Fax 713-434, befindet sich an der Kreuzung Mountain Rd/Main Str.

Unterkunft
• **Witsieshoek Mountain Inn $$**, 25 km südlich von Phuthaditjhaba, P.O.Box 17311, Witsieshoek 9870, Tel.: 713-6361, Fax: 713-5274. Wunderschön gelegenes Mittelklassehotel mit Blick auf das Amphitheater. 25 km südlich der Hauptstadt. Die Zimmer sind eher schlicht, dafür stimmt der Service.
• **Fika Patso Mountain Resort $$**, 21 km südlich von der Hauptstadt. Achten Sie im zweiten großen Flusstal auf Wegweiser nach rechts. Reservierung: P.O.Box 73301, Fairland 2030, Tel.: 789-764.

Camping
• Zurzeit existiert noch kein Campingplatz, einer ist jedoch im Maluti Resort auf der Strecke zum Golden Gate Park geplant.
• Im Qwa-Qua-Nationalpark gibt es zwei Farmhäuser, die zu mieten sind (Buchung über das Tourist Office).

Richtersveld National Park (Northern Cape Province) (S. 566)

ℹ️ Information & Buchung
National Parks Board, P.O.Box 787, Tshwane (ehem. Pretoria) 0001, Tel.: 012-428-9111, Fax: 012-343-3830, website: www.parks-sa.co.za, E-Mail: reservations@parks-sa.co.za

🛏️ Unterkunft
Am Westrand des Parks in Sendlingsdrift gibt es das **Arieb Guest House $$**. Es bietet 5 Schlafzimmer mit Selbstversorgungsmöglichkeit (Wohn- und Esszimmer sind vorhanden).

Camping
Es stehen folgende, nicht-eingerichtete Campingplätze zur Verfügung:
Potjiespram, Richtersberg, Kokerboomkloof, Die Koei:
Jeweils 3 Zeltplätze mit maximal 6 Personen pro Platz.

De Hoop, 8 Zeltplätze mit maximal 6 Personen pro Platz.

Royal Natal National Park (Drakensberge, KwaZulu/Natal) (S. 754)

ℹ️ Information/Reservierungen/Unterkunft
• Die 15 **Tendele Bungalows und Hütten** sind gewöhnlich schon Monate im Voraus ausgebucht. Reservierungen: **KZN Wildlife**, P.O.Box 13069, Pietermaritzburg 3202, Tel.: 033-815-1000, Website: www.kznwildlife.com.
• *Mahai*: Dieser Campingplatz liegt an einem Flussufer und ist sehr groß. Entsprechend lebhaft geht es hier in den südafrikanischen Ferienzeiten zu! An diesem Campingplatz startet eine Reihe von wunderschönen Wanderungen. Die Campingplätze von Mahai müssen direkt gebucht werden bei: The Warden, Royal Natal National Park, P.O.Box, Mont-aux-Sources 3353, Tel.: 036-438-6303, Fax: 438-6231.

Öffnungszeiten
In den Weihnachts- und Osterferien wird das Gebiet besonders gern besucht. Das Tendele Camp sowie das Royal Natal National Park Camp sind zwischen Sonnenaufgang und Sonnenuntergang geöffnet. Der Zugang zum Royal Natal National Park Hotel ist dagegen jederzeit möglich.

🛏️ Unterkunft
• **Orion Mont-aux-Sources $$$**, Private Bag X1, Mont-aux-Sources 3353, Tel./Fax: 036-438-6230, website: www.orion-hotels.co.za. Für mich das am schönsten gelegene Hotel vor einer herrlichen Gebirgsszenerie. Gutes Restaurant, Schwimmbad, Tennisplatz.
• **Royal Natal National Park Hotel $$**, Private Bag X4, Mont-aux-Sources 3353, Tel.: 036-438-6200. Älteres Hotel, nicht mehr ganz so schön.
• **Little Switzerland $$**, Private Bag X1661, Bergville 3350, Tel.: 036-438-6220, Fax: 036-438-6222, website: www.lsh.co.za. Schöne Lage am Oliviershoek-Pass, allerdings ca. 30 km außerhalb des eigentlichen Parks gelegen. Älteres, einfaches Hotel.

- **Rugged Glen Campsite** *(Buchung ebenso wie der Mahai-Platz). Diese Anlage ist bedeutend ruhiger, liegt nahe zum Mont-Aux-Sources-Hotel.*
- **Tendele Hüttet Camp**, *ganz tolle Lage mit allerbestem Blick auf die Berge. Hier stehen 30 Bungalows unterschiedlichster Größe zur Verfügung, alle mit Selbstversorgungseinrichtungen.*

Saldanha Bay (Western Cape Province) (S. 605)
Vorwahl: 022

Information
West Coast Publicity Association, Van Riebeeck Str., Tel.: 714-2088. Öffnungszeiten: Mo–Fr 8–16.30h.

Hotel
Saldanha Bay Protea Hotel $$, 51 B Main Road, Saldanha 7395, Tel.: 714-1264, Fax: 714-4093, Gutes Mittelklasse-Hotel.

Bed'n Breakfast
Oranjevlei Farm Inn $$, P.O. Box 11, Saldanha 7395, Tel.: 714-2261, Fax: 714-4094. Schöne Unterkunft auf alter Farm. Die Zimmer befinden sich z.T. in den umgebauten Stallungen.

Camping
- **Saldanha Holiday Resort**: Private Bag X12, Vredenburg 7380, Tel.: 714-2247, Fax: 714-1518. Hier gibt es Chalets. Dieses Resort ist auch unter dem Namen Tabakbaai bekannt.
- **Blouwaterbaai Holiday Resort**, Camp Street Ext., P.O.Box 18, Saldanha 7395. Tel.: 714-21177, Fax: 714-2400, website: www.blowaterbaai.com. Auch hier gibt es Chalets.

Sehlabathebe National Park (Lesotho) (S. 532)
Vorwahl von Südafrika aus: 09266, **Vorwahl international:** 00266

Information/Unterkunft
Es gibt neben einer Lodge eine einfache Herberge und einen kleinen Campingplatz. Buchung: **Lesotho National Parks**, Min. of Agriculture, Conservation & Forestry Division, P.O.Box 92, Maseru 100, Tel.: 316-407.

Semonkong (Lesotho) (S. 527)
Vorwahl von Südafrika aus: 09266, **Vorwahl international:** 00266

Unterkunft
- **Semonkong Lodge $**, Buchung über P.O.Box 243, Ficksburg 9730, South Africa, Tel.: 051-933-3106, www.placeofsmoke.co.ls. Kleine Lodge mit Selbstverpflegungsunterkünften. Von Maseru rechts abfahren in alle Richtungen zu Mafeteng/Mohale. Links nach Roma

abbiegen, dann 3 Stunden lang immer geradeaus fahren. Die Lodge liegt etwa 120 km von Maseru entfernt.
• **Mountain Delight Lodge** $, Buchung über Private Bag A35, Maseru 100, Tel.: 32-2516. Kleines Hotel, das auch ein Restaurant hat.

Ponytrekking
kann von den Lodges aus gebucht werden.

Siteki (Swasiland) (S. 505)
Vorwahl von Südafrika aus: 09268, *internationale Vorwahl:* 00268

Unterkunft
Siteki-Hotel $, P.O.Box 33, Main Street, Siteki, Tel.: 343-4126, kleines Countryhotel unter Leitung eines Engländers, der auch Touren und Jagden im Lubombo-Distrikt organisieren kann, das einzige Hotel im Ort.

Sodwana Bay National Park (KwaZulu/Natal) (S. 739)

Reservierung/Unterkunft
• Die Unterkünfte (Campingplatz, Chalets) kann man reservieren bei **KZN Wildlife**, P.O.Box 13069, Pietermaritzburg 3202, Tel.: 033-845-1000, Website: www.kznwildlife.com, oder unter 035-571-0051/1000.
• Außerhalb des Parks: **Sodwana Bay Lodge** $$$, Tel.: 035-571-0095, website: www.sodwanadivelodge.co.za. Die Anlage wirkt unpersönlich und ist etwas in die Jahre gekommen. Für Selbstversorger werden Bungalows angeboten. Das Restaurant ist ganz passabel: Pizza und Fleischgerichte zu annehmbaren Preisen.

Somerset-East (Eastern Cape Province) (S. 671)
Vorwahl: 042

Information
Das **Tourist Office**, welches sich im u.g. Museum befindet, hat auch eine Liste über Farmunterkünfte. Tel.: 243-1448, website: www.somerseteast.co.za

Unterkunft
Somerset Hotel $, 83 Charlesstr., Box 20, Somerset-East 5850, Tel.: 423-2047. Einfaches Kleinstadthotel.

Camping
• **Caravan Park** (im Bosberg Nature Reserve), Tel.: 243-1376
• Besterhoek Chalets, ebenfalls im Bosberg Nature Reserve, Tel.: 243-1333

Restaurants
Es gibt keine besonderen Restaurants. Wer Hunger hat, kann nur zwischen dem Hotelrestaurant und 2 kleinen Steakrestaurants in der Charlesstreet wählen.

Sehenswürdigkeiten
Somerset-East-Museum, Beaufort Street, Somerset East, Tel./Fax: 243-2079, Öffnungszeiten: Mo–Fr 8–17h, Sa 10–12h, So geschlossen

Somerset-West (Western Cape Province) (S. 671)

Weingut
Vergelegen Wines, Laurenford Road, POB 17, Somerset West 7129, Tel./Fax: 021-847-1608, E-Mail: Events@vergelegen.co.za, website: www.vergelegen.co.za. Dieses 100 ha große Weingut bietet großartige und exzellente Weine, Charakter-Weine, die zum Probieren einladen.

Southbroom (KwaZulu/Natal) (S. 721)

Information
Hibiscus Coast Tourism, Tel.: 039-316-6140, website: www.thehibiscuscoast.co.za

Springbok (Namaqualand, Northern Cape Province) (S. 568)
Vorwahl: 027

Information
• **Springbok Tourist Information Centre**, Namakwa Str., Tel.: 712-2011, geöffnet: Mo–Fr 7.30–16.15h.
• Außerdem erhalten Sie im **Springbok Café** eine Menge nützlicher Informationen.

Unterkunft
• **Narries Guest Farm $$$**, Etwa 28 km außerhalb der Stadt an der R355 nach Kleinsee. P.O.Box 35, Springbok 8240, Tel. 712-2462. Diese Bed'n Breakfast-Unterkunft (auch Mahlzeiten werden auf Wunsch zubereitet) gilt wohl als die luxuriöseste im ganzen Namaqualand.

Springbok im Namaqualand

- **Old Mill Lodge $$**, 69 van Riebeeck Str., Tel.: 718-1705, angenehmes Gästehaus.
- **Springbok Lodge und Restaurant $$**, 37 Voortrekker Str., Tel. 712-1321, Fax: 712-2718. Dazu gehören verschiedene Häuser (auch für Selbstversorger), die in der unmittelbaren Nähe liegen. Seit 1947 befindet sich die Lodge (ursprünglich als Springbok-Café bezeichnet) in Familienbesitz.
- **Springbok Hotel $**, 87 Van Riebeck Str., P.O.Box 46; Springbok 8240, Tel.: 712-1161. Das wohl netteste Hotel im Ort.
- **Masonic Hotel $**, Van Riebeck Str., P.O.Box 9, Springbok 8240, Tel.: 712-1505. Eine annehmbare Alternative zum Springbok Hotel, renoviert.

Caravanpark
- **Goegab Nature Reserve $$**, Tel. 712-1880. 15 km außerhalb des Ortes gelegen. Hier gibt es Unterkünfte in Chalets für Selbstversorger. Sehr schöne, ruhige Lage.
- **Springbok Caravan Park**, Gamoep Rd., Tel.: 718-1584, 2 km außerhalb der Stadt an der Goegab Rd gelegen, Swimmingpool vorhanden, aber Straßenlärm.

Restaurants
- **BJ's Steakhouse**, 1 Hospital Str., Tel.: 718-2270. Gilt als eine der besten Seafood-Adressen im Namaqualand, so dass selbst Leute von Port Nolloth hierher kommen.
- **Springbok Restaurant** (in der Springbok Lodge): Tel.: 712-1321, gemütlich – gutes Essen. Originelle Einrichtung, gute Infos für die Umgebung.

Mietwagen
Man kann über das **Reisebüro Jowell's** Fahrzeuge der Firma **Imperial** mieten; Tel.: 712-2061.

Öffentliche Verkehrsmittel
Bushaltestelle: Springbok Lodge. Von hier aus 4 x wöchentlich Verbindung nach Kapstadt, Johannesburg und Windhuk.

Flüge
Kapstadt-Springbok Mo–Fr einmal täglich

Sehenswürdigkeiten
- **Minen-Museum**, Öffnungszeiten: Di–So 10–17h.
- Es gibt in Springbok noch ein kleines **Museum**, das die Stadtgeschichte ein wenig widerspiegelt. Es ist in einer jüdischen Synagoge untergebracht. Öffnungszeiten: Mo–Fr 8–16h.
- **Goegab Nature Reserve**, Öffnungszeiten: täglich 8–18h.

Stanford (Western Cape Province) (S. 626)
Vorwahl: 028

Information
Stanford Tourism Bureau, Tel.: 341-0340, Ortsmitte, gegenüber Spar-Supermarkt. Öffnungszeiten: Mo–Fr 8–16h, Sa 10–12h.

Unterkunft
• **Stanford House Guest Lodge** $$$, 20 Queen Victoria Street, Stanford 7210, Tel. 341-0300. Die Unterbringung erfolgt in kleinen viktorianischen Cottages, die von gepflegten Gärten umgeben sind. Ausgezeichnetes Restaurant!
• **B's Cottage** $, 17 Morton Str., Stanford 7210, Tel./Fax: 341-0430. Die riedgedeckten Cottages liegen in einem „Old English Country Garden" – für Selbstversorger.

Restaurants
• Restaurant im **Standford House Guest Lodge**. Sehr schönes Ambiente, ausgezeichnete Küche.
• **Marianne's Bistro and Home Deli**, Du Toit Str. Nur am Wochenende geöffnet Fr–So 9–16h. Ausgezeichnete Gerichte.
• **Paprika Restaurant**, Shortmarket Str. Sehr gutes Dinner, leichte Gerichte insbesondere Fisch, geöffnet: Di–Sa.

Stellenbosch (Western Cape Province) (S. 616)
Vorwahl: 021

Information
The **Stellenbosch Publicity Association**, De Witthuis, 30 Pleinstreet, Tel. 883-3584. Geöffnet: Mo–Fr 9–13h und 14–16.30h sowie Sa 9–12h.

Zugverbindungen
täglich ab Kapstadt um 10h und 12.15h, retour 15.45 und 17.15h. Auskunft Tel.: 405-3871.

Hotels/ländliche Häuser mit „Atmosphäre"
• **The Lanzerac Manorl** $$$$–$$$$$, Lanzarac Road, POB 4, Stellenbosch 7599, Tel. 887-1132, Fax: 997-2310, aus dem Jahre 1692 stammendes „Kleinod" in Stellenbosch.
• **L'Auberge Rozendal** $$$$, POB 160, Stellenbosch 7599, Omega Rd., Tel. 883-8737, Fax 883-8738 (gegenüber Lanzerac außerhalb von Stellenbosch), auf einem Weingut gelegen, schöne und ruhige Unterkünfte.
• **D'Ouwe Werf Hotel** $$$, 30 Church Street, Stellenbosch 7600, Tel. 887-1608, Fax: 887-4626, im Herzen des historischen Stellenbosch gelegen, gediegen ausgestattet.
• **Stellenbosch Hotel** $$$, POB 500, Stellenbosch 7600, Tel. 887-3644, Fax: 887-3673. Zentral in Stellenbosch an der Dorp/Andringa Street gelegen mit gutem Restaurant (Jan Cats Restaurant – gute Fischgerichte).
• **Devon Valley Protea Hotel** $$, POB 68, Stellenbosch 7600, Tel. 882-0212, Fax: 882-2610. Ruhig gelegen mit einem sehr schönen Talblick.
• **Bonne Esperance** $$, 17 Van Riebeeck Street, Stellenbosch 7600, Tel. 887-0225, Fax 887-8328, ein Bed & Breakfast-Haus im viktorianischen Stil mit einem kleinen Swimmingpool, Kinder ab 10 Jahren.

Preiswerte Unterkunft
• **Orchidvale Guest Farm** $$, POB 534, Stellenbosch 7600, Tel. 880-0617, Fax 880-1805, ruhig am Hang der Dimonsberg Mountains gelegen. Sehr persönlich geführt!

- **Stellenbosch Wedge Farm $$**, POB 7075, Dalsig 7610, Lelie St., Tel. 883-2826. Kleinod an der Weinroute mit hübschen Zimmern, Schwimmbad und einer persönlichen Atmosphäre.

Camping
Bergplaas Holiday Ranch, POB 2172, Stellenbosch 7600, Helshoogte Road, Tel. 887-5119.

Restaurants
- **Doornbosch Restaurant**, an der Old Strand Road (R 44), Tel. 887-5079. Nette Atmosphäre, „Cape Dutch"-Cuisine, preiswert.
- **De Volkskombuis**, Old Strand Road, Tel. 887-2121. Typische Kapküche mit schmackhaften Gerichten.
- Daneben haben die Hotels und Weingüter oft gute Restaurants, auf Weingütern wird zumeist jedoch nur Lunch angeboten, dies besonders rustikal in Form eines „Coachman's Lunch" auf dem Weingut Blaauwklippen, 4 km außerhalb von Stellenbosch an der Strand Road.

Autovermietung
- **Avis**: Stellenbosch Tel. 887-0492
- **Budget**: Stellenbosch Tel. 887-6935
- **Imperial**: Stellenbosch Tel. 883-8140

Fahrradvermietung
z.B. **Village Cycles**, 3 Victoria St., Tel. 887-0779

Museen
- **Stellenbosch Dorpmuseum**, Öffnungszeiten: Mo bis Sa 9.30–17h, So 14–17h. Tel. 887-2902
- **Oude Meester Brandy Museum**, Öffnungszeiten: Mo–Fr 9–12.45h und 14–17h, Sa 10–13h und 14–17h, So 14.30–17.30h.
- **Burgher House**, Öffnungszeiten: Mo–Fr 9–12.45h und 14–17h, Sa 10–13h und 14–17h

Stellenbosch Wine Route
Aktuelle Informationen erhalten Sie bei **Public Relations Officer**, The Stellenbosch Wine Route Coop, POB 7093, Dalsig 7610, Tel. 886-4310, geöffnet: Mo–Fr 8.30–13h und 14–17h.

St. Lucia Wetland Park (KwaZulu/Natal) (S. 737)
Vorwahl: 035

Information
KZN Wildlife (KwaZulu/Natal), Peöican Str., Tel. 590-1340. Täglich geöffnet 8–16.30h, dort gibt es die besten Infos zum Nationalpark.

Unterkunft

An folgenden Stellen sind Camper willkommen, auch werden Übernachtungs-Chalets angeboten (keine Restaurants!):
- **St. Lucia Estuary Cape Vidal**
- **Fanie's Island**
- **Charter's Creek**
- **Mapelane**

Alle Camps zu buchen über **KZN Wildlife**, P.O.Box 13069, Pietermaritzburg 3202, Tel.: 033-845-1000, website: www.kznwildlife.com.

Außerdem gibt es in St. Lucia noch eine Reihe weiterer privater Unterkunftsmöglichkeiten:
- **Kingfisher Lodge $$$**, Mackenzie Str., Tel.: 590-1015. 7 außergewöhnlich gestaltete Chalets. Sehr komfortabel.
- **St. Lucia Wetlands Guesthouse $$**, 20 Kingfisher Str., Tel.: 590-1098, website: www.stluciawetlands.com. Super Service und Komfort.
- **St. Lucia Wild's Apartments**, Tel. 590-1033. Es werden hier sehr schöne Apartments aller Preisklassen vermietet, ebenso Boote. Die Wohnungen liegen direkt am Meer, das über Laufstege zu erreichen ist. Sehr schöne Gartenanlage, super eingerichtete Küche für Selbstversorger.

Restaurants

- **Boat House Gallery Fish Grill**, Pelican Str., hier kann man auf die Mündung schauen und vor allem Fischgerichte genießen.
- **North Coast Restaurant**, Mc Kenzie Str., ausgezeichnete Fischgerichte!

Bootsvermietung

Direkt an der St. Lucia-Mündung (sehr lohnend)

Strandfontein (Western Cape Province) (S. 572)

Unterkunft

Hotel und Caravanpark mit Hütten.

Restaurant

Im **Cabin Restaurant** in Doringbaai gibt es ausgezeichnetes Seafood. Hier bekommt man Informationen über das Walbeobachten.

Sun City (North West Province) (S. 479)

Vorwahl: 014

Information

Welcome Centre, Tel.: 557-1544, Sun City, P.O.Box 2 Suncity 0316, North West Province, website: www.suncity.co.za

Eintritt
50 ZAR

Busverbindungen
• Tägliche Abfahrten ab Johannesburg nach Sun City mit Sun City Buses/Buchung über **Computicket** 011-331-9991
• **Sun City Buses**, Tel.: 657-3382, bietet einen Shuttle Service am Wochenende vom Thlabane Sun Hotel in Rustenburg nach Sun City

Flugverbindungen
Flüge zum Pilanesberg Airport, Tel.: 552-1261, durch
• **SA Airlink**, Tel.: 011-978-1111 von Johannesburg
• **SA Express**, Tel.: 021-936-1111 von Kapstadt

Unterkunft
Alle Hotels können gebucht werden über: **Sun International Central Reservations**, Tel.: 011-780-7800 Fax: 011-780-7449, oder Sun City, Tel.: 557-1000, website: www.suncity.co.za
• **Hotel Palace of the Lost City $$$$$**, Tel. 557-3133, Luxus-Hotel, das im Hotelkomplex liegt. Architektur des Gebäudes einer nordafrikanischen Legende phantasievoll nachgebildet. Ausgestattet mit allem, was das Herz begehrt: Schönheitsfarmen, Tennisplätze, Shows ... die Krönung – Luxus vom Allerfeinsten.
• **Sun City Cabanas $$$$**, entspanntes Familienhotel mit vielen kleinen Extras. „Mittelklassehotel" mit Zugang zu allen Annehmlichkeiten von Sun City. 284 gut eingerichtete Zimmer, Abenteuerspielplatz für Kinder und Minigolf.
• **Sun City Hotel $$$$**, riesiges Kasino-Hotel. Das Hotel (300 Zimmer, 40 Apartments) liegt am Fuße der Pilanesberge und verfügt über alle Annehmlichkeiten wie Klimaanlage, Farbfernsehen, Telefon etc. Abenteuerspielplatz für Kinder, alle erdenklichen Sportanlagen und „Waterworld".
Hervorragende Restaurants sind ebenfalls vorhanden:
- **Calabash**, Curries, Salatbuffet – ideal für Familien
- **Silver Forest**, elegantes Restaurant mit internationaler Küche
- **Raffles**, Ein „In"-Treffpunkt zum Essen mit einer Diskothek.
• **The Cascades $$$$**, Luxus-Palast. Das Hotel verfügt über 234 Zimmer und 11 Apartments. Sehr schöne Anlage mit tropischen Wasserfällen, Grotten, Lagunen, üppigem Pflanzenwuchs und vielen Vögeln. Ebenso wie beim Sun City Hotel sind alle Annehmlichkeiten vorhanden. Restaurant Peninsula: Schöner Blick auf die Gartenanlagen und Wasserfälle. Internationale Speisekarte.

Restaurants
In allen Hotels stehen Restaurants der verschiedensten Richtungen zur Verfügung.
• **Morula Steakhouse**, Tel. 65-21200, nur für Abendmahlzeiten geöffnet.
• **Palm Terrace Buffet**, Tel. 65-71272, Selbstbedienungsrestaurant für Frühstück, Mittag und Abend
• **Villa del Palazzo**, im Hotel Palace of the Lost City: beste italienische Küche in einem eleganten Restaurant – einfach traumhaft!
• **Calabash**, Curries, Salatbuffet, traditionelle afrikanische Gerichte – ideal für Familien.

- **Silver Forest**, elegantes Restaurant mit internationaler, insbesondere klassischer französischer Küche.
- **Raffles**, (im Sun City Hotel), Tel. 65-21000.

Sehenswürdigkeiten
- **Pilanesberg Game Reserve** (am Haupteingang zu Sun City), hier sind alle Tierarten inklusive der „Big Five" vertreten. Nächtliche Fahrten durch den Wildpark werden angeboten. Täglich geöffnet: 10–18h.
- **Kwena Crocodile Ranch**, direkt am Parkplatz können Sie diese Krokodilfarm besuchen, Öffnungszeiten täglich von 10–18h, über 300 verschiedene Arten.

Swasiland (S. 486)
Vorwahl von Südafrika aus: 09268, *internationale Vorwahl:* 00268

Information
- **The Swasiland Tourism Office**, P.O.Box 451, Swazi Plaza, Mbabane, Tel.: 404-2531 u. 404-3201-6
- *Informationsheft:* **Swasiland Guide „What's on"** erscheint jeden Monat und bietet neben den Aktivitäten des Monats auch eine Auflistung der interessantesten Touristenattraktionen. Erhältlich in allen Hotels und in vielen Geschäften.
- *Informationsheft:* **Swasiland Jumbo Tourist Guide** mit allen nützlichen Informationen.

Wichtige Telefonnummern und Adressen
- **Mobiltelefon:** GSM 900 Mobilfunknetz betrieben durch Swazi MTN, website: www.swazi.mtn.sz
- **Faxanschlüsse:** Stehen in einigen Hotels zur Verfügung.
- **Internet/E-Mail:** Hauptanbieter: Real Image Internet website: www.realnet.co.sz
- **Polizei, Notruf:** 999
- Mbabane: 404-2221
- **Krankenhäuser:**
- Mbabane Clinic Service: 404-2423
- Mbabane Government Hospital: 404-2111
- **Apotheke:** Allister Miller Str., Mbabane
- **Feuerwehr:** Mbabane: 404-3333

Grenzübergänge

Lomahasha	7–16.45h

Der Maputo-Korridor sollte am besten bis 16h durchfahren sein, d.h., am sichersten ist es, man beginnt die Grenzformalitäten spätestens um 12h. Außerdem denken Sie bitte daran, dass Sie für eine erneute Einreise nach Swasiland ein neues Visum brauchen. Lassen Sie sich also besser gleich eines mit „Multiple Entry" ausstellen.

Mananga/Border Gate	8–18h
Matsamo/Jeppes Reef	8–18h
Bulembo/Josefsdal	8–16h
Ngwenya/Oshoek	7–22h
Sandlane/Nerston	8–18h

Sicunusa/Houdkop	8–18h
Gege/Bothashoop	8–16h
Mahamba	7–22h
Nsalitje/Onverwacht	8–16h
Lavumisa/Golela	7–22h

Botschaften und Honorarkonsulate
- in **Europa**: High Commision of the Kingdom of Swasiland, London, UK, 20 Buckingham Gate, London SW1E 6LB, England Tel.: (+)44 171-630 6611/2/4, Fax: 44 171 630 6564
- in **Südafrika**: Consulate of the Kingdom of Swasiland Republic of South Africa, 23 Jorissen Street, Braamfontein Centre 6th Floor, P.O.Box 8030, Johannesburg 2000, South Africa, Tel.: 011-403 2036/7472 Fax: 011-403 7473, 715 Government Road, Tshwane (Pretoria), Republic of South Africa Tel.: 012-342-5782/3/4, Fax: 342-5682
- in **Deutschland**: Konsulat von Swasiland, Worringerstr. 59, 40211 Düsseldorf, Tel.: 0211-350866
- in der **Schweiz**: Konsulat von Swasiland, Talstrasse 58, 8039 Zürich,
- in **Swasiland**: Deutsche Botschaft, 3rd Floor, Dhlan'ubeka House, Mbabane, Tel.: 404-3174

Visa
Für Deutsche, Schweizer und Österreicher besteht Visapflicht. Diese Visa erhält man mit Sicherheit an den Grenzübergängen. Überlegen Sie bitte, ob Sie mehrmals ins Land reisen wollen (z.B. bei einer Tour nach Maputo). Dann sollten Sie sich gleich ein Multiple-Entry-Visum ausstellen lassen. Wer länger als 60 Tage im Land bleiben möchte, muss sich beim Chief-Immigration-Officer melden (P.O.Box 372, Mbabane, Tel.: 404-2941/6).

Gesundheit
Es bestehen keine Impfvorschriften. Impfempfehlungen: Tetanus, Polio, Typhus, Hepatitis A, Malaria-Prophylaxe.
Malaria kommt das ganze Jahr vor, besonders im tiefer gelegenen Buschland.
Bitte informieren Sie sich vor der Einreise über die aktuelle Cholera-Situation.
Bei Einreise aus einem Gelbfieber-Gebiet muss eine Gelbfieber-Impfbescheinigung vorgelegt werden. Informationen unter: **Zentrum für Reisemedizin**: Internet: www.crm.de.
Wie in Südafrika ist auch in Swasiland AIDS ein großes Problem. Man schätzt, dass etwa ein Viertel der erwachsenen Bevölkerung mit dem HIV-Virus infiziert ist.

Währung
Die Währung heißt Lilangeni (Pl.: Emalangeni) und wird im Verhältnis 1:1 gegen Rand getauscht. Der Rand (nur Noten) wird immer noch als Währung akzeptiert, besonders in den größeren Hotels, ist aber kein offizielles Zahlungsmittel.

Stromstärke
220 V/50 Hz

Gesetzliche Feiertage
1. Januar: Neujahr
Karfreitag

Ostermontag
19. April: Geburtstag von King Mswati III
25. April: Tag der Nationalflagge
22. Juli: Public Holiday (= King Sobhuza II´s Geburtstag)
Aug./Sept.: Umhlanga/Reed Dance
6. September: Unabhängigkeitstag (Somhlolo Day)
25./26. Dezember: 1./2. Weihnachtstag
Im Dezember/Januar wird noch der Incwala-Tag gefeiert.

Tankstellen
Generelle Öffnungszeiten sind 7–18h.
Es gibt aber in Mbabane und im Ezulwini Valley einige Tankstellen mit 24-Std.-Service.

Banken

Die meisten Banken haben ihren Sitz in Mbabane, und hier tauscht man auch am besten sein Geld. Die Öffnungszeiten variieren ein wenig. In der Regel sind aber alle Banken von 8.30–13h in der Woche geöffnet. Die Standard Bank of Swasiland in der Swazi Plaza ist auch zusätzlich von 14–15.30h geöffnet.
An Sonnabenden haben alle Banken von 8.30–11h geöffnet.

Post
Luftpost nach Europa ist bis zu zwei Wochen unterwegs. es gibt nur wenige Postämter. Öffnungszeiten: Mo–Fr 8–16h, Sa 8–11h.

Internet
Es gibt eine ganze Reihe von Internet-Cafes in Mbabane (Allister Miller Str.), außerdem bieten viele Hotels einen Internetzugang.

Reiseveranstalter
• **Swazi Trails**, Bei dieser Gesellschaft kann man alles buchen, was touristische Angelegenheiten angeht (z.B. Hotels, Nature Reserves, Touren u.a.), Mbabane, Tel.: 416-2180, website: www.swazitrails.co.za, im Mantenga Craft Centre
• **Umhlanga Tours** bieten organisierte Touren in Swasiland und in die Nachbarländer an: P.O.Box 2197, Mbabane, Tel.: 404-1431, Fax: 404-4246
• **Nabo Bashoa**, 37 Commercial Centre, Johnston Str., Mbabane, Tel.: 605-6346, E-Mail: phephelo@yahoo.com.
• *Wildwasser-Schlauchbootfahrten (Rafting):* Kontakt über **Mkhaya Nat. Res.**, Tel.: 404-5006, Fax: 404-4246
• **Eco-Africa Safaris**: P.O.Box 199, Pigg's Peak, Tel.: 437-1319
• **Swasiland Safaris**: P.O.Box 33, Mbabane Tel./Fax: 416-2366

Busverbindungen
Der Busbahnhof liegt direkt zwischen der Swazi Plaza und der Innenstadt. Hier fahren alle Stadt- und Regionalbusse ab. Abfahrtszeiten gibt es nicht, der Bus fährt in der Regel, wenn er halbwegs voll ist. Man kann aber davon ausgehen, dass morgens Busse in alle Teile des Landes fahren und zu den größeren Destinationen auch noch weitere Busse im Laufe des Tages abfahren. Die Verbindung nach Johannesburg bedient „Transtate", die im R.S.T. Station (Coventry Cres.) ihr Büro haben. Hier fährt auch der Bus ab (Mo–Fr: 9h, Sa:

kein Bus, So: 11 u. 18h). Busse nach Durban gibt es nicht, dafür kann man diese Strecke aber mit einem Minibus fahren (Abfahrt nach Bedarf).

Eisenbahnverbindungen
Eine Zugverbindung zwischen Durban und Maputo verläuft durch Swasiland mit Aufenthalt in Mpaka, 35 km östlich von Manzini. Abfahrt von Durban zweimal pro Woche (Fahrzeit 16 Std.).

Flugverbindungen
Es gibt täglich Flüge nach Johannesburg und mehrmals wöchentlich nach Durban, dazu werden 1- bis 2-mal wöchentlich Flüge nach Lusaka, Harare, Gaborone und Maseru angeboten. Maputo wird mittlerweile auch fast täglich angeflogen.

Airlines:
- **Royal Swazi Airways**: Diese Airline vertritt auch folgende andere Airlines: SAA, Zambia Airways, SAS, Air Madagascar und Kenya Airways. P.O.Box 939, Manzini,
  - **Matsapha Airport**, Tel.: 518-6155/518-6087, Fax: 518-6156
  - **Mbabane**, Swazi Plaza, Tel: (+268) 404-3486/7, Fax: (+268) 404-5984
  - **Johannesburg**, Tel: (+27) 011-616-7323, Fax: 011- 616-7757
- **Zambia Airways**: New Wing, Swazi Plaza, Mbabane, Tel.: 404-5594 oder 404-6456
- **Scan Air Charter**: P.O.Box 1231, Manzini, Matsapha Airport: Tel.: 518-4474/518-4331 a/h 505-2673 Fax: 518-6340
- **Alle anderen Airlines** können Sie über die Reisebüros buchen, wovon es alleine im Swazi Plaza drei gibt.

Wie komme ich zum Flugplatz?
- Mit dem **Auto** fahren Sie in Richtung Manzini. 8 km bevor Sie Manzini erreichen, liegt der Matsapha Airport auf der rechten Seite.
- Mit dem **Bus**: Es gibt keine offizielle Busverbindung dorthin, aber die Airlines bieten meistens einen Minibus-Service zu den wichtigsten Abflügen an.

Taxi
Taxis stehen am Busbahnhof hinter der Swazi Plaza, oder man fordert sie telefonisch (Tel.: 404-3084 oder 404-0965). Die Preise werden mit dem Fahrer ausgehandelt.

Mietwagen
- **Avis**: am Matsapa Airport: Tel.: 518-6226, Fax: 518-4928
- **Hertz/Imperial**:
  - am Matsapa Airport: Tel.: 518-4393, Fax: 518-4396
  - in Mbabane: Swazi Plaza, Tel.: 404-3486

Mietwagen werden ohne Aufpreis auch zu den 3 großen Hotels im Ezulwini Valley gebracht.
- **Europcar**: Airport Matsapa, Mbabane, Sheffield Road, Industrial Sites

Swellendam (Western Cape Province) (S. 629)
Vorwahl: 021

Information
Swellendam Tourism Office, Oefinghuis, Vortrek Str., Tel. & Fax: 514-2770, E-Mail: infoswd@sdm.dorea.co.za, website: www.swellendam.org.za. Öffnungszeiten: Mo–Fr 8–13h, 14–17h, Sa 9–12.30h.

Unterkunft
- **Swellengrebel $$$**, 91 Voortrek Street, P.O.Box 9, Swellendam 6740, Tel.: 514-1144/5/6, Fax 514-2453, E-Mail: jorge@sdm.dorea.co.za, website: www.sfriscape.co.za/swellengrebel. Kleines, modernes Landhotel mit Swimmingpool, schönem Garten und gutbürgerlichem Restaurant – allerdings nicht so tolle Lage (Hauptstraße).
- **Klippe Rivier Homestead $$$**, Klippe Rivier, Tel. 514-3341, Fax 514-3337, E-Mail: krh@sdm.dorea.co.za, website: www.klipperivier.com. Sehr gediegene Anlage mit schönem alten kapholländischen Haupthaus – gutes Essen.

Wichtig: In Swellendam gibt es sehr viele schöne B&B-Häuser, quasi in jeder Straße.
- **Braeside B&B $$**, 13 van Oudtshoorn Way, Tel. 514-3325, Fax: 514-1899. Ziemlich stilvolles viktorianisches Haus mit 4 Zimmern, Veranda und Swimmingpool. Sehr familienfreundlich. Toll sind die „African rooms" mit ethnischem Ambiente.
- **The Coachman Guest House $$**, 14 Drostdy Street, Tel. 514-2294, Fax: 514-3349. www.coachman.co.za. Sehr nahe zum Drostdy Museum gelegen. Im kapholländischen Haupthaus gibt es 3 Doppelzimmer, 2 neue großzügige Cottages (mit Kamin) liegen im Garten, Schwimmbad.
- **Rothman Manor $$**, 268 Voortrek Street, Tel. 514-2771, Fax: 514-3966, www.rothmanmanor.de. Altes kapholländisches Haus von 1834, sehr stilvolle Zimmer, toller Garten mit Swimmingvoll. Ein kleines Idyll und „bezahlbarer Luxus"!

Backpackers
Swellendam Backpackers $, 5 Lichtenstein Str., Tel. 514-2648. Angeboten werden Doppelzimmer, Schlafsäle und Campingmöglichkeit. Sauber und freundlich.

Camping
- **Bontebok National Park**, P.O.B. 149, Swellendam 6740, Tel.: 514-2735, Fax: 514-2646, 6 km südöstlich von Swellendam
- **Swellendam Chalet and Caravan Park**, Glen Barry Road, Tel. 028-514-2705, Fax: 028-514-2694. 65. 20 Chalets, 65 Caravanplätze nur teilweise mit Strom, von hier aus gute Vogelbeobachtungen.

Restaurants
- **Zanddrift**, 32 Swellengrebel Str. (gegenüber dem „Drostdy"), Tel.: 514-1789. Historisches Gebäude. Gute südafrikanische Küche. Der sehr schöne Rosengarten lädt zu einer Kaffeepause ein.
- **Roosje van de Kaap**, 5 Drostdy Str., Tel. 514-3001. Sehr schönes Restaurant, gediegene Atmosphäre. Typische Kapküche, geöffnet Di–So 19–22.30h.

Sehenswürdigkeiten

- **Marloth Nature Reserve**, Information/Buchung: Marloth Nature Reserve, P.O.Box 28, Swellendam 6740, Tel.: 514-1410, Fax: 514-1488.
- **Drostdy Museum**, 18 Swellengrebel Str. Öffnungszeiten: Mo–Fr 9–16.45h, am Wochenende 10–15.45h

Tankwa Karoo National Park (Northern Cape Province) (S. 574)

Unterkunft

Tanqua Guest House, Buchung über Tel. 027-3412366, E-Mail: apburger@hantam.co.za, Preis: 100 ZAR/Person, Selbstversorgung. Auf Bestellung wird man aber auch von Esther und Alewyn Burger bewirtet. Dieses einfache Gästehaus, im Stil eines Forts gebaut, liegt am südlichen Rand des Nationalparks.

Taung (North West Province) (S. 483)

Unterkunft

Tusk Taung Casino Hotel $$$, Main Road, Taung, Tel.: 053-994-1820, Fax: 053-994-1788, E-Mail: taung@tusk.co.za. 1 Apartment und 39 Zimmer, Schwimmbad, Kasino. Brandneues, sehr schönes Hotel mit direktem Zugang zur Fundstätte des „Taung-Schädels".

Restaurant

Toroko, Restaurant mit internationaler Küche im **Tusk Taung Casino Hotel**.

Teyateyaneng (Lesotho) (S. 523)

Vorwahl von Südafrika aus: 09266, *Vorwahl international:* 00266

Unterkunft

Blue Mountain Inn $$, P.O.Box 7, Teyateyaneng, Tel.: 500-362. Traditionelles Hotel, das aber sehr einfach ist und als Übernachtung nur eine Notlösung darstellt. Im Hotel gibt es ein Restaurant mit ganz passabler Küche. Camping möglich.

Thaba 'Nchu (North West Province) (S. 484)

Unterkunft

- **Thaba 'Nchu Sun $$$$**, P.O.B. 114, Thaba 'Nchu, Tel.: 051-871-4200, Fax: 873-2161, an der N8, Kasino-Hotel.
- **Naledi Sun $$$**, 3 Bridge Street, Thaba 'Nchu, P.O.B. 131, Thaba 'Nchu 9780, Tel.: 051-875-1060, Fax: 875-2329. 1 Apartment und 30 Zimmer, Kasino und Spielautomaten.

Restaurant

Kika Restaurant, Chinesische Küche und britische Hausmannskost...

Thohoyandou (Limpopo Province) (S. 464)
Vorwahl: 015

ℹ️ Information
Informationsmaterial zu der Region erhalten Sie beim Tourist Information Office in Louis Trichardt, Tel. 516-0040, www.louistrichardt.co.za, E-Mail: info@northnet.co.za oder im **Venda Sun Hotel**.

🛏️ Unterkunft
- **Venda Sun Hotel $$$**, Mphephu Str., P.O.Box 766, Sibasa, Venda, Tel.: 962-4600, Fax: 962-4540. Luxuriöses Casinohotel mit Pool.
- **Bougainvillea Lodge $$**, Tel.: 962-4064, Fax: 962-3576. 1 km außerhalb von Thohoyandou gelegen, sauber, freundlich und komfortabel, allerdings funktional (motelartig).
- **Mphephu Resort**, 34 km außerhalb; schöne Chalets. Hier in der Nähe gibt es auch die schönen Munwamadi-Quellen. Buchungen unter Tel.: 973-0282.

🛏️ [JH] Backpackers
Land of Legend Backpackers $, Tel. 083-430-0098. Lage: in den östlichen Soutpansbergen gelegen, Abzweig von der R 524 zwischen Louis Trichardt und Thohoyandou. Einfaches, aber sauberes Hostel mit Schlafsaal und einem 4-Personen-Chalet, Selbstversorgung.

👀 Sehenswürdigkeiten
- **Tshivhase Tea Estates**: Einen Besuch können Sie über das Touristenbüro anmelden.
- **Nwanedi National Park**, Buchung unter Tel.: 539-0723, geöffnet tägl. 6–18h, **Unterkunft:** Luxuriöse Räume, Rondavels (Selbstverpflegung) und Campingplatz. Es gibt auch ein kleines Geschäft und ein Restaurant.
- **Sagole Spa und der „Big Tree"**, Unterkunft: **Sagole Spa:** Hütten (Selbstverpflegung – komplett eingerichtet), Rondavels, Camping. Die Cottages haben alle ihren eigenen Pool. Strom gibt es hier nicht, alles läuft über Gas.

🏞️ Touren
Face African Tours, Tel./Fax: 516-2076.

Transkei, ehemalige (Eastern Cape Province) (S. 698)

ℹ️ Information
Eastern Cape Tourism Office, 64 Owen Street, Tel.: 047-531-5290, E-Mail: ectbwc @icon.co.za

🛏️ Unterkunft
Die Situation ist in der ehemaligen Transkei etwas verworren. Grundsätzlich kann man raten, alles vorzubuchen, und das gilt auch für die Zeltplätze, die dem Nature Reserve Office unterstehen (alle südlich von Port St.Johns).
Hotels und Lodges sollten unbedingt vorher gebucht werden, da sie häufig belegt sind. Neben der o.g. Adresse kann man dies auch in Buffalo City tun: **Wild Coast Holiday**

Reservation: P.O.Box 8017, Nahoon, Buffalo City, Tel.: 043-743-6181. Die Qualität der Zeltplätze ist, um es höflich auszudrücken, sehr bescheiden und nicht im Geringsten empfehlenswert. Sie liegen zwar meistens sehr schön, aber alle Einrichtungen haben mehr als nur einen Frühjahrsputz nötig. Das gilt besonders für Port St.Johns. Dafür wohnen Sie aber in den privat geführten Hotels entlang der Küste sehr gut.

Transkei Hiking Trail (Eastern Cape Province) (S. 714)

Buchungen und Karten
über *Environmental Conservation*, Tel. 047-531-2711

Unterkunft
Mbotyi River Lodge $$$, (Mbotyi, Wild Coast, P.O.Box 189, Lusikisiki, Tel.: 039-253-8822, Fax: 039-253-8253, website: www.mbotyi.co.za), schön gelegenes Hotel an einer Flusslagune.

Sehenswürdigkeit
Magwa Tea Estate: Tee ist ja mittlerweile das wichtigste Exportgut der Region. Die Teeplantage kann man besichtigen. Buchung und Information durch das Informationszentrum in Port St. Johns, Tel.: s. dort.

Tshwane, ehem. Pretoria (Gauteng) (S. 425)
Vorwahl: 012

Information
Tourist Information Bureau, Old Nederlandsche Bank Building, Church Square. Tel.: 308-8909, 337-4337 (Buchung von Zimmern, Touren etc.)
Das Tourist Office gibt verschiedene Informationshefte heraus:
- *Places of Interest:* Hier werden alle Museen, Kirchen, Parks u.Ä. aufgeführt.
- *Pleasure Resorts:* Campingplätze
- *Focus to Focus:* Veranstaltungskalender für das laufende Halbjahr
- *Information Brochure:* mit kurzer Erläuterung der Stadt und den wichtigsten Adressen
- *„Be my Guest":* verschiedene Hefte über Restaurants und andere Themen
- *„Truk Pact Info":* Zeitschrift, die über das Kulturprogramm des PWV-Gebietes berichtet. Interessant für Theaterbesucher.
- *Für Tagesereignisse oder aktuellste Infos ist die „Pretoria News" die beste Zeitung*

Wichtige Telefonnummern und Adressen
- *Feuerwehr:* 323-2781
- *Krankenhaus:* Tshwane Academic Hospital, Tel.: 329-1111, Dr. Savage Road
- *Apotheke:* Ecke Esselen/Celliers Str, geöffnet täglich bis 22h
- *Post:* Ecke Church Str./Church Square

Unterkunft
- *Illyria House* $$$$$, 327 Bourke Street, Muckleneuk, Tel.: 344-5193 und 344-4641, Fax: 344-3978, mobil: 083-263 8815, website: www.illyria.co.za, E-Mail: illyria@

mweb.co.za. Das Illyria House ist ein erstklassiges Herrenhaus im Kolonialstil für anspruchsvolle Gäste. Ursprünglich residierten hier nur Adlige, jetzt steht das Haus mit seinen antiken Möbeln und den Wandteppischen aus dem 17. Jh. sowie der barocke Speisesaal jedem offen. Es bietet außergewöhnliche Gastfreundlichkeit und beste Küche. Vom Haus aus hat man einen ausgezeichneten Blick auf die historische „Jakaranda-Stadt" von Tshwane und ist in 25 Min. am Johannesburger Flughafen.
- **The Victoria Hotel $$$$**, gegenüber dem Hauptbahnhof gelegen, Tel.: 323-60504, Fax: 324-2426. 11 elegante Zimmer in einem originellen Hotel mit „kolonialem" Ambiente und großen Suiten sowie sehr gutem Restaurant. Im Stil der 1920er Jahre gibt es zudem einen gemütlichen Pub mit Wandgemälden. Insbesondere für Fahrgäste des Blue Train und Rovos Rail geeignet.
- **Indaba Hotel and Conference Centre $$$**, William Nicol Drive, Bryanston, im Stadtteil Sandton/Bryanston zwischen Jo'burg und Tshwane, Tel.: 011-465-1400, Fax: 011-705-1709, website: www.indabahotel.co.za, E-Mail: indaba@indabahotel.co.za; riedgedecktes Landhotel, ruhig gelegen, luxuriöse Ausstattung, 210 Zimmer mit Klimaanlage, Swimmingpool außerhalb, Joggingstrecke und Tennisplätzen.
- **Holiday Inn Garden Court $$$**, Ecke Pretorius und End Streets, Hatfield, Tel.: 342-1444, Fax: 342-3492, website: www.southernsun.com, E-Mail: higcptahatfield@southernsun.com. Gutes Mittelklassehotel, über 150 Zimmer in warmer, gemütlicher Atmosphäre. Von hier aus ist die ideale Basis zu den historischen Stätten der Hauptstadt. Der außergewöhnliche Zoo und der Botanische Garten befinden sich ganz in der Nähe.
- **Karos Manhattan $$$**, 247 Scheiding St, P.O.Box 26212, Arcadia 0007, Tel.: 322-7635, Fax: 320-1252, komfortables und renommiertes Hotel am Rande der Innenstadt, nahe Einkaufsmöglichkeiten.
- **Protea Hotel Capital $$$**, 390 van der Walt Street, Box 2723, Tshwane (Pretoria) 0001, Tel.: 322-7795, Fax: 322-7797, website: www.proteahotels.co.za, neues und vornehmes Innenstadthotel. Sehr zentral gelegen. Vom Speisesaal aus herrlicher Blick auf einen wunderschönen Garten. Möglichkeiten zum Kegeln, Golfen und Tennis spielen.
- **Arcadia Hotel $$$**, 515 Proes Street, Arcadia, Box 26104, Arcadia 0007, Tshwane, Tel.: 326-9311, Fax: 326-1067, website: www.arcadiahotel.co.za, E-Mail: archot@arcadiahotel.co.za, gutes Hotel in Innenstadtnähe, modern, zeitgemäß, informelle Atmosphäre. Spektakulär ist die Glas- und Eisenfassade mit Blick auf den großzügigen Garten und Pool.
- **Rozenhof Guest House $$$**, 525 Alexander Street, Brooklyn, Tshwane, Tel.: 460-8075, Fax: 460-8085, website: www.rozenhof.co.za, E-Mail: rozenhof@mweb.co.za. Das elegante Gästehaus zeigt in Stil und Ausstattung Einflüsse der französischen Hugenotten, der Briten sowie der Holländer. Das Gelände gehörte dem früheren südafrikanischen Premierminister Tielman Ross. Nahe zur Brooklyn Mall (Geschäfte, Boutiquen, Restaurants).
- **Orange Court Lodge $$$**, 7 Orange Court, 540 Vermeulen Street (Ecke Hamilton Str), Tel.: 326-6346, E-Mail: orange@lantic.co.za. Komfortables Guest House in historischem Gebäude mit Garten. Zentral gelegen, für Selbstversorger, jedes Zimmer hat eine eigene Küche.
- **Greenwoods Guest House $$**, 425 Walter Bunton Street, Garsfontein Ext. 8, Tshwane, Tel. 348-7929. Das Gästehaus liegt in einem ruhigen, östlichen Vorort von Tshwane und ist ideal zum Entspannen. Charakteristisch ist die Einrichtung mit rhodesischem Teakholz und schmiedeeisernen Möbeln. Französisch geprägte Küche. Außerdem gibt es einen kleinen Konferenzraum. Das Haus ist riedgedeckt, verfügt über einen Swimmingpool und eine sehr gepflegte Außenanlage.

- **El Nise Guest House $$**, P.O.B. 32033, Glenstantia 0010; 21 9th Street West, Menlo Park, Tshwane, Tel.: 346-5389, Fax: 346-1644, www.home.mweb.co.za/el/elnise, E-Mail: elnise@mweb.co.za. Swimmingpool, nett eingerichtet. In einer ruhigen Wohngegend nahe der Universität und von Botschaften gelegen. Leicht von der N 1 aus zu erreichen, nur 30 Min. vom Johannesburger Flughafen entfernt. Sicheres Parken auf eigenem Gelände.

Blick auf die moderne Innenstadt

Backpackers
- **Pretoria Backpackers $**, 425 Farenden Str., Tel. 343-9754. Sehr nettes Hostel mit freundlichem Wirt, schöne Schlafsäle und Doppelzimmer in zwei älteren Häusern. Die Einrichtung vermittelt eine etwas gediegene Atmosphäre als andere Häuser.
- **North South Backpackers $**, 355 Glyn Str., Tel. 362-0989. Nette Schlafsäle und Doppelzimmer, schöner Garten mit Schwimmbad.

Camping
Fountain's Valley, P.O.Box 1454, Tshwane 0001. Tel.: 440-2121, sehr nahe an der Innenstadt. Entlang der M18 nach Süden, mit Pool und Restaurant.

Restaurants
- **Gerhard Moerdyk**, 752 Park Street, Arcadia, Tshwane; Tel.: 344-4856; geöffnet Mo–Fr zum Lunch, Mo–Sa zum Dinner) Traditionelle südafrikanische Küche: Wildpaté mit Cognac, Bobotie, Straußenfleisch mit Lychees und Springbok Pie. Tolle Weinkarte – und das alles unter dem Dach eines umgebauten viktorianischen Hauses.
- **The Godfather**, 2 Biella Centre, Ecke Heuwel & Lenchen streets, Centurion, Tel. 663-3302, www.thegodfather.co.za. Super Steaks – hier gehen auch die Locals hin.

INTERNATIONALE KÜCHE
- **Park Street Chagall's**, 924 Park Street, Arcadia, Tshwane; Tel.: 342-1200; geöffnet Mo–Fr zum Lunch, Mo–Sa zum Dinner. Elegantes Restaurant mit phantastischer Küche und ausführlicher Weinkarte. Vom Hotel Arcadia direkt zu erreichen.
- **La Perla**, Bronkhorst Street, zwischen Tram u. Dey Street, New Muckleneuk, Tel.: 460-1267; geöffnet zum Lunch: Mo–Fr 12–14.30h, Dinner: Mo–Do 18.30–21h, Fr–So 18.30–22h. Ebenfalls ein elegantes Restaurant mit ausführlicher Weinkarte und perfekten Gerichten.
- **Chagall´s**, 924 Park Str., Tel. 341-7511. Sehr gutes französisches Restaurant, ausgezeichnete Menus und Weinkarte. Geschlossen am Samstagmittag und Sonntagabend.

FRANZÖSISCHE KÜCHE
La Madelaine, 122 Priory Road, Lynnwood, Tel.: 361-3667. Küche vom Feinsten – eines der besten französischen Restaurants in Südafrika.

INDISCHE KÜCHE
Pride of India, Groenkloof Plaza, George Storas Drive, Tel. 346-3684. Sehr gute indische Curries und vegetarische Gerichte, gepflegtes Ambiente, gute Weinkarte. Samstagmittag und Sontagabends leider geschlossen.

Busverbindungen
- **Greyhound Cityliner** (nach Nelspruit/Kapstadt/Durban/Nelson-Mandela-Metropole), Tel.: 323-1154
- **Intercape** (nach Upington und Cape Town): Tel.: 654-4114
- **Translux** (nach Durban/Bloemfontein), Tel.: 315-8069
- **Tshwane Airport Shuttle** von/nach Johannesburg International Airport, Tel. 323-1222

Der Busbahnhof befindet sich im Süden der Stadt.

Eisenbahnverbindungen
Auskunft in Tshwane (Pretoria): Tel.: 334-8470 und 086-0008888, website: www.spoornet.co.za. Der Bahnhof befindet sich im Süden der Stadt.

Mietwagen
- **Avis**, Reservierung Tel.: (0861) 021-111, website: www.avis.co.za
- **Budget**, Reservierung Tel.: (0860) 016-622, website: www.budget.co.za
- **Europcar**, Reservierung Tel.: (0800) 011-344, website: www.europcar.com
- **Imperial**, Reservierung Tel.: (0861) 131-000, website: www.imperialcarrental.co.za
- **Hertz**, Reservierung Tel.: (0861) 600-136, website: www.hertz.com
- **Swans**, Reservierung Tel.: (0861) 101-265, website: www.swans.com
- **Tempest**, Reservierung Tel.: (0860) 031-66

Stadtrundfahrten/Ausflüge/Aktivitäten
Veranstalter für Tagestouren in und um Tshwane (Pretoria):
- **Holidays for Africa**, 407 Nedbank Plaza Building, Ecke Church und Beatrix Streets, Tel. 325-8127
- **Travel the Planet**, im Tourist Information Centre, Tel.: 337-4415, website: www.traveltheplanet.co.za.

@ Internetzugang
- In den meisten Hotels und Einkaufszentren gibt es Computerterminals mit Internetzugang (ca. 30 Rand/Stunde).
- **Odyssey Internet Café**, 1066 Burnett Str., Hatfield, geöffnet von 9–23.30h, 10 ZAR für 30 Minuten.

Unterhaltung
Das Unterhaltungs- und Kulturprogramm kann zwar nicht mit dem von Johannesburg mithalten, aber es gibt auch hier zahlreiche Möglichkeiten. Das Nachtleben spielt sich hauptsächlich in den Vierteln Hatfield und Brooklyn ab. Das Kino- und Theaterprogramm können Sie dem Veranstaltungskalender der „Pretoria News" entnehmen.

Fototipp

Einen hervorragenden Blick über die Stadt hat man von der Willem Punt Street in Muckleneuk (Süden). Am besten kann man hier morgens und abends fotografieren.

Sehenswürdigkeiten

- **Paul Krugers Haus** (in der Church Street), Öffnungszeiten: Mo–Fr: 8.30–16.30h, Sa u. So: 9–16.30h, Eintritt: 10 ZAR.
- **National Zoological Garden**, sehr großer und guter Zoo. Bei einer Fahrt mit der Seilbahn kann man das gesamte Gelände überschauen. Sogar nächtliche Führungen sind möglich. Auskunft unter Tel.: 328-3265. Öffnungszeiten: im Winter: tgl. 8–17h, im Sommer: tgl. 8–17.30h.
- **Cullinan Diamanten-Mine**, Führungen finden hier montags bis freitags jeweils um 10 und 14.30h, Sa und So um 10h statt (Kindern unter 10 Jahren ist der Besuch nicht gestattet), Eintritt 30 ZAR.
- **Voortrekker Monument**, Öffnungszeiten: tgl. 8–17h, Auskunft unter Tel.: 326-3929

- **Museen in Tshwane** (www.museums.org.za)

Name	Adresse	Besichtigungsobjekte	Öffnungszeiten
Police Museum	Compol Bldg., Pretorius Street (zwischen Paul Kruger Str und Volkstem Ave.)	Polizei- und Verbrecherwaffen, Uniformen, Rekonstruktionen berühmter Kriminalfälle	Mo–Fr 9–16h Sa 8–11.30h
S.A. Museum of Science and Techn.	Skinner Street	Exponate der Weltraumforschung	Mo–Fr 8–13h 14–16h
Transvaal Museum	Paul Kruger Str. (zw. Church Squ. u. Tshwane Station)	naturwissenschaftliche Sammlungen, geologische und archäologische Funde u. Fossilien	tgl. 9–17h So 11–17h
Tshwane Art Museum	Arcadia Park Ecke Park u. Wessel Street 344-1807	Sammlung von Bildern südafrikanischer Maler	Di–Sa 10–17h So 13–18h Mi 10–20h
National Cultural History and Open Air Museum		prähistorische Felskunst, ethnologische Abteilung der Stämme Transvaals, Sammlungen von Gegenständen der europäischen Bevölkerung	tgl. 8–16h
Transport Museum	Proes St./ Ecke Bosman	Straßenverkehr	Di–Fr 10–16h Sa 10–12h

Tsitsikamma Coastal NP (Western Cape Province) (S. 651)

ℹ️ Informationen und Buchungen
Südafrikanisches Forstwirtschaftsunternehmen SAFCOL, Tel. 042-391-0393. Aufgrund seiner Beliebtheit sollte man unbedingt ein halbes Jahr im Voraus buchen. Buchungen über **National Parks Board**, P.O.Box 787, Tshwane (ehem. Pretoria) 0001, Tel.: 012-428-9111, Fax: 012-343-3830, website: www.parks-sa.co.za, E-Mail: reservations@parks-sa.co.za.

🛏️ Unterkunft
• **Storms River Mouth Campingplatz mit Chalets $$**, Reservieren über Tel. 021-422-2810-2816, Fax 021-424-6211 Sehr schön, tolle Wandermöglichkeiten. E-Mail: reservations@parks.sa.co.za.
• **Tsitsikamma Lodge $$**, POB 10, Storms River 6308, Tel. 042-280-3802, Fax 042-280-3702. Hübsche, mit viel Holz ausgestattete Cabins, gutes Restaurant. Ausgezeichnet als bestes Freizeithotel in Südafrika 2003.
• **The Old Village Inn $$**, POB 53, Storms River 6308, Tel. 042-281-1711, Fax 042-281-1669. Sehr gemütliche kleine „Southern Cape village"-Anlage – das Restaurant „Oude Martha" bietet gutes lokales Essen.

🥾 Wanderungen
Otter Trail, Buchungen: South African National Parks, POB 787, Tshwane 0001, Tel. 012-343-1991, Fax 012-343-3830

Tulbagh (Western Cape Province) (S. 768)
Vorwahl: 023

ℹ️ Information
Tulbagh Tourist Information Bureau, 14 Church Str., Tel. 230-1348. Öffnungszeiten: Mo–Fr 9–17h, Sa 10–16h, So 11–16h.

🛏️ Unterkunft
• Luxus: **Rijks Ridge $$$$**, POB 340, Tulbagh 6820, Tel. 230-1006. Im kapholländischen Stil, schöne Anlage mit toller Sicht auf die Berge – leider sehr mieses Restaurant.
• Preiswert: **De Oude Herberg Guesthouse $$** mit Restaurant (viel Atmosphäre – Antiquitäten – gutes Essen und sehr persönlich – beste Alternative in der Preiskategorie, in der 6 Church Street gelegen), Tel. 230-0260
• Ebenso gut, wenn auch deutlich weniger Ambiente: **The Little Courtyards $$** (mehr typisches B & B, in 30 Church Street gelegen, typisches kapholländisches Haus). POB 64, Tulbagh 6820, Tel./Fax 230-448.
• **Kliprivier Park Holiday Resort $**, Tel. 230-0506. Sehr schöner Campingplatz mit Chalets, wunderschöne Aussichten auf die Berge.

🍽️ Restaurants
• Ein „Muss" ist das **Paddagang** (Weinhaus mit tollem weinüberdachten Innenhof und schöner Aussicht auf gepflegten Garten). 1821 gegründet. Adresse: Church Street, Tel. 230-0242, täglich von 9–17h zum Frühstück und Lunch geöffnet.

- Abendessen: am besten und schön: in **"De Oude Herberg"** (siehe oben).
- **Readess**, 12 Church Str., Tel. 230-0087. Sehr gemütliches Restaurant in einem alten Cottage, mit Kunstgalerie. Spezialität: Lamm mit Knoblauch. Dienstags geschlossen.

Tzaneen (Limpopo Province) (S. 463)
Vorwahl: 015

Information
Tzaneen Tourist Office, 21 A Danie Joubert Str., Tel.: 307-8055, E-Mail: alfa@mweb.co.za, geöffnet Mo–Fr, 8–17h, Sa 8–11h.

Unterkunftstipps
- **Coach House $$$$**, P.O.B. 544, Tzaneen 0850, Tel.: 306-8000, Fax: 306-8006, website: www.coachhouse.co.za. Lage: Old Coach Road, Agatha (15 km südlich von Tzaneen). Wunderschön gelegenes Landhaushotel mit sehr gutem Restaurant und herrlichen Ausblicken auf die Täler.
- **Kings Walden Lodge $$**, P.O.B 31, Tzaneen 0850, Tel. 307-3262, Fax: 307-1548, www.kingswalden.co.za. Das Haus liegt 12 km von Tzaneen entfernt an der Coach House Road. Sehr ruhig gelegen, mit Kaminen in allen Zimmern. Schöne, englische Gartenanlage, Swimmingpool. Dinner: gute südafrikanisch-rustikale Küche.

Sehenswürdigkeiten
Echo Caves, Öffnungszeiten: täglich von 8–17h.

Legendärer Wunderheiler

Neverdie Mushwana war einer der bekanntesten Medizinmänner Südafrikas. Vor drei Jahren starb der Wunderheiler, aber er bleibt unvergessen. Sein Haus in Dan Village, außerhalb von Tzaneen, entpuppt sich immer mehr als Publikumsmagnet. „Der Mann ist mittlerweile eine Legende", so James Ndlovu, Eigentümer der Township und Cultural Tours, der die Ausflüge zu Mushwanas Haus organisiert.

Richtig berühmt wurde der Sangoma vor allem durch seine Python, mittels der er Kontakt zu den Vorfahren aufnehmen konnte. „24 Jahre lang haben wir mit der Schlange unter einem Dach gewohnt. Bevor er starb, bat mein Mann uns deshalb auch, weiterhin gut für sie zu sorgen"; erzählt Mushwanas Witwe. Die Führungen durch Haus und Hof halten die Geschichte des Heilers lebendig: Der Raum, in dem er seine Muti (Heilmittel) aufbewahrte, das Grab des Medizinmannes und Aufführungen von traditionellen Tanzritualen erzählen den Besuchern vom Leben des Sangomas. Das Highlight der Mushwana-Tour ist und bleibt jedoch die imposante Python, die in einem kleinen weißen Raum auf dem Hinterhof lebt.

Ukhahlamba Drakensberg Park (KwaZulu/Natal) (S. 749)

Information und Buchung
KZN Wildlife, P.O.Box 13069, Pietermaritzburg 3202, Tel.: 033-845-1000, Website: www.kznwildlife.com oder unter 035-571-0051/1000 und Tel.: 034-907-5105

Umhlanga Rocks (KwaZulu/Natal) (S. 732)
Vorwahl: 031

Information
Sugar Coast Tourism, Lagoon Dr., Tel.: 561-4257, Fax: 561-1397, website: www.sugarcoast.co.za.

Hotels
Die großen und guten Hotels gehören alle der SUN-Gruppe an und liegen an den besten Strandabschnitten:
- **Beverly Hills $$$$$**, P.O.B. 71, Umhlanga Rocks 4320, Tel. 561-2211, Fax: 561-3711. Das beste Haus am Platze mit exzellenten Restaurants und allen Annehmlichkeiten eines (nicht allzu großen) Hotels (94 Zimmer), schöner Blick auf's Meer.
- **Umhlanga Sands $$$**, 44 Lagoon Drive, P.O.B. 223, Umhlanga Rocks 4320, Tel.: 561 2323, Fax: 561-2333. Ebenfalls am Strand gelegenes, gutes Hotel mit allen Annehmlichkeiten.
- **Cabana Beach $$$**, 10 Lagoon Drive, P.O.B. 10, Umhlanga Rocks 4320, Tel.: 561-2371, Fax: 561-3522, website: www.cabanabeach.co.za. Moderne Ferienanlage (211 Zi.) direkt am Strand mit einer schönen Garten- und Swimmingpool-Anlage.
- **Oyster Box $$$**, P.O.B. 22, Umhlanga Rocks 4320, Tel.: 561-2233, Fax: 561-4072, E-Mail: oyster@iafrica.com. Privathotel im „alten Stil", gut für Leute, die Individualität schätzen und bereit sind, gewisse Abstriche hinsichtlich der Ausstattung hinzunehmen. Strandlage.
- **Breakers Resort $$**, 88 Lagoon Drive, P.O.B. 75, Umhlanga Rocks 4320, Tel.: 561-2271, Fax: 561-3711. Mittelklasse-Resort direkt am Strand, geeignet für den Familienurlaub.
- Kleiner Geheimtipp: **Shortens Country House $$**, P.O.B. 499, Umhlali 4390, Tel./Fax: 032-947-1140, www.shortenshotel.com, 30 Min. von Durban; N2 nach Ballito (Maut), dann Compensation Exit, links am Stoppzeichen, danach noch 400 m. Inmitten schöner Gartenanlagen. 5 Fahrminuten zum Strand. Golfplatz in der Nähe.

Apartments
Fleetwood on Sea, 50 Lagoon Drive, Umhlanga Rocks 4320, Tel.: 561-3511. Schöne großzügige Apartments direkt am Strand.

Restaurants
Gute Restaurants befinden sich im Beverly Hills Hotel (The Cabin) und im Oyster Box. Beide Restaurants bieten sehr gutes Essen, vor allem Seafood in geplegtem Ambiente. Im Oyster Box Restaurants gibt es hervorragende indische Curries. Viele kleine Restaurants im Ort.
Razzmatazz (Cabana Beach Hotel), preiswerte, vielseitige Küche. Von der Terrasse genießt man eine schöne Aussicht auf das Meer.

Umtata (Eastern Cape Province) (S. 711)
Vorwahl: 047

Information
Eastern Cape Tourism Office, 64 Owen Street, Tel.: 531-5290, E-Mail: ectbwc@icon.co.za

Unterkunft
- **Holiday Inn Garden Court $$**, National Rd., P.O.Box 334, Umtata 5100, Tel.: 537-0181, Fax: 537-0191, an der Hauptstraße zur Durban/East London Autobahn (N 2) gelegen, nur 1 km von Nduli Game Reserve entfernt. 116 Zimmer in einem Mittelklassehotel mit Swimmingpool, Fahrten zum sicheren Strand, Ausflüge in eine der schönsten Regionen Südafrikas, sowie Forellenfang im Mabeleni Dam problemlos möglich. Leider etwas in die Jahre gekommen und laut.
- **Umtata Protea Hotel $$**, 36 Sutherland Str., Private Bag, Umtata 5100, Tel.: 531-0721, Fax: 531-0721. Im Zentrum gelegenes sauberes Mittelklassehotel mit 64 Zimmern, 12 km vom Flughafen entfernt, Babysitter-Service.
- **Savoy Hotel**, 71 Sutherland Str.
- Es gibt noch eine Reihe weiterer Hotels.

Restaurants
- **La Piazza**, Fort Gale Shopping Centre, Sisson Str., Tel.: 531-0795, italienisches Pizza- u. Pasta-Restaurant (Achtung: Knoblauch!!).
- **Jim'z Place**, Ecke Leeds/Craister Rd., Tel.: 531-0995/6, das „vornehmste" Restaurant.
- **Steer Restaurant**, Hier gibt es insbesondere Steaks.

Öffentliche Verkehrsmittel
Greyhound, Translux und BAZ-Bus halten an der Shell Ultra City, N 2.
Verbindungen:
 Durban: 3x täglich
 Johannesburg: 2x täglich
 East London (Buffalo City): 2x täglich
 Kapstadt: 2–3x täglich
 Tshwane: 1x täglich
Minibusbahnhöfe für innerstaatliche Strecken befinden sich in der Bridge Street.

Upington (Northern Cape Province) (S. 548)
Vorwahl: 054

Informationen
Tourist Office, im Kalahari Oranje Museum, Tel.: 332-6046, Öffnungszeiten: Mo–Fr 8–17.30h, Sa 9–12h.

Unterkunft
- **Upington Protea Hotel $$$**, 24 Schröder Street, P.O.Box 13, Upington 8800, Tel. 337-8400, Fax 337-8499. Gemütliches älteres Hotel mit einigem Luxus. Blick auf den Oranje River.

- **Oasis Protea Lodge** $$, 26 Schröder Str., P.O.Box 1981, Upington 8800, Tel.: 337-8500. Moderner Anbau zum o.g. Protea Hotel.
- **Le Must Guest Manor** $$, 12 Murray Ave., Tel. 332-3971. Schön am Oranje-Ufer gelegenes Gästehaus (kapholländischer Stil). Die Einrichtung und das Ambiente sind sehr gediegen. Hervorragendes Frühstück.
- **La Fugrie** $$, 40 Jangroentjieweg, POB 2262, Upington 8800. Sehr persönliches Haus mit Zimmern, die nach Musikern benannt sind. Die Bungalows und Chalets im Garten sind ideal für Selbstversorger eingerichtet. Klimaanlage!
- **The Eiland Holiday Resort** $, Private Bag X6003, Upington 8800, Tel.: 334-0286. Hier kann man zelten und Hütten am Fluss mieten.
- **Chateau Guesthouse**, 9 Coetzee Street, Upington, Tel.: 332-6504, Fax: 332-7064. Nettes B&B-Haus in der Stadt, im Art Déco-Stil.

Backpackers
Yebo Backpackers und Guest House $, 21 Morant Str., Tel. 331-2491. Sehr sauberes, ruhiges Hostel mit Schlafsälen und Doppelzimmern. Swimmingpool und Grillplatz vorhanden.

Restaurants
- **Le Must** 11 Schröder Street, Tel.: 332-3971. À-la-Carte Restaurant mit vorwiegend kontinentaler Küche. Sehr persönlicher Service!
- Im Protea-Hotel liegt das **Spur Steakhouse**: 24 Schröder Str. Tel.: 337-8400. Steakranch mit ausgewählter Salatbar.

Öffentliche Verkehrsmittel
Intercape-Bus (Tel. 332-609, Haltepunkt: die Protea-Hotels)
Kapstadt: 4x wöchentlich
Johannesburg: 4x wöchentlich
Tshwane: 4x wöchentlich

Flüge
Je 1x täglich nach Kapstadt und Johannesburg

Sehenswürdigkeiten
- **Kalahari Oranje Museum**, Öffnungszeiten: Mo–Fr: 9–12h u. 14–17h. Hier findet man Gegenstände zur Geschichte dieses Gebietes.
- **Oranje River Wine Cellars Co-Operative**, Tel.: 332-5651. Sie ist die größte Kooperative Südafrikas und die **zweitgrößte der Welt**. Weinproben können arrangiert werden. Günstigste Jahreszeit ist die Erntezeit (Jan.–Apr.).
- **Traubenfarm „Karsten Boerdery"** (20 km in Richtung Keimoes), Tourist Office in Upington (Tel.: 332-6911) oder auf der Farm selbst.

Auf der Weiterfahrt nach Kimberley
- **Unterkünfte**: im kleinen Ort **Grobblershoop** (Tourism Bureau Tel. 833-0138): **Grootrivier Hotel**, 34 km entfernt vom Buchuberg Dam von der R 64 aus, und (in Grobblershoop) **Boegeberg Dam Campingplatz und Chalets**. Außerdem **Louis Hotel**, sehr einfach, und der Campingplatz ist auch nicht besonders ausgestatlet.

- **Mary Moffat Museum**, Main Str., Griekwastad/Griquatown, Tel. 053-34-30180. 150 km von Kimberley, nördlich von Orange River. Es gibt vornehmlich Gegenstände aus der Pionierzeit der Missionare zu sehen.

Vaalbos National Park (North-West Province) (S. 548)

Information und Buchung
KZN Wildlife, P.O.Box 13069, Pietermaritzburg 3202, Tel.: 033-845-1000, Website: www.kznwildlife.com, oder unter 035-571-0051/1000 und Tel.: 034-907-5105

Unterkunft/Restaurant
Im Park gibt es ein Restcamp und drei Chalets für 4–6 Personen. Eine Solaranlage sorgt für elektrisches Licht und die angenehme Kühlung durch Ventilatoren.
Es gibt kein Restaurant im Park.

Vaal Dam Nature Reserve (Free State) (S. 536)

Unterkunft
Entlang des Sees, besonders auf der Nordhälfte, gibt es eine Reihe von schönen Zeltplätzen und einige Holiday Resorts, die auch Chalets anbieten. Eine Auflistung erspare ich mir, da man sie eigentlich nicht verfehlen kann.

Vanrhynsdorp (Western Cape Province) (S. 571)

Vorwahl: 027

Information
Tourist Information Office, im Museum, Tel.: 219-1552, website: www.vanhynsdorp.org.za.

Unterkunft
- **Van Rhyn Guest House** $, 1 Van Riebeeck Str., Vanrhynsdorp 8170, Tel.: 219-1429, E-Mail: virons@marques.co.za. Gemütliches, kleines Gästehaus.
- **Namaqualand Country Lodge** $, P.O.B. 126, Vanrhynsdorp 8170, Tel.: 219-1633. Alter Country Pub mit einfachen Zimmern.
- **Vanrhynsdorp Caravanpark**, Gifberg Rd., P.O.Box 162, Vanrhynsdorp 8170, Tel.: 219-1287. Hier gibt es auch einfache Hütten. Auf dem Gelände befindet sich auch das kleine „Die Lapa"-Restaurant, wo es typische Gerichte dieser Gegend gibt (Unlicensed!).
- Es gibt noch eine Reihe privater Unterkünfte. Infos im Tourist Information Centre.

Vernon Crookes Nature Reserve (KwaZulu/Natal) (S. 721)

Information & Buchung
Zentrale Buchung: Natal Parks Board Reservations, POB 1750, Pietermaritzburg 3200, Tel.: 032-342-222

Unterkunft
Die Hütten muss man vorbuchen. Am Eingang besteht **keine** Möglichkeit, die Hütten zu buchen, und man darf dann nur als Tagesbesucher in den Park.

Sehenswürdigkeiten
Crocworld, Tel.: 039- 976-1103, website: www.crocworld.co.za, E-Mail: info@cbl.co.za, Öffnungszeiten: täglich 8.30–16.30h, Fütterungszeiten: täglich 11h und 15h

Vhembe Dongola National Park (Limpopo Province) (S. 475)

Informationen
Messina/Limpopo Valley Tourism, P.O Box 1300, Messina, 0990, Tel: 15-534-3500, Fax: 15-534-3503, E-Mail: info@northnet.co.za, Website: www.tourismsoutpansberg.co.za

Unterkunft
Tumelo Game Lodge $$$$, Tel./Fax 015-2914889, Buchung auch Tel.: 021-689 8963, Fax: 021-686 6821, E-Mail: tumelo@imaginet.co.za. Anfahrt: N 1 nach Pietersburg, R 521 über Dendron/Alldays zum Grenzübergang Pont Drift. Hinter dem Grenzübergang nach Botswana wird man als gebuchter Gast abgeholt. Die Lodge liegt im Tuli Block. Fahrzeit von Johannesburg: ca. 4 ½–5 Stunden, Treffpunkt mit den Lodge-Abholern stets 14h. Die sehr gediegene Lodge-Anlage liegt an den Ufern des Limpopo-Flusses. Es werden interessante Gamedrives und Fußsafaris angeboten. Gute „Buschküche" und viel Afrika-Romantik.

Virginia (Free State) (S. 759)

Unterkunft
Virginia Park $$, Seitenstraße der Highlands Ave., Box 4, Virginia 9430, Tel.: 057-212-3306. Schönes, modernes Hotel am Sandriver.

Restaurants
Am besten, Sie essen in den Hotels, oder Sie fahren nach Welkom (20 km).

Von Gauteng nach Kapstadt (S. 756)

🛏 Unterkunftsmöglichkeiten an der Strecke
• **Hanover Lodge Hotel $$**, 88 Hanover 5960, Tel.: 053-643-0019, website: www.lodge.hanover-za.com. Kleines gepflegtes Landhotel. Genau auf halber Strecke zwischen Jo'burg und Kapstadt.
• **Victoria Guest House $**, 125 Pienaar Street, Richmond 7090, Tel.: 082-588-6662. Gepflegtes Gästehaus.
• **Merino Motel $**, direkt an der Raststätte am Ortseingang von Bloemfontein, Tel.: 051-753-0781. Sauberes, modernes Motel an der N1 auf der Seite Richtung Kapstadt.

Alle Unterkünfte entlang der Strecke sollte man im Voraus buchen, besonders, wenn man spät eintreffen wird.

🚐 Campingplätze entlang der Strecke
Tom's Place, Gariep Dam, Colesberg, Richmond, Beaufort-West, Worcester. Die Plätze sind i.d.R. sehr einfach, aber relativ sauber. Sie zielen nur auf die Durchreisenden.

Vredendal (Western Cape Province) (S. 572)
Vorwahl: 027

ℹ Information
Tourism Bureau, Voortrekker Str., Tel.: 213-3678, E-Mail: headoff@matzikamamun.co.za

🛏 Unterkunft
• **Vredendal Hotel $$**, 11 Voortrekker Street, P.O.Box 17, Vredendal 8160, Tel.: 213-1064. Gemütliches Hotel mit ausgezeichnetem Publunch.
• **Maskam Hotel $**, Ecke Church/Van Riebeck Str., Tel.: 213-1336. Zentral gelegenes Hotel.
• **Onderhoek Guest House**, An der Straße nach Lutzville. Fahren Sie die Churchstreet aus der Stadt heraus. P.O.Box 94, Vredendal 8160, Tel.: 213-2326, Gästehaus auf einer Weinfarm.
• Weitere Gästehäuser und Unterkünfte können über das **Tourist Office** gebucht werden.

🚐 Camping
Vredendal Caravan Park, Dam Street, P.O.Box 98, Vredendal 8160, Tel.: 082-346-2743.

🍇 Öffnungszeiten der Weinkellereien
• **Vredendal Co-Operative Wine Cellars**: Touren um 10h und 15h. Tel.: 213-1080
• **Spruitdrift Co-Operative Wine Cellars**: Touren während der Bürostunden. Tel.: 213-1080

Waenhuiskrans/Arniston (Western Cape Province) (S. 628)
Vorwahl: 028

Information
Tourist Information, Suidpunt Tourism Bureau, POBox 51, Bredasdorp 7280, Tel.: 424-2584

Unterkunft
• **Arniston Hotel $$$**, Beach Road direkt am Meer, Tel.: 445-9000, Fax: 445-9633, E-Mail: arniston@brd.dorea.co.za, website: www.arnistonhotel.co.za. Gepflegtes modernes Strandhotel mit guter Küche in unmittelbarer Strandnähe.
• **Seaside Cottages**, Riedgedeckte Häuschen am Meer, selfcatering. Preis bei Belegung mit 2 Personen: pro Person ca. 100 ZAR. Buchung: Arniston Seaside Cottages, P.O.B. 403, Bredasdorp 7280, Tel.: 445-9772, Fax: 445-9125, E-Mail: cottages@arniston-online.co.za, website: www.arniston-online.co.za

Restaurant
Im **Arniston Hotel** oder im **Waenhuis** Restaurant.

Welkom (Free State) (S. 759)
Vorwahl: 057

Information
Tourist Information, Clock Tower, Civic Centre, Stateway, Tel.: 352-9244

Unterkunft
• **Welkom Hotel $$$**, 283 Koppie Alleen Road, Tel./Fax: 355-1411. 82 Schlafzimmer.
• **Hotel 147 Agency $$**, Stateway, Box 1834, Welkom 9460, Tel.: 352-5381. Sauber und gut.
• **Welkom Inn $$**, Ecke Tempest und Stateway Roads, Tel. 357-3361, Fax: 352-1458. E-Mail: w_inn@global.co.za. Rollstuhlgerechtes, modernes Mittelklassehotel mit 148 Zimmern.
• **Welkom Lodge $**, B&B, 162 Stateway Rd., Tel. 357-2291/2/3.

Camping
• **Circle Caravan Park**, 281 Koppie Alleen Rd., Tel. 355-3987. 36 Stellplätze für Zelte und Caravans. 2 km nördlich des Zentrums.
• **Welkom Municipal Caravan Park**, neben dem Schwimmbad.

Restaurants
Es gibt im Zentrum eine Reihe von guten Steakhäusern und italienischen Restaurants, die man nicht verfehlen kann, z. B. **Giovanni´s Pizzaghetti** (15 Mooi Str.) oder **Al's Grill** und **The Blues Grill** (beides Steakhäuser in der van Bruggen Street) und **Indiana Spur** im Volksblad Center.

West Coast National Park (Western Cape Province) (S. 605)
Vorwahl: 022

 Information und Buchung
• *Tourist Information Centre*, Hoof Str., Tel.: 772-1515, website: www.langebaaninfo.com, Öffnungszeiten: Mo–Fr 9–13h, 14–17h, Sa 9–12.30h, So 9–12h.
• *West Coast Publicity Association*, POB 139, Saldanha 7395, Tel. 714-2088. Hier gibt es Informationen zu den im Verwaltungsbezirk West Coast Peninsula zusammengefassten Orten. In Langebaan: *West Coast Nationalpark*, Main Street, POB 25, Langebaan 7357, Tel. 772-2144, Fax: 772-2607.
• *Zentrale Buchung:* **KZN Wildlife**, P.O.Box 13069, Pietermaritzburg 3202, Tel.: 033-845-1000, Website: www.kznwildlife.com oder unter Tel.: 035-571-0051/1000 und Tel.: 034-907-5105

 Eintritt
Erwachsene 18 ZAR, Kinder 9 ZAR

 Öffnungszeiten des Parks
7–19h

 Unterkunft
Im Park selbst gibt es keine Übernachtungsmöglichkeiten für Touristen, jedoch in Langebaan und Yzerfontein.

LANGEBAAN

 Unterkunft
• *The Farmhouse* $$$, 5 Egret Str., Tel.: 772-2062, Fax: 722-1980, website: www.thefarmhouselangebaan.co.za. Hotel mit Blick auf die Bucht, sehr gutes Restaurant.
• *Club Mykonos B&B*, Private Bag X2, Langebaan 7357, Tel. 772-2101, Fax: 772-2108, E-Mail: clubmyk@mweb.co.za. Griechisch inspirierte Ferienanlage mit Apartments direkt an der Lagune von Langebaan. Gute Möglichkeit für Wassersport und Outdoor-Aktivitäten.

Camping
• *Langebaan Caravan Park*, Bree Street, P.O.Box 11, Langebaan 7357, Tel.: 022-872-2115/6. Es sind eigentlich drei Campingplätze, wobei einer etwas veraltet ist.
• *Stywelyne Caravan Park*, Laaiplek 7370, Tel.: 022-883-0408. Direkt am Strand gelegen.

Restaurants
• *Langebaan Strandloper Club*, am nördlichen Ende von Langebaan direkt am Strand, Tel. 772-2490. In dem Open-Air-Restaurant

Küste bei Langebaan

erhalten Sie auf Holzkohle gegrillten Fisch sowie Hummer und Muscheln. Lunch Buffet um 12h, Dinner um 18h, das sich jeweils mehrere Stunden hinziehen kann. Eine Reservierung wird dringend empfohlen. E-Mail: info@strandloper.com.
- **Bouzouki**, im Club Mykonos, 5 km nördlich von Langebaan, Tel.: 022-707-8078. Griechische Küche, ein seltenes Erlebnis in Südafrika! Sehr lebhaft während der Hochsaison

YZERFONTEIN

Unterkunft
- **Emmaus On Sea $$**, 30 Versveld Street, POB 25, Yzerfontein 7351, Tel./Fax: 451-2650. E-Mail: emmaus@emmaus.co.za. Nahe des Swartland Wine Reserve, 19 km vom Reservat entfernt. Selbstversorgung ist auch möglich.
- **Cashel Guest House $**, Tom u. Maureen Clarksson, 26 Lutie Katz Rd., POB 47, Yzerfontein 7351, Tel./Fax: 451-2475. E-Mail: reservations@cashel.co.za, www.cashel.co.za. Großzügige moderne Zimmer mit Bad, alle mit Meerblick. Wahl zwischen B&B oder Ferienwohnung mit Kochgelegenheit. Hervorragend geeignet für die Beobachtung von Walen und Delphinen. Das Haus hat verschiedene Preise gewonnen für das beste große Gästehaus und für seinen guten Service.

Camping
Yzerfontein Caravan Park, Park Street, Yzerfontein, Tel./Fax: 451-2211. Nur wenige Chalets, dafür 120 Campingplätze mit Strom, Shop und Restaurant vorhanden.

UNTERKÜNFTE UND RESTAURANTS ENTLANG DER STRECKE

Unterkunft
- **Protea Hotel Saldanha Bay $$**, 51b Main Str, Hotel mit großartigem Meeresblick und jeglichem Komfort, First Class-Restaurant, in dem Fischgerichte, Muscheln aber auch Essen à la carte serviert werden.
- **Paternoster Hotel $**, POB 33, inmitten des Fischerdörfchens Paternoster 7381, in dem 100 Jahre alten Gebäude befindet sich ein Restaurant (à la carte), Tel. 752-2773, Fax: 752-2750, www.pasternosterhotel.co.za.
- **Naries Guestfarm $$**, Route R355, Springbok/Kleinzee, 27 km westlich von Springbok, Tel./Fax: 027-712-2462, Sehr gastfreundliche Farm (10.000 ha groß), einfach, aber geschmackvoll eingerichtet. Tolles Frühstück und gutes Abendessen.
- **Jacobsbaai Guest House $$**, 14 Jan Baard Crescent, Jacobsbaai, Tel./Fax: 022-715-3105, P.O.B. 804, Vredenburg 7380. Sehr schön eingerichtetes, riedgedecktes Haus. Vom oberen „Deck" kann man herrliche Sonnenuntergänge genießen.
- **Driftwater $$**, P.O.B. 192, Velddrif 7365, Tel.: 022-783-1756, 18 River Street, Laai Plek. Am Ufer des Berg River gelegen. Gutes Frühstück und Countrydinner. Schön: Von der Veranda kann man Pelikane, Flamingos und Kormorane beobachten.
- Weitere Gästehäuser und Selbstversorgungsapartments können Sie bei den Touristeninformationsbüros erfragen.

Camping
Caravanpark entlang der Strecke (Auswahl)
- **Ou Skip Park**, Otto du Plessis Drive, Melkbosstrand 7400, Tel.: 021-553-2058. Feriencampingplatz, häufig überfüllt.

Restaurants
- **Die Kreefhuis**, Strand Str., Lambert's Bay 8130, E-Mail: kreefhuis@wam.co.za. Lunch Mo–Fr 10.30–14h, Dinner 18.30–21.30h, So 10.30–15h. Fischgerichte, aber auch Steaks und Pizza.
- **Kliphoek Guest Farm**, Tel./Fax: 022-783-2452, B&B, Gästehaus oder für Selbstversorger.

Öffentliche Verkehrsmittel
Intercape Mainliner fährt donnerstag bis sonntags von Kapstadt nach Velddrif und freitags bis montags von Velddrif nach Kapstadt. Buchungen: Tel.: 021-3864400, oder in jedem Reisebüro. Das Ticket muss im Bus bezahlt werden.

Wilderness (Western Cape Province) (S. 645)
Vorwahl: 044

Information
Wilderness Tourism Office, POB 188, Wilderness 6560. Tel. 877-0045. Zahlreiche Informationen zu Übernachtungen, Wanderungen und anderen Aktivitäten. Geöffnet von Okt.–April: Mo–Fr 8–18h, Sa 8–13h, So 15–17h, Mai–Sept.: Mo–Fr 8–17h, Sa 9–13h.

Unterkunft
- **Wilderness Manor Guest House $$$$**, 397 Waterside Road, direkt an der Lagune, Tel.: 877-0264, Fax: 877-0163, E-Mail: wildman@mweb.co.za, website: www.manor.co.za. Ein absoluter Favorit. Sehr geschmackvoll eingerichtetes Gästehaus mit gemütlichen Aufenthaltsräumen und Billard-Raum, alle Zimmer mit Blick auf die Lagune. Umwerfendes Frühstück auf der Waldterrasse. Die freundlichen Gastgeber Johan und Marianne Nicol werden Sie sicher verwöhnen.
- **Holiday Inn Garden Court Wilderness $$$**, National Road, P.O.B. 26, Wilderness 6560, Tel.: 877-1104, Fax: 877-1134. Angenehmes Hotel mit gutem Preis-Leistungs-Verhältnis.
- **Palms Wilderness Guest House $$$**, P.O.B. 372 Wilderness, 6500, Tel.: 877-1420. Sehr gepflegt, mit Swimmingpool, 2 Minuten vom Sandstrand entfernt – was will man mehr?
- **Bruni's B&B $$**, 937 8th Ave., Tel./Fax: 877-0551. Nettes, riedgedecktes Gästehaus, mit Strandzugang, sehr persönlich.

Backpackers
Fairy Knowe Backpackers $, Tel./Fax: 877-1285. Wird vom BAZ-Bus angefahren. Sauberes Haus mit Schlafsaal und Doppelzimmern (liegt nicht am Meer, sondern in der Nähe des Tours River).

Camping
- **Wilderness National Park (Lake Area)**, P.O.B. 35, Wilderness 6560, Tel.: 877-1197, Fax: 877-0633, website: www.george.co.za7parks. Verschiedene Unterkunftsmöglichkeiten im Seengebiet von Wilderness.
- **Island Lake Holiday Resort**, Lake Wilderness, Tel./Fax: 044-877-1194. 4 Chalets, 57 Caravanplätze.

Restaurants

- **Serendipity**, Freesia Ave, Wilderness 6560, Tel.: 877-0433, Fax: 877-1614, E-Mail: chef123@mweb.co.za. Ausgezeichnetes Restaurant mit sehr romantischer Atmosphäre. Die Küche ist südafrikanisch inspiriert und die Besitzer Rudolf & Lizelle verstehen sich auf ihre Kunst. Für Feinschmecker!
- **Fairy Knowe Hotel & Restaurant**, empfehlenswertes à-la-carte-Restaurant.
- **Palms Restaurant** (im Palms Wilderness Guest House). Sehr gutes Restaurant, das gehobenen Ansprüchen gerecht wird. Typisch kreative südafrikanische Küche. Für abends Reservierung empfohlen (Tel. 877-1420).

Strände

Entlang der N2. Allerdings ist größte Vorsicht geboten (Strömungen)!

Wildschutzgebiete, privat (Eastern Cape Province) (S. 666)

Es gibt eine Vielzahl wunderschöner Game Reserves in dieser Region. Hier nur eine kleine Auswahl:

SHAMWARI GAME RESERVE

20.000 Hektar großer privater Naturpark, am Ende der Garden Route, 45 Minuten Fahrt von Port Elizabeth (Nelson-Mandela-Metropole) entfernt. Malaria-frei! Zentrale Reservierung: POB 113, Swartkops, Nelson-Mandela-Metropole, Tel.: 042-203-1111, Fax: 235-1224, website: www.shamwari.com, E-Mail: shamwaribooking@global.co.za.
6 separate Luxuslodges, u.a.:
- **Riverdene Lodge**, $$$$$, Eine restaurierte Siedler-Lodge mit 9 Suiten der Extraklasse. Alle sind mit eigenem Sandstein-Bad ausgestattet, vollklimatisiert, Satelliten-TV, Telefon und Aufenthaltsraums sowie einem Pool mit Sonnenterrasse. Während des Aufenthaltes wird einem ein Ranger zur persönlichen Betreuung zur Verfügung gestellt.
- **Eagles Cragg**, $$$$$, 9 separate Suiten, jede mit privater Veranda und Pool. Es gibt einen „Boma"-Abschnitt, d.h. einem Grillplatz, an den sich die Gäste abends bei Lagerfeuer zum gemeinschaftlichen Essen und Trinken zusammensetzen. Mit je eigenem Wellnessbad und großem Aufenthaltsraum sowie einer Bücherei.

KARIEGA GAME RESERVE,

Privater Naturpark, in dem sich Flussvegetation, Busch- und Graslandschaft miteinander abwechseln. Liegt inmitten der ursprünglichen Wildnis des malerischen Kariega River Valley. 80 Autominuten von Nelson-Mandela-Metropole (Port Elizabeth) entfernt. Einzigartig ist die Möglichkeit auf den gekennzeichneten Wegen ganz in der Nähe der Vielzahl an Wildtieren sicher gehen zu können. Safaritouren mit erfahrenen Rangern werden angeboten.
Information und Buchung: Kariega Game Reserve, POB 35, Kenton-on-Sea 6191, Tel. 046-636-7904, Fax: 046-636-2288. E-Mail: e-res@kariega.co.za., www.kariega.co.za.
- **Intaka Lodge** $$, Geräumige und komfortable Chalets mit 1, 2 oder 3 Schlafzimmern, eigener Veranda sowie teilweise mit eigenem Pool. Squashplatz, Sauna und Wellnessbad vorhanden, rollstuhlgerecht. Gute traditionelle Gerichte gibt es im Restaurant, das übrigens einen Preis aufgrund seiner besonderen Architektur gewonnen hat. Phantastischer Rundumblick inklusive auf den Indischen Ozean.

KWANDWE PRIVATE GAME RESERVE
Privater Naturpark, der sich in der historischen Great Fish River Region befindet. Hier gibt es viele Elefantenherden, außerdem die sogenannten Big Five. Nahe Grahamstown. Buchen über CC Africa, Private Bag X27, Benmore, 2010 Johannesburg, Tel.: 011-809-4300, Fax: 011-809-4400, E-Mail: information@ccafrica.com.
2 familiäre Lodges: Kwandwe Main Lodge und Uplands Homestead
- **Kwandwe Main Lodge $$$$$**, 9 luxuriöse strohgedeckte Suiten, von denen aus man eine herrliche Rundumschau über Valley Bushveld hat. Im Inneren dominiert ein klassischer Stil, in dem sich lokale afrikanische Kunst mit kolonialer Siedlergeschichte verbinden. Höhepunkt ist stets das ausgedehnte Abendessen, spezialisiert auf afrikanische Küche.
- **Uplands Homestead, $$$$**, weltweit bekannt für ihre profunden Kenntnisse der afrikanischen Tierwelt, dem superlativen Service und der köstlichen afrikanischen Küche. Das historische Farmgebäude, das unter Denkmalschutz steht, bietet 6 Personen Platz. Es ist elegant möbliert mit Antiquitäten und Gegenständen aus der Zeit der Besiedlung.

AMAKHALA GAME RESERVE
Amakhala Game Reserve $$$$$, benannt dem Xhosa-Wort für Aloe, gehört das Amakhala Game Reserve zu den besten Games Reserves in der Region. Das 5000 ha große Gebiet bietet großartige Möglichkeiten für Safaris und die Erkundung der Pflanzenwelt in der Region.
Lage: Gelegen zwischen Port Elisabeth und Grahamstown, etwa 30 Min. vom Addo Elephants Park entfernt, verfügt das Amakhala Game Reserve über Guesthäuser, Lodges und Farmhäuser **$$–$$$$$**, PO Box 10, Paterson, 6130, South Africa, Tel: 042-235-1608, Fax: 042-2351041, E-Mail: centralres@telkomsa.net, www.amakhala.co.za/

Wildschutzgebiete, privat, Kruger Park (Mpumalanga/Limpopo Province)
s. „Kruger Park" S. 294

Wildschutzgebiete, privat (KwaZulu/Natal) (S. 744)
Siehe auch Hluhluwe Umfolozi National Park, St. Lucia Wetland Park und Maputaland

Unterkunft
- **Phinda $$$$–$$$$$**, Buchung: CCAfrika, Private Bag X27, Benmore 2010, Johannesburg, Tel. 011-809-4300, Fax: 011-809-4400, E-Mail: information@ccafrika.de, www.ccafrika.com. Dieser Park liegt in einem der ökologisch vielseitigsten Gebiete Südafrikas, nahe dem Greater St. Lucia Wetland Park. Die Big Five sind hier zu erleben. Die Unterkunft in 16 separaten Suiten bietet höchsten Standard mit einem herrlichen Blick. 4 verschiedene Lodges (Forest Lodge, Vlei Lodge, Mountain Lodge, Rock Lodge)
- **Bonamanzi Game Park $$$**, www.bonamanzi@mhs2.tns.co.za. Baumhauscamp: mit 8–4 Baumhütten für Selbstversorger. Lodges auf Pfählen mit 3 Doppelzimmern, Gamelodge. Luxuslodge, mit Swimmingpool und schönem Esszimmer.
- **Bushlands Game Lodge $$$**, POB 10305, Marine Parade, Durban 4056, Tel. 031-337-4222, Fax 031-337-5409. Mitten im Herzen von Zululand gelegen, 12 km von Hluhluwe entfernt. 26 hölzerne Lodges, die auf Pfählen gebaut sind. Über eine hölzerne Fußbrücke

gelangt man zum Speisesaal und Swimmingpool. Abends wird bei einem gemütlichen Lagerfeuer gegrillt. Einzigartig ist vor allem der exklusive und persönliche Service sowie die ursprüngliche Landschaft. Hier kann man die „Big Five" beobachten.
- **Zululand Safari Lodge $$$**, komfortable strohbedeckte Rondavels, mit Swimmingpool und einer schönen „Boma" zum abendlichen gemeinsamen Essen in entspannter Atmosphäre. Zusätzlich 24 Chalets für Selbstversorger. Information und Buchung: Ubizane Wildlife Reserve, POB 116, Hluhluwe 3960.
- **Malachite Camp**, Mkuzi, Hillcrest 3650, KwaZulu/Natal, Tel. 012-348-7904.
- **Lalapanzi Luxuri Camp**, 10 Chalets, Restaurant mit Bar, Pool, geführte Safaris und „Bush-Walks"

Willem Pretorius Game Reserve (Free State) (S. 759)

Information und Buchung
Willem Pretorius Game Reserve, Tel.: 057-651-4003, Eintritt: 20 ZAR, Öffnungszeiten: 7–18.30h

Unterkunft
Aldam Resort $$–$$$$, Tel. 057-652-2200, Fax: 652-0014, 150 km nördlich von Bloemfontein. Etwa 5 km vom Willem Pretorius Game Reserve entfernt. Es gibt alle Arten von Unterkünften: luxuriöse Wohnungen, Chalets und einen Campingplatz. Sehr gepflegt.

Winburg (Free State) (S. 532)

Information
Tourist Information, in der Library, Brand Str. 26, Tel.: 051-881-0003

Unterkunft
Es gibt ein kleines Hotel, das **Winburg Hotel $**, 16 Brand Str., Box 116, Winburg 9420, Tel.: 051-881-0160, und einen einfachen Campingplatz.

Witsand Nature Reserve (Northern Cape Province) (S. 554)

Unterkunft/Camp
Es gibt hier ein sehr schönes, neues Camp mit geschmackvollen Chalets, zwei Schwimmbädern sowie einem schönen Campingplatz. Ein kleiner Laden bietet die allernotwendigsten Getränke und Lebensmittel – ein Restaurant ist nicht vorhanden. Es gibt Fahrräder zu leihen, mit denen man die Parkwege befahren kann. Eine Campingsite kostet 60 ZAR. 70 km südwestlich von Postmasburg gelegen.

Worcester (Western Cape Province) (S. 768)
Vorwahl: 023

Information
Tourism Bureau, 23 Baring Str., Tel.: 348-2795, website: www.worcesterweb.co.za

Unterkunft
• **Cumberland Protea Hotel $$$**, 2 Stockenstrom Street, P.O.Box 8, Worcester 6850, Tel.: 347-2641, Fax: 347-3613. Größtes Hotel am Ort.
• **Hotel Brandwacht $**, Ecke High/Napier Str., P.O.Box 192, Worcester 6850, Tel.: 342-0150. Das wohl schönste Hotel am Platze.
• Guest Houses und Bed'n Breakfast-Unterkünfte vermittelt das Tourist Office.

Caravanparks
• **Die Nekkies $$**, Am Breede River gelegen, Tel.: 343-2909. Schöne Holz-Chalets.
• **Rustig Holiday Resort**, Brandwacht, nördl. der N1, Tel.: 342-7245. Chalets u. Caravanpark.
• **Burger Caravan Park**, De la Bat Rd., Tel.: 348-2765. Der zentralste Platz, aber nicht besonders schön.

Restaurant
Ou Meule Restaurant, De la Bat Rd., Tel.: 342-0757. Das beste Restaurant am Platz mit verschiedenen Spezialitäten der Kapküche. Buchung essentiell!

Sehenswürdigkeiten
• **Hugo Naude Haus**, Öffnungszeiten: Mo–Fr 8.30–16.30 h.
• **Karoo National Botanical Garden**, Tel.: 347-0785, Öffnungszeiten: täglich von 8–17h.
• **KWV Cellar**, Tel.: 023-342-0255, Öffnungszeiten für Besichtigungen: Mo–Fr 8–16.30h.
• **Kleinplasie Farm Museum**, Tel.: 342-2225, Öffnungszeiten: Mo–Fr 9–16.30h.

Zulu-Kraal, bei Eshowe (KwaZulu/Natal) (S. 734)

Shakaland
P.O.B. 103, Eshowe 3815, Tel.: 035-460-0912, website: www.shakaland.com. Das Shakaland Zulu Village kann über die Protea-Kette gebucht werden. Es handelt sich hier um einen authentischen Kraal mit riedgedeckten Hütten am Umhlatuze Lake. Den Besucher empfangen „Zulukrieger". Vor einigen Jahren haben hier Hollywood-Filmemacher das Leben des legendären Zulu-Königs Shaka nachgedreht; die Kulisse wurde später zu einem typischen Kraal umgebaut, wo Sitten und Gebräuche der Zulu anschaulich dargestellt werden. Touren: 11 und 12.30h

Europa

Sie möchten interessante Destinationen in Europa entdecken? In gewohnter Iwanowski-Qualität erleben Sie mit den Reisehandbüchern einen individuellen Urlaub!

Reise-Handbuch Slowenien, 436 S. inkl. Reisekarte, ISBN 3-933041-17-1, Euro 19,95
Reise-Handbuch Polens Ostseeküste und Masuren, 400 S. inkl. Reisekarte, ISBN 3-933041-16-3, Euro 19,95
Reise-Handbuch Toskana, 500 S. inkl. Reisekarte, ISBN 3-923975-62-7, Euro 19,95

Reise-Handbuch Irland, 688 S. inkl. Reisekarte, ISBN 3-923975-57-0, Euro 22,95
Reise-Handbuch Island, ca. 500 S., ISBN 3-923975-39-2, Euro 19,95
Reise-Handbuch Nord- und Mittelgriechenland, 600 S. inkl. Reisekarte, ISBN 3-923975-15-5, Euro 22,95

Reisegast-Serie
aus dem Iwanowski Reisebuchverlag

Wenn Sie mehr über die Kulturen Ihres Reiseziels erfahren wollen, oder wenn Sie wissen wollen, wie Sie sich als Ausländer angemessen verhalten, dann empfehlen wir Ihnen die Titel aus der Reisegast-Serie:

Reisegast in China
ISBN 3-923975-71-6

Reisegast in Indonesien
ISBN 3-923975-73-2

Reisegast in Japan
ISBN 3-923975-82-1

Reisegast in Korea
ISBN 3-923975-77-5

Reisegast in Thailand
ISBN 3-923975-70-8

Reisegast auf den Philippinen
ISBN 3-923975-75-9

Reisegast in England
ISBN 3-923975-78-3

Reisegast in den USA
ISBN 3-923975-83-X

Iwanowski's Reisebuchverlag
Salm-Reifferscheidt-Allee 37
41540 Dormagen
Tel. 02133-26030 Fax 02133-260333
E-Mail: info@iwanowski
Internet:www.iwanowski.de

IWANOWSKI'S REISEBUCHVERLAG
FÜR INDIVIDUELLE ENTDECKER

REISE-HANDBÜCHER

Europa
Andalusien*
Dänemark*
Finnland*
Irland*
Island
Kreta*
Kykladen
Liparische Inseln,
 Insel- und Wanderführer
Madeira, Inselführer*
Mallorca, Inselführer*
Mallorca, Wanderführer
Malta, Inselführer*
Nord- und
 Mittelgriechenland*
Norwegen*
Peloponnes*
Polens Ostseeküste &
 Masuren*
Provence* **2004**
Rhodos/Dodekanes
Rom
Samos/Ostägäis
Schottland
Schweden*
Slowenien mit Istrien u. Triest*
Teneriffa, Inselführer*
Trentino und Gardasee*
Toskana*
Zypern*

Afrika
Botswana*
Kapstadt & Garden Route*
Kenia/Nordtansania*
Madagaskar, Inselführer
Mauritius/Réunion*
Namibia*
Namibia/Naturschutzgebiete*
Namibia, Gästefarmführer*
Südafrika*
Zambia*

Amerika
Bahamas
Chile*
Dominikanische Republik*
Florida, Vergnügungsparks
Kalifornien*

Kanada/Osten*
Kanada/Westen*
Karibik/Kl. Antillen*
Kuba, Inselführer*
Mexiko*
New York, Stadtführer
San Francisco, Stadtführer
USA/Florida*
USA/Große Seen
USA/Hawaii*
USA/Nordosten
USA/Nordwesten*
USA/Ostküste*(ab 2004)
USA/Süden*
USA/Südwesten*
USA/Westen*

Asien
Bali*
Hongkong mit Macao
Peking mit Umgebung
Singapur, Stadtführer
Sri Lanka/Malediven*
Thailand m. Phuket*

Pazifik
Australien*
Neuseeland*
Südsee

REISEGAST-SERIE

China
England
Indonesien
Japan
Korea

Philippinen
Russland
in Vorbereitung
Thailand
USA

* mit Reisekarte

IWANOWSKI'S
Das kostet Sie Südafrika

- Stand: November 2003 -

Auf den grünen Seiten geben wir Ihnen Preisbeispiele für Ihren Südafrika-Urlaub, damit Sie sich ein realistisches Bild über die Kosten einer Reise und eines Aufenthalts machen können. Natürlich sollten Sie die Preise als **Richtschnur** auffassen, bei einigen Produkten/Leistungen geben wir Ihnen eine Preis-Spannbreite an.

Aktueller Kurs: 1 € = 8 Rand

News im Web: www.iwanowski.de

Beförderung

Flüge
Hier sollten Sie Angebote vor allem von SAA und Lufthansa einholen. Es gibt z.T. günstige Angebote, die eine Teilstrecke in Südafrika einschließen; ebenso gibt es unterschiedliche Saisonzeiten. Die Preise bewegen sich etwa zwischen 595 € und 1 040 € je nach o.a. Airline. Fragen Sie am besten bei einem Spezialveranstalter nach, der die jeweils beste Tarif- und Airlinekombination für Sie ermitteln kann. Wenden Sie sich bitte nur an wirklich kompetente Reiseveranstalter, die das Südliche Afrika kennen und für Sie den besten Flugablauf und -tarif heraussuchen. „Technisch" nicht ganz so günstig sind die Angebote der LTU: Preise zwar ab 768 € – aber: 3 x pro Woche Flug nach und bis Kapstadt (ab Deutschland Mo, Mi, Sa, zurück Di, Do, So, Buchung zum Sparpreis mindestens drei Monate vorher – und sehr schlechte Umbuchungsbedingungen: 35 % des Reisepreises werden für Umbuchungen und Stornierungen berechnet!).

Inlandsflüge
Es gibt günstige Flugpässe für Südafrika (SAA), als Explorer-Tarif bezeichnet. Lohnt sich allerdings nur, wenn man wirklich sehr viel herumfliegen möchte. Dieser Tarif ist gebunden an den Langstreckenflug mit der SAA. Sie können mit diesem Tarif mindestens 4 beliebige Strecken innerhalb Südafrikas und in die Nachbarländer Namibia, Zimbabwe, Botswana und Mozambique fliegen. Bei Bedarf können Sie dieses Kontingent in Südafrika auf 8 Flüge aufstocken. Preise je nach Route und Strecke – Ihren Spezialveranstalter fragen!

Mietwagen
Bei Safe!Cars® supported by Budget, den bedeutendsten Vermietern in Südafrika, kosten die Fahrzeuge bei einer Mietdauer von z.B. 15 Tagen inkl. km/Steuer/Vollkaskoversicherung 22–32 €/Tag (Toyota Tazz 1,3), 31–41 €/Tag (Toyota Corolla 1,6 inkl. Klimaanlage), 51–66 €/Tag (Toyota Condor 2,4 inkl. Klimaanlage).

> **Wichtig**
> Nur bei der Vorausbuchung ab Deutschland kommen diese günstigeren Tarife zur Anwendung – in Südafrika selbst kosten die Fahrzeuge dann mehr! Beachtet werden müssen vor allem auch die Versicherungsbedingungen. Äußerst günstige Fahrzeugpreise mit bestmöglichen Versicherungsbedingungen bei Iwanowski's Individuelles Reisen GmbH, Salm-Reifferscheidt-Allee 37, 41540 Dormagen, Tel. 02133/26030, Fax 260333, Homepage: www.afrika.de.

Camper

> **Wichtig**
> Auf jeden Fall im Voraus buchen!

Prüfen Sie anhand Ihrer Strecke, ob für Sie eine Miete mit unlimitierten oder limitierten km in Frage kommt (meist reichen 200 Frei-km/Tag aus!).
Preisbeispiele (Zwischensaison):
- Kleine Camper/2 Personen: Spirit 2, Mindestmietzeit ab 7–20 Tage, 72 € inkl. 200 Frei-km/Tag, Versicherung, Steuern. Mit unbegrenzten km: 80 €/Tag
- Großer Camper/4 Personen: Spirit 5, Mindestmietzeit ab 7–20 Tage, pro Tag 83 € inkl. 200 Frei-km/Tag, Versicherung, Steuern. Mit unbegrenzten km: ab 92 €/Tag

In der Hochsaison (Juli–April) sind die Preise höher.

Rundreisen
- Rundreise von/bis Johannesburg, 5 Tage, Blyde River Canyon – Kruger National Park, Halbpension, ca. 1 020 € p.P.
- Rundreisen in Südafrika, 24 Tage ab/bis Deutschland, ab ca. 2 000 € p.P. inkl. Flug, Mietwagen und Übernachtungen
- Fly & Drive: 17 Tage Flug und Mietwagen ab 880 € p.P.

Aufenthaltskosten

Hotels/Lodges
Generell muss man die allerunterste Grenze ab ca. 30 € p.P. ansetzen. Im Durchschnitt wird man in einem Mittelklasse-Hotel zwischen 40 und 100 € pro Person im Doppel pro Nacht übernachten können, in Luxushotels dagegen muss man pro Nacht und pro Person im Doppel zwischen 100 und 300 € rechnen. In den Nationalparks sollte man pro Person im Doppel pro Nacht ab ca. 15 € veranschlagen.

Hier nun einige konkrete Beispiele:
- Holiday Inn Garden Court (Johannesburg Airport, Mittelklasse-Standard) pro Person ab ca. 45 € pro Person im Doppel pro Nacht
- Cybele Forest Lodge (bei White River, Luxus-Countrylodge) ab ca. 160 € inkl. Halbpension pro Person im Doppel pro Nacht
- Mala Mala (Westrand des Kruger Parks, beste Luxuslodge in Südafrika) ab ca. 450 € pro Person im Doppel pro Nacht inklusive Vollpension und einschl. Gamedrives
- Kapstadt, Holiday Inn Waterfront ab ca 100 € inkl. Frühstück pro Person im Doppel pro Nacht

- Stellenbosch, Weingut Lanzerac, pro Person im Doppel pro Nacht ab ca. 100 € inkl. Frühstück
- Umhlanga Rocks (bei Durban), Hotel Cabana Beach, pro Person im Doppel ab ca. 75 € pro Nacht inkl. Frühstück

Restaurants
Mittlere Preiskategorie: Hauptspeise 30–70 Rand
Gehobene Preiskategorie: Menü 150–200 Rand

Nationalparks
- Kruger National Park/Olifants Camp: 1 Hütte für 2 Personen ab ca. 30 € pro Nacht
- Kruger National Park/Berg en Dal-Camp: Campingplatz für Camper ab ca. 13 € pro Nacht/pro Camper
- Blyde River Canyon/Campingplatz für Camper ab ca. 5 € pro Nacht / pro Camper
- Addo Elephant Park/Chalet für 2 Personen ab ca. 25 € pro Nacht
- Tsitsikamma Coastal National Park/1 Doppelzimmer ab ca. 30 € pro Nacht
- Hluhluwe Game Reserve/2-Bett-Chalet ab ca. 45 € pro Nacht.

Eintrittsgebühren in die Nationalparks
Kruger National Park: 15 € pro Person / pro Nacht (muss direkt gezahlt werden)

Hinweis
Die South African National Parks (SANParks) haben eine „Wild Card" herausgebracht. Ab sofort zahlen Einzelpersonen einmalig beim Kauf der Karte 600 Rand, Paare 1 000 Rand. Damit hat man zehn Tage lang freien Eintritt zu allen Nationalparks.

Lebensmittelpreise
Die Lebensmittelpreise für Grundnahrungsmittel sowie für Fleisch, Gemüse und Früchte liegen generell über dem Niveau in Deutschland, so dass für Selbstverpfleger etwas höhere Kosten als bei uns anfallen.

Telefonate
- Ortsgespräche (= 1 Einheit) ab ca. SAR 0,06 €
- 3-Minuten-Gespräch Johannesburg – Kapstadt ab ca. 0,40 €
- 3-Minuten-Gespräch von einem First Class-Hotel nach Deutschland ab ca. 1,05 €/Minute, ab 20h 0,96 € pro Minute

Flughafen-Bus-Transfers (Avis Point-to-Point)
- Jan Smuts Johannesburg – Johannesburg ab ca. 30 €
- Louis Botha Durban – Durban ab ca. 30 €
- Cape Town International Airport – Kapstadt ab ca. 30 €

Taxi
Der Kilometer kostet ca. 0,70 €.

Benzin
Normalbenzin kostet ca. 0,50 €/l (je nach Gegend)

Mehrwertsteuer-Rückerstattung an Ausländer

Südafrika ist durchaus ein interessantes Land für Einkäufe. Afrikanische Kunst, Lederwaren oder Schmuck locken in besonderer Weise... Die Mehrwertsteuer (VAT = Value Added Tax) beträgt z. Zt. 14 % und wird dem ausländischen Besucher ab einem Warenwert von 250 Rand unter bestimmten Bedingungen zurückerstattet:
- Der Verkäufer muss eine ordentliche Rechnung schreiben sowie ein Formular (VAT 255) korrekt ausfüllen.
- Vermerkt sein müssen unbedingt der Name des Käufers sowie des Verkäufers, ebenfalls muss die Ware exat beschrieben sein.
- Preis sowie die VAT-Höhe der gekauften Waren müssen ebenfalls vermerkt sein.

Tipp
Viele Geschäfte sind nicht im Besitz eines VAT 255-Formulars. Besorgen Sie sich deshalb solche Formulare direkt bei Ihrer Einreise am Flughafen (VAT-Office). Bei der Ausreise reichen Sie dann Ihre Belege beim VAT-Office ein und erhalten die Mehrwertsteuer zurück.

Gesamtkostenplanung

Die folgende ungefähre Kostenplanung ist für jeweils **2 Personen** berechnet; alle Angaben in Euro.

Aufenthalt:	3 Wochen	5 Wochen
An- und Abfahrt Flughafen:	100	100
Flugtickets	2 000	2 000
Gepäck- und Krankenversicherung	100	100
Mietwagen	620	990
Mietwagen Versicherung	200	300
Benzin	220	350
Übernachtungen	ab 2 000	ab 3 300
Mittagessen (preisgünstiges Restaurant)	200	330
Abendessen	600	990
Getränke zwischendurch	100	160
Telefon, Briefmarken, etc.	30	50
Gesamt:	**6 170**	**8 670**
*Für ein zusätzliches Kind **im Alter von unter 12 Jahren** kämen noch folgende Kosten hinzu (Übernachtung im Zimmer der Eltern):*		
Flugticket	700	770
Übernachtung	300	550
Mahlzeiten	200	500

7. REISEN IN SÜDAFRIKA

Routen-Vorschläge

Im Folgenden möchte ich Ihnen 5 Routen- und Urlaubsalternativen vorstellen, die natürlich je nach individueller Urlaubslänge variiert werden können. Dies alles sind lediglich Vorschläge. Betrachten Sie deshalb die Routenvorschläge nur als Orientierungshilfen – und nicht als „Reise-Diktat".

Die unten angeführten km-Angaben beinhalten die konkreten Distanzen zwischen den Orten plus einem „Zuschlag" von 25 % (nach oben abgerundet), damit die Gesamt-Fahrleistung in etwa realistisch eingeschätzt werden kann.

Route Nr. 1 favorisiert den Ostteil Südafrikas einschließlich Gardenroute und Kapstadt einschließlich Verkürzungs- und Verlängerungs-alternativen. Gesamt-Kilometer: mit Abstechern ca. 3 200.

Route Nr. 2 favorisiert den Westteil Südafrikas einschließlich dem Kruger Park/ Blyde River Canyon in Osttransvaal einschließlich Verkürzungs- und Verlängerungsalternativen. Gesamt-Kilometer: mit Abstechern ca. 5 300.

Route Nr. 3 favorisiert „unbekanntere" Gebiete Südafrikas einschließlich Venda, Swasiland, Lesotho einschließlich Verkürzungs- und Verlängerungsalternativen. Gesamt-Kilometer: mit Abstechern ca. 3 600.

Route Nr. 4 favorisiert „Highlights" Südafrikas wie Kruger Park, Natals Berge und Badeküste und das Kapland. Gesamt-Kilometer: mit Abstechern ca. 3 800.

Route Nr. 5 favorisiert den „Aufenthaltsurlaub" mit nur 6 Übernachtungsstätten, von denen aus Sie sternförmig Ausflüge machen können (Nordtransvaal, Kapstadt, Plettenberg Bay, Royal Natal National Park). Gesamt-Kilometer: 2 600.

Die Übernachtungs-Kategorien
(Preise für das Doppelzimmer pro Tag)

$$$$$	über 2.000 ZAR	$$	200 bis 500 ZAR
$$$$	1.000 bis 2.000 ZAR	$	unter 200 ZAR
$$$	500 bis 1.000 ZAR		

7. Reisen in Südafrika: Routen-Vorschläge

Generell werden Verkürzungs- und Verlängerungsmöglichkeiten angegeben. Urlauber mit Campern müssen ihre Einteilung so verändern, dass sie die Flugstrecken auf dem Landwege überbrücken. Fahrer mit Campern müssen daran denken, dass sie insgesamt ca. 20 % langsamer voran kommen als Fahrer mit Pkw, besonders auf bergigen Strecken.

Es empfiehlt sich für Camper, den Wagen in Johannesburg anzunehmen und je nach Routenführung in Kapstadt, Port Elizabeth oder Durban abzugeben (Zuschlag für Einwegmieten).

Südafrika ist ein phantastisch vielseitiges Land. Und es ist viel zu schade, seinen Urlaub hier mit einem Aufenthalt in Namibia, Botswana oder Zimbabwe zu „mischen". Wenn Sie aber trotzdem gerne über die Grenzen Südafrikas schnuppern möchten, hier einige Empfehlungen:

① Für Namibia benötigt man mindestens 10 Tage, um entweder den Norden (Etoscha National Park) oder den Süden von Windhoek aus „vernünftig" und ausgiebig zu bereisen.
② Nach Botswana empfehlen sich im Anschluss an einen Südafrika-Urlaub eventuell eine Safari ab/bis Johannesburg nach Botswana. Um Zeit zu sparen, sollte man nach Maun fliegen und dann mit einer kleinen Safarigesellschaft bis nach Victoria Falls u. a. entlang dem Okavango-Delta reisen (oder umgekehrt).
③ Ab/bis Johannesburg kann man auf einer 3-Tage-Flugreise ab/bis Johannesburg schwerpunktmäßig die Victoria-Fälle besuchen.

Routenvorschlag I:
Südafrikas Kruger Park, Blyde River Canyon, Swasiland, Natals Badeküste, Gardenroute und Kapstadt
Redaktionsmeinung: Diese große Südafrika-Rundfahrt erschließt die wesentlichen Höhepunkte des Nordostens, des Ostens sowie der Küste (Gardenroute) bis Kapstadt. Ideal für alle, die viel sehen möchten.

Tag	Ort/Fahrstrecke	ca.-km	Übernachtungstipps	Sehenswertes
1+2	Johannesburg/Tshwane	60	Westcliff Hotel Holiday Inn Garden Court Heia Safari Ranch	Gold Mine Museum Vortrekker Monument Stammestänze im Minenmuseum oder Heia Safari Ranch
3+4	Johannesburg/ Blyde River Canyon	480	Blue Mountain Lodge Böhms Zeederberg Guest House Jatinka Country Lodge Aventura Bydespoort	Blyde River Canyon Pilgrim's Rest Bourke's Luck Potholes God's Window Wasserfälle, Echo Caves
5–7	Kruger National Park oder private Game Reserve	70	Olifants bzw. andere Camps	Tierbeobachtung, private Wildschutzgebiete: Kirkman's Camp, Mala Mala, Londolozi
8–9	Swasiland	350	Mountain Inn Ezulwini Sun Mantenga Lodge Mlilwane Game Reserve (Chalets, Zeltplatz)	Swasi Market/Mbabane Lobamba Royal Village Mantenga Falls Mlilwane Game Reserve
10–11	Hluhluwe	300	Muntulu Masinda Hluhluwe & Umfolozi Game Reserve (Private Game Reserves)	Hluhluwe und Umfolozi Game Reserve (Nashörner) St. Lucia Game Reserve (Vogelwelt)

12–13	Umhlanga Rocks	290	Beverly Hills Cabana Beach Oyster Box Fleetwood on Sea	Baden Besichtigung Durban Umhlanga Rocks
14–16	Flug Durban – Nelson-Mandela-Metropole, Weiterfahrt bis Tsitsikamma bzw. Plettenberg Bay	240	The Plettenberg The Country Cresent Hunter's Country House	Baden Tsitsikamma Coastal NP Nature's Valley
17–18	Oudtshoorn	170	Rosenhof Country Lodge Holiday Inn Garden Court Eight Bells Mountain Inn Cango Mountain Resort	Mossel Bay/Diaz Museum Straußenfarmen Cango Caves
19–20	Stellenbosch/Paarl	480	Paarl/Grande Roche Hotel Stellenbosch/Devon Valley Protea Paarl/Roggeland Paarl/Berg River Resort (Club Caravelle)	Weingüter Kapholländische Häuser Sprachenmonument Paarl Hugenotten-Denkstätte Franschhoek
21–23	Kapstadt	60	Mount Nelson Ritz Hotel Constantia/The Cellars Country House St. John's Waterfront Lodge	Tafelberg Kap der Guten Hoffnung Chapman's Peak Drive Waterfront
24	Flug Kapstadt – Europa (meist über Johannesburg)			

Verkürzungsmöglichkeiten auf 20 Tage:
Nur 1 Übernachtung in Johannesburg/Pretoria – nur 1 Übernachtung in Swasiland auf dem Wege nach Nordnatal – nur 1 Übernachtung in Hluhluwe – nur 1 Übernachtung in Stellenbosch/Paarl = Ersparnis 4 Tage
Verlängerungsmöglichkeiten auf 27 Tage:
Von Umhlanga Rocks Abstecher nach Norden zum Royal Natal National Park in den Nataler Drakensbergen/3 Übernachtungen z. B. im herrlichen Mont-Aux-Sources-Hotel

Routenvorschlag 2:
Blyde River Canyon – Kruger Park – Kimberley – Augrabies Falls – Kgalagadi Transfrontier Park – Fish River Canyon (Namibia) – Kapstadt – Oudtshoorn – Plettenberg Bay – Port Elizabeth

Redaktionsmeinung: Eine wahrhaft „große" Tour für alle, die Natur lieben. Kontrastreich durch das Erlebnis der Tierwelt, Landschaften (Wasserfälle, Kalahari-Dünen, Fish River Canyon), Pflanzenwelt (Sukkulenten, Protea), Kulturlandschaften (Weinland am Kap), des Erlebnisses Kapstadt sowie der Gardenroute mit den Höhepunkten Oudtshoorn (Straußenfarmen) und der Steilküste von Tsitsikamma.

Tag	Ort/Fahrstrecke	ca.-km	Übernachtungstipps	Sehenswertes
1+2	Johannesburg/Tshwane	60	Westcliff Hotel Holiday Inn Garden Court Heia Safari Ranch	Gold Mine Museum Vortrekker Monument Stammestänze im Minenmuseum oder Heia Safari Ranch
3+4	Johannesburg/ Blyde River Canyon	480	Blue Mountain Lodge Böhms Zeederberg Guest House Jatinka Country Lodge Aventura Blydespoort	Blyde River Canyon Pilgrim's Rest Bourke's Luck Potholes God's Window Wasserfälle, Echo Caves
5–7	Kruger National Park oder private Game Reserve	70	Olifants bzw. andere Camps	Tierbeobachtung, private Wildschutzgebiete: Kirkman's Camp, Mala Mala, Londolozi
8	Rückfahrt nach Jo'burg/ Flug nach Kimberley	550		
9	Kimberley		Holiday Inn Garden Court Diamond Protea Lodge Riverton on Vaal/Riverton Pleasure Resort (Chalets, Camping)	„Big Hole" Diamantenmuseum

10+12	Fahrt nach Augrabies Falls National Park	Augrabies Falls National Park (Chalets, Campingplätze)	Vergelegen Augrabies-Fälle (Oranje) Sukkulenten
13–15	Kgalagadi Transfrontier Park 370	Kgalagadi Transfrontier Park Camps: Twee Rivieren, Mata Mata, Nossob (Chalets, Campingplätze)	Tierbeobachtungen (u. a. Geparde, Oryx, Springböcke)
16	Keetmannshoop 359	Canyon Nest Hotel Pension Gessert Campingplatz am Köcherbaumwald	Köcherbaumwald
17–18	Ai Ais/Fish River Canyon 210	Fisch River Lodge Ai Ais Rastlager Chalets und Campingplatz in Ai Ais	Fish River Canyon Sukkulenten Thermalbad
19	Clanwilliam 570	Strassberger's Hotel Clanwilliam Clanwilliam Dam Minicipal (Chalets, Camping)	Ramskop Naturschutzgebiet (Namaqua-Blumen) Rooibos-Tee
21–23	Kapstadt 60	Mount Nelson Ritz Hotel Constantia/The Cellars Country House St. John's Waterfront Lodge	Tafelberg Kap der Guten Hoffnung Chapman's Peak Drive Waterfront
17–18	Oudtshoorn 170	Rosenhof Country Lodge Holiday Inn Garden Court Eight Bells Mountain Inn Cango Mountain Resort	Mossel Bay/Diaz Museum Straußenfarmen Cango Caves
26+27	Plettenberg Bay/ Tsitsikamma Coastal NP 170	The Plettenberg The Country Cresent Hunter's County House	Baden Tsitsikamma Coastal National Park Nature's Valley

| 28 | Flug Port Elizabeth – Johannesburg nach Europa |

Verkürzungsmöglichkeiten auf 23 Tage:
Nur 1 Übernachtung in Johannesburg/Tshwane – nur 2 Übernachtungen im Kgalagadi Transfrontier Park – keine Übernachtung in Keetmanshoop – nur 1 Übernachtung in Oudtshoorn – nur 1 Übernachtung in Plettenberg Bay = Ersparnis 5 Tage
Verlängerungsmöglichkeiten auf 30 Tage:
2 Tage im Weinland um Stellenbosch/Paarl oder Fahrt von Kapstadt nach Stellenbosch/Paarl (1 Übernachtung) und Matjiesfontein (1 Übernachtung) nach Oudtshoorn = Anschluss an die Vorschlagsroute

Routenvorschlag 3:
Blyde River Canyon – Kruger Park – ehem. Venda – Swasiland – Royal Natal National Park – Lesotho

Redaktionsmeinung: Eine Reise für alle, die „Besonderheiten" der südafrikanischen Reiselandschaft erkunden möchten. Aus diesem Grunde besonders für Wiederholungsreisende interessant.

Tag	Ort/Fahrstrecke	ca.-km	Übernachtungstipps	Sehenswertes
1+2	Johannesburg/Tshwane	60	Westcliff Hotel Holiday Inn Garden Court Heia Safari Ranch	Gold Mine Museum Vortrekker Monument Stammestänze im Minenmuseum oder Heia Safari Ranch
3+4	Johannesburg/ Blyde River Canyon	480	Blue Mountain Lodge Böhms Zeederberg Guest House Jatinka Country Lodge Aventura Blydespoort	Blyde River Canyon Pilgrim's Rest Bourke's Luck Potholes God's Window Wasserfälle, Echo Caves
5–7	Kruger National Park oder privates Game Reserve	70	Olifants bzw. andere Camps	Tierbeobachtung, private Wildschutzgebiete: Kirkman's Camp, Mala Mala, Londolozi

8–10	Limpopo Province	380	Venda Sun Mphephu Resort	Kunsthandwerk Mythen, Stammesleben
8–9	Swasiland	350	Mountain Inn Ezulwini Sun Mantenga Lodge Mlilwane Game Reserve (Chalets, Zeltplatz)	Swasi Market/Mbabane Lobamba Royal Village Mantenga Falls Mlilwane Game Reserve
16–19	Royal Natal National Park	490	Orion Mont-Aux-Sources Little Switzerland Royal Natal NP (Chalets/Camping)	Hochgebirgswelt Wandern Zuludörfer
20–25	Lesotho	370	Lesotho Sun	Hochgebirgswelt, Ponysafaris (4 Tage)
26	Rückfahrt Maseru – Jo'burg/ Rückflug nach Europa	440		

Verkürzungsmöglichkeit auf 21 Tage:
1 Tag weniger Johannesburg/Pretoria – 1 Tag weniger Swasiland – 2 Tage weniger Royal Natal National Park – 1 Tag weniger Lesotho = Ersparnis 5 Tage

Verlängerungsmöglichkeit auf 29 Tage:
Flug Bloemfontein – Kapstadt, 3 Tage Kapstadt, 1 Tag Stellenbosch/Paarl – Rückflug von Kapstadt über Johannesburg nach Europa

Routenvorschlag 4:
Blyde River Canyon – Kruger Park – Royal Natal National Park – Natals Badeküste – Tsitsikamma Coastal Nat. Park/ Plettenberg Bay – Oudtshoorn – Matjesfontein – Paarl/Stellenbosch – Kapstadt

Redaktionsmeinung: Eine wunderschöne Routenführung für alle Reisenden, denen die Erfahrung der Vielfalt und Wechselgestalt Südafrikas am Herzen liegt. Auf dieser Reiseroute erschließen sich die wesentlichen Höhepunkte Südafrikas.

Tag	Ort/Fahrstrecke	ca.-km	Übernachtungstipps	Sehenswertes
1+2	Johannesburg/Tshwane	60	Westcliff Hotel Holiday Inn Garden Court Heia Safari Ranch	Gold Mine Museum Vortrekker Monument Stammestänze im Minenmuseum oder Heia Safari Ranch
3+4	Jo'burg/Blyde River Canyon	480	Blue Mountain Lodge Böhms Zeederberg Guest House Jatinka Country Lodge Aventura Blydespoort	Blyde River Canyon Pilgrim's Rest Bourke's Luck Potholes God's Window Wasserfälle Echo Caves
5–7	Kruger National Park oder privates Game Reserve	70	Olifants bzw. andere Camps	Tierbeobachtung, private Wildschutzgebiete: Kirkman's Camp, Mala Mala, Londolozi
8	Ermelo	345	Holiday Inn Garden Court	Zwischenübernachtung
16–19	Royal Natal National Park	490	Mont-Aux-Sources Little Switzerland Royal Natal Nat. Park (Chalets/Camping)	Hochgebirgswelt Wandern Zuludörfer

Tag	Ort	km	Hotel	Besichtigung
12–13	Umhlanga Rocks	290	Beverly Hills Cabana Beach Oyster Box Fleetwood on Sea	Baden Besichtigung in Durban Umhlanga Rocks
14–16	Flug Durban – Nelson-Mandela-Metropole, Weiterfahrt bis Tsitsikamma bzw. Plettenberg Bay	240	The Plettenberg The Country Cresent Hunter's Country House	Baden Tsitsikamma Coastal NP Nature's Valley Tsitsikamma National Park
17–18	Oudtshoorn	170	Rosenhof Country Lodge Holiday Inn Garden Court Eight Bells Mountain Inn Cango Mountain Resort	Mossel Bay/Diaz Museum Straußenfarmen Cango Caves
18	Matjiesfontein	225	Lord Milner Hotel	Historische Bahnstation
19–20	Stellenbosch/Paarl	480	Paarl/Grande Roche Hotel Stellenbosch/Devon Valley Protea Paarl/Roggeland Paarl/Berg River Resort (Club Caravelle)	Weingüter Kapholländische Häuser Sprachenmonument Paarl Hugenotten-Gedenkstätte Franschhoek
21–23	Kapstadt	60	Mount Nelson Ritz Hotel Constantia/The Cellars Country House St. John's Waterfront Lodge	Tafelberg Kap der Guten Hoffnung Chapman's Peak Drive Waterfront
24	Flug Kapstadt – Europa (meist über Johannesburg)			

7. Reisen in Südafrika: Routen-Vorschläge

Verkürzungsmöglichkeiten auf 21 Tage:
1 Tag weniger Johannesburg/Pretoria – 1 Tag weniger Umhlanga Rocks oder Royal Natal National Park – 1 Tag weniger Paarl/Stellenbosch = Ersparnis 3 Tage
Verlängerungsmöglichkeiten auf 27 Tage:
Abstecher von Umhlanga Rocks nach Hluhluwe/St. Lucia in Norcinatal für 3 Tage **oder:** Abstecher vom Kruger Park nach Nordtransvaal ins ehemalige Venda für 3 Tage **oder:** 1 Tag länger Umhlanga Rocks – 1 Tag Addo Elephant Park bei Port Elizabeth – 1 Tag länger Kapstadt

---

Routenvorschlag 5:
Reise mit Schwerpunktaufenthalten in der Gegend um Johannesburg – Nordost-Transvaal – Nataler Drakensberge – Küste bei Plettenberg Bay und Kapstadt

Redaktionsmeinung: Dies ist eine Tour für all diejenigen, die von wenigen festen Quartieren aus ein möglichst vielschichtiges Bild Südafrikas erhalten möchten. Die ausgewählten Unterkünfte bieten einen angenehmen Komfort, um sich mehrere Tage an einer Stelle wohl zu fühlen. Sie sollten trotz oder gerade wegen der Aufenthalte einen Mietwagen zur Verfügung haben, um die Umgebung „sternförmig" zu erkunden.

Tag	Ort/Fahrstrecke	ca.-km	Übernachtungstipps	Sehenswertes
1+2	Johannesburg/Tshwane	60	Heia Safari Ranch	Gold Mine Museum Vortrekker Monument Stammestänze im Minenmuseum oder Heia Safari Ranch
4–9	Fahrt in die Region Blyde River Canyon	510	Böhms Zeederberg Chilli Pepper Lodge	Kruger Nat. Park Blyde River Canyon Pilgrim's Rest Tzaneen, Venda
10	Ermelo	345	Holiday Inn Garden Court	Zwischenübernachtung

11–15	Royal Natal National Park 490	Mont-Aux-Sources	Hochgebirgswelt Wandern, Zuludörfer
16–20	Durban 200 Flug Durban – Port Elizabeth/ Fahrt nach Tsitsikamma 240	Hunter's Country House	Plettenberg Bay/Strände Tsitsikamma Coastal Nat. Park Nature's Valley
20–25	Fahrt nach Port Elizabeth/ 240 Flug Port Elizabeth – Kapstadt	The Cellars Country House, Stellenbosch/Devon Valley Protea	Tafelberg Hafen, Museen Kaphalbinsel Weinanbauregionen um Stellenbosch/ Paarl
26	Rückflug Kapstadt über Johannesburg nach Europa		

8. GAUTENG

Johannesburg und Umgebung (ⓘ s. S. 207)

Überblick

Die meisten ausländischen Südafrika-Besucher reisen mit dem Flugzeug an, und für sie ist Johannesburg die erste Begegnung mit Südafrika. Man landet ca. 25 km von der Stadt entfernt auf dem Johannesburg International Airport.

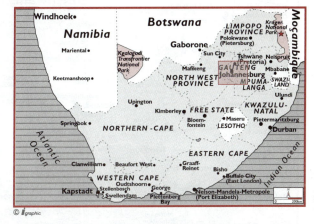

Der 1960 erbaute Flughafen war bald dem schnell anwachsenden Verkehrsvolumen nicht mehr gewachsen. Der heutige Flugverkehr wird auf zwei Lande- und Startbahnen abgewickelt. 1971 wurde eine neue, für die internationalen Flüge bestimmte Ankunftshalle gebaut, die 1991/92 erweitert wurde. Das alte Abfertigungsgebäude übernahm den Inlands-Verkehr, der auch schnell anwuchs. Mittlerweile operieren landesweit SAA, SunAir, British Airways und Nationwide.

Schon beim Anflug gewinnt man einen ersten Eindruck der Stadt: In der City drängen sich Hochhäuser, in den Vororten glitzern unendlich viele Swimmingpools, und auch die gelben Abraumhalden der Goldbergwerke prägen das Landschaftsbild.

Je nach Jahreszeit ist die Savannenlandschaft um Johannesburg gelb-braun (während der winterlichen Trockenzeit) oder grün (in den regenreichen Sommermonaten). Und besonders in den Wintermonaten liegen in den Morgen- und Abendstunden Rauchschwaden über dem Highveld – untrügliches Zeichen für die Lage jener Gebiete, in denen Schwarze wohnen, die zumeist mit Brennholz ihre Wohnungen heizen bzw. über offenen Feuern kochen und sich daran wärmen. Der Flughafen selbst liegt im Gebiet der Gemeinde Kempton Park. Anfang des 19. Jahr-

Willkommen in Südafrika – Flughafenhotel bei Jo'burg

398 8. Gauteng: Johannesburg und Umgebung

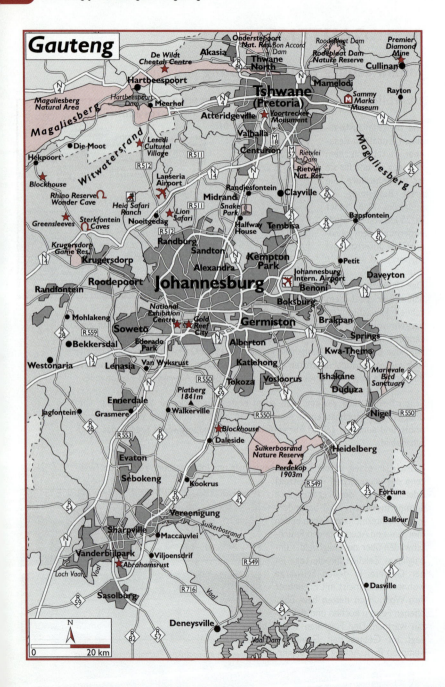

hunderts wanderte ein Deutscher namens Adams aus Kempten im Allgäu hier ein und benannte die Gegend nach seiner Heimat, obwohl sich auch mit viel Phantasie keine Assoziationen zum Voralpenland einstellen.

Johannesburg zeichnet sich durch ein für Europäer besonders **angenehmes Klima** aus. Aufgrund der Höhenlage (1 753 m über NN) ist es auch im Sommer nie zu heiß, und nachts kühlt es sich angenehm ab. In der winterlichen Trockenzeit wird es nachts empfindlich kalt, während tagsüber die Temperaturen in der Sonne Werte von ca. 20 °C erreichen können. Der meiste Niederschlag fällt in den Sommermonaten (Oktober bis März). Die Stadt bedeckt eine Fläche von insgesamt 2 500 km². Hier leben fast 2 Mio. Menschen, zuzügl. der auf mindestens 3 Mio. geschätzten Schwarzen in SOWETO.

Angenehmes Klima

Johannesburg, abgekürzt oft „Jo'burg" genannt, wird in den Bantu-Sprachen als „Egoli" bezeichnet, was soviel wie **„Stadt des Goldes"** heißt. Es ist die größte Stadt Afrikas südlich der Sahara und nimmt von der Einwohnerzahl her den dritten Rang auf dem gesamten Kontinent ein (hinter Kairo und Lagos). Und wenn wir schon bei den Superlativen sind: Johannesburg ist die größte Stadt der Welt, die nicht am Meer, oder einem Fluss oder See liegt. Und es ist diejenige menschliche Ansiedlung, in deren Umfeld man die reichsten **Goldvorkommen** der Erde findet. Die „dumps", wie man die gelb leuchtenden Abraumhalden der Minen bezeichnet, prägen das Landschaftsbild und verweisen auch auf die Ursache zur Stadtgründung. Die Goldfelder sind gleichzeitig die größten Uranlager der Welt, da Uranoxid gewöhnlich als Nebenprodukt des Goldbergbaus abfällt. Heute arbeiten allerdings in Johannesburg nur noch 2 der ursprünglich 14 Minenbetriebe, da der Goldbergbau sich verlagert hat. Der mineralische Reichtum führte auch zur Ansiedlung vielfältiger Industriezweige: Es gibt etwa 40 Diamantschleifereien, Maschinenbau, Textilfabriken und Lederverarbeitung, Nahrungsmittelwerke und chemische Fabriken. Die Stadt ist die Finanz-Hochburg mit Sitz zahlreicher Banken, Versicherungen und der Börse. Zwei Universitäten (eine englisch- und eine afrikaanssprachige) haben hier ihren Sitz.

Bereits Ende des 19. Jh. zählte Johannesburg 100 000 Einwohner. Die City mit ihren neu erbauten Hochhäusern – nachdem die alten Gebäude abgerissen wurden – ist auf Felsen gebaut. So war es möglich, Wolkenkratzer mit 50 Stockwerken zu errichten. Die großen Häuser der Stadt haben nur selten Nummern, die meisten tragen Namen bekannter Menschen oder Firmen.

In den Straßen Johannesburgs

Wie wirkt die Stadt auf uns als Reisende? Zugegeben, Johannesburg ist nicht gerade eine Metropole, die man unbedingt in Afrika erwarten würde, und selbst, wer von Freunden vorgewarnt wurde, wird fassungslos vor den Wolkenkratzern und Autobahnen dieser Stadt stehen und sich nur das eine wünschen: So schnell wie möglich weg hier! Dies sei keinem Reisenden verübelt (obwohl nach Erhe-

"Vitale Weltstadt"

bungen der South African Tourism Johannesburg die Stadt in Südafrika ist, in der sich der Reisende am meisten aufhält!). Auch eingefleischten Südafrika-Kennern geht es häufig so. Doch ein so hartes Urteil hat diese Stadt eigentlich nicht verdient. Hat sie sich doch in nur 100 Jahren zu dem entwickelt, was sie heute ist – eine Weltstadt, deren Hektik wohlwollend mit „vital" bezeichnet wird, die aber auch ein Herz hat!

Sieht man einmal von der langweiligen Architektur ab, bietet sie eine Vielzahl von Möglichkeiten – auch für den Touristen. Und für den führt sowieso jeder Weg über den Johannesburg International Airport. Fassen Sie sich also ein Herz und versuchen Sie doch einmal die schönen und interessanten Seiten dieser Stadt zu entdecken. Wenn es Ihre Planung erlaubt, dann nehmen Sie sich für die Stadt 3–4 Tage Zeit. Ich verspreche Ihnen, Ihre nächste Ankunft hier wird viel angenehmer.

Kosmopolitisches Flair

Immerhin ist Johannesburg die modernste Stadt Afrikas und ist auf jeden Fall einen Besuch wert, wenn man sein Bild von Südafrika abrunden will. Im Vergleich zu Kapstadt, das sehr europäisch anmutet, ist Johannesburg der **Schmelztiegel der Regenbogen-Nation**. Menschen aller Hautfarben, Religionen und Sprachen geben Johannesburg ein sehr kosmopolitisches Flair. Die bunte Mischung der Menschen spiegelt sich auch in Johannesburgs belebter Kunst- und Kulturszene wider. Eine hier lebende Deutsche beschreibt ihre Stadt so: „Johannesburg ist wie Frankfurt: eine Finanzmetropole mit einem großen Flughafen, aber nicht unbedingt ein Urlaubsparadies. Auch wenn es auf den ersten Blick nicht so erscheint, hat diese Stadt so viel zu bieten, man muss sich nur darauf einlassen."

Redaktions-Tipps Jo'burg

- **Übernachten**, je nach Preisklasse im Westcliff, im Holiday Inn Garden Court/Sandton oder idyllisch: Heia Safari Ranch in Honeydew.
- **Lunchpausen** einlegen im Guildhall-Pub, dem Brazilian Coffee Shop oder in einem Juicy Luicy Fast Food.
- **Abendessen** im Gramadoelas.
- **Abendprogramm**: Besuchen Sie eines der vielen Theater, oder lassen Sie sich durch das bunte Nachtleben treiben.
- **Geführte Tour** nach Soweto (S. 247 u. 418) mit Jimmy's Face to Face Tours
- **Einkaufsbummel** durch die Einkaufspassagen in Sandton und Rosebank (S. 258).
- **Die bedeutendsten Sehenswürdigkeiten besuchen**: Gold Reef City (S. 403), Jo'burg Art Gallery (S. 261), Heia Safari Ranch (S. 409) mit Braai und Stammestänzen am Sonntag.
- **Kein Auto benutzen**, sondern sich mit Taxis oder Bussen fortbewegen.
- **Spezielles**: Pferderennen, Crocodile River Arts and Crafts Ramble und Restaurant „The Train".

An Wochenenden empfiehlt sich ein Besuch der Flohmärkte, und wer einmal etwas Besonderes erleben möchte, sollte sich unter die High Society auf der Pferderennbahn von Turffontein mischen und einmal das Gefühl von Eaton spüren. Hier kommen auch viele reiche Schwarze hin, von denen es selbst in Soweto mittlerweile einige gibt.

Einen dringenden Rat gebe ich Ihnen nun noch mit auf den Weg, bevor Sie sich in das Großstadtleben von Johannesburg stürzen: Be-

> **INFO** **Vorsichtsmaßnahmen für Johannesburg**
>
> Wie bereits erwähnt, lohnt Johannesburg eine Besichtigung. Sie sollten aber einige wichtige Vorsichtsmaßnahmen beachten (vgl. Kapitel *Reisetipps von A–Z*). In der Innenstadt sollten Sie auf jeden Fall die Fahrzeugtüren verschlossen halten und die Fenster hochgekurbelt lassen. Bei Ampelstopps ist eine Wagenlänge „Fluchtabstand" zum Vordermann einzuhalten.
>
> Die Stadtteile Braamfontein, Hillbrow, Berea und Yeoville gelten als unsicher und Sie sollten es vermeiden, sich hier ohne einen Ortskundigen zu bewegen. Über die aktuelle Lage informieren Sie sich am besten in Ihrem Hotel.
>
> Seit einigen Jahren herrscht in Johannesburg ein Taxikrieg, so dass man von Sammeltaxis Abstand nehmen sollte, um nicht Opfer von bewaffneten Auseinandersetzungen zu werden. Nach Auskunft von Einheimischen sollten Touristen, die Johannesburg für längere Zeit besuchen möchten, in den nördlichen Vororten wie Sandton, Hyde Park, Rosebank, Parkview oder Houghton wohnen.

nutzen Sie besser über Tag den Bus, oder nehmen Sie an den organisierten Touren teil; das erspart nicht nur dem Fahrer viele Nerven, sondern auch den Beifahrern, die in dem rasanten Großstadtgewühl so einiges durchzustehen hätten. Wer nun überhaupt nichts mit Großstädten anfangen kann, dem sei natürlich ein nur kurzer Aufenthalt verziehen.

Geschichte

Eine der goldreichsten Lagerstätten der Welt

Kaum zu glauben, dass das pulsierende Johannesburg vor einigen Jahren erst 100 Jahre alt wurde! Im Jahre 1886 breitete sich hier noch eine fast menschenleere Savannenlandschaft aus, in der verstreut einige Farmen lagen. Durch Zufall wurde auf dem Gebiet der Farm Langlaate Gold entdeckt. Der Farmarbeiter **George Harrison** fand – während er seiner Arbeit nachging – hier eines Tages ein blau-weißes Gestein, in dem er Gold vermutete. Da er als Golddigger in West-Australien Erfahrung gesammelt hatte, waren seine Augen in dieser Hinsicht besonders geschult. Er zermalmte das „verdächtige" Gestein und wusch eine Probe aus. Tatsächlich blieben Goldpartikelchen als Rückstand in seiner Pfanne übrig! Niemand konnte in diesem Augenblick ahnen, dass damit eine der goldreichsten Lager-

Minenarbeiter Anfang des 20. Jh.

Mini-Quakes: die kleinen Erdbeben, die Johannesburg erschüttern

Einige Male im Jahr wird Johannesburg von kleinen Erdstößen heimgesucht. Doch dies sind keine „richtigen" Erdbeben: Vielmehr handelt es sich um unterirdische Ausgleichsbewegungen, die von den tiefen Goldminen am Witwatersrand stammen und ein Erzittern der Gesteine verursachen.

Für Mensch und Gebäude besteht aber keine Gefahr, da die Erdstöße zu schwach sind. Keine Angst: Unter der Johannesburger City existieren keine Goldminen. Wenn Sie auf der Aussichtsetage des Carlton Centers (z.Zt. geschlossen) stehen, so erstrecken sich – leicht an den Abraumhalden („dumps") zu erkennen – die Minen in Ost-West-Richtung und teilen damit die Stadt in zwei Hälften.

Die tiefste Mine im Stadtgebiet war bis zur Stillegung die Crown Mine mit über 3 000 m.

stätten der Welt entdeckt war. Man wusste aus Erfahrungen auf anderen Kontinenten (Amerika und Australien) dass ein Goldrausch auch erhebliche negative Folgen nach sich ziehen konnte, wenn erst die Glückssucher aus aller Welt einfallen. Präsident Kruger ahnte wohl diese Entwicklung, aber verhindern konnte er sie nicht, bestenfalls steuern. So entstand bald eine Goldgräbersiedlung; aber schon jetzt bemühte man sich, die Ereignisse unter Kontrolle zu halten.

Der Landvermesser Johann **Rissik** und der Direktor des Minendepartments Johannes Christian **Joubert** begannen damit, Claims abzustecken und waren auch mit der Aufgabe betraut, die Basis für eine geordnete Ansiedlung zu schaffen. Und man brauchte für diesen neu entstehenden Ort natürlich einen Namen. Da beide (Joubert und Rissik) den Vornamen Johannes trugen, soll man beschlossen haben, den Ort Johannesburg zu nennen. Bald entwickelte sich aus diesen Anfängen ein kleines Städtchen.

Nun darf man sich nicht vorstellen, dass Gold hier in Form von mehr oder minder großen Klumpen, sog. „Nuggets", gefunden wurde. Vielmehr ist hier das begehrte Edelmetall in Form fein verteilter Partikelchen im Gestein enthalten. Es erforderte daher von Beginn an viel Kapital, um das Gold dem Gestein zu entziehen. Harrison soll bald seine Claims für nur 150 Pfund verkauft haben, da er keine Möglichkeit sah, gewinnbringend zu arbeiten.

Gewinne konnten erst die professionell arbeitenden großen Minenunternehmer erwirtschaften. Im Zuge dieser Entwicklung entstand eine Zulieferer- und Versorgungswirtschaft, die in ihrer Fortentwicklung auch heute noch das Wirtschaftsgefüge der Stadt prägt.

Sehenswertes

Gold Reef City

Kein Besucher Johannesburgs sollte es versäumen, die auf dem Gelände des früheren Gold Mine Museums entstandene Gold Reef City zu besuchen – obwohl ein Touch von Disney World über dem Ganzen liegt. Die ursprüngliche Idee für den Bau dieser „Stadt" stammt von John **Rothschild**. Die Chamber of Mines teilte ebenfalls die Auffassung, dass das früher kleine Gold Mine-Museum nicht so recht zu einem Land passt, dessen Reichtum im Wesentlichen auf Gold aufgebaut wurde. Bald fanden sich Investoren (u.a. die Barclays Bank), die die Bauten finanzierten. Der Gedanke, der hinter dem Bau von Gold Reef City steckt, war vor allem, der Nachwelt am Beispiel original nachgebauter Häuser, Geschäfte, Lokale und anderer Einrichtungen zu zeigen, wie das Leben in Johannesburg im 19. Jahrhundert aussah. Der Besucher wird von Damen und Herren empfangen, die Kostüme und Anzüge aus der Goldgräberzeit tragen. Musikalische Einlagen ver-

Disney World in Südafrika – Gold Reef City

INFO Minentänze und Minenbesichtigungen

Man muss sich einmal vorstellen: Männer von mehr als 50 verschiedenen Stämmen des Südlichen Afrika arbeiten in den Goldminen am Witwatersrand. Ihre Arbeit in den Bergwerken ist schweißtreibend und gefährlich, und für die Dauer eines Vertragsjahres wohnen sie unter zum Teil unmenschlichen Bedingungen in Arbeiterwohnheimen, den sogenannten „Hostels". Ihre Familien, ihre Frauen und Kinder leben weit weg ohne sie – und Tänze sind für viele die einzige seelische Verbindung zum Leben auf dem Lande. Und so haben es sich viele zum Hobby gemacht, zumindest einmal in der Woche ihre Arbeitsanzüge gegen Fellkleidung und andere Stammesutensilien einzutauschen.

Traditionelle Minentänze

Die Männer organisieren sich selber zu Teams, und jedes Team hat einen Chef und einen Musik-Direktor. Und am Sonntag geht es dann los zu Vorführungen des „traditional dancing", und wer jemals dabei war, wird bemerken, wie sehr die zumeist jungen Burschen sich dem Tanzen hingeben.

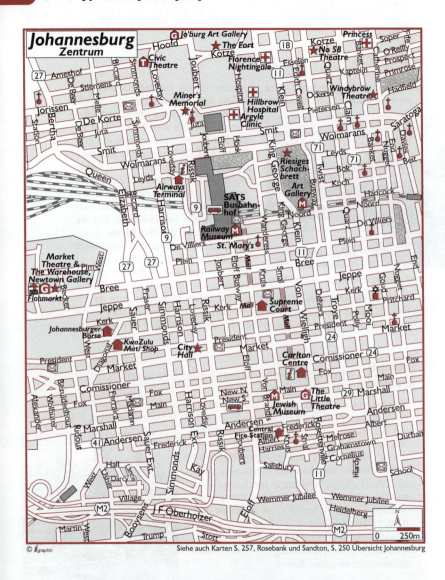

setzen den Besucher in Stimmung, die nostalgische Architektur trägt ebenso dazu bei. Mit einer Eisenbahn, die von einer Dampflok gezogen wird, kann man eine Rundfahrt durch das Gelände unternehmen.

Videovorführungen und eine geologische Ausstellung informieren über die Goldvorkommen. Im alten Shaft No. 14 kann der Besucher unter Tage einen Blick auf goldhaltige Gesteinsadern werfen. Im Schmelzhaus wird das Gold-Schmelzen vorgeführt. Man kann beobachten, wie ein Goldbarren von 25 kg (= 833 Unzen) Gewicht gegossen wird. Dieser Barren, aufgrund des hohen Eigengewichtes von Gold nur von der Größe eines Ziegelsteines, kann mit einer Hand nicht aufgehoben werden. Je nach aktuellem Goldpreis beträgt sein Wert ca. ½ Million Euro. Doch mit Argusaugen wird darüber gewacht, dass ja niemand dieses „Souvenir" mitnimmt. Auch werden zu bestimmten Zeiten Tänze verschiedener ethnischer Gruppen aufgeführt.

Randburg Waterfront

Johannesburg schuf sich hier sein eigenes Pendant zur Victoria und Alfred Waterfront in Kapstadt. In Randburg, etwa 30 km vom Central Business, wurde ein künstlicher See aufgestaut, der das Wasser vom Jukskei River bezieht. Es gibt hier alles, was das (Freizeit-) Herz begehrt: tolle Kinos, Theater, zahlreiche Restaurants, einen Flohmarkt mit 350 Ständen und sehenswerte Wasserspiele mit bis zu 50 m hohen Fontänen.

Auch Jo'burg hat eine Waterfront

Der Waterfront Flea Market hat Dienstag–Freitag 10–17.30h und Samstag bis Sonntag 10–18h geöffnet, im Dezember auch Montag.

Rosebank Rooftop Market

Lage: Rosebank Mall, 50 Bath Ave., Rosebank, Tel. 011-442 4488. Geöffnet stets Sonntag und an öffentlichen Feiertagen von 09.30–17h.

Dieser Markt wird als bester südafrikanischer Flohmarkt

Einer von vielen Flohmärkten in Johannesburg

bezeichnet und sowohl von Einheimischen als auch Touristen gerne besucht. Er findet jeden Sonntag auf dem Dach der Rosebank Mall statt. Sie können durch die vielen Gänge stöbern und werden sicher nicht nach Hause gehen ohne das Eine oder Andere erstanden zu haben. Es gibt mehr als 500 Stände und es wird quasi alles angeboten: Von Kunst über Bücher, afrikanische Souvenirs, Kleidung, Leckereien aller Art bis hin zu Möbeln gibt es hier alles, was man sich nur vorstellen kann.

Carlton Centre/Innenstadt

Wie ein umgestülptes „Y" ragt das nach den Pyramiden zweithöchste Gebäude Afrikas in den Himmel. Und noch ein weiterer Superlativ: Das Carlton Centre ist das zweithöchste Stahlbetongebäude der Welt. Der ehemalige Hotelkomplex, der

Zweithöchstes Gebäude Afrikas

50 Stockwerke hoch ist, verfügte über 600 Zimmer und 57 Suiten. Im Gebäudekomplex waren in zwei unterirdischen Stockwerken rund 200 Geschäfte untergebracht. Der Parkraumnot der City versuchte man zu begegnen, indem man auf 4 Etagen Parkmöglichkeiten für 2 000 Autos schuf. 1973 war der Komplex fertig, der insgesamt 2,6 ha Fläche in Anspruch nimmt und bei der Fertigstellung 88 Millionen Rand gekostet hatte. Täglich gingen hier 35 000 Menschen ein und aus. Aufgrund der hohen Kriminalität wanderten immer mehr Geschäfte, Büros und sogar die Börse aus der Innenstadt in die Vororte wie Sandton und Rosebank ab. Die Innenstadt wurde zum „No-Go"-Gebiet. Inzwischen wurde viel Geld in Sicherheit und Überwachungsmaßnahmen investiert. Firmen schlossen sich zusammen und gründeten die Initiative „Business against Crime".

Hohe Sicherheitsmaßnahmen

Die Initiative überwacht heute fast die gesamte Innenstadt mit Videokameras und die Kriminalitätsrate konnte entscheidend gesenkt werden. Für das Carlton Centre kam dies allerdings etwas zu spät: Es ist seit langem geschlossen. Ganz oben gibt es aber immer noch eine Aussichtsplattform, von der man einen beeindruckenden Blick auf Johannesburg hat.

Mittlerweile haben viele schwarze Geschäftsleute die leer stehenden Büros „entdeckt" und wegen der relativ günstigen Mietpreise lassen sich nun wieder Firmen in der Innenstadt nieder. Weitere Investitionen sind geplant und es wird sicher interessant sein, die Entwicklung der Innenstadt zu verfolgen.

Market Theatre Flea Market
Newtown Cultural Precinct, Bree Street. Geöffnet jeweils Samstag 09–16h.

Es handelt sich hierbei um einen sehr lebendigen „Original"-Flohmarkt mit Gegenständen aus ganz Afrika.

Windybrow Theater
161 Nugget St, Ecke Petersen St., Doornfontein

Die Lage in Hillbrow, umgeben von großen Wohnanlagen, ist sicherlich nicht einladend. Das Theater selbst befindet sich in einem viktorianischen Bau im Tudor-Stil (1896 erbaut), zum Teil noch ursprünglich erhalten, mit schöner Veranda. Die Theaterstücke entstammen meist der schwarzen, afrikanischen Szene. Hier bekommen junge Künstler eine Chance. Man betrachtet sich als „home of creative writers". Dieses experimentelle Theater wird staatlicherseits gefördert. Pittoresk ist die unterhalb des Gebäudes befindliche „wall of fame". Hier ist u.a. Sol Plaatje dargestellt, der einige Shakespeare-Stücke in die Tswana-Sprache übersetzte.

Experimentierfeld für junge Künstler

Rand Afrikaans University
Kingsway/University Road, POBox 524, Auckland Park, 2006, ca. 4 km von der City entfernt

Das Universitätsgelände liegt landschaftlich besonders reizvoll, ebenso ist die moderne architektonische Gestaltung dieser 1975 fertig gestellten Universität einen Besuch wert. Ursprünglich als „Burenuniversität" in der Zeit der Apartheid gebaut (1967), wurden hier mit einem Kostenaufwand von 54 Millionen Rand 5 000 Studienplätze geschaffen. Die Universität verfügt über 6 Fakultäten und 50 Institute, und auf dem Campus können die Studierenden vollkommen autark leben: Wohnen und Einkaufen ist möglich. Lehrsprache ist heute Englisch. Besuche sind nach vorheriger Anmeldung beim Public Relations Department möglich. Es werden Führungen über das Universitätsgelände angeboten.

Zoological Garden
Jan Smuts Avenue, Parkview, Ausfahrt Nr. 13 von der M 1 North, geöffnet täglich 08.30–17.30h

Das Gebiet gehört zum Herman Eckstein Park. Auf dem Zoogelände leben etwa 300 Tierarten, so auch Elefanten, Löwen und viele Affenarten. Wer also noch nicht alle gewünschten Tiere auf freier Wildbahn erleben durfte, hat hier vor dem Abflug noch eine letzte Chance. Manche der Gehege sind offen, das heißt nur durch Wasserflächen getrennt. Auf dem Zoolake kann man Boote mieten.

Auf dem Gelände befinden sich auch das South African Military Museum und das Museum of Rock Arts, das u.a. Buschmannzeichnungen ausstellt.

Botanischer Garten
Thomas Bowler Street, Stadtteil Emmarentia, Westufer des Emmarentia-Staudamms

Das 125 ha große Gebiet ist besonders durch seinen Rosengarten berühmt, der ab 1964 angelegt wurde. Man kann über 4500 Rosen, die zu 60 verschiedenen Arten gehören, bewundern. Interessant ist auch der Kräutergarten (Herb Garden), in dem es neben Gewürzkräutern auch Kräuter afrikanischer Medizinmänner gibt.

Rhino & Lion Park (Löwenpark)

Ca. 30 km nördlich von Johannesburg liegt das 300 ha große Gelände an der Straße Krugersdorp/Tshwane (Pretoria). Vom Wagen aus kann man viele der in Mpumalanga und KwaZulu/Natal beheimateten Tiere, u.a. Strauße, Zebras und Impalas, sehen. Hauptattraktion sind natürlich die Löwengruppen. Sie können sich sogar mit Löwenbabys fotografieren lassen (wenn diese noch klein genug sind). Weitere Hauptattraktionen sind Geparde, Wildhunde, Büffel und natürlich Nashörner. Ein 10 km langes Wegenetz führt durch das Gelände. Restaurant und Swimmingpool sind vorhanden.

Krugersdorp Game Reserve

Das 1 400 ha große Wildschutzgebiet liegt westlich von Krugersdorp an der R24. Hier leben u.a. Giraffen, Kudus, Impalas, Büffel, Nashörner, Löwen, Leoparden und Elenantilopen. Restaurant, Chalets zum Mieten, Campingplatz, Picknick- und Grillplätze sind vorhanden.

Sterfontein Caves/Kromdraai Conservancy

Welt-kulturbe

45 Autominuten nordwestlich von Johannesburg liegt dieses Weltkulturerbe, das auch als die „Wiege der Menschheit" bezeichnet wird. In den Höhlen fand man die ältesten menschlichen Überreste überhaupt und so zählen sie zu den wichtigsten archäologischen Fundstellen der Welt. 1998 wurde hier ein 3,5 Mio. Jahre altes menschliches Skelett entdeckt, das man Mr. Ples taufte. Insgesamt tauchten über 600 Fossilien und Überreste des *Australopithecus* auf. Die geführten Touren finden halbstündlich statt und dauern ca. 1 Stunde.

Snake Park

Der Schlangenpark liegt an der R101 bei Halfway House. Hier kann man insbesondere viele Arten afrikanischer Schlangen sehen. Außerdem gibt es hier Alligatoren, Krokodile sowie Schildkröten.

Heia Safari Ranch

ca. 20 km nordwestlich der City, nach Norden Überquerung der R564 und R28, danach weitere 4 km/links.

Heia Safari

Hier finden Sonntagnachmittag traditionelle afrikanische Tänze statt. Die Farm ist umgeben von einem idyllischen hügeligen Panorama. Bereits am Tor erwarten den Besucher Pfauen, Springböcke, Giraffen oder Zebras. Die riedgedeckten Bungalows sind der Landschaft angepasst und bieten jeden Komfort. Sie stehen auf einer leicht abfallenden Wiese mit Baum- und Buschbestand. Neben dem Restaurant gibt es eine Bar und einen Swimmingpool.

Traditioneller Tanz

Auf der gegenüber liegenden Seite steht ein nachgebautes Zuludorf mit einer riedgedeckten Tribüne, von der aus man den Tänzen zuschaut. Vor der zweistündigen Vorführung nimmt man an einem Mittagsbraai teil.

Museen in Johannesburg

Johannesburg hat eine Menge interessanter Museen zu bieten. Diese entnehmen Sie bitte den gelben Seiten 261.

Balloon Safaris

Im Heißluftballon können Sie über die Magaliesberge nordwestlich von Johannesburg schweben. Man holt Sie im Hotel ab. Nach der Landung wird ein Sektfrühstück serviert.

Weitere interessante Sehenswürdigkeiten in und um Johannesburg

- **The Wilds**
Houghton Drive, Houghton

Zwischen zwei felsigen Hügelhängen hat man hier mitten in der Stadt, im Stadtteil Houghton, einen offenen botanischen Garten angelegt, der vor allem Pflanzen der trockeneren Gebiete beherbergt. In mehreren Gewächshäusern sind Sukkulenten ausgestellt. Leider sind die Pflanzen kaum erläutert, aber für botanisch Interessierte ist dieser Park bestimmt einen Besuch wert. Auf einer Anhöhe, mit Blick auf Hillbrow, kann man gut ein Mittagspicknick einlegen.

Südafrika aus der Luft

- **Kwa Zulu Muti Shop**
  14A Diagonal Str., Newtown

Hier werden traditionelle Medizin und Wunderheilmittel verkauft. Beeindruckend sind die Fetische, die von der Decke hängen, und die verschiedenen Knochen, mit denen die Medizinmänner versuchen, die bösen Geister zu vertreiben. Eine Führung durch den Laden kann arrangiert werden.

- **Crocodile River Arts and Crafts Ramble**
  Hartebeesport Dam, über D. F. Malan Drive. Ca. 45 km von der City.

Zentrum der Künstler

Ein Künstlerzentrum: Jedes erste Wochenende im Monat öffnen die Künstler ihre Ateliers fürs Publikum. Nach Vereinbarung können Sie aber auch zwischendurch einmal vorbeischauen. Am besten ist aber, Sie buchen eine organisierte Tour über das Jo'burg Publicity Association Büro. Für Selbstfahrer gibt es hier auch genaue Karten, die den Weg dorthin beschreiben.

- **Johannesburger Börse**

Auch hier finden Führungen statt. Nach einer kurzen Erläuterung und einem Film geht man dann auf die Tribüne des „Trading Floor" und kann den Brokern beim Handeln zusehen.

INFO Alles über Gold

- **Allgemeines**

In der Natur kommt Gold meist als sog. „Berggold" vor, also in Form fester Erze. Diese als primäre Lagerstätten bezeichneten Stellen stehen im Gegensatz zu den sekundären Goldlagern, bei denen es sich um Gold handelt, das durch die Verwitterung goldhaltiger Erze entstanden ist und sich in Form von Goldsanden und Klumpen in Sand- und Geröllablagerungen festgesetzt hat. Hier findet man die „Nuggets", hier kommt es zu den spektakulären Goldklumpenfunden, von denen man ab und zu hört.

Primäre Lagerstätten in dem eben erklärten Sinne finden wir in Gauteng, Kalifornien, Colorado, Alaska, Australien, Peru, Brasilien sowie in Sibirien. Reines Gold ist ein chemisches Element, das äußerst weich ist (auf der 10-gradigen Mohs-Skala weist es einen Härtegrad von nur 2,5 auf). Es besitzt eine hohe Polierfähigkeit. Bei 1 063 Grad C schmilzt dieses Edelmetall. Der mittlere Goldgehalt der Erdkruste beträgt nur 0,005 g pro Tonne Gestein. Nicht alles, was glänzt, ist Gold. So halten Laien oft Pyrit oder verwitterten Glimmer für Gold. (Diese Funde bezeichnet man als „Katzengold".) Als untere Grenze für die Abbauwürdigkeit von Golderzen gilt ein Gehalt von etwa 2,5 g Gold pro Tonne abgebauten Gesteins. Südafrikas Erze weisen einen durchschnittlichen Goldgehalt von 7 g pro Tonne auf.

Wertmäßig steht Gold bei der Gewinnung von Bodenschätzen (weltweit) an 6. Stelle hinter Erdöl, Kohle, Eisen, Kupfer und Erdgas. Ein Drittel allen Goldes auf der Welt nutzt man zu gewerblichen Zwecken (Zahnheilkunde, industrielle Verwendung), während zwei Drittel der „Hortung von Werten" (in Form von Barren oder Schmuck) dienen.

Die Goldmärkte der Welt sind London, Zürich und Paris. Die Gewichtseinheit für Gold ist die Feinunze (engl. „ounce"), die dem Gewicht von 31,104 g entspricht.

- **Die südafrikanische Goldgewinnung**

Nach wie vor ist die Republik Südafrika der größte Goldproduzent der Erde. Die folgende Übersicht verdeutlicht die internationale Stellung:

Goldgewinnung 2001 in t

Südafrika	400	Kanada	160	Australien	290
Russland	155	USA	350	China	185

aus: Mineral Commodity Summaries, U.S. Geological Survey, Januar 2002

- **Stellung des südafrikanischen Goldbergbaus heute**

Durch die Zunahme der Förderung in anderen Ländern (Australien, Brasilien, China, USA) sinkt der Anteil an der Weltproduktion. Man schätzt die Vorräte an Gold in den bislang bekannten Lagerstätten auf weltweit 48 000 t, davon ca. 50 % in Südafrika. Der Nachteil in Südafrika ist jedoch, dass das Gold sehr tief liegt und die Förderkosten pro Unze ca. 320 $ betragen (in anderen Förderländern nur 200–280 $). Deshalb arbeiten bei einem niedrigen Goldpreis viele Minen in Südafrika unrentabel. Ursachen für die niedrigen Goldpreise sind die weltweit angestiegene Produktion, zunehmendes Recycling und hohe Verkäufe der damaligen UdSSR zur Importfinanzierung. Der Angebotssteigerung stand keine entsprechende Nachfrage gegenüber, da die stabilen Wirtschaftsverhältnisse in den Industrieländern keinen Anlass zu einem spekulativen Goldpreis gaben. Ebenso waren die Inflationsbefürchtungen entsprechend gering.

Es wird geschätzt, dass etwa 43% der gesamten Weltförderung der letzten 95 Jahre aus Südafrika

Der berühmte Kruger Rand

stammen. Der berühmte Kruger-Rand, der einer Feinunze entspricht, war noch 1981 so begehrt, dass 17% des gesamten südafrikanischen Goldes in dieser Form verkauft wurden. 1981 arbeiteten 41 große 21 kleinere Goldminen. Mittlerweile lohnt es sich auch, die alten Abraumhalden nochmals aufzubereiten, um Gold, aber auch Uran, zu gewinnen. Die Firma East Rand Gold And Uranium Company (ERGO) ist auf diesem Gebiet führend, und sie vermutet, mit diesem Recycling-Programm etwa 20 Jahre beschäftigt zu sein. Allein dieses Unternehmen bewegt 1,5 Mio. Tonnen an Abraumhalden-Material, um an die begehrten Rohstoffe zu gelangen.

Obwohl die ersten Goldfunde bereits 1868 in Ost-Transvaal gemacht wurden, begann der richtige Goldboom – wie schon erwähnt – erst 1886, als die Goldadern am Witwatersrand entdeckt wurden. Erst der technisierte Goldbergbau konnte hier große Gewinne erwirtschaften. Heute erstrecken sich die südafrikanischen Goldvorkommen in einem Bogen, der etwa 480 km lang ist und sich über Gauteng und den Freestate ausdehnt.

Der südafrikanische Goldbergbau beansprucht **einige Superlative** für sich: Die tiefsten Schächte der Welt weist die Western Deep Levels Mine auf: Bis zu 3 859 m Tiefe reichen die Schächte. Diese tiefen Minen sind typisch für Südafrika und in ihrer Anlage deshalb möglich, weil die geologischen Verhältnisse besonders günstig sind. Die sog. „geothermische Tiefenstufe" weist in Südafrika einen Spitzenwert auf. Normalerweise nimmt die Temperatur alle 33 m Tiefe um 1 °C zu, doch in Südafrika findet ein Temperaturanstieg um 1 °C nur alle 138 m statt. Trotzdem wäre die Arbeit des Menschen auch bei hohem Maschineneinsatz in dieser Tiefe unerträglich. Deshalb sind Klimaanlagen installiert, die der fünffachen Leistung der Klimaanlagen im UNO-Gebäude entsprechen.

Als die erfolgreichste Mine der Welt gilt die **Vaal Reefs Mine**. Hier wurden aus 8,5 Mio. t Erz im Jahre 1981 insgesamt 73,5 t Gold gewonnen. An jedem Werktag fahren ca. 220 000 Arbeiter in die Schächte ein. Riesige technische Probleme müssen bewältigt werden. Man muss sich einmal vorstellen, dass die Dichte des Erzes 2,7 mal größer ist als die des Wassers. Das bedeutet, dass der Druck, der auf den Gesteinen lastet, bei 1 000 m etwa dem Druck in einer Meerestiefe von 2 700 m entspricht. Bei Tiefen von 3 600 m entspricht das annähernd einem Druck einer Meerestiefe von 10 000 m! Ein großes Problem sind deshalb entstehende Risse im Erzmaterial. Trotz aller technischen Bemühungen herrschen in der Tiefe bis zu 60 °C Gesteinswärme, wobei die Lufttemperatur auf ca. 32 °C heruntergekühlt werden kann. Dazu allerdings muss man sich eine nahezu 100%ige Luftfeuchtigkeit vorstellen... Man hat einmal Berechnungen angestellt, um den Aufwand zu verdeutlichen, der nötig ist, um nur eine Unze Gold zu gewinnen: Bearbeitung von 3,3 t Erz, 39 Arbeitsstunden, 5 441 l Wasser, 572 kWh Strom und 12 m³ Pressluft!

Wie gewinnt man aus normalerweise ca. 5 t Gestein die winzige Menge von nur einer Unze Gold? Zuerst wird das Erz pulverfein gemahlen, danach kommt es in eine Zyanidlösung. Das Zyanid laugt das Gold aus. Mittels komplizierter Prozesse wird das Gold später aus der Lauge ausgefällt. Viele Bergwerke bauen Erzflöze ab, die sowohl Gold als auch Uran enthalten. Nach der Extraktion von Gold und Uran wird das feinpulvrige Gestein in der Lösung auf Halden gepumpt. Auf diese Weise sind die „Pseudo-Tafelberge" um Johannesburg entstanden. Seit einigen Jahren bemühen sich die Minengesellschaften, diese Halden zu bepflanzen, damit der Erosion Einhalt geboten wird.

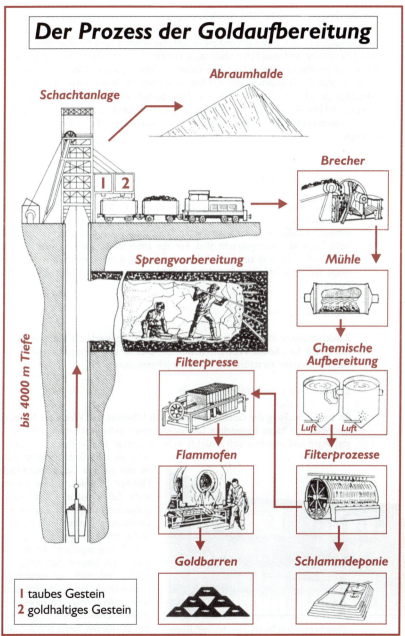

Von den insgesamt ca. 500 000 Beschäftigten in der Goldindustrie sind nur rund 10 % Weiße. Die Schwarzen, die unter Tage arbeiten, sind zumeist Gastarbeiter aus Moçambique, Lesotho, Botswana und Swasiland. Sie gehören etwa 50 unterschiedlichen Stämmen an und sprechen deshalb auch verschiedene Sprachen. Um eine Verständigung zu ermöglichen, erfand man daher die Mischsprache „Fannagalo", die aus Elementen der Zulusprache und des Englischen besteht. In der 6-wöchigen Einarbeitungszeit erlernen die Bewerber u.a. diese Sprache. Die Arbeitsverträge der Arbeiter sind befristet und laufen ca. ein bis anderthalb Jahre. In dieser Zeit leben sie in sog. „compounds", d.h. in Wohnquartieren, die sich in der Nähe der Bergwerke befinden.

Soweto (ⓘ s. S. 207)

Weltweit bekanntes Township

Wohl zu keinem südafrikanischen Stichwort gibt es so viele widersprüchliche Darstellungen und Kommentare wie zu Soweto. Für die einen ist es ein unmenschliches Ghetto mit slumähnlichen Behausungen, wo Menschen in „Streichholzschachteln" untergebracht sind. Für die anderen ist Soweto „weder Slum noch Stadt", wie es in einem Artikel beschrieben wird. Nun, bemühen wir uns um einige sachliche Informationen, denn die Wahrheit liegt wie so oft zwischen den Extremen!

Namensherleitung

Zunächst einmal klingt Soweto sehr afrikanisch, ist aber schlicht und einfach die Abkürzung für „**So**uth **We**stern **To**wnship". Dies ist eine Gruppierung verschiedener schwarzer Vorstädte vor den Toren Johannesburgs.

Entwicklung zum heutigen Soweto

Bis zur Entdeckung der Goldfelder teilten sich Schwarze und Weiße die Nutzung der öden und kaum besiedelten Savannenregionen. Jeder lebte nach seinen Vorstellungen und man kam sich zunächst nicht ins Gehege. Dies änderte sich schlagartig, als 1886 Gold entdeckt wurde und mit den Goldgräbern auch Händler eintrafen. Es entstanden erste Zulieferbetriebe und Versorgungseinrichtungen. Im Zuge dieser Entwicklung wurden viele Arbeitskräfte benötigt, die durch relativ hohe Löhne angelockt wurden. Da man davon ausging, dass dieser Arbeitskräftebedarf nur vorübergehend war und man sicherlich noch weit entfernt war von einem Verantwortlichkeitsgefühl gegenüber den Schwarzen, fühlte sich auch die

Typische Häuser in Soweto – im „Stadtteil" Jabavu

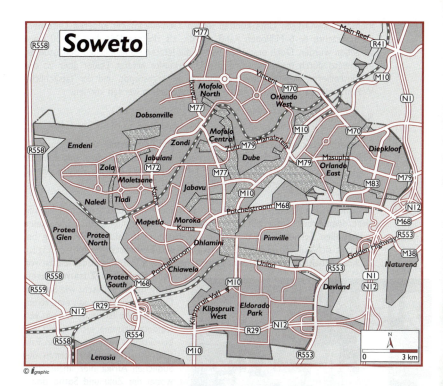

Stadtverwaltung nicht für die Art der Behausungen verantwortlich. 1904 lebten bereits über 110 000 Schwarze in der Umgebung der Stadt, als infolge der unhygienischen Wohnbedingungen die Pest ausbrach. Die Schwarzen mussten daraufhin die Elendsquartiere verlassen. Sie zogen in Behelfsquartiere um, die kleine Siedlungen bildeten; so entstand z.B. 1905 der Ort Pimville.

Vorübergehender Arbeitskräftebedarf

Für die Schwarzen wurden kleine Häuschen gebaut, doch sie reichten nicht aus, um mit dem kräftigen Zuzug der neuen Arbeitssuchenden Schritt zu halten. Die wohl gewünschte geordnete Entwicklung hinkte hinterher, und es entstanden illegale Barackenlager. Diese Entwicklung wurde im 2. Weltkrieg verstärkt, als viele weiße Südafrikaner im Kriegsdienst waren und noch mehr Schwarze als Arbeitskräfte gebraucht wurden. Und später wollten die Schwarzen, die mit ihren Familien mittlerweile hier heimisch geworden waren, nicht mehr zurück.

1951 gründete man das **Administration Board**, eine Art Verwaltungsgesellschaft, die einen Siedlungsplan aufstellte. Man begann – endlich! – mit dem Bau von Straßen, der Anlage einer Kanalisation und der Installation von Wasserleitungen. Bis 1956 entstanden rund 6 000 kleine Ziegelhäuser. In dieser Zeit besuchte Sir Ernest Oppenheimer Soweto und überzeugte sich von den baulichen Leistungen. Gleichzeitig sah er aber auch das Elend derjenigen, die noch immer in menschenunwürdigen Unterkünften lebten. Gemeinsam mit anderen Unternehmern brachte er 6 Millionen Rand auf, die als zinslose Darlehen auf 30 Jahre vergeben wurden. Doch erst 1974 waren die letzten slumähnlichen Behausungen in Soweto durch menschenwürdigere Unterkünfte ersetzt. Leider aber ist der unkontrollierte, illegale Zuzug bei weitem nicht gestoppt, und der tatsächliche Wohnraumbedarf wird wohl nie wirklich ausgeglichen werden können.

Soweto heute

Soweto bedeckt ein Gesamtgebiet von 150 qkm und besteht aus insgesamt 31 Teilen. Offiziell liegt die Einwohnerzahl heute bei 2 Millionen, doch mit den hier illegal Lebenden dürften es weit über 3 Millionen sein. Genaue Ziffern gibt es hierzu nicht. Die mittlere Familiengröße beträgt 7 Personen.

Wohn- und Schlafstadt

In manchen Publikationen wird Soweto als reine Wohn- und Schlafstadt klassifiziert, denn Arbeitsplätze gibt es in Soweto keine. Es verfügt faktisch über keine industriellen Betriebe, und die einzige mögliche wirtschaftliche Betätigung beschränkt sich auf den Handel. Die etwa 500 000 Erwerbstätigen müssen täglich zu ihren Arbeitsplätzen in Johannesburg pendeln. Kein Township Südafrikas ist von der **ethnischen Zusammensetzung** her so gemischt wie Soweto. Der Ursprungsplan sah eine strenge ethnische Trennung vor, um verfeindete Stämme nicht direkt nebeneinander wohnen zu lassen. Faktisch ist heute jeder Stamm des Südlichen Afrika hier anzutreffen, wobei die Zulu und Sotho dominieren.

Markt in Soweto

Soweto verfügte im ehemaligen Südafrika der Weißen über kommunale Selbstverwaltung: Bürgermeister und Stadtrat wurden von Schwarzen gestellt. Diese Autonomie war allerdings nur eine scheinbare: In Wirklichkeit entschied das West Rand Administration Board über das Schicksal Sowetos.

Grundversorgung....

Heute gibt es in Soweto 120 000 jener durchschnittlich 56 qm großen Häuser, doch 30 000 Familien stehen allein auf der Warteliste. Der Grundtyp eines solchen Hauses kostet 6 000 Rand inklusive Strom-, Kanal- und Wasseranschluss. In einem solchen Haus befinden sich zwei Schlafzimmer, ein Wohnzimmer, eine eingerichtete Küche sowie ein gekacheltes Bad. Und zur Standardausrüstung gehören auch zwei Bäume nach eigener Wahl ..., doch die meisten Schwarzen legen auf einen „schönen Garten" nach unseren Vorstellungen keinen Wert. Jährlich werden in Soweto über 8 000 Straßenbäume angepflanzt, wovon wieder 90 % zerstört werden. Mittlerweile ist ganz Soweto elektrifiziert. Viele Hausbesitzer lassen als weitere Einnahmequelle Blechhütten in ihre Gärten stellen, wo unter primitivsten Bedingungen Wohnungssuchende für bis zu 250 Rand Miete pro

Monat hausen. In einem besonders großen Garten ließ der Besitzer 8 solcher Hütten aufstellen. Doch nicht nur diese unkontrollierte Bebauung führt zur Verslumung des Gesamtgebietes. Mittlerweile hat die **Arbeitslosigkeit** in Soweto das unvorstellbare Ausmaß von etwa 45 % erreicht – ein nicht mehr zu kontrollierendes Gewaltpotential. Dazu addiert werden muss der große Druck, der aus den 6 riesigen Arbeiterwohnheimen, den sogenannten „Hostels", kommt. Hier

Überall sichtbar – die Armut

wohnen bis aufs Engste zusammengedrängt 18 000 Arbeiter, deren Familien in den ehemaligen Homelands verblieben sind. Z.T. wird in „Schichten" geschlafen! Diese Enge beschwört Konflikte geradezu herauf: Am 17. Juni 1992 kam es zu dem berüchtigten Massaker von Boipatong. Daran waren 78 Bewohner des Kwa Madala Hostels beteiligt, die später vor Gericht gestellt wurden.

...Arbeitslosigkeit und Gewalt

Die Polizei hat den Kampf gegen so viel Gewalt längst verloren und steht als „Buhmann" da. Sie hält sich bei Konflikten immer mehr zurück. Von Seiten des Magistrats und der Bevölkerung wurde schließlich sogar der Wunsch geäußert, dass UN-Soldaten zur Überwachung der Sicherheit eingesetzt werden sollten.

Verschiedene Einrichtungen auf dem **Sozial- und Bildungssektor** beweisen aber auch, dass man sich durchaus für die legitimen Ansprüche der schwarzen Bevölkerung einsetzt. Das Groß-Krankenhaus Baragwanath ist sicherlich ein insgesamt positives Beispiel für diese Entwicklung. Mit 5 000 Betten ist es sehr modern eingerichtet. Der Krankenhausaufenthalt kostet hier – unabhängig von Dauer und Kompliziertheit der Behandlung – lediglich einen Rand. Es gilt als das größte Krankenhaus der südlichen Hemisphäre und beschäftigt bald 8 000 Angestellte. Daneben gibt es sieben weitere Krankenhäuser in Soweto. Der Großteil der Ärzte kommt aus Europa und anderen afrikanischen Ländern.

Größtes Krankenhaus der südlichen Hemisphäre

Neben dieser Einrichtung der klassischen Schulmedizin gibt es noch 5 000 praktizierende „Zauberdoktoren", die einen großen Einfluss auf ihre Klienten ausüben und z.T. horrende Honorarforderungen stellen. Viele Schwarze konsultieren sie. Apropos Bräuche: 75 % der Bewohner Sowetos verehren die Ahnen, und 85 % schlachten noch Opfervieh beim Tod eines nahen Verwandten.

Auch auf dem **Bildungssektor** investierte der südafrikanische Staat in den Ausbau von Schulen sowie in den Aufbau der Universität. Soweto hat etwa 80 zumeist sehr vorbildlich eingerichtete Kindergärten. Von den 200 000 Kindern im schulpflichtigen Alter besuchen 90 % die Schule. Hier allerdings gibt es das Problem des akuten Lehrermangels, da das Schulpersonal schlecht bezahlt wird. Die qualifizierten Schwarzen gehen deshalb lieber in die Wirtschaft, wo Verdienst und Aufstiegschancen besser sind. In den Anfangsklassen lernen die Schüler in den entsprechenden Bantu-Dialekten, später kommt Englisch, und auch Afrikaans hinzu. Afrikaans ist auch unter der neuen Verfassung geschützt und zählt zu den offiziellen Landessprachen und wird von über 15% der Bevölkerung gesprochen, zumeist von Weißen und Coloureds und damit sogar mehr als Englisch. Auf Initiative der Deutsch-Südafrikanischen Kammer für Handel und Industrie entstand ein Lehrerfortbildungszentrum in Diepkloof.

Mahnmal zum Gedenken an die Ereignisse 1976

Immer wieder wird man an die Schüleraufstände von 1976 erinnert. Wie viele Menschen dabei umkamen, ist nicht eindeutig festzustellen. Während von offizieller südafrikanischer Seite die Zahl von 114 genannt wurde, bezifferte die gegnerische Seite die Zahl der Opfer auf über fünfhundert.

Man darf sich Soweto auch nicht als eine Ansiedlung vorstellen, die nur aus Einheitshäusern besteht. Vielmehr gibt es hier durchaus noble Viertel, die den Besucher erstaunen (so in den Stadtteilen Dube und Pimville).

Gerade in den neuen Siedlungen entwickelt sich spürbar ein Mittelstandsbewusstsein, und die **soziale Differenzierung** wird als eine (wenn auch vage) Möglichkeit angesehen, dass Stammesgegensätze allmählich überwunden werden. Immerhin leben in Soweto bereits Millionäre, die ihr Geld vor allem mit Immobilien und Taxiunternehmen verdienten. Nelson Mandela besitzt in Orlando West ein neues Haus, das mit finanzieller Unterstützung ausländischer Gönner errichtet wurde. Allerdings ist auch der Held der Schwarzen (zumindest eines Teils davon) vor Angriffen nicht sicher: da sein Haus bereits zweimal Ziel von Anschlägen war, zog er es vor, nach Sandton zu ziehen.

Auch Millionäre gibt es in Soweto

 Besichtigungen

Authentische Touren nach Soweto führt Jimmy's Face to Face Tours durch. Jimmy, ein Schwarzer aus Soweto, führt die besten Touren in sein eigenes Wohngebiet. „See the good, the bad, the ugly" lautet seine Devise. Diese Tour ist ein Muss für jeden, der sein Südafrika-Bild abrunden möchte.

Abrunden des Südafrika-Bildes

Auch das ist Soweto – moderne, architektonisch eigenwillige Häuser

Ausflüge in die Umgebung von Johannesburg

Von Johannesburg bieten sich folgende Tagesausflüge an:

1. Fahrt in das Highveld südlich von Johannesburg

Übersicht
Länge der Tour: ab/bis Johannesburg ca. 250 km
Route/Sehenswertes: Vom Zentrum in Johannesburg folgen Sie der Eloff Street südwärts, bis Sie den Hinweisschildern auf die M2 folgen können. Die M2 befahren Sie ostwärts (M2 East), später biegen Sie am Geldenhuis Interchange auf die N3 Richtung Heidelberg. Von der N3 fahren Sie ab dem Interchange 29 km nach Süden und fahren an der Abfahrt zur R550 nach links ab und überqueren die N3, um nach weiteren 6 km westwärts der Ausschilderung zum Suikerbosrand Nature Reserve zu folgen. Nach weiteren 4 km kommen Sie an das Gate.

- **Suikerbosrand Nature Reserve**

Kurz hinter dem Eingang finden Sie am modernen Verwaltungsgebäude (Diepkloof) eines der ältesten Farmhäuser von Gauteng (etwa um 1850 erbaut).

Wanderweg
Für den Tagesbesucher mag der „Cheetah Trail" (Wanderweg von etwa 4 km Länge, Dauer etwa 60–70 Minuten) interessant sein, denn man gelangt an einen steinzeitlichen Kraal – ein Zeitzeuge für die Besiedelung des Gebietes vor der Ankunft der Weißen.

Cheetah-Trail

Ausflug: Highveld südlich von Johannesburg

Von Diepkloof aus führt eine 36 km lange geteerte Straße durch eine Landschaft, wie man sich das Highveld vor etwa 200 Jahren vorstellen muss. Zwischen Felsgraten liegen weite Grasflächen, auf denen Antilopen weiden. Das gesamte Naturschutzgebiet umfasst etwa 13 500 ha. Außer Antilopen leben hier Geparde, Kudus, Paviane, Gnus, Hyänen, Schakale. Über 200 Vogelarten sind hier heimisch. In der Pflanzenwelt fällt vor allem die *Aloe davyana* auf, die zu den besonders kleinen Aloearten zählt und nie größer als etwa 50 cm wird. Ihre lachsroten Blüten kann man auf dem trockenen „veld" besonders in den späten Wintermonaten (Juli/August) sehen.

Wenn Sie das Naturschutzgebiet verlassen, können Sie einen Abstecher zum Kareekloof Public Resort machen. Hier gibt es ein hübsches kleines Ferienresort (Hütten zum Mieten, Schwimmbad).

Der R557 folgen Sie nun nach Südosten bis zur R549, die nach Südwesten führt zum

- **Vaal Dam**

Erholungs-gebiet

Der Stausee, auch als „Highveld Inland Sea" bezeichnet, versorgt Johannesburg mit Wasser. Er dient als Erholungsgebiet (Segeln, Schwimmen, viele kleine Erholungsresorts). Die Uferlänge des Sees misst mehrere hundert Kilometer.

Man mag's nicht glauben: Das Wasser des Vaal-Damms stammt von den Midlands in Natal. Es wird über den Drakensberg gepumpt und in den Sterkfontein-Damm geleitet. Von hier fließt das Wasser in den Wilge River, der den Vaal-Damm speist.

Vom Vaal-Damm folgen Sie der R549 wieder zurück und fahren nach

- **Heidelberg**

Diese Kleinstadt entstand am Kreuzungspunkt der alten Ochsenkarren-Trails, die nach Tshwane (Pretoria), Potchefstroom, Bloemfontein und Durban führten. 1860 gründete hier der deutsche Kaufmann Heinrich Ückermann ein Geschäft und benannte das entstehende Örtchen nach seiner alten Universitätsstadt in Deutschland. Während des Goldrausches entstanden hier 18 Hotels, und während des Anglo-Transvaal-Krieges (1880–81) residierte hier vorübergehend sogar die Transvaal-Regierung.

Im alten Bahnhofsgebäude ist heute das Heidelberg Transport Museum untergebracht. Hier sind die größte Sammlung südafrikanischer Fahrräder, Dreiräder und Motorräder ebenso sehenswert wie etwa 30 Autoveteranen.

2. Fahrt zum Hartbeespoort Dam und zu den Magaliesbergen

Übersicht
Länge der Tour: ca. 280 km
Route/Sehenswertes: Von Johannesburg aus folgen Sie der Straße nach Sandton oder befahren die N1 North. Sie fahren dann die R511 North von Fourways weiter nach Norden.
Diese Straße stößt auf die R27, der Sie nun nach Nordwesten folgen. Nach einigen Kilometern geht die R514 nach Nordosten ab (Richtung Tshwane (Pretoria). Gleich nach der Abbiegung (ca. 1 km) gibt es den

8. Gauteng: Johannesburg und Umgebung

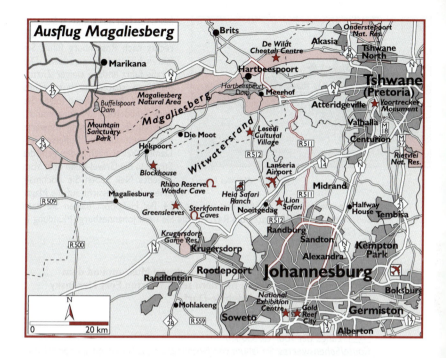

- **Hartbeespoort Cableway**

Diese Seilbahn ist 1 200 m lang und führt auf die Höhe der Magaliesberge. Von oben genießt man einen exzellenten Überblick auf die Gebirgskette. Die Magaliesberge bilden die Grenze zwischen Gauteng und der Limpopo Province. Sie fahren nun die gleiche Strecke bis zur R27 wieder zurück und gelangen zum Abzweig in die 513, die Sie nach Kosmos am Hartbeespoort Dam führt.

- **Hartbeespoort Dam**

Dieser Stausee, bereits 1923 erbaut, dient der Bewässerung der umliegenden Farmregionen. Das Wasser wird mittels eines 544 km langen Kanalsystems auf etwa 16 000 ha große Feldflächen geleitet, wo Tabak, Weizen, Luzerne, Blumen und verschiedene subtropische Früchte angebaut werden. Daneben dient die 12 qkm große Wasserfläche der Naherholung (Wassersport, Fischen).

Naherholung und Anbau von Früchten

Wenn Sie Ihre Fahrt hier beenden möchten, können Sie über die R512 weiter nach Osten fahren, um später in die R511 South nach Johannesburg zurückzugelangen. Sollten Sie eine größere Rundfahrt bevorzugen, so fahren Sie die R512 wieder nach Norden und biegen in die R27 West ein, die Richtung Rustenburg

Magalies Express

führt. Von hier aus kommen Sie nach ca. 5 km an die Stelle, wo die R27 rechts nach Rustenburg führt. Sie fahren hier jedoch geradeaus. Die Straße führt entlang einiger Zitrusplantagen, später durch typisches Buschveld. Anschließend folgen Sie dem Schild nach „Maanhaarrand", eine kurze Abzweigung ostwärts führt zum kleinen Buffelspoort-Damm. Weiter nach Süden geht die Straße in die Gravel-Road über. Vom Breedt's Nek haben Sie nochmals eine schöne Aussicht auf die Magaliesberge. Ihre Straße mündet nun auf die R24. Bei Hekpoort biegen Sie nach Südosten in die R563, später die R47, ein, die Sie nach Johannesburg (Mündung in die N1) zurückführt.

3. Fahrt zum Wilhelm Prinsloo Agricultural Museum und dem Botshabelo Game Reserve mit dem sehenswerten Fort Merensky sowie dem malerischen Ndebele-Dorf

 Übersicht
Länge der Tour: ca. 350 km
Route/Sehenswertes: Sie fahren von Johannesburg aus kommend auf der N1 nach Tshwane (Pretoria) und von hier aus weiter auf die N4 East. Nach etwa 25 km auf der N4 zweigt die R515 nach Norden ab. Etwas später biegen Sie nach Osten in die R104 ab, die parallel zur N4 verläuft. Etwa 4 km hinter dieser Abzweigung führt ein kurzer Weg zum

- **Willem Prinsloo Agricultural Museum**

Dieses Freilichtmuseum war einst eine Farm, die als Freilichtmuseum wiederbelebt wurde. Am Wochenende finden verschiedene Vorführungen statt (Brotbacken, Schmieden, Schafschur). Auch ein leckerer Peach Brandy (Pfirsich-Obstler) wird hier gebrannt.

In Bronkhorstspruit erreichen Sie wieder die N4 und folgen ihr bis zur Abzweigung nach Middelburg. (Der Name dieses Städtchens rührt aus den alten Siedlerzeiten her, als Middelburg in der Mitte zwischen Tshwane (Pretoria) und Lydenburg lag.) Wenn Sie der Kerkstraat nach Norden folgen, kommen Sie automatisch auf die R35,

die bis zur Abzweigung zum Botshabelo Game Reserve führt. Auf einer Gravel-Road gelangen Sie zum

- **Fort Merensky**

„Botshabelo" bedeutet „Ort der Zuflucht". Eine Mission dieses Namens wurde hier 1865 von Alexander Merensky gegründet, einem Missionar der Berliner Missionsgesellschaft. Die Mission diente als Zufluchtsort für zum Christentum bekehrte Afrikaner, die von den Kriegern des Häuptlings Sekukuni verfolgt wurden. Um die Mission und seine Bewohner besser schützen zu können, erbaute Merensky ein Fort auf dem Hügel des Missionsgeländes. Ursprünglich nannte er es „Fort Wilhelm", und die kleine Schutzburg ist eine Mischung aus Sotho-Steinbaukunst und deutscher Burgarchitektur.

Ort der Zuflucht

Wenn Sie nun den Zufahrtsweg wieder zurückfahren, gelangen Sie zum alten Missionshaus, und am gegenüberliegenden Ufer des Klein Olifants River liegt ein malerisches

- **Ndebele Village**

Hier leben Nachkommen der ehemaligen Glaubensflüchtlinge, die in der Mission Zuflucht und Schutz gesucht hatten. Besonders sehenswert sind die farbigen, mit abstrakt wirkenden Mustern bemalten Hütten und Schutzwände. Der gesamte Komplex liegt inmitten des kleinen

Nachkommen der Glaubensflüchtlinge

- **Botshabelo Game Reserve**

Auf kleineren Wanderungen können Sie vor allem Elenantilopen, Springböcke und Gnus sehen.

Nach Osten zum Ndebele-Dorf

Zurück nach Johannesburg gelangen Sie wieder über die R35 South auf die N4, und bei Witbank biegen Sie in die R22 West ab.

Johannesburg: Drehscheibe für Flugsafaris

Zum Kruger Park

Wer nur wenig Zeit zur Verfügung hat, kann Flugsafaris zum Kruger National Park buchen. Die Abflüge finden täglich statt. Die Übernachtung kann wahlweise in den Camps des Kruger National Parks erfolgen oder in den privaten Wildschutzgebieten am Westrand des Kruger Parks.

Das imponierende Okavango-Delta

Ins Okavango-Delta in Botswana

Wenn Sie im Anschluss an eine Südafrika-Reise für einige Tage in das herrliche Okavango-Delta nach Botswana reisen möchten, so können Sie dies gut von Johannesburg aus organisieren. Sie fliegen von hier aus nach Maun und nehmen dann je nach der zur Verfügung stehenden Zeit an einer Safari teil, die ins Okavango-Delta führt.

Zu den Victoria-Fällen in Zimbabwe

Täglich gibt es von Johannesburg aus Flugverbindungen nach Victoria Falls. Hier erwarten Sie die eindrucksvollsten Wasserfälle Afrikas. Für diesen Ausflug sollten Sie 3 Tage ansetzen – möglichst am Ende Ihrer Reise.

Anschluss-Strecken

Aufgrund seiner verkehrsmäßig äußerst zentralen Lage kann man von Johannesburg alle Ziele des Landes ohne Umstände per Flugzeug und Auto erreichen. Die Haupt-Straßenachsen führen nach Osten zum Kruger Park/Blyde River Canyon, nach Süden nach Durban, nach Südwesten nach Kapstadt und nach Westen nach Kimberley und nach Namibia.

Als Zwischenstopp auf dem Wege nach Nordosten (also Blyde River Canyon bzw. Kruger Park) empfehle ich den Ort Dullstroom (ca. 2 ½ Fahrstunden vom Flughafen Johannesburg.). Dullstroom ist ein friedlicher, kleiner Ort. Die Landschaft erinnert an das schottische Hochland und liegt ca. 2 000 m über dem Meer. Hier gibt es intensive Forellenzucht.

Tshwane (Pretoria) (ⓘ s. S. 207)

Überblick

Natürlich ist die offizielle Hauptstadt ein kleines „Muss" für jeden Südafrika-Reisenden. Sobald man das eher hektische Johannesburg verlassen hat, erreicht man nach knapp 60 km die „Beamtenstadt", in der die Gangart ruhiger ist.

Beamtenstadt

Auf dem Wege von Johannesburg kommend, lohnt das Voortrekker Monument eine Besichtigung, und beim Verlassen der Stadt in Richtung Kruger National Park ist die Cullinan-Mine (Premier Diamond Mine) ein interessanter Stopp. In der Stadt sind vor allem die Union Buildings neben anderen Kleinoden einen Besichtigungsgang wert.

Entfernungen
Tshwane (Pretoria) – Johannesburg 58 km
Tshwane (Pretoria) – Kapstadt 1 460 km
Tshwane (Pretoria) – Durban 636 km
Tshwane (Pretoria) – Nelspruit 322 km
Tshwane (Pretoria)– Kruger National Park (Numbi Gate) 386 km

Allgemeines

Die Hauptstadt der Republik Südafrika liegt mit 1 367 m etwa 400 m niedriger als Johannesburg. Dadurch ist das Klima im Sommer heißer und im Winter milder, wozu natürlich auch die geschützte Lage zwischen einer südlichen Hügelkette und den nordwestlichen Magaliesbergen beiträgt.

Mildes Klima

Die Stadt wurde bereits 1855 durch **Marthinus Wessel Pretorius** gegründet, der

Marthinus Wessel Pretorius

sie nach seinem Vater, Andries Pretorius, benannte. Dieser hatte nämlich die entscheidende Schlacht am Blood River gewonnen und damit die weiße Besiedlung Gautengs eingeleitet. Seit Bestehen der Repub-

Redaktions-Tipps

- **Übernachtung** im Victoria Hotel oder Rozenhof Guest House
- **Abendessen** im Gerhard Moerdryk oder La Madelaine
- **Besichtigungen** der Union Buildings (S. 427), des Voortrekker Monuments (S. 430) und des Gebiets um den Church Square, Ausflug zur Cullinan Diamanten-Mine (S. 430), kann auch auf der Fahrt Richtung Kruger National Park mitgenommen werden.

Andries Pretorius

lik Südafrika ist Tshwane (Pretoria) Hauptstadt. Da das südafrikanische Parlament in der ersten Jahreshälfte in Kapstadt tagt, muss auch die Regierung umziehen. Das fällt im heißen Sommer des Highvelds nicht schwer, da dann Kapstadt eine klimatisch und landschaftlich besonders reizvolle Alternative bietet.

Im Rahmen der Reorganisation der Verwaltungsbezirke, bemüht sich die heutige Regierung um eine „Afrikanisierung" der aus der Kolonialzeit stammenden Städtenamen. Heute trägt die Stadt Pretoria den Namen Tshwane. Es wird aber sicherlich eine Weile dauern, bis sich der neue Name eingebürgert hat und auch auf den meisten Straßenschildern stehen noch die alten Namen. In der Übergangsphase sind auf jeden Fall beide Namen gebräuchlich.

Tshwane hat insgesamt etwa 1 Million Einwohner. Trotz der räumlichen Ausdehnung über 570 qkm wirkt die Hauptstadt eher provinziell. Zum „gemütlichen" Eindruck tragen sicherlich viele alte Gebäude bei, ebenso die hügelige Lage, aber auch die zahlreichen gepflegten Parks mit ihren bunten Blumenbeeten. In ein wahres **Blütenmeer** ist die Stadt im Oktober getaucht, wenn die Jacaranda-Bäume blau-lila blühen („Jacaranda City"). Sicherlich ist dies die schönste Besuchszeit des Jahres, denn über 70 000 dieser Bäume umsäumen knapp 500 km Stadtstraßen.

Jacaranda-Bäume

Mit außergewöhnlichen Sehenswürdigkeiten kann Tshwane (Pretoria) nicht aufwarten – ausgenommen das Voortrekker-Monument. Aber trotzdem sollten Sie die folgenden Stätten besuchen.

Sehenswertes

Historic Church Square (6)

Hier stand die erste Kirche, um die herum die Stadt wuchs. Dies ist das Herz der City, wo Sie vor allem die **Paul Kruger Statue** besichtigen sollten. Am Sockel des Monuments befinden sich vier Bronze-Statuen, die Soldaten der damaligen Bürgerwehr darstellen. Hier steht auch der **Palace of Justice (5)** (Justizpalast), der 1898 fertig gestellt wurde. Während der britischen Besatzung wurde er im Jahre 1900 als Militärkrankenhaus benutzt. Heute ist das Gebäude Sitz des Obersten Gerichtshofes für Transvaal.

Das Kruger-Denkmal im Zentrum von Tshwane

8. Gauteng: Tshwane (Pretoria)

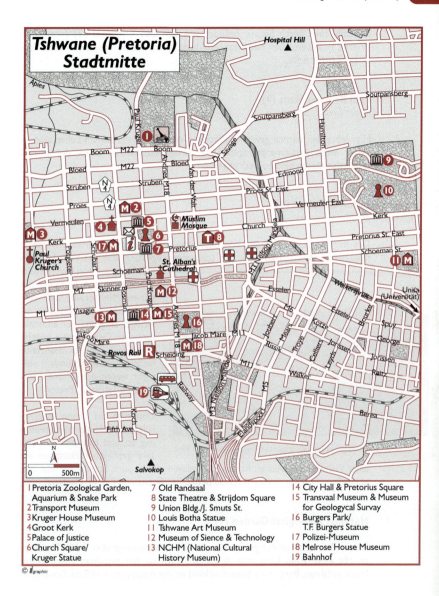

1. Pretoria Zoological Garden, Aquarium & Snake Park
2. Transport Museum
3. Kruger House Museum
4. Groot Kerk
5. Palace of Justice
6. Church Square/ Kruger Statue
7. Old Randsaal
8. State Theatre & Strijdom Square
9. Union Bldg./J. Smuts St.
10. Louis Botha Statue
11. Tshwane Art Museum
12. Museum of Sience & Technology
13. NCHM (National Cultural History Museum)
14. City Hall & Pretorius Square
15. Transvaal Museum & Museum for Geologycal Survay
16. Burgers Park/ T.F. Burgers Statue
17. Polizei-Museum
18. Melrose House Museum
19. Bahnhof

Ebenfalls am Church Square befindet sich der **Old Raadsaal (7)** (von Sytze Wierda im italienischen Renaissancestil konzipiert), dessen Grundstein 1889 Präsident Kruger legte.

Paul Krugers Haus (3)
in der Church Street

Hier lebte der viermal gewählte Präsident. Viele Dinge aus seinem Leben sind an dieser Stelle zusammengetragen. Sogar seine Staatskarosse sowie der private Eisenbahnwaggon sind zu besichtigen.

Union Buildings (9)
am Meintjie's Kop

Schöner Ausblick auf die Stadt

Das Regierungsgebäude wird von besonders patriotischen Südafrikanern und in manchen Prospekten als einer der schönsten Regierungssitze der Welt bezeichnet. Nun, das von Sir Herbert Baker errichtete Gebäude mit seinen Ministerien und dem Staatsarchiv der Republik ist weniger aufgrund der architektonischen Originalität („griechischer Stil", wie es manchmal heißt) sehenswert, sondern vielmehr wegen der schönen Aussicht auf Tshwane (Pretoria).

Union Buildings – einer der schönsten Regierungssitze der Welt

Unterhalb der Union Buildings fällt das Gelände terrassenförmig ab, und hier befinden sich sehr gepflegte Parkanlagen mit einer Vielzahl von Blumen. In den Parkanlagen stehen auch Standbilder von drei ehemaligen Premierministern (Louis Botha, J. C. Smuts und J .B. M. Hertzog).

National Zoological Garden (1)

Dieser Zoo ist einer der größten der Welt und beherbergt über 3 500 Tierspezies. Mit einer Bahn kann man durch den Park zu den einzelnen interessanten Punkten fahren. Besonders beeindruckend ist das Aquarium- und Reptilien-Haus.

Melrose House (18)

Dieses Haus ist im **viktorianischen Stil** errichtet und eines der schönsten Häuser dieser Stilrichtung in Südafrika. Es wurde 1884 für George Heys gebaut,

INFO **Die Geschichte von Jacaranda-Jim**

Überall wird heute Tshwane (Pretoria) als die „Stadt der Jacarandas" bezeichnet. Und während des Oktobers und Novembers taucht die Stadt in ein zartes Lila der blühenden Jacarandas. Die Bäume sind von Millionen Blüten bedeckt.

Das war nicht immer so. In den frühen Jahren nach der Stadtgründung war Pretoria als die Stadt der Rosen bekannt. Kletterrosen blühten überall, und ihre Ableger kann man noch heute allerorten im Stadtbild finden. 1888 importierte ein Stadtbürger Pretorias, J. A. Celliers, 2 „Jacaranda mimosifolia" aus Rio de Janeiro. Der ursprünglich aus dem Nordwesten Argentiniens stammende Baum gedieh in dem Klima Gautengs ausgezeichnet. Mr. Celliers pflanzte die Bäume in seinem Garten in Sunnyside. Sie stehen noch immer hier, und heute steht statt seines Hauses an gleicher Stelle die Schule von Sunnyside.

1898 kam der Gärtner James Clark nach Pretoria. Er sollte im Auftrag der Regierung geeignete Baumsorten züchten. Er bestellte Samen aus Australien, und in der Lieferung war ein Paket Samen der gleichen Jacaranda-Art, die Celliers gepflanzt hatte. In der staatlichen Baumschule von Groenkloof entwickelten sich daraus stämmige Bäumchen, die Clark 1906 der Stadt Pretoria schenkte. Diese „Ur-Jacarandas" wurden entlang der Bosman Street gepflanzt, und sie fanden soviel Anklang bei der Bevölkerung, dass man beschloss, in ganz Pretoria diese Bäume zu pflanzen. Und James Clark erhielt den Spitznamen „Jacaranda-Jim".

Heute sieht man in Tshwane auch einige weiße Jacarandas, die 1961 der Park-Direktor Tshwanes, H. Bruinslich, aus Südamerika einführte. Jacarandas wachsen gut in warmen Klimaten und benötigen genügend Wasser. Sie erreichen eine Höhe von etwa 15 Metern und bieten wunderbaren Schatten.

und 1902 wurde hier der Friedensvertrag unterzeichnet, der den Burenkrieg beendete.

Besonders die Inneneinrichtung ist sehr eindrucksvoll. Man kann noch das Originalpor-

Melrose House

Blick über die Stadt

zellan betrachten, von dem die Unterzeichner des Friedensvertrages gegessen haben.

Unisa

Die größte Fernuniversität der Welt mit 40 000 Studenten aller Hautfarben ist die University of South Africa, deren modernes Gebäude auf einer Anhöhe liegt, schon von weitem zu sehen ist und nicht gerade zu den architektonischen Highlights der Stadt zählt.

Burgers Park (16),
Ecke Van der Walt/Jacob Marée Str. geöffnet: 8–18h

Erholsamer, zentral gelegener Park, der bereits 1882 geschaffen wurde. Der Park wurde nach dem 2. Präsidenten (1873–77) Transvaals, *Thomas F. Burger*, benannt. Dieser Park lädt zum Verweilen ein: Teilanlagen und ein Café schaffen die Voraussetzungen dafür.

Transvaal Museum of Natural History (15),
Paul Kruger Street

Hier erwartet den Besucher eine eindrucksvolle Sammlung zur Natur und Naturgeschichte u. a. Säugetiere, Amphibien, Fossilien, Vögel und Mineralien. Interessant ist Mrs. Ples, der 1947 gefundene Kopf eines *Australopithecus Africanus*. Diese Vorgänger des heutigen Menschen lebten vor ca. 2,5 Mio. Jahren und werden als Stufe zwischen Affen und dem heutigen *homo sapiens* angesehen.

Beamten- und Bankenstadt Pretoria

Weitere Museen in Tshwane

- **Police Museum**, Compol Bldg., Pretorius Street (zwischen Paul Kruger Str und Volkstem Ave.), Polizei- und Verbrecherwaffen, Uniformen, Rekonstruktionen berühmter Kriminalfälle
- **S.A. Museum of Science and Techn. (12)**, Skinner Street, Exponate der Weltraumforschung
- **Tshwane Art Museum**, Arcadia Park, Ecke Park u. Wessel Street, Sammlung von Bildern südafrikanischer Maler
- **National Cultural History and Open Air Museum (13)**, prähistorische Felskunst, ethnologische Abteilung der Stämme Transvaals, Sammlungen von Gegenständen der europäischen Bevölkerung

Ausflüge

nach Cullinan zur Diamanten-Mine

Hier liegt die Premier Diamond Mine. Diese Mine liefert alljährlich ca. **eine Million Karat Diamanten**, allerdings zumeist Industriediamanten.

1905 wurde hier ein 3 106 Karat schwerer Diamant gefunden, aus dem der „Stern von Afrika" geschliffen wurde. Insgesamt konnte man nach seiner Spaltung 9 größere Edelsteine, 96 kleinere Brillanten und 10 Karat an Splittern herstellen. Eine verantwortungsvolle Aufgabe war diese Spaltung, die Joseph Ascher in Amsterdam unternahm. „Cullinan I", der „Stern von Afrika", hat 530 Karat und ziert das Königlich-Britische Zepter. Der „Cullinan II", 317 Karat, ist in die Krone der britischen Majestät eingearbeitet. Übrigens: Um 29 Karat Diamanten zu fördern, müssen in der Cullinan-Mine 720 000 kg Kimberlit-Gestein gefördert werden.

Stern Afrikas

zum Voortrekker Monument

Das Denkmal (eigentlich noch mehr: eine Wallfahrtsstätte!) der weißen Südafrikaner liegt vor den Toren Tshwanes (Pretorias) auf einem Hügel. Es erinnert an die Entscheidungsschlacht am Blood River vom 16. Dezember 1838.

- **Geschichtlicher Hintergrund**

Die Buren schickten sich auf ihrem Treck nach Norden an, neue Siedlungsräume zu erschließen. Mit dem Zulu-König Dingane wollte man sich einigen. Am 6. Februar 1838 begab sich Retief mit 70 Voortrekkern in den Kraal des Zulu-Häuptlings. Folgendermaßen soll sich die Begegnung abgespielt haben:

Neue Siedlungsräume

„Am 6. Februar wurden die Voortrekker beauftragt, die Waffen außerhalb des Kraals zu lassen, wenn sie zur Unterzeichnung des Vertrages vor Dingane erschienen. Dies war bald getan. Weitere Kriegstänze folgten, die Impis bewegten sich immer näher auf die Voortrekker zu, bis Dingane schrie: 'Bulalani abatagati!' ('Tötet die Zauberer!'). Schnell

8. Gauteng: Tshwane (Pretoria)

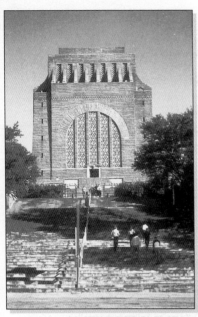

Voortrekker Monument – Mahnmal für die Versöhnung?

Mahnmal zur Geschichte Südafrikas

war die gesamte Gruppe überrumpelt und mit Lederriemen gebunden. Dann erschlug man sie außerhalb des Kraals. Dinganes Verrat war in seiner Furcht vor der militärischen Macht der Voortrekker begründet, und seine Ratgeber hatten ihn zweifellos in dieser Angst bestärkt. Nach Retiefs Tode schickte Dingane noch während der Nacht seine Impis aus, damit sie die Voortrekkerlager am oberen Tugela angriffen. Der Große Treck befand sich in äußerster Gefahr."
aus: Grütter/van Zyl: Die Geschichte Südafrikas, Kapstadt 1982, S. 28

Anschließend wurden zurückgelassene Frauen und Kinder von Dinganes Soldaten getötet, und der Ort, an dem dies geschah, wurde **Weenen** (Ort des Weinens) genannt. Der spätere Anführer der Voortrekker, Andries Pretorius, beschloss, diese Tat zu vergelten. Die Revanche schildern die Historiker wie folgt:

„Am 15. Dezember 1838 sammelte Pretorius seine Streitmächte in einem gut befestigten Lager, strategisch zwischen der tiefen Stelle eines Nebenflusses des Buffalo River (Büffelflusses) und einem breiten Graben gelegen. Es konnte nur von einer Seite aus angegriffen werden. Pretorius hatte ungefähr 470 Mann bei sich. Die Zulu waren zahlenmäßig überlegen (12 500 Mann) und gingen gleich zu einer Reihe von Frontalangriffen auf das Lager über. Das vernichtende Feuer der Gewehre der Voortrekker und zweier kleinerer Kanonen, die Pretorius mitgebracht hatte, trieben sie zurück. Wegen der Verluste der Zulu in dieser Schlacht wurde der Buffalo auf Bloedriver (Blutfluss) umgetauft. Einige Tage vor der Schlacht hatten die Voortrekker sich durch ein feierliches Gelöbnis verpflichtet, dass sie des Tages immer gedenken und eine Kirche zu Ehren Gottes bauen wollten, wenn der Herr ihnen den Sieg schenkte. Dieser Eid beseelte die Voortrekker in einer der größten und entscheidendsten Schlachten, die je in Südafrika zwischen Schwarz und Weiß ausgetragen wurden, einer Schlacht, in der mehr als 3 000 Zulu das Leben ließen."
aus: Grütter/van Zyl: Die Geschichte Südafrikas, Kapstadt 1982, S. 28

Der 16. Dezember wurde deshalb zum Nationalfeiertag erklärt, doch er betonte eigentlich zwei sehr unterschiedliche Standpunkte:
- Für die **Weißen** war das historische Datum eine herausragende Marke in Bezug auf die Sicherung ihrer Position und ein Beweis ihrer Durchsetzungsfähigkeit.
- Für die **Schwarzen** markierte das Ereignis den Beginn des Widerstands gegen den Herrschaftsanspruch der Weißen.

Heute ist der Tag immer noch ein **Nationalfeiertag**: der Tag der Versöhnung (Day of Reconciliation).

• Beschreibung des Denkmals

Es ist aus Granit erbaut und macht einen äußerst trutzigen Eindruck. Es wurde am 16. Dezember 1949 eingeweiht. Um das Denkmal herum befindet sich eine Ringmauer aus Granit, die eine Wagenburg mit 64 Wagen symbolisiert. Am Aufgang befindet sich ein Ehrenmal für die Voortrekker-Frauen (gestaltet von Anton v. Wouw): Eine Mutter beschützt ihre Kinder. An den vier Ecken des Gebäudes erinnern Granitköpfe an die Treckführer: an Hendrik Potgieter, Piet Retief, Andries Pretorius und an einen unbekannten Voortrekker.

In der Heldenhalle erzählen 27 Marmor-Reliefs die Geschichte des Trecks. Die Kuppel des Doms weist eine Öffnung von ca. 10 cm auf, die so angebracht ist, dass am 16.12., dem Nationalfeiertag, genau mittags Sonnenstrahlen direkt auf den Ehrenschrein Piet Retiefs und auf eine Tafel scheinen, auf der steht: „Ons vir jou, Suid-Afrika" (Wir für Dich, Südafrika).

Heute ist aus dem Denkmal ein **Mahnmal** geworden. Schämte sich Südafrika zunächst seiner burischen Vergangenheit, so soll die Geschichte heute nicht mehr totgeschwiegen werden. Besonders am Tag der Versöhnung besuchen sehr viele Südafrikaner das Monument und gedenken der Ereignisse.

9. MPUMALANGA UND LIMPOPO PROVINCE

Panorama-Route (Blyde River Canyon) und Kruger National Park mit Anschluss zur Limpopo Province (ⓘ s. S. 207)

Überblick

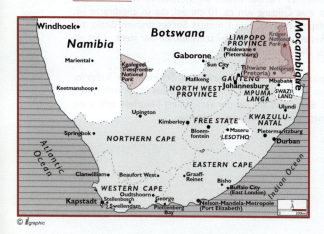

Im Nordosten der Provinz Mpumalanga liegt eine der **schönsten Landschaften Südafrikas**. Hier, an den Nahtstellen des Highvelds und des Lowvelds, erschließt die Panorama-Route großartige landschaftliche Szenerien, deren Höhepunkt der **Blyde River Canyon** ist.

Eine der schönsten Landschaften Südafrikas

Vom Hochland, das Höhen von über 2 000 m erreicht, bricht eine Landstufe ins Lowveld ab, das durchschnittlich 300 bis 600 m hoch liegt. In diesen schon subtropisch geprägten Buschebenen liegt der **Kruger National Park**, eines der größten Natur- und Wildreservate der Erde. In diesem riesigen Gebiet wurde einer Vielfalt von Pflanzen und Tieren Lebensraum gewährt, als sich Menschen anschickten, diese Landschaft zu erobern und damit zu zerstören. Weitsichtige Politiker dieser Zeit erkannten die Notwendigkeit, intakte Ökosysteme durch Gesetze zu sichern. Fauna und Flora des Kruger Parks repräsentieren daher heute in exemplarischer Weise einen großen Teil der Natur des Südlichen Afrika.

Geschichtsträchtige Region

Außerdem ist diese Landschaft von großer historischer Bedeutung: Auf Ochsenkarren zogen einst die Voortrekker hierher, und unter großen Entbehrungen und Opfern (z.B. durch Malaria) erschlossen sie das High- und Lowveld. Die besonders Wagemutigen unter ihren Führern stellten erste Verbindungswege zu öden portugiesischen Häfen her. Diesen Entdeckungslinien folgten später die Verkehrsverbindungen. Doch auch Glücksritter prägten die Regionalgeschichte: Schon vor den Goldfunden am Witwatersrand wurden Schatzsucher des begehrten gelben Metalls fündig. Ob an den Bourke's Luck Potholes oder in Pilgrim's Rest – die stummen Zeugen dieser Periode machen die Vergangenheit für den Besucher wieder lebendig.

9. Mpumalanga und Limpopo Province

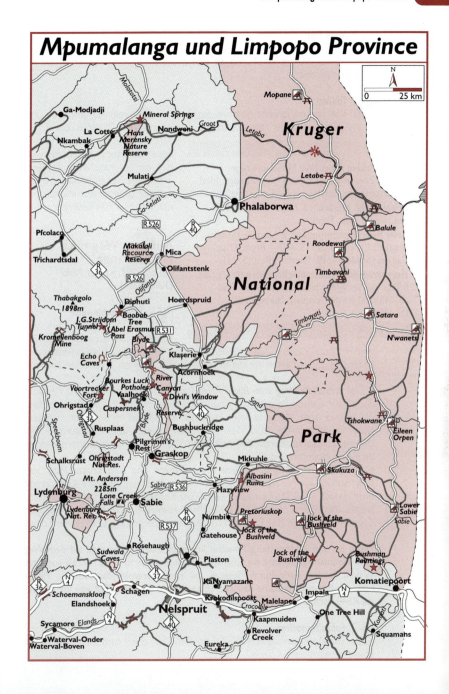

Mein Tipp
Fahren Sie nicht einfach schnurstracks zu den „Highlights", sondern schauen Sie sich links und rechts des Weges einmal um. Einige Hinweise finden Sie im nächsten Abschnitt!

Touren
Von und bis Johannesburg werden 3- bis 5-tägige geführte Bustouren und Fly-In-Safaris zum Kruger Park (meistens 2–3 Tage) angeboten. Buchbar über Reiseveranstalter in Deutschland. Selbstfahrer erwartet in diesem Reisegebiet ein ausgezeichnetes Straßennetz. Einige Nebenstrecken sind mit Schotter bedeckt, aber ebenfalls gut mit normalen Pkw befahrbar.

Redaktions-Tipps
- **Übernachtung** in der Blue Mountain Lodge, Böhm's Zeederberg oder Chilli Pepper Lodge. Ideal für sternförmige Ausflüge in die Umgebung!
- **Zeitplanung**: Minimum 2, besser 3 Übernachtungen (= zwei volle Tage).
- **Beste Besichtigungspunkte**: Wasserfälle (S. 439) – Bourke's Luck Potholes (S. 440) – Blyde River Canyon (S. 440) – evtl. Pilgrim's Rest (S. 444)
- **Hervorragende Wandermöglichkeiten** für alle, die 5 Tage zur Verfügung haben (Fanie Botha Trail (S. 443) und Blyderiverspoort Hiking Trail (S. 441))

Auf dem Weg nach Mpumalanga
(ⓘ s. S. 207, Kruger Park/Dullstroom)

Streckenhinweise
Alle Straßen sind sehr gut ausgebaut und fast ausschließlich asphaltiert. Auch kleinere Zuwegstraßen zu Hotels bzw. Abkürzungen zwischen den Orten, die z.T. mit einer Kiesdecke versehen sind, können problemlos befahren werden.

• **Der schnellste Weg zum Blyde River Canyon** (Gegend um Pilgrim's Rest und Blyde River Canyon Resorts): Von Johannesburg aus über die N1 bis Tshwane, dann N4 bis kurz hinter Waterval Boven, danach in die R36 bis nördlich Lydenburg und später ostwärts in die R533. Wer weiter nach Norden will, bleibt auf der R36. Übernachtungsempfehlunen: Aventura Blyde River Canyon-Camp, Böhm´s Zeederberg, Blue Mountain Lodge.

• **Der schnellste Weg zum Blyde River Canyon und zum Kruger Park:** Von Johannesburg aus N1 bis Tshwane, dann N4 bis Nelspruit, danach R40 bis White River, danach R538/R569 bis zum Numbi Gate/Kruger Park. Übernachtungsempfehlungen: alle Übernachtungen bei White River, Hazyview, außerdem die Einzellagen Cybele Forest Lodge, Blue Mountain Lodge, Böhm's Zeederberg, Chilli Pepper Lodge.

Wenn Sie von Johannesburg/Tshwane kommen, empfiehlt es sich, auf dem Weg nach Mpumalanga sowohl die Cullinan Diamantenmine zu besuchen als auch das Willem Pinsloo Agricultural Museum, das Fort Merensky, das Ndebele Village oder das Botshabelo Game Reserve. Später biegen Sie bei Belfast von der N4 auf die R540 nach Dullstroom/Lydenburg ab.

Fahralternativen
Entweder über die R540/R37 (Long Tom Pass) direkt nach Sabie oder zurück über Machadodorp auf die N2.

Wenn Sie nun weiter bis nach Elandshoek fahren (etwa 57 km von Waterval Boven entfernt), zweigt nach Norden die R36/später R539 ab. Sie gelangen ca. 15 km hinter der Abzweigung – über den Montrose-Pass – zu den

Sudwala Caves

Hier trifft man auf ein riesiges Tropfsteinhöhlen-System. Die P. R. Owen-Halle bildet ein natürliches Amphitheater mit einem Durchmesser von 67 m und einer Höhe von 37 m. In dieser Dolomitgestein-Höhle gibt es eine hervorragende Akustik, die für Choraufnahmen genutzt wird.

Der über 600 m lange Rundgang führt den Besucher in die Welt der Stalaktiten und Stalagmiten. Die Temperatur ist über das Jahr hin ziemlich gleichbleibend und liegt bei durchschnittlich 17 °C. Führungen finden täglich zwischen 8.30 und 16 Uhr statt. Spezialführungen werden am ersten Samstag eines jeden Monats veranstaltet, dauern sechs Stunden und führen u.a. in die Crystal Rooms und in die tiefer gelegenen Höhlen.

Welt der Stalaktiten und Stalagmiten

Der nächste zentrale Ort ist

Nelspruit

1884 gegründet und heute einer der zentralen Orte des östlichen Mpumalanga. Er liegt 660 m hoch im Crocodile River Valley. Rosa- bzw. lilafarbene Bougainvilleen, herrliche Jacarandas und Akazien prägen das Bild. Das Rathaus ist im spanischen Stil erbaut.

Der Ort ist industrielles Zentrum des Lowvelds und vor allem Umschlagplatz für landwirtschaftliche

Nelspruit – Mittelpunkt des Zitrusfrucht-Anbaus

Produkte. Nelspruit bildet den Mittelpunkt eines der größten Zitrusfrucht-Anbaugebiete Südafrikas. Aufgrund der fruchtbaren Böden, ausreichender Niederschläge und des frostfreien Klimas befindet sich hier der „Gemüsegarten Mpumalangas". Neben gängigen Früchten und Gemüsesorten werden auch Avocados, Papayas, Litchees, Mangos und Bananen angebaut.

Gemüsegarten Mpumalangas

> **Hinweis**
> Nördlich des Ortes gibt es für botanisch Interessierte den 154 ha großen **Lowveld Botanic Garden**, an den Ufern des Nels und Crocodile River gelegen. In der natürlich belassenen Wildnis sind 500 einheimische Pflanzen zu sehen, auf einem weiteren Areal (22 ha) kann man typische Pflanzen aus dem gesamten Lowveld sehen.

Panorama-Route (ⓘ s. S. 207)

Überblick

Einstieg in die Panorama-Route

Diese Route umfasst das westliche Gebiet der Drakensberge, die steil – über 1 000 m – über eine Randstufe ins Lowveld abbrechen. Durch diese Randstufe haben sich Flüsse ihren Weg gebahnt, und so gibt es hier viele Schluchten und Wasserfälle.

Die uralten präkambrischen Gesteine (Dolomite und Quarzite) sind sehr oft mit verschiedenfarbigen Flechten bedeckt. Große Gebiete sind wiederaufgeforstet, andere wieder ursprünglich bewachsen.

Der „Einstieg" in die Panorama-Route" kann von verschiedenen Orten erfolgen.

Entfernungen
Johannesburg – Hazyview 400 km
Johannesburg – Pilgrim's Rest 380 km
Johannesburg – Nelspruit 358 km

Sehenswertes auf der Panorama-Route

Die Rundtour, in die Sie je nach Lage Ihres Quartiers einsteigen können, sieht wie folgt aus:
Sabie – MacMac Falls – Graskop – God's Window (über R534) – Lisbon Falls (R532) – Berlin Falls – Bourke's Luck Potholes (R532) – Odendaal Camp – Echo Caves (R36 mit Abzweig nach Westen) – Ohrigstad – Pilgrim's Rest – Sabie

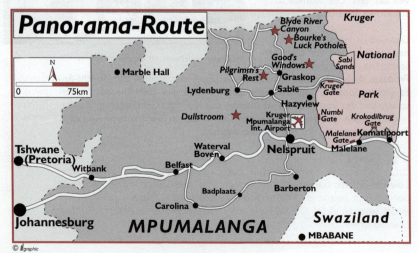

Sabie

Der kleine Ort liegt 1 109 m über dem Meer, direkt am Abhang des Mount Anderson (2 285 m) und des Mauchbergs (2 115 m). Letzterer wurde nach Carl Mauch benannt, dem deutschen Geologen, der 1871 die berühmten Ruinen von Great Zimbabwe entdeckte. Der Ort ist von dichten Wäldern umgeben, und in seiner Umgebung liegen herrliche Wasserfälle wie z.B.
- die Lone Creek Falls (68 m, eindrucksvoller Wasserschleier);
- Horseshoe Falls;
- Bridal Veil Falls („Brautschleier"-Wasserfälle).

Herrliche Wasserfälle

In der unmittelbaren Umgebung von Sabie wurde von 1895 bis 1950 Gold abgebaut. Heute lebt der Ort vorwiegend von der Forstwirtschaft sowie der Zellstoffindustrie und dem Tourismus.

MacMac Pools und Falls

Der MacMac bietet dem Naturliebhaber herrliche natürliche Pools mit wunderbar klarem Wasser (kalt!), in denen man wie im Paradies schwimmen kann (2 km südöstlich von den Fällen entfernt). Die Zwillings-Wasserfälle (Zugang von der Straße Sabie – Graskop) stürzen 56 m tief in eine bewaldete Schlucht.

1873 entdeckte in diesem Flusslauf Johannes Muller Gold, zwar in guter Qualität, doch in relativ geringen Mengen, die es nicht zuließen, dass zu viele Digger erfolgreich waren. Trotzdem kam es zu einem regelrechten „rush" in diese Gegend. 1874 besuchte der damalige südafrikanische Präsident Thomas Burgers die Fundstätte, und er war erstaunt, sehr viele Schotten an der Arbeit zu sehen: jeder Zweite war irgendein „Mac" – und fortan hießen die Zwillingswasserfälle einfach „MacMac".

Graskop

ist eine kleine Ortschaft, die einen Verkehrsknoten-Punkt bildet: Die nach Norden gehende Straße R524 führt zum Blyde River Canyon. Nach Westen gelangt man über die R533 nach Pilgrim's Rest, nach Osten über die R533/R535 nach Hazyview und zum Kruger National Park.

God's Window

3 Kilometer nördlich von Graskop führt nach Osten (rechts) die Schleife der R534 zu folgenden sehenswerten landschaftlichen „Leckerbissen":
- **The Pinnacle**: Dies ist eine freistehende Granitsäule, die aus einer Waldschlucht herausragt.
- **God's Window**: Von hier aus schweift der Blick über das 1 000 m tiefer liegende Lowveld.

MacMac Falls

Touristische Highlights

Lisbon Falls

Bei diesem Abstecher westlich der R532 in der Nähe der Einmündung der R534 kann man die 92 m hohen Wasserfälle bewundern.

Berlin Falls

Ein besonders schöner Wasserfall: Hier stürzt das Wasser über 80 m tief in einen Pool.

Bourke's Luck Potholes

Der glückliche Bourke ...

Diese Potholes am Zusammenfluss des Blyde River mit dem Treur River sind eine interessante **geologische Erscheinung,** die schon vor Jahrmillionen entstanden ist: Damals, als der Fluss noch mehr Wasser und Geröll mitführte, wurden diese Strudelkessel in dem Untergrund aus weicherem Gestein ausgehöhlt. Man kann sie heute auf Pfaden und über kleine Holzbrücken erreichen. (Hier fand einst um 1870 **Tom Bourke** Gold, zwar keine sehr ergiebigen Vorkommen, aber dennoch fühlte er sich „lucky" ... deshalb der Name „Bourke's Luck Potholes".)

Hinter den Bourke's Luck Potholes stürzt sich der Blyde River in eine Schlucht, die Tiefen von bis zu 800 m erreicht. Hier beginnt der Blyde River Canyon seinen spektakulären Verlauf. Überragt wird der Canyon von den Three Rondavels und dem Mariepskop (1 944 m).

Das Ufer des Blyde River Canyon ist von Bäumen umsäumt. Natürlich ist der Fluss heute wesentlich schmaler als in der regenreicheren geologischen Vergangenheit. Auch der weiter aufwärts liegende Staudamm trägt heute dazu bei, dass der Fluss schmal geworden ist. Dieser Stausee hat die Aufgabe, die im Lowveld gelegene Bergbaustadt Phalaborwa mit Wasser zu versorgen.

Wasserreservoir

Zu einem relativ gleichmäßigen Wasserstand des Blyde River trägt die Ufervegetation bei. Dichtes Wurzelwerk von Sträuchern und Bäumen hat die Wirkung eines Schwammes, der nicht nur Schutz vor Hochwasser gibt, sondern auch dafür sorgt, dass bei trockeneren Perioden Wasser wieder abgegeben wird.

Blyde River Canyon

Entstehung des Canyons

Der Blyde River Canyon ist sicherlich einer der größten **landschaftlichen Höhepunkte** im Südlichen Afrika. Oft wird er mit dem Grand Canyon in Arizona/USA verglichen, doch er ist – trotz aller Grandiosität – damit nicht vergleichbar.

Die beiden Flüsse Blyde und Ohrigstad River haben die Landschaftsszenerie geschaffen: 32 km lang ist der Blyde River Canyon, der kürzere Diepkloof Canyon 16 km.

Weshalb ist hier eine so beeindruckende Tallandschaft entstanden?

Ein landschaftlicher Höhepunkt in Südafrika: Blyde River Canyon

Man muss sich vorstellen, dass das östlich gelegene Lowveld eine durchschnittliche Höhe von 600 m aufweist, während dann die Landschaft bis auf 1 944 m (Mariepskop) ansteigt. Der Höhenunterschied beträgt damit mehr als 1 300 m. Vom Indischen Ozean werden feuchte Luftmassen herangetragen, die über diesen Höhenzug steigen müssen. Dabei kühlen sie sich ab, die mitgebrachte Feuchtigkeit kondensiert zu Wolken und fällt als Regen auf die Berge. Hier fließt das Wasser – im Sinne des Kreislaufs – wieder zurück zum Ozean, und bei seinem Weg zur See räumt es aufgrund des starken Gefälles immer mehr vom anstehenden Gestein ab. Die Niederschlagsunterschiede sind enorm: Betragen sie im Lowveld lediglich 500 mm pro Jahr, so erreichen sie im Gebiet des Blyde River Canyon Werte von 2 000 mm im Jahr. Natürlich hat das auch für die Pflanzenwelt Folgen: Es gedeihen dichte Wälder, und auch Stinkwood- und Eisenholzbäume sind hier vertreten.

Beeindruckende Tallandschaft

Geschichte

Im Winter 1840 leitete der Voortrekker Hendrik Potgieter eine Expedition zum portugiesischen Hafen Laurenco Marques. Die Frauen wurden auf den malariafreien Höhen des Drakensbergs in der Nähe von Graskop zurückgelassen. Als die Männer zur vereinbarten Zeit nicht zurückkehrten, glaubten sie, dass ihnen Unheil zugestoßen sei, und nannten den Fluss, an dem sie campierten, „Treur" (Trauer). Dann brachen sie Richtung Ohrigstad auf, doch auf ihrem Wege wurden sie von Potgieter und seinen Männern am weiter westlich fließenden Fluss eingeholt. Und diesen Fluss nannten sie „Blyde" (Freude).

Wanderungen

Für Wanderfreunde stehen zwei Fernwanderwege und drei kleinere Strecken zur Verfügung, die eine besonders intensive Begegnung mit dieser Landschaft ermöglichen:

- **Blyderivierspoort Hiking Trail (65 km, 5 Tage)**

Er erstreckt sich von God's Window (herrliche Ausblicke) nordwärts durch den Blyde State Forest bis zum Sybrand van Niekerk Public Resort. Vier Hütten bieten Unterkunftsmöglichkeiten auf dem insgesamt 65 km langen Weg. Zuerst

Eldorado für Wanderfreunde

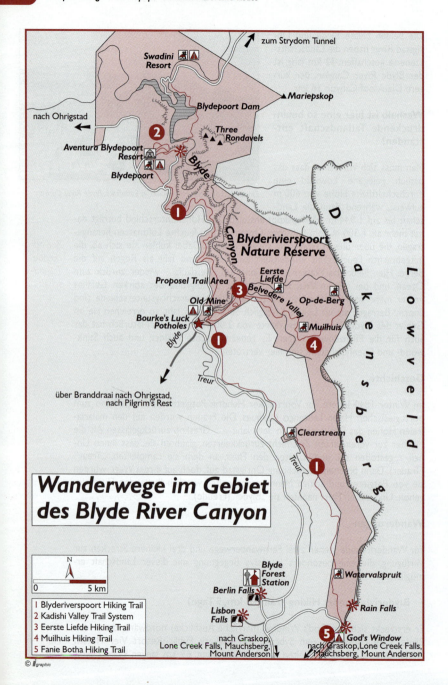

wandert man über baumloses Berg-Grasfeld und umgeht große Felsblöcke, die interessant geformt sind. Danach folgt der Weg dem Verlauf des Blyde River-Ufers bis nach Bourke's Luck Potholes. Die Vegetation ist auf diesem Abschnitt interessant: Man sieht wilde Orchideen, Bergzedern, Lilien und Aloen. Dann windet sich der Weg hinunter zur Sohle des Canyons entlang dem westlichen Ufer. Im Fluss leben Flusspferde, die allerdings nur am frühen Morgen und am Spätnachmittag/Abend aus dem Wasser steigen. Am Stausee Blydepoort Dam endet der Weg.

- **Fanie Botha Hiking Trail (79 km, 5 Tage)**

Dieser Wanderweg ist nach Stephanus Botha, dem Minister für Forst- und Wasserwirtschaft (1968 bis 1976), benannt. Er beginnt in der Nähe der Lone Creek Falls bei einem Forsthaus (Ceylon State Forest) 13 km westlich von Sabie und verbindet sich mit dem Blyderiverspoort Hiking Trail bei God's Window. Der Pfad bietet auf seinen 79 km insgesamt vier Übernachtungsmöglichkeiten. Unterwegs kommt man immer wieder an Wasserstellen vorbei, die sich zum Schwimmen oder zur Erfrischung eignen.

Die Route führt vorbei an den Hängen des Mauchberges (2 115 m) und am Mount Anderson (mit 2 285 m der zweithöchste Berg in Mpumalanga). Neben der imposanten Landschaft sorgt die Verschiedenartigkeit der Flora und Fauna dafür, dass die Wanderung nie langweilig wird: Zahlreiche Schmetterlingsarten gibt es zu beobachten, ebenso Paviane, graue Rehböcke und Buschschweine. Sogar Leoparden soll es geben ... *Reizvolle Flora und Fauna*

Die Gegend, durch die der Wanderweg führt, gehört zu den größten Aufforstungsgebieten der Welt. Da Südafrika arm an natürlichen Wäldern ist (nur ein halbes Prozent der Staatsfläche besteht aus Naturwald), hat man seit 1904 klimatisch geeignete Regionen systematisch aufgeforstet. Vor allem pflanzte man schnell wachsende Bäume an (Eukalypten, Akazien), deren Holz für den Bergbau gebraucht wurde.

Außerdem gibt es noch kleinere Wanderwege in dem Gebiet des Blyde River Canyon: *Weitere Trails*
- Kadishi Valley Trail System
- Eerstse Liefde Hinking Trail
- Muilhuis Hinking Trail

Weitere Informationen erhalten Sie unter www.traveller.co.za

Nicht mehr zur Panorama-Route gehörend, aber für die Fahrt nach Norden (R36, Richtung Limpopo Province, Tzaneen, Phalaborwa) von Bedeutung, ist der

Strijdom Tunnel/Erasmus-Pass

Diese Pass-Straße wurde 1959 eröffnet. Durch den Strijdom Tunnel (133,5 m) fahren Sie zum Abel Erasmus-Pass und überwinden dabei einen Höhenunterschied von 700 m. Vor dem Strijdom Tunnel verlassen Sie allmählich das Lowveld – werfen Sie einen Blick zurück! Auf der späteren Passhöhe bietet sich Ihnen ein imposanter Blick auf das Ohrigstad Valley.

Für nach Norden Weiterreisende sei der Ort

Tzaneen (ⓘ s. S. 207)

empfohlen. Das kleine Städtchen ist bekannt für seine herrliche subtropische Vegetation. Etwa 710 m über dem Meer am Ufer des Letaba gelegen, wird der Ort von Wäldern und Baumwoll-, Zitrus- und Teeplantagen (Besichtigungen möglich) umgeben. Besonders in den Wintermonaten ist das Klima einfach phantastisch: Es gibt kaum Niederschläge, und es ist angenehm warm. Tzaneen ist ein guter Zwischenstopp für Touren nach Norden (Limpopo Province, Zimbabwe) bzw. bei einer Fahrt im „großen Bogen" zur North West Province und Kimberley.

Echo Caves

Weitläufiges Höhlensystem

Die einheimischen Schwarzen glauben, dass ihre Vorfahren einst in diesen Höhlen Zuflucht vor den Angriffen der Swasi fanden. I.A. Classens betrat als erster Weißer diese Höhlen, als er hier eine Farm kaufte, auf deren Gelände sie sich befinden. Hier wurden Waffen und Messer gefunden, doch auch die rußigen Decken weisen darauf hin, dass hier einst Menschen wohnten. Das Höhlensystem mit seiner Stalaktiten- und Stalagmitenwelt ist sehr weitläufig und erstreckt sich über viele Kilometer.

An der Straße, die zu den Höhlen führt, befindet sich das **Museum of Man**, wo u.a. auch in den Echo Caves gefundene Gegenstände ausgestellt sind.

Lydenburg

Weiter südlich – eigentlich nicht mehr zur Panorama-Route gehörend – finden wir den Ort Lydenburg vor. Der Name deutet auf „Leiden" hin. Die Ortsgründung reicht in das Jahr 1849 zurück. Die Voortrekker, die diesen Ort gründeten, benannten ihre Siedlung nach den großen Leiden der Bewohner von Ohrigstad, die von einer Malaria-Epidemie heimgesucht wurden. Hier in Lydenburg steht das älteste Schulhaus in Mpumalanga (1851).

Wenn Sie später von der R36 in die R533 abbiegen, liegt ca. 11 km vor Pilgrim's Rest das „Jock of the Bushveld"-Monument.

Pilgrim's Rest (ⓘ s. S. 207)

Der Ort, heute längst ein beliebtes Touristenziel, liegt am Fuße des Mauchberges und ist aufgrund seiner Bedeutung ein National-Denkmal. 1873 entdeckten hier Alec Patterson und William Trafford entlang des Pilgrim's Creek Gold. Alec Patterson trug den Spitznamen „Wheelbarrow Alec" (= Schubkarren-Alec), da er seine ganze Habe auf diese Weise mit sich führte. Trafford soll bei der Entdeckung

INFO „Jock of the Bushveld" –
eine der großartigsten Hundegeschichten

Jeder Südafrikaner kennt den „Klassiker" seines Landes: „Jock of the Bushveld", eine Serie von Hundegeschichten, die von Sir Percy Fitz Patrick geschrieben wurde. Seit dem ersten Druck im September 1907 wurde das Werk immer wieder neu aufgelegt.

Wer war überhaupt Sir Percy? Er wurde am 24. Juli 1862 in King Williams Town (Kapprovinz) als Sohn eines Richters geboren und wuchs in Kapstadt auf. Im Alter von 16 Jahren verstarb sein Vater; Sir Percy nahm eine Stelle in einer Bank an. Doch das Angestellten-Leben langweilte ihn sehr, und nach fünf Jahren gab er seinen Job auf. Er machte sich nach Ost-Transvaal auf und heuerte als Transport-Reiter im Lowveld an.

Es folgten 6 Jahre eines Lebens in Freiheit – mit entsprechenden Abenteuern. In dieser Zeit erwarb er auch seinen Hund „Jock". Sein Buch „Jock of the Bushveld" beruht in allen wesentlichen Teilen auf wirklichen Erlebnissen: Es wird von Jagdepisoden ebenso erzählt wie von Abenteuern und Begegnungen mit der afrikanischen Tierwelt inmitten der ungebändigten Natur. All das erlebte Sir Percy bis zum Jahre

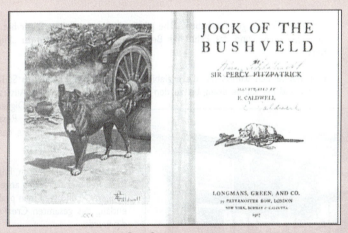

Der „Klassiker" in einer signierten Erstauflage

1889, als in Osttransvaal die Tsetsefliege (Übertragung der Schlafkrankheit) den Ochsenbestand dahinraffte. Er war wirtschaftlich am Ende und ging mittellos nach Barberton. Hier lernte er seine Frau Lilian Cubitt kennen, die er 1889 heiratete.

Bald nahm er eine neue Stelle in einer Johannesburger Minengesellschaft an. Er konnte nun seinen geliebten Hund Jock nicht mehr gebrauchen und übergab ihn einem Freund, der seinerseits den Hund wahrscheinlich einem Händler anvertraute, der ein Geschäft im heutigen Moçambique betrieb, 25 km nördlich von Maputo. Eines Nachts verfolgte Jock einen umherstreifenden Hund, der in einen Hühnerhof eingedrungen war, und biss ihn tot. Doch sein neuer Herr erschoss Jock aus Versehen, da er ihn in der Dunkelheit nicht erkannte.

Währenddessen wurde Sir Percy im Minengeschäft immer erfolgreicher, engagierte sich in der Politik und schrieb das Buch „Transvaal from Within" (Transvaal von Innen). Nach dem Burenkrieg wurde Percy aufgrund seiner politischen Verdienste zum Ritter geschlagen und einer der Begründer der Südafrikanischen Union. Da er im Schreiben begabt war, hielten ihn seine Kinder an, „Jock of the Bushveld" zu schreiben. Und da er es nun zu Wohlstand gebracht hatte, schaute er sich nach einem Illustrator um. Aus Zufall entdeckte er bei einem Besuch in London ein ausgezeichnetes Aquarell eines Kudu-Bullen. Und auf der Stelle lud er den Künstler Edmund Caldwell ein, nach Südafrika zu kommen, um das Buch zu illustrieren.

Noch heute zieren die wunderschönen Bilder die Ausgaben des Buches, doch der Schriftsteller sollte davon nicht viel haben. Im Jahre 1931 verstarb Sir Percy auf seinem Altersruhesitz bei Uitenhage in der östlichen Kapprovinz.

vor lauter Freude gerufen haben: „The pilgrim is at a rest" (der Pilger hat seine Ruhe gefunden), und das Echo der Berge verkürzte den Ausruf zu „Pilgrim's Rest".

Es handelte sich damals um die ergiebigsten alluvialen Goldfunde im Südlichen Afrika, und die Kunde drang bis zu den Goldadern Kaliforniens und Australiens, so dass sich bekannte Digger von dort aus nach Pilgrim's Rest aufmachten, in der Hoffnung, das große Glück zu machen.

Die Goldsucher liebten Pilgrim's Rest, weil hier das Klima angenehm kühl war – und weil man praktisch entlang des gesamten Creeks fündig wurde.

Pilgrim's Rest – ehemaliges Refugium der Goldsucher

Kruger National Park (ⓘ s. S. 207)

Überblick

„Kein Südafrika-Urlaub ohne den Kruger National Park" – so oder ähnlich könnte man es formulieren. Einiges stimmt an dieser Aussage: Das riesige Gebiet, das so groß wie die Staatsfläche von Belgien ist, lockt alljährlich Hunderttausende von Besuchern an.

Mehrere Hunderttausende Besucher jährlich

Und immer dann, wenn die europäische Reisewelle mit den südafrikanischen Ferien zusammentrifft, sind die staatlichen Unterkünfte und Campingplätze hoffnungslos ausgebucht. Auch Tagesbesucher sollten insbesondere an Wochenenden, Feiertagen und während der südafrikanischen Schulferien vorher reservieren, um sich eine Enttäuschung zu ersparen.

Das älteste und größte Tierreservat mit fantastischen Tierbeobachtungen!

Der Kruger Park ist ein vollkommen staatlich verwaltetes Naturschutzgebiet, ebenso sind die Camps staatlich organisiert. Das Parkgebiet ist ganzjährig geöffnet. **Die beste Zeit, um Tiere zu beobachten**, sind die Trockenmonate Juni bis September:

Beste Zeit für Tierbeobachtung

- In dieser Zeit ist die Savanne trocken, und die Tiere ziehen an die verbliebenen Wasserstellen, so dass man die Chance hat, sie aus unmittelbarer Nähe beobachten zu können.
- Da auch die Vegetation um diese Zeit wesentlich lichter ist, kann man schneller Tiere entdecken.

Das gesamte Parkgebiet ist von asphaltierten Straßen, aber auch von Schotterwegen durchzogen. Man darf auf keinen Fall von den vorgeschriebenen Wegen abweichen, was natürlich die Beobachtungsmöglichkeiten stark einschränkt.

Während der Hochsaison kommt es daher öfters zu Fahrzeugstaus, wenn jemand Tiere in der Nähe der Straße entdeckt und auch die Insassen des 7. Wagens hinter ihm das gleiche tun wollen ... Doch Afrika-Neulinge, aber auch viele Wiederholungsreisende, sehen darin keinen Nachteil.

Redaktions-Tipps

- Je nach Geldbeutel muss die **Grundsatzentscheidung** fallen: **Camp im Kruger National Park** (= einfache Unterkunft, Safarifahrt nur auf den vorgeschriebenen Straßen und Wegen, ohne Führung) **oder privates Wild-Schutzgebiet am Westrand** (exzellente Unterkünfte, hervorragendes Essen, geschulte Safarileiter dürfen kreuz und quer mit offenem Landrover auf eigenem Gebiet durch den Busch fahren = optimale Tierbeobachtungen).
- **Zeit**: Mindestens 3 Übernachtungen (= zwei volle Tage) einplanen.
- **Schönste Camps** im Kruger Park: meiner Meinung nach Olifants Camp, Letaba Camp, Lower Sabie
- **Schönste private Wildcamps**: meiner Ansicht nach Kirkman's Camp, Harry's Camp, Londolozi, Inyati, Sabi Sabi Game Reserve, Mala Mala, Singita
- Für die Camps im Kruger Park sowie für die privaten Camps gilt: **Unbedingt vorausbuchen**, und das möglichst langfristig!

Staatliche Camps

Stichwortartig möchte ich Ihnen einige der **staatlichen Camps** des Kruger Parks vorstellen:
- **Crocodile Bridge (15)**
befindet sich in der Südost-Ecke des Parks und ist leicht über den nahe gelegenen Parkeingang zu erreichen. In der Nähe des Camps befindet sich ein „hippo pool", wo Flusspferde baden. Das Grasland lieben vor allem Zebras, Gnus, Impalas und Büffel.

Malelane Lodge

- **Malelane (17)**
ist an den Ufern des Crocodile River gelegen, 3 km vom Malelane Gate entfernt (günstige Lage zur Straße nach Nelspruit). Besonders gut sind hier Löwen, Elefanten, Büffel und Zebras zu beobachten.
- **Pretoriuskop (12)**
war das erste Camp, das im Nationalpark gebaut wurde. Hier befindet sich ein erfrischendes Schwimmbad aus Naturgestein. Da dieses Camp etwas höher liegt, ist es besonders in der sommerlichen Hitze angenehm. Es befindet sich inmitten einer interessanten Felsenlandschaft. In der Nähe des Shitlhave Damms trifft man Rappenantilopen an. Löwen, Geparde und Leoparden werden oft gesichtet. Bis zum Numbi Gate sind es 9 km.
- **Lower Sabie (14)**
Dieses etwas kleinere, aber sehr schöne Camp liegt am Sabie-Fluss. Hier werden oft große Elefanten- und Büffelherden beobachtet, und an der Lower Sabie Road trifft man manchmal Löwen an. Gut auch für Ornithologen! Bis nach Skukuza sind es 46 km.
- **Satara (8)**
Ein großes Camp inmitten einer Graslandschaft, im Zentrum des Parks gelegen, wo es gute Weiden und viele Wasserstellen gibt. In dieser Gegend werden oft Zebras, Elefanten, Giraffen, Löwen, Leoparden und Geparde gesichtet. Zum Orpen Gate sind es 45 km.
- **Skukuza (11)**
ist das größte Camp, das nur 12 km vom Paul Kruger Gate entfernt liegt. Es eignet sich insbesondere zur Erkundung des Sü-

Satara Camp

dens. In der Nähe werden häufig Löwen, Giraffen, Elefanten, Büffel und Flusspferde gesehen. Wenig Atmosphäre, da zu groß (bis zu 600 Personen!)
- **N'wanetsi (9)**
Dieses kleine Camp liegt an den Ufern des N'wanetsi-Flusses. Es kann nur en bloc gebucht werden und bis zu 15 Personen aufnehmen. Bis zum Orpen Gate sind es 66 km.
- **Orpen (10)**
Dieses kleine Camp ist besonders für Erkundungen in der Park-Mitte geeignet, allerdings dient es als Anlaufcamp für Spätankömmlinge.

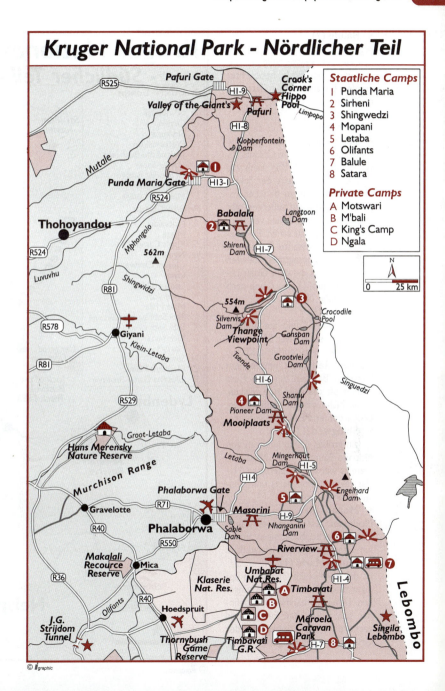

- **Balule (7)**
liegt am Olifants River. Hier können Giraffen, Wasserbüffel, Elefanten und Flusspferde beobachtet werden. Bis zum Orpen Gate sind es 95 km.

- **Olifants (6)**

Afrika pur

Für mich persönlich ist es das landschaftlich am schönsten gelegene Camp, hoch über dem Olifants River – Afrika pur! Man kann die Aussicht auf die Weite der Savannenlandschaft bis zu den Lebombo-Bergen genießen, außerdem gibt es in dieser Gegend viele verschiedene Tierarten zu sehen. Eine besonders interessante Route mit vielen Beobachtungsmöglichkeiten ist die Strecke, die dem Great Letaba-Fluss zum Letaba Camp nach Norden folgt (48 km).

- **Letaba (5)**

Open Air-Restaurant

Sehr schönes Camp am Südufer des Great Letaba River, 53 km vom Phalaborwa Gate entfernt. Klasse: Open Air-Restaurant inmitten von Mahagoni-Bäumen. An den Fluss kommt oft das Wild zum Trinken. In der Nähe werden häufig Löwen, Leoparden und Elefanten gesehen.

- **Shingwedzi (3)**
ist ein großes Camp inmitten von Mopane-Bäumen und Mlala-Palmen. Es werden oft Elefanten, Nyalas (eine Antilopenart) und Elenantilopen gesichtet.

- **Mopani (4)**
Modernes, fast luxuriöses Camp, toll die Tierbeobachtungen am 17 km östlich gelegenen Nshawudam.

- **Punda Maria (1)**
ist das nördlichste Camp, von üppiger tropischer Vegetation umgeben (Affenbrotbäume!). Es befindet sich 8 km vom Eingang und verkörpert die Atmosphäre der Gründerzeit des Kruger Parks.

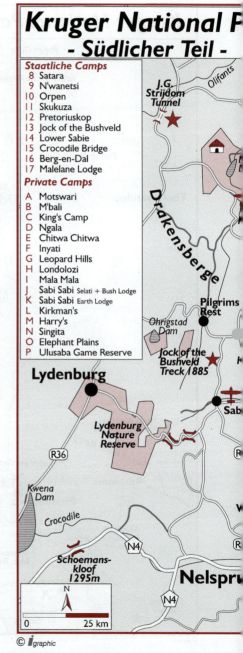

Kruger National Park
- Südlicher Teil -

Staatliche Camps
8 Satara
9 N'wanetsi
10 Orpen
11 Skukuza
12 Pretoriuskop
13 Jock of the Bushveld
14 Lower Sabie
15 Crocodile Bridge
16 Berg-en-Dal
17 Malelane Lodge

Private Camps
A Motswari
B M'bali
C King's Camp
D Ngala
E Chitwa Chitwa
F Inyati
G Leopard Hills
H Londolozi
I Mala Mala
J Sabi Sabi Selati + Bush Lodge
K Sabi Sabi Earth Lodge
L Kirkman's
M Harry's
N Singita
O Elephant Plains
P Ulusaba Game Reserve

© igraphic

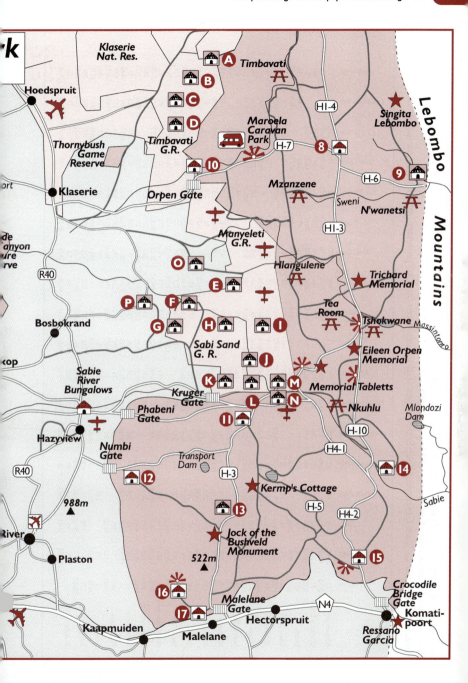

9. Mpumalanga und Limpopo Province: Kruger NP

Abstände und ungefähre Zeit, die man zwischen Tor und Hauptcamp benötigt

Bspl. Berg-en-dal bis Skukuza: Entfernung = 72 km; ungefähre Zeit = 2 h 55 Min. (Geschätzte Zeit bei 25 km/h Geschwindigkeit, Entfernungen sind auf geteerten Straßen gemessen, manchmal ist sie auf Sandstraßen kürzer.)

	Skukuza	Shingwedzi	Satari	Punda Maria	Pretoriuskop	Phalaborwa Gate	Paul Kruger Gate	Pafuri Gate	Orpen	Olifants	N'wanetsi	Numbi Gate	Mopani	Malelane	Lower Sabie	Letaba	Crocodile Bridge	Berg-en-dal
Berg-en-dal	72 2h55	344 13h45	165 6h35	415 16h35	92 3h40	285 11h25	83 3h20	453 18h10	213 8h30	219 8h45	180 7h10	97 3h50	281 11h15	12 0h30	113 4h30	234 9h25	149 6h	
Crocodile Bridge	77 3h05	306 12h15	127 5h05	377 15h05	125 5h	246 9h50	88 3h30	415 16h35	175 7h	181 7h15	142 5h40	130 5h10	243 9h45	141 5h40	34 1h20	196 7h50		149 6h
Letaba	162 6h30	109 4h20	69 2h45	176 7h	211 5h	51 2h	173 6h55	218 8h45	117 4h40	32 1h20	94 3h45	216 8h40	47 1h55	226 9h	162 6h30		196 7h50	234 9h25
Lower Sabie	43 1h45	271 10h50	93 3h45	342 13h40	90 3h35	213 8h25	53 2h10	380 15h10	141 5h40	147 5h55	108 4h20	95 3h50	209 8h20	105 4h10		162 6h30	34 1h20	113 4h30
Malelane	64 2h45	333 13h20	156 6h15	408 16h20	85 3h25	277 11h05	74 3h	444 17h45	204 8h10	210 8h25	170 6h50	94 3h45	272 10h55		105 4h10	226 9h	141 5h40	12 0h30
Mopani	209 8h20	63 2h30	116 4h40	130 5h10	258 10h20	74 3h	220 8h50	172 6h55	164 6h35	86 3h25	141 5h40	263 10h30		272 10h55	209 8h20	47 1h55	243 9h45	281 11h15
Numbi Gate	54 2h10	325 13h	147 5h55	396 15h50	9 0h20	267 10h40	65 2h35	434 17h20	195 7h50	201 8h	162 6h30		263 10h30	94 3h45	95 3h50	216 8h40	130 5h10	97 3h50
N'wanetsi	108 4h20	203 8h10	25 1h	274 11h	156 6h15	145 5h50	119 4h45	312 12h30	63 2h30	8 0h20		162 6h30	141 5h40	170 6h50	108 4h20	94 3h45	142 5h40	180 7h10
Olifants	147 5h55	141 5h40	54 2h10	212 8h30	195 7h50	83 3h20	158 6h15	250 10h	102 4h05		8 0h20	201 8h	86 3h25	210 8h25	147 5h55	32 1h20	181 7h15	213 8h45
Orpen	137 5h30	226 9h	48 1h55	297 11h55	184 7h20	167 6h40	152 6h05	335 13h25		102 4h05	63 2h30	195 7h50	164 6h35	204 8h10	141 5h40	117 4h40	175 7h	213 8h30
Pafuri Gate	380 15h10	109 4h20	287 11h30	76 3h	438 17h30	246 9h50	392 15h40		335 13h25	250 10h	312 12h30	434 17h20	172 6h55	444 17h45	380 15h10	218 8h45	415 16h35	453 18h10
Paul Kruger Gate	12 0h30	283 11h20	104 4h10	354 14h10	60 2h25	224 9h		392 15h40	152 6h05	158 6h15	119 4h45	65 2h35	220 8h50	74 3h	53 2h10	173 6h55	88 3h30	83 3h20
Phalaborwa Gate	213 8h30	137 5h30	119 4h45	201 8h	261 10h25		224 9h	246 9h50	167 6h40	83 3h20	145 5h50	267 10h40	74 3h	277 11h05	213 8h30	51 2h	246 9h50	285 11h25
Pretoriuskop	49 2h	318 12h45	140 5h35	389 15h35		261 10h25	60 2h25	438 17h30	184 7h20	195 7h50	156 6h15	9 0h20	258 10h20	85 3h25	90 3h35	211 8h25	125 5h	92 3h40
Punda Maria	342 13h40	71 2h50	245 9h50		389 15h35	201 8h	354 14h10	76 3h	297 11h55	212 8h30	274 11h	396 15h50	130 5h10	408 16h20	342 13h40	176 7h	377 15h05	415 16h35
Satari	93 3h45	178 7h10		245 9h50	140 5h35	137 5h30	104 4h10	287 11h30	48 1h55	54 2h10	25 1h	147 5h55	116 4h40	156 6h15	93 3h45	69 2h45	127 5h05	165 6h35
Shingwedzi	271 10h50		178 7h10	71 2h50	318 12h45	137 5h30	283 11h20	109 4h20	226 9h	141 5h40	203 8h10	325 13h	63 2h30	333 13h20	271 10h50	109 4h20	306 12h15	344 13h45
Skukuza		271 10h50	93 3h45	342 13h40	49 2h	213 8h30	12 0h30	380 15h10	137 5h30	147 5h55	108 4h20	54 2h10	209 8h20	64 2h35	43 1h45	162 6h30	77 3h05	72 2h55

Private Wildschutzgebiete am Westrand des Kruger Parks (ⓘ s. S. 207)

Besucher, welche die Tierwelt Kenias, Tansanias oder gar Botswanas erlebt haben, sind vom Kruger Park eher enttäuscht. Für „tierverwöhnte" Reisende ist daher der Aufenthalt in einem der **privaten Wildreservate am Westrand** des Kruger Parks zu empfehlen: Hier dürfen die Wildhüter kreuz und quer durch den Busch fahren, und hervorragende Tiererlebnisse sind quasi garantiert. Allerdings

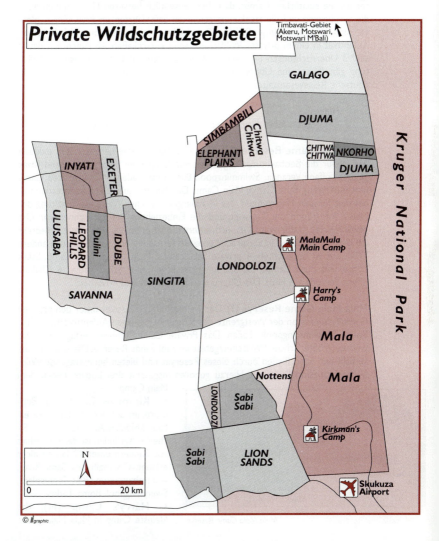

kostet der Aufenthalt in solchen privaten Camps ein Mehrfaches des Aufenthalts im staatlich kontrollierten Kruger Park.

Die so genannten „Private Game Reserves" befinden sich an der Westgrenze des Nationalparks. Sie sind alle privat organisiert, z.T. sehr luxuriös. Die Safari-Fahrten finden im offenen Geländewagen statt, es werden aber auch Fußsafaris angeboten. Die erfahrenen Wildhüter (game rangers) bemühen sich um optimale Tierbeobachtungen. Allerdings sind diese privaten Einrichtungen wesentlich teurer als die staatlichen Camps, da neben wesentlich besseren Unterkünften auch die Verpflegung und die fachkundig geführten Safarifahrten im Preis eingeschlossen sind. Wer über ein großzügiges Reisebudget verfügt, der sollte sich für einen Aufenthalt in einem privaten Wildschutzgebiet entschließen. Als Aufenthaltsdauer sind 3 Übernachtungen (= 2 volle Safari-Tage) optimal. Die nachfolgende Auflistung gibt Ihnen eine Übersicht. Alle Lodges sind buchbar über entsprechende deutsche Reiseveranstalter.

Hinweis
Die Buchstaben in Klammern beziehen sich auf die Karte S. 450/451.

Londolozi Game Reserve (H). Dieses Game Reserve ist besonders exklusiv und ist für die Beobachtungsmöglichkeit von Leoparden bekannt; am Sand River gelegen, offene Veranda, Swimmingpool, Bar, Boma, Laden. 3 Camps: Tree Camp (am teuersten), Bush Camp, Main Camp. Das Naturschutzgebiet ist international bekannt für sein Management, das in außergewöhnlicher Weise die Erhaltung der Natur, Integration der Tierwelt und die Einbeziehung der Einwohner vor Ort gewährleistet. Dafür wurde es auch international prämiert. Von hier aus besteht die beste Möglichkeit in Südafrika, Leoparden zu sehen und natürlich auch andere Wildtiere zu beobachten. 4 private Safaricamps: Main Camp, Tree Camp, Safari Lodge und Bush Camps, die alle am Fluss liegen, u. a. Safari Lodge, 6 Chalets, offene Veranda aus Holz. Das Ultimum an Exklusivität und Privatheit!

Mala Mala Game Reserve (I). Der weltberühmte Klassiker unter den privaten Game Reserves; an der Westgrenze des Kruger N.P. gelegen, Aufenthaltsraum, Bar, Boma, 2 Swimmingpools, Laden. Das Private Game Reserve verfügt über das weitaus größte, private Wildschutzgebiet im Sabi Sands Reserve. Die beiden Flüsse Sabi und Sand fließen durch dieses Reservat und bieten hervorragende Wildbeobachtungsmöglichkeiten. Hierzu gehören insgesamt drei Lodges neben dem Main Camp:

Mala Mala Game Reserve

- **Kirkmans Camp (L)**, Benmore, im Stil der 1920er Jahre erbaut, koloniale Atmosphäre. Aus Sicherheitsgründen ist der Aufenthalt von Kindern unter 12 Jahren nicht erlaubt. Oberhalb des Sand River, Aufenthaltsraum, Bar, Tennisplatz, Swimmingpool, Boma, Laden
- **Harry's Camp (M)**, das kleinste Camp in Mala Mala Game

9. Mpumalanga und Limpopo Province: Kruger NP

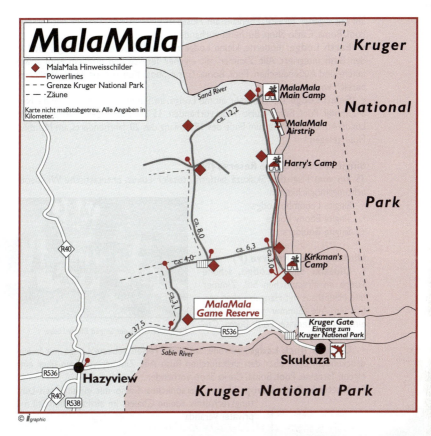

Reserve. Alle Camps zeigen durch ihre spezifische Architektur und Dekoration einen Ausschnitt aus der afrikanischen Kultur. Hier werden die geometrischen Mustern und Figuren der Ndbele nachempfunden. An der Westgrenze des Kruger N.P. gelegen, Aufenthaltsraum, Bar, Boma, Swimmingpools, Laden.

Sabi Sabi Game Reserve (J)
Ein Modell des ökologischen Tourismus. Liegt am Rande des Kruger Parks. Aufenthaltsraum, Bar, Swimmingpool, Boma, Laden
• **Bush Lodge**: die größte und preiswerteste der 3 Lodges. Große, schöne Chalets im afrikanischen

Die Kleinen immer in der Mitte

Stil mit eigener Terasse. Ebenfalls am Flussbett gelegen. Alle Zimmer mit Terasse. Pool, Boma, Curio Shop, Bücherei vorhanden.
- **Earth Lodge**: moderne, kleine Lodge mit beeindruckendem Design. Total in den Bush integriert. Alle Zimmer mit eigener Terasse und eigenem Pool sowie Innen- und Außenduschen. Pool, Boma, Curio Shop, Kunstgalerie sowie Wellnessbereich vorhanden.
- **Selati Lodge**: kleinste, sehr intime Lodge, im Stil der Jahrhundertwende. Nur 8 Zimmer. Pool, Boma Curio Shop vorhanden. 15 km nach Skukuza Airport, tolle Luxus-Atmosphäre wie zum Ende des 19./Anfang des 20. Jahrhunderts, am Msuthlu-Fluss gelegen

Singita Private Game Reserve (N)
35 km vom Flughafen Skukuza entfernt, totaler Luxus, phantastische Wildbeobachtungsmöglichkeiten
- Singita Lebombo Lodge
- Singita Ebony Lodge
- Singita Boulders

Ulusaba Game Reserve (P)
- **Ulusaba Safari Lodge,** schöne Lodge im afrikanischen Stil. Zimmer und Haupthaus mit Hängebrücken verbunden. Alle Zimmer verfügen über eine eigene Terasse. Pool, Boma, Curio Shop vorhanden.

Kolonialer Luxus der Singita Ebony Lodge

- **Ulusaba Rock Lodge,** stilvolle, auf einen Felsen gebaute Lodge mit beeindruckendem Blick über den afrikanischen Bush. Alle Zimmer verfügen über eine eigene Terasse. Pool, Boma, Curio Shop vorhanden.
- **Notten's Bush Camp,** kleines, persönliches Camp mit gutem Preis-Leistungsverhältnis. Kleine Chalets im afrikanischen Stil mit privater Veranda.

Chitwa Chitwa Reservat
- **Chitwa Chitwa Main Lodge,** das Chitwa Chitwa Reservat verfügt über 2 Lodges. Beide Lodges sind im afrikanischen Stil eingerichtet und bieten Unterkunft in schönen Chalets mit eigener Terasse. Die Main Lodge ist etwas hochwertiger. Die Safari Lodge hat ein sehr gutes Preis-Leistungsverhältnis.

Blick von der Veranda der Chitwa Chitwa Main Lodge

Elephant Plains (O), neu renovierte Lodge mit sehr gutem Preis-Leistungsverhältnis. Unterkunft in den sehr komfortablen 5 geräumigen Ried-gedeckten Chalets. Pool, Ausschaudeck, Curio Shop vorhanden.

Akeru, kleine, neue Lodge im Timbavati-Gebiet. Das Besondere: Diese Lodge hat keinen Strom. Es werden Fackeln, Petroleumlampen und ein Generator benutzt. Boma, Pool und Aussichtsplattform vorhanden.

Savanna, schönes Zeltcamp in offener Buschsavanne. Zelte sind luxuriös mit eigenem Bad und Terrasse ausgestattet. Pool und Curio Shop vorhanden.

Motswari (A), Lodge 1981 von einem Deutschen errichtet, das heute als Familienbetrieb geführt wird. 15 Luxusbungalows, südlich von Phalaborwa am Rande des Kruger N.P. gelegen, Swimmingpool, Boma, Konferenzraum, Bar, Veranda

Motswari M'Bali (B), 9 km von Motswari, im Timbavati-Gebiet, das wiederum im Zentrum des Kruger Nationalparks liegt. Echter Geheimtipp! Bar, Swimmingpool

Inyati Game Lodge (F), am Rande des Kruger N.P. gelegen, Aufenthaltsraum, Swimmingpool, Boma, Laden

Ngala Game Lodge (D), an der Westgrenze des Kruger N.P. gelegen, Aufenthaltsraum, Laden, Bar, Boma, Swimmingpool

Tshukudu Game Lodge, westl. des Kruger N.P. in der Nähe von Hoedspruit gelegen, offene Veranda, Bar, Swimmingpool, Boma, Laden

Inyati Game Reserve

Wilderness Trails

Im Kruger Nationalpark werden unter dem Schutz und der Führung von erfahrenen Wildhütern faszinierende Wildniswanderungen auf sieben verschiedenen Pfaden veranstaltet:
- Wolhuter
- Boesman
- Olifants
- Nyalaland
- Metsimetsi
- Napi
- Sweni

Wildniswanderungen

 Informationen
unter www.southafrica-travel.net/north/a_knp_trails.htm

Die Wanderungen dauern zwei Tage und bieten die Möglichkeit, die Vielfältigkeit der Tierwelt und der Vegetation des Nationalparks zu sehen. Drei Nächte werden in rustikalen Hütten im Busch verbracht. Alle Ausrüstungsgegenstände und die Verpflegung werden gestellt und durch den National Parks Board befördert. Die Größe der Gruppen ist auf jeweils maximal acht Personen beschränkt, die mindestens 12 und höchstens 60 Jahre alt sein dürfen. Rucksäcke sind nicht notwendig.

INFO — Ratschläge für den Aufenthalt im Nationalpark

- Das **Aussteigen aus dem Auto** außerhalb der eingezäunten Camps ist **verboten**, da es zu gefährlich ist. Die Tiere decken sich oft farblich in optimaler Weise mit der Landschaft, und schnell wäre eine unliebsame Bekanntschaft mit so manchem Raubtier geschlossen.
- Die meisten Straßen sind in sehr gutem Zustand und sogar asphaltiert, was manchen ungeduldigen Besucher zum schnellen Fahren verleitet (die **Geschwindigkeitsbegrenzung beträgt 50 km/h**!). Doch Sie wollen ja Tiere beobachten – und das geht nur, wenn Sie langsam fahren. Bei ca. 20 km pro Stunde haben Sie die Chance, die Landschaft mit dem Auge voll zu erfassen, um Tiere zu sichten. Ein langsames Ausrollen des Wagens – ggf. Motor abstellen – ermöglicht ungestörtes Beobachten. Allerdings empfehle ich Ihnen, bei Elefanten den Motor laufen zu lassen, um bei Gefahr schnell starten zu können. Mir wurde versichert, dass es Elefanten, wenn sie gereizt sind, auch mit einem Auto aufnehmen.
- Während der **heißen Tageszeit** suchen auch die Tiere Schatten und halten sich oft unter Bäumen und Büschen auf. Diese Zeit eignet sich nur **schlecht für Pirschfahrten**.

- Viele Dämme, Flüsse und Wasserlöcher sind ausgeschildert. Hier trifft man **insbesondere morgens, aber auch spätnachmittags Tiere**, die zum Trinken kommen.
- Kreisende Geier, ebenso umherschleichende Schakale, weisen auf gerissenes Wild hin. Vielleicht sind Löwen oder andere Raubtiere in der Nähe.
- Hören Sie genau auf Geräusche, und **unterhalten Sie sich nur leise im Wagen** – manche Tiere haben ein erstaunliches Gehör und zeigen sich erst gar nicht. Schauen Sie auch manchmal auf die Bäume und Sträucher, denn auch die über 450 Vogelarten gehören zum Nationalpark!
- Die Fotografen – wer ist das heute nicht – sollten ihre **Kamera immer schussbereit** halten. Doch ohne Teleobjektiv wird ihre Ausbeute an guten Bildern nur spärlich ausfallen. Vergessen Sie nicht einen „schnellen" (lichtempfindlichen) Film (DIN 24–27). Denken Sie auf alle Fälle an ein gutes **Fernglas** (10 x 40).
- **Pirschfahrten** sind nur **zwischen Sonnenaufgang und Sonnenuntergang** gestattet. Die Zeiten ändern sich deshalb ständig.
- Beachten Sie bitte die Schließzeiten der Camps und Gates. Wenn Sie nicht rechtzeitig den Park verlassen haben bzw. zurück in Ihrem Camp sind, müssen Sie mit einer empfindlichen Geldstrafe rechnen.
- Das Kruger Park-Gebiet gilt als Malaria-gefährdet. Decken Sie sich deshalb vor der Ankunft mit einem **Malaria-Präparat** ein. Erkundigen Sie sich nach einem geeigneten Mittel bei Ihrem Arzt oder in einer südafrikanischen Apotheke.
- Das **Füttern und Stören** der Tiere ist **strengstens verboten**.

Beschreibung des Kruger Nationalparks

Der Kruger National Park ist sicherlich ein **touristisches „Muss"** einer jeden Südafrika-Reise. Die Entfernung nach Johannesburg ist nicht zu groß, und selbst mit dem Auto braucht man nicht länger als einen Tag. Haben Sie nur wenig Zeit, so können Sie direkt vom Johannesburger International Airport ins Königreich der Tiere fliegen. Und der Weg nach Mpumalanga/Limpopo Province lohnt sich nicht nur wegen des Kruger Parks: Der nahe liegende Blyde River Canyon sowie die dieses Gebiet erschließende Panorama-Route bilden außerordentlich reizvolle landschaftliche Erlebnisse.

Reizvolle landschaftliche Erlebnisse

Für den Kruger Park sollten Sie sich etwa drei Tage reservieren. Mehr wäre zwar besser, doch angesichts der begrenzten Zeit, die man normalerweise als Tourist im Lande verbringt, und der vielen anderen Anziehungspunkte des Landes ist dies sicherlich ausreichend. In Anbetracht dessen ist es natürlich unmöglich, den ganzen Park einschließlich der gesamten Tierwelt kennen zu lernen. Bedenken Sie, dass Tierbeobachtungen immer auch Zufallsbeobachtungen sind und man Ihnen nicht garantieren kann, was Sie sehen werden. Doch ich bin sicher, dass Sie auf Ihre Kosten kommen, wenn Ihre Erwartungen nicht zu hoch gespannt sind und Sie nicht hinter jeder Kurve einen Löwen beim Riss oder einen Elefanten beim Baden erwarten.

Der Nationalpark, der im Osten an Moçambique und im Norden an Zimbabwe grenzt, bedeckt heute eine Fläche von ca. 19 000 qkm, das ist immerhin 1,7 % der Gesamtfläche der Republik Südafrika oder die Fläche des Bundeslandes Hessen. Die Nord-Süd-Ausdehnung beträgt ca. 350 km, und die Breite schwankt zwischen 40 und 80 km. Das gesamte Gebiet ist vollständig eingezäunt. Es ist leicht, hier auf Pirschfahrt zu gehen: Es stehen insgesamt 1 863 km Straßen zur Verfügung, die z.T. asphaltiert sind (697 km), so dass man auch in der Trockenzeit nicht immer Staubpisten befahren muss (wie es beispielsweise im Etosha National Park in Namibia der Fall ist). Sicherlich nehmen die geteerten Straßen etwas vom „Urtümlichen" der Landschaft, sie sind zum Fahren halt bequemer, und durch das leisere Rollen der Autos werden die Tiere weniger gestört.

Gute Möglichkeiten für die Pirschfahrt

Natürlich ist es verboten, von den Wegen abzuweichen, um kreuz und quer durch den Busch zu fahren. Das ist auch gut so, denn schließlich ist der Mensch hier zu Gast im Reich der Tiere – und nicht umgekehrt. Immerhin kamen 2002 knapp eine Million Besucher.

Geschichte

Die Notwendigkeit des Naturschutzes wurde in Südafrika schon sehr früh erkannt. Bereits 1889 beschloss der Volksrat, das Jagen im Gebiet zwischen dem Sabie- und dem Crocodile-Fluss zu verbieten. In dieser Zeit war die Malaria stark verbreitet, und in allen Flüssen des Parks gab es die Bilharziose, eine gefährliche Wurmkrankheit. Moskitos und die Tsetsefliege behinderten die Besiedlung der Landschaft, doch in der Trockenzeit kamen Wilderer, die allmählich einige Tierarten – insbesondere Elefanten wegen ihres Elfenbeins – auszurotten drohten.

Notwendigkeit des Naturschutzes

> **INFO** **Wer war James Stevenson-Hamilton?**

Als das Gebiet zwischen dem Sabie River und dem Crocodile River im Jahre 1902 zum Wildschutzgebiet erklärt wurde, vergab man die Stelle als Ober-Wildschutzhüter (Chief Warden) an Stevenson-Hamilton. Er erhielt sehr vage Angaben darüber, wie er der Wilderei Einhalt gebieten sollte. Ebenso hatte er niemanden, der ihm bei dieser Aufgabe helfen sollte. Doch er machte sich sehr ernsthaft an die Aufgabe, mittels Erlassen der Wilderei ein Ende zu bereiten. Bald standen ihm bei seiner schweren Aufgabe zwei Gehilfen zur Verfügung, und rigoros setzte er der Wilderei ein Ende. So erhielt er von den Afrikanern den Beinamen „siKhukhuza". Die europäische Form des Namens wurde dann „Skukuza" – und so heißt heute der Ort der Hauptverwaltung im Park.

J. Stevenson-Hamilton

Stevenson-Hamilton gilt bei den Südafrikanern als der „Vater des Kruger Parks". Er arbeitete bis zu seiner Pensionierung im Jahre 1946 an seiner Aufgabe, und es gelang ihm, die Grenzziehung des Naturschutzgebietes gegenüber anderen Interessen zu sichern und zu behaupten.

Vereinzelt wohnten hier Schwarzafrikaner, die sich von den Nachbarstämmen abgesondert hatten, doch sie wurden durch das Malaria-Fieber und die Bilharziose-Krankheit geschwächt, und auch ihre Tiere wurden durch Krankheiten erheblich dezimiert. Aber immerhin wurde das Gebiet durch die umherstreifenden Jäger und von durchziehenden Händlern gut erforscht. Auch Voortrekker – so Luis Trichardt, Johannes van Rensburg und Hendrik Potgieter – kreuzten die Gegend, um Verbindung mit den portugiesischen Häfen in Moçambique zu knüpfen.

Ehemaliges Gebiet der Buschmänner
In viel früherer Zeit jagten bereits Buschmänner hier. Felszeichnungen legen davon Zeugnis ab. Die Buschmänner zogen vom Hochveld jeden Winter in dieses Gebiet, da es dann keine Moskitos gab.

Geographie

Der Park liegt auf einer Höhe zwischen 200 und 800 m. Bis auf wenige Erhebungen und den hügligeren Norden ist die Landschaft eher flach. Der Niederschlag, der sich auf die Sommermonate Oktober bis März verteilt, beträgt im Norden durchschnittlich 125 mm, im Süden 750 mm pro Jahr. Die Temperaturen können im Sommer auf über 40 °C ansteigen, während sie in der Trockenzeit bis auf 2 °C absinken. Im Sommer sind die tiefer liegenden Bereiche im Norden wegen der Hitze geschlossen.

Das Parkgebiet lässt sich in **fünf Hauptregionen** einteilen:

Fünf Regionen

❶ Gebiet nördlich des Olifant River

Hier wachsen mittelgroße Mopane-Bäume, die sich an den geringen Niederschlag und an die alkalischen Böden angepasst haben. Sie beweisen die enormen Anpassungsleistungen der Pflanzen an die klimatischen Gegebenheiten: Bei Hitze falten sich ihre Blätter entlang einer mittleren Kerbe zusammen, so dass sie keine Sonne auffangen. So bewahrt der Baum seine Feuchtigkeit, aus diesem Grunde sind Mopane-Bäume als Schattenspender völlig ungeeignet. Ihre Blätter sind aber sehr nahrhaft und werden von Elefanten und Antilopen bevorzugt. Der Mopane-Wurm, eine fette Raupenart, kann selbst von Menschen gegessen werden: Er weist einen hohen Proteingehalt auf, kann getrocknet oder geröstet werden und ist bei manchen schwarzafrikanischen Volksgruppen äußerst beliebt.

❷ Gebiet südlich des Olifant-Flusses bis zum Crocodile-Fluss (östlicher Teil)

Hier ist die Erde fruchtbar, und die Landschaft erhält viel Niederschlag. Die süß schmeckenden Gräser werden von vielen Tierarten bevorzugt und bieten ihnen beste Lebensbedingungen. Man trifft hier insbesondere Büffelherden, Giraffen, Zebras und Wildebeest an. Die in diesem Bereich wachsenden Dornakazien bieten zusätzlich nahrhafte Blätter und Samenschoten. Sie stehen im Frühjahr in Blüte (weiß-gelbe Blüten) und duften. Die Akazienbäume bieten aufgrund ihrer schirmartigen Form den Tieren viel Schatten während der heißen Tageszeit.

Olifants Camp

❸ Gebiet südlich des Olifant-Flusses und des Crocodile-Flusses (Mittelgebiet)

Das Gebiet ist eine weite Parklandschaft mit süß schmeckenden Gräsern und roten Busch-Weiden.

❹ Region entlang der Westgrenze zwischen Olifant-Fluss und Crocodile-Fluss

Mit 760 mm Niederschlag pro Jahr fällt in dieser Gegend viel Regen, so dass die Landschaft gut bewässert ist. Das Gras schmeckt in diesem Bereich allerdings sauer, was die Antilopen weniger mögen. Hier finden sich viele Baumarten.

❺ Region entlang der Nordgrenze, in den Tälern des Luvuvhu und Limpopo-Flusses

In diesem Gebiet treffen wir tropischen Regenwald mit Mahagoni-, Ebenholz- und Baobab-Bäumen an.

Tierwelt

Der Kruger National Park ist reich an verschiedenen Tierarten. Doch Sie dürfen nicht vergessen, dass sich die vielgestaltige Tierwelt auf eine große Fläche verteilt. Dementsprechend darf man nicht erwarten, dass man – wie im Zoo – laufend

Tiere beobachten kann. Vielmehr ist das, was man zu sehen bekommt, vom Ort, von der Jahreszeit und vom Zufall bestimmt. Man kann von einer Wasserstelle gerade weggefahren sein – und nur eine Minute später tritt eine Elefantenherde aus dem Savannendickicht und inszeniert ein unvergessliches Bad.

Ständige Kontrolle der Natur
Der Nationalpark ist in insgesamt **400 Kontrollblöcke** eingeteilt. Jede dieser Regionen wird von Fachleuten sorgfältig beobachtet, der Zustand der Vegetation registriert und die Arten sowie die Menge des vorkommenden Wildes notiert. So kann auch die maximale Tragfähigkeit eines Gebietes ermittelt werden, die vom Zustand der Vegetation sowie der Anzahl der Tiere bestimmt wird.

Diese **ständigen Kontrollmaßnahmen** sind deshalb wichtig, weil die Natur hier in die Grenzen eines Schutzgebietes gewiesen wurde: Die normalen Zugwege der Tiere in benachbarte Landschaften sind unterbunden, und ebenso vermehren sich manche Tierarten so stark, dass sie die natürlichen Grundlagen aus dem Gleichgewicht bringen und die Lebensmöglichkeiten bestimmter Pflanzen und Tiere beschneiden könnten. Daher muss künstlich für ein ökologisches Gleichgewicht gesorgt werden, um den Naturschutz zu gewährleisten. Und aus diesem Grunde kommt es für den Laien zu so manchen Grausamkeiten.

„Im südafrikanischen Kruger Nationalpark wird eine Elefantenherde aus der Luft mit Zyankali-Geschossen erlegt. Was wie Wildfrevel großen Stils aussieht, ist in Wahrheit

Zählungen der vergangenen Jahre ergeben folgende Übersicht über die Anzahl der Tiere:

	1993	1998	2000
Schwarzes Nashorn	220	-	250
Streifengnu	12 723	~14 000	~14 000
Büffel	15 253	~22 500	21 000
Zebra	29 142	~30 000	~30 000
Gepard	250–300	~200	~200
Elenantilope	496	~600	500
Elefant	7 834	8 870	9 152
Giraffe	4 600	~5 000	~5 000
Flusspferd	2 314	3 200	2 963
Hyäne	2 000	~2 000	~2 000
Impala	97 297	~100 000	~100 000
Kudu	3 150	~8 000	3 500
Leopard	600–900	~1 000	~1 000
Löwe	1 500+	~2 000	2 500
Roan Antilope	44	~70	60
Säbel Antilope	880	~450	300
Tsessebe	363	~200	~200
Wasserbock	1 425	~3 000	1 500
Weißes Nashorn	1 871	~2 500	~2 500
Wildhund	350+	~380	350

eine unumgängliche ökologische Maßnahme: Denn viele der afrikanischen Naturparks sind überweidet – regelrechte Wildlife-Slums. Um sie zu sanieren, müssen Tiere sterben."

 Hinweis
Beschreibung der häufigsten Tiere des Parks ab S. 81

Vom Blyde River Canyon oder Kruger Park zur Limpopo Province

Überblick

Ähnlich wie Bophuthatswana wurde das damalige Venda 1979 von Südafrika in eine international nicht anerkannte „Unabhängigkeit" entlassen. Später wurde diese Unabhängigkeit jedoch wieder aufgehoben und das Gebiet des ehemaligen Venda dann in die „Limpopo Province" integriert. Für alle Reisenden, die viel Zeit für ihren Südafrika-Urlaub mitbringen, ist das relativ ursprünglich gebliebene, hügelige Gebiet an der Grenze zu Zimbabwe reizvoll, denn hier fühlt man sich noch so richtig in Afrika. Und von hier aus ist es ein „Katzensprung" nach Zimbabwe, um eventuell die Victoria-Fälle und die Great Zimbabwe Ruins zu besuchen.

Ursprüngliches Afrika

Streckenhinweis
Es gibt folgende grundsätzliche Möglichkeiten, die Limpopo Province im Anschluss an den Besuch des Kruger National Parks bzw. des Blyde River Canyon zu besuchen:
- **Vom Kruger Park aus**: Sie durchfahren bei Ihrem Besuch den Park bis Punda Maria, übernachten hier und fahren danach die R524 nach Thohoyandou.
- **Vom Gebiet des Blyde River Canyon aus**: R36 nach Norden, die später in die R529 und R81 übergeht. Die R81 stößt auf die R524 und führt direkt nach Thohoyandou.

Wenn es Ihre Zeit zulässt, sollten Sie bei Ihrem Wege in das Gebiet des ehemaligen Venda oder von dort zurück in den Süden das kleine reizvolle Städtchen Tzaneen besuchen.

Tzaneen

Tzaneen bedeutet in der Sprache der Hottentotten soviel wie „Korb". Und damit ist die Einbettung des Städtchens, das am Letaba-Fluss liegt, in eine idyllische Talmulde gemeint. Im Umland leben die Menschen von der Forstwirtschaft sowie dem Anbau von Tee. In unmittelbarer Nähe liegt der Fanie Botha Dam. Die 1912 gegründete Stadt ist ein **zentraler Ort** für das umliegende Agrarland, wo außer Tee vor allem auch subtropische Früchte, Blumen, Nüsse, Wintergemüse und Kartoffeln angebaut werden. Der Ort konnte sich erst entwickeln, als die Malaria besiegt wurde.

Limpopo Province (ⓘ s. S. 207)

Ehemaliges Venda

Venda war das kleinste „unabhängige" Homeland in Südafrika und durch seine periphere Lage den meisten Reisenden höchstens von der Karte her bekannt. Doch sollte das nicht dazu verleiten, zu glauben, hier gäbe es nichts Interessantes zu sehen. Das Gebiet beeindruckt alleine schon durch seine unterschiedlichen und teilweise noch sehr natürlichen Landschaftsformen. Wegen des trockenen Klimas ist der Norden nur spärlich besiedelt, der Süden, wegen seines gebirgigen Charakters mit erheblich mehr Regen bedacht, dagegen dichter. Es gibt aber auch hier keine richtigen Städte.

> **Redaktions-Tipps**
>
> - **Übernachtung**: in Thohoyandou im Venda Sun.
> - Am nächsten Tag machen Sie eine **Rundfahrt** mit einem Führer des Tourist Office zu den Dzata-Ruinen (S. 472), dem Sacred Forest (S. 471) und zum Lake Fundudzi (S. 471).
> - Am dritten Tag besichtigen Sie eine **Teeplantage** und fahren danach zum Nwanedi Resort, wo Sie sich am besten einen Luxury Room vorbuchen.
> - Am vierten Tag zum Big Tree (S. 472) und danach Ihr Anschlussprogramm

Interesse weckt aber vor allem die **Kultur** des Landes. Kaum von fremden Einflüssen berührt, spiegelt sie noch einiges von den alten Mythen Afrikas wider, die in anderen Gebieten kaum noch zu finden sind.

Beeindruckende Landschaftsformen

Nach unzähligen Weiden und Dörfern kommt man plötzlich zu einer etwas größeren Siedlung und einer Straßenkreuzung mit Ampel – die wohl erste Ampel seit Hunderten von Kilometern für Reisende aus Richtung Osten. Und schon befindet man sich in Thohoyandou, der ehemaligen Hauptstadt des Homelands. Hier in der Nähe gibt es so einige Sehenswürdigkeiten, die mit dem Privatwagen oder mit Minibussen aufgesucht werden können. Viele dieser Sehenswürdigkeiten sind eng mit der **Kultur der VhaVenda** verbunden und gelten teilweise als heilig.

Für eine Fahrt von Johannesburg aus empfehle ich Ihnen Folgendes: Fahren Sie von Süden aus in den Kruger National Park und verlassen Sie diesen im Norden am Punda Maria Gate. Die Strecke führt Sie direkt nach Thohoyandou.

Nachdem Sie dieses Gebiet der Limpopo Province ausreichend erkundet haben, nehmen Sie südlich von Louis

9. Mpumalanga und Limpopo Province: Limpopo Province

Trichardt die R36, die Sie nach Tzaneen und weiter in die Bergregion des östlichen Mpumalanga führt. Von dort fahren Sie dann zurück nach Johannesburg. Diese Route ist um einiges interessanter als die N1.

Entfernungen
Thohoyandou – Johannesburg: 568 km
Thohoyandou – Louis Trichardt: 64 km

Vha Venda Village

Geschichte und Politik der VhaVenda

Von den **großen Seen Zentralafrikas** wanderten die Vorfahren der VhaVenda ab dem 12. Jahrhundert nach Süden. Im 18. Jahrhundert überquerte eine Gruppe der Vha Senzi und der Vhalemba unter der Führung von Dimbanyika den Limpopo, zog durch das heiße und trockene Limpopotal und entdeckte in den Bergen des Soutpanberges ein neues Siedlungsgebiet, das sie Venda nannten. Der neue Häuptlingskraal erhielt den Namen Dzata.

Seit 800 Jahren besiedelt

Nach dem Tode Dimbanyikas wanderte das Volk ins Nzehele-Tal, wo ein zweiter Dzata gegründet wurde. Hier, unter der Führung des Thohoyandou, entfaltete sich der Stamm, gewann an Wohlstand und Einfluss, der vom Olifant-Fluss im Süden bis zum Zambezi im Norden reichte. Thohoyandou verschwand auf geheimnisvolle Weise, und Dzata wurde verlassen.

Es folgte eine Zeit der inneren Unruhe; Venda, „das angenehme Land", wurde Ziel anderer Einwanderer: Es kamen die Buren unter Paul Kruger; die Swasi drangen ein und wurden zurückgeschlagen von Makhado, dem „Löwen des Nordens"; die Bapedi und Tsonga kamen, aber die VhaVenda hielten ihnen stand.

Nach dem Tode Makhados im Jahre 1895 entbrannten Nachfolgestreitigkeiten zwischen seinen drei Söhnen, die mit dem Erfolg Mphephus endeten. 1898 musste Mphephus in den Norden fliehen; er kehrte jedoch 1902 zurück und siedelte wieder in Nzehele, wo er 1924 starb. Sein Sohn Mbulaheni folgte ihm nach; als dieser 1949 starb, übernahm Patrick Mphephu die Führung. 1951 verordnete der südafrikanische Apartheidstaat im Sinne des „Bantu Authority Act" dem Land 27 Stammes- und 3 Kolonialbehörden, denen 1962 eine Territorialbehörde folgte (es gibt 27 Unterstämme in Venda). 1969 wurde Venda eine **„partielle Selbstbestimmung"** zugestanden, und 1973 bekam es dann den Status zur internen „Selbstverwaltung". Bei der anschließenden Wahl erhielt zwar die „Venda Independence People's Party"/VIPP die Stimmenmehrheit und errang 10 der 18 wählbaren Sitze im Abgeordnetenhaus.

Selbstverwaltetes Homeland während der Apartheid

Zweite große Partei ist die „Venda National Party"/VNP, die von den traditionellen Führern (meist Häuptlingen) gegründet wurde. Mphephu geriet aber während seiner Amtszeit immer mehr ins Kreuzfeuer der Kritik, da er zu starr an den alten Strukturen festhielt. Damit wollte sich das Volk nicht mehr identifizieren. Als auch noch Korruptionsgerüchte laut ausgesprochen wurden, kam es 1990 zu einem Putsch, durch den Colonel Gabriel Ramushwana an die Macht kam. Seit der Unabhängigkeit 1994 ist Venda Teil der Limpopo Province.

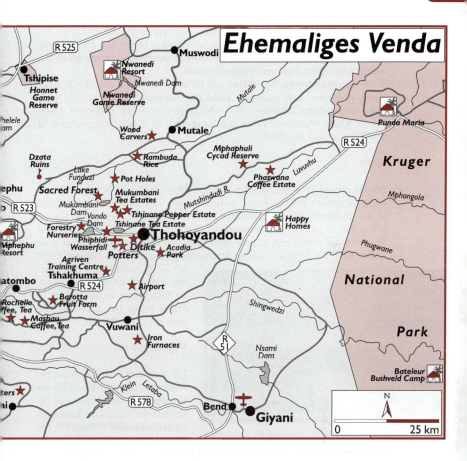

Geographie

Das Gebiet des ehemaligen Venda grenzt im Nordosten an den Kruger National Park, im Süden und Westen an die Soutpansberge und ganz im Norden fast bis an die Ufer des Limpopo. Der ca. 5 km breite Streifen, der dort noch zu Südafrika gehört, war strategisch wichtig, denn Südafrika wollte die Grenze zum Frontstaat Zimbabwe selber kontrollieren.

Das Land lässt sich **geographisch in drei Teile** gliedern:
• den **Norden**: Er ist klimatisch relativ trocken. Das Land fällt hier sanft zum Limpopo hin ab und wird auch als Malanga-Ebene bezeichnet. Hier gibt es keine auffälligen Erhebungen, und die Fläche fällt ab bis auf 400 m über dem Meeresspiegel.

- das **Bushveld**: Dieses Gebiet ist etwas hügeliger und durch dichteren Bewuchs gekennzeichnet. Die durchschnittliche Höhenlage beträgt hier 600 m. Durch höhere Niederschläge bedingt wird hier bereits intensivere Landwirtschaft betrieben, vorwiegend aber noch Weidewirtschaft.

Das Land der hundert Flüsse

- die **Soutpansberge**: Sie erheben sich bis auf 1 900 m und sind Quelle vieler Flüsse, weswegen Venda auch das „**Land der hundert Flüsse**" genannt wird. Hohe Niederschläge, besonders an den Südhängen, lassen hier größtenteils Ackerbau zu. Kleine Wasserkraftwerke und Staudämme für Bewässerungskulturen in den Tälern wurden errichtet.

Klima

Die Niederschlagsmengen variieren beträchtlich. Im äußersten Norden fällt teilweise weniger als 300 mm Regen im Jahr. Dagegen liegt die Niederschlagsmenge an den Südhängen der Soutpansberge bei bis zu 1 500 mm. Der meiste Niederschlag fällt in den Sommermonaten. Im Sommer kann das Klima daher sehr drückend und schwül sein, und nur in den höheren Berglagen ist es immer noch leidlich kühl. Die durchschnittlichen Sommertemperaturen in den Tieflagen liegen bei 27 °C (mittl. tägl. Max.), können aber bis auf 40 °C ansteigen. Im Winter liegen sie dann bei 14 °C. Fröste treten nur selten auf und dann nur in den Bergen.

Landschaft bei Duiwelskloof

Vegetation

Für den botanisch interessierten Reisenden bietet sich dieser Teil der Limpopo Province geradezu an. Besonders die Vielzahl an Baumarten ist beeindruckend. Während in den Bergen noch teilweise Feuchtwaldvegetation anzutreffen ist, herrscht im Norden der Mopane-Busch vor, der des Öfteren mit Affenbrotbäumen *(Baobabs)* durchsetzt ist. Die Flussläufe in dieser Region sind mit Galeriewäldern bestanden. Die offenen Flächen kann man als (meist landwirtschaftlich genutzte) **Parksavanne** bezeichnen, für die ja bekanntlich die Schirmakazie prägend ist.

Feuchtwald und Mompane-Busch

Ehemals waren die Hänge der Soutpansberge dicht bewaldet, doch sind zusammenhängende Waldflächen heute selten geworden. Einzelne Aufforstungen (Eucalyptus und Kiefern) unterbrechen das Bild einer nunmehr landwirtschaftlich genutzten Feuchtsavanne in dieser Region.

Bevölkerung

Der überwiegende Teil der Bevölkerung (ca. 80 %) lebt im klimatisch günstigeren Süden. Da die Industrie kaum Arbeitsplätze anbietet, wohnen fast alle VhaVenda auf ihren kleinen Farmen oder in den Dörfern. Der Anteil der Stadtbevölkerung an der Gesamtbevölkerung blieb in den letzten Jahren mit weniger als 5 % nahezu konstant.

Kunst und Handwerk

Die VhaVenda sind **gute Handwerker** und zählen heute zu den besten Holzschnitzern, Korbflechtern, Webern und Töpfern im Südlichen Afrika. Die Frauen fertigen Tonkrüge an, wobei sie weder Töpferscheibe noch Brennofen verwenden. Die Krüge werden auf einem alten Töpferhaufen geformt und mit einem Lederstück geglättet. Die traditionellen Krüge gibt es in zehn verschiedenen Größen und Formen; sie werden zum Kochen, zum Servieren von Essen und Getränken und zur Aufbewahrung von Lebensmitteln verwendet. Die mit schönen Mustern und Farben gestalteten Krüge dienen aber mehr zur Dekoration als zum praktischen Gebrauch.

Gute Handwerker

Körbe, Matten, Handtaschen und Hüte werden aus Sisal, Rohr, Ried, Rinde und Palmenblättern hergestellt und sind sowohl funktionell als auch dekorativ. Besonders nützlich und interessant sind die Holzschnitzarbeiten: Schüsseln, Töpfe, Löffel, Tabletts und Spazierstöcke werden mit traditionellen Mustern der Venda-Kultur geschmückt.

In Thohoyandou entstand ein Handwerkszentrum, das ganz Südafrika mit den Erzeugnissen der Venda beliefert.

Mythen und Menschen

Die ersten Bewohner des Landes waren Buschmänner, die als Jäger und Sammler in den Wäldern lebten und die großen Wildherden jagten. Ihr Vermächtnis sind die Felszeichnungen, die in entlegenen Höhlen versteckt sind.

Jäger und Sammler...

Mit der Ankunft der Venda verließen die Buschmänner das Land, aber sie ließen die unzähligen Geister ihrer Vorfahren und die Naturgeister der Flüsse, Berge und Wälder zurück. Jeder Fluss war von Wasserelfen und Wassergeistern bewohnt, die Wälder hatten ihre eigenen Geister, und auf den einsamen Bergspitzen standen verzauberte Bäume. Aberglaube und Legenden beeinflussen bis in die Gegenwart das Alltagsleben der VhaVenda, denn die Geschichten sind bis heute im ganzen Land verbreitet und lebendig.

Der Ursprung vieler Geschichten und Bräuche der Venda liegt im Dunkeln, so auch der Beginn der bedeutendsten und spektakulärsten aller Initiationszeremonien – der **Domba**, die Mädchen auf ihr Erwachsensein vorbereiten. Die großen Domba-Trommeln ertönen Nacht für Nacht, im ganzen Land werden Geschichten erzählt, es wird Musik gemacht und getanzt. Die Mädchen tanzen in einer langen Reihe, weshalb dieser Tanz auch Schlangen- oder Pythontanz genannt wird. Der Chief wohnt dieser Zeremonie bei und sucht sich dabei neue Frauen aus. Kein Wunder, dass einige Chiefs mehr als fünfzig Frauen und Hunderte von Kindern haben.

...Aberglaube und Legenden

Von Kindheit an gibt es Lieder für alle Lebenslagen. Die Alten und Kranken vertrauen ihr Leben den Medizinmännern und Kräuterkundigen an, und mit Hilfe des „ndilo" vermag der Medizinmann zu lesen, was die Geister offenbaren. Traditionell glauben die VhaVenda, dass die Funktionen des Körpers zentral von einem Organ, dem **„nowa"** (= Schlange) gesteuert werden. Es liegt in der Nähe des Magens, daher wird einem Kranken die Medizin oral verabreicht, damit dieses Organ sie aufnehmen kann. Nachdem die Medizin verdaut worden ist, beginnt deren Wirkung, und das kranke Organ wird ausgeschieden. Ein Medizinmann kann aber auch Übertäter bestrafen: Zum Beispiel kann er einen magischen Blitzschlag auslösen, der die Hütte des Betreffenden zerstört. Oder er verwünscht z.B. einen Stock und legt ihn der zu strafenden Person auf den Heimweg, so dass diese ihn unwissentlich berührt. Kurze Zeit später beginnt das Bein zu schmerzen und stirbt im schlimmsten Fall sogar ab.

Venda ist auch heute noch ein „Land der Mythen und Legenden", und wenn man beim Besuch eines Kraals den Geschichten der Dorfältesten zuhört, werden die Vorstellungen vom „alten Afrika" erfüllt.

Sehenswürdigkeiten

Das Gebiet des ehemaligen Venda ist zwar klein, bietet aber sehr unterschiedliche Landschaftsformen. Seine wilden, dünn besiedelten Landesteile beeindrucken durch ihre ursprüngliche Natur und ihre von fremden Einflüssen weitgehend unberührte Kultur.

Thohoyandou (ⓘ s. S. 207)

Hauptstadt ohne Flair

Thohoyandou ist eine neue „Stadt" und hat eigentlich nichts zu bieten. Alles wirkt halb fertiggestellt, und es herrscht ein Durcheinander von neuen Geschäften, Regierungsgebäuden und traditionellen Rundhütten. Vor den Geschäften sitzen viele Frauen, die das Gemüse ihrer kleinen Farmen verkaufen. Einige von ihnen kommen aus Zimbabwe oder Malawi, um hier etwas harte Währung zu verdienen, mit der sie dann Dinge kaufen, die es bei ihnen zu Hause nicht gibt.

Teeplantage im ehemaligen Venda

Der größte Markt ist in Sibasa, der Siedlung auf dem Berg oberhalb von Thohoyandou. Wenn Sie von hier die Straße nach Mphephu und Makhado fahren, haben Sie nach wenigen Kilometern eine schöne Aussicht über die Hauptstadt und ihr Umland. Ein Stück weiter gelangen Sie bereits zu den ersten Dörfern und zu zwei der **Teeplantagen**.

Das Tourist Office befindet sich an der Hauptstraße von Louis Trichardt, und hier kann man sich auch eine Reihe von Kunsthandwerksgegenständen ansehen.

Thatha Vondo

Es ist eine Bergwelt mit Flüssen, Wasserfällen und Wäldern. Von einem Aussichtspunkt bietet sich ein Blick auf den Vondo-Damm. In diesem Gebiet befindet sich eine Reihe von Sehenswürdigkeiten. Um sie alle zu besuchen, benötigt man teilweise ein Geländefahrzeug oder zumindest ein Fahrzeug mit ausreichender Bodenfreiheit. Besonders für den Besuch der heiligen Stätte empfiehlt es sich aber sowieso, eine Tour mit einem Führer zu unternehmen, um die Geschichten und Sagen aus dem Mund eines VhaVenda zu hören und zu verstehen.

Sacred Forest: Dieser heilige Wald ist sagenumwoben, und schon seit frühester Zeit werden hier die VhaVenda Chiefs begraben. Die Begräbnisstätte selbst kann man nicht besuchen. Die Sage besagt, dass der ehemals mächtige Chief Nethathe, verkörpert durch einen weißen Löwen, mit seinen Gehilfen, den Affen, darüber wacht, dass niemand diesen heiligen Ort aufsucht. Wer hier Feuerholz sammelt, wird von einer Schlange gewarnt und bei Ungehorsam gebissen, was zum Tode führt. Die Chiefs wurden alle mit ihrem besten Freund und Berater begraben. Bei Wassermangel wurden ihre Knochen ausgegraben, zermalmt und mit Wasser vermengt. Diese Mischung wurde dann den Dorfangehörigen verabreicht, die dabei schweigend auf einem Feld sitzen mussten, um ihnen Stärke zu verleihen.

Heiliger Ort

Man gelangt über eine Piste in diesen Wald und darf, mit Genehmigung, auch das Auto verlassen und die magische Kraft auf sich wirken lassen, die von diesem Ort ausgeht.

Lake Fundudzi: Auch dieser See gilt als heilig, und seine Magie ist eng verbunden mit der des heiligen Waldes. Die VhaVenda betrachten ihn als das Herz und die Seele des Vendalandes. In seinen Tiefen lebt eine große, weiße Pythonschlange, und ein Krokodil wacht darüber, dass niemand Trinkwasser aus dem See entnimmt. Obwohl es gerade in diesem Gebiet sehr viel regnet, erhält der See sein Wasser in der Trockenheit, wenn die Erde der Berghänge es freigibt. Diese Tatsache hat die VhaVenda so fasziniert und zu dem Glauben geführt, dass sich einfaches Regenwasser mit dem heiligen Wasser des Sees nicht vermengen kann, und selbst das Wasser des Mutale River fließt nur durch ihn hindurch, um am anderen Ufer wieder auszutreten. Der See ist sehr fischreich, doch versucht niemand diese Fische zu fangen, denn wer sich ihm nur mit einer Angel nähert, wird eine Stimme aus seinen Tiefen hören, die ihn davor warnt. Von einer Anhöhe aus können Sie den ganzen See überblicken. An die Ufer darf man aber nur, wenn man vorher die Erlaubnis des ansässigen Chiefs eingeholt hat.

Magische Kräfte

Tshatshingo Potholes: In diese in Granitgestein geformte Wasserlöcher wurden in alten Zeiten die „Staatsfeinde" geworfen, nachdem ein Häuptlings-Gericht sie für schuldig befunden hatte. Niemand durfte aber von der Hinrichtung erfahren, und nur ein paar ausgewählte starke Männer vollbrachten die Tat. Dabei töteten sie die Feinde, legten einen Strick um ihren Hals und brachten sie dann zu den Löchern, um sie hineinzuwerfen. Derjenige, der diese Tat weitererzählte, wurde auf gleiche Weise getötet.

Tshivhase Tea Estates: Diese Teeplantage eignet sich am besten für einen Besuch, da sie nicht weit von der Hauptstadt entfernt liegt. Die Bergregion bietet in der Regel genügend Niederschlag, um Tee anzubauen, und falls dieser einmal nicht ausreichen sollte, wird Wasser aus den Bergen entnommen, die eine hohe Wasserspeicherkapazität aufweisen. Der Tee wird in einer angeschlossenen Fabrik weiterverarbeitet.

Dzata-Ruinen

Bedeutende prähistorische Kultur

Sicherlich nicht so eindrucksvoll wie die Zimbabwe-Ruinen, aber ein weiteres Zeugnis dafür, dass die afrikanische Kultur vor dem Eindringen der Europäer in der Lage war, Steinbauten zu errichten. Viel ist noch nicht bekannt über diese Ruinen, aber eine Theorie geht davon aus, dass der Bau maßgeblich von den Zimbabwe-Ruinen beeinflusst war. Ein neues, kleines Museum zeigt eine Ausstellung zur Geschichte der **VhaVenda**.

Nwanedi National Resort (Kwandewi Resort/ⓘ s. S. 207)

Der Park liegt etwa 70 km nördlich von Thohoyandou und ist über 11 000 ha groß. Das letzte Stück dorthin ist Piste, welche in der Regenzeit und mit einem einfachen Pkw nicht immer leicht zu befahren ist. Mit dem Ausbau dieses Teilstücks soll aber bald begonnen werden.

In diesem Gebiet liegen die Zwillings-Seen Nwanedi und **Luphephe**. In den Seen gibt es gute Angelmöglichkeiten, und im Park sind Giraffen, Kudus, Zebras, Impalas, Warzenschweine und Rhinozerosse zu beobachten. Nach einem Zwischenfall vor wenigen Jahren wurden die hier ansässigen Löwen gefangen und in den Kruger-Park gebracht. Ein Naturlehrpfad wurde angelegt.

Am Ende des Nwanedi-Sees liegt ein Wasserfall, dessen Wasser in drei Pools aufgefangen wird. Schwimmen in diesen Pools gilt als sicher. Wer sich näher mit der Tierwelt beschäftigen will, kann entweder auf eigene Faust durch den Park fahren, oder besser mit einem Führer auf einem geländegängigen Fahrzeug herumfahren. Außerdem kann man hier Kanus ausleihen und auf dem See herumpaddeln. Dieses ist aber während der heißen Mittagsstunden nicht ratsam!

Sagole Spa und der „Big Tree"

In Sagole gibt es heiße Quellen, und man hat dort ein kleines Erholungsgebiet eingerichtet. Legenden berichten, dass das heiße Wasser von einer Python ausgespuckt wird, die unterhalb der Quellen lebt. Keiner darf sie stören, ansonsten trocknen entweder die Quellen aus oder das Wasser wird eiskalt. Im nahe gele-

Affenbrotbäume

genen Schilf beruhigt eine freundliche, mit einem Wollkopf versehene Schlange die Geister der Quellen.

Heiße Quellen und Erholungsgebiet

Eigentlich ist dies ein idealer Platz zum Entspannen. Von hier aus kann man auch Touren unternehmen, u.a. zu den Tshiungane Fortress Ruins, den Sandsteinhöhlen in den Damba Hills und zum **größten Affenbrotbaum Afrikas**, den die Venda einfach „The Big Tree" nennen.

Es wird behauptet, der Baum sei über 4 000 Jahre alt. In ihm finden 15 Leute Platz, und sein Umfang beträgt 43 m. Die Früchte des Affenbrotbaumes nutzen die Venda als Medizin. Eine häufige Zubereitungsmethode: Die Medizinmänner schneiden nur das zentrale Fruchtfleisch heraus, trocknen es, vermischen es mit einer Reihe von anderen Heilkräutern (u.a. den Blättern von den „Leberwurstbäumen") und kochen es dann auf. Zum Schluss wird Knochenmehl untergerührt. Die Medizin soll besonders Magenleiden bekämpfen. Eine logische Kombination eigentlich: Die Früchte und Kräuter spenden Vitamine, das Knochenmehl Magnesium, was bekanntlich gegen Sodbrennen hilft. Interessant ist, dass auch die *Fulbe* in Westafrika nach fast dem gleichen Rezept eine Medizin gegen Magenbeschwerden herstellen.

Weitere interessante Sehenswürdigkeiten im ehemaligen Venda

- das **Nzehele Nature Reserve**: Es liegt um einen kleinen Stausee und bietet besonders botanisch Interessierten einen kleinen Überblick über die vielfältige Vegetation der Region;
- die **Breathing Rocks**;
- und die **Felsen von Kokwane**, wo es auch ein paar **prähistorische Fußspuren** gibt.

Anschluss-Strecken von Limpopo Province/Mpumalanga

Über Messina nach Zimbabwe

Die N1 verbindet die Limpopo Province über Louis Trichardt und Messina mit Zimbabwe. Von hier aus kann man auf geteerter Straße leicht Bulawayo, die Great Zimbabwe Ruins sowie die Victoria Falls erreichen. Achtung: Mit südafrikanischen Mietwagen ist eine solche Tour nicht gestattet.

Ausflug nach Zimbabwe

Über Malelane und Jeppe's Reef nach Swasiland

Wenn man den Blyde River Canyon sowie die Region Kruger National Park besucht hat, bietet sich eine Weiterfahrt durch den Südteil des Kruger Parks nach Malelane und weiter zum Grenzübertritt nach Swasiland bei Jeppe's Reef an. Nach einem Aufenthalt und den Erkundungen in Swasiland kann man dann weiter nach KwaZulu/Natal an den Indischen Ozean fahren und hat Anschluss an die Hauptstrecke nach Durban.

Nach Kimberley

Nach einem Besuch des Blyde River Canyons und des Kruger Parks kann man den „großen Bogen" fahren: Von Phalaborwa über die R71 und Tzaneen nach Polokwane, dann weiter über Bela Bela (Warm Baths), von hier aus auf die R516 nach Westen bis Thabazimbi, von hier auf die R510 nach Süden und ca. 30 km hinter Northam zum Pilanesberg National Park/Sun City. Von hier führt dann die R565 nach Rustenburg, danach die R30 nach Klerksdorp. Von hier weiter auf der R29 nach Kimberley.

Marakele National Park

Allgemeiner Überblick

Der im Nordosten der Limpopo Province liegende jüngste Nationalpark Südafrikas umfasst 600 qkm. Nach Johannesburg sind es 250 km und ca. 40 km in die südlich gelegene Stadt Thabazimbi.

Allrad-Fahrzeug obligatorisch

Die nicht asphaltierten Wege erfordern zur Erkundung des Gebiets einen Allradwagen. In der Tswana-Sprache heißt Marakele soviel wie „Heiliger Zufluchtsort". Und genau das ist der Park

> Der neue malariafreie Nationalpark für den Südafrika-Kenner mit Allradfahrzeug

ökologisch für die Tiere, die hier in einem Übergangsgebiet zwischen den trockenen westlichen Landschaften und und feuchteren Osten Südafrikas leben. Angesiedelt wurden hier Elefanten, Nashörner, Büffel, Giraffen und Nilpferde, aber es gibt auch Löwen, Rappenatilopen und vor allem 800 Paare Kapgeier. Das Landschaftsbild ist durch die Bergregion des Waterberges geprägt: Es gibt Bergzüge, grüne Hügel und tiefeingeschnittene Täler – und damit auch einen Artenreichtum an Vegetation. Seltene Yellowwood-Bäume, Zedern Zykaden und Baumfarne (bis 5 m hoch) gilt es zu bestaunen.

Im Marakele National Park

Klima/Reisezeit

Die Winter sind trocken, manchmal so kalt, dass die Nachttemperatur unter Null Grad sinkt. Die Sommer können sehr heit und naß sein, heftige Gewitter sorgen für kurze Abkühlung. Obwohl es in Sommer nicht ganz so nass ist wie im Kruger Park, empfiehlt sich auch hier die Trockenzeit als Reisezeit, um bessere Tierbeobachtungen zu genießen (Mai–Oktober).

Straßen

Die Naturwege sind Sand- und Schotterpisten, die Fahrt mit einem Allradfahrzeug obligatorisch.

Vhembe Dongola National Park

Dieser Park liegt im äußersten Nordosten der Limpopo Province, Zufahrt 60 km westlich von Messina. Der Park ist ein Teil des geplanten Vhembe/Dongola and Limpopo Transfrontier Park, an dem Südafrika, Zimbabwe und Botswana ihren Anteil an den insgesamt 4 900 qkm Fläche haben werden.

Der Park birgt vor allem archäologische Funde einer vergangenen Buschmann-Kultur. 1932 entdeckte man hier alte Begräbnisstätten auf dem Mapungubwe Hill (Ort der Schakale). Die berühmte Grabbeilage des „Golden Rhino" war ein Symbol für Macht des Königs des Mapungubwe-Stamms, der vor etwa 1 000 Jahren das Gebiet am Limpopo River im Zusammenfluss des Sashi River bewohnte. Dieser Stamm lebte u. a. davon, dass er alte Handelswege zwischen dem Indischen Ozean und der Ostküste kontrollierte.

Funde der Buschmann-Kultur

Das berühmte Goldene Rhino

Das Rhino wurde in den alten Zeiten als Symbol der Macht gesehen. Noch immer ist das Nashorn ein Machtsymbol bei den Shonas in Zimbabwe, die z.T. Nachfolger der Mapungubwe-Zivilisation sind.

Das gefundene Golden Rhino, in der Bedeutung etwas ähnlich den Grabbeilagen in Ägypten, ist ein Beweis für die alte Geschichte Schwarzafrikas. Es ist 22 cm lang und es handelt sich dabei um eine in Gold gewickelte Holzfigur. An der gleichen Fundstelle grub man auch eine Goldschale und alte Töpferwaren aus.

Nicht golden, aber eines der prächtigsten Tiere in Südafrika – das Spitzmaulnashorn

Besichtigung:
Mapungubwe Museum, Fine Arts Building an der Pretoria University. Öffnungszeiten: wochentags 10h–16h, Auskunft: Tel. 012-4203146

10. NORTH WEST PROVINCE
Ehemaliges Bophuthatswana
Überblick

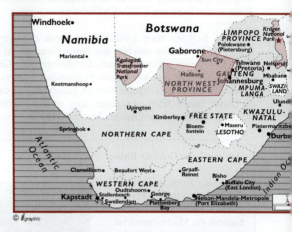

Bophuthatswana war ein nahezu klassisches Relikt der Apartheid mit sieben voneinander isolierten Teilen und ist sicherlich nicht *das* Reisegebiet Südafrikas. Aber: Neben dem Vergnügungs- und Spieler-Eldorado Sun City bietet der **Pilanesberg National Park** auch eine „ruhigere" Alternative für alle, die per Wagen dieses Gebiet aus Richtung Northern Province/Mpumalanga auf dem Wege in die nördliche Kapprovinz streifen. Im Südafrika unter der schwarzen Mehrheitsregierung ist der ehemalige Flickenteppich ebenso verschwunden wie der von Venda, der Transkei oder der ehemaligen Zulu-Homelands.

Ehemaliger „Flickenteppich"

 Entfernungen
Johannesburg – Sun City ca. 170 km

Selbstfahrer/Streckenbeschreibung
Johannesburg – Krugersdorp – Rustenburg – Boshoek, nach ca. 13 km geht es rechts ab nach Sun City (insgesamt ca. 170 km). Nötig ist eine englische Übersetzung des Führerscheins oder ein Internationaler Führerschein.

Gesundheit
• *Malariaprophylaxe: In den Sommermonaten empfohlen (Oktober bis April) – gilt insbesondere für die Nationalparks.*
• *Bilharziose-Gefahr: besteht in vielen Gewässern und Flüssen, dehalb sollte man hier nicht schwimmen oder Trinkwasser entnehmen.*

Geschichtlich-geographischer Überblick

Das Tswana-Volk ist bereits im 14. Jh. ins Südliche Afrika gelangt. Heute gibt es 59 Stämme in Südafrika, die den übergreifenden Namen „Tswana" akzeptieren. Etwa 600 000 Tswanas leben jenseits der Grenze in Botswana. Zu Beginn ihrer Stammesdifferenzierung sollen die Tswanas aus zwei Stämmen bestanden haben: den

10. North West Province: Ehemaliges Bophuthatswana

„**Bafokeng**" und den „**Rolong**". Die Rolong wanderten nach Transvaal und siedelten am Mosega River. Von Natur aus sind diese Menschen sehr friedlich und gesellig. Deshalb bevorzugten sie es, in großen Gruppen zusammenzuleben. Ein Teil des Tswana-Volkes, der im Gebiet von Swasiland und Zululand dem Nguni-Volk begegnete, wurde später als Sotho bzw. als **Basotho** bekannt. Heute leben diese Menschen in Lesotho und sprechen die gleiche Sprache wie die Tswanas, und auch ihr Lebensstil ist sehr ähnlich.

Lange Siedlungsgeschichte

Als die Weißen nach Nordtransvaal kamen, verdrängten sie die Tswanas, so dass viele nach Norden ins heutige Botswana ausweichen mussten. Doch als gesichert gilt, dass die Tswanas bereits um 1600 in den Gebieten lebten, in denen Bophuthatswana lag. Das traditionelle Siedlungsgebiet der Tswana umfasste vor Ankunft der Weißen das gesamte Gebiet der heutigen Republik Botswana und reichte bis nach Südafrika hinein. Die Briten kolonisierten die Region und nannten sie „Betschuana-Land". 1885 erfolgte eine Teilung: Der südliche Teil wurde Teil der britischen Kronkolonie „Britisch Betschuanaland", der nördliche Teil blieb Protektorat und wurde 1966 als Republik Botswana unabhängig. Der Südteil wurde entgegen dem Willen der Tswana-Häuptlinge durch die Kapkolonie annektiert und damit später ein Teil der Republik Südafrika. Im Zuge der Apartheid wurde das Land zum Homeland, das man am 6. Dezember 1977 in eine international nicht anerkannte Unabhängigkeit entließ.

Eine Ballonfahrt ist ein tolles Erlebnis

Bophuthatswana war eines der vier „selbstständigen" Homelands bzw. „Nationalstaaten". Bophuthatswana heißt in der Tswana-Sprache: „Der Platz, an dem die Tswanas sich versammeln". Dieses Land wurde außer Südafrika und der Transkei von keinem anderen Land der Welt anerkannt.

Die Zukunft Bophuthatswanas war nicht losgelöst von den innersüdafrikanischen Entwicklungen. Die Befürworter für eine **Wiedereingliederung** in ein „neues", demokratisch organisiertes Südafrika wurden daher zahlreicher. Allerdings wandte sich die Regierung von Bophuthatswana gegen solche „Ansinnen": Offiziell wurde verlautet, dass man ein eigener und unabhängiger Staat bleiben möchte, gleichzeitig sich aber als einen integralen Bestandteil im Südlichen Afrika betrachten wolle. Allerdings, so die Meinung des damaligen Präsidenten Mangope, müssten sich die Bürger seines Landes zu einem Zeitpunkt, wenn die Zukunft Südafrikas feste Konturen angenommen habe, frei entscheiden, ob sie lieber selbstständig bleiben oder in die Republik Südafrika eingegliedert werden möchten. Nun – sie wollten 1994 Südafrikaner werden!

Integraler Bestandteil der Republik Südafrika

Die Gesamtfläche Bophuthatswanas betrug rund 44 000 qkm (so groß wie Hessen und Rheinland-Pfalz zusammen bzw. fast identisch mit der Landesfläche Dänemarks). Die Landschaft ist generell flach bis hügelig und weist Höhen von 900–

10. North West Province: Ehemaliges Bophuthatswana

1 829 m über dem Meeresspiegel auf. Hier leben 1,66 Millionen Tswanas, was einer Bevölkerungsdichte von 38 Menschen pro qkm gleichkommt. In Südafrika selbst leben noch weitere 1,1 Millionen Menschen des Stammes. Das Tragische dieses „autonomen" Gebietes war, dass es aus sieben isolierten Teilgebieten bestand, die z.T. weit voneinander entfernt lagen. Dass dadurch Verwaltung und Wirtschaft große Schwierigkeiten zu überwinden hatten, liegt auf der Hand. Aus diesem Grunde wollen die Südafrikaner zeitweise ein nur aus zwei Gebieten bestehendes Bophuthatswana durch den Aufkauf weißen Farmgebiets schaffen.

Schwierigkeiten bei der Verwaltung

Klimatisch gehört das Land nicht gerade zu den besten Regionen Südafrikas. Die Sommer (Oktober bis April) sind heiß und in der Regel trocken, die Winter zeichnen sich durch hohe Tag-/Nacht-Unterschiede aus. Tagsüber ist es angenehm warm, während nachts die Temperaturen unter den Gefrierpunkt absinken können. Die Niederschläge (sie fallen praktisch ausschließlich in der Sommerzeit) betragen im Westen gerade 300 mm, im Osten steigen sie bis auf 600 mm/Jahr an. Von Natur aus eignet sich die Landschaft insbesondere für Rinderzucht. Nur etwa 6 % des Bodens taugen für den Ackerbau; Mais, Sorghum und Bohnen werden auf den Feldern angebaut. In der Nähe von Mafikeng entstand die Hauptstadt Mmabatho („Mutter des Volkes"), nun die Provinzhauptstadt der North West Province.

Starke Temperaturschwankungen

Der wahre Reichtum dieses Gebiets liegt unter der Erde: 50 % des auf der Welt geförderten **Platins** werden hier gewonnen. Impala heißt die größte Platinmine, in der 32 000 Schwarze und 1 500 Weiße beschäftigt sind. Ebenso verfügt das Land über Reserven an Chrom, Mangan und Vanadium. Und in der Nähe von Sun City entdeckte man 1980 ein ausgiebiges Uranlager. Die Bergwerke, Düngemittelfabriken und kleinindustriellen Betriebe sichern insgesamt 90 000 Arbeitsplätze. In den nächsten Jahren hat man sich vorgenommen, insbesondere die Landwirtschaft zu fördern, indem die Saattechniken verbessert und Düngemittel eingesetzt werden.

Ressourcenreichtum

Trotz der Dürre der letzten Jahre steht die North West Province auf gesunden **ökonomischen Füßen**. In einer Untersuchung des „Population Crisis Committee" in Washington wurden 114 Staaten weltweit untersucht. Die Hauptkriterien der Analyse waren Schulbildung, Lebensraum, Kalorienkonsum, Verfügbarkeit von Trinkwasser, Bruttosozialprodukt, politische Freiheit und Menschenrechte. Danach gehörte das ehemalige Bophuthatswana zu 24 Ländern der Kategorie „geringes menschliches Leiden". Dies war sicherlich in Anbetracht der katastrophalen Lebensbedingungen in den meisten afrikanischen Ländern ein gutes Ergebnis.

10. North West Province: Ehemaliges Bophuthatswana 479

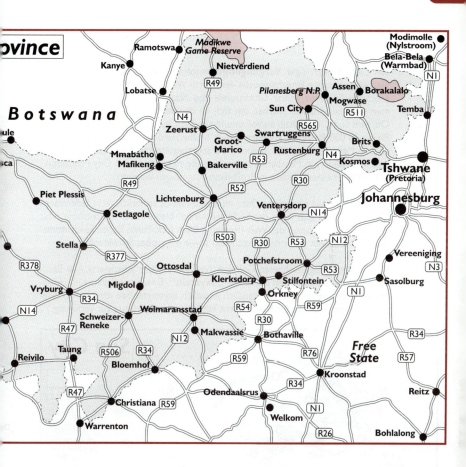

Nach wie vor gehört der Grundbesitz in der Regel dem Stamm, und der Häuptling verteilt ihn nach persönlichem Wohlwollen.

Sehenswertes

Sun City (ⓘ s. S. 207)

Lage/Anfahrt
Südlich des Pilanesberg National Parks. Von Johannesburg/Tshwane nach Rustenberg. Von Rustenburg fährt man etwa 6 km auf der Swartruggens Road (R 27), dann biegt man nach rechts in die Straße nach Boshoek/Sun City (R 565) ab. Nach weiteren 33 km biegt man auf die Straße nach Heystekrand/Sun City ab.

10. North West Province: Ehemaliges Bophuthatswana

Entfernungen
Johannesburg – Sun City ca. 170 km

Sun City ist ein riesiger **Vergnügungskomplex** in der Savannenlandschaft und die zweitwichtigste Einnahmequelle der North West Province. Da im calvinistisch geprägten Südafrika früher Glücksspiele und Nacktrevuen verboten waren, kamen viele Südafrikaner hierher, um sich an den verbotenen Früchten zu laben. Oft wird Sun City deshalb im Volksmund als „Sin City" (Sündenstadt) bezeichnet. Bis zu 40 000 Besucher kommen täglich hierher, und sie bringen pro Jahr mehr als 500 Millionen Rand. Doch auch viele sportbegeisterte Südafrikaner kommen, weil im Stadion von Mmabatho und im Vergnügungszentrum Sun City Fußballspiele und Weltmeisterschaften im Profiboxen ausgetragen werden.

Las Vegas Südafrikas

Sun City liegt wie eine grüne Oase im Busch und ist sicherlich nicht jedermanns Geschmack. Das „Las Vegas des Südlichen Afrika" bietet neben 4 Luxushotels das zweitgrößte Spielkasino der Welt (Roulette, Black Jack, Punto Banca, Spielautomaten). Daneben gibt es Kinos, Diskotheken sowie ein großes Schwimmbad.

Es gibt einen ausgezeichneten Golfplatz (von Gary Player konzipiert). Alle Besucher mit einem Pkw fahren mit einem **„Skytrain"** (Einschienenbahn) zum Hotelkomplex. Ein großer, selbstverständlich künstlich angelegter See dient verschiedenen Wassersportarten, für Kinder steht ein Abenteuer-Spielplatz zur Verfügung.

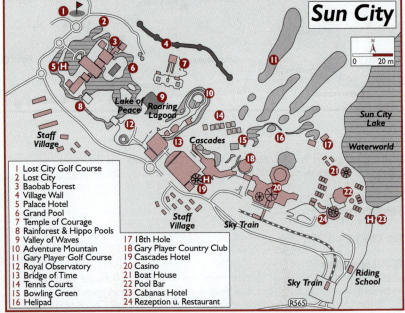

1 Lost City Golf Course
2 Lost City
3 Baobab Forest
4 Village Wall
5 Palace Hotel
6 Grand Pool
7 Temple of Courage
8 Rainforest & Hippo Pools
9 Valley of Waves
10 Adventure Mountain
11 Gary Player Golf Course
12 Royal Observatory
13 Bridge of Time
14 Tennis Courts
15 Bowling Green
16 Helipad
17 18th Hole
18 Gary Player Country Club
19 Cascades Hotel
20 Casino
21 Boat House
22 Pool Bar
23 Cabanas Hotel
24 Rezeption u. Restaurant

Zusammenfassend kann man Sun City durchaus als eine gelungene Mischung zwischen Natur, Sporterlebnis und „Glitzerwelt" der Casinoszene bezeichnen. Dass ein Aufenthalt hier nicht gerade für Budget-bewusste Reisende geeignet ist, versteht sich von selbst.

Seit den 90er Jahren erwartet hier den Besucher **„Lost City"**, ein weiterer Kasino-Komplex im Stil einer „versunkenen, legendären afrikanischen Stadt". Die Anlage ist märchenhaft schön angelegt und soll an alte, versunkene afrikanische Kulturen erinnern.

Lost City – _der_ Vergnügungskomplex Südafrikas

Krokodilfarm „Kwena Gardens"

Sehr sehenswerte Krokodilfarm, kurz hinter dem Gate nach Sun City gelegen.

Pilanesberg National Park (ⓘ s. S. 207)

Lage/Anfahrt

Direkt nördlich an den Sun City-Komplex anschließend. Der Pilanesberg National Park hat 3 Eingänge. Am beliebtesten ist die Einfahrt am Bakubung Gate (bei Sun City). Sun City erreicht man am besten von Johannesburg/Tshwane aus über Rustenburg (R 27, s.a. Sun City-Beschreibung). Das Bakgatla Gate erreicht man über die Straße, die von Northam und Thabazimbi kommt. Das Manyane Gate liegt bei Mogwase und ist von der Hauptstraße zwischen Rustenburg und Thabazimbi zu erreichen.

> Malariafreier Nationalpark mit Big-Five-Erlebnissen

Der Nationalpark liegt in einem erloschenen alkalischen Vulkankrater (davon gibt es nur drei auf der ganzen Welt). Das Zentrum dieses Kraters ist von drei konzentrischen Hügelketten umgeben. Der Pilanesberg ist mit 1 687 m die höchste Erhebung der North West Province. Bis in die Mitte der 70-er Jahre des 20. Jh. war diese Region Farmland. Als die Regierung beschloss, hier einen Nationalpark zu errichten, mussten die Farmer auf neue Siedlungsgebiete ausweichen. Danach wurde ein hoher Wildschutz-Zaun errichtet, und in der nachfolgenden „Operation Genesis" wurden hier durch die Southern African Nature Foundation Tiere „angesiedelt":

- aus Namibia stammen die Elenantilopen;
- aus dem ehemaligen Transvaal die Zebras und Wasserböcke;
- aus KwaZulu/Natal weiße und schwarze Nashörner;
- vom Addo Elephant Park bei Port Elizabeth Elefanten und Büffel.

Mittlerweile gibt es auch Geparde, Leoparden, Zebras, Löwen Kudus und Hyänen zu sehen.

Höchste Erhebung der North West Province

„Operation Genesis"

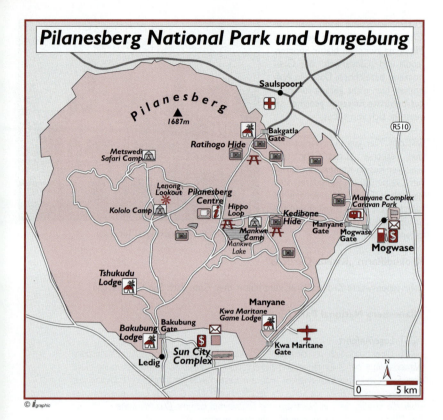

	Der etwa 550 qkm große Park (der viertgrößte Nationalpark im Südlichen Afrika) musste natürlich erst der einheimischen Bevölkerung „schmackhaft" gemacht werden. Der erste Parkdirektor, *Jeremy Anderson*, musste diese Überzeugungsarbeit leisten. Seiner Meinung nach sollte das Tierschutzgebiet keineswegs nur eine große Spielwiese für reiche Touristen werden. Von den Einheimischen konnte nicht erwartet werden, dass sie von einem Wildpark begeistert sein würden. Schließlich stellt das Wild traditionell eine wichtige Fleisch-Quelle dar, und zumindest die war nun verloren. Man bedenke: Das Tswana-Wort für „Antilope" ist gleichzeitig die allgemeine Bezeichnung für „Fleisch".

Überzeugungsarbeit

Es galt also, von der ökonomischen und ökologischen Wichtigkeit der Parkeinrichtung zu überzeugen. Überzählige Tiere, welche das ökologische Gleichgewicht gefährden, sollten geschlachtet werden, und ihr Fleisch sollte der Bevölkerung preiswert angeboten werden. Das Geld, das reiche Trophäenjäger einbringen würden, sollte direkt den neuen Ansiedlungen zugute kommen, indem Ländereien aufgeforstet würden.

10. North West Province: Ehemaliges Bophuthatswana

Unter Kennern heißt es, dass dieses Gebiet sich zu Tierbeobachtungen besser eignet als der Kruger Park!

Über 8 000 Großtiere sind hier nun beheimatet. 150 km gut ausgebaute Sandpisten erschließen das Gebiet. Die weitaus meisten Besucher kommen aus Sun City. Hier können die Gäste Safari-Fahrten für 2–3 Stunden buchen.

Auf Pirschfahrt

Der Kontrast zwischen der „Glitzerwelt" der Kasino-Stadt sowie der urwüchsigen Safari-Landschaft des Pilanesberg National Parks könnte nicht größer sein.

Kontrast

Taung (ⓘ s. S. 207)

Lage
ca. 140 km nördlich von Kimberley gelegen

Hier wurde der etwa 2,5 Millionen Jahre alte „Taung-Schädel" von dem Archäologen Professor Dart im Jahre 1942 entdeckt. Die Gegend ist nach dem kleinwüchsigen Volksstamm der Tau benannt. 'Tau' meint „Ort des Löwen", denn der Löwe galt hier als Totem.

Urmenschliche Funde

INFO Urmenschliche Funde im Südlichen Afrika

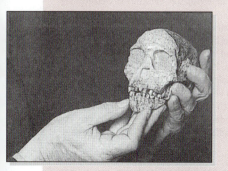

Taung-Schädel

Die vorgeschichtlichen Knochenfunde bezeichnet man als „Australopithecinen" (aus dem Griechischen, was soviel heißt wie „südliche Affen"). Es handelt sich um ein Übergangsstadium zwischen Tieren und Menschen, wobei diese Funde auf Lebewesen deuten, die eindeutig bereits als menschliche Wesen bezeichnet werden können. Diese Lebewesen werden beschrieben als kleinhirnige, aufrecht gehende Hominiden, die bereits Geräte herstellten. Sie waren etwa 120 cm groß, hatten einen hohen Gehirnschädel sowie einen ausladenden Vorderkiefer.

Thaba 'Nchu (ⓘ s. S. 207)

Lage
ca. 70 km östlich Bloemfontein

Schwarzer Berg

Dieses Gebiet liegt an der Grenze zu Lesotho. Thaba 'Nchu bedeutet „Schwarzer Berg". Das gleichnamige Städtchen liegt am Fuße dieses schwarzen Berges, von dem aus sich ein grandioser Blick auf die weiten Ebenen bietet. Die Barolong waren hier um 1800 ansässig, litten aber unter Angriffen von Zulus und den Matabele. Ihr Chief Moroka bat deshalb die Voortrekker um Hilfe. In diesem weiten, unbewohnten Landstrich schlugen die Voortrekker permanente Hauptquartiere auf. Hier etablierten sie die erste Voortrekker-Regierung, den Volksraad (1836). Im Örtchen Morokashoek erinnert ein Denkmal an dieses Ereignis.

In Thaba 'Nchu lädt der

Maria Moroka National Park (34 qkm)

zu einem Besuch ein. Hier kann man an privaten Safaris teilnehmen, private Fahrzeuge sind nicht zugelassen. Gäste des im Park liegenden **Thaba 'Nchu-Hotels** dürfen allerdings bis zum Hotel vorfahren und können von hier aus an Safaris teilnehmen. Es werden auch Pferde vermietet! Beobachtet werden können Elenantilopen, Springböcke, Buntböcke, Kuhantilopen und Zebras.

Mafikeng (ⓘ s. S. 207)

Lage
ca. 63 km nordwestlich von Lichtenburg

Nördlichste Städte der Provinz

Mafikeng (ca. 12 000 Einwohner) ist die Bezeichnung der Tswana für die bis 1980 als Mafeking bekannte nördlichste Stadt in der Provinz. Es handelte sich ursprünglich um eine britische Ansiedlung, die auf das Jahr 1857 zurückgeht. Bis ins Jahr 1965 wurde von hier aus das britische Protektorat Betschuana-Land (heute Botswana) verwaltet, obwohl der Ort außerhalb des Betschuana-Gebietes lag.

Die Stadt wurde 1980 von den Südafrikanern an Bophuthatswana übergeben, doch ab 1984 fungiert das benachbarte Mmabatho als Regierungssitz. Beide Städte liegen etwa 5 km auseinander, sind aber praktisch zu einem geschlossenen Siedlungsgebiet zusammengeschmolzen. Mafikeng wurde 1899/1900 217 Tage von Buren belagert, doch die britischen Soldaten unter dem Befehl von Colonel R. Baden-Powell trotzten dem Druck. Im Verlaufe der Belagerungszeit gründete Baden-Powell ein Kadettenkorps, das sich auf die Übermittlung von Nachrichten und auf Botengänge spezialisierte. Auf der Grundlage dieser Erfahrungen entwickelte Powell ab 1907 in England die Pfadfinder-Bewegung.

Sehenswert sind in der Stadt
- das **Mafikeng-Museum**. Exponate zur lokalen Geschichte sowie über die Entwicklung der Batswana.

- die **anglikanische Kirche**, die zu Ehren der Toten der Belagerungszeit von Sir Herbert Baker erbaut wurde (der auch die Union Buildings in Tshwane konzipierte).

Mmabatho

Lage
5 km nördlich von Mafikeng

In Mmabatho leben etwa 10 000 Menschen. Die ehemalige Hauptstadt Bophuthatswanas verfügt über einen internationalen Flughafen. In der Stadt gibt es das für afrikanische Verhältnisse riesige und ultramoderne **Einkaufszentrum** „Mega City" (Geschäfte, Boutiquen, Restaurants), ein großes Sportstadion (60 000 Sitzplätze) sowie eine Universität (1979 gegründet, Pädagogisches Institut, Studium der Gesundheits-, Sozial- und Rechtswissenschaften).

Ultramodernes Einkaufszentrum

30 km nördlich der Stadt liegt das Botsalano Game Reserve (6 qkm, bei Lehurutshe). Hier kann man Giraffen, Springböcke, Elenantilopen, Warzenschweine und Nashörner beobachten.

Ga-Rankuwa

Lage
20 km nördlich von Tshwane (Pretoria)

Ca. 50 km nördlich von Ga-Rankuwa liegt der 130 qkm große Borakalalo National Park inmitten eines hügeligen Savannen-Landes (Antilopen, vor allem auch viele Vögel aufgrund des Klipvoordams). Durch das Gebiet sind etwa 100 km Schotterpisten angelegt. Es stehen 3 Zelt-Camps zur Verfügung, alle mit guten sanitären Anlagen versehen.

11. SWASILAND

Überblick

Swasiland ist mit 17.364 qkm kaum größer als Schleswig-Holstein, und doch bietet es dem Reisenden ein vielseitiges Landschaftsbild. Man findet Gebirge (bis 1 800 m), Hochflächen, Buschland, Wälder, Plantagen und eine Vielzahl von Kleinstfarmen, und man bekommt bei einer Durchreise einen guten Überblick über den afrikanischen Naturraum. Besonders reizvoll sind das **Bergland im Westen**, das von vielen tiefen Flusstälern durchschnitten ist, und natürlich die **Wildparks**, die abseits gelegen von den Hauptreiserouten des Südlichen Afrika einen geruhsamen Aufenthalt versprechen.

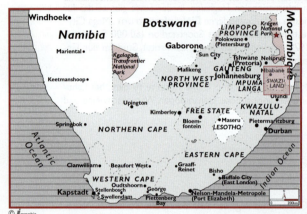

Das Straßennetz ist relativ gut ausgebaut. Sowohl die Asphaltstraßen als auch die Hauptpisten werden regelmäßig unterhalten und sind damit ohne Probleme mit einem herkömmlichen Pkw zu befahren. Während der Regenzeit (Oktober bis März) empfiehlt es sich aber, vorher Erkundigungen über den Zustand der Pisten einzuholen.

Afrikanisches Landleben

Wer einen mehrtägigen Besuch des Landes plant, sollte es nicht versäumen, zumindest eine größere **Rundtour** zu machen, um einen Eindruck vom afrikanischen Landleben zu erhalten. Der Gegensatz von Kleinfarmen (ca. 1 ha) und den riesigen Zuckerrohr- und Ananasplantagen wird besonders deutlich bei der empfohlenen Route. Dem weniger eiligen Reisenden empfehle ich, die R33 nach Barberton und dann die R40 nach Pigg's Peak zu wählen. Sowohl der Bothasnek-Pass als auch der Blick über die Ebene von Barberton vom Saddleback-Pass und die Bergwelt des Nordwestens von Swasiland entschädigen für die drei Stunden längere Anfahrt. Aber vielleicht sollte man auch seine erste Nacht nicht in Mbabane verbringen, sondern z.B. in der angenehmen Atmosphäre der Phophonyane

Angenehmes Reiseland

Lodge, die inmitten einer Landschaft mit üppiger Vegetation in der Nähe eines schönen Wasserfalles gelegen ist. Dieser Abstecher würde die richtige Erholung nach einem Großstadtaufenthalt bringen.

Die Durchreise durch Swasiland bietet sich auch auf dem Weg vom Kruger-Park nach Durban oder von Durban nach Johannesburg an. Swasiland bietet auch einen guten Zwischenstopp für Reisende nach Maputo, da der einzige Korridor am Grenzübergang Lomahasha (Nordosten) beginnt.

Swasiland ist ein angenehmes Reiseland mit **erträglichen Temperaturen** und einer **guten Infrastruktur**. Es sollten damit auch für den Individualreisenden keinerlei Probleme auftreten.

Für die Hochsaison (Weihnachten/Neujahr und Ostern) ist es aber durchaus ratsam, rechtzeitig Reservierungen vorzunehmen. Am besten schon 2–3 Monate vorher.

Anfahrten nach Swasiland
- direkt von Johannesburg aus über die N17 und R29 bis Ermelo, von hier über die R39 und den Grenzübergang Oshoek nach Mbabane
- die meistgenutzte Strecke von Johannesburg aus ist die N4 (bis Machadodorp) und dann über die R541 (N17) nach Mbabane
- von Nord-Natal (Wildschutzgebiete um St. Lucia/Hluhluwe) auf der N2 bis Grenzübergang Golela/Lavumisa, danach über Nsoko, Big Bend nach Manzini/Mbabane
- vom Kruger-Nationalpark aus: Ausfahrt im Kruger-Park bei Malelane, danach R570 bis Grenzübergang Jeppe's Reef/Matsamo, dann über Pigg's Peak nach Mbabane

Redaktions-Tipps
- **4 Tage Aufenthalt:**
1. Tag: Besichtigung von **Mbabane** (S. 495) und des **Ezulwini Valley** (S. 497) (mit Mlilwane Park)
2. Tag: **Nordostrundtour** mit Mittagspause im Tambankulu Club und Besichtigung der Zuckerplantagen (S. 504)
3. Tag: Ausflug zur **Ngwenya-Glasbläserei** (S. 503), danach Rundfahrt: Mhlambanyatsi-Bhunya-Malkern Valley, mit Mittagspause im Forester's Arms Hotel
4. Tag: Wahlweise Phophonyane Lodge oder ein anderer Nationalpark. **Übernachtungstipp**: Mountain Inn, Forester's Arm oder Smokey Valley Village. Abendessen: The Calabash und 1st Horse. Einkaufen: Stoffe und, wem's gefällt, Glasbläserarbeiten

- **1 Woche Aufenthalt:**
Zusätzlich einen Tag für Nordostrundfahrt und dabei den Hlane Nat. Park (S. 505) besuchen – Übernachtung im Tambankulu Club. Zusätzlich eine Nacht in der Phophonyane Lodge, um es dort richtig zu genießen. Zusätzlich weitere Sehenswürdigkeiten nach Belieben im Umkreis von Mbabane besuchen.

- **Oder... etwas ganz anderes:**
3 Tage nach **Maputo** (Moçambique) fliegen (S. 507, Fahren mit einem Mietwagen gestatten die Vermieter nicht).

Planungshinweise

Einzelstrecken	km	Tage
Mbabane u. Umgebung	300	2–3
Barberton-Pigg's Peak-Mbabane	150	2 (davon 1 in Phophonyane Lodge)
Mbabane-Hlane Game Park-Mhlume-Mbabane	330	2 (davon 1 im Hlane Game Park)

Alternativen

	km	Tage
Mbabane-Big Bend-Lavumischa	190	½
Mbabane-Grand Valley-Nhlangano-Mahamba	160	½

11. Swasiland: Überblick

Swasiland auf einen Blick	
Fläche/ Einwohnerzahl	17 364 qkm/1,12 Mio. Einwohner (2002)
Bevölkerung	97 % Swasi, die zur Nguni-Gruppe der Bantu gehören und ethnologisch mit den Zulu verwandt sind. Weitere Gruppen: Zulus, Tongas, Shangaan, Europäer, Asiaten
Staatssprache	Si-Swati, Englisch als Verwaltungs- und Bildungssprache
Religion	78 % Christen, Bantu-Religionen
Unabhängigkeit	6.9.1968
Staatsoberhaupt	König Mswati III.
Regierungschef	Premierminister Sibusiso Barnabas Dlamini
Städte	Mbabane (Hauptstadt) 62 000 E., Manzini 21 000 E., Bulembu (Havelock Mine) 5 400 E., Mhlume 4 100 E.
Wirtschaft	Bruttosozialprodukt: 1 400 US $/Einw. (2002) – Kaufkraft allerdings entspricht ca. 4 200 US $
Ausfuhr	Zucker, Fleisch, Baumwolle, Kohle, Holz, Zitrusfrüchte, Asbest, Kühlschränke

 Grenzübergänge
Lomahasha   7–16.45h
Der Maputo-Korridor sollte am besten bis 16h durchfahren sein, d.h., am sichersten ist es, man beginnt die Grenzformalitäten spätestens um 12h. Außerdem denken Sie bitte daran, dass Sie für eine erneute Einreise nach Swasiland ein neues Visum brauchen. Lassen Sie sich also besser gleich eines mit „Multiple Entry" ausstellen.

Mananga/Border Gate   8–18h
Matsamo/Jeppes Reef   8–18h
Bulembo/Josefsdal   8–16h
Ngwenya/Oshoek   7–22h
Sandlane/Nerston   8–18h
Sicunusa/Houdkop   8–18h
Gege/Bothashoop   8–16h
Mahamba   7–22h
Nsalitje/Onverwacht   8–16h
Lavumisa/Golela   7–22h

Geschichte und Politik

Die Vorfahren der Swasi stammen aus **Zentralafrika** und lebten bis etwa 1700 im Gebiet des heutigen Moçambique. Unter der Führung von Ngawane III zogen sie nach Natal und später (Beginn des 18. Jh.) nach Unstimmigkeiten mit den Zulus wieder nach Norden in das Gebiet nördlich des Pongoloflusses. Erste Siedlungen waren Hluti und Nhlangano. Später zogen sie unter König Sobhuza I weiter nordwärts in die Gegend von Lobamba, da es auch im Süden Konflikte mit den Zulu gab. Die verschiedenen Stämme schlossen sich allmählich, unter der Führung von König Mswati (1840–69), zu einer **Nation** zusammen (Swasi bedeutet „Leute der Mswati"). Ihm gelang es durch geschickte Diplomatie und Heirat,

11. Swasiland: Überblick

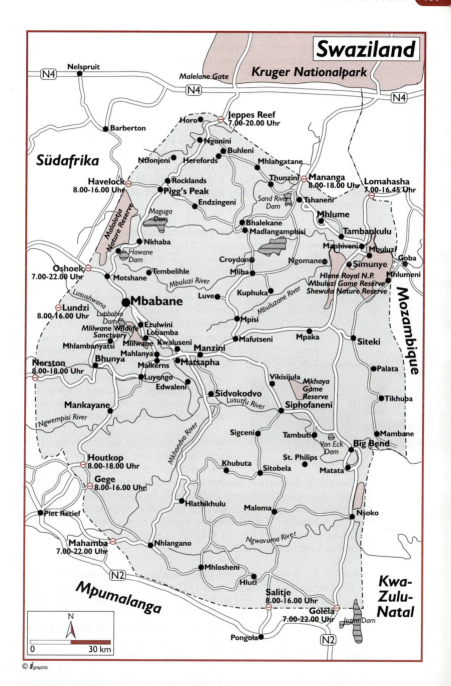

ein Reich von der doppelten Größe des heutigen Staates zu errichten. Neue Hauptstadt wurde Hhohho im Nordwesten des Landes. Ab etwa 1840 kamen die ersten Weißen ins Land. Es war eine Mischung aus Abenteurern, Jägern, Händlern, Missionaren und Farmern. Sie wurden, dank eines Traumes Sobhuza's, friedlich empfangen. In diesem Traum wurde er nur gewarnt vor der Einführung des Geldes und des Buches unter dem Arm des Weißen (die Bibel). Mit den Jahren aber wurde der Druck der Weißen, besonders der aus Transvaal kommenden Buren, immer größer, und Mswati bat die Briten um Schutz. Diese willigten bedingt ein. Mswati's Nachfolger wurde 1875 sein Enkel Mbandzeni. Dieser verkaufte während seiner Regierungszeit große Teile des Landes, um dem eigenen Volk eine wirtschaftliche Grundlage zu geben. Er verkaufte zum Beispiel 2 590 qkm im Südosten an einen Buren und erhielt dafür 30 Rinder und 5 brit. Pfund Pacht jährlich. Diese Entscheidung war zu seiner Zeit vielleicht richtig, sie rächte sich jedoch im 20. Jahrhundert.

Abtreten von Land und Rechten

Doch entscheidender waren die **Bergbaukonzessionen**, die den Südafrikanern alle Rechte an den Bodenschätzen gaben. (Noch 1968, am Tag der Unabhängigkeit, waren 44,7 % des Landes in südafrikanischem Besitz.)

Der Einfluss der Buren, auch auf politischem Gebiet, wuchs während der 2. Hälfte des 19. Jahrhunderts. Doch 1877 wurde Transvaal von den Briten annektiert, und 1881 wurde Swasiland durch die Pretoria-Konvention (und danach auch die London-Konvention) die Unabhängigkeit von Transvaal zugesichert, die **heutigen Grenzen wurden festgelegt**. Diese Grenzfestlegung missfiel den Swasi natürlich, denn dadurch wurde die Hälfte von ihnen zu Südafrikanern.

Grenzstation bei Mahamba

Von 1894 bis zum Beginn des Burenkrieges 1899 wurde Swasiland zum Protektorat Transvaals. 1899 wurde auch der 1982 verstorbene legendäre Swasikönig **Sobhuza II** geboren und bereits bei seiner Geburt zum König designiert, doch erst 1921 bestieg er den Thron. Bis dahin regierte seine Großmutter, eine weise und weitsichtige Frau. Unter ihrer Regentschaft gab es die Parole „Buy Swasiland" („Kauft Swasiland zurück"). So motivierte sie die jungen Landsleute, in den Bergwerken von Südafrika zu arbeiten, um Geld zu verdienen, mit dem sie Land zurückkaufen konnten.

Sie kam mit den Briten gut aus, und 1906 wurde das Land britisches Protektorat mit eingesetztem High Commissioner. 1907 nahm die Kolonialverwaltung eine Neuverteilung des Landes vor. Die Swasi erhielten hauptsächlich das Ackerland mit guten Böden, was für wenig Konfliktstoff sorgte, da die Weißen eher an Bergbau, Forstwirtschaft und Viehzucht interessiert waren. Das dualistische Regierungssystem mit Kolonialverwaltung und Regententum sorgte aber in den Folgejahren immer wieder für Probleme. Trotzdem nahmen Swasisoldaten auf der

Seite der Briten am 2. Weltkrieg teil. Dafür kaufte London 1941 Land von den Weißen auf und gab es dem Staat zurück.

1960 begannen die ersten Vorbereitungen zur Unabhängigkeit, und 1964 wurden erste Wahlen unter Teilnahme der zukünftigen Parteien durchgeführt. Das Imbokodvo National Movement ging als klarer Sieger aus diesen Wahlen hervor. Am 6.9.1968 erlangte Swasiland die **Unabhängigkeit**. Doch schon kurz darauf gab es politische Unstimmigkeiten, die 1973 schließlich dazu führten, dass das Parlament die Verfassung für nichtig erklärte. 1978 wurde dann das Parlament durch den König wieder eröffnet. Als Sobhuza II im Jahre 1982 starb, war er der am längsten regierende Monarch der Welt. Er hinterließ 600 Söhne! Zum Nachfolger hatte er einen minderjährigen Lieblingssohn bestimmt, für den jedoch zunächst die erste Frau Sobhuzas die Regentschaft übernahm.

Erste Schritte zur Unabhängigkeit

Durch innenpolitische Streitigkeiten und Palastintrigen wurde sie aber bereits ein Jahr später wieder abgesetzt, und Prinzessin Ntombi – die Mutter des minderjährigen Kronprinzen – übernahm für 3 Jahre den Thron. 1986 schließlich wurde Prinz Makhosetive zum König Mswati III. Ihm und seinem Premierminister Dlamini gelang es, die Machtfülle des obersten Staatsrates zu reduzieren, was ihnen mehr Handlungsfreiraum gewährte.

Ungewöhnlich ist das **parlamentarische System** des Staates. Das Parlament besteht aus Senat und Repräsentantenhaus. Der Senat hat 20 Mitglieder, wovon 10 durch die Mitglieder des Repräsentantenhauses gewählt und 10 vom König ernannt werden. Das Repräsentantenhaus hat 50 Mitglieder, 10 vom König bestimmte und 40 von einem Wahlausschuss gewählte. Dieser Wahlausschuss besteht schließlich aus 80 Mitgliedern, die auf 40 Tinkhundhlas, traditionellen Ratsversammlungen, bestimmt werden.

Tinkhundhla-Wahlen sind sehr ungewöhnliche **Zeremonien**: Die Kandidaten werden erst am Wahltag bekannt gegeben, und jeder von ihnen stellt sich bei der Wahl an ein Tor. Die Wähler gehen dann durch das Tor, an dem ihr Wunschkandidat steht. Jeder Swasi kann an der Wahl in dem Bezirk teilnehmen, in dem er arbeitet oder lebt. Eine Wahlliste gibt es nicht. Die Exekutive liegt beim **König**, der auch den Premierminister aus den Reihen der Minister ernennt.

Ungewohnte Wahlzeremonien

Der Ruf nach einem demokratischen System ist jedoch in den letzten Jahren immer lauter geworden und gewinnt seit Beginn des neuen Jahrtausends mehr und mehr an Bedeutung. Der König versucht den Widerstand der Gewerkschaften und der prodemokratischen Gruppen mit aller Macht zu unterbinden, aber der Wandel zu einer demokratischen Gesellschaft ist langfristig kaum aufzuhalten.

Allister Miller Street in Mbabane

Geographie

Swasiland ist insgesamt 17 364 qkm groß, vergleichbar also mit der Fläche von Schleswig-Holstein. Der Staat zählt damit flächenmäßig zu den kleinsten Ländern Afrikas. Neben wenigen Weißen, Mischlingen und Asiaten leben hier etwa 1,12 Mio. Schwarze.

Starke Kontraste

Das Land weist **vier Landschaftszonen** auf, so dass auf dem relativ kleinen Raum starke Kontraste anzutreffen sind. Diese Zonen ziehen sich von Norden nach Süden durch das Land. Von Westen nach Osten gliedert sich das Landschaftsprofil folgendermaßen:

① **Highveld (Hochland mit Höhen über 1 800 m)**
Hier gibt es malerische Szenerien mit tief eingeschnittenen Tälern und weit ausgedehnten, z.T. künstlich angelegten Wäldern. Dieses Gebiet nimmt einen großen Teil des Landes ein.

② **Middleveld (500–1 000 m)**
Diese Landschaft ist hügelig und mit fruchtbarem Gras bestanden.

Middleveld bei Mbabane

Hier ist die Besiedlung am dichtesten, bedingt durch den natürlichen Gunstraum und die Tatsache, dass die Kolonialverwaltung 1907 dieses Land bevorzugt den Swasi überschrieben hat (siehe „Geschichte").

③ **Lowveld (150–500 m)**
Hier findet man die für Afrika so typischen Savannenebenen vor, die zum großen Teil durch künstlich bewässerte Zitrus- und Zuckerrohrplantagen kultiviert wurden.

④ **Lubombo-Berge (300–800 m)**
Sie stellen einen Steilabbruch mit schroffen Schluchten dar. Nach Osten hin fällt die Gebirgskette allmählich in Richtung Moçambique ab.

Vegetation

Aufforstungsprogramme

Swasiland besitzt kaum natürliche Wälder, doch wurden durch Aufforstungsprogramme seit den 1940er Jahren über 125 000 ha Wald geschaffen. Dieser Wald wurde vornehmlich im Highveld angepflanzt. Es handelt sich um Eukalyptus- und Kiefernanpflanzungen. Ansonsten findet man im Highveld offenes Grasland vor. Zum Middleveld hin wird das Gras üppiger, bedingt durch die hohen Niederschläge und die milderen Temperaturen (Steigungsregen). Hier tauchen dann auch die für Afrika typischen Schirmakazien auf. Im Lowveld schließlich ist die Savanne durch Dornbüsche geprägt, da hier die geringsten Niederschläge fallen.

Klima

Swasiland ist durch ein Höhenstufenklima mit **tropischem Charakter** geprägt. Mit abnehmender Höhe sinken auch die Niederschlagsmengen. Der Regen fällt in den Sommermonaten. Regenzeit ist von Oktober bis März.

Die Durchschnittstemperaturen fallen mit zunehmender Höhe. Mittlere Sommertemperaturen liegen im Lowveld um 26 °C und im Highveld um 18 °C. Die Winterwerte liegen bei 16 °C bzw. 12 °C. In fast allen Teilen des Landes tritt in den Wintermonaten Frost auf.

Klimadaten			
Station	Niederschlag	Temperaturen (Monatsmittel)	
		Januar	Juli
Mbabane	1 387 mm	20,0 °C	12,4 °C
Manzini	911 mm	23,2 °C	15,2 °C
Nsoko	508 mm	25,5 °C	16,0 °C

Bevölkerungsverteilung

Bei einer Bevölkerung von ca. 1,12 Mio. Einwohnern ergibt sich eine Bevölkerungsdichte von etwa 65 Einwohnern pro Quadratkilometer. Durch die natürlichen Gunsträume der westlichen und mittleren Landesteile bedingt, beträgt die Bevölkerungsdichte hier über 70 E/qkm, während sie in den östlichen Landesteilen teilweise unter 20 E/qkm absinkt. Auch die bessere Infrastruktur und der höhere Industrialisierungsgrad lassen immer mehr Menschen im Westen siedeln. Wenn auch der Verstädterungsgrad mit 30% der Gesamtbevölkerung noch relativ niedrig liegt, hat sich dieser Wert in nur 10 Jahren um 11 Prozentpunkte erhöht. Trotzdem kann man Swasiland noch als ein Land bezeichnen, das maßgeblich durch die Landbevölkerung geprägt ist.

Landbevölkerung überwiegt

Traditionen, Tänze und rituelle Zeremonien

Das Leben der Swasi ist noch sehr mit den alten Traditionen verbunden. Zu den meisten feierlichen Anlässen wird die **traditionelle Kleidung** angelegt und nach alten Sitten und Gebräuchen gefeiert und getanzt. Doch selbst im alltäglichen Leben sieht man noch viele Menschen in Trachten herumlaufen. Besonders die Chiefs halten an dieser Tradition fest, und man sollte sich nicht wundern, wenn man in Stoff gewickelte Männer mit modernen Aktenkoffern durch die Straßen von Mbabane laufen sieht. Sie sind dann häufig auf dem Weg in eine wichtige Konferenz. Diese Tracht nennt man „Emahiya".

Traditionen und Gebräuche

Für den Reisenden, der das Glück hat, an einer **Swasi-Zeremonie** teilzunehmen, seien hier einige wichtige vorgestellt:

Incwala-Fest

Das Fest der Fruchtbarkeit

Eine der heiligsten und symbolträchtigsten Festivitäten ist das Incwala-Fest, eine Art Fruchtbarkeitszeremonie, die im Dezember/Januar abgehalten wird und etwa 3 Wochen dauert. Da sie auch die Legitimität der Monarchie bekräftigt, steht der König im Mittelpunkt und bestimmt den Ablauf der Feierlichkeiten. Der König verkörpert die Kraft der ganzen Nation, und seine Medizin soll seine Untertanen vor jeglichen Gefahren schützen und für Wohlstand sorgen.

Eingeleitet wird das Fest durch die Reise einiger Abgesandter des Bemanti-Volkes an die Küste, wo sie die Gischt des Ozeans einfangen sollen, der mystische Kräfte nachgesagt werden. Nach ihrer Rückkehr und einem kleinen Fest treffen dann junge Swasimänner mit gesammelten Pflanzen, Ästen des Lusekwana-Baumes und anderer Medizin ein. Mit den Ästen wird der Königskral umfriedet. Für das Volk beginnt die Zeremonie in der Hauptstadt in dem offenen „Viehstall" des Königs. Der König spuckt dabei die heilige Medizin nach Westen und Osten, was die Erneuerung der Bodenfruchtbarkeit im neuen Erntejahr symbolisiert. Die zentralen Feierlichkeiten finden in der folgenden Vollmondnacht wieder am Königskral statt und dauern 6 Tage. (In den letzten Jahren findet aber auch diese Zeremonie in der Hauptstadt statt.) Unverheiratete Swasi treffen sich dort, und ihre Fruchtbarkeit wird durch die Anwesenheit des Königs und der Nutzung seiner Medizin bekräftigt. Der dritte Tag nach Vollmond ist der „Day of the Bull": Ein schwarzer Bulle, der Potenzstärke symbolisiert, wird erlegt, und seine Überreste werden als Medizin und zu Opferzwecken genutzt. Der folgende Tag, „The Great Day", ist der Höhepunkt. Der König kleidet sich in seine schillerndsten Gewänder, die Swasi singen und tanzen, und schließlich werden alle gesammelten Utensilien auf einem Altar verbrannt. Hiermit hat der König seine Macht erneuert und die Nation auf das folgende Jahr vorbereitet.

Die Incwala-Saison endet, wenn die Krieger die Felder des Königs gemäht haben.

Reed- und Umhlanga-Tanz

Ende August treffen sich unverheiratete Mädchen aus allen Teilen des Landes, um dem König zu huldigen. In vergangenen Tagen gab dies dem König und seinen engsten Vertrauten die Gelegenheit, sich eine neue Braut auszusuchen. Bei der Zeremonie tanzen die Mädchen in farbenfrohen Kleidern. Während der Feierlichkeiten werden Jungen und Mädchen ausgeschickt, um Stroh aus bestimmten Gebieten zu sammeln, welches sie dann als Windschutz für die Gebäude der Königinmutter aufrichten müssen. Dabei dürfen sie die gesamte Strecke nur zu Fuß zurücklegen.

Sibhaca-Tanz

Heiratswillige Männer

Hierbei tanzen nur die Männer und stellen sich auf diese Weise heiratswilligen Frauen zur Schau. In der Regel treten die Männer in Gruppen auf, und die Veranstaltung wird häufig zu einem Wettstreit. Es werden sowohl bunte Kostüme getragen als auch mit Fell verzierte Kriegstrachten.

Swasi-Heirat

Bei der Hochzeits-Zeremonie steht die Braut im Mittelpunkt, während der Mann sich sehr zurückhalten muss. Die zukünftige Ehefrau tanzt den ganzen Tag, und die Gäste tanzen um sie herum.

Sangoma-Fest

Sangoma wird der traditionelle Heiler genannt. Er wird von den alten, erfahrenen Heilern ausgewählt und muss eine mehrjährige Lehrzeit *(Kwetfasa)* absolvieren. Am Ende dieser Zeit gibt es ein großes Fest, an dem alle Heiler aus der Umgebung teilnehmen. Es wird dabei viel getanzt, und die Gäste sind in farbenprächtige Tücher gehüllt.

Traditionen und Tänze spielen in Swasiland eine wichtige Rolle

Die Nationalflagge

Die rote Farbe symbolisiert den Kampf der Swasikönige und Chiefs, um das Land zu dem aufzubauen, was es heute ist. Gold steht für den Reichtum an natürlichen Schätzen (gute Böden, regelmäßiger Regen, Gold, Diamanten und Asbest). Blau steht für den Frieden im Land. Das schwarz-weiße Schild erinnert an das Emasotja Umsizi-Regiment, das im 2. Weltkrieg heldenhaft gekämpft hat.

Sehenswertes

Mbabane (ⓘ s. S. 207)

Die Stadt ist nach Chief Mbabane benannt. Er wurde von König Mbandzeni beauftragt, auf die königlichen Viehbestände zu achten, denn zu dieser Zeit wurde immer mehr Vieh vom Middleveld ins Highveld getrieben, da hier das Gras noch ausreichender war. Da Chief Mbabane ein sehr strenger Mann war, wird seither das Wort „Mbabane" von den Swasi für „bitter" und „scharf" gebraucht.

Die ersten weißen Pioniere hatten diese Stelle zunächst „Sonnenbergs Retreat" genannt, nach Isaac Sonnenberg, einem Abenteurer, der sein Glück schon in Südafrika versucht hatte. 1888 gründete Michael Wells dann einen Pub sowie ein kleines Geschäft. Insbesondere der Pub florierte, lag er doch direkt an dem Weg, den viele Glücksritter – unterwegs zu den Goldentdeckungen – beschritten. Um den Pub und den Laden entstand bald ein kleines Dorf, und am Ende des Anglo-Burischen Krieges wählten die Briten diesen Platz als Verwaltungssitz für das annektierte Gebiet, da es hier viel kühler war als in Bremersdorp (jetzt: Manzini), dem ehemaligen Sitz ihrer Verwaltung.

Mbabane heute

Sprunghaftes Wachstum — Die Stadt ist in den letzten Jahrzehnten sprunghaft gewachsen, und im Stadtkern werden immer neue Bauten errichtet, meistens Regierungsgebäude oder Banken. Haupteinkaufsstraße ist die **Allister Miller Street**. Es ist interessant zu beobachten, wie sich die einzelnen Siedlungen an den umliegenden Hängen ausbreiten. Man wird das Gefühl nicht los, dass ein großer Teil dieser Siedlungen ohne vorherige Planung entstanden ist. Das zu glauben wäre aber ein Trugschluss. Die Planung beruht zum einen darauf, wo und wie man am besten Wasser heranschaffen kann, und zum anderen auf dem Bedürfnis der Swasi, möglichst einen kleinen Garten anlegen zu können, in dem sie einige Grundnahrungsmittel für den Eigenbedarf anpflanzen können. Blickt man von oben auf die Stadt, ist sie doch viel grüner als vergleichbare Städte in Südafrika. Beeindruckend ist auch, im Vergleich zu südafrikanischen Städten, das bunte Treiben auf den Straßen. Mag es auch chaotisch wirken, so ist dies doch gerade der Reiz einer Reise in ein schwarzafrikanisches Land.

Busstation in Mbabane

Touristische Höhepunkte bietet Mbabane nicht. Zu erwähnen wäre höchstens der **Swasi-Market** am Südende der Allister Miller Street, wo eine breite Palette handwerklicher Produkte und Souvenirs angeboten wird (u. a. bedruckte Stoffe, Masken, Speere, Korb- und Flechtwaren, Keramikarbeiten etc.).

Einkaufen kann man auch in den Geschäften der Allister Miller Street oder in den beiden Einkaufszentren (Swasi Plaza u. The Mall).

Mbabane bietet sich als Alternative zu den Touristenzentren im Ezulwini Valley an: für Tagesausflüge entlang der Tea Road, dem Pine Valley, nach Pigg's Peak oder ins Grand Valley.

Tea Road

Sie bietet eine Möglichkeit zum Zwischenstopp auf der Hauptstraße nach Manzini. Achten Sie hinter Ezulwini auf das Hinweisschild nach links (von Mbabane kommend). Sie werden eine schöne Aussicht über die Mdzimba Mountains haben. Wie der Name schon sagt, durchfährt man hier auch die Teegärten des Landes. Bei Lozitha wird die neue Residenz passiert.

Swasi-Markt in Mbabane

Ezulwini (ⓘ s. S. 207)

Ezulwini bedeutet „Platz des Himmels". Benannt wurde das Tal nach den früheren königlichen Krals. Hier liegen die meisten Hotels des Landes, und die meisten Sehenswürdigkeiten sind nicht weit. Für „Gambler" wurde ein Spielcasino errichtet, eine lohnende Einnahmequelle für das Königreich. Golf- und Tennisplätze sowie Reiterhöfe und eine heiße Mineralquelle sorgen für Entspannung nach durchspielten Nächten.

Wenn ich auch keinem zu **Glücksspielen** raten möchte, so empfehle ich doch, sich das Treiben im Casino einmal anzuschauen. Glücksspiele gehören zu den Leidenschaften der Südafrikaner, und auch die Swasi-Chiefs spielen gerne (und das in Nationaltracht), und besonders an den Wochenenden herrscht ein buntes Treiben. Wer nun trotzdem einmal sein Glück versuchen will, dem sei zu einer Partie Black Jack geraten. Die Spielregeln sind wie „17 und 4". Die Bank muss so lange Karten aufnehmen, bis sie mehr als 16 Punkte hat. Am besten ist es, man schaut sich das Spiel erst einmal an und setzt dann in zweiter Reihe bei einem „aktiven" Spieler seines Vertrauens. Das Beeindruckendste bei dem Spiel ist die Fingerfertigkeit der Spielleiter.

Glücksspiel in Nationaltracht

Im Ezulwini Valley findet man auch die meisten Craft Shops. Sie reihen sich wie Perlenketten an der Hauptstraße auf. Daneben gibt es noch einige an der Straße nach Malkern (hinter Ezulwini nach rechts und ca. 2 km fahren).

Lobamba Royal Village

Im Herzen des Ezulwini Valley gelegen, befinden sich hier Königskral, Parlamentsgebäude, Nationalmuseum und weitere Staatsgebäude:
- Der **Embo State Palace**: Hier empfängt der König seine Untertanen und hält Audienzen ab.
- **State House**, Lositha: 1978 erbaut und mit viel Pracht besetzt (Marmorböden, Kuppelanlage u.a.), dient es vorwiegend staatlichen Anlässen und als Schule für die Kinder des Königs.

Beide Anlagen sind aber leider nicht zu besichtigen.

- **Parlament**: Es wurde 1979 in der Form eines Hexagon errichtet und beherbergt neben den Parlamentsräumen auch Konferenzräume, eine Bücherei und die Presse. Besucher können Debatten verfolgen, müssen sich aber entsprechend kleiden (Jacket, Krawatte, keine Jeans).
- **Somhlolo Stadium**: Hier werden alle größeren kulturellen Veranstaltungen abgehalten. Neben den Staatsfeierlichkeiten sind das vor allem Konzerte und Tanzveranstaltungen, aber auch Reden des Königs an seine Untertanen.
- **National Museum** bietet einen guten Überblick über die **Swasi-Kultur**. Man findet hier Exponate aus allen Epochen, beginnend mit der Steinzeit. Interessant ist vor allem die Abteilung mit den traditionellen Kleidern, die besonders die Symbolik der einzelnen Kleidungsweisen gut veranschaulicht. Zum Beispiel haben die Schilder, die die Swasimänner während der Festivitäten tragen, eine bestimm-

Exponate aus allen Epochen

te Bedeutung: Männer unter 25 haben einen bunten, braunrot gehaltenen Schild und um ihren Stock Pavianfell gewickelt. Erwachsene Männer tragen dagegen ein Schild mit schwarzweißem Fell und um den Stock ein seltenes Affenfell. Alte und weise Männer schließlich tragen ein graues Schild und wickeln Schakalfell um ihren Stock.

Außerdem ist neben dem Museum ein echter Swasikral aufgebaut.

Manzini (ⓘ s. S. 207)

Erst 1960 wurde der Ort in Manzini umbenannt (= am Wasser gelegen). 1885 unterhielt hier der Händler Bob Rogers in einem Zelt am Ufer des Mzimneni River einen „Laden". Im folgenden Jahr kaufte Albert Bremer die Stelle und errichtete hier ein festes Gebäude sowie ein Hotel. Allmählich entstand um das kleine Anwesen ein Ort, der Bremersdorp genannt wurde. 1890 wurde Bremersdorp gar „Hauptstadt", nachdem sich Briten und Buren entschlossen hatten, die europäischen Interessen in Swasiland gemeinsam zu kontrollieren. Doch am Ende des Anglo-Burischen Krieges wurde fast alles zerstört, und Mbabane erhielt wegen seines angenehmeren Klimas den Status der Hauptstadt.

Landschaft bei Manzini

Heute ist Manzini wirtschaftlicher Mittelpunkt des Landes. Im Frühjahr blühen hier violette Jacarandabäume und die roten „Flametrees". Auch in Manzini gibt es einen Markt, auf dem man verschiedene in Swasiland produzierte Andenken kaufen kann.

Ananas – wichtiger Devisenbringer

Sonst noch etwas zu sehen? Nein, seitdem das Uncle Charly-Hotel geschlossen wurde, gibt es noch nicht einmal mehr den Wandfries des wandernden Künstlers *Conrad Genal* zu sehen. Ich rate Ihnen weder in Manzini zu übernachten, noch sonst etwas zu unternehmen.

Weitere Sehenswürdigkeiten im Umkreis von Mbabane/Ezulwini

- **Mlilwane Wildlife Sanctuary** (ⓘ s. S. 207)

Das Gebiet war früher Privateigentum, das der Besitzer im Jahre 1964 dem Staat als Schutzgebiet schenkte. Spenden von Privatpersonen und der Southern African

Wildlife Foundation ließen den Park zu seiner heutigen Größe von 4 500 ha anwachsen. Sobhuza II wurde von der Notwendigkeit des Naturschutzes überzeugt, als eines Tages 20 königliche Jäger nach vier Tagen Jagd mit nur 2 Impalas zurückkamen. Die ersten Tiere wurden mit einem alten Landrover aus entfernten Gebieten (bis aus Sambia) hierher gebracht. Dämme mussten errichtet und bestimmte Pflanzen und Bäume angepflanzt werden, damit alle Tierarten einen für sie angemessenen Lebensraum erhielten. Heute leben hier u.a. Rappen- und Elenantilopen, Wasser-, Spring-, Stein-, Ried- und Buschböcke, daneben Zebras, Hippos, Nashörner, Krokodile und Giraffen.

Die Wege sind in der Trockenzeit gut mit dem Pkw zu befahren. Es werden aber auch Touren in Landrovern angeboten.

Empfehlenswert ist ein Zwischenstopp an den Mantenga Falls und dem Mantenga Craft Village.

- **Usutu Forest**

Mit 70 Mio. Kiefern auf über 65 000 ha ist der Usutu Forest einer der größten künstlich angelegten Forste der Welt. Es bietet sich an, von Mbabane aus eine Rundtour (ca. 110 km) zu machen. Man nimmt hierzu die Straße nach Bhunya und fährt südlich übers Malkerns Valley zurück nach Ezulwini. Schon kurz hinter Mbabane fährt man durch das erste Waldgebiet und erreicht vor Meikles Mount das Mhlambanyatsi-Tal. Von da an steigt die Straße an und erreicht die ersten Forstplantagen. In Mhlambanyatsi ist der Sitz der Forstverwaltung. Auf der Wegstrecke danach hat man schöne Ausblicke auf die bewaldeten Höhenzüge. Etwa 27 km hinter Mbabane liegt linker Hand das **Foresters Arm's Hotel**, ein Hotel im englischen Kolonialstil. Eine Lunchpause bietet sich hier an.

Papierfabrik bei Bhunya

Künstlich angelegter Forst

In Bhunya schließlich findet sich eine der beiden Papierfabriken.

Jede Mühle produziert ca. 180 000 t Papier pro Jahr. Eine Kiefer braucht etwa 16–18 Jahre, bis sie schlagreif ist. Das größte Problem ist die Feuergefahr. Die meisten Feuer werden durch Honigsammler verursacht, die Bienenschwärme ausräuchern, bevor sie sich an den Honig wagen.

In Bhunya zweigt die Straße nach Sandlane und Amsterdam ab. Sie fahren aber weiter bis ins Malkern Valley. Nachdem Sie das Forstgebiet verlassen haben, tauchen rechts und links der Straße große, aufgeteilte Felder auf. Das sind Ananaskulturen, die zu der Konservenfabrik in Malkerns gehören. Das untere Malkernstal ist eines der fruchtbarsten Gebiete im Land. Knapp 80 km hinter Mbabane treffen Sie dann wieder auf die Hauptstraße im Ezulwini Valley.

Wer diese Tour noch etwas ausdehnen möchte, biegt 20 km hinter Bhunya nach rechts in Richtung Mankayane ab. Hier fährt man noch durchs urtümliche Swasiland. Kleinstfarmen verteilen sich in unregelmäßigen Abständen über die Berghänge, und nirgendwo sonst laufen so viele Rinder frei herum. Mankayane selbst ist ein kleines Nest mit wenigen Geschäften und einem einfachen Pub.

- **Grand Valley** (ⓘ s. S. 207)

Dieses Tal besticht durch seine faszinierenden Ausblicke von den Höhen herunter. Die Strecke führt auf und ab und ist sehr kurvenreich. Hier ließen sich die ersten Swasi nieder und erweiterten von hier aus ihr Reich. Durch regelmäßige Niederschläge war die Landwirtschaft gesichert. Die Swasi bezeichnen dieses Gebiet heute noch als das „most picturesque in the Kingdom". Den wohl schönsten Ausblick hat man von Hlatsikhulu hinunter ins Tal. Nhlangano (ca. 90 km von Ezulwini entfernt) bedeutet „Treffpunkt". Hier haben sich schon die ersten Swasihäuptlinge zu ihren Palavern getroffen, und 1947 fand hier das legendäre Treffen zwischen Sobhuza II und King George IV statt. Heute ist die Region das **Haupttabakanbaugebiet** des Landes.

The most picturesque…

Tabakanbau

Wer von KwaZulu/Natal kommt oder dorthin will, kann diese Strecke als Alternative zur Route Big Bend/Lavumisha wählen, sollte aber 2 Stunden mehr Fahrzeit einplanen.

- **Pine Valley**

Direkt nördlich von Mbabane gelegen, bietet es sich für einen 2-stündigen Kurztrip an. Linker Hand sieht man eine Reihe von Wasserfällen des Black Umbeluzi River, und rechter Hand imponieren Granitfelsen („Domes"). Dieses Gebiet eignet sich hervorragend für Spaziergänge.

Streckenbeschreibungen

Barberton – Pigg's Peak – Malolotja Nature Reserve – Mbabane (150 km) (ⓘ s. S. 207)

Überblick

Wer nicht über Oshoek nach Swasiland einreisen möchte und eine besonders schöne Alternative dazu sucht, der ist mit dieser Strecke gut beraten. Kurz hinter Barberton steigt die Straße steil bergan, und man hat schon nach kurzer Zeit einen hervorragenden Ausblick über das Tal von Barberton. Auf der Passhöhe des Saddleback-Passes durchquert man dann riesige Forstgebiete beiderseits der Grenze. Dazwischen kreuzt immer wieder die Transportseilbahn der Asbestmine in Bulembu die Piste. Nachdem man die Grenze und auch die Minenstadt passiert hat, führt die Strecke erneut auf kurvenreicher Piste durch Waldgebiete, bis man schließlich Pigg's Peak erreicht, einen kleinen Ort, der den Nordwesten des Landes versorgt. Von dort geht es auf dem gut ausgebauten „Mswati III Highway" über Höhen und Täler bis nach Mbabane, wobei man einen guten Eindruck von der **Bergwelt Swasilands** erhält und viele schöne Ausblicke in die Täler hat.

Bergwelt des Swasilandes

Etwa 30 km hinter Pigg's Peak erreicht man das **Malolotja Nature Reserve**, das mit seiner geologischen Vielfalt (hier hat man Steine gefunden, die dem Mondgestein sehr ähnlich sind), den ältesten Eisenerzvorkommen der Welt (ca. 45 000 Jahre) und einer besonders artenreichen Vegetation nicht nur Touristen, sondern auch Wissenschaftler aus der ganzen Welt anzieht.

Streckenbeschreibung

• *Von Barberton aus die R40 nach Bulembu. Nachdem man den Pass erreicht hat, hört der Asphalt auf bis Pigg's Peak. Daher sollte man sich in der Regenzeit vorher über den Straßenzustand erkundigen. Folgen Sie immer der Hauptpiste. 43 km hinter Barberton erreichen Sie den Grenzposten. Von dort sind es noch 23 km bis Pigg's Peak. Hier biegt man dann nach rechts ein in den „Mswati III Highway" und erreicht schließlich nach 52 km in Motshane die Straße Oshoek – Mbabane. Nach weiteren 16 km gelangt man in die Hauptstadt.*
• *Wer nicht die Pistenstrecke von Barberton nach Pigg's Peak fahren möchte, kann auch von Norden über Jeppe's Reef nach Pigg's Peak in das Land einreisen.*

Barberton

Wenn es auch heute nicht mehr so scheint, ist Barberton doch eine der historisch wichtigen Stätten Südafrikas. 1884 fanden nämlich die Geschwister Barber hier Gold, was sofort einen wahren „Rush" auslöste. Binnen kürzester Zeit lebten hier 8 000 Menschen, gab es **200 Pubs** und wurden gleich **2 Goldbörsen** eingerichtet. Von einer kann man heute noch die Fassadenruine besichtigen. 1885 fand man im benachbarten Eureka City noch mehr Gold. 1888 waren aber bereits die meisten Goldschätze geplündert, und die Goldsucher zogen weiter an den Witwatersrand, wo zu gleicher Zeit das erste Gold gefunden wurde.

Historisch wichtige Stadt

Heute hat die Stadt 18 000 Einwohner und ist Zentrum der Holz- und Obstindustrie der Region.

Havelock Mine

1886 wurde auch hier Gold gefunden, was in der damaligen Zeit mehr zählte als die schon bekannten **Asbestvorkommen**. Havelock war für drei Jahrzehnte Anziehungspunkt verschiedenster Glücksritter aus aller Herren Länder. Reich wurde aber keiner von ihnen. Nach Ende des 1. Weltkrieges entdeckte Izaak Holtzhausen die Asbestvorkommen erneut, und eine kanadische Firma begann mit den nötigen Prospektionsarbeiten. 1930 entschloss sich diese Firma schließlich, 100 Claims für 480 000 Emalgeni zu kaufen, dem höchsten Preis, der jemals für Bergbau-claims bis dahin im Südlichen Afrika bezahlt wurde. Eine deutsche Firma aus Leipzig errichtete die Transportseilbahn zur nächsten Bahnstation in Barberton.

Seilbahn Havelock Mine

Die Seilbahn hat eine Länge von 20 km und wird von 52 Pfeilern getragen. Über 200 Lastengondeln können jeweils bis zu 200 kg transportieren. Auf dem Rückweg von Barberton wird Steinkohle für die Maschinen der Mine befördert. Der gesunkene Weltmarktpreis für Asbest hat auch dieser Mine Existenzprobleme verursacht, und in den letzten Jahren hat die Einwohnerzahl von Bulembu, der Minenstadt, von ehemals 6 500 auf 5 400 abgenommen.

Pigg's Peak

Wie sollte es anders sein: Auch dieser Ort entstand aufgrund von Goldfunden. Bereits 1881 fand Tom McLachlan die ersten Unzen im Fluss. Im Jahre 1885 stieß dann der Franzose **William Pigg** auf eine so reiche Ader, dass hier für die nächsten 80 Jahre die größte Goldmine des Landes operieren konnte. Die ersten Goldsucher waren es auch, die den Pfad nach Barberton begehbar machten. Zu weit und kostspielig war die Strecke nach Süden. Doch war die Strecke über die Höhen damals gefährlich. Banditen lauerten den Glücksrittern auf, und Barberton war ein von Malaria verseuchtes Gebiet.

Phophonyane Lodge

Die ehemalige kleine Farm liegt in der Nähe von **Wasserfällen**, und ein Teil der Unterkünfte befindet sich direkt am Fluss. Rod de Vletter hat sie zu einer der schönsten Lodges des Südlichen Afrika ausgebaut. Die wenigen Schlafplätze versprechen einen angenehmen und ruhigen Aufenthalt. Neben vier komfortablen Chalets bietet sich auch die Möglichkeit, in luxuriösen Zelten zu nächtigen und das Gefühl von Natur um sich zu spüren. Besonders beeindruckend sind die *Artenreichtum* **Vegetation** und die **artenreiche Vogelwelt**, die man auf kleinen Wanderwegen erkunden kann. Rod selbst ist ein Naturfreund, der einem alle diesbezüglichen

Fragen beantworten kann. Er organisiert und leitet auch Touren, sowohl in die nähere Umgebung als auch nach Südafrika, Botswana und Zimbabwe.

Wer auf dem Weg von Johannesburg oder dem Kruger Park nach einer vollkommenen Rast sucht, wird hier bestimmt befriedigt.

Malolotja Nature Reserve

Der Park ist 18 000 ha groß und bietet für Naturliebhaber eine Fülle von Attraktionen. Die Pflanzenwelt umfasst u.a. verschiedenste Proteenarten (besonders in den Tälern) und Zykaden. Neben bekannten Savannentieren wie Zebras, Wildbeest und Hardbeest kommen besonders viele Reptilien vor, wobei ein wenig vor den Schlangen gewarnt sei (Puffotter und Mozambik-Kobra).

Besonders interessant ist aber die Geologie. Es gibt hier die **ältesten Sedimentgesteine der Erde**, und fossile Algen datieren 3,5 Milliarden Jahre zurück. Proben der Sedimentgesteine wurden nach dem ersten Mondflug von der NASA entnommen, und es stellte sich heraus, dass sie dem Mondgestein sehr ähnlich sind.

Interessante Geologie

Im Süden des Parks kann man, nach vorheriger Anmeldung im Parkbüro, die wohl **älteste Mine der Welt** besichtigen, die Ngwenya Mine. Hier haben Menschen bereits vor 45 000 Jahren Hämatite und Smectite abgebaut, welche sie zum Färben und als Kosmetik benutzten. In der Neuzeit baute man hier Eisenerz ab, bis die Förderung Ende der 70er Jahre eingestellt wurde. Die große offene Mine ist aber immer noch imposant und einen Besuch wert.

Für Wanderfreudige gibt es ausreichend Wanderwege und 17 Camps, in denen man übernachten kann. Dabei sollte man eine Route wählen, die zu den Bushman Paintings im Komati-Tal führt.

Wanderwege

Ngwenya Glassworks

Streckenbeschreibung
An der Kreuzung in Motshane biegt man nach rechts ab und fährt ca. 3 km. Rechts führt ein Wegweiser zu der Glasfabrik.

Diese kleine Glasfabrik, die mit viel Idealismus 1976 errichtet wurde, ist ein wenig der „Stolz des Landes". Unter der Leitung einer südafrikanischen Familie produzieren hier ca. 20 einheimische **Glasbläser** Tiere und Gebrauchsgegenstände aller Art. Unter der Woche kann man von einer Galerie aus den Arbeiten zusehen. Ein kleiner Fabrikladen verkauft ausgesuchte Ware. Besonders beeindruckend ist, dass fast das gesamte Rohmaterial aus Altglas gewonnen wird, das vor allem Kinder für ein Taschengeld heranbringen. Ein Anteil des Gewinns wird dem Wildlife Fund gestiftet und bevorzugt der „Save the Rhino"-Stiftung überschrieben.

Etwa 700 m hinter den Ngwenya Glassworks liegen die Endlotane Studios. Die Einrichtung wurde vom deutschen Künstlerehepaar Reck gegründet und wird auch von ihnen betrieben. In dieser Werkstatt mit Herstellungsschwerpunkt auf sehr ansprechenden **Wandteppichen** kann man bei der Produktion zusehen. Gewebt wird mit Angora-Wolle, die z. T. von der eigenen Angora-Herde stammt. Hier arbeiten etwa 40 Swasi-Frauen, die fest angestellt sind.

Mbabane – Manzini – Siteki – Hlane Game Reserve – Mhlume – Croydon – Manzini (ca. 330 km) (ⓘ s. S. 207)

Diese Strecke eignet sich hervorragend, um einen **guten Überblick über das Land** zu erhalten. Die Tour beginnt in den Städten des Hoch- und Middlevelds und führt durch alle Landschaftszonen von Swasiland. Hinter Manzini wird die Besiedlungsdichte merklich geringer, und von den letzten Höhen des Middlevelds hat man einen weiten Blick über das Lowveld mit den Lubombo-Bergen am Horizont. Im Lowveld wird man das Gefühl nicht los, sich in einem amerikanischen Roadmovie der 60er Jahre zu befinden, so endlos wirkt die Savanne.

Blick auf Mbabane

Auf der Straße nach Lomasha passiert man als erstes das **Hlane Game Reserve**, das wohl bekannteste Wildschutzgebiet des Landes. Hier gibt es u.a. auch Elefanten. Der Park gehört dem König, der hier in regelmäßigen Abständen Jagdsafaris veranstaltet. Daher ist nur ein Teil des Reservates für Besucher zu betreten.

Im Gebiet zwischen Simunye und Tshaneni sind die riesigen **Zuckerrohrplantagen** interessant.

Bekanntestes Wildschutzgebiet Swasilandes

Mit dem Verkauf von Zucker erwirtschaftet das Land einen großen Teil seiner Devisen. Vielleicht haben Sie ja das Glück und können eine der Plantagen besichtigen.

Nachdem man bei Tshaneni wieder nach Süden abgebogen ist, fährt man durch typisches Agrarland mit kleinen Farmen und Weideland. Hier lebt die Bevölkerung noch von der Subsistenzwirtschaft.

Streckenbeschreibung

Folgen Sie der Hauptstraße von Mbabane nach Manzini und dann immer weiter geradeaus, bis Sie 53 km hinter Manzini auf die Abzweigung nach Siteki stoßen. Hier biegen Sie nach rechts ab. Nach ca. 8 km erreichen Sie Siteki. Diese Strecke fahren Sie danach wieder zurück und folgen weiter der Hauptstrecke. 10 km nördlich der Kreuzung kommen Sie an dem Hlane Game Reserve vorbei, und gleich dahinter liegt der Ort Simunye. Nach 25 km kommen Sie schließlich an den Abzweig nach Mhlume und Tshaneni (geradeaus geht es nach Maputo).
Sie durchfahren jetzt auf ca. 30 km Zuckerrohrplantagen. Hinter Tshaneni biegen Sie nach links auf die Piste nach Bhalekane ein. Nach knapp 35 km, in Bhalekane, biegen Sie wieder nach links ab in Richtung Mpisi Bridge und Manzini. Kurz hinter Croydon

beginnt dann die neu ausgebaute Asphaltstraße, die in Mafutseni an der Tankstelle wieder auf die Hauptstraße nach Manzini stößt.
Die Piste kann man problemlos mit einem herkömmlichen Pkw befahren; man sollte aber nicht zu schnell fahren, um sich auf dem steinigen Geröll keine Reifenpanne einzuhandeln.

Siteki

Siteki bedeutet „Heiratsplatz". Mbandzeni hat hier stationierten Soldaten seines Regimentes erlaubt, sich ihre Frauen aus der Bevölkerung des Ortes auszusuchen. Siteki wirkt etwas trostlos: Verlassene Häuser und zerfallene Kirchen sind Zeugen einer besseren Zeit, als der Ort noch Garnisonsort und Durchgangsstation und letzter Rastplatz vor der Grenze auf der alten Straße nach Moçambique war. Mit dem Ausbau der neuen Strecke über Lomahasha wird sich auch in Zukunft wenig ändern. Heute leben hier noch 1 500 Menschen, und es ist noch Verwaltungshauptstadt des Lubombo-Distrikts.

Gute Ausgangsstation

Wer im Siteki-Hotel seine Zelte aufschlägt, hat von hier aus gute Möglichkeiten, das östliche Swasiland zu erkunden.

Hlane Game Reserve

Der Name Hlane bedeutet in Swasi „Wildnis". Mit 30 000 ha ist dieser Park der größte in Swasiland. Er wurde 1967 von König *Sobhuza II* offiziell zum Schutzgebiet erklärt, und im Laufe der Jahre hat man sich bemüht, den Wildbestand aufzustocken. Es gibt hier mittlerweile Elefanten, Rhinos, Giraffen, Wasserbüffel, Strauße, Zebras, Krokodile und viele andere Savannentiere. In letzter Zeit nistet hier sogar jedes Jahr ein Storchenpaar, das wohl südlichste in ganz Afrika. Einmal im Jahr findet die „**Butimba**", die vom König eröffnete Jagd statt. Daran dürfen nur erfahrene geladene Jäger teilnehmen. Die Hütten sind sehr komfortabel und eignen sich hervorragend für einen 1- bis 2-tägigen Aufenthalt. In diesem Teil des Südlichen Afrika kann man sich noch richtig naturverbunden fühlen, da nur wenige Touristen den weiten Anfahrtsweg hierher auf sich nehmen.

Besonders eindrucksvoll ist auch die dichte Buschvegetation, die man in vielen anderen Parks schon etwas vermisst. Das macht natürlich das Ausspähen von Tieren schwieriger, doch hat man dazu an den Wasserstellen immer noch genügend Gelegenheit.

Dichte Buschvegetation

Kurz nach Verlassen der Parkgrenzen durchquert man **Simunye**, eine kleine Stadt, die erst vor wenigen Jahren für die Arbeiter der Zuckerindustrie erbaut worden ist. Heute leben hier 4 300 Menschen, und es gibt neben einem Einkaufszentrum einen Countryclub, Sportanlagen und eine Landebahn für Privat- und Sprühflugzeuge. Linkerhand sieht man die neueste Zuckerfabrik des Landes, die ca. 160 000 t Zucker im Jahr produziert.

Kurz hinter Simunye führt eine kleine Straße nach rechts zum **Mlawula Nature Reserve**. Es ist aber für die Allgemeinheit geschlossen, da es nur für Jagdsafaris

Projekt Game-farming und wissenschaftliche Zwecke genutzt wird. U.a. versucht man hier zu erkunden, ob sich für Swasiland Gamefarming rentieren könnte und wenn ja, mit welchen Tieren.

Nachdem man nach rechts abgebogen ist, erreicht man nach ca. 6 km die Ladenzeilen der **Tambankulu Estates**. Diese bieten sich für einen Besuch an, da der dazugehörige Club auch Unterkünfte und ein gutes und preiswertes Restaurant für Durchreisende hat *(Tambunkulu Recreation Club, Private Bag, Mhlume, Tel.: 38111/2 od. 38217, Fax: 38213)*. In netter Atmosphäre hat man hier die Möglichkeit, mit den Leuten von der Zuckerindustrie ins Gespräch zu kommen, und wenn Sie Glück haben, können Sie sogar die Fabriken besichtigen oder, mit noch mehr Glück, sogar mit einem der Sprühflugzeuge einen Rundflug über das Gebiet machen. Fragen Sie einfach den Clubmanager; man ist diesbezüglich sehr hilfsbereit.

Neben Zuckerrohr werden auch Zitrusfrüchte angebaut, die meist in den Nahen Osten und nach Japan exportiert werden.

Die folgende Piste führt durch das klassische Gebiet der kleinen Farmen des unteren Middlevelds. Hier sollte man auf frei herumlaufende Rinder achten. In diesem Gebiet gibt es auch mehrere kleine Staudämme, die zur Bewässerung der Felder in den Tälern dienen. In **Bhalekane** hat man die Möglichkeit, anstatt zurück nach Manzini zu fahren, über die Piste nach rechts in die Berge um nach Pigg's Peak zu gelangen.

Nachdem man Bhalekane passiert hat, kommt man durch Buckham und **Croydon**, wo sich vor 100 Jahren zuerst eine Familie Buckham aus Croydon (England) niedergelassen hat. Croydon entwickelt sich langsam zu einer kleinen zentralen Gemeinde, die sich vom Ausbau der Asphaltstraße einen wirtschaftlichen Aufschwung erhofft.

Manzini – Big Bend – Lavumisha (ⓘ s. S. 207)

Überblick

Dieses ist die Hauptstrecke nach KwaZulu/Natal. Hinter Manzini führt die Straße durch das untere Middleveld, vorbei am Mkhaya Nature Reserve, wo es auch Elefanten gibt. Von hier aus kann man Wildwasserfahrten unternehmen, in das Lowveld nach Big Bend, das **Zentrum der südlichen Zuckerrohrplantagen**. Die Straße macht hier einen Bogen und führt südwärts entlang der Lubombo-Berge nach Lavumisha, dem Grenzort. Dieser Teil der Strecke ist besonders reizvoll durch den Kontrast der Zuckerrohrfelder zu den dahinterliegenden Bergen. Dazwischen mäandrieren Flüsse, die meist aus den Bergen kommen.

Streckenbeschreibung

Biegen Sie 8 km hinter Manzini in Hlelehhele nach Süden ab, und folgen Sie dieser Straße bis Lavumisha. Big Bend und Lavumisha sind immer ausgeschildert.

Mkhaya Nature Reserve

Dieser knapp 6 300 ha große Park ist im Privatbesitz von Ted Reilly, der auch schon den Mlilwane- und den Hlane-Park aufgebaut hat. Diesen Park legte er speziell für gefährdete Tiere an, so dass man neben den „üblichen" Tieren besonders junge Elefanten und einige schwarze Rhinos sehen kann. Letztere wurden extra vom Zambezi-Tal hierher gebracht. Der Park ist nur nach vorheriger Anmeldung zu betreten, und Privatfahrzeuge müssen am Eingang (sicheres Parken) abgestellt werden. Von dort geht es mit Parkfahrzeugen zum Camp. Die Zelte sind einfach, aber bequem.

Park für gefährdete Tiere

Big Bend ist eine uninteressante Stadt, und sowohl das Hotel dort als auch das im nahe gelegenen Matata sind sehr einfach. „Im Big Bend Inn" kann man aber einen vernünftigen Publunch zu sich nehmen und von der Terrasse über die Zuckerrohrfelder sehen. Für abendliche Speisen eignet sich aber eher das portugiesische Restaurant im Riverside-Hotel in Matata (direkt an der Hauptstraße, 6 km hinter Big Bend).

Lavumisha ist der Grenzort und die Zwillingsstadt des südafrikanischen Golela. Das „Lavumisa-Hotel" ist eines der ältesten Hotels des Landes, hat aber mit Sicherheit bessere Zeiten gesehen. Selbst die Zwischenmahlzeiten sollte man lieber in den benachbarten Hamburgerbuden zu sich nehmen. Zu sehen gibt's hier sonst gar nichts.

Von Lavumisha sind es noch ca. 180 km bis Richards Bay und 330 km bis Durban. Die Straße auf südafrikanischer Seite führt abwechselnd durch Sisalplantagen und Akaziensavannen. Kurz vor Richards Bay überwiegen dann Eukalyptusaufforstungen. Alle Parks entlang der Straße versprechen nette Reiseunterbrechungen. Am schönsten und urtümlichsten sind aber die, die weiter abseits der N2 in Richtung Nordosten liegen (Mkuzi Game Reserve, Ndlume Game Reserve und Sodwana Bay).

Exkursion: ein Abstecher nach Maputo/Moçambique (ⓘ s. S. 207)

Es besteht die Möglichkeit, **sicher** über den Korridor von Lomahasha nach Maputo zu fahren (zwischen 8h und 16h). Viele Südafrikaner und Swasi nehmen diese Möglichkeit bereits wahr, und es hat bisher noch keine Zwischenfälle gegeben. Da der Bürgerkrieg bereits seit 1991 offiziell beendet ist, ist mit Zwischenfällen und größeren Problemen auch nicht zu rechnen.

Daher ist ein kurzer Abstecher nach Maputo wirklich zu empfehlen. Maputo ist eine alte Stadt, die ihren **portugiesischen Charakter** nicht verloren hat. Breite Straßen mit bunten Bäumen, Lambada an jeder Straßenecke und eine südamerikanisch anmutende Ausgelassenheit vermitteln einem einen ganz neuen Eindruck vom Südlichen Afrika. Es sind bereits große Anstrengungen unternommen worden, die Stadt touristisch attraktiv zu machen. Zwei große Hotels wurden ausgebaut, und es gibt eine Reihe von guten Restaurants.

Das Ganze hat leider auch eine Schattenseite: Der Reichtum in der Stadt entspringt der Tatsache, dass fast alle Entwicklungshilfegelder der letzten Jahre hierher geflossen sind. Bisher gab es keine sichere Möglichkeit gab, die Gelder sinnvoll im Land zu verteilen. Keine 30 km außerhalb der Stadt ist es noch absolut unsicher, vor allem durch die ehemaligen Soldaten der Armee, die jetzt arbeitslos sind. Teilweise sind sie bereits während des Bürgerkriegs desertiert und haben ihre Waffen einfach mitgenommen, mit denen sie nun immer noch Unfrieden stiften.

Ganz anders ist das Bild dagegen in der Hauptstadt, wo es vor allem Neufahrzeuge und Lebensmittel aus Südafrika gibt. Es ist also immer noch eine „**verkehrte**" **Welt**, aber eben nicht nur touristisch reizvoll, sondern auch politisch. Man erhält ein viel reelleres Bild vom Weltgeschehen, als es einem durch die Medien vermittelt wird.

Abstecher nach Moçambique

Wer also einen Ausflug dorthin machen will, benötigt als erstes ein **Visum** für Moçambique, erhältlich bei der Botschaft in Mbabane. Bedenken Sie, dass die Ausstellung des Visums 2–3 Tage dauern kann.

Es ist leider nicht erlaubt, mit dem Mietwagen nach Moçambique zu fahren, da es nicht zur südafrikanischen Zollunion gehört. Daher ist es ratsam, von Manzini aus mit dem Flugzeug zu fliegen. Es gibt tägliche Verbindungen, und der Flug dauert nur etwa 30 Minuten. Am Flugplatz in Maputo kann man ein Fahrzeug mieten.

Anschluss-Strecken von Swasiland

- zum **Kruger National-Park**: über Grenzübergang Matsamo/Jeppe's Reef nach Malelane;
- zum **Blyde River Canyon** und zur **Limpopo Province**: über Grenzübergang Bulembo/Josefsdal und Barberton nach Nelspruit, Whiteriver oder Hazyview;
- in den Norden **KwaZulu/Natals** und nach **Durban**: über die Grenzübergänge Lavumisa/Golela oder Nsalitje/Onverwacht.

12. LESOTHO

Überblick

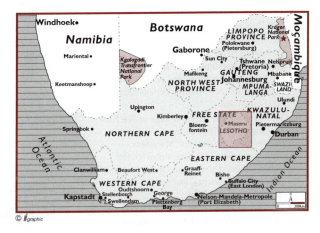

Lesotho bildet als Enklave inmitten der Republik Südafrika eine interessante Alternative für einen 1-wöchigen Aufenthalt. Mit seiner faszinierenden Bergwelt (bis 3 500 m) und den Lebensformen eines schwarzafrikanischen Staates hat es schon so manchen Reisenden begeistert. Seine Ausdehnung über die Hochebene der nach Nordwesten hin langsam abfallenden Drakensberge beschert ein gemäßigtes Gebirgsklima mit für Europäer angenehmen Tagestemperaturen.

Lesotho ist ein **Königreich**, dessen Bewohner hauptsächlich noch von der Landwirtschaft für den Eigenbedarf leben. Buschmänner haben dieses Land schon vor Jahrtausenden bewohnt, wovon Felsmalereien noch heute Zeugnis ablegen. Im 17. Jahrhundert kamen dann die ersten Nguni über die Drakensberge und verdrängten die Buschmänner.

Königreich Lesotho

Zu Beginn des 19. Jahrhunderts kamen weitere Nguni zusammen mit den Sotho ins Land, auf der Flucht vor dem Expansionsdrang des Zuluführers Chaka, der sein Reich unterhalb der Drakensberge immer mehr auszudehnen versuchte. Als Chakas Truppen schließlich auch noch das Hochland von Lesotho besetzen wollten, kam es zu heftigen Kämpfen, und es ist dem Sothokönig *Moshoeshoe* zu verdanken, dass er Sotho- und Ngunistämme zu einer starken Gemeinschaft vereinigte, die schließlich die Zulu zurückdrängen konnte. Durch geschickte Diplomatie spielte er Buren, Briten und Zulu gegeneinander aus und stellte sein Land 1868 unter britische Schutzherrschaft. Somit blieb es auch vor weiteren Angriffen der Buren aus dem Free-State verschont.

Basotho-Hütte

1966 erhielt das Land seine **Unabhängigkeit**, verblieb aber im Com-

Redaktions-Tipps

- Greifen Sie in Maseru etwas tiefer in die Tasche und übernachten Sie in einem der **Sun-Hotels**.
- Wenn Sie sparen wollen, ist das **Lancer's Inn** die beste Alternative hier.
- Bleiben Sie **maximal einen Tag in Maseru**, ein längerer Aufenthalt lohnt nur, wenn Sie sich näher mit den Handwerkskooperativen befassen wollen.
- Verweilen Sie **zwei bis drei Tage in den Blue Mountains** (S. 525) oder besser in einer der Lodges im Landesinneren: Marakabei, Semonkong oder Malealea, wobei letztere sicherlich den schönsten und interessantesten Aufenthalt verspricht – machen Sie einen **Ausritt mit einem Pony**.
- Fahren Sie entweder die Strecke Moyeni-Maseru oder Maseru-Oxbow, um einmal einen Eindruck von einer Übersiedlung und deren Folgen beobachten zu können. Hinterher verstehen Sie die Dritte-Welt-Problematik sicherlich besser.
- Das „Rendezvous" in **Maseru** bietet stilvolle koloniale Atmosphäre.

monwealth. Nur wenige Talregionen sind für den Ackerbau nutzbar und aus klimatischen Gründen kann in den Bergen nur extensive Weidewirtschaft betrieben werden kann. In den dicht besiedelten Tälern weitet sich die Bodenerosion somit besonders schnell aus.

Lesotho lässt sich auf verschiedene Weisen bereisen. Aufgrund der schlechten Straßenzustände im Osten des Landes empfehle ich aber, nur die Hauptrouten bis Moyeni (Quthing) im Süden, Oxbow im Norden sowie bis Makarabei und entlang der Leribe-Strecke im Landesinneren mit einem herkömmlichen Pkw zu befahren.

Für andere Strecken, besonders die **Durchquerung des Landes** nach Qacha's Nek und zum Sani-Pass, ist ein Geländewagen unumgänglich. Pisten, wie die nach Malealea, Quaba und Semonkong, sind sehr rau und sollten daher langsam befahren werden. Außerdem ist es hierbei ratsam, sich vor der Abfahrt bei Ortskundigen über den aktuellen Zustand der Strecken zu informieren. Denn besonders in der Regenzeit (Oktober bis April) sind manche Pisten unbefahrbar. Diese Tatsache sollte Sie aber nicht abhalten, diesem schönen Land einen Besuch abzustatten. Für Touren in die abgelegenen Gebiete stehen Ihnen gut organisierte Reiseunternehmen, wie z.B. das Lesotho Tourist Board, zur Verfügung, die Sie per Kleinbus, Flugzeug, ja sogar Pony zu den Sehenswürdigkeiten bringen. Alle diese Touren können Sie sowohl vor Reiseantritt in Europa als auch spontan im Land buchen.

Über den Straßenzustand informieren

Lesotho bietet wirklich eine **reizvolle Alternative** zu den klassischen Reisezielen des Südlichen Afrika, und der Afrikaliebhaber wird das „kalkulierbare" Abenteuer auf dem „Dach Südafrikas" in unvergesslicher Erinnerung behalten.

Ein Tipp

Wenn Sie von der Garden Route, ob von Port Elizabeth oder East London, kommen, fahren Sie einfach über Lady Grey und die Grenzstation Tele Bridge ins Land. Nehmen Sie dann die Route über Mohale's Hoek und Mafeteng nach Maseru, von wo aus Sie Ausflüge ins Landesinnere unternehmen. Zum Schluss können Sie Lesotho im Norden bei Butha-Buthe verlassen, um zurück nach Johannesburg zu gelangen.

Eines dürfen Sie in diesem Land aber nicht erwarten: besonderen Luxus. Und auch die Hinweise auf historische Gebäude und Monumente sind etwas irreführend. In der Regel handelt es sich nur um einfache, häufig verfallene Kirchen oder nur um simple Steinplatten. Die Geschichte ist aber trotzdem interessant und besonders die „Geschichtchen", die Ihnen ein sachkundiger Reiseführer erzählen kann, sind alleine schon den Besuch wert.

Interessante „Geschichtchen"

Es verbirgt sich so einiges Unerwartetes in jedem kleinen Dorf am Rande der Straße. Bereisen Sie das Land daher unter dem landschaftlichen Aspekt, verbunden mit der Offenheit, die dazu gehört, ein afrikanisches Land zu verstehen, und beobachten Sie schließlich die Problematiken eines Dritte-Welt-Landes. Damit haben Sie mehr von Ihrem Besuch hier, und Sie nehmen sicherlich etwas davon mit nach Hause. Die Basothos sind übrigens ein sehr gastfreundliches Volk, und Sie werden bestimmt die eine oder andere anregende Unterhaltung haben, da man sich sehr für Sie und den Grund Ihres Besuches interessiert und bei mehreren Gelegenheiten darauf ansprechen wird.

Grenzübergänge
- *Maseru Bridge durchgehend*
- *Caledoonsport 6–22h*
- *Ficksburg Bridge durchgehend*
- *Peka Bridge 8–16h*
- *Van Rooyen's Gate 6–22h*
- *Makhaleng Bridge 8–18h*
- *Tele Bridge 8–16h*
- *Qacha's Nek 7–22h*
- *Sani Pass 8–16*

Alle hier nicht aufgeführten kleineren Grenzübergänge haben von 8–16 h geöffnet.

Lesotho auf einen Blick	
Fläche/Einwohner	30 355 qkm/2,2 Mio. E.
Bevölkerung	Über 97 % Basothos, Rest andere afrikanische Gruppen (Zulu u. Xhosa); Europäer und Asiaten
Staatssprache	Sesotho; Englisch als Verwaltungs- und Bildungssprache
Religion	44 % Katholiken; 30 % Protestanten; 11,5 % Anglikaner; Rest andere christl. Glaubensrichtungen; Moslems und Naturreligionen
Unabhängigkeit	4. Oktober 1966 (ehemalige britische Kolonie)
Staatsoberhaupt	König Latsie III
Regierungschef	Bethuel Pakalitha Mosisili
Regierungsform	Parlamentarische Monarchie seit 1993
Städte	Maseru (Hauptstadt) 367 000 E., Teyateyaneng 14 300 E., Mafeteng 12 700 E., Hlotse 9 700 E., Mohale's Hoek 8 700 E.
Wirtschaft	Bruttosozialprodukt: 1 100 US$/Einwohner 2002 – entspricht Kaufwert von ca. 2 450 US $
Ausfuhr	Wolle, Mohair, Fleisch, Schirme, elektrotechn. Erzeugnisse, Fahrzeuge
Nationalflagge	Wie in den meisten Ländern symbolisieren auch hier die Farben der Nationalflagge bestimmte Sehnsüchte. Für Lesotho gilt Folgendes: weiß = Frieden, blau = Regen, grün = Wohlstand, und rechts oben stehen das Schild, das Schwert und die Axt für die Sicherheit durch das Militär.

12. Lesotho: Überblick

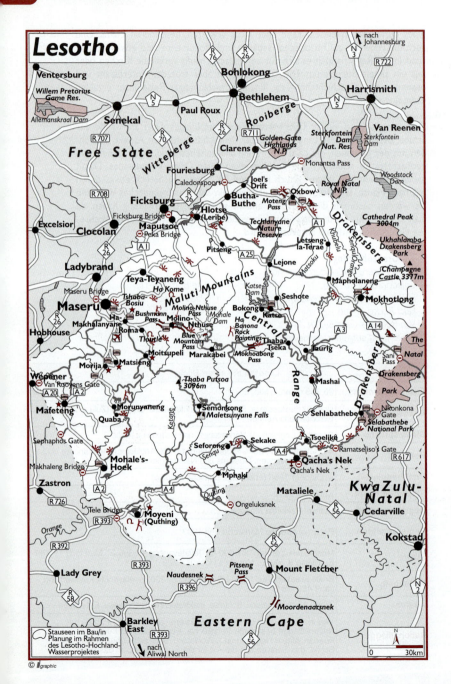

Planungsvorschläge		
Einzelstrecken	km	Tage
Aliwal North – Moyeni – Maseru	310	1–2
Maseru u. nähere Umgebung	150	1–2
Maseru – Blue Mountain-Pass – Maseru	150	1
Maseru – Semonkong – Maseru	240	2 (1 Tag Aufenthalt)
Maseru – Butha-Buthe – Oxbow – Butha-Buthe – Bethlehem	310	2–3 (1 Tag Aufenthalt)
gesamt	1.160	7–10

Geschichte und Politik

Die ersten Bewohner des „Daches Afrikas" waren die **Buschmänner**, die wohl um ca. 3.500 v. Chr. das Gebiet östlich des Caledon besiedelten. Sie lebten weit über das Hochland verteilt und ernährten sich von der Jagd und dem Sammeln von wild wachsenden Früchten. Als im 17. Jahrhundert mit der Bantuwanderung von Norden her immer mehr Ackerbau und Viehzucht betreibende Stämme in das Land eindrangen und sich besonders im Caledon-Tal niederließen, wurden die Buschmänner immer weiter nach Westen gedrängt. Heute erzählen nur noch unzählige Felsmalereien von ihrer ehemaligen Anwesenheit. In der Sprache der Sotho finden sich aber auch heute noch Reste der Khoisan-Sprache, was auf eine Zeit gemeinsamer Besiedlung hinweist.

Buschmann

Die ersten **Ngunistämme** waren die Phetla, die Polane und die Phuti. Ihnen folgten später die Fokeng, die Taung und die Bakwena. Aufgrund des eintretenden Landmangels im Caledon-Tal kam es immer wieder zu Streitigkeiten zwischen den einzelnen Stämmen.

Zu Beginn des 19. Jahrhunderts versuchte der **Zuluführer Chaka**, sein Reich von KwaZulu/Natal aus bis ins Hochland von Lesotho auszuweiten. Es folgten erbitterte **Kämpfe**, die dank Moshoeshoes (des Großen), Führer der Bakwena („Volk der Krokodile"), zugunsten der Sotho ausgingen. Ihm gelang es, alle rivalisierenden Stämme der Sotho zu vereinigen und eine schlagkräftige Armee aufzustellen. 1831 wurde Moshoeshoe I zum Führer aller Sotho ernannt. Innenpolitisch stabilisierte er die Lage, indem er soziale Institutionen einrichtete (Stammesräte = „Pitsos", Rat der Chiefs und einen Gerichtshof). Die gemeinsamen Pitsos entwickelten sich später zum Parlament. Außenpolitisch stand Moshoeshoe ein französischer Missionar namens *Eugen Casalis* zur Seite.

Kämpfe zwischen Zulu und Sotho

12. Lesotho: Überblick

Permanenter Konflikt und britisches Protektorat

Andauernde Grenzkonflikte mit den Buren des Free State zwangen Moshoeshoe dazu, die Briten um Schutz zu bitten. Diese waren aber aus finanziellen Erwägungen nicht sehr geneigt, dieser Bitte nachzukommen. Trotzdem wurde 1843 ein Schutzbrief mit dem Gouverneur der Kapkolonie (G. Napier) unterzeichnet, durch den die britische Seite aber nur geringfügige Zugeständnisse machte. 1854 wurde dieser Vertrag noch durch einige Zusätze bekräftigt, aber 1859 von britischer Seite wieder rückgängig gemacht. Die Kapkolonie wollte ihr Verhältnis zu den Buren nicht zu sehr strapazieren. Die Buren wiederum bekräftigten ihr Interesse am Caledon-Tal, was schließlich 1864 zum „Westgrenzenkonflikt" führte. Während dieses Krieges wurden Moshoeshoe und seine Krieger bis auf die Anhöhen von Thaba Bosiu zurückgedrängt, und im **Vertrag von Thaba Bosiu** mussten die Sotho dann große Teile westlich des Caledon-Tales an den Free State abtreten. Ihrer Kornkammer entledigt, griffen die Sotho 1867 wieder zu den Waffen. Als eine erneute Niederlage drohte, bat Moshoeshoe die Briten wieder um Hilfe. Aus Furcht vor einer allzu großen Ausdehnung der Burenrepublik wurde Basotholand zu einem britischen Protektorat erklärt. Dies ließ die Buren noch einmal zu Felde ziehen. Daraufhin wurde in Aliwal North ein Vertrag unterschrieben, der genaue Grenzlinien festsetzte, und zwar im Westen entlang des Caledon. Während die Sothoführung diesem Vertrag zustimmte, machte sich Unmut bei den um ihr Land betrogenen Häuptlingen breit.

1871, ein Jahr nach dem Tod von Moshoeshoe I., wurde das Basotholand der **Kapkolonie angegliedert**. Neuer König war Letsie I. Doch erhielten die Chiefs keine Sitze im Parlament von Kapstadt. Aufstände waren die Folge, und es kam zum „Gun War". Dieser Name entstammt der Tatsache, dass die Sotho mit der Angliederung an die Kapprovinz ihre Waffen abgeben mussten. 1882 übernahm nun die Regierung in London die direkte Verwaltung des Basotholandes, und der Krieg wurde 1883 beendet. 1884 wurde das Gebiet schließlich zur britischen Kronkolonie erklärt. „Es soll nichts unternommen werden, außer dem Schutz von Leben und Besitz und der Aufrechterhaltung von Ruhe und Ordnung an den Grenzen". Nach diesem Grundsatz wurde das Land nun von 2 Kolonialbeamten verwaltet. Eine Aufnahme in die Union von Südafrika lehnten die Sotho aber kategorisch ab. Zu schlecht waren ihre Erfahrungen in den letzten Jahrzehnten gewesen.

Basotho-Frauen in ihren traditionellen Gewändern

Mit dem „National Council" wurde im Jahre 1903 eine Versammlung gegründet, die der Kolonialverwaltung mit Rat zur Seite stehen und innenpolitische Probleme debattieren sollte. Eine zweigleisige Staatsführung nach bekanntem britischen Muster („Self-Ruling System") war geboren. Als aber die Chiefs ihre Rolle immer mehr auslebten und sich mehr um das eigene Wohlbefinden sorgten als um das ihrer Untertanen, wurde eine Kommission aus London beauftragt, diese Missstände zu untersuchen. Der daraus resultierende **Pim-Report** (1934) veranlasste London zu einer drastischen Verwaltungsreform, die besonders die Machtbefugnisse der Chiefs beschnitt. U.a. wurde die Zahl der Gerichtshöfe von 1 340 auf 122 verringert (später sogar auf 107).

Verwaltungsreform

Nach dem 2. Weltkrieg begann langsam die Entwicklung zur Unabhängigkeit. Der „National Council" erhielt mehr Machtbefugnisse. Die „Gesetze der Lerothodi" erweiterten wiederum den Einfluss der Chiefs (bes. Gerichtsbarkeit), und jedem Bürger wurde ein fairer Prozess zugesichert.

1960 schließlich, ein Jahr nach der Unterzeichnung der ersten Kolonialverfassung, wurden die ersten allgemeinen Wahlen abgehalten. Stärkste Partei wurde die BCP (*Basotholand Congress Party*, vergleichbar mit dem ANC in Südafrika) vor der BNP (*Basotholand National Party*) unter der Führung von Chief Jonathan. Völlige **innere Selbstverwaltung** erhielt das Land nach den Wahlen 1965. Stärkste Partei wurde diesmal die BNP. Im gewählten Parlament saßen von nun an 60 Abgeordnete, im Senat 33 Chiefs.

Am 4. Oktober 1966 wurde Basotholand als Lesotho in die **Unabhängigkeit** entlassen. Als Staatsform wurde die konstitutionelle Staatsform gewählt. Das Land ist Mitglied im Commonwealth. Das Staatswappen trägt ein Krokodil. Moshoeshoe II, ein Nachkomme von Moshoeshoe I, wurde zum König ernannt, Lebua Jonathan (BNP) zum Premierminister. Die Politik des neuen Staates war von da an stets überschattet von der **Abhängigkeit zu Südafrika**. Die Regierung musste Pretoria gegenüber immer einen gemäßigten Kurs steuern und konnte sich nur verhalten zum Thema Apartheid äußern. Als Jonathans Ansehen vor den Wahlen 1970 zu sinken drohte, setzte er die Verfassung außer Kraft („Fünf Jahre Ferien von der Politik"), schickte den König für acht Monate ins Exil und verbot die Oppositionsparteien.

Abhängigkeit von Südafrika

1973 wurde wieder eine Interims-Nationalversammlung einberufen, an der auch oppositionelle Parteien teilhaben durften. Diese wurde aber von der Basis dieser Parteien boykottiert, und Ntsu Mokhele, Führer der größten Oppositionspartei (BCP), rief eine Exilregierung aus. In den Folgejahren kam es immer wieder zu innenpolitischen Unruhen und später dann zur Übernahme der Macht durch das Militär. Das Parlament wurde 1986 bei einem Putsch aufgelöst. Exekutiv- und Legislativrechte unterstehen seitdem dem König. Moshoeshoe II wurde 1990 zum Rücktritt gezwungen und ins Exil geschickt. Nachfolger wurde sein Sohn Latsie III.

In einigen politischen Kreisen Lesothos macht sich inzwischen **Unmut über die traditionellen Herrschaftsstrukturen breit**, und es wird besonders kritisiert, dass es den armen Staat sehr teuer kommt, Chiefs und Königshaus zu finanzieren. Die Diskussion begann laut zu werden, als Ex-König Moshoeshoe II aus dem Exil zurückkehrte und 1995, 5 Jahre nach seinem Abtritt, erneut König wurde. Im Januar 1996 kam er jedoch bei einem tragischen Autounfall ums Leben und sein Sohn wurde wieder zum König ernannt. Daraufhin kam es zu einem Bruch in der BCP und es bildeten sich zwei Lager: die Unterstützer und die

Erosionsprozess der Monarchie

Gegner Ntsu Mokhehles als Premierminister. Mokhehle gründete die Partei LCD *(Lesotho Congress for Democracy)*, die 1998 die Wahlen gewann, und blieb an der Macht.

Doch die Spannungen zwischen Regierung, Militär und Bevölkerung wuchsen. Als die Regierung fürchtete, die Kontrolle zu verlieren, bat sie schließlich die Nachbarstaaten – insbesondere Südafrika – zu intervenieren. Nach einigen Jahren, die von Chaos und Unruhen geprägt waren, wurden im Mai 2002 neue Wahlen abgehalten, die die LCD mit einer Mehrheit von 54 % gewann. Noch sind die traditionellen Einflüsse zu stark, als dass die Monarchie abgeschafft werden würde. Heute ist der König Symbol für die nationale Einheit und besitzt weder legislative noch exekutive Macht.

Geographie

Lesotho ist mit 30 355 qkm eines der kleinsten Länder Afrikas und damit nur knapp so groß wie Nordrhein-Westfalen. Es bildet eine Enklave im Staatsgebiet der Republik Südafrika und ist umgeben vom Free State, Eastern Cape und KwaZulu/Natal. Das Land erhebt sich als **mächtiges Hochplateau** über das südafrikanische Hochland. Die höchsten Erhebungen finden sich in den parallel zum Indischen Ozean verlaufenden Drakensbergen im Norden und Osten. Der höchste Berg ist hier der Thabana Ntlenyana, der mit 3 482 m auch der höchste Berg im Südlichen Afrika ist. Weiter im Westen durchziehen die Maloti Mountains und die Central Range das Land von Nord nach Süd. Während die östlichen Hochflächen über 2 000 m hoch liegen, ist das Highveld im Westen nur zwischen 1 000 und 1 500 m hoch, mit wenigen Ausnahmen bis zu 2 100 m. In diesem Hügelland und am Caledon-Fluss liegt auch das Hauptsiedlungsgebiet mit Ackerbau und Großviehhaltung.

Lesotho bildet auch das **Quellland** der beiden großen Flüsse Oranje (hier Senqu genannt) und Caledon. Der Oranje hat bis zu 800 m tiefe Canyons in das Basaltgestein geschnitten. An den Abbruchkanten finden sich unzählige Wasserfälle. Die bekanntesten sind die Qiloane-, die Ribaneng- und schließlich die Maletsunyane-Fälle, die mit einer Fallhöhe von 192 m die höchsten im Südlichen Afrika sind. Sandsteinplateaus bilden den Übergang zum Highveld. Aufgrund dieses weichen Gesteines und der Überbesiedlung im Westen leidet das Land unter **starker Bodenerosion**.

Starke Bodenerosion

Die **Vegetation** wird in den Hochlagen aus Bergweiden und in den tieferen Gebieten aus Graslandern gebildet. Bäume und Sträucher finden sich nur in geschützten Tälern. Hierbei handelt es sich häufig um Ölbäume, Aloearten und wilden Knoblauch. Beeindruckend ist die Blüte der Pfirsich- und Aprikosenbäume im September. Sie stehen hauptsächlich in den Gärten der Sotho oder vereinzelt auf den Feldern, und die rosarote Blüte gibt der Landschaft während der Trockenzeit einen besonders schönen Kontrast. Um Weihnachten herum erblühen die ebenfalls rosaroten Kosmospflanzen.

Klima

Das Klima von Lesotho kann, dank seiner Höhenlage, als gemäßigt warm bezeichnet werden. Mit zunehmender Höhe schwanken die Jahrestemperaturen immer stärker. Im Highveld liegen die Temperaturen im Juli bei 8 °C und im Januar um bis zu 30 °C, während die Werte in den Hochlagen des Nordens und Ostens bei -12 °C bzw. +16 °C liegen. Fröste sind in allen Gebieten im Winter möglich.

Niederschläge fallen überwiegend im Sommer und sind kurz und heftig. In den höchsten Gebirgslagen ist das ganze Jahr hindurch Schneefall möglich.

Klimadaten			
Station	Niederschlag	Temperaturen (Monatsmittel)	
		Januar	Juli
Maseru	674 mm	21,1 °C	7,7 °C
Mohale's Hoek	723 mm	20,8 °C	8,0 °C
Mokothlong	575 mm	16,6 °C	4,8 °C

Bevölkerungsverteilung

Etwa 70 % der Bevölkerung siedeln in den westlichen Landesteilen, besonders im Caledon-Tal. Hier beträgt die Bevölkerungsdichte bis zu 100 E/qkm. Bezogen auf die Agrarfläche liegen die Werte bereits bei 500 E/qkm, in einigen Gebieten sogar bei 1 000 E/qkm (Butha-Buthe). In der östlichen Gebirgsregion liegt die Bevölkerungsdichte mit 20–40 E/qkm zwar wesentlich niedriger, doch die ungünstigen natürlichen Bedingungen und die Konzentration auf wenige Gunsträume (z.B. Qacha's Nek: 752 E/qkm) lassen einen extremen Bevölkerungsdruck erkennen. Der Anteil der Stadtbevölkerung an der Gesamtbevölkerung ist mit 20 % sehr niedrig. Doch drängen auch hier immer mehr Menschen in die Hauptstadt.

Zurückgehende Bevölkerungszahlen

Das jährliche Bevölkerungswachstum beträgt zurzeit etwa 1,3 % und hat damit in den letzten Jahrzehnten stetig abgenommen. Dies ist besonders auf die Auswirkungen von HIV/AIDS zurückzuführen. 1999 lebten bereits ein Viertel der Erwachsenen mit dem Virus.

Landwirtschaft

Lesotho gehört zu den Ländern mit einem **niedrigen Pro-Kopf-Einkommen** und ist in erster Linie ein **agrarisch geprägter Staat**. Über 60 % der ortsansässigen Bevölkerung ist von der Landwirtschaft abhängig. Dennoch trägt die Landwirtschaft nur einen Anteil von 18 % zum Bruttosozialprodukt (BSP) bei, denn die meisten Bauern wirtschaften auf ihren Feldern und Weiden auf Subsistenzbasis (Selbstversorgung). Viele Familien betreiben sowohl Viehzucht als auch Ackerbau, was Bodenerosion zur Folge hat.

Agrarstaat

Hochland Lesotho – faszinierendes Reisegebiet

Hauptanbauprodukt ist Mais, gefolgt von Sorghum und Weizen. Die Nahrungsmittelproduktion hängt stark von äußeren Einflüssen ab. Dürre, Hagelschlag und andere Klimafaktoren machen kontinuierliche Erträge fast unmöglich. Weitere Anbauprodukte sind Erbsen, Bohnen, Kartoffeln und Spargel. Für den Export wird in den letzten Jahren die Aufzucht von Schnittblumen und Erdbeeren vorangetrieben. Der Anbau von Reis, der auf einem chinesischen Landbauprojekt versucht wurde, erwies sich aufgrund des mangelnden Niederschlags als Fehlschlag.

Viehzucht: In den tieferen Lagen überwiegt die Rinderhaltung, die jedoch recht unproduktiv ist. Das Prestige und die Schaffung von Eigenkapital (z.B. als Brautpreis) stehen für die meisten Familien dabei im Vordergrund. Der Grad der Überweidung wird von Experten mittlerweile auf 300 % geschätzt! Dies verwundert nicht, da etwa 70 % der Bevölkerung über einen eigenen Viehbestand verfügen. Weiterhin werden in den Bergregionen Schafe und Ziegen gehalten. Besonders die Angoraziegen sind hierbei von wirtschaftlicher Bedeutung. Sie liefern die begehrte Mohairwolle. Lesotho gehört zu den führenden Produzenten dieser Wolle auf dem Weltmarkt. Ferner ist auch Schafwolle für den Export von Bedeutung.

Fischfang: Obwohl die Flüsse sehr fischreich sind (Forellen und Karpfen), hat der Fischfang nur lokale Bedeutung. Es wird aber mit dem Aufbau von Zuchtanlagen begonnen, die dann auch die Städte beliefern sollen.

Wirtschaft

Der Aufbau des **Industriesektors** steckt noch in den Kinderschuhen. Doch ist der Anteil der industriellen Wertschöpfung am BIP von 1,9 % im Jahre 1971 auf 38 % im Jahre 2001 explodiert. Besonders das Baugewerbe erhielt einen Auftrieb, u.a. bedingt durch den Baubeginn des **Lesotho Highlands Water-Projekts**. Die Regierung bemüht sich besonders um Investoren aus Südafrika. Sie wirbt dabei mit günstigen Standorten und Krediten und mit dem niedrigen Lohnniveau. Hinderlich sind hierbei aber der kleine Binnenmarkt und die teuren Transportkosten beim Export. Sowohl die Binnenlage mit relativ weiten Wegen zu den Seehäfen als auch die Abhängigkeit von den südafrikanischen Transportunternehmen bilden hier die Hauptprobleme. Besonders die südafrikanische Eisenbahngesellschaft mit ihrer Orientierung auf Schwertransporte bietet keine attraktiven Transportpreise für die Fertigwaren aus Lesotho. Erschwerend kommt noch hinzu, dass das rohstoffarme Land ja auch erst einmal die nötigen Rohstoffe ins Land bringen muss.

Wasserprojekt

Neben elektrotechnischen Erzeugnissen und Maschinen ist die Textilindustrie immer noch der Leistungsträger der industriellen Produktion. Übertroffen werden diese Posten nur noch durch die Nahrungsmittelproduktion. Mit den gezielten **Wiederaufforstungsmaßnahmen** gewinnt auch die Möbelindustrie immer mehr an Bedeutung. Ferner gibt es eine kleine Eisen- und Stahlindustrie und mehrere Druckereien.

Lesotho gehört der Zollunion mit Südafrika an (neben Botswana, Namibia und Swasiland), wodurch Im- und Exportzölle in diese Länder entfallen.

Wanderarbeiter

Einen entscheidenden Wirtschaftsfaktor für Lesotho machten die Wanderarbeiter aus. Etwa 60 % der männlichen Erwerbspersonen arbeiteten in Südafrika, vornehmlich in den Minen. Sie erwirtschafteten 1996 ca. 35 % des Bruttosozialproduktes von Lesotho. Damit wird die starke Abhängigkeit von dem großen Nachbarn deutlich. Um nun die Gehälter dieser Arbeiter zu einem großen Teil ins eigene Land zu holen, überwies die Minengesellschaften 60 % der Löhne direkt an die Lesotho National Bank, die diese erst nach Ablauf des Arbeitskontraktes auszahlte.

Hohe Arbeitslosigkeit

Mit der Schließung vieler Minen in Südafrika im Jahr 2002 mussten zehntausende Basothos zurück in ihr Land, und die Arbeitslosenrate stieg immens (45 %). Kirchen und andere soziale Einrichtungen versuchen, diese Männer in eigenen Projekten unterzubringen.

Natürliche Ressourcen

Lesotho verfügt über keine nennenswerten Bodenschätze. Von Bedeutung war hier ehemals nur eine Diamantenmine bei Letsengla-Terai im nördlichen Hochland. Wegen Unrentabilität (2,8 Karat auf 100 t Gestein) wurde die Förderung 1982 nach nur 5 Jahren wieder eingestellt. Heute verdienen sich einige Basothos noch ein Zubrot, indem sie versuchen, Diamanten in kleineren Mengen abzubauen. Der Staat kauft ihnen diese dann ab.

Von weitaus größerer Bedeutung ist aber **Lesothos Wasserreservoir**. Schätzungen zufolge geht man von einem täglichen Wasserabfluss von 7 280 Mio. Litern aus. Diese Wasserkapazität lässt sich zur Bewässerung, für Kraftwerke und zum Verkauf an Südafrika nutzen.

Wasser als wirtschaftlicher Faktor

Bildungswesen

Das Bildungswesen ist im Vergleich zu anderen Ländern Schwarzafrikas sehr gut. Eine **Analphabetenquote** von nur 17 % gilt als eine der niedrigsten auf dem Kontinent. Dieses ist zum großen Teil auf die Tätigkeit der christlichen Religionsgemeinschaften zurückzuführen, die Träger von 97 % der Grundschulen sind. Bis vor wenigen Jahren war der Schulbesuch sogar kostenlos, und auch heute sind die Schulgebühren niedriger als in den umliegenden Staaten. Daher kommen sogar Schüler aus Südafrika nach Lesotho. Die allgemeine Schulpflicht beträgt 7

Jahre. Anschließend kann ein 5-jähriger Besuch einer Mittelschule angehängt werden (Sekundarstufe). Leider finden sich auch in Lesotho Tendenzen, die Kinder eher als Viehhirten einzusetzen als sie in die Schule zu schicken, so dass häufig 10-Jährige in der ersten Grundschulklasse zu finden sind.

Neben berufs- und lehrerbildenden Anstalten verfügt Lesotho auch über eine Universität in Roma (34 km westlich von Maseru) mit etwa 3 000 Studenten. Diese Universität entstand aus einem katholischen Kolleg, welches französische Missionare bereits 1945 in Roma gegründet hatten. 1964 wurde dieses Kolleg in die „University of Lesotho, Botswana and Swasiland" umgewandelt. 1975 wurde sie zur unabhängigen „University of Lesotho".

Die Sprache der Sotho ist auch heute noch stark von den Akzenten der Koisan- (= Buschmann-) Sprache geprägt. Auffälligstes Merkmal ist der Klicklaut, der besonders in vielen Ortsnamen noch vorkommt (der Buchstabe „Q" wird geklickt).

Gesundheitswesen

Am Stand der westlichen Schulmedizin gemessen, ist das Gesundheitswesen relativ rückständig. In vielen Gebieten gibt es nicht einmal Erste-Hilfe-Stationen, und der Besuch von Krankenhäusern ist relativ teuer. Interessant ist aber die Tatsache, dass selbst die Krankenhäuser mit traditionellen Heilern zusammenarbeiten, die in Lesotho noch eine große Bedeutung haben. Viele Basothos vertrauen ihren Heilkünsten mehr als der „modernen" Medizin.

Traditionelle Heiler

Es gibt zwei Arten von Heilern, zum einen die „Papostolas", welche nur mit Asche und einfachen Wasserbädern kurieren, und die „Matuelas" (auch: „Sangomas"), die mit Heilkräutern arbeiten und z.T. spirituelle Sitzungen abhalten. Beide müssen sich, bevor sie sich niederlassen, einem staatlichen Test unterziehen. Ausgebildet werden sie aber von erfahrenen Heilern.

Sehenswertes

Strecke Lady Grey – Mafeteng – Maseru

Diese Strecke führt Sie zuerst durch eine kleine Enklave der ehemaligen Transkei. Nachdem Sie an der Telebridge-Grenzstation in Lesotho eingereist sind, erreichen Sie bald Moyeni, das wegen seiner Poststation auch Quthing genannt wird.

Hier haben Sie die Möglichkeit, in Richtung Osten auf einer Teerstraße bis Mphaki weiterzufahren und von dort bis Qacha's Nek (nur mit einem Geländewagen empfehlenswert). Sehenswert ist besonders die in Mphaki nach rechts abzweigende Piste über den Maphooaneng-Pass und die Quthing-Mission zurück zur Hauptstraße nach Moyeni (auch nur mit Geländewagen empfehlenswert). Sie gilt als eine der **schönsten Strecken im Land**.

Landschaftlich reizvoll

Von Moyeni aus führt eine neu ausgebaute Teerstraße über Mohale's Hoek und Mafeteng nach Maseru, wobei Sie die Gelegenheit haben, sich das ländliche Leben in Lesotho einmal näher anzuschauen. Viele Talregionen sind stark von der Erosion betroffen, doch kann man auch erste Tendenzen erkennen, dass kleine Terrassenfelder angelegt werden. Besondere Höhepunkte erwarten Sie hier nicht, und versuchen Sie auch nicht, die auf den Karten eingezeichneten Dinosaurierspuren selbst zu finden. Sie sind nicht markiert, und nur Ortskundige können Sie dorthin führen. Wenn Sie solche Spuren interessieren, fragen Sie im Tourist Board in Maseru nach oder in den einzelnen Hotels und Lodges. Man wird Sie dann führen. Kurz hinter Mohale's Hoek bietet sich Ihnen noch die äußerst reizvolle Alternative, über die Piste B40 (schmal und rau, aber mit einem herkömmlichen Pkw zu befahren) nach Qaba und zur wunderschön gelegenen Malealea Lodge zu fahren. Diese Lodge bietet, wenn auch nur einfach und rustikal ausgestattet, eigentlich alles, was das „kalkulierbare Abenteuer Lesotho" ausmacht. 30 km hinter der Lodge gelangt die Piste wieder an die Hauptstraße nach Maseru. Die Distanz von Moyeni nach Maseru beträgt auf direktem Weg etwa 180 km, der Umweg über Malealea 214 km.

Streckenbeschreibung

Von Aliwal North auf der R58 kommend, biegen Sie 5 km vor Lady Grey nach links in Richtung Sterkspruit ein (R392). Nach 30 km erreichen Sie Sterkspruit und folgen der Asphaltstraße in Richtung Zastron. Nach weiteren 10 km kommen Sie zu der Abzweigung in Richtung Tele Bridge. Die nächsten 35 km sind Piste (leider etwas rau, aber befahrbar). An der Teerstraße angelangt, geht's nach rechts in Richtung Moyeni, das Sie nach 10 km erreicht haben werden. Sie müssen, um den Hauptort zu erreichen, aber erst an der auffälligen Kirche zur rechten Hand vorbei und durch die Schlucht durchfahren. Von Moyeni nach Maseru folgen Sie einfach der Teerstraße zurück, vorbei an der Abzweigung zur Tele Bridge, und müssen nur noch den Hinweisschildern nach Mohale's Hoek, Mafeteng und Maseru folgen. Für die Alternativstrecke biegen Sie 6 km hinter Mohale's Hoek auf die Piste B40 ein und folgen ihr bis 6 km hinter Qaba, wo von aus eine kleine Piste über den „Gate of Paradise Pass" bis nach Malealea führt (7 km auf dieser Piste). Von Malealea fahren Sie wieder zurück auf die Piste B40 und folgen ihr weiter bis zur Hauptstraße nach Maseru.

Moyeni (ⓘ s. S. 207)

Moyeni ist ein kleiner Ort mit etwa 6 000 Einwohnern und die Hauptstadt des Distrikts Quthing. Der oft verwirrende Doppelname entstammt der Tatsache, dass die erste Poststation Quthing hieß, um die sich der heutige Ort entwickelt hat. Moyeni heißt bei den hier ansässigen Sephuti „Der Platz des Windes", da um den Berghang und entlang der nahe gelegenen Schlucht immer ein starker Wind herrscht. 8 km von Moyeni entfernt, in Richtung Maseru, liegt die Masitise-Mission, deren großer Kirchenbau hier et-

Basotho-Dorf

„Platz des Windes"

was fehl am Platz wirkt. Diese Mission wurde von Rev. D. F. Ellenberger, einem der bekanntesten und verdientesten Missionare in Lesotho, gegründet. Ellenberger lebte in einem Haus unterhalb eines Felsüberhangs, das heute als „Cave House" bezeichnet wird.

Aber eigentlich gibt es hier sonst nicht viel zu sehen, und Moyeni sollte höchstens als Ausgangspunkt für eine **Exkursion ins Senqutal** genutzt werden.

Mohale's Hoek (ⓘ s. S. 207)

Auch dieser kleine Ort bietet selbst nicht viel, eignet sich aber gut für Touren in die Umgebung. Attraktivste Ziele sind die Dinosaurierspuren und die Makhaleng-Schlucht.

Mafeteng (ⓘ s. S. 207)

Mafeteng ist eine kleine Industriestadt mit 13 000 Einwohnern. Auf dem Friedhof gibt es einen Obelisken, auf dem 116 Namen gefallener Soldaten der Kaptruppen eingraviert sind, die im „Gun War" ihr Leben ließen. Dieser Ort ist ansonsten so trostlos, dass man sicherlich einen guten Eindruck erhält von den Lebensbedingungen der Basotho und dem Pioniergeist, der in diesen Gegenden noch immer gefragt ist.

Malealea Lodge

Beste Lodge des Landes

Diese Lodge kann man zurzeit wohl als die beste im Land bezeichnen. Nicht gerade, weil sie luxuriös eingerichtet ist; die Zimmer sind klein und der Strom wird um 22h abgestellt. Aber die Atmosphäre ist herzlich, die Gemeinschaftsräume sind großzügig, und nach nur kurzer Zeit hat man Kontakt zu anderen Gästen und verabredet sich zum abendlichen Braii und Lagerfeuer. Von hier aus lassen sich Ausritte zu den verschiedensten Zielen in den nahe gelegenen Bergen machen, z.B. zu den **Riboneng-Fällen**, man kann wandern ... oder sich einfach in den Garten setzen, entspannen und dabei über das **Makhaleng-Tal** auf die dahinter liegende Thaba-Putsua Range schauen.

Mike und Di Jones haben auch verschiedenste Routen ausgearbeitet, die jeder Art von Abenteuerlust entsprechen. Mein Vorschlag wäre, Sie nehmen sich 3 Tage Zeit für einen Aufenthalt hier, und Sie werden alle Reize dieses Landes dabei erleben. Von hier aus können Sie auch über eine einfache Piste (mit einem normalen Pkw zwar etwas schwierig zu befahren) nach Roma fahren, um von dort nach Maseru zu gelangen. Für diese Strecke, die entlang schöner Seitentäler des Makhaleng-Flusses führt, sollten Sie 4 Stunden einplanen.

Maseru (ⓘ s. S. 207)

Maseru ist die Hauptstadt von Lesotho und damit auch die größte Stadt im Lande (110 000 E.). Sie liegt am Caledon River im westlichen Tiefland. Die Lage am Berghang mit Blick über das Flusstal veranlasste 1869 die britische Kolonialmacht

12. Lesotho: Sehenswertes

unter Leitung ihres High Commissioners, Commandant J. H. Bowler, die Hauptstadt von Thaba Bosiu hierher zu verlegen. Es waren hauptsächlich Kaufleute, die sich zuerst hier niederließen. Richard Trower war der erste von ihnen, und er errichtete auch das erste feste Gebäude. Es war ein Krämerladen, an der Stelle, wo heute das Lancer's Inn ist. Ein Polizeicamp und ein kleines Regierungsgebäude mit 3 Räumen waren die einzigen Staatsgebäude zu dieser Zeit.

Maseru wuchs langsam und hatte 1906 erst 1 000 Einwohner. 1966, am Tag der Unabhängigkeit, zählte es 14 000 Einwohner, zuzüglich etwa 6 000 Einwohner in den Randgemeinden. Es gab damals zwei befestigte Straßen im Stadtgebiet. Mittlerweile ist die Stadt stark gewachsen, fast alle Straßen sind geteert, und ein Stadtbebauungsplan versucht, das Wachstum zu lenken – großenteils vergeblich.

Landschaft bei Maseru

Touristische Höhepunkte erwarten den Reisenden nicht. Man kann sich ein wenig mit der Geschichte vertraut machen und bei einem Rundgang durch die Stadt Überreste der **Pionierzeit** erkunden (Lancer's Inn, St. John's Church u.a.). In erster Linie aber ist Maseru Ausgangspunkt für Touren ins Landesinnere, und ein Aufenthalt von 1 bis maximal 2 Tagen genügt, um Stadt und Umland zu erkunden.

Ausgangspunkt für Touren

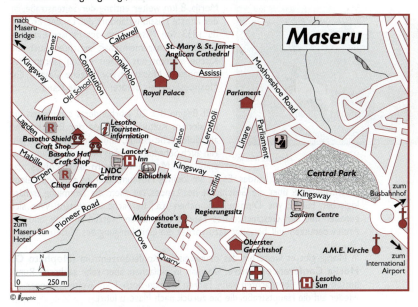

- **Umgebung von Maseru** (ⓘ s. S. 207)
- **Matsieng und Morija**

Wenn man Maseru in Richtung Mafeteng verlässt, erreicht man nach 20 km die Abzweigung nach **Matsieng**, dem **Königsdorf**. Hier lebt die Königsfamilie, und der König hat hier seinen Palast, der eher einem besseren Wohnhaus gleicht. Während des „Gun War" hat sich die Königsfamilie hier niedergelassen, da man von dem Berghang besser herannahende Feinde sichten konnte und das darunter liegende Tal relativ fruchtbar ist. Der erste König, der hier lebte, war *Latsie I*, und er bewohnte eine Rundhüttensiedlung, etwa 100 m oberhalb des heutigen Palastes. Diese besondere Stelle wählte er, weil hier von der Winderosion geformte Steine hervorragende Essplattformen boten. Sie sind leicht ausgehöhlt, so dass bei Meetings oder Gerichtssitzungen in den Steinen verschiedene Gerichte angeboten werden konnten. Jeder Stein hatte eine eigene Funktion, und so gab es einen „Suppenstein", eine „Fleischplatte" und einen Stein für kleine Leckereien.

Königsdorf und afrikanische Erzählkunst

Ein besonderer Stein war der „Umbrella-Stone", wo sich Latsie I im Schatten niederlassen konnte, um zu meditieren oder seinen Untergebenen bei der Feldarbeit im Tal zuzusehen. Fragen Sie einen Chief im Dorf, und für ein paar Rand erklärt er Ihnen die Geschichte dieses Dorfes in **afrikanischer Erzählkunst**. Seien Sie aber im Dorf vorsichtig, es ist Sicherheitszone, und das Fotografieren des Palastes ist strengstens verboten.

Morija, 8 km weiter entlang der Seitenstraße, ist der älteste Missionsstandort des Landes. Er wurde 1833 von Missionaren der Pariser Evangelischen Missionsgemeinschaft errichtet. Auch die Kirche stammt aus diesen ersten Jahren. Der bekannteste Missionar war Eugene Casalis, der Moshoeshoe I als Berater zur Seite stand.

Hirte bei Morija

Seit Beginn des 20. Jahrhunderts sammelten die Missionare Kulturgegenstände der Basotho und archäologische Funde, und seit den 1950er Jahren auch Schriftstücke. Aus dieser Sammlung entstand das **Morija Museum & Archives**, das einzige Museum des Landes. Es ist ein kleines Museum, aber es gibt doch einen guten Überblick über die Geschichte des Landes. Vor allem die Sammlung archäologischer Funde, wie Dinosaurierknochen u.ä., ist recht interessant. Wer sich genauer mit der Geschichte des Landes auseinander setzen möchte und das Archiv benutzen will, benötigt dazu vorher die Genehmigung des Museumsleiters.

In Morija gibt es weiterhin das ökumenische Konferenzzentrum (**Mophato Oa Morija Conference Centre**, wo man in einfachen, aber sehr sauberen Rundhütten günstig übernachten kann. Fahren Sie nun noch 1 km weiter, gelangen Sie wieder auf die Hauptstraße, die Sie zurück nach Maseru führt.

- **Teyateyaneng**

Teyateyaneng (oder „TY" wie die Basotho es nennen) ist eine kleine Stadt 45 km nördlich von Maseru mit etwa 14 500 Einwohnern. Der Name bedeutet „Schneller Sand" und entstammt der Tatsache, dass häufig Rinder im Lehm des nahe gelegenen Flusses versackten. Heute ist der Ort Handelszentrum des Berea-Distrikts, und ein Besuch lohnt nur dann, wenn man sich für Teppichknüpfereien interessiert. In und um TY gibt es fünf **Kooperativen**, die diesem Handwerk nachgehen, und eine Töpferei im nahe gelegenen Kolonyama. Alle sind ausgeschildert, so dass ich mir eine nähere Ortsbeschreibung, erspare. Falls Sie daran kein Interesse haben, gibt es keinen besonderen Grund, diesen Ort aufzusuchen.

Brunnen bei Teyateyang

Von TY führt eine teilweise schwierig zu befahrende Piste über Mohathlane und Sefikeng zurück nach Maseru. An dieser Strecke befinden sich, nach etwa 22 km auf der linken Seite, einige „**Höhlenhäuser**", die Ende des 19. Jahrhunderts von zwei Familien erbaut worden sind. Auf der Flucht vor den einfallenden Buren und herumwandernden Kannibalen suchten sie hier Schutz. Um die heute unbewohnten Häuser zu besichtigen, muss man etwa 20 Minuten den Hang hinauflaufen.

Höhlenhäuser

Kurz vor Maseru passieren Sie dann das **Lancer's Gap**, einen markanten Felseinschnitt, wo 1852 die Basotho die Lanzer unter General Sir George Cathcart besiegten. Von hier hat man eine schöne Aussicht über die Stadt.

Bergstrecke nach Marakabei bzw. Semonkong (ⓘ s. S. 207)

Diese Strecke führt Sie aus dem dicht besiedelten Tiefland hinauf bis in die südlichen Hochlagen der Maluti Mountains. Die Strecke nach Marakabei ist, bis auf die letzten 25 km, durchgehend geteert, und auch diese letzten Kilometer sind gut unterhalten; die Strecke nach Semonkong ist hauptsächlich Piste. Die Straßen sind sehr schmal und nicht immer seitlich gesichert, so dass Sie zumindest leidlich schwindelfrei sein sollten. Da sie auch über Pässe von über 2 600 m führt, sollten Sie sich über die Wetterbedingungen vorher informieren, besonders im Winter.

Schwindelfreiheit gefordert

Es empfiehlt sich allemal, für die Strecke nach Marakabei zwei Tage einzuplanen und in einer der Lodges abzusteigen, besonders wenn Sie einen **Ponyausritt** unternehmen wollen. Für die Strecke nach Semonkong benötigen Sie 3–4 Tage. Die Gesamtdistanz der Strecke nach Marakabei, inklusive des Abstechers nach Thaba-Bosiu, beträgt von und nach Maseru 230 km. Wenn Sie nur zur Ponytrekkingstation, kurz hinter der Molimo Nthuse Lodge, fahren und dann umkehren, verringert sich die Gesamtdistanz auf 140 km. Hin und zurück nach Semonkong sind es 250 km.

Traditionen und Riten

Wenn Sie diese Strecken fahren, achten Sie einmal auf die kleinen **Flaggen**, die an einzelnen Hütten wehen. Sie haben alle eine Bedeutung: Sterne oder Halbmonde weisen auf spirituelle Doktoren oder auch auf traditionelle „Kirchengebäude" hin. Eine weiße Baumwollflagge kündigt eine bevorstehende Hochzeit an. Bunte, meist dreifarbige, professioneller aussehende Fahnen bedeuten, dass sich hier die entsprechende politische Partei trifft. Seltener findet man eine Flagge mit der Aufschrift „Peace" oder „Prosperity", was den Wunsch des jeweiligen Hausbesitzers ausdrückt. Eine einfache Plastikfahne, meist schon zerrissen, ist der häufigste Wimpel und zeigt jedem an, dass sich hier eine Bar befindet.

Ein weiteres Phänomen sind die **Mochoros**, riedgedeckte Hütten, die oval angelegt sind und deren Dach sich zum Eingang hin vorwölbt. Dieses sind große Küchenhäuser, die einem reicheren Familienclan gehören und in denen die Zweit- bzw. Drittfrauen des Clanältesten auch wohnen.

Seit 1994 ist die Rundstrecke Maseru – Marakabei – Katse-Damm – Leribe – Maseru so weit ausgebaut, dass Sie hier mit einem normalen Pkw fahren können. Diese Strecke sollten Sie sich nicht entgehen lassen, da sie alle Landschaftselemente Lesothos berührt. 12 km hinter Maseru (noch im Vorortbereich), auf der Straße nach Mafeteng, biegt eine Asphaltstraße nach links ab in Richtung Roma und Thaba Bosiu. Folgen Sie dieser Straße einige Kilometer, und achten Sie dann auf den Wegweiser nach **Thaba-Bosiu**. Biegen Sie dort ein, und nach 10 km erreichen Sie diesen Ort.

Thaba-Bosiu

„Berg bei Nacht"

Thaba-Bosiu wurde von *Moshoeshoe I* 1824 als kleines Fort gegründet. Der Name bedeutet „Berg bei Nacht" und resultiert aus der Tatsache, dass Moshoeshoe ihn während der Nacht mit seiner 4 000 Mann starken Truppe besiedelte. Lange Jahre war dieser Platz Hauptstadt des Landes, und weder angreifende Ndebele noch die Buren unter *Louw Wepener* konnten diese Festung einnehmen. Wepener fiel hier bei der Attacke. Während der Kriegshandlungen zogen sich die Basotho auf den Bergkamm zurück, von wo aus sie ihre Feinde leichter bekämpfen konnten. In Friedenszeiten wurde unterhalb des Berges gesiedelt. Viele Geschichten kursieren über diesen Platz, unter anderem auch die von den Kannibalen, die hier von Moshoeshoe friedlich davon überzeugt wurden, Rindfleisch anstatt Menschenfleisch zu essen. Danach starb dann der Kannibalismus im ganzen Land aus, so heißt es. Und zu jener Zeit hatten die Basotho mehr Angst vor Kannibalen gehabt als vor den eroberungswütigen Buren.

Heute ist Thaba-Bosiu einer der wichtigsten historischen Plätze im Land, und verstorbene Chiefs werden auf dem Berg begraben. Wer etwas Energie hat, kann den Berg besteigen und hat eine schöne Aussicht über das Berea-Plateau. In der Verlängerung des Tales erkennt man den **Berg Qiloane**, dem die Form der Basotho-Strohhüte nachempfunden ist.

Fahren Sie nun wieder die 10 km zurück auf die Straße nach Roma. Die **Mmelesi Lodge** an der Strecke ist ein kleines Hotel. Nach 10 km teilt sich die Straße erneut. Geradeaus gelangen Sie nach **Roma**, der Universitätsstadt Lesothos. 1869 wurde hier die erste katholische Missionsstation gegründet, aus der 1945 ein Kolleg und später die Universität hervorging (siehe Bildungswesen). Zu sehen gibt es hier aber nichts. Folgen Sie der Piste weiter, erreichen Sie nach 83 km **Semonkong**.

Semonkong

Von hier aus kann man Wanderungen und Ausritte machen. In der Nähe befinden sich auch die gleichnamigen Wasserfälle, die mit 192 m die höchsten des Südlichen Afrika sind. Die Gischt dieser Fälle gab ihnen und dem Ort den Namen („Platz des Rauches"). Das Gebiet liegt so abgelegen, dass Lasten und Gepäck nur mit Eseln von und nach Maseru gebracht werden konnten, und bevor 1971 überhaupt das erste Auto hier ankam, wurden die Gäste der Semonkong Lodge mit dem bereits 1952 eingerichteten Linienflug hierher gebracht. Auch die heutige Piste ist noch sehr elementar und nicht zu jeder Jahreszeit für ein herkömmliches Fahrzeug zu empfehlen.

Höchste Wasserfälle des Südlichen Afrika

Biegen Sie vor Roma nach links ab und folgen Sie der Straße in die Blue Mountains. Nachdem Sie die erste kleine Passhöhe überschritten haben, schauen Sie einmal nach rechts in das Tal, in dessen Mittelpunkt Roma mit seinen Universitätsbauten zu erkennen ist. Kurz vor Nazareth, in der kleinen Ortschaft HaNhatsi, zweigt eine kleine Piste nach links ab zu den **Ha Baroana Rock Paintings** (6 km von der Hauptstraße). Ha Baroana bedeutet „Haus des kleinen Buschmanns", und die Felsmalereien sind die am besten zugänglichen in Lesotho. Neben einigen Savannentieren sind auch Jäger und Tänzer auf den Fels gezeichnet. Diese Malereien sind aufgrund ihrer exakten Darstellung und ausgefeilten Zeichenkunst sicherlich nicht besonders alt.

„Haus des kleinen Buschmanns"

Die Hauptstraße passiert hinter Nazareth die Ortschaft **Machache**, wo sich ein kleiner Campingplatz befindet. Von diesem fruchtbaren Plateau aus steigt die Straße erst langsam und dann immer steiler an zum **Bushman-Pass**. Rechts und links sehen Sie „Cattle Posts", deren Steineinfriedungen den Viehherden als Winterlager dienen. Halten Sie kurz vor Erreichen der Passhöhe einmal an, und blicken Sie zurück auf das Tal. Von hier aus können Sie auch noch den Mount Qiloane bei Thaba-Bosiu erkennen. Falls Ihnen beim Anstieg zu diesem Pass nicht ganz wohl gewesen sein sollte, kehren Sie lieber um, denn fast die gesamte weitere Strecke verläuft in ebensolchen Steigungen. Bei der Weiterfahrt seien Sie nun auch vorsichtig: Minibusse und vor allem der große Überlandbus verkehren hier, als wenn ihnen die Straße allein gehören würde. Kurz hinter dem Pass fällt die Straße ab ins Makhaleng-Tal und steigt gleich wieder auf zum **Molimo Nthuse-Pass**, wo sich auch die gleichnamige Lodge befindet.

Pässe und Schluchten

Wenige Kilometer weiter liegt das **Basotho Pony Trekking Centre**, von wo aus verschiedene Ponytreks starten. Für weniger Sportliche empfiehlt sich ein 3- bis 4-stündiger Ritt zu den **Qiloane-Fällen**. Doch kann man auch mehrtägige

Pony-Ausritt – auch für unerfahrene Reiter kein Problem

Ausritte mit Übernachtung in einfachen Hütten zu verschiedenen Zielen im Land unternehmen. Überschätzen Sie aber nicht Ihre Ausdauer: 3–4 Tage werden noch als Abenteuer empfunden; alles, was länger dauert, wird zur Strapaze. Die Ponys sind sehr friedlich und genügsam und gehorchen dem Führer aufs Wort, so dass selbst unerfahrene Reiter keine Probleme haben. Sie werden merken, dass nach der anfänglichen Unsicherheit schnell das Gefühl für den Sattel kommt, und die faszinierende Landschaft und die Dörfer am Wegesrand lenken die Gedanken zunehmend ab. Der Ritt zu den Qiloane Falls ist eine gute Übung. Es gibt Reitmöglichkeiten im ganzen Land, und sie bilden einen Höhepunkt des „kalkulierbaren Abenteuers Lesotho"! Sie sollten allerdings keine Höhenangst haben. Die Pfade sind teilweise sehr schmal, und es geht direkt am Berghang steil aufwärts. Bedenken Sie dann noch Ihre zusätzliche Höhe auf dem „schwankenden" Pferd.

vom Likalaneng-Tal ...

Von hier aus überquert die Strecke kurze Zeit später den Blue Mountain-Pass (2 634 m). 10 km weiter fällt die Straße steil ins **Likalaneng-Tal** ab, und zu Ihrer Linken öffnet sich das große Tal des Senqunyane River, der sich in dieser Ebene mit mehreren kleinen Flüssen vereinigt – noch! Die Tatsache, dass sich hier so viel Wasser ansammelt, hat die Planer des Highlands Water Project dazu veranlasst, hier einen weiteren, auch kleineren Stausee anzulegen. Er wird vornehmlich für die Wasserversorgung Lesothos sorgen, u.a. auch Trinkwasser für Maseru. 10 km vor Marakabei gilt es, noch einmal einen 2 620 m hohen Pass zu überqueren. **Marakabei** ist eine kleine Ortschaft mit einem Geschäft, einer Erste-Hilfe-Station und auch einer kleinen Tankstelle (die aber häufig kein Benzin haben soll). Sie liegt direkt am Senqunyane River. Hinter Marakabei wird die Piste etwas schlechter (soll aber in den nächsten Jahren ausgebaut werden), so dass ich Ihnen raten würde, hier wieder umzukehren und auf gleichem Wege zurück nach Maseru zu fahren.

... nach Thaba-Tseka

Für den Fall, dass Sie weiterfahren möchten, gelangen Sie etwa 70 km hinter Marakabei nach **Thaba-Tseka**, einem kleinen Ort mit einem kleinen Krankenhaus und ein paar Geschäften. Hinter Thaba-Tseka wird die Piste zu einem besseren Trampelpfad, was jedoch einheimische Minibusfahrer nicht davon abhält sie zu nutzen. In wenigen Jahren wird aber die von Norden kommende Asphaltstraße aus Leribe bis hierher führen. Damit soll nach dem Plan der Regierung eine „Circular Road" geschaffen werden, die touristisch sicherlich sehr reizvoll sein wird.

Informieren Sie sich am besten aktuell während Ihres Aufenthaltes in Lesotho über den Zustand dieser oder anderer Strecken im östlichen Teil des Landes.

Gewarnt sei aber vor den Hotels dort, die in der Regel keinen guten Ruf genießen, da sie nur errichtet worden sind, um den jeweiligen Besitzer in den Besitz einer Alkohollizenz zu bringen. Bis vor wenigen Jahren wurden diese Lizenzen nämlich nur noch dann verteilt, wenn ein Hotel errichtet wurde. Ein sicherlich von der Regierung gut gemeintes Vorhaben, das aber nicht immer zum Wohlbefinden des Gastes beitrug.

Strecke Maseru – Teyateyaneng – Leribe – Butha-Buthe – Oxbow – (Mokhotlong – Sani-Pass) (ⓘ s. S. 207)

Diese Straße wird als „The Roof of Africa Road" bezeichnet, obwohl dieses wohl erst hinter Butha-Buthe zutrifft. Von dort an weist sie alleine 5 Pässe über 3 000 m auf (davon 4 auf Lesotho-Gebiet). Die Basotho nennen sie schlicht „North Road", da sie die nördlichen Distrikte durchquert.

„The Roof of Africa Road"

Bis hinter Butha-Buthe verläuft die Strecke mehr oder weniger parallel zum Caledon River. Hier findet man Spuren aller Geschichtsepochen, wie z. B. eine Reihe von **Buschmannzeichnungen** (TY), erste Missionsstationen (Leribe, Berea) oder schließlich moderne Landbewässerungsflächen bei Leribe. Versuchen Sie einfach, diese „Sehenswürdigkeiten" zu betrachten, um Ihr Bild des Landes abzurunden, erwarten Sie aber keine prachtvollen Bauten oder schönen Städte. Auch die Landschaft wird erst in den Gebieten nördlich von Butha-Buthe wirklich schön.

Hinter Butha-Buthe steigt die Strecke an und wird bis zum Grenzübergang bei Sani Top immer über 2 300 m verlaufen. Da die Straße ab Oxbow nicht mehr asphaltiert ist und im Winter (wegen Schneefall) und während der Regenzeit nur schwer zu befahren ist, rate ich Ihnen, nur bis zur Oxbow Lodge zu fahren, besonders dann, wenn Sie nicht über ein geländegängiges Fahrzeug verfügen (für den Sani-Pass ist ein Geländewagen zu jeder Jahreszeit essentiell). Doch selbst dann ist es ratsam, sich von mehreren (!!) Seiten über den aktuellen Zustand der Strecke zu informieren, da Schneebarrieren oder Erdrutsche die Strecke häufig unpassierbar machen. Wer es aber schließlich wagt, diesen Abschnitt zu befahren, wird mit einer einmaligen Landschaft belohnt.

35 km hinter Oxbow überquert man den **Tlaeng Pass**, der mit 3 275 m ü. NN der höchste Pass in Afrika ist. Mokhotlong ist ein Provinznest, dem man nicht viel abgewinnen wird. Von hier aus können Sie auch die Rückfahrt über die beschwerliche Piste nach Thaba-Tseka und weiter zur Marakabei Lodge oder über Lejone, entlang der neu asphaltierten Straße, zum Highlands Water Project und zurück nach Leribe wählen.

Höchster Pass Afrikas

Einen weiteren Tipp möchte ich Ihnen noch mit auf den Weg geben: Erkundigen Sie sich auch über die Wetterlage vor ihrer Abfahrt aus Oxbow. Es macht wenig Spaß, die Strecke in tiefliegenden Wolken zu befahren. Es würde der Tour den Reiz nehmen. Die Strecke von Maseru nach Oxbow misst knapp 200 km. Von dort sind es noch einmal 140 km bis Mokhotlong.

Man sollte sich vor Ort über die aktuellen Entwicklungen und den neuesten Stand informieren.

Streckenbeschreibung

Folgen Sie einfach der A1, und achten Sie jeweils auf die Ortsschilder, die zu dem nächsten größeren Ort führen. Ab Oxbow lauten sie in der Regel Mokhotlong, seltener Sani-Pass. Falls Sie die neue Straße zum Highland Water Project fahren wollen, biegen Sie in Leribe in Richtung Katse ab (B25). Nach ca. 100 km endet die Asphaltdecke.

Tipp

Selbst wenn Sie nicht bis Mokhotlong fahren wollen, sollten Sie, bevor Sie von Butha-Buthe nach Südafrika ausreisen, trotzdem noch bis Oxbow weiterfahren, dort Tee trinken oder zu Mittag essen und dann wieder umkehren. Die drei „verlorenen" Stunden lohnen sich wegen der schönen Landschaft allemal, besonders bei klarem Wetter.

Tsikoane

Dinosaurierspuren

3 km vor der Hlotse Brücke (5 km vor Leribe) biegt man nach rechts ab und erreicht nach weiteren 4 km die Kirche von Tsikoane, in der ein Altar aus Oberammergau mit dem Motiv des Abendmahls zu bewundern ist. Die Kirche wurde 1904 aus Sandstein erbaut. Ganz in der Nähe, auf einem Felsüberhang über der Kirche, finden sich 60 dreizehige Dinosaurierspuren. Fragen Sie am besten Dorfbewohner nach dem Weg.

Leribe (Hlotse)

Ehemals ein Camp, das 1876 hier errichtet wurde und seinen Namen dem Fluss Hlotse verdankte, geriet Leribe während des „Gun War" häufiger unter Beschuss. Aus dieser Zeit entstammt auch der Doppelname. Mittlerweile ist die Stadt aber zu einer „modernen" afrikanischen Kleinstadt mit etwas Industrie herangewachsen, und nur die St. Saviour's Church und der Major's Bell Tower zeugen von vergangenen Tagen. Die Anglikanische Kirche (im Rectory Garden) stammt von 1877 und ist damit das älteste Gebäude der Stadt.

Wer hier einen Zwischenstopp machen möchte, sollte sich das **Leribe Crafts Center** am Ortseingang anschauen. Es ging aus einer Missionsschule hervor, die Schwestern der Anglikanischen Kirche 1911 hier gegründet haben. Sie haben den Basothofrauen das Weben beigebracht. Heute kann man hier eine Reihe verschiedener Kunsthandwerksprodukte besichtigen und erwerben, wobei die typischen Ponchos der Bergbewohner sicherlich die reizvollsten Produkte sind.

Dorf bei Leribe

Wenn Sie einen Tag Zeit haben, sollten Sie die neue Asphaltstraße zum Katse-Damm fahren. Sie führt durch den Leribe-Distrikt, und je weiter man sich von Leribe selbst entfernt, desto spärlicher wird die Besiedlung und umso schöner wird die Landschaft. Die Strecke überwindet auch einen über 3 000 m hohen Pass. Am Damm wurde Ende 1992 das **Katse Dam Hotel** eröffnet.

Butha-Buthe

Die Kleinstadt mit 7 000 Einwohnern bietet kaum etwas. Es gibt ein Crafts Center und eine Moschee, die vornehmlich von der hier ansässigen indischen Gemeinschaft genutzt wird. In Butha-Buthe hat Moshoeshoe I die Basothovölker um 1823 vereint, und daher stammt wahrscheinlich auch die Namensgebung („Platz, wo man sich niedergelassen hat").

New Oxbow Lodge

Neben Wander- und Ponyreitmöglichkeiten, bietet das Gebiet um die Lodge im Winter Skiläufern die Gelegenheit, ihr Können zu beweisen (beste Monate: Juni bis August).

Die Slopes sind in der Regel nicht so steil wie z.B. in den Alpen. Skilifte gibt es nicht. Bedenken Sie, dass die Lodge auf 3 000 m ü. NN liegt, und da kann es zu allen Jahreszeiten kalt werden. Bringen Sie also warme Kleidung mit. Die Vegetation in dieser Höhe ist natürlich sehr spärlich und besteht eigentlich nur aus niedrigem Gras. Rechnen Sie aber auch im Winter nicht mit einer kontinuierlichen Schneedecke. Mal schneit es, und dann schmilzt der Schnee wieder innerhalb weniger Tage. Wenn Sie also an Ski laufen denken sollten, nehmen Sie einfach die Gelegenheit beim Schopfe, wenn gerade mal Schnee gefallen ist. Skier können Sie an der Lodge ausleihen.

Ski fahren in Afrika

Moteng Pass

Letseng-la-Terae

Dieser kleine, halb verlassene Ort, auf halbem Weg zwischen Oxbow und Mokhotlong, war bis Ende der 70er Jahre die einzige Diamantenmine des Landes. Ermutigt durch die Prognosen der Geologen und mit der Aussicht auf Devisen, ging die Regierung immense Zugeständnisse ein, damit eine südafrikanische Bergwerksfirma beginnen würde, die Diamanten abzubauen. Doch schon im ersten Jahr der Förderung sank der Diamantenpreis auf dem Weltmarkt, und der Abbau war nicht mehr kostendeckend. Nach fünf Jahren gab die Firma auf, und nun verteilt die Regierung Lizenzen an Privatpersonen, die für einen geringen Gewinn unter schwierigsten klimatischen Bedingungen weiter schürfen. Die südafrikanische Firma hat aber immer noch Optionsrechte auf die Mine.

Mokhotlong

Ausgangspunkt für die Drakensberge

Der Ort bildet das Zentrum des abgelegensten Distriktes von Lesotho. Im Ort selber gibt es wirklich nichts zu sehen, aber er eignet sich hervorragend für Wanderungen und Ausritte in die **Welt der Drakensberge** oder entlang des Mokhotlong River. Auskünfte darüber erhalten Sie am besten im Hotel, und dort vermittelt man Ihnen auch einen Führer.

Gehen Sie aber nicht alleine auf eine längere Tour, ohne sich vorher bestens informiert zu haben. Es haben sich schon einige Wanderer verlaufen oder verletzt, so dass sie keine Hilfe holen konnten, und in dieser einsamen Gegend findet Sie so schnell keiner wieder. Aber das Beste ist sowieso, einen Führer mitzunehmen.

Sehlabathebe National Park

Wanderungen und Ausritte – ein Muss

Der Park ist 6 500 ha groß, und es leben hier Rehboks, Oribis, Wildkatzen, Affen und andere Tiere. Die Vegetation besteht aus Berggras. Das Plateau ist umgeben von den „Three Bushmen Mountains". Wanderungen oder Ausritte sind ein Muss, um die Schönheit der Landschaft voll auskosten zu können. Im Winter schneit es gelegentlich, aber dieser Schnee bleibt meistens nicht lange liegen. Winter und Herbst bieten klare, sonnige Tage, während im Frühling und Sommer nach den warmen Regenfällen die Pflanzen blühen. Machen Sie nun aber keinen Versuch, mit einem herkömmlichen Fahrzeug hierher zu fahren, das geht sicherlich nicht. Das Beste ist, Sie fliegen mit einer Chartermaschine.

Anschluss-Strecken von Lesotho

Alternativen zurück nach Johannesburg

- **Strecke Butha-Buthe – Bethlehem – Johannesburg**

Sicherlich ist es einfacher und schneller, die Strecke von Maseru bzw. Butha-Buthe nach Johannesburg über Winburg und Ventersburg entlang der N1 zu fahren. Wer Zeit und Muße hat, sollte aber lieber ein bis zwei zusätzliche Tage einplanen und über den Golden Gate Highlands Park, Qwa-Qua, Bethlehem und den Vaal Dam fahren, entlang der R26 und der R51.

Redaktions-Tipps

Verbringen Sie einen halben Tag im **Golden Gate Highlands National Park – Übernachten** Sie in einem der beiden Berghotels in Qwa-Qua, und spazieren Sie dort am nächsten Morgen etwas herum – Wenn die Tageszeit passt, essen Sie im Athlone Castle Ship Restaurant in Bethlehem.

Der **Golden Gate Highlands National Park** mit seinen bizarren und farbenprächtigen Felsformationen wird Sie bestimmt faszinieren, und ein Abstecher zu den Berghotels in Qwa-Qua lohnt sich auch. Hier kann man aus seinem Hotelfenster direkt auf das Drakensberg-Amphitheater schauen und Wanderungen in den Bergen unternehmen. Falls Sie Ihr Campingfahrzeug vor der Abgabe in Jo'burg noch auf Vordermann bringen müssen, haben Sie dazu noch Zeit im **Vaal Dam Nature Reserve**, wo Ihnen eine Reihe von schönen Campingplätzen zur Verfügung stehen. Nur seien Sie vorsichtig während der südafrikanischen Schulferien (Weihnachten/Ostern), dann kann es an dem Damm doch etwas voll werden. Die gesamte Strecke ist von Ackerfeldern und sattgrünen Wiesen gesäumt, die sich herrlich in das hügelige bis bergige Umland einpassen. Sie unterstreichen noch einmal deutlich das Agrarpotential Südafrikas.

Bizarre Felsformationen

Planungsvorschlag

Einzelstrecken	km	Tage
Butha-Buthe - Golden Gate Park	75 km	1 Tag
Golden Gate Park - Qwa-Qua-Hotels	75 km	1 Tag
Qwa-Qua - Bethlehem - Jo'burg	365 km	1 Tag

Streckenbeschreibung

Für Eiligere: 10 km hinter dem Grenzübergang Caledonspoort kommen Sie an eine Kreuzung. Dort folgen Sie der Ausschilderung nach Bethlehem über die R26. Von Bethlehem aus nehmen Sie die R51 nach Reitz, die von dort weiter führt nach Francfort und zur N3. Von der N3 geht nach wenigen Kilometern die R54 ab zum interessanteren nördlichen Teil des Vaal Dam Reserve. Wenn Sie auf der N3 bleiben, gelangen Sie direkt nach Jo'burg.

Wer zum Golden Gate Park will, nimmt ab der o. g. Kreuzung die R711 bis Clarens und folgt von dort den Schildern zum Park. Durch den Park in Richtung Osten geht's dann auf einem kurzen Stück Piste nach Qwa-Qua. In Qwa-Qua bleiben Sie immer auf der Hauptstraße, die Sie schließlich zu den beiden Berghotels führt.

Zurück fahren Sie auf der R720 bis Kastell und von dort nach Bethlehem. Schneller geht's von Qwa-Qua über die R712 nach Harriessmith und dann auf die N3 nach Johannesburg.

- **Clarens** (ⓘ s. S. 207)

Clarens wurde 1912 gegründet und nach dem Schweizer Ferienort benannt, in dem der ehemalige Präsident von Transvaal, Paul Kruger, sein Exil verbrachte und 1904 schließlich starb.

Clarens – Blick auf das Golden Gate

Heute ist es ein kleiner Ferienort, in dem es einige Kunsthandwerksgeschäfte, Teestuben und zwei kleine Restaurants gibt.

Der Ort liegt in einem schönen Talende mit Blick auf das Golden Gate, was sich einige reiche Städter zunutze gemacht haben und teure Villen an die Hänge setzten. In der Umgebung gibt es einige Wanderwege. Nähere Auskünfte darüber erhalten Sie im Hotel oder bei der Gemeinde (Municipality).

- **Golden Gate Highlands National Park** (ⓘ s. S. 207)

Der Name Golden Gate wurde den beiden Klippen am Damm von dem Farmer J.N.R. Renen 1875 verliehen. Er kam häufig hierher und bewunderte das Farbenspiel der Felsen in der Abendsonne. Besonders dann schimmerten sie in goldenen Farben. Während des Anglo-Burischen Krieges versteckten sich viele Familien in den Höhlen dieses Gebietes, um nicht von den Briten in die gefürchteten Lager gesteckt zu werden. Häufig mussten Frauen und Kinder hier wochenlang ausharren. Doch schon Buschmänner haben hier vor langer Zeit gewohnt, und immer wieder finden sich Reste ihrer Kulturen.

Farbenspiel

1962 wurde der Park als erster Nationalpark des Free-States eingerichtet. Damals hatte er nur eine Fläche von 4 800 ha. Durch Zukauf der umliegenden Farmen wurde er 1988 auf knapp 12 000 ha erweitert. Sein Reiz machen weniger die Tiere aus (Zebras, Wildebeests, Elands und andere Steppentiere), sondern die Einzigartigkeit der Geologie.

Im Laufe verschiedenster **Sedimentationsprozesse** haben sich die unterschiedlichsten Gesteinsfarben entwickelt, die sich wie Bänder horizontal um die Felsen winden. Am auffälligsten sind die roten und dunkelbraunen Streifen, die sich während einer Zeit größter Trockenheit abgesetzt haben. Die oberste Schicht, auch sehr dunkel in der Farbe, entstammt einem Lavarguss vor 190 Mio. Jahren. Mit diesem Ereignis war die Sedimentation abgeschlossen, und die Erosionskräfte setzten ein. Das Tal wurde von dem Kleinen Caledon River geformt, vornehmlich in einer Zeit, als er noch mehr Wasser führte. Interessant sind auch die abgerutschten Hangflächen. Manch einer kennt das sicher aus den Alpen, und der Fachmann bezeichnet es als *Solifluktion*. Dabei gefriert zuerst der gesamte Boden. In wärmeren Jahreszeiten taut die Oberschicht auf und rutscht, von den Graswurzeln zusammengehalten, als Fläche auf dem stets gefrorenen Unterboden ab.

Golden Gate – Farbenspiel der Natur

Wer sich näher mit dem Park beschäftigen möchte, kann ihn entweder erwandern – auf den längeren Strecken gibt es einfache Hütten – oder sich ein Pferd ausleihen.

Wenn Sie der Straße in Richtung Osten folgen, kommen Sie nach Qwa-Qua.

- **Qwa-Qua** (ⓘ s. S. 207)

Der Name Qwa-Qua bedeutet „weiß-weiß" und wurde dem Mt. Qwa-Qua entliehen. Dieser wiederum erhielt seinen Namen nicht wegen des Schnees, der gelegentlich auf seiner Spitze liegt, sondern wegen der weißen Flecken, die von den Kapgeiern stammen, die hier gerne Rast machen. (Doch muss man schon ziemlich genau gucken, um den einen oder anderen Fleck zu entdecken.)

Basotho-Dorf bei Qwa-Qua

- **Bethlehem** (ⓘ s. S. 207)

Bethlehem wurde 1860 auf der Farm Pretoriuskloof gegründet. Da das Umland zum Anbau von Weizen hervorragend geeignet war, erhielt der damals kleine Ort den Namen Bethlehem (= Haus des Brotes). Um die Sache abzurunden, gab man dem Fluss den Namen Jordaan. Während des Anglo-Burischen Krieges, als Bloemfontein von den Engländern besetzt war, diente Bethlehem kurz als Hauptstadt des Free-States. Heute ist es Zentrum der Agrarindustrie dieser Region, Eisenbahnknotenpunkt und zentrale Pumpstation der Ölpipeline von Durban nach Johannesburg. Ein paar ältere Gebäude und Monumente sind hier zu sehen, doch nur von geringem Interesse.

„Haus des Brotes"

- **Vaal Dam Nature Reserve** (ⓘ s. S. 207)

Naherholungsgebiet

Dieser Staudamm wurde 1938 für die Wasserversorgung des Vaal-Dreiecks angelegt und war damals der größte Stausee des Landes. 1952 wurde die Staumauer um 6 m erhöht, wodurch das Fassungsvermögen auf 2,4 Mio. m³ Wasser vergrößert wurde; genug, um die 5 Mio. Menschen dieser Region zu versorgen. Da seine Kapazität aber bald ausgeschöpft sein wird, haben die Planer sich rechtzeitig dazu entschlossen, das Lesotho Highlands Water-Projekt anzugehen, um auch im nächsten Jahrtausend ausreichend Wasser zur Verfügung zu haben. Das Nature Reserve dient vornehmlich als Naherholungsgebiet für die Vaal-Region, und daher sei davor gewarnt, hier im Sommer an Wochenenden und während der Schulferienzeit herzukommen. Einige Campingplätze könnten überfüllt sein. Für Angler und Wassersportler bietet der See eine Reihe von Möglichkeiten. Die trübe Färbung des Wassers sollte einen nicht abschrecken. Es handelt sich dabei nur um Lehm und nicht um Industrieabwässer. Das Wasser wird täglich kontrolliert und Bilharziosegefahr besteht auch nicht.

Weitere Anschluss-Alternativen

- **Weiter nach Bloemfontein/Kapstadt oder Gardenroute (Anschluss Port Elizabeth/Nelson-Mandela-Metropole)**

Sie fahren von Maseru über den Grenzübergang Maserubrug auf der R64 über Thaba Nchu nach Bloemfontein und dann weiter die N1 nach Kapstadt (1 161 km). Anschluss an Gardenroute: N1 bis Colesberg, dann auf der R57 bis Carlton, weiter auf der N10 bis zur Einmündung auf die N2 (Port Elizabeth – Grahamstown).

- **Weiter nach Buffalo City (East London)**

Sie fahren von Maseru über den Grenzübergang Maserubrug auf der R64 über Thaba Nchu nach Bloemfontein und von hier auf der N6 nach East London (741 km).

- **Weiter in die östliche Kapprovinz/Gebiet der ehemaligen Transkei**

Grenzübergang Tele Bridge in der Südwestecke Lesothos, dann über Lady Grey auf die R58 nach Süden über Elliot nach Engcobo, von hier nach Osten auf der R61 nach Umtata, wo Sie auf die N2 stoßen (620 km).

13. NORTHERN CAPE PROVINCE

Kimberley – Kgalagadi Transfrontier Park

Überblick

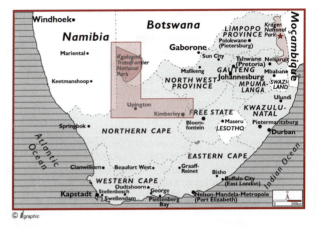

Die Landschaft, durch die man fährt, ist im Wesentlichen flach und liegt ca. 800 bis 1 000 m über dem Meer. Je weiter man nach Westen gelangt, desto geringer werden die Niederschläge. Die Abstände von Siedlung zu Siedlung vergrößern sich stetig. Werden im östlichen Teil Mais und Sonnenblumen angebaut, so grasen im niederschlagsärmeren Westen Rinder und Schafe auf den weiten, oft spärlichen Weideflächen. Inmitten dieser stillen und einsamen Landschaft lockten im 19. Jahrhundert Diamanten Menschen aus aller Welt an. Aufgrund des Edelstein-Rausches ist Kimberley entstanden, und das Big Hole als größtes von Menschenhand geschaffenes Erdloch dokumentiert eindrucksvoll die Mühen Tausender von Schürfern.

„Größtes von Menschenhand geschaffenes Erdloch"

Weiter westwärts gelangen Sie zu einem der großen landschaftlichen Höhepunkte Südafrikas, zu den **Augrabies Falls**, wo inmitten einer Halbwüstenlandschaft der Oranje hinabstürzt. Noch einsamer wird die Fahrt zum Kalahari Gemsbok Park. Entlang der breiten, meist trockenen Flusstäler des Nossob und des Auob können Sie die faszinierende Tierwelt beobachten. Die roten, mit wenigen Grasbüscheln bestandenen Dünen der Kalahari zeichnen einen scharfen Kontrast zum tiefblauen Himmel, dessen Haufenwolken zum Greifen nahe scheinen.

Auf dem Weg nach Kimberley

> **Streckenalternativen**
> • *Nach Kimberley über Sun City und Pilanesberg National Park.* Die Anfahrtsbeschreibung finden Sie im Kapitel „Sun City" und „Pilanesberg National Park". Rückfahrt nach dem Besuch von hier aus über die R565 nach Rustenburg, von hier weiter auf der R24, später R30 (nach Südwesten) nach Klerksdorp. Von hier aus über die N12 nach Kimberley.

- **Nach Kimberley über Taung.** Ab Warrenton (an der N12 gelegen) fahren Sie die Stichstrecke R47 nach Taung (hin und zurück ca. 130 km). Informationen zu Taung finden Sie im Kapitel „Taung", S. 483.
- **Direkt ab Johannesburg über die N 1.** Ab der City richten Sie sich nach dem Highway 2 East und fahren dann die N1 Richtung Vanderbijlpark, biegen aber bald nach Osten auf die N12 (R29) Richtung Potchefstroom und Kimberley ab.

☒ 1 Planungsvorschläge

Einzelstrecken	km	Tage
Johannesburg (auf N13) – Potchefstroom-Farm für Camper Stowlandson-Vaal – Riverton on Vaal (ideal für Camper als Übernachtung) – Kimberley	510	1
Kimberley/Besichtigung	30	1
Kimberley – Campbell – Griquatown – Upington	411	1
Upington – Augrabies Falls (über Keimos – Alheit)	114	1
Augrabies Falls – Kakamas – Lutzputs – Swartmoder – Boksputs – Twee Rivieren	386	1
Rundfahrten im Kalahari Gemsbok Park zum Nossob/Mata Mata Camp und zurück nach Twee Rivieren	320	ca. 3
gesamt	1 771	8

Potchefstroom (ⓘ s. S. 207)

Potchefstroom wurde nach dem Voortrekker-Führer Potgieter benannt und bedeutet „Strom vom Chef Potgieter". *Andries Potgieter* gründete 1838 den Ort, der jahrelang Hauptstadt des ehemaligen Transvaal war. Die Stadt liegt inmitten eines besonders *Fruchtbares Gebiet* fruchtbaren Gebietes von Südafrika. Der Mooi River liefert genügend Wasser zur Bewässerung, und auch die Niederschläge sind mit über 600 mm pro Jahr relativ hoch. Die Sommer sind warm, so dass man hier Obst, Gemüse und Mais anbaut. Allerdings kann es – wie überall im Highveld Südafrikas – im Winter kalt und frostig werden.

Heute leben in der Stadt etwa 70 000 Einwohner, und an der Universität studieren knapp 7 000 Studenten. Sehenswert ist die Nederduits Hervormde Kerk, die erste afrikaanse Kirche nördlich des Vaals. Sie wurde 1866 eingeweiht und ist heute zum Nationaldenkmal erklärt.

In der Nähe des Bahnhofs gibt es Überreste eines alten Forts aus dem ersten Burenkrieg. Hier liegt auch ein Friedhof, und ein Gedenkstein erinnert an die Belagerung der britischen Garnison.

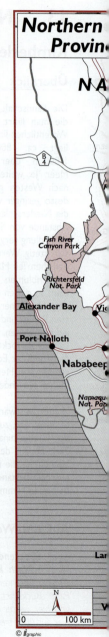

13. Northern Cape Province: Kimberley – Kgalagadi Transfrontier Park

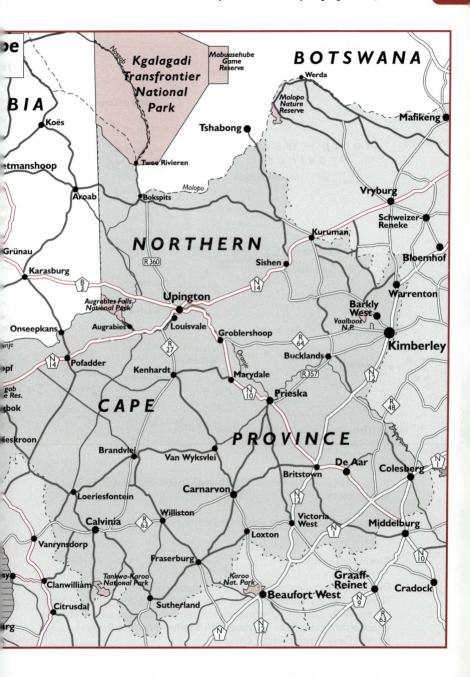

13. Northern Cape Province: Kimberley – Kgalagadi Transfrontier Park

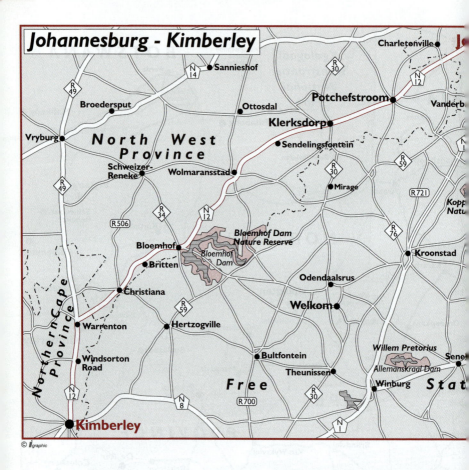

Im Fort selbst waren damals 322 Männer, Frauen und Kinder 95 Tage lang eingeschlossen.

Felskunst kann man auf dem Gebiet der Farm Stowlandson-Vaal sehen.

Bloemhof Dam

Der Damm liegt unterhalb des Zusammenflusses vom Vet und Vaal River. Am Nordufer liegt das Bloemhof Nature Reserve, wo interessante Wildarten leben, u.a. das Weiße Nashorn. Ornithologen kommen insbesondere auf der Halbinsel zwischen den beiden Teilen des Stausees im **Sandveld Nature Reserve** auf ihre Kosten (Campingmöglichkeiten, Chalets).

Kimberley (ⓘ s. S. 207)

Überblick

Kimberley liegt im semiariden bis ariden Hochland der Northern Cape Province und verdankt seine Entstehung einzig den Diamantenfunden, die hier seit 1866 gemacht wurden. Namen wie Barnato, Rhodes und de Beers prägten nicht nur die Geschichte dieser Stadt, sondern auch die des ganzen Landes. Mit Recht kann man wohl behaupten, dass hier die Grundpfeiler des südafrikanischen Wohlstandes gesetzt wurden.

Grundpfeiler des südafrikanischen Wohlstandes

Diese Vergangenheit hat bleibende Spuren hinterlassen. Das Big Hole, das größte je von Menschenhand geschaffene Loch, legt Zeugnis vom Diamantenfieber der 80er Jahre des 19. Jh. ab.

Geschichte

Im Jahre 1867 (in manchen Quellen wird 1866 genannt) wurde durch Zufall der erste Diamant in Südafrika gefunden: Der Burenjunge Erasmus Stephanus Jacobs las auf dem „Veld" einen besonders glitzernden Stein auf, den er seinen Schwestern zum Spielen gab. Da dieses „Spielzeug" äußerst auffällig war, erregte es die Aufmerksamkeit der Mutter, die den Stein dem Nachbarn Schalk van Niekerk zeigte. Und dieser vermutete, dass es sich um einen Diamanten handelte, doch sicher war er sich nicht.

„Spielzeug" als Glücksbringer

Ein örtlicher Händler wurde ins Vertrauen gezogen, der später den Stein von *Dr. G. W. Atherstone* in Grahamstown untersuchen ließ. Die Vermutung wurde endlich zur Gewissheit: Es war tatsächlich ein Diamant, dessen Gewicht gar 21,75 Karat betrug. Der Gouverneur der Kapkolonie, *Sir Phillip Wodehouse*, erstand ihn später für 500 L. Und bald darauf – 1869 – brachte ein Schwarzer van Niekerk wieder einen „Stein". Diesmal schaltete van Niekerk schnell. Er tauschte den ihm angebotenen Diamanten gegen 500 Schafe, 11 Kälber, ein Pferd mit Sattel und ein Gewehr. Und in Hopetown (120 km südwestlich von Kimberley) erhielt er für den Diamanten 11 200 L, denn der Edelstein wog immerhin stolze 83,25 Karat. Gespalten erlangte er als 47,7-karätiger **„Stern von Südafrika"** Berühmtheit.

„Stern von Südafrika"

Redaktions-Tipps

- **Übernachten** im Holiday Inn Garden Court oder im Edgerton House
- **Speisen** bei Tiffany und ein **Publunch** im Star of the West, abends einmal im Halfway House Pub reinschauen
- **Besichtigung**: Big Hole inkl. Museum-Besuch einer echten Diamantenmine – Duggan Cronin Gallery

13. Northern Cape Province: Kimberley – Kgalagadi Transfrontier Park

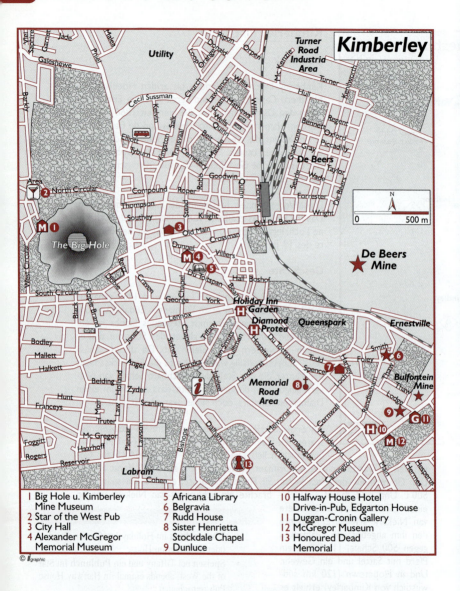

1 Big Hole u. Kimberley Mine Museum
2 Star of the West Pub
3 City Hall
4 Alexander McGregor Memorial Museum
5 Africana Library
6 Belgravia
7 Rudd House
8 Sister Henrietta Stockdale Chapel
9 Dunluce
10 Halfway House Hotel Drive-in-Pub, Edgarton House
11 Duggan-Cronin Gallery
12 McGregor Museum
13 Honoured Dead Memorial

Doch das Alles sollte nur der Anfang sein. Im Mai 1871 wurden Diamanten auf der Farm Vooruitzicht gefunden, die den Brüdern *Diederick* und *Nicolaas Johannes de Beer* gehörte. Hier sammelte der Holländer *Corneilsa* eine Streichholzschachtel voller Diamanten. Und am 18. Juli 1871 brachte der Schwarze *Esau Damon* von einem nahe gelegenen Hügel sogar eine Handvoll Diamanten mit.

Den Hügel bezeichnete man als **Colesberg Koppie**, und diese Stelle wurde für viele Jahre der Brennpunkt des Diamantenrausches. Bald aber war der Hügel abgetragen, und wie die Ameisen gruben sich Tausende von Schürfern in die Tiefe. Bis zu 16 000 Claims waren zeitweise abgesteckt. Chaotische Verhältnisse bestimmten den Alltag, und bald entstand auf dem Gelände von Vooruitzicht eine „Stadt" mit dem Namen New Rush. Am Rande des sich allmählich vertiefenden „Big Hole" wurden Hütten, Häuser und Straßen erbaut – Grundstein für das spätere Kimberley, benannt nach dem britischen Kolonialminister Earl of Kimberley.

Unter den vielen Menschen, die vom Diamantenfieber erfasst waren, gab es insbesondere zwei herausragende Namen: **Barney Barnato** und **Cecil Rhodes**.

Bis zum 14. August 1914 wurden aus dem „Big Hole" Diamanten herausgeholt. Inzwischen war ein Loch mit einem Umfang von 1,6 km entstanden.

Blick in das Big Hole

Immer tiefer drang man auf der Suche nach Diamanten – und wurde fündig. Bis zur Tiefe von 400 m arbeiteten die Männer im Tagebau, danach legten sie Schächte an und gruben bis auf 1 100 m weiter. Über 28 Millionen Tonnen Abraum mussten bearbeitet werden, um an die Ausbeute von 14 504 566 Karat zu gelangen, was rund 3 Tonnen Diamanten entspricht (Wert ungefähr 150 Millionen Euro). Das „Big Hole" lief voll Wasser, dessen Oberfläche heute ca. 135 m unterhalb des Randes liegt; dieser „See" ist an die 240 m tief.

Abbau von 3 t Diamanten

In den letzten Jahren ging der Absatz von Diamanten zurück, gleichzeitig wurden die Förderkapazitäten in vielen Ländern gesteigert, besonders in Zaire und seit kurzem auch in Russland und Angola. Die Central Selling Organisation (CSO) der südafrikanischen De Beers-Gruppe, die etwa 80% aller Rohdiamanten der Welt vermarktet, teilte mit, dass der Einzelhandelsabsatz nur um ca. 3% gesunken sei. Dagegen gab es bei Industriediamanten einen Rückgang von rund 15%. Verantwortlich für diese Absatzeinbußen ist der verminderte Bedarf im Bergbau und bei der Erdöl- und Erdgasförderung, wo ein Großteil der Industriediamanten für die Bohrgeräte benötigt wird.

Absatzeinbußen

Kimberley heute

Die Stadt hat heute etwa 160 000 Einwohner, und ist wirtschaftlich nicht mehr alleine auf die Diamantenförderung angewiesen. Dennoch haben der Verfall des Diamantenpreises und die wackelige Stellung des De Beers-Diamantenkartells aber erste Spuren hinterlassen, und junge Leute finden häufig keine Arbeit mehr und müssen in die großen Industriezentren abwandern. In Kimberly gibt es u. a. Kalkwerke, Asbest-, Mangan- und Eisenerzabbaubetriebe. Hinzu kommen noch einige Unternehmen der Leichtindustrie, wie z.B. Textil-, Möbel-, Papier- und

INFO Informationen über Diamanten

Die Diamanten in Kimberley kommen als Einsprengsel in vulkanischen Schloten („Pipes") vor, die einen Durchmesser von 200 bis 300 m aufweisen und aus einem vulkanischen Gestein, dem dunkelblauen Kimberlit, bestehen. Vor 60 Millionen Jahren, während einer vulkanisch aktiven Zeit, drang Magma durch die Röhren bis an die Erdoberfläche. Es handelt sich um ein weiches, bläuliches Material, das Kimberlit.

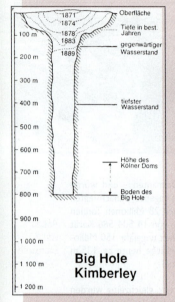

Big Hole Kimberley

Auf der Erdoberfläche verwittert der Kimberlit zum sog. „yellow ground" und ist so weich, dass er relativ schnell weggeschwemmt wird. Im Kimberlit sind Diamanten eingeschlossen, die aus der Tiefe hinaufkatapultiert wurden. Denn nur in der Tiefe liegen die „Geburtsstätten" der Diamanten. Hier kann der Kohlenstoff (Diamant ist nichts anderes als reiner Kohlenstoff!) unter hohem Druck und hohen Temperaturen kristallisieren. Unter diesem Zwang hat sich die Materie zu harmonisch geordneten Körpern geformt, die von regelmäßigen Flächen begrenzt sind: Oktaeder (8 Flächen), oder seltener Dodekaeder (12 Flächen) und Würfel (6 Flächen).

Lagerstätten wie in Kimberley bezeichnet man als **primäre Lagerstätten**, weil die Diamanten am Ort der Entstehung gefunden werden. Von den ca. 150 vulkanischen Schloten, die man ausfindig gemacht hat, enthalten allerdings nur 25 Diamanten. **Sekundäre Lagerstätten** – also weiter entfernt liegende Gebiete, in denen Diamanten abgelagert wurden – finden wir z. B. in Namibia (z.B. Oranjemund) oder Botswana (z. B. Orapa).

Nahrungsmittelfabriken. Als größte Stadt in dieser Region ist Kimberley auch das Zentrum der Agrarwirtschaft im nördlichen Kapland.

Bis auf wenige Hochhäuser hat Kimberley aber seinen kleinstädtischen Charakter nie ganz abstreifen können, und man erhält den Eindruck, dass es immer noch seinen Pioniergeist bewahrt hat. Einige alte Gebäude und Pubs zeugen noch heute von der aufregenden Zeit. Der Innenstadtbereich ist aber großteils modern und langweilig gestaltet, dafür finden sich aber in den Randgebieten eine Reihe von alten und schönen Häusern, meist im viktorianischen Baustil.

Klima: Kimberley liegt in 1 197 m Höhe auf dem südafrikanischen Hochplateau. Die Regenfälle sind mäßig (414 mm/Jahr). Der Sommer ist sehr heiß, und die

In Kimberley

durchschnittliche maximale Temperatur liegt im Dezember/Januar bei 33 °C, wobei Temperaturen von 40°C durchaus auftreten können. Im trockenen Winter liegen die Durchschnittswerte bei 19°C.

Sehenswertes

- **Kimberley Mine Museum**

Es liegt direkt am Big Hole, und von einem Aussichtspunkt erhalten Sie einen guten Überblick vom größten von Menschenhand geschaffenen Loch der Welt. Das Minenmuseum lässt die Geschichte des Diamantenrausches wieder lebendig werden, Gebäude aus dieser Zeit sind restauriert. Sie können das älteste Haus der Stadt hier besichtigen, das einst per Ochsenwagen hergeschafft wurde; ebenso gibt es eine Schmiede, Barney Barnato's Boxakademie sowie die erste lutheranische Kirche zu sehen. Doch am interessantesten dürfte vielleicht die Diamantenausstellung sein. Rohe und geschliffene Exemplare gibt es zu bestaunen und Replikate aller weltberühmten Diamanten. Der zehntgrößte je gefundene Diamant (616 Karat), der 1974 in der Dutoitspan Mine entdeckt wurde, ist ebenfalls zu besichtigen.

Geschichte des Diamantenrausches

Star of the West Pub

- **De Beers Mine Observatory (1)**

Von einer Aussichtsplattform hat man einen guten Blick auf den Bergwerksbetrieb, der im Tagebau stattfindet. Mit einem Permit kann auch die Werksanlagen von De Beers besichtigen. Die Führungen, die am Dutoitspan Mine Gate beginnen, führen u.a. zu einer Diamantenausstellung und zu den Minenanlagen.

- **Bultfontein Mine**

Die Mine befindet sich in Beaconsfield an der Molyneaux Rd. Auch hier kann man sich den Minenbetrieb ansehen. Wer hier den Schürfbetrieb **unter Tage** einmal miterleben will, sollte sich beim Tourist Office zu einer Tour anmelden.

- **Market Square**

An diesem Platz befand sich ursprünglich das Zentrum der Zeltstadt während des Diamantenrausches. Hier wurde alles gehandelt, was die Diamantengräber brauchten. Die City Hall wurde 1899 zu einem Preis von 26 000 Pfund errichtet.

- **McGregor Memorial Museum/Chapel Street (12)**

Das Gebäude des heutigen Museums war ehemals ein Sanatorium. Während der viermonatigen Belagerung Kimberleys im Anglo-Burischen Krieg diente es den

Mc Greogor und Duggan Cronin

Reichen der Stadt, unter ihnen auch Cecil Rhodes, als Unterkunft. Später wurde das Gebäude zu einem Hotel umfunktioniert und danach zur Schule einer Religionsgemeinschaft. 1971 schließlich wurde das Museum hier untergebracht. Im Wesentlichen gibt es eine große Abteilung, die sich mit der Zeit der Belagerung Kimberleys befasst, daneben eine naturwissenschaftliche Ausstellung und eine „Hall of Religion".

Eine weitere Abteilung des Museums befindet sich in der Chapelstreet. Außer einer ausgesuchten Steinsammlung gibt es hier aber nicht so viel zu sehen.

- **Duggan Cronin Gallery (11)**

Das Haus diente bis in die 50er Jahre häufig als Versammlungsplatz der Reichen und Mächtigen der Stadt, und selbst Königin Elizabeth von England stattete ihm einen Besuch ab. In dem nun hier untergebrachten kleinen Museum kann man sich über das Leben der verschiedenen afrikanischen Stämme informieren. Besonders eindrucksvoll ist die Fotosammlung von A. M. Duggan-Cronin, die das Herzstück des Museums darstellt. Duggan reiste in den ersten dreißig Jahren des 20. Jh. unentwegt in einem klapprigen Auto durch das Südliche Afrika bis hoch nach Sambia, zusammen mit einem treuen Diener und Freund. Seine Fotoausbeute kann man als einmalig bezeichnen. Man bedenke nur, welche Strapazen er damals auf sich nehmen musste: Nicht nur die Straßen waren schlecht und die Fahrzeuge einfach, sondern auch die Fotoausrüstung bestand aus mehreren Koffern und wog ein Mehrfaches einer heutigen Ausrüstung. Neben den Fotos gibt es auch eine Ausstellung über Buschmannzeichnungen und eine über den Freiheitskampf der Schwarzen.

Wer sich also für die ethnischen Belange der afrikanischen Bevölkerung des Südlichen Afrika interessiert, sollte sich für dieses Museum unbedingt zwei Stunden Zeit nehmen.

Belgravia (6) ist ein Viertel südöstlich des Zentrums. Ab 1873 bauten hier wohlsituierte Bewohner schöne Villen. Auch heute noch ist dieser Stadtteil bei entsprechend betuchten Bürgern beliebt. Sehenswert sind viele der alten, gut restaurierten Häuser.

Half-way House Hotel (10): An der Ecke Du Toitspan Road/Edgeton Road steht der 1880 erbaute Drive-in-Pub Südafrikas. Nahm man früher von der Kutsche aus seinen Drink, so heute vom Auto.

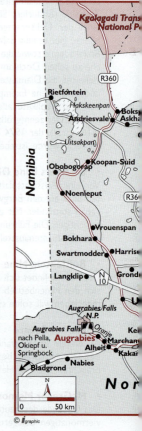

Unterwegs von Kimberley nach Upington

Streckenhinweis
Sie fahren die R64 von Kimberley nach Upington (411 km). Abstecher zu den Roaring Sands (Witsand) nördlich von Griquatown bzw. ca. 20 km südwestlich von Postmasburg (Abzweigung an der R383/R386, leider unbeschildert, deshalb Einheimische fragen!). Besser: Von Olifantshoek aus anfahren – Richtung Witsand fahren (85 km südlich gelegen – z. T. schlechte Sandpiste).

Roaring Sands

20 km südwestlich von Postmasburg finden Sie diese **weißen Dünen (Witsand)**, die wie eine Insel inmitten des roten Sandes der Kalahari liegen. Unter den weißen Dünen befinden sich Hügel, die von ursprünglich ebenfalls rotem

Weiße Dünen

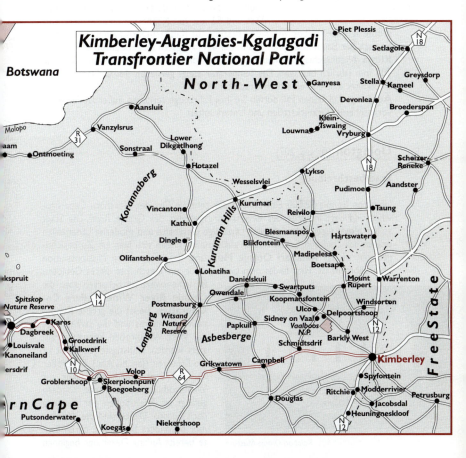

Sand zugedeckt wurden. Die roten Eisenoxide wurden allmählich ausgewaschen. Beim Rutschen von den Dünen hinunter gibt es hier das bekannte Dünenbrummen, hervorgerufen durch die Reibung zwischen oberen heißen und trockenen kühleren unteren Sandschichten. Das ganze „funktioniert" nur in den Monaten September bis April.

Vaalbos National Park
Öffnungszeiten: 7–19h das ganze Jahr über

In diesem Gebiet entlang des Vaal-Flusses können Sie Wildtiere folgender Arten sehen: Spitzmaulnashorn und Weißes Rhinozeros, Kap-Büffel, diverse Antilopenarten wie Eland-, Kuh-Antilopen und „Tsessebes". An Unterkünften stehen ein Restcamp zur Verfügung sowie Cottages mit 6 Betten. Der Park eignet sich gut zu einem Tagesausflug, da er nur 20 km von Barkly West und 52 km von Kimberley entfernt liegt. Der größte Teil der Vaalbos-Vegetation besteht aus Kalahari-Dornsavanne. Interessant ist auch der Baum „Camphor bush", der am häufigsten im Park anzutreffen ist.

225 qkm, Kampferbäume, Antilopen, Giraffen, Büffel, Nashörner

Klima: Niederschlag fällt hauptsächlich im Sommer und kann zwischen 300 und 700 mm jährlich betragen. Die Temperatur steigt gerne bis 44 °C. Dagegen sind die Winter kalt und erreichen Grade bis -4 °C.
Achtung: Auf keinen Fall dürfen Sie ihre Fahrzeuge verlassen, außer an den dafür vorgesehenen Picknickstellen und Unterkünften.

Upington (ⓘ s. S. 207)

Stadtbeschreibung

Upington ist mit 50 000 Einwohnern der zentrale Ort der Northern Cape Province und liegt inmitten des Bewässerungsgebietes des Oranje River. Die Stadt selber bietet eigentlich nicht viel. Unzählige Geschäfte und moderne Ladenzeilen prägen das Stadtbild. Selbst Käufer aus Namibia finden sich hier ein. Zu besichtigen gibt es das **Kalahari Oranje Museum**, das in der alten Missionsstation untergebracht ist. Hier findet man Gegenstände zur Geschichte dieses Gebietes.

Weinkooperative

Besuchenswert ist sicherlich aber die **Oranje River Wine Cellars Co-Operative**. Sie ist die größte Kooperative Südafrikas und die zweitgrößte der Welt. Weinproben können arrangiert werden. Günstigste Jahreszeit ist die Erntezeit (Jan. bis Apr.). Ein großer Teil der Ernte wird aber nicht zur Weinproduktion verwendet, sondern gelangt als Tafeltrauben per Flugzeug nach Europa. Daher sind die Weinfarmer besonders begünstigt, deren Ernte bereits Anfang Dezember beginnen

Kalahari Oranje Museum

kann, damit die Trauben rechtzeitig zur Weihnachtszeit bei uns in den Supermärkten ausliegen. Die Traubenfarm **„Karsten Boerdery"** auf Kanoneiland (20 km in Richtung Keimoes) bietet eine Gästeunterkunft. Bei Interesse erkundigen Sie sich beim Tourist Office in Upington oder auf der Farm selbst. Upington bietet sich ansonsten als Basisstation an für den Besuch der Augrabies-Fälle (etwa 130 km westlich) und des **Kgalagadi Transfrontier Parks** (240 km nördlich gelegen).

Weinfelder bei Keimoes

Auf der Weiterfahrt nach Kimberley verlassen Sie das Oranje-Tal bei Goblershoop. Hier gibt es das kleine Grootrivier Hotel und am südlich gelegenen **Boegoeberg Dam** einen Campingplatz und Chalets. Die folgende Strecke ist recht langweilig, und außer **Grikwatown** gibt es keine Abwechslung. Hier können Sie sich das **Mary Moffat Museum** ansehen, wenn Sie etwas Zeit haben. In diesem Gebäude wurde Mary Moffat geboren, die Tochter des bekannten Missionars Robert Moffat, die später David Livingstone heiratete. Im Museum gibt es vornehmlich Gegenstände aus der Pionierzeit der Missionare zu sehen. Das Louis Hotel ist sehr einfach und der Campingplatz auch nicht besonders ausgestattet.

...und wieder Pionierzeit

Weiterfahrt zum Augrabies Falls National Park

Von Upington zum Augrabies Falls National Park sind es 128 km über die R64 durch Keimoes und Kakamas.

Augrabies Falls National Park (ⓘ s. S. 207)

Parkbeschreibung

Für die Buschmänner und Hottentotten war der Oranje „die Mutter aller Flüsse". Sie nannten ihn Igarib, „den großen Fluss". Allein der Oranje ermöglicht Leben in diesen extrem trockenen Halbwüstenlandschaften im Norden Südafrikas.

Die Quelle des Oranje, der einen Gesamtlauf von 1 860 km aufweist, liegt auf 3 160 m Höhe in den Drakensbergen, wo hohe Niederschläge fallen, die für eine ganzjährige Wasserführung sorgen. Doch das meiste Wasser führt der Oranje nach den heftigen Regenfällen im Spätsommer. Nachdem er zunächst durch Lesotho fließt, vereinigt er sich auf dem Hochfeld mit dem Vaal, um danach als so genannter „Fremdlingsfluss" ohne weitere Zuflüsse die heißen, trockenen Gebiete Südafrikas bis zur Mündung im Südatlantik zu durchqueren. Er hat einen unruhigen Lauf, viele Katarakte und Sandinseln, so dass er nicht schiffbar ist. Doch bei der Bewässerung sowie bei der Wasserversorgung spielt er als größter

13. Northern Cape Province: Kimberley – Kgalagadi Transfrontier Park

Fluss Südafrikas eine herausragende Rolle. Das **Oranje-Fluss-Projekt (ORP)** soll die Bewässerung von insgesamt 250 000 ha Land ermöglichen: zwei riesige Staudämme sind bereits fertiggestellt: der Gariep Damm mit einer Kapazität von 6 Milliarden cbm und der Vanderkloof Damm mit 3 Milliarden m^3.

Besonderes Naturschauspiel

Kurz vor der Grenze zu Namibia sorgt der Oranje für ein besonderes Naturschauspiel: Er stürzt hier in eine tiefe Schlucht, die er selbst vor ca. zwei Millionen Jahren in den rötlichen Granit gegraben hat. Die Augrabies-Fälle, seit 1967 zum Augrabies Falls National Park erklärt, gehören zu den 6 größten Wasserfällen der Welt überhaupt. Insgesamt 146 m tief stürzen die braunen Fluten beim Hauptfall in die rote Granitschlucht, doch während der spätsommerlichen Hochwasserzeit steigern weitere 19 Fälle das Naturspektakel. Die gesamte Schlucht ist 9 km lang und bis zu 260 m tief.

Augrabies Falls NP

Im Zuge einer Anhebung der Landmassen vor 70 Millionen Jahren begann der Oranje, sich in den Untergrund einzugraben. Man vermutet, dass der Oranje im Laufe der Zeit eine große Menge von Diamanten transportiert haben dürfte, um sie später vor allem in seinem Mündungsbereich abzulagern. Dort liegt heute **Oranjemund**, das Zentrum des namibischen Diamantenabbaus. Ein Teil dieser Diamanten liegt sicherlich auf dem Grunde der Schlucht, in die die Wassermassen des Oranje stürzen. Hier tummeln sich auch bis zu 2 m lange Barben im tiefen Wasser, die in den Morgenstunden aus der Tiefe auftauchen. Mit ihren breiten Gesichtern und Schnurrbarthaaren sehen sie etwas unheimlich aus ...

Flora und Fauna

Die Pflanzen- und Tierwelt ist vielfältig: Es wachsen wilde Olivenbäume, Kapweiden und Köcherbäume. Turmschwalben, Bachstelzen, Finken, Regenpfeifer, Trappgänse und Fischadler können beobachtet werden. Ebenso beanspruchen Paviane, Steinböcke, Spingböcke und Klippspringer diese Gegend als Lebensraum.

Der erste Weiße, der an die Augrabies-Fälle kam, war der schwedische Söldner *Hendrik Wikar*, der aus seiner Garnison am Kap flüchtete und sich auf eine dreijährige Wanderschaft durch die Wildnis des Nordens begab. Am 6. Oktober 1778 gelangte er an die Fälle, die die Hottentotten „Ankoerebis" oder „Loukurubes" nannten, was „Ort des Kraches" bedeutet.

Der Augrabies Falls National Park, 1967 gegründet und 9 415 ha groß, bietet vielseitige Möglichkeiten zum Camping, hat einen schön gelegenen Caravan-Platz und bietet außerdem noch Übernachtungen in kleinen Häuschen an. Unmittelbar vom Camp führt ein kurzer Weg zur Schlucht des Oranje sowie zu den Wasserfällen. Der Weg geht über Felsen und ist zur Schluchtseite hin durch Gitter gesichert. Doch Vorsicht: Etwa am Ende des offiziellen Weges gibt es große **Potholes** (herausgewaschene, ausgeschmirgelte runde Löcher, bis 2 m tief), in die man hineinfallen kann. Ein ganz besonderer Tipp ist aber eine Fahrt mit dem Wagen auf der Parkstraße Richtung Westen. Man gelangt hier in wenigen Minuten zu verschiedenen spektakulären Aussichtspunkten:

Die berühmten „Potholes"

- nach **Ararat**: ein unvergesslicher Blick in die Schlucht des mäandrierenden Oranje.
- **Oranjekom**: auch hier wieder eine spektakuläre Landschaftsszenerie.
- **Echo Corner**: Hier sollte man vom Parkplatz ca. 100 m Höhenunterschied hinuntersteigen (10 Minuten). Dann sieht man die eindrucksvolle Schlucht des Oranje mit sehr schönem Blick zu beiden Seiten. Testen Sie das Echo!

Im Nationalpark kann man die erste Bekanntschaft machen mit den für Südafrika (und für Namibia) so typischen **Sukkulenten** (= wasserspeichernde Pflanzen) wie den **Köcherbäumen** oder den Lithops, die in erstaunlicher Weise an das trockene Klima angepasst sind.

Sukkulenten und Köcherbäume

INFO Sukkulenten, die Trockenheits-Künstler

Die Sukkulenten wenden verschiedene Strategien an, um mit ihren ariden Lebensräumen fertig zu werden: Sie speichern Wasser im Stamm, in Wurzeln oder Blättern. Vor Verdunstung schützen sie sich durch Wachsüberzüge (z.B. *Aloen* und *Welwitschia*); Behaarung oder dichte Bestachelung (z.B. *Euphorbia*). Manche haben ihren Stamm sogar in die Erde verlegt (z.B. Welwitschia). Die Wasseraufnahme geschieht durch Blätter oder Pfahlwurzeln. In der Biologie unterscheidet man folgende Sukkulenten-Arten:

- **Blatt-Sukkulenten** (z.B. Lithops) speichern in stark verdickten, manchmal walzenförmigen Blättern Wasser. Lithops werden wegen ihrer Ähnlichkeit auch „Hottentottenpopos" genannt. Diese genügsamen Pflanzen haben ihren Stammplatz im Sand (oft sind sie gar von ihm zugedeckt) oder im Gesteinsschutt. In der feuchten Jahreszeit sind die beiden dickfleischigen Blätter voll Wasser gefüllt, zwischen denen die Blüte erscheint. Lithops-Arten können lange Dürreperioden überleben. Und wie meistens im botanischen Bereich gibt es auch bei dieser Pflanzengattung zahlreiche Arten und auch Unterarten.

Köcherbäume

- **Stamm-Sukkulenten** (z.B. Köcherbäume): Die verdickten Sprosse speichern das Wasser. Köcherbäume erreichen eine Höhe bis etwa 8 m.
- **Wurzel-Sukkulenten**: Verdickte Wurzeln dienen als Wasserspeicher, so z.B. bei Welwitschia mirabilis, deren kurzer Stamm im Boden steckt. Feine Haarwurzeln saugen das Wasser des Bodens auf.

Weiterfahrt zum Kgalagadi Transfrontier Park

Sie fahren zurück bis Kakamas, dann Richtung Norden nach Lutzputs, überqueren die N10 und fahren weiter über Bokhara, Noenieput und Bokspits über die jetzige R360 (parallel zum Nossob Rivier) nach Twee Rivieren.

Kgalagadi Transfrontier Park (ⓘ s. S. 207)

Beschreibung des Parks

Einzigartiges Ökosystem

Dieser auf südafrikanischem und botswanischem Staatsgebiet liegende Wildpark hat eine Größe von 38 000 qkm. Nach 10 Jahren Verhandlungen einigten sich beide Staaten darauf, ein einzigartiges Ökosystem politisch zu ermöglichen: Der botswanische Gemsbok Park und der südafrikanische Kalahari Gemsbok Park wurden vereinigt. Die Grenze zwischen Südafrika und Botswana verläuft entlang des Nossob-Flusses. Damit das Wild bei seinen Wanderungen nicht behindert wird, ist die Grenze offen: lediglich Grenzsteine im Nossob Rivier weisen den Reisenden darauf hin, ob er sich gerade auf südafrikanischem oder botswanischem Gebiet befindet.

> Grenzenloses Afrika-Abenteuer inmitten der rotsandigen Kalahari

Die Wege, entlang derer man das Wild beobachtet, folgen den beiden Flüssen Auob und Nossob, die jedoch nur selten Wasser führen. Die beiden Flusstäler unterscheiden sich landschaftlich: Während der Auob Rivier (Rivier = Bezeichnung für Flusstäler) enger, grasreich und mit vielen Bäumen bestanden ist (vor allem mit Kameldorn-Bäumen, einer Akazienart), liegt der Nossob Rivier breit und weit vor dem Besucher. Im Gebiet des Nationalparks tummeln sich große Herden von Springböcken, Oryxantilopen, Blaugnus und Straußen. Oft kann man auch Löwen und Geparde beobachten.

Springbock im Kgalagadi Transfrontier Park

Der Nationalpark wurde 1931 errichtet. Vorher diente das Gebiet als Farmland. Da es jedoch sehr mühsam war, hier lohnend Landwirtschaft zu betreiben, gab man die Region als Wirtschaftsland auf.

Insbesondere in der sommerlichen Regenzeit erwarten den Besucher unbeschreiblich schöne Farbenspiele: Rötliche Dünen, grüne Akazien, ein tiefblauer Himmel und scheinbar zum Greifen nahe Haufenwolken sichern ein grandioses Naturerlebnis.

13. Northern Cape Province: Kimberley – Kgalagadi Transfrontier Park 553

Anschluss-Strecken

- Nach Namibia: Der Übergang bei Mata Mata ist leider gesperrt. Man muss also über Twee Rivieren und Rietfontein (= Grenze) nach Namibia (Anschluss hier nach Keetmanshoop, Fish River Canyon, Lüderitz oder nach Windhoek).

- Über Augrabies/Kakamas die R64 durch Pofadder nach Springbok /Namaqualand (= 316 km).

Pofadder

Der Ort liegt inmitten eines Karakulschafzuchtgebietes und wurde von Rev. Christian Schröder, einem Missionar der Rheinischen Mission, aus diplomatischen Erwägungen nach dem hier ansässigen Chief benannt. Blumen finden sich vor allem an der Piste nach Onseepkans.

- Über Upington die R27 nach Calvinia, nach Vanrhynsdorp (= N7) und nach Kapstadt.

Witsand Nature Reserve

Streckenhinweise
Vom Nationalpark folgt man zunächst der Straße 360, dann außerhalb des National Parks der C31 nach Osten bis Van Zylsrus, von hier südwärts nach Olifantshoek. 6 km westlich von Olifantshoek zweigt von der N7 (beschildert) die Straße nach Süden zum Witsand Nature Reserve ab. Von hier aus sind es 72 km zum Reserve.

Charakteristik des Nature Reserve

Hier kann man ein faszinierendes Panorama bestaunen. 9 km lang und 4 km breit liegt ein weißsandiges Dünenmeer im Kontrast zu den roten Kalahari-Sanden. Dieser weiße Sand liegt über unterirdischen Wasserreservoirs. Wasser, das durch diese Sandmeere in dieses Wasserreservoir sickert, hat im Laufe geologischer Zeiträume den Eisenoxid-Mantel der Sandkörnchen gelöst. An der südlichen Seite des Dünengebiets kann das Phänomen der „Roaring Sands" erfahren werden: Die Reibung zwischen den oberen heißen und trockenen sowie den unteren kühleren Sandschichten ruft in den Monaten zwischen September und April ein Brummen hervor, wenn die obere Schicht durch Herunterrutschen an einem Steilhang in Bewegung gerät.

„Roaring Sands"

Fahrt vom Witsand Nature Reserve über Upington entlang dem Oranje nach Okiep/Springbok

Streckenhinweis
Diese Tour ist ungewöhnlich. Sie führt von Upington über Augrabies Falls National Park, Pofadder, Pella, Klein-Pella, Goodhouse nach Okiep. Landschaftsbestimmend sind unendlich weite Ebenen, Berge am Oranje und das Oasen-Tal des

Oranje selbst. Vom Witsand Reserve fahren Sie Richtung Groblershoop, wo Sie auf die Straße 64 stoßen, die auf die nach Upington führende N 10 führt. Die asphaltierte N 14 erreichen Sie in Upington, die nach Springbok (= 400 km) weiterführt. Dazwischen liegt Pofadder, ein Nest mitten im „Nirgendwo". Hier wurde ebenfalls vom Missionar Schröder (wie in Upington) 1875 eine Missionsstation gegründet. Ab 1889 siedelten hier aufgrund einer immer sprudelnden Quelle weiße Siedler. Der Ort verfügt über ein einfaches Landhotel, einige Geschäfte und eine Tankstelle. Man sieht überall im Ort Windräder, die Wasser aus dem Untergrund pumpen.

Oranje-Fluss

Sehenswertes unterwegs

Von der N 14 zweigt nach ca. 25 km die Straße nach **Pella** ab. Pella wurde 1814 von der London Missionary Society gegründet. 1872 wurde die Station aufgrund einer lang andauernden Trokkenheit aufgegeben und 1878 wieder von der Roman Catholic Church weitergeführt. Die Missionskirche ist auch heute noch sehenswert, ebenso das alte Missionarshaus. Im westlich gelegenen **Klein-Pella** befindet sich an den Ufern des Oranje die zweitgrößte Dattelplantage der Welt. Seit 1978 werden hier Datteln angebaut, seit 1996 ebenfalls Tafeltrauben im organischen Anbau. Die Bewässerung erfolgt mittels Flächenüberflutung auf die Dattelplantagen, während die Rebstöcke direkt bewässert werden. Pro Jahr werden 450 Tonnen Datteln geerntet, wobei 50% in den Export gehen. Exportiert wird nach Übersee, und zwar nur die allerbeste Qualität, die den Namen „Medjoul" trägt: Dies sind besonders große und sehr süße Datteln. Während die Datteln von Mitte Februar bis Ende Mai geerntet werden, findet die Haupternte für die Tafel-Trauben zwischen November und Dezember statt – rechtzeitig für den Export in das winterliche Europa.

Dattelplantage

Interessant ist die „Dattel-Logistik". Alle Datteln werden handgepflückt („selective harvesting"). Danach findet die „Fumigination" statt, mit deren Hilfe alle Insekten getötet werden. Erst dann sind die Datteln exportfähig. Sie werden nach Größe sortiert und verpackt und bei -18 Grad im Coldstorage gelagert. Danach werden sie per LKW in Kühlcontainern bei -20 Grad nach Kapstadt gebracht, von hier geht es auf Kühlschiffen bei -18 Grad nach Rotterdam.

Interessant ist die Regelung der **Wasserrechte**. Uns wunderte bei unserer Fahrt entlang dem Oranje-Tal, dass überall Wasser entnommen wird. Die Wasserentnahme ist aber sehr reglementiert. Mit dem Kauf landwirtschaftlicher Nutzfläche kann man das Nutzungsrecht für Wasser kaufen, 15 Kubikmeter pro ha/Jahr. Dieses Recht wird mit dem Landkauf gegen einen bestimmten, einmaligen Preis erworben. Zusätzlich muss man eine jährliche Gebühr für das entnommene Wasser zahlen.

Weiterfahrt über Goodhouse und Steinkopf nach Okiep/Springbok

Vom Oranje nähert man sich nun dem Winterregengebiet der Northern Cape Province. Die Vegetation ändert sich allmählich und wird spärlicher. In der Zeit von August – Oktober kann man herrliche Wildblumen betrachten.

In Okiep liegt das Okiep Country Hotel, der einzige Punkt weit und breit, wo man nett untergebracht ist und auch gut essen kann. Der Besitzer des Hotels, **Norman Featherstone**, ist Satour-Guide und bietet tolle Ausflüge in die Umgebung an. U.a. kann man durch ein phantastisches Canyon wandern, wobei man abgesetzt wird und nach 6 Stunden am Ende der Wanderung wieder mit dem Wagen abgeholt wird.

Wanderungen und Mountainbike-Touren

Sehr schön ist auch ein Besuch des südlich von Springbok gelegenen **Goegab Nature Reserve**. Hier kann man tolle Sukkulenten sehen, ein Sukkulenten- und Pflanzengarten gibt darüber hinaus einen lexikalisch vollständigen Überblick über die Flora des Namaqualandes. In der Blütezeit Ende Juli – Anfang Oktober kann man je nach Regenfällen hier tolle Wildblumen-Teppiche bewundern. Im 150 qkm großen Naturreservat gibt es sehr schöne, ausgewiesene Wanderwege. Ebenso kann man mit dem Mountainbike Ausflüge unternehmen. Auf einem Allradfahrzeug-Trail kann man das gesamte Naturgebiet erkunden. Man kann in zwei Gästehäusern übernachten.

Neue touristische Angebote im Sinne eines **„community based project"** bietet die ca. 50 km nördlich von Okiep liegende Nama-Gemeinde **Steinkopf** an. Hier hat man – mit Führung – die Möglichkeit, die Missionskirche sowie den lokalen Friedhof zu besuchen, wo sich Missionarsgräber befinden. Es werden ebenfalls mehrstündige Wanderungen in der Umgebung angeboten, wobei man am Ende typische Nama-Gerichte probiert, u.a. das köstliche „ash bread" (Brot, das über der Glut gebacken wird). Der Besucher kann auch traditionelle Nama-Hütten besichtigen, in denen Frauen verschiedenen Flecht- und Schneiderarbeiten nachgehen. Oft wird auch in das Besichtigungsprogramm der Schülerchor der Highschool einbezogen: Dies ist ein wunderschönes Erlebnis, da die Nama-Stimmen als besonders „chorgeeignet" gelten.
Kontakt: Tourism Commitee, Tel. 721 - 8162.

Von Okiep nach Eksteenfontein

Streckenhinweis
Über die N 7 erreicht man nach ca. 115 km die Grenze zu Namibia bei Vioolsdrif. Von hier aus fährt man nach Westen auf einer staubigen Piste parallel zum Oranje.

Unterkunft
Es gibt hier eine Reihe von Campingplätzen, die vor allem für Kanureisende gedacht sind. Zwei Campingplätze sind insbesondere zu empfehlen: Oewerbos Park (ca. 12 km von Vioolsdrif entfernt) und Peace of Paradise (weitere 12 km nach Westen).

Sehenswertes unterwegs

Peace of Paradise liegt idyllisch an einer Oranje-Biegung, ist sehr gepflegt und leise, da keine Kanugruppen akzeptiert werden. Trotzdem kann man hier einen individuellen Kanu-Tagestrip arrangieren.

Vom Peace of Paradise-Camp fährt man ca. 37 km nach Südwesten und erreicht die Piste nach Eksteenfontein. Diesen kleinen Namaort erreicht man nach weiteren 8 km. Ca. 10 km entfernt liegt das Rooiberg Guesthouse inmitten einer stillen Berglandschaft. Das Haus wird von Namafrauen bewirtschaftet, ist sehr sauber, hat aber keine Elektrizität. Stattdessen gibt es Petroleumlampen, und eine Namafrau bereitet über dem offenen Feuer köstliches Grillfleisch für die Gäste und backt parallel dazu tolle frische Brötchen. Man sitzt draußen zusammen und erfreut sich der Natur und des „Basis-Erlebnisses".

Kgalagadi Transfrontier Park – Köcherbaumwald und Fish River Canyon (Namibia) – Namaqualand – Kapstadt

Überblick Namibia-Abstecher (ⓘ s. S. 207)

Der lange Weg nach Kapstadt (über 1 200 km) führt über eine kurze Strecke durch den äußersten Südosten von Namibia. Der bereits im Kgalagadi Transfrontier Park gewonnene Eindruck der landschaftlichen Weite und Schönheit erfährt eine weitere Steigerung durch den Besuch des Köcherbaumwaldes bei Keetmanshoop, wo wahre Sukkulentenwälder dieses so markigen Baumes wachsen. Nicht mehr weit ist es dann zum Fish River Canyon mit seinen phantastischen Ausblicken.

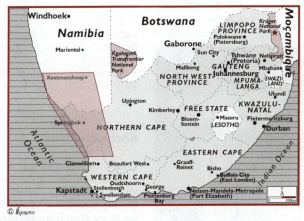

Fast könnte man diese Landschaft mit ihren bizarren Tafelbergen und abrupt abbrechenden Landstufen als das „Outback" Namibias bezeichnen. Es ist eine der trockensten Landschaften des Südlichen Afrika mit weniger als 200 mm Niederschlag im Jahr. Wen es reizt: Man kann sich natürlich länger hier aufhalten: Lüderitz, die alte Hafenstadt aus der deutschen Kolonialzeit, lohnt den Besuch ebenso wie die verlassene „Diamanten-Ghosttown" Kolmannskuppe. Auch ein Aufenthalt auf einer der urigen

Outback Namibias

13. Northern Cape Province: Kgalagadi – Fish River Canyon – Namaqualand – Kapstadt

Gästefarmen im Randbereich der Namib wäre nicht schlecht (Farm Namtib, Farm Sinclair westlich von Helmeringhausen). Wäre nur nicht das Problem der Zeit...

Namaqualand
Bei Vioolsdrif erreicht man nach der Überquerung des Oranje wieder Staatsgebiet der Republik Südafrika und fährt durch das im Frühjahr herrlich blühende **Namaqualand**. Nordwestlich am Oranje liegt der Richtersveld National Park, dessen bizarre Landschaft abrupt am Südufer des Oranje endet.

Auf dem weiteren Weg nach Süden reizen Abstecher an die wild-einsame Westküste, z.B. nach Hondeklipbaai. Aber auch Clanwilliam, die Cederberge oder der West Coast National Park „verlängern" auf angenehme Weise den Weg nach Kapstadt.

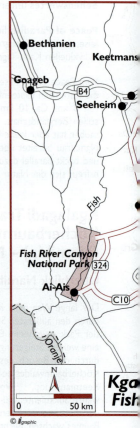

[1] *Planungsvorschläge*

- **Mata Mata – Keetmanshoop:** *336 km, 1 Tag. Von Twee Rivieren die R360 nach Süden, dann die R31 nach Westen zum Grenzübergang Rietfontein. Von hier die C16 über Aroab nach Keetmanshoop.*
- **Keetmanshoop – Holoog – Fish River Canyon – Noordoewer:** *414 km, 2 Tage. Straße B4 Richtung Lüderitz 32 km, danach links auf die 545 (33 km), danach wieder links auf die C12 (49 km), nun rechts auf die 601 Richtung Fish River Canyon (ca. 60 km), zurück über die von der 601 abbiegende 324 Richtung Ai-Ais, dann auf die C10, die nach 50 km auf die B1 (Hauptstrecke Windhoek-Kapstadt) führt; nach 108 km erreichen Sie Noordoewer.*
- **Noordoewer – Kapstadt:** *685 km, 2–3 Tage. Die N7 führt direkt nach Kapstadt.*

Köcherbaumwald (ⓘ s. S. 207)

Der Köcherbaumwald liegt in der Nähe von Keetmanshoop auf dem Gelände der Farm Gariganus. Hier wachsen ca. 300 sog. Baum-Aloen („Aloe dichotoma"), die zu den sog. Sukkulenten zählen. Die Gruppe der Sukkulenten ist vor allem gekennzeichnet durch ihre Fähigkeit der langfristigen Wasserspeicherung. Diese Pflanzen speichern das Wasser in ihrem großzelligen Gewebe.

Der Name „Köcherbäume" ist wie folgt zu erklären: Die Buschmänner höhlten ihre Äste aus, und die das Pflan-

Köcherbaum

13. Northern Cape Province: Kgalagadi – Fish River Canyon – Namaqualand – Kapstadt

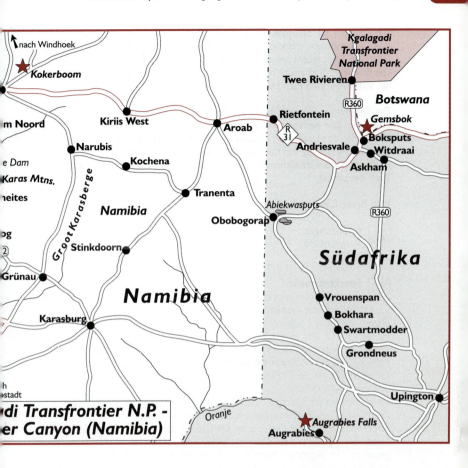

zenmark umgebende Rinde diente als Köcher für die Pfeile. In ganz Namibia stehen Köcherbäume unter Naturschutz. Sie erreichen eine Höhe von bis etwa 8 m. (Siehe auch Informationen über Sukkulenten – Augrabies Falls.)

Von Keetmanshoop über den Naute Dam zum Fish River Canyon

Keetmanshoop (ⓘ s. S. 207)

Keetmanshoop liegt 1 002 m über dem Meeresspiegel und hat heute über 15 000 Einwohner. Der Ort wurde 1860 als Missionsstation der Rheinischen Mission gegründet, um die Nama in dieser Region zu versorgen. Die Geldmittel stellte der wohlhabende deutsche Industrielle Johann Keetmann zur Verfügung, der die-

Ehemalige Missionsstation

sen Ort aber nie besuchte. Keetmanshoop liegt an den Ufern des Swartmodder River, der meistens trocken ist, aber nach kurzen, heftigen Regengüssen Wasser führt. Die Stadt wuchs um die Missionsstation herum; die 1895 erbaute Steinkirche dominiert auch heute noch. 1894 wurde hier ein Fort errichtet. 1908 wurde die Schmalspurbahn nach Lüderitz fertiggestellt.

Raue Gegend
Die Gegend um Keetmanshoop ist sehr rau und äußerst trocken; der Niederschlag pro Jahr beträgt nur 100–200 mm. Das Trinkwasser stammt vom Naute Damm, der den Löwenfluss aufstaut (ca. 50 km südwestlich). Der Haupterwerbszweig ist die Haltung von Karakulschafen. Keetmanshoop wird auch als die Hauptstadt des Südens bezeichnet. Immerhin handelt es sich hier um die viertgrößte Stadt des Landes.

Fish River Canyon/Ai-Ais (ⓘ s. S. 207)

Entfernungen
Keetmanshoop – Ai-Ais: ca. 270 km (mit Abstechern zu den Aussichtspunkten)

Streckenhinweise
*Fahren Sie ab Keetmanshoop zunächst die Teerpad Richtung Lüderitz. Nach 32 km kommt eine Abzweigung nach links auf die Pad 545, die Sie am **Naute Damm** vorbeiführt (schöne, sehr einsame Landschaft). Dann kommen Sie auf die Hauptpad C12 und biegen hier nach links Richtung Holoog ein. Die Pad führt entlang der Bahnlinie. Nach 47 km biegen Sie dann hinter Holoog auf die Pad 601 Richtung Fish River Canyon ein. Nach 45 km erreichen Sie den Canyon. Danach fahren Sie die gleiche Straße 14 km zurück, nach rechts geht es dann auf die Pad 324 nach Ai-Ais (57 km).*
Bis auf den kurzen Abschnitt Keetmanshoop – Abzweigung zum Naute Damm ist die gesamte Strecke nicht asphaltiert, aber in gutem Zustand.
Streckenbeschreibung: *Die Strecke führt Sie in den sehr trockenen Süden. Vom Naute Damm aus können Sie den weiten Blick auf das sonst eher flache Land genießen. Die Vegetation besteht aus vielen Bittersträuchern, Grasbüscheln und niedrigen Büschen. Später sehen Sie östlich die Kleinen Karasberge (bei Holoog). Nach Ai-Ais windet sich der Weg zum Fischfluss hinunter. Die herrlichen Ausblicke vom Rand des Fischfluss Canyons werden den Höhepunkt der Fahrt bilden. Man sollte den Canyon nicht erst am späten Nachmittag besuchen, da dann die Sonne die Schlucht nicht mehr ausleuchtet.*

- **Naute Dam**

Der 1972 erbaute Damm hat ein Stauvolumen von 69 Millionen m³ und ist damit der drittgrößte Staudamm des Landes. Er staut den Großen Löwenfluss auf.

- **Fish River Canyon**

Zweitgrößter Canyon der Welt
Vorab: Kenner des Grand Canyons des Colorado sind zunächst etwas enttäuscht, da dieses große Pendant in den USA tatsächlich eine ganze Nummer eindrucks-

voller ist. Trotzdem gilt der Fish River Canyon nach dem Grand Canyon als zweitgrößter der Welt. Insgesamt ist der Fish River Canyon 161 km lang, bis zu 27 km breit und bis 549 m tief. Er beginnt bei **Seeheim im Norden** und hat seinen Ausgang bei **Ai-Ais im Süden**. Im östlichen Naukluft-Gebirge entspringend, ist der Fischfluss bis zu seiner Mündung in den Oranje insgesamt 650 km lang.

Wenn man heute auf den Fischfluss (ca. 500 m tiefer) hinabschaut, glaubt man nicht, dass er die Kraft hatte, eine so große Erosionsleistung zu vollbringen. In der

Fish River Canyon – zweitgrößter Canyon der Welt

Tat fließt er in der heutigen Klimaperiode nur äußerst langsam und z.T. sogar mit Unterbrechungen. Ihm wird ja auch weiter im Norden erheblich Wasser abgezapft (Hardap Damm, Bewässerungen).

Die Haupt-Erosionstätigkeit liegt schon lange zurück. In den sog. Pluvialzeiten (Regenzeiten) führte der Fluss vor vielen Millionen Jahren sehr viel Wasser, so dass er sich in die Quarzite, Dolomite und Kalksteine hineinfressen konnte. Im Gegensatz zum Grand Canyon in Arizona/USA ist der Fish River Canyon nicht ausschließlich ein Produkt der Erosion. Vielmehr ist der Hauptteil der Schlucht ein Erosions- und Einbruchstal. Der Fischfluss führt heute als längster Fluss des Landes nur periodisch Wasser. In der Trockenzeit sieht man nur eine Reihe von Wassertümpeln. Trotzdem: In regenreichen Jahren vermag der Hardap Damm seine Fluten nicht zu halten. 1988 überflutete der Fischfluss Ai-Ais.

Wenn Sie den Fischfluss Canyon erreichen, stoßen Sie auf den **Hauptaussichtspunkt**. Es gibt aber noch weitere, sehr gute Stellen, von denen aus Sie den Canyon einsehen können: Vom Hauptaussichtspunkt, auf den die Pad 601 stößt, geht nach rechts eine Spur zu einem weiteren Aussichtspunkt ab, wo ein Weg in den Canyon führt. Der Abstieg dauert etwa 45 Minuten, der Aufstieg ca. 1 ½ Stunden. Vom Hauptaussichtspunkt fahren Sie den Weg etwas zurück. Eine Abzweigung nach rechts (Süden) führt Sie zu weiteren Aussichtsstellen.

Aussichtspunkte

Wanderung durch den Fischfluss Canyon

Die Länge der Wanderung vom Aussichtspunkt im Norden nach Ai-Ais im Süden beträgt 86 km. Dafür muss man ca. 3–5 Wandertage veranschlagen. Belohnt wird der Wanderer durch die wildromantische Szenerie des Canyons.

Am besten beginnt man die Wanderung am Aussichtspunkt nördlich (rechts) vom Hauptaussichtspunkt, auf den die Straße zuführt. Ein steiler Weg führt in ca. 45 Minuten an den Fischfluss. Man folgt dann den Fluss-Mäandern, überquert gegebenenfalls den zum größten Teil schmalen und flachen Fluss und sucht sich das Flussufer aus, an dem man voraussichtlich am besten wandern kann. Der Weg führt im Allgemeinen langsam abwärts; nur an den sandigen oder felsigen Stellen wird die Wanderung etwas strapaziöser.

Es gibt keine festen Übernachtungsplätze, man hat also freie Wahl! Ein Lieblingsplatz ist die Stelle an den Schwefelquellen, denn hier stehen einzelne Palmen, die vermutlich während des 2. Weltkrieges von flüchtenden deutschen Gefangenen gepflanzt wurden. Am Ende der Wanderung erreicht man Ai-Ais.

- **Ai-Ais**

Warme Quellen

Dazu eine kurze **Vorgeschichte**: Nach Überlieferungen suchte ein kleiner Hirtenjunge 1850 verloren gegangenes Vieh. Dabei entdeckte er zufällig die warmen Quellen von Ai-Ais, was der Nama-Sprache nach die Bedeutung von „sehr heiß" hat.

Die Quellen hier sind reich an Fluoriden, Sulphaten und Chloriden. Das Wasser hat eine Temperatur von 60 °C und speist sowohl Bäder (Swimmingpool) draußen als auch in der Halle (Wannenbäder). Dieses Heilbad ist insbesondere für Rheumakranke empfehlenswert, aber ebenso ist es für einen Erholungsaufenthalt während einer Reise ideal. Man kann hier Wanderungen unternehmen und in den umliegenden Bergen Rosenquarz finden. Selbst in der „Winterzeit" steigen aufgrund der geschützten Lage die Mittagstemperaturen bis auf 25 °C!

Überblick Namaqualand (ⓘ s. S. 207)

Auf den ersten Blick wirkt das Namaqualand öde und menschenfeindlich. Wie an der Küste Namibias fallen auch hier nur wenige Niederschläge, die teilweise noch unter 50 mm/Jahr liegen. Bis zur Mitte des 19. Jh. lebten hier nur Buschmänner. Erst die Kupfererzfunde bei Springbok lockten die ersten Weißen hierher. Mittlerweile wurden an der Küste auch Diamanten gefunden, und Farmer haben sich auf Schafzucht konzentriert. Nur im Süden, in der Umgebung von Clanwilliam und Citrusdal wird bewässert, so dass neben Tabak und Weizen auch Wein und Zitrusfrüchte angebaut werden. Berühmt ist auch der **Rooibos Tree**, der einen aromatischen und Vitamin-C-reichen Tee liefert.

Im Frühling ein Blumenmeer – Namaqualand

Seinen eigentlichen Reiz zeigt das Land aber vor allem im Frühling, wenn der Regen fällt. Dann erblühen viele Felder zu einem Meer von Blumen. Wie mit einem Teppich ist der sonst so trostlose Boden dann bedeckt. Besonders verbreitet sind die orangefarbenen **Namaqua Daisies** *(dimorphoteca)*, auch Kapmargerite genannt. Gelb, ocker- und orangefarben blühen „Gänseblümchen". Neben den *Dimorphoteca* gibt es u.a. auch *Cotula* (Laugenblume), *Arctotis* (Bärenohr) und Ursinia. Diese Pflanzen überdauern die langen Trockenperioden im Boden, und der Nebel vom Atlantik, wo der kalte Benguela-Meeresstrom für kühle Temperaturen sorgt, garantiert die nötige Mindestfeuchte.

Blumenmeer

Gute Regionen, um die Wildblumen im Frühling zu bewundern, sind:
• die Gebiete links und rechts der N7,
• bei Springbok das Goegab Nature Reserve,
• bei Clanwilliam das Naturschutzgebiet Ramskop,
• das Bidouw Valley („Mikrokosmos des Namaqualandes")
• und in verschieden Gebieten abseits aller Hauptrouten. Hierzu müssen Sie sich in jedem Ort erkundigen, wo es Pflanzen zu sehen gibt.

Um die Blumenpracht richtig genießen zu können, sollten Sie das Land nach Möglichkeit von Norden nach Süden bereisen, da die Blüten sich immer der Sonne zuneigen. Sie öffnen sich in der Regel erst gegen 10 Uhr und schließen sich wieder gegen 16 Uhr.

Namaqualand hat aber auch einige andere interessante Seiten. Dazu gehören die Langustenfischerei am Atlantik und das Diamantentauchen, bei dem vom Meeresboden Schlamm abgesaugt wird, der an Land dann auf Diamanten untersucht wird.

[1] Planungsempfehlungen
Wenn Sie Zeit haben, machen Sie eine Zick-Zack-Route um die N7. Dabei kommen Sie in den Genuss der Atlantikküste und können auch die Randgebiete der Karoo erleben. Erkundigen Sie sich in den einzelnen Ortschaften individuell nach den aktuellen Blumenstandorten. Auch wenn Sie nicht gerade im Frühling hier entlang fahren, bietet sich Ihnen abseits der N7 ein eindrucksvolles Landschaftsbild. Wichtig: Nehmen Sie immer genügend Trinkwasser und eventuell auch einen Reservekanister mit Benzin mit! Ein Zelt für die kleinen Küstenorte oder die Karoo ist auch empfehlenswert.

 Entfernungen
Kapstadt – Clanwilliam: 244 km
Clanwilliam – Springbok: 345 km
Springbok – Pofadder: 165 km
Springbok – Nordoewer/Vioolsdrif (Namibia-Grenze): 126 km

Redaktions-Tipps

• Einen Tag **in Springbok** (S. 568) **verweilen** und die Umgebung erkunden, einschließlich des Goegab N. R.
• **Übernachtung** im Springbok Hotel oder einem Haus des Springbok Cafés.
• Einen Tag auf einer abgelegenen Piste herumfahren, um das **Namaqualand richtig zu spüren** (Vorschlag: Messelpad Pass (S. 569) oder Piste nach Port Nolloth (S. 570)).
• Sich nach **Touren ins Richtersveld** (S. 345) erkundigen
• **Fotofreunde** sollten sich im Kamieskroon Hotel (rechtzeitig) zu einem Workshop einbuchen.
• Nicht auf schnellstem Weg nach Kapstadt fahren, sondern entweder im Süden an die Küste nach **Lamberts Bay** (S. 607) oder **Velddrif** (S. 606) abbiegen und dort **Crayfish essen** oder einen Abstecher in die **Cederberge** (S. 567) machen.

13. Northern Cape Province: Kgalagadi – Fish River Canyon – Namaqualand – Kapstadt

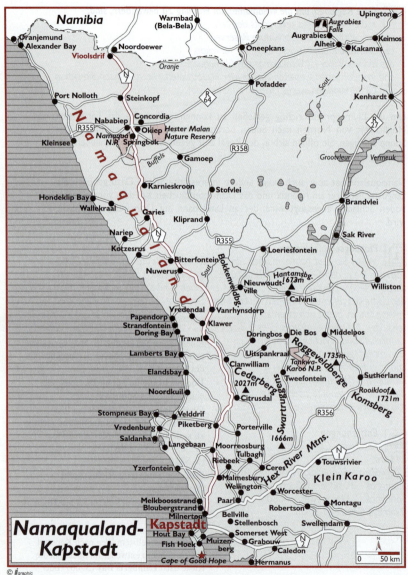

13. Northern Cape Province: Kgalagadi – Fish River Canyon – Namaqualand – Kapstadt

Der spezielle Tipp
Richtersveld National Park

Streckenbeschreibung
Von Namibia oder von Springbok aus kommend auf der N 7, dann über Eksteenfontein nach Sendlingsdrift. Hier befindet sich der einzige Parkeingang, wobei man südlich davon bei Helskloof Gate aus dem Park herausfahren kann.
Von Eksteenfontein fährt man ca. 120 km bis nach Sendlingsdrift.

Im äußersten Nordwesten der Northern Cape Province von Südafrika gelegen, symbolisiert der Richtersveld National Park eine der letzten Wildnisse des Südlichen Afrika. Das Gebiet ist eine „mountain desert", eine Gebirgswüste mit weniger als 50 mm Jahresniederschlag. Oft bringen Morgennebel die erforderliche Feuchtigkeit vom Meer (Ursache: der kalte Benguelastrom).

Im Park selbst haben sich die wasserspeichernden Sukkulenten den klimatischen Bedingungen angepasst. Dazu gehören die Köcherbäume, artverwandte Stammessukkulenten wie die *Aloe Pillansii* sowie die nur hier vorkommenden „halfsmen". Im Norden grenzt der Park an den Oranje, am anderen Ufer liegt Namibia.

Im Richtersveld NP unterwegs

Der Park ist durch ein Wegesystem gut erschlossen, wobei es in einigen Flusstälern sehr sandig werden kann. Ebenso sind die Abstiege von der Hochfläche zum Oranje, z.B. zum Camp De Hoop, selbst für geübte Offroad-Fahrer eine Herausforderung. Im südlichen Teil waren wir z.T. über den ausgezeichneten Zustand der Wege überrascht.

Es gibt 5 nicht eingerichtete Campingplätze im Parkgebiet: Pooitjiespram, de Hoop, Richtersberg, Kokerboomkloof und de Koei.

Allgemeine Informationen zum Gebiet zwischen dem Oranje und den Cederbergen (Citrusdal) (ⓘ s. S. 207)

- **Geographie**

Das Gebiet teilt sich in vier große Einzelgebiete auf (einschließlich des Oliphants River Valley und der Cederberge wären es sechs), die alle einer anderen geologischen Formation angehören und deren Mikroklimate verschiedenste Boden- und Vegetationsverhältnisse geschaffen haben:

Verschiedene Klimate

- **Richtersveld:**
Diese Bergwüste erstreckt sich im Nordwesten von der namibischen Grenze hin bis zur Asphaltstraße nach Port Nolloth und bis zur N7. In dieser Region finden sich unzählige Sukkulenten, die kaum größer als 50 cm werden. Eindrucksvoll sind besonders die Gegensätze zwischen grün-bunten Blumenwiesen und der kargen Bergwüste. In einem Reservat wohnen noch einige Namas, die hier alleinige Weiderechte haben.

- **Namaqualand Klipkoppe:**
Das Gebiet erstreckt sich von Springbok entlang der N7 bis etwa Bitterfontein. Berge mit Höhen bis 1 700 m prägen das Landschaftsbild. Hier sind Niederschläge von 200 mm keine Seltenheit, in einigen Gebieten erreichen sie sogar bis zu 400 mm. Somit ist man zum Teil erstaunt, wie grün einige Felder in den Tälern sein können. Höchste Wasserquoten finden sich direkt am Fuße der abgerundeten Granitfelsen, von denen das abfließende Regenwasserherab kommt. Achten Sie z. B. einmal auf die kleinen Täler um Kamieskroon herum, wo man dank dieses Phänomen kleine Getreidefelder findet. Dennoch musste der ehemalige Ort Kamieskroon, 8 km nördlich in einem Tal direkt unterhalb von den Berghängen gelegen, wegen **Wassermangels** aufgegeben werden.

Granitfelsen

Schwarze Granitfelsen werden in dem Gebiet südlich von Garies abgebaut. Man sprengt sie in 30- bis 40-t-Quadern aus den abgerundeten Granitdomen heraus und transportiert sie so nach Kapstadt, wo sie in „Scheiben" geschnitten und hinterher mit Diamantenschleifgeräten poliert werden. Diese etwa 8 cm dicken Scheiben benutzt man dann als Häuserwandfassaden. Sie gelten nicht nur als schön, sondern sind auch witterungsbeständig, dafür aber sehr teuer und in der Regel nur an Bankpalästen zu sehen. Auf dem Bahnhof von Bitterfontein können Sie diese Quader bewundern.

Die Vegetation im Bereich der Klipkoppe ist relativ vielseitig, die Sukkulenten wachsen erheblich höher (bis über 2 m), und die Blumenpracht ist dank des höheren Niederschlags am eindrucksvollsten.

- **Knersvlakte:**
Dieses Areal, das sich von Bitterfontein bis Vanrhynsdorp südlich an die Klipkoppe anschließt, ist sicherlich am trostlosesten. Niederschläge von 100 mm (bis max. 200 mm) und eine schwach gewellte Hügellandschaft erwecken den Eindruck einer Halbwüste. Ewig erscheint einem die Fahrt hier durch, und selbst im Frühling muss man viel Geduld mitbringen, um größere Blumenareale zu entdecken. Der Boden ist ausgesprochen hart, so dass kaum Landwirtschaft möglich ist und nur extensive Schafweidewirtschaft betrieben werden kann.

Halbwüste

In den Flussbetten, besonders am Sout River (dort wo die Eisenbahnbrücke die N7 kreuzt), vermuten Geologen weitere Diamanten. Spektakuläre Funde hat es aber bisher noch nicht gegeben. Die Vegetation besteht in der Regel aus Blattsukkulenten, die die Charaktereigenschaft haben, die Stomata-Öffnungen ihrer Blätter nur nachts zu öffnen. Damit vermeiden diese Pflanzen eine zu starke Austrocknung während der heißen Tageszeit.

- **Sandveld**:
Dieser 20–30 km breite Sandstreifen erstreckt sich entlang der Küste. Im Landesinneren ist der Sand dunkelrot und an der Küste weiß. Dieses kann man gut erkennen, wenn man die Strecke nach Port Nolloth fährt. Der Sand wurde vom Wind angeweht, und die Färbung resultiert u.a. aus der unterschiedlichen Niederschlagsmenge. Der rote Sand erhält mehr Niederschlag und oxidiert, während direkt an der Küste selbst selten mehr als 40 mm Regen im Jahr fallen. Hier hängt zwar der bekannte Küstennebel, der aber dem Boden kaum Feuchtigkeit bringt. An der Küste erreichen die Sträucher gerade eine Höhe von 30 cm, während sie weiter landeinwärts bis zu 1 m hoch werden.

Roter Sand

- **Cederberge und Oliphants River Valley**:
Diese Region kann man eigentlich nicht mehr zum Gebiet des Namaqualandes zählen. Sie ist bereits Teil der geologischen Formation der Tafelberg-Gruppe, und die Bergregionen erhalten erheblich mehr Niederschlag. Nur in den westlichen Ausläufern fällt verhältnismäßig wenig Regen, was aber durch ein groß angelegtes Bewässerungssystem kompensiert wird. Der Oliphants River sammelt sein Wasser bereits bei Paarl, das dann vom Clanwilliam-Stausee aus über Kanäle auf die Felder verteilt wird. Daher können hier Obst- und Weinkulturen hervorragend gedeihen. In den Cederbergen wächst der Waboom, eine Proteaart aus Hartholz, die bis zu 8 m hoch werden kann, und die Clanwilliam-Zeder, die den Bergen ihren Namen gegeben hat.

Obst- und Weinkulturen

- **Pflanzenwelt und Klima**

Das Namaqualand kann man als Halbwüste bezeichnen. An der Küste fallen selten mehr als 50 mm Niederschlag im Jahr. Wie an der Küste Namibias sorgt der kalte Benguelastrom für viel Nebel, der sich besonders in den Morgenstunden ausbreitet und erst über Tag von der Sonnenwärme absorbiert wird. (Warme Luft kann bekanntlich mehr Feuchtigkeit aufnehmen.) Zum Landesinneren hin nimmt dann die Niederschlagsmenge zu und erreicht an den Berghängen teilweise mehr als 250 mm/Jahr. Trotzdem reicht auch dieses nicht für eine ganzjährige üppige Pflanzenwelt, und die Vegetation besteht hier hauptsächlich aus Wasser speichernden Sukkulenten, wie z.B. den Köcherbäumen. In so einer trockenen Welt können viele Pflanzen nur gedeihen, indem ihre Samen die ungünstigen Perioden im Erdboden überdauern und erst keimen, wenn genügend Regen fällt.

Spärliche Vegetation

Botaniker haben aber festgestellt, dass im Namaqualand genügend Regen allein häufig nicht ausreicht, um die Samen zum Keimen zu bringen. Daher ist es hier selbst während der feuchten Jahreszeit so schwierig Pflanzen zu finden. Das Phänomen ist noch nicht wissenschaftlich untersucht, aber Theorien gehen davon aus, dass der Niederschlag bestimmte chemische Substanzen mitbringen muss, um die Keimung zu starten, und das ist eben nicht immer der Fall.

Landschaft bei Calvinia

Andere Auslöser, wie genügend Sonne (was während der wolkenbehangenen Regenzeit nicht immer der Fall ist), kein zu starker Wind, die chemische und physikalische Bodenbeschaffenheit und natürlich das Vorhandensein von Samen sind weitere wichtige Faktoren. Die Samen werden von vorangegangenen Blumen gezeugt, und der Wind verstreut sie dann über ein größeres Gebiet. Im Boden können sie schließlich jahrelang verweilen.

- **Bevölkerung**

Die ersten Bewohner dieses Gebietes waren die **San** (Buschmänner), von denen man glaubt, dass sie bereits vor 8 000 Jahren hier lebten. Ihnen folgten später die **Khoi-Khoi** (Hottentotten), die als die „Kleinen Namas" hier siedelten und bereits die Weidetierhaltung einführten. Sie wurden auch Namaquas genannt, woher der Name des Landes entsprang. Sie teilten sich immer mehr auf, und Untergruppen von ihnen ließen sich an der Tafelbucht nieder. Ihre stärkste Gruppierung waren die **Kochoquas**, die auch die ersten waren, die mit den weißen Siedlern in Kontakt gerieten. Dieser Kontakt und das Vordringen der Bantustämme von Norden haben dann leider bewirkt, dass sie den größten Teil ihrer Kultur abgestreift und sich immer mehr dem europäischen Lebensstil angepasst haben. Nur wenige alte Khoi-Khoi sprechen noch ihre Stammessprache, während die Jüngeren selbst untereinander in Afrikaans kommunizieren.

Verlust der Kultur

Die ersten Weißen begannen Ende des 18. Jahrhunderts, das Namaqualand zu entdecken. Es handelte sich vornehmlich um die **Trekburen**, die immer den Weidegründen folgten und sich nirgends dauerhaft niederließen. Das änderte sich erst in der Mitte des 19. Jh., als die ersten Kupferminen in der Umgebung von Springbok eröffnet wurden.

Heute findet man eine Reihe von Buschmannzeichnungen im Namaqualand, besonders im südlichen Teil zwischen Vanrhynsdorp und Citrusdal. Sie sind nicht besonders alt, aber sie geben einen guten Aufschluss über die Tierwelt, die hier noch vor wenigen hundert Jahren existiert haben muss. Eines der Hauptmotive sind Elefanten, die hier heutzutage völlig ausgestorben sind. Die in den gelben Seiten aufgeführten Zeichnungen sind gut zu erreichen, der Besuch muss aber vorher telefonisch angemeldet werden.

Springbok (ⓘ s. S. 207)

Hauptstadt des Namaqualandes

Springbok ist umgeben von hohen Granitfelsen. Einst tranken hier große Springbockherden an einer Quelle, doch wurden sie durch die Entdeckung der Kupferminen vertrieben. Heute ist Springbok ein zentraler Ort und gilt als die „Hauptstadt des Namaqualandes". Die Kupferminen befinden sich mittlerweile außerhalb des Stadtgebietes in den nahen Ortschaften Nababeep und O'Kiep.

Bereits 1685 entdeckte Gouverneur *Simon van der Stel* die Kupfervorkommen auf seiner Suche nach dem sagenumwobenen Goldreich Monomatapa. Doch lohnte sich der Abbau damals nicht, da weder die Infrastruktur ausreichte noch genügend Trinkwasser vorhanden war. Erst Mitte des 19. Jh. begann man mit dem Erschließungsprogramm. Es war das erste bedeutende Bergbauprojekt in Südafrika. Eine Schmalspurbahn wurde nach Port Nolloth gebaut, um das Kupfer exportieren zu können, diese wurde aber 1944 wieder abmontiert, als es effizienter erschien, das Kupfer über den Bahnhof von Bitterfontein nach Kapstadt zu befördern. Da das Kupfer aber eine gute Qualität hat, wird es auch heute noch abgebaut, obwohl der Abtransport immer noch mühsam ist. Um die Transportkosten niedrig zu halten, wird das Kupfer bereits vor Ort vom Gestein extrahiert (durch Schmelzen) und dann erst mit Lkws nach Bitterfontein gebracht.

Springbok – umgeben von Granitfelsen

Abbau von Kupfer

Wer sich für den Kupferbergbau interessiert, sollte sich einmal das kleine **Minen-Museum** in Nababeep ansehen. Außerdem kann man gleich oberhalb von Springbok die erste Mine, die **Blue Mine**, besichtigen.

Es gibt in Springbok noch ein kleines Museum, das die Stadtgeschichte ein wenig widerspiegelt. Es ist in einer jüdischen Synagoge untergebracht.

Wenn Sie von Springbok in Richtung Süden fahren, überlegen Sie sich doch einmal, ob Sie nicht entlang der Piste über den **Messelpad Pass** bis nach **Hondeklip Bay** fahren wollen, um dann über Wallekral zurück nach Garies zu gelangen. Diese Straße wurde gebaut, um eine weitere Möglichkeit zu haben, Kupfer zu exportieren. Heute ist Hondeklip Bay ein verschlafenes Fischerdorf mit einer eigenen Idylle, wo die Zeit stehen geblieben zu sein scheint. Wallekral, das einst ein blühender kleiner Ort war, besteht nur noch aus wenigen Gebäuden. Besonders aber die Passstrecke ist lohnend.

Goegab Nature Reserve

Dieses Nature Reserve liegt ca. 15 km außerhalb von Springbok, an der Straße in Richtung Flugplatz (nicht nach Pofadder!). Dieses 7 500 ha große Gebiet ist ein Muss für jeden Pflanzenfreund. In einem kleinen Garten sind alle im Namaqualand vorkommenden Sukkulenten zu bewundern, und während der Blumenblütezeit wird hier ein „Flower Information Office" eingerichtet, wo man Informationen über den Standort der Blumen im Namaqualand erhält. Im Park kann man auf Wanderwegen die Vegetation bewundern oder einfach eine abgesteckte Strecke mit dem Auto abfahren. Im Informationsbüro gibt es weiterhin ganzjährig eine Ausstellung über die Entstehungsgeschichte der Namaqualand-Wüste und ihrer Tier- und Pflanzenwelt. Unterkünfte gibt es in dem Park aber nicht.

Ein Muss für jeden Botaniker

Port Nolloth (ⓘ s. S. 207)

Port Nolloth wurde 1855 gegründet und nach dem Kommandanten, der ein Jahr zuvor die Küste erkundet hat, benannt. Es wurde als Hafen für die Kupferexporte aus Springbok angelegt. Nach dem Ersten Weltkrieg, als die Kupferpreise drastisch absackten, erlosch seine Bedeutung. Doch der Zufall wollte es, dass man nur 8 Jahre später Diamanten fand, und der Ort erwachte aus seinem kurzen Schlaf. In nur einem Monat, bevor die Minengesellschaften alle Schürfrechte erhielten, fanden eilige Glücksritter bereits 12 549 Karat Diamanten. Heute werden die Diamanten zum großen Teil aus dem Wasser geholt. Während de Beers alle Schürfrechte direkt am Strand und im flacheren Wasser hat, gehen private Diamantentaucher weiter ins Wasser hinaus und pumpen den Meeresschlamm ab, um hinterher an Land die Diamanten herauszufiltern. Bei den kühlen Luft- und Wassertemperaturen ist das ganz bestimmt kein angenehmer Job. Mit den Absatzschwierigkeiten von de Beers und dem allmählichen Verlust seines Weltmarktmonopols gibt es aber Schwierigkeiten für die Diamantentaucher. Ihnen werden als ersten die Schürfgenehmigungen abgenommen.

Vom Kupfer- zum Diamantenabbau

Wer nach Port Nolloth kommt, sollte sich darauf einstellen, dass es hier keine Sehenswürdigkeiten gibt und dass weder Strand noch Klima besonders reizvoll sind. Es ist allein die hier herrschende Pionieratmosphäre, die den Besuch lohnend macht, und die Landschaft auf dem Weg hierher.

Pionier- atmo- sphäre

Zurück nach Springbok sollten Sie die **südliche Piste** nehmen (R355), die Sie durch eine schöne Landschaft führt. Nach Kleinsee selbst dürfen Sie nicht hinein fahren, es ist Diamantensperrgebiet.

Kamieskroon (ⓘ s. S. 207)

Kamieskroon ist sicherlich eines der verschlafensten Nester an der N7, und außer der kleinen Kirchenruine in Bowesdorp, der ehemaligen Siedlung Kamieskroon, 8 km nördlich des heutigen Ortes, gibt es hier nichts zu sehen. Doch einmal im Jahr ändert sich das Bild. Dank der Initiative der Hotelbesitzer geben sich während der Blumenblüte Besucher aller Nationen hier die Türklinke in die Hand. Neben besten Infos über aktuelle Blumenstandorte und Führungen in die Umgebung ziehen vor allem Fotoworkshops und ein installiertes Fotolabor Gäste von so weit her wie Uruguay oder Taiwan an. In dieser Zeit berät ein professioneller Fotograf die Teilnehmer der Fotoworkshops, und sowohl Schwarz-Weiß- als auch Farbfilme werden noch am gleichen Tag entwickelt, so dass man anhand seiner Fehler lernen kann. Leider sind diese Workshops in der Regel lange

Schafherde bei Kamieskroon

im Voraus ausgebucht, so dass Sie sich bei einem spontanen Besuch wenig Hoffnung machen sollten. Doch werden mittlerweile auch Kurse in der „blumenlosen Zeit" angeboten. Vielleicht sollten Sie, wenn Sie wissen, dass Sie wiederkommen wollen, einfach schon einmal vorbuchen. Teilnehmer dieser Kurse haben es noch nie bereut, und besser kann man das Namaqualand nicht kennen lernen (auch ohne Fotokurs) als in der Atmosphäre dieses Hotels.

Fotosession

Auch von hier bietet sich die Nutzung der Piste über Wallekral und Soutfontein an, um nach Garies zu gelangen.

Namaqua National Park

In diesem Gebiet der Nordostecke der Northern Cape Province blühen im Frühjahr wahre Wildblumen-Teppiche. Die an sich sehr karge Landschaft zaubert dann nach Regenfällen quasi über Nacht eine ungeahnte Farbenpracht hervor. Die Landschaft wird von Granitfelsen bestimmt, die zum Teil rund sind, z. T. flache Flächen bilden. Das gebirgige Gebiet weist 4 Gipfel über 1 500 m Höhe aus, der höchste ist der im Süden liegende Rooiberg mit 1 700 m. Durchzogen wird der NP von sandigen Flusstälern. Wenn es nicht blüht, gilt es die vielen Sukkulenten (auch Köcherbäume) zu entdecken .

550 qkm großer Park, 60 km südwestlich von Springbok gelegen. Besonders lohnend in der Frühlingszeit (Wildblumenblüte) – 3 500 Pflanzenarten – Rundweg für Selbstfahrer – keine Übernachtungsmöglichkeiten.

Das Gebiet unterteilt sich in 4 Regionen:
- Meeresnahe Sukkulenten-Karoo(„strandveld succulent Karoo")
- Lowland Succulent-Karoo
- Upland Succulent-Karoo
- North Western Mountain Renosterveld (hier gibt es Fynbos-Vegetation).

Zu erreichen ist das Gebiet von Kapstadt aus über die N 7 (495 km). Vor Kamieskroon biegt man zum Park ab (22 km). Im Park selbst gibt es keine Übernachtungsmöglichkeiten (im nördlich gelegenen Springbok gibt es eine Anzahl von Unterkünften) Der Park ist während der Frühjahrsblüte von 8-17h geöffnet, wobei die beste Beobachtungszeit der Blumen zwischen 10.30h und 16h liegt. Ein Rundweg (Gebühr) erschließt auf 5 km die Schönheiten. Ein kleiner Farmstall bietet Imbissmöglichkeiten.

Vanrhynsdorp (ⓘ s. S. 207)

Der Ort wurde irgendwann in der Mitte des 18. Jahrhunderts von den ersten Trekburen gegründet. Er diente als kleine Versorgungszentrale. Damals hieß er noch Troe-Troe, was sich von dem Kriegsruf Toro-Toro der Khoi-Khoi ableitete und soviel hieß wie „Attacke-Attacke". Später wurde er umbenannt nach dem ersten Friedensrichter der Region. Der Ort eignet sich gut für die Erkundung des südlichen Knersvlakte, und ein Aufenthalt hier verspricht mehr Ruhe als in Vredendal. Lohnend ist sicherlich ein Besuch in der **Kokkerboom Nursery** (auch Kern Nursery genannt) am Ende der Voortrekkerstreet. Sie gilt als die größte Sukkulenten-Gärtnerei in Südafrika. Hier können Sie sich eventuell sogar eine Pflanze mitnehmen, um sie zu Hause einzupflanzen. Die Besitzer haben Erfahrung damit und verpacken Ihnen die Pflanze so, dass sie einen Rückflug überstehen wird. Es gibt auch ein kleines Museum hier.

Wasserfälle und Felsformationen

Wenn Sie etwas Muße haben und eine ein wenig raue Piste nicht scheuen, sollten Sie von hier aus eine kleine Rundtour nach Osten unternehmen. Die Piste führt südlich aus dem Ort und passiert einen Wasserfall, schöne Felsformationen und am Ende, kurz bevor Sie wieder Vanrhynsdorp erreichen, den Tumaqua Marmorsteinbruch. Lassen Sie sich am besten eine Karte im Tourist Office geben.

Eine weitere Alternative wäre ein Ausflug nach Niewoudtville, wo es neben einem schönen Flower Reserve auch die 100 m hohen **Niewoudtville-Wasserfälle** gibt. Von der Anhöhe des Vanrhyns-Passes haben Sie einen guten Ausblick auf die Ebene bis hin zum Atlantik.

Vredendal (ⓘ s. S. 207)

Vredendal ist ein belebtes Zentrum inmitten der Weinkulturen des Oliphant River-Tales. In der Stadt selber gibt es nicht viel zu sehen, aber Sie haben die Möglichkeit, die Weinkellereien zu besichtigen. Es werden hauptsächlich trockene Weißweine produziert. Das Wasser erhält die Gegend aus dem Clanwilliam Stausee, mit dem sie durch ein weitverzweigtes Kanalnetz verbunden ist.

Sandstrand

Von Vredendal bietet sich außerdem ein Ausflug an die Küste an. Fahren Sie entlang der R362 nach Lutzville und von dort weiter bis nach Papendorf. Hier gibt es einen unberührten Sandstrand. Etwas weiter südlich liegt das kleine Dorf Strandfontein, wo es ein kleines Hotel und einen Caravanpark mit Hütten gibt. Im Cabin Restaurant in Doornbay gibt es ausgezeichnetes Seafood

Clanwilliam (ⓘ s. S. 207)

Clanwilliam gehört zu den ältesten Städten Südafrikas, und 1732 gab es bereits eine Reihe von Farmen entlang des Oliphants River. Nachdem die Kapverwaltung 1820 hier einen Magistratssitz eingerichtet hatte, versuchte sie, englische Siedlerfamilien als Gegengewicht zu den Buren anzusiedeln. Der Versuch schlug aber fehl, und nur sechs Familien blieben in der Gegend. 1901 brannte die Stadt fast gänzlich nieder, und nur ein kleiner Teil in der Parkerstreet überstand das Feuer.

Weltbekannter Rooibos

Clanwilliam liegt in einem warmen, gut bewässerten Tal mit fruchtbaren Böden. Hier wächst u.a. der „Rooibos" (roter Busch), der den Rooibos-Tee liefert, der von hier aus in alle Welt exportiert wird. Dieser Tee ist tanninfrei und sehr reich an Vitamin C. Diese gesundheitsfördernden Eigenschaften machte als Erster der örtliche *Dr. Le Fras Nortier* publik. Außer Tee gedeihen hier nahezu alle subtropischen Früchte, Gemüse, Weizen und Tabak.

In der Nähe der Stadt liegt das Naturschutzgebiet **Ramskop** mit seinen im Frühling blühenden Namaqualand-Wildblumen. Der **Clanwilliam-Stausee**, der das Wasser des Oliphants River aufnimmt, ist ein beliebtes Erholungszentrum (Schwimmen, Bootfahren, Angeln).

Abstecher von Clanwilliam

• östlich über den Pakhuis Pass zur Rheinischen Missionsstation von **Wuppertal** (1830 gegründet). In der Umgebung des Dorfes wird Rooibos-Tee angebaut; im Dorf bietet man handgefertigte „Feldschuhe" („Veldskoens") und andere Lederarbeiten an;

• **Bidouw Valley**, östlich vom Ort ebenso über den Pakhuis Pass erreichbar, ist berühmt wegen seiner Wildblumenblüte im Frühjahr. Um die Felder besichtigen zu dürfen, benötigen Sie aber die Genehmigung der Farmer (Auskünfte erteilt das Touristenbüro).

Missionsstation Wuppertal

25 km südlich von Clanwilliam biegt eine Piste ab zur

• **Forststation Algeria**. Sie ist das „Zentrum" der Cederberge. Von der Forststation führt ein Pfad auf die Spitze der Bergkette, vorbei an einem Wasserfall und durch einen Zedernwald. Auf der Höhe gibt es zwei Hütten. Von hier aus führen zwei Pfade ins Zentrum der Gebirgswelt. Das Cederberggebiet ist etwa 130 000 ha groß, wovon 71 000 ha zum Schutzgebiet erklärt worden sind. Ein großer Teil ist noch von Zedern bestanden, und es gibt noch eine Reihe anderer Wanderwege hier.

Der weiter östlich gelegene Doring River bietet Gelegenheit für Kanu- und Wildwasserfahrten. Diese sollten Sie aber rechtzeitig bei einem der Outdoor-Spezialisten in Kapstadt buchen.

Outdoor-Aktivitäten

Citrusdal (ⓘ s. S. 207)

Als die erste Expedition das Gebiet des heutigen Citrusdal erreichte, erblickten ihre Teilnehmer im Tal eine Herde von 200–300 Elefanten, die an den Ufern des Flusses graste. Daraufhin erhielt dieser Fluss den Namen Oliphants River. Aber erst 1916 wurde der Ort gegründet. Von Mai bis Juni duftet es in und um Citrusdal herrlich nach frisch gepflückten Orangen. Citrusdal ist heute der zentrale Ort im Oliphants-Tal, von dem aus die Zitrusfrüchte aus der Umgebung versendet werden. Über 2 Mio. Kisten Obst mit über 80 000 t Gewicht verlassen jährlich den Ort. (Eine junge Frau von hier schaffte es, in einer 46-Stunden-Woche 204 000 Orangen zu verpacken.) Das Gebiet ist das drittgrößte Obstanbaugebiet des Landes, und von hier kommen die bei uns als „Cape-Orangen" bekannten Früchte, da ein überwiegender Teil des Obstes exportiert wird. Auf der Hex River Farm nördlich der Stadt steht der älteste Orangenbaum des Landes, der etwa 250 Jahre alt sein soll und noch heute Früchte trägt.

Der älteste Orangenbaum des Landes

Ansonsten bietet der Ort nicht viel, eignet sich aber für Exkursionen in die Cederberge.

Kornkammer des Kaps

Von Citrusdal sind es noch 180 km bis Kapstadt. Nachdem Sie den Piekenierskloof Pass überwunden haben, gelangen Sie ins Swartland, der Kornkammer des Kaps. Weizenfelder erstrecken sich so weit das Auge reicht. 30 km vor Kapstadt haben Sie dann einen schönen Blick über die Stadt, der meines Erachtens noch eindrucksvoller ist als der von Bloubergstrand. Leider werden den Fotografen die Stromkabel etwas stören.

Tankwa Karoo National Park (ⓘ s. S. 207)

Anfahrt
Von Kapstadt über Ceres, dann die R 355 nach Norden (einsame, aber gute Straße, schöne Landschaftsszenerien). Bitte mit vollem Tank fahren, Tankstellen gibt es nur in Ceres und Calvinia.

Diesen Park darf man nicht mit dem Karoo National Park bei Beaufort West verwechseln!

Erst 1987 gegründet, bedeckt er eine Fläche von 800 qkm. Die Gesamtfläche wird seitdem nicht mehr wie früher landwirtschaftlich genutzt: Langsam kann sich deshalb in diesem Bereich die Vegetation erholen. Nomaden haben schon vor 2 000 Jahren diese Landstriche mit Schafherden genutzt, später kamen Europäer von der Kaphalbinsel, um hier ihre Viehherden grasen zu lassen. Doch für eine ständige Weidenutzung war diese Landschaft einfach zu trocken. Das heutige Parkgebiet ist eines der trockensten der Karoo, es fällt nicht mehr als 100 mm Niederschlag pro Jahr. Die Temperaturschwankungen zwischen Winter (etwa 5,7 °C) und Sommer (38,9 °C) sind enorm. Da das Gebiet aufgrund der vergangenen Überweidung sehr kahl ist, interessieren sich zur Zeit kaum Touristen, sondern eher Botaniker, Ökologen und Zoologen für diese abseits liegende Region. Nach seltenen Regenfällen allerdings überzieht die Blütenpracht von Wildblumen den Park. Beste Besuchszeit ist das Frühjahr zwischen August und Oktober, wo nicht nur die Wildblumenpracht zu bestaunen ist, sondern auch gute Vogelbeobachtungen möglich sind.

> 95 km südlich von Calvina, 600 qkm, Steppenvegetation – bergiges Gelände – Tiere: Schwarzadler, Nashörner, Track für Allradfahrer – einfaches Camp

Die Karoo – ein unwirtliches Gebiet

14. WESTERN CAPE PROVINCE MIT GARDENROUTE

Kapstadt und Kaphalbinsel (ⓘ s. S. 207)

Überblick

Kapstadt wird aufgrund seiner herausragenden landschaftlichen Lage und seiner multikulturellen Zusammensetzung oft mit San Francisco verglichen. Zweifelsohne ist Kapstadt die besuchenswerteste Stadt in Südafrika und gehört eigentlich ins Programm jeder Rundreise. Neben landschaftlichen Leckerbissen bietet Kapstadt als „Gasthaus der Meere" eine Vielzahl kulinarischer Höhepunkte, vom hervorragenden Wein des Kaplandes bis zu den abwechslungsreichen Küchen der verschiedenen hier lebenden Nationalitäten.

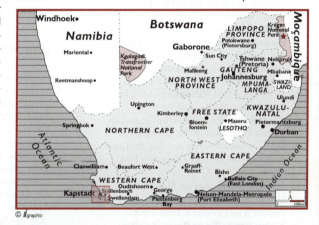

Die Stadt liegt am Fuße des Tafelberges, umgeben von Weinbergen, Obstplantagen, einer faszinierenden Vegetation und malerischen Meeresbuchten. Nur 15 % der Bevölkerung Kapstadts sind Schwarze. Zu den traditionellen Gebieten der großen Stämme der Tswana, Zulu, Xhosa und Sotho ist es weit. Die älteste europäische Siedlung im Südlichen Afrika begann ihre Geschichte 1652, als Jan van Riebeeck im Auftrag der Holländisch-Ostindischen Handelskompanie eine Versorgungsstation aufbaute.

Älteste europäische Siedlung

Vor der Ankunft der Weißen wurde die Region von Hottentotten-Hirten für ihre Schafherden und von den mit ihnen verwandten Buschmännern für die Jagd genutzt. Allmählich entwickelte sich das spätere Kapstadt zu einem „Garten Eden" für die Seeleute, die sich auf dem langen Weg von Asien nach Europa und umgekehrt befanden. Schon aus 150 km Entfernung signalisierte an klaren Tagen der Tafelberg, dass man bald den Schutz des Hafens erreichen würde und dass man endlich wieder frisches Fleisch, Obst, Gemüse und Wasser genießen konnte. Das heutige Kapstadt hält für den Besucher eine Vielzahl an Reminiszenzen aus alten Zeiten bereit.

Während Pretoria (Tshwane) Sitz der Regierung und Bloemfontein Sitz des Bundesgerichtshofes ist, tagt in Kapstadt in der ersten Jahreshälfte das Parlament – und

Redaktions-Tipps

- **Übernachten** im Mount Nelson („Kolonialhotel"), The Table Bay oder Diamond Guesthouse (sehr privat), Cascades Holiday Apartments (preiswert) oder auf dem Campingplatz in Parow (der Verkehrslage wegen), je nach Geldbeutel. Und wer lieber auswärts wohnen möchte: Super-Tipps sind Cellars Country House, Constantia Uitsig Farm Cottages oder das Ambiente Guesthouse.
- **Abendessen**: Cape-malaiisch im Biesmillah, vornehm im Cape Colony (Mount Nelson Hotel), afrikanisch bei Mama Africa oder sehr gemütlich im Ons Huisie (Bloubergstrand)
- **Die bedeutendsten Sehenswürdigkeiten** besuchen wie Castle of Good Hope (S. 586), Tafelberg (S. 590), Malay Quarter (S. 587) (mit Führung), Hafenrundfahrt (S. 590), Victoria & Alfred Waterfront (S. 587), Fahrt nach Robben Island.
- **Rundfahrt** zu den umliegenden Sehenswürdigkeiten (ein Muss ist der Kirstenbosch Botanical Garden) sowie zum Kap der Guten Hoffnung einschließlich Chapman's Peak Drive.
- Je nach Interesse eines der **Museen** besuchen
- Sich einen „kleinen Genuss" gönnen wie **Publunch im Fireman's Arms** und den **Nachmittagskaffee im House of Coffees** oder eine kleine **Weinprobe auf Groot Constantia**
- **Tageseinteilung für Kapstadt** (Minimalprogramm):
1 Tag Innenstadt inkl. Tafelberg – 1 Tag Rundfahrt um die Kaphalbinsel – 1 Tag Ausflug in das Weinanbaugebiet um Paarl/Stellenbosch. Optimal: Aufenthalt von 5–6 Tagen mit Zeit zum Genießen.

die Regierung muss in dieser Zeit hierher ziehen. So ist Kapstadt ein halbes Jahr lang Regierungszentrale des Landes. Die Stadt zählt insgesamt rund 250 000 Einwohner, allerdings leben im Großraum Kapstadt/Kaphalbinsel etwa 3,6 Millionen Menschen.

Die Sehenswürdigkeiten der Stadt sowie Ausflüge zu den Höhepunkten der Kap-Halbinsel beanspruchen mindestens drei Tage, die unvergessen bleiben dürften!

Geschichte

Das Kap der Guten Hoffnung wurde das erste Mal 1488 von Bartolomeu Diaz gesichtet. Auf seiner Reise nach Osten konnte er das Kap zunächst nicht sehen, weil sehr ungünstiges Wetter herrschte. Erst bei seiner Rückfahrt – am 6. Juni 1488 – konnte er es sichten, ging an Land und errichtete in der Nähe der Kapspitze ein „padro", d.h. ein Kreuz. Er nannte die Kapspitze „Kap der Stürme".

Aus drei Gründen pflegten die portugiesischen Seefahrer Kreuze aufzustellen:
① Die Padros waren Symbolträger für das **Christentum**.
② Sie dokumentierten das Recht auf **Besitzergreifung**.
③ Sie stellten eine **Landmarke** für vorbeifahrende Seefahrer dar.

Erster Kontakt

Die Kapspitze wurde später „Cabo de Boa Esperanca", Kap der Guten Hoffnung, genannt. Der Historiker Joao de Barros behauptete, dass Diaz später vorgab, diese Bezeichnung stamme von Portugals König Johann II. Dadurch wollte er seinem König Referenz erweisen.

Zum ersten längeren Kontakt zwischen Eingeborenen und Europäern kam es, als am 25. März 1647 die Nieuw Haerlem strandete. Während die sie begleitenden

Schiffe „Oliphant" und „Schiedam" ihre Fahrt nach Holland fortsetzten, mussten 60 Menschen in der Tafelbucht verharren, um unter der Leitung von Leendert Janszen die Ladung aus dem gestrandeten Schiff zu bergen. Man blieb ungefähr ein Jahr, handelte und tauschte mit den eingeborenen Hirten.

Im März 1648 kehrte Janszen mit einer Flotte von fünf holländischen Schiffen nach Holland zurück, und nicht nur die Überlebenden des Vorjahres kamen heim, sondern man lieferte den geretteten Teil der Ladung der gestrandeten Nieuw Haerlem ab.

Janszen musste dem Verwaltungsrat der Holländisch-Ostindischen Handelskompanie berichten, inwieweit sich die Tafelbucht als Siedlungsplatz eigne. In seinem Bericht hieß es: *„Der Boden in besagtem Tal ist sehr gut und fruchtbar, und während der Trockenzeit könnte man ohne Schwierigkeiten so viel Wasser, wie man nur braucht, den Gärten zuführen. Alles wird dort ebenso gut gedeihen wie irgendwo auf Erden. Aus täglicher Erfahrung wissen wir, was man am Kap tun kann, nicht nur für die Kranken, sondern auch für die Gesunden der Schiffsbesatzungen auf dem Wege nach Indien, vielleicht nur mit etwas Sauerampfer oder zwei oder drei Rindern, da es dort genug von allem gibt, auch Fisch; Kuhantilopen und Steinböcke sind zahlreich vorhanden. Zu bestimmten Jahreszeiten gibt es eine Menge Wale und Robben. Hinter dem Tafelberg und an seinen Hängen findet man genügend Holz."*
aus: W. Grütter/D.J. van Zyl: Die Geschichte Südafrikas, a.a.O., S. 10

Pinguine am Boulders Beach

Und auch auf das Verhältnis zu den Eingeborenen ging Janszen ein: *„Andere werden behaupten, dass die Eingeborenen Wilde und Kannibalen sind, von denen man nichts Gutes erwarten kann, und dass wir ständig auf der Hut sein müssen. Das sind aber nur Gruselgeschichten. Es stimmt zwar, dass einige Seeleute und Soldaten von ihnen getötet wurden, der Grund dafür wird aber immer von unseren Leuten verschwiegen. Zweifellos töteten sie unsere Leute, wenn sie Vieh von ihnen stahlen, und nicht, weil sie sie verspeisen wollten. Wenn die geplante Festung einen guten Kommandanten bekommt, der den Eingeborenen freundlich gesonnen ist und dankbar für alle erworbenen Waren bezahlt, dann ist überhaupt nichts zu befürchten."*
aus: W. Grütter/D.J. van Zyl: Die Geschichte Südafrikas, a.a.O., S. 8

Keine „Wilden" und „Kannibalen"

Der Bericht erleichterte der Holländisch-Ostindischen Handelskompanie den Entschluss, an der Südspitze Afrikas eine Versorgungsstation für ihre Schiffe auf dem weiten Weg in den Fernen Osten einzurichten. Dazu brauchte man nun einen fähigen Mann, der diese Aufgabe wahrnehmen sollte. Van Riebeeck war an diesem Posten stark interessiert, denn er sah darin ein Sprungbrett zu seiner persönlichen Rehabilitation: Wenn er sich hier bewährte, so seine Überlegung, sollte später einer Versetzung in den Fernen Osten nichts mehr im Wege stehen.

14. Western Cape Province mit Gardenroute: Kapstadt und Kaphalbinsel

Da er als fleißiger und in der Menschenführung geschickter Vorgesetzter geschätzt wurde, konnte er sich im Jahre 1851 schließlich im Auftrag der Holländisch-Ostindischen Handelskompanie auf den Weg nach Südafrika machen. Mit an Bord waren seine Frau und sein vier Monate alter Sohn. Am 6. April 1652 erreichte sein Schiff die Tafelbucht, und gleich am nächsten Tag sollte die Arbeit beginnen.

Versorgungsstation

Aus den Unterlagen der damaligen Zeit ist klar zu ersehen, dass zunächst nicht daran gedacht wurde, eine neue Kolonie zu gründen. Vielmehr verfolgte man pragmatische Aspekte, wobei die Hauptaufgabe sein sollte, die Schiffe der Holländisch-Ostindischen Handelskompanie auf ihrem langen Wege von Europa nach Asien und zurück zu versorgen.

Van Riebeeck wurde beauftragt, ein **Fort** zu bauen, das ca. 80 Mann Platz bieten und den Namen „Fort de goede Hoop" tragen sollte. Es war vorgesehen, kleine Äcker anzulegen, Gemüse und Obst anzubauen und mit den Eingeborenen – so die ausdrückliche Instruktion – Viehhandel zu betreiben, wobei insbesondere angeregt wurde, auf ein einträchtiges Auskommen mit ihnen Wert zu legen. Van Riebeeck begab sich mit 90 Mann an die Arbeit: Ein viereckiges Fort wurde errichtet und mit einem Erdwall umgeben. Wenige Monate später – bereits am 3. August – lebten alle Menschen innerhalb des Forts, doch ein harter Winter mit viel Regen und Hagel strapazierte die Gesundheit so sehr, dass 20 Menschen verstarben. Dennoch bestand die Versorgungsstation im März 1853 ihre erste Bewährungsprobe: Eine Flotte unter dem Kommando von Admiral Gerard Demmer legte auf dem Wege nach Holland an der Tafelbucht an. Die Mannschaften wurden mit Gemüse, Fleisch und Milch versorgt, und die Leistungen der Station wurden vom Admiral lobend hervorgehoben. Doch für die weitere Aufbauarbeit mangelte es van Riebeeck vor allem an Arbeitskräften. Die Eingeborenen waren zu handwerklichen Tätigkeiten kaum zu motivieren, so dass 1657 Sklaven aus Java und Madagaskar herangeschafft wurden. Im Laufe der Zeit wurden die landwirtschaftlichen Flächen vergrößert, und 1659 wurde bereits der erste Wein aus Kaptrauben gepresst.

Altes Kastell

Fehlende Arbeitskräfte

Doch trotz aller Anstrengung wurde das **Ziel der Selbstversorgung** nicht erreicht. So fielen z.B. die Weizenernten sehr dürftig aus, und Reis konnte man nicht anbauen. Van Riebeeck schlug deshalb die Ansiedlung von Freibürgern vor, die den Aufbau einer freien Marktwirtschaft ermöglichen sollten. 1655 durfte er die ersten Beamten entlassen. Sie erhielten Land, das sie als freie Bürger bewirtschafteten. Dadurch war der erste Schritt auf dem Wege von einer Versorgungsstation zur Kolonie vollzogen. Als van Riebeeck 1662 das Kap verließ, um als Kommandant und Präsident in Malakka tätig zu werden, waren schon vier kleine Festungen entstanden, die vor allem dem Schutz des Viehs und der Ernten dienten. Für die Seefahrer wurde die neue Versorgungsstation immer mehr zu einer Insel der Erholung. Nicht nur, dass man hier mit feinsten Nahrungsmitteln versorgt wurde, auch Schiffe konnten repariert und Kranke im Hospital versorgt werden.

Auf dem Weg zur Kolonie

Die „Mutterstadt" Südafrikas begann sich zu entwickeln.

Lage und Klima

Kapstadt liegt am Nordende der Kaphalbinsel, auf 33 Grad 54 Minuten südlicher Breite und 18 Grad 32 Minuten östlicher Länge. Das entspricht der Breitenlage der Insel Madeira oder der nordafrikanischen Mittelmeerküste. Die Kaphalbinsel stellt eine Landzunge von insgesamt 52 km Länge (von Norden nach Süden) und bis zu 16 km Breite dar. Am südlichen Ende dieser Landzunge liegt das berühmte Kap der Guten Hoffnung. Die Kaphalbinsel ist durch die sog. Cape Flats, einen sandigen Streifen von ca. 20 km Länge, mit dem Festland verbunden.

Insgesamt kann man das Klima Kapstadts und damit auch der Kaphalbinsel als mediterran bezeichnen: die Sommer sind trocken und wirklich warm, während es im Winter kühl und regnerisch ist. In den Sommermonaten kommt es regelmäßig zum „Southeaster": Dann bläst der Wind mehrere Tage aus südöstlicher Richtung, und am Tafelberg kondensiert die warmfeuchte Luft, so dass über ihm eine Wolkendecke hängt, die als „Tischdecke" bezeichnet wird.

Mediterranes Klima

Der Einfluss der Meeresströme

Zwei große Strömungen, eine vom Äquator und eine von der Antarktis kommend, verschmelzen an der Südwestküste Afrikas wie das Wasser aus einer warmen und kalten Wasserleitung. Nichts kennzeichnet die Position des Kaps zwischen zwei verschiedenen Welten mehr als das Zusammentreffen dieser beiden mächtigen Meeresströme. Der warme Mocambique-Agulhas-Strom entsteht in den äquatorialen Wassern des Indischen Ozeans und wirbelt um Madagaskar herum bis hinunter zur Ostküste Südafrikas. Wenn die Strömung die Agulhas-Bank erreicht, wird das meiste Wasser nach Osten abgelenkt, während der Rest sich nach Südafrika ergießt. Am Kap der Guten Hoffnung trifft der Agulhas-Strom mit der zweiten Strömung, dem kalten Benguela-Strom, zusammen. Er hat seinen Ursprung weit südlich in den Eisbergen der Antarktis und streift die Südwestküste Afrikas.

Gute Bademöglichkeiten

Natürlich ist das für jeden, der gerne badet, von Bedeutung: während das Wasser an der Westseite der Kaphalbinsel unangenehm kalt ist, sind die Badestrände an der Ostseite (False Bay) in nur 10 km Entfernung wohlig warm. Durch die Einflüsse des Agulhas- und des Benguela-Stromes entstehen starke Gegensätze in den geographischen Gegebenheiten und im Pflanzen- und Tierreich auf beiden Seiten

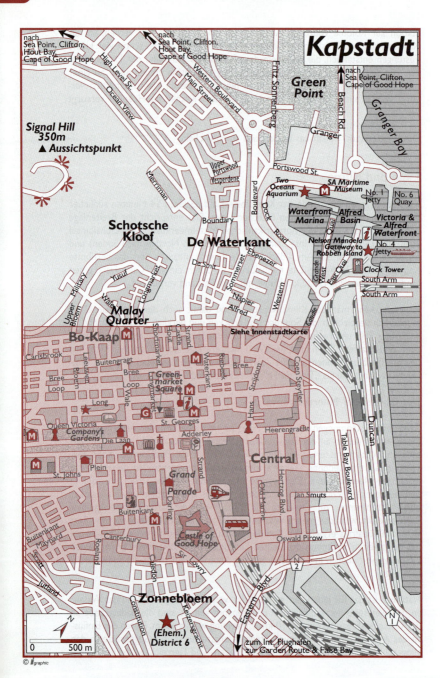

des Südlichen Afrika. Der **Agulhas-Strom**, mit einer Geschwindigkeit von 90–230 km pro Tag, hat eine Temperatur von etwa 20 °C. Das Wasser verdampft vergleichsweise leicht, verursacht Regen und schafft grüne und fruchtbare Bedingungen für die Ostküste. Der **Benguela-Strom**, mit einer Geschwindigkeit von 16–40 km pro Tag, ist mehr als 5 ° kälter. Die Verdunstung vollzieht sich langsamer, daher fällt an der Westküste nur wenig Regen, und es herrschen wüstenähnliche Bedingungen vor.

Die Unterschiede der beiden Küsten zeigen sich auch in der Divergenz der Fauna. Die nährstoffreiche Flut von der Antarktis fördert das Wachstum von Plankton an der Westküste. Es bildet die Grundlage einer Nahrungskette, die Fische, Seehunde und Seevögel anzieht – und hier ist auch das Zentrum der südafrikanischen Fischerei. Die Ostküste, wo das Meer des Agulhas-Stromes nicht so nährstoffreich ist, hat zwar auch ihr typisches Meeresleben, aber die Fischbestände sind viel geringer.

False Bay

INFO Kriminalität – ein leidiges Kapitel

Überall in Südafrika grassiert die Kriminalität, und auch Kapstadt ist nicht ganz davon verschont geblieben. Doch bemüht sich die Polizei sehr um einen sicheren Aufenthalt und hat mittlerweile auch eine „Touristenpolizei" etabliert. Bitte tragen Sie keine auffälligen Wertsachen mit sich. Auch große Summen Bargeld und Schmuck sind im Hotel-Safe besser aufgehoben. Vorsicht ist vor allem im Malaienviertel geboten, und dort besonders in der Nacht. Auch die Innenstadt sollte man sicherheitshalber in der Nacht nicht alleine durchwandern. Sea Point und Green Point gelten als relativ sicher. In die Townships sollten Sie nur mit organisierten Touren fahren.

Sehenswürdigkeiten der Innenstadt

Am besten gehen Sie zu Fuß und beginnen Ihren Rundgang am Rondell der Heerengracht:

Bertram House (16)

Das Bertram Haus ist das einzige erhaltene rote georgianische Backsteingebäude, stammt wahrscheinlich aus dem frühen 19. Jahrhundert und gehörte wohlhabenden englischstämmigen Südafrikanern. Es befindet sich im geschichtlichen Herzen Kapstadts, im Company's Garden, nicht weit entfernt von den Houses of Parlia-

14. Western Cape Province mit Gardenroute: Kapstadt und Kaphalbinsel

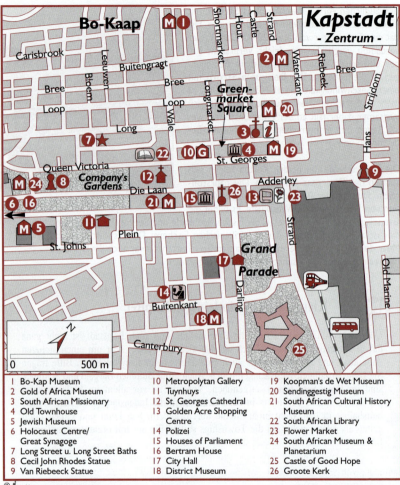

1 Bo-Kap Museum	10 Metropolytan Gallery	19 Koopman's de Wet Museum
2 Gold of Africa Museum	11 Tuynhuys	20 Sendinggestig Museum
3 South African Missionary	12 St. Georges Cathedral	21 South African Cultural History Museum
4 Old Townhouse	13 Golden Acre Shopping Centre	22 South African Library
5 Jewish Museum	14 Polizei	23 Flower Market
6 Holocaust Centre/ Great Synagoge	15 Houses of Parliament	24 South African Museum & Planetarium
7 Long Street u. Long Street Baths	16 Bertram House	25 Castle of Good Hope
8 Cecil John Rhodes Statue	17 City Hall	26 Groote Kerk
9 Van Riebeeck Statue	18 District Museum	

© igraphic

ment. Ausgestellt sind englische Möbel, Porzellan, Schmuck und Silber. Interessant ist es, die Architektur und Einrichtung dieses Hauses mit einem typischen kapholländischen Stadthaus, wie dem Koopmans de Wet-Haus (s.u.), zu vergleichen.

Bo-Kaap Museum (1)

Kultur der Kapmalaien

Das Bo-Kaap Museum befindet sich in einem der ältesten Gebäude Kapstadts, welches noch in seiner ursprünglichen Form erhalten geblieben ist. Direkt im Bo-Kaap-Viertel gelegen, porträtiert das Museum die Cape-Muslim-Kultur, die Kultur der Kap-Malayen. Im Community Centre, im hinteren Teil des Museums, befindet sich eine Sammlung von Karten, Wagen und anderen Gerätschaften. Dort finden auch Feste und Konferenzen statt. Die Broschüre zum Bo-Kaap-Museum gibt umfangreiche Informationen zur Geschichte und Kultur der Moslems am Kap.

(Old) City Hall (17)

Die City Hall liegt am Grand Parade, dem ehemaligen militärischen Paradeplatz, heute ein großer lebendiger Platz mit buntem Markttreiben *(Mi + Sa; Gemüse und Blumen, einige Souvenirs)* und Lärm von Autos und Kleinbussen. Das imposante, vor der Kulisse des Tafelbergs liegende Gebäude wurde 1905 in einer Mischung aus britisch-kolonialem und italienischem Renaissance-Stil erbaut. Die City Hall wurde sorgfältig restauriert (beeindruckend ist die gewaltige Marmortreppe im Inneren) und beherbergt die Innenstadt-Bücherei. Im Februar 1990, als Nelson Mandela aus dem Gefängnis entlassen wurde, warteten 100 000 Menschen bis zu sieben Stunden auf dem Grand Parade, um seine erste Rede vom Balkon zu hören. Er begann seine Rede mit „Amandla! Iafrika! Mayibuye!" (Macht dem Volk).

Amandla! Iafrika! Mayibuye

District Six Museum (18)

„District Six", östlich des Stadtzentrums gelegen, war ein multikultureller Stadtteil, wo ca. 60 000 Menschen verschiedener Ethnien in einer lebendigen, bunten Gemeinschaft lebten. 1966 wurde das Gebiet als „For Whites only" erklärt, und die teilweise schon seit Generationen hier lebenden Menschen wurden in die Townships umgesiedelt. Als Begründung wurde damals angeführt, dass die Kriminalität grassierte und auf die umliegenden (weißen) Wohngebiete übergriffe. Die Kriminalitätsrate war zwar relativ hoch, gefährdete aber die Gemeinschaft kaum. Der eigentliche Hintergedanke war, dass die Weißen in der sogenannten City Bowl unter sich bleiben wollten und politische Übergriffe vom District Six aus befürchteten. Mit der Umsiedlung traf die Apartheid-Regierung den Lebensnerv der Menschen hier, „zersiedelte" sie und nahm ihnen damit ihre Identität. Der gesamte Stadtteil wurde dem Erdboden gleichgemacht. Auch heute noch befindet sich hier brach liegendes Land zur Erinnerung an die Apartheid. Und so soll es jetzt auch bleiben, trotz der in den 80er Jahren bereits gebauten Gebäude (Technicon u.a.). Im **District Six Museum** gibt es eine Fotoausstellung sowie eine Sammlung von Straßenschildern und anderen Überbleibseln zu sehen.

Absurdität der Apartheid

Ein Besuch des Museums ist in den meisten Township-Touren enthalten, jedoch ist der Aufenthalt im Museum während der Tour nur sehr kurz. Sie sollten daher einen Extrabesuch einplanen und sich viel Zeit nehmen, um die vielen Artikel im Museum in Ruhe zu lesen. Die unbegreiflichen Regeln der Apartheid werden nirgends so deutlich vor Augen geführt. Oder haben Sie schon eine Bank gesehen, die nur für Weiße zugelassen ist?

Jewish Museum u. Holocaust Centre/Great Synagoge (5 u. 6)

Durch die älteste Synagoge Südafrikas, 1863 erbaut und im Zuge des Umbaus 1999 wieder in ihr ursprüngliches Aussehen versetzt, gelangen Sie in das Jewish

Museum. Neben ausgestellten Büchern und anderen Gegenständen der jüdischen Zeremonien werden Sie umfassend über das Leben und die Entwicklung der 60 000–85 000 in Südafrika lebenden Juden informiert. Kürzlich ist das Jewish Museum um eine interessante Ausstellung zum Thema Holocaust erweitert worden. Direkt neben dem Museum steht die 1905 errichtete Great Synagoge, die aufgrund von finanziellen Schwierigkeiten beinahe zum Kino umfunktioniert worden wäre. Heute dient sie mit ihrer gewaltigen zentralen Kuppel als Gebetsplatz für Kapstadts jüdische Gemeinde.

Koopmans de Wet Museum (19)

Kultureller Salon Kapstadts

Das Koopmans de Wet Haus stammt aus dem frühen 18. Jahrhundert und war einst bekannt als der „kulturelle Salon Kapstadts". Es war das Haus von Marie Koopmans-de Wet, einer wohlhabenden Persönlichkeit des sozialen und politischen Lebens in Kapstadt im 19. Jahrhundert. Heute zeigt das Museum eine umfangreiche Sammlung von Kap-Möbeln, chinesischer und japanischer Keramik sowie holländischer Kupferware. Die großzügige Architektur beeindruckt ebenfalls, und um das gesamte Haus zu besichtigen, benötigen Sie mindestens 1 Stunde. Am Eingang erhalten Sie eine umfangreiche und interessante Broschüre mit geschichtlichem Hintergrund.

Long Street (7)

In der über 300 Jahre alten Long Street, mit ihren teilweise wunderschön restaurierten viktorianischen Häusern mit schmiedeeisernen Balkongeländern, befinden sich viele Trödel- und Antiquitätenläden, Antiquariate sowie Restaurants, trendy Cafés und Pubs. In letzter Zeit siedelten sich zudem viele Hostels (Backpacker) rund um die Straße an, so dass man dort sehr viele Traveller aus der ganzen Welt antrifft. Dementsprechend passt sich auch die Gastronomie an. Der interessante Abschnitt dieser Straße liegt zwischen Wale Street und Buitensingel.

Sendinggestig Museum (20)

Das kleine Museum für Missionsarbeit ist in der hübschen apricot und weiß gestrichenen Missionskirche, die 1804 von der South African Missionary School erbaut wurde, untergebracht. Sie wurde früher als Ausbildungsstätte für Sklaven und Nicht-Christen genutzt.

South African Cultural History Museum (21)

Südafrikanische Geschichte

Das nach dem Castle zweitälteste Gebäude diente ehemals als Sklavenquartier der Holländisch-Ostindischen Handelskompanie und später als erstes Post-, anschließend Bibliotheks- und dann Gerichtsgebäude. Teile der Kapgeschichte werden anhand von Keramiksammlungen, Textilien, Silber und Spielzeug beschrieben. Hervorzuheben sind hier die frühen Poststeine, unter denen die ersten Seefahrer ihre Briefe in öltränktem Tuch für nachfolgende Schiffe hinterließen. Auf den Steinen waren meistens der Name des Schiffes, die geplante Route, das Ankunftsund Abfahrtsdatum sowie der Name des Kapitäns eingraviert.

Weiterhin finden Sie eine Ausstellung zur Geschichte des südafrikanischen Währungs- und Postsystems sowie eine umfangreiche Briefmarkensammlung. Nicht zu vergessen sind archäologische Funde der Ägypter, Griechen und Römer.

Allein schon wegen des historischen Gebäudes lohnt sich ein Besuch. Fragen Sie am Eingang nach einer Beschreibung der Entwicklung des Hauses.

South African Library (22)

Die 1818 von Lord Charles Somerset gegründete South African Library ist das älteste kulturelle Institut in Südafrika und eine der ersten freien Bibliotheken in der Welt. Auch als Gast in der Stadt hat man Einblick in die Bücher, und ein Besuch in diesem alten Gebäude lohnt sich auf jeden Fall. Innen herrscht eine arbeitsame Atmosphäre, ganz im Stile einer alten Bibliothek. Hier können Sie nicht nur in der Geschichte der Stadt stöbern, sondern sich auch über aktuelle, z.B. politische, Entwicklungen des Landes informieren.

Bei schlechtem Wetter ist dies sicherlich eine gute Alternative zu einem Museumsbesuch.

South African Museum and Planetarium (24)

Dieses imposante Gebäude ist das älteste Museum Südafrikas (1825). In der anthropologischen Abteilung werden speziell Elemente aus den verschiedenen Kulturen der südafrikanischen Stämme gezeigt. Das Museum ist bekannt für die lebensgroßen „Modelle" von **Buschmännern**. Die Figuren in einer künstlichen Kalahari-Umgebung sehen ungewöhnlich lebensecht aus. Das liegt unter anderem daran, dass man 1911 Gipsabdrücke der lebenden Menschen anfertigen ließ. Angeblich sollen sich die als sehr humorvoll geltenden Buschmänner vor Lachen gebogen haben, als ihnen die Modelle vor einigen Jahren gezeigt wurden.

Lebensgroße Modelle von „Buschmännern"

Weiterhin befindet sich in dem Museum neben südafrikanischen Möbeln, Silber und geologischen Funden eine sehr interessante Ausstellung zur **„World of Water"**. Es sind neben einer Nachbildung des Kelp-Forest, einer in den Gewässern vor Südafrika besonders groß und schnell wachsende Alge, sämtliche hier vorkommenden Meerestiere sowie, teilweise über mehrere Stockwerke ragende, Walskelette ausgestellt. In einem **„Discovery Room"** haben Kinder die Möglichkeit, Flora und Fauna Südafrikas zu entdecken.

In dem im Nebengebäude untergebrachten **Planetarium** können Sie sich den Sternenhimmel der südlichen Hemisphäre erklären lassen. Es stehen unterschiedliche Vorführungen auf dem Programm. Informationen erhalten Sie über die Tel.- Nr. des Museums.

van Riebeeck-Standbild (9)

Das Standbild für Jan van Riebeeck wurde von John Tweed aus London gestaltet; am Standbild für Maria van Riebeeck arbeitete Dirk Wolbers aus Den Haag. Etwa an dieser Stelle wurde nach der Ankunft Van Riebeecks am 6. April 1652 das erste Lager aufgeschlagen. Heute befindet sich hier u. a. auch das Civic Centre, in dem die Büros der Stadtverwaltung liegen. Das hafenwärts anschließende Gebäude beherbergt das Artscape Theatre.

Adderley Street

Sie schließt sich Richtung Tafelberg an die Heerengracht an und ist heute Kapstadts Hauptstraße mit einer Vielzahl von Geschäften. Bis 1850 wurde diese Straße von einem Wasserlauf durchzogen, und an den Seiten standen Eichenbäume. Damals hieß die Allee ebenfalls Heerengracht.

Castle of Good Hope (25)

Erstes Steingebäude Südafrikas

Nach links (Richtung Tafelberg) biegt die Strand Street ab, die zum **Castle of Good Hope** führt. Dieses erste Steingebäude Südafrikas entstand 1666 und wurde von etwa 300 Matrosen in einem Jahr erbaut. Der Standort bot sicherlich nicht sehr guten Schutz, doch es wurden nie Angriffe auf das Kastell gestartet, so dass dessen Wehrhaftigkeit auch nie richtig getestet wurde. Jeder der hier verarbeiteten Steinblöcke stammt aus Holland.

Vor dem Kastell gibt es übrigens einen **großen Parkplatz**.

Blumenverkäuferin am Flower Market

Flower Market (23)

Er liegt am Trafalgar Place, zu dem es links (Richtung Tafelberg) abgeht. Hier bieten Händler eine Fülle farbenprächtiger Blumen an. Trockenblumen zum Mitnehmen werden ebenfalls angeboten.

Groote Kerk (26)

Beim Weitergehen kommen Sie an der Groote Kerk vorbei. Bereits 1678 war an dieser Stelle die erste Kirche Südafrikas erbaut worden. Das heutige Gotteshaus entstand 1836, der Glockenturm stammt allerdings noch aus dem Jahre 1703. Im Inneren ist besonders die Kanzel sehenswert, die Anton Anreith schuf.

Company's Garden/Houses of Parliament (15)

Die Adderley Street geht hier in einen Promenadenweg, die Government Avenue, über. Dieser Weg führt durch die früheren Gärten der Holländisch-Ostindischen Handelskompanie. Hier baute van Riebeeck Gemüse und Obst an. Ein Teil des Geländes ist in einen botanischen Garten umgewandelt worden. Unterwegs kommen Sie an den Houses of Parliament vorbei, die 1855 fertig gestellt wurden. Um die Anlage herum findet man das Gebäude der South African National Gallery (ausgestellt werden hier vor allem Werke südafrikanischer Künstler), das Jewish Museum (Jüdisches Museum, in der ältesten Synagoge Südafrikas von 1862 untergebracht) sowie das South African Museum (Sammlung prähistorischer Exponate).

Old Town House (4)

Jetzt gehen Sie wieder die Government Avenue zurück und biegen nach links in die Wale Street und von hier aus nach rechts in den Greenmarket Square ein. Das Old Town House diente von 1761 bis 1905 als Rathaus. Heute ist hier die Michaelis Collection untergebracht (alte holländische und flämische Gemälde aus dem 17. Jahrhundert).
(s. auch Karte in der hinteren Umschlagklappe)

Malay Quarter

Sie gehen auf die Wale Street zurück und überqueren in Richtung Signal Hill die Buitengracht. Zwischen Rose Street, Wale Street, Chiappini Street und Shortmarket Street liegt das Wohnviertel der Malaien. Minarette und pastellfarbene Häuser prägen das Bild der im 17. Jh. entstandenen Wohngegend. Die Malaien sind Nachkommen jener Sklaven, die in der zweiten Hälfte des 17. Jh. aus Asien kamen. Viele waren sehr geschickte Handwerker, die sich später kleine Häuschen bauten und dabei auf Bauelemente des kapholländischen und englischen Stils zurückgriffen. Die Malaien verbindet der islamische Glaube, und sie konnten bis heute ihre kulturelle Identität bewahren.

Sie kämpften sehr um die Erhaltung ihres traditionellen Wohnviertels, so dass schließlich ein Sanierungsprogramm

Traditionsbewusste Kapmalaien

begann, um die z.T. zu Slums verkommenen Gebäude zu retten. Im Bokaap Museum, 71 Wale Street, einer Dependance des South African Cultural History Museums, können Sie Exponate aus dem moslemischen Kulturleben am Kap besichtigen. Das Haus der Bakr Effendi-Familie aus dem 19. Jh. wurde restauriert.

Malaienviertel

Victoria & Alfred Waterfront
(am Duncan Dock gelegen)

Nun hat auch Cape Town seine „Fisherman's Wharf" à la San Francisco. Als die Victoria- und Alfred-Hafenbecken drohten zu klein zu werden und immer mehr Seeschiffe im großen Duncanbecken festmachten, beschlossen die südafrikanischen Hafenbetriebe, zusammen mit der Stadt, dem Land und einer Reihe von privaten Geschäftsleuten, hier einen multikulturellen Stadtteil aufzuziehen. Dazu wurden Architekten und Planer auch von außerhalb des Landes herangezogen. Ziel war es, ähnlich den Docks im Eastend von London, nicht nur Touristen anzulocken, sondern auch die einheimische Bevölkerung zu animieren, sich hier

Vergnügungsviertel zu vergnügen und zu arbeiten. Es wurden auch Büroflächen, die Wirtschaftsfakultät der Universität und eine kleine Werft hier etabliert.

Neben unzähligen Restaurants, Cafés, Kinos, Theaterbühnen und Geschäften hat man ein Seefahrermuseum und ein meereskundliches Museum eingerichtet. Die Theater werden von führenden Künstlern geleitet, und man setzt hier besonders auf experimentelle Stücke, wobei eine Bühne immer „leichte Kost" bieten soll. Weiterhin gibt es mehrere Hotels und unbegrenzte Möglichkeiten für Freizeitaktivitäten: Segeltouren, Hubschrauberflüge, Stadtrundfahrten, die Besichtigung von Seenot-Rettungsanlagen und vieles mehr versprechen einen abwechslungsreichen Tag. Inzwischen ist die Waterfront zur bestbesuchten Attraktion Südafrikas geworden und eine weitere Vergrößerung ist im Bau. Neben weiteren Geschäften, Restaurants und Apartmenthäusern entstehen ein Casino und ein großes Konferenzzentrum. Außerdem wird die Waterfront durch einen Kanal mit der Innenstadt verbunden.

Nehmen Sie sich also ruhig einen Tag Zeit für dieses Gebiet, verfallen Sie aber nicht der Versuchung, hier jeden Tag herzukommen. Sie laufen Gefahr, darüber vieles andere Interessante in Kapstadt zu verpassen.

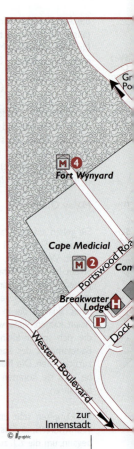

Wassertaxi in Kapstadt

Anfang August 2003 eröffnete die Stadt zwei neue Wasserwege, die von großer städtebaulicher Bedeutung sind. Auf dem kürzlich eingeweihten Waterfront-Canal verkehrt jetzt ein Boot zwischen dem Arabella Sheraton Grand Hotel (nahe dem Cape Town Convention Center gelegen) und dem Cape Grace Hotel an der V&A Waterfront. Dieses Wassertaxi bietet 38 Personen Platz und ist damit einerseits eine neue Alternative für die einheimische Bevölkerung auf dem Weg von und zur Arbeit, andererseits natürlich auch eine Attraktion für Touristen.

Der zweite, kleinere Kanal stellt eine Verbindung zum Viertel Roggebaai her, das im Westen Kapstadts liegt und bisher vernachlässigt worden ist.

Mit dem weiteren Ausbau des Kanalsystems und der damit verbundenen Ansiedlung von großen Hotels, einem Weingut und besonderen Angeboten für Touristen bis zum Jahre 2006, wie etwa eine Flaniermeile am Ufer, soll dieses Viertel deutlich aufgewertet werden. Selbst der berühmte Blue Train wird zukünftig in Roggebaai anhalten.

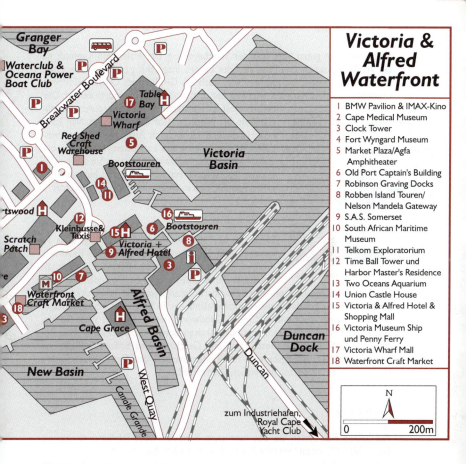

Busse
Es gibt einen Shuttle-Service zwischen Waterfront und Information Center sowie zu bestimmten Zeiten zur Talstation der Tafelberg-Seilbahn und zum Airport. Den Fahrplan erhalten Sie bei Cape Town Tourism oder beim Informationsschalter der Waterfront.

Informationen
Im Waterfront-Bereich gibt es ein Informationsbüro, wo Sie sich über den neuesten Stand der Dinge erkundigen können und wo Sie auch einen Lageplan des Gebietes erhalten. Außerdem befindet sich im Clock Tower ein großes Büro von Cape Town Tourism. Hier erhalten Sie jede nur erdenkliche Information.

Hafenrundfahrt

Sie bietet einen guten Abschluss der Stadtbegehung. Der Hafen von Kapstadt ist der größte Passagier- und Posthafen des Landes. Insgesamt gibt es 35 Anlegestellen für Ozeanriesen. Von hier aus wird auch ein Großteil des Obstes Südafrikas exportiert, so dass Kapstadt weltweit der drittgrößte Fruchtexporthafen ist. Der Hafen selbst ist künstlich angelegt. Die durchschnittliche Tiefe bei Niedrigwasser liegt bei 12 m. Man kann den Hafengrund nicht durch Ausbaggern weiter vertiefen, da der Untergrund aus festem Felsgestein besteht. Neben Hafenrundfahrten können Sie auch interessante Bootstouren rund um die Bucht buchen. Bitte erkundigen Sie sich in einem der Informationscenter.

Blick in den Hafen von Kapstadt

Century City

Dieser im Jahr 2000 eröffnete Komplex liegt etwa 10 km außerhalb der Innenstadt an der N1. Es ist Afrikas größtes Shoppingcenter mit Hunderten von Geschäften, Restaurants, Cafés und Kinos. Sie finden hier auch Südafrikas einzigen Themen-Vergnügungspark, Ratanga Junction, und Dockside, ein Entertainment-Zentrum, daneben Intaka Island, ein 16 ha großes Naturschutzgebiet. Nicht weit von Century City, in Goodwood, liegt das Grand West Casino. Auch hier sind die Unterhaltungsmöglichkeiten unendlich: Glücksspiel, eine Revue- und Cabaret-Bühne, Restaurants und Geschäfte, eine Eiskunstlaufhalle und ein großer Unterhaltungsbereich für Kinder machen das Grand West Casino sicher zu einem abwechslungsreichen Zeitvertrieb.

Tafelberg

Auf keinen Fall dürfen Sie den herrlichen Rundblick vom Tafelberg versäumen. Der „Table Mountain" verleiht Kapstadt erst das Attribut, eine der am schönsten gelegenen Städte der Welt zu sein – in Konkurrenz zu Rio de Janeiro und San Francisco.

Ein persönlicher Tipp
Sobald der Tafelberg wolkenfrei ist, sollten Sie unverzüglich hinauffahren. Es wäre doch mehr als schade, wenn Sie Ihre Seilbahn-Fahrt auf den nächsten Tag verschieben und gerade dann der Berg – in Wolken gehüllt – seine „Tischdecke" trägt.

Auf über 300 Wegen kann man auf den Tafelberg hinaufgelangen,

Der Tafelberg – das Wahrzeichen Kapstadts

und der Schwierigkeitsgrad reicht von relativ leichten Aufstiegen bis zum Erklimmen mit Seil und Haken. Für eine „Gipfelbesteigung" muss man etwa drei Stunden ansetzen. Wegen der Steilheit der Wege ist der Aufstieg nichts für Herz- und Kreislaufkranke und auch für Untrainierte ist die Anstrengung enorm.

Schneller geht es natürlich mit der neuen Seilbahn (Drehboden!), die 1 244 m lang ist und innerhalb von sieben Minuten auf den 1 067 m hohen Berg führt. Unterwegs genießt man bereits einen herrlichen Blick auf die Stadt, den Hafen und die Vororte.

Schnelle Tafelbergbesteigung – die Seilbahn

Ein faszinierender Ausblick

Von oben hat man einen fantastischen Blick

Der Tafelberg besteht aus Granit, Schiefer und Quarz. Oben ist er eben, man kann herumwandern und u.a. evtl. Paviane, Steinböcke oder Kapmangusten entdecken. Je nach Jahreszeit blühen hier verschiedene Blumen (Fauna und Flora stehen unter Naturschutz). Oben vom Plateau aus bietet sich dann von den wunderbar angelegten Plattformen folgender Blick, wenn Sie Richtung Hafen schauen: Rechts erhebt sich – direkt an das Tafelbergmassiv anschließend und in die Bucht abfallend – der 1 001 m hohe **Devil's Peak**, wo früher Zinn abgebaut wurde. Links – durch eine Senke getrennt – sieht man den **Lion's Head** (725 m). Auf dem Berg befand sich früher eine Signalstation, die mit Flaggen und Kanonenschüssen auf die Ankunft von Schiffen aufmerksam machte.

Devil's Peak und Lion's Head

Vor dem Lion's Head liegt zum Meer hin der 364 m hohe **Signal Hill**. Hier gibt es einen Aussichtspunkt, den man über die Kloof Nek Road und die Signal Hill Road erreicht. Vorgelagert ist der Green Point Common, auf dem früher das Vieh der Holländisch-Ostindischen Kompanie weidete. Während der britischen Besatzung wurde hier die erste südafrikanische Rennbahn gebaut, später fanden Cricket- und Rugbyspiele statt. Im Verlauf des zweiten Burenkrieges befand sich hier ein Lager mit Gefangenen, die später nach dem damaligen Ceylon transportiert wurden.

Im Meer können Sie die frühere, berüchtigte Gefangeneninsel **Robben Island** erkennen. Hier verbrachte Südafrikas politischer Gefangener Nr.1, Nelson Mandela, den Hauptteil seiner Gefangenenzeit.

Von der Waterfront aus starten täglich fünf Sightseeing-Touren nach Robben Island. Sehr eindrucksvoll – man besucht auch Mandelas Zelle. Dauer: ca. 3,5 Stunden.

Wanderweg
Ein interessanter Wanderweg beginnt rechts neben der Talstation der Seilbahn. Immer den Schildern „Plattekliff" folgen, ca. 3–4 Stunden, etwas zum Trinken mitnehmen!

Fahrt durch das südliche Stadtgebiet

Falls Sie zum Indischen Ozean fahren oder von dort kommen, werden Sie sicherlich zuerst einmal den Simon van der Stal Freeway (M3) benutzen. Er bietet eine reizvolle Sicht auf die südlichen Stadtteile und auf das Tafelbergmassiv. Wenn Sie nun diese Strecke aber ein zweites Mal fahren sollten, bieten sich Ihnen zwei Alternativen an: zum einen die M5 weiter im Osten, die im südlichen Abschnitt an einigen Townships entlang führt, aber sonst doch recht langweilig und bei hohem Verkehrsaufkommen des Öfteren verstopft ist.

Interessanter ist die Fahrt entlang der Main Road, die bereits in Muizenberg beginnt und sich bis zur City durch verschiedenste Stadtteile windet. Wenn Sie diese Route wählen, erhalten Sie einen guten Querschnitt der Stadt. Die Straße scheint eine Lebensader Kapstadts zu sein, an der viele Kapstädter arbeiten oder wohnen.

Im Süden, kurz nachdem Sie den Küstenort Muizenberg verlassen haben, führt die Straße erst einmal durch unterschiedliche Vororte. In Retreat und Heathfield wohnen vorwiegend Coloureds. Entsprechend lebhaft geht's hier zu, besonders in den Seitenstraßen. Wynberg dann

Blick auf Kapstadt und den Tafelberg

Lebhafte Vororte ist die englische Hochburg, und der Kernbereich macht den Eindruck einer mittelenglischen Stadt. Enge Straßen, Geschäftsarkaden und der Hauch von englischer Aristokratie. Hier befinden sich u.a. auch die bekanntesten englischsprachigen Highschools des Landes. Kenilworth besteht vorwiegend aus Kleinindustrie und einer mittelständischen Wohngegend am Rande.

Claremont ist das Einkaufszentrum der südlichen Stadtteile. Modernste Shopping-Arkaden prägen das Bild dieses Stadtteils. Newlands, Rondebosch und Rosebank sind stark beeinflusst durch die Studenten hier. Unzählige Kneipen, kleine Restaurants und eine Reihe von Boutiquen säumen die Straße.

Mit Observatory und Woodstock erreicht man schließlich das klassische innerstädtische Industriegebiet von Kapstadt. Textilfabriken, zahllose Autowerkstätten und Handwerksläden sind hier die zentralen Einrichtungen, während in den Seitenstraßen kleine Wohnhäuser und alte Einkaufspassagen im englischen und kapholländischen Stil zu finden sind. Weiter stadteinwärts wird die Main Road zur Sir Lowry Street, passiert das Good Hope Center, das Castle und endet schließlich an der Town Hall im Stadtzentrum. Es gibt an dieser Strecke sicherlich keine Touristenattraktionen, doch wer sich ein wenig näher mit der Stadt beschäftigen will, sollte sich einmal die Zeit nehmen, hier entlang zu fahren. Die Fahrt dauert etwa 45 Minuten länger als auf der M3.

Industriegebiet

Sehenswürdigkeiten auf der Kaphalbinsel
s. Karte S. 594

Wie ein leicht angewinkelter Daumen reicht die Kaphalbinsel ca. 60 km nach Süden. An ihrem Ende liegt das berühmte Kap der Guten Hoffnung, wo sich die kalten Wasser des Benguela mit den warmen Fluten des Agulhas-Stroms mischen. Die Hauptsehenswürdigkeiten kann man an einem Tag aufsuchen, wenn man rechtzeitig losfährt.

Für **Selbstfahrer** empfehle ich folgende Route mit Hauptsehenswürdigkeiten:
• Fahren Sie zum nördlich von Milnerton liegenden Bloubergstrand, von dem aus Sie einen eindrucksvollen Blick auf den Tafelberg sowie auf das zu seinen Füßen liegende Kapstadt haben.

Die „falsche Bucht"

Von hier aus erscheint der Tafelberg in ein bläuliches Licht getaucht (daher der Name „Blaubergstrand"). Dann sollten Sie in Richtung Stadt zurückfahren und das **Rhodes Memorial** besichtigen, das zum Andenken an den berühmten Wirtschaftsmagnaten und südafrikanischen Politiker errichtet wurde.
• Der **Kirstenbosch Botanical Garden** ist ein Höhepunkt für jeden, der Südafrikas Flora liebt.
• Das Gut **Groot Constantia** zeigt beispielhaft die Schönheit des kapholländischen Baustils und liegt idyllisch von Weinbergen umgeben.
• Über **Muizenberg** (ein schöner Sandstrand, der zum Baden einlädt und im Gegensatz zur Tafelbucht viel wärmeres Wasser hat) geht es zum **Kap der Guten Hoffnung**, das inmitten eines Naturreservats liegt. Hier genießen Sie den Blick auf die atemberaubend schöne Lage des Kaps und der Kaphalbinsel.
• Richtung Kapstadt geht es dann zurück über die Panorama-Straße „**Chapman's Peak Drive**", später zur rechten Hand an den „Twelve Apostels" (Bergkette) vorbei in die City.

Vom „Blaubergstrand" bis zu den „12 Aposteln"

Die Gesamtstrecke beträgt ca. 200 km und nimmt einen vollen Tag in Anspruch.

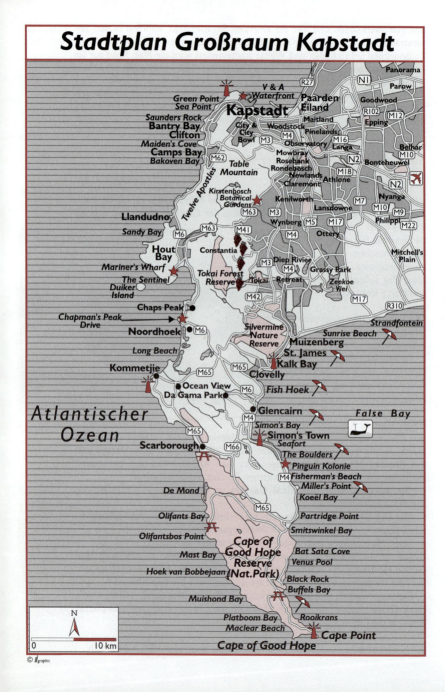

Rhodes Memorial

Es liegt am Abhang des Devil's Peak und wurde in zweijähriger Arbeit aus dem Granit des Tafelbergs geschaffen.

Anfahrt
M3 Richtung Muizenberg, Ausfahrt hinter der Uni-Beschilderung. Hier befindet sich auch ein nettes Restaurant, von dem man einen herrlichen Blick über die Vororte Kapstadts hat.

INFO: Cecil Rhodes – ein Imperialist prüfte das Südliche Afrika

Cecil Rhodes hat in besonderer Weise die Entwicklung Südafrikas mitgeprägt. Er wurde am 5.7.1853 in Bishop's Stortford in England geboren. 1870 kam er als 17-Jähriger nach Südafrika in der Hoffnung, dass seine Tuberkulose im milden Klima geheilt werde. Zunächst arbeitete er auf der Baumwollfarm seines Bruders Herbert in Natal, doch bereits im ersten Jahr seines Aufenthaltes brach der Diamantenrausch im nördlichen Kapland aus. Beide Brüder gaben die Farm auf und besorgten sich drei Claims, die ihnen bald viel Geld einbrachten. Cecils Bruder kam jedoch kurz darauf bei einem Brand um. In den nächsten Jahren vermehrte Rhodes in unvorstellbarer Weise sein Vermögen, bis er 1880 selbst seinen stärksten Gegenspieler, Barley Barnato, ausschalten konnte, indem er dessen Minenrechte im Big Hole von Kimberley aufkaufte (s. Kapitel über Kimberley). In der Zwischenzeit fand Rhodes auch für Studien an der Oxford-Universität Zeit. 1887 gar weitete er sein Imperium aus, indem er die Gold Fields of South Africa Company gründete und damit auch Herr am Witwatersrand wurde.

Rhodes Memorial

Auch politisch engagierte er sich immer stärker, wurde 1884 Finanzminister und im Jahre 1890 gar Premierminister der Kapkolonie. 1889/90 drang die South Africa Company unter Cecil Rhodes mit Siedlern und Truppen in das Gebiet zwischen Limpopo und Sambesi ein, später wurde sogar die Gegend nördlich des Sambesi erobert. Er war es auch, der den Eisenbahnbau nach Rhodesien vorantrieb und die Brücke über den Sambesi an den Victoria-Fällen initiierte, um eine wirtschaftliche Erschließung dieser landwirtschaftlich so wertvollen Räume für

Cecil John Rhodes

Südafrika zu realisieren. Als britischer Imperialist verfolgte er hartnäckig das Ziel, die Burenrepubliken Transvaal und Oranje-Freistaat an das britische Südafrika anzugliedern.

Am 26. März 1902 starb Rhodes in seinem Ferienhäuschen in St. James. Sein Leichnam wurde mit dem Zug nach Rhodesien gebracht, und er wurde in einem Grab auf einem Granithügel der Matopos Hills bestattet.

- **Rhodes Cottage**
Man kann das Cottage in St. James (bei Muizenberg) besichtigen.

Mostert's Mill

Eine holländische Reminiszenz aus dem Jahre 1796! Diese Mühle ist noch heute in Betrieb, und wer will, kann schnell mal vorbeischauen (täglich geöffnet).

Kirstenbosch National Botanical Garden

Höhepunkt für Flora-Begeisterte

Am Südost-Abhang des Tafelberg-Massivs liegt einer der berühmtesten botanischen Gärten der Welt. Inmitten der idyllischen Landschaft gelegen, erstreckt er sich über eine großzügige Fläche von annährend 600 ha und reicht von 100 m bis auf über 1 000 m Höhe. So ermöglicht die Anlage einen eindrucksvollen Überblick über die Vielfalt der südafrikanischen Flora. Die Ursprünge des botanischen Gartens gehen auf eine Initiative Cecil Rhodes zurück. 1895 kaufte er das unberührte Gebiet, das ihn durch seine Welt der Blumen, Büsche und Bäume beeindruckte. Auf dieser Seite des Massivs regnet es besonders ergiebig, so dass neben den günstigen Temperaturen auch genügend Wasser vorhanden ist. Er schenkte dieses Gebiet, auch als Kirstenbosch bekannt, der Nation. (Der Name geht auf J. F. Kirsten zurück, einen leitenden Beamten der früheren holländischen Regierung am Kap.)

Im Jahre 1913 schuf man hier den National Botanical Garden, dessen erster Direktor Professor Harald Pearson wurde. Hier bestand die gute Möglichkeit, die großartige Flora des Südlichen Afrika zu sammeln, zu schützen und zu studieren. Über 4 000 der 18 000 im Südlichen Afrika beheimateten Pflanzen sind hier zu bewundern. Besonders lohnend ist ein Besuch im Frühling, wenn unzählige Blumen blühen.

Kirstenbosch National Botanical Garden

Aufgrund der unterschiedlichen Höhenlagen, über die sich das Gelände erstreckt, gibt es eine Vielzahl spezifischer Lebensräume für bestimmte Pflanzen. Besonders sehenswert ist ein Besuch der Proteafelder, der Heidegärten, des Farnkraut-Tals, des Mathew's Steingartens sowie des Comptom Herbariums, wo etwa 200 000 verschiedene subtropische Pflanzen gesammelt sind. Ein Herbarium ist besonders für Botaniker hochinteressant, da neben der Fülle der vorgestellten (getrockneten und zumeist auf Papierbogen befestigten) Pflanzen eine Vielzahl von zusätzlichen Angaben informativ ist (z.B. Fundort, Sammeldatum, Pflanzengesellschaft, Volksname, Verwendung etc.).

Zum **Ursprung der Kapflora** gibt es zwei Theorien, die gemeinsam das heutige Erscheinungsbild der Vegetation am Kap erklären: Im Verlauf der Kaltzeiten, als sich Gletscher von Nordeuropa aus nach Süden schoben, mussten die damals vorherrschenden Vegetationsgürtel nach Süden ausweichen und fanden u.a. am Kap ideale Zufluchtsbedingungen. Die andere Theorie geht davon aus, dass die Kapflora schon immer eigenständig war und

Protea

sich entwickelte, als sich Afrika – gemeinsam mit den späteren Landmassen Australien, Neuseeland, Indien, Südamerika und Antarktis – aus dem Urkontinent Gondwana herausbildete. So gibt es als Beweis dafür eindeutige Beziehungen zwischen bestimmten Protea-Arten am Kap und in Australien.

Die Kapflora weist unverwechselbare Charakteristika auf, die durch die besonderen klimatischen Verhältnisse bedingt sind. So ziehen beispielsweise auch in der trockenen, heißen Sommerzeit Nebelschwaden um den Tafelberg, die nicht nur Feuchtigkeit spenden, sondern auch extrem heiße Temperaturen verhindern. So wächst hier – neben 1 400 anderen blühenden Pflanzenarten – die *Blue Drip Disa*, eine endemische Orchidee. Die Vegetation der Kaphalbinsel wird von Fachleuten als **„Fynbos"** bezeichnet. Darunter versteht man dichte, strauchartige Gewächse, die grobes oder feines, weiches oder hartes Blattwerk aufweisen. Sicherlich ist die Protea die berühmteste Vertreterin des Kap-Fynbos.

Protea

In den Sommermonaten von November bis März finden hier regelmäßig Open-Air-Konzerte statt. Besonders beliebt sind die Weihnachtskonzerte, bei denen eine magische Stimmung aufkommt. Die Wiesen laden außerdem zu einem selbst mitgebrachtem Picknick ein.

Groot Constantia

Inmitten einer anmutigen Landschaft gelegen, umgeben von Weingärten und schattigen Bäumen stellt das Herrenhaus des Weingutes Groot Constantia eines der schönsten Beispiele des kapholländischen Baustils dar. Hier kann man leicht nachempfinden, weshalb viele Europäer gerne im Kapland geblieben sind.

1683 bekam der Gouverneur *Simon van der Stel* aufgrund seiner Verdienste um die Holländisch-Ostindische Handelskompanie das Gut geschenkt. Hier sollte er ausprobieren, welche landwirtschaftlichen Produkte am besten im Kapklima gedeihen. Bis zum Jahre 1695 pflanzte er auf dem Gelände 8 400 Bäume an, neben verschiedenen Obstsorten auch Bananenstauden, Olivenbäume und unterschiedliche Reben. Dazu reichten ihm die ursprünglichen 800 ha nicht aus, so dass er das Farmgelände durch den Zukauf einiger Nachbarfarmen erweiterte. Mit den Jahren wurde der Constantia-Wein weltberühmt und fand selbst unter den Adligen im weinverwöhnten Europa Anhänger.

Groot Constantia – exzellentes Beispiel kapholländischer Baukunst

Van der Stel baute sich ein gediegenes Wohnhaus, in das er 1699 nach seiner Pensionierung zog und wo er als 73-Jähriger im Jahre 1712 verstarb. Leider hatten seine Erben den stattlichen Nachlass bald aufgebraucht, und 1716 musste das Gut in drei Teile aufgeteilt werden. Jener Teil, auf dem das Herrenhaus stand, wurde Groot Constantia genannt. In der Folgezeit verkam das Gut leider und wechselte den Besitzer.

Erst ab 1778, als Hendrik Cloete, Enkel eines der bekanntesten ersten holländischen Siedler, Groot Constantia kaufte, ging es mit dem Anwesen wieder aufwärts. Er baute die Weinfelder aus und steigerte bis 1791 die Weinproduktion derart, dass er einen neuen Weinkeller bauen musste. Der Architekt Thibault und der Bildhauer Anreith vergrößerten und verschönerten das Wohnhaus. Bei dem „Weinkeller" handelte es sich um ein oberirdisches Nebengebäude, dessen Giebel Anreith gestaltete.

Ursprünglich hatte van der Stel Eichen aus Europa importiert, um ihr Holz für den Fässerbau zu verwenden. Doch die Eichen wuchsen im milden Klima viel zu schnell, so dass ihr Holz zu weich und damit für Weinfässer ungeeignet war. Außerdem litten viele Bäume an Innenfäule.

1885 wurde die Farm Groot Constantia samt Wohnhaus an die mittlerweile britische Kolonialverwaltung verkauft, die sie als Versuchsfarm nutze. In dem schönen Wohnhaus waren die Farmverwaltung und Landwirtschafts-Studenten untergebracht. 1925 stellte ein Schicksalsjahr für das im kapholländischen Stil erbaute Herrenhaus dar: Am 19. Dezember brannte es binnen weniger Minuten aufgrund eines Funkenflugs durch den Küchenschornstein bis auf die Grundmauern nieder. Mit Hilfe des kapitalkräftigen und engagierten Mäzens Alfred Aaron de Pass wurde das Haus wieder aufgebaut und in ein Weinmuseum umgewandelt. De Pass bestückte es mit alten Möbeln und kaufte ständig neue Antiquitäten hinzu.

Weinanbau und Weinmuseum

Auch heute noch wird auf Constantia Wein angebaut: Anbau, Pressung, Abfüllung und Vermarktung sind in einer Hand. Seit 1983 ist die Groot Constantia Tavern eröffnet, die direkt neben dem Weinmuseum liegt. Hier kann man zum Essen die Gebietsweine kosten.

Der kapholländische Stil – Architektur der ersten weißen Siedler

INFO

Die landschaftliche Schönheit des Kaplandes mit seinen blau-violetten Bergkulissen, den anmutigen Weintälern sowie der Blütenpracht seiner Gärten kann nur noch durch die anmutigen kapholländischen Häuser gesteigert werden. Obwohl der Baustil seine Wurzeln in Europa hat, konnte er sich hier in einer spürbaren Harmonie mit der Landschaft entwickeln. Die Bauten sind **dem Klima angepasst**: dicke, verputzte Wände – blütenweiß gestrichen – halten extreme Temperaturschwankungen fern. Sie zeichnen sich durch ihre **praktische Einfachheit** aus, sind symmetrisch angelegt und einfach gemütlich.

Die Gastfreundschaft der hier siedelnden Weinbauern, die u.a. durch die großen Entfernungen und das Fehlen von Gasthäusern bedingt ist, findet ihre architektonische Antwort in den groß angelegten Empfangsräumen und Küchen. Auch die wirtschaftliche Entwicklung des Kaplandes spiegelt sich in diesen Bauwerken wider: Waren die ersten Häuser rechteckig und mit zwei einfachen Giebeln versehen und verlief an der Vorderseite eine erhöhte Plattform, so wurde mit wachsendem Wohlstand immer mehr Wert auf die Ausgestaltung der Mittelgiebel gelegt. Die Giebel der frühen Häuser waren dreieckig, und erst allmählich – im 18. Jahrhundert – gestaltete sich daraus die gewundene Form des Kapgiebels.

Architektonische Harmonie

Oft waren die Fenster mit Sprossen versehen und hatten in der unteren Hälfte Klappläden, damit das starke Sonnenlicht nicht allzu sehr die Möbel und die Teppiche der „guten Stube" traf. An vielen Hauseingängen gab es sog. Stalltüren: das sind zweigeteilte Türen, deren untere Hälfte man arretieren konnte, damit kein Vieh ins Wohnhaus gelangte. Später wurden diese Haus- und Hofformen immer raffinierter, doch blieben sie in der Gesamtkonzeption stets klar und einfach: T-, U- und H-Formen lösten den einfachen rechteckigen Grundriss ab.

In Stadthäusern befand sich oft ein gepflasterter Innenhof mit Schatten spendenden Bäumen. Manchmal schmückte sogar ein Teich das Innengeviert. Vor den Häusern pflegte man Eichen anzupflanzen, die im südafrikanischen Klima schnell wuchsen und für den in der Sommerhitze so nötigen Schatten sorgten. Als in Europa die Zeit des Barocks anbrach, wurden – zumindest bei den Leuten, die es sich leisten konnten – die Giebel noch schwungvoller und mit Reliefszenen versehen. Besonders schöne Zeugnisse des kapholländischen Stils können Sie an folgenden Stellen bewundern:

Ort	Name	Baujahr
Kapstadt	**Koopmans de Wet House**, 35 Strand Street	1701
	Martin Melck House, 96 Strand Street	1782
	The Old Town House, Greenmarket Square	1762
	The Old Supreme Court, am Ende der Adderley Street	1686
	Rust-en-Vreugd, 78 Buitenkant Street	18. Jh.
Kaphalbinsel	**Groot Constantia**	1685
	Tokai (Tokai Forest), kann nur von der Straße aus gesehen werden	1796
	Alphen (Constantia), Weingut-Gebäude, heute als Hotel	1750
	Kronedal, Main Road, Hout Bay, heute als Restaurant	1800
Stellenbosch	Hier gibt es die längsten Reihen von alten Gebäuden. Zum Besuch offen sind:	
	Burgher House	1797
	Libertas Parva	1783
	Dorp Street (heute die Rembrandt van Rijn-Kunstgalerie)	
Umgeb. v. Stellenbosch	Hier gibt es eine **Vielzahl von Baudenkmälern,** oft als Sitz eines Weinguts oder Hotels	

Kap der Guten Hoffnung

Der südliche Teil der Kaphalbinsel ist seit 1939 zu einem Naturschutzgebiet zusammengeschlossen, nachdem Farmen aufgekauft wurden. Auf einer Fläche von 7 750 ha sind Fauna und Flora seitdem geschützt. Zur Blütezeit sieht man auf dem hügeligen Gelände viele Protea und andere Blumen. Wenn man Glück hat, kann man Elenantilopen, Schwarzgnus, Reh-, Spring- und Grysböcke entdecken, ebenso wie Strauße und Warzenschweine. Auf jeden Fall werden Sie – spätestens am Parkplatz – Paviane erleben. Nehmen Sie sich vor diesen dreisten Burschen in Acht, und verschließen Sie den Wagen gut.

Vorsicht vor Pavianen

Auf dem Wege zum Kap zweigt ein Weg zur Buffelsbaai ab, wo zur Erinnerung an die Entdeckung des Landstriches

14. Western Cape Province mit Gardenroute: Kapstadt und Kaphalbinsel

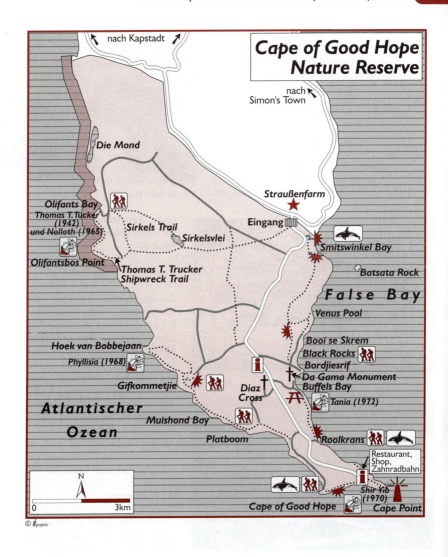

durch **Vasco da Gama** ein Gedenkkreuz steht. Auch an die Landung von Bartolomeu Diaz im Jahre 1488 erinnert ein Kreuz bei Platboom. Diaz bezeichnete das Kap als das „Kap der Stürme". In der Tat ist es hier an den meisten Tagen sehr windig. Die Straße endet an einem großen Parkplatz, von dem aus man zu Fuß oder per Gefährt zum 244 m über dem Meer liegenden Leuchtturm gelangt. Von hier hat man einen phantastischen Blick auf das Kap der Guten Hoffnung. Ebenso kann man die **False Bay** sehen. Sie heißt „Falsche Bucht", da früher versehentlich

Schiffe hier hineingefahren sind in der Annahme, dass man auf diesem Wege nach Kapstadt gelange. Der alte Leuchtturm ist heute nicht mehr in Betrieb. Weiter unterhalb steht ein moderner Leuchtturm, der einer der lichtstärksten der Welt ist.

Um das Kap fahren jährlich etwa 24 000 Schiffe. Damit ist die Kaproute heute die am häufigsten benutzte Schifffahrtsroute der Erde. Doch hier liegt nicht die südlichste Spitze des Kontinents.

Kap der Guten Hoffnung

Diese befindet sich noch 150 km weiter südöstlich und heißt Kap Agulhas.

Chapman's Peak Drive

Zurück fahren Sie über den **Chapman's Peak Drive**, eine kühn in den Felsen gesprengte Panorama-Straße, 150 m über dem Meer. Entlang der Strecke genießen Sie malerische Aussichten, u.a. auf die Hout Bay („Holzbucht"). Hier kam früher das Holz für die Schiffsmasten der Holländisch-Ostindischen Handelskompanie her.

An den Twelve Apostels geht die Fahrt am (kalten) Clifton Strand vorbei zurück nach Kapstadt.

Standschild

!!! Achtung

Nach verheerenden Bränden und darauf folgenden starken Regenfällen wurde der Chapman's Peak Drive Ende 1999 stark beschädigt und musste über weite Strecken gesperrt werden. Derzeit wird über verschiedene Renovierungskonzepte verhandelt. Die voraussichtliche Neueröffnung ist für 2004 geplant.

12 Apostel

Westküste

Überblick

Die Strecke führt nördlich aus Kapstadt heraus und bis **Lamberts Bay** mehr oder weniger entlang der Küste des Atlantischen Ozeans. 10 km hinter Kapstadt sieht man Robben Island, die berüchtigte Sträflingsinsel, auf der auch Nelson Mandela einen Teil seiner Haft verbracht hat. Von den Küstenorten Table View und Bloubergstrand hat man einen ausgezeichneten Blick auf den Tafelberg.

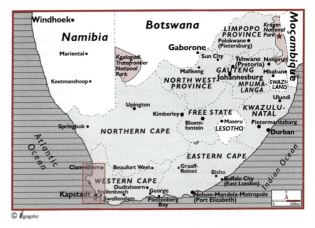

Der Name **Blouberg** entstammt der Tatsache, dass der Tafelberg häufig in blauen Dunstfarben zu sehen ist. Hier sollten Sie sich einmal abends in eines der Restaurants setzen und die Aussicht auf den angestrahlten Berg genießen.

Wer im September auf dieser Strecke unterwegs ist, sollte einen Abstecher nach Darling machen, wo zu dieser Zeit ein Blumenfestival stattfindet. Die ganze Stadt und vor allem die Blumenreservate stehen dann in vollster Blütenpracht. Die eigentliche Blütezeit beginnt aber bereits im August und endet im Oktober.

Blumenmeer

Die **Saldanha Bay** ist durch zwei Extreme gekennzeichnet, zum einen den West-Coast-National-Park, zum anderen den in den 70er Jahren angelegten Erzhafen. Wer Interesse am Wirtschaftsleben eines Rohstofflandes hat, sollte sich den Hafen einmal kurz ansehen, um eine Idee zu bekommen, mit welchem Aufwand allein die Rohstoffe transportiert werden, die wir in den Industrieländern teilweise so gedankenlos verbrauchen. Nur um das Erz von den Minen heranzubringen, wurde eine 850 km lange Eisenbahnstrecke durch wüstenähnliches Gebiet hierhin gebaut. Nördlich davon führt die Strecke vorbei an dem Verwaltungsort Vredenburg und verläuft dann immer parallel entlang der Erzbahn bis nach Lamberts Bay. Vielleicht haben Sie ja Glück und sehen einen dieser ewig langen Erzzüge.

Redaktions-Tipps

- **Dinner mit Blick auf Tafelberg** (in Table View)
- **West Coast National Park** (S. 605)
- **Hafen** von Saldanha Bay (S. 605)
- **Crayfisch** essen
- **Übernachten** im Kliphoek Guesthouse oder Cashel Guesthouse

Ein Muss für Crayfisch- liebhaber

Die Strecke von Yzerfontein bis nach Lamberts Bay wird auch als **„Seafood Route"** bezeichnet, da es hier unzählige Muschel- und Crayfisch-Aufzuchtstationen gibt, deren Produkte in den nahe gelegenen Restaurants auf verschiedenste Weisen zubereitet werden. Nördlich geht dieser Teil des Kaplandes über ins Namaqualand, zu dem es aber keine direkte Grenze gibt, da es sich nicht um einen Regierungsbezirk handelt.

In der Zeit von Juli bis November kann es auch passieren, dass Sie Wale an der Küste sichten. Diese halten sich gerne in der kühlen Meeresströmung auf, da sie in der Regel nährstoffreicher ist.

Dieses Reisegebiet eignet sich hervorragend für einen zweitägigen Ausflug von Kapstadt aus und ist eigentlich ein Muss für Crayfischliebhaber.

Entfernungen
Kapstadt – Clanwilliam über N7 = 225 km, über R27 u. R364 = 280 km

Planungsvorschlag

Einzelstrecken	km	Tage
Kapstadt – West Coast Nat. Park	100	1–2 Tage (1 Tag Aufenthalt)
West Coast N. P. – Clanwilliam	180	1 Tag

Streckenbeschreibung
Verlassen Sie Kapstadt im Stadtteil Paarden Eiland über die R27 und folgen Sie dieser Straße bis zum Abzweiger zum West Coast N. P. Bloubergstrand, Darling und Yzerfontein sind jeweils ausgeschildert. Vom Park aus können Sie der R27 entweder weiter folgen bis Lamberts Bay oder aber vorher noch über die R79 und die R399 nach Saldanha Bay und Vredenburg fahren. Bei Velddrif trifft letztere wieder auf die R27. Teile der R27 sind noch nicht asphaltiert (zwischen Velddrif und Lamberts Bay), aber mit einem herkömmlichen Pkw gut zu befahren. Von Lamberts Bay nach Clanwilliam führt dann die R364, die dort die N7 zurück nach Kapstadt kreuzt.

Sehenswertes entlang der Strecke

Darling (s. S. 207)

Der Ort wurde 1853 gegründet und nach dem Leutnant-Gouverneur der Kapprovinz benannt. In der Umgebung fand die südlichste Schlacht des Anglo-Burischen Krieges statt, und noch heute erinnert ein Monument an die burischen Helden, die sich bis hierher durchgeschlagen haben. In Darling wurden auch die ersten Merinoschafe ausgesetzt, dank eines nautischen Irrtums. Damit begann die Schafzucht im nördlichen Kapland. Heute werden auch Rinder in der Umgebung gehalten, und trotz der Meeresnähe wird auch Wein angebaut. Am interessantesten ist aber das **Darling Flower Reserve**, das sich auf Farmen südlich des Ortes befindet. Ein weiteres Flower Reserve befindet sich an der Straße nach Yzerfontein. Während im Sommer hier Kühe grasen, erblühen die Wiesen im

Frühling zu einem bunten Teppich. Leider kann man nur zu bestimmten Zeiten im Frühling auf die Farmen fahren, so dass Sie sich vorher im Tourist Office (Town Clerk, Church Street) erkundigen sollten. Dort erhalten Sie auch aktuelle Karten betreffs der Standorte der schönsten Blumen. Während der dritten Woche im September findet in Darling die **„Wild Flower Show"** statt, und die ganze Stadt ist ein einziges Blütenmeer.

Falls Sie sich für die Herstellung von Butter interessieren, können Sie ja einmal in das kleine **Butter-Museum** schauen. Hier finden sich verschiedenste Utensilien zur Butterherstellung. Außerhalb der Blütezeit bietet der kleine Ort aber nicht viel, und Sie können ihn dann eigentlich getrost passieren.

West Coast National Park (ⓘ s. S. 207)

Mit dem Bau des Hafens von Saldanha Bay entschloss man sich, dass auch die Natur in dieser Region geschützt werden müsse, und man erweiterte das bereits bestehende Postberg Nature Reserve. Damit erhofft man sich den Erhalt des Ökosystems der West Coast. Austernfischer, Kormorane und unzählige Möwen besiedeln das Sumpfgelände. Man schätzt die Zahl der Vögel im Sommer auf über 60 000. Es gibt mehrere Möglichkeiten, den Park zu erkunden. Die sicherlich eindrucksvollste ist die per Kanu. Täglich werden Kanutrips mit Führer durchgeführt.

Ökosystem an der Westküste

Für weniger Sportliche steht auch ein motorisiertes Boot zur Verfügung, und für Wanderfreunde gibt es eine Reihe von Wanderwegen. Für längere Wanderungen stehen einfache Unterkünfte auf dem Weg zur Verfügung. Nähere Auskünfte erteilt die Lodge-Verwaltung. Im Frühling blühen auch hier unzählige Blumen, und in der Zeit von August bis Anfang Oktober ist auch das private Postberg Nature Reserve am nördlichen Zipfel der Halbinsel für die Öffentlichkeit freigegeben. Wenn Sie genügend Zeit haben, rate ich Ihnen dazu, für den Park und seine Umgebung ruhig einen Extratag einzuplanen.

Saldanha Bay (ⓘ s. S. 207)

Wie Richards Bay in KwaZulu/Natal, wurde Saldanha Bay Anfang der 70er Jahre als Massenguthafen für den **Export von Erzen** ausgebaut. 120 km nördlich von Kapstadt in einem an sich strukturschwachen Gebiet gelegen bot sich die natürliche Bucht geradezu an. Zum einen wurden Arbeitsplätze geschaffen, zum anderen konnte endlich das qualitativ gute Eisenerz aus der Gegend um Sishen effizient verschifft werden. Denn die Verschiffung von Port Elizabeth war zu umständlich geworden.

Eisenerzexport

Anders als bei Richards Bay, übernahm hier ein Konzern, nämlich ISCOR, die Bauleitung. ISCOR ist eine der ganz großen Firmen im südafrikanischen Bergbau, die auch in der Eisen- und Stahlproduktion mitmischt. 1973 wurde schließlich mit den ersten Konstruktionen begonnen. Mit einer Fläche von 7 434 ha ist dieser natürliche Hafen der flächengrößte in ganz Afrika.

Um nun das Erz von Sishen hierher transportieren zu können, wurde eine 860 km lange **Eisenbahnstrecke** gebaut. Diese musste vor allem rentabel zu bewirtschaften sein. Daher wurde auf geringe Steigungen geachtet und ein sehr lange haltbares Material (Chrom-Mangan) für die Schienen verwandt, damit zum einen lange Züge verkehren konnten und zum anderen die Instandhaltungskosten überschaubar blieben.
Die Züge sind im Schnitt 2,2 km lang und werden von drei großen E-Loks gezogen. Auf diese Weise kann ein Zug 16 000–20 000 t Erz transportieren.

Der Staat hielt sich, vertreten durch die SAR&H (South African Railway and Harbour) und einen Planungsstab, beim Ausbau zurück und hoffte auf die Initiative der Wirtschaft, die mit Fabriken und einer Großwerft weitere Arbeitsplätze schaffen wollte. Doch als 1976 der Hafen und die Eisenbahnlinie fertig waren, befand sich die Weltwirtschaft mitten in einer Rezession, und zudem wurden die Handelsbeziehungen zu Südafrika weiter beschränkt. Das industrielle Wachstum in der Region Vredenburg-Saldanha blieb daher bescheiden, die großen Industriepläne wurden mittelfristig verschoben und nur die Fischindustrie war neben dem Erzhafen von Bedeutung.

1977 übergab die ISCOR dann auch die Hafenleitung an die SAR&H. Der Erzhafen wird seitdem aber gut genutzt, und eine Erzreserve in Sishen von 4 Mrd. Tonnen gibt dem Hafen gute Zukunftsperspektiven. Jährlich werden 15 Mio. t Erz von den Zügen über 7 km lange Förderbänder auf die Schiffe verladen mit einer Kapazität von 8 000 t pro Stunde. Der Hafen ist tief genug, um Frachter mit einer Größe von 250 000 t aufzunehmen.

Paternoster – ein idyllischer Fischerort

Neben dem Erz wird auch etwas Kupfer aus dem Namaqualand umgeschlagen und in bescheidenem Umfang auch Stückgut. Hierbei handelt es sich zum größten Teil um Obst aus der Region Citrusdal.

Nördlich von Saldanha-Vredenburg liegen die beiden Fischerorte **Paternoster** und **Velddrif**. Besonders ersterer hat noch seine alten Strukturen und Häuser erhalten. Vor den Küsten dieser Orte wird vor allem Crayfisch gefangen, und in Velddrif wird der für die Westküste bekannte Bokkems, ein in Salz eingelegter Fisch, hergestellt. In der Flussmündung des Berg-River nisten häufiger Pelikane und Flamingos.

Lamberts Bay (ⓘ s. S. 207)

Der Ort wurde 1913 gegründet und nach Sir Robert Lambert benannt, dem Commander der Marinestation in Kapstadt (1820–21). Zuerst war der Ort nur ein verträumtes Fischerdorf. Doch schon bald hielten sowohl die Fischindustrie als auch der Tourismus Einzug. Die kalten Meeresströmungen vor der Küste schufen ausgezeichnete Fangbedingungen, und besonders der Crayfisch aus diesen Gewässern ist im ganzen Land berühmt. Viele Kapstädter kommen am Wochenende extra hierher, um diese Delikatesse frisch gefangen zu verzehren. Doch auch die Blumen sind in dieser Gegend ein besonderer Anziehungspunkt. Im Frühling blüht das ganze Umland. Nicht versäumen sollten Sie einen Spaziergang zum **Bird's Island**. Von einer Plattform aus können Sie Kormorane, Pinguine und unzählige Möwen beobachten. Die Plattform ist gleich hinter dem Hafengelände. Wer einmal mit einem Crayfischboot aufs Wasser möchte, hat hier die Gelegenheit. Nähere Informationen dazu erteilt das Touristenbüro. Das gleiche gilt auch für den Besuch einer Crayfischfabrik, doch finde ich diesen Besuch nicht so lohnend wie die Bootsfahrt.

Beliebtes Ausflugsziel

Im Ort gibt es außerdem ein kleines Museum, in dem neben antiken Möbeln auch eine 300 Jahre alte Bibel ausgestellt ist, die in Hoch-Niederländisch geschrieben ist.

Anschluss-Strecken

- Ins Namaqualand und nach Namibia über die R374 nach Clanwilliam und von hier die N7 nach Norden (siehe Namaqualand, S. 562). Oder:
- Von Lamberts Bay aus haben Sie auch die Alternative, weiter entlang der Küste zu fahren, um erst bei Vredendal und Klawer auf die N7 zu gelangen.
- Zu den Augrabies Falls/zum Kgalagadi Transfrontier Park ebenfalls über Clanwilliam, von hier aus die N7 nach Norden bis Springbok, dann weiter die R64 nach Augrabies usw.

Kapstadt – Weinanbauzentren Paarl und Stellenbosch – Vier-Pässe-Fahrt über Franschhoek

Überblick

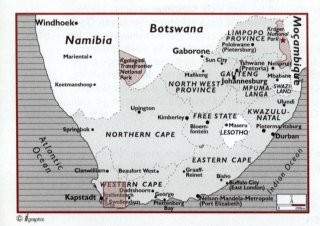

Diese Route führt Sie in das vielleicht **schönste Weinanbaugebiet der Welt**. Vor der Kulisse blauvioletter Berge erstrecken sich Weinfelder, in denen idyllische Weingüter liegen.

Eine „Weinroute" führt Sie von Weinkellerei zu Weinkellerei, wo Sie bei einem guten Essen die Kap-Kreszenzen kosten können. Ebenso sehen Sie beste Zeugnisse des kapholländischen Stils, insbesondere in Stellenbosch. In Paarl dokumentiert das Sprachendenkmal den Stolz des Landes auf die eigenständige Sprache „Afrikaans".

Und im Verlauf der **Vier-Pässe-Fahrt** erleben Sie die landschaftlichen Höhepunkte dieser Region. Franschhoek erinnert durch das Hugenotten-Denkmal an die Besiedlungsgeschichte dieses Landstrichs.

Planungsvorschläge

- *Kapstadt – Paarl* (über N1): 61 km, 1 Tag
- *Paarl – Stellenbosch*: 31 km, 1 Tag (mit Weinroute +40 km)
- *Stellenbosch – Vier-Pässe-Fahrt – Stellenbosch* (über Somerset West, Sir Lowry's Pass, Vilfoen's Pass, Franschhoek Pass, Franschhoek, Helshoogte Pass, Stellenbosch): 124 km, 1 Tag
- **gesamt: 216 km, 3 Tage** (256 km, 4 Tage)

Redaktions-Tipps

- **Übernachten** in einem der atmosphärischen Landgasthäuser wie Mountain Shadows, Pontac Estate, Roggeland (alle Paarl) oder im D'Ouwe Werf Hotel oder auf der Orchidvale Guest Farm (Stellenbosch). Super: Übernachtung im Grande Roche Hotel in Paarl oder Rusthof in Franschhoek
- Dinner im Grande Roche oder im Le Quartier Français (Paarl)
- **Weinprobe** bei Nederburg (Paarl, S. 614) oder auf einem der Weingüter entlang der Stellenbosch/Franschhoek-Weinroute
- **Besuch des „Dorpmuseum"** von Stellenbosch (S. 618), des **Sprachendenkmals** in Paarl (S. 615) sowie des **Hugenotten-Denkmals** in Franschhoek (S. 621)
- Landschaftlich sehr schön: die Vier-Pässe-Fahrt (S. 620)

Paarl (ⓘ s. S. 207)

Wörtlich übersetzt bedeutet „Paarl", Perle weil die Berge um die Stadt bei einem bestimmten Tageslicht eine perlenähnliche Farbe annehmen. Paarl ist eine der ältesten Siedlungen des Hinterlandes von Kapstadt, an den Ufern des Berg River gelegen, 132 m über dem Meer. Das Tal erhält rund 700 mm Niederschlag pro Jahr, davon 80 % im Winter.

Die Gegend ist aber nicht nur vom Klima verwöhnt, sondern auch dank der Böden sehr fruchtbar. Seit der Besiedlung werden hier deshalb verschiedene Obst- und Gemüsesorten angebaut, Grundlage der hier angesiedelten Konservenfabriken. Die Granitberge der Umgebung dienten als Steinlieferanten für Grabsteine. Paarl ist für die Herstellung von „Eau de Cologne" bekannt. Heute zählt die Stadt ca. 75 000 Einwohner.

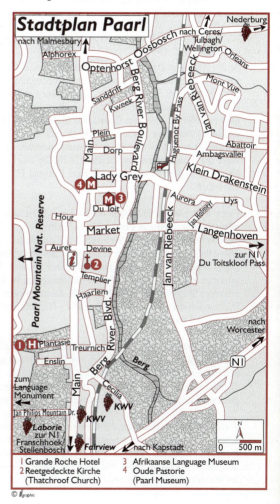

Der erste Europäer, der in dieses Tal gelangte, war *Abraham Gabbema*, und bereits ein Jahr später erfolgte die erste Landvergabe an Siedler. Es waren französische Hugenotten, die hier eine neue Heimat fanden. Die Namen der frühesten Farmen belegen die Herkunft der Erstiedler: Laborie, Picardie, Goede Hoop, La Concorde und Nancy. „Laborie" befindet sich heute im Besitz der KWV, der größten südafrikanischen Winzergenossenschaft (s. u.).

Die Stadtgeschichte begann im Jahre 1720, als die erste Kirche gebaut und die „Main Street" angelegt wurde, an der man die charakteristischen Eichen pflanzte. Viele der historisch bedeutsamen Gebäude stammen aus dem 18. Jh., so z. B. die Oude Pastorie aus dem Jahre 1787. Diese ehemalige Pfarrei wurde 1937 von der Stadt Paarl aufgekauft, restauriert und in ein Mu-

1 Grande Roche Hotel
2 Reetgedeckte Kirche (Thatchroof Church)
3 Afrikaanse Language Museum
4 Oude Pastorie (Paarl Museum)

INFO Weinanbau im Kapland

Schon Jan van Riebeeck, der erste Gouverneur am Kap, begann vor mehr als 300 Jahren mit dem Weinanbau. Er erkannte schnell, dass sich das Klima am südlichen Ende Afrikas hervorragend für Rebkulturenanbau eignete, so dass er unermüdlich die Herren der Holländisch-Ostindischen Handelsgesellschaft mahnte, ihm Rebstöcke aus Deutschland, Frankreich und Spanien zu schicken. Und bereits 1656 – nur sieben Jahre nach seiner Ankunft – erntete er den ersten Wein. Am 2. Februar 1659 schreibt van Riebeeck in sein Tagebuch:
„Heute, der Herr sei gepriesen, wurde zum erstenmal aus Kaptrauben Wein gepresst."

aus: Grütter/Zyl: Die Geschichte Südafrikas, a.a.O., S. 11

Außer günstigen klimatischen Voraussetzungen, auf die gleich eingegangen werden soll, sind auch bestimmte soziale Rahmenbedingungen für den Aufbau einer Weinwirtschaft erforderlich. Und diese waren unter van Riebeeck und seinen Nachfolgern – insbesondere unter van der Stel – gegeben. Er **förderte den Weinanbau** so stark, dass er 1680 im Tale von Constantia, direkt an der östlichen Seite des Tafelbergs und im klimatischen Einfluss des Ozeans gelegen, über 100 000 Rebstöcke anpflanzen ließ. Und bald wurden hier die weltberühmten Constantia-Dessertweine hergestellt, die schnell einen ausgezeichneten Ruf an den Höfen Europas erlangten. Selbst Napoleon soll im Monat mehr als zwei Dutzend Flaschen Constantia-Wein getrunken haben.

Einen weiteren Qualitätsschub erhielt der südafrikanische Weinanbau, als 1688 **Hugenotten-Familien** aus Frankreich Zuflucht in den Tälern des Kaplandes suchten. Sie brachten Erfahrung im Weinanbau und differenzierte Kellereikenntnisse (die den ersten holländischen Siedlern fehlten) aus Bordeaux, Burgund und der Provence mit. Damit waren nun auch vom „know how" her optimale Möglichkeiten gegeben, Südafrika zu einem der besten Weinanbaugebiete der Welt zu entwickeln. Immer mehr erlangten Kapweine Berühmtheit, nicht zuletzt wegen der weltumspannenden Verflechtungen der Holländisch-Ostindischen Handelsgesellschaft, die Länder zwischen Europa und Batavia versorgte.

Heute nimmt Südafrika mit einer Produktion von etwa 8 Mio. hl einen **Spitzenplatz** unter den Weinerzeugern ein, weit vor Griechenland und Österreich. Dieser Erfolg der insgesamt 10 000 Winzer ist dem systematischen Ausbau der südafrikanischen Weinwirtschaft zu verdanken, die stark exportorientiert ist, da bei weitem nicht der gesamte produzierte Wein im Lande selbst getrunken werden kann.

Werfen wir einen Blick auf die klimatischen Rahmenbedingungen. Die südafrikanischen Weinanbaugebiete haben etwa die gleiche Breitenlage wie die Weinanbaugebiete am Mittelmeer. Der kalte Benguela-Strom an der atlantischen Westküste mildert die sommerliche Hitze, und da der meiste Regen im Winter fällt, ist ein optimales Wachstumsklima gesichert. Da Reben sog. „Tiefwurzler" sind, können sie sich

14. Western Cape Province mit Gardenroute: Kapstadt – Paarl/Stellenbosch – Franschhoek   611

auch in trockenen Sommern mit Feuchtigkeit aus tieferen Bodenschichten versorgen. Die ausgeglichenen klimatischen Bedingungen gewährleisten qualitativ und quantitativ gleichmäßige Jahrgänge.

Natürlich gibt es regionale Unterschiede, bedingt durch Mikroklimate und Böden. So sind die Weingebiete in 16 markante Ursprungsgebiete unterteilt, wobei Lage, Boden und Klima als den Weincharakter beeinflussende Faktoren berücksichtigt sind.

Diese Anbaugebiete mit gleichen Böden und Mikroklimaten lassen sich zu den folgenden **drei großen Weinanbauregionen** zusammenfassen:

① **Küstenregion (coastal region)**
Dazu gehören Stellenbosch, Constantia, Durbanville, Paarl und Swartland. Der kalte Nordwestwind sorgt im Winter für Regenfälle. Im Sommer dagegen herrschen Südostwinde vom Indischen Ozean vor, die die sommerliche Hitze mildern. In diesem Raum werden Südafrikas beste Rot- und Weißweine produziert: Cabernet Sauvignon, Shiraz, Pinotage und Cinsaut; Riesling, Clairette, Blanche und Chenin Blanc.

② **Boberg-Region**
Das sind die von hohen Gebirgsketten geschützten Teile des Gebietes von Paarl und Tulbagh. Hier wachsen die besten Rieslinge und Gewürztraminer.

③ **Brede-River-Valley**
Hierzu gehören Teile von Paarl, Tulbagh, Worcester, Robertson, Swellendam sowie der Kleinen Karoo. Das Land hier erhält nur geringe Niederschläge, die Sommer sind heiß. Bekannt sind diese Anbaugebiete für ihre sehr guten, trockenen Weißweine und für ihre ausgezeichneten Muskat- und andere Süßweine.

Wenn Sie südafrikanischen Wein genießen wollen (und das sollten Sie keinesfalls versäumen!) sollten Sie etwas über das amtliche südafrikanische Weinsiegel wissen, das sich am Flaschenhals jeder Flasche befindet. 1972 führte die Regierung ein differenziertes System zur Klassifizierung und Kontrolle der südafrikanischen Weine ein, wobei man sich an den Bestimmungen der EG orientierte.

Heute muss die Angabe der Herkunft, der Sorte, des Jahrgangs und der Lage erfolgen. Auch die Begriffe wie „Estate" und „Superior" wurden festgelegt. So ist die Bezeichnung „Estate" nur ca. 40 bestimmten Weinkellereien gestattet. Die Bezeichnung „Superior" dagegen garantiert, dass der Wein zu 100 % aus der angegebenen Rebsorte gekeltert wurde.

Die bekanntesten Rebsorten in Südafrika

Weißwein-Rebsorten:
Riesling: Er ergibt Weine von fruchtiger Eleganz.
Colombard: Diese Sorte ergibt vollfruchtige und harmonische Weine. Wird auch zur Brandy-Produktion verwandt.
Chardonnay: Burgunder-Sorte, die sich vor allem in der Neuen Welt durchgesetzt hat. Gilt als trocken. Zumeist kommt das Holzaroma des Fasses stark zur Geltung. Viele Sorten werden leicht angereichert mit Fruchtgeschmack (Zitrone, Limone).
Chenin Blanc: Diese Rebsorte ist auch unter dem Namen „Steen" bekannt. Sie liefert restsüße Weißweine sowie auch Sherry und weißen Port. Der Fruchtcharakter ist eher süß (Aprikose-, Guave- bzw. Pfirsich-Aroma). Meistangebauter Wein in Südafrika (nahezu 30 % der Anbaufläche).
Muscadel: Halbtrocken bis trocken mit reichem Aroma (Rosine, Honigsüße)
Sauvignon Blanc: Die ursprünglich von der Loire stammende Rebe ist relativ neu in Südafrika. Die sehr unterschiedlichen Aromen (Feige, Stachelbeere, Spargel u.a.) machen ihn aber immer wieder zum Erlebnis und damit jedes Jahr wieder zu „In"-Weinen.
Ferner werden noch folgende weiße Rebsorten am Kap angebaut: **Bukettraube, Gewürztraminer, Riesling** und **Semillon**.

Rotwein-Rebsorten:
Pinotage: Diese Rebsorte wurde am Kap aus Pinot Noir- und Hermitage (Cinsaut) -Sorten gezüchtet und verbindet die Vorteile beider Ursprungssorten: Der fruchtige Charakter der Pinot-Traube ist mit der Lieblichkeit der Hermitage-Rebe kombiniert.
Cinsaut: Diese Hermitage-Sorte ergibt frische und ausgeglichene Weine, die nicht schwer sind, so dass sie sich als Tischweine gut eignen. Oft mit Kirsch- bzw. Erdbeeraromen angereichert.
Cabernet Sauvignon: Es ist die beste Rebsorte für die Edelweine des Kaps. Die Weine sind dunkelrot und besitzen einen fruchtigen Geschmack. Ihr Charakter wird gebildet durch Aromenanreicherungen von Gemüsesorten, Kräutern und auch Vanille. Das i-Tüpfelchen macht dann der besondere Reifungsprozess in jeweils speziellen Fässern aus.
Shiraz: Diese Rebsorte ergibt einen körperreichen, dunkelroten Wein. Oft rauchig, bis leicht „bissiges" Aroma. Manche Sorten werden auch mit Kirscharomen angereichert.
Tinta Barocca: Zunächst baute man diese Rebsorte für die Herstellung von Port an. Neuerdings werden aus ihr schwere, tiefrote, fruchtige Rotweine gekeltert.
Ferner werden noch folgende rote Rebsorten am Kap angebaut:
Gamay, Merlot, Pinot Noir, Ruby Cabernet und **Zinfandel**.

seum umgewandelt, in dem man alte Möbel sowie Glas-, Silber-, Kupfer- und Messinggegenstände bewundern kann.

Die an der Main Street gelegene Strooidak-Kirche (Strohdach-Kirche) wurde am 28. April 1805 eingeweiht. Der berühmte Architekt der damaligen Zeit, Thibault, soll sie geplant haben. Normalerweise ist die Kirche geschlossen, doch oft arbeitet irgendjemand auf dem Gelände um die Kirche, den man bitten kann, sie aufzuschließen.

Größte Winzergenossenschaft in Südafrika

Natürlich kommt man nicht umhin, die **KWV-Kellereien** zu besuchen. Hinter dieser Abkürzung verbirgt sich die „Kooperatiewe Wijnbouwers Vereeniging", die größte südafrikanische Winzergnossenschaft, die bereits 1918 gegründet wurde. Die KWV produziert jährlich große Mengen an Wein und Spirituosen. Sie vermarktet ihren Wein außerhalb Südafrikas, wobei der größte Abnehmer Großbritannien ist. In über 30 Länder exportiert man mittlerweile die Erzeugnisse.

Etwa 30 Millionen Liter Wein werden in den Kellereien gelagert, wobei die geräumigsten Holzfässer mehr als 200 000 Liter fassen! 90 % des exportierten Weines stammen von der KWV. Sie können die KWV-Kellereien in der Kohler Street besuchen.
Führungen Mo–Fr 11/14.15h (englisch), Mo–Fr 10.15h (deutsch)

Sie können die Weine entweder bei einer Führung probieren oder im „Laborie" am Fuße des Paarl Mountain bei einem guten Essen genießen.

Nederburg ist ein weiteres, über die Landesgrenzen hinweg berühmtes Weingut, wo man an Weinproben teilnehmen kann. Es liegt idyllisch innerhalb von Weingärten, und das Nederburger Herrenhaus ist ein gepflegtes Beispiel kapholländischer Baukunst. Die Anfänge des Weingutes reichen in das Jahr 1792 zurück: Philip Wolvaart, ein deutscher Einwanderer, erwarb das Farmgelände, das sich für den Weinanbau besonders eignete und nannte es „Nederburgh", nach dem Chef-Advokaten der Holländisch-Ostindischen Handelskompanie. Das Herrenhaus wurde 1800 errichtet. Viele Generationen blieben dem Weinbau treu, erweiterten die Flächen und experimentierten mit neuen Rebsorten. Schließlich erwarb Johann Georg Graue aus Bremen 1937 die Farm, der Nederburg zu seinem heutigen Ruf verhalf. Er nutzte die Naturgegebenheiten optimal, widmete sich insbesondere dem Anbau von Cabernet Sauvignon- und Riesling-Trauben und verbesserte die Kellereitechniken. Graue war ein Mensch der Tat, und was er anpackte, gelang ihm. Seine Weine wurden international prämiert.

Cabernet Sauvignon- und Riesling-Trauben

Nachdem jedoch sein Sohn und Nachfolger Arnold Graue im Alter von 29 Jahren bei einem Flugzeugunglück ums Leben kam, verkaufte Graue 50 % seiner Aktien an Monis, einen Produzenten von Sherrys und Dessertweinen. Dr. Costa v. Monis übernahm die Firmenleitung, und Brözel wurde technischer Direktor. Er konnte die Angebotspalette kontinuierlich erweitern, so dass Ende 1978 auf Nederburg 23 Weine der höchsten Qualitätsstufe hergestellt wurden. Kein Wunder, dass auf dem Weingut Nederburg alljährlich eine der großen südafrikanischen Weinauktionen stattfindet.

Eine große Rolle spielte Paarl bei der Etablierung der **Afrikaans-Sprache**. Ein führender Verfechter war der aus Holland stammende **Arnoldus Pannevis**, der am Gymnasium der Stadt klassische Sprachen unterrichtete. Ihm fiel in den 70er Jahren des 19. Jahrhunderts auf, dass die holländische (niederländische) Sprache von den meisten Einwanderern holländischer Abstammung in Südafrika nicht mehr verstanden wurde.

Durch die geographische Isolierung hatten die Menschen hier im Südlichen Afrika die Beziehung zum Hoch-Niederländisch verloren, so dass allmählich eine Sprachwandlung eintrat, die immer stärker wurde. Die holländischen Dialekte der Einwanderer veränderten sich auch durch den Einfluss immigrierter Franzosen, Deutscher und schließlich auch der einheimischen Bevölkerung. Nach der Überzeugung Pannevis' handelte es sich dabei nicht um einen südafrikanischen Dialekt des Holländischen, sondern um eine eigenständige Sprache, das **Afrikaans**. Er diskutierte diese Beobachtung in Kollegenkreisen.

Einfluss des Holländischen und Französischen – Afrikaans

Am 14. August 1875 kam es zu einer historisch bedeutsamen Versammlung im Hause von Gideon Malherbe, einem Farmer, der mit der Tochter des Gymnasialdirektors verheiratet war. Man gründete bei dieser Gelegenheit das „Genootskap van Regte Afrikaners". Diese Institution widmete sich der Erforschung der Afrikaans-Sprache und brachte am 15. Januar 1876 die erste afrikaanse Zeitung, „Die Patriot", heraus. Sie wurde mit einer einfachen Druckpresse im Hause von Malherbe gedruckt. Damit war Afrikaans zur **Schriftsprache** erhoben. Wortschatz und Grammatik dieser Sprache wurden aufgelistet, aber erst 1925 wurde Afrikaans neben Englisch als Amtssprache in Südafrika akzeptiert. Heute hat Afrikaans in alle Gebiete der Kultur und Wissenschaft Einzug gehalten.

Über die Entstehung und Entwicklung der Afrikaans-Sprache kann man sich im **Afrikaanse Language Museum** informieren. An die Entstehung der Afrikaans-Sprache erinnert auch das **Language Monument**. Der Entwurf dieses Monuments stammt vom Architekten Jan van Wyk, der sich durch die Dichter C. J. Langenhoven und N. P. van Wyk Louw inspirieren ließ.

Futuristisch: das Language Monument

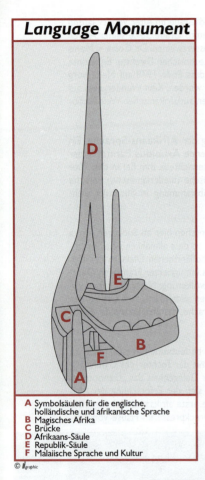

Language Monument

A Symbolsäulen für die englische, holländische und afrikaansche Sprache
B Magisches Afrika
C Brücke
D Afrikaans-Säule
E Republik-Säule
F Malaiische Sprache und Kultur

Das Denkmal wurde am 10. Oktober 1975 eingeweiht. Es besteht aus zermalmtem Granit der Umgebung, der zu Beton verarbeitet wurde. Die drei sich links am Eingang befindlichen Säulen, die miteinander verbunden sind, symbolisieren den Anteil Afrikas, Englands und Hollands am Entstehen der afrikaansen Sprache. In einem Bogen schwingt sich dann eine Verbindung zur 57 m hohen, hohlen Säule hinüber, welche das Afrikaans symbolisiert. Das weder aus Europa noch aus Afrika stammende Malaiisch wird durch die kleine Mauer in der Mitte des Treppenaufganges dargestellt. Neben der Sprachensäule ragt aus dem Wasser die Republiksäule (26 m hoch) empor, ein mehr politisch gedachtes Symbol, das durch seine Öffnung die Aufgeschlossenheit nach Afrika hin darstellen soll. Diese Säule steht stellvertretend für zwei Staaten Europas (Großbritannien und die Niederlande), die am Entstehen der Republik Südafrika beteiligt waren. Die drei gerundeten Formen im Innenkreis repräsentieren Wunder, Geheimnis und Tradition Afrikas.

Stellenbosch (ⓘ s. S. 207)

Stellenbosch liegt am Eerste River, 111 m über dem Meer, in einem sehr fruchtbaren Tal. Die zweitälteste Stadt Südafrikas beherbergt 36 000 Einwohner. Bekannt wurde Stellenbosch als Zentrum eines der besten südafrikanischen Weinanbaugebiete und als Sitz der renommierten Stellenbosch-Universität (1918 gegründet, mit 11.286 Studenten im Jahre 1981).

Außerdem ist Stellenbosch berühmt für seinen Reichtum an **historischer Bausubstanz**. Von allen Siedlungen, die am Kap während der Zeit der Holländisch-Ostindischen Handelskompanie gegründet wurden, ist Stellenbosch am besten erhalten geblieben. So kann man in diesem idyllisch gelegenen Städtchen hervorragende Zeugnisse kapholländischer Architektur sehen.

Van der Stel's Busch
Auf einer Inspektionsreise ins Landesinnere kam der neu ernannte Gouverneur Simon van der Stel in das Gebiet des heutigen Stellenbosch. Er wurde von der Schönheit des Landes gefangen genommen, zumal in dieser Zeit viele Blumen blühten und der Fluss (Eerste River) aufgrund der winterlichen Regenfälle viel Wasser führte. Die Stelle, an der van der Stel campierte, nannte man in der Folgezeit Stellenbosch (was so viel bedeutet wie van der Stel's Busch).

14. Western Cape Province mit Gardenroute: Kapstadt – Paarl/Stellenbosch – Franschhoek

Schon 1680 ließen sich die ersten Siedler hier nieder. Ihnen wurde so viel Grund zugesprochen, wie sie selbst bearbeiten konnten. Sie bauten gemütliche strohgedeckte Häuser mit dicken wärmeabweisenden Wänden, die weiß gekalkt wurden. Fenster und Türen gestalteten Handwerker aus hartem Yellowwood oder Stinkwood. Die angelegten Straßen wurden von Furchen begleitet, die Wasser an jedes Haus brachten. Ebenfalls pflanzte man schattenspendende Eichen an.

Doch Stellenbosch war von Anfang an nicht nur als ein landwirtschaftlicher Mittelpunkt gedacht. Bereits 1682 wurde der Ort Sitz einer örtlichen Behörde und 1685 sogar Gerichtsort für ein Gebiet von rund 25 000 qkm und damit für das gesamte Kaphinterland. Der Magistrat kontrollierte die Jäger, die Forschungsreisenden und die Pioniere, die weiter ins Landesinnere vorstießen. Das Stellenbosch der damaligen Zeit war Grenzstadt zum unbesiedelten Südafrika (mit Steuerstelle und „law and order"): Unmittelbar hinter den Stadtgrenzen begann afrikanische Wildnis. Simon van der Stel liebte seine Gründung so sehr, dass er jedes Jahr anlässlich seines Geburtstages hierher kam. Er war stets Schirmherr eines Jahrmarktes mit Schießwettbewerben, Spielen und einem Festmahl.

Doch die Geschichte von Stellenbosch wurde im Verlauf der Jahre durch den Ausbruch von drei großen Feuern überschattet. Ein starker Brand zerstörte 1710 viele alte Häuser.

Die **herrlichen kapholländischen Häuser**, gesäumt von alten Eichen und manchmal auch von blauviolett blühenden Jacarandas, sind für die heutigen Besucher des Städtchen ein reizvolles und unvergessliches Erlebnis. Besonders am Samstag Nachmittag oder am Sonntag, wenn die geschäftige Unruhe gewichen ist, wird man von der friedlichen und gemütlichen Atmosphäre gefangen genommen. Gehen wir also auf einen Rundgang durch die Stadt!

Jacarandas und kapholländische Häuser

Sehenswertes

Die **Dorp Street** ist die älteste und zugleich die besterhaltene geschlossene Häuserzeile in Südafrika. Besonders besuchenswert sind:

- **Libertas Parva**
29 Dorp Street
Dieses Gebäude hat einen Seitengiebel von 1783, doch die Frontgiebel, die Fronttür sowie die Fenster sind jüngeren Datums. Hier ist die Rembrandt van Rijn Galerie untergebracht. Im Anschluss befindet sich auch das

- **Vredelust**
63 Dorp Street
Dieses Haus hat einen neuklassizistischen Giebel von 1814.

- **La Gratitude**
95 Dorp Street
Das Gebäude wurde 1798 von Reverend Meent Borcherds erbaut und diente bis 1835 als Pfarrhaus. Der Giebel mit dem „allsehenden Auge Gottes" ist ein gutes

14. Western Cape Province mit Gardenroute: Kapstadt – Paarl/Stellenbosch – Franschhoek

Beispiel früh-neuklassizistischer Giebelkunst. Das Haus wurde im Laufe der Zeit vergrößert und nach einem Feuer erneuert.

- **Voorgelegen**
  116 Dorp Street
  Ursprünglich war dieses 1797 erbaute Haus mit einem Strohdach versehen. Später wurde es um ein Stockwerk erweitert, wobei der H-förmige Grundriss beibehalten wurde. Viel Authentisches ist heute noch zu sehen, so z. B. die batavianische Kachelung in der Vorhalle sowie die Balken und Decken aus Yellowwood. Hinter dem Haus befindet sich ein schön angelegter Garten, der an das Pfarramt der Rheinischen Mission und den Mühlenbach grenzt.

- **Dorpmuseum (9)**
  In Stellenbosch befindet sich ebenfalls das Stellenbosch Dorpmuseum, Eingang von der Ryneveldstraße. Ziel des Museumsdorfes (7 000 qm) ist es, einen Eindruck der Architektur zwischen 1709 bis 1929 zu geben. Von Haus zu Haus gehend, kann sich der Besucher ein Bild vom Wandel der Zeiten machen und Möbel, Mode und Hauseinrichtungen betrachten. Die einzelnen Häuser im Dorpmuseum sind:

  Einblick in die Baukunst der Jahrhunderte

  - **Schreuder House** (um 1709): Es ist das älteste Stadthaus Südafrikas. 1709 wurde ein deutscher Söldner, Sebastian Schröder, von der Holländisch-Ostindischen Handelsgesellschaft als Verwalter der alten Mühle eingesetzt. 1709 verließ er als „freier" Bürger die Handelsgesellschaft. Er erhielt als „Sebastian Schreuder"

ein Stück Land geschenkt, auf dem er 1710 dieses Haus baute. Hausrat und Möbel entstammen der Periode von 1690–1720.
- **Blettermannhuis** (um 1789): Ein typisches Haus aus dem 18. Jh. mit sechs Giebeln und H-förmigem Grundriss. Es wurde von Hendrik Lodewyk Blettermann, dem letzten Friedensrichter der Holländisch-Ostindischen Kompanie, erbaut. Hausrat und Inneneinrichtung entsprechen einem wohlhabenden Haus aus der Periode 1750–1780.
- **Grosvenor House (10)** (um 1803): Heute ist hier das Stellenbosch-Museum untergebracht. Ursprünglich hatte das 1782 errichtete Gebäude ein Strohdach. Später wurden ein zweites Stockwerk und ein Flachdach gebaut. Links neben diesem Haus befanden sich früher Sklavenquartiere, rechts steht ein altes Kutschenhaus. In einer Gartengalerie ist die Ausstellung „Spielzeug von gestern" zu sehen.
- **Haus von O. M. Bergh** (um 1850): Ursprünglich hatte dieses Haus wie das Blettermanhuis ein Strohdach. Im 19. Jh. wurde es zu dem jetzigen Erscheinungsbild umgebaut. So muss man sich eine Stellenboscher Wohnung in den Jahren 1840–1870 vorstellen.

- **Oude Meester Brandy Museum**
Old Strand Road
Im Hof ist eine alte Weinpresse zu sehen, die aus dem Gebiet Baden/Kaiserstuhl/Tuniberg stammt und 1790 gebaut wurde. Sie wurde noch bis 1939 benutzt.

- **Dutch Reformed Mother Church (11)**
Drostdy Street

Das Brandy Museum in Stellenbosch

Die Kirche wurde 1717 bis 1722 erbaut. Der Grundriss wurde kreuzförmig angelegt, das Dach als Strohdach konzipiert. 1864 wurde das Gotteshaus erweitert. 1864 wurde der Kirchturm errichtet, und der damalige Architekt Carl O. Hager gab dem Bau ein neugotisches Erscheinen.

- **Die Braak**
Dies war der ehemalige Exerzierplatz der Miliz. Ebenso feierte man hier die großen Feste. Das einzige Gebäude, das hier gebaut werden durfte, ist **St. Mary's on the Braak (4)**, die 1852 erbaute anglikanische Kirche (Nr. 9). Am südlichen Ende steht die Kirche der Rheinischen Mission, 1823 erbaut und 1840 durch einen Nordflügel erweitert.

- **Burgher House (3)**
Bloem Street
Hier sieht man ein gutes Beispiel eines Hauses wohlhabender Bürger. 1797 von Antonie Fick, dem Enkel eines deutschen Einwanderers erbaut, beherbergt es heute ein kleines Museum.

Das Burgher House

Stellenbosch Wine Route

Stellenbosch ist Zentrum eines der besten Weinanbaugebiete Südafrikas.

Ein Ausflug zu den Weingütern – ein besonderes Erlebnis

Die Weinroute führt Sie zu den berühmten Weingütern der Umgebung. Hier, in den fruchtbaren Tälern des Berg-, Eerste- und Bree-Flusses, gedeihen Weinreben besonders gut. Die Winzereien, deren gepflegte Gebäude oft im kapholländischen Stil erbaut sind, liegen idyllisch zwischen den weiten Weinfeldern. Neben der Möglichkeit, die Weine zu kosten, kann man oft auch im winzereieigenen Restaurant hervorragend essen. Nehmen Sie sich Zeit, genießen Sie die Weine und das gute Essen – den Ausflug zu den Weingütern, die entlang der Weinroute liegen, werden Sie nicht bereuen! Besonders idyllisch liegen die Weingüter Blaauwklippen, Hartenberg Estate, Morgenhof, Overgaauw, Simonsig.

Boschendal

Tipp
Wie wäre es mit einem Lunch, verbunden mit einer kleinen Weinprobe? Möglich auf den Weingütern Blaauwklippen, De Heidelberg Coop, Delheim, Hartenberg Estate, Morgenhof, Oude Nektar, Spier, Welmoed Coop. Super: Boschendal, zwischen Franschhoek und Stellenbosch an der Pniel Road (R310).

Ausflug von Stellenbosch zu den Protea Heights

Mitten im lieblichen Farmland des Devon Valley liegt das 25 ha große Protea Heights Nature Reserve. Das Land wurde 1944 von Frank Batchelor gekauft, und 1976 schenkte er das Gebiet der South African Nature Foundation. Hier wachsen z.T. sehr alte Blumen, so z. B. die „painted ladies" (*Gladiolus blandus*) und eine große Zahl von Protea-Arten.

Vier-Pässe-Fahrt

Landschaftliches Highlight

Stellenbosch – Somerset West – Sir Lowry's Pass – Grabouw – Elgin – Viljon's Pass – Franschhoek Pass – Franschhoek – Groot Drakenstein – Helshoogte Pass – Stellenbosch (124 km)

Von Stellenbosch geht es zunächst über Somerset West auf den

Sir Lowry's Pass

Er liegt 402 m hoch. Wie viele Passwege wurde auch dieser Bergübergang ehemals von Tieren als Pfad ausgetreten. Bereits 1838 baute man den Trampelweg zu einem Pass für die ersten Siedler aus. Er wurde nach Sir Lowry Cole, dem damaligen Kap-Gouverneur benannt, auf dessen Drängen hin er gebaut wurde.

Tipp
In Somerset West lädt das **Weingut Vergelegen** (ⓘ s. S. 207) zum „Wine tasting" ein. Diese Gelegenheit, Spitzenweine zu probieren, sollten Sie sich nicht entgehen lassen.

Elgin

Dieser sehr kleine Ort ist als Obstversand-Station bekannt. Von hier aus werden vor allem Äpfel, Birnen und Pfirsiche per Kühlwagen nach Kapstadt gebracht, wo sie dann zum Export auf Kühlschiffe verladen werden. Die Apfelernte dauert von Januar bis Mai. Wenn nicht gerade Hochbetrieb ist, kann man in dieser Zeit einen Blick in die Packhäuser werfen.

Viljoen's Pass

Er erreicht eine Höhe von 525 m und wurde nach Sir Anthony Viljoen benannt, der einer der führenden Köpfe der Farmer in dieser Gegend und auch politisch engagiert war.

Franschhoek Pass

Früher hieß der Pass „Olifants Pass", da Elefanten diesen Weg ausgetrampelt hatten. Er liegt 701 m hoch und wurde 1819 als Weg ausgebaut.

Franschhoek
(ⓘ s. S. 207)

Franschhoek (etwa 3 000 Einwohner) ist bekannt als Siedelplatz der Hugenotten, die sich ab 1688 hier niederließen, nachdem sie

Blick vom Franschhoek Pass

den Verfolgungen in Frankreich entgangen waren. Die Namen vieler Güter weisen auf die französische Herkunft der Siedler hin, so z. B. La Motte, Bien Donné, La Cotte, Champagne und La Dauphine. Das **Hugenotten-Denkmal** erinnert an die Vertreibung aus der europäischen Heimat. Es wurde zum 250. Jahrestag 1938 eingeweiht und besteht aus Paarl-Granit. Die Zentralfigur stellt eine Frau dar, die in der rechten Hand eine Bibel hält. Die zerbrochene Kette symbolisiert die Überwindung der religiösen Unterdrückung. Die drei Bögen dahinter stellen die Dreifaltigkeit dar. Auf den Bögen ist die Sonne der Rechtschaffenheit zu sehen, darüber das Kreuz. Als Zeichen für das Überweltliche steht die Figur steht auf dem Erdball.

Auch der Teich davor gehört zur Gesamtaussage des Denkmals: er symbolisiert die Ruhe, die man nach großer Unterdrückung hier in Südafrika fand. Das nahe gelegene Museum widmet sich der Geschichte der Hugenotten.

Das Hugenotten-Denkmal

 Wie kamen die Hugenotten ausgerechnet in dieses Tal?

Ab ca. 1685 entschloss sich die Holländisch-Ostindische Handelskompanie, Menschen zu motivieren, sich im Kapland niederzulassen. Man sprach deshalb die Hugenotten an, die durch die Aufhebung des Edikts von Nantes ihre Glaubensfreiheit verloren, sich aber weigerten, ihren protestantischen Glauben aufzugeben, und nun ihre Heimat verlassen mussten.

So kam eine kleine Gruppe im April 1688 an Bord der Oosterland an. Man gab ihnen Land in der Umgebung von Drakenstein, wo van der Stel bereits zwei Jahre zuvor Holländer auf 26 Siedlungsplätze verteilt hatte. Natürlich legten die Holländer großen Wert darauf, dass sich die Franzosen assimilierten. Sie durften ihre Sprache beibehalten, doch bereits nach einer Generation beherrschten nur noch die Älteren die Muttersprache.

Viele Namen von Weingütern in der Umgegend weisen heute noch auf die französische Herkunft der Siedler hin, so z.B. Bien Donné, La Cotte, La Motte und La Dauphine. Und wer einen Blick in südafrikanische Telefonbücher wirft, dem werden dort immer wieder im Lande längst typische Namen wie Du Toit, Fourie, Basson, De Villiers, Viljoen, Le Roux, Thibault, Malan, Joubert u.a. begegnen.

Drakenstein Valley

Dieses Tal, durch das man nach Stellenbosch zurückfährt, erhielt seinen Namen von Gouverneur Simon van der Stel (Drakenstein bedeutet Drachenfelsen). Die Farmer begannen hier vor mehr als 200 Jahren, Weizen, Früchte und Wein anzubauen. Doch gerade mit dem Obst hatte man große Lagerungsprobleme, und vieles verdarb. 1886 gelang es erstmals, Trauben bis nach London zu transportieren.

Während man zu jener Zeit in Kapstadt für ein Pfund Trauben einen Penny bekam, erhielt man für die gleiche Menge in London 15 Schillinge. Damit war die Fruchtexport-Industrie Südafrikas geboren. Wer kennt heutzutage nicht das „Cape"-Markenzeichen, sei es von importierten Weintrauben, Äpfeln oder anderen Früchten her.

Helshoogte Pass („steile Höhe")

Dieser Pass erreicht eine Höhe von 336 m und verbindet Stellenbosch mit dem Drakenstein Valley.

Anschluss-Strecken

- Nach Johannesburg über Worcester und Bloemfontein auf der N1 (siehe S. 767)
- Zur Gardenroute und Küste über die R45 nach Grabouw auf die N2 (siehe S. 634)

Stellenbosch – Caledon – Hermanus – Kap Agulhas – Swellendam/ Bontebok National Park

Übersicht

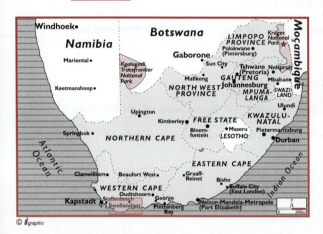

Wenn man so will, ist dieses Reisegebiet, auch Overberg genannt, ein Übergang zwischen dem attraktionsreichen Kapland und den ruhigeren, flachhügligen Landschaften des südwestlichen Küstenabschnittes der Kapprovinz. Vorwiegend Agrarland, ist diese Landschaft mehr ein „Durchreisegebiet" für aus dem Osten (der Gardenroute) oder aus dem Westen (Kapstadt) kommende Besucher. Und es reizt, einmal nachzuschauen, was es in Hermanus, am Kap Agulhas oder in Swellendam zu sehen gibt. Immerhin: Hier bewegt man sich auf historischem Altsiedelland: Burische Agrarwirtschaft dominiert, wenn auch an der Küste der Fremdenverkehr – hier zumeist durch einheimische Südafrikaner – gewisse „Attraktionen" setzt.

> **Streckenhinweis**
> Von Kapstadt aus gelangt man ganz einfach über die N2 in dieses Gebiet, von Stellenbosch/Paarl erreicht man die N2 entweder über die R44 und Sommerset West oder über die R45/R321/R43.

Fynbos-Königreich

Die Fahrt entlang der Küste (biegen Sie kurz hinter Strand von der N2 auf die R44) ist besonders schön. Dieses durch Winterregenfälle begünstigte Gebiet wird auch das „Fynbos-Königreich" genannt. Fynbos („Feiner Busch") ist eine Vegetation mit über 1 600 Pflanzenarten. Allen voran die berühmte Protea. Auf dem Weg nach Hermanus kommen Sie durch die Badeorte Rooiels, Pringle Bay, Bettys´s Bay und Kleinmond.

Wenn Sie über die N2 fahren und nicht nach Süden nach Hermanus abbiegen, fahren Sie durch den kleinen Ort Caledon.

Caledon (ⓘ s. S. 207)

Der Flecken verdankt seine Entstehung 50 °C heißen Quellen, aus denen pro Tag 900 000 Liter eisen- und mineralienhaltiges Wasser sprudeln, dem man Heilwirkungen nachsagt. 1708 baute hier der erste Siedler, Ferdinand Appel, ein kleines Haus für kranke Gäste. Das war der Beginn des kleinen Städtchens, das man nach dem Gouverneur Earl of Caledon benannte.

Heilbäder

Sehenswert ist der 10 ha große Botanische Garten, der 1927 gegründet. Alljährlich findet hier im September eine Blumenschau statt. Die Umgebung von Caledon wird vor allem zum Weizenanbau und zur Schafzucht genutzt.

Streckenhinweis
Von der N2 sollten Sie bei Botrivier auf die R44/R43 abbiegen, um einen Abstecher nach Hermanus zu machen, einem traditionellen Badeort.

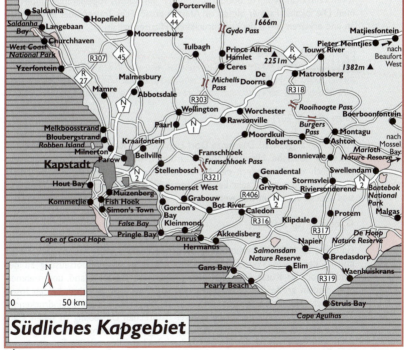

Südliches Kapgebiet

Hermanus (ⓘ s. S. 207)

Beliebter Badeort

Der vor allem bei Kapstädtern beliebte Badeort an den schönen Sandstränden der Walker Bay ist ein rechter Ferienort mit vielen kleineren Hotels, Pensionen und vor allem Ferienwohnungen. In den Hochsommermonaten, vor allem in der Weihnachtszeit, herrscht hier Hochbetrieb. Für den Übersee-Besucher lohnt ein Aufenthalt hier vor allem von September bis Oktober. Hermanus eignet sich v.a. zur Walbeobachtung (August bis Oktober), die Umgebung lädt aber auch zu ausgedehnten Wanderungen und Spaziergängen ein.

Weiterfahrt

Von Hermanus fahren Sie weiter östlich über die R43 bis Stanford, dann über die R326 und R316 über Napier und Bredasdorp die R319 nach Süden bis Kap Agulhas. Alternative: Dem Küstenverlauf folgend die R43 bis Gans Bay, danach über Pearly Beach und weiter über die R317 Richtung Vogelvlei, von hier nach Südosten bis zur R319, und dann weiter nach Kap Agulhas.

Stanford (ⓘ s. S. 207)

Dieses idyllische Dörfchen ist ein Geheimtipp für Vogelliebhaber. Auf dem Klein River kann man geführte Bootstouren durch ein wahres Vogelparadies unternehmen. Die lokalen Farmer bieten auf Anfrage persönliche Touren über ihre Farmen an und erklären gerne die beeindruckende Pflanzenvielfalt.

Streckenhinweis

Alternative Route zum Kap Agulhas: Von der R326 Richtung Bredasdorp zweigt rechts eine etwa 50 km lange Schotterstraße nach Elim ab. Von Elim führt die Straße weiter bis zur R319 und von dort über Struisbaai zum Kap.

Elim (ⓘ s. S. 207)

Denkmal-geschütztes Städtchen

Fotografen aufgepasst! Das ganze Dorf Elim steht zu Recht unter Denkmalschutz. 1824 als deutsche Missionsstation gegründet, wird es auch heute noch ausschließlich von Mitgliedern des Moravian-Ordens bewohnt. Die kleinen bunten Häuschen sind zum Teil sehr liebevoll restauriert und gut erhalten. Die Eindrücke sind allemal diesen Umweg wert.

Gans Bay (ⓘ s. S. 207)

Gans Bay ist weltweit berühmt und berüchtigt für die große Anzahl weißer Haie entlang der Küste. Wer Zeit hat, sollte unbedingt einen Bootsausflug zu den beiden vor der Küste liegenden Inseln, Dyer und Geyser Island, unternehmen. Hier siedeln große Robbenkolonien und das Gewässer zwischen beiden Inseln wird auch „Hai-Gasse" genannt. Man hat die Möglichkeit, diese beeindruckenden Tiere einmal ganz aus der Nähe in ihrer natürlichen Umgebung zu sehen. Ganz Mutige können auch mit den Tieren tauchen, geschützt durch einen Käfig. Doch auch vom Boot aus ist das Erlebnis sicherlich überwältigend. Die Touren dauern zwischen vier und sechs Stunden.

Ein weiteres Highlight ist das

Grootbos Nature Reserve
(ⓘ s. S. 207)

Dies ist eine wahre Traumlandschaft für Liebhaber der Kap-Vegetation, des Fynbos. Das Reservat ist über 25 ha groß und liegt über den Dünenausläufern der Walker Bay mit einem Panoramablick bis zum Kap der Guten Hoffnung. Die Unterkünfte liegen schön verteilt, Trittpfade laden zur Erkundung der Umgebung ein. Gemüse und Salate kommen aus eigenem Anbau, dazu werden oft kulinarische Spezialitäten wie Langusten und lokale Fische gereicht. Badestrände sind in der Nähe. Die deutschen Gastgeber, Familie Lutzeyer, kümmern sich bestens um die Gäste.

Grootbos Nature Reserve – für Liebhaber der Kap-Vegetation

Kap Agulhas

Dieser Abstecher führt zum südlichsten Ende Afrikas. Zum Namen habe ich zwei Erklärungen gelesen:
① Portugiesische Seefahrer hätten dieses Kap als „Kap der Nadeln" (das ist die Bedeutung von Agulhas) bezeichnet, denn hier hätte ihr Kompass ohne jede Abweichung genau nach Norden gewiesen.
② Eine andere Namensdeutung behauptet, dass mit den Nadeln die scharfen Riffe gemeint seien.

Das Kap der Nadeln

Fest steht jedoch, dass sich hier die Trennungslinie zwischen dem Indischen und dem Atlantischen Ozean befindet. Die große Landebene fällt allmählich ins Meer ab und wird als „Agulhas-Bank" bezeichnet. Das Meer ist hier 250 km seewärts ziemlich flach (bis ca. 110 m), danach fällt es steil in die Tiefsee ab. Das Gewässer dieser Region gilt als einer kommerziell am besten genutzten Fischfanggründe der Welt. Der Leuchtturm ist der zweitälteste in Südafrika. Er wurde 1848 erbaut und ist eines der einzigen beiden Gebäude Südafrikas, die von der ägyptischern Architektur inspiriert sind. Heute ist hier ein Museum untergebracht. Entlang dieses Küstenabschnitts sanken

Der südlichste Punkt Afrikas

mehr als 125 Schiffe. Einige der Gegenstände dieser gesunkenen Schiffe können im Shipwreck Museum in Bredasdorp besichtigt werden.

Agulhas National Park (ⓘ s. S. 207)

Wunderwelt des Fynbos

Der südlichste Punkt Afrikas, das ist das Markenzeichen dieses Nationalparks 170 km östlich von Kapstadt gelegen. Das Kap der Stürme – wie die Gegend auch genannt wird ist – ist ein **artenreiches Schutzgebiet**. Der Park beheimatet über 2 000 einheimische Pflanzen – davon viele endemisch. Fynbos-Vegetation durchzieht den Park, wobei die meisten Blumen zwischen Mai und September blühen. Auf Naturpfaden kann der Besucher in diese Wunderwelt eintauchen und sich anschließend im *Educational Centre* näher mit den verschiedenen Pflanzenarten beschäftigen. Zu dem kulturellen Erbe gehören auch die zahlreichen Schiffe, die entlang der Küste gesunken waren und deren Überbleibsel heute im *Bredasdorp Shipwreck Museum* zu besichtigen sind.

Im Park gibt es keine Übernachtungsmöglichkeiten, zahlreich werden sie aber geboten in den nahe gelegenen Orte L'Agulhas, Struis Bay und Elim (S. 207).

Weiterfahrt
Entweder die R319 über Bredasdorp auf die N2 und dann nach Swellendam oder Abstecher nach Arniston/Waenhuiskrans an der Küste, das man über die R316 erreicht (von Agulhas Richtung Bredasdorp, nach ca. 15 km rechts nach Arniston).

Bredasdorp (ⓘ s. S. 207)

Erste Stadt Südafrikas

Willkommen in Südafrikas erster Stadt. Sie wurde 1838 von Michael van Breda gegründet. Er konnte sich mit seinem Rivalen Pieter Voltelyn van der Byl nicht über den Standpunkt der Kirche einigen und so entstanden nicht nur zwei Kirchen, sondern auch zwei Städte, Bredasdorp und Napier. Sehenswert in Bredasdorp ist das Schiffswrack-Museum.

Waenhuiskrans/Arniston (ⓘ s. S. 207)

Alternative Anfahrt
Hinter Heidelberg auf die R322 abbiegen und von hier aus zum De Hoop Nature Reserve (Lunchpaket sollte man dabeihaben) – nach dem Besuch Weiterfahrt nach Arniston über Bredasdorp (ca. 1 ¼ Stunde Fahrzeit – den Park muss man um 18h verlassen).

Hübsches altes Fischerdorf

Arniston, auch Waenhuiskrans genannt, ist ein hübsches altes Fischerdorf mit z.T. restaurierten Fischerhütten. Der Name „Arniston" stammt von einem britischen Truppenschiff, das 1815 in der Nähe gestrandet ist, wobei 372 Menschen ums Leben kamen. Der Ort ist zum Baden eine bessere, ruhigere Alternative als Hermanus. Er bietet einsame, sichere Sandstrände, Dünen und sehenswerte Erosionen an der Küste. Arniston ist auch heute noch ein intaktes Fischerdorf. Täglich (wetterabhängig) landen die Fischer mit ihren kleinen Booten an, um den

Fang direkt zu verkaufen. Hier hat der Tourismus noch nicht so sehr Einzug gehalten. Lohnend ist ein Ausflug (ca. 1 ¼ Stunde Autofahrt) zum östlich gelegenen De Hoop Nature Reserve. Der Küstenabschnitt hier ist wirklich spektakulär (hohe Dünen, interessante Erosionsformen, wilde Brandung). Man findet hier die für das Kapland typische Fynbos-Vegetation. Das Arniston-Hotel bereitet für solche Ausflüge Lunchpakete vor.

Weg zurück nach Kapstadt
Von Arniston kann man auf dem Weg nach Kapstadt Kap Agulhas besuchen, den südlichsten Punkt Afrikas. Im Gegensatz zu Arniston ist dieser Ort zur Übernachtung nicht zu empfehlen (Besiedlung sehr ungeordnet, Landschaft nicht spektakulär, praktisch keine Badestrände). Auf der Weiterfahrt fährt man am besten über Hermanus (Walbeobachtung), dann der R44 folgend über Kleinmond an der False Bay vorbei in Richtung Gordon's Bay. Der Abschnitt zwischen Betty's Bay und Gordon's Bay entspricht von der landschaftlichen Schönheit durchaus dem berühmten Chapman's Peak Drive auf der Kaphalbinsel. Von Gordon's Bay bis nach Kapstadt braucht man über die N2 nur etwa 30 Minuten.

Swellendam (ⓘ s. S. 207)

Swellendam ist neben Tulbagh die drittälteste Stadt Südafrikas. Sie liegt malerisch am Fuße der Langeberg-Range und hat noch viele schöne kapholländische Häuser. Der Ort wurde 1743 gegründet und nach dem Gouverneur Hendrik Swellengrebel und seiner Frau Helena ten Damme benannt. Im Jahre 1795 war Swellendam für einige Monate sogar die Hauptstadt eines Staates. Die damaligen Siedler ärgerten sich

Hauptattraktion von Swellendam: das Drostdy

über die Misswirtschaft der Holländisch-Ostindischen Handelsgesellschaft so sehr, dass sie den Landvogt absetzten und eine eigene Republik ausriefen. Doch der „Staat" bestand nur wenige Monate, bis durch die britische Okkupation eine neue Regentschaft eintrat.

Lohnend ist ein Besuch der Drostdy, der alten Landvogtei aus dem Jahre 1747, die inzwischen natürlich restauriert wurde. Heute befindet sich hier ein Museum mit sehr schönen alten Möbeln und Hausrat.

Bontebok National Park (ⓘ s. S. 207)
(Abstecher von ca. 5 km)

Der 18 qkm große Nationalpark schützt vor allem den **Bontebok** (Buntbock). *Schutz der* Buntböcke sind in der südlichsten Kapprovinz zu Hause, und zwar im Strand- *Buntböcke*

14. Western Cape: Stellenbosch – Hermanus – Kap Agulhas – Swellendam/Bontebok NP

Buntböcke

Veld-Gebiet westlich und östlich des Kap Agulhas, südlich der Caledon-Berge und in der Kleinen Karoo. Bis auf 17 Exemplare war diese Tierart ausgerottet, und heute ist dank der Schutzmaßnahmen ihr Bestand wieder auf über 200 angestiegen.

Buntböcke lieben offenes Grasland mit nur wenigen Bäumen und Büschen. Sie fressen morgens und nachmittags, und bei heißem Wetter liegen sie im Schatten. Ihre Feinde in freier Wildbahn waren Löwen, Leoparden, Geparde und Hyänen. Seit der Erklärung zum Nationalpark im Jahre 1960 ist die Anzahl der Buntböcke so angestiegen, dass man einen Teil an andere Naturreservate geben konnte.

Fast unberührte Landschaft

Außer Buntböcken kann man auch Kap-Grys-Böcke, Graue Rehe, Springböcke und fast 200 Vogelarten sehen. Besonders im Frühling erfreut den Besucher ein farbenprächtiger Blumenteppich. Hier wurde eine Landschaft bewahrt, wie sie die ersten Siedler angetroffen haben dürften.

De Hoop Nature Reserve (ⓘ s. S. 207)

Streckenhinweis
Das einsam gelegene Naturreservat erreicht man entweder von Bredasdorp (ca. 60 km) oder von Swellendam zunächst über die N2 Richtung Kapstadt, dann nach ca. 13 km Straßen nach links (= Süden) über Wydgelee.

Das über 60 000 ha große Naturreservat liegt an einem Küstenabschnitt, der ein wichtiges Paarungs- und Aufzuchtgebiet des sog. „Südlichen Nordwals" darstellt. Außerdem gibt es hier den Buntbock, Bergzebras sowie etwa 230 Vogelarten zu beobachten (Brutgebiet von Geiern). Da das Gebiet sehr unterschiedliche Habitate umfasst, ist es ein Kleinod für Naturliebhaber. Etwa 20 km Schotterstraßen erschließen das Parkgebiet ebenso wie angelegte Wanderwege. Tolle Küstenszenerie mit hohen Dünen und Felsformationen!

Anschluss-Strecken

- Von Swellendam Anschluss an die „Gardenroute" (siehe S. 634)
- Von Swellendam über die R60 nach Montagu, danach R318 zur N1, die über Beaufort West und Bloemfontein nach Johannesburg führt (siehe Kapitel 17)

ALTERNATIVE GARDENROUTE

Paarl – Tulbagh – Montagu – Ladismith – Prince Albert – Oudtshoorn – Plettenberg Bay

Die *Garden-Route* im engeren Sinne bezeichnet den Küstenabschnitt zwischen Mossel Bay im Westen und der Mündung des Storms River im Osten. Im erweiterten touristischen Sinne gilt sogar Swellendamm oft als westlicher Endpunkt der Garden-Route. Dieser gesamte Abschnitt wird von der Nationalstraße N 2 durchzogen.
Die N 2 ist heute eine z.T. autobahnähnlich ausgebaute Straße, die zwischen Swellendam und Mossel Bay durch flaches, landwirtschaftlich genutztes Land führt (zumeist Getreideanbau).

Von subtropischer Vegetation ist hier keine Spur. Der landschaftlich schönste Teil der Garden-Route liegt zwischen Wilderness und dem Storms River (= Tsitsikamma Forest). Fast alle Reisen führen von Port Elizabeth nach Kapstadt – mit Abstecher nach Oudtshoorn – wobei vor allem das nördlich der N 2 gelegene von Osten nach Westen sich hinziehende Gebirge (Overberg im Westen – Langberg im Osten) nicht überquert wird. Diese Gebirge bilden – im groben – die Trennung zwischen Küstenebenen und der Kleinen (= südlicheren) und Großen (= nördlicheren) Steppe Karoo.

Fahrstrecke von Paarl nach Tulbagh
Von Paarl über die R 301 nach Wellington, von hier aus über den wunderschönen Bain's Kloof Pass (701 m) und weiter über die R 43 über Wolseley nach Tulbagh. Gesamt-Kilometer: ca. 100 km.
Der Bain's Pass – asphaltiert – ist einer der ältesten Pässe des Südlichen Afrikas, sehr eng, landschaftlich sehr schön (Schluchten und tolle Gebirgsflüsse, tolle Aussichten). Vom Bain's Pass kommt man in eine fruchtbare Ebene mit viel Obstanbau.

Tulbagh (ⓘ s. S. 207)

Kurzcharakteristik des Ortes
Tulbagh hat 3 000 Einwohner. Der Ort wurde 1795 gegründet, 1969 wurde er von einem Erdbeben zerstört. Viel Atmosphäre durch hervorragend restaurierte Bausubstanz an der Church Street – Weingüter wie Twee Jonge Gezellen und Drostdy sind hier zu Hause. Berühmt ist die Gegend u.a. für Sherry.

Fahrstrecken von Tulbagh nach Montagu
Wir sind interessante Umwege gefahren und haben dadurch innerhalb von ca. 4 Stunden einen unwahrscheinlichen Wechsel von fruchtbaren Landschaften und „Halbwüste" erlebt, sind über Pässe gereist und in tiefgrüne Oasen – Tälern ähnlich – hinuntergefahren.
Tulbagh über die R 46 nach Süden und über den Mitchell's Pass (480 m) nach Ceres (Obstanbau) – von hier Abstecher auf den mehr als 1 000 m hohen Gydo Pass (= schöne Ausblicke auf Ceres und die fruchtbare Ebene) – dann wieder herunter über Ceres der R 46 nach Osten folgend über den Theronspass (1 091 m), dann abbiegen

nach Süden über die R 46 – dann Versatz nach Westen auf der N 1 – dann wieder über die R 318 (Rooihoogte Pass/1 214 m) und Burger's Pass (840 m) nach Montagu. Gesamtstrecke: 240 km, alles Asphalt.

Montagu (ⓘ s. S. 207)

Kurzcharakteristik des Ortes
Städtchen mit kapholländischen und viktorianischen Häusern – von Bergen umgeben – heiße Quellen zum Baden (Montagu Hot Springs) – herrlicher Wanderweg durch die Schlucht des Keisie River von Montagu zu den heißen Quellen (Lovers' Walk, eine Strecke ca. 45 Minuten)

Fahrstrecke von Montagu nach Ladismith
Von Montagu fährt man am besten über den Kogmanskloof (eine engere Gebirgsschlucht direkt hinter dem Südausgang des Ortes) nach Swellendamm (hier vielleicht Besuch der alten Drostdy) und dann ca. 11 km auf der N 2 nach Osten, um gleich wieder nach Norden auf die R 324 abzubiegen, die über den herrlichen Tradouws Pass führt (351 m, sehr schöne Ausblicke von der Höhe in die vom Fluss geschaffene Gebirgsschlucht). Danach weiter auf der R 62 durch eine merklich trockene Landschaft, die einen fast wüstenähnlichen Charakter annimmt (Kleine Karroo), in das idyllische Landstädtchens Ladismith. Insgesamt 180 km.

Ladismith (ⓘ s. S. 207)

Kurzcharakteristik des Ortes
Ladismith ist ein kleines, ruhiges Landstädtchen vor einer imposanten Bergkulisse (= Klein Swartberg) – gegründet 1852 und im Zuge des Straßen-Booms Ende des 19. Jh. weiter entwickelt – Zentrum von Obstanbau und Milchproduktion (große Käsefabrik) – toll für Wanderungen, Vogelbeobachtung, Ponyreiten. Markant ist der Towerkop (eine gespaltene Bergkuppe, Nature Reserve). Ausflüge möglich z.B. nach Amalienstein (15 km) mit der 1853 von der Berliner Missionsgesellschaft gegründeten Kirche. Geheimtipp für Individualisten!

Fahrstrecke von Ladismith nach Prince Albert
Wir fuhren die R 62 über Zoar/Amalienstein und den Huisrivier Pass und dann von Calitzdorp einen nördlichen Bogen über Schotterpisten über Kruisrivier und Matjiesrivier zur R 328, die dann über den phantastischen Swartbergpass nach Norden führt. Die Pass-Straße selbst ist unbefestigt und führt auf eine Höhe von über 1 568 m. Danach geht es ziemlich abenteuerlich durch enge Schluchten nach Prince Albert. Kurz nach der Passhöhe zweigt ein westlicher Weg nach „De Hell" ab, einen in der Einsam-

14. Western Cape: Stellenbosch – Hermanus – Kap Agulhas – Swellendam/Bontebok NP

Kapstadt - Plettenberg-Bay - Alternativ-Route -

keit der Berge gelegenen Ort (Schotterpiste). Prince Albert am Fuße der Pass-Straße ist wie eine kleine Oase. Kilometer: 140 km ohne Abstecher nach De I Iell.

> **Hinweis**
> Der Swartbergpass ist nur bei Trockenheit zu befahren. Wenn man nicht sicher ist, ob der Pass eventuell gesperrt ist, bitte anrufen beim Prince Albert Informationsbüro.

Prince Albert (ⓘ s. S. 207)

Kurzcharakteristik des Ortes
Kleiner Ort in der Kleinen Karroo – viel Obstanbau – 4.500 Einwohner. Attraktion: Alte Wassermühle und Heimatmuseum in der Church Street – sehr interessante Wandermöglichkeiten.

> **Fahrstrecke von Prince Albert nach Oudtshoorn**
> Von Prince Albert fährt man zunächst über die R 407 nach Süden/Osten bis nach Klaarstroom, wo die Straße in die R 329 mündet und über die herrliche Schlucht von Meiringspoort (ca. 600 m ü NN) und De Rust nach Oudtshoorn führt. Gesamtstrecke: ca. 110 km. Aufenthalt unbedingt am Wasserfall (64 km von Prince Albert entfernt) in der Schlucht einplanen (kurzer Spazierweg, schöne Ausblicke).

Gardenroute (Swellendam – Nelson Mandela Metropole/Port Elizabeth)

Überblick

Beliebte Touristenstrecke – malerisch schön

Der im Folgenden beschriebene Streckenabschnitt wird als „Garden Route" bezeichnet, eine der beliebtesten Touristikrouten Südafrikas. Manchmal ist als „Garden Route" der Abschnitt zwischen Swellendam und Humansdorp gemeint, ein anderes Mal nur die kürzere Strecke zwischen Mossel Bay und Storms River. Wie dem auch sei: Diese küstennahe Region zeichnet sich durch **malerische Buchten, einsame Strände, hohe Kliffe, Felswände** und z.T. durch **urweltliche Wälder** aus. Bald hinter der Küstenlinie beginnen z.T. recht hohe Gebirgsketten, die Niederschläge bis zu 2 500 mm pro Jahr aufweisen; binnenwärts allerdings sinken die Niederschlagswerte auf 250 mm ab.

Eine Illusion möchte ich Ihnen nehmen: Die Bezeichnung „Gardenroute" verlockt zu der Annahme, dass man einen Garten Eden voller Blumen und Blütenteppiche vorfindet. Der Begriff „Gardenroute" ist jedoch eher historisch zu verstehen: Für die ersten Siedler war dieses Gebiet im Vergleich zum Binnenland so herrlich fruchtbar, dass es tatsächlich als ein „Garten" empfunden wurde und zum Siedeln motivierte. Aufgrund der mediterranen Temperaturen und der Fruchtbarkeit des Bodens scheint hier alles zu gedeihen. Doch keine Angst, dass Sie in ein „Regengebiet" fahren: Die Schauer sind zwar heftig, doch von kurzer Dauer und fallen zumeist auch nachts. Die Küstenterrasse, wie die Geologen den schmalen Abschnitt zwischen Meer und Gebirge nennen, wurde erstmals 1780 in ihrer gesamten Länge von dem Forscher François de Vaillant durchquert.

Besonders lohnend ist ein Abstecher in die Kleine Karoo, wo **Oudtshoorn** liegt. Hier finden Sie die berühmte Gegend der großen Straußenfarmen, und etwas weiter nördlich sind die Cango Caves zu bewundern, eines der imposantesten Tropfsteinhöhlen-Systeme der Erde.

Redaktions-Tipps

- **Übernachten** im Eight Bells Mountain Inn (Robinson Pass), Rosenhof Country Lodge oder Altes Landhaus (Oudtshoorn), Hunter's Country House oder Crescent Country Lodge (Plettenberg Bay) oder Tsitsikamma Coastal National Park (Chalets)
- Probieren Sie ein **Straußen-Steak** auf einer Straußenfarm in Oudtshoorn!
- **Dampflok-Fahrt** mit dem Outeniqua Choo-Tjoe-Train von George nach Knysna (oder umgekehrt)
- **Heißer Tipp für Golfer**: Das Fancourt Hotel in George mit seinem 27-Loch-Platz

Man sollte sich für die Garden Route genügend Zeit nehmen. Erzählen die kleinen Orte ihre z.T. sehr interessante Geschichte – man denke nur an Mossel Bay mit dem „Briefkasten" für die alten Segler – so lädt die Küste zum Baden, Fischen, Surfen oder ganz einfach zum Erholen ein.

Auf den wanderfreudigen Touristen wartet der **Tsitsikamma Coastal National Park** mit seiner unberührten, von spektakulären Wanderwegen durchzogenen Wald- und Küstenlandschaft.

14. Western Cape Province: Gardenroute (Swellendam – Nelson Mandela Metropole/Port Elizabeth)

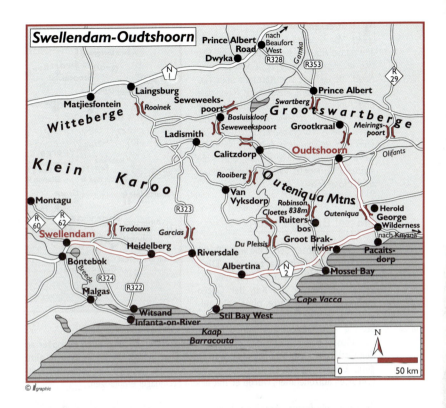

So hängt die Etappen- und Tageseinteilung stark von den individuellen Bedürfnissen ab. Manche „schaffen" die gesamte Strecke in zwei oder drei Tagen, doch mehr Zeit ist gerade entlang der Garden Route richtig investiert, um die Vielseitigkeit dieses Landstriches wirklich erleben zu können.

① Planungsvorschläge
Gesamtstrecke: Swellendam (N2) – Port Elizabeth (Garden Route)

Einzelstrecken	km	Tage
Swellendam – Heidelberg – Riversdale – Mossel Bay	174	1
Mossel Bay – Robinson Pass – Oudtshoorn	93	1
Oudtshoorn – Cango Caves – Oudtshoorn	54	1
Oudtshoorn – George – Wilderness	74	1
Wilderness – Knysna – Storms River	145	2
Storms River – Humansdorp – Port Elizabeth	172	1
gesamt	*712*	*7*

Streckenhinweis

Von Kapstadt kommend gibt es zwei alternative Routen zur Garden Route. Die N2, in diesem Abschnitt „Eden Country Road" bezeichnet, von Kapstadt über Caledon, Swellendam, Heidelberg, Riversdale und Albertina nach Mossel Bay, wo die Garden Route offiziell beginnt, oder die R316. Die R316 empfiehlt sich, wenn Sie vom Kap Agulhas und Arniston kommen. Sie führt an der Küste entlang durch die schönen Badeorte Witsand und Stilbaai nach Mossel Bay.

Mossel Bay (ⓘ s. S. 207)

Ankerplatz der ersten Europäer

Der erste Europäer, der in die weite Bucht eingefahren ist, dürfte **Bartolomeu Diaz** gewesen sein, als er am 3.2.1488 hier ankerte, nachdem er das Kap der Guten Hoffnung umsegelt hatte, ohne es – aufgrund zu großer Entfernung und heftiger Stürme – zu Gesicht bekommen zu haben. Mossel Bay ist damit die Stelle, an der die erste Landung durch Europäer an der Ostküste Südafrikas gelungen war. Doch Diaz behielt die Bucht in nicht allzu guter Erinnerung. Als er Anstalten machte, Kontakt mit den hier lebenden Hottentotten aufzunehmen, wurde er mit einem Steinhagel empfangen.

Er nannte die Bucht „Angra dos Vaqueiros", was so viel bedeutet wie „Bucht der Kühe". Wie gerne hätte er Vieh bei den hier lebenden Hirten eingetauscht, um nach der langen Seefahrt die Fleischvorräte aufzufüllen.

Erst **Vasco da Gama**, der am 20.11.1797 hier ankam, konnte friedliche Beziehungen zu den Hottentotten-Hirten knüpfen und die Nahrungsvorräte auffrischen. Fortan sollte Mossel Bay für viele portugiesische Schiffe ein Anlaufpunkt sein: Man konnte hier nicht nur Fleisch erstehen, sondern auch die Frischwasservorräte auffüllen. Und schließlich wurde sogar eine „Nachrichtenbörse" eröffnet: Seefahrer hängten in den Zweigen eines alten Milkwood-Baums Seeschuhe auf, in denen sie Nachrichten hinterließen. Dieser Baum befand sich in unmittelbarer Nähe der Quelle, an der sie frisches Wasser holten. Versäumen Sie nicht, diesen „Postamt-Baum" zu besichtigen!

Old Post Office Tree

Er liegt in der Nähe des Strandes. Heute gibt es hier einen Briefkasten in Form eines übergroßen Seemannsstiefels, und alle Post aus diesem „Briefkasten" erhält einen Sonderstempel. Manche Seefahrer ritzten auch Nachrichten in Felsen, und

14. Western Cape Province: Gardenroute (Swellendam – Nelson Mandela Metropole/Port Elizabeth)

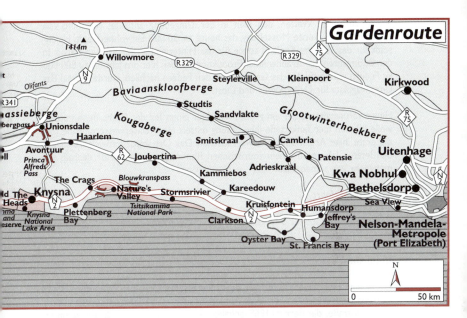

im örtlichen Museum können davon Abgüsse betrachtet werden.

Bartolomeu Diaz Museum

Besonders interessant ist hier die in einer alten Mühle untergebrachte „Caravelle", ein eindrucksvoller Nachbau, der 1988 zur 500-Jahr-Feier von Portugal nach Mossel Bay segelte. Der Ort verdankt seinen Namen Cornelius de Houtman aus Holland, der die Bucht wegen der Vielzahl an Muscheln **„Muschelbucht"** nannte. In den folgenden

Er wächst und wächst: der Post Office Tree (links unten der „Briefkasten")

Jahrzehnten sammelten holländische Seefahrer hier gerne Muscheln und Austern, und auch heute noch werden Schalentiere aus dem Gebiet der Mossel Bay in ganz Südafrika verkauft.

Die Holländer nahmen 1734 Besitz von dieser Region, als der damalige Kap-Gouverneur Jan de la Fontaine auf dem Seeweg in diese Gegend gelangte und ein Steinzeichen mit dem Wappen Hollands sowie dem Monogramm der Holländisch-Ostindischen Handelskompanie errichtete. Doch erst 1787 kamen die ersten Dauersiedler, die einen Kornspeicher bauten. Schon im Juli des Folgejahres

Touristischer Rummelplatz — wurde der erste Weizen, den man in der Umgebung anbaute, verschifft. Von diesen Tagen an wurde Mossel Bay, das heute ca. 30 000 Einwohner zählt, Hafenstadt für das südliche Kapland sowie für das Hinterland in der Kleinen Karoo. In den Boomjahren der Straußenfeder-Produktion wurden hier pro Jahr bis zu 800 000 kg Federn verschifft! Als das Geschäft mit den Federn nachließ, wurde Mossel Bay Umschlagplatz für Ocker, Wolle und Obst.

Heute verunstaltet leider ein großes Tanklager einen Teil der Bucht, denn mittlerweile können hier Tankschiffe ihre Ladung mittels einer Unterwasserpipeline (die die erste ihrer Art in Südafrika war) löschen. Der Ort selbst entwickelte sich in den letzten Jahren zu einem touristischen Rummelplatz und verlor deshalb immer mehr von seinem Flair.

Weiterfahrt

Bei der Fahrt in die Kleine Karoo reisen Sie nordwärts über die R328 Richtung Oudtshoorn und verlassen für einen kurzen Streckenabschnitt die Garden Route. Bald steigt die Straße an und führt hinauf auf den

Robinson-Pass

Er hat eine Höhe von 838 m über dem Meeresspiegel. Von der Passhöhe aus gibt es einen eindrucksvollen Fernblick. Ab und zu sieht man Protea-Sträucher entlang der Passstraße, die bereits 1869 angelegt wurde, und je nach Jahreszeit unterschiedlich blühende Wildblumen.

Oudtshoorn (ⓘ s. S. 207)

Mit ca. 41 000 Einwohnern ist Oudtshoorn die größte Stadt in der Kleinen Karoo und liegt, von den umliegenden Bergen geschützt, in einem Tal. Ursprünglich gab es an der Stelle der Stadt die Farm „Hartenbeesrivier". Als die Bevölkerung im Gebiet der Kleinen Karoo allmählich anwuchs, stellte der Farmbesitzer C. P. Rademeyer vier Hektar seines Grundes zur Verfügung und stiftete 1839 eine Kirche. Damit war der Grundstein für die spätere Stadt gelegt. Seinen Namen erhielt Oudtshoorn nach der Baronesse Gesina E. J. van Rheede van Oudtshoorn, der Frau des Kommissars von George, einem gewissen E. Bergh. Er war oberster Verwaltungsbeamter für die gesamte Region um George einschließlich der Kleinen Karoo.

Zentrum der Straußenfarmen

Obwohl die Gegend von Oudtshoorn sehr trocken ist, ist genügend Wasser vorhanden, das der Olifants River und sein Nebenfluss Grobbelaars herbeiführen. So konnte man sich von Anfang an mit landwirtschaftlichen Produkten versorgen, legte Gärten und Luzerne-Felder an, auf denen sich in den Boomjahren der Straußenfeder-Produktion über 100 000 Strauße tummelten. Die Zeit vor dem 1. Weltkrieg war sicherlich die wirtschaftlich bedeutsamste Periode des Städtchens, und die reichen Straußen-Farmer – als „Feder-Barone" bezeichnet – bauten sich „Straußenpaläste". Ein gutes Beispiel dafür stellt der Ostrich-Palace Pinehurst dar, 1911 für E. J. Edemeades errichtet.

Nel Museum

Lohnend ist auch ein Besuch des **C. P. Nel Museums** (Baron von Reede Street), in dem es eine Ausstellung zum Thema „Die Geschichte des Straußes durch die Jahrhunderte" gibt.

„**Arbeidsgenot**" ist das Haus des bekannten afrikaanssprachigen Dichters C. J. Langenhoven.

Straußenfarmen

Zwei Straußenfarmen haben sich darauf spezialisiert, Besuchern alles über Straußenzüchtung zu zeigen und zu erklären (Highgate Ostrich Show Farm und Ostrich Safari Farm). Man hat auch die Möglichkeit, die zwischen 1 bis 1,5 kg schweren Eier als Omelette und gar Straußenfleisch zu probieren. Meistens enden die zweistündigen Führungen mit einem Straußenrennen. Mutige Besucher können einen Straußenritt versuchen.

> **INFO** Strauße – die größten Laufvögel der Welt
>
> - **Strauße in freier Natur**
>
> **Allgemeines**
> Der Strauß ist der größte heute lebende Vogel. Aufgrund seiner außergewöhnlichen, auffälligen Erscheinung ist er zugleich einer der bekanntesten. Große Männchen können bis zu 2,60 m hoch werden, wobei der Hals fast die Hälfte der Körpergröße ausmacht. Das Gefieder des Männchens ist schwarz, ausgenommen die weißen Schmuckfedern an den Flügeln und am Schwanz. Wegen dieser Schmuckfedern ist der Bestand an Straußen zunächst stark vermindert worden; erst später wurden Straußenfarmen gegründet. Das Gefieder des Weibchens ist braun, die Federn werden zur Spitze hin heller. Der Kopf, der größte Teil des Halses und die Beine sind nackt, aber die Augenlider haben lange, schwarze Wimpern. Jeder Fuß hat zwei starke Zehen, die längere ist mit einer stärkeren Klaue versehen.
>
> **Verhalten**
> Strauße sind außerordentlich wachsam. Ihr langer Hals gestattet ihnen, schon in großer Entfernung Feinde zu erkennen. Es ist daher auch nicht sehr einfach, Strauße in der Wildnis zu beobachten. Sie leben in sehr trockenen Gebieten und durchstreifen auf der

In Oudtshoorn dreht sich alles um den Strauß

Nahrungssuche das offene Land oftmals in starken Trupps. Während feuchter Perioden teilt sich die Gruppe in Familien, bestehend aus einem Paar mit Küken und Jungtieren. Ein Hahn oder eine Henne führt den Trupp und entscheidet, ob das Revier gewechselt wird. Wenn die Gruppe vertrautes Gebiet verlässt oder an eine Wasserstelle kommt, wo keine anderen Tiere trinken, treibt das Leittier die Jungtiere vor sich her, um einen eventuellen Angreifer aus der Deckung zu locken. Etwas Erstaunliches: Strauße können zur Not auch schwimmen.

Fressgewohnheiten
Strauße fressen nahezu alles. Vorgezogen werden Pflanzen, Früchte, Samen und Blätter. Sie fressen auch kleine Tiere, manchmal sogar Eidechsen und Schildkröten. Sie stehen in dem Ruf, wirklich Allesfresser zu sein. Selbst Metallstücke werden geschluckt. Sie fressen auch beträchtliche Mengen an Sand und Steinen, um ihre Verdauung zu fördern. Durch die Aufnahme solch harter Materialien zerkleinern sie die Nahrung im Magen. Man sagt, aus der Art der Sandkörner und Kiesel könne man bei einer Obduktion genau die vom Strauß zurückgelegte Strecke verfolgen.

Familienverhältnisse
Noch bis vor kurzer Zeit rätselte man, ob Strauße polygam oder monogam veranlagt seien. Man weiß heute, dass Strauße monogam sein können, aber in der Regel polygam sind. Die gesellschaftliche Ordnung der Strauße ist recht anpassungsfähig, und es kann sein, dass ein Männchen, das ein Weibchen mit Küken begleitet, durchaus nicht der Vater der Küken zu sein braucht.
Jede Henne legt 6 bis 8 etwa 15 cm lange und bis zu 1,5 kg schwere Eier. Die Hennen eines Harems legen alle in das gleiche Nest, das aus einer Bodenvertiefung von etwa 3 m Durchmesser besteht. Es kann drei Wochen dauern, bis alle Eier gelegt sind, dann treibt die Haupthenne die anderen weg, und das Nest wird von ihr und dem Hahn behütet. Das Brüten besteht mehr darin, das Nest zu beschatten als es warm zu halten.
Interessant ist, dass die Männchen bei Nacht über den Eiern brüten, die Weibchen bei Tage. Gegen Ende der sechswöchigen Brutzeit werden die am meisten entwickelten Eier am Rand des Nestes zusammengebracht. Die Küken können kurz nach dem Schlüpfen laufen und einen Monat später schon eine Geschwindigkeit von 50 km pro Stunde erreichen. Im Alter von vier bis fünf Jahren werden sie fortpflanzungsfähig. Strauße können bis zu 40 Jahre alt werden.

Flucht vor Feinden
Erwachsene Strauße fürchten sich kaum vor Feinden. Sie sind sehr wachsam und können bis zu 65 km pro Stunde laufen. Eier und Küken können jedoch Schakalen und sonstigen Räubern zum Opfer fallen. Die Erwachsenen führen ihre Küken aus den Gefahrenzonen hinaus.

- **Straußenzucht um Oudtshoorn**

Um 1865 herrschte in der Kleinen Karoo eine große und langandauernde Dürre. Sehr viel Vieh verendete, und die Siedler hatten Not zu überleben. Man beobachtete, dass die Strauße mit der Trockenzeit ganz gut fertig wurden, und wenigstens diese Tiere lieferten das dringend benötigte Fleisch, an dessen Geschmack man Gefallen fand. Außerdem waren die hübschen Federn der Tiere verkäuflich. Und so entwickelte sich allmählich der Gedanke, Strauße auf speziellen Farmen zu halten.

Im Zuge dieser „Domestizierung" baute man Luzerne als besonders nahrhaftes Futter an, doch zunächst einmal herrschte Skepsis. Die Feder-Händler gaben vor, dass die Qualität der domestizierten Tiere nicht so gut sei wie die der in freier Wildbahn lebenden Strauße, und so zahlten sie niedrigere Preise. Aber beharrlich hielt man an der Idee fest, und der Farmer von Malitz war der erste, der im großen Rahmen mit der Straußenzucht begann. In der Folgezeit entwickelte man Brutapparate, baute Luzerne an und installierte stabile Drahtzäune.

Der Modetrend nahm die angebotenen Federn bereitwillig auf. Der Landpreis um Oudtshoorn

Strauße lebten ursprünglich in der Sahel-Zone

stieg auf über 1 200 Rand pro Hektar, und man war bereit, für Zuchttiere bis zu 2 000 Rand auf den Tisch zu legen. Einige Zahlen spiegeln den Aufschwung der Straußenfeder-Produktion wider:

Doch mit dem Ausbruch des 1. Weltkrieges brach der Straußenmarkt zusammen, und eine große wirtschaftliche Depression traf das Oudtshoorn-Gebiet. Die Zahl der Tiere musste drastisch reduziert werden. In der Folgezeit begann man verstärkt, alle möglichen Nebenprodukte aus Straußen herzustellen. So produziert man heute im großen Stil Biltong (gewürztes, luftgetrocknetes Fleisch), verwertet die Eingeweide als Viehfutter und verarbeitet die Knochen zu Knochenmehl. Aus den Häuten wird Leder hergestellt, aus dem man Taschen und andere Lederwaren produziert.

Heute gibt es in der Umgebung von Oudtshoorn etwa 150 bis 200 Farmer, die Strauße halten. Etwa 70 % der Federproduktion geht nach Europa, den Rest verarbeitet man in Südafrika zumeist für Staubwedel. Die Qualität der Federn hat sich stetig verbessert, denn Zuchtmethoden und Fütterung sind mittlerweile ausgefeilt. Man rupft Strauße, die in Herden von etwa 100 bis 150 Vögeln gehalten werden, ca. alle neun Monate. Dies ist jedoch für die Tiere nicht so schmerzhaft, da die langen Federn geschnitten werden. Rund 1 kg Federn pro Tier wird dabei gewonnen, und je nach Qualität erhält der Farmer hierfür etwa 60 bis 200 Rand.

Federn als Staubwedel

Sehenswertes in der Umgebung von Oudtshoorn

- **Ausflug zu den Cango Caves**

 Streckenhinweis
Über die R328 nach 27 km in nördlicher Richtung zu erreichen.

Auf dem Wege zu den Cango Caves passiert man die Cango Wildlife Ranch. Außer Krokodilen kann man Schlangen und Geparde bewundern.

Die Cango Caves gehören zu den größten und ausgedehntesten Tropfsteinhöhlen-Systemen der Welt.

INFO Wunderwelt der Tropfsteinhöhlen

Unter Tropfstein versteht man in der Geologie verschieden geformte Gebilde, die vorwiegend aus Kalziumkarbonat CaCo3 bestehen. Sie entstehen dadurch, dass kalkreiches Wasser aus Gesteinsfugen herabtropft und verdunstet. An den Decken der Tropfsteinhöhlen bilden sich herabhängende **Stalaktiten**. Am Boden wachsen ihnen dann **Stalagmiten** entgegen. Manchmal verbinden sich Stalaktiten und Stalagmiten zu **Stalagnaten** als durchgehende Tropfstein-Säule.

Der Eingangsbereich der Cango Caves wurde schon in Urzeiten von Buschmännern als Behausung genutzt, die auch die Wände bemalten. Aber ohne tragbares Licht konnten die Bewohner der Vorzeit nicht weit in die Höhle eindringen. Nur Fledermäuse verirrten sich in die Tiefe, und ihre Skelette wurden vom durchsichtigen Kalzit versteinert. Im Jahre 1780 stolperte zufällig ein Hirte in die Höhle, als er einem verwundeten Bock folgte, der hier verschwunden war. Der Mann erzählte die Entdeckung seinem Aufseher Barend Appel, der als Lehrer und Farmmanager beim Farmbesitzer van Zyl angestellt war. Appel informierte van Zyl über den Höhleneingang. Diesen interessierte die Entdeckung, und er führte die erste Expedition tief in die Höhle. Man gelangte bis in die *van Zyl's Hall*, die eine imposante Größe von 98 m Länge, 49 m Breite und 15 m Höhe aufweist. Er entdeckte dabei ein besonders sehenswertes Tropfsteingebilde, die sogenannte *Cleopatra's Needle* (9 m hoch, schätzungsweise 150 000 Jahre alt).

Man weiß nicht genau, wie weit van Zyl in die Höhle eingedrungen ist. Nach und nach gelangten Forscher weiter, bis sie nach 762 m vom Eingang glaubten, an das Ende

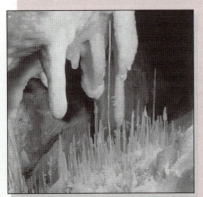

Stalaktiten

des Höhlensystems gekommen zu sein. Doch andere Höhlenforscher gelangten bald zu der Überzeugung, dass es eine Fortsetzung der Höhlen geben müsse, da es hier frische Zugluft gab. Allerdings versperrten verzwickte Tropfsteinformationen und Felsen den Weg. Bis hierher bezeichnet man die Höhle als „Cango1", und sie wurde so ausgestattet, dass Touristen die Schönheit dieser „Unterwelt" bequem bewundern können (z.T. raffiniert illuminiert, was nicht jedermanns Geschmack ist). Die größte Höhle im Abschnitt Cango 1 ist 107 m lang und 16 m hoch, die höchste Tropfsteinformation ist eine 12,5 m hohe Säule in Botha's Hall.

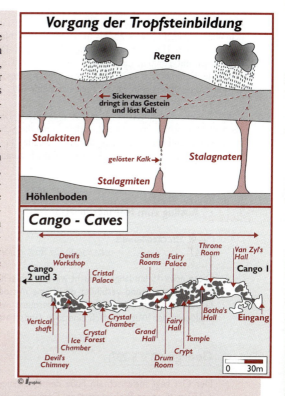

Das Geheimnis um den weiteren Verlauf der Cango-Höhlen wurde erst in neuerer Zeit geklärt. 1956 begutachtete eine Expertenkommission die Höhlen und fand folgendes heraus: Wenn draußen der Atmosphärendruck fiel, strömte Luft aus der Höhle heraus; stieg dagegen der Luftdruck draußen, so floss frische Luft in die Höhlen. Diese Beobachtung führte zu der Vermutung, dass es eine Fortsetzung der Höhlen geben muss.

Diese Spekulation faszinierte zwei der Berufsführer, *James Craig-Smith* und *Luther Terblanche*, derart, dass sie einen großen Teil ihrer Freizeit opferten, um das Geheimnis zu lüften. In der letzten Höhle – im „Devil's Workshop" – folgten sie einem Luftzug, der sie zu einem schmalen Spalt führte. Monatelang vergrößerten sie die kleine Öffnung und gelangten schließlich am 17. September 1972 in ein neues Wunderland von 270 m Gesamtlänge, das sie **„Cango 2"** nannten.

Zur weiteren Erkundung wurden Spezialisten eingeladen. Sie fanden am Ende einen Wasserlauf, der Richtung Eingang zurücklief und sich etwa 20 m unterhalb der Höhlenebene befand. Zwei Männer folgten diesem Strom, bis sie auf ein Hindernis stießen.

Im Jahre 1975 brachte man schließlich eine leistungsfähige Pumpe mit und senkte den Wasserspiegel so stark ab, bis man dem Wasserablauf folgen konnte und in die Fortsetzung des Höhlensystems, **Cango 3**, gelangte. Der neu entdeckte Abschnitt erwies sich mit 1 600 m Länge als doppelt so lang wie Cango 1 und 2 zusammen. Die erste Halle in Cango 3 alleine weist eine Länge von 300 m auf! Und man vermutet, dass dies noch nicht das Ende der Höhle ist.

Cango 2 und 3 stehen für den Besucher nicht offen. Dies ist insofern zu begrüßen, als man heute weiß, dass große Besucherströme die Schönheit der Tropfsteinhöhlen stark beeinträchtigen. Zigarettenrauch und Abfälle, die eine spezifische Bakterienwelt ermöglichen, verändern das Farbenspiel der Formation.

- **Ausflug zum Meiringspoort**

 Streckenhinweis
Über die R29 in östlicher, ab De Rust in nördlicher Richtung zu erreichen.

Diese etwa 15 km lange Schlucht windet sich sehr eindrucksvoll durch die Swartberg Mountains und verbindet die Kleine mit der Großen Karoo. Sie folgt dem Grootrivier, der insgesamt 26mal überquert wird. Imposante Sandsteingebilde flankieren den Weg – einfach eine tolle, landschaftlich herrliche Fahrt.

George (ⓘ s. S. 207)

Der Ort liegt malerisch am Fuße der Queteniqua Mountains, die Höhen bis zu 1 370 m (George Peak) erreichen. George ist der Hauptort entlang der Garden Route, liegt 226 m über dem Meer und zählt ca. 46 000 Einwohner. Im Jahre 1811 wurde hier die zweite Landvogtei nach der britischen Kap-Besetzung gebaut. Den entstehenden Ort benannte man nach König George III.

Der legendäre Sklavenbaum

George ist bekannt für seine breiten, eichengesäumten Straßen. Der legendäre Sklavenbaum, eine große Eiche vor der Library, ist so alt wie die Stadt selbst. Hier sollen Sklaven früher angekettet worden sein, wenn sie versteigert wurden. In die Baumrinde sind Teile der Eisenketten eingewachsen.

1842 erbaute man die Dutch Reformed Church, deren schöne Kanzel aus Stinkwood sowie die Pfeiler und die Kuppel aus Yellowwood an die nahe gelegenen Wälder erinnern. Da man am Beginn der Siedlerzeit unwahrscheinlich viel abholzte, schob die Regierung weiterem Raubbau einen Riegel vor, indem sie 1936 jedes weitere Baumfällen für die nächsten 200 Jahre verbot.

Im George Museum/Old Drostdy Building (1813 erbaut) in der Courtenay Street gibt es eine besonders interessante **Musikinstrumenten-Sammlung** zu bewundern.

Old Passes Road

Diese Straße ist eine Alternative für diejenigen, die sich gerne auf „Abseitspfaden" bewegen. Die Old Passes Road reicht von George bis nach Keytersnek (ca. 8 km westlich vor Knysna) und ist etwa 65 km lang. Die Straße – zum großen Teil nur mit Schotter bedeckt – führt durch eine bewaldete Landschaft, tiefe Schluchten und über schmale Brücken. Die Fahrt lohnt sich sehr, nur fahren Sie bitte sehr vorsichtig, da die Straße teilweise in schlechtem Zustand ist. Immer wieder gibt es Abzweigungen zur Küstenstraße. Unterwegs kommt man durch Woodville, Barrington, Rheenendal und Keytersnek.

Hinter der Abzweigung nach Hoekville (geht nach rechts ab, also nach Süden) kommen Sie an einen Wegweiser, der zum Big Tree führt. Wenn Sie dem Schild folgen, gelangen Sie zu einem der höchsten Gelbholzbäume (Yellowwood) der hiesigen Wäldern.

Ein besonderer Tipp
Die Fahrt mit dem legendären Dampflok-gezogenen Outeniqua Choo-Tjoe führt bis nach Knysna durch eine herrliche Landschaft. Ein Muss für alle, die genügend Zeit mitbringen.

Für Eisenbahn-Nostalgiker

Wilderness (ⓘ s. S. 207)

Bevor man diesen Ort erreicht, sollte man einige Kilometer vorher auf der Anhöhe an der N2 anhalten (Parkplatz). Von hier aus bietet sich ein phantastischer Blick auf den fast 8 km langen Sandstrand, an dem die weißen Schaumkronen des Ozeans auslaufen.

Parallel zum Meer verläuft – von einer alten Dünenkette getrennt – eine Seen-Kette, die man einfach

Wunderschöne Sandstrände

als „The Lakes" bezeichnet. Sie beginnt an der Mündung des Trouw River am Strand von Wilderness und erstreckt sich bis zur Mündung der Swartvlei Lagoon bei Sedgefield. Eine Straße führt von der Lagune bei Wilderness ostwärts am Nordufer dieser Seen entlang.

Die atemberaubend schöne Umgebung lädt zu Spaziergängen ein und es gibt eine Vielzahl von Wanderwegen.

Wilderness National Park

Die oben beschriebene Landschaft zwischen dem Goukamma Nature Reserve im Osten und dem Touw River im Westen ist heute zum 10 000 ha großen Wilder-

14. Western Cape Province: Gardenroute (Swellendam – Nelson Mandela Metropole/Port Elizabeth)

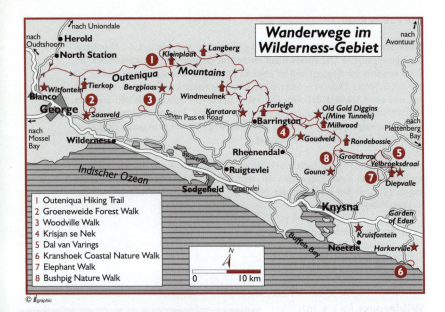

- 1 Outeniqua Hiking Trail
- 2 Groeneweide Forest Walk
- 3 Woodville Walk
- 4 Krisjan se Nek
- 5 Dal van Varings
- 6 Kranshoek Coastal Nature Walk
- 7 Elephant Walk
- 8 Bushpig Nature Walk

Wilderness Lakes

ness National Park zusammengefasst. Im Einzelnen umfasst das Gebiet den Mündungsbereich des Touw River, die Wilderness Lagoon, Serpentine, Eilandvlei, Langvlei, Rondevlei, Swartvlei und den Knysna National Lake. „Vlei" bedeutet dabei in Afrikaans soviel wie „Sumpf". Swartvlei ist der größte Salzwassersee Südafrikas.

Das Nebeneinander von Salz- und Süßwasser sorgt für eine vielfältige Flora und Fauna. Deshalb zählt diese Gegend zu den artenreichsten Wasservogel-Gebieten Südafrikas (u.a. Flamingos, Löffler).

Knysna (ⓘ s. S. 207)

Der Name dieses Ortes, der etwa 19 000 Einwohner zählt, stammt aus der Hottentotten-Sprache. Seine Bedeutung ist letztlich nicht ganz geklärt, doch scheint Knysna soviel zu heißen wie „Ort des Holzes".

An der Einfahrt in die Knysna-Lagune stehen zwei hohe Sandsteinkliffs, als Heads bekannt.

Als Gründer des heutigen Städtchens gilt George Rex, der 1797 nach Südafrika kam. Er kaufte zunächst die Farm Melkhout Kraal, und erweiterte sie durch Zukauf weiterer Farmen. Als Rex 1839 starb, besaß er praktisch das ganze Land um Knysna. Doch seine Aktivitäten beschränkten sich nicht alleine auf die Landwirtschaft. Er war vielmehr davon überzeugt, dass Schiffe die enge und felsenreiche Passage bei den Heads passieren könnten. So veranlasste er, die Tiefe auszuloten und richtete eine kleine Lotsenstation ein. 1817 lief schließlich die „Podargus" sicher in die Lagune ein – und damit begann Knysnas Aufschwung als Seehafen. Die Holzindustrie entwickelte sich nun stark, da endlich Transportmöglichkeiten bestanden.

1826 beschloss Rex, ein eigenes Schiff – die „Knysna" – zu bauen. Auf ihrer Jungfernfahrt im Jahre

Knysna Lagune mit „Heads"

1831 segelte die „Knysna" bis nach Kapstadt, später wurden sogar Fahrten bis nach St. Helena und Mauritius unternommen. Einen weiteren Wachstumsimpuls erhielt der Ort, als 1870 die Familie Thesen eintraf, die eine Reederei gründete und später Möbel herstellte.

Als 1928 endlich die Eisenbahnlinie die Stadt an die Außenwelt anschloss, verlor der Hafen schlagartig an Bedeutung, da es nun schnellere Transportmöglichkeiten gab. Noch heute ist Knysna bekannt für seine Möbel aus Stink- und Yellowwood. Sehr schöne Möbel, die aus dem Holz der Helling, auf der die „Knysna" vom Stapel lief, gefertigt wurden, sind heute in den Büroräumen der Stadtverwaltung zu sehen. Im Millwood House (Queen Street, neben dem Rathaus) befindet sich ein Heimatmuseum. Das aus Gelbholz errichtete Millwood House diente als Wohnhaus bei den Goldfeldern von Millwood, bevor man es auseinander nahm und hier in Knysna wieder aufstellte.

Bekannt für die Möbelproduktion

Im Jahr 2001 wählten die Südafrikaner Knysna zu ihrer Lieblingsstadt – nicht ohne Grund, denn Knysna ist nicht nur landschaftlich wunderschön gelegen, sondern bietet auch jede Menge Unterhaltung. Das Angebot ist so reichhaltig, dass ein Besuch des Informationsbüros sehr zu empfehlen ist. Hier ein paar Highlights:

- Fahrt oder Bootsausflug zu den Knysna Heads.
- Rundfahrt durch den bei Knysna gelegenen Wald (tolle Wanderwege).
- Ein Picknick auf Leisure Isle.
- Strandspaziergang am Strand bei Brenton on Sea.
- Schlendern durch die vielen Kunstgalerien.
- Eines der vielen hervorragenden Restaurants besuchen und einfach genießen.
- Noetzi Beach anschauen.

Burg Notzee Beach bei Knysna

Ausflug ins Knysna Forest Country

Ausgedehnte Waldbestände

Das Südliche Afrika ist überwiegend durch weite, offene Savannenlandschaften geprägt. Nur ein Prozent der gesamten Staatsfläche Südafrikas ist mit Wald bedeckt, und die ausgedehntesten Wälder befinden sich in der Gegend zwischen George und Humansdorp. Hier haben sie vor allem genügend Niederschlag, mindestens 750 mm pro Jahr, doch meistens mehr.

Dieser Waldgürtel, in dem Pinien und Eukalyptus angepflanzt wurden und wo von Natur aus **Stink- und Yellowwood-Bäume** heimisch sind, erstreckt sich auf einer Länge von 177 km und einer durchschnittlichen Breite von ca. 16 km auf der Küstenterrasse zwischen dem Meer und den Queteniqua und Tsitsikamma Mountain Ranges. In der Tiefe dieser Wälder finden wir uralte Bäume (bis zu 800 Jahre), Farne, Kletterpflanzen und Wildblumen.

Knysna National Lake Area (ⓘ s. S. 207)

Das Naturschutzgebiet Knysna National Lake Area befindet sich unmittelbar an der Gardenroute etwa 10 km westlich von Knysna. Das Naturschutzgebiet hat eine Größe von 106 qkm. In diesem einzigartigen Ökosystem – einem ausgewiesenen Wasservogel-Gebiet – findet z.B. das Seahorse, eine bedrohte Seepferdchenart, seine Heimat.

ca. 10 km westlich von Knysna, 106 qkm, besonders artenreiches Wasservogel-Gebiet, Kapottern – Strände – Fynbos-Vegetation – 2 einfache Camps

Die Naturschutzbestrebungen werden groß geschrieben und die Wassersportaktivitäten stehen mit dem Ökosystem im Einklang.

Übernachtungsmöglichkeiten gibt es in dem Area keine, dafür bietet aber das malerische Städtchen Knysna hervorragende Unterkunftsmöglichkeiten (S. 207).

Viele Vogelarten, Antilopen, ja sogar vereinzelt Elefanten sind hier noch heimisch. Seit dem Zeitpunkt, als die ersten Europäer in diese Gegend kamen und das wertvolle Holz entdeckten, kam es zum Raubbau. Vor allem Hartholzbäume, oft über 600 Jahre alt, wurden rücksichtslos gefällt. Das Holz benutzte man zunächst zum Bau von Schiffen, später wurden daraus Bahnschwellen hergestellt. Im Jahre 1936 gelang es endlich, die Abholzung unter staatliche Kontrolle zu bringen.

Raubbau

Eine schöne Route durch das Knysna Forest Country ist die Strecke bis nach Avontuur über die Quteniqua Mountains und den Prince Alfred's Pass (hin und zurück knapp 150 km). Die Straße dorthin beginnt etwa 3 km hinter Knysna und zweigt nach links, also nach Norden ab. Rund 14 km hinter der Abzweigung gelangt man an einen „**Big Tree**" (an den „Grooten Boum"). Der King Edward's Big Tree – ein Gelbholzbaum – ist ca. 46 m hoch und hat ein Alter von über 700 Jahren.

Wenn man etwa 1½ km weiter hinter der Abzweigung zum Big Tree nach Norden fährt, erreicht man die Diepwalle Forest Station, die mitten im Knysna Forest liegt. Hier beginnt der Elephant Walk, der insgesamt 18,2 km lang ist und ca. 6½ Stunden in Anspruch nimmt. Unterwegs kann man mehrere Riesen-Yellowwoodbäume sehen und, wenn man Glück hat, vielleicht sogar Elefanten.

> **INFO** **Wahre Prachtexemplare: die Knysna-Elefanten**
>
> Sie bilden heutzutage den Rest viel größerer Herden (2 Bullen, eine Kuh und ein Baby). Diese Elefanten werden – aufgrund des Überflusses an Wasser und Nahrung – sehr groß. In der Vergangenheit wurden sie rücksichtslos gejagt, da ihr Elfenbein hervorragend ist. Heute haben sie sich in die Tiefe der Wälder zurückgezogen, sind still und scheu und nur selten zu sehen. Wenn es zu feucht wird, macht ihnen das Klima zu schaffen, denn leicht können sie sich rheumatische Erkrankungen zuziehen. Auf Jungtiere lauern weitere Gefahren: Sie können im z.T. morastigen Boden versinken, sich im Winter erkälten oder von umstürzenden Bäumen erschlagen werden.

Bei der Diepwalle Forest Station beginnt auch ein weiterer Wanderweg, der über 150 km lang ist und über die gesamte Länge der Quteniqua Mountains bis zur Witfontein Forest Station bei George führt (7 Hütten).

Garden of Eden

Er liegt 16 km östlich von Knysna, direkt an der Garden Route. Hier sind verschiedene Bäume mit Hinweisschildern gekennzeichnet.

> *Ein besonderer Tipp*
> Die Fahrt mit dem legendären Dampflok-gezogenen Quteniqua Choo-Tjoe führt nach George durch eine herrliche Landschaft. Ein Muss für alle, die genügend Zeit mitbringen.

Plettenberg Bay (ⓘ s. S. 207)

Es handelt sich hier um einen der beliebtesten Badeorte an der Garden Route. Der Ort wurde 1778 nach Gouverneur *Joachim van Plettenberg* benannt, der hier ein See-Zeichen errichtete, um damit den Anspruch der Holländisch-Ostindischen Handelskompanie auf diese Bucht zu dokumentieren. Dieses Zeichen wurde von der Historical Monuments Commission 1964 ins South African Cultural Museum in Kapstadt gebracht. Die Holländer unternahmen Anstrengungen, die Bucht als Hafen für das Verschiffen von Holz aus dem Hinterland zu benutzen, woran heute nur noch die Ruinen des im Jahre 1788 erbauten Lagerschuppens erinnern.

Plettenberg Bay – einer der beliebtesten Badeorte an der Gardenroute

Beinahe in jedem Prospekt über Südafrika ist das Beacon Island Hotel abgebildet. Hier befand sich früher eine von norwegischen Siedlern erbaute Walfangstation. Als 1920 die Norweger diese Stelle verließen, begann Petten-

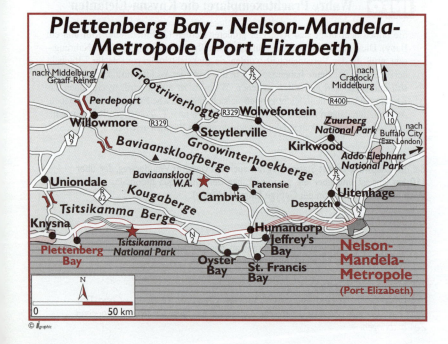

bergs Entwicklung zum Ferienort. Leider ist der Ort in der Hochsaison oft völlig überlaufen.

Sie fahren nun weiter bis zur Abzweigung von der N2 nach rechts zum Storms Rivier Strand, falls Sie an die Mündung des Storms Rivier gelangen möchten. Sonst bleiben Sie auf der N2 und fahren weiter zur Paul Sauer Bridge.

Ein besonderer Tipp: Stanley Island

Stanley Island ist die einzige Privatinsel vor der südafrikanischen Küste. Die Inhaber errichteten hier ein wahres Natur-Refugium. Motorbootfahrten, Kanu fahren, Schwimmen, Fischen, Wandern und sogar ein Motor Glider Flugplatz sind die angebotenen Aktivitäten. Die Übernachtung erfolgt in riedgedeckten Häuschen, und natürlich sind auch ein Restaurant sowie eine Bar vorhanden. Man erreicht Stanley Island über die Keurbooms River Bridge, ca. 7 km außerhalb von Plettenberg Bay.

Privatinsel und Natur-Refugium

Tsitsikamma Coastal National Park (ⓘ s. S. 207)

Überblick

Der urige Name stammt aus der Khoi-Sprache und bedeutet „klares" oder „sprudelndes Wasser". Beide Nationalpark-Gebiete umfassen einen schmalen, 113 km langen Abschnitt. Das Gebiet ist gekennzeichnet durch dichte Wälder mit z.T. sehr altem Baumbestand, hohen Regenfall, viele Bäche und Flüssen, Schluchten sowie eine malerische Steilküste. Die Hauptattraktionen sind die Storms River Gorge (Ausblick von der Storms River Bridge), der Storms River Mouth, die Küstenwanderwege und der Strand am Nature's Valley. Die wahre Schönheit und grandiose Natur dieser Landschaft bleiben nur dem Wanderer vorbehalten. Zwei der schönsten Wanderwege Südafrikas finden wir hier: den Otter Trail und den Tsitsikamma Trail:

Zwei weltberühmte Wanderwege

Der Tsitsikamma und vor allem der Otter Trail gehören ohne Zweifel zu den schönsten Wanderrouten des Landes. Für beide Trails gilt aber eine rechtzeitige Anmeldung (Monate im Voraus! Ab 12 Monate im Voraus möglich), denn es wird nur eine begrenzte Zahl an Wanderern zugelassen. Buchen müssen Sie über die Nationalparkbehörden in Kapstadt oder Tshwane (ehem. Pretoria), und bei der Buchung empfiehlt es sich, gleich Alternativdaten anzugeben. Kosten: Um ZAR 300.

Grandiose Landschaft und Wandergebiet

- **Otter Trail**

Er beginnt am Storms River Mouth Restcamp des Tsitsikamma National Park, hat eine Länge von 48 km und endet im Nature's Valley. Der Trail dauert 5 Tage, und unterwegs stehen vier einfache Hütten für die Übernachtung zur Verfügung. Die Etappen sind zwischen 4,6 (ca. 3 Std.) und

13,8 km (ca. 8 Std.) lang. Es darf nur in westliche Richtung gewandert werden. Der Trail ist aber nicht so einfach, wie es zuerst scheint. Flüsse müssen durchwatet und Felsen überwunden werden. Die Einsamkeit der faszinierenden Küstenlandschaft belohnt aber für alle Mühen. Zudem gibt es Gelegenheit zum Schnorcheln!

- **Tsitsikamma Trail**

Er beginnt am Groot River Campingplatz im Nature's Valley, hat eine Länge von 72 km und bietet 5 Hütten als Übernachtungsstätten. Er endet entweder am Tsitsikamma Total Village, am Storms River Village oder aber am Storms River Mouth Restcamp. Dieser Trail führt durch die Waldareale – vorwiegend unterhalb der Berge. Es darf nur in östliche Richtung gewandert werden. Gemeinsam mit dem Otter Trail bildet der Wanderweg eine kreisförmige Route.

Woran sollten Sie denken und was sollten Sie dabeihaben?
- Wichtig! Eine **gute Gesundheit** ist Voraussetzung.
- Die **trockensten Monate** sind Juni und Juli.
- **Kleidung:** Regenschutz, Windjacke, mind. eine Ersatzgarnitur normale Kleidung, festes Schuhwerk für die Wanderung, leichte Schuhe für die Camps, langärmelige Hemden als Sonnenschutz, warme Kleidung im Winter bzw. für die Abende, Sonnenhut
- **Ausrüstung:** Wetterfester Rucksack, wasserdichte Säcke, um durch die Flüsse zu kommen, Schlafsack, 2 Wasserflaschen, Waschzeug, Handtuch, Campingkocher, -töpfe und -geschirr, Becher, Besteck, Streichhölzer, Taschenlampe, Kerzen
- **Kalorien- und vitaminreiche Nahrungsmittel:** Nudeln, Instantsuppe, Schokoriegel, getrocknete Früchte, dehydrierte Fertiggerichte, Obst, Tomaten, Kaffee/Tee, Milchpulver, Energie-Drinks
- **Sonstiges:** Badezeug, Sonnenbrille, Sonnencreme, kl. Erste-Hilfe-Set, evtl. Schnorchelutensilien (Maske, Flossen)

Sehenswertes im und um den Tsitsikamma Coastal National Park (von Osten nach Westen)

Auf den ersten Kilometern führt die N2 von Osten durch relativ unspektakuläre Waldregionen und passiert dabei die beliebte Tsitsikamma Lodge. Kurz darauf erreichen Sie dann die

Meisterleistung der Ingenieure

- **Paul Sauer Bridge** (heute: **Storms River Bridge**) und **Tsitsikamma Total Village.** Erstere ist 192 m lang, wurde 1956 als erste Brücke ihrer Art erbaut und führt in 139 m über die schmale Schlucht des Storms River. Eine Aussichtsplattform bzw. ein Spaziergang über die Brücke verdeutlichen, welche Meisterleistung die Ingenieure damals vollbracht haben. Das Total Village, benannt nach dem Erdölkonzern direkt hinter der Brücke, weist neben der Tankstelle Snack-Restaurants, Souvenirshops, Outdoor-Anbieter sowie ein kleines Informations-Center für den Nationalpark auf.

14. Western Cape Province: Gardenroute (Swellendam – Nelson Mandela Metropole/Port Elizabeth)

- Gut 3 km weiter führt rechter Hand eine Piste sowie ein (lohnenderer) 15-minütiger Waldwanderweg zum **Big Tree**, einem 37 m hohen Yellowwood-Baum (Umfang: 8,5 m; Alter: 800 Jahre).
- Das **Storms River Village**, das 1 km südlich der N2 liegt, bietet einige Unterkünfte sowie kleine Geschäfte. Früher hatte es Bedeutung, als die ehemalige Hauptstraße hier durchführte und sich 4 km südöstlich vom Dorf über den (Old) Storms River Pass und die „Old Bridge" quälte. Heute werden hier Touren zu den Holzfällern organisiert. Die Piste endet auf der Ostseite des Storms River Mouth. Wanderwege und eine Mountainbike-Strecke erfreuen hier die Outdoor-Enthusiasten.
- Das „leicht erreichbare Highlight" des Tsitsikamma Coastal National Park ist mit Sicherheit das **Mündungsgebiet des Storms River („Storms River Mouth")**, zu dem eine 10 km lange Stichstraße 9 km westlich der Storms River (Paul Sauer) Bridge hinunterführt. Bereits die letzten 4 km Kilometer vor Erreichen des Parkplatzes sind Atem beraubend. Zuerst fällt die Straße steil ab zum Meer, und dann bieten sich zwei schöne Haltebuchten an für den direkten Ausblick aufs Meer. Am Ende der Straße befinden sich die Parkbehörde, ein Restaurant, ein Geschäft, ein Campingplatz und die beliebten Cottages, die zum Übernachten einladen. Am Tage ist dieses „Herzstück des Parks" leider stark besucht, was um so mehr für eine Übernachtung spricht.

Atem beraubende Aussicht

Das Meeresrauschen, die sich an den Felsen brechenden Wellen und ein kleiner Strand laden trotzdem zu einer Pause ein.

Dann aber sollten Sie sich aufmachen zu einer kurzen Wanderung (25 Min. je Richtung) zur **Suspension Bridge**, einer Hängebrücke über der Mündung des Storms River. Der Weg dorthin führt durch einen Feuchtwald, wie er für die Küste hier typisch ist. Der Weg ist befestigt, trotzdem an manchen Stellen steil und etwas mühselig. Wer nicht so gut zu Fuß ist, sollte nicht unbedingt auf die schaukelnde Brücke gehen. Auf der anderen Seite des Flusses führt dann noch ein sehr steiler Pfad hinauf zu einem einmaligen Aussichtspunkt. Hierfür aber sollten Sie fit sein und auch etwas zu trinken mitnehmen. Der Aufstieg dauert etwa 20 Minuten, hinunter ist es dann keineswegs einfacher!

Bootstour unter der Suspension Bridge durch in die Storms River-Schlucht

Nahe der Suspension Bridge legen kleine Boote ab zu einer kurzen Fahrt in die Storms River-Schlucht. Die Fahrt ist schön und vermittelt einen guten Eindruck über die Schluchten entlang der Garden Route, ist dafür aber auch nicht gerade preiswert.

El Dorado für Bungee Jumping

- Zurück auf der N2, werden Sie schnell wieder in die Realität zurückgeholt: Gleich hinter der nächsten Flussüberquerung macht ein riesiges Sägewerk darauf aufmerksam, welche Gefahren auf die Natur lauern.
- Bleiben Sie auf der in einem Teilstück kostenpflichtigen N2, gelangen Sie ca. 9 km westlich des Abzweigs der R102 zur **Bloukrans River Bridge**. Sie ist mit 216 m die höchste Brücke entlang der Garden Route und wird deswegen als Eldorado und Adrenalin-Schocker der Bungee Jumper angesehen. Eine entsprechende Infrastruktur ist deswegen östlich der Brücke eingerichtet: Souvenirläden, Inforaum über den Bau der Brücke, Backpacker-Lodge, Aussichtsplattform, Campingplatz etc. Leider hat ein Feuer 1998/99 das gesamte Areal niedergebrannt, aber der Eindruck der Höhe wird durch die kahlen Flächen drumherum um so deutlicher. Übrigens: Für einen Sprung müssen Sie sich nicht unbedingt anmelden, so groß ist der Andrang dann auch wieder nicht. Und über 60-Jährige dürfen sogar kostenlos springen.
- Landschaftlich schöner als die N2 ist die alte Strecke, die R102, die zum einen nahe des Bloukrans River und dann wieder, nach Durchqueren des Nature's Valley, 25 km vor Plettenberg Bay wieder auf die N2 trifft. Im Osten führt sie noch durch langweilige Aufforstungsgebiete der Holzkonzerne, um dann aber steil abzufallen am **Bloukrans Pass** (nicht geeignet für große Wohnmobile) und sich durch nahezu unberührte Schluchtenvegetation zu schlängeln. Etwas westlich davon beeindruckt ein Ausblick auf die o.g., 216 m hohe **Bloukrans River Bridge** (vielleicht springt ja gerade jemand). Ein auf älteren Karten ausgewiesener Scenic Drive zur Küste, der **Marine Drive**, kurz vor der Kreuzung mit der N2, ist bis mindestens 2004 nicht zu empfehlen, denn ein Waldbrand hat dort alles niedergemacht, und die Pisten werden z.Zt. nur von Forstfahrzeugen genutzt. Sobald die Strecke wieder frei ist, führt der Marine Drive hoch auf die Klippen über dem Meer und bietet spektakuläre Ausblicke.

Tsitsikamma Trail

- Weiter auf der R102, kreuzen Sie die N2 (die bis zur zweiten Einmündung der R102 nichts zu bieten hat), und nach wenigen Kilometern wird an zwei Aussichtspunkten (ein größerer, ein sehr kleiner – mehr gibt es nicht!) deutlich, warum dieses die weitaus schönere Strecke ist: Der Ausblick aufs **Nature's Valley** mit der Lagune und dem satten Grün im Tal des Groot River ist Atem beraubend. Unten angelangt, können Sie nun in den eigentlichen Nationalpark (**Nature's Valley-/De Vasselot**-Abschnitt) fahren, wo einfache Hütten, ein Campingplatz, kurze Wanderwege und ein bezaubernder Strand einladen. Naturfreunde werden sich hier bestimmt wohlfühlen.
- Der Ort **Nature's Valley** ist weniger interessant, sollten Sie nicht in einem der kleinen B&Bs hier nächtigen wollen. Zumeist handelt es sich dabei nur um größere Ferienhäuser mit Anliegerwohnung. Lohnend sind aber der Spaziergang zum Strand und die Möglichkeit, sich hier ein Kanu zu mieten, um den Groot River auf 7 km Länge abzufahren. Eine einfache Hütte weiter oberhalb des Flusses bietet Outdoor-Liebhabern zudem eine Übernachtungsstätte. Dafür müssen Sie aber entsprechend ausgerüstet sein.

15. EASTERN CAPE PROVINCE

Nelson Mandela Metropole (Port Elizabeth) – Buffalo City (East London)

Überblick

Das folgende Reisegebiet der Eastern Cape Province ist im besonderen Maße „geschichtsträchtig". Es ist die Region der Siedler von 1820, die die britische Regierung in den Osten der Kapprovinz schickte, um diese Gegend in Besitz zu nehmen. Es handelte sich meistens um Soldaten, die in den napoleonischen Kriegen gedient hatten und die man in England aufgrund der großen wirtschaftlichen Depression nur sehr schwer wieder integrieren konnte. Mehr als 4 000 ehemalige Söldner – z.T. mit Frauen und Kindern – landeten in der Algoa Bay von Port Elizabeth und zogen aus, um das Land zu besiedeln. Kaffraria, so nannte man jenes Gebiet, erstreckte sich von der Algoa Bay bis zum Great Fish River.

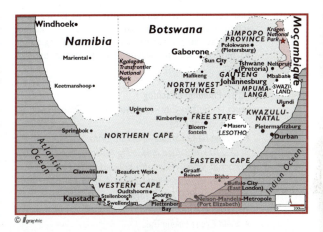

An der Grenze entlang des Fish River stießen zwei extrem unterschiedliche Zivilisationen zusammen: einerseits die von Norden nach Süden ziehenden schwarzen Siedler vom Stamme der Xhosa und andererseits die weißen Europäer, die sich anschickten das Land hier urbar zu machen, um sich eine neue Heimat aufzubauen. Große Konflikte traten auf, die in blutigen Schlachten gipfelten. Die heutigen Städte wie Grahamstown, King William's Town und East London begannen daher ihre Geschichte als Militärstützpunkte.

Jenseits des Great Fish River erstreckt sich die ehemalige **Ciskei**, das vierte ehemalige Homeland, das damals in die Schein-Unabhängigkeit entlassen worden war. So haben Sie entlang dieses Streckenabschnitts eine gute Möglichkeit, die Unterschiede zwischen weißem und schwarzem Farmland und der Siedlungsstruktur mit eigenen Augen zu sehen.

Doch die wahren Probleme der ehemaligen Ciskei sind nicht direkt sichtbar: Die meisten Männer im arbeitsfähigen Alter verdienen ihr Geld außerhalb ihres Gebietes, so dass die Familien den größten Teil des Jahres auseinander gerissen sind. Eine moderne Agrarstruktur steckt noch in den Kinderschuhen. Krampfhaft ist man bemüht, die Bildungsmöglichkeiten zu verbessern. Und praktisch fehlt dem Gebiet in den Grenzen der ehemaligen Ciskei eine wesentliche Grundlage zum Aufbau einer eigenständigen Industrie, nämlich Bodenschätze.

East London bildet den Abschluss dieses Reisegebiets – und erinnert mit dem German Settler's Monument daran, dass auch Deutsche an der Erschließung dieser so fern von Europa liegenden Landschaften beteiligt waren.

Planungsvorschlag
- Buffalo City - Idutywa - Bityi - Coffee Bay:
  ca. 300 km, 1 Tag
- Coffee Bay - Umtata - Port St. Johns:
  ca. 210 km, 3 Tage (inkl. 1 Tag Aufenthalt)
- Port St. Johns - Flagstaff - Kokstad - Durban:
  ca. 440 km, 3 Tage (inkl. 2 Tage Aufenthalt)

gesamt ca. 950 km, 7 Tage
zusätzliche Alternativen:
- Wild Coast Hiking Trail:
  6 Tage (inkl. 1-2 Tage Vorbereitung)
- Umtata - Elliot - Maclear - Umtata:
  ca. 320 km, 1–2 Tage
- Küstenorte südwestlich von Coffee Bay:
  ca. 100–300 km, 2–3 Tage

Nelson Mandela Metropole (Port Elizabeth) (ⓘ s. S. 207)

 Entfernungen
- Port Elizabeth – Durban: 984 km
- Port Elizabeth – Kapstadt: 769 km
- Port Elizabeth – Jo'burg: 1 075 km

Östlicher Abschluss der Gardenroute

Port Elizabeth liegt im Osten der Kapprovinz an der Mündung des Baakens River und bildet fahrtechnisch gesehen den östlichen Abschluss der Garden Route. Es ist die größte Stadt der östlichen Kapprovinz und bildet mit Uitenhage und Despatch die neue Nelson-Mandela-Metropole. Es erstreckt sich über 16 km entlang der Algoa Bay und bietet dem Reisenden mit seinen Stränden und Museen eine Möglichkeit, hier zu verweilen. Machen Sie sich aber nicht zu viele Hoffnungen, die Strände sind teilweise sehr steinig, und der Stadtkern hat, außer den

15. Eastern Cape Province: Nelson Mandela Metropole – Buffalo City

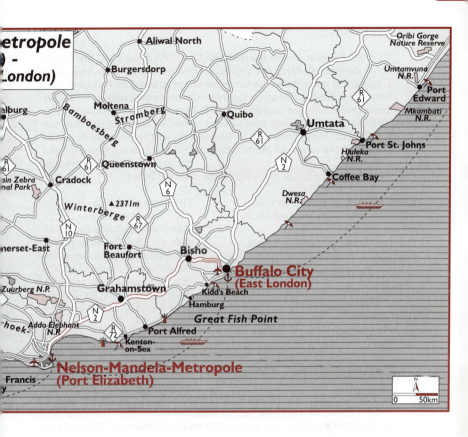

historischen Bauten, nicht allzu viel zu bieten. Man sieht ihm sofort an, dass er – zwischen Berg und Meer – zu einer Zeit angelegt wurde, als die Stadt noch wesentlich kleiner war.

Heute scheint er aus allen Nähten zu platzen. Sehr eindrucksvoll sind aber die alten Wohnhäuser an den Hangstraßen. Sie stammen zum großen Teil noch aus dem 19. Jahrhundert. Wer gerne durch Geschäfte bummeln möchte, muss heute in die Vororte, in eine der vielen Malls gehen. Die stetige Verschlechterung der Innenstadt hat dazu geführt, dass viele Geschäfte dorthin abgewandert sind. Sicherlich ist „P.E.", wie es die Südafrikaner nennen, nicht der Höhepunkt einer Südafrikareise, aber wer hier schon einmal ist, sollte sich trotzdem einige Dinge anschauen.

Nicht unbedingt ein touristisches Highlight

Und wen die Großstadt zu sehr abschreckt, der kann seine Zelte auf den Campingplätzen außerhalb der Stadt aufschlagen, oder im ca. 70 km entfernten Addo Elephant Park ein Chalet mieten.

Geschichte

Als erster Europäer landete **Bartolomeu Diaz** 1488 in der Algoa Bay. Damals wurde die Bucht als Ankerplatz genutzt, um Proviant und vor allem Trinkwasser zu bunkern. In den folgenden Jahrhunderten kamen so zuerst die Portugiesen und später die anderen europäischen Seefahrernationen immer wieder in die Bay. Bei diesen Unternehmungen strandeten einige Schiffe und mussten verlassen werden. Heute noch kann man nach ihren Überresten tauchen. Doch die Gründung von Port Elizabeth erfolgte erst 1799, als die Briten das Fort Frederick errichteten. Es handelt sich hierbei um das älteste Steingebäude in der östlichen Kapprovinz und das älteste britische Bauwerk südlich der Sahara.

Redaktions-Tipps

- **Übernachten** in den Pine Lodge Chalets oder, wer's ausgefallen haben möchte, im Edward's Hotel
- **Essen** in Blackbeards' Seafood Taverne
- **Publunch** im „Nice Vice"
- Das **Port Elizabeth Museum** und die **Art Gallery** ansehen
- Die **Architektur** der Wohnhäuser am „The Hills" bewundern
- **Aussicht** vom Campanile auf die Stadt und den Hafen

Der Anlass für den Bau lag in der Angst der Briten vor dem feindlichen Frankreich begründet, das damals mit dem Gedanken gespielt hatte, die Rebellen im Gebiet von Graaff-Reinet zu unterstützen. Von dem Fort aus überwachte Hauptmann *Francis Evatt* in der Zeit von 1817 bis 1850 die Ankunft britischer Siedler.

Ihren Namen verdankt die Stadt dem damals amtierenden Kap-Gouverneur *Sir Rufane Donkin*, der 1820 die Siedlung nach seiner zwei Jahre zuvor in Indien verstorbenen Frau Elizabeth benannte. Im Donkin Reserve, einem Gedenkpark, steht eine Steinpyramide, die Donkin zu Ehren seiner Frau errichten ließ. Am Hafen erinnert der 1923 erbaute Gedenkturm „Campanile" an die ersten Siedler, die 1820 hier eintrafen.

Im Rahmen der Reorganisation der Verwaltungsbezirke bemüht sich die heutige Regierung um eine „Afrikanisierung" der aus der Kolonialzeit stammenden Städtenamen. Heute trägt die Stadt Port Elizabeth mit ihren Vororten Uitenhage und Despatch den Namen **Nelson-Mandela-Metropole**. Es wird aber

Blick auf den Strand in „PE"

sicherlich eine Weile dauern, bis sich der neue Name eingebürgert hat, und auch auf den meisten Straßenschildern stehen noch die alten Namen. In der Übergangsphase sind auf jeden Fall beide Namen gebräuchlich.

Sehenswertes

Heute ist Port Elizabeth bzw. Nelson-Mandela-Metropole eine blühende **Industriestadt**, in deren Großraum über 1 Mio. Menschen leben. Die bedeutendste Industrie ist der Fahrzeugbau (Ford und GM, sowie VW & Audi in Uitenhage). Über die Hälfte aller Industriebeschäftigten sind direkt oder indirekt in der Automobilindustrie oder den Zulieferfirmen tätig. Aber auch andere Industrien, wie Textil-, Möbel- und Konservenfabriken, haben sich hier niedergelassen.

Blühende Industriestadt

Von besonderer Bedeutung ist der **Wollhandel**. Die Wollbörse von Port Elizabeth ist die größte in Südafrika. Bis auf die Hafenbetriebe ist die Industrie aus dem Stadtbereich ausgelagert. Der Hafen ist der viertgrößte in Südafrika (nach Durban, Richards Bay und Saldanha Bay) und verfügt über einen modernen Containerterminal. Jährlich werden hier über 10 Millionen Tonnen umgeschlagen. Nachdem der Hafen von Saldanha Bay 1976 in Betrieb genommen wurde, musste Port Elizabeth auf die Verladung des Erzes aus Sishen verzichten und spezialisierte sich auf Container- und Stückgutfracht. Mehrmals wurde das Hafenbecken in den letzten Jahrzehnten vergrößert.

Port Elizabeth hat aber mehr zu bieten als Industrie und Hafen. Von besonderem Reiz ist seine Lage am Hang eines 60–90 m hohen Plateaus, der als „The Hills" bezeichnet wird und auf dessen schönsten Grundstücken große Villen stehen. Die Innenstadt, die bereits kurz hinter den Hafenanlagen steil aufsteigt, beherbergt noch viele Häuser im viktorianischen Baustil. Das Geschäftszentrum ist leider sehr zersiedelt, und es fällt der Stadtverwaltung schwer, die Fehler der letzten drei Jahrzehnte durch die Restaurierung der übrig gebliebenen alten Häuser wieder gutzumachen. In der Umgebung der Stadt gibt es unzählige Strände, wobei die stadtnahen teilweise sehr steinig sind. Trotzdem sind sie Ziel vieler Touristen.

Kulturell versucht Port Elizabeth sein Image aufzuputzen. Neben einem Opernhaus, gibt es zwei Laientheater. Die **Feather Market Hall** am Ende der Main Street wird zu einem Kulturzentrum umgebaut, in dem neben Theatergruppen auch Musikgruppen auftreten und kleine Ausstellungen stattfinden. Für Freunde der klassischen Musik bietet auch das Opernhaus viele musikalische Veranstaltungen. Informationen erteilt das Tourist Office.

Port Elizabeth ist außerdem Bischofssitz und hat, neben einer Universität, auch noch ein Technikum.

- ### Campanile (1)

Von diesem Turm aus, der 1923 zum Andenken an die Siedler des beginnenden 19. Jahrhunderts errichtet wurde, hat man einen ausgezeichneten Ausblick auf die Innenstadt und vor allem den Hafen. Direkt unterhalb des Turmes rangiert der

15. Eastern Cape Province: Nelson Mandela Metropole – Buffalo City

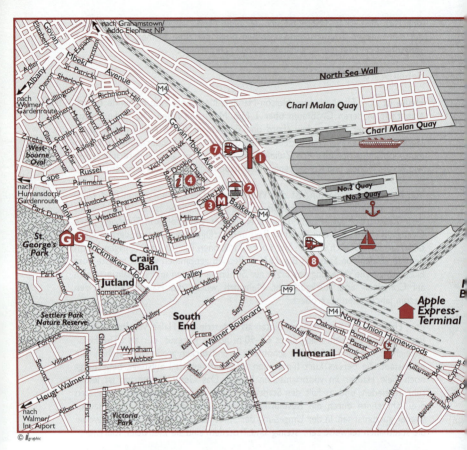

„Apple Express". Dreimal am Tag läuten die 23 Glocken, und zu dieser Zeit sollte man sich nicht unbedingt im Glockenturm aufhalten. Die 52 m muss man zu Fuß hinaufsteigen (204 Stufen).

- **City Hall und Market Square (2)**

Am Ende der Main Street befindet sich der Market Square, auf dem ein Modell des Diaz-Kreuzes steht. In früheren Zeiten wurde der Platz nicht nur für Marktveranstaltungen genutzt. Er war schon von Beginn an als „Parkplatz" für die Ochsenkarren konzipiert, und die Stadtverwaltung hatte einen Parkwächter angestellt, der für geordnetes Parkverhalten zu sorgen und die Tiere zu verpflegen hatte. Die City Hall ist 1977 abgebrannt, und bei ihrem Wiederaufbau entschied man sich für die heutige Anlage des Platzes. Schräg gegenüber der City Hall befindet sich der viktorianisch-gotische Bau der **Library (Bücherei)**, der im 19. Jahrhundert als Gerichtsgebäude diente. Heute kann man dort auch als Tourist

Stadtplan Nelson-Mandela-Metropole (Port Elizabeth)

1 Campanile
2 Market Square
3 Castle Hill Hist. Museum
4 Donkin Reserve
5 King George IV Art Gallery
6 zum Oceanarium, Museum und Snake Park/ Tropical House
7 Bahnhof
8 Abfahrt des Apple Express
9 zum Boardwalk, Casino & Entertainmentkomplex

Bücher einsehen und kurzfristig ausleihen (gegen einen gültigen Pass und einen geringen Geldbetrag). Zu empfehlen ist die Abteilung Geschichtsbücher. Nutzen Sie bei schlechtem Wetter einmal die Gelegenheit, sich hier über die Geschehnisse des Landes aus der Sicht der Einheimischen zu informieren.

• Museum, Oceanarium, Snake Park und Tropical House (6)

Market Square – Mittelpunkt der Stadt

Entlang dem Humewood Beach, gleich hinter dem Elizabeth Sun Hotel, befindet sich das „Port Elizabeth Museum". Besonders das Museum selbst ist einen Besuch wert. Die naturwissenschaftliche Abteilung bietet eine große Anzahl von ausgestopften Tieren, wobei gerade der maritimen Tierwelt Rechnung getragen wird. Das Skelett eines ausgewachsenen Wales beispielsweise veranschaulicht eindrucksvoll seine Größe. In der „wissenschaftlichen" Abteilung wird erläutert, wie Meeresströmungen verfolgt werden und welche Auswirkungen sie auf Klima und Umwelt haben. Eine sehr interessante Fotoausstellung zeigt Bilder von Port Elizabeth einst und jetzt. Man erhält den Eindruck, dass so einige alte Bauten dem Fortschrittsdenken des Menschen zum Opfer gefallen sind ... und das sicherlich nicht immer zum Vorteil des Stadtbildes. Das **Children's Museum** gleich nebenan bietet Kindern (und auch Erwachsenen) die Möglichkeit, Dinge anzufassen, die ihnen sonst verwehrt werden. Im Dolphinarium finden zwei- bis dreimal täglich Delfinshows statt.

Maritime Tierwelt ...

• Historical Museum (3)

Am Castle Hill Nr. 7 wurde es 1830 als Wohnhaus des irischen Pfarrer *Francis McCleland* erbaut. Für nur 3 Guineas (jetzt ca. 20 R) erwarb er das Grundstück von der Stadt unter der Bedingung, hier innerhalb von 13 Monaten ein solides, ansehnliches Haus zu errichten. Als Baumaterial wählte er Sandstein und Gelbholz, das der Verwitterung gut standhalten sollte. 1962 kaufte es die Stadt zurück, und man bemühte sich, es wie ein bürgerliches Haus in der Mitte des 19. Jahrhunderts einzurichten. Im Hinterhof sind in einem Raum Spielzeug und Puppen aus jener Zeit ausgestellt. Besonders eindrucksvoll ist die Küche im Keller, in der man u. a. eine handbetriebene Waschmaschine bestaunen kann.

... zur Geschichte der Stadt

- **Spaziergang entlang „The Hills"**

Wer etwas Zeit hat, sollte einmal einen ein- bis zweistündigen Spaziergang am Berghang über der City machen. Die meisten Häuser hier entstammen noch dem 19. Jahrhundert und sind in der Regel sehr gut erhalten und gepflegt. Beginnen Sie Ihren Spaziergang am besten am Market Square mit seinen großen Administrationsgebäuden, und gehen Sie von dort zur 1883 errichteten **Feather Market Hall**, in der früher Straußenfedern gelagert und versteigert wurden. Danach gehen Sie entlang der **Castle Hill Street**, und besuchen Sie das o. g. Museum.

Wenn Sie oben am Hang angekommen sind, biegen Sie nach rechts ab und erreichen das **Donkin Reserve (4)**. Hier befindet sich das „Edward's Hotel", ein ehemaliges Wohnhaus im viktorianischen Baustil. Es hatte damals sogar schon eine überdachte Ladenpassage, die heute als Lounge und Cafeteria dient. Vom Donkin Reserve aus hat man einen guten Blick über Hafen und Innenstadt. Der Leuchtturm aus dem Jahre 1869 dient heute als Militärmuseum. Daneben befindet sich die Pyramide, die Sir Rufane Donkin zu Ehren seiner Frau Elizabeth errichten ließ.

Donkin Street Houses

Von hier aus sieht man bereits die **Donkin Street Houses**, die von 1860–70 erbaut wurden. Sie entstammen der ersten Glanzzeit der Stadt, als die britische Kolonialverwaltung begann, sich mehr für die Stadt zu interessieren, und Kaufleute größere Summen investierten. Heute beherbergen die Häuser Büros, daher sind sie leider nicht von innen zu besichtigen. Beenden Sie ihren Rundgang an der Hill Street, wo die vollkommen restaurierten **Upper Hill Street Houses** zu bewundern sind.

Ausgedehnte Spaziergänge ...

Für einen ausgedehnteren Spaziergang gehen Sie einen weiteren Bogen und laufen Sie von der Castle Hill Street hinauf zum **Fort Frederick**, das 1799 als britische Bastion errichtet wurde. Von diesem Nationaldenkmal aus ist es nicht weit zu den **Cora Terrace Houses** in der Bird Street. Diese nach 1856 erbauten Häuser dienten als Truppenunterkunft, die feineren waren die Offiziershäuser. Am St. George's Park angelangt, steht man direkt vor der

- **King George VI Art Gallery (5)**

Ursprünglich stellte die Galerie britische Kunst des 19. Jahrhunderts aus. Doch begann man in letzter Zeit damit, auch jüngeren Künstlern eine Chance zu geben, unter ihnen auch einer Reihe von Afrikanern. Da viele der Künstler nicht älter als 35 Jahre sind, findet sich neben Ölgemälden und Radierungen auch moderne

Mixed-Media-, Keramik- und Video-Kunst. Ein Teil der Ausstellungsräume wird für Wanderausstellungen freigehalten. Die Galerie bietet sich an, um auch einmal ein anderes Bild von der Kunstwelt des Landes zu erhalten.

Gehen Sie von hier zum Donkin Reserve, und folgen Sie o.g. Routenvorschlag.

Sicherheitshinweis
Wie in allen Großstädten sollten Sie auch in Port Elizabeth einige Sicherheitsrichtlinien einhalten:
- Vermeiden Sie das offene Tragen von Schmuck, Kamera- und Videoausrüstungen und anderen Wertsachen.
- Tragen Sie Ihre Kamera nicht um den Hals, sondern in einer Schultertasche.
- Tragen Sie Ihre Geldbörse in einer Innentasche und führen Sie keine hohen Bargeldbeträge mit sich.
- Vermeiden Sie das Herumlaufen in der Innenstadt nach 17h. Sollten Sie sich nach Einbruch der Dunkelheit hier aufhalten, vermeiden Sie dunkle und einsame Plätze.
- Planen Sie Ihre Route vorher und lassen Sie z.B. Ihr Hotel wissen, wohin Sie gehen.
- Viele Überfälle und Diebstähle werden von jungen Straßenkindern begangen. Daher ist es gefährlich, bettelnden Kindern Geld zu geben.
- Sollten Sie überfallen werden oder sollte jemand versuchen, Ihnen Ihre Tasche zu entreißen, leisten Sie keinen Widerstand. Verlieren Sie lieber eine Tasche, als Ihr Leben zu riskieren.

Strände
Port Elizabeth verfügt über drei große Strände: gleich hinter dem Hafen der King's Beach, dahinter der Humewood Beach und etwa 5 km vom Stadtzentrum entfernt der Summerstrand Beach. Diese Strände eignen sich aber nur bedingt zum Baden, da sie teilweise von kleinen Riffen durchzogen sind. Die Bevölkerung von Port Elizabeth nutzt sie daher eher zum Angeln, Promenieren oder als Joggingpfad. Es ist aber sehr schön, sich auf eine der Bänke oder bei Barney's (mit gezapftem Bier) zu setzen, dem Treiben der Menschen zuzusehen und die Schiffe zu beobachten, die in den Hafen einlaufen. Wer gerne baden möchte, sollte besser nach Jeffrey's Bay fahren. Das Gebiet entlang des Summerstrand gehörte ursprünglich zu der Farm des Voortrekkers Piet Retief.

... und Promenieren

Ausflüge von Port Elizabeth

- **Uitenhage**

Etwas ausgefallen und sicherlich nicht jedermanns Sache ist ein Besuch beim Volkswagenwerk in Uitenhage. Hört man in Europa doch so viel über die Streiks und Arbeitsbedingungen in Südafrika, sollte man sich einmal die Zeit nehmen und sich eine Fabrik hier ansehen. Dienstags, mittwochs und donnerstags finden um 8h45 Führungen statt, die ca. 2 Stunden dauern. Voranmeldung ist aber Voraussetzung.
(Aktuelle Infos und die Telefonnummer entnehmen Sie bitte den Gelben Seiten)

Streckenhinweis

Fahren Sie von Port Elizabeth entlang der R75. Kurz vor Uitenhage muss man den Highway wechseln, der aber immer noch die R75 bleibt (!). Nehmen Sie dann gleich die erste Ausfahrt von Uitenhage (Uitenhage-Noord/Industrial Sites bzw. Despatch), und fahren Sie zum Industriegebiet. Gleich die erste große Fabrik auf der linken Seite ist VW/Audi. Am Haupteingang melden Sie sich dann an der „Visitor's Reception". Die reine Fahrzeit beträgt eine knappe halbe Stunde; kalkulieren Sie aber besser großzügig, falls Sie sich verfahren sollten.

- **Addo Elephant National Park** (ⓘ s. S. 207)

Als die ersten Siedler in dieser Gegend sesshaft wurden, begannen sie das Land zu roden. Doch sehr bald hatten sie Konkurrenten, die wie sie Besitzansprüche an das Land stellten: Elefanten! Die „grauen Eminenzen" verwüsteten oft die angelegten Felder, und man überlegte, wie man das Farmland gegen weitere Verwüstungen schützen konnte. Nach langen Diskussionen beauftragte die Kap-Regierung 1919 den Berufsjäger *Jan Pretorius* mit der Aufgabe, die Elefanten auszurotten. Bereits nach einem Jahr waren 120 Dickhäuter erlegt, doch mittlerweile empfand die Bevölkerung Mitleid mit den Tieren und protestierte gegen weitere Tötungen. Nur elf Elefanten überlebten das Massaker. Diese Tiere waren aufgrund der Verfolgung sehr gereizt und gefährlich. 1931 entschloss man sich daher, einen knapp 80 qkm großen Lebensraum als Nationalpark für die Tiere bereitzustellen. Das gesamte Gebiet wurde mit elefantensicheren Zäunen umgeben.

Nicht nur Elefanten sind hier anzutreffen

Mittlerweile ist die Herde wieder auf 350 Elefanten angewachsen. Entlang einer Rundstraße, die auf kleine Beobachtungshügel führt, können Sie Elefanten an Wasserlöchern beobachten. Seit 1961 leben hier auch Schwarze Nashörner, Büffel, Leoparden, Kudus sowie andere Savannentiere. Besonders beeindruckend ist auch die Vielfalt an Vögeln. Es wurden über 170 Vogelarten gezählt, darunter Strauße, Habichte, Falken und Teichhühner. Am Stausee, in der Nähe des Restaurants, gibt es einen Beobachtungspunkt.

Die Vegetation besteht aus Kletterpflanzen und Bäumen, wobei kaum ein Baum höher als 4 m ist, da er vorher bereits von den Elefanten gestutzt wird. Typische Bäume sind der Spekboom, der Karoo Boer Bean und der Guarrie. Der Park verfügt neben dem Restaurant auch über mehrere Grill- und Picknickplätze. 1992 kaufte das National Parks Board weitere 3 000 ha hinzu, um dem erforderlichen Lebensraum der stetig wachsenden Elefantenpopulation gerecht zu werden. Heute hat der Park über 120 000 ha. Es ist geplant, das Gebiet von Bird Island, in der Algoa-Bucht, über die Zuurberg-Berge bis hinter den Darlington-Damm in der

Schutz der Elefanten-Population – Hauptanliegen des NP

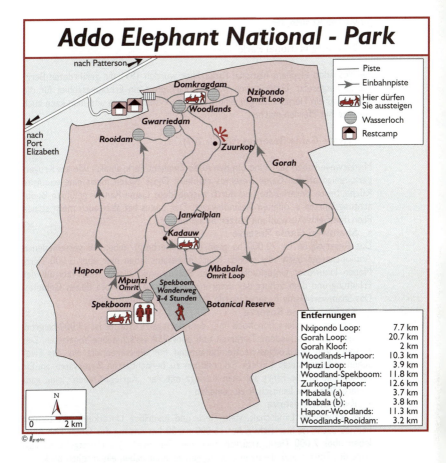

Karoo zu Parkgebiet zu machen. Das wird den Elefanten ermöglichen, zurück zur Mündung des Sundays Flusses zu wandern. Das gesamte Gebiet muss dafür mit Zäunen „elefantensicher" gemacht werden und es muss eine Unterführung für die Tiere unter der Autobahn N2 gebaut werden.

Zur Zeit entwickelt die Regierung den Addo-Elephant Park zum „Greater Addo Elephant Park". Das Projekt soll bis 2006 abgeschlossen sein, bis dahin wird man genügend Farmland aufgekauft haben, um hier den drittgrößten südafrikanischen Park zu eröffnen. Dieser reicht dann von der Kleinen Karoo bis zum Indischen Ozean, wo der Southern-Right-Wal als eines der größten Meerestiere die „Big Five" vom Land (Elephant, Nashorn, Büffel, Leopard, Löwe) zu den „Big Six" komplettiert. Selbst Tauchgänge in Käfigen sind geplant.

> Ein Park, in dem bald die „Big Six" zu bestaunen sind!

Inzwischen ist auch der

- **Zuurberg National Park**

Bergzebras
Teil des Addo Elephant National Parks. Hier wurden 1991 die gefährdeten Bergzebras ausgesetzt. Ursprünglich war der Park eher ein Erholungsgebiet für die Städter als ein Tierpark. Es gibt eine Reihe von Wanderwegen und man kann auch Ausritte mit Pferden machen.

- **Private Game Reserves** (ⓘ s. S. 207)

Mittlerweile haben sich rund um den Addo Elephant Park, ähnlich wie am Krugerpark, einige private Game Reserves etabliert. Diese bieten meist eine exquisite Küche, beste Unterkünfte und durch ausgebildete Game Ranger geführte Beobachtungsfahrten in offenen Geländewagen. Der Luxus hat aber auch meist seinen Preis. Hier eine Auswahl mit kurzer Beschreibung:

- **Shamwari Game Reserve**

Das Reservat ist ca. 20 000 ha groß und beherbergt neben 18 verschiedenen Antilopenarten auch „die großen Fünf". Insgesamt leben hier über 5 000 Tiere. Neben luxuriöser Unterkunft liegt der Schwerpunkt dieses Reservats auf der Erhaltung und dem Schutz der ursprünglichen Fauna und Flora dieses Gebietes. Das Shamwari Game Reserve wurde dafür mehrfach ausgezeichnet.

Exklusive Game Reserves

- **Kariega Game Reserve**

Kariega liegt wunderschön, hoch über dem Kariega Flusstal. Es ist 19 000 ha groß, hat über 25 verschiedene Tierarten und über 250 verschiedene Vogelarten. Der Ausblick von den Lodges ist atemberaubend. Für diejenigen, die die „Big Five" sehen möchte, bietet Kariega Exkursionen zu benachbarten Reservaten an. Ein Höhepunkt ist die Fahrt auf dem Kariega mit der „Kariega-Queen", eine ganz andere Weise, die Landschaft zu genießen.

- **Kwandwe Reserve**

Wer traumhafte Landschaft, viele Tiere und luxuriöse Unterkunft mit bestem Service sucht, ist hier richtig. Auf 16 000 ha, 30 km entlang des Great Fish River leben über 7 000 Tiere, natürlich auch die „Big Five". Das Hauptgebäude liegt nahe des Flusses und alle neun großzügigen Zimmer haben einen tollen Blick.

- **Amakhala Game Reserve**

Dies ist eine preiswertere Alternative. Mehrere Unterkunftsmöglichkeiten sind zu unterschiedlichen Preisen zu buchen, vom erschwinglichen Gästehaus bis hin zur exklusiven Safari-Lodge. Das Reservat ist 5 000 ha groß.

Grahamstown (ⓘ s. S. 207)

Die Stadt stellt mit ihrer Besiedlungsgeschichte einen großen Kontrast zum Kapland dar: Von diesem Teil der östlichen Kapprovinz nahmen britische Einwanderer Besitz.

Grahamstown hat viele Beinamen, die jeweils besondere Charakteristika dieser 45 000 Menschen zählenden Stadt betonen: **„Stadt der Heiligen"** (es gibt mehr als 40 Stellen, wo Gottesdienste abgehalten werden), **„Schlafendes Tal"** (der eher ruhige Ort liegt in einer geschützten Talmulde), **„Stadt der Schulen"** (neben einer Vielzahl von Schulen gibt es hier auch die Rhodes University mit ca. 2 800 Studenten), **„Settler's City"** (Stadt der Siedler).

Werfen wir einen Blick auf die Vergangenheit!

An sich entstand Grahamstown aus dem Motiv der Angst heraus. Im Jahre 1806, als die Briten das Kap zum zweiten Male okkupierten, kam es unverzüglich zu Widerstand an den Ostgrenzen: Die Xhosa drohten gar mit einem Generalangriff. Morde, Überfälle und Viehdiebstähle störten die Entwicklung des Gebietes. Zwar versuchten die Briten den großen Konflikt abzuwenden und schlugen vor, die Xhosa sollten den Great Fish River als die Südgrenze ihres Bereiches anerkennen, doch nichts half – im Gegenteil. Der Chefunterhändler der Briten wurde ermordet, die Überfälle häuften sich. Schließlich brach 1811 ein Krieg aus, den die weiße Regierung mit etwa 20 000 Soldaten bestritt. Um weitere Einfälle zu unterbinden, begann man, eine Reihe von Festungen entlang des Great Fish River zu bauen. Zwei Stellen sollten militärische Hauptquartiere werden, und mit der Auswahl dieser Plätze wurde Oberst John Graham beauftragt. Er fand ein verlassenes Farmhaus vor, das er herrichtete und bezog. Bald stellte man hier Zelte auf und begann auch damit, einfache Häuser zu errichten. Diese Stelle wurde nach dem Oberst Grahamstown benannt.

Blick auf Grahamstown

Festung gegen Überfälle

Die erste Bewährungsprobe fand am 22. April 1819 statt, als über 9 000 Xhosa-Krieger den Posten zu stürmen versuchten. Doch die 300 Garnisons-Soldaten konnten den Angriff abwehren, über 1 000 Xhosa kamen um. Nach Makana, ihrem Führer, wurde der **Makana's Kop** benannt, jener Hügel, auf dem sie sich zum Angriff versammelten.

Grahamstown bekam 1820 erheblichen Zuwachs durch neue Siedler, und in den nächsten Jahren sollte hier sowohl die Feste als auch die Stadt weiter ausgebaut werden. Allmählich wuchs der Ort zur zweitgrößten Stadt Südafrikas heran. Und viele Gebäude erinnern noch heute an jene frühen Tage: die Einfahrt zur alten Drostdy, der Landvogtei, bildet jetzt den Eingang der Rhodes University; das Provost Building, das als Militärgefängnis 1836 erbaut wurde; die Cathedrale of St. Michael und St. George mit ihrem 46 m hohen Turm, 1853 erbaut.

Bereits 1814 wurde die erste Schule eröffnet, und heute zählen die Schulen der Stadt zu den besten Südafrikas. Das Schul- und Universitätsleben dominiert so stark, dass in der Ferienzeit die Leere und Stille sehr auffällig sind.

Beste Schulen Südafrikas

Doch die Entwicklung von Grahamstown erlitt einen schweren Rückschlag, als 1834 die Xhosa im Grenzgebiet einen neuen Angriff starteten. In die Stadt flohen etwa 7 000 Menschen, um Schutz vor den Überfällen zu suchen. Als Oberst Harry Smith, der britische Militärkommandant, davon hörte, ritt er von Kapstadt die gesamten 900 km in nur sechs Tagen. Sofort nach seiner Ankunft übernahm er das Kommando; die St. George Kirche wurde als Lager für Frauen und Kinder eingerichtet, ebenso als Ausgabestelle für Waffen. Allmählich gelang es, den Einfall der Xhosa zu stoppen. In dieser Zeit wurden auch das Fort Selwyn und das Provost House gebaut.

Ausgangspunkt des „Großen Treks"

Bald verließen die holländischen Siedler, die sich von den Briten bedrängt fühlten, diese Gegend: Damit begann ihr „Großer Trek" ins Innere Südafrikas. Die Engländer blieben, doch Ruhe sollte es noch nicht geben. 1842 kam es erneut zu heftigen Zusammenstößen mit den Xhosa. Die Stadt war wiederum mit Flüchtlingen überfüllt, während auf dem Lande Plünderungen stattfanden. Schließlich konnten die Briten sich behaupten, doch schon 1859 kam es zu erneuten, diesmal besonders heftigen Kämpfen, ja den blutigsten überhaupt.

Die britische Regierung entschied sich nun, die Gegend bis zum Kei River zu annektieren. Erst danach kehrte Ruhe ein. Der Botanische Garten wurde angelegt, und als Zeichen des Friedens wurde gar 1864 eine Parlamentssaison in Grahamstown anstelle von Kapstadt abgehalten. So weit die Geschichte.

Vor diesem Hintergrund können wir wohl verstehen, wieso man hier von der „Stadt der Siedler" spricht. In Erinnerung an eben diese Vorfahren errichtete man das **1820 Settlers' Monument** auf dem Gunfire Hill (in der Nähe des Forts Selwyn, das eine der Signalstationen war, die sich bis zum Fish River erstreckten).

Besuchenswert sind für diejenigen, die sich für Geschichte, aber auch Natur und Ethnologie interessieren, das **Albany Museum** und das **1820 Settlers' Memorial Museum** auf dem Universitätsgelände.

INFO Ananas-Anbau in der Umgebung

Wenn Sie durch die Landschaften um Grahamstown reisen – auch als Settler's Country bezeichnet –, werden Sie weite Ananasfelder entdecken. Die Geschichte des Ananasanbaus reicht bis ins Jahr 1865 zurück und hat einen mehr als ungewöhnlichen Beginn: Ein Farmer aus der Nähe um Bathurst entdeckte bei seinem Friseur in Grahamstown, dass dieser in großen Wasserkrügen Ananasstauden züchtete. Er nahm einige Pflanzen mit und pflanzte sie aus Spaß ein. Wie erstaunt war er, als er entdeckte, dass der Boden und das Klima ideal für die Ananasfrucht waren und die Früchte hervorragend gediehen.

Heutzutage wird Ananas in großem Umfang angebaut, und man versorgt damit nicht nur den heimischen Markt, sondern exportiert sogar einen Teil.

The Observatory Museum
Bathurst Street

In dem liebevoll eingerichteten Museum findet man verschiedene Möbel und Gebrauchsgegenstände der ersten Siedler in typisch viktorianisch eingerichteten Räumen. Haupt-Attraktion ist aber die Sammlung alter Teleskope, die von *Henry Carter Galpin* angelegt wurde, einem im 19. Jahrhundert ansässigen Uhrmacher und Architekten, der sich sehr für Optik und Astronomie interessierte. In dem Turmgebäude hat er 1882 eine „Camera Obscura" aufgebaut. In einem abgedunkelten Raum kann man auf einer Platte, mit Hilfe eines Spiegels und mehrerer Linsen, die ganze Stadt und Umgebung beobachten. Durch Drehen des Spiegels auf dem Dach kann man sowohl den nächsten Hinterhof als auch Gebiete in einer Entfernung von mehreren Kilometern sehen.

Camera Obscura

Nur in England finden sich weitere Exemplare der „Camera Obscura" aus dieser Zeit.

Nelson Mandela Metropole (Port Elizabeth) – Colesberg

Überblick

Nachdem Sie die Garden Route hinter sich gelassen haben, werden Sie sich entscheiden müssen, ob Sie weiter entlang der Küste nach Buffalo City/East London und durch die ehemalige Transkei fahren wollen oder ob Sie ins Landesinnere abzweigen und dem Free State und eventuell Lesotho einen Besuch abstatten wollen. Falls Sie sich für Letzteres entscheiden, benutzen Sie am besten die R32 (auch N10 genannt), die Sie von Nelson-Mandela-Metropole/Port Elizabeth nach Colesberg führt.

Auf dieser Strecke passieren Sie zwei Nationalparks, von denen sicherlich der **Addo Elephant Park** (s. S. 664) der interessanteste ist. Doch auch die Landschaft des **Mountain Zebra National Park** (s. S. 678) ist sehr reizvoll, und der Park bietet sich für eine Übernachtung an. Entlang dieser Route finden Sie auch historisch interessante Städte wie Somerset-East, Cradock und etwas abseits Graaff-Reinet, die sicherlich eindrucksvollste Stadt hier.

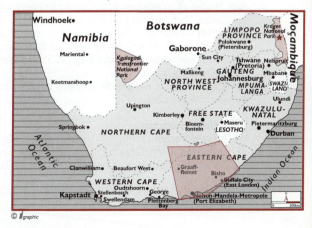

In **Somerset-East** sollten Sie sich daher entscheiden, ob Sie der Hauptroute folgen und den Mt. Zebra National Park aufsuchen möchten oder ob Sie über die R63 nach Graaff-Reinet fahren wollen. Hier liegt, neben den historischen Bauten der Stadt, etwas außerhalb das **Valley of Desolation**, ein Tal, das in seiner Entstehung hauptsächlich durch Erosionskräfte gebildet wurde und dabei bizarre Formen angenommen hat.

Über die R57 erreichen Sie bei Middelburg dann wieder die Hauptstrecke.

Entfernungen
PE – Cradock (mit Abstecher nach Somerset-East): 340 km
Cradock – Colesberg: 195 km

Streckenbeschreibung
Fahren Sie auf der N2 aus PE heraus und zweigen Sie hinter Swartskops auf die R335 zum Addo Elephant Park ab. Falls Sie dort nicht hinfahren wollen, bleiben Sie auf der N2 und treffen nach ca. 80 km auf die Kreuzung bei Ncanaha, wo die R32 (N10) nach Norden abzweigt. Folgen Sie dieser Strecke gut 115 km bis Cookhouse, wo Sie nach links abbiegen und auf der R63 nach gut 20 km nach Somerset-East gelangen. Hier müssen Sie sich entscheiden, ob Sie auf der R63 weiterfahren nach Graaff-Reinet (weitere 115 km), um von dort über die R57 (auch N9 genannt) nach Middelburg zu kommen (110 km), oder ob Sie zurückfahren nach Cookhouse und der R32 (N10) folgen über Cradock und dem kurz dahinter abzweigenden Weg zum Mt. Zebra Park, um von dort etwa 100 km hinter Cradock nach Middelburg zu gelangen. 30 km hinter Middelburg gabelt sich die Hauptstraße bei Carlton. Nach links führt die R32 nach Hanover, wo sie auf die N1 trifft, nach rechts führt die R57 nach Colesberg, wo diese ebenfalls auf die N1 trifft. Für ganz Eilige empfiehlt sich die R75 von PE über Uitenhage nach Graaff-Reinet und dann, wie beschrieben, weiter nach Middelburg. Die Strecke lässt sich wegen der wenigen Ortschaften zügig fahren.

Für eilige Reisende in Richtung Bloemfontein empfiehlt sich die R390 ab Cradock, die über Hofmeyr führt.

Redaktions-Tipps
- Einen Tag in **Graaff-Reinet** (S. 672) einplanen
- Dort übernachten und speisen im **Drostdy Hotel**
- **Rundflug** über die Karoo – Mt. Zebra National Park (S. 678) und hier eventuell auch eine Nacht bleiben

Planungsvorschlag

Einzelstrecken	km	Tage
PE – Somerset-East – Mt. Zebra N. P.	360 km	1 Tag (2 Tage mit Aufenthalt)
Mt. Zebra N. P. – Middelburg – Colesberg	200 km	1 Tag
alternativ:		
PE – Somerset-East – Graaff-Reinet	355 km	1 Tag (2 Tage m. Aufenthalt)
Graaff-Reinet – Middelburg – Colesberg	210 km	1 Tag

Somerset-East
(ⓘ s. S. 207)

Das Gebiet der heutigen Stadt war Ende des 18. Jahrhunderts Teil einer Farm, auf der der Farmer *Louis Trichardt* erkannte, dass sich das Gebiet gut für den Tabakanbau eignete. Nachdem er weiter nach Norden gezogen war, gründete der damalige Kapgouverneur, *Lord Charles Somerset,* 1815 in dem Gebiet eine Versuchsfarm für Tabak, die schließlich die Truppen im Norden und Osten der Provinz mit dem Genussmittel versorgen sollte.

1825 wurde auf hier der Ort Somerset gegründet, der dann 30 Jahre später in Somerset-East umbenannt wurde, um sich von Somerset-West im Südwesten zu unterscheiden. Der Ort diente hauptsächlich als kleines Handelszentrum für Agrarprodukte.

Die Hänge am Bosberg wurden 1827 den Wesley-Missionaren überlassen, die hier zuerst eine kleine Kapelle errichteten, aus der dann später das Pfarrhaus hervorging, welches heute das Museum der Stadt beherbergt:

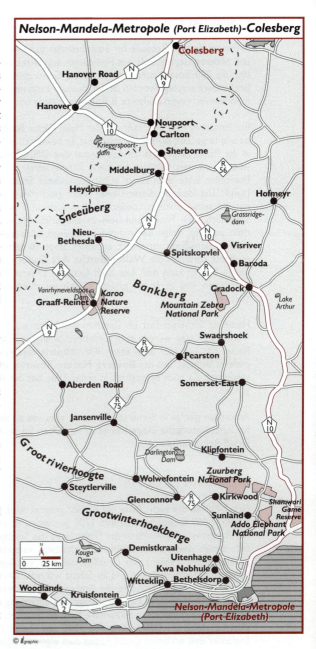

Nelson-Mandela-Metropole (Port Elizabeth)-Colesberg

• Somerset-East-Museum

In diesem ältesten Gebäude der Stadt befinden sich eine Reihe von Möbelstücken und anderer Gegenstände aus Haushalten des Ortes. Am interessantesten aber sind die 700 Rosenbüsche und der kleine Gewürzgarten, welcher schon im 19. Jahrhundert angelegt worden ist. Im Museum kann man davon interessante Marmeladenmischungen kaufen (z. B. Rosenmarmelade und Apfel-Pfefferminzgelee).

Berühmtestes Kind der Stadt war der Maler *Walter Battiss*, der später viel gereist ist und lange Zeit in Amerika gelebt hat. Er bewohnte mit seiner Familie ein Haus in der Paulet Street, das vormals einmal eine Offiziersmesse gewesen ist. Battiss war, wie so viele Künstler, ein etwas introvertierter Zeitgenosse, und in seinen Phantasien lebte er in einem selbst gegründeten Staat. Diesen nannte er „Fook Island". Die Idee von dieser kleinen selbst geschaffenen Oase verewigte er nicht nur auf seinen Bildern, sondern er fing auch an, Fook-Island-Briefmarken und schließlich auch Fook-Island-Geld zu entwerfen. Mit diesem Geld bezahlte er dann auch so einige Rechnungen im Ausland, ohne dass dieses immer auffiel. Nach seinem Tode vermachte er seiner Stadt 18 seiner Werke, und die Stadt eröffnete daraufhin die **Walter Battiss Art Gallery** in dem o.g. Haus. Neben seinen Bildern kann man hier auch Gemälde anderer Künstler der Kapprovinz besichtigen, und es finden zusätzlich auch verschiedenste Wanderausstellungen statt.

Fook-Island-Briefmarken und Fook-Island-Geld

Heute ist Somerset-East ein Zentrum der Mohairwollproduktion, und in etwas feuchteren Lagen werden auch Zitrusfrüchte angebaut. Im Gegensatz zu Graaff-Reinet hat sich hier auch etwas Kleinindustrie niedergelassen. Drei Kilometer entfernt befindet sich das **Bosberg Nature Reserve**, in dem es einige Tiere zu sehen gibt, u.a. auch Bergzebras. In erster Linie lädt der Park aber zu Wanderungen ein.

Ansonsten gibt es in Somerset-East nicht allzu viel zu sehen, und wenn Sie sich für kulturhistorische Dinge interessieren, sollten Sie lieber etwas mehr Zeit für Graaff-Reinet aufsparen.

Graaff-Reinet (ⓘ s. S. 207)

Graaff-Reinet, das auch „Perle der Karoo" genannt wird, ist eine kleine Stadt mit heute 32 000 Einwohnern. Bereits 1786 gegründet, ist sie die viertälteste Stadt der Kapprovinz. Sie wurde in der Flussschleife des Sunday-River angelegt, da man sich damals davon einen natürlichen Schutzwall versprach. In den ersten Jahrzehnten seiner Existenz war Graaff-Reinet eher ein Dorf, das den Farmern als Versorgungszentrum diente und als Schutz während der zahlreichen Angriffe der Xhosa. Bereits 1794 gründete die Kapregierung hier einen Verwaltungssitz, den **Drostdy**. Doch wurden hier nur wenige Verwaltungsangestellte eingesetzt, die in Zeiten der Unruhen kaum militärische Hilfe versprachen. Unzufrieden mit diesem Zustand, riefen die Bürger daraufhin 1896 den „Landdrost" aus, vertrieben die Engländer und erklärten Graaff-Reinet zum eigenständigen Staat. Dieser Zustand

Die Perle der Karoo

hielt aber nicht lange an, denn die Engländer kamen, diesmal mit Militär, zurück und übernahmen wieder die Regierungsgewalt.

Doch blieb es für sie bis zu Beginn des 19. Jahrhunderts ein unruhiges Pflaster, und die Bürger lehnten sich immer wieder auf. Viele von ihnen waren so unzufrieden, dass sie ihre Farmen verließen und sich dem Großen Trek von Pretorius und Maritz anschlossen, um ins damalige Transvaal zu ziehen. Selbst später, im Anglo-Burischen Krieg, kämpften sie verbittert gegen die Engländer.

Graaff-Reinet

Mitte des 19. Jahrhunderts kamen viele englische und deutsche Siedler hierher, und die Stadt wurde das zweitwichtigste landwirtschaftliche Handelszentrum der Kapprovinz. Benannt wurde die Stadt nach dem Gouverneur *Cornelis Jacob van der Graaff* und seiner Frau Cornelia Reinet. Heute ist Graaff-Reinet einer der **historischen Glanzpunkte des Landes**, und es rühmt sich damit, dass es 200 Gebäude hat, die unter Denkmalschutz stehen. Unter ihnen befinden sich Bauten aus allen Zeitepochen im kapholländischen Stil. Keine Stadt des Landes erreicht diese Zahl nur annähernd. Und keine andere Stadt ist, wie Graaff-Reinet, von einem Nationalreservat umgeben.

200 Gebäude stehen unter Denkmalschutz

Hauptwirtschaftszweig dieser Region ist, bedingt durch die geringen Niederschläge, die Angoraziegen- und Merinoschafzucht. Doch mit den Absatzschwierigkeiten für Wolle haben mittlerweile viele Farmer als zweites Standbein die Straußenzucht gewählt. Da es keine nennenswerte Industrie in dieser Region gibt und in den letzten Jahren eine große Trockenheit herrschte, haben viele Einwohner dieser Stadt wirtschaftliche Probleme, und die Arbeitslosenrate ist entsprechend angestiegen. Viele von ihnen sind abgewandert nach Nelson-Mandela-Metropole/Port Elizabeth. Dank eines Hilfsprogramms von Seiten des Staates versucht man nun, mit Hilfe des wachsenden Tourismus eine alternative Einkommensquelle zu schaffen.

Sehenswertes

Die Innenstadt bietet unzählige schöne und interessante Gebäude, die alle im Umkreis von etwa 500 m um das Drostdy Hotel liegen, so dass man sie in Ruhe an einem Tag alle besichtigen und sich zwischendurch in den Tee-Gärten oder im Kromms Inn erholen kann.

- **Das Drostdy (10)**

Das Hauptgebäude, in dem sich heute die Eingangshalle des Hotels befindet, wurde bereits kurz nach der Gründung der Stadt errichtet und diente den

15. Eastern Cape Province: Nelson Mandela Metropole – Buffalo City

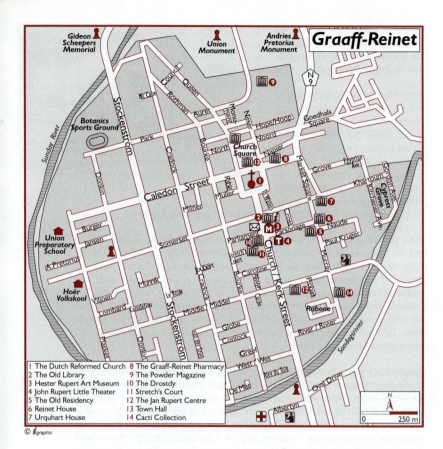

Graaff-Reinet

1 The Dutch Reformed Church
2 The Old Library
3 Hester Rupert Art Museum
4 John Rupert Little Theater
5 The Old Residency
6 Reinet House
7 Urquhart House
8 The Graaff-Reinet Pharmacy
9 The Powder Magazine
10 The Drostdy
11 Stretch's Court
12 The Jan Rupert Centre
13 Town Hall
14 Cacti Collection

Engländern als Verwaltungssitz. Doch nach den Streitigkeiten zwischen Bewohnern der Stadt und den Beamten wurde das Gebäude zum Hotel umfunktioniert. Im Laufe der Jahre wurde es immer weiter vergrößert und erst im 20. Jahrhundert wieder in seinen ursprünglichen Zustand versetzt. Die Innenräume wurden zum größten Teil wieder so hergerichtet, wie sie Mitte des 19. Jahrhunderts ausgesehen haben.

Hinter dem Hauptgebäude befindet sich der **Stretch Court (11)**, eine kleine Kopfsteinpflasterstraße mit sieben Häuschen, die ursprünglich als Sklavenunterkünfte dienten. Mitte des 19. Jahrhunderts kaufte Kapitän

Einst Vogtei, heute Hotel: das „Drostdy"

Stretch diese Häuser, teilte das Gebiet in Parzellen auf und verkaufte sie an Mischlinge und Schwarze weiter. 1966 schließlich gingen sie in den Besitz der „Vereinigung historischer Gebäude Südafrikas" über, die sie völlig restaurierten und dem Hotel übergaben. Heute befinden sich in ihnen luxuriöse Zimmerapartments.

- **Das Reinet House (6)**

Das 1812 als Pfarrhaus erbaute Gebäude diente später als Veranstaltungsort für Lehrerinnenseminare. Heute findet man hier ein Museum mit einer sorgfältig ausgewählte Sammlung von Möbeln, Küchengeräten, Kinderspielzeug und anderen Dingen, die sich in den Haushalten des letzten Jahrhunderts befunden haben. Im Hinterhof kann man eine Wassermühle besichtigen, die auch vorgeführt wird, und in einer Scheune befinden sich alte landwirtschaftliche Geräte, vom Pferdewagen bis zur Heugabel.

Eine besondere Attraktion ist die größte Weinrebe der Welt im Garten. 1983 hatte sie einen Umfang von 31 m. Wegen einer Pilzkrankheit musste sie allerdings beschnitten werden, so dass sie heute aus mehreren Teilen besteht.

- **Old Library Museum (2)**

Hier finden sich u.a. zwei sehr interessante Abteilungen. Zum einen kann man Bilder des Fotografen *William Roe* bewundern, der in der zweiten Hälfte des 19. Jahrhunderts das Land bereist hat. Besonders eindrucksvoll sind vor allem die Fotos vom alten Graaff-Reinet und von den ersten Diamantenschürfungen am Big Hole in Kimberley. Zum anderen gibt es eine geologisch-paläontologische Abteilung, die über 200 Mio. Jahre alte Überreste von Sauriern ausstellt. Diese Tiere lebten im Gebiet der Karoo, als es sich noch um eine sumpfige Ebene handelte. Dazu muss man sich vor Augen halten, dass zu dieser Zeit der afrikanische Kontinent noch Teil des Gondwanalandes war, eines riesigen Ur-Kontinentes, der die Antarktis, Südamerika, Australien und das heutige Afrika mit den „Anhängseln" Europa und Asien umfasste. Damals war die Karoo noch ein zentraler Teil des Kontinents. Die Oberfläche war das, was heute die Bergspitzen sind, und die heutigen Steine wurden aus den Sand- und Tonablagerungen geschaffen, die die Flüsse in das Karoobecken eingeschwemmt hatten.

Blick in die Vergangenheit – der Urkontinent

Millionen Jahre später hob sich der Kontinent; die Flüsse begannen sich nun in die Sandsteinschichten einzugraben, und langsam entstand das heutige Landschaftsbild. Die Tierkadaver wurden häufig von den Flüssen mitgerissen und in die Ebenen gespült, wo sie in den später ausgetrockneten Lehmpfannen „konserviert" wurden.

Heute finden Farmer immer wieder neue Überreste, und viele von den prähistorischen Tieren wurden nach den Farmerfamilien benannt, die sie gefunden hatten. Erstaunlicherweise sind sogar Teile der Zähne erhalten. Bei den meisten Tieren handelt es sich um Übergangsformen vom Wassertier zum Landtier. Bekanntestes Exemplar ist der *Pareiasaurus*, ein Reptil, das bis zu einer Tonne wiegen konnte,

Prähistorische Funde

Die Dutch Reformed Church in Graaff-Reinet

bei einer Länge von nur 3 Metern. In späteren Erdzeitaltern ist es aus diesem Gebiet ausgewandert, und man hat Überreste von ihm bis in Sibirien gefunden.

Weitere interessante Gebäude der Stadt sind die **alte Apotheke (8)** in der Caldon Street, das **Hester Art Rupert Museum (3)**, das sich in der Dutch Reformed Mission Church befindet, und die die ganze Stadt überragende **Dutch Reformed Church (1)**, die der Salisbury Kathedrale nachempfunden wurde. In der **Old Residency**, Parsonage Street, aus dem Jahre 1820, kann man alte Werften anschauen. Doch am besten, Sie machen sich selbst ein Bild von dieser kleinen Stadt, die dem Besucher fast wie ein Puppenhaus erscheint, so herausgeputzt sind die unzähligen kleinen Häuschen.

Valley of Desolation

Streckenhinweis
Fahren Sie etwa 5 km entlang der Straße nach Murraysburg, und biegen Sie dann nach links auf die Piste ein. Die Wegweiser führen Sie dann automatisch zum Aussichtspunkt (bis auf einen Kilometer alles asphaltiert).

Schon die Anfahrtsstrecke ist den Ausflug wert. Zuerst steigt die Straße entlang eines kleinen Tales steil an, und nach etwa 6 km haben Sie einen ausgezeichneten Ausblick auf das fast 500 m tiefer gelegene Graaff-Reinet und die Camdeboo-Ebene. Schräg gegenüber befindet sich die Spandau-Koppe, die ihren Namen von einem deutschen Reiteroffizier erhielt, der sie an die Spandauburg in seiner Heimat erinnert fühlte. Nach weiteren 3 km erreichen Sie den Parkplatz, von dem aus Sie nach fünf Minuten zu den Aussichtsplattformen gelangen.

Valley of Desolation

Ein imposantes Tal

Das Tal wurde im Laufe von Millionen von Jahren durch **Verwitterungserosion** geschaffen. Dabei „zerplatzen" die Steine durch den schnellen Wechsel von warmer und kalter Luft einerseits und von Nässe und Trockenheit andererseits, was beides Schrumpfungs- und Ausdehnungsprozesse hervorruft, denen die Steine nicht standhalten können. Hierbei sind verschiedenste Felsformationen entstanden, und Steinsäulen von über 100 m Höhe ragen senkrecht auf. Wenn Sie etwas Muße haben, können Sie hier einem Wanderweg folgen, der Sie nach etwa 30 Minuten zurück zum Parkplatz führt.

15. Eastern Cape Province: Nelson Mandela Metropole – Buffalo City

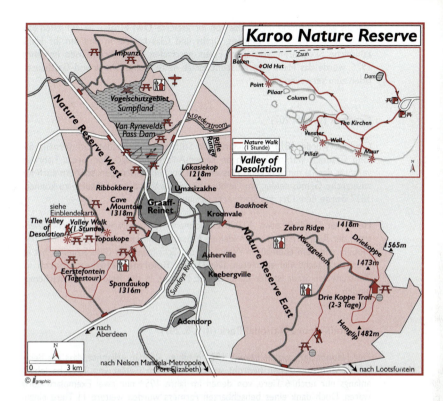

Das **Karoo Nature Reserve** wurde 1975 angelegt und hat eine Fläche von etwa 15 000 ha, womit es die Stadt fast ganz umschließt. Kernstück des Gebietes ist der Ryneveld's Pass Stausee, an dem man unzählige Vogelarten beobachten kann. In dem Reserve selbst sind mittlerweile mehrere Savannentiere eingeführt worden, einschließlich des Duiker und verschiedener Springbockarten. Neuerdings leben auch Bergzebras hier. In dem Park gibt es mehrere Wanderwege. Wer mit einem Boot auf dem Stausee rudern will, kann sich an den Graaff-Reinet Boat Club wenden.

Nieu Bethesda

50 km nördlich von Graaff-Reinet liegt das bezaubernde Örtchen Nieu Bethesda. Der Ort sprüht nur so vor trockenem Karoo-Charme. Hier lebte die Künstlerin *Helen*

Skulpturen der Künstlerin Helen Martins

Martins ganz zurückgezogen. Das von ihr kreierte **Owl House** ist auf jeden Fall einen Besuch wert. Aus Zement, Draht und Glas hat sie in und um ihr Haus zahlreiche Skulpturen, vor allem Eulen, geschaffen. Nach ihrem Tode im Jahre 1976, wurde das Haus zum Museum. Einige nette Coffee Shops und Gasthäuser laden zum Verweilen ein.

Cradock (ⓘ s. S. 207)

Cradock wurde 1813 als militärischer Stützpunkt gegründet. Gouverneur Sir John Cradock war maßgeblich an seiner Anlage beteiligt. Der Great Fishriver versorgt das Tal mit genügend Wasser nicht nur für die Truppen, sondern auch für zusätzliche Gemüsefelder, um Gemüse bis an die Küste hin verkaufen zu können. 1837 wurde dem Ort das Stadtrecht verliehen.

Heute hat Cradock etwa 40 000 Einwohner und ist agrarwirtschaftliches Zentrum der Region. Außer einem kleinen **Museum** mit Haushaltsgegenständen und Möbeln und dem ehemaligen Wohnhaus der Schriftstellerin *Olive Schreiner* hat es touristisch nicht viel zu bieten. Die **Dutch Reformed Mother Church** im Zentrum der Stadt ist der Londoner St. Martin's in the Field Church nachempfunden.

Mountain Zebra National Park (ⓘ s. S. 207)

Savannentiere

Der Nationalpark wurde bereits 1937 eröffnet, als man erkannte, dass die Bergzebras vom Aussterben bedroht waren. Auf einem Gebiet von 1712 ha lebten anfangs nur noch 6 Tiere, von denen im Jahre 1954 nur zwei Exemplare übrig waren. Doch dank eines benachbarten Farmers wurden weitere 11 Tiere eingeführt. Im Laufe der nächsten zehn Jahre kaufte das National Parks Board anliegende Farmen auf, so dass der Park heute 7 000 ha umfasst. Hier leben jetzt 200–230 Bergzebras, und jedes Jahr können bis zu 20 Tiere an andere Parks abgegeben werden. Neben den Zebras leben hier noch eine Reihe anderer Savannentiere, wie z.B. Elands, Springböcke, Kudus und Duiker. In dem Park gibt es zwei Rundfahrten: Die eine führt über eine Hochebene, wo sich die meisten Tiere aufhalten und von der man einen ausgezeichneten Rundblick über die umliegende Landschaft hat. Die andere Strecke führt durch die Berg- und Talwelt der Karoo.

Das **Bergzebra** gilt als eines der seltensten Wirbeltiere, und sein natürlicher Lebensraum beschränkt sich auf die hochgelegenen Kapregionen südlich des Oranjeflusses. Heute zählt man etwa 600 Exemplare, von denen über ein Drittel in diesem Park leben. Es unterscheidet sich von seinen Artgenossen der ostafrikanischen Savannen dadurch, dass es kleiner ist, eine rotbraune Nase hat und einen weißen Bauch. Außerdem hat es keine Schattenstreifen.

Wer den Park ohne Fahrzeug erkunden will, hat die Möglichkeit, ihn entweder auf verschieden langen Wanderwegen (mit Übernachtungshütten) zu durchstreifen oder sich ein Pferd für Ausritte auszuleihen.

Middelburg (ⓘ s. S. 207)

Middelburg wurde 1852 auf dem Gelände der Farm Driefontein („Drei Quellen") gegründet, und sein Grundwasservorrat gilt als unerschöpflich (was bei einer Jahresniederschlagsmenge von nur 350 mm sehr entscheidend ist). Zuerst nur als Farmort mit einem kleinen militärischen Stützpunkt auf halbem Weg zwischen Cradock und Colesberg (daher der Name) angelegt, haben sich zu Beginn des 20. Jahrhunderts mehrere Industriebetriebe hier niedergelassen. Der wichtigste Industriezweig ist die Wollerzeugung und ihre Weiterverarbeitung. Es gibt sowohl Teppichknüpfereien und Textilfabriken als auch eine kleine Lederindustrie. Wer Knüpfarbeiten u. ä. erstehen will, hat in mehreren Geschäften in der Stadt dazu Gelegenheit. Ansonsten gibt es noch zwei kleinere Museen: Das **Middelburgmuseum** bietet eine Auswahl von Waffen, Möbeln und Gegenständen des täglichen Gebrauchs aus dem 19. Jahrhundert, und das **Grootfonteinmuseum** stellt Agrargeräte und Waffen aller Art aus. Es befindet sich auf dem Gelände des Agricultural College, das im 19. Jahrhundert ein Militärlager gewesen ist. Die Stadt hat heute 32 000 Einwohner und bietet eigentlich nichts von großem touristischen Interesse.

Wollverarbeitung

Anschluss-Strecken

Nach 82 km in nordöstlicher Richtung erreichen Sie über die R57 Colesberg an der N1 und damit den „Schnellanschluss" nach Bloemfontein, Lesotho oder nach Johannesburg.

Die ehemalige Ciskei (ⓘ s. S. 207)

Entfernungen
- Bisho – Johannesburg: 936 km
- Bisho – Port Elizabeth: 274 km
- Bisho – East London: 60 km

Planungsvorschläge
- Küstenroute: R72, Port Alfred – East London (m. Abstechern ans Meer): ca. 200 km, 1–2 Tage
- Grahamstown – Bisho – King Williams Town – East London (N2): ca. 200 km, 1 Tag
- Nordrundfahrt: Bisho – Alice – Katberg – Hogsback – Bisho: ca. 300 km, 2 Tage

Überblick

Die ehemalige Ciskei liegt im östlichen Teil der Kapprovinz zwischen den Flüssen Swart Kei im Nordosten und Great Fish River im Südwesten. Sie war eines der vier „unabhängigen" Homelands und mit 8 300 qkm (Angaben variieren) etwa halb so groß wie das Bundesland Schleswig-Holstein. Portugiesische Seefahrer waren die ersten Europäer, die an der Küste auf die hier ansässigen Xhosa trafen.

15. Eastern Cape Province: Nelson Mandela Metropole – Buffalo City

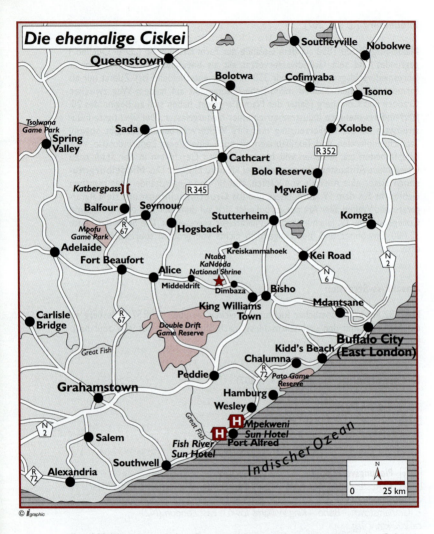

Erst 200 Jahre später haben Buren und Briten sich in den umliegenden Gebieten niedergelassen.

Sandstrände und Amatola-Berge

Das **Landschaftsbild** der ehemaligen Ciskei ist sehr vielseitig und reicht von weiten Sandstränden des Indischen Ozeans bis hin zu den Amatola-Bergen und den Hochlandregionen der Kapprovinz (bis 2 000 m). Ferner gibt es große Waldstücke mit mediterranem Baumbestand. Der größte Teil des Landes besteht aber aus zusammengewürfelten Agrarflächen der Subsistenzlandwirtschaft, wovon der überwiegende Teil als Weideland genutzt wird.

Für den Reisenden entlang der Garden Route bietet das Gebiet der ehemaligen Ciskei einen interessanten Kontrast zu den Feriengebieten im Kapland. Die Vegetation ist z.T. sehr üppig und durch die langgestreckte Form des Landes, vom Ozean bis hin zum Oranjefluss, klima- und höhenbedingt sehr artenreich.

Reiserouten durch die ehemalige Ciskei

Das Gebiet vollständig zu bereisen würde sich als sehr umständlich erweisen. Alle wichtigen Straßen führen von Ost nach West zu den Zentren. Nord-Südverbindungen bestehen vorwiegend aus **Pisten**. Hieran zeigt sich deutlich, wie das Land künstlich auf die Landkarte „geklebt" wurde und sich in die Planungsstrukturen des „weißen" Südafrika einpassen musste.

Redaktions-Tipps

Küstenroute
- **Übernachten** im Mpekweni Sun Hotel oder in einem gemieteten Ferienhaus
- 1 Tag für **Wanderungen** am Strand einplanen und sich dort den frischen Wind um die Nase wehen lassen
- **Essen**: Seafood im Restaurant des Fish River Sun Hotel

Nordroute
- **Übernachten** im Katberg Hotel oder in einem der Hotels in Hogsback. Wer's billiger möchte: Chalet mieten in Hogsback.
- Einen halben Tag den Duft der Kiefernwälder auf einer **Wanderung** einatmen (Hogsback oder Katberg)
- Fahren Sie auf den **Pisten zwischen Katberg und Hogsback** (S. 689), und meiden Sie die großen Straßen.
- **Bisho** (S. 686) kurz ansehen und wieder verschwinden

Straßen
Die Straßen in der ehemaligen Ciskei sind nicht alle asphaltiert, und wer zu den Nationalparks will oder z.B. an die Küste bei Hamburg, muss auf Pisten fahren. Diese sind in einem verhältnismäßig guten Zustand dank der Tatsache, dass es hier nicht soviel regnet. Trotzdem sollten Sie bei Regen besonders die Bergpisten vorsichtig befahren oder, was noch besser ist, den Regen abwarten, bevor Sie weiterfahren. Die Asphaltstraßen weisen an vielen Stellen Schlaglöcher und starke Unebenheiten auf, außerdem sind sie meist nicht so breit wie in den anderen Gebieten Südafrikas. Bei angepasster Fahrweise bieten sie aber wenig Probleme. Achten Sie nur auf frei herumlaufendes Vieh.

Nationalparks in der ehemaligen Ciskei/ Eastern Cape Game Reserves
- *Tsolwana Game Reserve*
- *Mpofu Game Reserve*
- *Double Drift Game Reserve* (vorm. L. L. Sebe Game Reserve)

Zentrale Reservierung und Information unter: Tel.: 040-635-2115, Fax: 040-635-4019, E-Mail: info@ectourism.org.za, website: www.ectourism.org.za.

Wenn Sie sich das Land etwas näher anschauen möchten, aber nicht gleich eine Woche hier verbringen wollen, entscheiden Sie sich am besten für einen Teil. Mein Tipp lautet: Wählen Sie zwischen dem ehemaligen Ciskei-Gebiet südlich der

Korbflechter bei der Arbeit

N2 mit den schönen Stränden und dem ehemaligen Ciskei-Gebiet nördlich der N2 mit seinen Bergregionen oder, wenn Sie nur 1–2 Tage hier verbringen oder vielleicht nur durchfahren wollen (mit kurzen Stopps hier und dort), halten Sie sich am besten an die oben aufgeführten „Planungsvorschläge".

Lassen Sie sich aber nicht zu sehr von den Hochglanzprospekten der Touristenbüros verwirren. Sie versprechen zu viele „interessante" Punkte in diesem Landstrich. Jeder bereits verwitterte kleine Stein wird aufgeführt, und es werden Stellen beschrieben, die in der Geschichte nur eine geringe Bedeutung hatten und an denen heute rein gar nichts mehr zu sehen ist. Nehmen Sie diese Punkte einfach als interessante Randerscheinung wahr, wenn Sie sie passieren, um die wirklich interessanten Orte zu erreichen.

Keine Großtiere

Die Nationalparks sind auch sehr reizvoll, doch bieten sie keine Tierwelt, die Sie nicht bereits gesehen haben werden. Großtiere, wie Elefanten, Nashörner und Giraffen, gibt es hier (noch?) nicht. Die Parks eignen sich eher für ein bis zwei erholsame Tage mit nicht allzu viel Luxus, und man kann dort einige schöne Wanderungen machen.

Geschichte und Politik

Stammesgebiet der Xhosa

Erste Bewohner des Gebietes der ehemaligen Ciskei waren Khoi (Buschmänner) und Hottentotten. Heute leben in diesem Gebiet, wie auch im Gebiet der ehemaligen Transkei, Angehörige des Stammes der **Xhosa**. Etwa um 1620 zogen die Xhosa, von Norden her kommend, zunächst in das Gebiet des heutigen Natal, zwischen 1660 und 1670 gelangten sie von den Drakensbergen zur Küste. Am Beginn des 18. Jahrhunderts lag ihr Siedlungsgebiet zwischen dem Umzimvubu River, der Küste und den Drakensbergen. Es kam zu einem Nachfolgestreit der Söhne des Xhosa-Häuptlings *Palo*, so dass ein Teil des Stammes (die Gcaleka) östlich, der andere Teil (die Rarabe) westlich des Kei River siedelten. In den sogenannten „Kaffernkriegen" (1780–1878) haben zunächst die Buren, später die Briten die Xhosa unterworfen. 1857 kamen etwa 2 000 deutsche Siedler in das Gebiet der ehemaligen Ciskei (siehe auch Geschichte von East London). Sie sollten, zusammen mit den Buren und Engländern, die weiße Vormachtstellung festigen und eine Art Bollwerk bilden zwischen den Xhosa nördlich des Kei River und der Kapprovinz.

1894 wurden **erste Selbstverwaltungseinrichtungen** für die Xhosa in bestimmten Gebieten geschaffen. 1934 wurden diese zum „Ciskei General Council" vereinheitlicht. In den 50er Jahren schließlich schuf Südafrika Stammes- und Regionalbehörden. 1971 wurde eine gesetzgebende Versammlung ins Leben gerufen, und 1972 erhielt die damalige Ciskei den Status eines „Autonomstaates". Eine

Expertenkommission wandte sich 1979 aber, vor allem aus wirtschaftlichen Gründen, gegen eine Abtrennung von Südafrika. Doch wurde dies beim Referendum über die geplante Unabhängigkeit nicht berücksichtigt: Bei einer Beteiligung von nur 60 % der Stimmberechtigten sprachen sich 98,7 % für die „Unabhängigkeit" aus.

Wirtschaftliche Probleme und innenpolitische Machenschaften ließen das Land nie zur Ruhe kommen. Immer wieder entflammte der Konflikt zwischen den beiden großen Stämmen: auf der einen Seite die „Fingos" unter Chief Mabandla und seinen Nachfolgern, auf der anderen Seite Dr. Lennox Sebe von den „Rarabe", der die Regierungsgewalt innehatte. 1990 wurde die Regierung von Sebe durch einen **Militärputsch** gestürzt. Es wurde ihr Korruption und zu enge Zusammenarbeit mit der Apartheidregierung Südafrikas vorgeworfen. Doch auch der folgende militärische Staatsrat arbeitete weiterhin mit Südafrika zusammen. 1992 rief die Regierung sogar südafrikanische Truppen zu Hilfe, als ANC-Gruppen einen friedlichen Marsch planten. Das Verhältnis zur damaligen Transkei und zum ANC war angespannt. Dies beruhte u. a. auf dem Streit zwischen beiden Staaten um das Land zwischen Transkei und Ciskei. Mit allen Mitteln versuchte die damalige Regierung, die Einmischungstendenzen des ANC zu unterbinden, und bei den vom ANC ausgerufenen „Mass Actions" (1992) beteiligten sich nur wenige Bewohner der damaligen Ciskei. Nachdem ein Marsch auf Bisho im August 1992 bereits an den Landesgrenzen gestoppt wurde, verlief der „Zweite Marsch auf Bisho" einen Monat später blutig. Bei Zusammenstößen zwischen ANC-Mitgliedern und der Ciskei Defence Force wurden 30 Menschen, hauptsächlich Protestanten, getötet.

Innenpolitische Machenschaften

1992 geriet die Regierung außerdem ins Kreuzfeuer der Kritik, als ihr mehrere politische Morde nachgewiesen werden konnten. Am 27. April 1994 wurde die Ciskei dann in die Republik Südafrika eingegliedert.

Geographie

Das Gebiet liegt zwischen dem Great Fish River im Südwesten und reicht östlich über den Keiskamma River hinaus. Im Südosten gibt es einen 66 km breiten Küstenabschnitt zum Indischen Ozean. Im Norden schließlich erstreckt sich das Land bis ins Kaphochland. Bis Ende der 70er Jahre war das Staatsgebiet noch zweigeteilt, und das Gebiet um Seymour gehörte noch zu Südafrika. Erst Ende der 80er Jahre kam noch das Gebiet westlich von Balfour mit dem Mpofu Park dazu. In der Küstenregion steigt das Land steil auf bis in die Amatola-Berge. Hier ist die Landschaft von Flüssen stark zerfurcht.

Sehenswertes

• Der Küstenabschnitt

Die Küste der ehemaligen Ciskei bietet einige schöne Abschnitte, und besonders die unzähligen Strände mit ihren Dünen und Lagunen lassen das Herz höher schlagen. Einsam kann man hier stundenlang am Wasser entlanglaufen, ohne eine

Küste mit Dünen und Lagunen

Einsamkeit pur — Menschenseele anzutreffen. Doch hat das auch seine Nachteile: Bis auf das Fish River Sun Hotel und das Mpekweni Marine Resort, gibt es hier keine vernünftigen Unterkünfte. Alle anderen Hotels und Campingplätze sind nicht zu empfehlen, und die Holiday Resorts haben nur private Häuser. Trotzdem hat man manchmal das Glück, dass man eines dieser Häuser mieten kann. Das hängt aber ziemlich von der Jahreszeit ab und vom Glück. Um sicherzugehen, sollten Sie entweder eine teure Übernachtung im Mpekwi Marine Resort einplanen oder sehr früh in Port Alfred bzw. East London starten, um Zeit genug zu haben für die Strände. Es gibt Übernachtungsmöglichkeiten in Kidd's Beach oder in der Region von **Port Alfred** und Bathurst.

Entlang der gesamten Küste führt ein Wanderweg, den die Touristenbehörde „**Shipwreck Hiking Trail**" genannt hat. Der Wanderweg entlang des Strandes ist ohne Frage ein Erlebnis, nur versuchen Sie nicht Ihr Glück auf der Suche nach Schiffswracks. Die gibt es hier so gut wie nicht. Das einzig sichtbare Wrack befindet sich beim Mpekweni Hotel und schaut nur etwas aus dem Sand heraus; es besteht nur noch aus vermoderten Holzresten. Es handelt sich um die Reste der norwegischen Holzbark „Emma", die am 31. Mai 1881 auf dem Weg von Liverpool nach Durban hier gestrandet ist.

Ein typisches Xhosa-Dorf in der Nähe von Peddie

Ausgangspunkt für die Touren in die Region — Von Port Alfred kommend, gelangen Sie gleich hinter der ehemaligen Grenze zum Fish River Sun Hotel. Der Golfplatz auf der Hotelanlage ist sehr gepflegt. Dieses Hotel eignet sich recht gut als Stützpunkt für Touren entlang der Küste, obwohl ich persönlich das etwas ruhigere „**Mpekweni Sun**", 10 km weiter, empfehlen würde. Es liegt an der Mündungslagune des Mpekweni River. Wer gerne einmal eine längere Strandwanderung (10 km) unternehmen möchte, dem bietet sich eine Wanderung zwischen beiden Hotels an. Bedenken Sie aber, dass das Laufen im Sand anstrengend ist (und nicht immer kann man direkt am Wasser laufen) und dass man 2–3 Stunden veranschlagen sollte (geübte Wanderer schaffen das natürlich auch schneller).

Etwa 10 km hinter Mpekweni treffen Sie auf die Brücke über den Bira River, und 1 000 m weiter führt eine kurze Piste zum **Bira/Begha Resort**, einer kleinen Ferienhaussiedlung. Mit etwas Glück können Sie hier ein Ferienhaus mieten (und das ist allemal einen Versuch wert!), im Voraus können Sie dies leider nicht machen. Direkt vor der Flussmündung liegt das **Madagascar Reef**, die mit 4,5 m flachste Stelle entlang der Ciskeiküste. Hier sind früher einige Schiffe aufgelaufen. Bei Ebbe können Sie das Riff durch das Wasser schimmern sehen. Gerade die nordwärts fahrenden Schiffe, die wegen der günstigeren Strömung dicht unter Land segelten, waren bei Winden aus Süden (und die kommen gerade mit dem Sicht vermindernden Regen), besonders gefährdet. Auch heute noch kann man beobachten, dass die Schiffe in Richtung Norden dichter unter Land fahren.

Von hier aus verlässt die R72 die Küste und macht einen Schlenker ins Landesinnere. Bei **Wesley** können Sie eine Teppichknüpferei besichtigen, und ein Showroom bietet die Möglichkeit, Teppiche zu kaufen. (Sie können sie von hier direkt verschicken). Als Kooperative aufgezogen, gibt sie vor allem den Frauen eine Arbeit. Aber auch Behinderte und Alleinstehende arbeiten hier. Die Teppiche werden aus Schafwolle gefertigt, und die Herstellung eines Teppichs dauert bis zu 15 Monaten. Die Motive sind sehr unterschiedlich, wobei aber besonders die moderneren Stilrichtungen sehr ansprechend sind.

Nicht weit von hier zweigt eine Piste nach **Hamburg** ab. Hamburg ist eine Siedlung an der Mündung des Keiskamma River, der hier eine Innenlagune mit einem Durchmesser von über 1 km bildet. Auch hier gibt es Ferienhäuser. Der Ort wurde 1857 von deutschen Siedlern gegründet (siehe East London), und damals hofften sie, hier einen Hafen anlegen zu können, woraufhin sie den Namen wählten. Doch schon bald stellte sich heraus, dass die Flussmündung viel zu schnell versandet. Daher beschränkten sie sich auf Fischfang und legten Felder an, einige Kilometer flussaufwärts, wo der Salzgehalt des Bodens nicht so hoch ist.

Strand bei Hamburg

5 km weiter zweigt die R345 nach links ab, und wer sich noch Bisho und King Williams Town ansehen möchte, sollte hier abbiegen. Die Strecke führt entlang riesiger Ananasplantagen. Ananas ist bis heute der Hauptexportgut der ehemaligen Ciskei. Die Böden sind gut geeignet, da sie keine Staunässe zulassen, was der Ananaspflanze nicht gut bekommt. Die kühlen Nächte in Meeresnähe bringen außerdem während der Blütezeit den erforderlichen Wachstumsschub. Einziges Problem ist der relativ geringe Niederschlag. Daher muss auf bestimmte Sorten zurückgegriffen werden (hier: „Queens"), die langsamer gedeihen, aber mit weniger Niederschlag auskommen. Eine Ananas kann 2- bis 4-mal geerntet werden, bevor eine neue Pflanze gesetzt werden muss. Die „Queens"-Sorte benötigt eine Vegetationszeit von etwa 20 Monaten, bevor sie geerntet werden kann. Übrigens ist das Ananasanbaugebiet East London bis Grahamstown das am weitesten vom Äquator entfernt liegende Anbaugebiet der Welt. Falls Sie weiterhin auf der R72 verbleiben, kommen Sie bald über die Brücke des Keiskamma River, der hier ein großes Tal geschaffen hat. Bevor Sie ins Tal kommen, schauen Sie einmal nach rechts. Man hat von dort einen schönen Blick über das Tal bis hin zur Mündung bei Hamburg. Der Keiskamma ist der größte Fluss des Landes und entspringt dem Amatola-Gebirge.

Ananas als Hauptexportgut

Kurz vor der ehemaligen „Grenze" nach Südafrika gelangen Sie zur Abzweigung nach Kiwane. Auch hier befindet sich ein kleines Feriengebiet mit einem einfachen Campingplatz und ein paar Chalets.

- **Entlang der N2**

Viele von Ihnen werden sicherlich die N2 benutzen, um schnell von Port Elizabeth nach East London zu kommen. Es ist zwar keine besonders schöne Strecke, doch sollten Sie sich trotzdem so viel Zeit nehmen, die interessanten Punkte hier anzuschauen. Peddie ist ein kleiner Ort mit alter Geschichte, und Bisho ist die neue „Hauptstadt", die erst in den letzten Jahren aus dem Boden gestampft wurde. Sie hat sicherlich wenig Flair, vermittelt aber einen Eindruck davon, wie ein kleines Land versuchte, eine eigene Identität zu schaffen. Den Sinn eines solchen Projektes kann man natürlich mit Recht in Frage stellen.

Nur 6 km entfernt liegt King Williams Town, eine Stadt, die lange Zeit von der damaligen Ciskei beansprucht wurde und die bei den „Kaffernkriegen" häufig im Mittelpunkt stand.

- **Peddie**

Zentrum der „Kaffernkriege"

Auch dieser Ort war häufig Brennpunkt während der „Kaffernkriege". Nachdem *Rev. J. Ayliff* 1835 die Mfengu, die Landstreitereien mit anderen Xhosa-Stämmen jenseits des Kei River hatten, hierher brachte und ihnen Land versprach, gab es aber auch hier für sie Probleme mit bereits angesiedelten Stämmen. Daher wurde ein Fort in Form eines achteckigen Sterns errichtet, in das sich die Mfengu im Ernstfall zurückziehen konnten. Das Fort wurde nur aus Lehm und Sand gebaut. Während der „Kaffernkriege" wurde dieses Fort militärischer Stützpunkt, und viele der Mfengu kämpften sogar auf britischer Seite gegen die Xhosa. Heute steht das Fort nicht mehr, aber ein Aussichtsturm aus Stein, der erst 1841 errichtet wurde, ist immer noch vorhanden. Das Gebäude des Hospitals, die Kirche von St. Simon und St. Jude sowie die Ruinen der Kasernen der britischen Kavallerieeinheiten sind weitere Relikte aus dieser Zeit. Es gibt auch noch einen Friedhof, auf dem die gefallenen britischen Soldaten begraben wurden.

8 km hinter Peddie führt eine Piste links nach Alice, die das Double Drift Game Reservedurchquert.

Etwa 17 km hinter Peddie, entlang der N2, überquert die Straße den Keiskamma River. Diese Stelle heißt **Line Drift**, und auch hier wurden ehemals Schutzanlagen für die Mfengu angelegt, von denen heute aber nichts mehr zu sehen ist. Hier wurde 1931 das legendäre Flusspferd „Huberta" gefunden. Von Jägern erschossen, trieb es auf dem Fluss. Captain C. Shortridge, der Direktor des Kaffrarian Museum in King Williams Town, ließ es bergen und im Museum ausstellen. Heute gibt es dort im Tal eine kleine Citrusplantage. Besonders schön ist die Vegetation aus Euphorbien entlang dieses Streckenabschnittes.

- **Bisho** (ⓘ s. S. 207)

Bisho war die Hauptstadt der damaligen Ciskei. Hier tagte das Parlament, und neben einigen Ministerien war hier auch der Sitz des Obersten Gerichts. Alle anderen Regierungsgebäude befinden sich aber noch in der alten Hauptstadt

Zwelitsha, etwa 15 km südlich von hier. Als Versuch, dem Land eine eigene Identität zu geben, wurde Mitte der 70er Jahre beschlossen, eine neue Hauptstadt zu bauen. Sie sollte zwei Voraussetzungen erfüllen: Zum einen sollte sie verkehrsgünstig liegen, und zum anderen sollte sie zum Leben des damaligen Präsidenten *Lennox Sebe* in Beziehung stehen.

Aus diesen Gründen wurde Bisho 6 km von King William's Town angelegt: Der Präsident hatte als kleiner Junge auf der Anhöhe, wo jetzt das Stadtzentrum liegt, Rinder gehütet. 15 km westlich wurde ein großer Flughafen gebaut, auf dem mittlerweile, neben der Präsidentenmaschine, auch schon einige Charterflugzeuge gelandet sind. Bisho hat ein großes Einkaufszentrum, und die Regierung bemüht sich um die Ansiedlung von Industriebetrieben.

Versuche der Industrialisierung

Mittelfristiger Plan der damaligen Regierung war es, nach der „Einverleibung" von in das Staatsgebiet der Ciskei, eine große Stadt zu schaffen: Bisho als Regierungssitz, King William's Town als Handels- und Wohnstadt sowie kulturellem Zentrum und Zwelitsha als Township mit Industriebetrieben.

Bisho hat heute nach offiziellen Angaben 10 000 Einwohner. Man hat allerdings den Eindruck, dass es weniger sind.

- **Zwelitsha**

Zwelitsha wurde 1946 als Township für die Da Gama Textilfabrik angelegt und diente bald auch als Hauptstadt, bis Bisho diese Aufgabe übertragen wurde. Heute ist es noch Sitz einiger Ministerien. Es ist eine uninteressante Stadt, und man kann getrost daran vorbeifahren.

- **Mdantsane**

Die Stadt erinnert an Soweto und kann eher als großes Township angesehen werden. Sie wurde erst 1962 angelegt und gilt als Wohngebiet für die Pendler nach East London.

„Großes Township"

Mit schätzungsweise über 270 000 Einwohnern ist Mdantsane die größte Stadt im Gebiet der ehemaligen Ciskei. Täglich pendeln von hier 35 000 Menschen nach East London. Doch seitdem auch dort die Industrie in der Krise steckt, hat sich die Arbeitslosenrate in Mdantsane drastisch erhöht, und Schätzungen zufolge haben über 50 % der Menschen im arbeitsfähigen Alter kein geregeltes Einkommen. Daher gab es hier immer wieder Unruhen, und des Öfteren wurde Militär eingesetzt.

Mdantsane ist in 15 Verwaltungsteile aufgegliedert, die „NU's" genannt werden. Jedem Bezirk stand ein Bürgermeister vor, der vom Staatsoberhaupt ernannt wurde. Gerade das hat aber immer wieder zu Problemen geführt. Alleine im August 1992 haben 7 dieser Bürgermeister ihren Rücktritt erklärt, da sie sich nicht mehr sicher fühlten, weil ihnen von Seiten der Bevölkerung die Schuld an der hohen Arbeitslosigkeit gegeben wurde.

- **King William's Town (KWT)**

Die Stadt liegt gerade außerhalb der ehemaligen Ciskei, war aber von drei Seiten von ihr umgeben. Ursprünglich befand sich hier eine 1826 gegründete Mission (zur London Missionary Society gehörend). 1835 zerstörten Xhosa die Missionsstation und vertrieben die Missionare.

Ehemalige Missionsstation

Um das Gebiet für die Briten zu sichern, gründete der Kapgouverneur Sir Benjamin D'Urban 1835 hier einen militärischen Stützpunkt. Zunächst waren die Briten an einer Stadtgründung nicht interessiert, da sich die Regierung widersetzte, das gesamte Gebiet zu annektieren. Die Missionare kehrten zurück, und der allmählich heranwachsende Ort wurde nach King William IV. benannt. Doch die Xhosa beharrten auf ihrem Besitzanspruch und zerstörten im Jahre 1846 King William's Town sowie die Missionsstation. Nach den Auseinandersetzungen wurde der Ort zum Verwaltungszentrum der neu proklamierten Provinz British Kaffraria erhoben.

1857 kamen deutsche Siedler hierher. Der Kriegsminister der damaligen Königin Victoria, Lord Panmure, hatte nämlich zuvor über 2 000 deutsche Söldner für den Krimkrieg angeheuert. Und als dieser vorbei war, wurden die Söldner samt ihren Familien im Sinne von „Wehrbauern" nach British Kaffraria geschickt. Weitere 2 000 deutsche Bauern und Arbeiter kamen, weil sie glaubten, hier ein besseres Leben führen und eigenen Grund und Boden bewirtschaften zu können. Doch ebenso wie bei den Einwanderern in Amerika herrschte zunächst große Not: Viele Kleinkinder starben an Lungenentzündung, da die Unterkünfte nur sehr einfach waren. Mit primitivsten Methoden baute man Gemüse und Getreide an. Viele Siedler zogen selbst ihren Pflug, da sie kein Geld für Zugvieh besaßen. Mit der Bildung sah es ebenso schlecht aus, denn in Ermangelung von Lehrern blieben die meisten Kinder Analphabeten.

In King William's Town leben heute etwa 24 000 Menschen. Es gibt hier Gerbereien, man stellt Seifen und Kerzen, Bekleidung und Schuhwaren her. Wenn Sie Zeit haben, besuchen Sie das

Kaffrarian Museum
Neben Exponaten der Naturgeschichte, dem Stammesleben sowie der Lokalhistorie gibt es als Unikum das ausgestopfte Flusspferd „Huberta" zu sehen, das in den Jahren 1928 bis 1931 eine spektakuläre Wanderung vollendet hatte. Etwa 800 km soll das Tier entlang der Küste gewandert sein, und fast täglich berichteten die Zeitungen von diesem Ereignis. „Huberta" wurde zum Lieblingstier der Nation, fand jedoch ein tragisches Ende am Keiskamma River, wo sie von drei Jägern – man weiß nicht, ob absichtlich oder aus Zufall – getötet wurde.

Flusspferd Huberta

- **Im Norden der ehemaligen Ciskei**

Der Reiz des Nordens sind die Berge. Bis zu 2 000 m hoch reichen ihre höchsten Spitzen. Viele Berge wurden mit Kiefern aufgeforstet, die ihnen einen alpinen Charakter verleihen. Viele Südafrikaner machen hier Urlaub, um der Hitze der tiefer gelegenen Regionen zu entgehen. Die Wälder laden zu ausgedehnten Spaziergängen ein. Besonders die Gebiete um den Katberg Pass und Hogsback sind die Hauptziele. Ob Sie, aus Europa kommend, diesem Landschaftstyp etwas abgewinnen können, überlasse ich Ihnen. Falls Sie aber nach der Reise entlang der Garden Route genug von Meer und Strand haben, bietet sich hier eine interessante Alternative an.

Beliebtes Naherholungsgebiet

Die wohl schönste Gegend liegt zwischen Katberg und Hogsback. Die Passstraße, von Süden kommend, nach Hogsback, das auf 1 300 m ü. NN liegt, ist ein besonderes Erlebnis.

Streckenbeschreibung
Die wohl **reizvollste Strecke** führt von Fort Beaufort nach Norden (R67), entlang unzähliger Orangenplantagen, die sich in die Berghänge und Täler einfügen, dann weiter zum Katberg Pass.

Übernachtung
Katberg Hotel: Das Hotel bietet alle Annehmlichkeiten (inkl. Golfplatz), und verschiedenste Wanderwege führen in die umliegenden Berge.

Von Katberg aus fahren Sie dann wieder zurück nach Balfour und weiter nach Seymour, einem Ort, dem man noch heute den Charakter der weißen Siedlergemeinschaft ansieht. Erst 1985 wurde dieses Gebiet der damaligen Ciskei zugesprochen. Von hier aus führt eine Piste durch ehemaliges Farmland (wunderschönes Lichtspiel bei später Nachmittagssonne). Die alten Farmgebäude sind verwahrlost. Daneben stehen Rundhütten. Sie entsprechen den Bedürfnissen und Anforderungen der Einheimischen eher, als die Farmhäuser der Weißen. In einer „weißen" Küche kann man kein offenes Feuer machen, und die vielen Räumlichkeiten lassen sich nicht so gut beheizen.

Reizvolle Strecke über den Katberg Pass

Nach 24 km auf dieser Piste gelangen Sie an die R345, die von Alice nach Cathcart führt. Biegen Sie hier nach links ab. Nach etwa 15 km steigt die Straße steil an, und man hat einen schönen Blick auf das zurückliegende Tal.

- **Hogsback** (ⓘ s. S. 207)

liegt inmitten eines großen Kiefernforstes. Der Ort dient nur dem Tourismus und der Forstwirtschaft und hat somit nur sehr wenige Einwohner. Auf 1 300 m ü. NN gelegen, kann es hier im Winter häufiger schneien. Neben der wunderschönen Landschaft haben besonders die beiden älteren Hotels (Arminel Mountain Lodge und Hogsback Inn) ihren besonderen Reiz. In typisch englischer Atmosphäre, bei Kaminfeuer, mit Wärmflasche im Bett und Breakfast Tea, kann

Landschaft bei Hogsback

man hier ein bis zwei geruhsame Tage verbringen. Von Hogsback aus können Sie weiter nach Norden bis Cathcart fahren, wo Sie auf die N6 (Bloemfontein-East London) gelangen, oder Sie fahren zurück bis Alice und weiter bis Bisho.

Das Nationalmonument der ehemaligen Ciskei

Kurz vor Dimbaza fahren Sie dann nach links in Richtung Keiskamma, und nach etwa 3 km biegt eine Piste zum **Ntaba KaNdoda National Shrine**, dem Nationalmonument der ehemaligen Ciskei, ab. Es handelt sich um einen großen Betonbau, oval angelegt, in einer sich nach oben hin verjüngenden Form. 1981 wurde es vom damaligen Präsidenten Dr. Lennox Sebe eröffnet. Als Ort wählte man den Fuß des heiligen Berges Ntaba KaNdoda, der den Xhosa Chiefs gewidmet war, die für das Vaterland gekämpft haben. Man plante, um dieses Gebäude herum eine kleine Stadt mit Museen und anderen kulturellen Bauten aufzubauen. Die veränderten politischen Verhältnisse in Südafrika aber hatten die Nationalfrage der Ciskei etwas in den Hintergrund treten lassen. Um nicht mit den politischen Parteien, wie z.B. dem ANC, zu sehr in Konflikt zu geraten, hatte die damalige Regierung das Monument in seiner Bedeutung zurückgestuft, und es wurden selbst die Hinweisschilder abmontiert. Das Gebäude ist seit 1991 leer und wird nur noch von 6 Soldaten bewacht. Es wird aber in Erwägung gezogen, es für touristische Zwecke wieder „aufzupolieren".

Nationalparks in der ehemaligen Ciskei

Es gibt drei Nationalparks in der ehemaligen Ciskei, die alle an der westlichen Grenze gelegen sind. Alle sind auf ehemaligem Farmgelände angesiedelt und bieten daher Unterkunftsmöglichkeiten in den alten Farmhäusern. Die Tierwelt besteht hauptsächlich aus Savannentieren wie z. B. Springbock, Eland, Rebock u.a. Große Tiere wie Elefanten und Rhinos gibt es nicht, sollen aber eventuell eingeführt werden. Giraffen sind seit 1993 im Tsolwana Park zu finden. Wer bereits den Kruger Park oder den Addo Elephants Park gesehen hat, sollte sich nicht die Mühe machen, wegen der Tiere hierher zukommen. Anderseits sind die Parks aber sehr gut für Wanderungen geeignet, und alle haben speziell angelegte Wanderrouten. Da die Unterkunftsmöglichkeiten auf wenige Plätze beschränkt sind, ist ein ruhiger Aufenthalt gewährleistet. Das beste ist, man mietet sich ein und bringt sein eigenes Essen mit. Eine vorherige Anmeldung ist essentiell, da die wenigen Plätze oft ausgebucht sind.

Angelegte Wanderrouten

- **Tsolwana Game Reserve**: Dieser Park liegt ganz im Norden und ist mit 10 000 ha der größte. Er liegt 1 300–1 800 m hoch in den Bergen westlich von Sada. Die Vegetation besteht aus Akazien, Dornbüschen und Trockensträuchern.
- **Mpofu Game Reserve:** Er gilt als der schönste Park und erstreckt sich südlich des Katbergs bis hin zum Katfluss (7 200 ha). Die Vegetation hier beschränkt sich auf Grasland, Büsche und einige kleine Forstareale.
- **Double Drift Game Reserve (vorm. L. L. Sebe Game Reserve):** Das Gebiet beherbergte ehemals Rinderfarmen. Noch heute sieht man alte Farmgebäude, von denen eines umgebaut wurde für die Beherbergung von Touristen. Aloen, Akaziendornbüsche und Euphorbien bestimmen das Vegetationsbild.

Buffalo City (East London) (ⓘ s. S. 207)

 Entfernungen
- East London – Durban: 676 km
- East London – Kapstadt: 1 100 km
- East London – Jo'burg: 990 km
- East London – Umtata: 235 km

Überblick

Die östlichste Großstadt der Eastern Cape Province liegt an der Mündung des Buffalo River zwischen den ehemaligen Homelands Transkei und Ciskei. Wie Port Elizabeth ist auch East London eine Industrie- und Hafenstadt (mit ca. 200 000 Einwohnern), die auch einige wenige kulturelle Sehenswürdigkeiten zu bieten hat. Interessanter und schöner ist aber sicherlich die Umgebung mit ihren unzähligen Stränden und den mit dunklem Grün bedeckten Bergen, die gleich dahinter aufsteigen und die besonders im Frühdunst mit der aufgehenden Sonne einen unvergesslichen Eindruck hinterlassen. East London eignet sich auch hervorragend als Ausgangspunkt für Touren in die ehemalige Ciskei. Es ist nur eine knappe Autostunde von Bisho, der alten Hauptstadt der Ciskei, entfernt.

Interessante Umgebung

Wer von Port Elizabeth kommt oder dorthin fahren will, sollte sich nicht für die N2 entscheiden, sondern sich die Zeit nehmen, die Küstenstraße entlang der „Romantic Coast" zu benutzen (R72), und wer sich die Mühe ersparen will, Küstenorte in der ehemaligen Transkei anzusteuern, kann sich alternativ – und weniger „abenteuerlich" (dafür aber teurer!) – für die „Kap-Wild Coast" entscheiden und Orte wie Haga-Haga und Kei Mouth besuchen.

Redaktions-Tipps

- **Übernachten** im Quarry Lake Inn
- Eher die **Strände außerhalb der Stadt** besuchen (Fully Beach, Gonubie Mouth (S. 697)
- **Essen** im Le Petit oder einfach in einer „Spur"-Steakhausfiliale
- **Buffalo City Museum** (S. 695)
- Einmal eine **Fahrt entlang des Buffalo River** machen, vom Hafen bis etwa 30 km landeinwärts (mit Hilfe einer guten Karte)

Geschichte

Das erste Schiff, das an der Mündung des Buffalo River anlegte, war im Jahre 1688 die „Centaurus". Die Mannschaft hatte den Auftrag, nach Überlebenden von **Schiffskatastrophen** zu suchen. Und tatsächlich gelang es, 18 Männer zu retten. Und zwar lebten diese mittlerweile zusammen mit Xhosa in der Gegend von Cove Rock. Sie waren die ganze Strecke von Mkambati, wo ihr Schiff gestrandet war, bis hierher gelaufen. 3 von ihnen sind bei den Xhosa geblieben. Auch im darauf folgenden Jahr konnte ein anderes Schiff zwei Schiffbrüchige retten, die an der „Wild Coast" gestrandet waren. Holländische Segler nannten den Fluss damals „Eerste Rivier".

1752 machte *Ensign Beutler*, im Auftrag von Gouverneur *Ryk Tulbach*, eine erste richtige Erkundungsfahrt hierher. Er berichtete von einem Fluss, den die Einheimischen „Konka" (Büffelfluss) nannten. Alle betonten nach ihrer Heimkehr, dass sich diese Flussmündung hervorragend zur Anlage eines Hafens eigne. Doch zunächst gab es keinen Bedarf, denn wegen der immer wieder aufflammenden Auseinandersetzungen mit den dort lebenden Xhosa trieb man in dieser Gegend kaum Handel.

Erst 1835, als die Briten die Küstenregion annektierten, ritt Oberst Harry Smith zusammen mit dem Kap-Gouverneur *Sir Benjamin D'Urban* an die Flussmündung, um die Möglichkeit der Anlage eines Hafens zu untersuchen. Sie nutzten die Gelegenheit, hier Militärgut abzuladen. Und schon ein Jahr später ankerte an der gleichen Stelle die von George Rex gecharterte Brigg „Knysna", um Vorräte an Land zu bringen. John Baille, ein Offizier aus King Williams Town, war hierher gekommen, um die Güter in Empfang zu nehmen. Als Zeichen der britischen Landnahme hisste er den Union Jack auf dem Signal Hill und nannte die Stelle Port Rex (nach dem Besitzer von Knysna, siehe auch Ausführungen über den Ort Knysna). Aber erst 1847, nach Beendigung des „War of the Axe", wurde die Flussmündung geographisch vermessen, und man baute das Fort Glamorgan als Teil einer Befestigungskette, um die Versorgungsroute von der Flussmündung bis nach King Williams Town zu sichern. Offiziell wurde die Gegend 1848 annektiert, und der Flusshafen erhielt den Namen Port East London.

Hafen von Buffalo City

Einen starken **Wachstumsimpuls** bekam der Ort, als 1857 entlassene Söldner der Britisch-Deutschen Legion (die eigentlich für den Krimkrieg zusammengestellt worden war) hier ankamen. Insgesamt handelte es sich um 2 362 Männer, 361 Frauen und 195 Kinder. Die Engländer schickten bald ein

Deutscher Einfluss weiteres Schiff mit 157 irischen Frauen hinterher, um den Männerüberhang etwas auszugleichen – vielleicht die erfreulichste „Ladung", die je in diesem Hafen gelöscht wurde. 1858 kamen weitere 2 315 deutsche Söldner. Da verwundert es nicht, dass die Region, besonders in den ersten Jahrzehnten, einem ausgeprägten deutschen Einfluss unterworfen war. Bereits in dieser Zeit wurde u. a. der „Deutsche Markt" installiert.

1872 wurde der Hafen richtig vermessen, und 1880 schließlich wurde East London das Stadtrecht verliehen, und zu diesem Anlass pflanzte man auf dem Gelände des West Bank Post Office eine Norfolktanne, die auch heute noch hier steht.

Sehenswertes

Buffalo City hat heute knapp 200 000 Einwohner und ist eine Industriestadt, die ein wenig im Schatten von Port Elizabeth und Durban dahinvegetiert. In der Nahrungsmittelindustrie (Nestlé u.a.) arbeiten 30 % der Industriebeschäftigten, dazu kommen noch etwa 15 % in der Textilindustrie (größtenteils Wollverarbeitung). Bekanntestes Unternehmen ist CDA/Mercedes, die Mercedes-Lkw und teilweise auch Pkw zusammensetzen. Die Bauteile kommen zum überwiegenden Teil aus Deutschland. Motoren werden hier aber aus südafrikanischen Teilen gefertigt. Trotz der Wirtschaftsblockade während der Apartheidzeit der afrikanischen Nachbarstaaten konnte Südafrika jahrelang über verschiedene Kanäle dorthin exportieren.

Wichtige Industriestadt

Industrie und Hafen sind aber kaum ausgelastet. Dies wird an der Arbeitslosenquote von Mdantsane (mit mehr als 250 000 Einwohnern eine der größten Städte in dieser Region) deutlich: Sie liegt bei über 70 %! Die südafrikanischen Hafenbetriebe (SAR&H) haben daher bereits in den 1950er und 1960er Jahren East London zum Maisexporthafen bestimmt und versuchen, möglichst viele Transporte aus Zimbabwe und Zambia (bes. Kupfer) hierher umzuleiten. Erschwerend kommt für den Hafen noch hinzu, dass er als Flusshafen nur über begrenzten Tiefgang verfügt und seine Einfahrt immer wieder versandet, so dass jährlich über 500 000 qm Sand abgepumpt werden müssen, um die Fahrrinne schiffbar zu erhalten.

Rathaus Buffalo City

Die **Innenstadt** ist relativ klein, und im Gegensatz zu Durban und Port Elizabeth herrscht hier ein gemütliches Treiben ohne besondere Hektik. Die Architektur ist nicht bestechend, doch teilweise ist es schon bemerkenswert, wie neben alten Gebäuden neue „Architektur" angesetzt wurde. Es wirkt so unpassend, dass man es schon wieder als komische Variante belächeln muss.

East London hat eine Universität und eine Technische Hochschule. Die Stadt wird gerne als Rentnerdomizil bezeichnet. Ich denke, das ist wohl etwas übertrieben, aber viele touristische Einrichtungen zielen schon eher auf das mittlere Alter ab, und die Gemütlichkeit der Stadt trifft sicherlich eher auf die Zustimmung der älteren Generation.

Neben einem Besuch des East London Museum lohnt sich noch die Besichtigung der Wollbörse. Ansonsten würde ich mich nicht zu lange im Stadtgebiet aufhalten, sondern entweder in den Küstenorten der Umgebung verweilen oder gleich weiterfahren.

Buffalo City (East London) Stadtmitte

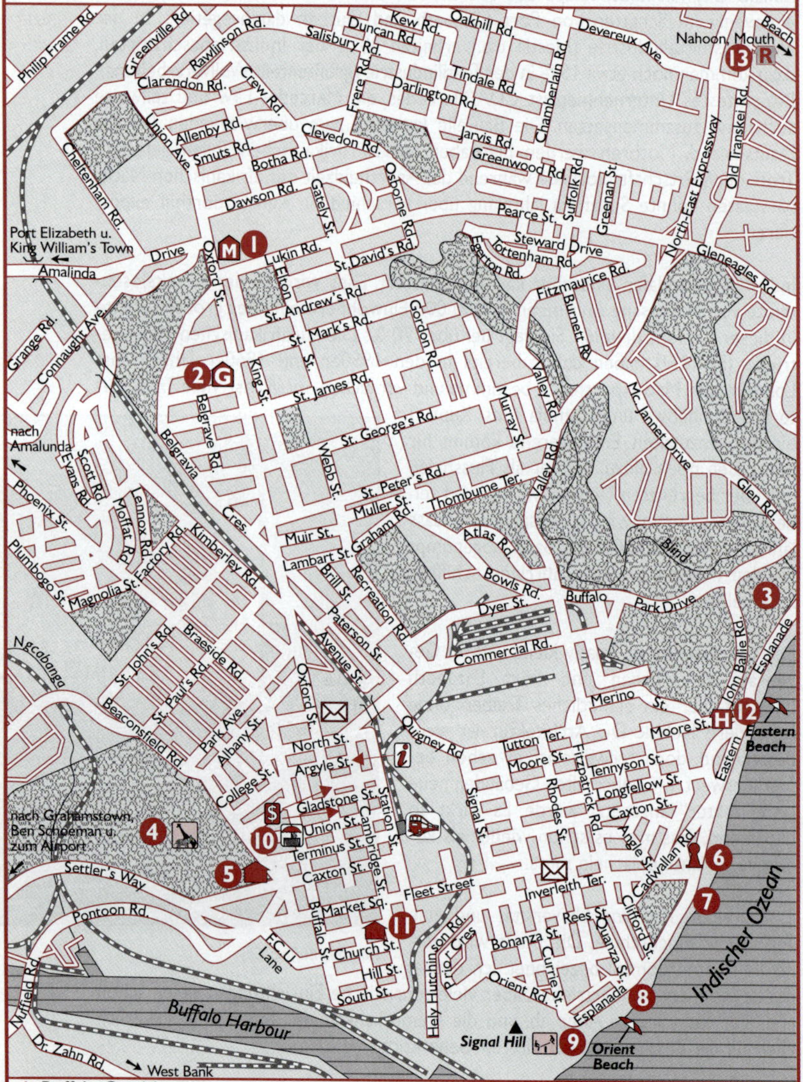

1. Buffalo City Museum
2. Ann Bryant Art Gallery
3. Marina Glen
4. Queen's Park u. Zoo
5. Gately House
6. German Settler's Memorial
7. Aquarium
8. Orient Bath
9. Children's Playground
10. German Market
11. Wool Exchange
12. Hotel Holiday Inn Garden
13. Restaurant Le Petit

Strände

Neben den drei Stränden im Stadtbereich (Orient, Eastern u. Nahoon Beach) gibt es entlang der gesamten Küste schöne(re) Bade- und Surfmöglichkeiten. Sie aufzulisten, wäre im Rahmen dieses Buches nicht möglich, doch bietet das Tourist Office genügend Infomaterial für Strandaufenthalte in der näheren Umgebung. Wer aber gerne in Stadtnähe bleiben möchte, dem sei die Fuller's Bay mit Shelly's Beach empfohlen. Sie liegt etwa 10 km südwestlich der Stadt.

Bade- und Surfmöglichkeiten

- **Buffalo City Museum (1)**
(Oxford Street)

Hier ist die vielleicht umfangreichste naturkundliche Sammlung Südafrikas untergebracht. Eine Besonderheit stellen die Exponate über maritimes Leben dar. Unter ihnen spielt die primitive Fischart namens *Coelacanth* eine herausragende Rolle. Man glaubte, dass dieser Fisch seit etwa 50 Millionen Jahren ausgestorben sei und war mehr als erstaunt, als im Jahre 1938 das erste lebende Exemplar aus dem nahen Chalumna River gefischt wurde. 1954 und auch in späteren Jahren sind weitere Fänge geglückt. Ebenso gibt es hier auch das einzige Dodo-Ei zu sehen, das 1846 aus Mauritius gebracht wurde. (Beim Dodo handelt es sich um einen im 17. Jahrhundert ausgerotteten, flugunfähigen Vogel, der weit größer als der Truthahn war.) Die heimatkundliche Abteilung zeigt einige Exponate aus dem Kulturkreis der Xhosa.

- **Ann Bryant Art Gallery (2)**
Ecke Oxford/St Lukes Str.

1947 wurde das Museum der Stadt von *Ann Bryant* geschenkt. Das Haus selbst ist alleine einen Besuch wert. Hier werden, in z.T. wechselnden Ausstellungen, Werke südafrikanischer und anderer, vornehmlich weißer, Künstler ausgestellt. In naher Zukunft soll auch eine Abteilung eingerichtet werden, die bevorzugt schwarzen Künstlern eine Ausstellungsmöglichkeit bieten soll. Interessant ist auch das Modell der „Knysna", dem ersten Schiff, das in der Mündung des Buffalo River seine Ladung gelöscht hat.

Wechselnde Ausstellungen

Jeden dritten Sonntag im Monat findet die Ausstellung „**Art in the Garden**" statt, wo Künstler aus der Umgebung ihre Werke im Garten ausstellen und verkaufen.

- **German Settler's Memorial (6)**

Es wurde in Erinnerung an die 1857 hier angekommenen deutschen Männer, Frauen und Kinder errichtet. Durch sie erhielt die Region wichtige Wachstumsimpulse. Das Denkmal aus Granit wurde von *Lippy Lipshitz* entworfen und stellt einen Mann, eine Frau und ein Kind dar.

Auf fünf Bronzetafeln erzählen Bilder die Abreise der Auswanderer aus Deutschland, ihre Überfahrt nach Südafrika, den Bau ihres neuen Heims, das Urbarmachen des Landes sowie die Ausschau einer Familie in die Zukunft. Die Inschrift in

Deutsche Ortsnamen

Deutsch lautet: „Den deutschen Einwanderern". Und wenn Sie einmal auf die Landkarte schauen, werden Sie im Umkreis von 100 km deutsche Ortsnamen wie Braunschweig, Hamburg, Potsdam und Berlin finden.

- **German Market (10)**

Er befindet sich in der Buffalo Street (Ecke Jagger bzw. Union St). Ursprünglich haben sich die deutschen Frauen hier getroffen und Handelsware, bevorzugt Gemüsesorten und Gewürze, getauscht, die sie sonst nirgends gefunden hätten. Der Markt entwickelte sich schnell zum größten Markt der Stadt, und neben Nahrungsmitteln werden auch Textilien und andere Dinge verkauft. Heute ist der Markt eher von afrikanischen Marktfrauen beherrscht.

- **Wool Exchange (11)**

Wie schon angedeutet, ist East London ein wichtiger Ausfuhrhafen für Wolle. Besonders im 19. Jahrhundert hat der Wollexport dem Hafen seine spätere Bedeutung verliehen. An der Ecke Church/Cambridge Street befindet sich die Wollbörse, wo sich Aufkäufer aus der ganzen Welt an Auktionen beteiligen. Besucher sind willkommen.

- **Gately House (5)**

Eines der ältesten Gebäude der Stadt. Im Auftrag von *Johan Gately* wurde das heutige Museum 1873 erbaut.

- **Baille Memorial auf dem Signal Hill**

Hier wurde 1836 die britische Flagge durch den Marineoffizier John Baille gehisst, als das erste Schiff, die „Knysna" von George Rex, ankerte und ihre Ladung löschte. Im Gegenzug tauschte die „Knysna" Felle ein. Die Mündung des Buffalo River erschien damals als ein besonders günstiger Versorgungshafen, da der Nachschub für die britischen Söldner auf dem Landwege von Port Elizabeth aus durch Übergriffe der Xhosa erheblich behindert wurde.

- **Pineapple Trail und Reptile World**

Etwa 20 km außerhalb der Stadt gibt es eine Ananasversuchsfarm und nicht weit davon eine Reptilienfarm.

Ananasfarmen

Fahren Sie am besten zuerst entlang des Settlersway bis 2 km hinter den Flughafen. Links geht's in den Marine Drive, nach rechts zur Ananasfarm. Ab hier gibt es immer Hinweisschilder zur „Reptileworld". Nach ca. 5 km auf dieser Strecke erreichen Sie die Ananasfarm (ausgeschildert als: Agricultural Research Station). Hier zeigt man Ihnen, wie Ananas gepflanzt und aufgezogen wird und vor allem, wie man trotz geringer Niederschlagsmengen erfolgreich anbauen kann. Dies ist besonders in Südafrika ein großes Problem, da die Ananas zu den tropischen Gewächsen zählt. Sie müssen sich für eine Führung aber anmelden.

Die Reptilienfarm befindet sich 7 km weiter auf dieser Straße. Neben Krokodilen gibt es vor allem Schlangen aller Arten zu sehen. Beeindruckend hier ist schließlich noch der Tea Garden mit einer wunderschönen Aussicht über das Buffalo-Tal.

Zurück fahren Sie am besten nicht über den Settlersway, sondern folgen den Schildern nach East London bzw. „City/Stadt". Dabei kommen Sie direkt ins Buffalo-Tal und erreichen East London von Norden aus.

Umgebung von Buffalo City

Die Küstenlandschaft, auch „Romantic Coast" und „Cape-Wild Coast" genannt, ist allemal einen Besuch wert, soweit man sich nicht bereits an der Garden Route oder der Transkei Wild Coast satt gesehen hat. Es gibt zwischen der ehemaligen Ciskei und der ehemaligen Transkei einige schöne Strände, gute Hotels und Ferienanlagen, die besonders in der Nebensaison sehr reizvoll und auch preiswert sind. Sie alle aufzulisten, würde den Rahmen sprengen, und daher rate ich Ihnen, sich im East London Tourist Office zu informieren.

Wer nach **Gonubie Mouth** kommt, sollte sich den **African Medical Plant Garden** ansehen. Man wird sich wundern, welche Heilkräfte die verschiedenen Pflanzen haben.

Für Abenteuerlustige hier noch der Tipp: Die besten **„Deap-Sea-Fishing"**-Touren starten von Gonubie aus (Infos im Tourist Office in East London).

Deap-Sea-Fishing

Der **Mpongo Park** ist ein kleiner privater Game Park, der eine Reihe bekannter Steppentiere beherbergt (u. a. Löwen). Hier kann man auch in Chalets oder auf einem Campingplatz übernachten.

East London eignet sich auch für Touren in die ehemalige Ciskei, besonders für Fahrten entlang der wunderschönen Ciskeistrände. Man kann leicht an einem Tag von hier aus die Ciskeiküste erkunden und danach wieder ins Hotel in East London zurückkehren (siehe auch „Die ehemalige Ciskei").

Anschluss-Strecken

- Über die N2 in die ehemalige Transkei und weiter nach Durban (ab S. 698)
- Über die N6 nach Bloemfontein und dann weiter nach Johannesburg (siehe ab S. 756)

Ehemalige Transkei (ⓘ s. S. 207)

Überblick

Die Transkei – der östliche Teil der heutigen Eastern Cape Province – war der größte „Autonomstaat" innerhalb Südafrikas und hat 1976 als erstes Homeland die „Unabhängigkeit" erhalten. Mit über 43 000 qkm war sie sogar größer als die Schweiz. Die Bevölkerung besteht hauptsächlich aus Xhosa, die sich hier seit dem 15. Jahrhundert angesiedelt haben. Bedingt durch die schwer anzusteuernden Buchten sind nur wenige Europäer hierher gekommen.

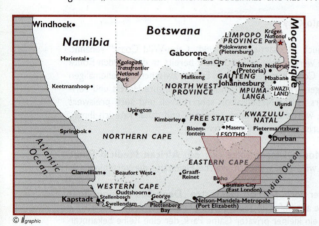

Ich halte dieses Gebiet für eines der interessantesten und schönsten Reisegebiete des Südlichen Afrika. In Unkenntnis dessen fahren beinahe alle Touristen auf dem schnellsten Weg über Umtata nach KwaZulu/Natal, ohne links und rechts des Weges Abstecher gemacht zu haben.

Ursprüngliche Siedlungen der Xhosa

Das Reizvolle an der ehemaligen Transkei sind die zum großen Teil noch **ursprünglichen Siedlungen** mit ihren über die Hügel und Berge verstreut liegenden Rundhütten. Als Weißer mag man sich zunächst unter den Xhosa verloren vorkommen, doch haben Sie keine Berührungsängste: Die Menschen werden Ihnen freundlich begegnen, erwidern Sie dies! Wenn Sie an einer Stelle halten, die abgelegen erscheint, kann es sein, dass Sie nach wenigen Minuten von neugierigen Kindern, Frauen und Männern umringt werden. Manche verstehen etwas Englisch – aber auf jeden Fall Ihr Lächeln.

Sie sollten bedenken, dass die Menschen z.T. sehr arm sind. An den Straßen, die des Öfteren in schlechtem Zustand sind, stehen Kinder und bieten Obst an. Kaufen Sie bei

Junge Xhosa-Mädchen

Bedarf diesen Kindern etwas ab, doch feilschen Sie nicht zu sehr um den Preis. Bedenken Sie, dass viele Familien auf den Verkauf angewiesen sind. Sie sollten jedoch kein Geld verschenken! Dadurch helfen Sie den Menschen nicht, und die Kinder lernen nur, dass man ohne Gegenleistung an das begehrte „money" kommt.

Bei Ihrer Fahrt werden Sie – nachdem Sie die nachfolgenden landeskundlichen Informationen gelesen haben – mehr Verständnis für die Probleme eines ehemals „black national state" entwickeln. Und Sie werden von der Schönheit der Landschaft begeistert sein: Die **„Wild Coast"**, die Sie u.a. bei Coffee Bay und Port St. Johns erreichen, ist einfach faszinierend, und die Badestrände sind beileibe nicht so überfüllt, wie an manchen Küstenorten Natals oder der Garden Route. Auch das Hinterland hat seine Reize. Fast das gesamte Land ist mit weich auslaufenden Hügeln und einigen Bergen bedeckt. Gerade im Frühling und Sommer, während und nach der Regenzeit, erstreckt sich ein sattes Grün so weit das Auge reicht. Ausgesprochen eindrucksvoll wirken hierbei die Teeplantagen.

Redaktions-Tipps

- **Buchen Sie die Aufenthalte an der Küste vor!**
- **Übernachten** Sie weder in Umtata noch in Port St. Johns. Vergessen Sie die Möglichkeit zu zelten.
- **Schön**: Hole in the Wall (S. 710), Mkambati Nature Reserve (S. 716), Bucht von Port St. Johns (S. 713).
- **Übernachten** in: „Hole in the Wall" oder im „Ocean View Hotel" in der Coffee Bay, „The Lodge" am Second Beach in Port St. Johns, und wenn in Umtata: im Holiday Inn Hotel.
- **Essen** Sie **ausgewachsenen** Crayfish an der Küste.
- Das **Seafood Buffet** im Hole in the Wall Hotel.
- Wenn Zeit sein sollte, **erwandern Sie Teile der Küste**.
- Erkundigen Sie sich bitte über die Sicherheitslage (South African Tourism).

Wer also einen geruhsamen Urlaub mit etwas Abenteuer verbringen will und dabei bereit ist, auf besonderen Luxus zu verzichten, wird durch die Ursprünglichkeit und Großartigkeit der Natur mehr als entschädigt (wetten?).

Geruhsamer Urlaub ohne großen Luxus

Geschichte und Politik

Die Bewohner der ehemaligen Transkei sind in der überwiegenden Mehrzahl **Xhosa**, zugehörig zum südlichsten Stamm der Ngundi-Gruppe. Aus geschichtlicher Sicht kann man sie in zwei Hauptgruppen gliedern: die früher und die später Siedelnden. Die ersten Xhosa dürften etwa um 1700 von Norden her eingewandert sein, die später nachgekommenen waren vor allem vor dem Zuluhäuptling *Shaka* geflohen. Dieses ist eine wesentliche Tatsache dafür, dass Xhosa und Zulu auch heute noch verfeindet sind. Die erste Gruppe war bald mit dem Vordringen von Weißen in ihr Siedlungsgebiet konfrontiert, gegen das man sich nicht zu helfen wusste.

Eine Weissagung des Propheten *Mhlakaza* (ein Onkel des legendären Kindes *Nongqause*, das der Geschichtsschreibung der Xhosa seinen Namen gab) sollte

Kriminalität und Betteln

In den letzten Jahren wurden immer häufiger Beschwerden laut, dass Touristen von Einheimischen belästigt wurden oder sogar versucht wurde, in Fahrzeuge einzubrechen. Leider hat mit den wirtschaftlichen Problemen in den ehemaligen Homelands diese Rate von Jahr zu Jahr zugenommen. Doch bemüht man sich von Seiten des Staates und der Touristikorganisationen, dieses Problem zu lösen.

Stärkere Polizeipräsenz

Besonders an der Küste hat man dazu die Polizeipräsenz verstärkt und viele vermeintliche Diebe bestraft, so dass mittlerweile ein gewisser Hemmfaktor für Straftäter eingesetzt hat. In Umtata gibt es aber trotzdem immer wieder Berichte von Touristen über Taschendiebstähle und versuchte Autoeinbrüche. Daher seien Sie in dieser Stadt besonders vorsichtig, lassen Sie nichts unbeaufsichtigt im Auto liegen, und achten Sie besonders auf Ihre Kamera und Ihr Portemonnaie. Besonders kleine Jungen haben es auf Touristen abgesehen. An der Küste haben sich die Verhältnisse mittlerweile verbessert, obwohl besonders in Port St. Johns und Coffee Bay immer noch Vorsicht geboten ist. Parken Sie Ihr Fahrzeug nicht in abgelegenen Gebieten (z.B. dem Wanderweg zum Hole in the Wall); hier hört man immer noch von Autoaufbrüchen. Lassen Sie es auf den sicheren Hotelgeländen stehen, und genießen Sie die Natur auf einem Spaziergang.

Ein besonderer Aspekt verdient Aufmerksamkeit, und zwar der politische. Die Xhosa haben mit ihren politischen Ambitionen entscheidend dazu beigetragen, dass das Apartheidsystem zum Kippen gebracht wurde. Die Xhosa sympathisieren in der Mehrzahl mit dem ANC und reagieren auf politische Ereignisse, indem sie sich an Massenaktionen beteiligten, zu denen aufgerufen wurde.

Die Idee, dass **Betteln** Geld bringt, hat sich leider in die Köpfe vieler Kinder eingeschlichen. Besonders wenn man durch ländliche Gegenden fährt und sich einem touristischen Ziel an der Küste nähert, nimmt es zu. Daran sind sicherlich die Touristen Schuld, die Geld verschenken, und dazu sollte man auch das „Bezahlen" von Fotoaufnahmen zählen. Tun Sie dieses also lieber nicht, Sie helfen den Kindern damit nicht, und für Sie bedeutet es zu Hause nur eine Aufnahme mehr, und das ist es einfach nicht wert. Auf dem Land sind die Leute sehr arm, und nur 1 Rand bedeutet für die Kinder sehr viel, so dass sie das Betteln so lange weiterführen werden, bis sie merken, dass sie nichts erhalten, ohne dafür eine **sinnvolle Gegenleistung** erbracht zu haben.

15. Eastern Cape Province: Ehemalige Transkei

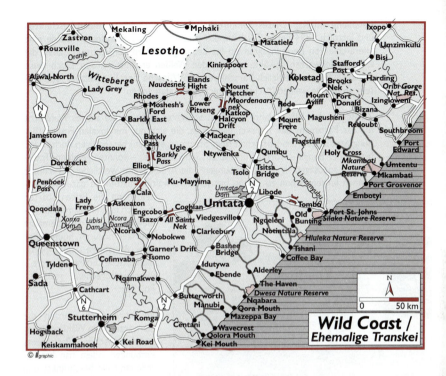

Abhilfe bringen: Mhlakaze wusste von dem Krimkrieg zwischen Engländern und Russen. Da auch sein Volk sich mit den Engländern konfrontiert sah, glaubte er, die Russen wären Schwarze, deren tapferste Krieger die Seelen toter Xhosa-Krieger in sich trügen. Er glaubte daher, dass diese Russen die weißen Engländer besiegen und die Xhosa von der Last der weißen Eindringlinge befreien würden. Die Xhosa müssten für diesen „Sieg" aber das gesamte Vieh und die gesamte Maisernte vernichten und der Zauberei entsagen. Dann würden am 18. Februar 1857 zwei blutrote Sonnen aufgehen, und ein Wirbelsturm würde alle Weißen ins Meer fegen.

Verheerende Weissagung

Obwohl die Xhosa 200 000 Tiere töteten, erfüllte sich die Weissagung nicht. Stattdessen brach eine große Hungersnot aus, an der über 68 000 Xhosa starben. Den Überlebenden blieb nichts anderes übrig, als auf der Suche nach Arbeit und Brot in die Kapkolonie zu ziehen.

Zwischen 1879 und 1897 wurde das Gebiet der damaligen Transkei durch die Briten annektiert und der Kapprovinz angegliedert. Man behandelte es mehr wie ein Reservat, das die Briten durch „Magistrate" kontrollierten. Zuerst verfügten die Xhosa noch über ein begrenztes Stimmrecht in der gesetzgebenden Ver-

15. Eastern Cape Province: Ehemalige Transkei

sammlung am Kap. Dieses Stimmrecht wurde jedoch immer mehr beschnitten und letztlich 1894 unter Cecil Rhodes ganz abgeschafft. Stattdessen wurde eine Hierarchie von Beratungsgremien ins Leben gerufen, in der Vertreter saßen, die z.T. von Schwarzen gewählt, z.T. von den Weißen ernannt wurden. Doch diese Gremien konnten lediglich Vorschläge und Wünsche der Transkeianer übermitteln, an die die weißen Machthaber nicht gebunden waren.

Langjährige parlamentarische Erfahrung

Zu Beginn der 1930er Jahre erhielten Schwarze passives und aktives Wahlrecht für das Parlament der Transkei, die Bunga, die sich nur mit lokalen Fragen (Bildung, Straßenbau, Landwirtschaft oder Stammesgesetzen) beschäftigen durfte. Und hier in der Bunga – wörtlich übersetzt „Schwatzbude" – konnten gebildete Transkeianer sozusagen in „Trockenübungen" die Arbeitsweise westlicher Verwaltung kennen lernen. Schon zu Zeiten britischer Verwaltung hatten sie dazu Gelegenheit, denn die Briten sparten dadurch eigene Beamte ein. Immerhin verfügt die ehemalige Transkei dadurch heute über eine 80-jährige „quasi-parlamentarische" Erfahrung und z.T. über entsprechend geschulte Politiker.

Xhosa in ihren traditionellen Gewändern

Im Jahre 1936 wurden die Schwarzen vom Wahlrecht des südafrikanischen Parlaments entbunden, indem man ihre Anteile am Land beschränkte und sie in ethnische Grenzen zurechtwies. 1948 schließlich, als die Weißen mit ihrer Politik der Apartheid begannen, wurde der damaligen Transkei Selbstverwaltungsrecht zugestanden. Die „Selbstentwicklung" wurde durch Stammesbehörden in die Hand genommen. Südafrika bezeichnete die Transkei sowie die Ciskei als angestammte Siedlungsgebiete der Xhosa. Am 26. Oktober 1976 wurde die Transkei durch die Republik Südafrika in die **„Unabhängigkeit"** entlassen, wodurch der südafrikanischen Rechtsauffassung zufolge alle Bewohner der Transkei zu Ausländern wurden. Die UNO hat (bei Enthaltung der USA) dieses Land völkerrechtlich nie anerkannt – genauso wenig wie auch die anderen damals als „selbstständig" erklärten „Homelands".

In den achtziger Jahren des vergangenen Jahrhunderts war die Transkei eine Republik mit einem Einkammerparlament aus 150 Mitgliedern, wovon 75 gewählt und 75 Häuptlinge waren. Die Wahlperiode lief über 5 Jahre, und auch in Südafrika lebende Transkeianer hatten Wahlrecht. Es bestand außerdem eine allgemeine Wehrpflicht.

Der letzte Regierungschef war General Holomisa, ein junger Offizier, der sich 1988 relativ unblutig an die Macht geputscht hatte. Er war ein enger Vertrauter seines Vorgängers Matanzima. Als Matanzimas Regierung wegen Korruption und zu enger Zusammenarbeit mit Südafrika immer mehr ins Kreuzfeuer der Kritik geriet, putschte Holomisa mit Hilfe des Militärs und setzte einen Militärrat ein. Er beschnitt danach zwar die Machtbefugnisse des Parlaments, behielt aber dessen Grundstrukturen bei. Matanzima wurde auch nicht von seiner Funktion als Paramount Chief enthoben. Holomisas Bestreben, die Korruptionswirtschaft und die Verschwendung in den Regierungskreisen zu unterbinden, brachte ihm in der Folgezeit einige Feinde aus dem gebildeten und gut situierten Mittelstand ein. (Th. Sankara, ermordeter Präsident v. Burkina Faso: „Eine Revolution in Afrika geht immer vom gebildeten Mittelstand aus, der noch mehr Pfründe abschöpfen will"). 1990 gab es einen letzten Putschversuch, der aber scheiterte.

Aufgrund der großen wirtschaftlichen Not nahmen **Bestrebungen zur Wiedereingliederung** in den Staatenbund der Südafrikanischen Union immer mehr zu. Dies wurde besonders vom ANC unterstützt. Am 27. April 1994 nach dem Ende der Apartheid wurde die Transkei im Rahmen der Neustrukturierung Südafrikas schließlich in die Eastern Cape Province eingegliedert.

Wirtschaft

Die **Landwirtschaft** trägt zu 45 % zum Bruttosozialproduktbei, obwohl ihr Produktivitätsgrad – trotz des günstigen Klimas – eigentlich sehr niedrig ist. Der hohe Anteil beruht ausschließlich auf der Tatsache, dass kaum Industrie angesiedelt ist. Die traditionelle Landwirtschaft besteht neben Viehzucht (Rinder und Schafe) aus Ackerbau, wobei hauptsächlich Mais als Grundnahrungsmittel angebaut wird und in geringerem Umfang Weizen und Hirse. Die traditionelle Lebens- und Wirtschaftsweise der Afrikaner unterscheidet sich grundlegend vom europäischen Vorrats- und Erfolgsdenken. Mittlerweile versucht man Plantagen anzulegen, um der Landbevölkerung ein geregeltes Einkommen zu verschaffen. U.a. wurden größere Tee- (bei Port St. Johns und bei Lusikisiki), Ananas- und Zitrusfrüchte-Plantagen angelegt. Auch mit dem kommerziellen Anbau von Baumwolle auf Bewässerungsflächen wurde begonnen.

Die Landwirtschaft ist ein wichtiger Faktor in der ehem. Transkei

Weiterhin ist man um den Ausbau der **Forstwirtschaft** bemüht. Durch Wiederaufforstungsmaßnahmen begegnet man nicht nur weiteren Erosionsschäden, sondern produziert auch einen wichtigen Rohstoff zur Weiterverarbeitung. Holzverarbeitende Fabriken stellen u.a. Möbel her und bieten so auf heimischer Rohstoffbasis Arbeitsplätze.

Wiederaufforstungsprogramme

15. Eastern Cape Province: Ehemalige Transkei

Neben diesen „großen" Aufforstungen gibt es kleine, 1–4 ha große, in der Nähe vieler Dörfer, die zur Beschaffung von Feuerholz dienen. Diese Forstflächen sind jedoch eher zu klein, wenn man bedenkt, dass eine Großfamilie etwa 1 ha Eukalyptuswald benötigt, um ihren Bedarf an Feuerholz zu decken ohne mehr abzuholzen als nachwachsen kann.

Vielen **Fertigungsbetrieben** – so z.B. in Butterworth – mangelt es an heimischen Rohstoffen. Sie fertigen ihre Produkte mit Hilfe zollfrei eingeführter Rohmaterialien (Kohle, Kautschuk, Kunststoff).

Nationaler Entwicklungsplan

Durch einen „Nationalen Entwicklungsplan" versucht die Regierung Südafrikas, mangelnde Investitionsbereitschaft vieler Unternehmer zu überwinden, und will durch großzügige Fördermaßnahmen die Schaffung neuer Arbeitsplätze in oder nahe der benachteiligten ehemaligen Homelands fördern.

Auf dem landwirtschaftlichen Sektor gilt es vor allem folgende **Missstände** zu beseitigen:
- Man muss die bereits eingetretene Bodenzerstörung beheben (ein bereits fast ausweisloses Unterfangen, da teilweise kaum noch Bodendecke vorhanden ist) und weitere Bodenschäden verhindern. Dazu müssen die Bauern verstärkt aufgeklärt werden, dass Kontur pflügen (wobei die Furchen parallel zum Hang verlaufen) bodenerhaltend wirkt. Außerdem müssen Mischkulturen angelegt werden (z.B. Erdnuss und Tomate), damit eine ganzjährige Bodenbedeckung gewährleistet ist. Reiner Maisanbau beispielsweise fördert die Erosion, da die Jungpflanzen den Boden nur spärlich bedecken.
- Die Einzäunung und Unterteilung des Weidelandes (Umtriebsweide) erscheint vordringlich, um einen regelmäßigen Weideturnus und dadurch eine gleichmäßige Beweidung zu gewährleisten. Das gibt dem Gras die Chance der Regeneration. Die Viehzahl muss reduziert und dadurch an die Tragfähigkeit der Weiden angepasst werden. Ebenso muss die Qualität des Viehs verbessert werden. Ein schwieriges Problem, da man selbst während der Dürre in den letzten Jahren beobachten konnte, dass Fleisch in Geschäften gekauft wurde, nur um das Prestigeobjekt „Vieh" zu erhalten, egal wie abgemagert es ist.
- Und schließlich muss langfristig die Landwirtschaft vom alleinigen System der Selbstversorgung zu einer stärker marktorientierten Wirtschaftsweise entwickelt werden.

Entwicklungspotential für die Zukunft – Tourismus

Ein **Entwicklungspotential der Zukunft** stellt auch der Tourismus dar, da die „Wild Coast" zu den schönsten Landschaften Südafrikas zählt. Hierzu muss aber vor allem die Infrastruktur verbessert werden. Doch sollte man dabei immer im Auge behalten, dass besonders die verhältnismäßig unberührte Natur den Reiz ausmacht. Zu viele Straßen und zu große Hotels würden die Gäste abschrecken und doch wieder in die gewohnten Urlaubszentren der Küste KwaZulu Natals oder der Garden Route zurückkehren lassen.

Die wirtschaftlichen Probleme der Transkei sind für das „Neue Südafrika" ein nicht zu vernachlässigender Faktor.

Soziales Leben und Kultur

- **Stämme und Sitten**

Ein großer Teil der Transkeibewohner ist noch sehr der **Stammestradition verhaftet**. Die Xhosa gliedern sich in 12 Stammesgruppen auf, z.B. in Fingo, Gcaleka, Thembu, Mpondomise, Pondo, Xesibe u.a. Jede dieser Gruppen besitzt ein eigenes Gefühl ihrer Identität, und sie wohnen in voneinander abgegrenzten Gebieten. Außerdem sprechen sie sehr unterschiedliche Dialekte, die sich so stark unterscheiden wie beispielsweise das Bayrische vom norddeutschen Platt. Sie schöpfen Geborgenheit und Sicherheit aus ihrer **Sippe**, die ein Häuptling aus adligem Geschlecht unangefochten leitet. Und ihre Heimat ist das Wohngebiet des Stammes. Die überkommenen Riten und Mythen des Medizinmannes haben auch heute noch ihren Platz. Vielerorts werden noch immer Initiationsriten durchgeführt. So müssen z. B. die Abakwetha (vgl. Khwetha-Zeremonie) drei bis vier Monate bewacht und von ihrem Stamm isoliert in sehr primitiven Grashütten leben. Täglich sind sie angehalten, die weiße Schminke (aus gemörsertem Sandsteinkalk) am ganzen Körper anzubringen, die erst am Ende der Initiationsriten abgewaschen werden darf (siehe Khwetha-Zeremonie).

Initiationsriten

Die **wirtschaftliche Tätigkeit** beschränkt sich auf die Versorgung der Familie mit Nahrungsmitteln. Die Arbeit auf dem Feld wird meist von Frauen verrichtet. Überhaupt leisten die Frauen der Xhosa schwere Knochenarbeit. Da seit Jahren das Brennholz in der Nähe der Dörfer knapp ist, müssen sie oft kilometerweit laufen, um neue Vorräte heranzuschaffen. Schwer bepackt sieht man dann Frauen und Kinder Äste sowie Stämme schleppen. Auch der Häuserbau ist Frauenarbeit. In tra-

Frauen leisten schwere Arbeit

ditioneller Weise schichten sie Mauern aus Ziegeln, die aus Lehm und Dung bestehen, die Fugen verschmieren sie mit Erde. Die älteste Frau des Kraaloberhaupts hat bei all diesen Tätigkeiten die Aufsicht und das Recht, die Jüngeren in die verschiedenen Arbeiten einzuweisen und sie zu „kommandieren". Den Männern ist es vorbehalten, die Dächer mit langem Buschgras abzudecken.

Die Steuerpflicht, die nicht immer ausreichende Nahrungsversorgung sowie die durch den Kontakt mit Weißen entstandenen zivilisatorischen Bedürfnisse zwingen Männer im arbeitsfähigen Alter, zumindest zeitweilig bezahlte Arbeit in anderen Gebieten aufzunehmen. Rund 25 % – in manchen Berichten heißt es sogar 40 % – aller Männer im arbeitsfähigen Alter arbeiten außerhalb, und oft ist der Vater einer Familie nur wenige Wochen im Jahr zu Hause. Deshalb werden Sie bei Ihrer Fahrt durch die ehemalige Transkei sehr viele Frauen und noch mehr Kinder sehen, doch außer Greisen nur sehr wenige Männer.

Männer arbeiten in weit entfernten Gebieten

15. Eastern Cape Province: Ehemalige Transkei

Traditionelle Viehzucht

Die **traditionelle Viehzucht** nimmt im Gebiet der ehemaligen Transkei (84,2 % des Landes sind als Weideland klassifiziert) einen besonderen Stellenwert ein. Die Wertvorstellungen hierbei unterscheiden sich erheblich von der westlichen Wirtschaftsweise: Nicht so sehr die Qualität des Viehs hebt das Ansehen, sondern mehr die Anzahl der Tiere.

Die Xhosa kennen keine Dörfer und Städte im europäischen Sinne. Ihre **Hüttengehöfte** – bestehend aus drei bis vier Kugeldachhütten – sind unregelmäßig über das Sippenland verstreut. Das Weideland wird gemeinsam genutzt, das Ackerland vom Häuptling zugeteilt. Oft kann man beobachten, dass das Ackerland unterhalb der Siedlungen liegt, ohne Rücksicht auf die Hangneigung. Im Weideland gibt es Abschnitte, die nur spärlichen Graswuchs aufweisen: Es handelt sich hierbei um ehemalige Akkerflächen, die wegen Erschöpfung des Bodens nicht mehr bearbeitet werden können. Die Bodendecke in diesen subtropischen Bergregionen ist in der Regel sehr dünn. (Dies kann man gut an ausgewaschenen Pisten sehen.) Da auf den Weiden oft zu viele Tiere grasen, ist die Pflanzendecke so zerstört, dass sie bei starken Regengüssen die wertvollen Bodenteile nicht mehr festhält. Folge der langfristigen Überweidung sind dann zerfurchte Hänge. Aufgrund der einfachen Bearbeitungsmethoden (zum größten Teil ohne Maschinen, ohne gutes Saatgut und mit wenig Dünger) sind die Hektarerträge sehr niedrig.

Typische Hütten der Xhosa

- **Die Khwetha-Zeremonie**

Beschneidungszeremonie

Während der Wintermonate können Reisende in der ehemaligen Transkei Xhosa-Jungen begegnen, deren Körper weiß angemalt *(Abakwetha)* sind und die die seltsame Kleidung der Khwetha-Zeremonie tragen. In dieser Zeit leben die Jungen in einem Kraal, der speziell der Beschneidungszeremonie dient. Jeder Xhosa-Junge, sofern er später als Mann geachtet werden möchte, muss sich diesen Ritualen unterziehen. Die Zeit von Herbst bis Frühjahr verbringen die Heranwachsenden in diesem Kraal. Sie werden hier in die Stammesbräuche eingeführt; dabei leben sie sehr karg und trainieren ihre Zähigkeit.

Die Jugendlichen weißen ihre Körper mit geriebenem weißem Sandstein, um vor Bösem gefeit zu sein. Gewöhnlich tragen sie einen weißen Schafsfellmantel oder eine Decke. Zu besonderen zeremoniellen Anlässen tragen sie aus Ried geflochtene Röcke und Kopfbedeckungen. Die Jungen sind stolz, wenn man ihre Tänze bewundert. Erst im Frühjahr wird dann die Beschneidung durchgeführt. Danach müssen sie einen Fluss durchqueren, waschen dabei ihre weiße Bemalung ab, und wenn sie das gegenüberliegende Ufer erreichen, haben sie ihre Kindheit und Jugend hinter sich gelassen.

Frauen, die sich mit weißem oder braunem Sandstein das Gesicht einreiben, tun dieses nur zum Schutze gegen die Sonne. Nur wenige alte Frauen machen das noch aus traditionellen Gründen. In alten Zeiten bedeutete es Reinheit und Schutz vor bösen Geistern.

- **Xhosa-Hochzeit**

Wie in fast allen afrikanischen Ländern noch üblich, wird die zukünftige Ehefrau von den Eltern des Mannes ausgewählt. Meistens bekommt die Familie der Frau Vieh und Teile von der kommenden Ernte zugesprochen, manchmal auch Geld. Daher wird der Reichtum einer Familie auch heute noch an der Zahl der unverheirateten Mädchen gemessen. So eine Heirat kommt die Familie des Mannes oft sehr teuer. Die Verhandlungen über den Preis der Ehefrau ziehen sich häufig über ein Jahr hin. Ist man sich schließlich „handelseinig" und ist man sich sicher, dass die Frau fruchtbar ist, dürfen sich die zukünftigen Ehepartner das erste Mal treffen. Eine Ablehnung des Partners ist dann aber schon fast ausgeschlossen. Nach einer Woche müssen beide miteinander schlafen, und danach muss die Frau eine weitere Woche in einen Frauenkraal ziehen und darf diesen nicht verlassen. Von da an darf sie nur mit einem Schleier umherlaufen, damit kein anderer Mann ihr Antlitz zu sehen bekommt und sie in Versuchung bringen kann. Erst wenn die Frau ein gesundes Kind gebärt, kann die eigentliche Heirat vonstatten gehen. Ist sie nicht schwanger, wird die ganze Prozedur wiederholt.

Verhandlungen über den Preis

> **INFO** **Na denn Prost: „King Corn Bier"**
>
> Überall im Land sieht man Lastwagen, Pickups und Minibusse, vollbeladen mit großen Plastikkanistern, die eine milchig-gelbe Flüssigkeit enthalten. Hierbei handelt es sich um das vielgeliebte „King Corn Bier" oder auch „2-Tage-Bier". Es wird am Donnerstag angesetzt, bestehend aus Maismehl, Wasser und ein wenig Gewürzen. Nach einigen Stunden wird es dann umgerührt und dann für einen Tag in großen Bottichen gelagert. Freitag, rechtzeitig zum Wochenende, hat es ausreichend gegärt und enthält etwa 2 % Alkohol. Dann sieht man im ganzen Land die Männer an ihren Hütten sitzen und das Bier trinken. Dabei wird dann bis in die Abendstunden palavert.
>
> Geschäftstüchtige Frauen brauen ihr eigenes Bier und eröffnen kleine Bars, „**Schebeens**" genannt, wo sich abends bei Kerzenlicht das halbe Dorf trifft. Diese Bars sind zwar illegal, werden aber von der Polizei geduldet (gegen Freibier?). Die **Shebeen-Queens**, wie diese Frauen genannt werden, haben ihre „Trinker" fest im Griff, und wenn sich einer danebenbenimmt, hat man ihn hier das letzte Mal gesehen.
>
> Wer dieses Bier einmal selber brauen möchte, muss sich in einem Laden ein Paket **Mnanti** besorgen, diese fertige Mischung mit 5 Liter Wasser anrühren, einen Tag aufbewahren und vor dem Trinken noch einmal umrühren.

Sehenswertes im Gebiet der ehemaligen Transkei

Straßen
Die Hauptstrecken nach Port St.Johns, Coffee Bay und Port Edwards wie auch die nach Queenstown und Maclear sind asphaltiert und in gutem Zustand. 1992 hat Südafrika alleine 250 Mio. Rand zugeschossen, um die Straßen zu reparieren. Etwas anders verhält es sich aber mit den Pisten, und davon gibt es einige, die man benutzen muss, um zu den anderen Küstenorten zu gelangen. Sie werden zwar regelmäßig unterhalten, doch kommt man, besonders nach der Regenzeit, nicht immer damit nach, und so sind die Pisten dann häufig sehr ausgewaschen. Ein weiteres Problem stellen die Abschnitte auf dem Küstenplateau (Binnenterrasse) dar. Hier tritt an den Hängen der nackte Steinboden hervor, und das macht die Piste bretthart und ungemütlich rau. Hier sollte man sehr langsam fahren, besonders auch um Reifenpannen zu vermeiden.

Vorsicht bei Nässe

Fahren mit einem herkömmlichen Pkw: In der Regel können Sie außerhalb der Regenzeit jede Piste fahren, Sie müssen sich nur Zeit dabei nehmen und eine Durchschnittsgeschwindigkeit von 40 km/h einkalkulieren. In der Regenzeit sollten Sie sich vorher über den Straßenzustand erkundigen und während eines Regenschauers eine Pause einlegen. (Eine Pistenfahrt kann bei Nässe zu einer üblen Rutschpartie werden.) Pisten in den Parks sind nicht immer einfach zu befahren. Erkundigen Sie sich am Eingang oder der Rezeption, ob Ihr Fahrzeug dafür geeignet ist. Gewarnt sei schließlich noch vor den „Transkei Robots", wie sie im Volksmund genannt werden, den Tieren auf den Straßen. Besonders die Rinder stellen sich sehr träge an, wenn ein Fahrzeug kommt. Sie haben sicherlich gelernt, dass die Fahrer Respekt vor ihnen haben, und wandern unkontrolliert über die Straßen.

Nachdem Sie an der Gr. Kei Bridge die ehemalige Grenze überquert haben, erreichen Sie Butterworth nach etwa 45 Kilometern.

Butterworth (ⓘ s. S. 207)

Älteste Stadt der ehemaligen Transkei

Butterworth ist die älteste Stadt des ehemaligen Transkei-Gebiets. 1827 wurde hier bereits eine Schule der Wesleyan Mission gegründet, die jedoch während der Grenzkriege niederbrannte. Die Stadt liegt an der Haupteisenbahnlinie. Hier wurden die ersten Industriebetriebe errichtet, um Arbeitsplätze im Land selbst zu schaffen. Das führte innerhalb weniger Jahre zu einer Verdreifachung der Bevölkerung (heute über 30 000). Von der Nationalstraße N2 sieht man die Arbeitersiedlungen, die zwar relativ sauber und ordentlich sind, doch wegen ihrer Monotonie an das Erscheinungsbild Sowetos erinnern und gar nicht in die Landschaft der ehemaligen Transkei passen, wo man immer wieder die Rondavels mit ihren Grasdächern sieht.

1987 wurde in Butterworth ein Zweig der Universität eröffnet, wo vornehmlich Ingenieure ausgebildet werden.

Unweit der Stadt gibt es die **Butterworth River Cascade**, Wasserfälle von 85 m Tiefe. Ebenso sehenswert sind die Bawa Falls, 10 km südlich der Stadt

(110 m). Früher wurden hier mutmaßliche Kriminelle ins Jenseits befördert; deshalb haben die Fälle auch den Beinamen „High Executioner" (Hoher Vollstrecker). Wer die südlichen Küstenorte der „Wild Coast" aufsuchen möchte, biegt am besten in Butterworth ab. Von hier aus führen Pisten nach Mazeppa Bay, Nxaxo Mouth und Qolora Mouth.

Die „Hohen Vollstrecker"

Folgen Sie der N2, erreichen Sie nach 10 km Ibika, wo nach rechts die Piste nach Willowvale abzweigt. Von hier aus erreichen Sie Qora Mouth.

Dwesa Nature Reserve

35 km hinter Butterworth auf der N2 kommen Sie nach Idutywa, einer kleinen Stadt, die vornehmlich als „Einkaufszentrum" der Region dient. Biegen Sie hier nach rechts ab und folgen der Piste über Fort Malan und der Lundie Mission, erreichen Sie nach ca. 75 km das Dwesa Nature Reserve. Es wurde als erstes großes Naturreservat gegründet, und man hat sich bemüht, einige Tiere wieder einzuführen. Es gibt mittlerweile Büffel, Elenantilopen, Hartebeests, Krokodile und einige andere. Interessanter aber ist die Vegetation. Neben weiten Grasflächen und tropischen Küstenwäldern gibt es auch Reste von Mangrovenvegetation.

Erstes großes Naturreservat der Region

Die Unterbringung in Hütten ist sehr einfach (u.a. nur kaltes Wasser), und man muss sein eigenes Essen mitbringen. Es gibt auch einen Zeltplatz. Buchen muss man im Voraus beim Environmental Conservation in Umtata.

Für alle Reisenden auf den unbefestigten Straßen sei noch einmal auf den teilweise unzureichenden Zustand der Pisten hingewiesen. Nehmen Sie sich also Zeit dafür. Wer nicht mehr als 4 Tage im Land bleiben möchte, sollte den Küstenabschnitt südlich von Coffee Bay aussparen. Wer nun aber viel Zeit hat, kann sich entlang der Küste von Qolora Mouth bis Coffee Bay „vorarbeiten", sollte dafür aber mindestens 5 weitere Tage einkalkulieren.

Traditionelle Viehzucht ist in der Region besonders wichtig

Fahrhinweis

Zurück zur Fahrt auf der N2: 65 km hinter Idutywa kommt man nach Viedgesville, von wo aus die asphaltierte Teerstraße nach Coffee Bay führt. Hier verlassen Sie also die N2. Es ist eine wunderschöne Strecke, die besonders der Reisende mit der Abendsonne im Rücken genießen wird. Berge und Kliffe sorgen für eine sehr schöne Landschaftsszenerie. Sie führt durchs Tembuland. Fast alle Hütten sind grün-türkis angemalt. Und achten Sie einmal darauf: Alle Hütten haben den Anstrich nur in eine Richtung (Nord-Nordwest), während ein Teil nach hinten ausgespart ist. Der Grund dafür ist, dass die Farbe als Schutz vor der Sonne dienen soll, die die Lehmwände der Hütten ansonsten zu sehr austrocknen würde.

Coffee Bay (ⓘ s. S. 207)

Hier soll 1863 ein Schiff gestrandet sein, dessen Kaffeeladung an den Strand gespült wurde. Einige der Kaffeebohnen entwickelten Wurzeln und wuchsen zu Kaffeesträuchern heran. Coffee Bay eignet sich gut, um zu Fuß Teile der Küste zu erwandern (siehe auch Port St. Johns). Leider hat der Tourismus hier negative Spuren hinterlassen: An jeder Ecke bekommt man von Kindern und Jugendlichen Muscheln u. ä. angeboten und kann sich diesem kaum entziehen.

Coffee Bay – gut geeignet für Wanderungen

Hole in the Wall

Etwa 20 km bevor Sie Coffee Bay erreichen, zweigt eine Piste zum „Hole in the Wall" ab. Nach 20 km erreichen Sie das Hotel, wo Sie am besten auch Ihr Fahrzeug abstellen sollten. Leider kommt es nämlich vor, dass die Autos auf dem Parkplatz an der Klippe aufgebrochen werden.

Markante Landschaft

Das „Hole in the Wall" ist sicherlich das markanteste Landschaftselement der Wild Coast. Vor der Küste liegt der hohe Landblock, dessen Wände so steil sind, dass man sie kaum erklimmen kann. Einige haben es versucht, doch viele von ihnen mussten gerettet werden, da besonders der Abstieg schwierig ist. Auch Schwimmer haben mehrfach versucht, das Loch zu durchschwimmen, doch viele haben den Versuch mit ihrem Leben bezahlt. Das Loch wurde im Laufe der Jahrtausende von den Wellen geschaffen.

Die Xhosa nennen das Loch „esiKhaleni" (der Platz des Gesanges). Häufig pfeift der Wind durch das Loch und singt sein Lied. Auch in der Mythologie der Xhosa nimmt es einen Platz ein:

Mythologische Bedeutung

Mhlakaza hatte prophezeit, dass alle Weißen ins Meer gespült werden würden, wenn die Xhosa seinen Rat befolgen würden (siehe Geschichte). Dann würden die „Menschen des Meeres", in Gestalt der „schwarzen" Russen, ihre Seelen durch dieses Loch schicken, um sich bei den Xhosa niederzulassen. Selbst nachdem die Prophezeiung sich nicht bewahrheitet hatte, glaubte man daran. Die Erzählung endet damit, dass einer dieser Meeresmenschen sich in Nongquase, die Nichte von Mhlakaza, verliebte, und er erst dieses Loch grub, um sie erreichen zu können. Damit wurde dann erst der Weg freigemacht für die Seelen der heldenhaften Russen.

Dieser Teil der Geschichte beruht sicherlich auf der Tatsache, dass der Stamm, der in der Nähe des Hole of the Wall wohnt, hellhäutiger ist und daher auch als *Abelunga* (europäische Leute) bezeichnet wird. Es handelt sich wahrscheinlich teilweise um Nachkommen von schiffbrüchigen Seglern, die es unfreiwillig an diese Küste verschlagen hatte.

Fahrhinweis
Fahren Sie von hier wieder zurück auf die Asphaltstraße und dann über Viedgesville nach Umtata (ca. 100 km).

Umtata (ⓘ s. S. 207)

Umtata war die Hauptstadt der ehemaligen Transkei, in der heute etwa 60 000 Menschen leben (einige Zahlen gehen auch von 130 000 aus). Die Stadt wurde nach dem gleichnamigen Fluss benannt, der wiederum seinen Namen aus der Theorie ableitet, dass die Tembus hier bereits vor langer Zeit ihre Toten mit den Worten „mThathe Bawo" (nimm ihn, großer Vater!) begraben haben.

Schon seit den Besiedlungsanfängen markiert dieser Fluss die Grenze zwischen dem Tembu- und dem Pondo-Stamm. Die Tembu ließen sich wahrscheinlich schon Mitte des 16. Jahrhunderts hier nieder. Immer wieder kam es zwischen beiden Stämmen zu Auseinandersetzungen, bis beide Häuptlinge beschlossen, eine Pufferzone zwischen sich anzulegen. Deshalb vergaben beide Stämme 1860 Farmland an Europäer. 1875 fiel das Tembuland in britische Hände und wurde in vier Verwaltungsbezirke aufgeteilt. 1877 trat H. Callaway sein Amt als erster Bischof der anglikanischen Diözese an. Er erwarb eine der Farmen am Mthatha River, wo er seinen Sitz errichtete. Hier entstanden in der Folgezeit eine Kirche, eine Schule und ein Hospital.

Grenze zwischen zwei Stämmen

Die Stadt Umtata wurde 1879 angelegt. Erwarten Sie nicht, dass es hier besondere Dinge zu sehen gibt. Das markanteste Gebäude ist die Bunga, wo ehemals das Parlament tagte. Umtata ist ein zentraler Versorgungsort für die Umgebung. Viele der Xhosa reisen mit Bussen an und versorgen sich mit Dingen, die sie in ihren entlegenen Siedlungen nicht kaufen können. Vor Läden, Supermärkten und besonders an den Bushaltestellen stehen stets Menschentrauben, und man nimmt sich Zeit zum „Palavern".

In der Thornhill Road befindet sich eine Töpferei, die man besichtigen kann und in deren Geschäft man auch Tonwaren erstehen kann.

• Universität

Gleich am Stadteingang, von Butterworth kommend, befindet sich der moderne Komplex der University of Transkei (Unitra). Diese Universität wurde 1976 als „Geschenk" zur „Unabhängigkeit" des Landes von Südafrika gestiftet. Während 1976 nur 132 Studenten eingeschrieben waren, sind es heute mittlerweile ca. 3 500, und fast alle Fächer werden hier gelehrt. Diplomierten Studenten wird in einer feierlichen Zeremonie vom Paramount Chief des Distrikts die Abschlussurkunde verliehen. Die Universität ist ein wichtiger Faktor für die Stadt, und die Studenten beeinflussen in großem Maße das Stadtbild.

Moderne Universität

Mit etwas Glück kann man die Uni besichtigen. Anfragen richten Sie bitte an die Verwaltung der Universität.

- **Ausflug von Umtata in die Drakensberge**

Wer nicht gleich wieder an die Küste möchte oder Kokstad anpeilt, dem bietet sich eine Tour in die Drakensberge bei Elliot und Maclear an. Die Rundtour ist etwa 360 km lang und dauert ein bis zwei Tage.

Fahrhinweis
Fahren Sie in Richtung Kokstad auf der N2 und biegen Sie dann, etwa 35 km hinter Umtata, in Richtung Tsolo ab (R396). Die Strecke führt Sie zuerst durch weites Weideland. Hier werden die Auswirkungen der Überweidung besonders gut deutlich. Fast alle Hänge sind von Erosionsgräben durchfurcht. Ca. 25 km später steigt die Strecke zum Ntywenka Pass an. Von hier haben Sie eine wunderschöne Aussicht zurück aufs Tal. In Maclear biegen Sie nach links ab (R56) und fahren nun immer parallel zur Abbruchkante der Drakensberge. Dieser Teil der Kante wird auch „Kathedrale" genannt, da die Berge sich so mächtig gegen die Landschaft unterhalb erheben. Bei Gatberg, ca. 40 km hinter Maclear, befindet sich ein großes Loch im Berg, das durch fortschreitende Verwitterungserosion gebildet wurde.

Elliot (ⓘ s. S. 207) bietet sich als Übernachtungsstation an. Das „Mountain Shadow Hotel" liegt 10 km nördlich am Barkly Pass. Alleine die Passstraße ist die Fahrt dorthin wert. Wer etwas Zeit mitgebracht hat, sollte der Piste gegenüber dem Hotel ca. 16 km folgen und von dort den Ausblick über das Vorland genießen. Bei guter Sicht kann man ganz über das Gebiet der ehemaligen Transkei schauen und den Indischen Ozean sehen. Dieses Gebiet ist auch ein Eldorado für Wanderfreunde. Elliot heißt bei den Xhosa „Ekowa", was soviel heißt wie Pilze. Im Sommer ist das ganze Gebiet mit Pilzen übersät.

Eldorado für Wanderfreunde

Von Elliot aus folgt man zuerst der Strecke nach Queenstown (R393), biegt aber bald nach links ab und fährt über den Satansnek Pass nach Engcobo. Diese Passstraße führt eine ganze Weile auf dem Bergkamm entlang, und man hat einen hervorragenden Blick nach links über die Canyonlandschaft des Xuka-Tales. Bei Engcobo, einem kleinen Ort mit einigen Geschäften und einem sehr einfachen Hotel, fährt man auf der R61 zurück nach Umtata, wobei man sich 5 km hinter Engcobo ins Xuka-Tal hinunterschlängelt.

Von Umtata aus führt die ausgebaute Asphaltstraße (R61) bis nach Port St. Johns. Wer zum **Hluleka Nature Reserve** fahren möchte, biegt besser hinter Libode in die Piste ein, und nicht schon kurz hinter Umtata. Damit erspart er sich einige Kilometer Pistenfahrerei. Das Nature Reserve besticht durch seine immergrünen Küstenwälder und die Abgeschiedenheit. Besonders schön ist die Mündungslagune des Mnenu River, die man nach einer 4 km langen Wanderung in Richtung Norden erreicht.

Landschaft bei Tsolo

Wieder auf der R61, biegt 17 km vor Port St. Johns die Piste zu den **„Umngazi River Bungalows"** ab.

Am Umngazi Mouth und entlang des Flusses brachen früher viele Stammesfehden aus, da er zeitweilig die Grenze zwischen Pondos und Tembus bildete. Übersetzt heißt Umngazi River „Blutfluss". Die Mündungslagune ist eine bevorzugte Stelle für Angler. Im Umngazi-Tal sind über 130 Vogelarten heimisch.

Port St. Johns (ⓘ s. S. 207)

Der Ort liegt an der **Mündung des Umzimvubu River**. Die Flussmündung flankieren hohe Sandsteinkliffs (am Westufer der Mt. Thesinger und am Ostufer der Mt. Sullivan). Seinen Namen erhielt der Ort durch ein 89 km nördlich gestrandetes portugiesisches Schiff (1552), das den Namen „St. John" trug. Später nahm man fälschlicherweise an, dass dieses Schiff an der Mündung des Umzimvubu gestrandet sei.

Hohe Sandsteinkliffs

Der Handel mit den Eingeborenen begann im Jahre 1846, als es einem Schiff gelang, hier anzulegen. Dies war nicht ganz leicht, da eine Sandbank die Einfahrt in die Flussmündung versperrte und diese nur bei günstigem Wasserstand überwunden werden konnte. Obwohl in der Folgezeit viele Schiffe aufliefen, entwickelte sich doch ein beständiger Handel. Bis 1878 war es ein wichtiger Schmugglerhafen. Zum einen wurden Waffen für die aufständigen Pondo und sogar für die Basotho hier durchgeschmuggelt, zum anderen sahen sogar weiße Händler aus der östlichen Kapprovinz hier eine gute Möglichkeit, ihre Waren zollfrei durchzuschleusen. Daraufhin schickte 1878 die Kapprovinz einen Abgesandten, der mit dem ansässigen Pondohäuptling einen Kaufvertrag über die Flussmündung abschloss. Doch bevor dieser Handel vonstatten ging, besetzte eine britische Einheit aus Natal überraschend die nördliche Uferseite und erklärte das Gebiet zur britischen Kronkolonie.

Bald übernahmen die Briten das ganze Gebiet und errichteten ein Fort. Das Gebiet erhielt den Namen „St. Johns River Authority", wo ein Hafenmeister sowie Verwaltungsbeamte residierten. 1884 wurde das Gebiet schließlich doch der Kapkolonie zugeschrieben, die über diesen „Outpost" gar nicht mehr so glücklich war. In extremer Isolation lebten hier damals 300 Menschen. Der Handel beschränkte sich nun auf die Einfuhr von Perlen, Decken, Whiskey und anderen Gütern, die man den Pondos schmackhaft gemacht hatte. Dafür erhielt man Elfenbein, Mais und Felle.

1930 kam hier das berühmte **Flusspferd Huberta** an (siehe auch Kapitel über King William's Town), das hier etwa ein halbes Jahr blieb und jede Nacht vom Fluss in den Ort kam, durch die Straßen lief und sich in den angelegten Gärten versorgte.

Berühmtes Flusspferd

1944 kam das letzte Schiff an, denn allmählich waren die Landverbindungen ausgebaut, so dass keine Notwendigkeit mehr für den Hafen bestand. Drei Jahrzehnte dämmerte der Ort nun vor sich hin, bis er für den Tourismus entdeckt wurde.

Die schöne Flusslagune, die Wandermöglichkeiten und die einfachen, aber guten Hotels waren schnell in aller Munde. Doch wegen der Konkurrenz durch die anderen Küstenorte blieben in den 80er Jahren viele Touristen aus, so dass die Hotels vernachlässigt wurden, und der Staat auch kein Geld mehr frei machte für die Instandhaltung der städtischen Einrichtungen. Mittlerweile hat das Stadtbild darunter so gelitten, dass Investoren hier nicht mehr bauen oder renovieren wollen und sich lieber nach anderen Küstenregionen hin orientieren.

Silaka Nature Reserve

Heute leben in Port St. Johns ca. 3 000 Menschen. Wanderungen entlang der Küste sind natürlich immer noch empfehlenswert, und wer hier übernachten will, sollte zum 3rd Beach fahren, wo das Silaka Nature Reserve angelegt wurde. In den Hütten kann man günstig übernachten, muss aber seine Verpflegung selbst mitbringen.

INFO **Für Natur-Freaks: der Transkei Hiking Trail** (ⓘ s. S. 207)

Im Silaka Nature Reserve beginnt man am besten mit der Wanderung entlang des **Transkei Hiking Trail**. Dieser führt entlang der gesamten Wild Coast, doch ist der Abschnitt zwischen Port St. Johns und Coffee Bay der am meisten belaufene.

Welcher Teil der Küste der schönste ist, darüber gehen die Meinungen auseinander. Der Abschnitt zwischen Coffee Bay und Port St. Johns ist 60 km lang, und es werden 5 Tage dafür veranschlagt. Geübte Wanderer können die Strecke aber auch in 2–3 Tagen schaffen. Unterwegs gibt es einfache Hütten mit Betten und Matratzen, Nahrungsmittel muss man selbst mitbringen.

Wild Coast bei Port St. Johns

🚶 *Wanderung*
Beginnen Sie ihre Wanderung im Silaka Nature Reserve, und laufen Sie die gerade 6 km lange Strecke bis zur Umngazi-Mündung, während einer das Auto hierhin fährt. Das Hotel bietet eine Menge Freizeitaktivitäten (Wasserski, Bootfahrten, Tennis u.a.) und zählt daher aber auch zu den „belebteren" Plätzen an der Küste. Sonnabends gibt es auch hier ein „Seafood-Buffet" (das nur von dem im „Hole in the Wall Hotel" geschlagen wird).

🚗 *Fahrhinweis*
Von Port St. Johns nach Kokstad gibt es zwei Wege, wobei die Strecke über Lusikisiki (R61) die schönere ist. Zurück nach Umtata und dann entlang der N2 ist auch nur geringfügig schneller. Etwa 4 km vor Port St. Johns zweigt die R61 nach Norden ab. Bis Lusikisiki sind die ersten 40 km nicht asphaltiert, aber gut zu fahren.

Schauen Sie sich nach etwa 5 km auf der Piste einmal um; man hat eine gute Aussicht auf die Flusslagune von Port St. Johns.

Kurz bevor Sie Lusikisiki erreichen, biegt nach rechts die Piste T24/T26 ab. Sie führt zum **Mbotyi Protea Resort**, einem schön gelegenen Hotel an einer weiteren Flusslagune. Hier kann man noch einmal einen oder zwei Tage entspannen oder sich einmal die nahegelegene **Magwa Tea Estate** ansehen. Tee ist ja mittlerweile das wichtigste Exportgut der Region. Die Teeplantage kann man besichtigen. Rufen Sie aber vorher an, oder schreiben Sie, und melden Sie Ihren Besuch an.

Teefarm wichtiger Devisenbringer der Region

INFO Informationen zum Teeanbau

Tee wird aus den Blättern des Teestrauches hergestellt. Die bekanntesten Sträucher sind *Camelia sinensis* (3–4 m hoch), *Thea sinensis* und *Camelia assamica* (10–15 m hoch). Im Gebiet der ehemaligen Transkei wird aufgrund der relativ geringen Niederschlagsmenge hauptsächlich die erste Sorte angebaut. Noch heute streiten sich die Gelehrten, ob der Teestrauch ursprünglich aus Indien oder China kommt. In das Südliche Afrika gelangten die ersten Sträucher mit der Ostindien Kompanie, wobei der kommerzielle Anbau in großem Stile erst mit den Indern zu Beginn des 20. Jahrhunderts begann. Während in Indien nur in Regionen mit einem Niederschlag von mehr als 2 000 mm angebaut wird, muss im Südlichen Afrika in der Regel bewässert werden.

Die Blätter des Teestrauches sind immergrün und ledrig, die Blüte ist rosa bis weiß.

Teesträucher unter Kultur werden in einer Höhe von 1–1,5 m regelmäßig beschnitten, wobei die Erntereife im 5. Jahr nach der Pflanzung erreicht ist. Nach 25 Jahren müssen neue Sträucher gepflanzt werden. Die Ernte erfolgt per Hand, und ein Strauch wird alle 8–10 Tage neu bepflückt. Dabei haben die Pflückerinnen einen Korb auf dem Rücken, in den sie die ausgewählten Blätter werfen. Es wird nach der Regel „**Two leaves and the bud**" (2 Blättchen und die Knospe, der noch nicht aufgerollte Trieb) gepflückt. Eine geübte Pflückerin schafft über 30 kg grüne Blätter am Tag, was etwa 8 kg fertigen Tees ergibt. Bevorzugt werden übrigens Frauen für diese Arbeit herangezogen, da man ihnen mehr Gründlichkeit bei der Auswahl der Blätter nachsagt.

In der ehemaligen Transkei wird vornehmlich schwarzer Tee hergestellt. Als erstes nach der Ernte werden die Blätter zum Welken ausgelegt, danach werden sie gerollt (damit die Zellwände aufbrechen). Anschließend kommen sie zum Fermentieren für 4 Stunden bei 35–40 °C in die Gärkammer, und werden dann bei 90–125 °C getrocknet. Der letzte Arbeitsgang ist das Sortieren, was meist noch per Hand erfolgt. Diese Arbeit ist sehr zeitaufwendig und verlangt einiges an Geschick und Erfahrung. Tee enthält 1,8–4,2 % Koffein, ferner Theobromin, Theophyllin und Äther. Gewöhnlich lässt man ihn 3 Minuten ziehen, so dass sich die Aromastoffe entfalten, aber nicht die Gerbstoffe. Bei Magen-Darm-Katarrh erweisen sich die Gerbstoffe als ausgezeichnete Medizin.

Folgende Sorten werden beim schwarzen Tee angeboten:
- Flowery Orange Pekoe = fast nur die Knospe
- Orange Pekoe = Knospen und oberstes Blatt
- Pekoe Souchong = das zweite Blatt
- Souchong = das dritte und die gröbsten Blätter (selten Exportqualität)
- Blattbruch und Blattstiele (Fannings) und Teestaub (Dust) werden für den Beuteltee verwendet oder verbleiben als nicht exportfähige Ware in den Herstellungsländern.

Lusikisiki ist ein langweiliger kleiner Ort, den man schnell hinter sich lassen sollte. Kurz hinter dem Ort biegt eine Piste nach rechts ab. Wer zum **Mkambati Nature Reserve** fahren möchte, sollte diese Piste benutzen. Die Landschaft ist einmalig, und man durchfährt zwei schöne Täler. Nach ca. 30 km, in der Nähe der Holy Cross Mission, biegen Sie nach rechts ab und kommen nach etwa 40 km an das Eingangstor des Mkambati Nature Reserves.

Mkambati Nature Reserve (ⓘ s. S. 207)

Wenige Touristen

Dieses Nature Reserve gilt als Geheimtipp und wird wegen der abgelegenen Lage nur von relativ wenigen Touristen besucht. Dabei bietet es eine schöne Landschaft mit großen Grasflächen, Küstenwäldern und einer Küste, die alle Variationen der Wild Coast aufweist. Übernachten kann man entweder im komfortablen Hotel oder in Cottages (Selbstverpflegung). Ferner gibt es ein kleines Restaurant und ein Geschäft sowie die Möglichkeit, auf Pferden auszureiten oder in Kanus auf der Flusslagune zu paddeln. Da der Shop nur zweimal wöchentlich beliefert wird, bringen Sie besser genügend Lebensmittel mit.

Fahrhinweis

Wer nicht zum Mkambati Nature Reserve fahren möchte, folgt der R61 von Lusikisiki. Nach 76 km erreicht man den Abzweig nach Port Edward und der South Coast von Natal. Weiter auf der R61 treffen Sie auf die N2, die nach Kokstad führt.

Kokstad (ⓘ s. S. 207)

Kokstad ist eine kleine Stadt, die nach einem Griqua-Häuptling benannt wurde. Er hatte seinen Stamm hierher geführt, nachdem er von anderen Stämmen aus der Kapprovinz verdrängt worden war. Neben unzähligen großen und kleinen Kirchen verfügt die Stadt über ein kleines heimatkundliches Museum. Die Touristeninformation befindet sich in der Bücherei im Town House (Stadtzentrum). Heute hat Kokstad etwa 9 000 Einwohner und ist Versorgungszentrum für den Norden der ehemaligen Transkei. Viele Großmärkte bestimmen daher das Geschäftsleben. Ansonsten gibt es hier nichts zu sehen, und die Stadt eignet sich höchstens als Ausgangsstation für Touren in die südlichen Drakensberge.

Anschluss-Strecken

Nach KwaZulu Natal/Durban

Die N2 führt Sie entlang der Küste bis nach Durban.

Nach Natal/Drakensberge

N2 bis Kokstad, danach R617 nach Underberg. Von hier erreichen Sie weiter auf Nebenstraßen (Schotter, aber gut zu befahren) die Landschaften des Giant's Castle Game Reserve sowie des Royal Natal National Parks (siehe S. 754).

Nach Lesotho/Johannesburg

Von Umtata aus die R61 bis Engcobo, danach R58 bis Eliot und Lady Grey (am Grenzübergang nach Lesotho, siehe Kapitel 12). Nach Johannesburg geht es direkt über Aliwal North auf die N6 bis Bloemfontein, dann weiter die N1 nach Johannesburg (siehe S. 397).

16. KWAZULU/NATAL

Natals Südküste (ⓘ s. S. 207)

Überblick

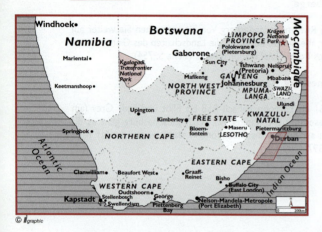

Die South Coast von Natal erstreckt sich von der Südgrenze der ehemaligen Transkei bis nach Durban über ca. 160 km. Sie ist die „Spielwiese" der badestrandbegeisterten Städter aus Gauteng, die hier um die Weihnachts- und Osterzeit wie die Heuschrecken einfallen.

In der übrigen Zeit ist es sehr ruhig, und nur ein paar Rentner verweilen in ihren Ruhesitzen. Für Reisende aus Europa ist dieses Gebiet eigentlich nicht besonders zu empfehlen, vor allem, da es schönere und ruhigere Küstenabschnitte in der ehemaligen Transkei und entlang der Garden Route gibt.

Oribi Gorge Nature Reserve

Wer aber trotzdem einmal einen Tag hier verbringen will, dem bieten sich einige Möglichkeiten: Die schönsten Gebiete entlang der South Coast sind die Wälder und Bananenplantagen südlich von Ramsgate, das Vernon Crookes Nature Reserve, das einen ruhigen Aufenthalt in rustikaler Atmosphäre verspricht, und das Oribi Gorge Nature Reserve, das durchzogen ist von der 24 km langen und bis zu 400 m tiefen Oribi Gorge (= Schlucht).

Ansonsten würde ich aber jedem empfehlen, hier schnell durchzufahren und sich die Zeit für die interessanteren Küstenabschnitte aufzusparen.

Streckenbeschreibung

Von der ehemaligen Transkei aus kommend, gelangt man über Kokstad via N2 an die KwaZulu/Nataler Südküste. Um diesen Abschnitt komplett zu erkunden, biegt man hinter Paddock Richtung Port Edward ab. Man kann aber auch direkt die N2 bis Port Shepstone fahren und kommt beim Oribi Nature Reserve vorbei.
Vom südlichen Port Edward führt dann die R61 („Old Coastal Road") nordwärts nach Port Shepstone. Von Ramsgate bis Port Shepstone läuft parallel dazu die küstennahe R620, die die Küstenorte verbindet. In Port Shepstone zweigt die N2 ins Landesinnere ab und führt am Oribi Gorge Nature Reserve vorbei, während die R61 weiter entlang der Küste bis in die ehemalige Transkei führt.

16. KwaZulu/Natal: Natals Südküste

🚗 **Entfernung**
Port Edward – Durban: 163 km

Sehenswertes

Wild Coast Sun Casino Komplex

Gleich auf der anderen Seite des Umtamvuna River südlich von Port Edward gelangt man zum **Wild Coast Sun Casino**, einem weiteren langweiligen Casinokomplex, der so typisch ist für die grenznahen Gemeinden der ehemaligen Homelands. Der Hotelkomplex selbst ist zwar sehr gut, doch wird jegliche Ruhe durch das Casino gestört, so dass ein längerer Aufenthalt hier sicherlich nicht zu empfehlen ist. Wie groß solche Casinoanlagen aufgezogen werden, wird deutlich daran, dass im Jahre 1992 für den Umbau dieses Casinos alleine 93 Mio. Rand ausgegeben wurden.

Strandabschnitt an der Wild Coast

Port Edward – Margate

Auf der Strecke von Port Edward nach Margate bieten eine Reihe von Farm Stalls Gemüse und Früchte zu günstigen Preisen an. Eine gute Gelegenheit, seine Vitaminration für die nächsten Tage einzukaufen. Südlich von Port Edward fährt man durch einen fossilen Wald, bevor man auf die Brücke des Umtamvuna River gelangt.

Margate (ⓘ s. S. 207)

Zentrum der Südküste

Margate ist das touristische Südzentrum der South Coast, und hier türmen sich Hotel- und Holidayflat-Burgen dicht gedrängt entlang der Küste. Dieser Ort ist eigentlich nur zu empfehlen für abendliche Vergnügungen und wegen seiner Vielzahl an Restaurants.

Südlich von Margate, in Ramsgate, gibt es eine **Krokodilfarm**.

Port Shepstone

Bis 1900 war Port Shepstone eine wichtige Hafenstadt, von der aus Marmor, Bananen, Zuckerrohr und Zitrusfrüchte exportiert wurden. 1901 verlor dieser Hafen aber jede Bedeutung, da die South Coast Railline eröffnet wurde, mit der die Waren nach Durban gebracht werden konnten, wo die Verladung einfacher war. Heute ist Port Shepstone, zusammen mit Ramsgate, das Handelszentrum der South Coast. Der **Banana Express**, der auf der Eisenbahnlinie verkehrt und Holz und Bananen transportiert, ist eine Touristenattraktion. Eine alte Dampflok zieht ihn täglich von Port Shepstone nach Shelly Beach und nach besonderer Ankündigung auch weiter ins Landesinnere bis hin zur Oribi Gorge.

Oribi Gorge Nature Reserve (ⓘ s. S. 207)

Der Name leitet sich von dem Namen der der Oribi-Antilopen ab, die hier einmal sehr zahlreich waren. Der Umzimkulwana River hat sich hier eine 24 km lange und bis zu 400 m tiefe **Schlucht** in den Sandstein geschnitten. Besonders attraktiv sind die Wanderwege in die Schlucht hinein (einige sind etwas anstrengend) und natürlich der Ausblick über die Schlucht. Neben Oribis gibt es hier u. a. auch Leoparden, Duiker und Buschböcke. Die Unterkunft in den Hütten ist einfach (Selbstverpflegung), aber durchaus reizvoll. Auch hier müssen Buchungen vorher abgeschlossen sein. Wer spontan eine Unterkunft sucht, kann sein Glück aber auch im privat geführten Oribi Gorge Hotel auf der Nordseite des Parks versuchen.

Südlich von Port Shepstone beginnt die **Hibiscus Coast**, wie fälschlicherweise des Öfteren auch die gesamte South Coast genannt wird. Hier nimmt die Vegetation deutlich zu, und man findet einige tropische Elemente vor. Während im Norden das Landesinnere ausschließlich von Zuckerrohr-

Hibiskusblüte

plantagen beherrscht wird, befinden sich hier vor allem Bananenplantagen und in höheren Lagen vereinzelt auch Kaffeeanpflanzungen. Dieser Teil der South Coast ist der schönste Abschnitt.

Vernon Crookes Nature Reserve (ⓘ s. S. 207)

Dieser Park wurde 1973 eingerichtet, um besonders die Vegetation des Küstenwaldes zu erhalten. Außerdem leben hier einige Zebras, Wildebeests, Kudus und Bushbucks; dazu ist das Gebiet von einer Reihe von Vogelarten besetzt. Es gibt einige Wanderwege, und die einfachen Hütten (Selbstversorgung) bieten eine angenehme Unterkunft.

Crocworld

Diese Krokodilfarm liegt 4 km nördlich von Scottburgh und ist eine der größten Farmen der Welt (über 2 000 Nil-Krokodile). Neben Krokodilen gibt es vor allem verschiedene Schlangen zu bewundern, wobei ein Spaziergang durch den Glastunnel des Schlangenhauses zu den größten Attraktionen gehört. Zu empfehlen ist hier auch das Restaurant, welches sich vor allem auf Krokodilfleisch spezialisiert hat (am besten ist immer Crocodile-Tail). Im Sommer werden auch Zulutänze vorgeführt.

Eine der größten Krokodilfarmen der Welt

☞ *Hinweis*
Der Küstenabschnitt südlich von Scottburgh eignet sich am besten fürs Baden. Hier gibt es Lagunen und Flussmündungen, und die Bebauung ist relativ dünn. Einige Strandorte, wie z.B. Mtwalume und Hibberdene, haben ein Meerwasserschwimmbad (Gezeitenbad), in dem auch Kinder gefahrlos baden können.

Die Strecke hinauf bis nach Durban sollte man nun einfach durchfahren, da sie auch küstennah keine Besonderheiten mehr bietet.

Durban (ⓘ s. S. 207)

Überblick

Beinahe jeder Südafrika-Besucher kommt auf seiner Reise nach Durban, und auch die Südafrikaner verbinden mit Durban Badevergnügen und ganzjährig schönes Wetter. Die Stadt lebt in einem gewissen Gegensatz, denn sie ist nicht nur ein groß gewordener Badeort, sondern daneben auch eine bedeutende Industrie- und Hafenstadt. Und sie ist die „Indian-City", die Stadt der Inder.

Redaktions-Tipps

- **Übernachten** im Traditionshotel „The Edward" oder im Holiday Inn Garden Court North Beach (gut und preiswert)
- **Curry-Essen** bei einem der vielen traditionellen Indischen Restaurants
- **Besuch des Victoria Street Market** (S. 728), des Schlangenparks (S. 728) und des Delphinariums (S. 728)
- **Rikscha-Fahrt**
- **Joggen oder Fahrrad fahren entlang der Strandpromenade**

Ein gewisser kosmopolitischer Reiz der ursprünglich britischen Siedlung geht damit von der Bevölkerung aus: Inder, Zulu und Weiße leben dicht beieinander und sorgen für ein buntes Völkergemisch.

Geschichte

Am Weihnachtstag 1497 erreichte **Vasco da Gama** die Bucht und nannte sie „Río de Natal" („Weihnachtsfluss"). Damals wuchsen dichte Wälder entlang der Ufer, und kilometerweit erstreckten sich Mangrovensümpfe. In der Folgezeit kamen Piraten, Kaufleute und Sklavenhändler nach „Port Natal", doch zumeist blieben sie nur kurze Zeit hier. Erst im November 1823 begann man, diese Stelle systematisch zu besiedeln. Eine Gesellschaft von Händlern vom Kap war von der Bucht und der Landestelle so begeistert, dass sie bereits im darauf folgenden Jahr unter der Führung von *Henry Francis Fynn* wiederkam und mit dem Aufbau einer Siedlung begann.

Das geschah etwa an der Stelle, wo heute der Bahnhof der Stadt liegt. 12 Jahre später, am 23. Juni 1835, wurde die Ansiedlung nach dem Kap-Gouverneur *Sir Benjamin Durban* benannt. Sie wuchs anfangs ohne die Unterstützung der britischen Regierung, die den Ort offiziell nicht anerkannte. Deshalb fehlte es zunächst an geordneten Verhältnissen; Planung und Verwaltung wurden vernachlässigt. Wenn es Streit gab, wurde er „unter Männern" im Busch ausgetragen, und in abenteuerlich anmutenden Hütten lagerten Elfenbein und verschiedene Handelsgüter. Manchmal suchten Eingeborene Schutz vor Verfolgung bei den Weißen, denen sie sich als Diener anschlossen. Insgesamt war das Leben eher durch Unsicherheit geprägt. Dazu kommt, dass die Zulu Natal als ihr Stammesgebiet betrachteten. Durban akzeptierten sie als Ausnahme: in diesem Ort sahen die Zulu einen guten Handelsplatz, und sie waren bereit, den Siedlern Land zuzugestehen. Wachsam achteten sie allerdings darauf, dass sich die Weißen nicht ausbreiteten.

Konflikte zwischen Zulus und weißen Händlern

1838 kamen die **Voortrekker** nach Natal. Die Händler begrüßten die Buren, da diese ihnen von ihrer Wesensart und Kultur her nahe standen. Es kam in dieser

Zeit zu heftigen Auseinandersetzungen mit den Zulu, denen die Weißen das Land streitig machten. Am 17. April 1838 kam es bei Ndondakusuka zu einer großen Schlacht, in deren Verlauf 16 Händler und 600 ihrer schwarzen Gefolgsleute ihr Leben ließen. Die Überlebenden flohen aus Durban oder fanden Sicherheit auf der kleinen Insel Salisbury Island, wohin die Zulu nicht gelangen konnten, da sie keine Boote besaßen.

Blick auf die „Goldene Meile"

Die Nachricht von diesen Auseinandersetzungen rief die britische Regierung auf den Plan, so dass am 3. Dezember 1838 britisches Militär in Port Natal landete. Man fand hier 25 Voortrekker und einige Händler vor. Die nicht geflohenen Kaufleute schlossen sich den Voortrekkern an, um sich an der Schlacht am Blood River zu beteiligen und Rache zu nehmen (16. Dezember 1838). Als halbwegs Frieden eingekehrt war, zogen sich die Briten zurück, doch im Mai 1842 begannen neue Unruhen. Man entschloss sich daher, ein Fort zu bauen. Denn mittlerweile beanspruchten Briten und Buren gleichermaßen die Gegend: Nach der Schlacht am Blood River gründeten die Buren die erste Voortrekker-Republik mit einem „Volksraad" (Repräsentantenhaus). Diese Republik wurde jedoch sofort von den Engländern bekämpft. Besonders wütend wurde sie, als der Volksraad 1841 beschloss, Tausende von heimatlosen Schwarzen entlang der Südgrenze Natals anzusiedeln. Dadurch fühlte sich der Kap-Gouverneur Sir George Napier an der Ostgrenze unter Druck gesetzt. Er schickte den Hauptmann Smith nach Durban, der sich jedoch in einer Schlacht bei Congella nicht gegen die Voortrekker behaupten konnte. Insgesamt 34 Tage lang belagerten die Voortrekker das Fort der Briten. Der Belagerung wurde erst dadurch ein Ende gesetzt, dass der berühmt gewordene Siedler *Richard Philip (Dick) King* in Grahamstown Hilfe holte:

Schlacht am Blood River

Die so schließlich besiegten Voortrekker zogen nach Norden, um eine neue Heimat im damaligen Oranje-Freistaat und in Transvaal zu finden. Im Mai 1844 wurde Natal durch die Briten der Kapkolonie angegliedert. Damit war Natal für britische Siedler geöffnet, der Weg zu einer eigenständigen Kolonie und zu einer späteren Provinz geebnet.

Von Durban ausgehend, begann der wirtschaftliche Aufschwung in Natal. 1855 kam der erste Inder in Durban an, und wer konnte ahnen, dass ihm bald weitere

Landsleute folgen sollten. Obwohl man gegen eine Einwanderung von Indern war, brauchte die rasch expandierende Zuckerindustrie Tausende von zuverlässigen Arbeitern für die Plantagen. 1859 ließ die Regierung Natals den Zuzug von Indern zu, in deren Arbeitsvertrag Lohn und Rückführung fixiert wurden.

In den folgenden 15 Jahren sollte sich die **Zuckerproduktion** verdoppeln. Nach einer Vertragszeit von 5 Jahren konnten die Inder selbst bestimmen, wo sie wohnen und arbeiten wollten. Viele nutzten dies als Chance, sich als freie Händler niederzulassen. Sie wurden zu unliebsamen Konkurrenten der Weißen, da sie sich mit niedrigeren Verdienstspannen zufrieden gaben. So lebten bereits 1887 über 30 000 Inder in Natal.

Ghandi in Durban

Unter den Einwanderern befand sich 1893 **Mahatma Gandhi**, der als junger Rechtsanwalt nach Durban kam. Er löste ein 1.-Klasse-Ticket nach Johannesburg, musste aber bald den Zug verlassen, da man ihn als indischen Passagier nicht duldete. Er verbrachte eine kalte Nacht im Warteraum für „Nicht-Europäer" im Bahnhof von Pietermaritzburg. Für Gandhi war dies ein Schlüsselerlebnis. Er blieb danach in Natal, um der wachsenden Gemeinschaft der Inder zu helfen. 21 Jahre lang setzte er sich für indische Rechte in Südafrika ein und formulierte die Doktrin vom „Passiven Widerstand". So widersetzten sich die Inder in Transvaal im Jahre 1906 der Registrierung ihrer Fingerabdrücke. Die Erkenntnisse, die Gandhi im Kampf um die Bürgerrechte der Inder in Transvaal gewann, wandte er später im Unabhängigkeitskampf Indiens gegen die Engländer an.

Durban heute

Lebendiges Stadtbild

Im Großraum Durban leben insgesamt ca. 2,7 Millionen Menschen. Die buntgemischte Bevölkerung sorgt für ein quicklebendiges Stadtbild.

Von seiner Wirtschaftsstruktur her steht Durban auf drei Beinen:
1. Es ist vom Umschlag her (Tonnage) der zweitgrößte **Hafen** Südafrikas (nach Richards Bay). Für das Hinterland ist Durban ein wichtiger Ein- und Ausfuhrhafen, der sich vor allem nach der Entdeckung der Goldminen am Witwatersrand entwickelte.
2. Die Stadt ist ein **Zentrum** der Zucker-, Textil-, Farben-, Chemie- und Nahrungsmittelindustrie.
3. Schließlich ist Durban einer der beliebtesten **Erholungsorte** Südafrikas (besonders im „Winter", wenn es im Binnenland kalt ist).

Die „Goldene Meile", so nennt man die mit Hotels und Restaurants gesäumte Strandfront, wird in Reiseführern oft als „herrlicher Strandabschnitt" beschrieben.

Ich persönlich fühle mich beim Anblick der „Strand-Skyline" eher an Miami Beach oder Waikiki Beach auf Hawaii erinnert, und ob an solchen Stellen der Erholungswert hoch anzusetzen ist, bleibt dahingestellt. Wer Trubel und Rummel mag, ist hier sicherlich in den Hotelpalästen gut aufgehoben, doch wer wirklich Erholung und Naturerlebnisse sucht, findet sie besser an den weiter südlich oder nördlich gelegenen Badeorten KwaZulu/Natals.

Der gesamte Uferbereich wurde in den letzten Jahren neu gestaltet. Es gibt hier keine breite Uferstraße mehr, sondern nur verkehrsberuhigte Zufahrten zu den Hotels. Alles ist nun fußgängerfreundlich gestaltet. Im südlichen Bereich der Marine Parade ist ein Amusement-Park entstanden. Hier geht es laut und hektisch zu, so dass alle Hotels in der Nähe nun zwar nicht vom Verkehr, dafür aber durch die vielen Menschen und den Vergnügungsbetrieb (Sessellift!) Störungen ausgesetzt sind.

> **Vorsicht insbesondere an den Stränden**
>
> Bitte achten Sie im Bereich des Strandes und der Strandpromenade in besonderem Maße darauf, dass Sie keine Wertgegenstände (toller Schmuck, teure Uhren, viel Bargeld) mit sich führen. In der Abenddämmerung bzw. auch in warmen Nächten sollten Sie die Beachfront samt Strand auf jeden Fall meiden. Auch Kinder sind hier als Diebe tätig!

Sehenswürdigkeiten

Badestrände
Zum Baden geeignet sind der South Beach und der North Beach, wo auch die großen Hotels liegen. Beide Strände werden von Rettungsschwimmern bewacht. Der North Beach ist sogar mit Netzen gegen Haie gesichert.

Rikscha-Stände
Sie findet man am South Beach (Uferstraße) vor dem Schlangenpark und vor dem Aquarium. Auf diesen sehr attraktiv herausgeputzten Gefährten kann man sich entlang der Strandpromenade fahren lassen oder – gegen ein kleines Entgelt – die fotogenen Zulu mit ihren Rikschas fotografieren. Die Rikschas wurden bereits im 19. Jh. hier eingeführt und erfreuten sich früher noch größerer Beliebtheit. Heute gibt es nur noch relativ wenige Rikscha-Fahrer, und wenn ich richtig informiert bin, ist es für sie verboten, entlang der verkehrsreichen Straßen zu fahren. Vorsicht: Die Rikscha-Fahrer werden immer dreister... Schon ein Foto aus der Ferne ruft einen abgestellten Geldeinsammler auf den Plan, der die Besucher auf teilweise unangenehme Weise belästigt.

Mini Town (2)
Snell Parade, Nähe Schlangenpark, geöffnet Di–Sa 09.30h-20.30h und So 09.30h-17.30h

Hier wurden die bedeutendsten Gebäude der Stadt im Maßstab 1 : 25 seit 1963 dargestellt.

Sehr beliebt in Durban: Rikschafahrten

Amphitheatre Gardens (3)
Snell Parade

Diese tropisch anmutende Gartenanlage ist wegen ihrer Ruhe ausstrahlenden Atmosphäre mit Teichanlagen und Brunnen einen Besuch wert.

Indisches Viertel

Inder stellen einen großen Bevölkerungsanteil in Durban

Dieses Gebiet liegt nördlich der West Street, und zwar dann nach Norden der Grey Street folgend. In diesem Gebiet liegen der Victoria Street Market sowie die Jumah Moschee (s.u.). Hier herrscht buntes Treiben und man hat die Gelegenheit, die Köstlichkeiten der Indischen Küche zu probieren.

Jumah Mosque (13)
Ecke Queen/Grey Street

Schönste Moschee in Afrika

Diese als größte und schönste bezeichnete Moschee auf der südlichen Halbkugel wurde 1927 erbaut. Die Moschee darf betreten werden, doch müssen Sie Ihre Schuhe draußen stehen lassen.

An die Moschee schließt sich die Madressa Arcade an, wo quirlige Inder in basarähnlichen Geschäften alles mögliche anbieten, u.a. auch maßgeschneiderte Mode.

City Hall (16)
West Street, Öffnungszeiten von Museum und Art Gallery: Mo–Sa 08.30h–16h, So 11–16h, kostenloser Eintritt.

Das im neo-barocken Stil 1910 errichtete Rathaus (nach dem Vorbild des Rauthauses von Belfast) ist eines der alten Wahrzeichen der Stadt. Hier ist heute u.a. das Nature Science Museum mit seinen naturkundlichen Sammlungen (ausgestopfte Säugetiere, Insekten) untergebracht.

Im zweiten Stockwerk ist die Durban Art Gallery einen Besuch wert, sie gilt als eines der größten südafrikanischen

16. KwaZulu/Natal: Durban

Kunstsammlungen (europäische und südafrikanische Maler). Auch das "neue Südafrika" ist hier vertreten: Zu bewundern gibt es Produkte der Flechtkunst aus KwaZulu/Natal. Meistens flechten Frauen die Körbe, doch der berühmteste Flechter ist Reuben Ndwandwe.

Francis Farewell Square (15)

Den kolonialen Kern der Stadt bildet der palmengesäumte Platz. Hier campierten 1824 die englischen Abenteurer Francis Farewell und Henry Fynn und handelten

Koloniales Flair

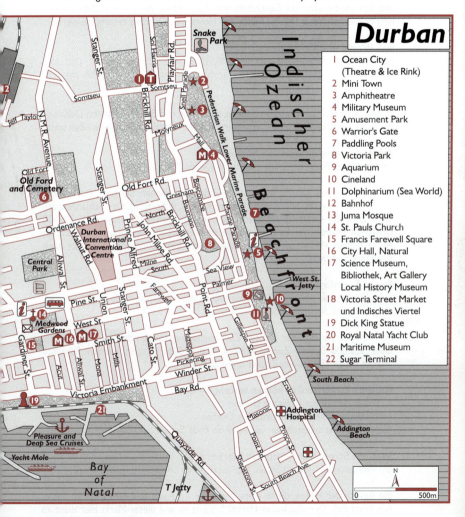

Durban

1 Ocean City (Theatre & Ice Rink)
2 Mini Town
3 Amphitheatre
4 Military Museum
5 Amusement Park
6 Warrior's Gate
7 Paddling Pools
8 Victoria Park
9 Aquarium
10 Cineland
11 Dolphinarium (Sea World)
12 Bahnhof
13 Juma Mosque
14 St. Pauls Church
15 Francis Farewell Square
16 City Hall, Natural
17 Science Museum, Bibliothek, Art Gallery Local History Museum
18 Victoria Street Market und Indisches Viertel
19 Dick King Statue
20 Royal Natal Yacht Club
21 Maritime Museum
22 Sugar Terminal

mit Elfenbein, das sie den Zulus abkauften. Leider wirkt der Platz z. Zt. nicht gerade einladend, da sich hier viele Obdachlose aufhalten.

Local History Museum (17)
Eingang: Aliwal Street, hinter der City Hall, Öffnungszeiten: Mo–Sa 08.30h–16.30h, So 11h–16h, kostenloser Eintritt

Geschichte der Zulus

Das lokalhistorische Museum von Durban ist im ehemaligen Gerichtsgebäude (Old Courthouse aus dem Jahre 1865) untergebracht. Hier informieren Exponate und Schautafeln über die Geschichte der Zulus sowie der europäischen Besiedlung Natals. Interessant ist die Hütte von *Henry Fynn*, Durbans erstem Bauwerk.

Sea World und Dolphinarium (11)
Lower Marine Parade, Öffnungszeiten täglich 09-21h, Fütterungen 11h und 15h. Vorführung von dressierten Delfinen, Seehunden und Pinguinen täglich um 10h, 11.30h, 14h, 15.30 und 17h.

Es gibt über 1 000 Fischarten zu sehen, auch Haie und Schildkröten. Im Delfinarium finden Vorstellungen mit dressierten Delfinen, Pinguinen und Seehunden statt.

Schlangenpark/Fitzsimon's Snake Park
am nördlichen Ende der Lower Marine Parade, geöffnet täglich 09–16.30h

Von den beinahe 120 Schlangenarten Südafrikas können Sie hier die meisten sehen (u.a. schwarze und grüne Mambas, Kobras, Puffottern). Der Schlangenpark dient auch der Schlangengiftforschung, und man gewinnt hier jährlich 20 000 Dosen an lebensrettendem Serum, die der Versorgung des gesamten Südlichen Afrika dienen. Wenn Ihnen die Schlangen nicht ausreichen sollten: es gibt auch Krokodile zu sehen!

Sugar Terminal (22)
Ecke Maydon/Leuchars Str., Führungen sind möglich. Besichtigungen nach tel. Anmeldung unter Tel. 3010331, Mo, Mi und Fr 09h, 11h und 14.30h.

Große Zuckerumschlagsanlage

Hier können Sie eine der größten Zuckerumschlagsanlagen der Welt besichtigen. Über 520 000 Tonnen Zucker können in drei Silos gelagert werden. Stündlich werden bis zu 750 Tonnen Zucker umgeschlagen.

Folgende Zuckerfabriken können besucht werden:
- Illovo Mill: 30 km südlich v. Durban
- Maidstone Mill: 30 km nördlich v. Durban

(Beide Fabriken arbeiten nur von April bis Ende September.)

Victoria Street Market/Indian Market (18)
am Westende der Victoria Street, Mo– Sa 06h-18h und So 10–16h

Ein Besuch der Hallen, die in einer Mischung aus Asien und Afrika Waren anbieten, lohnt sich. Der alte Indian Market brannta ab und dieser Markt hier dient als moderner Ersatz. Das Angebot an frischen Früchten, Currypulver, Masken, Korbwaren, Schmuck – und natürlich auch viel Ramsch! – sorgt mit seinen fast 200 Ständen für ein interessantes Erlebnis.

Old Fort
an der Old Fort Street

1842 entstand dieses Militärfort der Briten, die später hier von den Voortrekkern belagert wurden. Von dieser Stelle aus unternahm Dick King seinen legendären Ritt, um Verstärkung aus Grahamstown zu holen.

Indischer Markt in Durban

Botanischer Garten
Nordwesten der Innenstadt, Stadtteil Borea, Kreuzung St. Thomas Road/Edith Benson Road, Öffnungszeiten: täglich 07.30-17h

Der 20 ha große Garten, bereits 1849 angelegt, lädt auch schattigen Wegen zum Spazieren und Verweilen ein. Sehenswert sind u.a. die Palmfarne. Auf jeden Fall sollten Sie den Palmenweg abgehen. Sehenswert ist die Orchideensammlung im Orchideen-Haus.

KwaZulu/Natals Nordküste

Überblick

Nördlich von Durban verläuft die Nationalstraße 2 parallel zum Indischen Ozean. Eine Vielzahl von Badeorten reiht sich hier aneinander, die zum Verweilen und Erholen einladen. Sie alle aufzuzählen und vorzustellen, würde den Rahmen dieses Buches sprengen.

Auf der Reise nach Norden durchquert man immer wieder Teile des ehemaligen Homelands Kwazulu, das immerhin 35% der Fläche Natals einnimmt und die traditionelle Heimat der Zulu ist. **Reizvolle kleine Wildreservate** warten auf den Besuch: St. Lucia Game Reserve, Umfolozi Game Reserve, Hluhluwe und Mkuzi Game Reserve. Der intime Charakter dieser kleinen Naturschutzgebiete und ihre Besonderheiten werden den Tierfreund erfreuen. Auf dem Weg zurück nach Johannesburg sollte man dem eigentlichen Königreich Swasiland einen Besuch abstatten. Die Heimat der Swasi zeigt unterschiedliche landschaftliche Szenerien: hohe Berge, weite Ebenen und malerisch gelegene Siedlungen. Die Swasi beeindrucken durch ihre Freundlichkeit, aber auch durch den Stolz auf ihre Heimat.

Schöne Wildreservate

Dieses Reisegebiet ist insgesamt etwas Besonderes, da es noch nicht so sehr vom Tourismus berührt ist. Sie finden überall saubere Unterkünfte, gute Straßen und ein ausgebautes Tankstellennetz.

Planungsvorschläge

Gesamtstrecke: Durban – Umfolozi Game Reserve – St. Lucia Game Reserve – Hluhluwe Game Reserve – Mkuzi Game Reserve – Swasiland (Mbabane) – Johannesburg
- *Durban – St. Lucia GR: 260 km, 2 (1 Tag Aufenthalt)*
- *St. Lucia GR – Umfolozi GR: ca. 80 km, 2 Tage (1 Tag Aufenthalt)*
- *Umfolozi GR – Hluhluwe GR: ca. 60 km, 2 Tage (1 Tag Aufenthalt)*
- *Hluhluwe GR – Mkuzi GR: ca. 120 km, 2 Tage (1 Tag Aufenthalt)*
- *Mkuzi GR – Swasiland (Mbabane): 293 km, 3 Tage*
- *Mbabane – Johannesburg: 370 km, 1 Tag*

gesamt *ca. 1 183 km, 12 Tage*

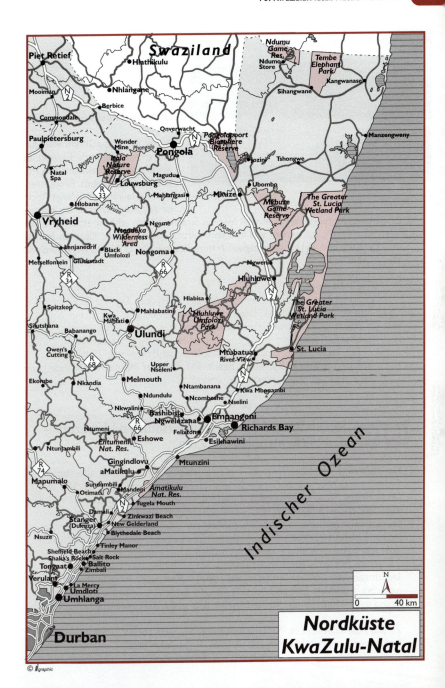

Strandszene bei Durban

Strände
Die schönsten (und wärmsten) Strände KwaZulu/Natals bieten Umhlanga Rocks, Umhloti Beach und Ballito Bay.

Umhlanga Rocks (ⓘ s. S. 207)

Dieser nur knapp 20 km von Durban entfernt liegende Badeort ist wie für Urlauber gemacht: gute Hotels, viele Apartments, Einkaufszentren, Restaurants. Umhlanga Rocks ist gegenüber Durban die bessere Übernachtungsalternative, weil hier die Strände einfach schöner sind: Weite sandige Abschnitte werden von felsigen unterbrochen. Am Strand führt ein Fußweg entlang, und im Umhlanga Lagoon Nature Reserve gibt es Wanderwege durch die Dünenwelt.

Übersicht
Auf der Strecke weiter nach Norden liegen noch folgende Badeorte, wo es viele Ferienanlagen, kleine Hotels sowie Campingplätze gibt.
- **Ballito**: Guter Strand, Gezeitenpool, Sicherung durch Hai-Netze
- **Shaka's Rock**: Guter Strand, ebenfalls mit Hai-Netzen gesichert
- **Salt Rock**: Schöner Strand, hier gibt es auch das Protea-Hotel „Salt Rock"
- **Sheffield Beach, Blythedale Beach** und **Zinkwazi Mouth**: Alle Strände gegen Haie gesichert, relativ unberührtes Umland

---

INFO ## Rückblick auf das ehemalige Homeland Kwazulu – den Flickenteppich der Zulu

Das ehemalige Homeland Kwazulu war insgesamt 32 733 qkm groß, also von der Größe vergleichbar mit Nordrhein-Westfalen. Es nahm damit ungefähr 35% der Gesamtfläche Natals ein. Doch das Homeland, das traditionelle Siedlungsgebiet der Zulu, war arg zersplittert und bestand aus zehn Einzelregionen, die über die ganze Provinz verstreut lagen – ein reines Produkt der räumlichen Apartheid. Die Zulu stellen Südafrikas größte schwarze ethnische Einheit dar. Von den 5,5 Millionen Zulu lebten Angaben zufolge nur ca. 3,2 Millionen im Heimatland, der Rest arbeitete auf weißen Farmen in Natal, in der Umgebung von Durban und in den Bergbau- und Industrieunternehmen am Witwatersrand (Quelle: Statistical Survey of Black Development). Außerdem lebten in dem ehemaligen Homeland Kwazulu 50 000 Swasi, Xhosa und Südsotho, 3 500 Weiße, 3 300 Asiaten und 1 800 Coloureds.

Zu den Zulu zählt man ca. 200 Nguni-Stämme, die heute überall in Natal leben. Sie kamen von Norden bereits um 1500 hierher. Unter ihrem berühmten Führer Shaka erstarkten die Zulu ab 1816 und unterwarfen benachbarte Stämme. Bald bildeten sie ein einflussreiches Königreich. Doch 1838 traf man auf stärkere Gegner: die Voortrekker beanspruchten nun das Gebiet, und bei der berühmten Vergeltungsschlacht am Blood River im Jahre 1838 siegte die weiße Übermacht. Obwohl die Zulu unter ihrem Führer *Mpande* versuchten, sich der Vorherrschaft der Weißen zu widersetzen, konnten sie die Annexion des Zulu-Landes durch die Engländer nicht verhindern.

Der heutige Zulu-Führer *Buthelezi* gilt als eine herausragende Persönlichkeit im Kampf um mehr politische Rechte für die Schwarzen. Der 1928 geborene Chiefminister des ehemaligen Homelands hat an der Universität Fort Hare studiert, später an der Universität von Natal. 1957 wählte man ihn zum Häuptling des Buthelezi-Stammes, und 1970 übernahm er die Funktion als Kabinett-Chef der Zulu-Gebietskörperschaft. Diese wurde im Jahre 1972 in eine gesetzgebende Versammlung umgebildet, und 1977 erhielt Kwazulu die „Selbstverwaltung". Tatsächlich war es jedoch sowohl wirtschaftlich als auch politisch völlig abhängig – ebenso wie die anderen schwarzen Homelands.

Zulu-Frau beim Korbflechten

Buthelezi war Mitbegründer der Inkatha-Bewegung, die sich als kulturelle Befreiungsfront in Konkurrenz zu anderen eher links orientierten Befreiungsgruppen verstand. Man schätzt, dass die Bewegung 350 000 Anhänger hatte, darunter auch ein Teil der Zulu, die in Soweto lebten.

Landschaftlich waren die Gebiete des ehemaligen Homeland Kwazulu recht unterschiedlich: Sie umfassten Regionen in Küstennähe, hügelige und bergige Gebiete. Vom Klima her handelt es sich um besonders günstige Räume. Die Niederschläge erreichen Werte bis zu 1 300 mm pro Jahr (wobei die Niederschläge im Inland geringer und die Winter trocken sind), und die Temperaturen schwanken – je nach Lage – zwischen Minimalwerten von 15 bis zu über 30 °C. Das ehemalige Kwazulu wird von einer Reihe von Flüssen durchzogen, deren Wasser für Bewässerungszwecke genutzt wird.

Die Viehzucht nimmt in der Landwirtschaft eine herausragende Stellung ein, denn ein großer Teil der Graslandschaften bietet hierzu die natürliche Grundlage. Der Feldanbau spielt eine noch untergeordnete Rolle, auf diesem Gebiet ist noch viel Entwicklungsarbeit zu leisten. Man erntet hauptsächlich Mais, Zuckerrohr, Sorghum, Kartoffeln und verschiedene Gemüsearten.

In den letzten Jahren konnten der Handel und die Industrie einen Aufschwung verzeichnen. Der Tourismus nahm zu, denn die Nähe zu den kleineren Wildreservaten Natals und zum Indischen Ozean übt auf Reisende einen besonderen Reiz aus.

Ballito (ⓘ s. S. 207)

Die ruhige Alternative zu den Umhlanga Rocks

Ballito ist ein kleiner Ort mit vielen privaten Ferienwohnungen. Im Ortszentrum gibt es alle Versorgungsmöglichkeiten. Die Strände sind feinsandig und gut zum Baden geeignet. Insgesamt geht es hier viel ruhiger als in Umhlanga Rocks zu. Nach Durban fährt man über die N 2 nur 45 Minuten, zum Flughafen etwa 1 ¼ Stunde.

Tugela

Der Tugela River markiert das Ende der Nordküste KwaZulu/Natals. Der Tugela ist der Hauptfluss KwaZulu/Natals und fließt durch ein gewaltiges Tal, z.T. von mächtigen Kliffs begrenzt. Die Zulu nennen den Fluss „Thukela" (= „etwas, das erschreckt"). Als Grenzfluss zwischen Natal und Kwazulu spielte der Fluss eine wichtige historische Rolle. Viele Jahre lang bildete der Fluss ein großes Hindernis für Reisende, besonders während der Flut. Die heutige Brücke, 450 m lang, lässt den modernen Touristen die Schwierigkeiten der Vergangenheit vergessen. Benannt ist die Brücke nach *John Ross*, der als 15-jähriger Junge 1827 die über 900 km von Durban nach Laurenco Marques wanderte, um Medizin für Kaufleute und Jäger zu erwerben. Er benötigte dazu nur 40 Tage. Als der junge Ross den Zulukönig *Shaka* besuchte, um ihm seine Ehrerbietung zu zeigen, ordnete Shaka an, dass eine bewaffnete Begleitung den Jungen unter den Schutz des Königs stellte, um ihm auf der Reise Hilfe vor Gefahren zu gewähren.

Die etwa 5 km von der John Ross Bridge abzweigende Straße führt zur Tugela-Mündung. Nach etwa 1,5 km passiert man den alten Flussübergang. Hier befindet sich auch das kleine **Fort Pearson**, das die Briten vor der Invasion des Zululandes im Jahre 1878 erbaut haben (benannt nach Charles Knight Pearson, Kommandant der Invasions-Truppen, die an dieser Stelle den Tugela überqueren mussten).

Historischer Baum

1,5 km vom Fort entfernt wächst an der Straße ein wilder Feigenbaum, bekannt als „**Ultimatum Tree**". Hier überreichten am 11.12.1878 die Briten der Zulu-Delegation ein Ultimatum, dessen Bedingungen zum Anglo-Zulu-Krieg führten.

Weitere 7 km lang durchquert die Straße einen Küstenwald, um schließlich das Mündungsgebiet des Flusses zu erreichen. Hier befindet sich ein Camping-Platz.

Zulu-Kraal bei Eshowe

Eshowe ist eine der ältesten Siedlungen im Zululand. In Shakaland, Kwabhekithunga Kraal und Stewart's Farm wird das traditionelle Leben der Zulu vorgeführt.

> **Tipp**
> *Das Shakaland Zulu Village ist ein authentischer Kraal mit riedgedeckten Hütten am Umhlatuze Lake. Vor einigen Jahren haben hier Hollywood-Filmemacher das Leben des legendären Zulu-Königs Shaka nachgedreht; die Kulisse wurde später zu einem typischen Kraal umgebaut, wo Sitten und Gebräuche der Zulu anschaulich dargestellt werden. Der Besucher wird von „Zulukriegern" empfangen.*

Wildschutzgebiete im Norden KwaZulu/Natals (ⓘ s. S. 207)

Sicherlich werden Sie im Verlauf Ihrer Südafrika-Rundreise nicht alle Wildschutzgebiete KwaZulu/Natals aufsuchen können. Ich stelle Ihnen hier die interessantesten vor, damit Sie Ihre persönliche Alternative auswählen können. Alle beschriebenen Wildreservate liegen in unmittelbarer Nähe zur Nationalstraße 2, so dass die Anfahrt keine Probleme bereitet.

Hautnahes Naturerlebnis

- **Umfolzi-Gebiet** (ⓘ s. S. 207)
Entfernung nach Durban: ca. 270 km

Hluhluwe-Umfolozi Park
Beide Parks bedecken etwa 1 000 km² und sind durch einen Landstreifen verbunden, durch den die R618 („The Corridor") führt. Das südliche Gebiet ist das frühere Umfolozi Game Reserve, das nördliche das Hluhluwe Game Reserve.

Dieses Gebiet – etwa 800 qkm groß – liegt zwischen zwei Flüssen und umfasst besonders nahrhaftes Grasland. Das Klima ist warm bis heiß, und ganzjährig steht genügend Wasser zur Verfügung. Damit sind ideale Lebensbedingungen gegeben. Als dieses Gebiet durch Weiße besiedelt wurde, engte sich der Lebensraum für das Wild ein. Um die Tsetsefliege zu bekämpfen, wurden unzählige Wildtiere (man spricht von 100 000) getötet. Erst als 1945 mit chemischen „Keulen" (DDT) die Tsetsefliege ausgerottet werden konnte, kehrte Ruhe in das bereits 1897 proklamierte Wildschutzgebiet ein.

Heute gibt es in Umfolozi über 1 000 Weiße und Schwarze Nashörner zu sehen, außerdem Löwen, Geparde, Impalas, Wildschweine, Blaugnus, Zebras, Wasser- und Riedböcke, Leoparden, Schakale – ja sogar Krokodile in den Flüssen. Da jedes Wildschutzgebiet eine begrenzte Tragfähigkeit hat, werden überzählige Tiere in zoologische Gärten auf der ganzen Welt gegeben, um das ökologische Gleichgewicht im Reservat zu erhalten.

Privates Game Reserve im Umfolozi-Gebiet

Das Wildschutzgebiet ist ganzjährig geöffnet. Die Wege durch das Naturschutzgebiet sind nicht allzu gut befestigt, so dass bei Regenwetter das Befahren bestimmter Abschnitte nicht leicht ist. Der „Umfolozi Mosaic Auto Trail" führt über 67 km durch das Parkgebiet (Fahrzeit: ca. 4–5 Stunden). Besonders reizvoll sind angebotene Wanderungen mit Wildhütern. So erreicht man wirklich abseits gelegene Gebiete. Diese „Wilderness Trails", die drei bis fünf Tage in Anspruch nehmen, garantieren ein hautnahes Naturerlebnis. Da dieses Abenteuer viele anlockt, ist eine frühzeitige Anmeldung dringend erforderlich (möglichst ein halbes Jahr im Voraus).

Sehr übersichtlicher, landschaftlich toller Park mit außergewöhnlich vielen Nashörnern.

16. KwaZulu/Natal: Natals Nordküste

- **Hluhluwe-Gebiet**
(ⓘ s. S. 207)
Entfernung nach Durban: ca. 280 km

Vorweg eine kleine Sprachhilfe: das „hl" im Namen wird wie „schl" ausgesprochen. Das 1897 zum Naturschutzgebiet erklärte Reservat (im gleichen Jahr wie das Umfolozi Game Reserve) umfasst ca. 200 qkm. Die Landschaft ist hügelig bis bergig, die nördlich gelegenen

Einer der Big Five: der Löwe ...

Gebiete sowie die Flussufer sind bewaldet. In den ebenen Gebieten herrscht Savannen-Vegetation vor, die z.T. aus dichtem Buschwerk besteht. Die Niederschläge betragen 700 mm pro Jahr, sorgen also neben den Flüssen für genügend Wasser. Die Tierwelt ähnelt der des Umfolozi Game Reserve. Außerdem leben hier noch Giraffen und Buschschweine.

... und noch einer: das Nashorn

Auch Ornithologen kommen voll auf ihre Kosten: Es gibt hier den Marabu-Storch, Geier mit weißem Rücken, den Bateleur, das Perlhuhn usw. zu sehen. Im Rastlager erhält man eine vollständige Liste aller in dieser Gegend lebenden Vögel. Vom Buschcamp aus genießt man einen sehr schönen Überblick über das Gebiet. Auch in diesem Reservat können die Straßen bei Regen schwer zu befahren sein.

- **St. Lucia Wetland Park** (ⓘ s. S. 207)

Das Naturschutzgebiet umfasst den St. Lucia-See sowie einen ein Kilometer breiten Landstreifen um das Gewässer herum. Das insgesamt 370 qkm große Naturreservat umfasst Gewässer, Küstenwald, Sumpfwald, Gebüsch, Schilf und Mangroven. Bewaldete Sanddünen trennen das See-System vom Indischen Ozean. Vor über 60 Millionen Jahren wich an der Stelle des heutigen Naturschutzgebietes das Meer allmählich zurück, als sich das Land hob. Zurück blieben seichte Vertiefungen, die heute von Lagunen, Seen und Meeresbuchten ausgefüllt werden.

Hier gibt es ideale Lebensbedingungen vor allem für die Vogelwelt (Pelikane, kaspische Seeschwalben, Ibisse, Störche). An den Flussmündungen leben Krokodile, die zu manchen Jahreszeiten auch den See bevölkern. Weit mehr als 400 Flusspferde sind hier beheimatet, und Riedböcke, Buschböcke sowie das Nyala sind hier ebenfalls anzutreffen.

Ideale Lebensbedingungen für die Tiere

Die St. Lucia-Region unterteilt sich in folgende Naturschutzgebiete:
- **St. Lucia Marine Reserve**: erstreckt sich entlang der Küste von Cape Vidal im Süden und der Sodwana Bay im Norden (Uferzone u. Gebiet bis zu 3 km ins Meer). Hier liegen die südlichsten Korallenriffe der Welt.
- **Cape Vidal State Forest**: 32 km nördlich der St. Lucia-Mündung.
- **False Bay Park**: am Westufer des St. Lucia Lake.
- **St. Lucia Park**: 1 km breites Gebiet parallel zum Seeufer. Hier sind auch die Camps Charters Creek, Fanie's Island, Mapelane und die Ferienanlage St. Lucia.

Auch in diesem Reservat gibt es die Möglichkeit zur Teilnahme an Wildniswanderungen. So beginnen beispielsweise dreitägige Wanderungen in Charters Creek. Natürlich ist ein erfahrener Wildhüter dabei, und mit Booten gelangt man in die

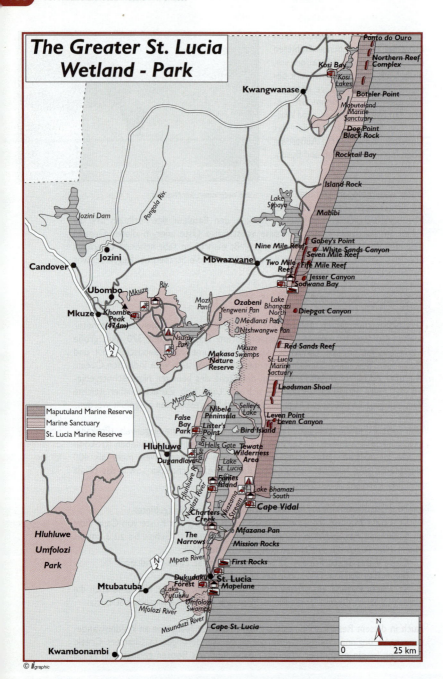

Wildnis, in der man zweimal übernachtet und täglich etwa 16 km wandert.

- **Mkuze Game Reserve**
(ⓘ s. S. 207)
Entfernung nach Durban: 335 km

Über den kleinen Ort Mkuze gelangt man in dieses 250 qkm große Naturschutzgebiet, dessen weite Landschaft vom Mkuze und Umsunduzoi River durchflossen wird (beide Flüsse sind im Winter oft aus-

Schilf und Mangroven – ein häufiges Bild im St. Lucia Park

getrocknet). Da die Gegend ziemlich flach ist, kann man große Tierherden beobachten. Insgesamt ist das Gebiet sehr trocken, und die Tiere ziehen zu Wasserlöchern, wo man sie am besten beobachten kann. Die Tierwelt besteht hier vor allem aus dem schwarzen Nashorn, Blaugnu, Nyala, Leopard, Kudu, Zebra und Riedbock. Von gut versteckten Aussichts-

Große Tierherden

Wasserstellen bieten gute Tierbeobachtungsmöglichkeiten

punkten kann man das Wild fotografieren. Auch hier kann man Wanderungen mit Wildhütern unternehmen.

- **Sodwana Bay National Park**
Entfernung nach Durban: 400 km

 Anfahrt
über die Lower Mkuze Road

Dieser Naturschutzpark liegt ca. 90 km östlich von Ubombo. Eine Gruppe von Seen ist mit dem Meer durch den Sodwana-Fluss verbunden. Die Tierwelt ist durch Antilopen und eine Vielzahl von Vögeln (Zulu Batis und Rudd's Apalis) vertreten. Ein Campingplatz lädt zum Aufenthalt ein.

Die von der N2 ostwärts abzweigende Sandstraße, die über Ubombo führt, endet nach etwa 100 km am Indischen Ozean, wo man in Boote umsteigt und zum Tauchen (Korallenriffe) oder Hochseefischen hinausfährt.

Maputa-Land (ⓘ s. S. 207)

Vorbemerkungen

Das Maputa-Land kann in den normalen Ablauf unserer Reise von Johannesburg nach Durban „eingebaut" werden. Insgesamt ist das Gebiet für wirkliche Individualisten geeignet, die Südafrika „von der wilden Seite" her kennen lernen wollen. Für Selbstfahrer gibt es zwei Möglichkeiten:

Das wilde Südafrika

① Grundsätzlich kann man diese Tour mit einem normalen Pkw absolvieren. Von den eingebuchten Lodgen aus lässt man sich von einem vereinbarten Ort (Gate) abholen, um mit einem Allradfahrzeug das Ziel zu erreichen.
② Für Selbstfahrer empfiehlt sich dennoch ein Allradfahrzeug, da man
- 1. im Kruger Park sozusagen von einer „hohen Warte aus" Tierbeobachtungen unternehmen kann;
- 2. im Reisegebiet „Maputa-Land" alle Fahrten (bis auf das Gebiet Ndumu Game Reserve) selbst unternehmen kann, was mehr Erlebnis, Abenteuer und Unabhängigkeit verspricht.

Mischung in der Art der landschaftlichen Highlights und Unterkünfte

Toll bei diesem Reiseablauf ist die Mischung zwischen dem Besuch der „normalen Highlights" wie Blyde River Canyon und Kruger National Park und dem Besuch besonders reizvoller, ungewöhnlicher und touristisch wenig besuchter Gegenden. Ebenso reizvoll ist die „Mischung" von Unterkünften wie Hotels, Lodgen und Camps sowie absoluten Superklasse-Hotels.

Tourenabläufe unter Berücksichtigung des Reisegebietes Maputa-Land

- 1 Ü Dullstroom
- 2 Ü Region Blyde River Canyon
- 3 Ü Region KNP/private Lodges
- 1 Ü Swasiland
- 2 Ü Itala/wahlweise Hluhluwe Game Reserve
- 2 Ü Ndumu
- 2 Ü Kosi Bay
- 2 Ü Rocktail Bay
- 2–3 Ü Küste bei Ballito

Sehenswertes

s. Karte S. 731 (Nordküste KwaZulu/Natal)

- **Itala Game Reserve**

Ruhiger Nationalpark

Lage
Bei Louwsburg/KwaZulu/Natal gelegen, südlich Swasiland. Diejenigen, die über Swasiland – von Mbabane aus – kommen, sollten von Manzini die Straße 9 zum Grenzübergang Mahamba nehmen, von hier aus über Paulpietersburg/Vryheid nach Itala.

Entfernungen

Mbabane – Itala über Grenzübergang Mahamba, Paulpietersburg und Vryheid nach Louwsburg ca. 400 km. Gute Straßen.

Itala wurde bereits 1972 gegründet und umfasst 30 000 ha. Das Gelände ist hüglig bis bergig, es herrscht Grassavanne vor. Die Nordgrenze des Parkgebiets bildet der Pongola River, verschiedene seiner Nebenflüsse durchqueren das Parkgebiet. Die Tierwelt ist reichhaltig: über 400 Vogelarten, Spitz- und Breitmaulnashorn, Giraffen, Zebras, Warzenschweine, Krokodile, einige Elefanten, Tsetsebe-Antilopen, Hyänen, Leoparden, Geparde. Itala ist ein sehr ruhig wirkender Park, der relativ wenig besucht wird, da er abseits der touristischen „Trampelpfade" liegt. Das Wegenetz ist weit verzweigt, es gibt sogar einen 4 x 4-Trail, auf dem man auf eigene Faust auf Pirschfahrt gehen kann.

Warzenschwein

- **Ndumu Game Reserve**

Lage

Ndumu liegt direkt an der Südgrenze zu Moçambique. Von Itala folgt man der R 69 nach Osten und erreicht die N 2 bei Candover, der man – entlang dem riesigen Staudamm von Jozini – bis Nkonkoni folgt. Von hier aus biegt man nach Jozini ab und folgt der Straße nach Jozini. In diesem Ort gibt es alle Versorgungseinrichtungen. Von Jozini aus erreicht man nach 56 km den Abzweig nach Ndumu, nach weiteren 15 km ist man am Gate.

Südafrikas Kleinod

Entfernungen

Strecke Itala – Ndumu Game Reserve: ca. 190 km
Ein Transfer zum Wilderness Camp erfolgt per Landrover (obligatorisch) stets um 14h ab dem Gate, wo es einen sicheren Parkplatz gibt.

Der Park ist 10 000 ha groß und umfasst einige Überflutungsbecken des Pongola River. Tierwelt: 420 Vogelarten, allerdings keine Tierherden. Die Vegetation besteht z.T. aus dichten Auenwäldern, die etwas an die zimbabwischen Mana Pools erinnern. Breit- und Spitzmaul-Nashörner gibt es ebenso wie Nyala-Antilopen, Impala, Buschbock, Red Duiker, Giraffen, Büffel, Krokodile und Flusspferde. Ndumu ist etwas für Landschaftsliebhaber und vor allem für Vogelfreunde!

Game Reserve für Vogelliebhaber

Besonderes

Ndumu strahlt Ruhe aus und ist touristisch wenig besucht und deshalb für den Naturfreund ein Highlight im Südlichen Afrika! Malaria-Gebiet! Im Sommer sehr heiß und schwül!

- **Tembe Elephant Park**

Lage
Südlich an Moçambique grenzend, etwa 25 km vom Ndumu entfernt an der Straße Richtung Kosi Bay gelegen.

Entfernung
Ndumu – Tembe Elephant Park: ca. 40 km

Das wilde Afrika
Tembe umfasst mehr als 30 000 ha und ist wie Ndumu ein Paradies für Vogelfreunde, da es über 340 Arten gibt. Tierwelt: mehr als 130 Elefanten, 65 Nashörner, Büffel, Giraffen, Hyänen, Kudu, Wasserböcke, Zebras, Giraffen und Warzenschwein. Die Elefanten sind relativ aggressiv, da ihnen aufgrund des Bürgerkriegs in Moçambique sozusagen noch die Angst in den Knochen sitzt. Die Herden besuchen regelmäßig die Wasserstellen, wo man dann „ansitzt". Man unternimmt Fahrten im Landrover, da das Gebiet absolut sandig ist.

Besonderes
Ein sehr großes, völlig einsames Gebiet. Ebenso wie Ndumu ein kleiner Geheimtipp für Naturliebhaber. Im Vergleich zum Wilderness Camp muss man deutliche Qualitätsabstriche bei den Unterkünften machen!

- **Gebiet Kosi Bay Nature Reserve/ Kosi Bay Coastal Forest Reserve**

Lage
Im äußersten Nordosten von KwaZulu/Natal gelegen

Entfernung
Tembe Elephant Park – Kosi Bay Nature Reserve: ca. 55 km

Outback Südafrikas
Das Kosi Bay Nature Reserve besteht nicht aus einer Bay im eigentlichen Sinne (= Zugang zum Meer), sondern aus einem System von 4 Seen, von Norden nach Süden:
- Lake Makhawulani (= First Lake)
- Lake Mpunwini (= Second Lake)
- Lake Nhlange (= Third Lake)
- Lake Amanzimnyama (= Fourth Lake).

Diese Seen sind vom Meer durch Sanddünen abgeschottet und haben nur bei Kosi Mouth einen Wasserzugang bei Flut. In Meeresnähe gibt es Palmenwälder, die Seen sind durch kurze Kanäle verbunden. Hier kann man gut Kanu fahren. Die Landschaft ist vor allem geeignet für Vogelbeobachtungen, zum Fischen und zum Schnorcheln.

Das Schnorcheln konzentriert sich auf Kosi Bay Mouth, wo im Schutze der Dünen das Meer in das Seen-Gebiet eindringt. Hier kann man insbesondere herrliche Fische beobachten. Kosi Mouth ist sicherlich einen Ausflug wert, ein

Allradfahrzeug absolut erforderlich, ebenso ein entsprechendes Permit, das man über die Lodgen anfordert. Die Anfahrt ist landschaftlich sehr schön, vor allem, wenn man die Höhe der Dünen erklommen hat, um danach zum Meer hinunterzufahren. In der Meeresbucht gibt es „Fish-Traps", mit deren Hilfe die Eingeborenen Fische fangen. Erlebnisreich ist sicherlich auch die Beobachtung, wie die Menschen hier – in kleineren lockeren Dorfgemeinschaften – an der Grenze zu Moçambique leben.

Kosi Bay

Hinweis
Die Wege sind sehr sandig, ebenfalls müssen Flüsse durchquert werden – ein Allrad-angetriebenes Fahrzeug ist deshalb ein Muss! Die normale Straße endet 7 km vor der Küste, ab hier also nur noch mit 4x4!

- **Rocktail Bay**

Lage
Im Maputa-Land Coastal Forest Reserve gelegen, südlich von Kosi Bay

Entfernung
Kwangwanase – Rocktail Bay: ca. 65 km

Rocktail Bay liegt wirklich „jenseits von Afrika". Der sehr sandige Weg führt direkt hinter den bewaldeten Dünen entlang zu wunderschönen Stellen, nachdem man das Eingangstor zum Coastal Forest Reserve passiert hat.

Wildnis und Natur pur

• Eine Spur führt ans Meer zum Lala Nek, einer einsamen Meeresbucht, wo man baden und schnorcheln kann.
• Die Rocktail Bay-Bucht ist weit, einsam und innerhalb von 2 Minuten auf einem „Bordwalk" von der Rocktail Bay Lodge zu erreichen.
• Den Black Rock erreicht man auf einem sehr sandigen, abenteuerlichen Weg. Hier ist das Schwimmen eine Wonne!

Von der Rocktail Bay Lodge werden Fahrten in ein Eingeborenen-Dorf unternommen, ebenso fährt man in Marschlandschaften, wo Flusspferde leben. Die ganze Gegend ist insbesondere für Vogelliebhaber hochinteressant. In den Sommermonaten kann man Riesenschildkröten am Strand beobachten.

16. KwaZulu/Natal: Natals Nordküste

• **Lake Sibaya/Mabibi**

Größter Süßwassersee Südafrikas

Der See liegt etwa 10 km nördlich von Sodwana. Mit 77 km² ist es der größte natürliche Süßwassersee Südafrikas. Die Gegend ist sehr ruhig und beschaulich und eignet sich zum Beobachten der Vogelwelt und der im See lebenden Flusspferde und Krokodile.

Das Camp Mabibi zählt zu den schönsten und ruhigsten Campingplätzen Südafrikas. Mabibi gehört zum Maputa-Land Coastal Forest Reserve. Die Strände sind ein Traum.

> **INFO** — Private Wildschutzgebiete/„naturnahe" Unterkünfte im Norden KwaZulu/Natals
>
> Die privaten Wildschutzgebiete im Norden KwaZulu/Natals ähneln denen am Westrand des Kruger-Parks, sind jedoch kleiner und weniger bekannt:
>
> **BONA MANZI** liegt nur 10 km südlich von Hluhluwe und bietet traditionelle strohgedeckte Hütten. Die besondere Attraktion sind herrliche Baumhütten hoch im dichten Laubwerk der Bäume. Von einer sehr komfortabel gestalteten Baumlodge genießt der Besucher einen faszinierenden Blick auf eine regelmäßig von Tieren besuchte Wasserstelle. Selbstversorgung möglich, gutes Restaurant aber vorhanden. Schwimmbad.
>
> **BUSHLANDS GAME LODGE** ist ebenfalls nur 11 km südlich von Hluhluwe gelegen. Die schönen Blockhäuser liegen hoch in den Bäumen und sind durch Stege verbunden. Jedes Baumhaus hat Schlafzimmer, Dusche, WC, Terrasse. Verpflegung. Schwimmbad. Sehr persönlich geführt von Rob und Marlene Deane. Es werden Zululand-Safaris zu allen umliegenden Naturschutzgebieten angeboten.
>
>
> *Zululand Safari Lodge*
>
> **ZULULAND SAFARI LODGE**. Vor den Eingangstoren zum Hluhluwe-Park liegt diese sehr schöne Anlage auf der Ubizane Game Ranch mitten im Busch, gutes Restaurant, Schwimmbad, privat geführt (SUN-Kette). Guter Ausgangspunkt für die Hluhluwe/Umfolozi-Parks.
>
> **TAMBOTI BUSH CAMP**. 30 km nördlich von Hluhluwe, Richtung Sodwana Bay (hier von der N 2 abfahren). Der Name ist mit der Bezeichnung für eine Baumart

identisch, die bei der Zulubevölkerung als Brennholz geschätzt wird. Strohgedeckte Bungalows, Schwimmbad, Restaurant.

PHINDA RESOURCE RESERVE. Phinda Izilwane bedeutet so viel wie „Rückkehr des Wildes". Im unberührten Maputaland liegt das neue und größte private Wildschutzgebiet Natals, genau zwischen dem Mkuze Game Reserve und Lake St. Lucia. Auf engem Raum treffen hier die verschiedensten Öko-Systeme zusammen: Bergregionen und Busch, Savannen und Strand, Sumpf- und Marschlandschaften.

Seit über 10 Jahren läuft unter dem Motto „game restocking programme" die Wiedereinführung früher hier lebender Tiere wie Elefanten, Löwen, Giraffen, Zebras und anderer Savannentiere. Für den Tierfreund und Naturliebhaber ergeben sich verschiedene Möglichkeiten für Aktivitäten. Wildbeobachtungsfahrten im offenen Landrover, Tauchen, Sundowner- und Kanufahrten auf dem Mzinene River (dem „Mini-Okavango"). Luxusunterkünfte, geschickt im Busch getarnt, erstklassige Küche sowie hervorragende Betreuung sind dem zahlungskräftigen Reisenden sicher.

MALACHITE CAMP. Das Camp liegt 8 km südöstlich von Mkuze und ist insbesondere für Ornithologen ein Paradies. Es wurde nach dem *Malachiteisvogel* benannt (gehört zu den Rattray Reserves, also zur Firma, die auch Mala Mala und Kirkmans Camp managt). Strohgedeckte Rondavels.

Anschluss-Strecken

- Nach Swasiland und weiter zum Kruger-Park: Die N2 fahren Sie bis zum Grenzübergang Golela und von hier nach Mbabane, später über Pigg's Head und Malelane in den Südteil des Kruger National Park.
- Nach Johannesburg: Über die N2 und weiter die R29 (via Piet Retief, Ermelo, Bethal) und später die N17 (ab Leandra) nach Johannesburg.

Durban – Pietermaritzburg – Drakensberge
(Giant's Castle Game Reserve – Royal Natal National Park)

Übersicht

Auf dem Weg von Durban nach Johannesburg erwarten Sie historische und landschaftliche Höhepunkte. Pietermaritzburg lenkt den Blick zurück in die Vergangenheit, denn die Stadt war einst Hauptstadt der Voortrekker-Republik. Weiter nordwestlich steigt die **Bergkette der Drakensberge** auf Höhen von über 3 000 m an. Großartige landschaftliche Szenerien warten auf den Besucher, deren schönste Stellen heute Naturschutzgebiete sind. Ob das Giant's Castle Game Reserve oder der Royal Natal National Park – das südafrikanische Mosaik des Kontrastreichtums gipfelt hier im wahrsten Sinne des Wortes.

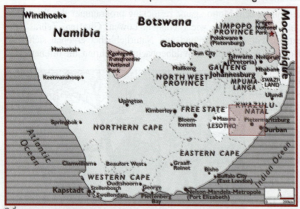

Ein Abstecher zum Blood River erinnert an die großen Auseinandersetzungen zwischen den zu neuen Siedlungsräumen aufgebrochenen Voortrekkern und den Zulu, die vergeblich ihre Besitzansprüche durchzusetzen versuchten.

Planungsvorschläge

Gesamtstrecke: Durban – Pietermaritzburg – Drakensberge – Johannesburg

Einzelstrecken	km	Tage
Durban – Pietermaritzburg	82	1
Pietermaritzburg – Giant's Castle Game Reserve (über Mooirivier)	ca. 140	1
Giant's Castle Game Reserve – Royal Natal Game Reserve	ca. 160	1
Royal Natal National Park – Johannesburg (über Harrismith, N16)	340	1
gesamt	ca. 722	4

Pietermaritzburg (ⓘ s. S. 207)

Die zum Teil altenglisch wirkende Stadt in den KwaZulu Nataler Midlands liegt inmitten einer fruchtbaren Landschaft. Pietermaritzburg nennt man auch dank seiner architektonischen Reminiszenzen die „letzte Bastion des British Empire": Enge, kopfsteingepflasterte Gassen, viktorianische Häuser, rote Backsteinvillen und Elite-Internate unterstreichen diesen Eindruck. Voortrekker hinterließen hier ihre Spuren ebenso wie Inder, deren Kirchen und Moscheen der Stadt ein verwirrend kosmopolitisches Antlitz verleihen.

„Letzte Bastion des British Empire"

Pietermaritzburg ist die Hauptstadt von KwaZulu Natal. Nach der erfolgreichen Schlacht am Blood River gegen die Zulus wählten die Voortrekker im Jahre 1839 diese Stelle aus, um hier die Hauptstadt ihrer Republik Natal zu gründen. Sie benannten sie nach ihren Führern *Pieter Retief* und *Gerrit Maritz*. Die Stadt wurde mit breiten Straßen angelegt, an deren Seiten kleine Kanäle verliefen. Doch be-

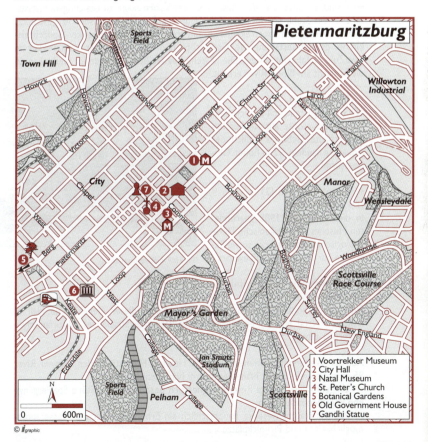

reits im Jahre 1843 übernahmen die Briten Pietermaritzburg, und von hier aus regierten sie KwaZulu Natal. Heute leben in der Region etwa 200 000 Menschen. Die Umgebung ist sehr fruchtbar, da der Regenfall rund 1 000 mm pro Jahr beträgt. Neben ihren Funktionen als Verwaltungs- und Gerichtsort ist die Stadt Sitz der University of KwaZulu Natal, die auch in Durban vertreten ist.

Sehenswertes

- **Old Voortrekker House (6)**

Voortrekker-Architektur

Es wurde 1847 erbaut und ist das älteste Gebäude der Stadt. Die Decken aus Yellowwood und die Fliesenböden sind ein gutes Beispiel gepflegter Voortrekker-Architektur. Einziges erhaltenes 2stöckiges Haus aus der Voortrekker-Zeit.

- **Voortrekker Museum und Memorial Church (1)**
(Ecke Longmarket & Boshoff Str.)

Hier sind Exponate aus der Geschichte der Voortrekker zu besichtigen. Interessant ist ein Stuhl, der für den Zulu-Häuptling *Dingaan* aus Eisenholz geschnitzt wurde. Neben dem Voortrekker-Museum steht die neue Voortrekker-Gedächtniskirche, deren Gestaltung die Geschichte und den Kampf der Voortrekker in KwaZulu Natal symbolisiert. Die „Kirche des Gelübdes" wurde im Gedenken an die Schlacht am Blood River erbaut.

- **City Hall (2)**

1893 fertiggestellt, soll es sich hierbei um das größte aus Klinkersteinen erbaute Gebäude südlich des Äquators handeln. 47 m hoher Glockenturm!

- **Natal Museum (3)**
(Loop/Club Street)

In diesem bereits 1905 gegründeten Museum sind afrikanische Tiere, geologische Sammelstücke sowie Exponate zur Ethnologie aufbewahrt.

City Hall in Pietermaritzburg

- **Natal Provincial Administration Collection**
(Longmarket Str.)

Eine sehr schöne Ausstellung afrikanischer Kunst dieser Gegend. Die Hall of KwaZulu Natal History enthält eine rekonstruierte Straße des viktorianischen Pietermaritzburg.

Erholungsgebiet nahe Pietermaritzburg

Auf der Weiterfahrt kommen Sie nach Howick. Hier stürzt der Umgeni River 95 m in die Tiefe. In der Nähe liegen drei Naturschutzgebiete:
- Umgeni Valley Nature Reserve, eignet sich besonders für schöne Spaziergänge und Vogelbeobachtungen;
- Midmar Nature Reserve, hauptsächlich ein Erholungsgebiet mit Wassersportmöglichkeiten und Picknickplätzen;

- Albert Falls Resources Reserve, ca. 25 km von Howick, hier gibt es einen Campingplatz und das Ecabazine Zulu Cultural Homestead, wo Sie in traditionellen Zuluhütten übernachten können.

Auf der R103 kurz hinter Howick befindet sich die Stelle, an der Nelson Mandela 1962 auf seinem Weg nach Johannesburg verhaftet wurde, woraufhin er die nächsten 27 Jahre im Gefängnis verbrachte. Heute erinnert ein Denkmal an dieses Ereignis.

Ziele im Drakensberg-Gebiet (ⓘ s. S. 207)

Planungsvorschlag

Strecke	km	Zeit
Butha-Buthe – Golden Gate Park	75 km	1 Tag
Golden Gate Park – Qwa-Qua-Hotels	75 km	1 Tag
Qwa-Qua – Bethlehem – Jo'burg	365 km	1 Tag

Streckenbeschreibung
Für Eilige: 10 km hinter dem Grenzübergang Caledonspoort kommen Sie an eine Kreuzung. Dort folgen Sie der Ausschilderung nach Bethlehem über die R26. Von Bethlehem aus nehmen Sie die R51 nach Reitz, die von dort weiter führt nach Francfort und zur N3. Von der N3 geht nach wenigen Kilometern die R54 ab zum interessanteren nördlichen Teil des Vaal Dam Reserve. Bleiben Sie auf der N3, gelangen Sie direkt nach Jo'burg.
Wer zum Golden Gate Park will, nimmt ab der o.g. Kreuzung die R711 bis Clarens und folgt von dort den Schildern zum Park. Durch den Park in Richtung Osten geht's dann nach Qwa-Qua, auf einem kurzen Stück auf einer Piste. In Qwa-Qua bleiben Sie immer auf der Hauptstraße, die Sie schließlich zu den beiden Berghotels führt. Zurück fahren Sie auf der R720 bis Kestell und von dort nach Bethlehem. Schneller geht's von Qwa-Qua über die R712 nach Harriessmith und dann auf die N3 nach Johannesburg.

Das Gebiet der KwaZulu/Nataler Drakensberge teilt man in folgende Regionen auf:
① Southern Berg
② Central Berg: Hierzu gehört das Giant's Castle Game Reserve
③ Northern Berg: Hierzu gehört der Royal Natal National Park

Ukhahlamba Drakensberg Park (ⓘ s. S. 207)

Dieser Park liegt etwa 100 km westlich von Ladysmith und ist 2 428 qkm groß. Der Ukhahlamba Drakensberg Park ist ein Hochgebirgspark mit tollen Gebirgsszenerien.

Es sind Felszeichnungen zu sehen und der Park verfügt über gut markierte Wanderwege. Es gibt unterschiedliche Möglichkeiten der Unterkunft – von Camps bis zu sehr guten Hotels.

16. KwaZulu/Natal: Durban – Pietermaritzburg – Drakensberge

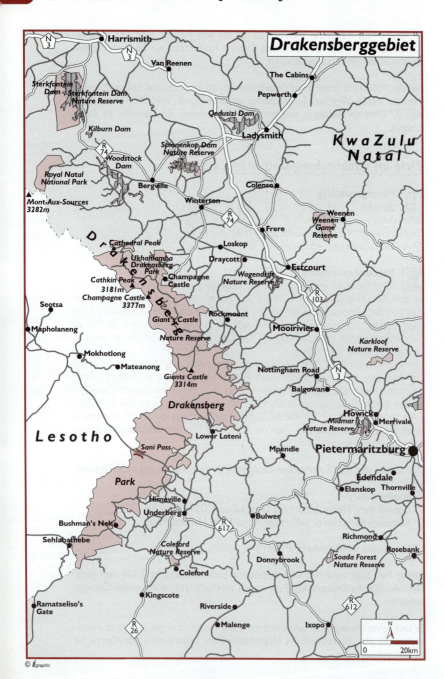

Besuch des Southern Berg (= südlicher Teil der Drakensberge)

Zum Southern Berg gehören das Lotheni Nature Reserve, Kamberg Nature Reserve, Vergelegen Nature Reserve, Himeville Nature Reserve, Garden Castle Nature Reserve, Cobham Nature Reserve und das Mkomazi Nature Reserve. Das gesamte Gebiet eignet sich hervorragend für ausgedehnte Wanderungen, zum Angeln, Reiten oder einfach nur zum Erholen.

- Sani-Pass

Einer der aufregendsten Bergpässe Südafrikas

Der Sani-Pass ist einer der aufregendsten Bergpässe Südafrikas. Er folgt dem Lauf des Umkomanazana River nach Lesotho. Mulis und Packesel sind beliebte Transportmittel. Die Überquerung des Passes nach Lesotho ist vor allem bei schlechtem Wetter nur mit einem Allradfahrzeug möglich. Vom Sani-Pass führt bei Bushman's Nek ein 63 km langer Wanderweg nach **Silver Streams**, in dessen Verlauf es Übernachtungshütten gibt.

- **Lotheni Nature Reserve**

76 km westlich von Nottingham Road entfernt gelegen. Der Name dieses wilden und einsamen Naturschutzgebietes (3 984 ha) stammt vom Lotheni-Fluss, der flach ist und viele Forellen hat. Hier an den Vorbergen der Drakensberge leben u.a. Riedböcke, Elenantilopen, Oribis und Buschböcke. Früher befand sich hier eine Schaffarm; in einem „Settler's Museum" werden Utensilien aus jener Zeit ausgestellt.

Drakensberge – das Dach Südafrikas

Interessant ist die Möglichkeit zu reiten. Pferde werden für Morgen- und Tagesritte vermietet. Hier stehen auch 2 Cottages und 12 Bungalows zur Verfügung. Das Reservat ist von Sonnenauf- bis -untergang geöffnet. Für Wanderfreunde bietet sich der 12 km lange Rundwanderweg „Eagle Trail" an.

„Eagle Trail"

- **Vergelegen Nature Reserve**

Das Naturschutzgebiet liegt in 1 500 m Höhe und ist 1 100 ha groß. Zwei Hütten (mit je fünf Betten) können gebucht werden. Besonders interessant ist dieses Reservat für Angler (Forellen).

- **Himeville Nature Reserve**

Dieses Naturschutzgebiet ist 105 ha groß und insbesondere für Forellenangler interessant. Campingplätze können reserviert werden.

> **INFO** KwaZulu/Natals Drakensberge –
> das Dach Südafrikas
>
> Der Drakensberg, jener mächtige Gebirgszug Südafrikas, der die schönsten Gebirgsszenerien des Landes aufweist, blickt auf eine interessante geologische Entwicklung zurück: Vor mehr als 100 Millionen Jahren war das Südliche Afrika ein Gebiet ausgedehnter Sümpfe und Regenwälder. Durch Klimaveränderungen dörrte das Gebiet aus, die Sümpfe wurden trocken, die Wälder starben ab, urzeitliche Tiere wurden zu Fossilien. Aus dem Schlamm entstanden allmählich verschiedenfarbige Sande. Oxidiertes Eisen sorgte für gelbe, orange und rote Verfärbungen. Winde wehten diese Sande auf, die sich in höheren Gebieten auftürmten und letztlich eine 300 m mächtige Sandsteinschicht bildeten.
>
> Vor etwa 25 Millionen Jahren drangen dann durch Risse im Gesteinsgefüge Lavamassen nach oben. Die durch Vulkane eruptierten Basalte waren über 1 000 m mächtig und bilden heute das „Dach" Südafrikas diese Gesteinsformationen wurden bis auf 4 000 m über den Meeresspiegel angehoben. An diesem „Dach" regnen sich die feuchten Luftmassen des Indischen Ozeans ab, und im Laufe der Zeit wurden tiefe Täler geschaffen. Da es an der Ostseite des Gebirgsmassivs besonders viel regnet, ist hier die Abtragung am intensivsten. Durch diese Erosion wurde der Basalt wieder abgetragen und der darunter liegende Sandstein freigelegt. Die Gipfel allerdings bestehen weiter aus Basalt. Von der Ostseite aus betrachtet, formen die Basaltmassen eine hohe Wand, die nur durch Schluchten und enge Täler unterbrochen wird. Auf den Höhen des Gebirges liegen Hochland-Moore.
>
>
>
> *Drakensberge mit den schönsten Gebirgsszenerien des Landes*
>
> Die Zulu im Osten nennen die Basaltwand *„Khahlamba"*, „Barriere". Das Volk der Sotho, die auf den Höhen leben, nennt den östlichen Gebirgskamm *Dilomo tsa Natala* (die Kliffs von Natal). Der Basalt ist recht porös und „krümelig", so dass das ablaufende Wasser tiefe Schluchten ausgewaschen hat. In diese Schluchten stürzen Wasserfälle.
>
> Die Europäer nannten den südlichen Teil des Basalt-Massivs Drakensberg („Drachenberg"). Legenden früherer Zeiten erzählen von Drachen, die auf den Höhen lebten. In dieser einsamen Bergregion gibt es viele Höhlen mit Felszeichnungen von Buschmännern, die bis vor etwa 100 Jahren hier gelebt haben.

Coleford Nature Reserve

Das 1 272 ha große Naturschutzgebiet liegt 27 km südöstlich von Underberg und ist ebenfalls ein bevorzugtes Anglerziel (Forellen). Außerdem können hier Blessböcke, schwarze Gnus und Kuhantilopen beobachtet werden. Übernachtungen im Camp (Hütten, Bungalows) können gebucht werden.

Kamberg Nature Reserve

Dieses kleine, am Fuße der Drakensberge liegende Naturschutzgebiet (22 232 ha) ist insbesondere für Angler eine Empfehlung. Es sind Hütten vorhanden und es bestehen Campingmöglichkeiten.

Tierbeobachtungen: Berg- und Großriedböcke, Blessböcke, Rehantilopen, Weißschwanzgnus, Elenantilopen, Grauducker.

Garden Castle Nature Reserve

Garden Castle ist das südlichste Nature Reserve der Drakensberge. Es ist 35 000 ha groß. Die Wanderwege sind sehr schön und für die Übernachtung stehen Chalets und sogar Berghöhlen zur Verfügung. Außerdem sind in diesem Gebiet viele Felsmalereien zu finden.

Wanderungen und Aktivurlaub

Giant's Castle Game Reserve (ⓘ s. S. 207)

Das ganze Gebiet eignet sich hervorragend für einen aktiven Urlaub. Ein herrliches Gebirgspanorama, Grasland, Wasserfälle und Gebirgsflüsse, Wildblumen, Antilopen usw. erfreuen den Naturfreund. Höhlen nahe des Giant's Castle Camps weisen Hunderte von Buschmann-Zeichnungen auf.

Südlich des Cathin Peak erreicht der Hauptkamm der Drakensberge auf einer Länge von über 35 km Höhen von rund 3 000 m. Diese unüberwindbare Basaltwand gipfelt im Giant's Castle („Burg des Riesen") mit 3 312 m. Die Zulu hatten vor diesem Berg großen Respekt und nannten ihn in ihrer Sprache „Ntabayikonjwa" („der Berg, auf den man nicht zeigen darf"). Der Name leitet sich aus einer Legende ab, nach der es der Berg den Menschen übel nehme, wenn sie auf ihn zeigten, denn dann räche er sich mit schlechtem Wetter ... Tatsächlich brauen sich hier extreme Wet-

Die Drakensberge weisen Höhen von z.T. über 3 000 m auf

tersituationen zusammen, die allerdings weniger mystisch als vielmehr naturwissenschaftlich erklärbar sind: Die steile Bergwand zwingt feuchtwarme Luftmassen zum Aufstieg, so dass die Luftfeuchtigkeit kondensiert und als heftige Regenschauer wieder herunter kommt. Im Winter verzeichnet dieses Gebiet hohe Schneefälle, während sich in den Sommermonaten schwere Gewitterstürme zusammenbrauen können.

Bereits im Jahre 1903 wurde ein Gebiet von 300 qkm als Naturschutzgebiet deklariert, wozu auch die Vorberge sowie die Abhänge des Giant's Castle gehören. Die Vorberge bieten hervorragendes Weideland für Elenantilopen, Gnus, Ried- und Buschböcke, Klippspringer, Kuhantilopen, Bleichböckchen und Steppenducker. Am zahlreichsten vertreten sind allerdings die **Elenantilopen**, die sich hier besonders rasch vermehren. Seltener sieht man Schakale, Paviane und Leoparden. Die Vogelwelt ist vor allem durch Geier, Adler und Falken vertreten.

Im Gebiet des Bushman's River gibt es im oberen Abschnitt der Schlucht einige Höhlen mit ausgezeichneten **Buschmann-Zeichnungen**. Sie legen Zeugnis davon ab, dass diese Regionen schon vor Tausenden von Jahren zumindest zeitweise besiedelt waren.

Das gesamte Gebiet eignet sich hervorragend zur Erholung. Eine Vielzahl von Reit- und Wanderwegen (50 km) erschließt die grandiose Naturlandschaft. Im Camp gibt es einen Reitstall, von dem aus man zu zwei bis vier Tage dauernden Reitausflügen aufbrechen kann. Camping- und Übernachtungsmöglichkeiten sind vorhanden (Hütten und Rondavels).

Buschmannzeichnungen im Gebiet des Bushman's River

Cathin Peak-Gebiet (ⓘ s. S. 207)

In diesem zentral gelegenen Gebiet gibt es eine Reihe von guten Unterkünften, die „logistisch" eine gute Erkundung der nördlichen und südlichen Gefilde entlang der Drakensberge ermöglichen.

Royal Natal National Park (ⓘ s. S. 207)

Im Visitor Centre gibt es ein kleines Museum mit Exponaten zur Pflanzenwelt, Geschichte, Archäologie, Tierwelt und Geologie. Proteas und andere Wildblumen können bewundert werden. Über 184 Vogelarten sind im Parkgebiet registriert. Wanderwege stehen ebenso zur Verfügung wie Pferde, die man zum Ausritt mieten kann.

Umgeben von den höchsten Bergen Südafrikas

Das Nationalpark-Gebiet liegt am Fuße des **Mont-aux-Sources** und ist etwa 80 qkm groß. Majestätisch ist der halbmondförmige, lange Bogen des „Amphitheaters", umrahmt von den beiden Gipfeln des Sentinel (3 165 m) und des Eastern Buttress (3 047 m). Der Mont-aux-Sources selbst ist mit 3 282 m der höchste

Berg Südafrikas. Der Tugela River hat in diesem Massiv seine Quelle, und seine Wassermassen stürzen in einer Abfolge von vielen Wasserfällen von über 3 000 m Höhe auf 1 432 m in die Tiefe. Der höchste Wasserfall hat dabei eine Falltiefe von 614 m.

Herausragende landschaftliche Schönheit

Bereits 1906 wurde diese Hochgebirgsregion zum Nationalpark erklärt. Der Beiname „Royal" wurde hinzugefügt, nachdem die britische königliche Familie anlässlich des Staatsbesuches im Jahre 1947 hier weilte. Es ist sicherlich nicht übertrieben, wenn man das Drakenstein-Amphitheater, diese eindrucksvolle Hochgebirgskette, als eine der herausragenden landschaftlichen Schönheiten Südafrikas bezeichnet. Die dem Gebirgsmassiv vorgelagerten Ebenen sind ein idealer Lebensraum für Rehantilopen, Bergriedböcke, Klippspringer, Paviane und Gnus.

Auf die Höhe des Mont-aux-Sources führt ein 23 km langer Wanderpfad, auf dem man das „Dach Südafrikas" erklimmen kann. Sicherlich erstaunt Sie der französisch klingende Name, der eher zu Bergen in den französischen Alpen passen würde. Bei der Erkundung dieser Landschaft waren zwei Franzosen tätig, und zwar die protestantischen Missionare Thomas Arbousset und Francois Daumas, die 1830 ebenfalls das Hochland von Lesotho erforschten. Sie nannten den Berg aufgrund seines Quellenreichtums „Mont-aux-Sources" („Quellenberg"). Die steilen Felsabhänge an der Ostseite formen einen weiten Bogen, den man als „Amphitheater" bezeichnet. Westwärts gipfelt das Plateau, das eine Höhe von 3 048 m aufweist, in einer Bergkuppe mit 3 282 m. Hier liegt auch die Quelle des Tugela-Flusses.

Das „Amphitheater" im Royal Natal National Park

Reisenden, die sich für die Historie des Landes interessieren, empfehle ich einen Abstecher (über den Ort Dundee, 47 km von hier) zum

Blood River Monument

Diese Gedenkstätte soll an den Sieg der Voortrekker über die Zulu unter der Führung von *Andries Pretorius* erinnern. Am 16. Dezember 1838 fand hier die Entscheidungsschlacht statt. Über 3 000 Zulu starben damals, während die waffenmäßig überlegenen Weißen nur vier Tote zu beklagen hatten. Pretorius stand mit seinen 464 Männern etwa 10 000 Zulu-Kriegern gegenüber.

Abstecher/Anschluss-Strecken

Zum Golden Gate Highlands National Park und nach Lesotho (siehe Seite 509): Vom Royal Natal National Park fährt man die R74 nach Norden und biegt dann in die R712 zum Golden Gate Highlands National Park ab.

17. VON GAUTENG NACH WESTERN CAPE PROVINCE

Johannesburg – Bloemfontein – Kapstadt

Überblick

Nach Verlassen des Stadtgebiets von Johannesburg führt die Route an dem Industriegebiet Vanderbijlpark-Vereeniging-Sasolburg vorbei, das die Südafrikaner einfach mit **Vaal-Triangel** bezeichnen. Wer die Autobahn benutzt, muss Straßengebühr zahlen.

Hier lohnt es sich allemal, da nicht viel zu sehen ist und ein Durchqueren der Städte wenig reizvoll wäre. Die Industrie besteht aus Chemie-, Stahl- und anderen Schwermetallwerken. In Sasolburg wird Öl aus Kohle hergestellt. 70 km südwestlich von Kroonstad liegen in der Umgebung von Welkom die Goldfelder des Freestates. Obwohl sie den meisten kaum bekannt sind, kommt ihnen eine fast gleichrangige Bedeutung zu wie denen des Witwaterrandes um Johannesburg. In dieser Region leben mittlerweile 400 000 Menschen.

Den Naturfreunden bietet sich der **Willem Pretorius Game Park** an, wo es u.a. ein paar Weiße Nashörner gibt. Schließlich empfiehlt sich noch Winburg, gut 100 km nördlich von Bloemfontein, als ehemalige und erste Hauptstadt des Freestate. Mein ganz persönlicher Tipp aber lautet: Wenn Sie es nicht besonders eilig haben, die Strecke Johannesburg – Kapstadt zurückzulegen, wählen Sie lieber eine interessantere Alternativroute, entweder über Kimberley oder durch Lesotho. Der Freestate hat nämlich bei den Südafrikanern denselben Stellenwert wie bei uns Ostfriesland, und Bloemfontein gilt mit Recht als die langweiligste Großstadt Südafrikas.

Planungsvorschläge

1
- Jo'burg – Welkom – W. Pretorius Park: 320 km, 1 Tag
- W. Pretorius Park – Bloemfontein: 160 km, 1 Tag
- Bloemfontein: 1 Tag

17. Von Gauteng nach Western Cape Province: Johannesburg – Bloemfontein – Kapstadt

Entfernungen
- Jo'burg – Welkom: 250 km
- Welkom – Bloemfontein: 155 km

Streckenbeschreibung
Entweder Sie bleiben einfach auf der N1, oder Sie verlassen die N1 bei Kroonstad, um von dort über die R34 nach Welkom zu gelangen. Von hier fahren Sie nach Virginia und bei Ventersburg zurück auf die N1. Nach 20 km geht es nach links zum Willem Pretorius Game Park. Danach kehren Sie zurück auf die N1, die Sie direkt an Winburg vorbeiführt und schließlich nach Bloemfontein bringt.

Redaktions-Tipps

- Versuchen Sie einen „echten" Besuch in einer **Goldmine** beim Chambers of Mine in Jo'burg zu arrangieren oder in Welkom – Die **Weißen Nashörner** im W. Pretorius Park (S. 759) – Ansonsten schnell durchfahren bis Bloemfontein
- **Der besondere Tipp**: Falls Sie gerade am Wochenende durch den Freestate fahren sollten, **übernachten Sie doch einfach einmal in einem Hotel in einer ländlichen Kleinstadt** (z.B. Winburg Hotel), und setzen Sie sich abends in die Bar – oder für jüngere Leute: gehen Sie in eine der Discos (meistens auch im Hotel).

Die Städte des Vaaldreiecks

Die drei großen Städte des Vaaldreiecks sind **Vereeniging** (200 000 E), **Vanderbijlpark** (400 000 E, aufgrund vieler eingemeindeter Townships) und **Sasolburg** (64 000 E). Sie bilden ein geographisches Dreieck. Vereeniging war die erste Stadt, die gegründet wurde, nachdem hier 1878 die ersten Steinkohlevorkommen gefunden wurden. Die Kohle wurde nach Kimberley und später auch nach Johannesburg geliefert und war Grundlage für die Ansiedlung der Schwerindustrie in dieser Region. Nach dem 2. Weltkrieg wurden die anderen beiden Städte als „New Towns" gegründet. Wegen der minderwertigen Kohle in Sasolburg, wurde hier 1951 eine Kohleverflüssigungsanlage errichtet.

Alle Städte weisen einen planerischen Aspekt auf: Es wurde von Beginn an auf die Anlage von genügend Grünflächen geachtet. Das ändert jedoch nichts an ihrem industriellen Charakter, und besonders die Gerüche der chemischen Industrie hängen stets in der Luft. Seit den 1950er Jahre wuchs das Konglomerat der drei Städte stetig an, und mittlerweile gibt es eine Art Konkurrenz zwischen den beiden größten. Sowohl Sharpville, das 1976 durch die Erschießung vieler Zivilisten in die Schlagzeilen geriet, als auch Boipatong, wo es 1992 bei Unruhen in einem Wohnheim 37 Tote gab, liegen vor den Toren von Vanderbijlpark.

Touristisch weniger interessant

Touristisch gibt es in allen drei Städten sicherlich nichts zu sehen.

Kroonstad

Kroonstad wurde 1855 gegründet, wuchs aber zuerst sehr langsam. 1880, nachdem es bereits Stadtrechte erhalten hatte, wohnten hier gerade 330 Menschen. Als wichtiger Eisenbahnstützpunkt und bedeutendes Agrarzentrum des nördli-

17. Von Gauteng nach Western Cape Province: Johannesburg – Bloemfontein – Kapstadt

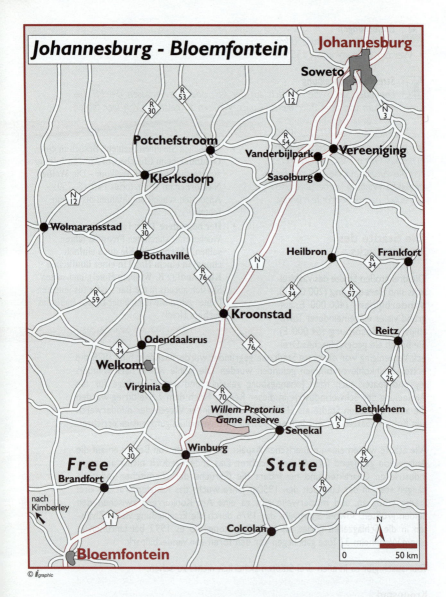

chen Freestate wuchs die Stadt seit Beginn des 20. Jh. aber schneller. Kleinere Goldfunde ließen zudem einige Glückssucher hierher kommen. Doch stellte sich kein Boom ein, und in den 40er Jahren strömten die letzten von ihnen weiter nach Virginia und Welkom.

Heute gibt es hier einige Relikte aus der frühen Burenzeit zu sehen, aber nichts von besonderem Interesse. Lassen Sie sich also nicht von der Größe der Stadt oder von der betriebenen Public Relation irritieren. Das **Sarel Cilliers Museum** stellt Gegenstände aus der Gründerzeit aus, vornehmlich Kleidungsstücke, ein paar Möbel und landwirtschaftliche Geräte.

Free-State-Goldfelder

Virginia (① s. S. 207)

Die Goldfelder bedecken ein Gebiet von ca. 1 000 km² zwischen Virginia und Alanridge. Sie gelten als das reichste zusammenhängende Goldgebiet der Welt.

Archibald Megson war der erste Prospektor, der bereits 1904 auf der Farm Aandenk (wo heute Alanridge liegt) Gold fand. Doch es dauerte noch bis 1932, bevor eine hierzu gegründete Firma anfing, ernsthafte Bohrungen zu machen. Diese waren schließlich erfolglos. 1936 versuchte es dann der bekannte Geologe Dr. *Hans Merensky* erneut, und er hatte auf den Farmen Uitsig und St. Helena mehr Glück und fand das große **Basal Reef**. Der 2. Weltkrieg stoppte aber weitere Untersuchungen. Doch begann dann „Anglo-American" 1945 mit groß angelegten Bohrungen. Von 500 Bohrlöchern versprachen knapp 100 ausreichende Goldvorkommen. Auf der Farm Geduld bei Odendaalsrus fand man sogar eine Probe, die 47mal so viel Gold enthielt wie mindestens nötig wäre, um rentabel zu fördern.

Basal Reef

Ab dieser Zeit begann die groß angelegte Förderung. 1947 gründete man die Stadt Welkom und 1954 Virginia. Beide wurden nach modernsten städteplanerischen Maßstäben angelegt. Weite Straßen, ein großes Zentrum und genügend Grünflächen sollten den Minenarbeitern ein annehmbares Leben in der sonst ziemlich eintönigen Landschaft bieten. Das ist sicherlich gelungen. Die Städte sind mittlerweile eingekreist von riesigen Dumps (Halden des bereits bearbeiteten Sandes). Es gibt Führungen zu den Minen und zum Teil auch unter Tage, in Welkom in der Regel dienstags. Bei ausreichender Besucherzahl können auch an anderen Tagen Führungen durchgeführt werden. Falls Sie also in Johannesburg noch nicht in den Genuss einer **echten Mine** gekommen sind, lässt sich dies hier noch nachholen.

Willem Pretorius Game Reserve (① s. S. 207)

Der Park ist um den Allemanskraal-Stausee angelegt worden und dient z.T. als Ausflugsziel für die Bewohner der Goldstädte. Eine Piste führt um den See, und es gibt einige schöne Aussichtspunkte. Neben Giraffen und Weißen Nashörnern gibt es eine Reihe von Savannentieren zu sehen. In der Regel halten sich die Tiere in den Ebenen dicht am Wasser auf. Falls Sie sie also aus der Nähe sehen wollen, halten Sie sich am besten an die kleinen Seitenpisten am Seeufer. Die Bergstrecke bietet dagegen ein wunderschönes Panorama. Sicherlich ist der Park nicht der interessanteste in Südafrika, doch bietet er sich für eine erste Zwischenübernachtung auf dem Weg nach Kapstadt an, und die Chalets im o.g. Resort sind hervorragend ausgestattet.

Winburg ist ein kleiner Ort, 40 km südlich der Abzweigung zum W. Pretorius Park. Er wurde 1942 gegründet und war die erste Hauptstadt des Freestate. Einige ältere Häuser und Monumente zeugen noch von dieser Zeit. Es gibt ein **Voortrekker Museum** und ein Voortrekker Monument, die aber beide nicht besonders eindrucksvoll sind. Ansonsten ist der Ort äußerst verschlafen, und wer nicht gerade historisch interessiert ist, sollte einfach daran vorbeifahren.

Bloemfontein (ⓘ s. S. 207)

Überblick

Die Stadt der Rosen

Als Hauptstadt des Freestates liegt Bloemfontein äußerst zentral. Damit ist sie gut geeignet für einen Zwischenstopp auf dem Weg nach Kapstadt und auch für Ausflüge in den Freestate selbst. Bloemfontein wird die „Stadt der Rosen" genannt. Die Stadt ist die „Hochburg" des Burentums, und die Buren wählten sie schon früh zu ihrem wichtigsten Ort. Heute ist sie dritte Hauptstadt Südafrikas mit dem Sitz des Obersten Gerichts des Staates. Klimatisch gesehen ist sie eine Stadt der Extreme. Während im Sommer die mittleren täglichen Maximaltemperaturen bei 30 °C liegen, betragen die Werte im Winter „nur" 15 °C (Vergleich Durban: 27 bzw. 22 °C). Es wird somit im Sommer sehr heiß, aber wegen des relativ trockenen Klimas (547 mm Niederschlag) nicht schwül. Ein frischer Wind aus dem Highveld macht es zusätzlich erträglich.

🚗 Entfernungen
- Bloemfontein – Jo'burg: 398 km
- Bloemfontein – Kapstadt: 1 004 km
- Bloemfontein – Maseru: 157 km
- Bloemfontein – Port Elizabeth: 677 km

1. National Museum
2. City Hall
3. Fourth Raadsaal
4. Sand du Plessis Theatre
5. National Women's Memorial
6. Naval Hill
7. King's and State Park
8. Post
9. Nat. Afrikaans Literary Museum
10. First Raadsaal
11. Supreme Court
12. Hertzog House
13. Military Museum
14. President Acre
15. Old Presidency

Geschichte

Wo sich heute Eerste- und St. Andrew's Street kreuzen, haben schon vor Jahrhunderten Buschmänner ihr Wasser aus einer Quelle geholt. Mit unzähligen Blumen bestanden, inspirierte sie *Nicolaa Brits*, den ersten Siedler in diesem Gebiet, dazu, seiner Farm den Namen Bloemfontein zu geben („Die Blumen an der Quelle"). Er kam 1840 mit dem Burentreck hierher. Doch schon 1841

17. Von Gauteng nach Western Cape Province: Johannesburg – Bloemfontein – Kapstadt

entschlossen sich die Briten, gerade an dieser Quelle eine Garnison zu stationieren und einen Verwaltungssitz zu errichten. Sie kauften Brits seine Farm ab und erbauten 1846–48 das Queens Fort.

Das britische Vordringen nach Norden behagte den Buren nicht besonders, so dass sie den Briten in den ersten Jahren viele Probleme bereiteten. Obwohl viele Buren weiter nach Norden auswichen und in Transvaal siedelten, entwickelte sich Bloemfontein immer mehr zum Zentrum des bereits 1842 gegründeten Oranje-Free-State, der vornehmlich den Buren vorbehalten bleiben sollte. 1849 wurde das heute älteste Gebäude der Stadt, der First Raadsaal, gebaut, das später dann als Schule, Parlamentsgebäude, Tagungsort, Kirche und Rathaus diente (heute Museum).

Zentrum der Buren

Die Anwesenheit der Briten blieb den Buren stets ein Dorn im Auge, waren diese sich doch de facto Kolonialherren. So wurde z.B. 1860 zu Ehren von Prinz Alfred,

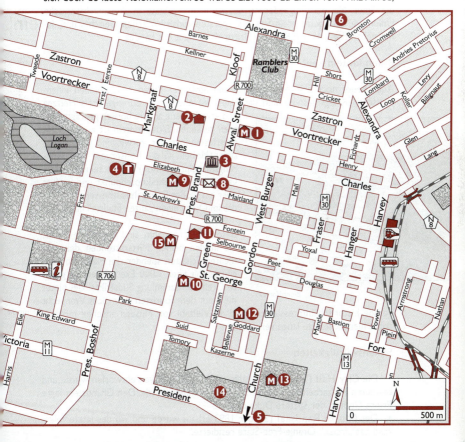

> **Redaktions-Tipps**
>
> - **Übernachten** in Hobbit House oder im preisbrecherischen Holiday Inn Garden Court
> - **Essen** im Jazz Time
> - **Rundfahrt** auf dem Naval Hill

einem Sohn von Königin Victoria, eine groß angelegte Jagdsafari veranstaltet, bei der alleine 4 000 Antilopen abgeschossen wurden. Doch lebten Briten und Buren verhältnismäßig friedlich nebeneinander, denn sie hatten ein gemeinsames Ziel: die Besitznahme von möglichst viel afrikanischem Land und die Konsolidierung der weißen Machtposition im südafrikanischen Raum. 1885 wurde dann die Old Presidency, der Sitz dreier burischer Präsidenten, im viktorianischen Stil erbaut – ein Zeichen des weißen Zusammenhaltes.

Während des Burenkrieges war Bloemfontein hart umkämpft. Die Briten schossen vom Naval Hill mit Kanonen auf die Buren in der Ebene. 1900 schließlich fiel die Stadt. Mit der Eingliederung des Oranje-Free-State in die Südafrikanische Union wurde Bloemfontein Sitz des obersten südafrikanischen Gerichts und damit neben Pretoria und Kapstadt dritte Hauptstadt des Landes.

Bloemfontein heute

Auch heute noch spiegelt die Stadt den Stolz der Buren wider. Neben einem burischen Kriegsmuseum sind das Haus des ehemaligen Burengenerals *Hertzog* und verschiedene andere burisch geprägte Museen zu sehen. Bloemfontein ist auch ein Industriestandort mit vorwiegend Leichtindustrie (Möbel-, Glas-, Konserven- und Nahrungsmittelproduktion). Durch seine zentrale Lage ist es Verkehrsknotenpunkt und verfügt über ein großes Eisenbahnausbesserungswerk, das im Osten einen ganzen Stadtteil einnimmt.

Bloemfontein

Besonders angenehm sind die vielen Parks, die in den heißen Mittagsstunden den verdienten Schatten spenden. Im Hamilton Park gibt es mit über 3 000 Exemplaren die größte Orchideensammlung Südafrikas. Viel bietet die Stadt dem Touristen aber nicht. Wer nicht gerade historisch interessiert ist und die Vielzahl von Museen ansehen möchte, sollte hier nicht allzu lange verweilen.

Sehenswürdigkeiten

- Die **City Hall (2)**, die 1935 nach italienischen Motiven entworfen wurde und bei deren Holzarbeiten Teakholz aus Bur verwandt wurde. Den Grundstein legte Prince George, der spätere Duke of Kent.
- Der **Fourth Raadsaal (3)**, der 1893 erbaut wurde und wo der letzte Volksraad des „freien" Oranje-Free-State residierte.

- Die **Anglican Cathedral**, 1850 errichtet und von dem ersten englischen Bürgermeister, Major Douglas Warden, eingeweiht. Die Fenster spiegeln viktorianischen Kunststil wider.
- Das **Sand du Plessis Theatre (4)**, der große Stolz der Stadt. Für 60 Mio. Rand wurde es 1985 eröffnet und gilt als eines der modernsten Theater der Welt. Gegenüber im H. F. Verwoerd Building befindet sich ein Fenster aus 17 000 Einzelgläsern; es ist damit das größte seiner Art auf der Welt.

Fourth Raadsaal

- Das **National Women's Memorial (5)**, eine 37 m hohe Skulptur, die an die 26 000 Frauen und Kinder erinnern soll, die im Anglo-Burischen Krieg umgekommen sind.
- Der **Naval Hill (6)**, von dem man eine ausgezeichnete Aussicht auf die Stadt hat und wo es einen kleinen Wildpark mit Affen und Giraffen gibt.
- Der **King's and State President Park (7)** mit 4 000 Rosenbüschen.
- Weiterhin gibt es einen kleinen **Zoo** und einen botanischen Garten.

Museen in Bloemfontein

Es gibt zahlreiche Museen in der Stadt. Von der südafrikanischen Literatur bis zum Militär-Museum ist alles zu besichtigen. Selbstverständlich liegt der Schwerpunkt auf der burischen Vergangenheit der Stadt *(s. Regionale Reisetipps ab S. 207).*

Bloemfontein – Beaufort West – Kapstadt (N1)

Überblick

Die Strecke führt zuerst durch den südlichen Freestate. Dabei durchquert man hauptsächlich Weideland. Dieser Teil ist äußerst eintönig, und abgesehen von dem alten Städtchen Philippolis und dem Gariep Dam, dem größten Stausee Südafrikas, gibt es hier nichts zu sehen.

Nachdem man den Oranjefluss überquert hat, befindet man sich in der Western Cape Province und schon bald führt die Straße durch die Karoo. Obwohl die Karoo sicherlich sehr eintönig erscheinen mag, hat sie trotzdem ihren Reiz. Weite Flächen, kaum Bäume, riesige Farmen und bizarre Felsformationen geben dieser Landschaft eine ganz persönliche Note. Orte wie Colesberg, Hanover oder Rich-

Weite Fläche – die Karoo

17. Von Gauteng nach Western Cape Province: Johannesburg – Bloemfontein – Kapstadt

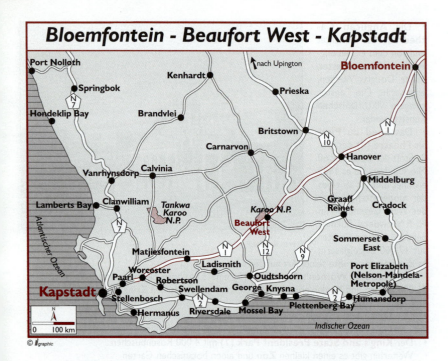

mond können Sie getrost passieren, falls Sie hier nicht übernachten wollen. Außer kleinen Museen und ein paar übrig gebliebenen alten Häusern bieten sie nichts.

Interessanter ist dagegen **Beaufort-West**, das „Herz der Karoo", das neben einem größeren Museum und einigen alten Kirchen vor allem den Karoo National Park zu bieten hat, wo man, auf halbem Wege zwischen Bloemfontein und Kapstadt, gut übernachten kann. Knapp 30 km hinter Laingsburg passiert man dann die kleine Museumsstadt Matjiesfontein, deren viktorianische Häuser im 19. Jahrhundert Kurgästen als Unterkunft dienten.

Wer etwas schneller gefahren ist, kann hier in einem alten, im viktorianischen Stil erbauten Hotel übernachten oder im benachbarten Coffee House einen Imbiss einnehmen. Kurz nachdem man diesen Ort verlassen hat, verändert sich die Landschaft zunehmend, und die Farbe Grün nimmt wieder überhand.

Blick auf die Karoo

17. Von Gauteng nach Western Cape Province: Johannesburg – Bloemfontein – Kapstadt

Der **Hex River Pass** beendet schließlich das Hochplateau der Karoo, und man gelangt in das Hextal. Mit Worcester, Paarl und Stellenbosch trifft man von hier an auf historische Städte und von Weinreben und Obstplantagen bedeckte Hänge. Welch ein Gegensatz auf nur 50 Kilometern!

Mein Vorschlag für diese Strecke: Halten Sie sich nicht lange in der Karoo auf, lassen Sie sie einfach auf sich wirken, und verbringen Sie lieber mehr Zeit in den Städten der Kaphalbinsel. Teilen Sie sich die Strecke aber trotzdem besser in 2 Tage ein, die langen, eintönigen Fahrten sind sehr ermüdend, daher ist eine Pause alle zwei bis drei Stunden ratsam.

Hex River Pass

Wer es aber sehr eilig hat, kann die Fahrt auch in einem Tag schaffen, sollte aber früh losfahren und trotzdem **genügend Pausen** machen. Als reine Fahrzeit von Bloemfontein nach Paarl können Sie etwa 9 Stunden rechnen.

Ein weiterer Tipp
Statt durch den Hugenot Tunnel (kurz vor Paarl) zu fahren, nehmen Sie die 11 km Umweg in Kauf und fahren über den Du-Toitskloof-Pass. Von der Passhöhe haben Sie einen hervorragenden Blick über das Tal von Paarl und am Horizont können Sie bereits den Tafelberg von Kapstadt erkennen.

Blick auf den Tafelberg

Entfernungen
- *Bloemfontein – Beaufort-West: 544 km*
- *Beaufort-West – Kapstadt: 465 km*

Planung
- *Bloemfontein – Gariep Dam: 210 km/½ Tag*
- *Gariep Dam – Beaufort West: 335 km/½ Tag*
- *Beaufort West – Kapstadt: 465 km/1 Tag*

Streckenbeschreibung
Grundsätzlich bleiben Sie einfach auf der N1. Nach Philippolis biegen Sie in Trompsburg ab auf die R717 und fahren nach Verlassen des Ortes weiter auf der R717 bis nach Colesberg, wo Sie wieder auf die N1 gelangen.

Redaktions-Tipps

- 1. Tag: Mittagspause in Colesberg – ansonsten durchfahren bis Beaufort-West – dort den verbleibenden Nachmittag verbringen – Abendessen im **Ye Olde Thatch** – übernachten auch dort oder im **Royal Hotel/Beaufort West**.
- 2. Tag: Am frühen Morgen den **Karoo Park** besichtigen (früh, da die Morgenstunden in der Karoo am schönsten sind) – Imbiss in **Matjiesfontein** – Kaffeepause in Worcester – Du-Toitskloof-Pass – Weinorte besichtigen (eher wohl am 3. Tag)

Der Karoo Nat. Park hat seinen Eingang 4 km hinter Beaufort-West. Die Auffahrt zum Du-Toitskloof-Pass beginnt direkt vor dem Hugenot Tunnel und ist gut ausgeschildert.

Überregionale Verkehrsverbindungen
Sehen Sie bitte auf den gelben Seiten nach unter Johannesburg, Bloemfontein bzw. Kapstadt.

Große Raststätten
(Tanken, kleine Werkstatt, kleines Restaurant, Shop ... und alles relativ sauber) an der Strecke: **Tom's Place**: *30 km hinter Bloemfontein, Colesberg, Richmond, Three Sisters, Beaufort-West, Laignsburg. Es gibt natürlich noch eine Reihe anderer, aber die sind nicht unbedingt empfehlenswert.*

Gariep-Dam (ehemals: H. F. Verwoerd Dam)

Der Gariep-Damm ist der größte Stausee in Südafrika und seine über 900 m lange Staumauer die zweitlängste in Afrika. Er staut den **Oranje** River und bildet zusammen mit dem etwas kleineren P. K. Le Roux-Stausee das Oranje River Development Scheme, das größte Bewässerungsprojekt Afrikas. Somit kann man diesen Damm mit Recht einen „Damm der Superlative" nennen. Er wurde 1972 fertig gestellt und sorgt auch für die Stromversorgung des südlichen Freestate sowie teilweise für die Border Region.

Gariep Dam

Der Stausee wird umschlossen vom **Gariep Nature Reserve**, in dem hauptsächlich Savannentiere leben. Der Stausee ist über 100 km lang und teilweise bis zu 15 km breit. Das Wasserreservoir eignet sich toll zum Segeln und zum Fischen. Das fast 37 000 ha große Naturschutzgebiet besitzt u.a. die größte Springbock–Population Südafrikas.

Beaufort-West (ⓘ s. S. 207)

Die Stadt wurde 1818 auf dem Gelände der Farm Hooijvlakte gegründet. Initiator war der damalige Kapgouverneur Lord Charles Somerset. Die Dutch-East-India-Company unterstützte das Projekt. Schon kurz nach der Gründung wurde ein Bewässerungsprojekt ins Leben gerufen, und die Stadt ergrünte zunehmend. Diese Grünanlagen brachten ihr die Beinamen „Oasis in the Karoo" und „Heart of the Karoo" ein. Auch die ersten Voortrekker wussten dieses zu schätzen und verweilten hier häufig monatelang, bevor sie weiterzogen auf ihrem großen Treck. Doch auch dem Reisenden heute bietet der Ort den erforderlichen Kontrast zu der eintönigen Halbwüstenlandschaft. Beaufort-West ist auch bekannt für seine Birnenbäume, die die großen Straßen säumen. Im September/Oktober beginnen

Oase der Karoo

sie zu blühen, und man beginnt schnell zu vergessen, dass man sich in einem Gebiet befindet, wo kaum 250 mm Niederschlag im Jahr fallen.

Wenn Sie noch genügend Zeit haben, machen Sie einmal einen Spaziergang durch den Ort. Es gibt einige schöne alte Häuser und Kirchen und ein nettes Museum, in dem neben historischen Gegenständen auch eine Ausstellung zu Ehren von Prof. Chris Barnard, dem bekannten Herzchirurgen, zu sehen ist. Er ist in Beaufort-West geboren, als Sohn eines Reverends. Das Museumsgebäude wurde 1867 fertig gestellt und diente lange Jahre als erstes Bürgermeisteramt in der Karoo. In dieser Zeit mussten viele Farmer Hunderte von Kilometern hierher reisen, um amtliche Dinge zu regeln.

Karoo National Park (ⓘ s. S. 207)

Der Karoo Park wurde erst 1979 eingerichtet und seitdem immer weiter vergrößert. Heute bedeckt er eine Fläche von 28 000 ha. Ziel war es, die typische Vegetation der Karoo zu erhalten und der Allgemeinheit zugänglich zu machen. Lehrpfade und Wanderwege führen durch den Park, und wer Lust auf eine längere Tour hat, kann unterwegs in einfachen Hütten übernachten.

Erhaltung der typischen Vegetation der Karoo

Die **Vegetation** besteht aus Zwergsträuchern, Gräsern und Zwiebelgewächsen. Letztere haben die Eigenschaft, während ungünstiger Jahreszeiten unterirdisch auszuharren. Typischer Vertreter dieser Halbwüste ist der „Karoo Busch", der aber eher einer Kräuterpflanze ähnelt als einem Busch. Sie sehen ihn auch entlang der Straße. Er bedeckt die größten Flächen der Karoo. Die Fauna besteht aus Steppentieren, wobei das Bergzebra und die Raubvögel (u.a. Bussarde) wohl die interessantesten Spezies darstellen. Weiterhin sind besonders die fossilen Funde sehenswert: Man hat Knochen von reptilienartigen Säugetieren in der Karoo gefunden, die vor über 240 Mio. Jahren hier lebten. Vor Jahren bereits wurde ein „Fossil Walk" eingerichtet, entlang dessen man einige Relikte aus prähistorischen Zeiten erkennen kann.

Matjiesfontein (ⓘ s. S. 207)

Matjiesfontein war eigentlich nur eine kleine Bahnstation, an der die Dampflokomotiven ihren Kühlwasservorrat auffüllten. Doch entschloss sich ein Pionier, James Douglas Logan, dazu, die „Stadt" aufzukaufen und einen privaten Kurort zu etablieren. Das trockene Klima sollte besonders Lungenkranken zugute kommen. Im Laufe der Zeit entwickelte

Karoo Park

sich die kleine „Oase im Nichts" zu einem Tummelplatz der Prominenz, die sich hier etwas Ruhe vor dem Trubel der Städte erhoffte. Betuchte Persönlichkeiten, wie der Sultan von Zansibar, mieteten gleich den ganzen Ort und luden nur ausgewählte Gäste ein. Weitere Persönlichkeiten, die hier verweilten, waren Cecil Rhodes, Edgar Wallace und die Schriftstellerin Olive Schreiner.

Ende des 19. Jh. galt es für reiche Kapstädter als schick, mit dem Zug hierher zu kommen, um Champagnerfeste zu feiern. Während des Anglo-Burischen Krieges diente der Ort als englisches Truppenlager, und das Hotel wurde zum Lazarett umgebaut. Im 20. Jahrhundert geriet er dann etwas in Vergessenheit, und erst 1968 wurde er schließlich restauriert. Heute bietet er eine willkommene Gelegenheit, einen kurzen Imbiss einzunehmen und etwas zwischen den viktorianischen Gebäuden herumzuwandern.

Worcester (ⓘ s. S. 207)

Auf dem Rückweg von seiner Erkundungstour in Richtung des heutigen Beaufort-West kam der Abgesandte von Lord Charles Somerset, Johannes Fischer, durch

Hotel Milner in Matjiesfontein

das Breede-Tal. Der fruchtbare Boden und die schöne Landschaft veranlassten ihn, dem Kapgouverneur davon zu berichten. So wurde 1820 die Ortschaft Worcester gegründet. Bereits 1822, als die Drostdy von Tulbagh durch einen Sturm zerstört wurde, entschloss man sich, die neue Drostdy in Worcester zu etablieren. Das Gebäude steht noch heute am Ende der High Street. Heute ist Worcester aber eher eine Industrie- und Handelsstadt. Weinabfüllanlagen und Obstgroßmärkte bestimmen das wirtschaftliche Leben. Obwohl es einige Museen und alte Häuser im Ort zu besichtigen gibt, rate ich Ihnen, sich die Zeit für interessantere Städte zu sparen, wie z.B. Paarl und Stellenbosch.

Industrie- und Handelsstadt

Straßenmarkt in Worcester

Einzig sehenswert sind hier das **Hugo Naude Haus**, in dem eine Kunstausstellung mit Gemälden bekannter Maler der Kapprovinz untergebracht ist, und der **Karoo National Botanical Garden**, der auf 144 ha alle Pflanzen der Karoo und auch anderer Halbwüstengegenden des Südlichen Afrika bietet. Dazu findet sich an jeder Pflanze eine kurze Erläuterungstafel. Der Wanderweg im Park führt auch auf eine kleine Anhöhe, von wo man einen hervorragenden Blick auf Worcester und das Breede-Tal hat. Wer Weingüter besichtigen möchte, sollte dieses besser in Paarl tun, dort befinden sich die älteren und sehenswerteren Kellereien.

Beschreibungen der Städte Paarl und Stellenbosch siehe S. 609 bzw. 616.

18. AUSGEWÄHLTE BUCHTIPPS

Reiseführer
- Hagemann, Albrecht: **ADAC-Reiseführer Südafrika**. ADAC Verlag GmbH 2003.
- **GEO Spezial Südafrika**. Mairs Geographischer Verlag 2003. Nicht wirklich für die Reiseplanung geeignet, aber wunderschöne Fotos stimmen schon ´mal auf die Reise ein.
- Iwanowski, Michael: **Botswana** (besonders Okavango-Delta). Dormagen 2002. und **Namibia**. Dormagen 2002.
- Brockmann, Heidrun/Kruse-Etzbach, Dirk: **Kapstadt und Garden Route**. Iwanowski´s Reisebuchverlag Dormagen 2003.

Politik
- **Das Schweigen gebrochen**. „Out of the Shadows". Geschichte-Anhörungen-Perspektiven. Brandes & Apsel 2000. Hier wird die Aufarbeitung der Apartheidzeit mit Hilfe der Wahrheits- und Versöhnungskommission sehr anschaulich dargestellt.
- Hagemann, Albrecht: **Nelson Mandela**. Auf wenigen Seiten werden in einem kostengünstigen Bändchen mit zahlreichen Fotos die wichtigsten Infos über das Leben des großen südafrikanischen Präsidenten lebendig dargestellt. Rowohlt Verlag 1995.
- Mandela, Nelson: **Der lange Weg zur Freiheit**, Die Autobiographie Nelson Mandelas ist ein Muss für jeden Reisenden in das Südliche Afrika, denn er wurde zu einem Friedenssymbol – weit über Südafrika hinaus. Seine Lebensgeschichte dokumentiert die Lebensbedingungen seiner ganzen Generation. So ist dieses Buch Autobiographie und Beschreibung der südafrikanischen Verhältnisse während der Unterdrückungszeit zugleich. Fischer Verlag 1997.
- Neville, Alexander: **Südafrika**. Der Weg von der Apartheid zur Demokratie. Beck Verlag 2001. Der enge Weggefährte Mandelas, der in Tübingen promoviert hat und heute in Kapstadt lehrt, beschreibt den schwierigen Weg der Demokratisierung. Lobend hebt er die Arbeit der Wahrheitskommission hervor, in der sich seine Landsleute der eigenen gewalttätigen Vergangenheit gestellt haben, wenn auch sein Gesamturteil der Situation eher entmutigend ausfällt.
- Sparks, Allister: **Beyond the Miracle**: Inside the New South Africa. Profile Books 2003. Politische und wirtschaftliche Analyse der Situation Südafrikas seit der Freilassung Nelson Mandelas von einem der renommiertesten Journalisten und Kommentatoren des Landes. Als engagierter Apartheidgegner spielte er eine bedeutende Rolle in der Demokratisierung der Medien, als Mandela an die Macht kam.
- Tutu, Desmond: **Keine Zukunft ohne Versöhnung**. Patmos Verlag 2001. Vom Friedensnobelpreisträger, ehemaligen Erzbischof von Kapstadt und Vorsitzenden der Wahrheits- und Versöhnungskommission geschrieben.

Belletristik
- Breytenbach, Breyten: **Mischlingsherz**. Hanser Verlag 1999. Der Sohn einer Burenfamilie ging Anfang der 60er Jahre ins Exil nach Paris. In seinem Buch vermischen sich Traum und Erinnerung, autobiographisches und Fiktion. Es beschreibt die Rückkehr aus dem Exil in ein zweigeteiltes Land mit herausragenden Beschreibungen von Landschaften und unter die Haut gehenden Porträts von Menschen.
- **Vom Literaturnobelpreisträger 2003** u. a.: Coetzee, J. M.: Schande. 1999. **Der Junge**. Eine afrikanische Kindheit. 1997. **Im Herzen des Landes**. 1997. **Eiserne Zeit**. 1995. Alle im S. Fischer Verlag erschienen.
- **Von der Trägerin des Literaturnobelpreises 1991**, die ihren literarischen Ruhm in den 50er Jahren mit diversen Romanen begründete u. a.: Gordimer, Nadine: **Beute und andere Erzählungen**. Berlin Verlag 2003. **Loot** Bloomsbury 2003. **Entzauberung** 2003, **Der Mann von der Straße** 2002, **Niemand der mit mir geht** 2002. Alle im S. Fischer Verlag erschienen.

Küche
- Holsten, Ulrike: **Kap-Küche**: Eine kulinarische Reise in die Kapprovinz Südafrikas. Gräfe und Unzer 1998.
- Stauffer, Hans-Ulrich/Fontana Hanspeter: **Südafrikanisch kochen**. Gerichte und ihre Geschichte. Die Werkstatt 2002.

Wein und Weingüter
- Faßbender, Wolfgang: Vinoteca. **Die Weine aus Südafrika**. Falken 2000. Günstiges Bändchen zum Nachschlagen.
- Hands, Phyllis u. a.: **New World of Wines from the Cape of Good Hope**: The Definitive Guide to the South African Wine Industry. Wine Appreciation Guide 2002.
- Niemann, Alexander: **Wein und Reisen**. Südafrika. Verlag: Die Werkstatt.
- Platter, John: **South African Wine Guide**. Kapstadt. Hier werden die Weingüter vorgestellt und die Weine des entsprechend angegebenen Jahrganges. Sozusagen eine "Bibel" für den Kauf vor Ort.
- Toerien, Wendy: **Die Weine Südafrikas**. Heyne 2002 und von ihr: **The Wines and Vineyards of South Africa**. Struik Book Distributirs 2001.

Sprachen
- Beim Reise-Know-How-Verlag erschienen: **Afrikaans**. Reisewortschatz, 1999, sowie Begleitkassetten, und **Xhosa**. (Kauderwelsch-Reihe).

Golfen
Scholtz, Jeanne: **Golf Guide: Südafrika**. München 1998. Es werden 50 der „schönsten" Golfplätze vorgestellt.
- Els, Ernie/Gary, Player: **Südafrika – Die 50 schönsten Golfplätze**. Jeder Platz wird auf 4 Seiten beschrieben und bewertet von renommierten Golfjournalisten.

Zum Kruger Nationalpark
- Braack, C.E.O.: **The Kruger National Park**. Kapstadt.
- Knaut, Dieter: **Krüger National Park selbst erleben**. Das praktische Handbuch für Besucher. Edition Dieter Knaut 1995.

Zu Durban
- Morrison Ian, Durban, **A Pictorial History**. **Kapstadt**.
- Struik Publishers, **When in Durban**. Kapstadt.

Zu Kapstadt und Umgebung
- Anderson, Tim: **52 Day Walks in and around Cape Town**, Kapstadt.
- Brossey, Shirley: **A Walking Guide for Table Mountain**. Eigenverlag Kapstadt.
- Bulpin T.V.: **The Cape Peninsula**. Kapstadt.
- Kidd Mary Maytha: **Cape Peninsula, South African Wild Flower Guide 3**. Kirstenbosch
- Potgieter Herman/Breytenbach Cloet: **Kapstadt – das schönste Kap**. Kapstadt.
- Quail, B.M.: **Table Mountain Guide**. Kapstadt.
- Ritchie, Jill: **The Cape Town Family Guide**. Cape Town Tipps für einen Aufenthalt in Kapstadt (insbesondere mit Kindern).
- **When in Cape Town**. Struik Publishers. Kapstadt.
- Watson, Jeremy: **The Urban Trail**: Buffalo City, 1989. Erläutert Architektur und Geschichte der Stadt auf einem Rundgang. Erhältlich im Tourist Office.
- Schröder, M. Rainer: **Zwischen Kapstadt und Kalahari**. Spurensuche im südlichen Afrika. Frederking und Thaler 2000.
- Wicomb, Zoe: **In Kapstadt kannst du nicht verlorengehen**. Erzählungen, Lamuv Verlag 1997.

Wandern
- Quail, B.M.: **Table Mountain Guide**. Kapstadt.
- Shirley Brossey: **A Walking Guide for Table Mountain** (erhältlich in: Naumann-Buchhandlung, Burgstreet 17, Kapstadt)

Zum Namaqualand
- Roux A./Schelpe E.A.: **Namaqualand and Clanwilliam**. Kapstadt.
- Eliovson, Sina: **Namaqualand in Flowers**. Sandton. Ideales Buch, um die einzelnen Pflanzen kennen zu lernen. Viele Illustrationen und Bilder.
- Patterson, Freeman: **Garden of the Gods: Namaqualand**. Key Porter Books 2002.
- Patterson-Jones, Colin: **Namaqualand**: A Visual Souvenir. Struik Publishers 1999.

Buchtipps/Karten zu Lesotho und Swaziland
- **Lesotho and Maseru Minimap**, 1: 714 000, herausgegeben vom Map Studio Verlag. Diese Karte ist der vergrößerte Maßstab der Lesothokarte im gängigen Südafrikaatlas und enthält den besten Maseru-Stadtplan. Ausreichend für die Fahrten auf den Hauptstrecken.

- **Map of Lesotho**: 1: 250 000, herausgegeben vom Department of Lands Survey. Physische Karte mit allen Pisten und detaillierter Angabe über Passierbarkeit einiger Wegstrecken in der Regenzeit. Ein Muss, wenn man abseits der Hauptwege fahren möchte. Diese Karte ist sowohl beim Geo-Verlag in Stuttgart erhältlich als auch beim Dep. of Lands Survey and Physical Planning, Ministry of Interior, P.O.Box 876, Maseru 100
- **Südliches Afrika**, 1: 2.500 000, Hildebrandts Urlaubskarte. Nicht nur Karte von allen Ländern des Südlichen Afrikas, sondern auch Stadtpläne der wichtigsten Städte, Entfernungstabelle und Reiseinformationen.
- Kessler, Cristina: **All the King's Animals: The Return of Endangered Wildlife to Swaziland**. Boyds Mill Press 2001.
- Wiese, Bernd: **Südafrika. Mit Lesotho und Swaziland**. Geographische Strukturen, Entwicklungen und Probleme. Berthes Justus Verlag 1999.

Flora und Fauna
- Barlow, Thomas: Südliches Afrika. **Südafrika, Namibia, Botswana. Tiere und Pflanzen entdecken**. Franckh-Kosmos Verlag 1998.
- Berruti A./Sinclair J.C.: **Where to Watch Birds in Southern Africa**. Kapstadt.
- Diller H./Haltenorth Th.: **Säugetiere Afrikas und Madagaskars**. München.
- Hunter, Luke/Rhind, Susan: **Southern Africa. Watching Wildlife**. Lonely Planet 2001.
- Maclean G.L., Roberts': **Birds of Southern Africa**. Kapstadt.
- Sycholt, August: **Reiseführer Natur: Südliches Afrika**. BLV-Verlag 1996. Ausführliche Beschreibung der Tier- und Pflanzenwelt in über 50 Naturreservaten.
- **Tierparadies Südafrika**. Verlag Das Beste. Anhand von sehr guten Bildern werden 330 Säugetiere und 900 Vogelarten sowie ihr Zusammenleben beschrieben.

19. STICHWORTVERZEICHNIS

A
Addo Elephant National Park 178, **664**, 669
Adressen 146
Affenbrotbaum siehe Baobab
African National Congress (ANC) 22, 45, 50, 53, 56
Afrikaaner 48, 118
Afrikaans-Sprache 615
Agulhas National Park 176, **628**
Agulhas-Strom 69, 579, 581
Ai-Ais 560, **562**
AIDS 23, 65, 109
Akazien 78
Aktivurlaub 146
Albert Falls Resources Reserve 749
Algeria, Forststation 573
Alkohol 146
Aloe 78
Amakhala Game Reserve 666
Analphabeten-Quote 17
Ananas 668, 685
Ananasfarm 696
ANC siehe African National Congress (ANC)
Angeln 186
Anglisierung 42
Apartheid 22, **51**, 56, 57, 58
Apotheken 147
Apple Express 205
Apprenticeship Act 1922 47
Arbeitslosigkeit 18, 102, 417
Arbeitsmarkt 109
Architektur, kapholländische **599**, 617
Arniston 628
Asiaten 117
Augrabies Falls 537
Augrabies Falls National Park 176, **549**
Ausdrücke 147
Ausfuhr 18
Auskunft siehe Adressen; Fremdenverkehrsbüros
Auslandsverschuldung 102
Außenhandel 18, **104**
Australopithecus 24
Auto fahren 148
Automobilclubs 149
Autoverleih 150

B
Backpacker 197
Badestrände 152
Ballito 732, 734
Balloon Safaris 409
Banana Express 205
Banken 153
Bantu 28, 51, 54
Baobab 78
Barberton **501**
Basotho 477 siehe auch Sotho
Bathurst 684
Baz Bus 156
Beaufort-West 764, 766
Bed and Breakfast 197
Behinderte 154
Benguela-Strom 69, 579, 581
Benzin siehe Tankstellen
Bergzebra 678
Berlin Falls 440
Bethlehem 535
Betschwanaland 37
Bevölkerung 17, **113**
Bevölkerungswachstum 17, 102
Bhalekane 506
Bidouw Valley 573
Big Bend 507
Big Five 177, 665
Big Tree 649, **653**
Biko, Steve 22
Bildung 417
Bilharziose 169
Bisho 686
Black Empowerment 102, 108
Bloedriver 21
Bloemfontein 760
Bloemhof Dam 540
Blood River Monument 755
Blood River, Schlacht am 723
Blouberg 603
Blue Train 111, **203**, 590
Blyde River Canyon 436, **440**
Blyderiviersport Hiking Trail 441
Blythedale Beach 732
Bobotie 160
Bodenschätze 18, 75
Boerewors 160
Bona Manzi 744
Bontebok National Park 176, **629**
Bophuthatswana, ehemaliges 22, 54, **476**
Bosberg Nature Reserve 672
Botha, Louis 42, 43, 44, 46, 428
Botha, Pieter Willem 22
Botschaften 154
Botshabelo Game Reserve 422
Bourke's Luck Potholes 437, **440**
Braaivleis 159
Bredasdorp 628

Breitmaulnashorn 93
Briten 33, 35, 39
Broom, Robert 24
Bruttoinlandsprodukt 102
Buffalo City 127, **691**
  Ananasfarm 696
  Ann Bryant Art Gallery 695
  Baille Memorial 696
  Buffalo City Museum 695
  Gately House 696
  German Market 696
  German Settler's Memorial 695
  Pineapple Trail 696
  Reptile World 696
  Signal Hill 696
  Wool Exchange 696
Büffel 81
Bungee Jumping 186
Buntbock 82
Buren 21, 32, **33**, 35, 37, 40, 48, 118
Burenkrieg 40
Burenrepublik 33, **35**, 38
Burgers, Thomas 38
Buschleute 27, 32
Buschmann-Kultur 475
Buschmänner **114**, 513, 568, 585, 642, 682
Buschmannzeichnungen 529, 754
Bushlands Game Lodge 744
Bushman-Pass 527
Bushveld 468
Busreisen 155
Busverbindungen 155
Butha-Buthe 529, 531
Buthelezi, Mangosuthu 23, 55, 58, 733
Butterworth 708
Butterworth River Cascade 709

C

Caledon 625
Camper 156
Camping 157
Cango Caves 634, **642**
Canyoning 188
Cao, Diego 28
Cape Peninsula National Park 178
Carnarvon, Lord 38
Cathin Peak 754
Cederberge 565, 567, 573
Chaka, Zuluführer 513
Chamäleon 97
Chapman's Peak Drive 593, 602
Chitwa Chitwa Reservat 456
Cholera 167
Ciskei, ehem. 22, 54, 655, **679**
  Geographie 683
  Nationalparks 681, 690
Citrusdal 573
Clanwilliam 572
Clanwilliam-Stausee 572
Clarens 533
CODESA (Convention for a Democratic South Africa) 23, 59, 103
Coffee Bay 710
Coleford Nature Reserve 753
Coloureds 22, 51, 52, 116
Cradock 678
Crayfish 699
Crocworld 721
Croydon 506
Cullinan 431

D

da Gama, Vasco 21, 29, 601, 636, 722
da Saldanha, Antonio 29
Darling 604
Darmerkrankungen 169
Dart, Raymond 24
Davidson Don Tengo, Jabavu 50
De Hoop Nature Reserve 628, 629, **630**
de Klerk, Frederik W. 22, 23, 56, **58**, 62
de Villiers, Sir Henry 43
Deap-Sea-Fishing 697
Deutsch-Südwestafrika siehe Namibia
Devisen 200
Diamanten 75, 544
Diamanten-Mine 431
Diamantenfunde 21
Diaz, Bartolomeu 21, 29, 576, 601, 636, 658
Dingane, Zulu-König 35
Diphterie 167
Double Drift Game Reserve 690
Drachenfliegen 186
Drakensberge 532, 712, 746, **749**
  Southern Berg 751
Drakenstein Valley 622
Du-Toitskloof-Pass 765
Dube, Dr. J.A. 51
Duiker 82
Dullstroom 424, 436
Duncan, Sir Patrick 48
Durban 126, **722**
  Amphitheatre Gardens 726
  Botanischer Garten 729
  City Hall 726
  Dolphinarium 728
  Fitzsimon's Snake Park 728
  Francis Farewell Square 727
  Indian Market 728
  Indisches Viertel 726
  Jumah Mosque 726

Local History Museum 728
Mini Town 725
Old Fort 729
Rikscha-Stände 725
Schlangenpark 728
Sea World 728
Strände 725
Sugar Terminal 728
Victoria Street Market 728
Dwesa Nature Reserve 709
Dzata-Ruinen 472

E
East India Company 21
East London *siehe Buffalo City*
Eastern Cape Province 20, **655**
Echo Caves 444
Eduard VII, König 43
Eidechsen 97
Eingeborenenland-Gesetz 45
Einkaufen 157
Einreise 158
Eintrittskarten 159
Einwohner 17
Eksteenfontein 556
Elefant 83
Elektrizität 159
Elenantilope 84
Elgin 621
Elim 626
Elliot 712
Entfernungstabelle 206
Erasmus-Pass 443
Essen 159
Eukalyptus 78
Export 18
Ezulwini 497

F
Fahrrad fahren 186
Fallschirmspringen 187
False Bay 601

Fanie Botha Hiking Trail 443
Farewell, Francis 727
Feiertage 162
Felsmalereien 25 *siehe auch Buschmannzeichnungen*
Festivals 162
Fevertree 78
Fischer, Abraham 43
Fish River Canyon 560
Fitz Patrick, Sir Percy 445
Fläche 17
Flagge 17, 48, 53, **63**
Fleckenhyäne 85
Flüge 163
Flusspferd 86
Fort Frederick 658
Fort Merensky 422
Fossilien 24
Fotografieren 164
Franschhoek **621**
Hugenotten-Denkmal 621
Franschhoek Pass 621
Free State 20
Free-State-Goldfelder 759
Fremdenverkehrsbüros 166
Friedensvertrag von Pretoria 39
Funde, urmenschliche 483
Fynbos 76, 597, 624, 627
Fynn, Henry 727

G
Ga-Rankuwa 485
Game Reserves 79
Game Reserves, private 666
Gamelodges, private 199
Gandhi, Mahatma 724
Gans Bay 626
Garden Castle Nature Reserve 753
Garden of Eden 649

Garden-Route, alternative 631
Gardenroute **634** *siehe auch Mossel Bay; Oudtshoorn; Swellendam*
Gariep Nature Reserve 766
Gariep-Dam 766
Gauteng 19
Gelbfieber 167
Geld 166
Geographie **67**
Geologie **73**
George **644**
Gepard 87
Geschichte **21**
Gesellschaft **113**
Gesundheit 167
Getränke 161
Gewässer 71
Gewichte 174
Giant's Castle Game Reserve 753
Giraffe 88
Gladstone, Viscount 44
Gnu 89
God's Window 439
Goegab Nature Reserve 556, 569
Gold 21, **410**
Goldaufbereitung 413
Golden Gate Highlands National Park 532, **534**
Goldfunde 38, 40
Goldrausch 40
Golf 187
Gonubie Mouth 697
Goodhouse 556
Graaff-Reinet **672**
Drostdy 673
Dutch Reformed Church 676
Hester Art Rupert Museum 676
Old Library Museum 675
Reinet House 675

Grahamstown **666**
The Observatory Museum 669
Grand Valley 500
Graskop 439
Great Limpopo Transfrontier Park 178
Greater St. Lucia Wetland Park 180
Grenzübergänge 170
Grikwatown 549
Griqua 51
Groot Constantia 593, 597
Grootbos Nature Reserve 627
Größe 67
Großer Trek 34, 36, 668
Group Area Act 22
Growth, Employment and Redistribution (GEAR) 104

H
H. F. Verwoerd Dam siehe Gariep-Dam
Ha Baroana Rock Paintings 527 s. auch Felszeichnungen
Haie 169, 626
Halskrausenmorde 22
Hamburg 685
Handys 193
Hani, Chris 58
Hartbeespoort Cableway 421
Hartbeespoort Dam 420
Haustausch 202
Havelock Mine 502
Heia Safari Ranch 409
Heidelberg 420
Helshoogte Pass 623
Hepatitis A 167
Hermanus 626
Hertzog, J.B.M. 44, 47, 49, 50, 428

Hex River Pass 765
Hibiscus Coast 721
Highveld 419
Himeville Nature Reserve 751
HIV siehe AIDS
Hlane Game Reserve 505
Hluhluwe-Gebiet 736
Hluhluwe-Umfolozi Park 180, 735
Hluleka Nature Reserve 712
Hoffmann, Josias Philippus 37
Hogsback 689
Höhlenhäuser 525
Hole in the Wall 710
Holländer 29
Holländisch-Ostindische Handelskompanie 30, 31, 577, 616, 622, 629
Homelands 22, 54
Hominiden 24
Homo sapiens 25
Hondeklip Bay 569
Hotels 196
Hottentotten 636, 682 siehe auch Nama
Huberta, Flusspferd 713
Hugenotten 622

I
Impala 90
Impfungen 167
Import 18
Incwala-Fest 494
Inder 37
Industrielle Revolution 34
Inflationsrate 102
Infrastruktur 110
Inkatha-Bewegung 23, 55, 58, 733
Internet-Adressen 171
Internet-Cafés 195
Inyati Game Lodge 457

Itala Game Reserve 180, 740

J
Jacaranda-Bäume 426, 498
Jacaranda-Jim 429
Jagd 172
Jagdfarmen 112
Jahreszeiten 67
Janszen, Leendert 29
Jeppe's Reef 473
Jock of the Bushveld 445
Johannesburg 123, **397**
Botanischer Garten 407
Carlton Centre 405
Crocodile River Arts and Crafts Ramble 410
Gold Reef City 403
Innenstadt 405
Johannesburger Börse 410
Klima 399
Krugersdorp Game Reserve 407
Kwa Zulu Muti Shop 410
Löwenpark 407
Market Theatre Flea Market 406
Museen 409
Rand Afrikaans University 406
Randburg Waterfront 405
Rhino & Lion Park 407
Rosebank Rooftop Market 405
The Wilds 409
Vorsichtsmaßnahmen 401
Windybrow Theater 406
Zoological Garden 407

K

Kaffernkriege 686
Kaffraria 655
Kamberg Nature Reserve 753
Kameldorn 78
Kamieskroon 570
Kanufahrten 188
Kap Agulhas 627
Kap der Guten Hoffnung 593, **600**
Kap-Malaien 31, 51, 117
Kapflora 597, 627
Kaphalbinsel **575, 593**
Kapmacchie 78
Kapstadt 124, **575**
  Adderley Street 586
  Bertram House 581
  Bo-Kaap Museum 582
  Castle of Good Hope 586
  Century City 590
  City Hall 583
  Company's Garden 586
  Devil's Peak 591
  District Six Museum 583
  Flower Market 586
  Great Synagoge 583
  Groote Kerk 586
  Hafenrundfahrt 590
  Holocaust Centre 583
  Houses of Parliament 586
  Jewish Museum 583
  Klima 579
  Koopmans de Wet Museum 584
  Kriminalität 581
  Lion's Head 591
  Long Street 584
  Malay Quarter 587
  Old Town House 587
  Planetarium 585
  Sendinggestig Museum 584
  Signal Hill 591
  South African Cultural History Museum 584
  South African Library 585
  South African Museum and Planetarium 585
  Tafelberg 590
  van Riebeeck-Standbild 585
  Victoria & Alfred Waterfront 587
  Wassertaxi 588
Kariega Game Reserve 666
Karoo 763
Karoo, Kleine 634
Karoo National Botanical Garden 768
Karoo National Park 767
Karoo Nature Reserve 677
Kartenmaterial 172
Keetmanshoop **559**
Kgalagadi Transfrontier National Park 176, 179, 537, 549, **552**
Khoi-Khoi 568, 682
Khu-Khun 114
Khwetha-Zeremonie 706
Kimberley 474, 537, **541**
  Belgravia 546
  Bultfontein Mine 545
  Colesberg Koppie 543
  De Beers Mine Observatory 545
  Duggan Cronin Gallery 546
  Half-way House Hotel 546
  Kimberley Mine Museum 545
  Market Square 545
  McGregor Memorial Museum 545
Kinder 172
King Corn Bier 707
King, Richard Philip (Dick) 723
King William's Town 688
  Kaffrarian Museum 688
Kirstenbosch National Botanical Garden 593, **596**
Kitchener, Lord 40, 42
Kiwane 685
Kleidung 172
Klima 18, **67**, 173
Kloofing 188
Knersvlakte 566
Knysna **647**
Knysna Forest Country 648
Knysna National Lake Area 178, 648
Knysna-Elefanten 649
Köcherbäume 551, **558**
Kokstad 716
Kolonien 38
Kongress für ein demokratisches Südafrika *siehe* CODESA
Königsdorf 524
Konsulate 154
Konzentrationslager 41
Kosi Bay Coastal Forest Reserve 742
Kosi Bay Nature Reserve 742
Krankenversicherung 174
Kreuz des Südens 182
Kriminalität 109, 174
Krokodilfarm „Kwena Gardens" 481
Kromdraai Conservancy 408
Kromdrai 24
Kroonstad 757

Kruger National Park 175, 424, 436, **447**
　Camps, staatliche 448
　Pirschfahrt 459
　Ratschläge für den Aufenthalt 458
　Tierwelt 461
　Wilderness Trails 457
　Wildschutzgebiete, private 453
Kruger, Ohm 21
Kruger, Paul 39
Kudu 90
Kunsthandwerk 469
Kwandewi (Nwanedi) Resort 472
Kwandwe Reserve 666
KwaZulu/Natal 20, **718**
KWV-Kellereien 614

L

Ladismith 632
Lady Grey 520
Ladysmith 749
Lake Fundudzi 471
Lake Sibaya 744
Lamberts Bay 607
Landwirtschaft 18, **106**
Langibale Dube, Dr. John 45
Lavumisha 507
Leopard 91
Leribe 529, 530
Lesotho **509**
　Bevölkerung 517
　Bildung 519
　Geographie 516
　Gesundheitswesen 520
　Grenzübergänge 511
　Klima 517
　Landwirtschaft 517
　Ressourcen 519
　Wanderarbeiter 519
　Wirtschaft 518
Lesotho Highlands Water-Projekt 518, 536

Letseng-la-Terae 531
Likalaneng-Tal 528
Lilie 78
Limpopo, Fluss 72
Limpopo Province 19, **436**, **464**
　Klima 468
Limpopo-Shashe Transfrontier Conservation Area 179
Lisbon Falls 440
Literatur 174
Lobamba Royal Village 497
Londolozi Game Reserve 454
Londoner Konferenz 38
Lotheni Nature Reserve 751
Löwe 92
Lowveld Botanic Garden 437
Lubombo Transfrontier Conservation and Resource Ar 179
Luftfeuchtigkeit 69
Luphephe 472
Luthuli, A. J. Mvumbi 51, 52, 53
Lydenburg 444

M

Mabibi 744
MacMac Falls 439
Mafeteng 520, 522
Mafikeng 484
Magaliesberg Express 205
Magaliesberge 420
Makapansgat 24
Makhaleng-Tal 522
Mala Mala Game Reserve 454
Malachite Camp 745
Malan, Dr. 51, 53
Malaria 167
Malealea Lodge 522

Malelane 473
Malolotja Nature Reserve 501, **503**
Maloti-Drakensberg Transfrontier Conservation 179
Mandela, Nelson 22, 23, 56, 57, 58, 59, **61**, 591, 749
Mantenga Falls 499
Manzini **498**
Mapungubwe Museum 475
Maputa-Land **740**
Maputo 507
Maputo-Korridor 488
Maputuland s. *Maputa-Land*
Marakabei 525
Marakele National Park 175, 474
Marathon 188
Margate 720
Maria Moroka National Park 484
Maritz, Gert 35
Maseru 510, 520, **522**, 529
Maße 174
Matjiesfontein 764, **767**
Matsieng 524
Matthews, Zacharias K. 52
Mbabane **495**
Mbeki, Thabo 17, 23, 62, 63, **65**
Mdantsane 687
Meeresströme 68
Mehrwertsteuer 174
Meiringspoort 644
Melioration 76
Menschenfunde 24
Messelpad Pass 569
Messina 473
Middelburg 679
Midmar Nature Reserve 748
Mietwagenfirmen 150

Milner, Sir Alfred 40, 42
Minenbesichtigungen 403
Minentänze 403
Mini-Quakes 402
Mkambati Nature Reserve 716
Mkhaya Nature Reserve 507
Mkuze Game Reserve 180, 739
Mlawula Nature Reserve 505
Mlilwane Wildlife Sanctuary 498
Mmabatho 485
Moçambique 507
Mochoro 526
Mohale's Hoek 522
Mokhotlong 529, 532
Molimo Nthuse-Pass 527
Moloise, Benjamin 55
Mont-aux-Sources 754
Montagu 632
Mopane 78
Morija 524
Moroka, Dr. James S. 51, 52
Moshoeshoe I 513, 526
Mossel Bay **636**
   Bartolomeu Diaz Museum 637
   Old Post Office Tree 636
Mostert's Mill 596
Motorrad-Vermietung 175
Motswari 457
Motswari M'Bali 457
Mountain Zebra National Park 178, 669, **678**
Moyeni 521
Mpofu Game Reserve 690
Mpumalanga 19, **434**
Mugabe, Robert 66
Muizenberg 593

Münzsystem 48
Mythen 469

N

Nama 28, 30, 33
Namaqua Daisies 562
Namaqua National Park 176, 571
Namaqualand 558, **562**
Namaqualand Klipkoppe 566
Namibia 46
Namibia-Abstecher 557
Nashorn 93
Natals Nordküste **730**
   Strände 732
   Wildbeobachtungsfahrten 745
   Wildreservate 730
   Wildschutzgebiete 735
   Wildschutzgebiete, private 744
Natals Südküste **718**
Nationale Partei 45, 51
Nationalfeiertag 17, 54
Nationalpark-Unterkünfte 199
Nationalparks 79, 175
Nationalversammlung 17, 43
Natives Affairs Act 47
Nature's Valley 654
Naute Damm 560
Ndebele-Dorf 422
Ndumu Game Reserve 180, 741
Nederburg 614
Nelson Mandela Metropole (Port Elizabeth) 127, **656**
Campanile 659
   City Hall 660
   Donkin Reserve 662
   Fort Frederick 662
   Historical Museum 661

   King George VI Art Gallery 662
   Market Square 660
   Museum 661
   Oceanarium 661
   Sicherheit 663
   Snake Park 661
   Strände 663
   Tropical House 661
Nelspruit 437
NEPAD (The New Partnership for Africa's Development) 66
New Oxbow Lodge 531
Ngala Game Lodge 457
Ngwenya Glassworks 503
Niederschlag 69
Nieu Bethesda 677
Niewoudtville-Wasserfälle 572
North West Province 20, **476**
Northern Cape Province 19, **537**
Notrufnummern 180
Ntaba KaNdoda
National Shrine 690
Nwanedi National Resort 472

O

Obst 106, 107
Öffnungszeiten 181
Okavango-Delta 424
Okiep 554, 556
Old Passes Road 645
Olifant River 461
Oliphants River Valley 567
Oppenheimer, Ernest 119
Oranje, Fluss 71, 554, 766
Oranje-Fluss-Projekt 550
Oranjemund 550
Oribi 94

Oribi Gorge Nature
  Reserve 718, 721
Otter Trail 651
Oudtshoorn 633, 634,
  638
  Nel Museum 639
Outeniqua Choo-Tjoe
  205
Oxbow 529

P
Paarl **609**, 765
  Afrikaanse Language
    Museum 615
  KWV-Kellereien 614
  Language Monument
    615
PAC siehe Pan-African
  Congress (PAC)
Pan-African Congress
  (PAC) 22, 53
Pannenhilfe 149
Panorama-Route **438**
Parkgebühren 176
Paternoster 606
Paviane 95
Peddie 686
Pella 555
Pferdeantilope 95
Pflanzen **76**
Phinda Resource Reserve
  745
Phophonyane Lodge 502
Pietermaritzburg **747**
  City Hall 748
  Memorial Church 748
  Natal Museum 748
  Natal Provincial
    Administration
    Collection 748
  Old Voortrekker
    House 748
  Voortrekker Museum
    748
Pigg's Peak 502
Pilanesberg National
  Park 176, 476, **481**
Pilgrim's Rest 437, **444**

Pine Valley 500
Pinguin 96
Plettenberg Bay **650**
Pocken 167
Pofadder 554
Ponyausritt 525
Port Alfred 684
Port Edward 720
Port Elizabeth siehe
  Nelson Mandela
  Metropole
Port Nolloth 570
Port Shepstone 720
Port St. Johns 713
Portugiesen 28
Post 181
Potchefstroom 538
Potgieter, Andries Hendrik
  35
Potholes 550
Pretoria siehe Tshwane
Pretorius, Andries 35, 37
Pretorius, Jan 664
Pretorius, Marthinus Wessel
  37, 425
Prince Albert 633
Protea 79
Protea Heights 620
Provinzen 19, 62

Q
Qiloane, Berg 526
Qiloane-Fälle 528
Qwa-Qua 535

R
Rappenantilope 96
Rassengesetzgebung **46**
Rassentrennung 49
Rauchen 181
Rebsorten 613
Reed-Tanz 494
Reformprozess 55
Reiseleiter 181
Reiseveranstalter 181
Reisezeit 173
Religion 17
Reptilien 97

Retief, Piet 35
Rhino, Goldenes 475
Rhodes, Cecil John 37, 40,
  41, 543, **595**
Rhodes Memorial 593,
  595
Riboneng-Fälle 522
Richtersveld Transfron-
  tier Conservation
  Park 176, 179, **565**
Rivier 72
Roaring Sands 547
Robben Island 591
Roberts, Lord 40
Robinson-Pass 638
Rocktail Bay 743
Rooibos Tree 562
Routen-Vorschläge **385**
Rovos Rail **204**
Royal Natal National
  Park 754
Rucksackreisen 156

S
Sabi Sabi Game Reserve
  455
Sabie 439
Sacred Forest 471
Safari 182
Saldanha Bay 603, **605**
Salt Rock 732
San 27, 28, 568
Sandrivier-Vertrag 37
Sandveld 567
Sandveld Nature Reserve
  540
Sangoma-Fest 495
Sani-Pass 529, 751
Sasolburg 757
Schiffsverbindungen 184
Schildkröten 97
Schirrantilope 97
Schlacht am Bloedriver
  35
Schlangen 97, 184
Schmelzstätten 26
Schulferien 184
Schusswaffen 185

Schwarz-Afrikaner 115
Schwimmen 169
Seafood Route 604
Seakayaking 188
Seefahrer 28
Seeheim 561
Segelfliegen 189
Sehlabathebe National Park 532
Sek Hukhune, Sotho-Häuptling 38
Seme, Dr. Pixley Ka Isaka 50
Semonkong 525, **527**
Senqutal 522
Shaka, Zuluhäuptling 699, 734
Shaka's Rock 732
Shamwari Game Reserve 666
Sheffield Beach 732
Shepstone, Sir Theophilus 39
Shipwreck Hiking Trail 684
Sibhaca-Tanz 494
Sicherheit 185
Simunye 505
Singita Private Game Reserve 456
Sisulu, Walter 23
Siteki 505
Sklaverei 21, 31, 33, 34
Smitswinkel Bay 25
Smuts, J.C. 46, 47, 49, 428
Sobhuza II, König 490, 499
Sodwana Bay National Park 739
Somerset-East 670, **671**
Somerset-East-Museum 672
Sonnenbestrahlung 169
Sonnenschein-Dauer 71
Sotho 37, 477 *siehe auch Basotho*
South African Native National Congress 44

South African Tourism **146**, 185
Soutpansberge 468
Soweto (Southwestern Township) 124, **414**
Spitzmaulnashorn 93
Sport 185
Sprachen 17, 192
Springböcke 98, 552
Springbok 554, **568**
St. Lucia Wetland Park 737
Vogelwelt 737
Staatsoberhaupt 17
Städte 123
Stanford 626
Stanley Island 651
Steinkopf 556
Stellenbosch **616**, 765
Burgher House 619
Die Braak 619
Dorpmuseum 618
Dutch Reformed Mother Church 619
La Gratitude 617
Libertas Parva 617
Oude Meester Brandy Museum 619
St. Mary's on the Braak 619
Voorgelegen 618
Vredelust 617
Stellenbosch Wine Route 620
Steppenzebra 98
Sterfontein Caves 408
Sterkfontein 24
Stevenson-Hamilton, James 460
Steyn, M.T. 43
Storms River Village 653
Strände 152, 663, 725, 732
Strauße 99, **639**
Straußenfarmen 639
Strijdom, J.G. 51, 53
Strijdom Tunnel 443

Südafrikagesetz 43
Südafrikanische Union 22, **43**
Südmenschenaffe 24
Sudwala Caves 437
Suikerbosrand Nature Reserve 419
Sukkulenten 79, 551
Sun City **479**
Surfen 189
Swart, C.R. 54
Swartbergpass 633
Swartkrans 24
Swasi-Heirat 495
Swasi-Kultur 497
Swasi-Zeremonie 493
Swasikral 498
Swasiland 473, **486**, 730
Klima 493
Wildparks 486
Swellendam **629**
Swellengrebel, Hendrik 32

T

Tafelberg *siehe Kapstadt, Tafelberg*
Tambankulu Estates 506
Tambo, Oliver 23
Tamboti Bush Camp 744
Tankstellen 192
Tankwa Karoo National Park 176, 574
Tauchen 191
Taung 24, 483
Taxi 193
Tea Road 496
Teeanbau 715
Telefonieren 193
Telefonnummern 195
Tembe Elephant Reserve 180, 742
Temperaturen 68
Tetanus 167
Teyateyaneng 525, 529
Thaba Bosiu, Vertrag von 514
Thaba 'Nchu 484
Thaba-Bosiu 526

Thaba-Tseka 528
Thatha Vondo 471
Thohoyandou 470
Tierbeobachtung 447, 454, 474, 483
Tiere **79**
Tobias, Philip 24
Tourismus 110
Traditionen 493
Transfrontier Parks 178
Transkei, ehem. 22, 54, **698**
　Betteln 700
　Kriminalität 700
　Kultur 705
　Landwirtschaft 703
　Sitten 705
　Tourismus 704
　Wirtschaft 703
Transkei Hiking Trail 714
Trekboer s. *Trekburen*
Trekburen 32, 568
Trichardt, Louis 35, 671
Trinkgeld 195
Trinkwasser siehe Gesundheit
Tropeninstitute 168
Tropfsteinhöhlen 642
Tshatshingo Potholes 472
Tshivhase Tea Estates 472
Tshukudu Game Lodge 457
Tshwane (Pretoria) 123, **425**
　Historic Church Square 426
　Melrose House 428
　Museen 431
　National Zoological Garden 428
　Old Raadsaal 428
　Palace of Justice 426
　Paul Krugers Haus 428

Transvaal Museum of Natural History 430
Union Buildings 428
Unisa 430
Tsikoane 530
Tsitsikamma Coastal National Park 178, 634, **651**
Tsitsikamma Trail 652
Tsolwana Game Reserve 690
Tugela 734
Tulbagh 631
Turnhallenkonferenz 55
Tutu, Desmond 63, 64
Tzaneen 444, 463

U

Uitenhage 663
Ukhahlamba Drakensberg Park 180, 749
Ultimatum Tree 734
Ulusaba Game Reserve 456
Umfolozi-Gebiet 735
Umgeni Valley Nature Reserve 748
Umhlanga Rocks 732
Umhlanga-Tanz 494
Umtata 711
Unterkünfte 196 s. auch *Game Reserves*
Upington 548
Urmenschen 483
Usutu Forest 499
Uys, Piet 35

V

Vaal Dam Nature Reserve 420, 533, 536
Vaal-Triangel 756
Vaalbos National Park 176, 548
Vaaldreieck 757
Valley of Desolation 670, **676**

van der Stel, Simon 31, 597, 616, 622
van der Stel, William Adriaan 32
van Plettenberg, Joachim 650
van Rensburg, Hans 35
van Riebeeck, Jan 21, 29, 30, 31, 575, 577, 585
Vanderbijlpark 757
Vanrhynsdorp 571
　Kokkerboom Nursery 571
VAT siehe *Mehrwertsteuer*
Venda, ehemaliges 22, 54, **464**
Vereeniging 757
Vergelegen Nature Reserve 751
Vernon Crookes Nature Reserve 721
Verwoerd, Dr. H.F. 54
VhaVenda 464
Vhembe Dongola National Park 175, 475
Victoria-Fälle 424
Vielvölkerstaat 113
Vier-Pässe-Fahrt 608, **620**
Viljoen's Pass 621
Virginia 759
VOC s. *Holländisch-Ostindische Handelskompanie*
Vögel 100
Völkerwanderung 34
Voortrekker 21, 34, 35, 437, 722
Voortrekker Monument **431**
Vorster, B.J. 54, 55
Vrba, Elizabeth 24
Vredendal 572

W

Waenhuiskrans 628
Wahlrecht 44

Wahrheits- und Versöhnungskommission 63, **64**
Währung 200
Wald 77
Wale 100, 604
Wanderungen 441, 561, 592, 630, 646, 651, 678, 681, 684, 690, 714, 737, 751
Wanderungsbewegungen 27
Warzenschwein 100
Wasser 169
Wasserbock 101
Wasserfälle 502
Wein **106**
Weinanbau 201, 608, **610**
Weißdorn 78
Weltgipfelkonferenz 23
Wesley 685
West Coast National Park 178, 605
Western Cape Province 20
Westküste **603**
Wiege der Menschheit 408
Wild Coast 699, 704
Wild Coast Sun Casino Komplex 720
Wildbeobachtungsfahrten 745
Wildblumen 563
Wilderness **645**
Wilderness National Park **645**
Wildfarmen 112
Wildschutzgebiete 80, 735
Wildschutzgebiete, private 453
Wilhelm Prinsloo Agricultural Museum 422
Willem Pretorius Game Reserve 756, **759**
Winburg 760
Wirtschaft **102**
Wirtschaftsboykott 22
Wirtschaftspartner 105
Wirtschaftswachstum 102
Witsand Nature Reserve 554
Wohnmobile 156
Wohnungstausch 202
Worcester 765, 768
Wuppertal 573

X

Xhosa 32, 655, 667, 668, 682, 688, 691, 696, 698, 705
Xhosa-Hochzeit 707
Xuma, Dr. Alfred B. 50, 51

Z

Zebra 98
Zeit 202
Zeremonien, rituelle 493
Zimbabwe 473
Zinkwazi Mouth 732
Zoll 202
Zuckerproduktion 724
Zuckerrohr 37
Zuckerrohrplantagen 504
Zugverbindungen 203
Zulu 21, 732
Zulu-Kraal 734
Zululand Safari Lodge 744
Zuurberg National Park 666
Zwelitsha 687
Zwiebelgewächse 79

Bildnachweis

Silke Althoff
S. 130, 131 (2x), 136 (3x), 137 (3x), 139 (2x), 140 (2x), 141, 397, 409, 431, 441, 448, 455, 509, 533, 554, 577, 590 (2x), 591, 592, 596, 599, 600, 602 (2x), 627 (2x), 645, 646, 647, 648, 650, 675, 677, 685, 689, 698, 703, 705, 709, 720, 721, 732, 736, 737, 739, 741, 744, 745, 752, 755, 768.

Britz/Maui
S. 156

Ingrid Eschle
S.152, 518, 528, 620

Michael Iwanowski
S. 68, 78, 83, 111, 120, 121, 123, 124, 144, 148, 179, 399, 414, 416, 417, 418 (2x), 424, 456 (2x), 457, 474, 475, 508, 548, 549

Dr. Volkmar Janicke
S. 130, 132, 2 x 138, 2 x 142, 143, 490, 491, 492, 496 (2x), 498 (2x), 504, 523, 524, 525, 530, 531, 712, 714.

Dirk Kruse-Etzbach
S. 62, 65, 74, 79, 99, 103, 104, 113, 150, 165, 186, 189, 204, 587, 595, 597, 615, 619, 621, 629, 637, 639, 641, 642, 653, 662.

Dr. Thomas Küpper
S. 81, 86, 88, 89, 92, 94

South African Tourism (SAT)
S. 82, 83, 84, 85, 87, 90, 91, 93, 95, 96, 97, 98, 99, 101, 106, 2 x 110, 114, 115, 116, 117, 125, 126, 129, 132, 133, 2 x 134, 2 x 135, 3 x 136, 3 x 137, 143, 403 (2x), 405, 409, 411, 422, 426, 428 (2x), 437, 439, 440, 446, 448, 454, 461, 465, 468, 470, 472, 477, 481, 483, 495, 513, 521, 535 (2x), 543, 545 (2x), 550, 551, 552, 557, 561, 562, 565, 567, 569, 570, 573, 581, 586, 593, 598, 606, 619, 630, 658, 661, 667, 673, 676 (2x), 682, 692, 693, 702, 706, 710, 723, 725, 729, 733, 735, 739, 743, 748, 751, 753, 754, 762, 763, 764, 765, 766, 767, 768.

Namibia

Hinter jeder Düne wartet ein Abenteuer.

© Fotograf Stephan R. Brückner

Eine Reise nach Namibia wird unvergesslich sein: ein grandioses Schauspiel von Fels und Sand, Bergketten und grenzenloser Weite, Himmel und Sonne, Wüste und tosendem Atlantik.

Dabei erwarten Sie in Namibia Komfort und Sicherheit, die ihresgleichen suchen. Die teilweise luxuriös ausgebauten Lodges, inmitten ungestörter Wildnis und umgeben von großem Tierreichtum, lassen Sie Ihren Afrikatraum erleben. Auch die vielfältigen Sportmöglichkeiten – von Angeln bis Duneboarding, von Surfen bis Paragliding – garantieren einmalige Erlebnisse. Dabei bietet Namibia ein ganzjährig mildes Klima und ist schnell und einfach zu erreichen. Viermal wöchentlich verbindet Air Namibia komfortabel in nur 9 1/2 Stunden nonstop Frankfurt am Main mit Windhoek und bietet Ihnen von dort hervorragende Anschlüsse zu den regionalen Flughäfen.

Namibia Tourism Board
Schillerstraße 42–44
60313 Frankfurt am Main
Tel.: 069 / 13 37 36-0
Fax: 069 / 13 37 36-15
E-Mail: info@namibia-tourism.com
Internet: www.namibia-tourism.com

Air Namibia
Hessenring 32
64546 Mörfelden-Walldorf
Tel.: 06105 / 20 60 30
Fax: 06105 / 20 60 38
E-Mail: info@airnamibia.de
Internet: www.airnamibia.de

ÜBERNACHTUNGSMÖGLICHKEITEN

Altes Landhaus
Country Lodge
✶✶✶✶✶

P.O.Box 1491-Oudtshoorn 6620 Südafrika
Tel: 0027/44/2726112 Fax 0027/44/2792652
E-Mail: altes.landhaus@pixie.co.za – Internet: www.alteslandhaus.co.za

Die mehrfach ausgezeichnete Country Lodge "Altes Landhaus" liegt im friedlichen **Schoemanshoek-Tal**, an den Ausläufern der Swartberge nur 13 km von Oudtshoorn entfernt. Familie Meyer freut sich auf Ihren Besuch in ihrem alten kapholländischen Landhaus, das liebevoll restauriert und mit vielen Antiquitäten ausgestattet ist. Genießen Sie Ihren Aufenthalt in einem der acht komfortablen und stilvoll eingerichteten Gästezimmer mit eigenem Bad und separater Dusche. Die Zimmer haben Klimaanlage, Telefon, TV und eine eigene Terrasse.

Lassen Sie sich mit einem reichhaltigen Frühstücksbuffet in **idyllischer Atmosphäre** verwöhnen, und freuen Sie sich am Abend auf die exquisite südafrikanische Küche à la carte mit erlesenen Weinen aus der Kapregion.

RUHE und ERHOLUNG werden in der Country Lodge "Altes Landhaus" groß geschrieben. Entspannen Sie sich am großen solarbeheizten **Salzwasserpool** und beobachten Sie die **artenreiche Vogelwelt** in den malerischen Gärten. In der kälteren Jahreszeit können Sie die wunderbare **Landhausatmosphäre**, aber auch in der gemütlichen Lounge am Kaminfeuer genießen.

Sie werden gar nicht mehr weg wollen......

Die Country Lodge "Altes Landhaus" ist ideal, um von hier aus die Sehenswürdigkeiten Oudtshoorns und der Umgebung zu entdecken, wie die Cango Caves, eine Fahrt über den Swartberg Pass nach Meiringspoort sowie der Besuch einer Straußenfarm. Die nahegelegenen Berge laden zum Wandern ein und die Städtchen Prince Albert und de Rust zum Bummeln. Über die atemberaubenden Pässe Outeniqua oder Montagu sind es nur 50 km bis zu den weißen Stränden des Indischen Ozeans.

ÜBERNACHTUNGSMÖGLICHKEITEN

Luxuriös
Gemütlich
Exklusiv

LUXURIÖS ~ GEMÜTLICH ~ EXKLUSIV

Chilli Pepper Lodge
Gerd & Jean Egger
P.O. Box 193, Kiepersol 1241, Mpumalanga, SA,
Tel.: 0027/13/7378373 Fax: 0027/13/7378258
www.chillipepperlodge.co.za
E-Mail: info@chillipepperlodge.co.za

Unsere Lodge liegt zwischen Sabie und Hazyview, nahe dem Krüger Nationalpark und der „Panorama-Route" im östlichen Teil von Südafrika.
Wir bieten Bed & Breakfast in einer der schönsten Lagen in diesem Teil des Landes an. Alle Zimmer und Suiten haben Bad/Dusche und WC, Mini-Bar und eine eigene Veranda. Unser Schwimmbad sowie die 16 ha große Obstwiese und unsere Gärten laden zum Entspannen ein. Jean und Gerd helfen Ihnen gerne, Ihren Aufenthalt in dieser Gegend unvergesslich zu machen. Nicht geeignet für Kinder unter 14 Jahren. 2 Suiten und 3 Zimmer.

40 Min. vom „Krüger-Mpumalanga International Airport" entfernt. Wir sprechen Deutsch. South African Tourism akkreditiert. Die Lodge wurde von Portfolio mit „Luxury Rating" ausgezeichnet.

AMBIENTE
• CAMPS BAY •

Ihr Guest House in Kapstadt - Ein Aufenthalt der besonderen Art

Wohnen in großzügigen Suiten, im landestypischen Stil eingerichtet,
die das Flair von Afrika vermitteln. Genießen in privater Atmosphäre.
Verwöhnen mit südafrikanischer Gastfreundschaft.
Ambiente Guest House, 58 Hely Hutchinson Ave., Cape Town, Camps Bay 8005
Tel. und Fax: 0027/21/438 4060, E-Mail: ambiente@mweb.co.za
Internet: www.ambiente-guesthouse.com

ÜBERNACHTUNGSMÖGLICHKEITEN

DIAMOND guest HOUSE

This beautifully modern guesthouse is uniquely situated on the slopes of Table Mountain with breathtaking views of the Twelve Apostles and the Atlantic Ocean.

- 7 en suite rooms with TV + minibar
- Finnish Sauna
- Wine Cellar
- 2 minutes by car to Camps Bay beaches and restaurants
- 10 minutes by car from Cape Town centre and Victoria and Alfred Waterfront

61 Hely Hutchinson Avenue
Camps Bay
Cape Town 8005
Tel. +27 21 438 1344
Fax. +27 21 438 1557
Email: bookings@diamondhouse.co.za
Website: www.diamondhouse.co.za

Graded

CAMPS BAY • CAPE TOWN • SOUTH AFRICA

Hlangana Lodge ****

Willkommen!

Herzlich willkommen in unserer Hlangana Lodge in Oudtshoorn.

Unsere viktorianische 4 Sterne Lodge bietet geschmackvoll eingerichtete ensuite Zimmer und garantiert Ihnen die **Ruhe und Erholung**, die Sie sich wünschen:

Unser exotischer Garten mit seinem klaren Salzwasser-Swimmingpool, der einen herrlichen Blick auf die Swartberge bietet. Unseren sportbegeisterten Gästen bieten wir einen Fitnessraum und Mountainbikes, die Sie sich ausleihen können.
Wenn Sie die Umgebung erkunden möchten, dann sollten Sie eine Fahrt über den **Swartberg-Pass** und durch die **Meiringspoort-Schlucht** sowie einen Besuch bei einer Straußen-Showfarm oder bei einer Wildtier-Ranch und die wunderschönen historischen Gebäude von Oudtshoorn nicht verpassen! Die **atemberaubende Landschaft** verleiht Ihrem Besuch in Oudtshoorn, der Hauptstadt der Kleinen Karoo, eine besondere Note.

*Hlangana Lodge ****
51 Northstreet Oudtshoorn 6625 South Africa
Tel. 0027 44 272 22 99, Fax 0027 44 27 91 271
E mail : info@hlangana.co.za   Internet : www.hlangana.co.za*

ÜBERNACHTUNGSMÖGLICHKEITEN

MONTANA

Guest Farm

Montana Guest Farm, gelegen im zauberhaften Tal von Schoemanshoek, am Fuße des Swartbergpasses, nahe der Touristenstraße 328, bietet mit seinem restaurierten alten Farmhaus, seinen Suiten, seinem parkähnlichen Garten, seinem Salzwasserpool, seinen Straußen und Ponys, dem Reichtum seiner Pflanzenwelt eine ideale Urlaubsatmosphäre inmitten der Kleinen Karoo.

Alles, was einen individuellen Urlaub ausmacht, die großzügig eingerichteten Suiten mit eigenem Eingang, Terrasse, TV, Telefon, einen ausgezeichneten Service zu fairen Preisen, eine Küche für den verwöhnten Gaumen und Weine aus der Region, findet man auf Montana.

Montana ist idealer Ausgangspunkt für Ausflüge zu den Swartbergen bis hin zum Indischen Ozean.

Wir beraten Sie gerne und helfen, spektakuläre Sehenswürdigkeiten zu entdecken, sowie sich mit dem reichhaltigen Angebot von Straußenfarmen und Tierparks vertraut zu machen.

Montana Guest Farm - PO Box 40 - ZA Oudtshoorn, 6620 - Südafrika
Telefon: 0027 442727774 - Fax: 0027 442794026 -
E-mail: dbeitz@mweb.co.za - www.montanaguestfarm.co.za

MIETWAGEN

Budget

Car Rental
Budget Rates Best

Tel: (27-11) 392-3929 • www.budget.co.za

ÜBERNACHTUNGSMÖGLICHKEITEN

ROSENHOF COUNTRY HOUSE

Die luxuriöse Unterkunft liegt am Stadtrand von Oudtshoorn, an der Hauptstraße zu den Cango Caves. Um 1852 wurde das Haus im viktorianischen Stil erbaut. Es verfügt über 12 Zimmer in frei stehenden Häuschen, 2 exklusiven Suiten mit eigenem Swimmingpool und einem Wellness Centre. Aufgrund seiner luxuriösen Ausstattung, seinem exzellenten Service und der namhaften Küche ist Rosenhof als eine der besten Adressen in der Region bekannt.

Rosenhof Country House
264 Baron van Reede Street
P O Box 1190,
Oudtshoorn, 6620
E-Mail: rosenhof@xsinet.co.za/
Website: www.rosenhof.co.za
Tel. +27 44 272 2232
Fax. +27 44 272 3021

QUEEN'S HOTEL

Erleben Sie echte Traditionen und den Charme des Kolonialstils, der Erinnerungen an eine längst vergangene Zeit wachruft. Das Queen's Hotel verfügt über 40 Schlafzimmer mit dazugehörigem Bad und liegt direkt neben dem weltbekannten Straußen-Museum, ganz in der Nähe einer Vielzahl von Restaurants, Souvenirläden und Cafes.

Queen's Hotel, 5 Baron van Reede street /
P O Box 19, Oudtshoorn, 6620
E-Mail: queens@xsinet.co.za
website: www.queenshotel.co.za
Tel. +27 44 272 2101 Fax +27 44 272 2104

ÜBERNACHTUNGSMÖGLICHKEITEN / MIETFAHRZEUGE

Böhm's Zeederberg Country House

P.O.Box 94 Sabie 1260
E-Mail: bohms@mweb.co.za
Website: www.bohms.co.za
Tel. +27 (0)13 - 737 8101,
Fax +27 (0)13 - 737 8193
Cell 083 259 3342

Böhm's Zeederberg ist ein kleines, privat geführtes **Hotel im Landhausstil** im malerischen Tal der Mpumalanga Drakensberge am Sabie Fluss gelegen, nahe des **Kruger National Parks** in einem malariafreien Gebiet. Das Country House liegt an der Grenze des größten Nationalparks der Welt zwischen Sabie und Hazyview an der R 536.

Frau Böhm und ihre deutschsprechende Familie sind seit über 30 Jahren die Gastgeber und haben erst kürzlich eine Vier-Sterne-Auszeichnung des *Tourism Grading Council's* in Südafrika erhalten.

13 Chalets, jedes mit einer eigenen Veranda bieten einen fantastischen Blick auf das Sabie River Valley. Jede Unterkunft verfügt u.a über eine Lounge-Bar, Badezimmer und eigenem Telefon. Ein Swimmingpool bietet nach einem heißen Tag eine angenehme Abkühlung. Böhm's Zeederberg ist bekannt für seine exzellente Küche und einen gut sortierten Weinkeller. Das Guest House bietet außerdem **Safaris** und andere **Aktivitäten** wie Reiten, River-Rafting und Ballonfahren an. Das Landhaus-Hotel ist umgeben von allen wichtigen Touristenattraktionen – 30 Minuten Fahrt zum Kruger National Park, 30 Minuten Fahrt bis zur Panorama Route mit all den Wasserfällen und eine einstündige Fahrt zu dem majestätischen **Blyde River Canyon**.

ÜBERNACHTUNGSMÖGLICHKEITEN

Heia Safari Ranch

Tel: +27 011 659 0605/6/7/8, Fax: +27 011 659 0709

E-Mail: heia@netactive.co.za

Website: www.heia-safari.co.za

ATTRAKTIONEN DER HEIA SAFARI RANCH

Zebras und **Giraffen** grasen frei auf dem Hotelgelände

Das Hotel verfügt über 45 strohgedeckte **Bungalows** mit jeweils zwei Schlafzimmern

Pirschfahrten im eigenen Wildreservat werden im offenen Geländewagen angeboten.

Jeden Sonntag findet ein traditionelles **Barbecue**-Mittagessen statt. Anschließend können Sie die berühmten „Mzumba Tribal Dancers" sehen und hören

Unser **Konferenzzentrum** bietet 100 Sitzplätze

Ein authentisches **Zuludorf** lädt zu traditionellen Tänzen und Zuluessen ein

Wir bieten Ihnen die Möglichkeit, Ihre **Traumhochzeit** zu feiern.

Sehen Sie Seite 251 und Seite 409

MIETWAGEN UND CAMPER

Campers Corner

Der Ferienmacher für Ferienmachende

Fahren sie durch unsere weltoffenen Städte, besuchen sie unsere schönen Bergregionen, faulenzen sie an unseren spektakulären Stränden oder erkunden sie die Weiten der Wildschutzgebiete. Fahren sie auf unseren Straßen, reisen sie langsam, frei, jeden Aspekt des sich ständig verändernden Gesichtes dieses phantastischen Landes zu genießen. Wo immer es sie hinzieht, in einem gemieteten Fahrzeug von **Campers Corner** haben sie die Freiheit, ihre **Ferien selbst zu gestalten**.

Mehr Urlaubsnutzen für ihr Geld

Einen Camper oder ein Wohnmobil von Campers Corner zu mieten, lässt Sie die möglichen Schwierigkeiten eines Urlaubs vergessen – nie mehr bei jeder Übernachtung ein- und ausparken; bleiben sie solange Sie wünschen, wo Sie wünschen: Essen sie wenn Sie möchten – lassen Sie sich vom Abenteuergeist leiten. Mit mehr als **800 registrierten Caravan Parks** und Stellplätzen bei jeder Einrichtung, lädt Südafrika zum Outdoor-Leben ein.

Persönlicher Service

Seit vielen Jahren heißen wir von Campers Corner Touristen aus aller Welt willkommen. Wir sind stolz auf unsere Fähigkeit, auf die Bedürfnisse unserer Kunden einzugehen, um damit den Urlaub zu einem unvergesslichen Erlebnis werden zu lassen. Unsere Fahrzeuge sind von ausgebildeten Mechanikern gut gepflegt und werden

regelmäßig gewartet, um unseren Kunden problemlose Ferien gewährleisten zu können. Wir bieten mehr als nur einen Camper oder ein Wohnmobil – wir bieten unseren Kunden einen **persönlichen Service** und Fürsorge für Details, so dass diese gerne Jahr für Jahr wiederkommen.

Warum werden sie kein Campers Corner-Urlauber?
**5 Edward Street Kensington "B" Randburg 2194 Republic of South Africa
Telephone (+2711) 787-9105 / 789-2327 Fax (+2711) 886-3187 / 787-6900
Cape Town Fax (+2721) 905-6555 Telephone (+2721) 905-6556
E-Mail: campers@iafrica.com**

Erleben Sie das Südliche Afrika und seine verschiedenen Gesichter in einem Wohnmobil oder Geländewagen.

Entdecken Sie die Wunder Afrikas und die verborgene Schönheit des Kontinents und bestimmen Sie dabei Ihren eigenen Reiseverlauf.

Gönnen Sie sich ein Stückchen Freiheit und Abenteuer ....

Fahren, wohin man will. Schlafen, wo man will.
Frühstücken, wann und wo man will- und trotzdem überall zu Hause sein.
Reisen leicht gemacht mit Transport und Unterkunft in Einem!

Informationen und Buchungsanfragen:

Maui:
Website: www.maui.co.za
E-mail: maui@iafrica.com
Tel. +27-11-396 1445
Fax + 27-11-396 1757

Britz:
Website: www.britz.co.za
E-mail: britz@iafrica.com
Tel. +27-11-396 1860
Fax + 27-11-396 1937

FLÜGE

VIEL MEHR KOMFORT FÜR WENIG MEHR GELD

World Traveller Plus. Erholung von Anfang an in der Premier Economy.

Entspannt fliegen, ausgeruht ankommen: Individuell verstellbarer, ergonomischer Sitz

Alles, was Sie brauchen, immer griffbereit: Viel Platz fürs Handgepäck – bis zu 12 kg

Freiraum, den Sie zu schätzen wissen: Separate Kabine mit viel Bewegungsfreiheit

Für Langeweile keine Zeit: Ihr persönliches Unterhaltungsprogramm auf 12 Kanälen

WORLD TRAVELLER PLUS
BRITISH AIRWAYS

KATALOGE

„Angebote für Individualisten 2004"

unverzichtbar für eine optimale Urlaubsplanung

Reisen in das südliche und östliche Afrika:
Südafrika • Lesotho • Swaziland • Namibia
Botswana • Zimbabwe • Zambia • Malawi • Mozambique
Kenya • Tanzania • Zanzibar

Individual-Angebote („Bausteine") und Gruppenreisen

Kataloge kostenlos anfordern bei:

IWANOWSKI'S REISEN

Salm-Reifferscheidt-Allee 37 · 41540 Dormagen
Telefon 0 21 33/2 60 30 · Fax 0 21 33/26 03 33
E-mail: iwanowski@afrika.de · Internet: www.afrika.de.

TOURANGEBOTE

Traumroute durch die schönsten Landschaften Südafrikas

24-tägige Selbstfahrertour ab Johannesburg bis Kapstadt

 Vielseitiger geht's nicht: Genießen Sie auf „eigene Faust" die Atem beraubenden Landschaften Südafrikas und erleben Sie die Tierwelt inmitten der großen Nationalparks und Tierreservate. Entlang der Garden Route sehen Sie eindrucksvolle Küstenabschnitte und sind zum Schluss Gast in Kapstadt, zweifelsohne eine der schönsten Städte der Welt.
Bitte beachten Sie, dass die Mehrzahl der südafrikanischen Gästehäuser das **Rauchen** im Haus und in den Schlafräumen **nicht gestattet**. Außerdem finden Sie in den meisten Gästehäusern Haustiere wie Hunde und Katzen.

AUTOREN-EMPFEHLUNG

„Diese Reise folgt den schönsten Routen durch das Land. Landschaften, Naturreservate, grandiose Küsten-Szenerien, hervorragende Tiererlebnisse und als Abrundung noch Kapstadt: Eine Traum-Tour. Wir haben auf besonders schöne, individuelle Unterkünfte Wert gelegt, bieten diese Tour aber auch an als Budget-Version und als Luxus-Version für gehobene Ansprüche!"

Michael Iwanowski,
Autor der Reisehandbücher Südafrika, Namibia, Botswana und Zimbabwe

1. Tag: Frankfurt - Johannesburg
Linienflug mit South African Airways von Deutschland nach Johannesburg (der innerdeutsche Anschlussflug ab/bis Frankfurt oder wahlweise der innerdeutsche Zugzubringer ab/bis Frankfurt ist auf Wunsch im Preis kostenlos eingeschlossen)

2. Tag: bei Johannesburg
Nach Ankunft am Flughafen Johannesburg Übernahme Ihres Mietwagens der Firma Safe!Cars® operated by Budget, Gruppe A (Toyota Tazz 1,3 o.ä.). Außerhalb der Stadt können Sie auf dem wunderschönen

Farmgelände afrikanische Luft schnuppern und wohnen in gediegenen Rondavels. Zebras, Strauße und Giraffen laufen frei herum. Am Sonntag finden hier wirklich sehenswerte Stammestänze statt, die man nicht verpassen sollte. Ausflugsmöglichkeiten nach Johannesburg,

Pretoria oder mit „Jimmy's Face to Face Tours" nach Soweto.
Heia Safari Ranch zwischen Johannesburg und Pretoria, 1 Ü, 1 DZ/F.

3. und 4. Tag: Blyde River Canyon
Böhm's Zeederberg/bei Hazyview, 2 Ü, 1 DZ/F.

Schön gelegenes Landhotel in den Bergen des östlichen Mpumalanga, hervorragend geeignet für Ausflüge in die Drakensberge, zum Blyde River Canyon oder nach Pilgrim's Rest.

5. Tag: Kruger National Park
Camp Olifants, 1 Ü, 1 Bungalow/Rondaval.
Das Olifants Rastlager gehört zu den schönstgelegenen Camps im Krüger National

Park. Es liegt oberhalb des Olifants River, (ca. 83 km vom Phalaborwa Tor entfernt) von wo man Aussichten auf die weite Savannenlandschaft bis zu den Lebombo-Bergen genießen kann. Sie unternehmen Pirschfahrten in eigener Regie.

6. und 7. Tag: Nähe Kruger National Park
Sabi Sands Reserve, Chitwa Chitwa Safari Lodge, 2 Ü, 1 Rondavel/Vollpension/Aktivitäten
Gehen Sie mit den erfahrenen Rangern auf Foto-Großwildjagd. Mit ein wenig Glück sehen Sie hier Löwen, Elefanten und Büffel, um die großen Tiere zu nennen; aber auch viele „kleine" wie Impalas, Gnus und Warzenschweine warten auf Ihren

Besuch. Genießen Sie die Natur und erholen Sie sich zwischen den Pirschfahrten am Swimmingpool der Lodge.

TOURANGEBOTE

8. Tag: Kruger Nationalpark
Camp Lower Sabie, 1 Ü, Bungalow/Rondavel.
Das Lower Sabie Rastlager ist im südlichen Teil des Kruger National Parks, am Ufer eines hübschen Damms am Sabie-Fluss gelegen. Wegen der großen Gartenanlage und vieler schattiger Bäume ist dieses Rastlager ein beliebtes Ziel im Park. Gute Weidebedingungen und mehrere Wasserlöcher locken eine Vielfalt von Tieren. Genießen Sie Ihre Pirschfahrten in eigener Regie.

9. Tag: Swaziland
Mbabane, Phophonyane Lodge, 1 Ü, 1 DZ/F.
Hier in Swaziland erleben Sie hautnah afrikanisches Leben

und afrikanische Kultur. Das alte Königreich liegt in einer reizvollen Gebirgslandschaft mit vielen Flüssen und Wasserfällen. Die Phophonyane Lodge ist in der Nähe von Piggs Peak gelegen, eingebettet im gleichnamigen Naturreservat mit mehreren Wasserfällen und einheimischen Wäldern.

10. und 11. Tag: bei Hluhluwe
Falaza Game Park, 2 Ü, 1 Luxus-Doppelzelt/F.

Das Falaza Game Reservat liegt in der Nähe von mehreren National Parks: Hluhluwe, Umfolozi, Mkuze, Nduma St. Lucia und Sodwna Bay –

Tagesausflüge in diese Parks sind möglich.

12. und 13. Tag: Ballito
Ballito, The Boat House, 2 Ü, 1 DZ/F.
Ballito ist ein kleiner Ort am Indischen Ozean. Das Gästehaus liegt direkt am Strand –

wie geschaffen für einen zwischengeschalteten Badeaufenthalt.

14., 15. und 16. Tag: bei Plettenberg Bay
Abgabe Ihres Mietwagens am Flughafen Durban, Flug nach Port Elizabeth und hier wieder Übernahme eines Mietwagens der Gruppe A wie o.a.
Hog Hollow Country Lodge, 3 Ü, 1 DZ/F. (Im Juni geschlossen, dann 3 Ü in Knysna, Belvidere Manor, 1 DZ/F).

Die Hog Hollow Lodge liegt am Rande des Tzitzikamma Waldes mit wunderbaren Aussichten auf das umliegende Tal und die Berge. Es ist ein Vogelparadies, aber es gibt auch Affen, Lynx, Otter, Warzenschweine, Paviane und Antilopen. Zwischen Juli und September können Sie mit ein wenig Glück Wale am nahegelegenen Strand beobachten. Idealer Ausgangspunkt zum Nature's Valley und Plettenberg Bay.

17. Tag: Oudtshoorn
Oudtshoorn, Rosenhof Country Lodge, 1 Ü, 1 DZ/F.
Der Besuch einer Straußenfarm sowie der Cango Caves (riesige

Tropfsteinhöhlen) bieten sich an.

18. Tag: Hermanus/Westcliff
Whale Rock Lodge, 1 Ü, 1 DZ/F. (Vom 20.12.03 - 01.01.04 Routenänderung notwendig, da Mindestaufenthalt von 3 Nächten).
Sie verlassen heute das Inland und fahren Richtung Hermanus, einem Küstenstädtchen und

Ferienort direkt am Meer. Von der in Westcliff gelegenen Whale Rock Lodge haben Sie Blick aufs Meer. Sie können hier unter anderem Golfen, Angeln oder die Badestrände erkunden. Unternehmen Sie einen Spaziergang in der Nähe des Hotels an der Küstenlinie entlang, die Ihnen ausgezeichnete Aussichten bietet.

19. Tag: Franschhoek
Franschhoek Country House, 1 Ü, 1 DZ/F.
Inmitten der herrlichen Weinbaulandschaft um Franschhoek wohnen Sie im bezaubernden Franschhoek Country House, das kurz außerhalb der

Stadt inmitten von Weinfarmen und Bergen gelegen ist. Paarl oder Stellenbosch lassen sich von hier aus gut erkunden.

20., 21. und 22. Tag: Kapstadt
Kapstadt, Ambiente Guesthouse, 3 Ü, 1 DZ.
Sie wohnen ruhig im Villenviertel von Camps Bay am Fuße der 12 Apostel. Von hier aus haben Sie eine wunderbare Aussicht auf die Bucht und die Berge, die Entfernung zum Strand beträgt mit dem Auto 5 Minuten, zur

Innenstadt 10 Minuten. Eine ideale Basis, um Kapstadt sowie das Kap der Guten Hoffnung und die Umgebung zu erkunden.

23. Tag: Kapstadt - Frankfurt
Heute heißt es Abschied nehmen von „einer Welt in einem Land". Abgabe Ihres Mietwagens am Flughafen Kapstadt und Rückflug mit South African Airways nach Frankfurt.

24. Tag: Deutschland
Morgens Ankunft in Frankfurt (der innerdeutsche Anschlussflug oder wahlweise der innerdeutsche Zugzubringer ist auf Wunsch im Preis kostenlos eingeschlossen).

TOURANGEBOTE

NORMALVERSION MIT PRIVATER GAME LODGE:
wie o.a.:

Eingeschlossene Leistungen:
Linienflug mit South African Airways in der Economy Class (20 kg Freigepäck), Flughafengebühren, Anschlussflüge bzw. Zugzubringer wie o.a.; innerafrikanischer Flug, Safe!Cars® operated by Budget Mietwagen der Gruppe A (Toyota Tazz 1,3 o.ä. inkl. aller km, Steuern, Personen- und Diebstahlversicherung sowie Vollkaskoversicherung mit 5.000 Rand Selbstbeteiligung im Schadensfall), Übernachtungen und Verpflegungsleistungen wie beschrieben, Reiserücktrittskosten- und Insolvenzversicherung

Nicht eingeschlossene Leistungen:
Einwegmieten zwischen Johannesburg und Durban sowie Port Elizabeth und Kapstadt (z.Zt. jeweils 500 ZAR, vor Ort zu zahlen), Benzin-Deposit (z.Zt. 500 ZAR), Gebühren für weitere Fahrer (100 ZAR p.P., müssen im Mietvertrag eingetragen sein), Vertragsgebühr für den Mietwagen (pro Anmietung 20 ZAR), Verwaltungsgebühr (z.Zt. 300 ZAR) für Zusatzleistungen vor Ort bzw. bei Unfällen/Ordnungswidrigkeiten, Wochenendzuschlag von 30 € pro Person pro Strecke bei Abflug Freitag oder Samstag, fakultative Ausflüge, Park-Eintrittsgebühren, Benzinkosten, Trinkgelder, Ausgaben persönlicher Art

BUDGETVERSION:
In einer "Sparversion" ermäßigt sich der Preis dieser Reise. Die Route ist fast die gleiche, allerdings haben wir preiswerte und saubere **Mittelklasse - Hotels** ausgewählt und auf die privaten Gamelodges verzichtet. Ansonsten Leistungen wie o.a.

Zugrundegelegte Hotels Budgetversion:
Pretoria-Hatfield, Holiday Inn Garden Court, I DZ/F, I Ü
Pilgrims Rest, Royal Hotel, I DZ/F, 2 Ü
Kruger Nationalpark, Camp Olifants, I Bungalow, 2 Ü
Kruger Nationalpark, Camp Satara, I Bungalow, I Ü
Kruger Nationalpark, Camp Lower Sabie, I Bungalow, I Ü
Swaziland, Mbabane, Foresters Arms Hotel, I DZ/HP, I Ü
Hluhluwe/Umfolozi, Mpila Camp, I Chalet, 2 Ü
Ballito, Holland Farm, I DZ/F, 2 Ü
Tsitsikamma National Park, Storms River Rest Camp, I Chalet, 2 Ü
Knsyna, Brenton on Sea, I DZ/F, I Ü
Oudtshoorn, Oue Werf, I DZ/F, I Ü
Cape Agulhas, Agulhas Country Lodge, I DZ/F, I Ü
Stellenbosch, Devon Valley Hotel, I DZ/F, I Ü
Kapstadt, Brenwin & Cha'mel Guest House, I DZ/F, 3 Ü

LUXUSVERSION:
In der Luxusversion bieten wir Ihnen bei fast gleicher Routenführung beste Unterkünfte und Lodges sowie einen Wagen der Gruppe B (Toyota Corolla 1,6 o.ä. mit Klimaanlage und Servolenkung) an. Ansonsten Leistungen wie o.a.

Zugrundegelegte Hotels und Lodges Luxusversion:
Johannesburg, The Michelangelo, I DZ/F, I Ü
bei Sabie, Blue Mountain Lodge, I DZ/HP, 2 Ü

beim Kruger National Park, Chitwa Chitwa Game Lodge, I DZ/VP, I Pirschfahrt, 2 Ü
beim Kruger Nationalpark, Bongani Lodge, I DZ/VP, Pirschfahrten, 2 Ü

Swaziland, Royal Swazi Hotel, I DZ/F, I Ü
Mazinene, Phinda Resource Reserve, Phinda Mountain Lodge, I DZ/VP, Pirschfahrten, 2 Ü

Ballito, Zimbali Lodge and Country Club, I DZ/F, 2 Ü

nördlich Port Elizabeth, Gorah Elephant Camp, I Luxus-Doppelzelt/VP, Pirschfahrten, 2 Ü

Plettenberg Bay, Tsala Treetop Lodge, I DZ/F, 2 Ü

Paarl, Grande Roche Hotel, 2 DZ/F, 2 Ü (01.06.04 - 31.08.2004 geschlossen, dann Franschhoek, Le Quartier Francais, I DZ, Frühstück)

Kapstadt, The Table Bay Hotel at the Waterfront, I DZ/F, 3 Ü

TOURANGEBOTE

Achtung: Über **Weihnachten und Neujahr** (23.12.03 bis zum 06.01.04) sowie **Ostern** (08. bis 10.04.04) **Änderung des Reiseverlaufs** notwendig, da verschiedene Hotels zu dieser Zeit einen Mindestaufenthalt von **3 bzw. 5 Nächten** verlangen.

Wichtige Hinweise:
- Für Inhaber deutscher Reisepässe ist z.Zt. kein Visum für Südafrika/Swaziland erforderlich. Ihr **Pass** muss noch 6 Monate über das Reiseende hinaus gültig sein). Bitte achten Sie bei der Einreise nach Südafrika darauf, dass mindestens zwei freie Seiten in Ihrem Reisepass für die Ein- bzw. Ausreisestempel zur Verfügung stehen. Ansonsten kann die Einreise verweigert werden!
- Eine **Malaria-Prophylaxe** wird dringend empfohlen. Informieren Sie sich rechtzeitig über Infektions- und Impfschutz sowie andere Prophylaxemaßnahmen; gegebenenfalls sollten Sie ärztlichen Rat einholen.
- Bitte beachten Sie die **Visa- und Gesundheitsvorschriften** sowie die Klimainformationen.
- Je nach Wahl der Versionen **verschiebt sich der Aufenthalt** an den einzelnen Orten.
- Sie erhalten von unserer Agentur einen **detaillierten, individuellen deutschsprachigen Reiseplan** mit Routenbeschreibungen, Restauranttips, Anfahrtshinweisen zur Übernachtung etc.
- Das **Mindestalter** des Fahrzeugmieters beträgt 23 Jahre.
- Selbstverständlich kann o.a. Tour auch nach Ihren **individuellen Wünschen abgeändert** werden!

Preise jeweils in EURO p.P. im DZ		
(bei Antritt und Beendigung innerhalb der angegebenen Saisonzeit; bei Überschneidungen der Saisonzeiten Preisänderungen möglich)		
Normalversion		
	mit 4 Ü Kruger N.P. (in Camps)	mit 2 Ü Kuger N.P. und 2 Ü private Game Lodge
01.11.03 - 18.04.04	2.796 EURO*	3.167 EURO*
19.04.04 - 08.07.04	2.624 EURO	2.995 EURO
09.07.04 - 23.09.04	2.796 EURO	3.167 EURO
24.09.04 - 31.10.04	3.076 EURO	3.447 EURO
Reisetermine: nach Wunsch		
* Zuschlag für Abflüge 01.11.03 -16.11.03, 12.12.03 - 29.12.03 und 19.03.04 - 18.04.04: p.P. 150 EURO		
Budgetversion		
01.11.03 - 18.04.04		2.299 EURO*
19.04.04 - 08.07.04		2.128 EURO
09.07.04 - 23.09.04		2.299 EURO
24.09.04 - 31.10.04		2.499 EURO
Reisetermine: nach Wunsch		
* Zuschlag für Abflüge 01.11.03 -16.11.03, 12.12.03 - 29.12.03 und 19.03.04 - 18.04.04: p.P. 150 EURO		
Luxusversion		
01.11.03 - 11.12.03		6.877 EURO
12.12.03 - 31.01.04		7.473 EURO
01.02.04 - 30.04.04		7.210 EURO
01.05.04 - 31.05.04		5.908 EURO
01.06.04 - 08.07.04		6.348 EURO
09.07.04 - 31.08.04		6.521 EURO
01.09.04 - 30.09.04		7.027 EURO
01.10.04 - 31.10.04		7.359 EURO
Reisetermine: nach Wunsch		

TOURANGEBOTE

Kapstadt, Küste und Karoo
17-tägige Selbstfahrertour durch die schönsten Landschaften Südafrikas ab/bis Kapstadt

Genießen Sie die Atem beraubenden Landschaften und Pässe der Kleinen Karoo. Fahren Sie durch Schluchten mit tollen Gebirgsflüssen, erleben Sie den Gegensatz zwischen fruchtbaren Landschaften und „Halbwüsten", entspannen Sie an den sandigen Stränden des Indischen Ozeans und beenden Sie diese Erlebnisreise in einer der schönsten Städte der Welt.
Bitte beachten Sie, dass die Mehrzahl der südafrikanischen Gästehäuser das **Rauchen** im Haus und in den Schlafräumen **nicht gestattet**. Außerdem finden Sie in den meisten Gästehäusern Haustiere wie Hunde und Katzen.

AUTOREN-EMPFEHLUNG

„Diese Reise bietet Glanzlichter Südafrikas in einer optimalen Zusammenstellung für alle, die keinen Wert auf Tierbeobachtungen legen: kaphollländische Architektur, atemberaubende Passfahrten, grandiose Küsten-Szenerien, fruchtbare und wüstenähnliche Landschaften sowie als krönenden Abschluss Kapstadt. Wir haben Wert gelegt auf besonders schöne, individuelle Unterkünfte, bieten diese Tour aber auch als Budget-Version und als Luxus-Version für gehobene Ansprüche an!"

Michael Iwanowski, Autor der Reisehandbücher Südafrika, Namibia, Botswana und Zimbabwe

• NORMALVERSION

1. Tag: Deutschland - Kapstadt
Abflug in Deutschland* mit British Airways über London nach Kapstadt (der innerdeutsche Anschlussflug ist im Preis kostenlos eingeschlossen)
*Abflughäfen in Deutschland: Berlin, Düsseldorf, Frankfurt, Köln, Hamburg, München, Stuttgart

2. und 3. Tag: Franschhoek
Nach Ankunft am Flughafen Kapstadt Übernahme Ihres Mietwagens von Safe!Cars® operated by Budget, Gruppe A (Toyota Tazz o.ä.). Inmitten der herrlichen Weinbaulandschaft um Franschhoek wohnen Sie im bezaubernden Franschhoek Country House, das kurz außerhalb der Stadt inmitten von Weinfarmen und Bergen gelegen ist. Paarl oder Stellenbosch lassen sich von hier aus gut erkunden. Besuchen Sie hier im Zentrum des Weinanbaus wunderschön gelegene Weingüter oder das Sprachendenkmal der Afrikaanssprache.
2 Ü, Franschhoek Country House, 1 DZ, Frühstück

4. Tag: Tulbagh
Von Paarl führt die Strecke über den wunderschönen Bain's Kloof Pass (701 m) in eine fruchtbare Ebene mit viel Obstanbau. Tulbagh bietet viel Atmosphäre durch hervorragend restaurierte Bausubstanz an der Church Street – Weingüter wie Twee Jonge Gezellen und Drostdy sind hier zu Hause. Berühmt ist die Gegend u. a. für Sherry.
1 Ü Tulbagh, De Oude Herberg Gästehaus, 1 DZ, Frühstück

5. Tag: Montagu
Fahren Sie interessante ‚Umwege' über den Michell´s Pass (480 m), über den mehr als 1.000 m hohen Gydo Pass, über den Theronspass (1.091 m), den Rooihoogte Pass (1.214 m) und Burger's Pass (840 m), Gesamtstrecke ca. 250 km, alles Asphalt. In Montagu gibt es heiße Quellen zum Baden (Montagu Hot Springs). Ein herrlicher Wanderweg führt durch die Schlucht des Keisie River von Montagu zu den heißen Quellen (Lovers´ Walk, eine Strecke ca. 45 Minuten).
1 Ü in Montagu, Mimosa Lodge, 1 DZ, Frühstück

6. Tag: Prince Albert
Die heutige Fahrt führt über Gebirgsschluchten und Pässe, über De Rust und durch die herrliche Schlucht von Meiringspoort (ca. 600 m ü NN) nach Prince Albert.
1 Ü, Swartberg Hotel, 1 DZ, Frühstück

7. Tag: Oudtshoorn
Fahren Sie über den phantastischen Swartbergpass nach Oudtshoorn. Die Pass-Straße selbst ist unbefestigt und führt auf eine Höhe von über 1.568 m. Hinweis: Der Swartbergpass ist nur bei Trockenheit zu befahren. Wenn man nicht sicher ist, ob der Pass passierbar oder gar gesperrt ist, bitte anrufen beim Prince Albert Informationsbüro: 023/541 1366. Oudtshoorn ist ein zentraler Ort in der Kleinen Karoo und wegen der „Show-Straußenfarmen" sowie der Cango Caves touristisch bedeutend.
1 Ü, Altes Landhaus Country House, 1 DZ

8., 9. und 10. Tag: Plettenberg Bay
Von Oudtshoorn können Sie entweder über den Outeniqua Pass (800 m) nach George fahren oder Sie wählen die etwas abenteuerliche Route über die Schotterstraße des Montagu Passes. Weiter geht es über Knysna nach Plettenberg Bay (ca. 180 km), dem beliebten Badeort an der Garden Route mit seinen weiten und sandigen Stränden. In den Monaten August bis Oktober kann man hier Wale beobachten. Empfehlenswert sind Ausflüge zum Nature´s Valley und zum Tsitsikamma-Forest, ebenso lohnt ein Besuch des Robberg Nature Reserve.
3 Ü, Hog Hollow Country Lodge, 1 DZ, Frühstück (im Juni geschlossen, dann 3 Ü in Knysna, Belvidere Manor, 1 DZ, Frühstück)

11. und 12. Tag: Waenhuiskrans/Arniston
Der schnellste Weg führt durch Mossel Bay und Riversdale nach Swellendam. Weiter geht es über Bredasdorp nach Arniston (ca. 440 km), einem intakten Fischerdorf, in dem die Fischer mit ihren kleinen Booten anlanden, um den Fang direkt zu verkaufen. Arniston bietet einsame Sandstrände,

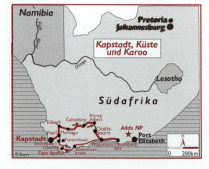

TOURANGEBOTE

Dünen und sehenswerte Erosionen an der Küste. Lohnenswert ist ein Ausflug (ca. 1 ¼ Stunde Autofahrt) zum östlich gelegenen De Hoop Nature Reserve. Der Küstenabschnitt hier ist wirklich spektakulär. Man findet hier die für das Kapland typische Fynbos-Vegetation.
2 Ü, Arniston Hotel, 1 DZ, Frühstück

13., 14. und 15. Tag: Kapstadt
Von Arniston kann man auf dem Weg nach Kapstadt noch das Kap Agulhas besuchen, den südlichsten Punkt Afrikas. Auf der Weiterfahrt fährt man am besten über Hermanus (Walbeobachtung August bis November), dann über Kleinmond über R44 folgend an der False Bay vorbei Richtung Gordon's Bay. Der Abschnitt zwischen Betty's Bay und Gordon's Bay entspricht von der landschaftlichen Schönheit durchaus dem berühmten Chapman's Peak Drive auf der Kaphalbinsel. Von Gordon's Bay bis nach Kapstadt braucht man über die N 2 nur etwa 30 Minuten.
3 Ü in Kapstadt, Ambiente Guesthouse, 1 DZ, Frühstück

16. Tag: Kapstadt - London
Vor Abflug Abgabe des Mietwagens am Flughafen Kapstadt. Linienflug mit British Airways von Kapstadt nach London.

17. Tag: Deutschland
Weiterflug zu Ihrem Zielflughafen in Deutschland.
Zielflughäfen in Deutschland: Berlin, Düsseldorf, Frankfurt, Köln, Hamburg, München, Stuttgart

Eingeschlossene Leistungen NORMALVERSION
wie o.a.:
Flüge mit British Airways in der Economy Class (20 kg Freigepäck), Flughafengebühren, bei der Budget- und Normalversion Mietwagen von Safe!Cars® operated by Budget Klasse A (Toyota Tazz o.ä.) inkl. unbegrenzter km, Steuer, Personen- und Diebstahlversicherung sowie Versicherung mit 5.000 Rand Selbstbehalt im Schadensfalle, bei der Luxusversion Mietwagen von Safe!Cars® operated by Budget Klasse C (Nissan Almera 1,6 o.ä. mit Klimaanlage und Automatik) inkl. unbegrenzter km, Steuer, Personen- und Diebstahlversicherung sowie Versicherung mit 5.000 Rand Selbstbehalt, vor Ort als Deposit in bar oder Kreditkartenabzug zu hinterlegen. Verpflegungsleistungen und Übernachtungen wie im Reiseverlauf angegeben, detaillierter deutschsprachiger Reiseplan mit Routenbeschreibungen, Reiserücktrittskosten- und Insolvenz-Versicherung,

Nicht eingeschlossene Leistungen:
Fakultative Ausflüge, Eintrittsgebühren, Benzinkosten, Trinkgelder und persönliche Ausgaben, Benzin-Deposit (z.Zt. 500 ZAR), Gebühren für weitere Fahrer (100 ZAR p.P., müssen im Mietvertrag eingetragen sein), Vertragsgebühr für den Mietwagen (z.Zt. 20 ZAR), Verwaltungsgebühr (z.Zt. 300 ZAR) für Zusatzleistungen vor Ort bzw. bei Unfällen/Ordnungswidrigkeiten.

Wichtige Hinweise:
- Für Inhaber deutscher **Reisepässe** ist z.Zt. kein Visum für Südafrika erforderlich. Der Pass muss noch 6 Monate über das Reiseende hinaus gültig sein. Bitte achten Sie bei der Einreise nach Südafrika darauf, dass mindestens zwei freie Seiten in Ihrem Reisepass für die Ein- bzw. Ausreisestempel zur Verfügung stehen. Ansonsten kann die Einreise verweigert werden!
- Bitte beachten Sie die **Visa- und Gesundheitsvorschriften** sowie die Klimainformationen.
- Sie erhalten von unserer Agentur einen **detaillierten, individuellen deutschsprachigen Reiseplan** mit Routenbeschreibungen, Restauranttipps, Anfahrtshinweisen zur Übernachtung etc.
- Selbstverständlich kann u.a. Tour auch nach Ihren **individuellen Wünschen abgeändert** werden!
- Das Mindestalter des Fahrzeugmieters beträgt 23 Jahre.

Empfehlung:
Fliegen Sie die Langstrecke in **World Traveller PLUS**, der Premium Economy Class von British Airways:
- separate Kabine mit maximal 5 Reihen, ca. 15 cm breitere Sitze als in der Economy Class
- ca. 18 cm größerer Sitzabstand als in der Economy Class
- ergonomischer Sitz mit verstellbarer Kopf- und Fußstütze
- persönlicher Bildschirm mit 12 Video- und 13 Audiokanälen in CD-Qualität
- 12 kg Handgepäck
- zusätzlicher Kabinenbonus von 10 % beim Meilensammeln
Details und Aufpreis auf Anfrage

BUDGETVERSION:
In einer "Sparversion" ermäßigt sich der Preis dieser Reise. Die Route ist etwas abgeändert, der Mietwagen ist gleich, allerdings haben wir preiswerte aber saubere Gästehäuser ausgewählt. Ansonsten Leistungen wie o.a.

Zugrunde gelegte Hotels:
2 Ü Stellenbosch, Devon Valley, 1 DZ, Frühstück
1 Ü Tulbagh, De Oude Herberg Gästehaus, 1 DZ, Frühstück
1 Ü Montagu, The John Montagu Gästehaus, 1 DZ, Frühstück
1 Ü Prince Albert, Saxe Coburg Lodge, 1 DZ, Frühstück
1 Ü Oudtshoorn, Oue Werf, 1 DZ, Frühstück
3 Ü Plettenberg Bay, Four Fields Farm, 1 DZ, Frühstück
2 Ü Cape Agulhas, Agulhas Country Lodge, 1 DZ, Frühstück
3 Ü Kapstadt, Esperanza Gästehaus, 1 DZ, Frühstück

LUXUSVERSION:
In der Luxusversion bieten wir Ihnen beste Unterkünfte und Lodges sowie einen Wagen der Gruppe C (Nissan Almera 1,6 o.ä. mit Klimaanlage und Automatik, Selbstbehalt 5.000 Rand) an. Die Route ist etwas abgeändert, ansonsten Leistungen wie o.a.

Zugrunde gelegte Hotels und Lodges:
2 Ü Franschhoek, La Couronne Hotel and Cellars, 1 DZ, Frühstück
1 Ü Tulbagh, Rijks Ridge Country Estate, 1 DZ, Frühstück
1 Ü Montagu, Kingna Lodge, 1 DZ, Frühstück
1 Ü Prince Albert, Swartberg Hotel, 1 DZ, Frühstück
1 Ü Oudtshoorn, Rosenhof Country Lodge, 1 DZ, Frühstück
3 Ü Plettenberg Bay, Tsala Treetop Lodge, 1 DZ, Frühstück
2 Ü Gansbaai, Grootbos Nature Reserve, 1 Cottage, Vollpension, Aktivitäten
(Das Grootbos Nature Reserve ist vom 01.05.04 - 31.05.04 geschlossen, dann Hermanus, The Marine Hotel, 2 Ü, 1 DZ, Frühstück)
3 Ü Kapstadt, Victoria & Alfred Hotel, 1 DZ, Frühstück

Preise in EURO p.P. im DZ	
(bei Antritt und Beendigung innerhalb der angegebenen Saisonzeit, bei Überschreitung der Saisonzeiten sind Preisänderungen möglich)	
Normalversion	
01.11.03 - 15.04.04	2.145 EURO*
16.04.04 - 06.07.04	2.033 EURO
07.07.04 - 22.08.04	2.177 EURO
23.08.04 - 23.09.04	2.056 EURO
24.09.04 - 31.10.04	2.285 EURO
Reisetermine: auf Wunsch	
* Aufschlag für Abflüge 15.12.03 - 31.12.03 und 02.04.04 - 15.04.04: p.P. 105 EURO	
Budgetversion	
01.11.03 - 15.04.04	1.820 EURO*
16.04.04 - 06.07.04	1.699 EURO
07.07.04 - 22.08.04	1.930 EURO
23.08.04 - 23.09.04	1.781 EURO
24.09.04 - 31.10.04	1.910 EURO
Reisetermine: auf Wunsch	
* Aufschlag für Abflüge 15.12.03 - 31.12.03 und 02.04.04 - 15.04.04: p.P. 105 EURO	
Luxusversion	
01.11.03 - 30.04.04	3.787 EURO*
01.05.04 - 06.07.04	3.483 EURO
07.07.04 - 22.08.04	3.786 EURO
23.08.04 - 23.09.04	3.694 EURO
24.09.04 - 31.10.04	3.882 EURO
Reisetermine: auf Wunsch	
* Aufschlag für Abflüge 15.12.03 - 31.12.03 und 02.04.04 - 15.04.04: p.P. 105 EURO	

BÜCHERWERBUNG

Afrika erleben?

Sie möchten Interessantes über die Länder des Südlichen Afrika erfahren?

Sie wollen Südafrika kennen lernen? Das **Reise-Handbuch Südafrika** bietet Ihnen auf über 800 Seiten alles Wissenswerte über Südafrika als Ganzes – ein echtes Infoschwergewicht. Wenn Sie Lust haben auf Tierparadiese und faszinierende Landschaften. dann sind Zambia und Botswana Ihr Reiseland und die **Reisehandbücher Zambia** und **Botswana** die dazugehörigen Reiseführer.

Reise-Handbuch Südafrika, ca. 700 S., ISBN 3-923975-08-2, Euro 25,95
Reise-Handbuch Botswana, 480 S., ISBN, 3-923975-26-0, Euro 22,95
Reise-Handbuch Zambia, 680 S., ISBN, 3-933041-14-7 Euro 29,95
Reise-Handbuch Kapstadt m. Garden Route, ca. 700 S., ISBN 3-933041-09-0, Euro 25,95

Für das nordwestliche Nachbarland Südafrikas haben wir gleich drei Titel im Programm: Das **Reise-Handbuch Namibia**, – der Klassiker unter den Individualführern dieser Region, das **Reise-Handbuch Naturschutzgebiete** und der **Gästefarmführer Namibia** – alle besonders gut geeignet für Individualisten!

Reise-Handbuch Namibia, ca. 700 S., ISBN 3-923975-19-8, Euro 25,95
Reise-Handbuch Naturschutzgebiete, 572 S., ISBN 3-923975-60-0, Euro 25,95
Gästefarmführer Namibia, 250 S., ISBN 3-933041-43-0, Euro 19,95

MIETWAGEN UND CAMPER

...the first class in car rentals!

Safe ! Cars setzt neue Maßstäbe für Allradfahrzeuge im südlichen Afrika. Bewährte Ausstattungsdetails wurden bei dieser Flotte durch innovative Segmente ergänzt – sehen Sie selbst:

- ✔ Die **modernste Fahrzeugflotte** besteht aus Toyota Raider, Single oder Double Cabin.
- ✔ Die Fahrzeuge werden von einer **Original-Toyota-Werkstatt** gewartet.
- ✔ Bei allen Double Cabin gehören **ABS** und **Airbags** zum Standard.
- ✔ Die **Gepäckkabine** mit hinterer und seitlichen Öffnungen ist absolut **staubdicht** dank einer Überdruckklappe!
- ✔ Alle Fahrzeuge sind mit einem **Kühlschrank** ausgestattet.
- ✔ Auf Wunsch werden die Fahrzeuge mit **Dachzelt** und **Campingzubehör** ausgestattet – Sie werden staunen, wie durchdacht die Ausrüstung ist!
- ✔ Alle **Küchenutensilien** sind in **staubdichten** und **rutschfesten** Boxen verstaut.
- ✔ Im Mietpreis ist die **Medrescue-Versicherung** bereits eingeschlossen.
- ✔ Eine **24-Stunden-Notfall-Nummer** ist eingerichtet.
- ✔ Mit den **doppelten Tanks** – 140-l-Tankinhalt – haben Sie eine enorme Reichweite (durchschnittlicher Verbrauch bei 13,5–15,0 l auf 100 km)!

Beratung und Buchung bei:

IWANOWSKI'S *i* REISEN

Salm-Reifferscheidt-Allee 37 · 41540 Dormagen
Telefon 0 21 33/2 60 30 · Fax 0 21 33/26 03 33
E-mail: iwanowski@afrika.de · Internet: www.afrika.de

BÜCHERWERBUNG

Europa

Sie möchten interessante Destinationen in Europa entdecken?
In gewohnter Iwanowski-Qualität erleben Sie mit den Reisehandbüchern einen individuellen Urlaub!

Reise-Handbuch Slowenien, 436 S. inkl. Reisekarte, ISBN 3-933041-17-1, Euro 19,95

Reise-Handbuch Polens Ostseeküste und Masuren,
400 S. inkl. Reisekarte, ISBN 3-933041-16-3, Euro 19,95

Reise-Handbuch Toskana, 500 S. inkl. Reisekarte, ISBN 3-923975-62-7, Euro 19,95

Reise-Handbuch Irland, 688 S. inkl. Reisekarte, ISBN 3-923975-57-0, Euro 22,95

Reise-Handbuch Island, ca. 500 S., ISBN 3-923975-39-2, Euro 19,95

Reise-Handbuch Nord- und Mittelgriechenland, 600 S. inkl. Reisekarte, ISBN 3-923975-15-5, Euro 22,95

BÜCHERWERBUNG

Reisegast-Serie
aus dem Iwanowski Reisebuchverlag

Wenn Sie mehr über die Kulturen Ihres Reiseziels erfahren wollen, oder wenn Sie wissen wollen, wie Sie sich als Ausländer angemessen verhalten, dann empfehlen wir Ihnen die Titel aus der Reisegast-Serie:

Reisegast in China
ISBN 3-923975-71-6

Reisegast in Indonesien
ISBN 3-923975-73-2

Reisegast in Japan
ISBN 3-923975-82-1

Reisegast in Korea
ISBN 3-923975-77-5

Reisegast in Thailand
ISBN 3-923975-70-8

Reisegast auf den Philippinen
ISBN 3-923975-75-9

Reisegast in England
ISBN 3-923975-78-3

Reisegast in den USA
ISBN 3-923975-83-X

Iwanowski's Reisebuchverlag
Salm-Reifferscheidt-Allee 37
41540 Dormagen
Tel. 02133-26030 Fax 02133-260333
E-Mail: info@iwanowski
Internet: www.iwanowski.de

BÜCHERWERBUNG

IWANOWSKI'S REISEBUCHVERLAG

FÜR INDIVIDUELLE ENTDECKER

REISE-HANDBÜCHER

Europa
Andalusien*
Dänemark*
Finnland*
Irland*
Island
Kreta*
Kykladen
Liparische Inseln,
  Insel- und Wanderführer
Madeira, Inselführer*
Mallorca, Inselführer*
Mallorca, Wanderführer
Malta, Inselführer*
Nord- und
  Mittelgriechenland*
Norwegen*
Peloponnes*
Polens Ostseeküste &
  Masuren*
Provence* **2004**
Rhodos/Dodekanes
Rom
Samos/Ostägäis
Schottland*
Schweden*
Slowenien mit Istrien u. Triest*
Teneriffa, Inselführer*
Trentino und Gardasee*
Toskana*
Zypern*

Afrika
Botswana*
Kapstadt & Garden Route*
Kenia/Nordtansania*
Madagaskar, Inselführer
Mauritius/Réunion*
Namibia*
Namibia/Naturschutzgebiete*
Namibia, Gästefarmführer*
Südafrika*
Zambia*

Amerika
Bahamas
Chile*
Dominikanische Republik*
Florida, Vergnügungsparks
Kalifornien*
Kanada/Osten*
Kanada/Westen*
Karibik/Kl. Antillen*
Kuba, Inselführer*
Mexiko*
New York, Stadtführer
San Francisco, Stadtführer
USA/Florida*
USA/Große Seen
USA/Hawaii*
USA/Nordosten*
USA/Nordwesten*
USA/Ostküste*(ab 2004)
USA/Süden*
USA/Südwesten*
USA/Westen*

Asien
Bali*
Hongkong mit Macao
Peking mit Umgebung
Singapur, Stadtführer
Sri Lanka/Malediven*
Thailand m. Phuket*

Pazifik
Australien*
Neuseeland*
Südsee

REISEGAST-SERIE

China   Philippinen
England   Russland
Indonesien   in Vorbereitung
Japan   Thailand
Korea   USA

* mit Reisekarte

Salm-Reifferscheidt-Allee 37 • 41540 Dormagen • Tel. 0 21 33/2 60 30 • Fax 0 21 33/26 03 33